国家出版基金项目
NATIONAL PUBLICATION FOUNDATION

国家重点图书出版规划项目

20世纪
中国知名科学家学术成就概览

总 主 编　钱伟长

本卷主编　郑哲敏

力 学 卷

第三分册

科 学 出 版 社
北 京

内 容 简 介

国家重点图书出版规划项目《20世纪中国知名科学家学术成就概览》，以纪传文体记述中国20世纪在各学术专业领域取得突出成就的数千位华人科学技术和人文社会科学专家学者，展示他们的求学经历、学术成就、治学方略和价值观念，彰显他们为促进中国和世界科技发展、经济和社会进步所做出的贡献。

《20世纪中国知名科学家学术成就概览 · 力学卷》按传主生年先后结集卷册，卷首简要回顾20世纪的中国力学发展概况，卷尾附20世纪中国力学大事记。这与传文两相映照，力图反映出中国力学领域的百年发展脉络。

力学卷记述了近200位力学家的研究路径和学术生涯，全书以突出学术成就为重点，力求对学界同行的学术探索有所镜鉴，对青年学生的学术成长有所启迪。本卷分三分册出版，第三分册收录了60位力学家。

图书在版编目(CIP)数据

20世纪中国知名科学家学术成就概览 · 力学卷 · 第三分册/钱伟长总主编；郑哲敏本卷主编. —北京：科学出版社，2015. 1

国家重点图书出版规划项目　国家出版基金项目

ISBN 978-7-03-042815-8

Ⅰ. ①2…　Ⅱ. ①钱… ②郑…　Ⅲ. ①力学家-列传-中国-20世纪 ②力学-技术发展-成就-中国-20世纪　Ⅳ. ①K826. 1 ②N12

中国版本图书馆CIP数据核字（2014）第301189号

责任编辑：赵敬伟　陆有忠/责任校对：钟　洋　邹慧卿

责任印制：肖　兴/封面设计：黄华斌

科学出版社 出版

北京东黄城根北街16号

邮政编码：100717

http://www.sciencep.com

中国科学院印刷厂 印刷

科学出版社发行　各地新华书店经销

*

2015年1月第　一　版　　开本：889×1194　1/16

2015年1月第一次印刷　　印张：45 1/4

字数：834 000

定价：228. 00元

（如有印装质量问题，我社负责调换）

《20世纪中国知名科学家学术成就概览》
力学卷编辑委员会

《20世纪中国知名科学家学术成就概览》

总　　序

记得早在21世纪的新世纪之初，中国科学院、中国工程院和中国社会科学院的一些老同志给我写信，邀我来牵头一起编一套书，书名就叫《20世纪中国知名科学家学术成就概览》（以下简称《概览》）。主要目的就是以此来记录近代中国科技历史、铭记新中国科技成就，同时也使之成为科技创新的基础人文平台，传承老一辈科技工作者爱国奉献、不断创新、追求卓越的精神，并以此激励后人。我国是一个高速发展中的大国，世界上的影响力不断增强，编写出版这样一套史料性文献，可以总结中华民族对人类科技、文化、经济与社会所做出的巨大成就与贡献，从而最广泛地凝聚民族精神与所有炎黄子孙的"中华魂"，让中国的科技工作者能团结奋进，为共建和谐的祖国多做贡献，更可以激发年轻一代奋发图强，积极投身祖国"科教兴国"战略的伟大实践中。

在党和政府的高度重视和长期大力支持下，酝酿已久的《概览》项目终于被列为国家重点图书出版规划项目，并由科学出版社承担实施。

《概览》总体工程包括纸书出版、资料数据库与光盘、网络传播三大部分。全套纸书计划由数学、力学、天文学、物理学、化学、地学、生物学、农学、医学，机械与运载工程、信息与电子工程、化工冶金与材料工程、能源与矿业工程、环境与轻纺工程、土木水利与建筑工程，以及哲学、法学、考古学、历史学、经济学和管理学等卷组成。

《概览》纸书预计收录数千名海内外知名华人科学技术和人文社会科学专家学者，展示他们的求学经历、学术成就、治学方略、价值观念，彰显他们为促进中国和世界科技发展、经济和社会进步所做出的贡献，秉承他们在百年内忧外患中坚韧不拔、追求真理的科学精神和执著、赤诚的爱国传统，激励后人见贤思齐、知耻后勇，在新世纪的大繁荣、大发展时期，为中华民族的伟大复兴和全人类的知识创新而奋发有为。

在搜集整理和研究利用已有各类学术人物传记资料的基础上，《概览》以突出对学术成就的归纳和总结为主要特色。在整理传主所取得的学术成就的基础上，分析并总结他们所以取得这些学术成就的情境和他们得以取得这些学术成就的路径，如实评介这些学术成就对学术发展的承前启后的贡献和影响，以及这些学术成就给人类社会所带来的改变。从知识发生、发展的脉络上揭示他们创造、创新的过程，从而给当前的教育界在培养创新型人才方面，以及给年轻科技工作者自我成长方面有诸多启示。同时，《概览》还力求剖析这些海内外知名华人科学技术和人文社会科学专家学者之所以成才成家的内外促因，提供他们对当前科技和学术后继人才培养的独到见解，试图得出在科学史和方法论方面具有普遍性意义的结论，进而对后学诸生的个人成长和科技人才培育体系的优化完善有所裨益。

在世纪转型的战略机遇期，编写出版《概览》图书，可以荟萃知名专家学者宝贵的治学思想、学术轨迹和具有整体性的科技史料，为科研、教学、生产建设、科研管理和人才培养等提供一个精要的蓝本。

他们的英名和成就将光耀中华，垂范青史。

钱伟长

2009年1月9日

《20世纪中国知名科学家学术成就概览·力学卷》

前　　言

《20 世纪中国知名科学家学术成就概览》（以下简称《概览》）是一部反映中国科学家成就的巨著，是国家重点图书出版规划项目。《概览·力学卷》是《概览》中的一卷。

力学学科探索和研究宏观物质和物体机械运动、变形及破坏的规律，其研究对象遍及自然界、人类本身和各种人造物。力学学科涵盖固体力学、流体力学、动力学和控制理论及交叉领域。

力学是一门探索自然规律的基础科学，也是众多工程和应用技术的基础。力学的发展经历了古代力学、经典力学、近代力学和现代力学四个阶段。力学，作为自然科学中的第一个精密科学，源于古希腊，牛顿力学则是经典力学的标志。近代力学始于 20 世纪初，它把理论性的经典力学推向广泛的应用领域，其中尤以航空工业的建立和发展最为典型，与此同时力学的理论和方法得到了许多新的飞跃，并促使航空工业等成为以科学理论为基础的一批新型工业。20 世纪中叶开始，伴随着电子计算机计算技术的发展，力学进入了现代力学的阶段，使力学能更为有效地认识和解决复杂的问题，特别是困难的非线性力学现象。这项能力的获得也使力学突破经典牛顿力学的框架，更为深刻地揭示宏观物质的力学行为。

在继承经典力学的基础上，20 世纪的力学无论在内涵上还是在其扩展和应用方面，都有巨大发展，极大地深化和丰富了人们对宏观物体运动的规律和各类复杂介质的变形和破坏规律的认识。在非线性力学系统里，人们发现了混沌现象，这是对传统观念的挑战，导致基本概念方面的变化，使人们得以用新的眼光研究包括自然现象在内的复杂系统的演化。力学与数学、物理学、化学、天文学、地学、生物学以及工程技术的相互渗透和交融空前扩大并日益深入，力学各分支学科的领域也随之深化扩充，并且出现了众多的次级学科，这一切都使力学在 20 世纪成为一个非常活跃的学科。力学对工程技术的贡献也同样是巨大的，航空和航天是力学催生和培育高技术产业的典型例子。完全可以相信，在新的世纪里，力学会对科学和工程技术做出同样重要的贡献。

科学史学者指出，早在明末清初中国就已经接触到哥白尼、伽利略的科学成果。然而力学作为物理学和工程学的一部分引入中国，却是在清末，特别是在废除科举制度、开办新学、创建近代大学和兴办近代工业之时。因此在大学和工业界里出现中国首批侧重于教学、应用和研究力学问题的先驱，但是直至 20 世纪 40 年代末，力学只是作为理科和工科学生的一门基础课，并未在国内形成专业，也没有专门从事力学研究的部门。

第二次世界大战的经验使人们认识到，原来被当成纯理论科学的力学可以在国防、新兴产业和经济建设方面发挥巨大的作用，以美、苏为代表的国家纷纷加强了力学的研究，成立了专门从事力学研究的部门，许多大学也设立了力学系和力学专业。在新中国成立前后，一批有这种经历的中国力学工作者，返回中国，一个时期又有不少苏联力学专家来到中国，经过他们和原先在中国从事力学工作的专家们的共同努力，终于在大学里出现了力学系和国家专门设立的力学研究机构，并在国家规划里，力学被确认是一个独立的学科。新中国成立之初，百废待兴，中国力学学科就是在这个基础上，通过几代新生力量的培养和成长以及研究和教学工作的艰苦磨练，后来又在改革开放带来的广泛的国际交流环境中，逐步成长壮大起来的。

20 世纪里，中国科学家在一些力学领域，做出开创性、系统性和具有广泛国际影响的重要科学贡献；一批中国科学家的研究工作和论文在国际力学界颇有影响力，有的还对工程技术的进步直接起了推动的作用；许多人活跃在国际舞台上；学科配套比较齐全；作为一个整体，中国力学已经被公认为是一支水平较高的重要的力量。

20 世纪中国的力学家是中国力学学科的开创者、奠基人、建设者和引路人，他们为学科的建设和开拓，为培养新生力量，做出了历史性的贡献，也在国家各方面的建设中发挥了重要的作用，有的甚至是十分关键的作用。按照《概览》编写的基本要求，经过征求学会等多方面意见，对传主遴选原则进行了多次慎重的研究和讨论，认为既要以学术贡献为主，又要尊重历史，要坚持高门槛、严要求。编委会拟定的传主遴选原则是：1. 中国科学院和中国工程院院士（截至 2007 年入选院士）；2. 有开创性、突出贡献的老一辈力学家，包括：新中国成立前各高校教授，新中国成立后至“文化大革命”前相当于副教授（包括留学归国博士）以上人员，1981 年前（含 1981 年）被聘为教授且为博士生导师者；1981 年、1984 年、1985 年国务院学位委员会批准第一、二和特批的博士生导师；1986 年、1990 年、1993 年国务院学位委员会批准第三、四、五批博士生导师并同时为 2000 年前国家级一、二等奖第一或第二获奖人，或国家三等奖，中国科学院、中国工程院、省部委一等奖第一获奖人。按照这个标准，初选得出中国大陆、港澳台及海外华裔学人 209 人。在此基础上，在编委的推荐下，经过编委会慎重研究，在原定标准之外决定再补增25人。

经征得传主本人、家属或所在部门的同意，实有177人被作为传主纳入《概览·力学卷》以记录中国这些知名学者的学术成就和贡献，反映20世纪中国力学的整体进展，并借此鼓励后人。需要说明的是，由于不少力学工作者已被列入《概览》的其他卷内，所以不再重复列入本卷。

《概览·力学卷》包含“20世纪的中国力学”、“20世纪中国知名力学家”和“20世纪中国力学大事记”等三部分。传文的主要内容包括：摘要，简历，学术成就和学术思想，主要论著，参考文献，撰写者简介等，重点介绍传主的学术成就和贡献，以及取得成就的个人因素、家庭、历史和社会背景。撰文由传主本人，或同事、学生、亲属撰写，具有真实性。文章力求深入浅出，适宜于科技和教育工作者，以及具有大学文化水平的广大读者阅读、参考和使用。

《概览·力学卷》在筹备、遴选传主、物色作者、撰写和审稿过程中，得到中国科协及所属各相关学会、中国科学院各有关研究所，高等学校有关院系及专家学者们的热情支持。在此，谨向他们致以崇高的敬意和衷心的感谢。由于种种原因，我们的工作难免疏漏和不尽如人意，敬请传主及其家属、广大读者朋友多多包涵。

《概览·力学卷》的问世是中国力学界的一件盛事。我们希望它能为中国力学界树立一座丰碑，突显出一个世纪以来中国力学界不懈努力的丰硕成果。深信在新世纪里，一代代新人将继承前人的成就，学习他们有益的经验，传承他们的精神，不畏艰险，努力攀登科学高峰，为世界科学做出中华民族应有的贡献。

《20世纪中国知名科学家学术成就概览·力学卷》编委会

郑哲敏

2013年9月16日

目　　录

20 世纪的中国力学

一、序　　言

力学（Mechanics）原是研究物质机械运动规律的科学。所谓机械运动，指的是质点、质点系和刚体的运动，固体的变形和破坏，流体的流动和输运。力学现象一般是人们容易直接观察到的事件。力学知识的萌生与人类的生产实践活动紧密相关，所以，早在人类进化和刀耕火种时期就逐步积累起与力学相关的经验和知识。

追溯力学学科发展的历史，大致可以分为古代力学、经典力学、近代力学和现代力学四个阶段。从有史记载到 16 世纪是基于生产经验积累的古代力学发展阶段。从埃及的金字塔、巴比伦的水利设施到达·芬奇的扑翼机都是例证。在中国有编钟、赵州桥和地动仪，李冰父子的都江堰是劳动者智慧的结晶，其中，杠杆原理、阿基米德原理给出了力学现象的规律和定量计算公式。17 ~ 19 世纪是基于严密数学理论的经典力学创立和发展阶段。当时航海的需求促进了对日地关系认识的革命，出现了微积分和牛顿力学，可以准确预测行星运动规律。随后，发展到拉格朗日体系和哈密尔顿体系的分析力学，研究对象又扩展到包括固体和流体的连续介质体系。20 世纪上半叶是紧密结合工程技术的近代力学发展阶段。航空工程设计迫切需要计算飞机的升力和阻力。一方面，我们不能处理真实介质的黏性和可压缩流动，另一方面缺少求解非线性偏微分方程的理论方法和计算工具。于是，普朗特的边界层理论和渐近分析应运而生，随后相继突破“声障”、“热障”，为人类进入空间时代做出了贡献。20 世纪下半叶起是基于高新计算和实验技术的现代力学发展时期。计算机的出现和更新换代，现代化观测和数据处理技术为力学工作者提供了崭新的研究手段，可以研究复杂介质非线性、多尺度行为的诸多自然现象和工程问题。

力学是自然科学的先导，是物质运动确定论和混沌论的源泉，是科学研究观测、实验、理论和计算方法的发端。力学既从自然科学的其他分支得到借鉴，同时也促进了数学、天文学、热力学和统计物理、大气动力学、物理海洋学、地质力学等其他学科的发展。

牛顿力学的出现正值清朝前期。清政府的闭关自守政策，加重了中国近代科学技术落后于世界。1840 年鸦片战争以后，中国沦为殖民地、半殖民地国家，中国力学学科的发展滞后。但从鸦片战争到新中国成立大约一个世纪的时期内，经过多少仁人志士的努力开拓，发展了工程力学教育，学习西方，传播了经典力学的知识，并在铁路、桥梁、水利、建筑工程方面得到具体应用，播种了力学学科发展的种子。新中国成立后的60 年，为中国力学学科的发展创造了良好的条件和机遇，并取得了飞跃的进步。在前 30 年，经济发展和国家安全的迫切需求，吸引了以钱学森、周培源、钱伟长、郭永怀等受到西方教育和留苏的杰出科学家回来建设祖国，同时也在国内培养了一批从事力学研究的优秀人才，奠定了中国近代力学的基础。后 30 年，即改革开放30 年以来，我们面向国家需求和学科前沿，通过发展新兴学科，现代力学的各分支学科得到了全面发展，为国家经济社会发展和现代化建设做出了积极贡献，并融入世界现代力学发展的潮流。

二、早期的中国力学（1901～1950）

中国的近代力学是从外国引进的。如果说，从 1627 年瑞士传教士邓玉函口授、王徵笔录而成《远西奇器图说》出版作为经典力学引进的开始，那么，经过了三百多年的艰苦而漫长的历程，从 20 世纪初到 1950 年则是中国力学的教学与研究体系开始形成的起步阶段。

1. 早期的力学译著

鸦片战争之后，中国的有识之士看到中国的失败和西人的船坚炮利，提出“师夷之长以制夷”的口号。从 19 世纪 60 年代起形成全国范围的“洋务运动”。它的主要内容是聘请洋技术专家教学生、办工厂、买枪炮、买机器。1862 年成立的同文馆专门培养翻译，1866 年同文馆又设天文与算学二馆（1898 年京师大学堂成立，同文馆后并入)。这些洋务措施客观上需要懂得西方语言和科学技术的人才。中国人开始向西方学习科学技术。在同文馆开始讲授有关力学的知识。

这一时期，翻译出版了几部有关力学的著作。它们是：

最早系统介绍日心说的中文著作——《谈天》。伟烈亚力与李善兰合译，于 1859 年出版。原书是英国天文学家赫歇尔（J. F. W. Herschel，1792～1871）写的一本天文学通俗读物。

最早系统的声学中文著作——《声学》。英国人傅兰雅与徐建寅合译，于 1874 年出版。该书是由英国物理学家丁铎尔（John Tyndall，1820～1893）所著的 *Sound*

第二版 1869 年译出。

最早以中文介绍牛顿力学的著作——《重学》。英国人艾约瑟（Joseph Edkins，1823 ~ 1905）和李善兰合译，于 1859 年出版。原书是英国物理学家胡威立（William Whewell，1794 ~ 1866）所著。牛顿三定律是由该书第一次介绍到中国。

一部集应用力学与汽机基础大成的著作——《汽机必以》。原书为英国普尔奈（John A. Bourne）著，1865 年出版，傅兰雅口译，徐建寅笔述，共 12 卷，外加卷首 1 卷和附卷 1 卷。

丁韪良在京师大学堂主持编译的格物教材。随着清末北洋大学、京师大学堂等新式学校出现，需要有讲授西方自然科学，特别是力学与物理方面的教材。其中丁韪良在京师大学堂先后刊行的三套教材影响较大，其中以较大的篇幅介绍力学。

2. 学术团体与研究机构

民国初年，在提倡民主与科学思想的氛围下，1914 年 10 月 25 日，正在美国康奈尔大学的中国留学生任鸿隽、胡适、赵元任、杨铨、秉志等发起成立中国科学社，宗旨是“提倡科学，鼓吹实业，审定名词，传播知识”，由任鸿隽任社长。他们还创办了《科学》杂志。1928 年，中国科学社定址在上海。

随后中华农学会（1917 年），中国地质学会（1922 年），中国物理学会（1932 年），中国数学会（1935 年）等学术组织相继成立。

中华工程学会（1912 年成立，1914 年易名中华工程师学会），中国水利工程学会（1931 年），中国机械工程学会（1935 年），中国土木工程师学会（1936 年），相继成立。

以上科学与工程学术组织的建立，以及由这些学术团体编辑的出版物，在很大程度上推进了近代力学在中国的传播。因为无论是自然科学还是近代工程技术的发展，都在很大程度上依赖于力学学科的发展。

经蔡元培等建议，1928 年中央研究院在南京成立，同年 11 月在上海建立了物理研究所，开展物理学的研究工作。中央研究院是中国最早官办的研究单位，在后来 20 年的发展中，中央研究院先后建立了 13 个研究所，含自然科学和人文科学学科。

1928 年，南京国民政府工商部筹办中央工业试验所，于 1930 年在南京成立。其中机械组成立了一个材料试验室，该室于 1934 年春从瑞士购买了一台 Amsler 25 吨万能材料试验机与若干件其他仪器。他们先后收集国产或进口金属和木材进行比较试验、公布试验结果、编制材料试验方法与标准。

1939 年 7 月 7 日在成都成立了航空委员会航空研究所，下设器材、飞机和空气动力三个组。1941 年 8 月扩大并改名为航空研究院。并且聘请英国学者李约瑟与留美教授钱学森为“委托研究员”。

3. 高等学校中的力学教学

1903 年之前，官办的大学一共只有北洋大学（后更名国立北洋大学，为天津大学前身）、京师大学堂、南洋公学、山西大学等几所。早期的私立大学有上海的圣约翰大学，为传教士所办。

北洋大学，在创办之始设立头等学堂（大学本科）、二等学堂（预科），学制各为四年，共八年，以培养专门人才。资送头等学堂毕业生出国留学也是学堂创办计划中的重要组成部分。创办之时，头等学堂设专门学（即科系）四门：工程学、矿务学、机器学、律例学，1897 年（光绪二十三年）学堂增设铁路专科，1898 年（光绪二十四年）又设铁路学堂。在北洋大学之后开办的大学，大多数都设有工程系科。

1913 年北京大学建立理科，相当于理学院，物理学门和数学门同时成立，这是中国最早的物理和数学系科，夏元瑮（1884～1944）由德国回国任北京大学理科学长。1909 年他赴德国柏林大学，曾就学于普朗克，也认识在那里执教的爱因斯坦，1913 年因无经费而回国。1919 年他二度赴德，于 1921 年回国。1922 年商务印书馆出版了他翻译的爱因斯坦的著作《相对论浅释》，是中国出版的解释相对论的最早的著作。

20 世纪早期，新式大学主要课程是聘请外籍教师讲授。在 20 年代以后，教师的大部分虽然为留学归国的中国人，但教材却一般使用外文的。

1934 年清华大学决定筹办清华大学航空研究所，于 1936 年开办，从属于机械系，顾毓琇担任首任研究所所长。这个研究所于 1936 年开始在王仕倬主持下，并得到美国著名力学家冯 · 卡门的学生华滕多夫（F. Wattendorf）的协助，设计建造风洞。后来在昆明西南联大建造了一座实验段口径为 5 英尺（符号 ft，$1\text{ft} = 3.048 \times 10^{-1}\text{m}$）的低速小风洞。在昆明期间他们进行空气动力学、高空气象、结构与材料、直升机与滑翔机的设计制造研究，共有研究报告 108 篇，其中 4 篇在国外发表。

高等学校的工程学科、物理系和数学系需要开设工程力学、材料力学和有关的力学课程。随着这些系科在中国高等学校大量创立，力学课的教学工作量也就不断增长。

工科，以北洋大学为例，依据 1913 年颁布的《大学规程》，工科各学门第一、二学年开设的公共课有：应用力学、材料力学、水力学。在第二、三、四学年又分别开设的专业课程，如土木工学门设有：材料学及材料强弱实验、机械学原理及设计、水力机械学及实验、房屋结构学、铁道结构学及设计等课程。可见，其中力学课程或与力学有关的课程占有一个相当大的比例。

理科，以北京大学为例，1934 年秋，曾任哈佛大学数学系主任的美国著名数学家奥斯古德（W. F. Osgood，1864～1943）来华，被聘任为北大数学系教授。这位当时蜚声国际数学界的大师在系内开设了复变函数、实变函数、力学等课程。经多年探索，1937 年 7 月北大公布了研究院招生办法，规定理科研究所算学部的考试科目中力学列为必试科目，准备开展正规的研究生教育。

在工程学科重要基础课的力学教学的众多教师中，应当着重介绍唐山铁道学院的罗忠忱（1880～1972）教授和上海高等实业学堂的凌鸿勋（1894～1981）教授。

罗忠忱早年就学于北洋大学，后到美国康奈尔大学土木系进修，于 1910 年毕业，1912 年回国后一直在唐山铁道学院任教。他先后主讲过应用力学、材料力学、水力学、天文学和海工程等重要课程。他在中国工程学科的教学中，最早系统地以美国和西方的先进教育思想，比较重视工程师的力学基础教育，同时在教学中以严格要求学生和理论严谨著称。罗忠忱除在数十年如一日的力学教学工作之外，还曾任过土木系主任、工学院长、校长等职。

凌鸿勋是中国铁路工程专家，教育家。1910 年考取上海高等实业学堂（上海交通大学前身）的粤省官费生，1915 年毕业于土木工程科。毕业后，被选送到美国桥梁公司实习，并在哥伦比亚大学选读。1918 年回国后在上海高等实业学堂教授工程力学，是中国在南方较早教授工程力学的教师之一。1920 年在上海高等实业学堂暂代校长职务，1924 年任校长。在该校建立了工业研究所，首创国内大学附设研究所的范例。凌鸿勋后来转入中国铁路交通的建设事业中，曾主持陇海、粤汉铁路建设，成就卓著。1981 年在台湾逝世。

翻译家郑太朴（1901～1949），又名松堂，是一位知名的自学成才的学者。1922 年在德国哥廷根大学研究数理，兼及其他自然科学和社会科学。郑太朴致力教学与研究后，积极投入科学技术著作的写作与翻译，其中牛顿所著的《自然哲学的数学原理》一书是他首次全部翻译成中文并在 1931 年出版。

在蔡元培的大力倡导下，1932 年，商务印书馆决定编辑出版一套“大学丛书”，以供国内大学教学使用。商务印书馆请蔡元培主持，邀集国内各大学及学术机构代表共 56 人组成“大学丛书”编辑委员会。到 1936 年，出版了 200 余种，截至 1954 年共出版 369 种。其中在力学方面的著作有刘仙洲著的《机械原理》（1946 年出版)、严济慈翻译的《理论力学纲要》（1947 年出版)、陆志鸿的《工程力学》(1937 年出版)、张含英著的《水力学》(1936 年出版）等。

4. 著名的力学教学与研究的先行者

在这一阶段，我们还要提及茅以升、张国藩、李四光等著名的力学教学与研究的先行者。

茅以升（1896 ~ 1991）于 1917 年获美国康奈尔大学研究院硕士学位，1919 年获美国卡内基梅隆理工学院工学博士学位。博士论文题为《桥梁桁架次应力》，荣获卡内基梅隆理工学院颁发的金质奖。1919 年茅以升回国，在唐山交通大学任教授。曾讲授与结构力学、土力学等有关的力学课程。1933 ~ 1937 年主持修建钱塘江大桥。茅以升先后任河海工科大学校长、天津北洋工学院院长兼教授、交通部中国桥梁公司总经理兼总工程师、中国交通大学校长、铁道科学院院长等职。

张国藩（1905 ~ 1975），1933 年获美国康奈尔大学理科硕士学位，随后转入爱荷华州立大学，学习水利，兼攻流体力学、空气动力学、航空力学。1935 年获工程博士学位后回国。先后在北洋大学、西北工学院、沪江大学、北洋工学院、岭南大学任教授。也担任学校行政职务。张国藩晚年，总结教学经验和科研成果，编著了《流体力学》、《振动力学》两部教材，曾被很多高等院校所采用。张国藩的科研成果主要集中在两个方面：分子物理和原子物理；湍流理论。

李四光（1889 ~ 1971）早年留学日本，曾参加孙中山的同盟会。1916 年留学英国伯明翰大学，获硕士学位。1918 年回国后，历任北京大学地质系教授、系主任，中央研究院地质研究所所长，中国地质学会会长。1945 年，李四光对重庆大学和中央大学作“地质力学之基础与方法”报告，开创了地质力学研究的先河。他以力学的观点研究地壳运动现象，探索地质运动与矿产分布规律，根据新华夏构造体系的特点，分析了中国的地质结构和储油条件。

值得一提的是，在 1949 年以前，留学生学成归国而且一直在国内从事力学研究与教学的，其中最著名的是周培源和钱伟长两位先生。前者是学习物理出身，而后者是学习应用数学出身。他们在军阀割据内忧外患的极其困难和艰苦的条件下坚持力学的教学与研究是难能可贵的。在这一时期，还有一些从事工程力学的学者学成归国，他们分别坚持在各工科院校或研究所工作，为日后中国的水利、桥梁、港口、航道、航空工程的发展和人才培养做出了贡献。

直至 1949 年，力学在中国虽有起步，但还不能说是一个独立的学科。从事力学教学与研究的，都是理工科的基础课教师，是依附于其他理工科而存在的。这个时期中国的学者在力学上做出的一些很好的研究工作，大多是首先在国外开始，与外国的导师合作或在外国导师指导下完成一批成果，然后回国继续深入发展的，反映了中国力学在这一时期的实际状况。

三、中国近代力学发展阶段（1951～1976）

20 世纪 50 年代，在国际上航空、航天工业蓬勃发展背景下，中国近代力学的产生，是在中国为适应新中国经济发展与国家安全的需求，向西方和苏联先进科学技术不断学习、引进、创新和奋斗的过程。

虽然力学学科本身有悠久的历史，但直至 20 世纪 50 年代前，中国几乎没有现代工业，因而也没有近代力学发育的土壤。但是却有一批在海外求学、工作的中国学者，在艰难的条件下，做出了被世界公认的成果。他们中最优秀的代表和中国近代力学事业的奠基人是：

周培源，1928～1946 年，他先后数次赴美留学和工作，起初研究广义相对论，证实了引力论中“坐标有关”的重要论点。然后，他独树一帜，首先导出了湍流脉动和关联函数的方程，奠定了湍流模式理论的基础。随着计算技术的进步和各国学者的拓展，形成了著名的周培源湍流模式理论流派。

钱学森，1934～1955 年在美学习和工作，师从 T. 冯·卡门。他给出了高亚声速翼型压力系数的卡门–钱公式，开拓了高超声速空气动力学、稀薄气体动力学，发展了壳体稳定性的非线性理论，在应用力学、火箭推进、工程控制论、物理力学等诸多领域做出开创性的贡献。他是应用力学学派的继承者，技术科学（又称工程科学）的倡导者，也是中国航天事业的奠基人。

钱伟长，早年从事物理研究，对硒的单游离光谱分析开创了中国稀有元素研究的先河。1940～1946 年，在加拿大和美国先后师从 J. L. 辛吉和 T. 冯·卡门，在弹性力学、变分原理、摄动方法等诸多领域有重要成果，尤其是创立了薄板薄壳非线性内禀统一理论和圆板大挠度问题的摄动解法，为国际学术界公认。

郭永怀，1940～1956 年先后在加拿大和美国学习工作。师从 J. L. 辛吉和 T. 冯·卡门，从事跨声速空气动力学研究，发现真正有意义的是在翼面上产生激波的上临界马赫数；研究了激波和边界层的相互作用，发展了奇异摄动理论中的变形坐标法，即国际公认的 PLK 方法，为人类突破声障和中国的“两弹一星”事业做出了杰出贡献。

这个时期，适逢国家实施第一个五年计划（1953～1957），随着众多工程项目的启动，急需力学人才。在重视科学、尊重知识分子、“百花齐放、百家争鸣”方针的感召下，一大批在欧美各国学有所成的力学家 20 世纪 50 年代中期先后回国。他们中有钱学森、郭永怀，还有固体力学家罗祖道、程世祜、郑哲敏，塑性力学家王仁、李敏华，流体力学家林同骥、周光坰、康振黄、孙天风、卞荫贵，岩土力学家陈宗基、钱寿易，计算力学家董铁宝等。他们与早在 1946 年和 1947 年分别先后回国的钱伟长、周培源一起，为中国现代力学事业打下基础。建国初期，在十分困难的情况下，国家选派了一批留学生赴苏联和东欧进修力学，其中著名的有郭仲衡、杨绪灿、黄克智、熊祝华、赵祖武、黄敦、杨桂通、郭尚平、徐秉业、陈予恕、刘延柱等。他们回国后，成为发展中国力学事业的骨干。

在同一时期，我们同苏联保持良好的合作关系，他们派遣了许多科技专家来中国访问、讲学和参加相关的工程建设项目，也促进了中国力学学科的发展。如：别洛娃教授讲授的气体动力学为当时中国培养了优秀的中青年力学人才。

1. 建立力学教学和研究机构

20 世纪 50 年代以前，尽管中国一些历史悠久的高等学校（如：清华大学、浙江大学、北洋大学、同济大学等）的理工学系都学习力学课，但没有力学专业。1952 年，国家实行院系调整，按照苏联模式将力学置于综合性大学中，在周培源的带领下，由原北大、清华、燕京三校的数学系合并，在北京大学成立了数学力学系，这是中国第一个力学专业。之后，各理工科院校，如张国藩在天津大学，周明鸂在哈尔滨军事工程学院，钱令希、王仁东在浙江大学，沈元、陆士嘉、王俊奎在北京航空学院等相继成立力学教研室或组。

1951 年，在中国科学院数学研究所成立了力学研究室，钱伟长任室主任，周培源、沈元为研究员。不久又接收了胡海昌、林鸿荪、庄逢甘、郑哲敏等一批有为的年轻人。1955 年钱学森冲破重重阻力回到祖国，与钱伟长合作，于 1956 年 1 月创建中国科学院力学研究所，钱学森任所长，钱伟长任副所长。1956 年，郭永怀回国，担任力学所副所长。其他先后成立的力学研究机构还有：1954 年中国科学院在哈尔滨建立的土木建筑研究所，后归属于国家地震局工程力学研究所，第一任所长刘恢先；1956 年，在无锡成立中国船舶科学研究中心，第一任负责人辛一心；1958 年中国科学院与清华大学创建的动力研究室，吴仲华任主任；1962 年在武汉建立的中国科学院岩石与土力学研究所，第一任所长陈宗基。

与国防相关的力学研究机构有：1957 年 12 月，国防部第五研究院下属空气动力学研究室成立，该室 1959 年发展为研究所（701 所），室、所第一任技术负责人庄逢甘；1967 年，空气动力研究院（第十七院）筹备组成立，组长钱学森，副组长郭永怀、严文祥，1968 年 2 月经中共中央、中央军委批准十七院在四川绵阳正式成立，1976 年发展成为中国空气动力研究与发展中心。

经过数年的努力，在 50 年代中后期，中国已建起一批对以后力学研究与教学有重要影响的实验室和实验设备。在高等院校，如：北京大学的三元低速风洞，北京航空学院的低速风洞群和超声速风洞以及上海同济大学的结构实验室，清华大学的水利实验室，上海交通大学的水动力学实验室等。尤其是国家的研究机构，我们有了近代力学系列的大型试验设备。如：中国科学院力学研究所叶栅风洞、激波管、激波风洞、电弧风洞、弹道靶、怀柔火箭试验基地；中国空气动力研究与发展中心的低速、跨声速、超声速和高超声速、激波风洞、稀薄气体风洞等风洞群以及电弧加热器和自飞弹道靶；中国船舶科学研究中心的深水船拖曳水池、操纵性旋臂水池、空泡水筒、波浪水池、冲击与振动水池等试验设备。

2. 规划力学学科

1956 年春，由周恩来总理亲自领导，集数百名专家学者，制定了中国第一个远期科学发展规划——《1956 ~ 1967 年科学技术发展远景规划纲要》（简称《规划》)，确认力学为一级学科。《规划》指出："力学是一切工程技术的基础"，并对力学学科的发展提出了很具体的意见。关于流体力学：主要是研究高速飞机空气动力学问题、亚声速飞行和超声速飞行中的边界层理论；结合火箭研究发展高超声速空气动力学和稀薄气体力学的研究；结合航海事业开发船舶造波理论、推进理论与水翼理论的研究；发展旋转机械流体力学，以提高涡轮机和压气机的效率；此外，着重发展与水利建设、石油工业等有关的含颗粒流体力学、渗流力学与多相流体动力学；继续发展湍流理论，并对化学流体力学和电磁流体力学这两个新的学科生长点给予重视。固体力学方面：应发展强度理论，特别是高温、高速状态下金属的塑性理论（如机械加工)；结合机器制造工业开展金属的破裂与疲劳规律的研究；发展弹性动力学和流体弹性力学的研究以解决抗御地震和爆炸的结构问题、飞机和水工结构的颤动问题以及高速机械的振动问题；发展非线性弹性力学和非均匀体弹性力学并解决机械制造和建筑工程中大量的强度分析问题。此外，要展开岩石力学和土力学工作，建立流变学的基础。应重视物理力学，研究从物质的微观结构预测气体、液体和工程材料的性质等重大问题。"规划"高屋建瓴，为随后数十年的力学研究指明了方向。

在规划的 57 项国家重大攻关项目中，第 37 项"喷气和火箭技术的建立"（项目主持人钱学森，参加者有王弼、沈元、任新民等）与力学关系最密切，也是五六十年代全国力学工作者急国防之需，集中拳头为国家做切实贡献的重点任务。

1956 年 2 月 17 日，钱学森向国务院提交了《建立我国国防航空工业的意见书》，经国家批准组建导弹、航空科学研究机构，发展中国自己的喷气火箭技术。1957 年 2 月 8 日，国防部第五研究院成立，钱学森任院长。不久，中国科学院成立新技术局，力学研究所与动力室合并，集全国之力组织理论研究、技术设计、实验生产一盘棋，从事"两弹一星"和相关高尖技术攻关。

1957 年，钱学森在《科学通报》发表论文《论技术科学》，阐明了力学学科的性质和人才培养的模式。他认为，应用力学或工程力学应属于技术科学，它介于基础与工程技术之间，其研究对象是工程专业中共同性和具有规律性的科学问题，力学研究就是要发挥技术科学的先导作用，为国家目标服务。

按照钱学森的设计，力学研究所创建初期设有弹性力学、塑性力学、流体力学、物理力学、化学流体力学、运筹学以及自动控制 7 个研究室。每个研究室都有明确的服务目标，如：弹性力学研究抗震的力学问题；塑性力学研究描述塑性行为的本构理论；流体力学则以研究叶栅流动，以服务于各种叶轮机械为主。自动控制室后来发展成为中国科学院自动化研究所，运筹学室也在 20 年后发展成为中国科学院系统科学研究所。1958 年，钱学森、郭永怀、杨刚毅提出上天、入地、下海和为国民经济服务的目标。也就是说，力学学科的目标应该是为发展自然科学服务，为发展工程技术服务。钱学森的技术科学思想成为中国一个时期力学学科发展的指导思想。

3. 培养力学人才

1957 年 2 月，由高等教育部与中国科学院合作，建立两年制的清华大学工程力学研究班，自全国选拔具一定工程技术知识和经验的人员和重要高等学校的高班优秀学生，进行力学的基础培训，以培养高级力学人才，有的还继续攻读副博士学位。钱伟长、郭永怀先后任班主任，钱学森、陆元久、钟士模、杜庆华等都是班委会委员，研究班先后招收了三届共 309 人，这些学员后来多成为各条战线的工程力学骨干，当年的青年教师何友声、俞鸿儒、朱伯芳，学员范本尧、张涵信、谢友柏先后成长为中国科学院或中国工程院的院士。

1956 年，北京航空学院空气动力学专业成立。1958 年，清华大学工程力学数学系成立。同年，中国科学技术大学近代力学系成立。继之，复旦大学、吉林大学、兰州大学、中山大学、西安交通大学、上海交通大学、浙江大学、天津大学、哈尔滨工业大学、同济大学、大连工学院（后改为大连理工大学）、华中工学院（后改为华中科技大学）、北京工业学院（后改为北京理工大学）、华东水利学院（后改为河海大学）等高等院校先后建立了力学专业或力学系，培养的人才各有侧重，力学专业队伍初具规模。所用教材最初多为英、美、苏的译本。自 50 年代后期，中国力学工作者自己编写了一大批优秀教科书，比较有名的如 1952 年出版的周培源的《理论力学》、1958 年钱学森的《水动力学讲义》，1963 年郭永怀的《边界层理论讲义》，还有胡乾善 1954 年在南京工学院出版的《理论力学》和 20 世纪 60 年代出版的《机械振动》，周鸣鸂在哈尔滨军事工程学院出版的《材料力学》，徐芝纶在华东水利学院出版的《弹性力学》，陆士嘉在北京航空学院出版的《附面层理论》、《高速黏性流体力学》、《电磁流体力学》等讲义，汪家訸编写的《分析动力学》、《人造卫星的运行理论》、《三体问题》，张维的《壳体理论入门》，钱令希的《超静定结构》、《静定结构学》，徐华舫的《空气动力学》，王俊奎的《板壳力学》等，为中国的力学专业教育都做出了贡献。

4. 促进学术交流

1957 年 2 月 5 日至 10 日，由中国科学院数理学部和技术科学部发起召开了第一次全国力学学术报告会，会议主席周培源。来自各研究院所、高等院校、产业和国防部门的代表 200 余人齐聚一堂，以流体力学、弹性力学、结构力学、塑性力学、一般力学、自动控制分为 6 个组，共宣读论文 67 篇。钱学森和钱伟长分别做“论技术科学”和“当前我国力学工作者的任务”的报告。会议还组织座谈会，对力学研究的方向，从事力学工作应采取的态度和方法，以及面临的困难和问题，广泛交换意见，对当时全国力学团队的力量做了准确的衡量。

出于对发展力学学科、建设新中国的共同意愿，会议一致通过并于 1957 年 2 月 10 日宣布成立中国力学学会。选举钱学森为理事长，周培源、钱伟长、沈元、李国豪、钱令希为副理事长，并设 35 位理事。张维任秘书长。学会初建时设固体力学、流体力学、一般力学和岩土力学 4 个专业委员会，在哈尔滨、西安、北京、天津、上海、南京、大连 7 地相继成立分会。在 60 年代前后，组织了多方面的学术交流，如全国第一届流体力学学术会议、塑性理论和极限分析学术会议、一般力学学术会议等。会员发展到 1000 多人。

相应地，由学会主办，《力学学报》于 1957 年创刊。钱学森任主任编辑，潘良儒为执行编辑，1958 年郭永怀继任主编，同时在上海还办有《力学译丛》。

5. 力学研究成果

5.1 传统力学学科

5.1.1 固体力学

早期研究多偏重于结构力学，如：桁架矩阵理论、板壳理论等方面。50 年代初，中国学者应用奇异摄动理论研究板的大挠度变形，出版了《弹性圆板大挠度问题》(1954)；在任意形状的薄壳都适用的非线性方程基础上，发展了系统的理论方法，求解了圆环壳受任意旋转对称载荷作用下的应力状态，提出了薄壳应力分布的计算方法，出版了《弹性体扭转理论》(1956)。在这一时期，也开展了不同载荷和支承条件下厚板和夹层板变形和各种壳体稳定性的研究。

塑性力学方面，早期研究主要考虑物体塑性行为的本构理论及应用；后来用引进常参数方法，求解应变硬化材料塑性应力分布，并开展了对塑性力学滑移线的理论分析。其中对带 V 形和半圆形缺口的拉伸试件，分析塑性区域随缺口扩展的演化过程，这是用理想塑性力学分析裂纹扩张的早期工作；此外，为了分析结构耐撞性，还研究了固支圆板在冲击载荷下的塑性变形，利用等倾线方法构筑了真实特征线的上下限，给出高精度的数值解，在军事防护和交通工具方面有广泛应用。

在变分原理方面，1954 年提出了位移、应变和应力三类变量全部都作为自变函数，全部方程都不必精确满足。这个条件的变分原理为以往的工程实用结构理论提供了能量法观点的解释，并为研究各种近似解法提供了空前灵活的理论依据，被国际公认为胡—鹫津原理。1964 年，钱伟长进一步发展了基于拉格朗日乘子法的广义变分原理，并由此导出壳体非线性方程。广义变分原理的研究推动了有限元、多变量协调元与拟协调元等方面蓬勃的研究和广泛的工程应用。

5.1.2 流体力学

在这一阶段由于计算和实验基础薄弱，主要依靠理论分析，内容涉及基础研究和应用两个方面。

湍流理论的研究是在国际上有重要影响的工作。50 年代，周培源利用一个比较简单的轴对称旋涡模型作为湍流元的物理图像，以描述均匀各向同性湍流的后期衰变运动的二元与三元速度关联函数。10 年后，此函数被 Bennett 和 Corson 的实验证实。1975 年，为了统一湍流在初期和后期衰变的两个模型，周培源与其学生提出“准相似性”的概念及与之相适应的条件，并于 1986 年由北京大学湍流实验室得到证明，从而在国际上第一次由实验确立了从衰变初期到后期的湍能衰变规律和微尺度扩散规律的理论结果。中国学者还开展了网格湍流研究，发展了准定常植被湍流局部扩散模型。由于模型既简单又能反映风速廓线的特征，在后来的微气象学、农学、森林学和水文学等方面被广泛采用。

水动力学方面，起初以学习国际上在实验船舶流体力学方面的研究工作为主，并筹划船舶水动力学研究基地和试验设备。1958 年，钱学森在力学班上讲授“水动力学”课程，明确了水动力学的研究范畴和发展方向。在船舶的耐波性方面，研究了水中航行体的线性兴波理论、浮体在波浪中的运动响应等问题；针对船舶特种螺旋桨系列和空泡螺旋桨系列设计，研究了螺旋桨激振力问题；对于空化问题，在二元超空泡水翼线性化理论、二元空泡翼栅的自由流线理论、线性化空泡流体力学的速度面法以及空泡流的相似律，空化剥蚀实验等取得了进展；结合水利工程实际，开展了大型水轮机设计的研究。

渗流力学方面，60 年代发现大庆油田后，为了给中国油气藏工程提供新的理论基础，将油气开采的研究深入到多孔介质的孔隙、裂隙层次。中国学者研究了多相渗流、多重介质渗流，并将天然岩芯和人工地层的物理模拟相结合，探索用物理化学方法提高油气采收率。中国学者还证实了人体微细血管、泌尿管道、肺泡—支气管和胆管体系等都具备孔径微小、比面很大的多孔介质特征，开拓了生物渗流力学的新方向，并进行了相应的理论和实验研究。

5.1.3 动力学与控制

除了早期在三体运动、分析力学等若干基础研究外，多数工作关注振动理论及其工业应用，涉及非线性振动、随机振动、模态分析、阻抗计算、振动控制、转子动力学、结构动力学反问题方面的研究。特别是，中国学者在大型汽轮机长叶片设计、复杂组合体结构动力学分析、充液系统运动稳定性、振动机械的利用、结构故障的振动诊断等研究方面都取得进展。

5.2 新兴前沿学科

5.2.1 高超声速空气动力学

航空航天工程的需求促进了现代空气动力学的发展。如果说高亚声速和跨声速流动需要将气体动力学与热力学结合，考虑空气的可压缩性和内能，那么高超声速空气动力学就需要将气体动力学与化学反应结合，考虑气动热化学效应。钱学森、郭永怀认识到这一新兴学科的重要性，以高超声速讨论班为平台，集中各部门的空气动力学工作者，研讨当时国际前沿课题，促进中国国高超声速学科的研究进展，研究所关心的主要科学问题是高超声速飞行器绕流流场、气动力和气动热特性。

在流场分析方面，研究了高超声速小钝体绕流流场特性，发现在后身的表面附近形成熵层，并在流场中可能产生“悬挂激波”；获得了压力和其他物理量的合理分布，解释了压力过度膨胀和回升现象。并给出了二次激波的条件。在钝体绕流方面，用物面附近摄动展开的方法获得了理论解，同时，也应用了国外发展的积分关系法进行数值分析。

在气动热方面，开展了边界层湍流传热、钝体驻点热流的研究。为了提出防热措施，开展了对有质量引射和化学反应边界层传热的研究，获得了玻璃纤维增强塑料和碳材料定常与非定常烧蚀的理论模型。在试验研究方面，提出了用电弧加热等离子体亚声速射流和火箭发动机喷流模拟弹头气动加热与材料烧蚀的方案。研制了920kW 电弧加热器和一整套气流与材料烧蚀参数测量技术。注意到弹头穿过核爆区，灰尘粒子会有影响，开展了含灰气体中的高超声速流动和粒子云侵蚀和烧蚀的耦合问题。在此期间，力学工作者还承担导弹、卫星等飞行器的型号实验，为中国“两弹一星”和工业建设做出了重要贡献。

5.2.2 电磁流体力学

20 世纪中叶，针对能源问题和高速流动中电离现象，出现了电磁流体力学这门新学科，它是研究电磁场与流体介质（如等离子体和液态金属）相互作用的学科。等离子体是物质的第四态，由电子气、离子气加上（或不加）中性气体组成。等离子体动力学是研究在外力作用下，等离子体的宏微观运动规律，前者即电磁流体力学，后者即动力学。学科的应用领域包括核聚变反应、天体和空间物理、高温气体动力学以及等离子体技术。它是一门流体力学与电动力学交叉的新兴学科。

1961 年初，中国科学院力学研究所成立第六研究室从事电磁流体力学基础研究工作，在三方面作了探索性研究。在核聚变方面，建立了小型角向箍缩放电实验装置，探讨在磁压作用下柱形收缩等离子体的加热机制及不稳定性。随后，在中国科学院物理研究所建立了磁控核聚变反应堆原理性（“托卡马克”）实验装置。在合肥建立中科院等离子体研究所，筹建大型实验设备。第二机械工业部原子能科学研究院还开展将核聚变能源直接转换成电能的磁流体发电方案的实验及理论研究，以液态金属为工质作了模拟实验。在工业应用方面，应用其相反原理研制液态金属电磁泵，包括同步卫星上用的轻型直流电磁泵，用于密封输送汞、钠等液态金属电磁泵和输送液态金属（铝）的电磁流槽，研制高频感应等离子体源，用于制备钛白超细粉末的生产线。另外还成功研制了等离子体表面镀膜的设备。在同位素分离方面，提出电磁离心分离的设想，即用电磁力加速电离气体的旋转，进行了一些原理性实验及理论分析。

5.2.3 爆炸力学

爆炸力学是研究爆炸的发生、发展的规律及其力学效应的利用与防护的学科，它是流体力学、固体力学和物理学、化学相交叉的一门在理论与工程应用上极有特色的新兴学科。钱学森、郭永怀极力倡导爆炸力学在中国的发展。1958 年中科院力学所二室组建了爆破课题组，在郑哲敏领导下，紧密结合工程实际，开展了理论研究，逐步建立了动态力学特性实验室、爆炸洞和相应的测试设备，开展广泛、深入的研究，为创建和发展爆炸力学学科做出了贡献。

在爆炸力学理论及其工业应用方面：1959 年开始探索“高速、高压塑性动力学”，用相似理论和模型律，完成了“金属薄板典型零件的爆炸成形理论”的研究，揭示了二次加载的机理，为导弹零件和潜艇壳体头部的爆炸成形提供了重要的理论依据与工艺方案。1964 年与国外同期独立地提出了统一的流体弹塑性体模型，这一模型能够满意地体现介质在流体和固体介质之间的紧密耦合及其运动在时间和空间上的连续变化的天然特性，该模型的提出被国际学术界高度评价为是爆炸力学的一项重大进展。该成果被应用于中国地下核爆炸力学效应的测试和分析，成功地处理了高速加载和高速变形下岩石的流动与变形问题。以后还被应用于装甲钢板抗弹性能研究，包括：聚能射流和侵彻机理，复合材料聚能射流干扰机理研究。此外，还进行了炸药爆炸法合成金刚石和复合金属板的研究。

在爆破工程方面，首先在河北东川口和广东韶关南水电站实施定向爆破筑坝。后来又与工程兵研究设计院合作进行平地定向爆破堆山，提出了抛掷爆破基础研究的一些半经验的工程设计方法，成为后来全国大中型爆破工程的重要设计依据。以后在爆破拆除、爆炸清淤方面取得广泛应用。

另外，北京工业学院（北京理工大学前身）组建了中国第一个弹药装药加工专业，建立爆炸实验室；第二机械工业部九院、总参工程兵科研三所等也进行了爆炸力学的研究。中国科技大学近代力学系于 60 年代前期就有爆炸力学专业的毕业生，在 1977 年和 1978 年，中国力学学会分别召开了全国第一届爆炸力学和第一届全国土岩爆破学术会议，创办了《爆炸与冲击》杂志。

5.2.4 物理力学

20 世纪 30 ~ 50 年代，随着喷气推进、航天工程和核能工程的兴起，需要提供非常条件下介质的宏观物性，例如：高温、高压下物质的热力学性质。由于直接测量是极其困难的，钱学森认为依靠描述物质微观行为的量子力学和描述电磁相互作用的量子电动力学，以及当时已经发展起来的量子化学方法、原子分子结构理论和量子辐射理论，并采用光谱、色谱等测试手段进行研究的设想是可行的。1953年，钱学森创立了物理力学（Physical Mechanics）这一新学科。

1956年，钱学森在中国科学院力学研究所建立了物理力学研究组，研究内容包括高温气体、高压气体、高压固体、高温辐射和临界现象，并建立高温激波管实验室。吉林大学、东北物理研究所、中科院物理研究所、哈尔滨军事工程学院及中国科技大学化学物理系也是重要的研究力量。他们对高温空气辐射吸收系数进行了系统的理论推算；对激光破坏机理进行了实验和理论研究，对若干种固体材料（石墨、岩石）的高压状态方程提供了实验数据。中国工程物理研究院和西北核技术研究所结合工程长期坚持高温高压下状态方程和物性的研究，在激波和爆轰波作用下合成新材料和材料动态破坏的研究。特别是，中国力学学会和中国物理学会联合召开了“原子分子物理与物理力学学术座谈会”，提倡以原子分子物理为基础来研究物理力学，推动两门学科的融合。随后，有的学者通过研究相互作用势和碰撞理论，获得高温、高压条件下的状态方程，提出提高金属和合金强度的新途径，探讨了金属氢合成的可能性。

由于以上的工作基础，在70年代的全国力学规划会上，物理力学被列为要重点发展的边缘学科之一。研究领域除了有高温气体辐射与光谱，离子化气体的性质与等离子体诊断、松弛过程，燃烧中的反应动力学与气相化学反应外，还拓展到研究断裂机制，位错结构，韧脆转变，裂尖处的组态分子动力学和从头算分子动力学，纳米材料的力学性质和金属相变的分子动力学研究，渗流力学问题的格子玻尔兹曼模拟等方面。

5.2.5　断裂力学

这是20世纪60年代出现的应用现代力学理论与宏、微观相结合的方法，研究各种材料与结构的裂纹产生与扩展，并最终导致破坏的过程的一门新兴学科。冶金部钢铁研究院陈篪等人最早呼吁中国开展这方面研究。1974年，在中科院力学所以《力学》编辑部名义召开了北京断裂力学学术座谈会，介绍了断裂力学基础知识，交流了研究工作成果，出版了《北京地区断裂力学座谈会文集》，随后又参加了第四届国际断裂会议。从此，断裂力学理论推广应用于工程技术各部门，如：直升机机翼、桥梁、铁轨、机车传动轴、螺杆、石油储罐等，为各种工程设备的断裂、破损、疲劳提供了理论分析的新思路，也为固体力学开拓了新的研究领域，并推出了一批供设计部门参考的安全标准。

该学科早期的研究有：裂纹尖端弹塑性应力场的理论分析；复合型断裂准则的研究；应力强度因子的计算方法，包括权函数法、无限单元法、边界配置法等；断裂力学在疲劳和腐蚀中的应用；断裂韧性的测试；制订 K_{IC}、COD、J 积分的国家标准。最重要的是如何应用断裂力学解决工程问题，如：汽轮机高、中压转子，压力球罐，内燃机车铸铁曲轴的安全评定，电站大锻件缺陷评定、飞机零部件、氨合成塔的安全分析等。

四、现代力学发展阶段（1977～2000）

中国的力学工作者通过三十年的艰苦奋斗，建立力学教学和研究机构、规划力学学科、培养力学人才、促进学术交流，特别是创立了新兴力学学科，建成了近代力学实验基地，以“两弹一星”为标志，奠定了中国近代力学的基础。

由于计算机的出现，国际上力学学科已经进入现代力学的全面发展时期。当时的形势迫切需要我们迅速改变中国力学学科发展滞后的状况。在 20 世纪 80 年代，我们的主要任务是建立与国际学术界的正常交往，恢复中国在国际学术组织中的活动，了解国际上力学学科前沿的发展趋向；结合中国国情，审时度势地制定学科发展规划；在此基础上，中国的现代力学事业得到了全面发展。

1. 促进国内外的学术、人员交流

1977 年 6 月，周培源与钱学森向邓小平报告关于恢复中国科协和学会的意见。不久，中共中央发出的《关于召开全国科学大会的通知》中宣布“科学技术协会和各种专门学会要积极开展工作”和“必须大力做好科学普及工作”的指示。1977 年 10 月，中国力学学会召开在京常务理事会，自此，中国力学学会和各地方省、市、自治区的力学学会逐步恢复了学术活动。

为了适应学科发展的需要，这一时期，恢复了流体力学、固体力学、一般力学、岩土力学等四个专业委员会，新建了实验应力分析、爆炸力学、反应堆结构力学等三个专业委员会。还有 11 个直属专业组：理性力学和力学中的数学方法、激波与激波管、生物力学、地球构造动力学、计算结构力学、土岩爆破、爆炸加工、断裂力学、振动、复合材料力学、流场测试技术。迄今，中国力学学会的专业委员会和工作组的数量已经发展到了 31 个。为了促进学术交流，1978 年，《力学学报》复刊，

主编郑哲敏。1979 年 2 月《力学与实践》创刊，第一任主编卞荫贵，季刊。这本刊物就是为了适应力学学科飞速发展的新形势，以中国力学工作者、工程技术人员、科研人员和高等院校师生为对象，传播现代力学知识的刊物。在 20 世纪 80 年代初，《应用数学与力学》、《固体力学学报》、《岩土工程学报》、《爆炸与冲击》创刊。以后又出版了 *Acta Mechanica Sinica* 学术期刊。迄今，中国力学学会的学术期刊共有 17 种，其中 SCI 收录的有 3 种。专业委员会的学术活动和学术期刊为加速中国现代力学的发展发挥了重要的作用。

加强国际学术交往是加速中国现代力学发展的重要途径。1972 年，美国科学代表团任之恭等访问中国，其中力学家有林家翘、易家训、张捷迁、徐皆苏等。翌年，美国加州科技工作者代表团访问中国，团长冯元桢。1979 年，应美国科学院邀请，郑哲敏率中国理论与应用力学代表团访美，到华盛顿、费城等主要城市和周边地区的大学和研究机构以及美国国家标准局、海军水面武器研究所、富兰克林研究院等研究机构，深入了解了当代力学的发展主流和趋势。同年，林家翘访问中国，做应用数学的系列学术讲学。20 世纪 80 年代初，在他的推动下，中国科学院先后邀请了易家训、梅强中、吴耀祖、朱家鲲、沈申甫、谢定裕、丁汝等来华就“渐近方法”、“水波动力学”、“计算流体力学”为主题讲学。1981 年，中国力学学会与中国生物医学工程学会邀请国际著名生物力学家美国加州大学圣地亚哥分校冯元桢教授作了“生物力学的新发展”的报告。

特别是，在这一时期我们逐步恢复了与力学界国际学术组织的联系。1977 年中国组团参加在加拿大滑铁卢大学召开的第四届国际断裂会议，参加会议的有柳春图、何明元、王克仁、郭可信、何庆芝，并应邀加入了国际断裂组织（International Conference on Fracture，ICF），柳春图为理事。1979 年，中国科学院、中国科协、外交部联合报国务院“关于中国力学学会加入国际理论与应用力学联合会（简称 IUTAM），拟恢复在该联合会的一切学术活动的报告”。经方毅同志同意，邓小平等批示，中国力学学会遂成为该联合会的“团体会员”。1980 年，以周培源为团长，林同骥为副团长的中国力学学会代表团一行 15 人参加了在加拿大多伦多召开的第 15 届国际理论与应用力学大会。团员有叶开沅、钟万勰、陈钟祥、刘慈群、高玉臣、云天铨、徐建军、刘殿魁、盖秉政、程耿东和黄永念等。从此，学会成为 IUTAM 的重要成员，建立了一条与国际交流的重要渠道。1980 年 12 月，以周培源、林同骥为首的中国力学学会流体力学代表团出席了在印度班加罗尔召开的亚洲流体力学国际会议，中国是主要发起国之一。从此，亚洲流体力学会议成为中国流体力学工作者又一个重要的国际学术交流的平台。1980 年中国力学学会还派出了以贾有权为首的代表团参加了在美国召开的国际实验应力分析会议。中国力学开始在国际力学舞台上崭露头角。

2. 制定现代力学发展《规划纲要》

在学科发展的转折时期，学科规划往往起着关键性的作用。

1977 年，中国科学院和国家科委先后召开了“全国自然科学学科规划会议”和“全国科学技术规划会议”，形成了《1978 ~ 1985 年全国基础科学发展规划》和《1978 ~ 1985 年全国科学技术发展规划（草案)》。关于力学规划，由于力学界对力学这门科学应归属于技术科学还是自然科学这个问题的认识不尽一致，在自然科学全国规划中缺少了力学学科。由于谈镐生的建议，经邓小平批示，同意单独制定全国力学学科发展规划。1978 年通过《1978 ~ 1985 年全国基础科学发展规划（草案）·理论和应用力学》(简称《规划纲要》)。

2.1 经典力学的新发展

《规划纲要》指出，“经典力学是研究物质机械运动的规律的科学。现在，力学正在突破经典力学的范畴，进入一个新的发展时期”。力学科学是许多工程技术和自然科学学科的基础。它在人类的生产活动中，有着广泛的应用，对于中国实现农业、工业、国防与科学技术的现代化，具有重要意义。

2.2 现代力学的新特点

现代力学的发展已超出了经典的牛顿力学的范畴，需要从现代物理学中汲取营养，如力学现象往往与热、电磁、辐射等物理效应相结合，往往需要从介观、微观角度去解决问题；电子计算机为力学提供了强有力的工具；实验是力学研究的基础；力学与数、理、化、天、地、生各学科的相互渗透产生了许多交叉和分支学科，如聚合物力学、宇宙气体动力学、地球力学、生物力学等；利用数学的新成果，使力学问题得以更深入地分析或更高度地综合。

2.3 力学学科的新生长点

共分为 4 大类 14 个分支或方面。《规划纲要》同时确定了力学学科的 15 个重点发展项目。《规划纲要》首次单独突出了计算力学和实验力学研究的重要性，并提出了地球力学和生物力学是力学的新的生长点。为以后力学进一步发展指出了新方向。《规划纲要》认为：力学的这些新发展，改变了传统工程设计的面貌，也使人们能预见新问题，提出新概念，发展新技术。

2.4 15 项主攻重点项目

材料的力学性能；湍流理论；力学实验方法现代化的研究；应用现代技术对各种复杂力学问题进行分析和综合；爆炸过程机理及其力学效应；岩体及土的基本力学性质和强度理论；断裂和疲劳理论；地下渗流；气体非平衡流动和分离流动的理论与实验研究；非线性水波和空泡、气蚀；振动的理论和实验；用微观与宏观相结合的方法研究介质的力学性质；等离子体和电磁场的相互作用；地震工程中的力学问题；陀螺力学和惯性导航理论。

在这次学术讨论后，钱学森、周培源、钱令希、谈镐生、陈宗基等在《力学与实践》创刊号上发表文章，阐明现代力学的性质。

为实现上述任务，《规划纲要》还制定了要建立全国重要实验基地和研究中心。提高现有中科院，工业部门各研究院、所，高等院校的基础条件，有计划地进行重大设备建设，办好各种专门刊物，统一力学名词，出版丛书、辞典、专著等。

总之，1978 年全国科学大会的召开和《规划纲要》的制定为全国力学工作者指明了方向，大家有了一个符合学科发展趋势、切合中国国情和具体切实可行的共同目标，成为中国力学界此后若干年的行动纲领，从而迎来了科学的第二个春天，力学学科的发展也形成了欣欣向荣的局面。

3. 现代力学的研究进展

3.1 计算力学的发展

随着计算机的发明、更新换代，直到 20 世纪末万亿次浮点运算速度（FLOPS）的超级计算机的出现，数值模拟在力学学科的科学研究中占据了越来越重要的地位，在重大工程中发挥了越来越重要的作用，这是力学发展到现代力学阶段的主要标志。在这一阶段，力学工作者面临的挑战是如何通过高性能计算，高效、精准地得到物理问题的解答。为此，力学工作者和数学工作者根据计算数学的基本原理和物理内涵，发展了众多计算技术，从有限差分、有限元、离散元、有限体积到谱方法，从 MD 到 LB、SPH、DPD 粒子、拟粒子方法，从小规模串行到大规模平行计算，并日臻完善。在此过程中，中国不仅自主创新地研制了曙光、深腾、银河系列的超级计算机，并在计算力学学科领域取得了许多重要进展。

第一，有限元方法。中国力学工作者发展了构架结构的矩阵分析方法，杆件中的内力通过结点位移来表示；依据结点的平衡条件解出结点位移，然后由位移算出内力。以上的计算过程用矩阵统一表达和处理。把原来需要逐个处理的计算过程，化为可以统一处理的格式，并发展用于复杂结构。还研究了弹性结构力学中的自对偶性质，可以用包括广义应变向量的广义向量来规定自对偶结构的状态。以相应的矩阵方程的自对偶性质来刻画相应弹性结构的变形与受力特性。将哈密尔顿理论与辛代数方法引入工程力学领域。以弹性结构理论与三维弹性力学的力学联系为背景，证明了对于广泛的弹性结构理论，其平衡问题、固有振动问题和动力响应的解的存在性。

广义变分原理的研究推动了有限元、多变量协调元与拟协调元等方面蓬勃的研究和广泛的工程应用。在计算力学基本理论上，基于各种广义变分原理的研究与发展，中国力学工作者分别研究了拟协调元、非协调元和混合元，构造了一批高效可靠的单元，包括非线性板壳等单元；从 20 世纪 80 年代开始，国内有不少学者进行了边界元方法的研究。建立了一种新的边界元方程，它和传统的边界元积分方程对偶互补。在改进和推动应用边界元方法方面做了许多工作。将传统的椭圆型方程归化为边界积分方程，提出自然边界元方法。

中国数学工作者早期发表了论文《基于变分原理的差分格式》，证明了平面有限元的收敛性，建立了一套基于变分原理的差分方法，将变分原理和差分格式直接联系起来，为弹性组合结构的离散分析提供了数学基础。

20 世纪 60 ~ 70 年代，大连理工大学、西北工业大学、北京大学等都开始了采用计算机求解力学问题、矩阵位移法等的研究，大学和研究所编制了一批具有相当用户数量的软件，有的软件不断发展，形成研发平台。例如大连理工大学工程力学系的具有自主知识产权的大型通用有限元分析和优化设计软件。

第二，结构优化。中国力学工作者发表的《工程结构优化的序列二次规划》论文，找到一条比序列线性规划更为切合实用的途径。写出了专著《工程结构优化设计》。在这个基础上，逐步从研究优化程序发展到切实面向工程应用的程序。中国力学工作者还指出所谓的奇异最优解其实并非设计空间中的孤立点，而是低维可行子域的端点，整个可行区是连通的，从而给出了可行区的正确形状，揭示了奇异最优解存在的根本原因，并推广到更一般的结构拓扑优化问题。给出局部稳定性约束下拓扑优化问题的新数学列式。上述成果与数值算法被用于大型结构分析和优化软件中。力学工作者考虑了结构设计中模糊因素，发表了《结构模糊优化设计理论》，提出了多目标多约束的普遍型的结构模糊随机优化设计理论。

第三，激波捕捉格式。在研究非定常和高速气体动力学问题时，确定流场中的激波是最关键的问题。为此，提出了激波捕捉法取代原始的激波装配法，从而能在计算过程中高效地自动确定激波形状和位置。为此，要求所构造的差分格式能够自动获得光滑的激波，其宽度要小于网格尺度，且在激波后消除非物理振荡。当时在国际上适时提出了 Godunov 格式、TVD 格式、WENO 格式，在同一时期，中国学者相应地发展了二阶 NND 格式，该格式捕捉的激波达到原定的要求，激波两侧满足 R-H条件，因此 NND 格式得到了广泛的应用。

第四，直接数值模拟。为了适应重大工程和对流动结构深化研究的需求，实现对湍流这类多尺度复杂流动的直接数值模拟（DNS），中国学者研究了高精度的数值模拟方法，先后提出了高精度的迎风紧致格式、群速度控制方法和一类可达任意阶逼近精度的超紧致型差分格式，研究了不同差分格式数值解的行为特性，数值解中高波数效应可能给计算结果带来的影响以及如何克服这种高波效应的途径等。在此基础上，研究了平面混合层转捩到湍流的演化，可压缩平板、射流的转捩，充分发展可压缩各向同性湍流和槽道湍流机理等。

第五，信息保存法。在稀薄气体计算中，针对直接模拟蒙特卡罗方法（DSMC）求解 MEMS 中低速气体运动时遇到的随机涨落导致信噪比降低的问题，中国力学工作者发展了信息保存方法，在该方法中模拟分子携带其代表的很大数量的真实分子的宏观信息，克服了信噪比降低的困难，提高了计算的收敛速度，并已成功地在工程计算中得到验证和应用。

3.2 实验力学现代化

早在 17 世纪，伽利略就开创了用实验进行科学研究的先河。实验方法是研究人员发现规律、验证理论的重要途径，目前已经成为确认和验证数值模拟结果的主要手段，在科学研究中不可或缺。采用现代化观测手段和先进数据采集/处理技术进行实验研究是现代力学的又一基本特征。这一阶段，中国力学工作者在实验力学领域也取得了明显进展。

在实验固体力学领域，中国力学工作者将长期以电阻应变测量和光弹性法为主的实验应力分析，发展为包括含有电学、光学、声学各种实验方法以及实验与计算结合的应力分析混合法的现代实验力学阶段，解决了如航空锥齿断裂故障分析、涡轮叶片和涡轮盘耦合振动的全息干涉测量、内燃机活塞由于热应力和热变形造成早期开裂破损等许多重大工程问题。中国的力学工作者还将力学实验的研究从实验室扩展到实际现场，在“涠 11-4”平台结构强度全尺度原位监测研究中，在海洋环境、平台结构和海洋土壤三者耦合的条件下，通过实测分析，给出了与海洋平台结构设计和运行安全相关的力学规律和重要资料。

在实验流体力学领域，除了速度、压力、温度、热流、组分、浓度等物理量的测试技术和常规气动、水动装备方面基本上保持了与国际发展趋势同步，发展了激光测速、PIV/DPIV、激光诱导荧光技术等，中国学者还自主创新地研制了高参数的风洞和水动力学设备，如高焓风洞、增压风洞、出入水池、深水池等，使中国的实验流体力学水平上了一个新的台阶。

激光散斑技术方面，力学工作者开展激光散斑运动规律及散斑干涉计量的研究，进行了严格的分析并给出公式。导出了以微分形式描述空间光场的三个基本方程，揭示了激光散斑衍射谱与材料疲劳损伤的相关性，发展了部分相干光散斑干涉的统计分析。

全息光弹性技术与云纹干涉法方面，发展了求解三维应力分析用的三维全息光弹性材料和实验技术，中国力学工作者研制了新的三维光弹性模型材料，解决了冻结切片应力条纹的干扰与不稳定问题，结合激光散光光弹性方法求解工程中结构的三维光弹性应力分析，创造了光弹性两次贴片法和贴条法，用于不可展曲面壳体构件的三维应力测量。发展了云纹干涉法的实验理论与实验技术，实现了云纹干涉条纹倍增法，研制了纳米云纹法，扩展了云纹干涉法进行变形分析的领域并提出了测量的灵敏度。

高焓风洞方面，至今在国际上先进的高超声速高焓风洞设备主要有两类：一类是自由活塞驱动高焓激波风洞。这类风洞的主要缺陷是实验时间太短，流动的定常性差，模拟的热力学和动力学参数与实际飞行条件有差距。另一类是爆轰驱动高焓激波风洞。它是利用爆轰波后的高温高压气流作为驱动气体来产生强激波的一种经济简便的驱动方式。针对反向爆轰带来爆轰波到达驱动段尾部时会产生超过初始压力百余倍反射高压的困难，通过设置卸爆段，使反向爆轰驱动具有实用价值。针对正向爆轰驱动存在爆轰波后的 Taylor 稀疏波将追赶并削弱被驱动段中的主激波强度，中国力学工作者又通过设计变截面驱动段和附设扩容腔的方法使前向爆轰驱动成为实用的驱动方式。其后又进一步发展了双爆轰驱动方法，彻底消除了爆轰驱动带来的 Taylor 稀疏波的影响，提高了风洞的驱动能力，改善了试验段中高超声速流场的品质，实现了来流总压 80MPa 和总温 8400℃ 的实验条件，实验时间可达 3 ~ 6ms。在此基础上德国亚琛工大、美国得克萨斯州立大学也陆续开始建造或改造爆轰驱动激波风洞。

高 *Re* 数风洞方面，中国首座高 *Re* 数低速增压风洞在中国航空工业气动力研究院研制成功。该风洞的试验段尺寸为 4.5m(宽)×3.5m(高)×10m(长)，试验段最大静压可达 4×10^5Pa，相应最大风速为 90m/s（常压时最大风速为 130m/s），风洞试验

的最高 Re 数可达 8.5×10^6（参考长度为 $0.1\sqrt{A}$，A 为试验段截面积）。该风洞的研制成功为中国广泛开展 Re 数效应的研究提供了重要模拟设备。

3.3 交叉学科的兴起

3.3.1 生物力学

生物力学是根据已经确立的力学原理来研究与生物相关力学问题的学科。从人的整体到各部分器官、组织、体液的运动，从鸟飞、鱼游到鞭毛虫的运动和植物体内的输运都是生物力学的研究对象。人们更关注与人类疾病发生、发展、治疗、康复相关的生物医学问题。

20 世纪 70 年代，中国学者根据国际发展趋势已经自发开展生物力学研究。1979 年，冯元桢来华讲学，极大地促进了这门新兴交叉学科的发展。此后，该学科不仅纳入了学科规划，并由中国力学学会、中国生物工程学会联合组织学术交流，形成了系列的国际和国内的学术会议，并于 1983 年成立生物力学专业委员会。从此，中国力学工作者与相关学科的科学家一起，并与临床医生结合，开展了学科交叉的研究，取得了许多有意义的成果。

血液动力学方面，心、脑血管疾病是人类最大的杀手，心、脑血管动脉粥样硬化和血栓的形成将严重威胁人类的生命。中国力学工作者针对血栓形成的生物力学机制，发展了模拟血管流动和血栓的 Chandler 旋转圆环的实验装置，实验结果表明该模拟血管流动中的二次流并非是血栓形成的必要条件；通过计算竖直毛细管中有限长液柱的黏性液体流动和 Chandler 圆环内的流动分析，得出了血栓形成的流动状态；通过对血栓形成前后血液成分和性态的测量，发现它们的黏度无明显变化，但血小板聚集显著下降。血小板在血栓形成过程中起着重要作用，它的 83.85% 变成了血栓的成分，白细胞有 44.48% 变成了血栓，但血栓形成前后红细胞数目变化不大；通过研究提出血栓湿重可作为检测血栓形成的唯一指标，而血栓长度可以作为保留指标。

心脏瓣膜方面，在人体的心脏内有四个精巧的心脏瓣膜，它们是控制血液向前流动并阻止血液倒流的阀门。由于其功能发生故障将会导致瓣膜性心脏疾病，因此需要研究心瓣的力学特性和运动规律，如何完整地解释心瓣关闭运动的全过程是从事这项研究的重要理论课题。为此中国的生物力学工作者经研究认定，在心瓣关闭机制中，不可能是单一因素起作用，从而提出了一种与模拟实验结果十分相符的、体现综合因素的新理论；而且还开展了人工心瓣的设计研制及临床应用，通过将双叶翼型机械瓣设计理论和有较薄翼理论引入心瓣设计，成功地研制出具有先进的血流动力学特性的新型人工机械心瓣，即双叶翼型人工机械心瓣，为发展中国自己的人工心瓣做出了重要贡献。另外，中国的生物力学研究人员还在人工心脏瓣膜体外检测装置和技术方面取得了重要成果。

胆道流变学方面，中国的生物力学家围绕胆道流变学的课题进行了综合性研究。在针对生物流变学的基本理论进行系统分析的基础上，详尽研究了人体胆道流变现象、流变规律及其在临床和其他实践中的应用。其中胆汁和胆管的流变特征及其本构关系、压力波在胆道系统中的传输、利用液体弹性波排除术后残余结石的新方法、电水锤激波破碎胆结石方法以及胆汁黏度快速测定和临床应用等，都是此前国内外尚未发表过的创新性成果，并发表了专著《胆道流变学》。

骨力学方面，中国的生物力学家针对骨骼的力学性质开展了理论和实践方面的全面研究工作。其中包括以组合杆假设、二相假设为基础的理论分析，应用有限元方法、断裂力学方法进行的骨结构强度计算以及应用应力套方法和光测弹力法等检测技术实施的骨力学性能检测研究；论证了由特定复合材料构成的骨骼是骨胶原纤维和无机晶体的组合物，具有以最少结构材料而承担最大外力的力学性能；并与中国传统医学相结合形成自身的特色。在对骨力学进行系统研究的基础上，发表了《骨力学》专著。

生物运动力学方面，对于果蝇、蜻蜓等昆虫的悬停和拍翼飞行，研究了流场和旋涡结构，分析其气动特性，揭示产生非定常高升力的机制，估算其能耗需求；对于鱼类巡游，采用理论模型和二维 N-S 方程数值模拟相结合，分析了欧洲鳗和白斑狗鱼的鱼体 C 形起动、S 形起动和波状摆动时的运动学、动力学、旋涡系、阻力、推进效率和流动控制等问题。采用梳状条纹投影法、投影栅线法测量蜻蜓翼构型的动态变形，在水洞中分别用染色法和三维 DPIV 定性和定量显示了活鲫鱼的尾迹流场；研制出了模拟昆虫二维、三维拍翼运动和鱼尾摆动模型的参数可调的实验装置，采用二维数字式粒子成像测速装置（2D-DPIV）互相关处理软件，可以实时定量测出二维的速度场，并重构三维流场。

3.3.2　环境力学

环境力学是 20 世纪后期随着人口增长、经济发展、环境问题的凸显、人类认识的进步而逐步形成的一门新兴交叉学科。结合经济和社会可持续发展，中国力学工作者与水利、地球、生物界科学家合作，解决与减轻自然灾害、防治环境污染、保护生态环境有关问题，建立和发展了环境力学学科。环境力学研究的主要科学问题是：大气、水体和岩土体环境中的复杂流动，相关的物质和能量输送和伴随的物理、化学和生物过程，从而揭示环境问题产生、发展、演化和影响的机理，并提出可靠的定量预测方法和科学的应对措施。

风工程和大气环境方面，系统开展风工程的研究，用风洞和水槽试验，模拟绕建筑物或冷却塔的涡脱落、风载荷和热交换；结合大亚湾核电站的环境评估，模拟在实际地形和大气层结合条件下，大气环流对污染物对流扩散过程的影响。在“国际减灾十年”（IDNDR）期间，针对台风灾害发生、路径、强度、影响、观测和模拟等关键问题，开展了学科交叉的国际研讨，用涡动力学研究台风内部结构导致异常路径的机理。结合国土整治，用强迫恢复法和湍流模型，进行了野外定位站的现场观测，研究了大气、植物、土壤连续体中的水热运动和水利用率，为提高黄淮海平原半干旱地区作物产量和合理规划三北防护林提供依据。针对中国频发的沙尘暴灾害，研究大气环境中的风沙运动，建立粒床碰撞的随机模型，计算风沙通量，观察了风电现象。

泥沙运动和水体环境方面，针对中国大江、大河的水利工程和灾害治理，研究河流动力学，包括土壤侵蚀、溃坝决堤、河口治理等问题。中国学者倡导泥沙运动力学，发展了高速非均匀沙和高含沙水流的“输沙理论”。将河流动力学和地貌学结合研究河床演变，并提出“集中治理黄河中游粗泥沙来源区”的“治黄”策略。《泥沙运动力学》由美国土木工程学会出版社出版。开展对径流、潮汐和波浪影响下河口泥沙输运的研究，应用于长江深水航道、青草沙水库、南支河段治理。对于河流、湖泊和海湾的生态环境，在入流污染物和水体中生物量调查的基础上，将水动力学、对流扩散模型和生态模型结合，模拟河流、湖泊和近岸带富营养化过程，在三峡水库环境评价、渤海湾、太湖水系、苏州河治理中发挥作用。

岩土体环境与地质灾害方面，中国科学家创立了土流变学，认为对于土体必须考虑其流变特性，三向应力和大变形。通过实验研究黄土、黏土的微观结构，提出黏土三向流变固结理论，认为偏应力张量导致的土骨架流变是不可忽视的。关于各向异性岩石流变特性，指出由于流变行为导致围岩应力随时间转动和衬砌应力随时间增加的现象。提出岩体内应力形成和释放的理论，发现岩体破坏和地震前的蠕变和扩容现象，得到国际学术界的重视，被应用于三峡、葛洲坝和围岩加固工程。在地面沉降方面，早期完成了深层抽水作用下土层压缩、回弹机理计算，提出了合理的地下水回灌方案，抑制了上海市的地面沉降；对于滑坡灾害，注重观测数据的采集、物理建模和离散元模拟的结合，研究边坡稳定性和滑坡灾害的影响。

3.3.3 地球动力学

地球动力学是力学、地球物理学、地质学、地球化学的交叉学科，与固体力学、流体力学、流变学有关，而且涉及相变、电磁学、化学反应等多种物理和化学问题，机制极其复杂；涉及的时间尺度达数十亿年，空间尺度深达数千公里，因此地球动力学对力学的理论研究是个挑战，对地球环境、地质灾害、成矿机理、地热利用等有重要应用。地球动力学的研究主要包括地核动力学、地幔动力学、岩石圈板块动力学等研究方向。

第一，地核动力学。地核的成分 90% 是铁，其中外核是液态的，其对流运动是地球磁场形成的原因。据统计在过去的 1000 万年内，约发生了 50 次地磁极性倒转，而极性转换过程大约需数千年时间，这时，地磁极移动的轨迹具有环太平洋分布的特征。然而，距今 1.2 亿～8000 万年的 4000 万年的漫长时间内，地磁场却又没有发生极性倒转。需要通过研究外核动力学来揭示地磁极性倒转机理。近年来，三维磁流体力学数值模拟，发现由热对流或外核旋转可以形成偶极子磁场，横向流动激发环形磁场，高纬度螺旋对流激发极型磁场，对流热柱中的局部改变可以导致极型场极性倒转。外核的黏滞系数非常小（约 $10^{-6}\ m^2/s$），可能存在不同尺度的湍流，而外核的高磁扩散率可能遏制小尺度结构而促进大尺度磁场变化。

第二，地幔动力学。地幔物质的运动对地球表面的构造运动有重要影响，地球在其生成初期的撞击、核幔分异、放射性元素辐射的能量是地幔对流的驱动机制，地球是比较大的行星，冷却较慢，迄今仍然存在活跃的构造运动。地幔动力学涉及的问题很多，比如物性随深度、温度和相变界面的变化，包括黏滞系数、热传导系数、密度、热膨胀率等；又如研究地幔对流造成的热柱、海底扩张、板块俯冲和岩浆房的演化及其与地震、火山、地热、成矿等的关系。

第三，岩石圈板块动力学。岩石圈板块是固体地球最外层的圈层，与人类密切相关。该领域的研究主要是认识岩石圈板块的物质、结构、状态及其动力学过程，探索岩石圈演化对地质灾害发生、矿产资源分布的影响机理。中国大陆岩石圈的形成演化是亚洲乃至全球地质演化史中最具特色的一幕，如：华北发育了年龄超过 35 亿年的克拉通，但在中生代期间，这一古老克拉通却减薄了至少 120km；扬子板块与华北板块在中生代初期发生碰撞，形成了世界上规模最大的超高压变质带；新生代初期，印度板块与亚洲板块发生碰撞，形成了被称为世界屋脊的青藏高原。上述地质现象具有强烈的中国地域特色，是国际地球科学界的研究热点。在岩石圈应力场研究方面，中国学者根据地壳的流变特性，将地球分为快速模型和缓变模型进行模拟，发现要获得全球应力场需要同时考虑地球自转和内部热驱动力。还根据中国地震的详细历史记录，将断层带划分成摩节理单元进行了有限元模拟计算，反演华北地区内 700 年来发生过的 14 次 7 级以上大震，计算积累的残余应力和不同断层的强度，从而获得唐山地震后的应力分布，预测了未来地震危险区。将损伤力学应用于岩石破裂研究，用大理岩做了预测裂缝在压应力下的扩展试验，观察了裂缝尖端附近微裂纹的变化情况。

3.3.4 多场耦合力学

20 世纪 50 年代的电磁流体力学和等离子体动力学是早期的多场耦合力学。微机电系统、传感器与致动器的出现也引发了力学与热、电、声、光等多场耦合的研究。于是出现了多场耦合力学这门与物理学交叉的新兴学科。这一时期该学科的主要进展有：

多场耦合力学基本理论方面，提出了基于铁电材料内部电畴分布的宏细观相结合的本构理论，导出了电磁热弹性的广义变分原理与几种非线性率型变分方程；获得三维压电介质电弹性耦合方程的通解和基本解以及压电智能板壳结构弯曲、振动和屈曲问题的解析解；提出压电智能结构振动的主动控制方法。建立了静动态下热释电弹性介质的功互等原理及各类边界元法的基本方程；此外还建立电磁弹性介质的守恒定律和各类路径无关积分。给出具有拉格朗日旋转不变性的电磁热弹性介质的非线性方程。建立了压电陶瓷材料一般三维问题的势函数通解，并给出热释电介质三维问题的势函数通解和横观各向同性压电介质的电弹性耦合方程组的通解。

压电体损伤、断裂与疲劳破坏方面，中国力学工作者定量地探讨了铁电陶瓷在力电耦合加载下发生断裂和疲劳裂纹扩展导致失效过程，提出电致断裂、电致疲劳裂纹控制和电致畴变增韧的模型与小范围畴变模型。提出弛豫型铁电陶瓷的电致断裂的机理和交变电场下由畴变驱动的电致疲劳机理。中国力学工作者求得了压电材料含微裂纹与各种不同复杂形状的微孔洞的解。基于这些基本解，用力–热–电耦合场的细观力学方法，求得了等效力学参量、热学参量和耦合参数随微裂纹密度参数和微孔洞面积百分比参数的关联。还研究了压电材料裂纹尖端的奇异性，指出在某些情形下，仍存在可能导致对数奇异场的情形。

中国力学工作者对在含裂纹压电材料在静载与机械–电冲击载荷作用下响应的研究，取得多项成果。获得了压电材料中含一椭球夹杂的三维解析解。获得二维问题的格林函数和平面压电材料裂纹的精确解，给出了电强度因子、能量释放率和 J 积分的解析表达式。还求得了热释电材料弹性界面裂纹的闭合解，得到温度、热流、位移、电势和电位移的全场解和裂纹位移及电势差的精确表达式。求得在力–电冲击下的应力强度因子与电位移强度因子，求得了问题的封闭解。研究了扩展裂纹的动态响应。对含 Griffith 裂纹的 Yoffe 裂纹动态扩展问题求得了其动态响应的封闭解答。还研究了含裂纹压电介质的反平面振动问题。含中心裂纹的有限厚度的压电介质的条形域，在面内的机械载荷与电载荷冲击作用下的平面张开型瞬态响应。获得了含夹杂脱黏压电介质的波散射问题的近场解与远场解。

中国力学工作者在压电材料力学行为的实验研究中，观察到压电材料断裂韧度的各向异性。在疲劳试验研究中区分了两类机制：在低电场载荷下，主要是微裂纹的形核扩展；在高电场载荷下，主要是宏观裂纹的扩展。并用小范围畴变的理论给出了这一电致裂纹扩展的力学估计。

结构强度自诊断、自适应方面，中国力学工作者提出了结构强度自诊断自适应原理，强度自适应驱动元件的构造原理，稀疏传感阵列检测分布参数的模型和方法，对复合材料结构原始缺陷及损伤类型的小波分析特征提取和神经网络识别方法进行了深入的研究，解决了传感元件的组合和在结构中的合理分布和形状记忆合金驱动器的结构形式等关键技术问题。建立了基于非接触式信号传输系统的智能旋翼试验平台，解决了在旋转工况下多种测试信号和高压功率信号的非接触式同步传输关键技术。创立了基于非接触信号传输系统的智能旋翼试验平台。

等离子体力学方面，在高温等离子体方面，中国物理和力学工作者的聚变研究有较大的发展，先后改造升级或建成了多种托卡马克装置和多台超强超短激光装置，并与理论和数值模拟研究相结合，开展了磁流体不稳定性、界面不稳定性、湍流和输运、加热和电流驱动、激光与等离子体相互作用、高温辐射流体力学和内爆动力学等方面的研究，取得一些有意义的研究成果。低温等离子体力学主要在工业上有广泛应用，如：真空喷涂、薄膜沉积、空间推进等。在这一领域，研制了新型等离子体发生器，研究发生器中的基本过程，提高发生器工作稳定性、能量转换效率与工作寿命。针对喷涂和沉积，研究了等离子体流和喷射于其中的原料颗粒，工作气体和环境气体之间的相互作用；热等离子体与材料表面的相互作用；涂层或膜的形成过程等。

3.4 现代力学的全面发展

3.4.1 固体力学

固体力学是研究固体物质结构在外来作用下而发生的变形、流动和破坏之规律的学科。由于外来作用、物质结构以及承受外来作用下响应的多样性，需要研究者认识和揭示丰富的自然现象、生命现象和众多的关键工程的固体力学问题，则是固体力学研究的对象。多年来，中国的固体力学工作者在认识固体物质的运动规律与应用这些规律解决工程问题和认识自然现象方面，取得了许多重要的成果。

3.4.1.1 固体的本构关系

力学工作者创立两点张量抽象记法；在连续介质力学中率先使用 Lie 导数；解决了 3 个本构基本量的正确定义及内蕴表达。提出了对场问题普适可用的“主轴内蕴法”，简称“π 方法”。

在张量函数表示理论研究中，提出了点群对称性分类等新的基本定理和连续系统对称性原理，建立了一种系统研究任意高阶张量各种各向异性结构的方法。揭示各向异性张量函数的完备且不可约表示的方法与非均匀材料的一系列新的不变性性质。固体的宏细观本构关系的研究中，建立了相变多晶体的细观本构模型并应用于相变陶瓷增韧的预测。提出了一种基于铁电材料内部电畴分布的宏细观相结合的本构理论。发展了滑错多晶体自洽理论。中国力学工作者对考虑非关联塑性与软化本构关系进行了新的研究。在塑性本构关系的研究中，中国力学工作者还在下列方面取得了一批有影响的研究成果，诸如：①弹塑性耦合的广义正交法则；②各向异性屈服函数的等效应力-应变率表示；③存在或不存在屈服面时的内蕴时间塑性理论；④弹性与塑性变形率应该滞止的条件及采用变形率标架的旋率构造客观应力率；⑤考虑损伤和塑性体膨胀的本构关系；⑥含细观损伤与相变塑性的理论模型与方法；⑦多晶固体的宏观滑移的塑性理论；⑧无屈服面的黏塑性行为的率型本构关系等等。

3.4.1.2 材料与结构的破坏力学

（1）热塑剪切带与损伤演化与灾变破坏　中国力学工作者提出了“简单剪切”模型和基本方程，用以研究热黏塑性变形局部化。用稳定性分析方法，给出不稳定性准则，指出在绝热近似下，给出的不稳定性准则与经验的最大应力准则一致，揭示了局部化过程中的损伤发展。在一定的时间尺度下，动量耗散则是控制剪切带网格花样的主控因素。结合力学-统计物理及非线性科学，建立了统计细观损伤力学框架，揭示了灾变破坏的共性前兆。还提出了基于细观微裂纹扩展区演化的损伤理论。

（2）裂纹扩展与固体材料的宏细观断裂　中国力学工作者提出了幂硬化与理想性材料的定常与非定常裂纹扩展的新的奇异场理论；求得了裂纹尖端附近的分区构造及其渐近解，导出了理论阻力曲线与裂纹扩展阻力比，提出相应的缺陷安全评定方法。提出了界面层断裂理论，揭示了裂纹动态分层的裂纹扩展与超越瑞利波速的可能性。测量了裂纹尖端超钝化的形貌，预测了多层介质的弹性压缩条件下的细观失稳。应用建立的相变多晶体的细观本构模型于相变陶瓷增韧的预测。提出电致断裂和电致疲劳裂纹扩展的起因在于裂纹尖端的约束应力场，建立小范围畴变模型。提出畴变驱动的力电耦合增韧机理，提出交变电场下由畴变驱动的电致疲劳机理。

（3）裂纹顶端弹塑性应力、应变场和断裂准则　中国力学工作者提出和建立了裂纹顶端弹塑性高阶渐近场基本方程；建立了裂纹顶端弹塑性应力应变场本征级数展开式的完整结果；求得了幂硬化材料的界面裂纹尖端场，设计了三点弯曲偏裂纹和四点剪切试样。中国力学工作者还丰富了断裂力学的权函数理论内容并应用于航空结构与构件的疲劳分析。

（4）岩石损伤断裂的分形研究　中国力学工作者综合应用损伤力学、非线性统计力学、材料物理和分形几何等方法，系统地研究了岩体节理的力学性质、岩体断裂机理与裂纹扩展、岩体统计强度和岩体破碎块度分布与控制等裂隙岩体的非线性力学行为，形成了“裂隙岩体非连续力学行为分形研究”的理论体系。

（5）疲劳强度概率分布与统计　中国力学工作者研究了疲劳强度的概率分布，如随机疲劳/断裂载荷谱/随机加速载荷谱、疲劳试验统计分析、疲劳寿命估算的能量法、二维动态应力-强度干涉模型和二维动态断裂干涉模型、结构疲劳寿命可靠性模型及随机耐久性设计原则，组成一种“疲劳统计学”理论。推出结构可靠性寿命评定的专家系统，应用于歼击机、客机、运输机等多个型号的结构定寿和延寿。

（6）压力容器体积型缺陷安全评估与压力管道安全检测与评价　开展压力容器极限与安定性分析，中国力学工作者提出体积型缺陷安全评估工程方法，形成国家标准，提出压力管道安全保障各环节的全过程技术方法，即无损检测与安全评价体系。已被国家确定为标准及法规，在全国推广应用，指导全国多家检测机构，按照要求开展普查、检测或评估，解决了一系列重大工程检测评价。

3.4.1.3　复合材料力学

在纤维增强复合材料的桥联模型与细观力学研究中，中国力学工作者解决了纤维复合材料的基本问题——纤维的拔出机理及脱胶的判据。基于剪滞模型建立了考虑脱黏区界面摩擦与纤维泊松收缩的纤维-基体脱黏问题的力学模型，研究了纤维增强的复合材料由于基于纤维脱黏、纤维与基体材料间的摩擦耗散，并讨论了断裂韧性及弹纤维与弱纤维的其他细观断裂机制。研究了循环载荷下的材料界面磨损力学模型。并且还分析纤维增强复合材料的基体开裂和夹层复合材料的界面裂纹的大变形。

中国力学工作者针对超高温等特种服役环境下材料的模拟表征与优化设计进行研究，建立了细观热防护理论，将细观力学理论推广到复合材料领域，用来预报复合材料的性能和复合材料设计，并对复合材料及结构进行了多尺度力学分析，用“材料、设计、分析、评价”一体化的思想解决复合材料结构的安全评价问题。研制了智能复合材料用于振动和复合材料工艺过程的监控系统。力学工作者提出了一个新的适用于开口和闭口的复合材料各向异性薄壁杆弯–扭耦合的一般理论，在纤维增强复合材料（包括短纤维）的强度和性能方面以及层压板横向裂纹扩展、损伤机理方面的研究也都发表过有价值的论文。

3.4.1.4 工艺力学

（1）聚合物加工及模具设计的计算机集成技术 中国力学工作者研制出由塑件设计、模具设计、成型过程模拟技术控制加工等组成的成型系统。可进行造型设计和结构设计、模具设计、成型过程模拟。发展和完善了高聚物成型过程的模型，通过各种物理场的耦合，建立材料成型过程中各种物理场的定量关系，形成了一套包括控制方程、材料模型、物性参数和数值求解方法的宏观模拟理论，并开发出优化设计软件。

（2）薄板冲压工艺与模具设计方法及其应用 中国力学工作者研究薄板冲压工艺与模具设计的力学理论、计算方法和关键技术，为薄板冲压的起皱、回弹和拉裂等瓶颈问题提供了一套解决方案。实现了拉延筋理论和工艺的创新，研发了基于CAE的软件，形成了薄板冲压、成型和仿真配套系统。开发了基于全量塑性本构理论的一步逆成型求解器和快速仿真技术；开发了基于拟流动角点本构理论的增量弹塑性变形有限元算法及其求解器。

3.4.2 流体力学

流体力学是研究自然界和工业中的流体介质的动量、质量和能量输运，揭示处于宏观平衡或运动状态下的流体和物体之间的互相作用及其流动规律。鉴于自然界和工业中的流动呈现了极其复杂的结构和丰富多彩的现象，有许多基础性的问题有待于解决。同时，流体介质广泛地存在于人们生活和生产实践活动中，流体力学能为众多科学前沿和工程技术发展提供科学和技术支撑。20世纪80年代以来，中国的流体力学工作者在发现和理解流动现象、规律，解决工程中流体力学关键问题方面取得了众多的突出成果。

3.4.2.1 流动稳定性和湍流

流动稳定性是流体力学的一个重要分支，在流体力学中的应用不再限于从层流到湍流的转捩机理研究，已逐渐发展成为分析复杂流动相干结构演化发展的重要工具。在稳定性的线性问题基本解决以后，主要是研究和发展非线性稳定性理论。在这方面中国力学工作者做出了重要、系统的贡献。特别是发现了国际上流行的弱非线性理论存在的根本性缺点，即看似能描述扰动幅值演化的Landau–Stuart方程，从原则上讲只能用于找扰动幅值的定态解，而这时原理论给出的级数却是发散的。针对此缺陷，提出了有效的改进方法。在将流动稳定性理论应用于解决转捩预测这一理论和实践上的难题，取得了进展。流动稳定性理论的研究不仅将促进湍流研究的深化，而且将对今后的湍流控制和边界层减阻的研究产生重要影响。

在这一阶段，中国学者广泛研究和应用湍流模型，包括：非线性模型、代数应力模型、高阶矩模型解决工程问题，并发展了大涡模拟和湍流直接数值模拟的基础和应用研究，有的学者还用氢气泡、热线/热膜技术、激光测速仪、PIV 等实验技术研究湍流的统计行为和相干结构，取得了显著进展。

3.4.2.2 非定常流动

在中国老一辈空气动力学家陆士嘉、庄逢甘等人的倡导下，中国空气动力学会、中国航空学会和中国宇航学会积极组织，中国在分离流和旋涡运动的研究领域创新成果不断涌现。三维分离流动和旋涡运动的演化发展是现代航空航天先进飞行器研制中最为重要的空气动力学基础研究领域之一。

（1）三维分离线　中国学者针对定常三维分离流动提出了三维分离线的判则和相应的数学表达式。进一步分析发现，对 N-S 方程主控的实际流动三维分离线是极限流线的收拢渐近线，而不是包络线。然而对于用边界层方程描述的流动，由于存在 Goldstein 奇点，使三维分离线成为极限流线的包络线，从而解决了三维分离线是“流线”还是“包络线”的学术争论；揭示了在三维分离线上鞍点和结点交替分布的拓扑规律；发现了三维分离线的三种起始形态和开式分离的两种起始形态。

（2）前体非对称涡　国内流体力学研究学者针对高机动飞行器大攻角飞行中存在的前体非对称涡的不确定性问题，提出了这是非对称涡对前体头部随机分布微扰动响应的结果，通过在头部设置确定的人工微扰动可以消除非对称涡的不确定现象。在此基础上揭示了非对称涡沿轴向发展的流动结构，建立了相应的物理模型。进一步利用人工微扰动的作用，发展了在头部设置微吹气或微振动片对非对称涡及其相应侧向气动力实施扰动主动控制的新技术。这种扰动控制的新思想又应用于由非对称涡诱导的机翼自由摇滚运动，发展了消除自由摇滚的扰动控制新技术。

3.4.2.3 高温气体动力学

20 世纪 60 年代初开始的中国高温气体动力学研究是与中国高超声速飞行器的研制同步发展。当飞行器的飞行马赫数达到 6 以上的高超声速时，由于流动滞止、激波和黏性的作用，飞行器周围气流的温度急剧升高，前缘（驻点）温度可达 2000 ~ 10000K，远远超过了一般结构所能承受的程度。同时，气流温度的升高引发了气体分子内自由度的激发、离解甚至电离等复杂物理化学过程的发生，出现了不同于完全气体热力学和化学性质的“真实气体效应”，还产生了飞行过程中的“热障”问题。因此，气动热化学是高温气体动力学的重要领域。高温气体动力学研究包括气动热环境和热防护、再入气动物理等方面。气动热环境研究的任务是，准确预测飞行器表面的气动加热率分布；而热防护研究的任务是，揭示热防护机理和按加热率分布合理分配热防护资源，以保证飞行器及其有效载荷的安全；再入气动物理研究的任务是，研究飞行器在再入过程中产生的物理现象。

（1）气动热环境和热防护　在起步阶段，气动热环境的预测主要采用国外已有的方法，至于热防护，从一开始就选定简单有效的烧蚀防热方法。在烧蚀热防护设计中，除理论计算外，还必须有国产防热材料的地面模拟实验数据。国内学者自主研制了直流空气电弧加热器和相关测试技术，利用亚声速射流中平头圆柱模型模拟高超声速再入飞行器驻点烧蚀流动并获得实验数据，设计部门根据该数据确定安全裕度，以此完成了热防护设计并获得成功。针对更高速飞行器的气动热环境，揭示了非驻点和湍流烧蚀现象——烧蚀表面粗糙度不仅影响边界层转捩准则还引起比光壁湍流高许多的“热增量”，从而提高了气动热环境预测的精准度；天线窗与弹体的不同步烧蚀，外伸振子天线和机动弹头控制翼等形成的凸出物，将诱发局部气动热环境恶化，针对不同情况采取适当措施改善热环境；通过回收弹头、天然陨石和蜂蜡模型对比，获得烧蚀沟槽、花纹形成机理及其对热流的影响。揭示了飞行器端头防热层烧蚀现象的主控参数是端头边界层流动的雷诺数。针对当时中国缺乏大口径的热防护试验设备，提出利用现有火箭发动机的排气来进行热防护、热结构研究，解决了中国远程导弹弹头热防护研制中的燃眉之急。特别是 20 世纪 80～90 年代，随着热防护材料性能的改进、理论分析和数值模拟技术的进展、大型地面模拟试验设备的建设和实验技术水平的提高、飞行试验的配合，从而能够较好地解决中国返回式卫星和载人飞船等高超声速再入飞行器的气动热化学问题。

（2）再入气动物理　这是高温气体动力学的另一重要领域。研究的目的是通过对再入体及其绕流流场的光辐射特性，电磁波与物体及其绕流流场等离子体的交互作用的了解，为目标识别提供技术支持。20 世纪 80 年代，在解决再入体通信中断（“黑障”）研究中，国内再入气动物理研究者通过理论和实验研究，为其提供了空气和有烧蚀产物的弹头周围等离子鞘套特性；电磁波在薄层等离子体中的传输特性以及用化学方法减轻再入通讯中断的知识。这些研究为找到一条适合中国国情的减轻和解决再入通讯中断的技术途径起到重要作用。在气动物理研究中，国内学者还对再入体全目标区空气和有烧蚀产物的热化学非平衡绕流流场，及其光辐射特性和电波散射特性进行了数值模拟，并在爆轰驱动高焓激波风洞、自由飞弹道靶等地面模拟试验设备上作了一些检验。

3.4.2.4 水动力学

20 世纪 60 年代发现孤立子以后，经典的水波动力学获得新生。20 世纪 80 年代初，根据林家翘的建议，易家训、吴耀祖、梅强中来华讲学，非线性水波理论引起研究人员的青睐。在工程应用方面，海洋油气资源的开发、丰富水力资源的利用，中国的水动力学特别是高速水动力学的研究取得了显著的进展。

（1）水波动力学　用摄动方法开展了海洋表面波和内波的理论研究，涉及高阶 Stokes 波及其稳定性，孤立波传播、变形、分裂和近岸浅水波等，进行了非传播孤立波的理论和实验研究；数学工作者着重研究发展方程的守恒律、整体解、吸引子。为确定自由面，MAC、VOF、Level Set、SPH 等数字模拟方法得到了广泛应用。与工程应用方面，针对海洋工程导管架平台、张力腿平台、半潜式钻井船、Spar 平台，为计算水动力载荷和动力响应，非线性效应、旋涡脱落和流固耦合问题的研究得到了重视；针对近岸工程洋山深水港、东海大桥桥墩施工期面临的桩基承台结构安全问题，在大型波浪水池中进行台风期波流共同作用下桩基承台结构的水动力载荷实验，系统地给出了这类结构的群桩效应等水动力特性。

（2）出入水问题　针对高速出入水问题开展了理论研究、数值模拟和实验研究。由于物体高速入水比出水的物理图像复杂得多，首先考虑尾随气体的流动，呈现喷溅、合拢、射流和气囊断裂等一系列复杂流动现象。为此，人们研究和解决了尾随气囊的闭合问题，构建了新的气囊空气流动模型；基于势流理论和边界积分方法，发展了轴对称体垂直入水和斜入水的完全非线性数值模型；将零攻角非线性解作为首阶近似，给出了轴对称体以大入水角斜入水非线性问题的摄动解；基于 MAC 方法，发展了物体入水空泡演化的数值模拟方法；建立了物体入水模型实验的相似准则。

（3）空化机理和空泡流　国内的研究工作主要集中在解决水下航行体和船舶推进器的空泡流数值模拟和实验研究：发展了基于边界积分方法的水翼和轴对称体空泡流数值模型；建立了基于边界积分方法的船舶推进器空泡流数值模拟方法；揭示了轴对称体的空泡脉动特性；开展了非定常来流条件下带空泡轴对称体的流体动力特性研究。在气泡动力学、空泡噪声研究方面也做了大量的研究工作。为了利用空泡来降低水的表面摩阻以大幅度提高水下航行体的航速，出现了超高速超空泡的新概念，使带有超空泡流动的水下航行体可减阻达 70% 以上。与此同时，还将出现各种与超空泡紧密相关的新型研究内容，例如，空泡溃灭对材料和结构的强烈破坏作用等，从而在国内吸引了越来越多的学者投入此项研究，推动和促进了国内空化现象、机理和工程应用的研究。

3.4.2.5　渗流、多相流、反应流

（1）物理化学渗流　为了提高采收率，三次采油是常用的技术。化学驱是中国现阶段油田提高采收率研究的主攻方向，驱油剂包括聚合物、表面活性剂、碱等。这些注剂与残余油、地层岩石相互作用，发生一系列物理化学现象。稠油、煤层气和未来的天然气水合物的开采也属于物理化学渗流。相关的物理过程有：对流、扩散、吸附、解吸、相变、传热、乳化等；伴随的化学过程有：氧化、分解、化合、中和等；有时还需要考虑生物过程，如：微生物菌种驱油等。中国学者通过物理、数值模拟，与油田生产紧密结合，揭示了化学驱在增大波及系数、扩大驱油体积，提高驱油效率方面的机理，配制和筛选了具有黏弹性效应的聚合物，超低表面张力表面活性剂，选用弱碱减小结垢、缓和地层损伤、易于破乳，使通过油水、岩石间的物理化学作用来提高采收率的复合驱油技术日臻成熟，为中国维持老油田油气生产水平、保障能源安全做出了贡献。

（2）多相反应流　多相反应流在热能、化工、冶金、航空、航天工程中具有广泛的应用，中国学者对多相反应流动的分析理论、数值模拟、实验技术进行了系统的研究。提出了有反应颗粒相的连续介质-轨道模型和纯双流体模型；在相间能量分配方面，提出了气相反应热加给气相、而颗粒异相反应热加给颗粒的能量分配模型。考虑到颗粒反应经历和湍流扩散的相互作用后，提出了颗粒湍能方程模型和统一二阶矩两相湍流模型；针对气固两相湍流的相互作用，在英国 Reeks 和俄罗斯 Zaichik 工作基础上，提出了两相湍流的新统计模型：气固两相速度空间的 PDF 方程；关于湍流燃烧，针对常用的 EBU-Arrhenius 预混燃烧模型和快速反应 PDF 模型不能考虑有限反应率的不足，提出了可考虑有限反应率的二阶矩湍流燃烧模型，并得到了合理性认证和工程应用。

3.4.3　动力学与控制

按照经典定义，动力学与控制学科（Dynamics and Control）研究牛顿力学的一般原理和一切宏观离散系统的动力学现象。自 20 世纪 80 年代以来，动力学与控制学科无论在研究深度和广度上都发生了重大的变化。由于连续介质力学问题可以经过离散化变成有限自由度系统的问题来处理，而且现代动力学理论可以直接应用于连续系统，因此动力学与控制理论中的原则和方法也适用于连续介质力学。与此同时，动力学与控制学科不断从现代控制理论中吸汲有用观点和方法。因此，动力学与控制学科的研究领域和适用范围有了很大的扩展。按照现代观点，动力学与控制学科主要研究动力学的基本原理以及一切离散和连续系统的动力学特性与控制问题。

多年来，中国学者在该学科取得了许多重要成果，其中很多在国际上较有影响。

3.4.3.1 非线性动力学

在非线性动力学的发展过程中，原来独立发展的分岔理论汇入了非线性动力学研究的主流，混沌现象的发现更为非线性动力学的研究注入了新的活力。分岔、混沌现象的研究成为非线性动力学理论新的研究热点。

(1) 非线性系统分析　中国学者将 Lyapunov-Schmidt 方法引入非线性振动问题，并与奇异性理论结合，提出了能揭示非线性振动系统拓扑周期分岔解与系统结构参数之间关系的方法（Chen-Langford 方法，简称 C-L 方法），分析了广义 Mathieu 方程的周期解分岔，统一了长期困扰非线性振动学术界的有关非线性参数激励系统似乎矛盾的结果。该方法的提出也为进行复杂结构的动态优化设计、参数识别和分岔控制提供了新的途径。

(2) 时变、非光滑系统动力学　对于多重时滞非线性机电系统，中国学者证明了实现该系统稳定和鲁棒稳定的充分必要条件，分析了渐变时滞系统的稳定性转换，发现了这类时变系统可以经历无数次 Hopf 分叉，并有共存的周期运动，提出了将由刚、柔性子系统组成的非线性时滞系统降维以确定周期运动的分叉和稳定方法。

对于非光滑的机械系统，提出了描述和计算两个弹性体斜碰撞和摩擦碰撞的方法，揭示了由于带有制动器的非线性动力系统的 Poincaré 映射的不可微导致擦边分岔的现象和在该分岔点附近控制混沌运动的策略，给出了模拟带有金属橡胶或磁流变阻尼的迟滞系统的方法，研究了振动碰撞系统，颤振抑制系统和交通悬挂系统的最优、鲁棒控制。

(3) 随机系统动力学　20 世纪 90 年代以来，中国学者对多自由度强非线性随机系统的研究由 Lagrange 体系转到 Hamilton 体系，利用 Hamilton 系统的可积性与共振性，提出了预测响应、判定稳定性与分叉、估计可靠性及非线性随机最优控制的理论方法，形成了一个非线性随机动力学与控制的 Hamilton 理论体系。解决了关于“求非线性随机动力学系统能量非等分解”的难题和“发展非线性随机最优控制理论方法”的难题。

(4) 混沌理论和应用　关于混沌动力学的理论研究，中国学者在用胞映射法分析混沌吸引子的结构及其随参数的变化，以及受时变扰动的多自由度 Hamilton 系统的全局分叉和多脉冲混沌动力学等方面取得研究成果。在混沌控制方面，提出了混沌反控制的基本理论，建立了广义 Lorenz 系统族的理论框架。中国学者还提出了混沌控制的开闭环方法，研究了对超混沌的控制。在结合具体工程问题的项目中，研究了工程中非光滑系统的混沌和混沌控制、碰撞振动系统的分岔和混沌控制，以及航天器姿态运动中的混沌和混沌控制。作为动力学与生命科学的交叉学科，研究了神经系统的复杂动力学行为及其同步化问题。

3.4.3.2 多体系统动力学

（1）多体系统动力学 早期以多刚体系统动力学为主。以航天器和机械臂系统等复杂工程对象为背景，多刚体系统动力学已从建模方法研究转入通用计算软件的编制。随后发展为以柔性体和刚体组成的刚柔多体系统的建模理论与计算方法的研究。在刚柔耦合动力学研究中，中国学者放弃了国内外学者采用的“动力刚度项”修正方法，考虑大范围运动对柔性体变形运动的影响，研究了大范围转动的梁、板构件的平衡态位形以及可能产生的动态分岔行为。建立了与实验验证符合一致的建模理论，编制了通用计算软件。在变结构系统的动力学与控制方面，提出了描述一维散体结构在冲击载荷作用下的分析方法，给出了冲击波传播的性质和规律。

在陀螺仪动力学方面，研究了陀螺力学中的非线性问题，如稳定平台的非线性失稳和抖振问题。对于以静电支承为代表的新型高精度陀螺仪，中国学者建立了完整的动力学理论。研究了转子的稳态和非稳态运动，提出了因各种工艺误差产生的静电干扰力矩的计算方法，在此基础上建立了陀螺仪的漂移数学模型。

（2）充液系统动力学 充液系统动力学对装有液体燃料的弹丸、航天器、车辆和船舶的设计有指导意义。在基础研究方面，中国学者将充液系统作为无限 Hamilton 系统，应用约化理论得到 Hamilton 结构，应用能量-Casimir 方法分析了充液系统的运动稳定性，发展为能量-动量方法。利用平均涡量的离散化方法分析 Euler 情形和 Lagrange 情形的充液刚体的定点运动，导出了解析形式稳定性判据。在与航天工程有关的项目中，研究了微重力环境下液体晃动的动力学和稳定性问题，大幅晃动的动力学及其抑制问题。完成了充液卫星中液体晃动的气浮台仿真、落舱微重力实验等实验项目和相应的分析工作。

3.4.3.3 分析力学与运动稳定性

（1）分析力学 中国学者在近代分析力学的若干重要方向上取得了进步，提高了国际承认程度。构造了 Birkhoff 系统动力学的基本理论框架，证明所有完整力学系统和非完整力学系统都有 Birkhoff 表示，研究了 Birkhoff 方程的积分方法、对称性和守恒量、稳定性理论和几何描述；继 Noether 和 Lie 对称性之后，中国学者提出了一种新的对称性——形式不变性。证明了对于给定的动力学系统，形式不变性也能直接导致一类新型守恒量；研究了非完整约束力学系统的守恒量与动量映射；运用几何动力学以及 Lie 群与 Lie 代数方法，将非完整约束力学系统纳入 Birkhoff 系统，从而赋予非完整约束力学系统新的几何结构和代数结构；指出了 Newton 和 Poisson

定律在处理一般刚体含摩擦碰撞问题时，出现系统能量非协调的现象的根本原因在于接触处的摩擦作用改变了碰撞过程中的动力学性质，并提出了处理一般刚体碰撞问题的方法。首次从理论、实验和数值计算，证实了 Painlevé 疑难问题必定对应一个切向冲击过程，给出了与之相对应的切向碰撞的性质和速度跳断的规律。

（2）运动稳定性　在运动稳定性方面，中国学者研究了陀螺相关非孤立系统的稳定性问题，应用于双自旋卫星姿态稳定性的判断。关于大系统稳定性问题，导出了全局渐近稳定的充要条件，提出了推入集的概念，建立了扇形渐近稳定的若干定理。研究了存在陀螺力和约束阻尼的系统、碰撞振动系统、生态系统，以及多体和充液等复杂系统的稳定性问题。

3.4.3.4　振动理论与工程应用

（1）大型旋转机械振动控制　因大型高速旋转机械转速高、规模大、动态行为复杂，设备故障往往会引起突发性、灾难性后果。中国学者发展了非线性转子动力学理论，研究了旋转机械非线性振动的突发低频失稳机理，提出了大型高速转子振动故障综合治理技术，成功应用于大型发电机组重大振动故障的诊断和治理。

研究有微小间隙约束的转子自激源机理，揭示了轴承、气封和叶顶间隙与转子热弹性耦合效应对油膜、气（汽）流非线性激振力的影响规律，为大型旋转机械轴系动力学振动故障的定性分析提供了依据；建立了大型转子系统非线性动力学理论，研究了旋转机械的亚谐振动、自激振动、分叉、混沌和慢变、突变等异常振动行为；分析了旋转机械的典型故障：油膜振荡、碰摩、转轴裂纹、基座松动及其耦合故障的非线性动力学模型，对轴系横向振动和某些重大振动故障的发生、发展及其破坏过程和控制方法进行了系统研究。

对模型转子及实际机组（200MW 和 300MW）转子进行非线性动力学分析，获得参数变化对机组动力学行为的影响规律。结合中国火电机组运行的实际状况，提出了轴系支撑内共振、偏心润滑参数、轴承负荷分配调整、综合类比、非线性传递函数法等针对轴系振动重大事故的综合治理技术，解决了七省十余个发电厂的疑难振动问题，取得了直接经济、社会效益。

（2）铁道机车车辆–轨道–桥梁的耦合动力学　中国的力学工作者在机车动力学的研究中，提出了机车车辆–轨道耦合动力学新的理论体系，建立了机车车辆–轨道统一模型，解决了轮轨动态耦合建模和散粒体道床振动建模的两个难题，研制了机车车辆–轨道耦合动力学仿真系统软件，被广泛应用于中国铁路机车的设计。

通过对车、桥的载荷识别理论和振动控制及全断面隧道推进机、门式起重机故障诊断的研究，提出了冲击阻尼减振器及铅阻尼器等桥梁振动控制方法、载荷识别的摄动法；创立了研究多值、非光滑非线性系统分岔动力学行为和灵敏度分析的新方法；提出了基于吸引子轨迹矩阵奇异值分解的信号降噪和故障特征提取新技术；建立了适用于门式起重机的振动故障诊断、寿命估算和报废技术条件的综合评价系统。

五、结　　语

人们在现代力学研究的实践活动中，对力学学科的认识不断升华，逐步认识到对自然界和工程中复杂介质行为的研究，宏、细/微观研究方法的结合，多学科的交叉融合、先进计算技术和现代实验手段的应用是现代力学的重要特征。另一方面，由于现代力学的研究对象极其广泛，研究思维独树一帜，在研究自然规律、生命现象和解决工程问题关键技术中起着越来越重要的作用，它仍然是一门富有生命力的学科。所以，现代力学像数、理、化、天、地、生一样，是一门独立的基础学科，是人类知识宝库的重要组成部分。

中国现代力学取得了诸如：载人航天、探月工程、三峡电站、油气开采、青藏铁路、高速列车等举世瞩目的成就，中国已经在国际力学界的舞台上有了一席之地，少数前沿研究成果产生了一定国际影响。但是我们还要充分认识到中国现代力学发展中存在若干问题和不足，与国际先进水平相比存在一定差距：在全面学科发展战略方面尚需正确把握，在学科前沿研究方面需要改变跟踪为主的局面，研究人员深入实际解决工程问题的能力有待提高，要加强力学学科计算和试验平台的建设，形成开发有自主知识产权软件的机制，加强青年力学工作者在数学、物理、力学领域基础知识和计算、实验能力的培养。最重要的还是要努力解决钱学森提出的那个问题，培养出一代又一代力学学科的杰出人才。

改变现状呼唤制度创新。我们的教育制度需要摆脱应试教育的羁绊，坚持素质教育，培养优秀人才；科研体制要符合学科自身发展规律和面向国家重大需求的要求。建立科学的评价体系，改革科研经费分配制度，遏制过度竞争的状况；推进学术民主，提倡学术诚信，克服浮躁情绪，创造良好的学术环境；加强研究人员为科学奉献的精神，确保研究人员的待遇、时间和精力。总之，要按照科学发展观和科学研究的自身规律，指导力学学科的长远发展和人才培养。

无论从学科发展角度，还是中国现代化建设的角度，现代力学是一门不可或缺的学科。我们要回顾往昔、展望未来，根据国家制定的学科规划，在如下学科前沿和应用领域取得创新和突破：

第一，以物理力学的思想为指导，采用宏微观结合的理论和模拟方法，研究非均匀、多相、多组分连续介质和分散体系的复杂介质行为，尤其要关注它们在极端条件下的宏观力学特性，进一步深入研究湍流的输运和模拟，材料的强度和破坏。

第二，开展学科交叉和耦合过程的研究，解决重大工程中的关键科学问题：

空天、海洋工程：研究非定常空气动力学和高温气体动力学，研制大型客机、近空间飞行器、天地间运输器和先进推进系统、服务于未来先进航行器、空间站和深空探测；研究海洋流体力学和高速水动力学，发展先进舰船、高速武器、浮式平台、深水技术，服务于国家安全和油气开采；

环境、能源工程：研究自然界与工业装置中的流动，物质、能量输送和伴随的物理、化学、生物过程，应对极端气候、水文、污染和地质灾害事件；研究化石、核能和可再生能源开发和利用中的科学问题，节能减排。

生物、医学工程：进一步促进力学与生理学和生物学的结合，发展与人类疾病发生、治疗、药物、康复有关的组织、器官、细胞、分子层次的宏微观生物力学，开展仿生力学的研究；

材料、信息工程：研究与对流、扩散、雾化、喷涂、沉积等现象有关的流动问题，研究材料细/微观行为对宏观力学特性的影响，解决材料制备和设计中的科学问题。发展微纳米力学，研究微马达、微加工、微传感器、微计量器、微处理器等研制中的力学问题。

第三，发展适合高性能计算的先进算法，促进大规模工程计算。提高粒子和拟粒子并行算法的速度、规模和应用范围。发展高参数实验装置，充分利用最先进的高新技术和现代化观测手段，研究数据处理新方法，提高实验研究的能力和水平。

第四，大力促进有自主知识产权的软件开发与应用现代信息和测试技术的先进实验系统的研制。

回顾中国力学学科 20 世纪的发展道路，展望新世纪中国现代化建设的宏伟目标，力学学科既面临着严峻的挑战，也迎来了良好的机遇。21 世纪初的十年，中国正处在经济高速发展的新的历史时期，制定了国家科学技术中长期发展规划，正在向着创新型国家的目标前进。年轻一代的力学工作者，将以此为契机，继承老一代科学家的优良传统和献身精神，青出于蓝而胜于蓝，在 21 世纪，经过几十年的不懈努力，必定会把中国的现代力学研究推向新水平！

主要参考文献

钱学森. 1957. 论技术科学. 科学通报，(2)：97-104.

1978—1985 年全国科学技术发展规划纲要（草案）.
钱学森 . 1979. 关于现代力学 . 力学与实践, 1（1）: 1-11.
周培源 . 1979. 谈谈对力学的认识和几个关系问题 . 力学与实践, 1（1）.
中国大百科全书总编辑委员会 . 1989. 中国大百科全书 · 力学卷 . 北京：中国大百科全书出版社 .
中国科学技术协会 . 1993. 中国科学技术专家传略 · 工程技术编 · 力学卷 1. 北京：中国科学技术出版社 .
李家春 . 1995. 现代流体力学发展的回顾与展望 . 力学进展, 25（4）: 442-449.
中国科学技术协会 . 1996. 中国科学技术专家传略 · 工程技术编 · 力学卷 2. 北京：中国科学技术出版社 .
郑哲敏，等 . 1996. 21 世纪初的力学发展趋势 . 力学与实践, 18（1）: 1-8.
钱令希 . 1997. 谈计算力学 // 力学——迎接 21 世纪新的挑战 . 北京：北京理工大学出版社：41-465.
郑哲敏，等 . 1997. 力学卷 // 国家自然科学基金委员会 . 自然科学学科发展战略调研报告 . 北京：科学出版社 .
郑哲敏 . 1997. 20—21 世纪的力学 // 中国力学学会主编 . 力学——迎接 21 世纪新的挑战 . 北京：北京理工大学出版社：50-60.
王仁 . 1997. 力学发展中值得重视的一些问题 // 中国力学学会主编 . 力学——迎接 21 世纪新的挑战 . 北京：北京理工大学出版社：61-65.
庄逢甘 . 1997. 中国力学学会 40 年 // 现代力学与科技进步 . 北京：清华大学出版社：1-15.
武际可 . 1999. 力学史 . 重庆：重庆大学出版社 .
白以龙，周恒 . 1999. 迎接新世纪挑战的力学——力学学科 21 世纪初发展战略的建议 . 力学与实践, 21（1）: 6-10.
白以龙 . 2000. 世纪之交对力学的回顾、展望和想象 // 力学 2000. 北京：气象出版社 .
庄逢甘，郑哲敏 . 2001. 钱学森技术科学思想与力学 . 北京：国防工业出版社 .
谈镐生 . 2006. 谈镐生文集 . 北京：科学出版社 .
国家中长期科学和技术发展规划纲要（2006-2020 年）.
崔尔杰 . 2006. 改革创新，发展学会，服务力学 . 中国力学学会第七届理事会工作报告 . 湖州 .
庄逢甘 . 2007. 中国力学事业 50 年 . 中国力学学会学术大会，2007. 北京 .
谈镐生 . 2007. 关于制定自然科学学科发展规划会议的几点意见 . 力学进展, 37（1）: 1-2.
李家春 . 2007. 中国力学学会 50 年 . 中国力学学术大会，2007. 北京 .
国家自然科学基金委员会 . 2007. 力学学科发展研究报告 . 北京：科学出版社 .
中国力学学会 . 2007. 力学学科发展报告 . 北京：中国科学技术出版社 .
中国力学学会 . 2008. 中国力学学会史 . 上海：上海交通大学出版社 .

撰写者

李家春（1940 ~），上海人，中国科学院院士，中国科学院力学研究所研究员，曾任中国力学学会理事长，长期从事流体力学、环境力学、海洋工程和应用数学研究。

武际可（1934 ~），陕西霍县人，北京大学教授，曾任中国力学学会副理事长，长期从事固体力学、计算力学和力学史研究。

石光漪（1936 ~），河北昌黎人，中国科学院力学研究所编审，曾任中国力学学会办公室主任。

余寿文（1939 ~），福建仙游人，清华大学教授，曾任清华大学副校长，中国力学学会副理事长，长期从事弹塑性断裂力学、损伤力学和细观力学研究。

邓学蓥（1941～），江苏苏州人，北京航空航天大学教授，曾任北京航空航天大学副校长，中国空气动力学会副理事长，长期从事非定常空气动力学和实验流体力学研究。

魏叔如（1937～），广东五华人，中国科学院力学研究所研究员，长期从事高温空气动力学和再入物理现象研究。

申仲翰（1939～），北京人，中国科学院力学研究所研究员，长期从事固体力学和海洋工程研究。

刘洋（1982～），吉林通化人，中国力学学会办公室助理编辑秘书。

20世纪
中国知名力学家

潘良儒

潘良儒（1917～），四川开江人。应用力学、磁流体力学和等离子体动力学家。1943年毕业于西南联合大学机械系，1950年获得美国弗吉尼亚理工学院工程科学硕士学位，1955年获得美国康奈尔大学应用力学系哲学博士学位。1955年底归国后，潘良儒长期从事流体力学、等离子体和受控核聚变、磁流体力学的理论研究。在国内首先应用经典力学数学方法，即拉格朗日（Lagrangian）变分法推导出受控核聚变研究中应用的电磁流体基本方程，即格拉德–沙弗拉诺夫（Grad-Shafranov）方程，简化了问题的计算，又应用向量分析促进了等离子体的磁流体力学平衡和稳定性、无力场、托卡马克等离子体绝热压缩、等离子体直线箍缩等方面的理论研究，有首创及独到之处。归国后至1986年一直在中国科学院力学研究所工作，历任副研究员、研究员，水轮机理论组组长，磁流体力学研究室副主任、主任。除科研工作外，受第一届力学学会理事会委托创办了以钱学森为主编，由全国力学界精英为编委会的《力学学报》，并担任中国《力学学报》的执行编辑。此外还担任过等离子体与核聚变学会理事，中国科学院化工冶金研究所顾问等职务。1980～1985年和所内外有关科学家一起筹备成立了北京等离子体学会并任副理事长。在《中国大百科全书·力学》卷的编写中还担任了电磁流体力学的等离子体动力学分支学科的主编。

一、寒门子弟，发奋图强

潘良儒，1917年4月24日出生于四川省开江县普安镇。

潘良儒是家中唯一的子女。其父在他出生那年，右手被窃贼砍伤致残，没有文化的父亲没有固定的职业，家庭生活十分艰辛。次年有幸，一亲戚外迁经商，将其住所托其父代管，一家人才有了住所，但一家人的生活还是主要靠其母的艰辛劳动勉强维持。残酷的生活让母亲深感绝望。在一次母亲准备自杀时，儿子的哭声把她唤醒，她才重新鼓起生活下去的决心。妈妈总会把这个故事讲给少年的潘良儒，要他努力。潘良儒回忆自己童年成长时，总说：“我是在妈妈的眼泪教育下成人的，少年时最大的心愿就是要有所成就来报答母亲。”尽管当时生活十分艰辛，母亲还是把天资聪颖的潘良儒在 5 岁时送进普安镇小学读书。可惜好景不长，四川军阀混战，不到一年，学校就关了门，母亲只得让潘良儒改上私塾。直到 1929 年，年已 12 岁的潘良儒才得以重回普安乡小学读书。目睹母亲养育他的种种艰辛，潘良儒少年时就立志要发奋读书，不负母亲养育之恩。他在校读书非常刻苦努力，终于于 1931 年毕业，成绩名列前茅。因为交不起中学学费，父亲要他放弃学业协助自己开小店谋生。潘良儒坚决不肯，他坚信普安乡小学校训"有志者，事竟成"，同年考入县立初级中学。在中学里，潘良儒对数学和物理产生了极大的兴趣。学习牛顿的事迹后，对牛顿特别钦佩。牛顿把自己对科学的伟大贡献描绘成在海滩上拾到的一个美丽的贝壳，而展现在他面前的是完全还未探明的真理之海。这激起了少年潘良儒献身科学、探求真理的志向。当时学习用的是开明课本，潘良儒学习几何学时主要是自修，书上的定理和习题，他都要先独立思考，设法证明，直到成功。他认为定理既然是先人思考出来，后人也应该通过独立思考而得出。这样的刻苦磨炼，为潘良儒日后的数学学习和应用打下了坚实的基础。在初中时，不仅同班的同学向他求教，连高年级的同学也向他请教。

1935 年潘良儒从城乡初级中学毕业。此时的潘良儒已立志要离开偏远的家乡进入更高的学府学习，然而这是个十分艰难的选择。离家求学，学费无着已是难题，更难的是如何离开相依为命的母亲。潘母是个深明事理又深爱儿子的母亲。虽然没有读过书，儿子平常在学校里学来的新思想、新观念她都欣然接受，理解赞同。家中依照旧习俗，早早就给潘良儒订过一门亲。接受了教育和新思想的潘良儒当然不愿受此羁绊，母亲也十分理解，一面敷衍乡间习俗，一面答应潘良儒帮助他逃离这种婚姻。对潘良儒要离家去求学深造的想法，母亲全力支持，她把家中所有积蓄拿给潘良儒做路费，并嘱咐儿子不要挂记家中，好好读书，好好做人。潘良儒也以自己的优异成绩争取到县政府的一些资助用于学费。17 岁的潘良儒只身来到武汉，以第一名的成绩报考了汉阳高级职业学校。从此他更坚信"有志者，事竟成"。为了未来继续深造，潘良儒一年半后离开汉阳高级工业职业学校，1937 年转入汉口市第一中学。同年夏天，七七事变爆发，全面抗战开始。潘良儒和当时千千万万的爱国青年一样，历经千辛万苦，辗转到了重庆，就读于从南京迁至后方的钟南中学，并以出色的成绩毕业。

1939 年潘良儒考入西南联合大学。在工业救国思想的影响下，原本深爱数学、物理的潘良儒，放弃了这些专业而选择了机械专业。

在潘良儒的人生中，母亲是他的第一个良师益友。出于对母亲的思念，潘良儒利用大学开学前的空隙回到老家，不想母亲已经身患癌症到了晚期，治疗无望，看到母亲深受病痛折磨，潘良儒的内心十分痛苦，不知所措。善良而又知礼的母亲虽自知不久于人世，仍承受着生离死别的痛苦，鼓励儿子回校学习。离家回校时，母亲送别，潘良儒心中万分矛盾，上路就没有敢回头再望母亲一眼。而这没有看望的最后一眼竟成了潘良儒一生的遗憾。不久母亲就离开了人世。临终前，为了不影响潘良儒的学习，母亲嘱咐父亲一定不要把死讯告知儿子。

直到母亲死后的第二年，才有同乡的同学告诉潘良儒这噩耗，潘良儒痛苦万分。在抗战时期的西南联大，荟萃着中国知识界的精英和最有朝气和理想的青年学子，潘良儒在西南联大的日子里，为母争光的想法已经升华到探索真理、学以致用、报国为民的想法了。对数学和物理的浓厚兴趣使得潘良儒在机械系课程外，自修很多数学和力学课程。潘良儒于1943年在西南联大按期毕业获得机械工程学士学位。

1945年，抗战胜利后，潘良儒考取教育部的官价外汇自费留学。1948年赴美国弗吉尼亚理工学院的应用力学和机械系学习，论文题目为《煤粉颗粒尺寸对燃烧的影响》，于1950年获工程科学硕士学位。也是在这里潘良儒遇到他人生的另一位良师益友，西贝赫利（V. Szebehely）教授。他是潘良儒的向量分析和流体力学的启蒙教授，经常给潘良儒许多课外学习材料让他阅读，并一起讨论，使潘良儒奠定了坚实的流体力学基础。因为潘良儒在向量分析上的独到之处，1950年经西贝赫利教授和系主任普莱德（Pletta）教授的大力推荐，获康奈尔大学应用力学系录取攻读博士学位，并获得当时该校最高的奖学金的麦克米兰（MaCmilian）奖学金。

当时潘良儒虽就读应用力学系，但博士生导师来自三个系——应用力学系、航空工程系和数学系。潘良儒应用力学系的导师是甘德尔（Gunder），数学系的导师是波劳尔德（Polord），在航空工程的导师是西尔斯（W. Sears）教授。西尔斯教授是康奈尔大学航空工程研究生院院长，该院是当时美国航空方面领先的重点研究单位之一，中国著名的数学力学家谈镐生教授、郭永怀教授那时都在该院工作。他们都了解潘良儒的出色水平，因此研究生院决定吸收潘良儒至该院做博士论文，并给予正式研究人员的工资待遇，研究的题目是《绕尖劈的高超声速可压缩黏性流》，其应用的目的是研究和解决当时竞争激烈的有关卫星回地的高温烧蚀问题。潘良儒以深厚的数学和流体力学功底，成功地完成该课题的研究，并于1955年在康奈尔大学获哲学博士学位。

二、坎坷崎岖，我心依然

潘良儒因为出身贫苦，目睹种种社会不公，而同情弱者，同情被压迫的人民和受歧视的种族，深负理想主义情怀，思想进步。在 20 世纪 50 年代中期，美国正处于反共高潮，麦卡锡主义兴起，迫害左翼人士。这位来自中国，向往新中国的学者自然难免受到牵连。还在弗吉尼亚理工学院时，潘良儒的护照就被移民局扣留。1955 年，潘良儒因其中国同学密告为共产党同情分子，受到美国联邦调查局的调查。当时潘良儒的律师拉斯脱（D. Last）希望他在政治问题上立场要随和些，但潘良儒的答复是自己的言行要经得起祖国人民的审查，因此被移民局法庭判决限期离境。虽经西尔斯教授等为其奔走辩护，仍无济于事。此事当时在《纽约时报》连续刊登了两天。最终在中国政府的组织安排下，潘良儒和许多留美同学、学者一样，满怀报效祖国激情，于 1955 年 12 月回到了祖国。

回到祖国后，1956 年潘良儒受聘到中国科学院力学研究所工作，为副研究员，当时的所长是钱学森。力学所是中国导弹技术发展的研究基地之一，本来是潘良儒一展才华的地方。但命运捉弄，当年在美国告密潘良儒为同情共产党分子的同一人，回国后又向组织告密潘良儒有美国特务的嫌疑。在当时的国际环境下无法查清这一问题，从而潘良儒的政治信任度受到影响。因此在力学所，潘良儒没能继续他在美国进行的烧蚀研究，而只能从事导弹技术的外围的理论计算以及其他一些工作。当时组织为了保护潘良儒，没有公开告密内容。因此开始时，潘良儒也有些疑虑：为什么不能让他继续过去的航天技术研究，但很快就平静下来。他觉得组织上这样安排肯定有一定考虑，只要是为祖国人民的，干什么都得好好干。不久就在杂志上发表了有关绕流及边界层的论文。

1958 年“大跃进”期间，钱学森提出制造单机容量百万千瓦水轮机的设想，用于建设长江三峡水电站。为此力学所建立了相应的研究组织，潘良儒又被调至水轮机理论组担任组长，进行水轮机叶片三维理论的研究工作。其间潘良儒等人为中国水轮机三维理论设计做出了富有成果的初创性的探索。其论文在 1960 年的《力学学报》上发表。

20 世纪 50 年代末，电磁流体力学和等离子体动力学的研究在国际上兴起。为在中国开展电磁流体力学的研究，促进该学科领域的发展，1960 年，在郭永怀教授的领导下，中国科学院力学研究所成立了电磁流体力学研究室。潘良儒调任该室任副主任，从此潘良儒就一直在电磁流体力学和等离子体动力学领域上进行研究。

1960 年，潘良儒被调到磁流体力学研究室进行交流直接发电的理论研究。他首次考虑了等离子体黏性对交流电正弦波的影响，发现主要在正弦波零点附近，波形不能严格满足要求。但由于客观原因，等离子体交流直接发电一直没有实现。不久他又被分配转向磁流体力学同位素分离研究。对此潘良儒认为应该通过研究和工程试验找到最有效的手段分离同位素，而不是限定在某一具体想法上。然而由于保密的原因，同位素分离任何资料和数据他一律不能获得，最后他只能由理论推演，得出磁流体力学方法分离同位素是不可行的。

20世纪60年代初，哈尔滨电机厂在苏联图纸的基础上自主制造的一台用于援助越南的发电机组出了问题。机组的换热器产生巨大的震动，其噪声令人无法忍受，机组无法工作。中央领导极为重视，铁道部为此召集教授、工程师会诊，潘良儒被邀请参加会诊。会上潘良儒根据自己多年流体力学方面知识，指出这是流体力学里的卡门涡街现象引起的扰动频率和换热器管路系统的固有频率相近而产生共振。因此潘良儒建议在换热器加一隔板，以改变其频率，避免共振。经过数日讨论，最后大会一致通过了潘良儒所提建议。后经试验，震动消失了，一次成功。

“文化大革命”中，潘良儒同大多数的知识分子一样未能幸免，受到种种不公正待遇，更因为所谓“特嫌”受到各种审查和批判，科研工作完全停顿。

三、云开雾散，阳光灿烂

“文化大革命”结束后，随着中国的改革开放，潘良儒的生活和科研工作也逐渐恢复正常。1975年恢复工作后，潘良儒参加了当时中国科学院三大任务之一的核聚变实验装置8#装置的理论工作。他的研究工作主要集中在受控热核反应装置中的磁场约束等离子体环的平衡问题。受控热核反应是自50年代起，美苏等国竞相研究的课题。然而在受控热核反应的长期研究的实践中，不断地遇到了巨大的挑战和困难。60年代起，虽然冷战仍在继续，但受控热核反应的研究已经是世界各国科学家共同努力的题目，成为人类在20世纪后半期努力而尚未完成的挑战。中国与世界科学隔绝多年，在该领域内与世界水平接轨，并为实现受控热核反应做出中国科学家应有的贡献，就成了潘良儒和他的同事们梦想和努力方向。

潘良儒不仅自己开展研究工作，还担任了科研管理工作。1979年他被任命为电磁流体力学及等离子体动力学研究室主任。此时，潘良儒的美国特务嫌疑也经查实纯属子虚乌有。同年，国家恢复大学招生后也恢复了研究生的招考工作，潘良儒是力学所第一批获得研究生报考资格的研究员，开展了博士、硕士研究生培养工作。当时力学所在8#装置中的任务主要是研究环形等离子体的平衡与稳定。在潘良儒的带领下，团队纷纷取得了电磁流体力学在受控热核反应装置理论和数值计算方面的重要研究成果，得到了胖环平衡的分析解，并结合天体物理，对无力场进行了深入研究。

除高温等离子体（如核聚变等离子体）研究外，为推动低温等离子体学科在中国的发展，1982 年潘良儒又和力学所内外的一些有关科学家在一起筹备召开了“第一届全国低温等离子体技术和科学交流会”。并成立了北京等离子体学会，潘良儒担任该学会副理事长。

1981 年 9 月，第十届欧洲受控聚变和等离子物理会议在莫斯科举办。中国在与世界隔绝多年后，第一次派出以潘良儒为团长的五人科学家代表团出席会议。当时中苏还未实现关系正常化，这样的使命让潘良儒第一次感到祖国对他的信任，心底感到从未有过的解放和激动。在会议上潘良儒提交了题为《圆截面轴对称等离子体环平衡的分析解和极限比》的学术论文。基于过去的理论工作都集中在瘦环，而目前的趋势是托卡马克装置向胖环发展，该文根据 Mercier 的基本方程用反纵比的幂级数展开方法求出了胖托卡马克的平衡分析解。文中计算到反纵比的三次方量级，以考查反纵横比对平衡和极限比压的影响，求得的平衡解亦可用于不稳定分析。会议期间，除了学术交流外，还参观了苏联的托卡马克装置和实验室。在苏联科学院为与会科学家举办的招待会上，潘良儒被邀请代表中国科学家发言。潘良儒的发言充分表现了中国科学家的高超科学素养，也让国际同行了解了改革开放后中国的科学家们的工作。发言获得了与会科学家们的热烈掌声，还有代表上前与他握手表示祝贺。此次赴会结束了中国在该领域上的与世隔绝状态，重新建立起中国科学家与世界同行的联系。通过听取报告，了解各国，特别是苏联在托卡马克装置上的试验进展，获悉苏联将进行新一轮绝热压缩以提高等离子温度的实验，潘良儒深感，作为电磁流体和等离子体物理的理论研究者，必须提高计算能力，迎接托卡马克装置的新发展，对受控核聚变的实现做出中国科学家的贡献。

潘良儒还担任了《中国大百科全书 · 力学》卷的电磁流体力学和等离子体动力学分支学科的主编，为了条目的科学严谨，他不仅亲自动手编写大量条目，还千里迢迢，冒着酷暑到南方主持审稿、定稿。为了让电磁流体力学这样一个新学科在高校科研体系中推广，1985 年，教育部举办全国流体力学师资进修班，特别邀请潘良儒讲授了 1 个月的电磁流体力学。

四、老骥伏枥，志在千里

1986 年，年近 70 的潘良儒仍然精力充沛，为了弥补自己在科研上的时间损失，此时的他，不但指导他的学生们进行研究，自己也积极活跃在科学研究的第一线。他亲自拟定研究生入学考试的题目，为教育部举办的全国流体力学师资进修班讲授磁流体力学课程。1986 年 4 月，潘良儒应英国帝国大学物理系，G. Haines（汉斯）教授的邀请以出访高级科学家的身份到该校物理系进行为期 3 个月的受控等离子体环绝热压缩的特别讲座。汉斯教授和他的同事们对潘良儒在讲学期间的出色工作十分赞赏，因此在原定的讲学工作结束后，汉斯教授为潘良儒申请到资助到英国原子能管理局卡拉姆实验室参加其理论组的研究。3 个月后又额外延长 3 个月。次年潘良儒又受到邀请到他的母校美国康奈尔大学等离子体实验室进行高能离子束和等离子体的平衡问题的研究。1989 年夏，潘良儒再度应邀访问英国伦敦大学帝国学院并作学术报告，从这一年起，他还每年夏天到瑞士日内瓦的欧洲核研究中心参加 Positron 组等离子体镜研究，直至 1992 年，那年他已是 75 岁的高龄。

1995 年，78 岁的潘良儒在美国女儿处居留期间患上了前列腺疾病，经医院精心救治后，潘良儒身体恢复很好。耄耋之年，潘良儒身体健康，精神矍铄，头脑清醒，思路敏捷，还坚持在健身房锻炼身体。2006 ~ 2011 年，潘良儒每届都获得中国科学院“健康老人”荣誉称号，他是位名副其实的健康老人。

1991 年，与潘良儒合作的 Cowley 教授这样评价已经 74 岁高龄的潘良儒的工作：“潘的贡献是十分重要且深具洞察力的。他的研究热情感染到大家，令科研工作成为享受，他的深厚的等离子物理方面的知识会成为任何一个研究团队的宝贵资产。”

纵观长达 45 年的研究生涯，潘良儒曾先后涉及多领域多学科的研究并多有建树。特别是在流体力学边界层连接问题，受控热核聚变等离子体，磁流体力学的理论研究中，由于潘良儒具有深厚的流体力学和数学功底，能娴熟地应用张量运算、变分原理等数学手段，简化在等离子体的磁流体力学平衡和稳定性、无力场、托卡马克等离子体绝热压缩等方面的定理及公式，为复杂的数值计算提供依据，有首创及独到之处。

五、学术研究，成绩斐然

（一）宇航方面

20 世纪 50 年代初，高速飞行器的热障问题是高速气体动力学的前沿课题。当时潘良儒正在美国康奈尔大学攻读博士学位，他在导师 W. 西尔斯等教授的指导下进行该领域的工作。他的博士论文题目是《绕尖劈的高超声速黏性流》，这是郭永怀教授主持的研究项目中的一个课题，用于解决飞行器表面与空气摩擦的高温烧蚀问题。潘良儒以其深厚的力学和数学基础，得到了该问题的一个分析解，可适用于 *Re* 数和尖劈角较大范围内的超声速和高超声速流。潘良儒并从其分析解中进一步证明了尖劈角大于 10 度时熵层存在的设想，潘良儒还就此提出了边界层外缘与外流在数学上的联结方法，得到更精确的计算。这个分析解为未来的更接近真实的计算打下了理论基础。

（二）联结理论

1956～1957 年，回国不久的潘良儒在上述边界层外缘外流联结方法的基础上，又提出了考虑固体边界曲率的更为精确的联结理论，纠正了前人墨菲的计算，研究结果发表在《力学学报》第 1 卷，题目为“表面曲率对边界层的影响与边界层外缘附近的连接问题”。其理论结果，被应用于研究水坝溢流等实际工程理论分析中。

（三）理论为工程实践服务

1959～1960 年，为了配合当时建设长江三峡大坝水力发电的需要，力学所在钱学森的建议下，提出了研究和设计单机容量为百万千瓦水轮机的设想。力学所为此成立了相应的研究组织——水轮机理论组和空气模型实验室，并调潘良儒任理论组组长。潘良儒虽然对高速气体动力学更为熟悉和有兴趣，他还是服从调动，积极地投入了水轮机心脏——转轮叶片的理论研究。当时限于计算技术，一般低水头的水轮机叶片设计都是采用二维理论。而对三峡这样一百七十多米高水头，单机容量大到一百万千瓦这样巨型水轮机，应用二维理论难以设计出效率更高，各种参数最优化的叶片，必须此采用三维计算的方法。而此时苏联 C. B. 瓦兰德教授的三维理论只满足了垂直于流面的无旋条件，只能用于设计孤立流面的叶片形状。为此潘良儒为了满足流体力学无旋条件补充了另外两个无旋分量为零的条件，得出了能从一个流面的叶片形状推进到相邻流面的叶片形状的设计理论，并于 1960 年和郑哲敏、钟万勰等一起在《力学学报》上发表了《混流式水轮机叶片的设计和计算（一）》。哈尔滨电机研究所曾有一派主张用此计算设计刘家峡电站，可惜他和计算研究所完成的设计程序已被销毁。三峡水坝当时没有修建，力学所试图研制的百万千瓦的水轮机项目也未能最终实施，但是潘良儒等科学家在三维叶片设计理论方面做出了开创性工作。

（四）交流直接发电理论和磁流体力学同位素分离研究

1960 年潘良儒服从组织安排被调到磁流体力学研究室进行交流直接发电的理论研究。他首次考虑了等离子体黏性对交流电正弦波的影响，发现主要在正弦波零点附近，波形不能严格满足要求。由于工程方面的客观原因，等离子体交流直接发电一直没有实现。不久他转向浓缩铀同位素分离研究，理论研究结果是磁流体力学的方法分离同位素不可行。

（五）无力场研究

所谓无力场，又称无作用力场，就是电流密度线与磁力线相平行的电磁场，此时磁场对电流的洛伦兹力不存在，无力场因此得名。在天体物理某些问题的研究中，如太阳黑子现象中的电磁场，以及多数受控聚变装置中的等离子体，都适用无力场进行描述。

潘良儒将维里（Virial）定理这一数学方法进行推广，将之用于无力场的分析，得出如下结论：无力场不可能孤立地包含于等离子体中，从闭合的无力场到等离子体区必须有一个非无力场的过渡区。潘良儒在其《运动气体的冻结型和电阻型无力场》一文中，还将此前科学家得出关于无力场的一个重要结论做了大大的推广。

这个结论就是：在静止流体条件下，具有电阻的无力场，其无力因子必须是常数，且欧姆损失最小；在冻结型（即不存在电阻）的封闭磁场中，则常数无力因子代表了系统处于最小磁能状态，潘良儒将其推广为：无论气体是运动还是静止的，无论无力场是电阻型还是冻结型的，常数无力因子代表了最小磁能状态，即稳定无力场，是无力场的归宿。潘良儒还推导出一个控制无力因子的普遍方程，揭示了从非常数无力因子过渡到常数无力因子是由于电阻机制。

（六）受控热核反应装置的磁流体力学理论研究及拉格朗日变分法在其中的应用

“文化大革命”的大部分时间里，中国在基础理论研究方面基本处于停滞状态，潘良儒所从事的磁流体力学的研究工作也不例外。1975 年，周恩来总理在政府报告里重申：“中国要在 20 世纪结束前实现农业，工业，国防和科学的现代化。”作为各国竞相研究的受控热核聚变实验装置理所当然地成为中国科研的头号任务。而最有希望实现受控核聚变的托卡马克实验装置自然成为跟踪世界进步的目标。为了在受控热核反应装置和理论方面跟踪世界进步，建立和研究中国的托卡马克型的受控核聚变装置——8#装置成为当时中国科学院三大任务之一。托卡马克装置是一种准稳态环形轴对称磁约束受控热核聚变实验装置，它首先由苏联科学家提出和建造，其英文名称 Tokamak 正是俄语的英文译音。这一年，潘良儒被恢复了科研工作，并参与了该装置的理论研究工作，用其擅长的电磁流体力学研究装置内环形等离子体的平衡与稳定性。

1980～1983 年，潘良儒对托卡马克装置的平衡问题进行电磁流体方面的研究并发表第一篇有关论文《圆截面轴对称等离子体环平衡的分析解和极限比压》。为获得更长的等离子体能力约束时间，近年来托卡马克装置逐渐转向了胖环方向发展，也即装置的反纵横比不断增大。过去 Mercier 等只计算到反纵横比的一次量级，用在胖环上精度不够。潘良儒根据 Mercier 基本方程用纵横比的幂级数展开法求出了胖托卡马克的平衡分析解。为了考察纵横比的影响，计算精度达到反纵横比的三次方幂量级。该文还在没有负压的限制下，求得了相应的极限比压。此文为举办的“第十届欧洲受控聚变和等离子体物理年会”采纳。该会议于 1981 年在莫斯科举行，潘良儒作为团长同其他 4 位中国科学家前往。

变分方法和拉格朗日变分原理是一种近似计算方法，是解决力学和其他领域问题的有效数学工具。潘良儒于 1980 年首次独立引入经典力学中的 Lagrangian 函数和变分原理将其用于 Grad-Shafranov 方程。需要解释的是，潘良儒在第一届全国低温等离子技术及物理学会上宣读过用拉格朗日变分法技术偏微分方程的文章，但没有及时发表和出版。后来准备将此方法用英文投稿到《物理学报》发表。然而在准备过程中，了解到在 Lao 等在 1981 年的《物理流体》（*Physic Fluids* 24，1431）上的文章 *Variational moment solutions to the Grad-Shafranov equation* 中也首先独立提出和发表了同样的方法。因此可以说潘良儒和他是各自独立的将拉格朗日法应用推广与 Grad-Shafranov 方程。两人在选择函数序列和坐标上有所不同。潘良儒计算了动边界交流电弧问题，并在第一届全国等离子体科学和技术交流会上宣读。成功地应用此方法对磁流体力学中的多个复杂边界个问题求得分析解，渐进解和数值解。

首先，潘良儒在研究圆截面轴对称等离子体环平衡问题时，为了研究胖环的需要，在前人计算到反纵横比的一阶量的基础上，再计算到反纵横比的三阶量，计算量巨大而繁杂。潘良儒深感需要有新的数学方法用来解决此问题。经努力探索，潘良儒发现受控等离子体环中角向磁场能像经典力学中的两个质点的动能，环中其余的总能像一个质点的位势，它的两个总能之差像拉格朗日函数。再用欧拉-拉格朗日变分法，即求此磁作用力函数最小值，果然推出 Grad-Sharfranov 方程。这说明方程是自洽的，也是最小作用力。由于方程的自洽性，可以用几个已知函数和小量级未知函数来描述等离子体磁面函数在外边界上的几何形态。这几个未知函数像经典力学中的几个质点，可以组成新的磁拉格朗日函数。然后再用欧拉-拉格朗日变分法，推导出这几个未知函数的微分方程。这是一组二阶常微分方程组，大大减少了计算量，为边界形状较为复杂的等离子体，如球形马克，甚至于旋转等离子环的托卡马克等平衡及稳定性分析和计算提供了强有力的方法。

随后潘良儒指导他的博士生应用变分法近似计算受控聚变领域里的一种新型磁

约束装置——椭球马克中的倾斜模不稳定性。与先前不同的是该文采用了多泛函的变分法，得到的结论是：在无力场情况下，扁椭球马克不会出现倾斜模不稳定。该文发表于《物理学报》1984 年第 33 卷第 8 期。

以绝热压缩为手段的试验对托卡马克装置中的等离子体加热，以便在电阻加热手段无效后，进一步加热等离子体，使其更接近核聚变反应温度，在 1981 年第十届欧洲受控核聚变和等离子体物理年会期间，潘良儒了解到苏联科学家将进行托卡马克绝热压缩加热等离子体的试验，回国后，潘良儒即开展了等离子体环的绝热压缩问题的研究。利用拉格朗日变分原理将高温等离子的磁流体力学的著名的平衡方程，Grad-Safranov 方程用两标量函数的变分形式加以表述，进而将此二维问题（旋转对称）简化为一维问题。依据这个思路和方法，潘良儒指导他的研究生对托卡马克装置中等离子环绝热压缩过程的准平衡态进行了分析和数值计算，获得良好的结果(1985)。该研究假设在压缩过程中，平行黏性应力消灭了角向旋转，所以环向(toroidal) 转动是刚体旋转，采用傅里叶函数序列描写磁场形态，然后用拉格朗日变分法求解磁场形态（即求解傅里叶函数的系数)，其结果与一般方法计算结果一致，当 *Ma* 数为 0.4 时等离子转动影响可以忽略。由于此方法第一次计算旋转运动成功，该文稍后于 1989 年被发表于此领域的权威学术期刊 *Plasma Physics and Controlled Fusion* 上。

自 1986 年起，潘良儒多次应邀到英国帝国大学、英国原子能管理局拉卡姆实验室、美国康奈尔大学、欧洲核子中心等核聚变与等离子体物理研究单位进行工作。研究了具有环向和角向旋转的环形等离子体的绝热压缩问题。并于 1987 ~ 1989 年连续在 *Plasma Physics and Controlled Fusion* 上发表了三篇高质量的学术论文。

20 世纪 80 年代，在托卡马克实验中观察到环形等离子体的环向旋转很快消失，这个现象引起国际等离子体物理学家们的热烈讨论。此时潘良儒正在英国的帝国大学进行访问，参与了这个大讨论。当时，等离子体物理的权威学者 Stacy 和 Sgmar 教授均认为该现象是由于音速流惯性和回旋黏性（gyroviscous）所产生的。而 Mattor 等（1986）认为是由于带电离子温度梯度湍流而造成。对此潘良儒提出：回旋黏性虽有通常黏性应力的形式，但微观上却没有通常黏性所具有的碰撞机制，回旋黏性只是带电粒子绕磁场旋转的结果，因此，回旋黏性不可能成为托卡马克实验中环形等离子体旋转动量很快消失的原因。潘良儒这一观点的论文很快在国际权威杂志 *Plasma Physics and Controlled Fusion* 上得到发表，从而使这场讨论有了最后结果。

20 世纪 80 年代初，全球有四大托卡马克装置用绝热压缩等离子体的方法提高受控等离子体温度。但是由于高能中性射流引起等离子体高速旋转，导致平衡和稳定性较大变化。因此迫切需要快速计算方法研究具有角向和环向转速的绝热压缩等离子平衡问题。因为 Grad（1975）就已经称具有流动的绝热压缩为“奇怪的微分方程”，可见研究该问题的难度之大。潘良儒沿用在《变分法近似计算椭球马克中的倾斜模不稳定性》已成功采用的变分法，加以推广，首次在拉格朗日函数中加入一项代表运动等离子环的拉格朗日函数，进而为该“奇怪的”微分方程提供了一个有效的方法。潘良儒在 1989 年的 *Plasma Physics and Controlled Fusion* 杂志的第 6 期上发表了 *Variational Method for Adiabatic Compression of Plasma with Poloidal and Toroidal Rotation*，对此方法做了详尽的阐述。这也是潘良儒运用拉格朗日变分法经典之作。

除环形核聚变装置外，潘良儒在欧洲核子研究中心（CERN）工作时，还参加了等离子镜的研究，并提交了论文参与会议交流。该文应用拉格朗日系统中运动磁活塞和激波前沿位置的泰勒展开以确定精度为二者之差的二次幂量级的等离子体边界和激波的位置。通过应用反射激波模型，找到最小无量纲箍缩半径为 0. 134，而 CERN 等离子镜的测量值约为 0. 2 。因此该方法可以用于描述 CERN 等离子镜的等离子体动力性能，还可用于设计新的等离子体镜。

六、潘良儒主要论著

Pan L J, Kuo Y H. 1956. Compressible viscous flow past a wedge at hypersonic speeds. Journal of Mathematics and Physics, 25（2）.

潘良儒 . 1957. 表面曲率对边界层的影响与边界层外缘附近的连结问题 . 力学学报，1（4）：361-367.

潘良儒，郑哲敏，钟万勰，等 . 1960，混流式水轮机叶片的设计和计算（一）. 力学学报，4（2）：123-148.

潘良儒 . 1978. 冻结型和电阻型无力场 . 天文学报，19（2）：166-172.

潘良儒 . 1979. 运动气体的冻结型和电阻型无力场 . 天文学报，20（2）：182-190.

潘良儒，严钟敏 . 1982. 黏性对电磁流体力学感应发电机的影响 . 力学学报，（6）.

潘良儒，唐福林，卓克聪 . 1983. 圆截面轴对称等离子体环平衡的分析解和极限比压 . 核聚变与等离子体物理，3（1）：1-9.

潘良儒 . 1983. 一个推广 Virial 定理的数学方法和应用 . 力学学报，（6）：579-589.

吴汉明，潘良儒 . 1984. 用变分法近似计算椭球马克中的倾斜模不稳定性 . 物理学报，33（8）.

潘良儒 . 1985. 磁流体力学和等离子技术//中国大百科全书 · 力学卷 . 北京：中国大百科全书出版社 .

Pan L R, Mou B, Liu S P. 1986. Shock heating in MHD Pinches, Special Seminar on Z- pinch. Physics Dept. Imperial College London. London, British.

Conner J W, Cowley S C, Hastie R J, Pan L R. 1987. Toroidal rotation and momentum transport. Plasma Physics and Controlled Fusion, 29（7）.

Pan L R, Fu D. 1989. Adiabatic compression of plasma with purely toroidal rotation. Plasma Physics and Controlled Fusion, 31（6）.

Pan L R. 1989. Variational method for adiabatic compression of plasma with both poloidal and toroidal rotations. Plasma Physics and Controlled Fusion，31（6）.

Pan L R. 1991. A simple analitical plasma dynamics calculation for the CERN plasma lens. Plasma Lenses for Accelerators，Oct. 1，Geneva，Switzerland.

撰写者

傅东（1956～），天津人。1982年考入中国科学院力学所，师从潘良儒，进行磁流体力学的学习和研究，并获硕士学位。1991年在匹兹堡大学获博士学位。后进入美国工业界工作至今。

唐福林（1934～），上海人。1960年苏联莫斯科包曼高工毕业获硕士学位。1961年起在中国科学院力学所从事磁流体力学，核聚变环形等离子体平衡核稳定性及靶丸烧蚀等研究。

宁交贤

宁交贤（1931～），四川新繁人。实验力学、生物医学及信息工程技术专家。1960年毕业于成都工学院河川结构及水电站建筑专业，留校历任成都工学院水利水电科学研究所电测组组长，成都科技大学工程力学系副系主任、固体力学实验室主任，四川大学工程信息技术研究所所长。1992年实验力学博士生导师及生物医学工程博士后导师，两届校学术委员会委员。在承担国防航空研究及工程中，为提高歼10等飞机综合性能、保证飞行安全，及解决核心重大关键评价测试设备及技术难题中做出了重大的贡献。先后完成国家科委“六五”重点基础项目；“七五”、“八五”国防攻关及国家自然科学基金项目研究；著有《电阻应变测试技术》，发表了交流电桥测量电路及现场、高温、液下以及混凝土电测应用技术新理论、新技术相关论著；对“现代医学图像PACS系统”及“流媒体视频服务器系统”等进行了深入研究。先后获国家发明专利3项；获得国家级奖2项、省部级重大成果及科技进步奖二等奖4项、三等奖3项，其中包括作为第一发明人的“进气道动态压力畸变试验实时处理系统”国家（国防）技术发明三等奖。中国力学学会第四届理事会理事、实验力学专业委员会委员和副主任、《实验力学》编委；1980年起先后任四川省力学学会副秘书长、副理事长兼秘书长及名誉理事长，1982年任中国仪器仪表学会元器件专业学会理事，2008年任“中华现代影像杂志”高级专家编委。

一、成长历程

宁交贤，1931年5月23日出生于富饶的川西平原新繁县城的一个普通家庭，家境并不富裕。小时父母教导，要勤奋学习，将来为国家尽力，做人要严于律己，宽以待人，他的一生都扎根于这个思想之中。小时就读于东城小学，从初小第一学年开始，连续六个学期都获得全班甲等第一名，倍感荣耀。宁交贤的二哥是中国第一批选拔培养的雷达专业技术人员之一。在专业学习上，受到二哥的影响，年少时的宁交贤便成了一名无线电爱好者，自装矿石收音机，爬大树架设接收无线广播的高空天线，把自学无线电知识视为乐趣，假期还去县城电灯公司和技工们一起参与为城区用户安装和检修电灯线路的工作。因此，自幼便勇于探索、乐于动手，为后来的学术与科研事业打下基础。

1947 年宁交贤考入全公费的四川省立成都师范学校学习。1949 年底，正值毕业之际成都解放。1950 年 2 月，和该校毕业的近半数同学一起参加了革命，去建设边区，进入“西康人民革命干部学校”学习。毕业后分配在西康省的县级政府工作，在管理工作中多有建树和成绩。1956 年为响应党和政府“向科学进军”的号召，也为圆幼小之梦，考取进入成都工学院河川结构及水电站建筑专业。毕业后留校任水利水电科学研究所电测组组长，1983 年任副教授，1987 年晋升教授。先后担任成都科技大学工程力学系副系主任、固体力学实验室主任、四川大学工程信息技术研究所所长，1992 年起担任实验力学博士生导师及生物医学工程博士后导师、校学术委员会委员，享受国务院政府特殊津贴。先后完成国家“六五”国家科委重点基础项目，及“七五”、“八五”国防攻关及国家自然科学基金项目；著有《电阻应变测试技术》一书，发表了电桥测量电路相位平衡及现场、高温、液下以及混凝土电测应用技术新理论、新技术相关论著；对“现代医学图像 PACS 系统”及“流媒体视频服务器系统”等进行了深入研究；获得国家发明专利 3 项。

二、主要研究领域和科学技术成就

（一）用静动态应变电测技术解决三线建设工程中的急迫难题

20 世纪 60～70 年代，国家处于大规模经济建设和国防建设时期。在三线建设的西南四川地区，许多大型工业设备和结构（如：水电站，石油输气空中及水下管道建筑，热电厂，大型、异型钢筋混凝土建筑结构，万吨水压机），高温高压化工容器，以及国防航空及试验风洞等的建设过程中，遇到了许多亟待解决的问题，如：承载力鉴定、强度、流致振动、风振、热应力、高温和高压液下的应变测量等，宁交贤利用担任工程力学专业电测技术课任务及材料力学实验室工作的设备和人员条件，与中青年教师何思龙、龚志钰、杨金林、杨进春等合作，在四川及其他省份完成了几十项大型工程现场及复杂特殊环境条件下的电测试验。其中大型项目有：（1）成都无缝钢管厂 200mm 管车间钢筋混凝土吊车梁承载力的实测鉴定；（2）第二重型机械厂万吨水压机压力输水管道承载应力实测；（3）四川化工厂大型空压机厂房排架现场振动特性实测鉴定；（4）岷江上游渔子溪大型水电站输水分叉管高压水下应变测定；（5）在轮船顶上利用三峡归槽高风速（当时无风洞条件）进行石油输气管线模型电测风振试验；（6）泸州化工厂及温江氮肥厂大型高压容器内、外壁应变试验；（7）重庆茄子溪长江天然气空中过江悬链式输气管线风振现场应变及振动观测；（8）贵州安顺航空基地急售国外的歼 7 教练机发动机工作压力管振动应力地面开车实测鉴定试验。

上述系列工作，产生了广泛的影响，进而又承接了研制 550℃、750℃高温应变片、应变胶及其测试技术的两批重点科研课题，取得的成果两次获四川省重大成果和科技进步奖二等奖，以及全国科学大会奖。对上述各项工作，宁交贤得到了中国实验力学前辈贾有权、傅梦蘧、吴中岱等的肯定和支持，并合作承担了国家科学技术委员会“六五”重点基础项目“力学实验方法及其测量技术”中电测及数据采集处理分课题的研究。这个测试系统，在宜宾地区经受了历时一个月的野外高压输电线路的風致振动观测试验的考验，证实其有更强的功能。

（二）发展应变电测技术系列理论和应用技术

应变电测是实验力学的一大分支，在 20 世纪 60～70 年代，其基本原理和技术，已为相关的一些科研和工程技术人员所知晓。但在实际工况中有各种不同复杂环境，如现场、高温、高压、高速、动态及液下、水下、放射性条件等，存在许多新的难于解决的复杂力学测试技术问题，都影响测试结果的稳定和准确。另一方面，工程中遇到的力学问题，往往都不是单一的应变测试，常牵涉到多种力学量的测量，常常需要一些不同类型传感器的接入。为此，宁交贤与其合作者何思龙，通过科学研究工作和大量现场测试，积累了丰富经验，并对此进行了深入细致的研究，相继发表了多篇相关论文，并编著了《电阻应变测试技术》一书，而其成果主要包括如下：

对于混凝土应变测量，其应变计的标距对测量结果的准确度有着关键的作用。宁交贤通过理论分析指出：纠正以往要求 L 必须大于混凝土骨料最大粒径的 5 倍这种不恰当的要求。新研究提出只需大于 2 倍即可，经试验证明此研究正确。

高温环境中，以往认为温度效应产生的热输出无规律可循。宁交贤按金属相变假说找出了热输出数据的规律。据此，从理论上保证热应变测量的一定精度。

另外，在横向效应自动消除方面以及动态应变测量时应变片的标距与所测频率关系等，宁交贤都做出了理论分析，为保证实测精度和可靠性提供了依据。

在大量的现场实测过程中，宁交贤在技术层面上也有不少创新。如长导线的电测技术，应变片的防水防潮，高（低）温下、液压下及旋转构件的应变测量技术等。

鉴于宁交贤在应变电测方面的贡献，受特邀撰写《中国电测理论和应用技术发展十年》一文，登于1990年6月《实验力学》杂志首页。该文总结了中国电测技术的现状，发展了新的技术和应用，探讨出电测未来的发展方向。

（三）对国防航空“十号工程”等做出了重大贡献

“十号工程”是为歼10等新型战机提高综合性能和防止发生空中突然停机坠落等安全性事故而设立的预研项目。宁交贤组织并亲身参与研究，完成了分别用于风洞和飞行试验的两套测试系统的科研工作。

在试飞方面，与中国飞行试验研究院、空军工程学院合作，进行了对歼10战机的首飞准备的安全评价和方案鉴定的试验，提供了试飞试验测试系统装置、关键试验测试数据和流场图谱，取得了高精度的试验结果，获得了包括军方的各方肯定和重要评价。试飞中，应用了一批以往鉴定试飞时未采用的新试飞技术，实现了试飞数据处理实时化、准实时化，所研测试系统与中国飞行试验研究院研发完成的压力畸变模拟发生器等配套，建立了一批先进的试飞支持设施，实现了试飞测试和实时监控技术的跨越式飞跃。最终使歼10飞机的试飞效率高于国外大部分同类飞机，试飞安全性好于国外大部分同类飞机。

国家科学技术奖国防科技评奖委员会军用电子组批示评价：“该系统是飞机进气道和发动机匹配试验的关键设备，而该匹配是影响飞机安全和性能的重要因素，长期以来，中国对动态流场的畸变一直无法测量，从国外引进价格昂贵，国内虽安排研制，一直达不到实用水平，该设备研制成功，为航空工业测试技术解决了一大难题，有显著的社会军事效益和经济效益，并得到广泛好评。”该系统和国外正在使用的产品水平相当，在某些方面还要先进。

进气道/发动机是飞机的重要部件，飞机的工作性状与这两者间的相容及匹配密切相关，不仅直接影响着发动机可用推力的大小，并影响着发动机及飞机本身的安全。匹配特性不好，将使飞机进气流动分离，压缩效率降低，甚至引起严重的气流脉动，导致灾难性后果。目前解决这一问题主要依赖于风洞模型试验，发动机高空模拟试验及飞行试验的实测。试验的关键问题之一，是必须具有一种性能完善、可靠的进气道/发动机动态压力畸变高速数据采集和实时存储处理系统。其主要的功用是：（1）确定进气道模型的最大压力畸变指数和图谱；（2）确定发动机进口脉动气流的截止频率；（3）监控飞行试验过程进气道出口最大瞬时压力畸变指数/图谱；（4）建立进气道模型试验、发动机高空模拟试验以及飞行试验结果的相关性。

为此，研制了数据流并行计算机和高干扰现场环境下有120米长多路长导线无干扰高速传输控制电路，以及实现了共102个通道的长导线交叉干扰的抗干扰接地电路的设计，解决了不间断采集数据流的高速实时计算、高速实时存储、同步取数和获得高精度数据的问题。整个系统包括 48 个并行动态、54 个串行扫描稳态通道的放大滤波采集电路，微型计算机及研制的并行计算机组成的主控、高速采集存储控制和计算的硬件系统，以及带有数据库管理的后处理软件系统三大部分。该机小型、可移动，便于与采集系统配套在现场使用。并行计算机的浮点运算速度高达每秒 6.4 亿次（当时银河Ⅱ巨型计算机是每秒 10 亿次），且其特点是可以处理连续高速的不间断数据流。

在测量标准规定的发动机断面上，用以进行流场压力的测试，并用于相容性评价的畸变指数的计算。

每通道动信号数据采集的速度要求为 20000 次/秒，较慢速稳态数据由主控微机中的串行扫描 16 位 A/D 电路板控制采集。而所有各通道采集的数据，实时连续存入并行机中配置的阵列磁盘之中。还要求在 50 微秒并行采集的间隙时间内，完成压力畸变指数的实时计算，其每次压力畸变指数计算需达最高 2000 步浮点运算。

“进气道/发动机动态压力畸变高速数据采集及实时存储处理系统”受到专家充分肯定，被推荐写入《航空发动机手册》第七册“进排气系统”中。

（四）歼 7 机获取重心载荷谱的地面处理系统及统计分析软件的研究

该研究目的是解决在役歼 7 飞机的载荷谱获取、寿命监测及飞行监控的问题，同时，也作为部队训练、科研试飞、战机维护等提供一套重要的监测和数据处理装置。

由宁交贤负责的研制，在不到一年时间即完成样机及载荷谱自动形成理论和软件系统研制，以后又进一步完成产品定型化工作，且先后在成都 132 厂及中国飞行试验研究院进行了实地飞行数据处理，并最后向空军司令部进行了交付验收，获得很高评价。

空军司令部验收评价认为：“具有体积小、重量轻、多并口、功能强、自动化程度高等优点”，并认为：“对部队训练、编制载荷谱、科研试飞及寿命监控等方面具有十分重要的意义。”

该系统与国外同功能系统对比，宁交贤研制的系统数据处理速度要快 44%；国外系统要占用一个小厅空间，需一组人管理维护，宁交贤研制的系统仅在桌面占约 1.5 米长，并无需人专门管理。之后，应用该套设备在有关空军基地，处理了大量飞行数据，为中国歼 7 飞机的定寿，做出了重要贡献。

该项目获得 1991 年度航空航天部科技进步奖三等奖。为表彰对国防建设的重要贡献，宁交贤被授予光华科学基金三等奖。

（五）完成航空发动机温度畸变模拟发生器装置的验收性能检测评价试验

该项目是为解决航空部624所与俄罗斯合作研发的航空发动机温度畸变模拟发生器装置样机的验收进行其性能检测和评价的试验问题，装置是应中国军标要求建立的配套关键评价试验设备。试验在地面进行，温度畸变模拟发生器装置组合安装在WP-7航空发动机上，根据在发动机进口模拟产生的流场温度畸变，模拟真实飞机空中运行或战斗过程中发动机进口流场发生的流场温度畸变，以对该装置进行其性能检测和评价。

验收需要对该装置的性能进行具有动态特性的实地试验检定，以评价其功能和性能是否符合设计要求。因合作国家也没有这种较为先进的检测处理评价试验系统，为此借用了"十号工程"在研中的"进气道/发动机动态压力畸变高速数据采集及实时存储处理系统"，课题组并专门为其研究配套软件系统进行了该项试验，取得了系列数据，进行了实地试验评价，从而解决了一个新的国防技术难题。

温度畸变比压力畸变对发动机的稳定性具有更大的影响，如战斗机发射导弹时进气道对导弹火焰、气流吸入以及对其他飞机尾喷管中排出尾气吸入，舰载机弹射起飞时的蒸汽吸入等都可能产生温度畸变。对直升机来说，当其在空中盘旋或降落时，吸入自己排出的尾气也都可能导致温度畸变。

温度畸变与压力畸变试验测量方法大致相同，将流场断面上布置的压力传感器，换接为温度传感组件即可测量。

检测评价中遇到的测试和实时处理技术问题，主要包括：（1）不同类型温度及压力传感信号的接入方案；（2）需高速、大容量、不间断数据流采集存储和处理系统；（3）系统的现场标定方法，包括多种类型温度和压力传感组件的标定；（4）测试结果的分析处理和技术，特别是高响应温度传感器测量结果的计算和修正，温度畸变信号测量滤波频率的确定等新技术问题；（5）温度畸变发生器扇形区供氢阀门后压力同步性测量及靶上各个通道温度测点随时间的响应曲线、稳态温度场图谱的实时测量和显示等。

上述温度畸变模拟发生器装置评价试验获得了良好结果，因而"进气道/发动机动态压力畸变高速数据采集及实时存储处理系统"受到刘大响院士的充分肯定，被推荐写入他主编的大型《航空发动机手册》第七册"进排气系统"中。

上述三项国防课题的研究，需涉及复杂而大跨度的知识、能力和技术，除需有整体的思考、设计和驾驭外，尚需各方面技术人员一体配合才可完成，其中先后参与三项不同课题的校内外相关合作者庄传鑫、刘火生、秦世伦、王友军和宁交贤的研究生展之宏、易丽清、蔡进、黄爽和李晋川等做了较多技术工作，在课题不同方面做出了贡献。

三、推动学术交流，注重人才培养

从 20 世纪 60 年代初开始，解决了三线建设中的大量工程难题，从而受到四川省科学技术委员会的重视和支持。除下达两批高温应变片及其测试技术重点课题外，1972 年在四川省科学技术委员会工业处副处长周仁贤支持并直接参与下，宁交贤与重庆大学力学教研室主任刘相臣、西南交通大学孙训方教授等一起，广泛组织工厂、工程及国防单位，筹划成立了“四川省光弹电测协作组”，在四川系列开展了实验力学和国内早期引入的断裂力学及有限元分析的研究和学术交流活动，并邀请了天津大学等省外单位参加，其交流论文及资料，在四川出版了两期《实验力学》杂志，在国内产生了重要影响。

1980 年四川省力学学会成立大会上，宁交贤被选为学会理事并兼任副秘书长。此后连续 20 余年先后担任过副理事长兼秘书长、名誉理事长以及多届实验力学专委会主任等职，并常务领导了学会办公室工作，在康振黄、张涵信理事长的领导支持下，做了大量的学术组织和推动工作，在为地方国民经济建设服务，发展力学学科、服务社会、发现人才、普及提高等方面做了开拓性工作。如大力推动军民协作、促进力学新兴及边缘学科（实验力学、生物力学、有限元分析、断裂力学及生物医学工程）发展、组织中学生力学竞赛及青少年科普活动等中，都取得了具体的成效，使这些学科在国内有了较先较快发展。为此曾被邀在中国力学学会理事会上报告交流，有的经验在全国推广，其中“发展科学、服务社会、发现人才、普及提高”的经验报告，列入中国力学会第三、四届理事会扩大会议论文集《人、环境与力学》中。宁交贤被授予“中国力学学会先进工作者”称号。1991 年当选为中国力学学会第四届理事会理事。

在实验力学方面，1983 年以来，被聘为第三～七届中国力学学会实验力学专业委员会委员及副主任、《实验力学》杂志编委。1983 年受中国力学学会委托，具体筹备组织了“全国第三届实验力学学术交流会”，参会达 400 多人，并首次将会议论文集装订成册发行，会议的组织效果获得同行一致好评。以宁交贤为学术带头人的四川大学实验力学学科点，是继天津大学（以实验力学开创和光测为特点）、北京航空航天大学（以流体测试为特点）之后，被批准建立的第三个实验力学学科点（以电测为特点）。

在力学专业本科教学及研究生培养中，宁交贤重视理论与实践的结合，特别强调创新思维及想象力的培养，以及实验及计算机技能与编程的训练和掌握，例如在专业课程教学计划中，提出了对学生加强一个基础、两种手段教育的主张，一个基础是指材料力学、理论力学、弹性力学、实验力学、计算力学、结构力学以及工程振动的基础学习；两种手段则指力学实验技术和计算机技术的掌握。这一主张，在全国高校工程力学教学计划及经验交流会中，获得较多高校的肯定并推广。同时宁交贤还倡导跨学科知识和技术的学习和引进，特别是现代信息科学技术的了解和学习，并把学生放到实际的科研及工程测试的环境中去锻炼和培养。在创新思维及想象力的培养中，他常用郭沫若在全国科学大会上《科学的春天》报告中的一句话："不要让想象力为艺术家所独占"教导学生要让自己的头脑长上想象的翅膀，并以亲身研究工作的体会提出了如何培养的建议，以实例说明这对培养创造性思维之重要作用启发学生。例如，750℃高温应变片粘贴胶的研制，当时属于国际难题，宁交贤是偶然机会在医院补牙了解到修补所用蛀牙填充料联想产生灵感而获得成功的。该材料系由磷酸二氢鋁+水，并混入二氧化硅粉末形成糊状充入蛀牙空洞固化而成，其具有混凝土常温自凝、胶水粘接以及耐特高温度的三种特性，这恰正是高温胶研制之所需。后经课题组进一步改性研究获得成功，800℃高温应变粘贴胶达了国际先进水平。还有一例，是研究高温应变测试技术需要配套的一种小型电子点焊机。开始分配给一位理论素质较高的青年教师负责，他用复杂的理论设计变压器硅钢片铁芯，其重量需两人才能抬起而不能用，宁交贤思考该变压器是短暂点焊用，并不是要持续输出电流，而设计出可移动携带仅 1 公斤左右的电子点焊机，该机后应全国科研单位之需，获得了几十家的推广使用。这些例子，使学生们受到生动启发和教育。

宁交贤在培养工程应用型研究生上多有创新和建树，其经验总结曾被推荐和邀请在校、省、西南区和中国力学学会年会上报告，其中《对工程型硕士研究生培养工作的回顾》一文被选登在 1992 年 4 期《高教研究与实践》教学杂志上交流。在宁交贤指导培养的实验力学和生物医学工程专业几十名硕士、博士生中，大多具有这些素质特点，他们具有较强的解决实际复杂问题的能力，做出了创新性的工作，受到社会的肯定和欢迎。较突出的如：

尹如明，在中国计量测试技术研究院工作，作为主要研发人员参与"超导国家电压基准"课题研究，应用电测数据采集处理理论和技术，解决了该基准测试系统需要准确至9位以上精度的关键核心技术难题，获得国家科技进步奖二等奖。现为美国一大型电子技术公司高级工程师。

蔡进，在中国计量测试技术研究院工作不久晋升副研究员，并被遴选为该院最年轻的院学术委员会委员。作为技术负责人，和该院另一位由宁交贤指导毕业的研究生黄爽合作，参与研发“科里奥利质量流量计”，分别用振动模态分析设计传感机械组件，用电测技术完成测试系统设计制造，达到了高精度的要求。该项成果已实现了产业化系列生产，为石油工业服务，他作为主要研发人员获得国家科技进步奖二等奖。

周新志，实验力学博士，四川大学电子信息学院教授、副院长。他在其博士论文等基础上，承担完成了都江堰灌区等多项国家重要河流水利水文工程在线监测和规划系统重点项目的研究，获得较高评价和奖励，两次获校“优秀教师”称号。主持四川省教育改革项目“电子信息类工程领袖人才培养模式研究与实践”，获得四川省教学成果奖一等奖。近年在《实验科学与技术》等核心期刊上发表学术及教学经验论文五篇。现为四川省自动化与仪器仪表学会常务理事。

鉴于上述，四川大学校长谢和平院士对宁交贤做了如下评价：“在我校的学科建设过程中做出巨大贡献，在实验力学领域取得令人瞩目的成就。”

四、宁交贤主要论著

宁交贤，何思龙．1981. 电桥相位自动平衡的一个理论．力学学报，3.

宁交贤，等．1983. 电阻应变测试技术．北京：中国建筑工业出版社．

He Si L, Ning J X. 1986. Measurement of stresses of diesel locomotive piston. 国家科学技术委员会“六五”重点项目协调组．力学实验方法及测试技术：969-971.

Ning J X, Yang J L, Yang J C. 1986. Measurement of wind-induced vibration in high voltage power cable. 国家科学技术委员会“六五”重点项目协调组．力学实验方法及测试技术：974-980.

宁交贤．1987. DAP-1实验数据自动采集分析处理系统的设计、功能和应用．第五届全国实验力学学术会议论文集：DB9，1-4.

宁交贤．1988. 电测的工程应用（上）．实验力学，3（4）：429-439.

宁交贤．1989. 电测的工程应用（下）．实验力学．4（1）：83-102.

牟大农，宁交贤，车强．1989. 高维实验数据的存储管理、维数压缩及聚类方法和程序技术研究．第六届全国实验力学学术会议论文集（二）：1521-1525.

宁交贤．1990. 中国电测理论和应用技术发展十年．实验力学．5（2）：131-143.

宁交贤．1991. 发展科学、服务社会、发现人才、普及提高．人、环境与力学．中国力学会第三、四届扩大会议论文汇编．北京：科学出版社：135-137.

宁交贤．1992. 对工程型硕士研究生培养工作的回顾．高教研究与实践，成都：成都科技大学，4：46-49.

宁交贤，罗兵等．1996．一个新的高速大容量数据采集及实时存储处理系统的构想和实现．实验力学．11（4）：395-409.

宁交贤，黄爽，胡同，等．1997. 飞机进气道流场压力畸变数据采集与处理系统．力学学报．29（3）：336-342.

易丽清，宁交贤．1998. 数据自动采集处理的系统集成技术研究．现代力学测试技术．广州：华南理工大学出版社：1-4.

展之宏，宁交贤．2000. 发动机进口流场温度畸变测试技术研究．数据采集与处理．15（2）：226-230.

宁交贤．2003. 高速大容量不间断数据流并行计算机的研制及其应用展望//中国科技发展精典文库（下）．北京：中国言实出版社：2123-2127.

宁交贤．2004. 从几个国防课题看实验力学在航空工程研究中的优势和重要作用．首届全国航空航天领域中的力学问题学术研讨会论文集（下）：143-147.

刘小焕，朱俊，胡建，宁交贤．2008. 实现互联网查询显示的 PACS 系统技术探讨．四川大学学报（自然科学版），45（2）：343-346.

李久楷，朱俊，宁交贤．2009. MPI 并行计算性能的研究．四川大学学报（自然科学版），46（6）：1659-1662.

胡宝梅，朱博，宁交贤，等．2011. 基于 Java 和 MySQL 技术用于 PACS 的网络医院预约和查询系统的研究．四川大学学报（自然科学版）．48（2）：327-332.

主要参考文献

航空工业总公司 628 所．1995. 超级计算机的应用为航空试验及其测控技术带来了巨大进步．航空情报．

庄传鑫，雷宇鹏，等．1998. 发动机动态压力畸变试验方法．飞行试验，14（2）：30-34.

江勇，李军，等．2002. 一种喷气推进系统的进气压力畸变测控系统．新技术新仪器，22（6）：16-20.

Aulehla D M Schmitz. 2009. 进气道/发动机相容性评估的新动向（第一、二部分）//赵元刚译．New trends in intake/engine compatibility assessment.

2007-1-8. 周自全——歼-10 飞机试飞总师．人民网．

撰写者

传主本人

钟万勰

钟万勰（1934～），浙江德清人，力学家。1993年当选中国科学院技术科学部院士。1956年毕业于同济大学桥梁专业，同年分配到中国科学院力学研究所工作。1962年调到大连工学院（现大连理工大学）工作。在数学、力学及计算机科学上有很深造诣。进行了“潜艇耐压壳强度”、“群论在结构分析中的应用”、“参变量变分原理”、“结构力学与最优化控制的模拟理论”等的研究，并研制出大量具有先进水平的结构分析软件，曾主持完成多个重大结构工程计算分析项目的工作。研究成果多次获全国科学大会奖、国家自然科学奖和省部级科技奖。1998年获世界计算力学协会Fellow奖，2001年获何梁何利基金科学与技术进步奖。2001年获教育部“全国模范教师”称号。在以力学为中心的多个学科领域发表了约300篇学术论文和15部学术著作，应邀在几十所世界著名大学和科研院所发表演讲，并成功主持了多次国际学术会议。曾任中国科学院技术科学部副主任、中国力学学会副理事长、教育部科学技术委员会委员、英国威尔士大学和香港大学名誉教授。曾任第1～4届国际计算力学协会常务与执行理事（1986～2002）。

一、家学渊源，自幼尽显才华

钟万勰1934年2月24日出生于上海的一个书香门第。父亲钟兆琳是交通大学著名教授，中国著名的电机工程专家，教育家，中国电机科学及民族电机工业创始人之一。中国两弹一星元勋钱学森先生曾撰文赞誉钟兆琳教授是他在上海交通大学最为推崇的两位严师之一，曾表示是钟老师教会他怎样将理论用于工程实际。钟兆琳满腹才学，一身正气，对钟万勰的人生道路有着深刻的影响。当钟万勰还在上海南洋模范小学就读时，父亲就为他订阅了《科学画报》等刊物，引导他与哥哥一起制作各种舰船和滑翔机等模型，想方设法使他受到良好的启蒙教育。钟兆琳酷爱围棋，钟万勰自幼受到熏陶，也和围棋结下了不解之缘。十几岁时棋艺已在上海初露锋芒；20多岁时更曾称雄大连。

1952～1956年，钟万勰在同济大学主修桥梁与隧道工程。由于他在南洋模范中学打下了出色的数理基础，大学课堂上讲授的内容已经远不能满足他强烈的求知欲望。他利用课余时间系统地自学了莫斯科大学数学力学系斯米尔诺夫教授的名著《高等数学教程》，在大学毕业后又钻研了朗道和栗弗西兹的《理论物理学》，库朗和希尔伯特《数学物理方法》等经典名著。因此，他作为工程学科的大学毕业生却具有超越一般理科大学生的数学物理根基。他在数学力学方面的天赋和对科学知识的领悟能力很快引起了同学和师长们的瞩目，但他从不恃才傲物，而是更加刻苦。他有一张珍爱的书签，正面印着马克思的名言“在科学上没有平坦的大道，只有不畏劳苦沿着陡峭山路攀登的人才有希望达到光辉的顶点”，背面则写着他对这句名言的体会。这张伴随他多年的书签，后来被作为珍贵的礼物送给了他的同学和未婚妻杨学龄（以后他们成为志同道合的终身伴侣）。

正可谓天道酬勤，学生时代的钟万勰就撰写了两篇颇有见地的学术论文，其中一篇《各向异性平面弹性的接触问题》由校长李国豪推荐到1956年全国力学学会成立大会上宣读，受到钱学森、钱伟长等著名力学家的重视。毕业后他进入了中国科学院力学研究所，被分配到刚在国际上率先提出弹性力学三类变量变分原理的青年科学家胡海昌手下。胡海昌先建议他阅读铁木辛柯的名著《机械振动学》。洋洋洒洒的英文原版巨著，钟万勰依靠深厚的英文和数学力学根底，不过几天工夫就读完了。然后他直接去研究胡海昌最为擅长的广义变分原理，很快就领悟了其精髓，并独立开展起更深入的研究。他很快就取得了一些有一定难度的进展，令胡海昌印象深刻。后来胡海昌曾对他的恩师钱令希说：“钟万勰的数学非常好，超过了我。”但钟万勰则经常称赞胡海昌“绝顶聪明”，可真是惺惺相惜。1957年，国内一些知名大学选送骨干力学教师到北京参加全国第一届力学培训班。主讲人是当时兼任中国科学院力学研究所副所长的清华大学一级教授钱伟长。而钟万勰则被钱伟长指定为其助手，辅导数学。钟万勰虽年方23，比绝大多数学员都年轻。但他担当此任可谓得心应手，游刃有余，令钱伟长教授刮目相看，自此终生结为忘年之交。1959年，他又在逆境中被当时兼任中国科学技术大学近代力学系主任的中国科学院力学研究所所长钱学森亲自点将，派到该系讲授理论力学（变质量体系动力学，含陀螺理论、非线性振动等较艰深内容）。钱学森说：“中国学生数学基础好，这些常微分方程的内容可以讲。”钟万勰不辱使命，没有辜负钱学森的一片苦心。

虽然钟万勰年纪轻轻就以其深厚的底蕴，有幸得到多位闻名四海的力学家的赏识和重用，但他仍然如饥似渴地从一切可以得到的国内外名著中汲取学术营养。即使在上下班的路上或在食堂排队时他也经常手不释卷。一起排队的同事发现这小伙竟旁若无人，津津有味地阅读着朗道、栗弗西兹所著《理论物理学》这样艰深的学术名著，可算是开了眼界。口口相传而成为尽人皆知的“新闻”。自青少年起的刻苦努力，使得钟万勰具备了宽广而扎实的理论基础和跨学科的深邃洞察力，因而能够长期登高望远，在多个学科领域之间开展富有开创性的研究工作。

二、历尽坎坷，无私奉献青春

正当钟万勰如愿进入中国力学界的最高殿堂，踌躇满志地准备大干一场时，厄运却悄悄地逼近了。在 1957 年春天的“整风运动”中，钟万勰起先还因对中国科学院图书馆的管理工作提了一些中肯意见而被表扬为“真心实意地帮助党整风”。但当钱伟长被打成“右派”，工作组去征求钟万勰意见时，由于他不愿讲违心的话，而答了“不过就是（钱伟长不同意清华大学）理工分校嘛，没有看出他是右派”，即被定性为严重的立场问题。于是，这个满腹才学的年轻人，尽管侥幸未被打成“右派”，还是逃不过被开除团籍这一劫，之后厄运便接踵而来。不甘沉沦的他，只得沿着一条常人难以想象，长满荆棘的陡峭山路，艰苦地向科学高峰攀登。看一下之前提到的那张书签，就可以理解钟万勰为何对它如此珍爱了！虽说钱学森所长爱才心切，想方设法重用他。但是，在当时那种反常的情况下，钟万勰在北京的确已经很难充分施展才学了。

1962 年，在广州召开了后来被诬蔑为“右倾回潮”的知识分子工作会议，钱学森和钱令希就在这千载难逢的一刻商量了有关人才交流的意向。不久，钱令希来到北京，经胡海昌的引荐会见了钟万勰，并连夜阅读了他的一些论文。钟令希同情钟万勰的境遇，更赏识他的才华。不久就将钟万勰调到了大连工学院（现大连理工大学）加以重用。为了培养他登上更高的山峰，钱令希不但将一向由自己主讲的力学课程交给了他，还将协助指导研究生的重担交到他的手上。两人的合作如鱼得水，节节深入；即使是周末假日，钟万勰也经常在钱家尽兴切磋，乐而忘返。1963 年，在全国塑性理论和极限分析学术讨论会上，二人合作发表的《关于壳体极限分析一般变分原理》的论文大放异彩，引起了全国力学界的高度关注。其实他们的涉猎面何止这些。早在 20 世纪 60 年代初他们就将国际学术权威 R. Clough，J. Argyris 等关于有限元方法的一些最新论著列为研究生的必读教材。而当时有限元方法刚问世三四年，国内还很少有人了解，更没有多少人看出其非凡的发展前景。足见他们视野之高远。在苏联全面撤走技术专家以后，中国核潜艇的研制工作被迫停顿。钱令希和钟万勰又在 1964 年临危受命，毅然承接了核潜艇中一些关键力学问题的研究。“文化大革命”开始后，他们虽然很快都遭到造反派的“火烧”，捕风捉影的大字报劈头盖脸而来。但他们忍辱负重，一有机会就将自己反锁在办公室里悄悄地工作。

不久，钟万勰这个年轻得有点过分的“反动学术权威”，还是被赶进牛棚去烧锅炉了，但他没有一刻忘记所负使命。在没有任何参考书和计算工具的情况下，硬是凭记忆进行公式推导，在捡来的废纸上进行计算，终于找到了潜艇结构的一种必须避免出现的危险失稳形式。他将结果写在废纸上，趁牛棚放风时与钱令希擦肩而过的一瞬间，把纸条塞进了钱令希的衣袋。钱令希细读之后，激动万分，迅速将这份非比寻常的“绝密文件”设法报送核潜艇建造的主管单位。当主管人员得知这个成果竟是在牛棚中劳改的一个年轻人在一无资料二无算纸的情况下，为不辱国家使命而偷偷地完成的，亦难抑内心之无比激动。虽然在“极左思潮”的统治下，这些饱含赤子情怀的杰出贡献丝毫未能改变钟万勰的艰难境遇，但它们不仅解决了海军的当务之急，后来还被纳入了中国潜艇设计规范，并在改革开放以后共同获得了国家自然科学奖三等奖。

“文化大革命”进行到20世纪70年代初时，“四人帮”闭关锁国造成的恶果已经无法掩盖。随着计算机软硬件技术，尤其是自动化程序语言开始在国际上普及，与国外差距更迅速拉大。许多科学家忧心如焚，刚获“解放”的钱令希也为此而深感忧虑。1972年的一天，钱令希对当时身不由己而又同样忧国忧民的钟万勰说：“你带几个年轻人到上海去干吧。那里是经济建设中心，去那里将计算机的应用和力学结合起来，解决一些实际问题，要比在学校什么事也做不成好得多。”然后，钱令希把钟万勰派到上海去探路了。并先后将程耿东、丁殿明、曲乃泗、裘春航、葛增杰、林家浩等青年教师送到上海去一起打拼。刚到上海时，钟万勰等四处游说，却没有人对应用计算机感兴趣，局面无法打开。钱令希闻讯后，不顾海浪颠簸之苦，很快就乘船赶到上海，并不辞辛劳，马不停蹄地奔波于各大设计院，推心置腹地向领导们讲述电子计算机的巨大功能和美好前景。终于取得了上海一些大设计院，尤其是最有影响力的工业建筑设计院和市政工程设计院领导的理解与合作，并协助解决了小分队的“准许上机”和“廉价食宿”两大基本问题。当时全上海只有两台储存量分别只有48K和192K字节的很小的计算机可以应用自动化语言。小分队每天只在半夜12点左右才能得到15～20分钟时间供三个人非常紧张地轮番上机。至于如何将计算机算法语言用到力学分析上，当时国内还没有任何书籍刊物可查，进口资料更是奇缺。程序开发全靠自己“摸着石头过河”，一切从零开始，难度可想而知。记得1973年小分队用ALGOL自动化语言程序成功地完成了有19个节点的平面框架静力计算。那天，远在大连的钱令希接到钟万勰来自上海的长途电话后激动万分，在向大家报告喜讯时，语调都有些变了，令在场者无不动容。

随着一个个越来越复杂而实用的程序被研发出来，小分队开始协助上海工程界真刀真枪地解决重大疑难问题了。钟万勰用自编程序完成了万众瞩目的上海电视塔整体吊装分析。这种大规模的复杂结构力学分析是用传统手段根本无法完成的，也引起全国工程界和上海市民的极大关注。起吊那天，南京西路工程现场盛况空前。电子计算机的潜能被钟万勰借鉴理论物理学中处理结构晶格排列的群论工具而发挥到了极致，出色地完成了此艰难任务，也在全国工程界引起极大反响。程耿东紧接着也借鉴群论工具而协助上海市政工程设计院出色地完成了全国水塔标准图系列的制定工作，不但为该设计院节省了大量人力物力财力和宝贵时间，也令相关设计人员领略到了电子计算技术的强大威力。小分队的节节胜利，使得曾经持怀疑态度的大设计院工程师和领导们终于"大彻大悟"，完全信服了，纷纷斥巨资定购了相同型号的国产计算机。一个应用计算机的热潮在上海迅速掀起，又蔓延至全国。上海科学会堂组织了三次全国性讲座，由钟万勰主讲电子计算机的工程应用。每次课都有来自全国各地的工程技术人员数百人参加，座无虚席。小分队的滇池路宿舍和钟万勰在上海的住处经常要为八方学员解答疑难。在那段日子里，钟万勰的妻子、幼儿和年迈的岳父母全都为烧水待客而经常忙得不亦乐乎。虽然无分文酬劳，他们却感到格外快乐和充实。很多学员在改革开放后成为全国各地普及计算机应用的中坚力量，仍难忘与小分队在艰难岁月中建立的纯真友谊。1974 年以后，在钟万勰带动下，小分队成员纷纷改写教材，密切结合计算机应用的各种力学讲义和教科书陆续面世。这些还算不上完善的自编教材不但深受学生的欢迎，也为全国高校和工程界打开了一扇计算力学的窗户，对中国工程科学计算的发展产生了深远的影响。粉碎"四人帮"后，中国的计算力学领域很快就赶上了国际水平，这与我们在艰难的条件下起步，争取了宝贵的时间，是有很大关系的。

三、改革开放，喜迎科学春天

1978 年，又一个难忘的春天，全国科学大会胜利召开了。在"文化大革命"期间始终自强不息的大连工学院力学系有 4 个项目受到了大会奖励。其中，钟万勰在"潜水耐压的锥柱结合壳的强度和稳定性"、"群论在结构力学中的应用"、"大型汽轮发电机基座的设计与研究"等 3 个项目中都发挥了至关重要或者决定性的作用。乘此强劲的东风，钱令希不失时机地奔走呼吁，不但使得强加在钟万勰身上的种种污蔑不实之词被彻底清除，而且他由讲师被直接提升为教授。当时国内已约 20 年没有评职称，人人对此高度敏感。由钱令希发起并一举成功的此爆炸性进展实在是深孚众望，不但使得大连工学院全校上下兴奋异常，甚至惊动了从地方到中央的各级媒体，纷纷到校采访调查。《光明日报》率先以《伯乐与千里马之间》为题长篇报道了钱令希与钟万勰在“文化大革命”逆境中自强不息，为国家做出重大贡献的动人事迹；紧接着，中央人民广播电台在全国新闻联播节目中也对此予以长篇报导，在全国引起巨大反响。全国各级媒体也纷纷予以详细转载或进行深度报导。已经步入中年的钟万勰终于走出寒冬，迎来了生命中真正的春天。

钟万勰自幼就特别喜欢听贝多芬作曲的《春天奏鸣曲》。可叹这首动人心弦的美妙乐曲竟也和这位知音一样被无端禁锢了十多年之久，然后又几乎同时被解禁了！当那欢快的青春旋律重新回响在钟万勰的书房，他如沐春风，心旷神怡，百感交集。面对突如其来的巨大荣誉和环境变化，历经岁月磨砺的他却依然还是那样沉着冷静，丝毫没有故步自封，反而更加豪情满怀地踏着青春的步伐去面对新的挑战。他早在1975年就开始在国产计算机上基于国际上最先进的多层子结构和多重主从关系的思想，独立研发出复杂结构有限元分析程序JIGFEX的第一版。1978年以后更率领一批青年骨干不远万里，成年累月地转战于杭州、南京、北京等拥有IBM、西门子等大型计算机的城市之间，进一步发展了这个程序系统，使得动力计算，稳定性、接触、非线性分析，优化设计等功能不断完善，并以此为基础进一步开发了专用的海洋平台分析软件（DASOS）、高层建筑三维抗震软件（DASTAB）、地下工程分析软件（DIASS），结构稳定性分析程序（DDJTJQ）、结构优化程序（DDDU）等多种专用软件和程序。它们为中国改革开放后百废待兴的经济建设以及急需更新换代的国防工程解决了一系列重大难题，也使得大连工学院在计算力学领域逐渐树立起很高的声誉。在开发大型工程软件的过程中，钟万勰还针对Fortran程序语言的模块化功能薄弱、出错率高的缺点，依据国际上最新的软件开发思想，在1977～1978年独立完成了结构化Fortran程序语言翻译器。这实际上是中国版的Fortran77软件翻译器。编程人员可以用类似Fortran77的方式编写程序，再用钟万勰研制出的翻译器在计算机上自动转换一下，就成为当时国内计算机可以接受的普通Fortran语言程序了。在Fortran77软件尚未传入中国时，钟万勰就独立开发出这一功能基本相同的先进软件工具，不但大大加快了JIGFEX等一大批工程软件的研发进程，还引起中国软件行业人员的极大兴趣。钟万勰曾多次应邀为软件行业的专业人员办班，用纯粹软件专业的语言来讲解结构化Fortran程序翻译器的原理和构造，推动了中国软件技术的发展。从1987年以后，钟万勰曾兼任大连工学院（现大连理工大学）计算机系主任多年，并亲自指导一批软件专业博士研究生对复杂系统的软件开发技术开展了卓有成效的研究。

为了处理量大面广的普通中小型工程分析问题，钟万勰还为 JIGFEX 程序专门开发了一个简化版本，即 DDJ 程序。它略去了 JIGFEX 的子结构功能，却仍能够在普通微机上处理成千上万自由度的中等规模有限元模型，并更容易学习和应用。因为价廉物美，性能可靠，DDJ 程序逐渐成为国内数以百计大中型设计院的重要设计工具。JIGFEX、DDJ 以及由此衍生的程序系列为中国经济建设做出了巨大贡献，屡屡获得从国家级到省部级的多项科技奖励。与此同时，他还指导开发了在 PC1500 型袖珍计算机上的结构分析-配筋一体化微型程序 FCAD。软硬件全套只约 2000 元人民币，在中国几百个中小城镇的设计室大显身手，大受欢迎。令计算机的应用首次进入了中国的许多边远地区。与此同时，他还带领年轻人利用刚刚进入中国的 Auto CAD 通用绘图软件，与自己开发的结构分析程序相结合，在国内首先实现了钢筋混凝土框架结构的分析-配筋-正规施工图绘制一条龙作业软件 GCAD 的开发，从而对中国建筑领域的计算机辅助设计技术的普及起到了示范和推动作用。这两个非常贴近中国工程实际的 CAD 软件还分别受到了国家教育委员会和建设部的嘉奖。在 20 世纪 80 年代后期，由于各种国外程序长驱直入，正在萌芽中的各种国产工程软件很快就几乎全军覆没，甚至在很小规模的民用设计单位也基本上销声匿迹了。但可贵的是，钟万勰等开发的 JIGFEX 和 DDJ，DDDU 等软件几十年来尽管也曾举步维艰，却还在一些设计或研究单位被一些人应用至今。在中国两弹一星、载人飞船发射和许多国防工程领域中，这些国产程序至今仍发挥着不可替代的重大作用，享有很高的声誉。

四、中行独复，从不迷信权威

钟万勰既没有留洋经历，也没有研究生学历，他有时还戏称自己是个“土包子”。但他一系列构思巧妙，需要很高学术造诣才可能完成的研究成果，常令崇尚学历的外国同行们大惑不解，对这个连硕士也不是的中国人感到不可思议。1984 年，中国计算力学委员会诞生，他被推举为首届主任委员。1986 年，中国作为发起国之一的世界计算力学协会在美国成立。钟万勰受教育部指派，率 20 多位代表出席大会，并被大会推选为该协会的三位亚洲常务理事之一。在连续六次大会上，他分别作了题材不同、风格迥异的学术报告，被公认为该协会在学术上最活跃的人物之一。他敢于标新立异，敢言他人之不敢言，而且能对他人在不同领域的学术报告敏锐地提出问题，更令人为之折服。因此，他先后被世界著名的香港大学、英国威尔士大学聘为荣誉教授；应邀在几十所国际顶尖大学作学术报告；屡屡在重要的国际会议发表大会主旨报告或出任主席、副主席。他之所以取得这样的成就，不仅是因为天资过人，更是由于他的刻苦勤学。

钟万勰常说自己“爱读书，不求甚解”。的确，他有时候十天半个月就读完好几本厚厚的英文原版书。表面看来，他阅读大部分章节时一目十行，似乎漫不经心，其实他非常善于抓住精华之处，且必认真品味，暗记于心。待到需要之时，则信手拈来，以宽广的视野和出人意料的睿智，令各种困难迎刃而解。

虽说钟万勰喜欢读书乃尽人皆知，可是他却经常告诫弟子们“尽信书，不如无书”！这就是他对于书本的辩证法，反映了他既尊重知识，又绝不迷信权威的真正学者风范。他可不是仅仅沉迷于学术著作的一介书生，而是非常喜欢博览群书。每当中外学者在一起谈古论今时，只要他在场，就绝不会冷清。对于古今中外的朝廷更迭、战争风云、名人轶事，甚至武侠小说，他都描绘得声情并茂。其知识之广博和语言之诙谐常令人大吃一惊，不忍离开。他有时候还不无自嘲地说：“唉！我其实是一个杂家。”中国古代先贤的一些经典名著更是备受他的青睐。他对于《易经》里关于“中行独复，以从道也”的思想就特别欣赏，并将此印在他多种论著的封面或重要页面上。这句话的大意可以理解为：当你随着众人前进时，一旦发现再随大流前进要出差错了，就要有勇气独自回头走自己的路，以顺从正确的客观规律。其实钟万勰正是一个最为“中行独复”的学者。例如，他年轻时就细读了铁木辛柯的几乎全部经典名著，且有深刻的理解，也很善于运用。到了电子计算机面世的时候，他很快就意识到铁木辛柯经典力学体系是到了更迭的时候了。在经过深入的思考，并想出了对策之后，他终于大胆地对铁木辛柯体系基于“半逆解法”的局限性提出了批判，并用基于哈密顿体系和辛几何算法的新体系予以更新。1996 年，这位年逾花甲、中外闻名的教授，来到了斯坦福大学，面对传承铁木辛柯衣钵的得意门生等国际大权威，他开宗明义地指出了铁木辛柯经典力学体系的局限性。这可需要何等非凡的勇气！不等他正式展开，权威们就接二连三地提出诘问。钟万勰有备而来，异乎寻常地冷静，也请他们少安毋躁，等他讲完以后再一起发问。然后一五一十、抽丝剥茧地证明用铁木辛柯“半逆解法”所无法解决的许多弹性力学问题，现在该如何用基于“直接解法”的辛求解体系统一地予以精确求解。面对钟万勰逻辑严密的论证和无懈可击的结论，包括数位美国科学院院士在内的多位斯坦福大学力学大师们再也无言反驳，唯能用热烈的掌声对这位中国学者的杰出工作表示祝贺和敬意。1997 年，数学界一些资深学者对于有限元理论中起奠基作用的分片试验理论发起了猛烈的批判。面对用不太熟悉的数学专业术语撰写的批判论文，有关的力学工作者一时难于作出回应，有点不知所措。在此关键时刻，钟万勰以冷静敏锐的眼光分析了数学家们的论证，搞清楚了他们是由于对分片试验前提条件理解的片面性，而在结论上误判。为此，他作为国际力学协会的中国执行委员，在当年于阿根廷举行的国际计算力学大会上对此发表了专题演讲，吸引了力学界许多重量级人物的关注和到会聆听。他用力学家的语言和环环相扣的论证，对数学家的误解进行了推理和澄清，令人不得不服，并当即引起很大反响。不久之后，数学界对此问题纷纷扬扬的批判和讨论也逐渐平息了。可以说，一场关乎有限元方法理论基础的危机被成功地避免了，而钟万勰功不可没。1998～2000年，钟万勰又邀约林家浩一起三度访美，在加利福尼亚大学伯克利分校、斯坦福大学、麻省理工学院、杜克大学、加州理工学院、约翰·霍普金斯大学、纽约州立大学、伊利诺伊大学、加州公路署、林同棪国际土木工程公司等20多所著名大学、机构和工程公司，与国际上最权威的同行学者进行多方位的学术交流和研讨。他们不但学习到了国际上一些最先进的学术思想和方法，也向国际同行展示了中国在计算力学领域的一系列重要成果，包括辛数学理论和方法、精细积分法、结构力学与控制理论的模拟关系、参变量变分原理、随机振动高效精确算法等。再次展示了中国力学工作者在发展近代力学和工程计算上对世界做出的贡献。

五、锐意创新，奋力开拓未来

在电子计算机的应用得到普及以前，力学家往往为了减少计算量而不惜在初始阶段就耗费大量精力去简化问题的数学表达，尽量减少未知数，有时甚至于不惜牺牲精度而附加各种硬性的假定。而当电子计算时代来临时，他们中的许多人却只是将电子计算机看做是执行原有力学公式的一把超级计算尺，以为无非是可以把问题算得更快些、更大些而已，并没有认识到必须进行力学算法上的根本变革。更有人以为靠计算机和基本的有限元方法就可对各种工程计算包打天下，从此高枕无忧了。这些肤浅看法却导致他们错过了实现学术上重大飞跃的一个难得历史机遇。

钟万勰是扎根于经典数学和力学的工科大学生。他对固体力学、流体力学、一般力学、振动控制等领域的经典理论方法、变分原理等都曾经下过苦功钻研。出类拔萃的数学功底和理解能力使得他每当进入一个新的力学分支时，都是轻车熟路，触类旁通，而且乐在其中，因此对于各种力学理论或流派之间的差异和联系也比一般人理解得更为深刻，年轻时就发表了多篇很有创见的论文。尤为难得的是他对于电子计算机更是“一见钟情”，“终生不离不弃”。几十年来，他始终兴致盎然、废寝忘食地进行探索，不断地将古典力学的成果借助计算机而予以交汇、创新和升华。

例如，他首创的参变量变分原理就是脱胎于古典变分原理，而又融入了现代计算力学手段的精妙之作。他的学生张洪武、吴承伟等应用并巧妙地发展了这一原理而使得弹塑性分析、接触、润滑领域中的一系列公认难题得到了令人惊喜的进展。现在他们都成了这些领域顶尖的科学家。

1989 年，钟万勰又突然发现，原来最优控制的线性二次理论，竟与结构力学中的子结构链理论具有相同的数学方程与变分原理，可以建立起一一对应的模拟关系。在此基础上，他将近代控制论的哈密顿体系理论与辛数学分析方法，引入到了工程力学领域，形成了他在学术思想上的又一次重大飞跃。他仔细研究哈密顿体系中出现的一阶常微分方程数值解法，运用他对电子计算技术独到的驾驭能力，设计出了求解一阶或二阶常微分方程的精细积分法，高效地求得达到计算机精度的精确解，而且完全不惧微分方程之高度病态。精细积分法先是在结构动力学中的常微分方程初值问题和弹性力学中的两点边值问题上取得突破，在结构动力和静力计算中都产生了广泛的影响；接着又结合力学中的子结构合并消元算法，反过来解决了近代控制计算中的核心问题，即黎卡提方程的精确数值求解。于是，钟万勰在两个领域都做出了卓越的贡献。这些成果反映在他于 1992 年和 1995 年出版的专著《计算结构力学与最优控制》和《弹性力学求解新体系》中。后一专著是将经典弹性力学用现代计算力学手段加以系统更迭的精彩论著，令钱学森先生读后也亲笔致函钟万勰，称赞他“使弹性力学的工程计算体系适应了电子计算机时代的要求，真是立了大功了！”。在上述工作的基础上，钟万勰又把电磁波导的基本方程导向了哈密顿体系、辛几何的形式，并发表了《电磁波导求解辛体系》、《周期电磁波导的能带辛分析》等学术论文，以力学和控制领域的最新研究成果再为近代物理领域吹去了一阵清风。

钟万勰就是这样，总喜欢把高难度、跨领域的探索工作放在一起来研究，并总是轻描淡写地称之为“玩玩”。对于他来说，以计算机为工具，在不同的领域之间无拘无束地纵横驰骋，就是最令他痴迷的电子游戏了。学生们感到他简直就是个“翻手为云，覆手为雨”的魔术师，不断地告诉你一个又一个新奇的发现，构造出一种又一种巧妙的算法。有时候刚在某一领域打开了一条新路，他教会了其他同事或学生如何继续研究后，立刻又钻进另一个领域里去挑战更令他兴奋的难题了。难怪钱令希常半夸奖半责怪地说他是“熊瞎子掰苞米，刚到手就扔掉了”。而他也是一笑了之，依然故我。他的跨领域论文往往难于找到评审专家。有时还被个别似懂非懂的“南郭先生”妄评一通，直令他啼笑皆非。但这丝毫没有影响他在不同的领域之间尽情遨游闯荡，享受着妙不可言的乐趣。也正因为如此，他成了古典力学和近代力学之间不可多得、继往开来的领军之帅，并取得了一个个有深远意义的重要进展。

在成就和荣誉面前，钟万勰从来都十分低调。不但对金钱利禄漠然视之，连鉴定报奖等工作也不太在意，尤其不愿意为统计 SCI（科学引文检索）数据而花费宝贵时间。总要各级领导以学校和集体利益为由反复劝说，并派专人协助整理材料，他才勉强同意申报少量重要奖项。对于他自己最感得意的学术成果，他首先要送到国内正规学术刊物或出版社去登载发表，先让国人明白，应用起来。他说，既然是国家花了钱，当然首先应该为更多的中国人所用，其次才考虑是否选择性地在国外发表。他有自己独特的学术评价标准，而毫不在意别人怎么用形形色色的标准来衡量他。他现在虽年事已高，却依然十分认真地给研究生和本科生上课，并十分用心地改进教学方法，努力用通俗易懂的语言向年轻人讲授自己努力一生而积累起来的宝贵知识和重要成果。他还很负责地领导了一些全国性的数学或力学的教改工作，因而被钱学森誉为“在力学计算方法的理论研究和教学改革方面当之无愧的开路先锋”。

钱令希在耄耋之年曾以工整的楷书给他亲录了千古名句：

昨夜西风凋碧树，独上高楼，望尽天涯路。衣带渐宽终不悔，为伊消得人憔悴。众里寻他千百度，蓦然回首，那人却在，灯火阑珊处。

细细品来，其中每一句都惟妙惟肖地刻画了爱徒钟万勰一生苦心耕读，登上事业巅峰，却淡泊功名利禄，一世两袖清风的高尚品格。真可谓入木三分，值得后辈敬仰。

六、钟万勰主要论著

胡海昌，钟万勰．1957. 考虑剪应变的弹性薄壁杆件的振动理论．力学学报，1（2）：193-204.

钟万勰．1963. 四边简支矩形底椭球面扁壳的计算（一）．力学学报，6（3）：173-187.

钱令希，钟万勰．1963. 论固体力学中的极限分析并建议一个一般变分原理．力学学报，6（4）：287-303.

钟万勰．1977. 一个多用途的结构分析程序 JIGFEX（一）．大连工学院学报，3：19-42.

钟万勰．1977. 一个多用途的结构分析程序（二）．大连工学院学报，4：14-35.

钟万勰，裘春航，程耿东．1978. 群论在结构分析中的应用．力学学报，10（4），251-267.

钱令希，钟万勰．1979. 潜水耐压锥、柱结合壳的强度与稳定性．大连工学院学报，18（4）：4.

钟万勰．1979. 利用动态规划计算公路桥梁断面最大内力．数学的认识与实践，1：42-47.

钱令希，钟万勰，隋允康，等．1980. 多单元、多工况、多约束的结构优化设计——DDDU 程序系统．大连工学院学报，19（4）：1-17.

钟万勰．1981. 关于广义位移在有限元分析中的应用及其程序实现．机械工程学报，17（3）：15-30.

钟万勰，丁殿明，程耿东．1982. 计算杆系结构力学．北京：水利电力出版社．

钟万勰. 1986. 计算结构力学微机程序设计. 北京：水利电力出版社.

钟万勰，钟翔翔. 1990. 计算结构力学、最优控制及偏微分方程半解析法. 计算结构力学及其应用，7（1）：1-15.

Zhong W X，Williams F W. 1992. Wave propagation for repetitive structures and symplectic mathematics. P I Mech Eng C，206（2）.

钟万勰，欧阳华江，邓子辰. 1993. 计算结构力学与最优控制. 大连：大连理工大学出版社.

钟万勰. 1995. 弹性力学求解新体系. 大连：大连理工大学出版社.

钟万勰，张洪武，吴承伟. 1997. 参变量变分原理及其在工程中的应用. 北京：科学出版社.

钟万勰. 2002. 应用力学对偶体系. 北京：科学出版社.

钟万勰，吴志刚，谭述君. 2007. 状态空间控制理论与计算. 北京：科学出版社.

林家浩，钟万勰. 2008. 辛数学-精细积分-随机振动与应用. 合肥：中国科学技术大学出版社.

撰写者

林家浩（1941～），广东中山人。1964年自中国科学技术大学近代力学系毕业，被大连工学院钱令希录取为研究生，钟万勰为其数学导师。1980年赴普林斯顿大学做访问学者年余，回国后在钱令希和钟万勰领导下负责研发海洋石油钻探平台之动力计算程序，由此而创建了随机振动分析的“虚拟激励法”系列，经20多年发展，现已广泛应用于许多工程领域。

武际可

武际可（1934～），山西霍县人。力学家。北京大学教授。1958年毕业于北京大学数学力学系力学专业，并留校工作。长期从事力学方面的教学工作，并在固体力学、计算力学和应用数学方面进行过研究，特别是在薄壳的理论与应力分析、弹性系统的稳定性、分岔理论、分岔问题的数值计算和非线性数值分析方面做出了突出的贡献。先后合作或单独发表教材、专著和译著十多本，论文百余篇。由于这些研究成果和教学方面的业绩，曾获得国家科技进步奖两项（三等奖1项，二等奖1项），省部级科技奖励7项。曾任北京大学力学系副系主任（1979～1982）、计算力学与应用数学教研室主任。曾任中国力学学会副理事长（1994～1998）、《力学与实践》主编（1987～1991），中国力学学会计算力学专业委员会副主任委员（1990～1994），中国电机学会冷却塔专业委员会副主任委员。2002年退休后又从事力学科普和力学史方面的著述。曾出任中国力学学会第一届力学史与方法论专业委员会的主任委员和《大众力学丛书》的主编。

一、向新的领域迈出的第一步

武际可1934年4月17日出生在山西省霍县城南汾河边上的一个小山村——圣佛村。他家祖辈一直是靠耕种为生。祖父武鸿恩深受不识字和没有文化的苦楚，勉力供儿子读书。父亲武国衡读到高中，由于日寇入侵而辍学，后来一直从事中学教育工作。母亲曹金凤是家庭妇女。在那个岁月，一个靠自己种地的农民，能够供孩子念到中学已经是很不容易的了。祖父在逆境下艰苦奋斗、自力更生的坚强性格，给幼年的武际可很深的影响，他立志不辜负长辈厚望，发奋读书。从初中开始，每逢假期，除打工补贴家用外，有空时他总是泡在当时的公立图书馆里看书。

1952年，武际可以优异的成绩从山西省太原市的进山中学高中毕业，当时山西省教育厅要留他到一所新成立的化学工业中等技术学校做教导员，他就没有考大学而在那所学校工作了。两年后这所学校并入北京市工业学校，武际可也就离职考入了北京大学数学力学系。在大学二年级分专业时，他选择的是力学专业，考虑的是力学可能与工程实际更接近一些。1958 年毕业后留校任教。

要教好书，需要打好基础，而要打好基础，是要花工夫的。武际可从小听惯了爷爷的话："不下苦功夫，庄稼长不好。"教书和种庄稼是一个道理。为了打好基础，他在当助教的同时，花了两年时间把大学学过的主要功课，包括数学、物理、微分方程、数理方程和各门力学课认真复习了一遍。在复习的过程中，并且认真做习题。后来的经历表明，这两年的工夫没有白花，在遇到困难的问题时，厚实的基础起了重要作用。

1958 年，武际可所在的固体力学教研室有不少教员下放劳动了，只有少数教员留守教研室，负责教研室的董铁宝教授安排武际可教一门结构力学课。经过半年的准备，在 1959 年秋，开设出包括杆系、薄壁杆件、薄板和薄壳四部分的一门结构力学。为了讲好这门课，特别是其中发展比较快的薄壳部分，武际可仔细阅读了这方面起过重要影响的薄壳理论 6 本专著，并且追踪这一方向，阅读从 20 世纪 40 年代开始有重要影响的国内外论文。这样，一直到大约 1962 年。他才下定决心，在薄壳的应力和变形分析方面开展研究。所以从他毕业到开始做研究，实际上经过了 4 年多的摸索。在成竹在胸之后，才开始向新的领域迈出第一步。

1962 年，在西安召开了全国第一届板壳学术研讨会。武际可和学生韦日演合作发表了他的第一篇学术论文《弹性薄壳理论问题的渐近解法》。

从 20 世纪开始，渐近方法分别在流体力学中的边界层、薄壳理论中的边缘效应、量子理论中的过渡过程以及计算方法中的奇异摄动方法等领域发展起来，最后在 20 世纪 50 年代苏联学者从理论上把这些方向加以总结，给出比较严格的渐近方法的理论基础。这就是，对于偏微分方程中的高阶导数项上带有小参数时的一种渐近展开的方法。武际可正是在掌握了这种方法的基础上，重新从一般的观点上来处理薄壳理论的方程组，将它划分为若干基本类型，指出通常所说的扁壳、无矩理论和纯弯曲理论，只不过是对应于渐近方法的不同阶的近似，文章还分别讨论了它们的近似求解。

1964 年春节一过，武际可被调去参加农村"四清运动"，紧接着，1966 年"文化大革命"和 1969 年北京大学力学系内迁到汉中，一直到 1973 年之前，与绝大多数教员一样，他在将近十年中都没有摸过业务。

二、冷却塔和旋转壳

1973 年秋，有一天，从北京大学本部传来消息说水利电力部有一项任务，在设计大型冷却塔方面遇到了困难，要请力学系教员帮忙解决。由于武际可一直教结构力学和薄壳理论，于是系里派他和另外一位教员到北京洽谈这项任务。

武际可到了北京了解后才知道这是一项有相当难度的任务。原来发电厂的大型发电机需要大量的冷水去冷却。冷却水的需要量非常之大。比如，每十万千瓦就需要每秒 3 米^3 的水去冷却。例如，北京市用电是数百万千瓦，需要的水每秒以百立方米来计。北京附近最大的河永定河，平均流量才每秒 22 米^3，何况有时还会枯水断流。没有那么多水，就需要用循环水，即把水冷却后再使用。这就要建造相当大的冷却塔。具体说是建造一座百余米高、直径也有百余米的大型薄壳结构，把冷却电机后的热水从大约十多米高处淋下来，热水加热了空气，热空气上升带走了热量，水就被冷却了。冷却后的水再去冷却发电机。而这样高大的冷却塔最薄处厚度不超过 20cm。这就要仔细分析它的受力。

恰好 1965 年，英国渡桥电厂的八座大型冷却塔，在大约八级风的情况下被刮倒了三座而造成大的停电事故。而在此之前，中国国内设计的冷却塔都是小塔，大约不超过 60 米高。新的电厂需要更大的塔，设计人员心中没有底，就要求北京大学力学系帮忙解决。

这项任务内容很多，包括风作用在冷却塔上的风压分布，还要根据所给的实际风载和温度分布计算冷却塔上的应力与位移分布，要编制计算机通用程序来完成计算。为了验证所采用的力学模型和计算结果的合理性，还要进行弹性模型的应力测量。最后还要对冷却塔进行抗震的校核，这又要编制分析冷却塔在地震下动力响应的程序等。

任务接下来之后，先后组织投入了 20 多名教员和实验员进行紧张的工作。其中，风压的任务由孙天风教授领导的课题组来完成，武际可和王大钧、庄业高、袁明武、曲圣年等则负责薄壳应力分析，要编两个计算薄壳应力的通用程序，一个静力分析，一个动力分析。工作一开始，困难接踵而来。就拿应力分析来说，当时有限元方法刚传入中国，美国人当时用来分析冷却塔应力的计算机是 IBM-375，它的内存是 256MB，而武际可当时能够使用的计算机是国产机 DJS-21，内存只有 8KB，运算速度也要慢几个数量级，而且汉中还没有机器，只能出差到北京上机。

计算机内存小和物质上的一些困难还是次要的，他们对克服这些困难是有自信的。凭着早年在北京大学学习所打下的厚基础和对这项任务的责任心，硬是一个一个内存算计，能用一个决不用两个。对程序的长度也一条一条地抠，能一条的决不用两条。

他们采用的理论方案是，把冷却塔看做旋转壳，对薄壳的位移向量在经向采用直到二阶导数连续的埃尔米特插值，而在纬向采用三角级数展开。

经过一年多的努力，课题组克服了种种困难。最后任务总算圆满完成了。到1975年，经过反复考核的静动力分析程序都可以投入工程设计应用了。

程序计算的精度是令人满意的。国外的程序要么漏掉固有振型，要么在某些点上结果是不对的，而武际可他们的程序计算结果，曾经与一些精确解比较，前4位有效数字完全相同。

运用以上两个程序他们对大量算例进行了分析对比，从而为冷却塔设计给出了一些新的概念：①抛弃以往塔厚从基部开始沿高程指数变化的方案，改为除基部邻近基本上等厚的方案，这样做，不仅对塔体应力分布有利，而且减少了施工的复杂化。②在塔高不超过90米时，风载是主要的控制载荷。③在能抵御风载引起的内力及失稳的条件下，壳体的厚度应当尽量小，以减小由壳内外壁温差引起的温度应力。

接下来，一个严重的困难是如何说服设计人员放心地使用他们的研究结果。方案和程序虽好，但当时一些设计人员并不理解，特别是处在负责岗位的设计人员知道设计安全与否干系重大，并不接受他们的研究成果。理由是，第一，“我们原来委托你们是要求一个冷却塔的专用程序，而你们交来的却是一个旋转壳静动力分析的通用程序”，对旋转壳的一般理论，这些工程师们又是不熟悉的，所以不会用；第二，程序分析结果配用钢筋量比工程师们以往设计经验中的配筋量要少，所以不敢用。

1976年7月27日发生的唐山大地震帮他们说服了设计人员，取得了信任。原来在唐山有一座60米高的冷却塔，在地震之前他们分析过，原设计可以经受11度烈度的地震。唐山大地震后发现在当地11度烈度的地震下，塔筒完好无损。

之后，这项研究成果在水利电力部的设计人员中就逐渐建立起信誉。从20世纪70年代山东辛店电厂第一座90米高的冷却塔，一直到后来数百座超过100米高的大塔都是依靠他们的程序做应力分析来设计的。

1978年由武际可领头把这些研究结果结集为一本书《旋转壳的应力分析》，由水利电力出版社出版，书中把静动力分析的源程序也公布了。随后，他为水利电力部办了两期短训班，系统讲解冷却塔的载荷与应力分析。之后他还对冷却塔的稳定性分析、地基和斜支柱的应力分析相继进行了研究。并且编制了相应的分析程序。这些程序一直到今天，国内的设计部门还在使用，不仅用于冷却塔设计，还被用于火箭结构、化工容器和水塔地下水管等结构的设计中。为此获得了1988年国家教委科技进步奖二等奖和国家科技进步奖三等奖。

在旋转壳的数值分析取得了研究成果后，武际可的研究工作沿着两个方向发展，一方面是对薄壳理论的深入研究，另一方面是对结构与弹性力学系统的数值方法方面的研究。1976 年之后，他取得了一些重要成果。主要是：

1979 年，完成了弹性薄壳方程组的椭圆性即算子正定性的证明。这是一个有相当难度的而且有实际应用背景的理论问题。因此在 20 世纪 60 ~ 70 年代，国际上有许多学者致力于证明它。最后，苏联和法国的学者先后证明了这个问题。武际可独立于他们以不同的方法给出了一个构造性的证明，1981 年发表在《固体力学学报》上。这项工作与王大钧关于弹性力学算子的正定性的证明共同获得 1988 年国家教委科技进步奖二等奖。

1979 年，在计算力学算法方面把循环矩阵应用于结构力学的分析中。这项工作是利用循环矩阵和多重循环矩阵的性质，将某些具有对称性的结构，按照对称特点来划分单元或进行差分离散，最后得到的刚度矩阵具有循环矩阵的特点，因而可以利用快速傅里叶变换计算，求解速度可以以数量级来加快。武际可还提出准循环矩阵的概念，把它用于具有均匀性的结构或介质，同样可以使计算量大为减少。

在求解大规模非线性问题中，独立提出和发展了弧长算法。在通常求解一个以 λ 为参量的 n 维向量 x 为未知量的联立非线性方程组时，总是不断给定 λ 求解相应的 x，于是经常会遇到极值点而矩阵奇异无法前进。弧长法是把 x 作为 λ 的向量函数，看做 $n+1$ 维空间的一条曲线，于是可以引进这条曲线的一个弧长参量，未知向量 x 和参量 λ 都平等地表为弧长参量的函数。问题就可以划归为一个等价的 $n+1$ 维的以弧长 s 为自变量的常微分方程来求解。运用这个方法可以顺利求解有关弹性突跳、材料软化等以往难于求解的问题。国际上大约是在 20 世纪 70 年代末提出的，而武际可和他的学生们则是大约与国外同时独立提出并且得到程序实现后在 20 世纪 80 年代初发表的。

三、非线性和分岔问题

在这些研究工作之后，适逢国家实行改革开放的政策。不仅可以进口各种书刊，还可以请国外专家来讲学和出国访问。1983 年，武际可获得到美国访问的机会。他到美国冷却塔结构搞得比较好的圣路易斯华盛顿大学的古尔德教授那里访问一年。在那里，他了解到美国学者在冷却塔和薄壳的应力分析方面，并不比此前他们的先进。所以在这一年里，他除了利用很短的时间写了两篇非线性结构分析方面的论文外，主要精力就是调研当时在计算力学和薄壳理论方面的前沿状态，以便回国后开展进一步的研究。

从 1984 年年底开始，武际可在北京大学力学系牵头成立了计算力学与应用数学教研室。随后不久他们被批准为全国少有的几个计算力学博士点之一。这个教研室在教学方面负责统一安排力学系的数学教学，在科学研究方面主要抓住两个方向：薄壳的非线性分析和高维动力系统的分岔数值方法。抓住这两个方向，是经过他们深入分析和思考得出的结论。

对于当时中国工程设计可能提出的线性常规的薄壳应力分析问题，根据几年前的研究，他们的理论储备已经完全能够应付。而预计薄壳的非线性问题和稳定性问题，随着工程技术的发展会越来越尖锐，所以需要把主要研究力量投入到非线性和稳定性问题中。

从国际计算力学的发展趋势来看，非线性问题日益显得重要。连续介质力学问题经过离散化一般表现为高维非线性动力系统的数值方法问题。而在这类问题中，主要存在三方面的问题，即从某个初始状态开始按照一定的参数变化追踪系统的非线性变化过程、如何精确计算分岔点的位置和如何找出全部分岔方向。分岔点常常是各个领域研究客观现象时特别感兴趣的要点。这是因为在分岔点附近，系统在性质上发生实质的变化，这在不同的领域中有不同的名称。例如，在结构力学中称为屈曲或失稳，在固体物理中称为相变，在其他领域中称为临界点等。更准确地掌握系统在分岔点附近的行为，人们就能从总体性质上认识系统的变化规律。所以在一定意义上说，对分岔问题的研究可以看做武际可对薄壳非线性问题和稳定性问题的研究的扩充和提升。

经过数年的努力，武际可的课题组在这两个方面都得到了重要的进展。

在 1984 年以后，武际可领导的课题组在新的薄壳理论和计算力学研究的基础上对原来冷却塔应力分析软件进行了改进和发展，使它们能适应新的更为复杂的课题计算。他们和水利电力部华东电力设计院、中南电力设计院、西北电力设计院以及河北科技大学的陈健（武际可的学生）合作，共同开发了：①冷却塔稳定性分析程序（随后又改进为考虑支柱对稳定性影响的程序）；②考虑基础环，支柱与塔筒一体化的结构分析程序；③考虑施工需要冷却塔在缺少一根或一对支柱时的应力分析程序；④考虑弹性体基础上的冷却塔静力分析与地基不均匀下沉的程序；⑤基于时间历程响应的冷却塔抗震分析软件等。所有这些工作，大部分有实验验证，说明计算结果可以作为设计的依据。为此他们和有关的设计院三次获得水利电力部奖励。

在程序实现方面，要将一个高维的非线性方程组，消去可以由线性问题的解来描述的自由度，而降阶为纯粹的非线性问题。只有 Liapunof-Schmidt 降阶定理是最为有效的途径。但是要在大程序上软件实现是有相当难度的。他们将这个定理在一个相当规模的大程序上实现，从而使求解高维的分岔问题成为可能，解决了许多重要的实际工程问题。例如，对天津盘山电厂引水管道的计算获得了水利电力部规划院的科技奖三等奖。

在计算力学方面，将弧长法推广应用于微分动力系统。弧长法原来是用于求解非线性代数方程组的有效方法，1999 年武际可等发表论文把它推广到求解微分方程组。对于右端项无界或刚性方程组的情形特别有效。这个方法还被应用于解具有间断或激波的偏微分方程，表现出异乎寻常的优点。他们将弧长法嵌入到大型非线性结构分析程序中去，并且进行了若干技术性的改进，使它能够有效地分析任何复杂结构的非线性变形过程。

武际可独立发展了一套求解分岔问题的数值方法，并将这一数值方法嵌入到大型非线性结构分析程序中去，能够分析任何大型非线性复杂结构的静力分岔问题以及复杂结构的屈曲、屈曲后行为和由于材料软化的行为等较困难的问题。把上面这些分岔问题的计算方法用来处理复杂结构的 Hopf 分岔原则上没有什么困难。这在 20 世纪 90 年代在国内是领先的成果。在 20 世纪 80 年代，他将这个可执行程序大小超过 6M 的大型非线性结构分析程序，采用分块覆盖技术移植到当时仅有 640KB 内存的微处理机上，在微处理机内存量有限制的一个时期适应了各方面非线性分析的急需。

武际可在非线性动力系统的理论问题方面的研究进展具体表现在几个方面。

关于分岔的定义。动力系统的分岔存在不同的定义，有的以稳定流形维数的变化来定义，有的则以系统产生不唯一的解为定义。武际可给出了以等价类来定义分岔的新途径，指明不同分岔定义是由于涉及的等价类不同。

关于线性非自治系统的等价类。在此之前，人们谈到线性动力系统的等价类时，总是针对自治系统即常系数线性系统来说的，但实际上人们经常要遇到非自治系统。对于周期系数的系统，存在一个变换，把它变为自治系统，这个问题是俄国学者 Lyapunov 在 19 世纪末解决的。对于非周期系数的情形则一直没有看到实质性的结果。2001 年下半年，武际可等在《自然科学进展》上发表一篇文章《关于线性非自治系统的等价类》。这篇文章在适当的条件下，给出了一般变系数下线性非自治系统的等价类。

由于在非线性数值方法与分岔理论和数值方法上的这些成果，武际可在与天津大学、西安交通大学等单位合作的重大基金项目完成后，获得 2005 年国家科技进步奖二等奖。之后与黄克服合作完成专著《分岔问题及其数值方法》，由北京大学出版社出版。

四、教学与科普

武际可一直把教学看做一个教员最重要的职责。自从留校起，他就以做好一个好教员为目标磨炼自己。除了认真掌握好业务内容外，他深知还需要广泛的科普知识和有关的历史知识，所以在教学之余，他特别注意积累这方面的资料。他在北京大学力学系担任过代数、数学分析、理论力学、微分几何和弹性力学等多门基础课和一系列专业课的教学工作。

从 1984 年以后，北京大学力学系的数学课教学逐步改由力学系的教员承担，武际可领导的计算力学与应用数学教研室负责协调和组织全系大学生和研究生的数学教学，并且承担了大部分数学课的教学任务，一直到他退休。为了继承和发扬北京大学力学系在数学方面基础厚的优良传统，这个教研室对已有数学课的教学进行了一系列改革。这就是将原来的解析几何课与高等代数合并，在研究生阶段，又加强微分几何和数理方法的教学内容等一系列措施。这些措施收到了良好的效果，并以“力学专业数学课的现代化”为主题被评为 1997 年北京市普通高等学校教学成果奖一等奖。其间，他和王敏中合著《弹性力学引论》、《弹性力学教程》，和黄克服合著《微分几何及其在力学中的应用》、《分岔问题及其数值方法》等大学生和研究生的教材，这些教材不仅在内容上有独到的编排，有许多作者研究的新结果，在叙述和论证的方式上也有许多创新，所以还被许多学校采用。

武际可对于研究生的培养是很尽心的。他每次与招来的新研究生谈话，总是先了解他对什么问题有兴趣，然后共同确定在这个方向前沿的一两本专著或一批文献，每星期一次由研究生作报告，而他是听众。一年下来，又共同商定一个学位论文的题目，之后就主要由研究生独立发挥了，过一段时间交谈一次进展和困难。所以，他的所谓“指导”研究生，实际上大半是他跟着研究生的兴趣走，强迫自己去阅读许多新文献，对研究生在前进中遇到的困难，根据自己的经验提出一些可行的建议。久而久之，研究生和他就会有共同的兴趣，所以在“指导”研究生的过程中武际可也学会了许多新东西。

作为教学工作的一项业余研究，武际可在教学中特别注意通过历史发展过程来讲述有关课程内容。在多年积累的基础上，20 世纪 90 年代初，他在国内的力学系中较早开始讲授力学史课，并且在此基础上出版了专著《力学史》（上海辞书出版社，2000）和《近代力学在中国的传播与发展》（高等教育出版社，2005）。

退休后，要是问武际可：“你在研究和教学上做出了不少有益的工作，也得到不少奖励，你有没有比较遗憾的事情呢？”他经常的回答是：“最大的遗憾是，推广使用自己的成果方面，做得很不好，甚至可以说是失败的。”他先后花费了近 30 年的时间，投入很大的精力研究开发的关于冷却塔应力分析的通用软件，无论从理论方案还是软件编制的水平来说，在国际上是领先的，足够分析处于各种复杂情况下的各类冷却塔，但未做好推广。

1988 年武际可出任《力学与实践》主编，他和北京大学力学系的学生座谈，问他们看不看《力学与实践》，他们说看不懂。又问，武际可自己在这刊物上发表的文章他们看不看，他们也说看不懂。从这些事，他深刻体会到刊物乃至自己的文风问题。他认识到对各种层次的人群，特别是那些决策层，需要加强科学技术的普及工作。因此就需要改变文风，使文章能够被工程师和广大教师看得懂，特别要使大学生看得懂。从那以后，他就十分重视科普工作，退休后他更把全部精力投入到科普写作和组织科普著作的出版工作中。他和天津大学王振东合著的《力学诗趣》出版，后来又出版了《拉家常说力学》，以及《力学史杂谈》，并出任“大众力学丛书”的主编，和上海大学戴世强教授一起组织出版了多部力学科普著作。为此他多次获得过有关奖励，并获得2002 年国家科技部和中国科学技术协会授予的“全国科普先进工作者”称号。

总结武际可几十年的研究工作，可以说是从弹性薄壳开始的逐步深入的过程。由求解结构上的薄壳问题，进而深入到稳定性和非线性问题，再深入一步便进入高维动力系统和分岔问题的理论和数值分析。虽然解决这些问题的条件虽然不算很好，但他总是独立地提出问题，执着、耐心地寻求解决方法，无论在技术难题和推进理论发展方面都取得了成果。用他自己的话来说：“搞研究，不看准了，不要轻易钻入一个狭小的题目中，既然钻进去了，不弄个所以然，也不要轻易放弃。”他还说：“这几十年，我总是努力去适应科学和技术发展的需要。此生没有白过。”在培养研究生方面，他也是以这种精神严格要求学生。在和研究生讨论问题和相处过程中，以身作则，守时守信，以此来影响学生，并要求学生也做到守时、守信和守法。

五、武际可主要论著

武际可，韦日演 . 1965. 弹性薄壳理论问题的渐近解法//中国力学学会第一次板壳理论学术讨论会论文选集 . 北京：科学出版社：14-24.

北京大学固体力学教研室 . 1979. 旋转壳的应力分析 . 北京：水利电力出版社 .

武际可，邵秀民 . 1979. 循环矩阵及其在结构计算中的应用 . 计算数学学报，(2)：144-154.

武际可 . 1981. 薄壳方程组椭圆型条件的证明 . 固体力学学报，(4)：435-444.

武际可，王敏中 . 1981. 弹性力学引论 . 北京：北京大学出版社 .

苏先樾，武际可，胡海昌 . 1987. 旋转壳的大位移分析 . 中国科学（A 辑），30（4）：398-410.

季海波，武际可，胡海昌 . 1991. 分叉问题的几何描述及其计算方法 . 中国科学（A 辑），（9）：947-954.

武际可，苏先樾 . 1994. 弹性系统的稳定性 . 北京：科学出版社 .

武际可，周鹍 . 1994. 高维极限环的数值追踪 . 中国科学（A 辑），24（3）：269-276.

周鹍，武际可 . 1996. 线性系统拓扑分类定理的初等证明 . 北京大学学报（自然科学版），（5）：577.

Zhou K，Wu J K. 1997. On the definitions of bifurcation. Int Jour Bifurcat Chaos，17（8）：1861-1865.

武际可，王敏中，王炜 . 2001. 弹性力学引论（修订版）. 北京：北京大学出版社 .

Wu J K，Huang K F，Lin W H. 2001. On the equivalence classes of linear non-autonomous systems. Prog Nat Sci，（3）：184-191.

武际可 . 2005. 近代力学在中国的传播与发展 . 北京：高等教育出版社 .

武际可 . 2010. 力学史（修订补充版）. 上海：上海辞书出版社 .

撰写者

传主本人

王礼立

王礼立（1934～），浙江宁波人。爆炸力学与冲击动力学专家，1956年毕业于北京钢铁学院压力加工专业，获学士学位。从事爆炸力学和冲击动力学的研究，在应力波的传播及其效应、材料动态力学行为特别是高分子材料的非线性热-率相关本构关系以及结构抗冲击防护等方面做出了贡献。科研成果"硬聚氯乙烯塑料制硝酸吸收塔"获全国科技大会奖（1978年），"弹塑性波的理论和应用研究"获中国科学院科技进步奖二等奖（1986年），"固体中非线性弹塑性加-卸载波和黏弹性波的传播"获教育部自然科学奖一等奖（2006年）。配合朱兆祥先生创建体现改革精神的宁波大学。1995～2003年曾担任中国力学学会爆炸力学专业委员会主任委员。

一、成长经历

王礼立，1934年7月31日生于上海，原籍浙江宁波。

王礼立的太公与其长兄因同时考取进士曾获御赐"兄弟进士"匾。母亲陈人宝出生于当时宁波的书香门第，外婆家是当时江南望族——宁波小港李家。王礼立幼年时国家处于内忧外患，又不幸遭父亲遗弃，靠外婆家接济为生，小小心灵就体验到社会不公、国危家颓之艰辛。当日寇入侵上海前夕，老师带领同学诵读《最后一课》，泪流满面，立志兴国强国刻苦学习。1946年考入沈体兰先生任校长的教会学校——麦伦中学（今继光中学）学习，受到科学先进思想和独立思考精神的熏陶，曾因初中部第一名的优异成绩获教育家陈鹤琴先生亲自授奖赠书。1948年即将失学之际，考获叔苹奖学金（第19期972号）才得以继续学业。叔苹奖学金是中国最早由个人设立的助学奖学金之一，由实业家、慈善家顾乾麟先生在20世纪30年代末创办，用于奖励品学兼优、家庭贫困的学生完成学业，为国助学育才。叔苹学子都深受顾先生倡导奉行的"得诸社会、还诸社会"价值理念的影响。

1952年王礼立中学毕业后考入清华大学，由于当时的院校调整，1953年进入北京钢铁学院学习，1956年以全优成绩毕业于北京钢铁学院压力加工专业本科。在毕业设计中创造性地完成北京建国轧钢厂改建设计并获得厂方采用，提高产量数倍。

《北京日报》于1956年7月3日在头版以“工厂和学校合作的一个榜样”为标题加以报导，指出“北京钢铁工业学院压力加工教研组给应届毕业生王礼立选择了一个有意义的毕业设计题目：在充分利用现有设备的条件下，提出全面改建公私合营建国轧钢厂的方案。王礼立提出了改建方案。厂里正在根据这方案作施工准备……”《北京日报》于1956年7月25日在头版以“用少量投资改变落后的生产设备，建国轧钢厂轧钢车间改建后产量可提高四倍”为标题继续加以报导，1957年5月22日《北京日报》在头版以“旧设备重新安装新设备投资不多，建国轧钢厂将该将完成”为标题对该项目的实施进行了跟踪报导。

1956年大学毕业后，王礼立被选送到由钱学森先生回国后刚创建的中国科学院力学研究所工作。先后师从李敏华先生、朱兆祥先生、王仁先生和郑哲敏先生等。中国科学技术大学创立时，参与近代力学系教学工作，兼任讲师，为该校首届爆炸力学本科生开设、主讲“材料（在冲击载荷下）的力学性能”和“塑性动力学”新的课程。正当他与那个时期在力学研究所的青年学者一道，几乎都是夜以继日地投身于科学研究而拼搏工作的时候，遗憾的是1963年由于当时的政治运动的关系，被迫依依不舍地调离了力学研究所，离开了他尊敬的师长们，离开了他共同拼搏工作、相互促进的同事们，离开了他热爱的冲击动力学研究领域。

调任化工部化工机械研究所（院）工程师不久，研究所从北京搬迁到了生活环境较为艰苦的兰州郊区，王礼立本着“干一行、学一行、干好一行”和“从零开始”的想法，又遵从同样处于困境下的朱兆祥先生“谋事在人，成事在天”的教导激励，重新学习和开始化工设备强度、工程塑料应用和工程断裂力学等研究。但接着经历了“文化大革命”，身处逆境，历经坎坷。后来他平淡地把这段不公正的经历看作一段磨炼，正如他后来给钱学森老所长信中写道：“十年动乱，我在兰州，当然难免挨斗关牛棚。全党全国遭了大难，我就不值一提了。”值得欣慰的是，他的夫人卢维娴女士在如此困境下不怕高压、同甘共苦、给以慰藉，并支持他仍不忘作为一名工程师的责任，思索着化工机械的相关技术。在20世纪70年代后期，终于等到科学春天的到来。他作为主要参加者或负责人完成的科研成果“硬聚氯乙烯塑料制硝酸吸收塔”获全国科技大会奖，“聚丙烯管道研制及应用”获省科技成果奖。“工程断裂力学在化工容器的安全分析中的应用研究”获兰州化学工业公司科技成果奖。

1978年，在朱兆祥先生的关怀筹划下，王礼立好不容易从大西北“归队”回到中国科学技术大学，任该校近代力学系副教授，重新开展爆炸力学和冲击动力学的教学和科研工作。他是属于“历经坎坷心不老”那一类的“老九”，为了追回十年

“文化大革命”所损失的时间，唯有加倍努力，再次夜以继日地去补读大量重要文献和书籍。1985 年起任中国科技大学近代力学教授、爆炸力学硕士生导师、固体力学博士生导师（1986）、国家重点学科力学学科学术带头人。历任爆炸力学教研室主任、校学术委员会技术科学组副组长、中国科学院力学规划组成员等。编著《应力波基础》获校优秀教材奖一等奖（1985），《现代材料力学进展》（王礼立，周光泉，李永池）获校优秀教材奖一等奖（1986），《材料动力学》（王礼立，胡时胜）获校优秀教材奖二等奖（1985）。科研成果“弹塑性波的理论和应用研究”获中国科学院科技进步奖二等奖（1986），“SHPB 装置及其研究工作”获校科研奖一等奖（1986）。1985 年秋参与宁波大学创建，任首届副校长和第二届第一副校长（1986～1993），首届校学术委员会主任，首届校学位委员会主任，宁波大学学报（理工版）主编，兼力学和材料科学研究中心主任。他不仅为本科生和研究生主讲“材料力学”，“力学在工程中的应用”，“应力波基础”和“材料动力学”等课程，还获得新的科研成果，如：“国产航空材料在冲击条件下材料性能试验研究”获宁波市科技进步奖二等奖（1991），“材料在高应变率下的热黏塑性失稳——绝热剪切”获浙江省教委科技进步奖三等奖（1997），“弹塑性加卸载和黏弹性应力波理论及其工程应用”获浙江省科学技术奖二等奖（2006）和宁波市科学技术进步奖一等奖（2006），“固体中非线性弹塑性加-卸载波和黏弹性波的传播”获教育部高等学校自然科学奖一等奖（2006）。1992 年起享受政府特殊津贴，2000 年起连续六年获荣华学者奖励计划一级奖。

王礼立曾先后任安徽省力学学会理事长（1985～1989），浙江省力学学会副理事长（1986～1994），中国力学学会理事（1990～2002），爆炸力学专业委员会副主任委员（1990～1994）和主任委员（1995～2003），冲击动力学专业组首任组长，中国化工机械学会理事，宁波市失效分析学会理事长，《爆炸与冲击》副主编（1995～2004），《力学学报》编委（1989～），国际学刊 *STRAIN* 编委，受聘“冲击波物理和爆轰物理”国防重点实验室学术委员会委员/顾问，中国岩土工程研究中心专家顾问组顾问，兼浙江大学教授（博士生导师），中国工程物理研究院流体物理研究所博士生导师，中国兵器工业第五二研究所宁波分所研究员等。

二、开拓和发展中国冲击动力学

1956 年王礼立大学毕业后，进入刚创建的中国科学院力学研究所，从事塑性力学、流体力学和爆炸力学等方面的研究。在钱学森所长倡导、郭永怀副所长领导和郑哲敏室主任直接带领下，与谈庆明、邵丙璜等几个年轻人一起参与了中国爆炸力学这一新兴边缘学科的探索开拓工作。由于研究工作的需要，查阅了几乎当时所有能找到的文献，并结合任务进行讨论和钻研；又由于当时兼任中国科学技术大学近代力学系讲师，为该校首届爆炸力学本科生开设新课的需要，并编写了相应的教材（中国科技大学内部刊印出版）《材料（在冲击载荷下）的力学性能》和《塑性动力学》。在夜以继日的工作中又不断学习提高，从此和冲击动力学结下了不解之缘。

20 世纪 70 年代末，王礼立回到中国科学技术大学工作。他加倍努力，继续开拓和发展中国的冲击动力学研究，编写完成了《应力波基础》，第一版由国防工业出版社于 1985 年正式出版，该书获中国科技大学优秀教材奖一等奖。1989 年经国家教育委员会高等工业学校工程力学专业教材委员会审定，被推荐为工程力学专业教学用书。钱学森老所长看到《应力波基础》后给王礼立的信中写道："您经历了二十年的艰难困顿，这正是祖国在建设中国式的社会主义走弯路的时期；也可以说，是像您这样的许许多多有志之士，付出了代价，才换来了今天的正确方针、政策！您对祖国有贡献呵！"他在回信时曾写下这样几句话以谢钱学森的勉励："悠悠逆境心不移，昭昭赤诚志更坚。不怨半生多磨炼，唯喜中华春满园。"

由于王礼立的应力波理论研究成果在国内外产生的影响，曾先后应兵器工业部、中国工程物理研究院 901 所、909 所和 904 所、航天工业部，以及清华大学、北京理工大学等有关研究所和高校之盛情邀请，多次作"应力波"理论的培训讲学。为了满足中国冲击动力学研究的蓬勃发展的需求，《应力波基础》于 2005 年出版修订后的第二版，同年经专家评审被教育部学位管理与研究生教育司推荐为研究生教学用书。通过国际学术交流，《应力波基础》还流传到了海外的华人学者手中，在国际上也产生了一定的影响，受到国内外同行专家的一致好评，其英文版 *Foundations of Stress Waves* 于 2007 年由 Elsevier 出版社出版。

王礼立在冲击动力学领域的研究成果还体现在如下几个方面的贡献：

（一）非线性应力波的理论研究

以应力波传播为特征的动力学过程既包含加载波又包含卸载波的传播，进而涉及它们间的相互作用和影响，并导致必须在时间–空间坐标中区分加载区和卸载区，而其关键在于如何确定事先未知的加载–卸载边界的传播。王礼立和朱兆祥以及虞吉林等在 20 世纪 80 年代从应力波的基本特性和材料应力应变关系在加–卸载转变时其斜率发生间断的奇异性出发，对加–卸载边界的传播规律和确定方法进行了系统和完整的分析。研究结果被国际非线性应力波权威丁启财教授评价为"在一维波传播的弹塑性边界上应力和速度间断的系统研究中，最重要最精彩的结果”。（Ting, T. C. T.，1990，in *Plasticity And Failure Behavior of Solids*，*Memorial Volume dedicated to the late Professor Yuriy Nickolaevich Rabotnov*，ed. By G. C. Sih，A. J. Ishlinsky and S. T. Mileiko，Kluwer Academic Pub.，115-136）。王礼立等的进一步研究发现，塑性卸载波可导致临近加载面的正面产生“正面层裂”，黄克智院士、经福谦院士和朱位秋院士等对这一研究成果的评价：“对于抗冲击防护装置的设计有理论指导意义。”他在研究一个物体（靶）受到另一个物体（弹）的非平面撞击时，应用波的传播理论，分析了应力波诱导表面裂纹产生的机理，并建立了无量纲化的公式。黄克智院士等认为“结果为雨、冰、雹、沙等对高速飞行器的冲蚀现象的研究提供了理论分析基础”。

王礼立开拓了非线性黏弹性波传播特性的研究，强调材料黏性对应力波传播的影响，建立了一套通过黏弹性波传播中的弥散和衰减行为来确定材料的率型本构方程的简便方法，他发现存在一个由黏弹性材料的“松弛时间”特征值所决定的“有效传播距离”或“有效传播时间”。这一结果对于利用波传播进行各类爆炸和地震波的“诊断”以及对材料本构特性进行的反分析有实际指导意义。他还定量描述了黏弹性中应力波传播过程中的衰减规律和黏弹性应变波的蠕变特性，提出了相应的非线性黏弹性波传播的分析方法和反分析技术，发展了传统的材料动态性能实验测试技术，使高聚物 Hopkinson 杆实验技术适用于低波阻抗材料的动态力学性能的研究，研究成果受到国内外同行专家学者的肯定，剑桥大学 J. Field 教授等在 2004 年的总结性文章中把这一高聚物 Hopkinson 杆实验技术评价为“新近主要发展（Recent Major Developments）”之一。

王礼立开拓和发展了斜撞击下弦中弹塑性应力波的传播理论，其关键在于正确解决撞击点的动态摩擦边界条件。这一理论解对有关的工程问题（如降落伞的弦线的任意方向撞击问题，纺织机中纱线以及防弹衣用高强度弦的撞击问题等）的解决提供了理论指导。梁在横向冲击载荷下的动态响应的研究方面，他还进一步发展了梁在横向冲击载荷下的动态剪切响应的“移行剪切铰失效”理论，提出了梁的绝热剪切失效的模式。

（二）材料动态力学行为研究

与开拓和发展应力波理论相联系，王礼立还积极倡导材料动态力学行为的研究。早在 20 世纪 60 年代他在中科院力学所工作期间，就在郑哲敏先生领导下负责应力波和材料动态力学相结合的跨学科研究。他强烈地感到材料动态力学行为研究在当前力学发展中的重要性和迫切性。在80年代中协助朱兆祥教授创建宁波大学的一开始，就创建了“力学和材料科学研究中心”。半个多世纪以来，以重视宏观与微（细）观相结合，热–力学耦合，实验与理论相结合为特色，对金属、高分子材料、层合材料和复合材料等的率型本构关系、动态损伤演化、动态断裂和动态本构失稳等开展了系统的研究。白以龙院士在祝贺王礼立70华诞的纪念论文集的序中写道：“王老师兼长材料科学和力学，这在科技界是极为难得的。他充分发挥了这个优势，在绝热剪切带、高聚物的动态本构关系等许多交叉学科前沿，不仅有效地解决了一批国家亟须的问题，具有国际影响的学术论文还不断地问世，为中国科学赢得了世界性的地位。”

1. 发展热黏塑性本构理论及热黏塑性材料本构失稳

早在20世纪80年代初，王礼立从位错动力学出发，讨论了热激活能与作用应力之间的非线性函数关系，创立了一类基于双曲形热激活垒谱的热黏塑性本构理论，适合于广泛的应变率和温度变化范围，并使既有的理论成为特例。

王礼立进一步研究热黏塑性材料本构失稳–绝热剪切，对于高应变率下材料绝热剪切的发生与发展过程，进行了宏观实验和微观观察相结合的研究。他和卢维娴、包合胜、徐天平等揭示了绝热剪切带的微结构局域化过程与热黏塑性本构失稳间的内在联系，建立了三变量（环境温度–应变–应变率）绝热剪切准则，并应用于研究钛合金应力波冷铆新技术，靶板的绝热剪切冲塞，以及梁在横向冲击下剪切失效分析；还与董新龙等发展到研究II型裂纹在冲击载荷下的绝热剪切扩展。

2. 高聚物及其复合材料的非线性热黏弹性本构理论

在开拓材料本构关系研究方面，王礼立特别着重研究了高应变率和大应变条件下的材料黏弹性本构行为。王礼立和朱兆祥以及他们的研究生/合作者唐志平、杨黎明等，经过10余年的实验和理论研究，建立和发展了一种新型的非线性热黏弹性本构模型，被称为ZWT（朱王唐）方程。这一既具有本构方程理论依据、又便于工程应用的材料动态本构模型，揭示出大量工程塑料及其复合材料的非线性黏弹性行为可归为平衡态下的非线性弹性与非平衡态下的黏弹性之组合；同时表明即使在非线性大应变条件下，材料的应变率效应与温度效应之间仍然存在确定的“等效性”或“互换性”。他和周风华等建立了基于热激活机制的损伤演化方程，进而发展了计及率型动态损伤演化的ZWT方程，以及基于临界损伤值的率型动态损伤准则。

（三）冲击动力学应用研究

王礼立重视理论与实际相结合，努力将冲击动力学的理论研究成果应用到工程实践中，为中国的国防建设、经济建设和社会发展服务。

1. 新型船撞桥柔性耗能防撞装置的创新设计分析

为保证桥墩受船撞时的安全，桥梁设计师历来倾向于建造高刚度、高强度（高波阻抗）的防护设施。但桥墩防护设施愈坚固，船只则会受损愈严重。即使保护了桥墩，也可能导致船毁人亡、环境污染。于是王礼立和上海海洋钢结构研究所陈国虞共同组织研究团队、以冲击动力学理论为指导、发展能使桥墩和船在相撞时都不坏（“两不坏”）的桥梁抗船舶撞击防护方法。以此为目标，根据多层介质中的应力波传播的特点及波阻抗比对于波传播的影响，指出船桥相撞是一个在秒量级的短时历程中包含巨大能量交换的动态过程，本质上是一个复杂和困难的冲击动力学问题。首次提出和阐明了由大量钢丝绳圈防撞元件组成的柔性耗能防撞装置的优越性，发展了“桥梁抗船舶撞击柔性技术”。它一方面表现在降低瞬时冲击应力峰值，另一方面表现在延长较低撞击力下的撞击过程，使得船舶有足够时间转向，偏离桥墩，带走大部分剩余动能，大大减轻船舶对桥墩的撞击破坏力。在动力学分析的基础上，王礼立研究团队采用有限元方法（LS-DYNA）对问题作进一步的数值模拟分析。通过一比一的船撞桥的大型数值计算，指导完成了广东省湛江跨海大桥的防撞装置设计。这一新的设计方案经过两次专家会议评审，已为用户正式采用，不仅开拓了一个新的具有自主创新性的技术，而且有可观的经济效益。

2. 鸟撞飞机安全性的冲击动力学研究

鸟对高速飞机座舱风挡和机翼的撞击有可能造成机毁人亡的灾害性事故，对此已引起国内外普遍重视。由于鸟和风挡的相对撞击速度可高达 70～250m/s，风挡所承受的载荷是所谓的强动载荷或高应变率载荷。在 20 世纪 80 年代末，王礼立组织科研团队基于冲击动力学分析，研究鸟撞飞机在短历时下发生的冲击问题，先后承担了运 7、运 8、运 10 等国产机型的相关实验和理论分析。指出鸟撞飞机主要特点：①在结构分析上应计及惯性效应，即导致应力波传播和相互作用的分析；②在材料本构上应计及应变率效应，从而导致所谓率型本构关系的研究和发展，③与前两点相关，在撞击载荷的确定上应计及载荷与响应间的耦合作用，即撞击载荷的确定是与结构动态响应的确定相互耦合在一起的。王礼立科研团队基于应力波传播的原理，首先确定了冲击载荷下风挡有关材料的热黏弹性本构方程，然后开发相应的数值计算技术，分析了鸟垂直撞击风挡（最不安全条件下）时撞击区的早期响应。发现改变撞击物（鸟）和被撞击物（风挡）的材料本构方程会对载荷–响应耦合作用发生显著的影响。同时，基于应力波的理论分析，设计和安排相应的实验方法，设计并实施了1：1的鸟撞飞机实验的应力波测试。通过理论分析、撞击实验和数值模拟证实了运7等机型是满足国际适航条例要求，为国产飞机的首次出口和打入国际市场创造了条件。

3. 应力波在其他工程领域内的应用

王礼立领导的团队的研究也涉及军工、国防安全领域。由于此领域常要考虑爆炸冲击载荷，所以计及应力波的研究显得特别重要。研究涉及地下工事的抗爆，即“混凝土和钢纤维混凝土材料抗爆炸震塌研究”、水下舱体的关键部件抗冲击波毁坏的防护方法及设计技术，等，为国防工程防护和军用品结构防护设计提供理论依据和设计方案，得到了军工科研部门的好评和采用。

20世纪80年代初，王礼立和李永池、王肖钧等领导的团队涉足航天部的卫星硬回收研究，对于壳体结构高速碰撞所产生的应力波效应进行了分析，研究了单层及多层结构弹丸在高速碰撞下的应力、应变分布及破坏机理。20世纪80年代末，王礼立和胡时胜等领导的团队将材料绝热剪切现象的热黏塑性失稳准则研究成果，应用于钛合金应力波铆接新技术和弹丸对靶板的冲塞分析。

在爆破工程方面，王礼立和蒋昭镳等领导的团队以爆炸/冲击力学研究成果为基础，成立了“波力高新技术工程公司”，以“控爆技术在城建工程中的应用”（列为宁波市城乡建委第一批建设成果论证项目）服务于当地经济建设发展，包括城市危（旧、废）建筑物的爆破拆除、爆破法筑海堤、爆破疏浚港口和河道等控制爆破工程，以及采用应力波检测建筑物桩基的可靠性等，完成项目过百项。不仅创造了经济效益，而且具有社会效益，为社会经济发展做出了贡献。

三、严谨治学，教育创新

王礼立重视教学与科研的相互促进。20世纪60年代初当他在中科院力学研究所专职从事研究工作时，就热心和重视在中国科技大学的兼职教学工作，认为只有自己反复思考把问题的实质和内在联系琢磨透了，才能把问题讲得清晰透彻；而通过向同学深入浅出地讲课，既有利于提高研究人员的表达能力，也有利于研究人员更系统更深入地掌握一门学科。后来当他在中国科技大学和宁波大学从事教学工作时，他又强调大学教师不能脱离科学研究，否则自己的知识会老化，又缺乏解决实际问题的亲身体会，就难以向学生传授如何应用理论知识来解决实际问题的本事以及创新能力。

就爆炸力学教育而言，王礼立是中国科技大学爆炸力学专业主要建设和开拓者之一，也是宁波大学“力学与材料科学研究中心”的主要创建人，是一位重要的爆炸力学学科带头人。在从教半个多世纪以来，他为本科生和研究生主讲了“材料（在冲击载荷下）的力学性能”、“塑性动力学”、“应力波基础”、“固体高压状态方程”、“弹性动力学”、“流变学”、“材料动力学”、“黏弹性力学”和“材料在高应变率下力学性能”等新课程。特别是他在编写“塑性动力学”、“应力波基础”和“材料动力学”等课程的教材时，阅读了大量的国内外的文献资料，结合他本人的研究心得和成果，完成了优秀教材的创作，为国家培养了大批从事爆炸力学/冲击动力学领域的人才。

在教学工作中，王礼立强调基本概念等基础知识的严谨性，又注重反映学科新进展；他授课深入浅出、生动活泼，理论联系实际、注重举一反三能力的培养。在讲授研究生课程时，采用课堂讲授和研讨相结合的教学方法，激发了学生的学习兴趣以及学习的积极性和主动性，达到更好的教学效果。

王礼立注重教育学生全面成长。他喜欢和学生谈学问，谈思想，谈生活，谈人生体会。在谈怎样做学问的同时，经常跟同学强调要如何做人，做一个有道德的人，做一个有利于国家和社会进步的人；即使处于逆境中也不能失去指向，要有百折不挠的精神。他常常以“无愤愤之志者，无昭昭之明；无绵绵之事者，无赫赫之功”与同学共勉。他坚持“身教胜于言教”，不论是出野外做实验，还是在校内实验室，和同学在一起他总是既动口、也动手，起到表率作用；即使现在过了古稀之年，还是亲历亲为。因此，同学不仅尊重他，而且都和他很亲近，有着深厚的感情。

王礼立重视科研团队建设和青年教师的培养，他经常采用讨论班的方式，培养青年教师的科研能力，通过集体讨论，拓宽青年知识面，了解国内外学术前沿的发展动态，鼓励青年教师积极参与新问题的研究，并从中发现新的研究课题，提出立项申请。对青年教师的科研基金项目申请报告的修改请求，他总是“来者不拒”，不仅认真审阅项目申请报告的总体结构、立项依据、研究内容和方法、技术路线等主要框架结构，提出建议，并且逐字逐句认真修改，所以许多青年教师总要请王礼立修改其立项报告，促进了宁波大学力学与材料科学研究中心有更多教师能够获得国家级科研基金的资助。不仅如此，王礼立还热心于帮助和培养青年教师提高科研论文的写作能力，经常为青年学者认真修改科技论文，讲解科技论文的写作要点。在他和继任主任朱锡雄、陈大年等的带领下，和许多教师的共同努力下，使得宁波大学力学与材料科学研究中心成为冲击动力学界中颇具特色的一支队伍。

1985年秋，王礼立协助朱兆祥先生，参与创办宁波大学。短短几年内，宁波大学能建成了一所初具规模而体现改革精神的综合性大学，基本形成了朝气蓬勃、富于科学和民主精神、团结和谐的教学科研环境，有他的一份拼搏。1990年首届学生毕业时，经上级教委和由杭州、上海、北京数十位教授组成的专家组的评审验收，充分肯定了宁波大学在办学和教育改革上取得的显著成绩。中国新闻社以《中国高校的黑马》为题对外作了报道，隐喻宁波大学具有惊人的潜力。

王礼立作为先后主管教学和科研的副校长，在当时改革开放的背景下，与以朱兆祥校长为首的领导班子一起为实施教育改革进行了一系列探索。为了扩大学生的知识面，宁波大学率先只设学系而不分专业，还实行了选择性较广的学分制，鼓励学生跨系选课。学校强调基础教育，但不设基础部，而是请各系面向全校开课。这在当时的中国教育界开了先河。学校强调教书育人是学校的中心工作，而教学和科研应密切结合、互相促进，并且肯定教师在教学科研中的主导作用，学校各项管理工作都必须为保证教书育人这一中心任务服务。在学术上鼓励自由讨论，百家争鸣。对王礼立的建校贡献，中科院白以龙院士认为："王老师以其充沛的热情和杰出的组织能力投入建校工作。特别是，他从对高等教育的深入的思考和独特的见解出发，坚持追求真理，不盲从，不武断的态度，使宁波大学的学术建设从一开始就立于一个高起点上，朝气蓬勃、富于科学和民主精神，被人称为'中国高校的黑马'。他提携年轻人才，呕心沥血，不遗余力，二十年来，处处可见王老师汗水和结晶。"

四、参与国际学术交流，提高中国冲击动力学学术地位

王礼立重视国际学术交流，在及时了解最新学术研究动态的同时，提高中国冲击动力学学术地位。他二十余次应邀出访国外进行学术交流和合作研究，先后任日本东京大学和东京理科大学、法国梅斯大学、英国剑桥大学Cavendish实验室和利物浦大学冲击工程研究中心等客座教授和欧盟ISPRA联合研究中心客座研究员。多次主持国际学术会议，包括第二届国际冲击工程学术研讨会（1996年于北京），中日双边《固体动态变形和断裂的研究与应用》学术会议（1997年于黄山），中俄双边《动态断裂问题》专题研讨会（1998年于圣彼得堡），中法双边《动态断裂》学术研讨会（2003年于宁波）等。王礼立与世界各地的同行学者都有广泛的学术联系，

特别是与欧洲、北美以及日本的许多杰出冲击动力学专家和学者建立了密切的学术联系。

五、王礼立主要论著

王礼立 . 1964. 柔性弦中弹塑性波的传播 . 力学学报，7（3）：228-240.

王礼立，朱兆祥，虞吉林 . 1983. 弹塑性平面波传播中弹塑性边界的间断性质 . 爆炸与冲击，3（1）：1-8.

Wang L L. 1984. Athermo-viscoplastic constitutive equation based on hyperbolic shape thermo-activated barriers. Trans. ASME，Jour. Engineering Materials and Technology，106：331-336.

Wang L L，Lu W X，Hu S S，et al. 1987. Study on the initiation and development of adiabatic shear bands for a titanium alloy under high strain rates // Eds. K. Kawata and J. Shioiri. Macro-and Micro-Mechanics of High-Velocity Deformation and Fracture. Berlin：Springer-Verlag：395-406.

Wang L L，Bao H S，Lu W X. 1988. The dependence of adiabatic shear banding on strain-rate，strain and temperature. Jour. Phys.，Colloque C3，49（9）：207-214.

王礼立，余同希，李永池 . 1992. 冲击动力学进展 . 合肥：中国科技大学出版社 .

Wang L L，Zhu X X，Shi S Q，et al. 1992. An impact dynamics investigation on some problems in bird strike on windshields of high speed aircrafts. Chinese Journal of Aeronautics（English Edition），5（3）：205-213.

Yang L M，Wang L L，Zhu Z X. 1994. Amicromechanical analysis of the nonlinear elastic and viscoelastic constitutive relation of a polymer filled with rigid particles. Acta Mechanica Sinica（English Series），10（2）：176-185.

Wang L L，Dong X L，Hu S S，et al. 1994. Amacro- and microscopic study of adiabatic shearing extension of mode-II crack at dynamic loading，Jour. Phys. IV，Colloque C8，Supplement au Jour. Phys. III，4：465-470.

Wang L L，Labibes K，Azari Z，et al. 1994. Generalization of split hopkinson bar technique to use viscoelastic bars. International Joural Impact Engineering，15（5）：669-686.

Wang L L，Field J E，Sun Q，et al. 1995. Surface damage of polymethylmethacrylate plates by ice and nylon ball impacts. J. Appl. Phys.，78（3）：1643-1649.

Wang L L，Norman Jones. 1996. An analysis of the shear failure of rigid-linear hardening beam under impulsive loading. Acta Mechanica Sinica（English Series），12（4）：338-348.

Wang L L. 2004. Unloading waves and unloading failures in structures under impact loading. International Journal of Impact Engineering，30（8，9）：889-900.

陈国虞，王礼立 . 2006. 船撞桥及其防御 . 北京：中国铁道出版社 .

Wang L L. 2007. Foundations of Stress Waves. Amsterdam：Elsevier.

Wang L L，Yang L M，Huang D J，et al. 2008. An impact dynamics analysis on a new crashworthy device against ship-bridge collision. International Journal of Impact Engineering，35（8）：895-904.

Zhu J，Hu S S，Wang L L. 2009. An analysis of stress uniformity for concrete- like specimens during SHPB tests. Int. Jou. Impact Engineering，36（1）：61-72.

周风华，王礼立 . 2010. 脆性固体中内聚断裂点阵列的扩张行为及间隔影响 . 力学学报，42（4）：691-701.

Wang L L，Zhou F H，Sun Z J，et al. 2010. Studies on rate-dependent macro-damage evolution of materials at high strain rates. Int. J. Damage Mechanics, 19 (10): 805-820.

主要参考文献

唐志平，朱兆祥，王礼立，等 . 1981. 高应变率下环氧树脂的力学性能 . 第二届全国爆炸力学会议论文集，扬州：4-1-2.

Ting T. C. T. 1990. Memorial volume dedicated to the late Professor Yuriy Nickolaevich Rabotnov. // G. C. Sih, A. J. Ishlinsky, S. T. Mileiko, Eds. Plasticity And Failure Behavior of Solids. Kluwer Academic Pub. : 115-136.

Akira Kobayashi, Wang L L. 2001. Quest for dynamic deformation and fracture of viscoelastic solids. Japan: Ryoin Publishers.

Wang L L, Shi S Q, Chen J Y, et al. 2003. Influence of strain- rate and stress- state on dynamic response of cement mortar. Int. Jour. Structural Stability and Dynamic, 3 (3): 419-433.

白以龙主编 . 2005. 材料和结构的动态响应. 合肥：中国科学技术大学出版社 .

撰写者

杨黎明（1957～），福建长乐人。宁波大学教授，钱江学者。1981 年于中国科学技术大学爆炸力学本科毕业后，师从朱兆祥和王礼立于 1984 年获硕士学位，在王礼立指导下于 1990 年获得博士学位。研究领域为冲击动力学。

董新龙（1964～），博士，宁波大学机械工程与力学教授，博士生导师。1985 年本科毕业于浙江大学，师从王礼立、虞吉林和胡时胜分别于 1993 年和 1997 年在中国科技大学获硕士、博士学位。研究领域为爆炸与冲击作用下材料和结构的性能及响应。

丁皓江

丁皓江（1934～），江苏常州人。弹性力学家。1957年毕业于北京大学数学力学系，同年9月起在浙江大学工作直至2005年7月退休。在计算力学、各向异性弹性力学、多场耦合力学、非均匀材料力学、土力学等领域取得重要成果。尤其是针对横观各向同性力学三维问题开展了深入的研究，获得了一批具有重要理论价值的精确解。20世纪90年代初开始涉足压电弹性力学，导出了用调和函数表示的三维问题的通解，并在基本解、三维断裂和接触分析、板壳力学等问题的分析中得到广泛应用。提出新型列式，推动了状态空间法在多场耦合问题中的应用。2000年以后，在弹性动力学方面发展了新的解析求解方法，克服了传统采用Laplace变换的数值困难。近年来，针对功能梯度材料结构，推广了Lekhnitskii解法，得到了可考虑沿厚度方向任意材料参数变化、任意各向异性并可考虑任意边界条件和任意荷载的解析解，丰富了各向异性材料力学的求解体系。曾任浙江省力学学会理事长、中国力学学会常务理事、国家教委工程力学专业教学指导委员会委员，《力学学报》和《固体力学学报》等国内主要力学期刊的编委。2001年获中国高等学校自然科学奖（二等奖），2002年获ISI颁发的经典引文奖（Citation Classic Award），2005年获浙江大学“竺可桢奖”。

一、自幼熏陶，学高为师

丁皓江1934年8月15日出生于江苏省常州市。其父丁赞熙毕业于南京晓庄师范学校大学部，担任过小学校长、中学教员和师范校长等职，毕生尊师重教，对子女有重要影响。1937年抗日战争爆发，丁皓江随父母逃难到浙江的山城丽水，在不断的转移中过着动荡的生活，直到抗日战争胜利才有了平静的生活。

1947年小学毕业，丁皓江考取处州中学（现丽水中学）。1953年考入北京大学数学力学系，学习了两年半的数学专业课程，其间，钱伟长教授和陆士嘉教授应周培源教授之邀给同学们分别介绍固体力学和流体力学；后来丁皓江选择了弹性力学专门化（后为固体力学专业）。1956年胡海昌教授给丁皓江所在的班级讲授弹性力学课程，又是丁皓江文献阅读和毕业论文的指导教师，因此他得到了较多聆听胡海昌教诲的机会，从而对胡海昌的学术思想有所感悟。1957 年毕业分配到胡海昌的母校浙江大学工作，是此后保持了一生的师生情谊的又一个契机。

1957～1961 年在浙江大学理论力学教研室，丁皓江先给谢贻权教授和汪家訸教授当助教，在熟悉工科力学教学方法之后，开始讲课并参与编写理论力学全国统一教材。1961 年调入为 1958 年创办的应用力学专业而设立的应用力学教研室，给力学专业本科生授课。“文化大革命”期间，曾负责用光弹性试验来解决若干实际问题，1973 年后与工程技术人员和计算数学工作者合作开展有限单元法的研究并应用于工程，并在杭州主持了多次推广工作。“文化大革命”之后，开始讲授有限元法课程，并与谢贻权、何福保和徐兴三位教授合作编写教材。除开展有限单元的构造研究之外，还对加权残差法和边界元法进行过探索。1983～1985 年，1988～1990 年和 1994～1996 年三度在杜庆华教授领导下的四校联合课题组中，参加国家科委基础研究项目和国家自然科学基金重点以及重大项目的研究工作，在机械结构强度和振动的一些问题上取得了若干有用成果。1990 年开始转向各向异性体弹性力学研究，后又拓展到压电材料、磁电材料和功能梯度材料等新型材料，并取得了一系列具有重要理论价值的解析解。

丁皓江 1978 年开始指导研究生，同年参加了全国学科规划会议，深受启发并认识了许多力学名家。1983 年协助王仁东教授指导博士生，1986 年协助胡海昌教授指导博士生，1990 年独立招收博士生，已培养硕士 34 人，博士 21 人。

二、潜心科研，攻坚为乐

丁皓江给人的印象是洞察世情又淡泊明志，但对学习和科研可谓一往情深，矢志不渝。在胡海昌等名师的熏陶下，从北京大学毕业分配到浙大以后，他一直坚持通过研读力学名著来提高自己的学识水平，即使在“文化大革命”期间也不放松学习，并抓住机会参与了采用光弹性和有限元等方法来解决实际问题的研究。改革开放以后，他陆续有机会参加了多个重大研究项目，有幸与一批力学名家共同研讨，耳濡目染之下受益良多，进一步催发了他的科研热情，在计算力学领域取得了不俗的成绩。20 世纪 90 年代初，他及时关注到智能材料和结构这一新兴的研究热点，利用自身在各向异性弹性力学方面的深厚素养，在多场耦合力学领域厚积薄发，收获颇丰，并产生广泛的国际影响。21 世纪以来，他在弹性动力学和非均匀材料力学领域又有新的突破。在每一个涉足的领域，他所取得的科研成果都带有独特的风格。

（一）固体力学近似计算

有限元法的提出以及在理论上的完善并在工程领域得到普及被认为是 20 世纪力学学科的最重大成就之一，为工程结构的设计带来了革命性的变化。国际上有限元法研究于 1960 年前后兴起，但由于当时国情之故起步相对落后。即使如此，丁皓江很早就关注到这一新的研究动态，在“文化大革命”期间即开展了有限元法的研究和应用，并加以宣传推广，这为他 20 世纪 80 年代在有限元法上不断取得研究突破奠定了基础。

“文化大革命”结束后，丁皓江陆续在有限元法的研究上发表了几篇有影响的学术论文，并得到了国内同行的关注，从而有机会连续参与了杜庆华领导的国家科委基础研究项目“机械结构强度和振动”、国家自然科学基金重大项目“机械结构强度和振动”以及国家自然科学基金重点项目“大型机械系统的动态设计理论和方法”等重大重点项目。针对曲壳这种工程中常见的结构形式，丁皓江及其合作者根据已有的直角坐标系中的八节点四十自由度超参曲壳单元，提出直接采用正交曲线坐标的思想来构造相应的单元，不仅可省去不同壳单元中局部坐标与整体坐标间的变换，而且可以求得单元刚度矩阵计算中沿厚度方向积分的精确表达式，提高了计算精度。多个计算实例表明，这一方法精确高效，且能够适用于薄板结构，是一种比较普适的曲壳单元。根据二类变量的广义变分原理，丁皓江及其学生构造了一种新型的考虑横向剪切影响的任意四边形四节点板单元，推导得到了显式的刚度矩阵；当剪切刚度趋于无穷大时，可自动回到经典解。数值试验表明，这种板单元对板的厚度具有相当宽的适用范围，具有通用性好、精度高、计算时间短的特点。丁皓江及其合作者通过采用一种改进的等参变换构造过渡单元并与具有单奇异点的裂尖单元相连接，可以明显地提高裂纹尖端应力强度因子的计算精度。

除有限元法之外，丁皓江也时刻关注固体力学其他近似计算方法（如加权残差法和边界元法等）的进展。例如，他在 Kantorovich 方法和 Kerr 方法的基础上，提出了改进的 Kantorovich 方法，可以不提高方程阶数，但能获得比 Kerr 方法更高的精度，也更为灵活；对薄板弯曲和稳定性以及膜的振动问题的研究充分表明了改进方法的有效性和优越性。在边界元法的研究中，他与合作者发展了胡海昌提出的等价边界积分方程，特别是找出了常规边界积分方程失效的一个实例；结合智能结构的概念，开展了压电和压电压磁材料的边界元研究，不仅得到了形式简单的基本解，而且进行了开拓性的应用研究。

（二）横观各向同性弹性力学

各向异性材料由于具有较多的独立材料常数，因此即使考察弹性问题，解析求解也十分困难，一直是固体力学的一个重要研究方向。对于具有5个独立材料常数的横观各向同性材料，20世纪50年代胡海昌院士通过引入2个位移函数，导出了控制方程的通解，并用此通解求解了一系列重要的弹性力学问题，在国际上产生了很大的影响。丁皓江在1956和1957年曾在胡海昌先生的指导下接触过相关研究课题；1957年分配到浙江大学工作后，兴趣不减，不断钻研，积累了有关的知识和求解技巧，但直到20世纪90年代初才真正开始在各向异性弹性力学领域全力耕耘，继承和发展了胡海昌先生的工作。

针对横观各向同性弹性体的轴对称静力问题，丁皓江及其同事提出了一个被人称作“丁-徐解”的新通解，由该通解出发可导出各种著名的通解。对于一般的静力问题，利用胡海昌先生引入的位移函数，结合算子理论和广义Almansi定理，推导出用3个调和函数表示的通解，可考虑不同的材料特征根情形。点力解或Green函数是弹性力学中的重要研究内容，也是积分方程方法或边界元法的基础。丁皓江及其学生利用上述通解，结合巧妙的假设，给出了横观各向同性全空间、半空间以及两相材料空间受点力作用的全场三维弹性力学解。对于全空间和半空间的点力解，通过细致的分析，丁皓江等给出了一个适用于任意材料特征根情形的解，可以直接退化得到著名的Kelvin解或Boussinesq解和Cerruti解，而无需经过极限运算，这给数值计算带来了极大的方便，能保证结果的精度和稳定性。利用通解，丁皓江及其合作者针对回转体的平衡等问题给出了一系列具有重要理论价值的精确解析解。

球面各向同性材料是横观各向同性材料的一种特殊形式，在球坐标下，球面内材料是各向同性的，而垂直于球面则有不同的材料属性，我们所居住的地球就可以模拟为一个层状的球面各向同性球体。丁皓江对球面各向同性体的力学研究涉及了平衡、热应力、自由振动等问题。例如，他改写了胡海昌提出的用一个函数表示的静力问题的通解表达式，利用该通解结合分离变量方法可以方便地求解球面各向同性圆锥的平衡问题；给出了单层或多层球面各向同性球壳的自由振动分析，发现总存在两类不同的振动形式。

弹性力学的经典解法都是单变量法，即把位移、应力或应变中的一类变量保留下来，而把其他变量消去，最终得到一组高阶的联立偏微分方程。状态空间法是一种较新的弹性力学解法，同时采用位移及相应的共轭应力分量作为基本状态变量，在一阶联立微分方程组的框架内进行求解。针对横观各向同性材料，丁皓江及其合作者发展了新的状态空间列式，不仅可以降低方程的规模，而且能更深刻地揭示问题的物理本质。特别是首次针对球壳问题，建立了三维的状态空间分析列式，是一个突破。

丁皓江在横观各向同性弹性力学方面的一部分研究成果已总结在 2006 年由 Springer 出版的英文专著 *Elasticity of Transversely Isotropic Materials* 中，这是国内大陆学者第一次在由著名力学家 G. M. L. Gradwell 编著的 *Solid Mechanics and its Applications* 系列中出版专著。

（三）压电弹性力学

20 世纪 80 年代末，随着智能结构的概念在航空航天等领域的兴起和普及，具有力电耦合特性的压电材料的力学研究也得到了蓬勃发展。丁皓江在 20 世纪 90 年代初敏锐地关注到这一研究趋向，及时带领学生进入了这一领域，并利用其在各向异性弹性力学方面的丰富研究经验以及在结合新方向上的开拓创新精神，很快就在三维问题的研究中取得引人瞩目的成绩，在国内外同行中产生了广泛的学术影响。

压电材料中弹性场和电场相互耦合，这给问题的求解带来了很大的困难。幸运的是，经极化的压电陶瓷材料都具有横观各向同性性质，因此在一定程度上可以借鉴横观各向同性弹性力学的研究成果。丁皓江通过引入位移函数和运用算子理论，严格导出了横观各向同性压电材料动力学问题的通解和热电材料动力学问题的通解。对于平衡问题，该通解可进一步用 4 个准调和函数表示，针对材料特征根的不同情形给出了具体的形式。从通解出发，导出了两相材料无限体的 Green 函数解及相应轴对称问题的 Green 函数解，考虑特征根的不同情形给出共计 21 个三维精确解析解。他对平面问题也做了平行研究，同时还进行了二维和三维边界元计算。1997 年发表的 *On the Green's functions for two-phase transversely isotropic piezoelectric media* 一文在 2000 年获颁 ISI 的“经典引文奖”（Citation Classic Award）。

在半空间表面受集中力和点电荷的解的基础上，丁皓江及其学生利用叠加原理给出两个压电弹性体相互接触的三维分析，将经典的 Hertz 弹性接触理论做了推广，特别利用势理论的最新成果给出了刚性球、圆柱、圆锥等压头与压电半空间接触的一系列全场三维解析解。上述研究成果与美国麻省理工学院 S. Suresh 教授领导的课题组的研究成果几乎同时发表，有效地构筑起了用于压电材料性能测试的压痕技术的完整理论体系。

丁皓江及其学生考察了若干典型的三维断裂问题，包括无限大体中含币状裂纹、外圆裂纹和半无限平面裂纹受对称或反对称荷载作用的问题。通过引入对称或反对称条件，将裂纹问题划归为压电半空间的边值问题，并利用势理论给出了一系列三维解析解。

丁皓江及其学生发展了状态空间法，并将其用于压电结构三维静动力响应问题的研究。结合 Hankel 变换技术，不仅给出了圆板、环板及扇形板振动和弯曲问题的解，而且指出了文献中存在的错误假设，首次获得了真正的三维精确解。对于横观各向同性层合压电矩形板或球面各向同性层合球壳的振动问题，通过引入位移和应力函数，使原方程解耦得到了低阶的状态方程，结合级数展开技术发现第一类振动与材料的电学参数无关，是纯弹性振动模式。这一工作后来推广到压电压磁材料，从理论上严格阐明了国外同行在数值计算中观察到的类似现象。通过构建极坐标下的状态空间方程，分析了充液压电圆柱壳的自由振动和波的传播问题，其中，2004 年发表的 *3D free vibration analysis of a functionally graded piezoelectric hollow cylinder filled with compressible fluid* 一文在 2009 年入选 Elsevier 公司 *International Journal of Solids and Structures* 期刊的“2004—2008 高引用论文”（Most Cited Articles）。

自 20 世纪 90 年代初开始涉足压电弹性力学的研究，到 2000 年左右已取得了系统的研究成果，2001 年，丁皓江及其合作者撰写了当时国际上唯一一部三维压电弹性力学问题的英文专著 *Three Dimensional Problems of Piezoelasticity*，由美国纽约 Nova Science Publishers 出版。该专著目前已成为压电弹性力学领域的重要参考文献，得到国内外同行的广泛好评。2002 年，丁皓江及其学生因在压电弹性力学方面的系统研究成果获得 2001 年度中国高校自然科学奖二等奖。近年来，相关研究成果被丁皓江及其学生或者国内外其他研究者进一步推广到具有力、电、磁耦合特性的材料（多铁性材料），继续发挥出解析分析方面的迷人魅力和长久影响力。

（四）弹性动力学

弹性动力学是一个相对较为成熟的学科，但各向异性弹性结构瞬态动力学响应的解析求解一直是一个难题。传统上采用 Laplace 变换结合静动力分解法来进行求解，但很多时候无法得到 Laplace 逆变换的解析形式，只能借助数值 Laplace 方法来进行具体问题的求解，但逆变换的积分核通常具有奇异性，会影响计算精度。

丁皓江发展了一套行之有效的用于分析单层和多层结构并考虑多场耦合的弹性动力学问题的高精度分析方法。这一方法将静动态分解技术、分离变量技术、正交展开技术以及传递矩阵列式完美地结合了起来，可直接在时间域内进行动力学问题求解。与传统的采用积分变换的求解方法相比，它绕过了逆变换时遇到的数值积分困难，同时还具有分析精度高、计算速度快等优点。通过比较，不仅发现了有的学者采用 Laplace 变换时存在的若干数值计算问题，也表明了该方法的有效性。当考虑力电耦合效应时，可得到一个第二类的 Volterra 积分方程，提出了基于插值近似的高效递推求解算法，数值测试结果表明该算法具有很高的精度和很好的收敛性。

丁皓江及其学生进一步考虑弹性层和压电层混合的球壳或者柱壳的动力响应问题，对于这种情形的研究更具实际价值，对结构的智能控制设计有指导意义。在求解时，这类问题的边界条件和连接条件需作特别处理，因此分析上更具挑战性。他们研究了磁、电和弹性三场耦合的壳体结构的瞬态响应问题，最后导出了两个耦合的第二类 Volterra 积分方程，也给出了基于插值近似的求解算法。结合层合近似技术，此方法可以毫无困难地用于任意非均匀壳体的多场耦合动力响应分析。他们还将所提出的方法推广到一类特殊的非均匀材料球壳和柱壳的动力响应分析上，如果材料常数是径向坐标的幂函数形式，发现仅多作一次合适的变量替换，就可用分析均匀材料壳体问题的类似方法进行求解。数值试验表明，通过设置非均匀材料指标参数的大小，可以有效调整和优化结构内部的动应力分布特征，这可供核能、军事等重大工程结构的抗震抗爆优化设计作参考。

（五）功能梯度材料结构力学

功能梯度材料的概念是日本材料科学家于 20 世纪 80 年代中期提出的，由于可以避免因界面处材料特性突然变化而引起的过高界面应力，因此在航空航天、核能、生医、电子等领域都得到了迅速的应用。但是由于材料的非均匀性，即使对于线性弹性问题，其控制方程也将是变系数的偏微分方程组，除一些特殊情况之外，解析求解一般十分困难。

依托国家自然科学基金重点项目和面上项目，丁皓江首先提出了可以考虑力、热、电、磁耦合的各向异性功能梯度材料直梁二维问题的广义应力函数解法。对于弹性材料，假设应力函数为梁轴向坐标的多项式形式，导出关于厚度向坐标的待定函数的控制方程，利用逐阶积分法获得了任意各向异性功能梯度梁在上下表面受任意多项式分布载荷作用下的解析解。对于压电材料和压电压磁材料，则假设应力函数、电位移函数和磁感应函数为梁轴向坐标的多项式形式，并循相同的求解思路获得有关的解析解。这样获得的解析解适用于各材料参数沿厚度方向的任意梯度分布情况，可在 Saint-Venant 意义上考虑简支、固支等不同的位移约束边界条件和集中力、弯矩等端部受荷作用。丁皓江及其学生也将这一求解思路成功推广应用于研究横观各向同性功能梯度圆板和环板问题。但上述分析方法仅适合于荷载为多项式形式，为了突破该限制，丁皓江又提出了结合叠加原理来考察任意荷载形式的求解思路，并成功给出了功能梯度弹性梁、压电梁和压电压磁梁受任意荷载作用下的响应分析。

自2005年起逐步发展成熟起来的上述求解体系，已可处理任意各向异性、材料参数沿厚度任意连续变化、任意边界条件和任意荷载作用的弹性直梁问题，并可考虑多场耦合效应，也求解了横观各向同性功能梯度圆环板问题。这一求解体系是对各向异性平面弹性问题Lehknitskii方法的重要突破，极大地丰富了非均匀材料力学的求解手段和研究内容。

（六）其他

除了以上涉及的五个主要研究方向外，丁皓江在楔体佯谬、流固耦合、饱和与非饱和土力学等方面也有独特的研究成果。例如，基于复变函数列式，提出了二次佯谬的新概念及解决方法；分析了各向异性圆柱壳和球壳与周围介质（如流体、弹性介质）的耦合自由振动问题，导出了三维精确解，为数值方法和近似分析提供了可资比较的基准；考虑惯性、黏滞和机械耦合作用，分别导出了可压缩和不可压缩饱和多孔介质一维瞬态响应精确解，提出了非饱和多孔介质一维固结齐次问题的通解。

总之，丁皓江在涉及的研究领域都能充分发挥他在解析分析方面的特长，这一方面体现了他具有广泛的研究兴趣和深厚的学术素养，另一方面他以科研为乐，总有“匠心独运”的研究思路，从而使得他能够攻克一个又一个难关，取得带有独特标识的研究成果。

三、教书育人，行高为范

丁皓江1957年到浙江大学工作后参与了浙江大学力学系的创建并一直工作至1995年，其中，1984年4月～1992年9月任力学系主任，1995年转到浙江大学土木工程学系工作直至2005年底退休。在近50年的教师生涯中，承担了理论力学、工程力学、弹性力学、有限单元法、弹性力学变分原理及其应用等课程的教学任务。由于上课时经常融入自己的理解、经验和研究成果，学生们见到了许多以前从没见过的求解力学问题的思路和方法，并领略到著名学者的学识风范，学习上受益匪浅，他因此深受学生喜爱和好评。

多年来，丁皓江参与编写了理论力学统编教材和弹性力学推荐教材，主编了《弹性和塑性力学中的有限单元法》，被广泛采用。

自1978年指导硕士研究生起，丁皓江已指导培养硕士34人，博士21人。他严谨的治学精神在学生培养上也得到了充分的体现。事实上，他的学生们都记得在写第一篇研究论文的情形，他总是一遍一遍耐心地帮助修改，一般至少要改七八遍，这一精益求精的严谨治学态度一方面使学生较快领悟高质量论文的撰写要点，另一方面也培养了学生不敢轻忽任一细节，追求完美的研究风格。因此，丁皓江培养出了许多优秀的学生。

丁皓江十分热心推动国内特别是华东地区的力学学术交流，因为他觉得这不仅是相互学习和讨论的平台，也提供了合作研究、共同提高的契机。他发起和共同筹建了“华东计算力学联络委员会”，推动组织了“华东计算力学学术会议”系列会议，该会议规模逐年扩大，影响力日渐增强，已成长为具有全国影响的计算力学会议。他后来又积极支持“华东固体力学联络委员会”举办“华东固体力学学术会议”，该会议已举办了 16 届。1999 年他感到华东固体力学领域出现了一批具有很好潜力的年轻学者，因此提议并推动组织了“华东固体力学沙龙”系列活动，该活动自 2000 年举办第一次活动起，每年举办 2 ~ 4 次，已成为国内有较大影响的力学沙龙。通过深入的探讨和交流，沙龙成员扩大了研究视野，促进了学识水平的提高。到目前为止，该团体中已有三位教授获得国家杰出青年基金资助，另有三位教授参加过国家杰出青年基金的答辩。沙龙成员之间也建立了良好的科研合作关系，如同济大学仲政教授和浙江大学陈伟球教授等于 2005 年起合作承担国家自然科学基金重点项目，该项目 2008 年结题时被评为优秀。2004 年丁皓江又支持组织举办了“第一届全国压电和声波理论及器件技术研讨会”，并亲自担任大会主席，该系列会议已成为力学工作者、压电器件研究者和生产企业技术人员的良好交流平台；由于顺应了压电领域的研究趋势和生产发展，每届会议都得到了国内外压电企业的大力资助。2005 年他又和鲍亦兴先生推动举办了“海峡两岸工程力学研讨会”，该会隔年在中国大陆和台湾举行，在海峡两岸工程力学研究者中产生了重要的影响。丁皓江参与推动的这些学术活动所取得的重大效果充分体现了他的高瞻远瞩及乐意提拔后进的崇高品质，也为年轻学者树立了杰出的榜样。

由于丁皓江在教学和人才培养方面的突出成就，2005 年他获得了浙江大学“竺可桢奖”。该奖是浙江大学为表彰在教学、科研、管理等方面做出重大贡献的教职工而设立的最高荣誉奖。

四、丁皓江代表性论著

李文昌，陈国平，丁皓江. 1984. 正交曲线坐标中的曲壳单元. 计算结构力学及其应用，1（2）：31-40.

丁皓江，周卫宇，孙丽波. 1986. 一种新型的平板弯曲单元. 力学学报，18（5）：421-429.

Ding H J，He W J. 1992. Transition elements matching the near crack-tip strain field. Int Jour Fract，55（4）：293-301.

丁皓江，陈伟球. 1995. 可压缩流体中封闭薄球壳的自由振动. 力学学报，27（4）：385-397.

Ding H J，Chen W Q，Liu Z. 1995. Solutions to equations of vibrations of spherical and cylindrical shells. Appl Math Mech，16（1）：1-15.

Ding H J，Chen W Q. 1996. Nonaxisymmetric free vibrations of a spherically isotropic spherical shell embedded in an elastic medium. Int Jour Solids Struct，33（18）：2575-2590.

Ding H J，Liang J，Chen B. 1997. The united point force solution for both isotropic and transversely isotropic. Commun Numer Meth En，13（2）：95-102.

Ding H J，Chen B，Liang J. 1997. On the Green's functions for two-phase transversely isotropic piezoelectric media. Int Jour Solids Struct，34（28）：3041-3057.

Ding H J，Wang G Q，Chen W Q. 1997. Green's functions for a two-phase infinite piezoelectric plane. Proc R Soc Lon，Ser A，453（1966）：2241-2257.

Ding H J，Chen W Q，Guo Y M，et al. 1997. Free vibrations of piezoelectric cylindrical shells filled with compressible fluid. Int Jour Solids Struct，34（16）：2025-2034.

Ding H J，Peng N L. 1998. The wedge subjected to tractions proportional to r^n：A paradox resolved. Int Jour Solids Struct，35（20）：2695-2714.

Ding H J，Pen N L. 1999. The analysis of thermal residual stresses near the apex in bonded dissimilar material. Int Jour Solids Struct，36（36）：5611-5637.

Ding H J，Hou P F，Guo F L. 2000. The elastic and electric fields for three-dimensional contact for transversely isotropic piezoelectric materials. Int Jour Solids Struct，37（23）：3201-3229.

Ding H J Xu R Q. 2000. Free axisymmetric vibration of laminated transversely isotropic annular plates. Jour Sound Vib，230（5）：1031-1044.

Ding H J，Chen W Q. 2001. Three Dimensional Problems of Piezoelasticity. New York：Nova Science Publishers.

Chen W Q，Ding H J，Xu R Q. 2001. Three-dimensional static analysis of multi-layered piezoelectric hollow spheres via the state space method. Int Jour Solids Struct，38（28-29）：4921-4936.

Ding H J，Wang H M，Hou P F. 2003. The transient responses of piezoelectric hollow cylinders foraxisymmetric plane strain problems. Int Jour Solids Struct，40（1）：105-123.

Wang H M，Ding H J，Chen Y M. 2005. Dynamic solution of multilayered orthotropic piezoelectric hollow cylinder for axisymmetric plane strain problems. Int Jour Solids Struct，42（1）：85-102.

Ding H J，Chen W Q，Zhang L C. 2006. Elasticity of Transversely Isotropic Materials. Dordrecht：Springer.

Ding H J，Huang D J，Chen W Q. 2007. Elasticity solutions for plane anisotropic functionally graded beams. Int Jour Solids Struct，44（1）：176-196.

撰写者

陈伟球（1969～），江苏吴江人。浙江大学工程力学系教授，博士生导师，力学系主任。1990年起师从丁皓江攻读硕士学位（后转直博），并于1996年获博士学位。

凌道盛（1968～），安徽黄山人。浙江大学建筑工程学院教授，博士生导师。浙江大学软弱土与环境土工教育部重点实验室副主任，丁皓江研究生。

陈塑寰

陈塑寰（1934～），广东兴宁人。结构动力学家。曾就读于武汉大学、华中工学院和吉林工业大学，1956年毕业。1985年美国纽约理工大学访问教授。长期从事结构动力学研究，开拓和发展了结构动态设计理论。提出了结构动力学中多重频率及模态的摄动理论、密频模态的摄动理论和高精度模态叠加法。这些理论和方法被国外学者称为“陈氏方法”。利用小参数的分幂展开式，导出亏损系统的摄动理论，证明了亏损模态可控的必要与充分条件。在国内外最早将区间数学引入结构动力学分析，用Rayleigh商的最小最大原理证明了广义区间特征值问题的求解定理，建立了区间有限元方法，被国外学者称为“陈的经典解”。提出了大规模随机参数结构分析的随机摄动法、结构拓扑大修改特征解重分析的组合近似法和板、壳结构的机电耦合的复合有限元方法。重视工程应用，解决了中国的长征二号捆绑火箭系统的动态特性预测等问题。曾获国家自然科学奖三等奖1项，机械电子工业部和吉林省科技进步奖一等奖3项(均排名第一)。曾获全国教育系统劳动模范，人民教师奖章和全国“五一”劳动奖章。吉林大学固体力学博士学位授权专业的创建人和学科带头人。历任吉林工业大学和吉林大学副教授、教授、博士生导师，国际期刊 *Journal of Structural Engineering and Mechanics* 编委，中国力学学会理事，中国振动工程学会理事，吉林省力学学会理事长等。

一、奋斗的足迹

陈塑寰1934年11月24日生于广东省兴宁市。父亲陈法彰，毕业于复旦大学，长期在广东省梅州市任中学英语教师。

陈塑寰自幼有着良好的家庭教育。其父严格教育子女努力读书、正直做人。家庭教育为陈塑寰勤奋好学和正直做人品格的形成和日后事业的成功打下了良好的基础。

陈塑寰自幼勤奋好学。在小学读书时，为了争取好成绩经常点油灯复习功课。在初中期间，他对中国文学有很大兴趣，自觉利用假期读完了《水浒传》、《三国演义》、《西游记》等中国古典名著，为他的语文打下了坚实基础。1950 年考入兴宁市第一中学。在高中学习期间，他对数学、物理和英语产生了极其浓厚的兴趣，并立志当一名工程师。1952 年以优异成绩考入武汉大学机械系，后因院系调整转入华中工学院和吉林工业大学汽车系学习。大学期间，他专心致志，努力学习，考试成绩全优，在班级中名列前茅。

1956 年大学毕业后，并没有按陈塑寰的意愿分配到汽车研究所工作，而是留校在力学教研室当助教，从而走进力学领域。20 世纪 50～60 年代，正值“阶级斗争”和经济困难时期，他在逆境中承受巨大的政治压力，在艰苦的条件下，天天进图书馆刻苦攻读 S. Timoshehko 力学丛书中的《弹性力学》和《机械振动》等名著，并演习了理论力学习题集中的 1000 多道题。与此同时，他还到吉林大学数学系旁听进修了“数学分析”、“高等代数”、“复变函数”、“数学物理方程”和“数学物理中的变分方法”等数学课程，为他后来的学术研究奠定了坚实的数学、力学基础。

1961 年，陈塑寰与张书芬女士结婚，育有两子。

1969 年，陈塑寰被下放长白山农村劳动，1972 年从农村回到学校。当他再次进入图书馆查阅文献时，发现国外学者已经提出有限元方法并开发了计算机程序，中国在此领域的研究已大大落后。他如饥似渴地学习这些新知识。为了防止被人发现，他让妻子把门反锁上偷偷地学习 。1977 年，中国改革开放，迎来了“科学的春天”。陈塑寰再也不用担心因搞科研而被戴上“走白专道路”的帽子。他勤奋工作，决心迎头赶上国际前沿。1978～1980 年，他先后攻克了薄壁梁约束扭转的有限元方法和重频模态摄动的难题。1983 年，他晋升为教授，但他淡薄名利，不谋官位，婉言谢绝了学校领导要他出任系主任的安排。他在吉林大学执教 50 多年，从未担任过任何行政职务，一心一意，潜心于科研、教学工作。1985 年，在美国纽约理工大学做访问教授期间，他充分利用国外良好的学术环境，每天早八点至晚八点都在图书馆查阅文献，完成学术论文 2 篇，发表在 *International Journal of Applied Numerical Methods* 上。他在纽约访问期间经常惦记着学校的学科建设。1986 年，在他的努力下，吉林大学计算力学专业成为中国第二个计算力学博士学位授权点，他也成为该学位点的第一位博士生导师。他抓紧一切可以利用的时间来学习、工作，每天工作到深夜，甚至在出差乘火车的途中仍手不释卷。1978 年以后的 30 多年中，他未休过节假日，每天坚持上班工作。数十年的辛勤耕耘换来了丰硕的成果。他在结构动力学的动态设计理论方面取得了系统的创新理论。在国内外重要期刊发表学术论文 400 余篇（其中 SCI（科学引文索引）收录 120 篇），出版著作 7 部。其成果为国内外作者引用 1000 余次，曾分别获国家自然科学奖三等奖（1995），机械电子工业部科技进步奖一等奖（1992），吉林省科技进步奖一等奖 2 项（1994，2004）等多项科技奖励（均排名第一）。

二、开拓和发展结构动态设计理论

陈塑寰在结构动力学方面的主要研究成果与贡献，可归纳为如下四方面：结构参数小修改的矩阵摄动理论；不确定参数结构的分析理论与方法；结构参数大修改及拓扑修改的重分析方法；智能结构动力学及结构振动模态控制理论。

（一）结构参数小修改的矩阵摄动理论

结构参数修改是工程分析中的基本问题之一，它涉及结构参数变化如何影响结构的响应特性，在工程结构优化、结构振动控制的鲁棒性分析、系统参数识别和不确定参数结构分析等问题中有重要应用。因此，它是工程界十分关注的研究课题之一。在结构动力学中最早处理结构参数修改问题的大概是 Rayleigh（1945）。在 20 世纪 60 ~ 70 年代，R. L. Fox，L. C. Rogers 和 J. C. Chen 等相继研究了这一问题，但他们的结果都局限于孤立特征值的摄动理论。然而，工程中的飞机、火箭系统、卫星系统及海洋平台等大型复杂的三维结构，经常存在重复特征值。关于重特征值的摄动问题在量子力学中早已有论述，但它只给出了二重特征值的最简单情况，而且未给出特征值向量的摄动。针对结构动力学中重复特征值摄动的困难问题，1981 年，胡海昌用变分原理研究了结构动力学中多重频率的摄动，陈塑寰提出了多重频率及模态的摄动理论。与此同时，美国的 Haug 教授讨论了连续体振动的重频摄动问题。

大型三维柔性航天结构振动的一个重要特点就是固有频率低而密集。当频率密集时，从数学上讲，虽然密集频率属孤立频率，但其动态特性仍具有重频特性，已有的孤立频率的摄动法不能应用。对此人们早有察觉，但一直未有妥善的处理方法。1986 ~ 1993 年，陈塑寰和他的学生根据密频模态的特性，利用刚度矩阵和质量矩阵（$\boldsymbol{K}$，$\boldsymbol{M}$）的谱分解和特征值移位的思想提出了密频模态的摄动法，同时还提出了密频模态的判别准则。为了工程应用方便，陈塑寰又进一步提出了模态灵敏度分析的有限元摄动法。上述成果发表后受到国内外同行学者的重视，并被国内外学者广泛引用。例如，胡海昌院士在其著作《多自由度结构固有振动理论》（力学丛书，科学出版社，1987）中引用本成果时称，“在结构动力学中的重频摄动法是由 Haug、陈塑寰和胡海昌各自独立地解决的”；美国 *AIAA Journal.* 副主编 Ojalvo 教授和日本

Hagiwara 教授在引用上述结果时称其为“陈氏方法”，钟万勰院士和程耿东院士在引文中称“陈塑寰给出了重特征值和相近特征值的灵敏度分析方法”；X. L. Lin 在引文中称“陈塑寰等用移频方法将密频摄动转换为重频的摄动来处理”；J. H. Rong 在引文中称“飞机动态设计中所遇到的重频问题已被陈塑寰等做了充分的研究”，等等。

模态截断而产生的误差问题，一直是人们关注的问题。20 世纪 90 年代有众多学者对此进行了研究。1987 年，胡海昌提出了“以幂级数收尾的混合展开法”。1991 年，B. P. Wang 提出了用静力模态来近似未知模态贡献的方法，但其结果并不令人满意。1993 年，陈塑寰和他的学生用 Neumann 级数展开和已知的低阶模态和系统矩阵 $\boldsymbol{M}$ 和 $\boldsymbol{K}$ 来精确表达未知高阶模态的贡献，得到了计算模态灵敏度（摄动）的高精度模态叠加法。胡海昌院士在给陈塑寰的信中认为，该方法发展了他提出的“以幂级数收尾的混合展开法”。而且，B. P. Wang 方法实质上仅是本方法的特例。陈新教授在其有关结构动态设计的专著中大篇幅引用了此结果并称“陈塑寰提出的振型一阶导数十分接近于精确解，精度明显比 B. P. Wang 方法好”。

由于航天工程的发展需要，从约束结构的模态实验数据中提取自由–自由结构模态参数是大型火箭系统、飞机等飞行器实现接地试验的理论依据。1968 年，J. S. Przemieniecki 在其专著 *Theory of Matrix Structual Analysis* 中提出了一种解决这一问题的方法。但是，该方法要求全部模态信息，使其仅有理论价值，无法在工程中应用。1994 年，陈塑寰及其学生提出一种仅需测试低阶模态，就能从模态试验数据中提取自由–自由结构模态参数的新方法，从而为大型火箭系统、飞机等飞行器实现接地试验提供可靠的理论依据。国外学者 Mladenov，Sugiyama 在引用时称此方法为“陈氏方法”。

1986 年，陈塑寰提出了非线性特征值问题求解的迭代摄动法，1992 年，提出了非线性特征值问题的特征值的导数计算方法。

大规模非线性有限元系统的响应分析是工程中的难题之一。1992 年，陈塑寰在每一求解步长内引入局部模态的概念，提出了大规模非线性有限元系统的频谱的计算方法和响应分析的局部模态叠加法，使问题得到简化而且又有明显的物理意义。

在工程实际中还存在许多问题，如一般的非比例阻尼系统、控制系统和结构系统的耦合问题，其有关的系数矩阵不再是对称的，而是非对称矩阵，甚至还可能是复非对称矩阵。在这种情况下，实模态的矩阵摄动理论不再适用，要研究更复杂的复模态矩阵摄动理论。在 20 世纪 80 ~ 90 年代，陈塑寰及其学生相继提出了重特征值和密集特征值的复模态的摄动理论，复特征向量灵敏度的高精度复模态展开法和密集的复特征值的判别准则等，从而建立了非亏损系统复模态摄动的完整的理论系统。

1991 年，陈塑寰得到钱伟长院士领导的“重庆出版社科学学术著作出版基金指导委员会”的资助，出版了国内外首部《结构振动分析的矩阵摄动理论》的专著。钱伟长院士在审阅该书稿时称“本书内容确有国际先进水平”。该著作获 1992 年机械电子工业部科技进步奖一等奖。

20 世纪 80 年代末期，实模态和复模态的摄动理论已得到比较充分的研究，但所有研究结果都假定系统矩阵是非亏损的，即具有完备的特征向量系来张开整个模态空间。然而，实际上还存在许多问题，如具有非比例阻尼矩阵或在非保守力作用下的结构动力学问题，气动弹性颤振分析，以及结构和控制系统相耦合的问题，其有关的矩阵可能是亏损的，即不存在完备的特征向量系来张开整个空间。

工程中关于亏损问题的典型例子就是考虑陀螺力矩的转子轴系统在临界速度下的静态分岔和机翼在临界速度下的 Hopf 分岔问题。分岔失稳对结构会产生灾难性事故。为此，国内外学者对非线性系统的稳定性问题进行了大量研究，并取得巨大成就。但是，非线性系统分岔稳定性定理只给出当临界点中心子空间有重复特征值时用其亏损性来判断静态分岔和动态分岔的稳定性（稳定或不稳定），没有给出系统参数的变化对亏损模态的影响。1992 年，陈塑寰利用小参数分幂级数展开的方法，提出了亏损特征值的摄动法，用特征位移的思想，提出了密集（接近）亏损频率的摄动法。这些方法可描述非线性系统的控制参数通过临界点时，中心子空间中亏损特征值的变化和在参数空间中的拓扑结构，用特征值的分岔来描述中心空间是如何分裂为不稳定流形和稳定流形，从而揭示非线性系统在临界点附近产生失稳的机理。

以上成果具有系统性和创新性，获 1995 年国家自然科学奖三等奖（排名第一）。2005 年美国 CRC 出版社出版了 *Vibration and Shock Handbook*，主编 de Silva C. W. 教授特邀陈塑寰撰写了第 33 章 *Structural dynamic modifications and sensitivity analysis*，得到了国际同行的公认。

（二）不确定参数结构的分析理论与方法

在工程结构中，制造、安装的误差使结构的几何特性及所用材料都存在不确定性。研究参数不确定性对结构响应特性的影响对估计结构工作的可靠性有重要意义。描述结构参数的不确定性大体上有三种模型：①模糊模型；②随机模型；③区间模型。20 世纪 80 年代，王光远院士等用模糊模型建立了不确定性参数结构的振动理论和优化设计理论；W. K. Liu 等建立了随机有限元理论。

1992 年，陈塑寰提出了大规模随机参数结构响应分析和随机特征值分析的随机摄动法。并得到“长白山学术著作出版基金会”的资助，出版了国内首部有关随机参数结构振动分析的专著《随机参数结构的振动理论》（吉林科学技术出版社，1992）。Singh 等在引文中称“陈等提出了估计结构的几何和材料不确定性对响应的统计方法，并得到了位移和转角的均值和标准差，利用摄动法提出了求多自由度随机系统特征值和特征向量的标准差的系统方法”。陈塑寰及其学生还发展了随机参数结构的优化设计理论和方法、随机边界元方法和形状灵敏等。

至 20 世纪 90 年代，随机模型在随机结构分析理论中得到充分的发展，但是人们逐渐认识到，随机模型不是描述不确定性的唯一方法，不确定性不等于随机性。在没有充分的试验数据的条件下，很难得到关于随机变量的概率密度函数。在有些情况下，不确定性的统计特征可能不成立：试验数据不足于得到稳定的统计特性；人们事先可知有些问题的不确定性不可能产生统计机理。这时，描述参数不确定性的区间模型引起了人们的极大关注。1986 年，数学教授 A. S. Deif 在其专著 *Advanced Matrix Theory for Scientists and Engineers* 中给了区间矩阵的标准特征值问题的求解定理。陈塑寰是国内外最早将区间数学引入结构动力学领域的学者之一。1994 年，陈塑寰及其学生用 Rayleigh 商的最小最大原理证明了有关求解广义区间特征值问题的定理。建立了区间参数结构的特征值和响应上下界的有效计算方法，并首先提出区间有限元方法。这些结果发表以后，为国内外学者广泛关注和应用。例如，Moens 等在关于不确定性结构分析的综述性论文中大篇幅引用了这一结果，并把上述结果称为“陈的经典方法”，作为其结果的比较参考。Shin 等在引文中称“陈和邱将区间分析用于结构的位移和特征值界的计算”。

为了解决工程中的大规模区间不确定性结构分析问题，还必须建立基于有限元体系的区间不确定性结构的静、动态问题的分析方法。在 20 世纪 90 年代，陈塑寰及其研究组对上述问题进行了系统地研究，取得了开拓性的新成果，在国际重要刊物上发表了系列论文。这是继随机有限元、模糊有限元之后，又建立的不确定性参数结构分析的第三种新方法——区间有限元方法。应用区间有限元方程，很容易求得结构响应位移和各阶特征值的上、下界和中值。陈塑寰还把区间有限元推广应用于阻尼系统，得到了复模态问题的复特征值的实部和虚部的上、下界和中值。这一结果在结构振动控制系统的鲁棒性估计中有重要的应用。

在不确定性结构分析方面，1991 年，Y. Ben-Haim，I. Elishakoff，H. E. Lindberg 等提出用凸模型来描述结构的不确定性。1994 年，陈塑寰及其学生用 N 维椭球的凸模型及 Lagrange 因子优化方法，建立了不确定参数结构的静、动态位移、特征值的上、下界的计算方法，使不确定性参数结构分析方法更加丰富和完善。

在结构的优化设计中，如果结构参数是区间变量，则优化目标函数和约束条件都是区间的。精确求解不确定区间参数结构的优化问题是非常困难的。陈塑寰及其学生利用 Taylor 展开和区间扩张定理，建立了目标函数及约束函数的区间表达式，提出了区间灵敏度的概念和计算方法，把严格的区间优化转化为等价的确定性优化问题。区间优化的结果也是一个区间，比传统的确定性优化更符合工程实际。

陈塑寰在结构参数小修改的矩阵摄动理论和不确定参数结构分析理论与方法方面的系统创新成果，已总结在专著《结构动态设计的矩阵摄动理论》（力学丛书，国家自然科学基金委员会优秀研究成果专著出版基金资助，科学出版社，1999）中。钱令希院士为该书作序，高度评价了陈塑寰的成果："本书系统地讨论了结构动力学的矩阵摄动理论，包括孤立频率、重频、密频、亏损（接近亏损）频率和区间频率的摄动理论，内容丰富、新颖，它反映了国内外在这方面的最新成就。因此，本书的问世对推动我国计算结构动力学和计算机辅助设计的发展将会起到重要作用。"

（三）结构参数大修改及拓扑修改的重分析方法

在结构设计分析中，除了参数小修改之外，还有参数大修改和结构拓扑优化问题。建立在一阶、二阶摄动基础上的小修改的所有分析方法，在参数大修改和拓扑修改情况下，都不能得到满意的结果。20 世纪 90 年代开始，国内外许多学者对此进行了大量研究。例如，1995 年，U. Kirsch 提出了结构拓扑修改静态位移重分析的组合近似法；1994 年，B. Cochelin 等提出了基于 Pade 近似的静态位移重分析方法。与此同时，陈塑寰及其学生提出了结构拓扑修改的 M-P 广义逆法，基于二阶摄动的参数大修改的 Pade 近似法，还提出了能适用于参数大修改和结构拓扑修改特征值重分析的组合近似法。

在结构拓扑修改中最困难的问题就是在原结构中增加单元和节点。此时，新结构的设计变量和自由度都增加。对于这一困难问题，国内外尚未见到研究报道。2002 年，陈塑寰提出联合应用动态凝聚、Neumann 级数和迭代摄动或迭代组合法来求近似解的策略。对于结构拓扑修改中增节点和单元的困难问题，陈塑寰及其学生还提出了 Epsilon 算法。计算表明，Epsilon 算法与上述的 Pade 近似、与组合近似等方法相比有精度更高、计算时间少的优点。国际知名教授 U. Kirsch 等在引文中称："陈等把组合近似法应用于特征值问题的重分析，并能得到精确结果和节省计算量。通过比较研究，此方法最适合于结构设计的大修改。"

（四）智能结构动力学及模态控制理论

智能结构振动控制是20世纪80年代开始在航空、航天领域发展起来的高新技术。国外学者对机电耦合的有限元方法进行了大量研究。1990年，Tzou等建立了六面体压电单元。1993年，Hwang等建立了二维四边形弯曲压电单元。1995年，Moetokef等建立了四面体压电单元等。1997年，陈塑寰及其学生利用压电材料的正、逆压电效应建立了梁、板、壳结构的机电耦合的复合有限元方法；提出了大型柔性空间结构静、动态形状控制方法、传感元件/执行元件数量和位置优化方法，以及控制和结构集成优化等新思想。这些结果为国内外学者广泛关注和引用。例如，Sun在引文中称“陈等用压电板单元导出了智能结构振动控制的有限元公式”，Dunne在引文中称“陈提出的模态控制，便于传感/执行元件位置布局，这对空间结构利用能量的控制策略十分重要”，Irschik和Narayanan等在引文中称“陈等提出了具有分布传感/执行器的智能结构的形状控制有限元方法”。为了探求智能结构振动控制这一高新技术在降低高速轿车、飞机和潜艇等舱内噪声中的应用，陈塑寰建立了声-机-电三相耦合的复合有限元方法，为解决这一问题提供了理论依据。

由于航空、航天工程发展的需要，在传统的结构振动控制理论的基础上需要发展新的模态控制理论。20世纪80~90年代，国内外众多学者对此进行了有效的研究。A. J. Laub（1980）和A. M. A. Hamdan（1989）等研究了一阶和二阶系统的模态可控性和可观性；1994年Z. S. Liu等研究了具有重频柔性结构的模态可控性和可观性的量度问题。上述研究仅限于非亏损系统的控制，未涉及亏损系统的控制问题。如前所述，研究亏损特征值的变化对判定和分析非线性系统的静、动态分岔失稳性质有重要意义。2001年，陈塑寰和他的学生证明了亏损模态可控与可观的必要与充分条件，同时又提出用模态控制矩阵和可观矩阵的奇异值的大小作为模态可控性和可观性的量度，区分重复亏损模态的可控（可观）的程度。对于有密集（接近）亏损特征值的系统的控制问题，则可用移位的思想把接近亏损系统的控制问题转化为重特征的亏损问题来处理。同时，他还提出了亏损和接近亏损系统模态优化控制中的Riccati方程的求解方法；针对亏损特征值的某些模态是不可控的情况，提出了多输入亏损系统模态控制器的多步设计法。这些成果对研究非线性系统静、动态分岔的不稳定流形的控制有重要意义，丰富和完善了结构振动的模态控制理论。

三、重视工程应用

陈塑寰重视工程应用，并取得了多项重要成果。

1989 年，陈塑寰在理论研究的基础上，又领导研制开发了结构动态设计修改软件系统（DDM），并应用于中国著名的长征二号捆绑火箭系统模态实验中的以水代燃料的动特性预测，悬挂系统对火箭动特性的影响和火箭发射后动特性的秒状态预测等三个重要问题。1992 年，他解决了中国（沈阳一机床厂）大型数控车床的结构刚度设计问题；1993 年，又解决了中国（长春客车厂）自主设计的高速列车（北京—上海，设计速度为 250km/h）铝合金轻型车体的动态设计，改进设计后的车体弹性第一阶频率由 11.5Hz 增加到 15.5Hz，得到了满意的结果。1999 年，他和吉林省公路机械厂联合申报了，经国家发展计划委员会正式批准的国家高技术产业化示范工程项目“大吨位间歇式沥青混凝土搅拌成套装备产业化”。陈塑寰主持大吨位（LJ160、LJ240、LJ320）搅拌设备的振动筛和搅拌塔的设计，解决了大型振动筛设计中的核心关键技术。该产品已于 2001 年投产，新增产值 6.11 亿元，利税 0.612 亿元。打破了国外厂家的技术垄断，使中国具有生产独立自主知识产权的大吨位搅拌设备的能力，对推动中国大型筑路机械设备的科技进步做出了重大贡献。该项成果获 2004 年吉林省科技进步奖一等奖（第一名）。他领导开发的汽车结构拓扑优化软件已应用于中国第一汽车集团公司的新型轿车车身的刚度设计，在不增加车身重量的情况下，车身刚度提高 21.24%，该车型已投产，新增利税约 5.32 亿元，对推动中国轿车自主设计的技术进步有积极作用。

四、精心培养高层次技术人才

陈塑寰是一位优秀的教育工作者，他是吉林大学工程力学系的创建人之一，吉林大学固体力学博士学位授权点的创建人和学科带头人。

陈塑寰在吉林大学从教 50 多年来，先后为本科生、研究生和博士研究生开设了 20 多门学位课程和选修课程，为中国的教学和科研单位培养了大批高层次技术人才。

陈塑寰全力以赴精心指导研究生，他总是深思熟虑地把学生引向结构动态设计理论的前沿研究领域。对研究生完成的研究论文，他都要严格审查，逐一验算公式的推导过程和计算结果，反复修改直到满意为止。他严格要求学生，经常在审查研究生的学位论文时指出其错误和不足。他还要求学生的学位论文必须在国外著名刊物上发表，得到公认后才同意学生的学位论文申请答辩。

陈塑寰精于理论，重视实践，治学严谨，学风正派，锲而不舍，献身科学的精神深刻地影响和教育了他的学生。从 20 世纪 70 年代末开始的 30 多年里，他从来没有休过节假日，天天坚持工作，不断学习，开拓创新，和学生一道攻克一个又一个科学难题，培养了一批又一批高层次科技人才。在他培养的100多名硕士、博士研究生中，有1人获“国家有突出贡献的中青年专家”称号，2人受聘为德国洪堡基金客座研究员，2人获国家自然科学基金国家杰出青年基金资助项目，1人为长江学者特聘教授，40多人任教授、博士生导师，分布在中国、美国、加拿大、英国、日本等世界各国，真可谓桃李满天下。他由于在教学和科研两个领域成绩卓著，被评选为全国教育系统劳动模范，荣获人民教师奖章和全国“五一”劳动奖章。

五、陈塑寰主要论著

陈塑寰. 1981. 退化系统振动分析的矩阵摄动法. 吉林工业大学学报，4：11-18.

Chen S H , Pan H H. 1986. Design sensitivity analysis of vibration modes by finite element perturbation. Proceedings of the 4th International Modal Analysis Conference，1：38-41.

陈塑寰，徐涛，韩万芝. 1992. 线性振动亏损系统的矩阵摄动理论. 力学学报，24（6）：747-753.

Chen S H，Liu Z S，Zhang Z F. 1992. Random vibration analysis for large-scale structures with random parameters. Comp Struct，43（4）：681-685.

陈塑寰，刘中生，赵又群. 1993. 振型一阶导数的高精度截尾模态展开法. 力学学报，25（4）：427-434.

Chen S H，Liu Z S，Shao C S，et al. 1993. Perturbation analysis of vibration modes with close frequencies. Commun Numer Meth En，9：427-438.

Chen S H，Liu Z S，Han W Z，et al. 1993. Determining free- free modes from experimental data of constrained structures. AIAA Jour，32（2）：440-443.

Chen S H，Qiu Z P，Song D T. 1994. A new method for computing the upper and lower bounds on frequencies of structures with interval parameters. Mech Res Commun，21（6）：583-592.

Chen S H，Wang Z D，Liu X H. 1997. Active vibration control and suppression for intelligent structures. Jour Sound Vib，200（2）：167-177.

Chen S H，Huang C，Liu Z S. 1998. Structural approximate reanalysis for topological modifications of finite element systems. AIAA Jour，30（9）：1760-1762.

陈塑寰. 1999. 结构动态设计的矩阵摄动理论. 北京：科学出版社.

Chen S H，Yang X W，Lian H D. 2000. Comparison of several eigenvalue reanalysis methods for modified structures. Struct Multidisc Optim，20：253-259.

Chen S H，Yang X W. 2000. Extended Kirsch combined method for eigenvalue reanalysis. AIAA Jour，38（5）：927-930.

Chen S H，Yang X W. 2000. Interval finite element method for beam structures. Finite Elem Anal Des，34：75-88.

Chen S H，Yao G F，Cao Z J. 2000. A new intelligent 3-D thin shell element and the optimal dynamic shape control of a paraboloid antenna. Jour Vib Control，6：463-484.

Chen Y D，Chen S H，Liu Z S. 2000. Modal optimal control procedure for near defective systems. Jour Sound and Vib，

245 (1): 113-132.

Chen Y D, Chen S H, Liu Z S. 2001. Quantitative measures of modal controllability and observability in vibration control of defective and near-defective systems. Jour Sound Vib, 248 (3): 413-426.

Chen S H, W. J. 2004. Interval optimization of dynamic response for structures with interval parameters. Comp Struct, 82: 1-11.

Chen S H, Wu X M, Yang Z J. 2006. Eigensolution reanalysis of modified structures using epsilon- algorithm. Int Jour Numer Meth Eng, 66 (13): 2115-2130.

Chen S H, Zhang X M. 2006. Dynamic response of closed- loop system with uncertain parameters using interval finite-element method. Jour Eng Mech-Asce, 132 (8): 830-840.

主要参考文献

Deif A S. 1986. Advanced matrix theory for scientists and engineers. Tunbridge Wells: Abacus Press.

胡海昌 . 1987. 多自由度结构固有振动理论 . 北京：科学出版社 .

陈塑寰 . 1999. 结构动态设计的矩阵摄动理论 . 北京：科学出版社 .

陈塑寰 . 2005. 结构动态设计理论进展 . 长春：吉林科学技术出版社 .

DeSilva C W. 2005. Vibration and Shock Handbook. Taylor & Francis Group CRC Press.

撰写者

传主本人

柳春图

柳春图（1935～），江苏镇江人。固体力学、工程力学专家。1957年于北京大学毕业后，在中国科学院力学研究所工作，历任固体力学研究室主任，海洋研究工程部主任，所学术委员会副主任等职务，促进了中国断裂力学的研究。1974年组织和主持了中国首届全国断裂力学学术会议，1989年在四年一届的国际最大规模的断裂会议（ICF7）作大会特邀报告，2000年出版国内外第一部板壳断裂研究专著《板壳断裂力学》。创造性运用断裂力学方法，解决了一系列国家重大和攻关项目中安全评定的关键技术难题，相关成果被收入中国首部压力容器缺陷评定规范（CVDA-1984），在《应力强度因子手册》（科学出版社，1993）中有专题介绍。20世纪70年代承担了中国某型飞机夹层结构的力学性能研究项目，取得突破，为中国航空夹层结构的广泛应用奠定了坚实的基础。1977年出版的《夹层板壳的弯曲、稳定和振动》是国际上该领域首部专著，获1978年中国全国科学大会重大成果奖。主持了中国海洋石油总公司“八五”攻关等多项海洋工程力学课题，产生了重要的社会效益和巨大的经济效益，1988年获国家经济委员会科技成果奖三等奖，1999年获国家科技进步奖三等奖。1977年开始任国际断裂学会理事，其中，1981～1984年任常务理事，1984～1989年任副主席。1991～1997年任远东及大洋洲断裂组织副主席。历任中国力学学会理事、常务理事，北京力学学会理事长。

一、成长经历

1935年2月5日，柳春图出生于江苏镇江，父亲柳向欣自20世纪30年代开始一直在上海某工厂任职员，为人诚信可靠，教育子女要诚实勤勉。母亲在家操持家务，贤惠达观，爱读诗书，待人热忱，乐于帮助邻里。家里柳春图最小，上有七兄姐，个个勤奋好学，成绩优异。良好的家庭环境对他的成长产生了重要影响。

1947年，柳春图考入镇江京江中学（现江苏省镇江第一中学）。这是一所商会办的学校，师资力量雄厚，从大学聘来了不少教师。他们讲课视野开阔、深入浅出，能够调动学生的学习热情。柳春图对数理史地特别感兴趣，学习喜欢穷根究源，课后经常到新华书店和图书馆阅读和借阅，以满足自己的求知欲。1953 年他考入向往的著名学府北京大学的数学力学系。

进北京大学学习之际，发生了一个意外：路途上，柳春图因帮同行同学搬行李，没留意，自己一个小包失窃了，丢失了所带的钱，特别是全部证件。虽然北京大学给予了关照，发了临时证件，照常学习和生活，但补证和补办手续的过程长达四个多月，对没出过远门的他造成了极大的困扰。再加上身体原本不壮实和水土不服等因素，他患上了严重的神经衰弱、高血压。后来通过学习有关文章和自己的思考，他树立了对待疾病的正确观点，培养了克服困难的毅力，身体慢慢恢复了。柳春图回忆，这件坏事也是好事，使他认识到，只要精神不倒，人生没有迈不过的坎。这种信念支撑他克服了一个又一个当初看来似乎难以克服的困难，才取得了今天的成就。

北京大学具有自由探索的学术氛围，各种学术思想在这里交汇碰撞，产生创新的火花。这里可以亲聆享誉全国乃至世界的著名学者高屋建瓴的讲演，也能听到风华正茂的青年辅导教师生动有趣的习题课，接受他们对课外作业的严格要求，柳春图如饥似渴地学习，奠定了扎实的数学力学知识基础，培养了科学思维方法。到高年级还有专题讨论课，每个学生指定一个专题或一两篇论文阅读，并在小班报告，内容包括问题的提出，新思想、新方法和新结果，需要进一步研究的问题等，然后全班讨论提问，教师总结点评。这项活动使他收获很大，为随后的毕业论文作了充分的准备。凭借北京大学四年学习的扎实功底，柳春图开始了向固体力学科学高峰的攀登。

1957 年 9 月，柳春图被分配到中国科学院力学研究所工作。作为国家最高科研机构，这里有科研前沿和工程重大课题，更有大师，为他的事业发展提供了广阔的天地。他首先参加塑性和蠕变专题及三峡升船机等研究工作。1959 年初又转入胡海昌先生小组工作，从事低水头发电、三峡百万千瓦水轮机强度论证工作以及与建工部合作举办的板壳讲习班的教学工作等。柳春图认为，这段时期是他独立科研起步的关键阶段。在他已取得令人瞩目的成就后，每当请他介绍成功经验，他首先讲的一定是老师、学长和同事的指导帮助。他提得特别多的是胡海昌先生，胡先生思维敏捷开阔，见解精辟独到，对年轻人既关怀又要求严格，对自己帮助最大。他至今清楚记得，一次胡先生要求他阅读几篇论文，报告论文要点，存在的问题和进一步研究的方向。他报告的结论部分有一句“在一般情况下……”，被胡先生连问了几个为什么，最终回答不出。柳春图说，这一次学术诘问使他一生难忘：任何理论或结论都有适用范围，科研一定要严谨，要深入，随意和浮在表面，到头会一事无成，甚至铸成大错。

柳春图一生贡献的特点是紧密结合国家建设的重大需求，从基础研究出发解决问题，因此在解决国家重大工程关键课题的同时，学术上也有重要的发现和突破。对于自己的成功，他总结了两条：第一是面向重大工程。坚持工程力学的方向，一定能为国家做出成就，同时对学科的发展做出贡献。攻关过程中总会遇到困难，坚持才能成功。第二是组织团队。重大工程问题一般不是一两个人能解决的，需要组织一批各有专长的人合作攻关。优势互补又团结协作的科研团队是制胜的法宝。

柳春图在学术领域重要贡献都源于工业部门的重大需求。第一个研究领域是断裂力学，得到国家科学技术委员会“六五”攻关项目、国家“七五”攻关项目和国家自然科学基金重大项目等的支持。第二个研究领域是夹层板壳，受某新型歼击机机身夹层结构设计需求等的推动。第三个研究领域是海洋工程力学，服务于中国建设世界海洋工程大国的战略需求。

二、断裂力学研究

受当时一系列低应力脆断的重大灾难性事故研究需求的推动，20 世纪 50 年代，固体力学开始形成一个新分支——断裂力学，并于 20 世纪 60 ~ 70 年代进入黄金发展阶段。但是这个时期，中国却进入了“文化大革命”时期，科研停滞，水平与世界的距离拉大。就是在这个年代，这门新兴的、正蓬勃发展的学科分支深深吸引了已过而立之年的柳春图。他敏锐地注意到了断裂力学的已有应用成果和广阔的应用前景，密切关注国际上断裂力学的发展和新动向，利用能找到的很不完整的资料，如饥似渴地钻研断裂理论。他相信，科学知识总有一天会发挥作用，造福祖国，造福人民。

（一）断裂力学的早期应用

柳春图早期运用断裂力学知识解决重要工程问题的成果应当提到 1972 年河南平顶山大型国有发电厂大型设备的安全评估。那年该发电厂安装了一台中国自行生产的 30 万千瓦的汽轮机转子。在当时这是一项了不起的成果，上升到了政治高度，准备庆功。然而意外发生了：检测发现转子内存在一条长约 10cm 以上的裂隙，按国家标准不允许运转。强行运行，可能发生机毁甚至人亡的灾难性事故；报废，则集中财力物力、调集多方力量合作的努力白费。怎么处理都有重大政治责任。怎么办？从电力部门领导、发电厂领导到工人全都忧心忡忡。

经多方征询，有关领导找到了柳春图。如果要明哲保身，大可不必揽这个活。因为风险太大，万一有所闪失，要承担政治责任，后果严重。他顾不了这么多，怀着用所学知识解决实际工程问题的强烈愿望，也凭着对自己断裂力学知识的自信，接受了任务。在既缺资料又无经验的情况下，组织了十几个人“会战”，按照新发展的断裂力学理论与判据，严格反复地进行理论分析与推演，经集体研究，大胆提出了可以监控运行的意见。结果转子正常运转联网发电，并工作了较长一段时间，国家计划委员会还给中国科学院发了喜报。随后，柳春图组织办了几期断裂力学讲座，还在力学规划会预备会上对这个专题作了重点介绍，促进了断裂力学研究。

（二）组织和主持首届全国断裂会议

即使受“文化大革命”的影响和限制，中国还是有一批献身科学的知识分子在钻研断裂力学，解决了大量的重要工程实际问题。但那时不仅与国际的学术交流基本隔绝，国内的交流也不容易，大家有了举办全国断裂会议的强烈愿望。柳春图积极组织筹办这个工作，向领导请示批准，与全国各相关单位和学者联络，终于在 1974 年成功召开了北京地区断裂力学学术交流会，与会人员包括全国各地相关单位的代表，柳春图主持了会议。在“文化大革命”科学研究停滞时期，这次断裂力学学术大会产生了很大的影响，促进了断裂力学学术交流，促进了断裂力学研究队伍建设。后来，这次断裂学术会议就被称为中国首届全国断裂力学学术会议。全国断裂力学学术会议是中国定期举行的大规模学术会议，对促进中国断裂力学研究的繁荣发展，促进断裂力学在工业部门的应用产生了深远的影响。之后，柳春图又多次主持全国断裂力学学术会议。

（三）发展板壳断裂力学

1976 年“文化大革命”结束，中国科学的春天来临。科学家们发现，中国科学与世界先进水平已拉下了很大的距离，必须急起直追。同时又不能老在别人后面跟跑，要创新，去攻占学科前沿研究的制高点。

经过深入的文献调研和对工业部门需求的分析，柳春图选定了板壳断裂力学作为突破口。与平面受力状态相比，承受横向载荷的板壳是工程中更常用的结构形式，特别在航空化工领域更是重要的承载结构。然而板壳问题实质是三维力学问题，不同的板壳实用理论是对三维问题的不同近似，远比平面断裂问题复杂。在工程中广泛采用的 Kirchhoff 板理论用于断裂分析有严重缺陷，当时国内外有关工程手册仅罗列了对含裂纹板壳的一些简单结果，尚无系统的学术专著。

经过与他和学生们十余年的深入研究，柳春图弥补了这一研究领域的空白。主要成果包括：

（1）深入阐明了板壳断裂理论的基础，分析了常用 Kirchhoff 经典板壳理论与 Reissner 型板壳理论之间的联系与区别，论证了 Reissner 型板壳断裂理论的科学性、经典板壳断裂理论的缺陷及其仍具有的一定的实用价值，讨论了它们的适用范围。

（2）在国际上首先创造性地提出了分析 Reissner 型板壳裂纹尖端场的方法，系统地获得了各类 Reissner 型板壳裂纹尖端的应力应变场，深入揭示了板壳裂纹尖端场附近的力学规律。

（3）在对 Reissner 型板壳裂纹尖端场严格理论分析的基础上，提出了对板壳断裂分析的局部–整体法。这个方法是对板壳断裂参数计算既严格又有效的方法，成功解决了一系列问题。

（4）进一步开拓性地对本质三维的表面裂纹尖端附近的力学规律进行了研究，巧妙引入一种特殊的曲线坐标变换，严格推导了表面裂纹尖端附近的应力应变场，并在此基础上获得了有理论依据的简单实用的应力强度因子的结果，比国际公认的 Newman 大型三维有限元解更为简单、有效、可靠。

柳春图对板壳断裂力学的研究成果在国际和国内都产生了重要影响。1989 年，他应邀在四年一届的国际断裂大会（ICF7）就含裂纹板壳问题作大会特邀报告，获得国际断裂界有关权威和与会代表的高度评价。1992 年国家自然科学基金委员会重大项目验收组对这项研究的验收结论为“国际先进水平”。2000 年受国防科技图书出版基金资助出版专著《板壳断裂力学》，这是国际上首部系统研究板壳断裂力学的专著。柳春图还多次在其他国际和国内重要学术会议作板壳断裂力学方面的邀请报告。1987 年该项成果获中国科学院科技进步奖二等奖。

断裂力学的权函数法要求试函数事先满足边界条件，限制了它的适用范围。柳春图发展了一种有理论依据的分析方法——半权函数法，放松了对边界条件的要求，取得了初步成功。

（四）解决工程重大和关键技术问题

柳春图这些突破性的断裂力学基础研究成果源自重大工程的需求，也服务于重大工程建设。自 20 世纪 70 年代末以来，他先后主持了一系列工业部门的重大和攻关课题，包括国家科学技术委员会“六五”攻关项目“工程结构的断裂力学分析和安全评定”、国家“七五”攻关项目“核压力容器接管区、大开孔区和曲率影响区各种运行工况下应力强度因子和裂纹扩展规律的分析和评定”等。攻关内容包括海洋、水电、化工、航空等部门若干大型工程结构断裂分析、安全评定等。所主持的重大与攻关项目均高质量完成，鉴定意见指出这些成果与国际同类研究相比具有国际先进水平。

上述科技攻关成果已被相关工业部门大量采纳，产生了重要的社会与经济效益，包括由两部重要工程手册采用。

（1）柳春图应用所发展的板壳断裂力学理论对国际压力容器缺陷通用标准中的鼓胀系数进行了计算分析，在国际上首次获得考虑剪切变形效应的理论分析结果，指出了当时国际通用标准的鼓胀系数存在偏于不安全的问题，讨论了其适用范围，提出了球壳和圆柱壳的鼓胀系数新公式，新公式精确可靠又形式简单，工程应用方便，已纳入中国第一部压力容器缺陷评定规范（CVDA-1984）。

（2）柳春图所发展的断裂力学的“局部–整体法”在中国重要工程手册《应力强度因子手册（修订版）》（科学出版社，1993）中以专题形式介绍，包括分析方法和原理，共三小节，分别针对含裂纹平板、含裂纹壳体和三维裂纹问题。

（五）参与国际断裂学术活动的组织工作

柳春图积极开展并组织国际合作交流。他 1977 年开始任国际断裂学会理事，其中，1981 ~ 1984 年任常务理事，1984 ~ 1989 年任副主席。1991 ~ 1997 年任远东及大洋洲断裂组织副主席。他多次组织和主持国内外重要断裂力学学术会议，其中包括负责筹备 1983 年北京国际断裂力学学术研讨会，任会议秘书长。为促进断裂力学的学术交流与合作做出了贡献。

柳春图还历任中国力学学会理事、常务理事，北京力学学会理事长。

三、夹层板壳研究

20 世纪 50 年代以来，新型的夹层结构在航空、宇航和船舶等工业部门得到了愈来愈广泛的应用。柳春图从 20 世纪 60 年代初即开始了对夹层结构的研究，以后受航空部门新机研制需求的推动，组织中国科学院力学研究所固体力学研究室板壳组进一步对这类结构进行了系统地力学研究。

（一）基本理论研究

柳春图的研究从严谨的基础研究出发，理论上突破，方法上创新，最后落实到实际工程应用。当时国际上已经有多个夹层结构理论，主要有三个：①将表层薄板看做只受面内力的薄膜而夹层只受剪力的 Reissner 型理论，②将表层看做普通板而夹层只受剪力的 Hoff 型理论；③将表层看做普通板而夹层既受剪切又发生横向弹性变形的 Прусаков–杜庆华型理论。当时的不足是这些理论各研究各的，没有讨论各种理论的力学特点与适用范围、不同理论之间的内在联系与差别，因而工程技术人员在具体应用时，常常会感到无所适从。同时方程的复杂也给分析计算带来了困难，成为实际工程应用的障碍。

柳春图以弹性理论为依据，计及各种主要因素，详细分析了各力学因素的作用，采用不同的参数将方程分解，指出 Hoff 型理论相当于 Reissner 型理论加一个二阶方程，Прусаков–杜庆华型理论相当于 Reissner 型理论加两个二阶方程。他还仔细研究了相关理论所略去的项的力学意义，指明了不同简化的适用范围。这样既方便学习，又方便应用。

（二）分析方法研究

柳春图根据以上三个理论在数学方程上的差别只在于增减一个或两个二阶方程，结合对夹层板壳参数分析，提出了一个简单实用又精度很高的近似方法。

柳春图研究小组根据设计部门的需求，对各种边界支撑条件下的夹层平板和圆柱曲板，对弯曲、稳定和振动问题进行了系统分析计算，给出了分析公式、简化公式与尽可能详尽的数值结果。

（三）实验研究

为了对照，研究小组进行了实验研究。他们根据实验目的与要求，设计制造了实验夹具与测量器具，针对四边简支与固支板，进行了轴压与侧压作用下的实验。对于夹层曲板，首先对有效刚度测试方法进行了研究，得出了与实验结果吻合的预测公式。然后对夹层曲板在轴压、侧压下的稳定性进行实验，确定了失效载荷。大量实验验证了所发展的理论计算的正确性。

（四）新机夹层结构研究

20 世纪 70 年代，柳春图研究小组承担了某新型歼击机机身夹层结构的力学研究项目，通过上述理论、计算与实验研究，他们保质保量完成了任务，航空部门的证明材料指出：“经飞机全机实验证实，此项研究很有成效，保证了国内首次在飞机机身承力部件上大面积应用夹层结构的成功实现，充分发挥了夹层结构重量轻、刚度大、强度高的特点。通过这次历时数年的合作，也为我国航空夹层结构的广泛应用奠定了较坚实的理论和实践基础。”

（五）首部夹层板壳的专著与全国科学大会奖

基于上述理论、计算与实验研究，也基于航空部门的应用实践，柳春图等于 1977 年出版了专著《夹层板壳的弯曲、稳定和振动》，这是国际上在此领域的第一部专著。该项成果于 1978 年获全国科学大会重大成果奖。

四、海洋工程力学研究

“海洋工程”这一术语于 20 世纪 60 年代提出，其后，世界主要国家不断加大对海洋开发的力度，中国也确立了建设世界海洋工程大国的战略目标。柳春图于 20 世纪 80 年代后期，根据国家建设的需求，开始了海洋工程力学研究。

（一）中国海洋石油总公司系统的项目

柳春图主持了中国海洋石油总公司八五攻关项目等多项海洋工程力学课题，解决了一系列重大工程难题，产生了重要的社会效益，具有巨大的经济效益前景，获国家科技进步奖和国家经济委员会科技成果奖三等奖。柳春图主持完成的主要较大的项目如下：

（1）钢结构海洋平台整体安全性评估方法研究；
（2）涠 11-4 平台在极端环境下平台人员工作安全性评估；
（3）“海洋平台可靠性研究”的论证、评价与咨询；
（4）海洋平台管结点强度和疲劳分析；
（5）海洋平台应用断裂力学进行寿命估算的理论与应用；
（6）渤海八号平台的损伤检测与评价；
（7）南海一号平台的寿命评估；
（8）渤海九号钻井船东海第四轮投标计算；
（9）渤海四号钻井船疲劳寿命评估；
（10）渤海六号平台损伤后的强度评估；
（11）渤海固定平台冰载作用下的低温疲劳损伤与设计问题研究；
（12）涠 10-3A 平台的安全分析与缺陷评定；
（13）缆绳的强度分析；
（14）文昌项目海管设计及软件开发项目；

（15）海底管线安全评估技术研究；

（16）海洋石油平台桩腿受损后有限元分析；

（17）自升式平台桩腿裂纹多次补焊的判废标准的研究；

（18）渤海十号钻井船强度计算与评价。

（二）中国海洋石油总公司八五攻关项目的重大成果

1991 年 4 月 1 日～1997 年 3 月 31 日，柳春图主持了中国海洋石油总公司八五攻关项目“涠 11-4 导管架平台结构强度全尺寸原位监测”。这是国内首次进行的大规模原位综合检测，是一个技术难度很大、组织协调复杂的系统工程。项目历时 6 年圆满完成，取得了一系列创新性成果：

（1）建立了一套先进的平台结构强度全尺寸原位监测综合技术系统，关键技术包括长时间水下应变监测技术（含防水密封）、大容量多功能数据自动采集系统、响应测试数据的消噪和处理分析技术、长距离强干扰下的弱信号传输技术等。这些特点在国际同类研究中是不多见的。

（2）原位监测的数据分析表明，应力交变周期与波浪周期大致相等，波浪力是作用于平台的最大交变载荷，波浪周期远大于平台的基本固有周期，应力、加速度与风速之间存在较好的相关性。这些规律为平台设计中载荷、工况、结构强度的选择或确定具有非常重要的意义。

（3）通过监测给出了平台实际的固有频率与结构阻尼，各阶频率的实测值较原设计值高 30% 左右。这为同类平台的动态设计提供了重要依据。

（4）总结了实际测得的结构损伤与时间变化的规律，据此求得了平台的疲劳寿命。这为平台结构设计提供了重要依据。

（5）获得了特大风暴条件下平台动态响应与环境参数的监测结果及大批珍贵的数据资料，作出了对极端环境条件下平台工作人员工作的安全性评估。该项研究在国内外尚未见到。

上述成果给出了与海洋平台结构设计和安全运行密切相关的力学规律，有重要应用和推广价值，鉴定结论为总体研究水平达到国际上同类研究的先进水平，在监测的范围和规模上优于国际上同类工作。该项成果 1998 年获中国科学院科技进步奖二等奖，1999 年获国家科技进步奖三等奖。

（三）海洋结构疲劳分析与安全评估带来的社会与经济效益

由于海上环境条件恶劣复杂，设计资料缺乏，海洋结构寿命和安全问题突出。

柳春图主持了一系列这类项目，在一定的范围内弥补了空白。

对于海洋结构的疲劳寿命，或指出安全风险，提出具体处理方案；或指出延长服役期的潜力，给出剩余寿命。柳春图均提供一套完整的分析方法和程序。

对自升式钻井平台桩腿裂纹的修复，柳春图在国内外首次成功应用了能大幅度延长构件寿命的 TIG 熔修工艺，首次对焊接接头进行多次焊接的工艺试验和每次焊接条件下的疲劳和材料性能试验。经过大量试验研究，他在国内外首次有依据地指出，桩腿裂纹至少可以重复补焊修复四次，突破了现有规范二次的限制。经过对典型自升式钻井平台的实船计算，首次得到了桩腿裂纹对该类平台的结构强度、极限承载能力和疲劳寿命等的影响规律，为平台的安全作业、风险控制和管理决策提供了科学依据。鉴定意见指出，上述成果“属国内外首创性工作，解决了我国海洋石油工业装备所面临的一项重大工程技术问题，将创造巨大的经济效益和社会效益。研究成果在总体上处于国际领先水平。”

柳春图开发了海洋结构受损构件的单元计算程序 DASA 并与 Super SAP 结合，对几种海洋平台进行了实际计算，结果表明，软件实际应用可行，成果达到国际先进水平。

对于南海石油公司的“单点系泊缆绳的强度与疲劳寿命的评估”项目，柳春图通过可靠性研究，全面分析了 SPM 的高分子材料缆绳的综合力学性能；根据风浪条件下的载荷特点，提出了合理的力学模型与相应的数学分析计算方法；综合和分析了历年缆绳工作载荷谱等有关资料，设计和进行了可靠的试验研究，详细分析和计算了在中国南海北部湾海域作业条件下，缆绳的有效使用寿命，并由实际使用证明是有效和可靠的。南海石油公司已据此研究成果将 SPM 缆绳的使用年限由原来的半年至一年延长至二年。缆绳寿命每延长一年，油田可获得 250 万元的经济效益。

柳春图主持的南海铺管前期科研项目于 1988 年获国家经济委员会优秀科技成果奖三等奖。

五、教 书 育 人

从 20 世纪 80 年代开始，柳春图在中国科学院研究生院合作讲授固体力学，在北京大学兼职给研究生主讲了几届断裂力学，20 世纪 90 年代后在中国科学院力学研究所给研究生开设了高等结构力学。他讲课注重基本概念，又联系当代前沿研究，注重启发引导研究思路，设有专题课堂讨论，以期达到更快培养高级科研人才的目的。

20 世纪 50 年代末，中国建筑行业引进国际流行的壳体结构。为此，建工部与中国科学院合作，由中国科学院力学研究所与西北建筑工程设计院在西安举办板壳讲习班。胡海昌先生负责，柳春图参与讲课和带论文。当时学员 80 余人，后来很多都是所在单位的业务主管或骨干。

1978 年起，柳春图开始指导研究生，他总是先了解学生的基础，根据研究课题对基础和专门知识的要求，指导学生选课。遇到学生缺乏某些基础知识，而研究生院还没有这门课时，他就亲自讲授。他因材施教，注重发挥学生自身能力，指导学生查阅相关文献，然后师生一起讨论。在此基础上，再给学生两三个参考题目让学生选择，学生独立完成文献综述，制定研究目标、研究内容和研究方法。柳春图最后对学生选题的意义、可行性和可能遇到的困难进行评述，让学生修改完善。他注重引导，一次发现一名学生制定的目标太高，学习期间完成的可能性极小，但学生一时不理解，坚持己见。他就针对问题，让学生制定一个 3 个月的阶段研究目标。3 个月后，学生心服口服。虽然失败了，但学生的能力却得到很大提高，以后论文和工作都很出色。

柳春图选拔人才不拘一格，注重考察自学能力和钻研精神。曾有一名考生初试虽然合格但分数殿后，他面试中发现这名学生对某个力学问题了解深入，有独到见解，就毫不犹豫录取了。后来的事实证明，这位同学的确非常优秀。1978 ~ 2007 年，柳春图共培养 16 名博士生，13 名硕士生，8 名博士后，他们现在都已是国内外大学和科研单位的学科带头人或业务骨干。

六、柳春图主要论著

柳春图 . 1962. 应用广义变分原理计算扁壳的固有频率 . 力学学报，5（3）：190-197.

柳春图 . 1965. 夹层板方程的变换和四边简支矩形夹层板的变形问题 . 力学学报，8（4）：243-255.

中国科学院北京力学研究所固体力学研究室板壳组（柳春图，李国琛，吴永礼）. 1977. 夹层板壳的弯曲、稳定和振动 . 北京：科学出版社 .

柳春图 . 1983. 承受弯曲的板在裂纹顶端附近的应力和变形 . 固体力学学报，3：441-448.

柳春图，李英治 . 1984. Reissner 型板应力应变场及应力强度因子计算 . 力学学报，16（4）：351-362.

Liu C T，Li Y Z. 1987. Study on cracked plates，shells and three- dimensional bodies. Eng Fract Mech，28（5/6）：741-760.

Liu C T，Zhang D Z. 1989. Semi-weight function method in fracture mechanics-Use of a reciprocal theorem，Advances in fracture reasearch：20-24. 1989. 115-121.

Liu C T. 1989. Analysis of cracked plates and shells，and its application in engineering（invited report）// ICF7. Adv Fract Res，1：3-22.

李英治，李敏华，柳春图，等.1988. 含表面裂纹三维体裂纹尖端应力应变场及应力强度因子计算. 中国科学A辑，8：828-842.

Liu C T，Wu X J. 1989. Local stress and strain in axial cracked cylinder shells. Theor Appl Fract Mec，2：51-58.

Wang Z C，Zhang L S，Liu C T. 1990. A new formulated method of a quasi-compatible finite element and its application in fracture mechanics. Eng Fract Mech，37（6）：1195-1201.

Jiang C P，Liu C T. 1992. Stress distribution around a rigid line in dissimilar. Eng Fract Mech，27-32.

李湘平，柳春图.1994. 三维冲击载荷下半无限裂纹的动态应力强度因子. 中国科学A辑，24（3）：262-268.

Li X P，Liu C T. 1995. Elastodynamic stress- intensity factors for a semi- infinite crack under 3- D combined mode loading. Int Jour Fract，69：319-339.

丁克勤，柳春图.1997. 接管断裂失效概率估计的抽样方法. 强度与环境，2：9-13.

LiX P，Liu C T. 1997. Dynamic mode I perturbation solution for a moving crack unsteadily. Int Jour Solids Struct，34（35-36）：4499-4513.

柳春图，陈卫江.1998. 缺陷识别反问题的研究状况与若干进展. 力学进展，28（3）：361-373.

孟宪红，柳春图.1999. 含裂纹弹性体中二次反射波的影响. 力学学报，31（5）：542-549.

柳春图，蒋持平.2000. 板壳断裂力学. 北京：国防工业出版社.

柳春图.2000. 断裂力学中的局部——整体法（邀请报告）//疲劳与断裂2000. 北京：气象出版社：36-41.

主要参考文献

胡海昌.1999. 介绍《板壳断裂力学》一书. 力学与实践，21（6）：72. 中国航空研究院. 应力强度因子手册. 北京：科学出版社.

撰写者

蒋持平（1948～），湖南益阳人。1990年师从柳春图在中国科学院力学研究所完成博士后研究工作。现任北京航空航天大学教授，博士生导师，研究领域为复合材料力学，断裂与损伤力学，力学在航空航天工程中的应用。

沈孟育

沈孟育（1935～），江苏无锡人。流体力学专家。1956年毕业于交通大学。1958年年底赴苏联国立莫斯科大学数学力学系空气动力学教研室留学，师从苏联科学院院士 Г. И. Петров。1962年回国任教于清华大学。1984年任教授、博士生导师，为清华大学流体力学博士点学术带头人。在计算流体力学方面，提出了构造高精度、高分辨率差分格式的新途径。在叶轮机械气体力学方面，提出了叶轮机械中三维跨声速流动的正问题、反问题和正反混合问题的新的统一解法。在核电站热工流体力学方面，针对高温气冷堆中球床内燃料球球流运动提出了一个运动学模型。在微流动方面，发现了"亚堵塞"现象。发表了百余篇学术著作。获得了国家科技进步奖二等奖1项。历任清华大学第二、四届学术委员会委员；清华大学第二、四～六届学位评定委员会委员兼力学分委员会主席；清华大学第二～五届校级数学、力学学科评议组成员。中国航空学会第三、四届理事，中国力学学会第三～六届流体力学专业委员会委员，第四届流体力学专业委员会副主任，中国空气动力学会计算流体力学专业委员会委员，北京工程热物理学会常务理事。第二、三届国家科技进步奖、发明奖评审委员会航空行业评审组委员，第三、四届国防科学技术进步奖、发明奖军用航空行业评审组委员，国防科学技术进步奖空气动力技术专业评审组委员，教育部高等学校工科工程力学专业教材编审委员会委员，CFD国家重点实验室学术委员会委员，中国空气动力学研究与发展中心兼职研究员，《空气动力学学报》编委，《近代空气动力学丛书》编委，历届全国计算流体力学会议组织委员会委员。

一、刻苦读书

沈孟育1935年4月18日出生于江苏省无锡市。抗日战争期间，他虽尚年幼，但经常听父母讲起抗日战争期间全家背井离乡、颠沛流离以及家中房屋被烧为灰烬等情景，因此，日本侵略者的罪恶已在他心灵中留下了不可磨灭的印象。在父母和老师们的教育下，他从小就接受了工业救国的思想，懂得了只有工业发达，国家强盛，才能免于外国列强的欺凌。为此他立志刻苦读书成为有学识的人，以便将来为祖国的工业化出力。他的中学时代是在无锡市中学度过的。当时无锡市中学的师资力量非常强，特别是数学、物理老师具有扎实的数理功底和丰富的教学经验，讲课生动，引人入胜，培养了他对数学和物理浓厚的兴趣。1952年他考入交通大学动力机械系涡轮机专业。在大学四年中，他因学习成绩优秀被评为“三好学生”。1958年年底，他被国家派遣赴苏联国立莫斯科大学数学力学系空气动力学教研室留学，受到了苏联科学院院士 Г. И. Петров 的悉心指导。因为是从工科转到理科，他迫切需要补充许多数学和力学的知识，沈孟育深感时间不够用，为此在留学期间，他放弃了到莫斯科以外的任何城市旅游和休养的机会，抓紧一切可以利用的时间勤奋学习。在导师的指导下，系统地自学了一些数学和力学的经典著作，写下了大量详细的笔记和心得，深受苏联学派严谨学风的熏陶，为他今后的科研工作打下了扎实的基础。他的学习态度和成绩得到了导师高度的赞扬，并在莫斯科大学数学力学系的中国留学生中介绍学习经验。1962年回国后，他被分配到清华大学数学力学系流体力学教研室工作。尽管当时在“左”的思潮影响下，天天突出政治活动，勤奋读书反而变得理不直、气不壮，但沈孟育仍和教研室几位同事私下组织了一个学术讨论班，认真查阅文献，坚持进行学术交流。

沈孟育一生为祖国科学与教育事业贡献力量的决心从没有动摇过，即使在逆境中也不忘刻苦攻读。1970年，处于“文化大革命”中期，沈孟育刚刚从被下放的农场结束劳动回到学校，莫名其妙地被隔离审查了近三个月，在此期间，他还是勤奋读书，整整一厚本力学经典著作就是利用这个时期研读完的，还作了大量的心得笔记。

粉碎“四人帮”后，国家迎来了科学的春天。为了把被浪费掉的十几年宝贵的时间补回来，为了赶上科学发展的前沿，沈孟育孜孜不倦地从大量的书籍和科学文献中获取知识和信息。他遵循钱学森先生关于“技术科学”的思想，努力从工程实践中提炼力学问题，让力学最终为解决工程问题服务。

二、开展学术争论，促进学科发展

叶轮机械中三维跨声速流动的分析计算是先进航空发动机及发电厂的蒸汽轮机研制的关键技术之一，因此其求解途径的探讨具有十分重要的意义。

20世纪70年代后期到80年代初期，国内叶轮机械气动热力学界把主要精力集中在采用两族二维相对流面反复迭代的求解途径之上，而且采用“中心流线法”来计算 S_1 相对流面上的跨声速流动。而另一条途径则是应用当时迅速发展起来的计算流体力学的成果，无需降维而直接求解三维跨声速流场。遵循哪一条途径来进行叶轮机械中三维跨声速流动的分析计算，对中国叶轮机械气动热力学的学科发展具有深远影响。为此，沈孟育等通过在全国学术性会议上宣讲和在学术刊物上发表文章，倡导积极开展学术争论，并明确指出“鉴于到目前为止，还没有看到采用两族流面理论获得真正完全三维跨声速流场的正确解的研究工作发表，所以我们认为这种方法未必是求解当代叶轮机械中三维跨声速流场的好方法”。“即使对于纯亚声速流场，应用中心流线法在数学上相当于对椭圆型方程提 Cauchy 问题。一般来说，这种问题的解与初值不是连续依赖的，因而是不适定的。”“因此我们认为，对于叶轮机械中带激波的三维跨声速流动来说，与分解成两族流面的传统方法相对照，直接求解三维流动的方法可能更为可取。”这场学术争论受到学术界许多名人的极大关注。随着时间的推移，从 80 年代中后期到目前的实际情况看来，在现今先进叶轮机械的三维设计体系中，当时沈孟育等倡导的直接求解叶轮机械中三维跨声速流场已经成为一个不可或缺的重要环节。事实证明，这场学术争论起到了很好的引导和推动作用，促使学术界在这个问题上朝着正确的方向发展下去。

三、沿着技术科学的道路攀登高峰

钱学森先生指出：“技术科学是自然科学和工程技术的综合”。“要做综合自然科学和工程技术，要产生有科学依据的工程理论需要另一种专业的人，而这个工作内容本身也成为人们知识的一个新部门：技术科学。”钱学森先生认为，技术科学应从工程技术或其他应用所需解决的问题中提炼科学问题，通过研究并解决这些科学问题来促成实际问题的解决。

沈孟育遵循技术科学的道路，在计算流体力学、叶轮机械气体力学、核电站热工流体力学及微流动等领域进行了系统、深入的研究，获得了丰硕的成果。

（一）计算流体力学

钱学森先生指出“今日力学是一门用计算机计算去回答一切宏观的实际科学技术问题。计算方法非常重要……”

在诸如湍流的大涡模拟及直接数值模拟、计算电磁学和计算气动声学中，涉及变化范围很大的空间和时间尺度，高精度和高分辨率格式的要求已经成为技术发展中的一个决定因素。在近 30～40 年中，高精度、高分辨率计算格式的研究一直是计算流体力学中的前沿研究课题。对于大多数高精度格式而言，随着格式精度阶数的提高，格式点数增加，导致边界条件处理困难，在毗邻边界的内点处不得不降低格式的精度。紧致格式以精度高且格式点数少的特点成为近代高精度格式研究的重点之一。但大多数紧致格式不满足“抑制波动原则”，从而用它们来计算带激波流动时数值解在激波附近将产生非物理振荡，格式精度越高，振荡越严重。

在该领域，沈孟育和他的合作者及博士生完成了“高精度解析离散法及其在复杂流动问题中的应用”、“全新的严格保证时空守恒律的数值方法及应用”、“满足抑制波动原则的高阶精度紧致格式的构造与应用”、“高精度、高分辨率格式的构造与应用”、“内点边界点一致精度的高精度高分辨率计算方法研究”等一系列国家自然基金项目，并取得了如下成果：

（1）提出广义紧致格式的概念并证明了有关广义紧致格式的三个基本性质。

（2）利用修正方程式结合待定系数法提出了构造高精度、高分辨率格式的一条新途径。其特点是能从事先规定的保证格式具有所期望性能的一些原则和要求（例如，满足抑制波动原则、稳定性原则、熵增原则；规定精度阶数、格式点数等）出发，用一种普遍性的方法构造出所需要的高精度、高分辨率差分格式。作为具体例子，先后构造了满足抑制波动原则和稳定性原则的一个三阶精度的三点迎风紧致格式和一个五阶精度的三点迎风广义紧致格式以及边界点处的三点四阶广义紧致格式。

（3）将 K. W. Thompson 提出的时间相关边界条件从笛卡尔坐标系推广到任意曲线坐标系的情况，再与上述高精度、高分辨率广义紧致格式相结合，成功地构成了内点边界点一致精度的高精度、高分辨率计算方法，并在复杂流动的直接数值模拟中得到了成功的应用。

（4）首次构造了一类具有少格式点数的紧致有限体积格式，并在定常和非定常流动计算中得到成功的应用。

（5）改进了美籍华裔科学家 S. C. Chang 提出的时空守恒元和解元方法（CE/SE 格式）。无论从概念上还是从构造方法上，CE/SE 格式都与传统的数值方法不同。首先，它把时间和空间完全统一起来，并同等对待；其次，该方法把流场变量及其对空间的偏导数均作为独立变量同时进行求解。因此该方法具有许多独特的优点。但其缺点是每一个网格点上要求其守恒元的个数与独立变量的个数相等，因此即使在采用一阶 Taylor 展开式进行逼近的情况下，在一维、二维、三维流动中每一个网格点上分别需要设置二、三、四个守恒元，使得守恒元的设置非常复杂（特别是在三维流动中）。经改进后的 CE/SE 方法，无论在一维、二维还是三维流动情形，在每一个网格点上都只需设置一个守恒元，使得构造方法大大简化。正因为如此，沈孟育和他的博士生张增产于 1997 年首先导出了针对三维 Euler 方程的时空守恒格式。

（6）证明了广义流体力学守恒方程的弱解的存在性和唯一性。证明了三维黏流–无黏干扰流动方程组（简化的 Navier-Stokes 方程组）在部分正则性问题上的性质基本上保持了 N-S 方程的性质。证明了上述简化 N-S 方程变分问题几种迭代序列的收敛性。

（7）从 Taylor-Galerkin 有限元法出发，舍弃了其中两个假设中的一个，对它作了根本性的改进，较正确地引入时间方向的非线性性质，构造了修正 Taylor-Galerkin 算法。修正后的算法较原算法在收敛速度上有明显的改进。

（8）以张力样条函数为基函数，采用张量乘积空间逼近的构成方法，构造了各向同性张力有限单元、各向异性张力有限单元、张力等参有限单元和张力普适有限单元。

（二）叶轮机械气体力学

当代先进航空发动机中的压气机和涡轮以及热电站大功率凝汽式蒸汽涡轮的末几级中的流动，都属于三维跨声速带激波流动的范畴。对此种流动的分析计算从定性走向定量还是从 20 世纪 70 年代中后期才开始的。沈孟育从 1975 年开始对航空发动机跨声速涡轮内部流动开展了系统的研究工作。自 1979～1988 年他参与了航空工业部重大项目“高性能推进系统预研”的研究工作。先后完成了“跨声速涡轮内部流动正、反混合问题的理论计算”、“叶轮机械中的两相流动”、“内流复杂流场数值模拟”、“叶轮机械高效率三维黏性流动设计方法”、“有冷气掺混的涡轮机全三维黏性流场计算程序”、“考虑黏性影响的二维叶栅性能计算”、“压气机叶片的全三维黏流设计及其验证”、“平面叶栅非定常流动的数值模拟研究”等研究项目。沈孟育带领他的研究团队先后获得了以下成果：

（1）导出任意旋成面叶栅的二维跨声速流动积分形式的 L 向运动方程，指出英国剑桥大学 J. D. Denton 于 1976 年发表的文章中的方程缺少了一项 $-\iiint\limits_V\left[\frac{p}{\tau}\frac{\mathrm{d}\tau}{\mathrm{d}l}+\frac{p}{r}\sin\sigma\right]\mathrm{d}V$。导出了叶轮机械中三维跨声速流动的积分形式的径向运动方程，指出 J. D. Denton 所使用的相应方程中缺少一项 $\iiint\limits_V\frac{p}{r}\mathrm{d}V$。通过数值试验分别讨论了上述两项对各自的最终结果的影响，得到了该两项不可忽略的结论。

（2）于 1981 年在国内率先获得了叶轮机械中完全三维跨声速流动的数值解。

（3）利用 von Mises 坐标系提出了关于平面叶栅跨声速流动正问题、反问题和正反混合问题的统一解法。其中，反问题与通常的反问题不同，在设计条件中规定了叶片吸力面上的速度分布以及叶片的厚度分布，从而是一种能兼顾到气动性能和强度、冷却等方面要求的平面跨声速叶栅设计方法；正反混合问题能够将已有的性能良好的跨声速叶栅经适当地局部修改其型线，使之能圆满地应用于相近的运行工况。

利用广义 von Mises 坐标系提出了一种关于叶轮机械中三维跨声速流动正问题、反问题和正反混合问题的统一解法。这是针对目前准三维叶片设计体系中存在的设计周期长、难以全面顾及叶片三维效应等不足而提出的一种全三维设计方法的探索。其间，沈孟育指导的博士生论文《叶轮机械中三维跨声速流动的正、反混合问题》获林家翘应用数学奖一等奖。

（4）提出了平面叶栅跨声速流场的相似律，导出了五个相似参数。

（5）目前在叶轮机械设计体系中，无论是对平面叶栅中的二维还是三维叶栅中的三维黏性流动，都采用低阶精度的差分格式和较粗的网格来进行计算，其结果往往得到定常解。但相应的实际流动却往往是有流动分离和漩涡脱落的非定常流动。沈孟育采用五阶迎风格式来离散对流项，六阶中心格式来离散黏性项，分别成功地数值模拟了上述二维和三维黏性非定常流动。这对于研究压气机的运行安全性和经济性都是很有价值的。

（三）核电站热工流体力学

为了使反应堆在正常工况下达到最佳设计性能，以及在非定常工况下保持结构的完整性和堆的安全性，充分了解反应堆中冷却剂的流动和热交换特性是非常必要的。因此反应堆热工水力分析在反应堆的设计和安全分析中起着决定性的作用。经过多年的努力，中国已经拥有了比较完整的核工业体系和研究设施，并已造就了一支高水平的研究和设计队伍。但建造核电厂还处于起步阶段，核反应堆的热工水力分析研究多采用西方发达国家 20 世纪 70 年代所采用的研究方法和程序。为摆脱这种落后的状况，积极独立地发展适合中国国情的核电站反应堆热工水力分析理论和程序，已是当务之急。沈孟育先后受清华大学核能技术设计研究院、中国核动力研究设计院、中国原子能科学研究院反应堆工程技术研究所及上海核工程研究设计院的委托，依次完成了“球床流动计算”、“核电站反应堆堆芯结构水力载荷及温度场计算”、“事故停堆后剩余热排放的准稳态及瞬态过程的数值研究”、“PWR30 万 kW 核电站堆芯热工水力分析”等研究项目。沈孟育和他所领导的研究团队获得了以下成果：

（1）在研究高温气冷堆球床内燃料球运动的具体条件和分析、归纳现有实验资料的基础上，首次提出了一个描述球流运动的运动学模型——旋度模型，它包括球流运动的支配方程及相应的边界条件，给出了数值解法并编制了计算程序。

（2）以秦山二期核电工程反应堆及反应堆冷却剂系统设计中60万kW压水堆稳态和瞬态工况下堆芯结构水力载荷及温度场计算为背景，在国内首次独立自主地编制了三个计算机编码：①子通道分析方法软件SUBCHN。使用该软件对中国核动力研究设计院提供的概念设计阶段的堆芯内的流动和换热进行了数值模拟，分别计算了反应堆运行初期、中期和末期三个阶段中121个通道内各流动参数的分布、临界热通量和烧毁比。②多孔介质方法通用软件THAPMA。使用该软件对秦山二期核电站概念设计阶段的环腔及下腔，以及秦山一期核电站设计的上腔内的水力载荷及温度场分别进行了计算和结果分析。③贴体坐标系中热工水力分析软件THABFC。该分析方法完全摆脱了对经验的依赖，是一种精确的分析方法。使用该软件可以得到求解域内速度、压力、温度等分布的精细结构，对于安全性分析具有重要意义，并且可以为子通道分析和多孔介质分析提供必要的阻力系数和换热系数。综合应用上述三个软件，可以对核电站中各部件（如管系、燃料组件、反应堆环腔、下腔、排气管、上腔、冷腿高压引射系统和反应堆容器等）进行设计和非设计工况下的热工水力分析。

（3）以中国实验快堆（液态金属快中子增殖堆的简称）事故停堆后剩余热排放的准稳态及瞬态过程的数值模拟为背景，独立自主地编制了热钠池三维分析程序以及针对热传输系统一回路、堆芯盒间钠回路、事故余热排出系统中间回路以及空气回路分别建立了合理简化的一维数学物理模型，编制了四个一维系统分析程序。将上述热钠池内的三维流动传热分析与四个回路的一维系统分析耦合起来，相互为对方提供边界条件，从而提出了模拟剩余热排放过程的完整的计算方案。最后，完整系统地实现了中国实验快堆事故停堆后剩余热排放过程的数值模拟。分析了事故工况下堆芯出口温度、堆芯流量、事故热交换器一次钠和二次钠的流量及进出口温度、通风塔的流量及出口温度等许多重要参数随时间的变化曲线，以及热钠池中的热分层现象和自然对流的发展过程，为中国实验快堆的安全设计提供了重要的依据，有重要的参考价值。

（4）基于S. S. Chen有界域静止流体中棒束流致振动的数学模型，导出了有界域轴向流动中棒束流致振动过程中附加质量力系数的具体表达式，可用于有界域轴向流动中棒束流致振动和稳定性研究。

（四）微流动

微电子机械系统是当前拥有极好前景的科技领域之一，它作为一个新兴的技术领域正越来越多地受到世界各国的重视。为了合理设计一个微型设备，使之具备良好的运行性能，研究微管道内部流动特性是必不可少的。另一方面，与传统的大尺度流动相比，微流动具有一些独特的性质，因此微流动中基本现象的研究与探索也有重要的学术价值。沈孟育及其指导的研究小组在该领域获得了如下成果：

（1）发现了微喷管内声速点位置及临界压比的异常现象。采用实验测量手段研究了喉部宽度为 16 μm，深度为 20 μm，收缩比为 1.625 ∶ 1 的矩形截面等直-收缩-扩张-等直（SCDS）微喷管内氮气的流动。同时用数值模拟的方法研究了上述 SCDS 微喷管以及与之几何相似的诸 SCDS 中的流动状况。在保持出口绝对压力为 0.1MPa 固定不变，改变进口压力的条件下，发现了如下新的流动现象。喷管表面积与体积之比 S/V 存在一个临界值（S/V）$_c$。当 $S/V<$（S/V）$_c$ 时，SCDS 管道的中心线上最早出现声速点的位置在喉部截面附近，相应的临界压比接近于 0.5；当 $S/V>$（S/V）$_c$ 时，SCDS 管道中心线上最早出现声速点的位置在出口截面附近，相应的临界压比远低于 0.5。研究结果表明，由表面效应引起的温度效应是引起上述异常现象的主要原因。

（2）发现了“亚堵塞”现象。采用实验测量、近似理论分析和数值模拟相结合的手段研究了宽 1000 μm，深 7 μm，长 39.9mm 的长微直管道内多流态并存的空气流动特性（管道内大部分流动处于连续流流态，但接近出口附近的流动已进入滑移区）。保持进口压力不变，通过调节出口压力，得到了不同进出口压比下的流动状况。发现即使出口 Ma 数很小（如 0.011），微管道内流动的质量流量已开始表现出不随进出口压比增大而改变，而且沿程压力也只在出口附近有变化。这是与常规尺度管道中堵塞现象的机制完全不同的一种新的堵塞现象，沈孟育等将此定义为“亚堵塞”。应用近似理论分析了亚堵塞临界压比随 S/V 而变化的情况，结果表明上述现象也是表面效应的一种反映。

四、教书育人，为人师表

由于涉及很多数学知识，流体力学这门课程在学生眼中是高深和苦涩的，沈孟育在数学及流体力学方面的造诣，使得流体力学在他的讲述中变得生动起来，学生们之前学过的数学不再是纯符号和纯数学定义，而是有了用武之地的有力工具，可以用来解决流体力学中诸多的工程问题。沈孟育引导着学生去体会数学工具和力学以及与工程应用的结合，传授的不仅是流体力学的知识，更重要的是如何解决问题的方法。多年过后，听过他流体力学课的学生，至今对他上课工整的板书和娓娓道来的讲述仍记忆犹新，无论他们是否从事与流体力学相关的工作，都从他教学中“授人以渔”之中获益匪浅。

对于培养青年教师上课，沈孟育总是不遗余力，他毫无保留地把他多年的教案提供给他们。这份凝聚着他多年心血的教案是青年教师参照的重要范本，那工整的笔迹，系统、扎实的理论描述，无不凸显其主人的风格和个性。他还常常给青年教师们答疑解惑，传授教学经验，每当遇到有争论的时候，他总是带着经典的力学或数学书籍，细心给教师们指导。虽然当下流体力学教科书非常之多，但沈孟育等早期编著的流体力学教科书至今还是理论最系统、最有深度和最有影响力的教科书之一。

沈孟育在科学研究方面具有敏锐的洞察力和先见性，他平时非常关注国内外流体力学的发展趋势和研究方法，因此他指导的博士生论文的选题，总是涉及科学前沿的问题或者是新方法问题，为此他要花费很大精力去指导博士生们，和学生们定期不定期地学术研讨，既让学生感受到压力，又不断推动他们克服一个又一个难题。常常在博士生们焦头烂额无法逾越困难的时候，沈孟育亲自查阅大量资料或文献，他拿给学生们的资料文献以及他的几句点拨让学生们茅塞顿开。每个毕业的博士生都不会忘记，无论他们向科学杂志上的投稿草稿还是博士论文草稿，沈孟育都会仔细地通读，上面会有他详细且非常工整的修改意见笔迹，那仿佛出自要求最严格的编辑之手。

由于沈孟育在流体力学界的威望，他经常应邀在校内外出席学术会议或担当学术评审，他时常把看到的和了解到的国内外流体力学界新的方法、新的成果等最新的动向介绍给青年教师们，引导他们在学术上开拓新的思路。

沈孟育从教近45年，他渊博的知识和严谨的学风潜移默化地影响着他的学生。他的学生遍布国内外，正在为国家建设做出贡献。

五、沈孟育主要论著

沈孟育，周盛．1981. 关于求解叶轮机械中三维跨音流场途径的探讨．清华大学学报，21（4）：101-104.

沈孟育，周盛，林保真．1988. 叶轮机械中的跨音速流动//力学丛书．北京：科学出版社．

刘秋生，沈孟育，朱敦智，等．1991. 球流运动的理论模型及数值模拟．高技术通讯，1（10）：17-20.

朱刚，沈孟育，高智．1994. 广义流体力学守恒方程组的弱解的存在性和唯一性问题．应用数学与计算数学学报，8（1）：62-69.

王少平，蒋莉，沈孟育．1995. 一个高效核反应堆热工水力分析方法．核科学与工程，15（4）：296-308.

朱刚，沈孟育．1995. 粘流-无粘干扰流动理论变分问题迭代序列的收敛性和算子方程性质．高校应用数学学报，10（2）：127-132.

朱刚，沈孟育．1995．三维粘流-无粘干扰流动方程组部分正则性问题．应用数学与计算数学学报，9（1）：26-31.

Shen M Y，Liu Q S，Zhang Z C. 1996. Calculation of three- dimensional transonic flows in turbomachinery with generalized von Mises coordinate system. Sci China Ser A，39（10：1084-1095.

Zhu G，Shen M Y，Liu Q S，et al. 1996. Construction of modified Taylor- Galerkin finite elements and its application in compressible flow computation. Appl Math Mech，17（4）：333-339.

姚朝晖，王学芳，沈孟育．1997. 堆芯冷却剂流动和传热特性的数值模拟．核动力工程，18（4）：332-339.

Zhang Z C，Shen M Y. 1997. New approach to obtain space- time conservation schemes. Chinese Jour Areonaut，10（2）：87-90.

蒋莉，王建立，孙成海，沈孟育．1999. 有界域轴向流动棒束流致振动附加质量力模型．原子能科学技术，33（5）：431-435.

廖智杰，任玉新，沈孟育，等．1999. 中国实验快堆事故停堆后余热排放过程的数值模拟．核科学与工程，19（3）：201-209.

Shen M Y，Zhang Z B，Niu X L. 2001. Some advances in study of high order accuracy and high resolution finite difference schemes // Dubois F，Wu H M. Eds. Series talks in new advances in computational fluid dynamics- theory，methods and applications. Series in contemporary applied mathematics. Beijing：Higher Education Press.

张涵信，沈孟育．2003. 计算流体力学-差分方法的原理和应用 // 近代空气动力学丛书．北京：国防工业出版社．

张志斌，李新亮，沈孟育．2003. 平面压气机叶栅非定常流动的数值模拟．清华大学学报（自然科学版），43（2）：222-226.

Shen M Y，Zhang Z B，Niu X L. 2003. A new way for constructing high accuracy shock- capturing generalized compact difference schemes. Comp Meth Appl Mech Eng，192（25）：2703-2725.

丁英涛，何枫，姚朝晖，沈孟育，等．2004. 变截面微管道内声速点位置及临界压比．物理学报，53（7）：2050-2055.

Yao Z H，He F，Ding Y T，Shen M Y，et al. 2004. Low-speed gas flow subchoking phenomenon in a long-constant-area microchannel. AIAA Jour，42（8）：1517-1521.

Zhou Q，Yao Z H，He F，Shen M Y. 2007. A new family of high- order compact upwind difference schemes with good spectral resolution. Jour Comput Phys，227：1306-1339.

撰写者

沈孟育（1935～），江苏无锡人。清华大学航天航空学院教授，博士生导师。

何枫（1963～），江苏淮安人。清华大学航天航空学院教授，博士生导师。曾为沈孟育指导的博士生，从事流体力学研究。

王大钧

王大钧（1935～），湖北荆州人。力学家。1956年毕业于北京大学数学力学系力学专业，留校任教。1986年任教授。利用弹性结构理论中的位移场、应变能和动能表达式可通过引进适当简化从弹性力学理论中的相应量得到这一性质，运用泛函分析的技巧，给出了弹性结构理论的静力解、固有振动解的存在性定理，是对弹性结构理论的重要贡献。发展了弹性结构振动的定性理论。提出“中国古代科技中的现代力学问题”研究课题，作了较系统的研究和广泛的传播，并在源于龙洗的三类非线性动力学问题方面取得重要成果。曾获国家科技进步奖三等奖1项，国家教委科技进步奖二等奖2项。曾任北京大学力学与工程科学系副系主任，中国振动工程学会常务理事，结构动力学专业委员会主任委员，中国力学学会理事，吉林大学、暨南大学兼职教授。

一、学术工作经历和体验

王大钧1935年4月28日出生于湖北省沙市市（现荆州市沙市区）。在日本侵华时期，1940年随父母逃难至四川万县。1945年抗日战争胜利后回到沙市。1947年春至1949年冬在晴川中学读初中。1950年春至1952年秋在沙市第三中学读高中。1952年秋考入北京大学数学力学系力学专业。

王大钧1956年秋毕业留校，在数学力学系任助教，辅导理论力学、振动理论。1960年任讲师，主讲振动理论。1964年在《北京大学学报》发表第一篇学术论文。

1969年北京大学力学专业迁至位于陕西汉中的北京大学汉中分校。那时学校教学活动已停止，社会上“理科无用论”大为盛行，教员搞科研会被认为是“业务挂帅”遭受批判。1971年前后，军宣队派王大钧等几名教师到分校附近褒河水库建筑工地劳动，教师们心中还十分惦记国家建设和科学研究。他们在“劳动改造”的同时私下与水坝的设计人员讨论修筑重力拱坝中的力学问题，了解到设计人员在应力分析方面存在困难。王大钧与数位教师使用拱冠梁法方案，先用手摇计算机、后用手编程序在中国最早的电子管计算机之一104计算机上实现了褒河水库重力拱坝应力分析，作为水利电力部设计院设计水坝的依据。这件事不仅解决了工程局设计中的困难，也促进了学校中多年停止业务活动的教师们恢复教学与研究的积极性。

1959 年广东新丰江水库建成，水库附近诱发了地震，坝体受损。为进一步认识这次地震对水坝的影响，1972 ~ 1973 年水利电力部组织“新丰江水库地震及其对大坝的影响”大课题组。重要的研究内容之一是用有限元方法分析坝体应力，这在中国还是首次。王大钧负责有限元法计算的力学方案与力学分析，计算结果显示在坝体高程 108 米出现裂缝处应力过大。此课题取得成功并用于坝体的抗震加固。值得一提的是，计算结果显示在高程 100 米处应力也过大，后来在水库水位进一步下降后，发现该处坝体存在裂纹，表明力学分析与计算相当准确和有效。

1973 年开始，王大钧参与武际可牵头的“旋转壳应力分析及其在冷却塔静动力设计中的应用”的研究工作，主要负责冷却塔抗地震分析，编制旋转壳振动有限元分析的通用程序。为了考核这个计算程序，曾以已经运行的唐山电厂的两座冷却塔为例进行抗震分析，计算显示它们可以抗御烈度为 11 度的地震。1976 年唐山大地震时，该塔址地震烈度接近 11 度，而两塔体基本完好。这件事充分显示了计算方案和程序的可靠性，有力地说服了工程人员使用计算机进行应力分析以改进设计。随后他们和西北电力勘测设计院合作编制的大型冷却塔分析与设计程序，经多年多次更新换代，不断提高功能，是在中国大型冷却塔设计中使用的主要的程序。通过以上这些应用研究工作，王大钧体验了有益的理论联系实际的经验。

1980 年开始，王大钧开始思考从多年讲授振动理论中形成的一个问题：如何用统一的理论论证各种结构（包括从杆、梁基本构件到弹性组合结构）理论的普遍性质，包括静力平衡解、动力解的存在性，结构理论模型的合理性等。为了获得必要的理论知识，他听了三门有关泛函分析的课程，并在多次与胡海昌院士研讨中得到指导和启发。1982 ~ 1985 年他和胡海昌院士合作在《振动与冲击》创刊号、《力学学报》、《中国科学》中发表了一组论文。运用力学理论和泛函分析相结合的方法统一论证各种弹性结构理论的静力解和动力解的存在性问题，同时解决了复杂壳体，组合结构的解的存在性问题，在国内外得到很高的评价。

1984 年 9 月 ~ 1985 年 9 月，王大钧在加拿大滑铁卢大学做访问副教授，学习和参与“振动中的反问题”的研究。

1985 年 10 月回国后，王大钧指导研究生，并和王其申合作，对结构振动中模态的定性性质作了系统研究，发表了大量论文。经过长期的积累，他综合了弹性结构理论的解的存在性问题和模态的定性性质，撰写了很有特色的专著《结构力学中的定性理论》。

从 20 世纪 80 年代开始，王大钧关注中国古代科技，也对“科学美”感兴趣，他对作为古代科技载体的一些文物进行了研究，发现有些文物蕴藏着深层次的现代科学信息，对它们的研究不能仅用现有科学进行解释，而应作为现代科学的研究课题。他提炼出“中国古代科技中的现代力学研究”课题，并进行系统地研究和广泛的传播。

王大钧对科学研究有两点体验：①投身科学的人要用心提炼和把握自己有强烈兴趣和坚持决心，并适合自己能力和条件的有重要意义的课题，并为此做长期的坚持不懈的工作。弹性结构理论的解的存在性的研究课题，就是他从多年讲授振动理论课中酝酿，经过攻读泛函分析基本知识和有关微分方程解的存在性的经典文献后提炼出来的。“中国古代科技中的现代力学问题”的研究课题是他将对中国文化、艺术的求美和对古代科技和现代科学的求真相结合而形成的。这项工作从20世纪80年代开始，已持续进行了30多年。②研究者对自己选择的研究的内容、方法应当有所侧重，也应有适度的全面修养。除了在自己或集体研究中充分发挥自己的特长外，还应全面参与学术活动，在教学和科学研究中敬业尽责。

例如，在研究结构理论解的存在性问题中，关键之一是运用抽象的泛函分析理论；在进行冷却塔抗震分析中，需制定计算方法和编制计算程序；在解决高频激励贮液壳引发低频大幅水波问题中，繁难的理论分析和精细的实验互动是关键。王大钧对这些关键问题都从学习、掌握到应用，力求提高研究水准。

二、主要研究成就

王大钧的研究工作涉及多个领域，发表论文150余篇。

（一）建立了统一论述线性弹性结构理论中静力学与动力学解的存在性定理

各种弹性结构理论（包含杆、梁、板、壳、弹性体以及组合弹性结构）的平衡、固有振动和动力响应解的存在性，是结构力学中基础性的理论问题。包括解是否存在，解的含义是什么，解的近似解法尤其是李兹法、振型展开法是否收敛等。杆、梁、板理论解的存在性问题比较简单。弹性力学静力解和动力解的存在性问题已在20世纪50年代得到解决。证明了在广泛的边界条件下，弹性力学算子是正定的，弹性力学中能量嵌入算子是紧算子的。因此弹性力学的静力平衡解和模态解的广义解存在。随后，许多作者对各种壳体理论的解的存在性进行个别的证明，显得十分困难。1982～1985年，王大钧和胡海昌合作在《中国科学》等杂志发表了三篇论文，使弹性结构理论的静力解和固有振动解的问题有了突破性进展，得到适用于广泛的弹性结构的结果。他们利用弹性结构理论中的位移场、应变能和动能表达式可以通过引进适当的简化从弹性力学中的相应量得到这一性质，运用泛函分析框架和技巧，证明了两个定理：

定理1——对于具有给定边界条件的弹性结构，如果对应的弹性力学中的边界条件保证弹性力学算子正定，则在给定边界条件下的结构理论算子也是正定的。

定理2——如果定理1中所考虑的边界条件保证弹性力学中“能量嵌入算子”的紧致性，则结构理论中的“能量嵌入算子”也是紧致的。

作为两定理的后果，在给定边界条件下的结构的平衡解和固有振动解的弱解是存在的，而且Ritz法的应用是有保证的，特别是这些结论适用于具有一般的边界条件，如固定、铰支、自由、刚性接触的组合壳体和组合弹性结构。

上述工作在国内外引起了高度重视和评价。例如，美国工程院院士徐皆苏评价王大钧和胡海昌的论文“是对结构，尤其是复杂形状和组合的结构理论很有意义的贡献……这项工作是基础性的，它将唤起结构分析者对适当表述方程和边界条件的注意。”加拿大力学学会前主席H. H. E. Leipholz教授评价该文“是作者将弹性理论的重要结果传给结构理论的特殊功绩……这样的结果是深刻的，尤其是有用的。”法国科学家R. Valid在1995年出版的专著*The Nonlinear Theory of Shells Through Variational Principles*中说他们的两个定理“是数学家一直未解决的很重要的问题，直到这些‘中国定理’的发表才得到解决。”并以“线性情形中两个吸引人的中国定理”为题用一个分节转述了这两个定理及其证明。《中国科学》2009年第39卷第3期发表的孙博华、叶志明的论文《组合弹性结构的力学分析》中，设有“在组合结构理论研究方面中国学者的开创性工作”一节，主要介绍了冯康院士和王大钧、胡海昌的工作。在国内一些教科书和专著中也引用了王大钧、胡海昌的工作。

（二）发展了结构振动的定性理论

结构振动的定量理论，包含物理与数学建模、解析求解、数值计算方法、模态试验等，是有关的工程应用人员和研究人员所关心和熟悉的。结构振动理论还存在另一部分，即定性理论，主要包含模态的定性性质和有关动力解的存在法、振型展开法的收敛性等。

结构振动中模态的定性性质是关于模态的全局性和规律性的知识，可以帮助在模态试验和计算中查错、检漏、分类，简化试验、计算方案以减少工作量，为动态设计提供合理的模态，检验将连续系统简化成的离散系统的合理性。关于结构振动解的存在性、固有频率和振型的基本性质、Ritz 法和振型展开法的收敛性等问题是结构振动的基础性理论，是用数值计算或试验求解的理论依据。王大钧在这方面做了三项重要工作。

（1）丰富和完善了模态的定性性质。例如，运用共轭梁概念，确定了杆的应变，梁的应变、弯矩、剪力振型的定性性质；证明了非正系统仍具有振动的振荡性质。

（2）研究了一维结构独立模态的个数问题并取得系列结果；证明了多种重复性结构的连续系统的模态定性性质等。

（3）将已有的结构振动中模态的定性性质的研究成果系统化和提高，将结构理论的静、动力解的存在性、固有振动和动力响应解的普遍性质以及合理建立结构理论模型的问题系统化，形成《结构振动的定性理论》一书，颇具特色，不仅会促进结构理论定性理论的发展，且有益于工程应用，更有益于有关研究人员和工程人员加强理论修养。

（三）提出了开创性的课题“中国古代科技中的现代力学问题”，对源自龙洗的流固耦合系统非线性动力学问题取得主要成果

王大钧在对赵州桥、编钟、龙洗与中国古代科技的研究中认识到，在一些中国古代的科学发现和技术发明中，或者在其载体——文物中，蕴藏着丰富、深刻的科学信息，由于时代的限制，它们还未被现代人完全认识。揭示这些深层次的科学信息，要借助于现代科学。有时还需要攻克一些现代科学的前沿研究课题，甚至在研究中可能发现新的科学现象和发展新的科学理论，即在对中国古代科学技术的研究中会促进现代科学的发展。当这些深层次的科学信息被揭示，古代科学技术被再认识、再发现后，它们的科学和历史价值将得到再评价，得到很大的提高。龙洗就是一个突出的例子，它胜似一个科学实验室，一个科学聚宝盆，蕴藏着丰富的科学现象和深刻的科学原理。

由此，王大钧提炼出一个大课题“中国古代科技中的现代力学问题”，这对弘扬中国古代科技和丰富现代力学都是有益的。他和合作者对龙洗和编钟的研究取得了重要成果。

1. 从对龙洗现象的研究中提炼出三个非线性动力学问题

（1）两个变形系统由于它们之间的干摩擦引起的运动。用这个非线性动力学模型进行的理论和数值分析，解释了手搓龙洗出现的多种水波图像。

（2）弹性壳储液系统的水面非线性波。这是一种重力和表面张力联合作用的表面波。他们用实验观测了不同非线性状态的运动。随后，美国、中国香港的几位学者对这一问题进行了多方面的深入的研究，发表了许多论文。

（3）储液壳受高频激励引发液体低频大幅波。这是一个很有理论意义和潜含应用价值的强非线性行为。通过系统深入的实验以及从变分原理出发，建立离散系统的非线性运动方程，进行摄动分析和数值模拟的理论分析，得到重要结论。这是一个非线性动力系统的动力学分岔行为，且具有重要性质：①高频激励时的水波和被引发的低频水波存在空间关联性，两种波沿周向节线数有一定关系，由此决定了引发的低频大幅水波的各种形态。②上述两种波具有频率关联性。这两种波的固有频率之和接近激励频率。③引发低频大幅波的激励力和激励频率有一定关系。由②和③决定了出现低频大幅水波的激励力的幅频区域。④在引发的不同频率和形态的低频大幅水波之间，具有较高频率的大波向具有较低频率的大波转换。

2. 揭示了编钟的双音和短延音特性的力学机理

中国古代乐钟的双音和短延音特性，使其具有优秀的音乐性能。王大钧用对称结构的模态的定性的性质揭示了扁形钟可发双音的力学机理。用实验研究发现，构成钟的材料引起的钟振动时的阻尼对圆形钟和扁形钟区别不大，而由空气的各种作用引起的阻尼对两种形状的钟则有明显区别。

王大钧大力传播中国古代科技中蕴藏着现代科学信息的观点。从20世纪80年代开始，国外80多所大学和社会团体（如美国的加州理工学院、麻省理工学院、BC Berkely，布朗大学加拿大的多伦多大学、麦吉尔大学、滑铁卢大学，日本的东京大学、京都大学、东京艺术大学，英国的南安普顿大学，德国的马格德堡大学，新加坡国立大学、香港大学、香港科技大学、香港科协集团，台湾大学、台湾“清华大学”、民间书友会，玉研究会等）作过该内容的演讲，受到热烈欢迎。王大钧编写和主讲了两部有关这方面内容的音像制品，在海外发行并在中国中央电视台播放。

（四）在柔性结构的波动控制和智能结构的振动控制方面取得重要成果

此项研究对航天等高科技有重要意义和发展前景，有益于柔性结构控制理论的发展。1993～1996年，王大钧主持了国家自然科学基金重大项目“复杂控制系统理论的几个关键问题”中的一级子课题“柔性结构系统控制”。2001～2004年参与了自然科学基金重点项目“挠性结构及其控制问题研究”。王大钧和他指导的博士后及研究生在此项研究中发表了大量论文，尤其有如下几项很有特色的重要成果。

1. 频率密集结构的振动控制问题

大型柔性结构中往往存在低频段固有频率密集的现象，使得通常在结构控制中常用的独立模态控制方法出现困难，其根源是频率密集系统的模态对结构参数的变化极为敏感。为解决此困难，他们做了以下工作：

（1）给出了重频模态可控、可观的度量。通对对重频模态子空间所对应的控制矩阵的奇异值分解，使子空间在该分解下的可控性、可观察性有了直观的表达，给出定量结果，用来设计合适的反馈系统。

（2）给出了任意模态子空间可控性和可观性的定量度量。直接从问题的力学意义出发，给出了任一子空间的可控度和可观测度的意义。

2. 智能结构的振动控制

王大钧等从 1995 年开始此课题研究，属中国起步较早的。

（1）提出了梁、板（可推广到壳）类结构振动控制的“分布压电单元法”，导出了分布压电单元下模态控制的传感器和致动器设计公式，并给出观察溢出和控制溢出的分析。此法的优点在于，在主结构参数改变，要求控制的模态改变时，不必像离散压电片方法一样重做传感器和致动器，而只需要变化控制软件即可。同时这种方法还对结构的局部传感和控制比较敏感。

（2）导出了智能桁架振动控制的模态法及主动杆优化配置方案。给出了智能板的稳定性与可靠性分析，比较了各种方法的特点。

3. 柔性结构的波动控制方法

由于大型柔性结构在干扰下呈现明显的波动现象，而大型柔性结构的密频性质使模态控制法产生困难，因此用波动控制的策略比用振动控制的策略可能得到更高效的控制效果，但难度很大，王大钧等提出和解决了几个新问题。

（1）区域可控问题。给出了局部区域可控性的定义、充要条件和两个降价模型。

（2）提出了一维结构波动控制的一个方法——递减法。对指定的随空间或随时间衰减的波动设计控制力。

这些工作主要发表在著名的学术杂志，如《中国科学》、*Journal of Guidance, Control and Dynamics*、*AIAA. Journal* 以及 IEEE（电气和电子工程师协会）的杂志上，并有许多引用。

三、教书育人，培养人才

王大钧曾讲授力学概论、振动理论、薄板理论、结构动力学、弹性力学变分原理等本科生和研究生课程。他注重课程内容的严密和系统性，力求讲课方式有利于启发学生的理论思维和探索激情。

王大钧对他指导的研究生和听课的本科生热情、和蔼，和研究生讨论问题时平等、自由，充分发挥学生的主动、创造性，但要求学生做学问要诚实、严谨，不急于求成，多推敲、求完美。他常赠送学生有关科普和如何做科研的书，以扩大他们知识面和提高他们的科研能力。他有时在课间休息时，进行“课间三分钟短谈”，或讲一段科技史，或讲一个科普故事，或讲“北大校长”等。以这些方式勉励学生乐在科学、勤在科学、赢在科学，勉励学生领会和发扬北京大学的科学、民生精神。他颇受学生欢迎，被学生推选为 1999 年度北京大学“最受学生爱戴的十佳老师”，2000 年被授予“周培源基础教学奖”优秀教师奖一等奖。

王大钧退休后，虽然离开了教学、科研第一线，仍不辍于研究工作，有时连续几天和青年人一起进行实验，有时周末仍在办公室工作。他常向朋友说，过去的政治运动和“文化大革命”浩劫夺去了自己的创造力旺盛的青春时光，并损伤了身体，自己又是智力平平，所以必须凭自己对科学的爱好，对创造的追求和对为人民出力的愿望，虽然缓慢但是不断地尽可能多做一些工作。

四、王大钧的主要论著

王大钧，袁明武 . 1978. 旋转壳的应力分析Ⅱ、动力部分 . 北京大学学报（自然科学版），1：117-126.

武际可，王大钧，袁明武 . 1979. 旋转壳的应力分析 . 北京：水利电力出版社 .

王大钧，胡海昌 . 1982. 弹性结构理论中线性振动普遍性质的统一论证 . 振动与冲击，1：6-16.

Wang D J，Hu H C. 1985. Positive- definiteness and compactness of two kinds of operators in theories of elastic structures. Sci SinA-Math P A T，XXV 111：(7)：727-739.

Wang D J，Wang W Q. 1989. The reasonableness problem of theories of structures carrying concentrated masses，springs and supports in vibration problems. Acta Mech Solida Sin，2 (2)：247-251.

王大钧，何北昌，王其申 . 1990. 由两组模态及相应频率构造 Euler 梁 . 力学学报，22 (4)：479-483.

王大钧 . 1993. 古代文物的力学性质研究 . 文物保护与考古科学，5 (1)：35-39.

Liu Z S，Wang D J，Hu H C，et al. 1994. Measures of modal controllability and observability in vibration control of flexible structures. Jour. Guid，Contr Dynam 17 (6)：1377-1380.

Wang Q，Wang D J. 1994. A reduced-order model about structural wave control based upon the concept of degree of controllability. IEEE T Automat Contr, 39 (8): 1711-1713.

Liu X J, Wang D J, Chen Y S. 1995. Self- excited vibration of the shell- liquid coupled system induced by dry friction. ACTA Mech Sinica, 11 (4): 374-382.

王大钧. 1996. 中国古代文物的科学与艺术 (VCD). 北京大学中国传统文化研究中心，美国南海有限公司合制，北京大学音像出版社发行.

Sun D C, Wang D J, Xu Z L. 1997. Distribated piezoelectric segment method for vibration control of smart beams. AIAA Jour, 35 (3): 585-593.

Wang D J, Wang C C. 2000. National vibration of repetitive structures. Chinese Jour Mech, 16 (2): 85-95.

Wang D J, Chou C S, Wang Q S. 2003. Qualitative properties of frequencies and modes of beams modeled by discrete systems. Chinese Jour Mech-Ser A, 19 (1): 169-175.

Wang D J, Zhou C Y, Rong J. 2003. Free and forced vibration of repetitive structures Int Jour Solids Struct, 40: 5477-5494.

Wang D J. 2005. Bell Chime, Dragon Washbasin, …——Modern Scientific Information Hidden in Ancient Chinese Science and Technology. Technische Mechanik, Band 25, Heft 1: 9-16.

王大钧，王其申，何北昌. 2011. 结构振动的定性理论. 北京：北京大学出版社.

Wang D J, Zhou C Y, et al. 2013. Nonlinear low frequency water waves in a cylindrical shell subjected to high frequency excitation—Part Ⅰ: Experimental study. Commun Nonlinear Sci Numer Simulat, 18: 1710-1724.

Chou C Y, Wang D J, et al. 2013. Nonlinear low-frequency gravity waves in a water-filled cylindrical vessel subjected to high-frequency excitations. Proceedings The Royal Society A, 469.

Zhou C Y, Wang D J. 2014. Nonlinear low frequency water waves in a cylindrical shell subjected to high frequency excitation—Part Ⅱ: Theoretical analysis, Commun Nonlinear Sci Numer Simulat, 19: 1128-1141.

撰写者

苏先樾（1944～），重庆人。北京大学工学院力学与工程科学系教授，从事计算力学与弹塑性动力学研究。

席葆树

席葆树（1935～），河南济源人。实验流体力学和生物力学专家。1959年毕业于清华大学，次年就读苏联哈尔科夫航空学院飞机空气动力学专业，1963年回国返校任流体力学实验室主任。善于把力学原理和传感器等实验技术用于工程领域，开创跨学科的实验和应用研究。1974年完成中国核爆炸现场冲击波动压的测量系统；1975年研制成当时先进的无臂带电子血压计；20世纪80年代，运用射流原理发明了有效传声距离达12km的新型射流式气流扬声器。1985年运用流体力学相似原理，研制成功人工心脏瓣膜性能、瓣膜和瓣架的疲劳寿命等一系列试验技术和装置，已装备国内外的研究、检验单位和生产企业。曾获国家科技进步奖二等奖1项、教育部科技进步二等奖3项等多项奖励。1987年获“国家级有突出贡献专家”称号，1989年获“全国教育系统劳动模范”和“人民教师奖章”。1999年获首都“五一”劳动奖。1985年晋升教授、博士生导师。曾被选为中国力学学会理事和中国生物医学工程学会理事，曾任清华大学学术委员会委员、《实验技术与管理》杂志主编、北京生物医学工程学会副理事长（1992～2004年）。曾兼任全国卫生标准技术委员会材料和医疗器械分委员会委员、解放军心理战装备专家组成员、国防科学技术大学兼职教授。

一、成长经历

席葆树1935年8月15日出生于河南省济源县，即传说中的愚公移山之王屋山下。“耕读传家”是席家几代的家训，其家规规定排行单数者读书、双数者种田。席家曾祖父、祖父和父亲三代从事教育工作，至今仍有十多位工作在教育岗位上；也有很多种田高手。其叔祖父是清末秀才，北京大学毕业的伯父一生从教，堂兄席葆真从教30多年获“模范教师”称号，济源县授予他“功德无量”的大型匾额。家庭教育使席葆树从小养成勤劳好学、执着严谨的性格。1943年他家遭遇日寇烧房、土匪抢劫、严重蝗灾和爷爷饿死的大难，他随母亲逃难到贵阳，从此和在汽车公司当修理工的父亲团聚。那年父亲所在公司从美国购买的一批汽车在运回贵阳的滇缅公路上遭到日寇轰炸，公司倒闭了，遂将烧木炭的旧汽车配给职工分别经营，用所得运费偿还车价，父亲单独经营了一辆，靠开木炭车运送物资担负着全家八口人的生活。席葆树是老大，还有五个妹妹，母亲在家操持家务。每天放学后他都到父亲工作的场所，父亲修车，十几岁的他在旁帮忙。亲眼看着父亲把旧汽油铁桶展平，一锤一锤敲成煤气发生炉装在车上，开着烧木炭的汽车，穿梭于大西南崎岖艰险的山路上运送人民需要的各种生活物资并通过滇缅公路将抗日战争物资运到前线。抗日战争时期，汽油钢铁等物资匮乏、人民流离失所的悲惨境遇和不屈不挠、艰苦奋斗的精神，一直深深地印在席葆树的脑海里，也影响了他的人生。

受“耕读传家”的影响，席葆树自幼学习非常用功，在班上成绩总是前几名。他既爱动脑又爱动手，课外兴趣广泛，喜欢用废旧汽车零件自制一些小玩意，上初中时就能按书上原理自制小电动机。他以优异成绩考取贵阳第一中学高中。学校没有器皿做化学实验，老师以炭火炉来代替酒精灯，用做饭的小缸钵代替烧杯，上实验课前每个组要到河里挑水装满本组水缸。作为班长，他课余领着大家搞航模。那时贵阳找不到制作航模所需的很轻的梧桐木，当大风刮倒了学校周围的梧桐树时，他带领同学志愿清理，同时借来锯等工具制成了梧桐木材，在班主任指导下全班三个航模小组做成了模型飞机，并去郊外进行了航模比赛。没有条件要自力更生想办法去创造的思想至今还深深留在他的记忆里，成为他的行为准则。

“在汽车旁边长大”的席葆树对汽车很有感情，1954 年高中毕业后报考了清华大学动力系汽车专业，两年后根据国家需要又转到燃气轮机专业。大学期间他当班长，学习上刻苦努力，课余时间还领导课外小组。他的小组曾在教授指导下研究汽车弹簧的弹性；曾参加叶栅风洞的建设，实验需要测量气流的仪器，他自己动手制成了当时国内没有又必需的一个测量气流速度和方向的三孔探针。为适应科学和国防现代化的需要，1958 年清华大学筹组了多个新系，由于席葆树的突出表现，他被张维教授和解沛基教授挑中，提前一年毕业，调到工程力学数学系当助教。他被派到中国科学院力学研究所协作搞火箭，他担任火箭燃料输送系统组长。后来由上海机电设计院设计，在上海柴油机厂制造，他任驻厂代表。加工制造火箭发动机需要含镍的耐热钢等各种特殊稀缺材料，加工工艺复杂。一年里他跑遍上海的几十个研究院所和工厂，终于找到镍块并请上海钢铁研究所炼制成钢锭，制成试验用发动机，在江湾机场进行了试验；在实践中，他虚心向工程师和高级技工学到许多课堂上学不到的绝活，这些技术使他终生受益。1960 年他被清华大学派到苏联哈尔科夫航空学院学习实验空气动力学，课题是“边界层控制的实验研究”，他抓紧在莫斯科、彼得格勒和基辅的航空及工业院校参观学习，虽然由于“保密”，他受到诸多限制，但是用心细心、动手能力很强的他，总是不仅能掌握实验原理，而且要弄清楚这些实验装置和仪器是什么材料、如何制造的。因此在哈尔科夫航空学院风洞实验室他自己制成了研究课题的“边界层控制试验台”。回国后任实验室主任期间，他带领实验室的同事，自己动手制作皮托管等仪器设备，很快就开出一批教学实验。

“文化大革命”中席葆树常被批判为“业务党”，而他从不服气，照样常到书店看书，寻找学科的前沿和新的应用方向，在受干扰的条件下，仍然不断做出了更大的科研成果。1979 年是他 14 年来首次提职称，全校越级晋升仅 10 名全北京市仅 30 名，席葆树脱颖而出，由助教越级晋升为副教授。

二、不畏艰难攻关攀峰，开创实验流体力学和生物力学新领域

“文化大革命”后，席葆树痛心失去十年时光。几乎放弃一切节假日，废寝忘食地每天在实验室工作超过 10 小时，决心加倍努力，抓住机遇完成国家急需的重大任务。

（一）研制中国核试验现场冲击波动态压力测量系统

核武器爆炸对人员和物体的杀伤和破坏作用十分巨大。因此，必须研究冲击波、光辐射、核辐射、放射性沾染和核电磁脉冲等 5 种杀伤破坏因素的作用特点、毁伤效果及其变化规律，以提供核武器作战和防护的依据。

中国从 1964 年第一次核试验到 1973 年核爆炸，现场冲击波的动压数据一直未测出来，而这一实时动压参数和曲线是决定核爆炸破坏力的重要参数。也是设计核防护工事重要的依据。有关单位查遍美国和苏联的核试验资料，也未找到相关的技术资料和现场实测数据。有专家估计可能由于核爆炸现场条件太恶劣，难以测试，因而未能进行现场实时测量。应中国人民解放军炮兵和装甲兵委托，在“外国人做不到的我们也要做到”的口号感召下，席葆树接受了这项艰巨任务。核试验爆炸现场条件十分恶劣，冲击波动压的测量探头必须安装在距地面一定的高度上，而核爆的火球使地面温度高达数千摄氏度，戈壁滩的卵石都已被烤化而熔成玻璃体。冲击波引起的大风不仅将卵石吹得满天高速飞打，重炮被吹得七零八落而解体，甚至 50 多吨的坦克被分解成上下两半、吹出几十米以外；而且空气被电离，跨步电压高达 7000V；更严重的是强烈的中子和 γ 射线的辐射。1973 年核爆炸现场，安装在距地面一定高度的用耐热不锈钢制作的探头，被烧坏打弯，无法工作。而上级要求最近的测点须距核爆炸中心 50m，更增加了实测难度。

冲击波的动压测量，虽属流体力学实验范畴，但它与风洞实验室测压完全不同，

席葆树不经意却进入了另一个专业领域。在长期的实验研究中，席葆树积累了动态压力测量技术的丰富知识和经验。面对严峻的形势，失败并不能阻挡他们前进。他带领研制组经过调查和思考，逐渐形成了攻克一道道难关的技术路线。第一，从理论上对现场核爆炸过程中各种破坏因素出现的时间进行科学的分析；第二，选择并研制最佳的探头形式和压力传感器；第三，解决探头和传感器等试验装置的现场防护问题。

席葆树发现核弹爆炸的一瞬间，表征各种破坏因素的参数变化仅发生在几十到几百毫秒中，但并非所有参数都在同一时刻发生，而是有先有后。核爆时首先出现的是强烈的高温、光辐射、中子和 γ 射线，这时冲击波尚未到达。这使他想到测量动压必须首先避开最初的不利因素，巧妙地采取防护措施，以大大减少辐射高温的影响。结果很奏效，只要一种轻质反射材料像打伞那样将探头遮住，之后当冲击波到来时将其吹掉，探头未损坏，数据却测量出来了。

探头直接暴露于现场并感受压力，传感器埋于探头内并把压力转换成电信号。研制组设计了三种形式的探头，都经过高速风洞和击波管的反复试验，最后确定了具有热防护外套的一种形式。传感器是关键，一般用的应变式、电容式、压电式传感器在强烈的中子、γ 射线的辐射下，材料会变质而失效。席葆树查阅了大量文献资料，选用了抗干扰能力较强的电感式差压传感器。有机材料黏合剂不耐高温和核辐射，他们自己研制了无机黏合剂。为制作传感器做了几十套专用工具，终于制成了直径仅 1cm、长 1cm 的小型差压电感传感器。为屏蔽现场空气电离后产生的超高跨步电压，将全部电缆屏蔽后又穿在钢管里，再埋入 1 米深的地下。为使探头在高温烤红的情况下具有足够的强度并经受住飞沙走石的冲击，采用了具有红硬性的高速工具钢制作。这种材料加工困难，而精度要求又高，他查资料与工人师傅一起研究，终于攻克了一个个难关。

在 1974 年 6 月 17 日，爆炸当量 100 万吨的大气热核试验时，终于在现场成功测出了“冲击波的动压曲线”。从此，这套系统在历次核试验中为各兵种广泛使用。这项绝密任务，当时除写一份不能发表文章的研制报告外，也无奖励。在 1978 年第一次全国科学技术大会上，席葆树和研制组受到了表彰，并且在中国人民革命军事博物馆作为重大科技成果展出，研制组的大照片和实验样品被放在炮兵馆进口处最显眼处展出。

（二）为毛主席研制血压计

1976 年 7 月 4 日，中国医学科学院吴阶平院长带领几位专家来清华大学，要求在两周内研制出一套当时世界上没有的新型电子血压计。要求血压计不用臂套打气以免造成病人痛苦，医生须能很快掌握，所测数据须能与现有水银血压计对比。席葆树从未搞过，答应试一试，于是他立即开始工作。后来才知道这位病人就是毛主席。因为他患有肺源性心脏病，需随时监测血压，普通血压计臂套频繁打气，使病人的手都麻木了。这既是重要政治任务，又是尖端科技；时间急迫，实在艰巨。中国医学科学院和清华大学领导都极为重视，中国医学科学院派顾方舟教授坐镇清华大学、曾宪九教授每天来校了解进展，并派医用电子学和理疗的教授前来协同工作。清华大学则从力学系、电子系、建筑声学组调来专家教授组成研制组，在席葆树的实验室展开工作。大家齐心协力不分昼夜，进行调研和方案讨论，吴阶平院长每三天来讨论一次，一个多星期试验了 33 个方案，但都不可行，于是研制组双方有许多人都回去了。面临如此困境，席葆树压力之大可想而知。尽管他每天仅睡三四小时，已筋疲力尽，但他不甘心，鼓起勇气分析失败的原因，又想出把柯氏声、压力和检测机构集成为一个复合传感器的新方案。天一亮就到实验室开动机器动手做起来，一天一夜未合眼，终于完成了第 34 个方案，经试验能测血压。经中国医学科学院杨子彬教授随机找师生 20 余人测试，并与水银血压计所测数据对比，统计结果令人振奋，收缩压的符合率达 95%，舒张压达 85%。曾宪九教授看了数据并亲自试测后，兴奋地说："成了，赶快拿走。"吴阶平院士看到血压计时格外高兴地说："没想到你们到底还是搞成功了，我国的医疗仪器很多都是国外进口的，这一个可是我们中国的。"

不用臂套打气的新型血压计，只需往动脉血管上轻轻一压，即可显示出收缩压和舒张压，病人睡眠时也能测，便于医生使用，可与水银血压计测得数据相对比。由于实在匆忙，席葆树没有留下任何资料，几十年过去了，由于要完成别的重要任务，无暇再仔细研究并转化为产品，但至今这种血压计方案仍然具有新颖性。

（三）研制成功人工心脏瓣膜性能体外试验技术与装置

1985 年席葆树转向生物力学的研究，并成立了生物力学研究室。人体的心脏是一个血泵，左、右心室各有两个阀门，医学上叫"瓣膜"。由于风湿性心脏病的侵袭，瓣膜会损坏，是一种常见的心脏病。从 20 世纪 60 年代开始，科技工作者研究成功人造的心脏瓣膜，用外科手术替换已经病变损坏的瓣膜，使病人得救，恢复劳动能力，这是一个很成功的人造器官。现在世界上已经有数以百万计的人依靠它而存活，一个人造心脏瓣膜就是一个生命，因此对它的质量要求非常严格。世界各国的科学家从血流动力学理论，材料和工艺进行了大量的研究，国际标准化组织

（ISO）和美国食品药物管理局（FDA）都制定了相应的技术标准。中国心脏瓣膜病的发病率较高，虽从20世纪70年代开始研究，由于缺乏相应的试验技术和仪器装置，因而发展较慢。席葆树的研究室经外科学专家黄家驷和吴英恺推荐，申请了自然科学基金和“六五”科技攻关项目；运用血流动力学原理和相似理论进行了研究。他们研制成功专用的直线电机用作动力源，与国外广泛采用的液压或气动、凸轮及曲柄连杆传动相比较，其特性更能较好地符合人体的生理特性，它可灵活地由计算机直接调控，在技术上是一个突破。为满足与生理条件相似的要求，心室和主动脉管是按照人体的器官形状用弹性透明硅胶制成的，便于调节黏弹性特性，保证了几何相似、运动相似和动力相似。还可以进行动态流场的观察和测量。运行时由计算机直接控制，输入与生理条件相似的心室容积变化曲线，直线电机按此曲线推动血流流动，可调节特性阻抗和黏弹性，因此满足了血流动力学模拟试验要求，性能稳定。

该装置通过了国内外专家参加的技术鉴定。“鉴定委员会认为清华大学生物力学研究室研制的人工心脏瓣膜动态流动试验装置，属国内首创达到了国际先进水平，且在装置的相似性、性能稳定性和调节性能方面在世界上处于领先地位。”“鉴定委员会认为，清华大学工程力学系生物力学研究室，圆满完成了他们接受的六五攻关任务，满足了国家的急需，这项工作的完成为我国人工心脏瓣膜质量检测标准的建立，人工心脏瓣膜产品质量控制，现有人工心脏瓣膜的技术改进以及新型人工心脏瓣膜的研究设计提供了一个可靠的基础，这必将大大推动我国人工心脏瓣膜技术的发展，从而产生良好的社会效益和经济效益。”

1986年11月应美国卫生部FDA的邀请，该装置参加了“心脏瓣膜性能试验的国际比较试验计划”。试验装置投入了批量生产，产品装备了中国药品生物制品检定所，用于检测鉴定国内外申报上市的人工心脏瓣膜；装备了北京、上海、广州、西安、湖南、深圳等地的研究和生产单位；出口美国CMI等瓣膜公司和日本早稻田大学人工器官研究室。席葆树还参与了中国人工心脏瓣膜技术标准的制定。

（四）研制成功人工心脏瓣膜疲劳寿命试验技术与装置

病人依靠植入体内的人造心脏瓣膜维持生命，从一定意义上说，瓣膜寿命决定着病人寿命，因此瓣膜的寿命是病人和医生十分关注的问题。在体外模拟进行人造心脏瓣膜的疲劳寿命试验，一直是科学家研究的课题。

从工程力学看，一个零件在一定受力荷载的频繁作用下会因疲劳而损坏。体外模拟疲劳寿命试验就是快速测定瓣膜的寿命，因此试验必须比正常心率加速10～20

倍。国外一直采用跨瓣压差作为准则进行加速试验，ISO、FDA 的检测标准规定在跨瓣压差为 100mmHg（1mmHg=133. 32Pa）状态下进行加速试验，这与生理的情况相差很远。席葆树等分析后认为不应以跨瓣压差为准则，而应以瓣膜实际受力状态为试验准则。他们研制了试验装置和专用测力传感器，证明了自己的观点。他们提出的试验准则是人工心脏瓣膜在体外模拟检测其疲劳寿命时，应使瓣上所受荷载与生理条件下相似，作为主要控制条件。

该课题列入国家七五科技攻关项目，为此研制了一台人工心脏瓣膜疲劳寿命试验台，在七五攻关成果展览会上作为获重大成果展出。之后进行产品化，装备了国内药品检验所和一些研究单位和生产厂。日本早稻田大学和一些美国瓣膜公司都购买了该产品。

人造心脏瓣膜虽小，但关系着人的生命，涉及许多复杂的生物力学问题。席葆树等对生物材料的蜕变特性，对瓣膜金属支架在设计制作、疲劳寿命试验等方面也进行了深入研究，并且制成了心脏瓣膜瓣架疲劳寿命试验装置。他们还研究了机械瓣膜因设计不好在关闭时产生的“空化”效应，长期使用导致机械瓣膜失效的“空化”机理。

(五) 发明了射流式气流强声源

传统声学是在小振幅线性范围作为信息传递来研究的，已经发展到了很成熟的地步。近年来发展起来的强声学是大振幅、非线性、作为能量传递来研究的，并形成了专门学科——强声学或声能学。强声学在很多领域有广泛的应用前景，强声学的关键技术是强声源，国内外科学家多年研究，至今无重大突破，因此限制了强声学的实际应用。席葆树发明的射流式大功率气流扬声器声源，在原理和技术上是一个突破。自 20 世纪末，十几年来他夜以继日，不畏险阻，开拓创新，致力于强声源的研究，在该领域的许多应用方面走在世界的前列。

1. 世界上最大的广播喇叭

走进厦门战地观光园，会看到一个直径 3m、长 5m 的大喇叭，被称为世界上最大的广播喇叭，即海峡两岸对峙时曾用于隔海广播的大喇叭，现在作为历史见证放在园中展览。它是席葆树在 1984 年研制成功的。

1982 年 3 月，席葆树受中国人民解放军总政治部委托，开始了强声源的研究。部队来人说，现有对台广播喇叭声音达不到对岸，要求他完成改造现有设备的任务。他发现原来采用的调制发声方案是仿效美国 Ling 公司产品的方案，它用一个环形调制阀来调制气流的通流面积，产生脉动压力波而转换成声波，这种调制方式容易被气流中的灰尘微粒卡住，寿命很短，常常一篇短文没有播完发音头就坏了，而且气声转换效率低，频响范围窄，高频上不去，清晰度差，很难用于实际广播。

席葆树根据流体力学的射流原理，提出了一种新的调制气流发声原理，即采用调制一股高压环形射流，用电信号推动调制环改变高压射流的方向，将高压射流按电信号调制成强声波。原方案转换效率只有8%～10%，而这种新方法没有摩擦、不会卡住，转换效率可达20%～30%，从而减少了气体消耗。单个发音头的发声功率可达2万声瓦（相当于普通喇叭的电声功率10万瓦），调制部件用钛合金制成，重量轻，强度高，播音清晰度高。高频范围可达3000～4000Hz，在12km处可以清楚地听到播音内容，其无故障工作时间可达100小时。广播喇叭采用高压空气为气源，整套装置体积较小，安装于汽车上，满足大范围长距离广播的要求，是强声源技术的一个突破。

这套强声源系统还能应用于城市防空报警，海啸、地震、防洪的灾害预警等许多领域。因为战争和灾害发生后，电网和通讯网络可能首先遭到破坏，使得难以发布信息。如美国旧金山和洛杉矶大地震后，6小时信息中断，而震后如果及时进行有效指挥和安抚工作，会大大减少损失。所有这些场合都需要向大范围发出语音报警信号。而这套系统用柴油机带动空气压缩机工作，无需电网。席葆树曾向中国国际减灾委员会和北京市建议，在北京饭店屋顶上安装这种大功率强声预警广播系统，他的建议被采纳。1997年春节北京市禁放鞭炮，城市显得冷清，有人建议让市民在春节除夕夜都能听到新年的钟声。那年除夕午夜12点，108响悠扬悦耳的钟声回荡于北京夜空，为市民带来了新春的祝福。它正是设在北京市内的3套大功率强声广播系统发出的。次日反馈回的收听情况表明，在清华大学主楼顶上的一套系统，其声音有效覆盖范围达40km^2。

2. 强声波消雾

大雾可引起连环车祸事故，致使高速公路关闭，甚至使机场关闭，经济损失巨大。这促使国内外的科学家研究各种消雾办法，但至今也没有实用可行的办法。雾分冷雾（0℃以下）和暖雾（0℃以上），都是15～20μm以下的微小水滴悬浮于大气中，使能见度降低。席葆树进行了强声波对两项流的作用研究，证明在强声波作用下，微小水滴在流体动力作用下相互碰撞可形成较大的水滴，随后降落，从而提高能见度。实验室消雾试验台的结果表明，消雾效果非常好。1999年4月，在中国气象局庐山云雾试验站的协助下，用两辆加长卡车配装的一套消雾试验装置，在庐山顶上进行实地消雾试验。在一片开阔地，原来能见度只有 50m，十分钟后已能看见 400m 处山上的树木。

3. 强声源机场驱鸟

当今世界，一方面由于飞机越来越多、越来越大，速度越来越快；另一方面由于人类保护鸟类和生态环境意识的增强，在同一蓝天，鸟与飞机相撞几率增加了。仅美国每年就发生 4000 多起鸟撞事故，损失 3 亿 ~5 亿美元。鸟撞事故频发使飞行安全受到巨大威胁，引起世界各国重视，成立了“国际鸟撞委员会”，每年上、下半年分别在欧洲和北美召开两次世界大会，交流防止“鸟撞”的技术与经验。中国近年来也因鸟撞事故增多，花巨资进口了大量驱鸟设备，但由于鸟很快适应而不起作用。

席葆树研究发现各种鸟的听觉器官都有一个敏感的频率范围，如果发出的强声波的频率段含有该种鸟类敏感的频率，长时间强烈刺激鸟的听觉神经，鸟会感到难受而飞走，从而达到环保而不伤害鸟类但最终能驱走飞鸟的目的。按照这个思路研发出具有中国特色的驱鸟车，这种驱鸟车已经装备了中国几十个机场。

2000 年 8 月 8 日 ~10 日，席葆树应邀在美国明尼苏达州明尼阿波利斯机场召开的国际防治鸟撞驱鸟大会上作了报告，并在该机场进行了实地演示，引起与会各国代表的极大兴趣。大会主席专门写了一段评语：“你们的报告是最好的一个报告，你们的演示最吸引人。”

三、严谨治学身教育人，坚持科学实验基础上的科技创新

席葆树是一位科学实验的实干家、科技创新的闯将。在清华大学和同行中，他的顽强攻克难关的精神是出了名的。在他的一生中经常遇到国内外都没有解决的难题。他的科研成果证实了他给自己定的目标“要搞就要争取世界第一”。

席葆树的顽强源于自信，自信来自博学，博学源于他对科学的兴趣和勤于思考，以及善于向书本、实践和他人学习。任何实际问题都是复杂的、多学科的。他的知识面很宽，当进行科学研究和实验时，不论问题属哪个学科，总要从理论上仔细分析，搞清问题本质，抓住主要矛盾，然后再寻找解决方法。由于他的动手能力很强，他所设计和亲手制作的零件和装置的精密和巧妙，常常令其他教授和高级技工折服。他解决问题的思路广，方法多且巧，态度严谨、一丝不苟，一些很棘手的问题他也能迎刃而解。

席葆树曾随国家科学技术委员会“中国生物医学工程考察团”和中国医学科学院黄家驷院长到美国和德国考察，他看到国外取得的世界先进水平成果无不与科研人员在实验室中亲自动手进行创造性工作有关。在美国国立卫生研究院和慕尼黑大学的实验室里，他看到有机械加工工具，主人告诉他，做试验时某些零件如能自己亲自动手做，就能很快出新成果。席葆树认为，中国自主创新的原创产品少，可能与我们的社会观念和高等教育重理论轻实践有关系。

席葆树说“创新是民族的灵魂，科学实验是创新的重要基础”。他认为，实验的目的不只为重复已知结论，重要的是发现新问题、观察新现象、得出新结论。严谨是他能攻克难关，取得成果的关键。他对学生的实验要求很严，一个实验必须多次反复、细心测量，因为疏忽会造成错误结论；实验数据和结果必须能重复，否则不能发表。如他研究中医脉象时发现血管在外加压力后会振动，就设计了血管模型和试验装置，进行压塌管的模拟试验，发现所得结果与国外学者的结果不一样，他们只有一个峰，而席葆树得到的是两个峰。于是又指导学生进行重复试验，仍然不一样，他又做了一套装置亲自试验，找出不一样的原因，原来是装置调节压力很稳定，因此可以出现两个峰。又进行理论分析后，才将结果发表在《中国科学》上。

席葆树对自己的学生、硕士生和博士生提出了严格要求：第一，论文题目必须要有创新点；第二，试验装置和测量方法和仪器一定要有自己设计并亲自动手制作的部分，这样才能使学生得到全面的培养，打下独立工作能力和创新能力的基础。

席葆树十分重视实验室和实验队伍的建设。在校系都无经费的条件下，1985 年他以出让科研成果所得，率先建成“生物力学研究室”小楼。他曾连续三届被选为教育部主管的《实验技术与管理》杂志的主编。“文化大革命”后，他发现某些学校受市场经济影响将实验室设备处改成了公司，由于实验室人员地位低、待遇低，很多人离开了实验室，普遍对实验室工作不重视。为了扭转社会上存在着的对实验室的错误看法，他以编辑部的名义多次组织各地学校的实验室领导和专家召开研讨会，讨论实验室在高校的地位、对培养学生创新能力的重要作用，实验技术人员的职称、待遇等问题，并在杂志上发表文章指出“高等学校实验室是出人才、出成果的基地”。他曾多次用自己科研经费的结余资助杂志召开研讨会。在他担任清华大学实验室工作委员会副主任期间，为了让实验室工作人员创造的成果得到肯定和公平对待，建议每两年评选一次实验技术成果奖，当得知其与教学成果奖的奖金不一致时，他又用自己的研究经费来弥补奖金的差额，因此在高校实验室中引起了很大反响。

四、席葆树主要论著

Xi B S, Ding Q M, Zu P Z, et al. 1983. Simulated test for palsatile flow of artificial heart valve// Fung Y C. Biomechanics in China, Japan and U S A.

陶祖莱，丁启明，席葆树 . 1984. 可瘪管定常流动突变 . 中国科学（A），(12)：1128-1138.

Pei Z H, Xi B S, Hwang N C. 1985. Wall shear stress distribution in a model human aortic arch: Assessment by an electrochemical , technique. Jour Biomech, 18 (9): 645-656.

陶祖莱，席葆树 . 1986. 可瘪管定常流动的若干新现象 . 中国科学（A），(9)：964-974.

陶祖莱，丁启明，席葆树 . 1987. 可瘪管定常流动自激振荡 . 力学学报，19（S1）：218-224.

席葆树，裴兆宏，祖佩贞，等 . 1992. 人工心脏瓣膜脉动流检测技术研究 . 第四次全国生物医学工程学术会议论文汇编，北京 .

席葆树，祖佩贞，裴兆宏，等 . 1992. 脉搏波模拟实验研究 // 中医学工程研究与应用 . 北京：中国中医药出版社 .

席葆树，裴兆宏，祖佩贞，等 . 1993. 人工心脏瓣膜体外加速疲劳试验问题 // 生物力学进展 . 北京：科学出版社 .

席葆树 . 1996. 生物瓣膜瓣叶的生物力学试验方法 // 生物力学新进展 . 成都：成都科技大学出版社 .

姬忠礼，席葆树，祖佩贞 . 1998. 驻波管型正弦波压力发生器的特性研究 . 宇航计测技术，18（2）：55-59.

贺照明，席葆树，朱克勤，等 . 1999. 减速运动活塞表面空化的可视化研究 . 实验力学，14（3）：309-315.

贺照明，席葆树，朱克勤，等 . 1999. 减速运动活塞表面压力计算及空化初生预测 . 清华大学学报（自然科学版），39（11）：54-57.

孙克利，席葆树，蔡国友，等 . 1999. 交变应力作用下烟草细胞热力学相行为的研究 . 生物物理学报，15（3）：579-583.

席葆树，许宏庆，周礼慰，等 . 1999. 强声条件下管道气体流动特性的研究 . 流体力学实验与测量，13（1）：19-24.

吴嘉，席葆树，许宏庆 . 2000. 强驻波声场对微小颗粒群作用的实验研究 . 流体力学实验与测量，14（2）：49-53.

He Z M, Xi B S, Zhu K Q, et al. 2001. Mechanisms of mechanical heart valve cavitation investigation using a tilting disk valve model. Jour Heart Valve Dis, 10 (5): 666-674.

Wu J, Xi B S, Xu H Q. 2001. Turbulence in super-high intensity standing wave field. Jour Exp Fluid Mech, 2: 85-91

侯双全，吴嘉，席葆树 . 2002. 低频声波对水雾消散作用的研究 . 流体力学实验与测量，16（4）：52-56.

吴嘉，席葆树，许宏庆 . 2002. 高强声下驻波声流特性的实验研究 . 声学学报，27（1）：23-26.

Zhao H C, Wu J, Xi B S, et al. 2002. Effects of sound-wave stimulation on the secondary structure of plasma membrane protein of tobacco cells. Colloid Surface B, 25: 29-32.

主要参考文献

俞国宁 . 1993. 他始终瞄准世界先进水平——记人工心脏瓣膜性能体外检测技术与装置的创建者席葆树教授 //

楼兆美 . 科学之星——在科学基金资助下坚持攀登、创新的人们 . 北京：海洋出版社：12-15.
吴翘哲 . 2000. 为我国核试验做出默默奉献的清华人——记力学系席葆树教授研制成功核试验场冲击波动压测量系统 . 清华校友通讯，复 41：124-126.
吴翘哲，王珊 . 2001. 大喇叭的故事——记席葆树教授发明射流式气流扬声器//《攀登与奉献》编委会 . 攀登与奉献——清华大学科技五十年（上）. 北京：清华大学出版社：174-181.
核武器效应试验史编委会 . 2002. 六、团结协作唱新歌——记研制新型冲击波动压测量系统//大西北大戈壁大事业——中国核武器效应试验风云录 . 北京：海潮出版社：281-286.

撰写者

苗日新（1934～），山西天镇人。清华大学航天航空学院教授（退休），曾在席葆树任主任的流体力学实验室工作，曾任工程力学系副主任，主管实验室工作。

张兆顺

张兆顺（1935～），上海人。流体力学专家。1957年1月提前毕业于交通大学（现上海交通大学）造船系，同年2月就读于中国科学院和清华大学合办的第一届工程力学研究班。1959年毕业后，在清华大学工程力学数学系任教。1978年通过教育部英语考试，选拔出国进修。1979年10月起在英国南安普顿大学航空航天系研究湍流相干结构，1981年12月通过博士论文答辩，随即回国。1982年起，继续在清华大学工程力学系流体力学教研组任教，创建湍流实验室并开展湍流理论、实验和数值模拟的研究。在湍流相干结构的理论模型，曲壁相干结构的流动显示，槽道和圆管湍流的直接数值模拟，标量湍流，湍流大涡模拟的亚格子模式等方面有独创性贡献。1986年起当选中国力学学会理事，连任3届，曾任副秘书长、常务理事、流体力学专业委员会主任等职。曾任国际杂志《流动，湍流和燃烧》编委，湍流剪切流现象、湍流和传热传质会议等国际学术会议的科学委员会委员。

一、在新中国成长的知识分子

张兆顺1935年10月5日出生于上海市。父母都受过中等教育，父亲在英商公司任职，母亲相夫教子。他是家中最小儿子，从小在父母和两位兄姐呵护下长大，属于听话的乖孩子。

从记事起，张兆顺童年是在日寇占领的上海度过的，生活每况愈下，从家有余粮的小康境况到入不敷出、靠排队买户口米（一种掺有石子和老鼠屎的碎米）度日的穷困生活。因此对日寇侵华的记忆十分深刻，童年时亡国之耻成为他日后读书的动力。抗日战争胜利以后，家境逐渐好转，但是目睹国民政府的腐败，亲历通货膨胀、民不聊生的旧中国，对国民政府没有好感。

新中国成立后，张兆顺进入高中学习阶段，考入上海市私立南洋中学住校学习。南洋中学是一所历史悠久的学校，远离闹市，环境优雅，师资雄厚，有很好的物理、化学和生物实验室以及藏书丰富的图书馆。著名作家巴金、摄影家郎静山等曾就读于南洋中学。高中阶段，他喜好数理化和英语，成绩在同年级名列前茅，语文中等，体育只是及格。课余时间他常常在图书馆阅读英语和数理化书籍，养成自学的习惯。高中毕业时，张兆顺的兴趣是学习物理，希望报考北京大学的物理系，父母认为学工科前途更好，听从父母的意见他考入交通大学（现上海交通大学）造船系。

新中国成立初期，大学是免费的，吃饭也不要钱。1953 年朝鲜战争结束，国家强盛，物价稳定，经济蒸蒸日上。这一时期的大学教育，除“学苏”有点片面性外，政治气氛比较宽松，学生学习勤奋。四年的大学生活是轻松愉快的，无论是学习成绩好还是差的同学，都满怀信心地立志为新中国建设做贡献。

张兆顺为人谦和，乐于助人。当时班上有一位调干生，参加土地改革后直接保送交通大学，学习上有困难，班主任派张兆顺“一帮一”。张兆顺热情地与他一起复习，辅导他完成作业，每学期结束，这位同学都能顺利通过考试。1956 年国家号召向科学进军，全班向系里推荐张兆顺为学习标兵，在刚成立的上海造船学院介绍学习经验。

1957 年初春，张兆顺被保送到由中国科学院与清华大学合办的工程力学研究班，这是老一辈力学家钱学森、钱伟长和郭永怀等根据国家科技发展规划建议创办培养力学人才的重大举措。在力学班，他选择流体力学，因为他觉得流体力学更接近物理。力学班讲课教师都是著名的力学家，钱学森先生讲授水动力学，钱伟长先生讲授应用数学，郭永怀先生讲授流体力学，杜庆华先生讲授弹性力学，郑哲敏先生讲授分析力学，还有许多著名力学家在力学班授课。在国家向科学进军的号召和名师的教导下，力学班的年轻教员和学生勤奋学习，经常读书、做作业到深夜。虽然 1957 年夏季开始的“反右运动”和 1958 年的“大跃进”影响了原定的教学计划，班主任钱伟长先生因被打成右派而革职，但继任的班主任郭永怀先生尽量坚持原有教学计划，因此第一届力学班的学员完成了扎实的基础课程学习。名师的严谨治学风范和扎实的基础课程培养了一批新中国的力学人才，他们几乎都成为新中国力学教育和科学研究的带头人或骨干。

力学班毕业后，张兆顺留在清华大学工程力学数学系流体力学教研室任教。当时，清华大学力学系流体力学专业的师资比较薄弱，除了由总支书记（副教授）兼任的主任外，都是清一色第一届力学班的毕业生。这样一批朝气蓬勃、平均年龄 25 岁的年轻人，兵分三路：建设教学风洞、准备讲课、接受几校合作的“上天”科研任务。最初一两年，流体力学的教学实验到北京航空学院去做，流体力学专业课程也请北京航空学院的教授来讲授，但是经过两年时间的奋斗，流体力学教学实验课开出来了，主要的流体力学专业课也由这批年青助教担任。张兆顺担任流体力学课程的讲员，由于没有教学经验，不懂得精心备课，以为自己学过的东西讲出来就可以了。第一学期的教学效果很差，几乎被学生赶下讲台。系领导鼓励他继续努力，并请有经验的老师指点备课的要领。从第二学期起，教学效果很快好转，直到 1966 年“文化大革命”开始，张兆顺一直是流体力学的主讲教员。1960 ~ 1963 年的三年经济困难时期，学校减轻师生负担，教师的业余时间较多。张兆顺利用这段时间读完五卷 B. N. 斯米尔诺夫的《高等数学》和一批流体力学的经典名著，这些为日后他从事教学和科研打下更好的基础。到“文化大革命”开始以前，流体力学教研组的教员已经开出所有的专业课和低速、高速的流体力学实验，并开始承接科研任务。遗憾的是，“文化大革命”暂时中止了流体力学专业发展的势头。幸而 1976 年粉碎“四人帮”，教育事业重新走上正轨，曾在“文化大革命”中分成两派的教工推举张兆顺担任教研室主任，他首先带领部分教职工恢复实验室，因为被破坏的实验室需要花很大力气才能恢复。不久，国家改革开放的步伐加快，要选派一批教师出国进修，张兆顺有幸被推荐参加教育部的英语考试，凭借他高中英语的基础和经常阅读英文资料的积累，他通过国家英语考试，选派到英国深造，从此，又开始了他事业中新的一页。

二、知难而进，执着于湍流研究

1979 年 7 月，张兆顺和第二批赴英进修的学者到达伦敦。在出国前，他准备进修湍流，这是当时流体力学研究热点之一，也是他所喜爱的学科。他申请到剑桥大学进修，到 G. K. Batchelor 教授那里研究湍流。到达伦敦后，他获知可以有两种选择：G. K. Batchelor 教授表示他已不做湍流，如果愿意去剑桥大学，可以和其他教授一起研究；另外，南安普顿大学航空航天系的 G. M. Lilley 教授表示欢迎他去做湍流相干结构的研究，所以他在伦敦就决定到南安普顿大学进修。

在爱丁堡大学经过 10 周的英语口语和写作培训，1979 年 9 月底，张兆顺到南安普顿大学开始了他的湍流研究。

（一）提出一种湍流边界层相干结构的理论模型，取得博士学位

G. M. Lilley 教授第一次和张兆顺见面时，他希望张兆顺研究湍流边界层相干结构的理论模型。当时湍流相干结构的研究很热，实验结果很多，但是还没有能够解释维持相干结构的理论。G. M. Lilley 教授知道中国访问学者的期限是 2 年，问张兆顺是否有兴趣在 2 年完成研究工作的同时，取得博士学位，并说不久前台湾成功大学一位姓孙的学者，用 2 年取得了博士学位。G. M. Lilley 教授认为大陆去的学者应

当也有能力 2 年取得博士学位。张兆顺应当为国争光，他征得中国驻英使馆教育处的同意，注册了博士研究生。

湍流相干结构是湍流研究中新的前沿课题，张兆顺出国前参加过周培源先生组织的湍流讨论班，知识范围限于经典湍流理论，对于湍流相干结构只是出于好奇，读过几篇综述性文章。在英国做研究生，导师只给一个大方向，具体论文的选题要博士生自己提出。这对于一个只有湍流入门知识的学者，实在是十分艰难的。想到在国家经济还不富裕的条件下，派出来学习很不容易，国内同事和领导又寄予很大希望，他拼命也要完成进修任务，在 2 年内完成博士论文。在英国进修的第一年，他每天一早到办公室，直到晚上 10 点图书馆闭馆才回住所。中午在图书馆买一杯咖啡和面包，经常会工作到头顶感觉发热。大约在 3 个月里精读了四五十篇关于湍流相干结构的文章，了解研究动向、热点问题和相应的研究方法。在初步了解后，他提出用稳定性理论研究湍流相干结构，这一想法得到 G. M. Lilley 教授的赞同。接下来的任务更为繁重，需要有具体计算结果来证实理论的正确与否。张兆顺在国内没有微分方程数值解的实践经验，也没有学过 Fortran 语言。于是，他看数值计算的书籍，学习数值计算方法；同时自学 Fortran 语言，从编写简单程序开始，在计算机房中，一边看书，一边操作，实在不懂，向周围终端桌的朋友请教（不论是认识还是不认识的），不到一个月的时间，学会编制 Fortran 语言的程序和终端操作。

接下来半年多的研究是攻坚战，张兆顺比较了各种研究方案，提出用共振理论解释相干结构。结合当时流动稳定性研究中的两种新理论：三波共振和直接共振理论，在线性分析的基础上，探讨可能的共振条件和寻找能解释相干结构的理论。终于在 1980 年夏季，得到初步结果，可以用直接共振来解释湍流边界层相干结构的条带生成和自维持机制。初步结果投稿 1981 年夏天在美国召开的国际湍流剪切流会议（International Symposium on Turbulent Shear Flows），这是当时湍流界规模最大的学术会议。1981 年春天，完成会议录用的论文，同时也撰写了博士论文初稿。驻英使馆教育处提供张兆顺赴美参加国际湍流剪切流会议的一切费用，他于 1981 年 9 月到达加利福尼亚州戴维斯市参加会议。论文由导师 G. M. Lilley 教授宣读，得到与会专家的好评，他们的论文被大会推荐为优秀论文，经补充后全文发表在大会论文的选集 *Turbulent Shear Flows* 3 中，由 Springer-Verlag 出版社于 1982 年正式出版。

1981 年 12 月中旬，张兆顺通过博士论文答辩，随即于 12 月下旬回国，1982 年 4 月，南安普顿大学授予他博士学位。

（二）迎难而进，创建清华大学湍流实验室

回国以后，张兆顺希望继续研究湍流相干结构。但当时清华大学流体力学专业

没有其他湍流研究人员，另外，科学研究的经费需要自己去争取。在一无人员、二无经费条件下，怎样开展属于基础性的湍流研究工作是很大的难题。当时有些中学和大学的同窗好友劝他不要去啃湍流的硬骨头，恐怕会一事无成。也许是刚从国外归来，踌躇满志，更重要的是他喜欢湍流研究，张兆顺决定从零开始，知难而进。恰好 1983 年国家开始设立自然科学基金，支持基础研究。张兆顺以讲师身份请陆士嘉、卞荫贵两位先生推荐申请第一批自然科学基金，有幸获得三万元的资助，这在当时已属高额的资助。

张兆顺的博士论文是理论研究，但他知道探索湍流奥秘，实验是基础，他利用第一笔资金筹建湍流实验室。在一年时间内建成了一台长达 10 余米的直槽和弯槽的湍流实验装置。在这台实验装置上，用氢气泡显示，获得了清晰的凸面和凹面近壁湍流的条带结构，在国内外均属首次。1986 年在东京第三届亚洲流体力学大会上，张兆顺做了分组主题报告，会后报告全文发表在印度科学院杂志 *SADHANA*（1987）上。由于第一次自然科学基金任务完成出色，张兆顺连续得到自然科学基金的资助，实验室设备得到不断更新，自己设计研制了粒子图像跟踪测速装置，以后还和他的同事们及一位韩国博士后一起制成浓度测速计（由浓度场灰度计算流场速度）。他还根据国内科研需要，研究了湍流风浪生成机制，并协助林同骥、钱令希两位先生组织了自然科学基金重大项目“海洋工程中若干力学问题”，并承担湍流风浪生成机制和预报的研究，在项目验收时，重大项目和风浪研究课题均被评为优秀成果。在此期间，张兆顺带领研究生和技工设计、建造了长达 20m，截面积 1m×1m 的风浪水槽。

有了实验室和经费，不断有研究生参加工作；研究队伍逐渐扩大，1986 年湍流实验室正式列入清华大学工程力学研究所的编制。清华大学湍流实验室和北京大学、天津大学的湍流研究机构成为国内三支很有影响的队伍，周恒先生发起并和张兆顺、是勋刚一起两次申请自然科学基金重点项目，都得到资助（第二次申请时，是勋刚同志已过世，没有参加）。

（三）开展直接数值模拟，研究湍流机制

20 世纪 90 年代初，计算机技术迅速发展，性能不断提高，国外应用计算机直接模拟湍流现象发展很快。张兆顺敏锐地察觉到直接数值模拟和实验相结合是有效的研究途径，于 1992 年开始了湍流直接数值模拟的研究，并陆续取得了国际上有影响的成果。

1. 建立国内第一个槽道湍流的直接数值模拟数据库

虽然计算流体力学并不是张兆顺的强项，但是为了深入湍流研究，他研究、比较了各种数值方法，决定从比较精确的谱方法数值计算入手，他指导研究生开发了计算程序，利用国际合作条件在荷兰代尔夫特理工大学（Technishe Universiteit Delft）完成计算，建立了有100时间步的槽道湍流的数据库。该数据库不仅是清华大学湍流实验室研究湍流的资源，还无偿提供给国内其他单位使用。

2. 发现近壁湍流的强脉冲现象

1995年张兆顺的博士生许春晓在代尔夫特理工大学工作期间，利用直槽湍流直接数值数据库发现，近壁区法向脉动速度有很大的平坦度（称为强脉冲），这意味着近壁区湍流有很大的间歇性。研究论文投寄 *Physics of Fluids* 后，有一位德国著名的实验流体力学专家认为，计算结果不可靠，因为实验中从来没有测量到法向脉动的高平坦度。1995年，代尔夫特理工大学合作教授 Nieuwstadt 和张兆顺讨论数值结果究竟是否正确。张兆顺研究了以往国外专家的测量结果，发现所有测量结果在近壁区都作了数值过滤，因为他们认为近壁区壁面干扰很大，测量不准确，因此脉动大于某一阈值都被过滤掉。张兆顺将直接数值模拟数据按实验专家处理数据的方法进行过滤，结果和实测结果完全一致。于是证实了近壁强脉冲现象的存在，实验测量没有捕捉到强脉冲是因为他们把它过滤掉了。1996年，文章在 *Physics of Fluids* 发表后，反响很大。1998年美国湍流直接数值模拟专家 P. Moin 教授在 *Annual Review of Fluid Mechanics* 发表的综述文章中，高度评价这一发现，认为是湍流数值模拟揭示物理现象的重要范例，该论文多次被国内外同行引用，直到2010年依然有国外专家引用该文。

3. 揭示圆管流动转捩机制

圆管流动的转捩现象也是流体力学中的一个难题，因为圆管中的层流流动是线性稳定的，很难应用经典的稳定性理论来解释圆管流动的转捩。张兆顺指导博士研究生先后用数值计算模拟了强扰动和弱扰动情况下的圆管转捩现象。在强扰动情况下，圆管流动通过旁路转捩出现实验中可观察到的喷噗和塞流现象。在弱扰动情况下，圆管流动中扰动先经过代数增长，然后由于非线性相互作用，由层流演化到湍流。这两项研究先后在 *Journal of Fluid Mechanics* 上发表，无论是数值模拟方法，还是转捩结果的分析，都被国外同行广泛引用，直到2010年还不断被引用。

在直槽和圆管湍流直接数值模拟取得成功以后，张兆顺又利用直接数值模拟和理论分析，研究标量湍流和湍流大涡模拟的核心问题——亚格子模型，为复杂湍流的数值模拟做准备。

4. 发现湍流普朗特数随分子普朗特数变化的关系

湍流普朗特数是湍流数值模拟中常用的参数，通常认为它和分子普朗特数无关。张兆顺和他的同事及研究生在标量湍流的直接数值结果中发现，湍流普朗特数和分子普朗特数的倒数成正比。这一发现对于建立标量湍流模式有指导性意义，文章于 2002 年在 *Physics of Fluids* 和国际会议上发表，得到国内外专家的重视，被多次引用。

5. 建立湍流大涡模拟的理性亚格子模型

迄今为止，绝大多数湍流大涡模拟亚格子模式建立在唯象论（或称半经验性）的基础上。张兆顺和他的国内外同事及研究生从 Kolmogorov 方程出发，建立了确定亚格子涡黏模式系数的理性模式。该模式在各向同性湍流，槽道湍流的计算中优于目前广泛应用的动力模式，而计算量则小于后者；而在均匀旋转湍流中则是远优于不能正确预测衰减特性的动力模式。这一新型模式先后发表在 *Physics of Fluids*（2004，2005）和 *Journal of Fluid Mechanics*（2007）上，引起国内外学者的重视。法国湍流专家 P. Saguat 教授在他的专著 *Large Eddy Simulation for Incompressible Flows: An Introduction*（2008）中专门有一节介绍这一新模式。

（四）永不放弃，一生无悔

湍流无疑是流体力学乃至物理学中的难题之一，可以预料，近期未必会有工程应用上十分满意的模型和物理上清晰、完美的理解。2001 年张兆顺办理退休手续后，摆在他面前的选择是，继续探索湍流的奥秘，还是做些力能所及的轻松工作，或是休闲养身。在同事们的鼓励和邀请下，他决定继续探索湍流奥秘，争取为中国的科技事业做更多的贡献。他和同事修订了高等院校力学教材《流体力学》（张兆顺，崔桂香，清华大学出版社，1999），作为普通高等教育“十一五”国家级规划教材，重新编写《流体力学》第二版（张兆顺，崔桂香，清华大学出版社，2006），该书被国内众多高等学校采用，多次重印，供不应求。还和同事合作撰写研究生力学丛书《湍流理论与应用》（张兆顺，崔桂香，许春晓，清华大学出版社，2005）和专著《湍流大涡数值模拟的理论和应用》（张兆顺，崔桂香，许春晓，清华大学出版社，2008）。在湍流著作中，除了基础的湍流知识外，还包括了他和他的同事、学生们在湍流研究中的贡献。

在总结国内外湍流研究成果和他本人多年工作积累的基础上，张兆顺希望在有生之年在湍流研究方面还有所贡献。

三、重视基础课教学，坚持因材施教

1982 年张兆顺由英国进修回国后，继续担任流体力学教研室主任。他深知理论基础对于培养研究型人才的重要性，在他担任主任期间，提出一项规定，本科生专业基础课必须由教学经验丰富和学术水平高的教授担任，他以身作则和另外 2 位教授轮流担任流体力学课程的讲员，直到他退休。这一措施为清华大学流体力学专业毕业生打下坚实的专业基础。张兆顺还先后开设了流动稳定性和湍流两门研究生课程。

1983 年开始到 2001 年退休，张兆顺共培养 12 名硕士生，15 名博士生，指导 4 名博士后。这些研究生和博士后中，继续在流体力学领域工作的，无论在国内还是国外，都已是业务骨干，任教授或研究员，其中一位获得国家自然科学基金委员会杰出青年基金资助。

在研究生培养中，张兆顺的理念是“因材施教，严格要求，独立创新”。凡是报考他的研究生，他都询问他们的兴趣，尊重他们的选择。根据研究生的兴趣和特长，安排理论、实验或数值模拟的课题。在培养过程中，除了以身作则的严谨治学态度外，着重要求学生扎实的理论基础、独立创新能力。他领导的湍流实验室每周一次研究生讨论会，研究生可以汇报一周进展，也可以提出新的想法。

张兆顺经常引用韩愈的《师说》和《进学解》教导学生和自勉。在阅读湍流书籍和文献时要求学生养成良好的读书习惯：“记事者必提其要，纂言者必钩其玄。”他要求学生自始至终有敬业精神：“业精于勤，荒于嬉。行成于思，毁于随。”他常告诫学生：“弟子不必不如师，师不必贤于弟子。闻道有先后，术业有专攻，如是而已。”鼓励学生超越自己，在和学生讨论时都以平等的态度交流。张兆顺这种亦师亦友的作风，深得学生尊重和喜爱。

四、积极开展国际合作和组织国际学术会议

1990 年起张兆顺积极参加国际会议，建立国际合作关系。先后和荷兰代尔夫特

理工大学流体力学实验室，法国里昂中央理工大学（Ecole Centrale de Lyon）流体力学和声学实验室和韩国高等科技学院（Korea Advanced Institute of Science and Technology，简称 KAIST）机械系等建立合作关系。在国际合作中遵循双方对等的原则，资源和成果共享，知识产权共有。在合作中，他与国外合作者建立了良好的友谊，共同在国际著名杂志上发表了十余篇双方署名论文。

国际合作为张兆顺提供了学术活动的舞台。1998 年他应邀担任国际期刊 *Flow, Turbulence and Combustion* 杂志（SCI 收录）的编委；1999 年第一届国际湍流剪切流现象会议（前身是国际湍流剪切流会议）筹备过程和第一届国际湍流，传热和传质会议的筹备过程中，他应邀担任科学委员会委员。

为了扩大国内学者和国外同行进行学术交流的平台，1987 年，由中国力学学会发起并组织了国际流体力学会议（ICFM）[最初的会议名称是北京国际流体力学会议（ICFM-Beijing）]，张兆顺协助沈元先生和庄逢甘先生连续组织了 3 届 ICFM 会议。第一届会议上，国际著名学者 M. J. Lighthill（英国），M. Van Dyke（美国），J. Zierep（德国）和 H. Sato（日本）应邀作大会报告。这是一次国际上学术水平很高的流体力学盛会，当时的国家副总理方毅在北京饭店接见了国际指导委员会成员和邀请报告的科学家。

1990 年，张兆顺和日本湍流界的同行组织了中日湍流研讨会，第一届在清华大学举行，由张兆顺和日方 Y. Miyake 教授任主席。中日湍流研讨会成为中日湍流交流的平台，至今已举办 11 届。

五、张兆顺主要论著

Zhang Z S, Lilley G M. 1982. A theoretical model of the coherent structure of turbulent boundary layer in zero pressure gradient//Turbulent Shear Flows 3. Berlin: Springer-Verlag: 60-72.

Zhang Z S, Wang X L. 1987. Visualization and analysis of longitudinal voetices at curved walls of 2D laminar and turbulent channel flows. SADHANA-Acad P Eng S, 10: 377-387.

Zhang Z S, Cheng Z. 1989. Numerical study of turbulent flows over wavy boundaries. Acta Mech Sinica, 5 (3): 197-204.

张兆顺 . 1992. 关于湍流拟序结构的思考 . 力学进展，22：289.

Zhang Z S, Huang W D, Shan H. 1993. Particle tracking method for measurements of turbulent properties in a curved channel. Appl Sci Res, 51: 249-254.

Xu C, Zhang Z, den Toonder J M J, et al. 1996. Origin of high kurtosis levels in the viscous sublayer. Direct numerical simulation and experiment. Phys Fluids, 8 (7): 1938-1944.

Shan H, Zhang Z S, Neuwstadt F T M. 1998. Direct simulation of transition in pipe flow under the influence of wall disturbances. Int Jour Heat Fluid Flows, 19: 320.

Zhang Z S, Ma B, Cui G X, et al. 1998. Flow patterns and dissipation of turbulent kinetic energy in near-wall turbulence. Chinese Sci Bull, 43: 117.

Shan H, Ma B, Zhang Z S, et al. 1999. Direct numerical simulation of a puff and an slug in transitional cylindrical pipe flow. Jour Fluid Mech, 387: 39.

Ma B, van Doorne C W H, Zhang Z S, et al. 1999. On the spatial evolution of a wall imposed periodic disturbances in pipe Poisouilli flow at Re=300. Part 1 Subcritical disturbance. Jour Fluid Mech, 398: 181.

Cui G X, Chen Y G, Zhang Z S, et al. 2000. Transportation of passive scalar in inhomogeneous turbulence. Acta Mech Sinica, 16: 21-28.

Hwang K S, Cui G X, Zhang Z S, et al. 2002. Quantitative visualization of the near-wall structures in a turbulent pipe flow by ICV technique. Exp Fluids, 32: 447-452.

Zhou H B, Cui G X, Zhang Z S, et al. 2002. Dependence of turbulent scalar flux on molecular Prandtl number. Phys Fluids, 14 (7): 2388-2394.

Zhou H B, Cui G X, Xu C X, Zhang Z S. 2003. Thin layer structure of dissipation rate of scalar turbulence. Sci China, 46 (2): 209-217.

Cui G X, Zhou H B, Zhang Z S, et al. 2004. A new dynamic subgrid eddy viscosity model with application to turbulent channel flow. Phys Fluids, 16: 2835-2842.

张兆顺，崔桂香，许春晓. 2005. 湍流理论与应用. 北京：清华大学出版社.

张兆顺，崔桂香. 2006. 流体力学. 第二版. 北京：清华大学出版社.

Cui G X, Xu C X, Fang L, Zhang Z S, et al. 2007. A New subgrid eddy-viscosity model for large-eddy simulation of anisotropic turbulence. Jour Fluid Mech, 582: 377-397.

张兆顺，崔桂香，许春晓. 2008. 湍流大涡数值模拟理论和应用. 北京：清华大学出版社.

Fang L, Shao L, Bertoglio J P, Cui G X, Xu C X, Zhang Z S. 2009. An improvement of increment model by using Kolmogorov equation of filtered velocity. Phys Fluids, 21: 065108.

主要参考文献

Bradbury L J S, Durst F, Launder B E, et al. 1982. Turbulent Shear Flows 3. Berlin: Springer-Verlag.

Moin P, Mahesh K. 1998. Direct numerical simulation: A tool in turbulence research. Ann Rev Fluid Mech, 30: 539-578.

Saguat P. 2006. Large Eddy Simulation for Incompressible Flows: An Introduction. Berlin: Springer-Verlag.

撰写者

传主本人

崔尔杰

崔尔杰（1935 ~ 2010），河北高阳人。空气动力学家。1999 年当选为中国科学院院士。1959 年毕业于北京航空学院（现北京航空航天大学）。曾到美国普林斯顿大学做访问学者和客座研究员。在航天飞行器动态气动力学，非定常流与流固耦合力学和工业流体力学的研究与应用上有突出建树，已成为学科领域的学术带头人。尤其是航天飞行器颤振、抖振、地面风载、动稳定、气动噪声、再入弹头滚动共振等专题研究，对运载火箭和中远程弹道导弹关键技术问题的解决贡献卓著。开拓军民两用技术，主持研制中国第一艘实用型地效飞行器。进入 21 世纪，作为“空天安全的若干重大基础问题”重大研究计划的技术负责人之一，推动空天工程科学领域包括非定常流、分离与旋涡、高超声速流、MAV 与低 *Re* 数流动、MEMS 与微流体及流固耦合交叉学科等前沿课题研究。发表学术论著 150 多篇（部），获五项部级科技进步奖二等奖，以及何梁何利基金科学与技术进步奖。历任中国力学学会理事长、中国空气动力学会副理事长、中国航空学会常务理事、中国宇航学会理事，《气动物理》主编，《实验流体力学》副主编，《中国科学》、《力学学报》、《航空学报》、《空气动力学报》、《实验流体力学》等刊物编委，国际理论与应用力学联合会（IUTAM）理事，亚洲流体力学委员会（AFMC）副主席，*Journal of Fluids and Structures* 和 *Journal of Mathematics and Mechanics* 编委。

一、成长经历

崔尔杰，1935 年 11 月 10 日出生于山东省济南市，2010 年 12 月 13 日在北京病逝。崔尔杰祖籍河北省高阳县。祖父行伍出身，早年曾参加同盟会，后专事石鼓钟鼎文字和书法研究。父亲毕业于法政大学，曾在政府任职，后在煤矿和印刷业工作。出身于文化家庭的背景，使崔尔杰从童年起就敬仰“学富五车”的先哲，懂得以知识广博为荣。在百年历史名校济南一中的六年时光中，泉城大明湖畔的山东省图书馆和汇泉寺、北极阁等至今仍让他念念不忘的文化名胜，都曾留下少年崔尔杰博览群书的身影。这些对于唤起他探索知识的欲望和兴趣，树立献身科学的远大志向产生了深刻的影响。

从小学到1953年高中毕业，崔尔杰始终品学兼优，以优异成绩考入北京航空学院飞机设计系。翌年，学业上的出类拔萃，使得他在赴苏联留学的选拔中榜上有名，他被派往北京俄文专修学校留苏预备部学习俄文。后因派出留学计划受阻，他又回到北京航空学院继续深造，专修空气动力学。1956年4月，他在北京航空学院光荣地加入中国共产党。1959年毕业后由国家分配到国防部第五研究院。从1959年起，历任工程组长、研究室主任、副所长、所科技委主任、中国航天空气动力技术研究院高级技术顾问。50多年来，一直在科研第一线，从事航天空气动力学关键技术的研究工作，解决了航天航空型号的大量动态空气动力学问题。

1980～1982年，崔尔杰作为访问学者被公派前往美国普林斯顿大学机械与宇航工程系，之后受聘担任客座研究员，专攻非定常流和流固耦合力学等前沿课题，取得了多项有技术创新的研究成果。

1982年起，崔尔杰担任国防科学技术工业委员会（现总装备部）气动专业组副组长和航天工业部（现中国航天科技集团公司）科技委气动专业组组长，直接参与航天空气动力学发展规划的制订，以及组织型号气动关键技术攻关与具体研究工作。1987年起，主持了作为航天工业部十大民品项目之一的全垫升气垫船的研制。1995年起，他兼任中国科技开发院地效飞行器开发中心主任和总设计师，成功地主持了中国第一艘实用型地效飞行器研制技术工作，推动了空气动力学从军用向民用的转移。1999年10月当选中国科学院院士。

崔尔杰诲人不倦，长期担任中国科学技术大学等多所大学的兼职教授，博士生导师。他在国内学术团体中担任过中国力学学会理事长、中国空气动力学会副理事长、中国航空学会常务理事、中国宇航学会理事等职务，为国内力学界、航空航天界的学术交流付出不懈的努力。他是《气动物理》主编、《实验流体力学》副主编，并且担任《中国科学》、《航空学报》、《力学学报》、《空气动力学学报》等学刊的编委。他还曾担任国际理论与应用力学联合会（IUTAM）理事、亚洲流体力学委员会（AFMC）副主席和*Journal of Fluid and Structures*、*Journal of Mathematics and Mechanics*杂志的编委。他是国家自然科学基金委员会数理学部专家咨询委员和评议组成员。

在50多年的科研实践中，崔尔杰成果累累，发表的学术论文和型号气动力学专题研究报告共计有150多篇。他多次立功受奖，1961～1963年分别荣立国防部第五研究院二等功1次、三等功2次。1987～1992年，5个科研项目分别获得航天工业部科技进步奖二等奖。1990年，航天工业部和国家人事部颁发证书，分别授予他部级、国家级“有突出贡献的中青年科技专家”称号，充分肯定了他在中国航天事业诸多研究领域做出的杰出贡献。2004 年获国家人事部、解放军总装备部和国防科学技术工业委员会颁发的“中国载人航天工程突出贡献者”奖章和证书。2005 年获得周培源力学奖。2006 年获得航天基金奖和何梁何利科学与技术进步奖。

二、航天飞行器气动关键技术攻关

1956 年 10 月 8 日，以钱学森为院长的国防部第五研究院宣告成立。正是在中国国防科研创业和发展的大潮中，崔尔杰跨进了新中国第一个为发展中国航天事业而建立的研究院的大门，开始了航天这一全新技术领域研究的长期经历。空气动力学作为航天技术发展理论基础之一的先行官，从一开始就扮演十分重要的角色。钱学森多次指示，“要以型号试验为中心”，“随时解决型号气动设计的具体计算问题”，非常明确地指出空气动力学的研究方向。针对弹道式导弹研制中要解决的包括结构动力学和环境方面许多既复杂又十分困难的问题，当时作为全面负责和领导中国火箭导弹气动力学关键技术攻关的庄逢甘，遵照钱学森关于气动研究为型号服务的指导思想，授命崔尔杰创建航天领域国内第一个非定常气动力与气动弹性研究工程组。虽然是初出茅庐，但在老一辈科学家的指引和帮助下，他勇敢地挑起了这副重担，为航天飞行器动态气动问题的研究制定了规划。他从 20 世纪 60 年代初期起，率先开展航天飞行器型号超声速颤振试验研究，解决了非定常流场和复杂结构的模拟、动态特性测量与分析、稳定性判定等技术关键。同时，在理论上建立和发展了弹性变形对控制系统影响和考虑气动干扰的复杂组合体颤振分析实用方法，为各类航天型号的气动设计提供了重要的技术支持。以后，又在大型运载火箭竖直发射和飞行中的风载和风致振动，跨声速抖振，飞行动稳定性和再入滚动共振等方面开展了大量研究工作，为保证型号研制和成功试飞起了重要作用。

尤其值得一提的是，为开展型号飞行故障分析（1973 年），由项目主持庄逢甘点将，崔尔杰担任风洞模型试验和模型带飞项目的负责人。在十年“文化大革命”的动乱岁月，他排除种种干扰，夜以继日坚持工作，通过对型号的静动态气动载荷分析，发现了导致飞行故障的直接原因并提出相应解决措施，得到设计部门的认可。

三、非定常流与流固耦合力学研究的学术创见

非定常流是现代空气动力学最活跃的研究领域之一。飞行器设计中高机动性能

的要求，使得非定常流的研究不仅有学科理论意义，而且在航空航天工程实践中有日益重要的应用价值。然而要在理论上取得突破并非轻而易举的事情，这是因为支配流体运动规律的数学方程已不再是线性的，使得问题的解决变得非常复杂和困难。20世纪60年代初，崔尔杰在非定常流研究方面的注意力主要集中于颤振、动稳定性方面的传统课题。到了20世纪70年代，研究方向进一步拓展。他敏锐地感到非定常运动对飞行器气动特性有举足轻重的影响，毫不迟疑地在这个气动力学的前沿领域开展新的理论探索。1989年，他在庄逢甘主持的“旋涡、激波和非平衡起主导作用的复杂流动”这一国家自然科学基金重大项目中担任学术领导小组成员，并在该项目中承担旋涡流动的特性及其控制等研究课题。其中，他完成的研究成果报告主要有《非定常分离与流动控制研究》、《非定常流中若干非线性问题的分析与模拟》（已收入1993年科学出版社出版的《现代流体力学进展》一书）、*Investigation of Unsteady Excitation Effects on Aerodynamic Properties of Airfoils*（*Chinese Journal of Aeronautics*，1991）等，其主要进步点在于通过有效地控制和利用分离与旋涡，以及通过对流场施加适当的非定常激励，充分利用流场的非线性效应，达到增升、减阻、大幅度提高气动效益的目的。这种认识上的转变必会带来飞行器设计概念和设计思想的重大变革。正如著名科学家庄逢甘远见卓识的预言：未来飞行器设计的改进在很大程度上取决于涡控制技术的潜在应用。

崔尔杰和童秉纲等合作的专著《非定常流与涡运动》（国防工业出版社，1993）中也比较系统地总结了他在非定常分离和流动控制、非定常增升机制、钝物体绕流旋涡脱落和尾迹等专题研究的创新性成就。当他在美国宇航学会（AIAA）、第18届国际航空科学大会（ICAS）和国际理论与应用力学联合会（IUTAM）大攻角空气动力等国际会议上宣读非定常流的研究论文时，受到与会国外同行专家学者的关注和称赞。

崔尔杰对学科前沿课题的专注不只是非定常流动，他预想到生产实践领域的扩大为力学应用开辟了更加广阔的天地，流固耦合力学因此而成为他主攻的另一个研究方向。流固耦合力学是研究流体与弹性体结构相互作用的一门力学新兴学科，在应用背景上，它覆盖了国防和国民经济建设的许多部门，如航空航天、流体机械、船舶工程、水利水电、能源交通、土木建筑、海洋工程等领域。由于这个学科在理论上和国民经济各部门工程实践中的重要性，因而国内外力学界极为关注，众多著名学者投身于这个研究领域。20世纪80年代初，他在美国逗留期间，发表了3篇研究论文，回国以后，继续从事该项研究。他发展了一种涡致振动的“非线性尾流振子模型”和“局部线性化”稳定性分析方法，可以较好地预示振幅非线性增长、滞回和分叉等非线性现象。他所完成的利用静不稳定方法产生柔顺壁进行减阻的研究成果，在学术上颇有新意，被美国 E. H. Dowell 和俄罗斯 M. Ilgamov 合作的专著 *Studies in Nonlinear Aeroelasticity* 大篇幅引用。*Journal of Fluids and Structures* 邀请他担任编委，对他在该领域的学术地位给予高度评价。

进入 21 世纪以来，崔尔杰负责国家自然科学基金重点项目“新一代空、天飞行器的流固耦合动力学问题研究”，面向新一代航空、航天飞行器科学设计需求和工程应用，以理论分析和实验相结合的手段，深入研究流固耦合非线性系统的动力学特性，气动伺服弹性系统建模和气动弹性主动抑制，充分揭示非线性、非定常、伺服控制和极端流速条件下，流固耦合物理现象的本质和作用机制，使流固耦合预示定量化和精细化，迈上新的技术台阶。国家自然科学基金委员会专家组对此项目研究成果的学术水平和工程应用价值给予很高的评价，《验收评议书》“一致认为项目组在非线性流固耦合、气动伺服弹性、中低速和高超声速下流固耦合等相关问题研究工作中取得了系统性、创新性的研究成果”，“对于提高新一代飞行器流固耦合预测能力具有重要的意义”。

四、风工程与工业流体动力学应用研究的开创性贡献

力学是服务于诸多工程技术领域的基础学科。在 20 世纪，应用力学获得空前的发展，其中最典型的当属空气动力学，它在解决飞行器设计和飞行中出现的科学技术问题过程中大大丰富了自身的学科内容。由于生产实践的推动，空气动力学的应用研究已经从航空航天扩展到更广的层次。崔尔杰的科学兴趣十分广泛，他的博学和多才，使开创精神在他身上得到充分的体现。他的心中不仅考虑着现在，而且思索着未来，思索着国民经济主战场生产和技术对气动力学的需求。他一直倡导和积极推动的风工程与工业流体动力学应用研究又是一例。他从经典空气（水）动力学的基本原理出发，在风能资源利用、高层建筑、桥梁、交通运输工具、体育运动及其器械、大气污染等专题上提出开展国内风工程与工业流体动力学研究的建议，大力呼吁和推动打破国内各研究单位之间封闭式的单纯气动力研究模式，组织跨部门多学科综合的研究队伍，加强与生产部门的联系和技术合作，充分发挥气动力研究工作的专业技术优势，同时重视科研成果的商品化和技术市场开发，把科研成果尽快转化为生产力。而这一切都不可能一朝一夕完成，必须付出长期艰苦的努力。目标一旦认定，他就开始脚踏实地付诸实施了。

1980 年起，崔尔杰承担了以结构风载、风振为主要内容的风工程研究课题。他

采用实验与数值模拟相结合的方法预示不同建（构）筑物外形的定态风压和脉动压力及结构响应，对建筑物相邻干扰与环境效应进行系统的分析，提出了干扰效应形成的流动机制分类和流体动力参数的确定方法。他还将钝物体空气动力学、旋涡与涡致振动的研究成果用于高层建筑与工业结构的风载、抗风和风振设计，其中，如香港“天坛大佛”结构抗风能力评估以及北京亚运会大型照明灯塔的结构抗风方案确定，在工程实践中效果十分显著。经有关专家评审认为，他承担的建筑钝物体空气动力学研究“作出了创造性的成果，其水平在国内处于领先地位，其中部分工作属于国际先进行列”。

崔尔杰承担的另一项关于风力机动力学和叶片气动弹性稳定性分析课题，是国家“七五”重点科技攻关项目。他建立了风力机叶片气动弹性分析理论，以及考虑塔架柔性的风力机动力学模型及其相应的数值解法，在国内首次完成风力机叶片动稳定性风洞模型试验。经同行专家评审认为“是该领域很有价值的成果”，“属于国内先进水平”。此外，他还就建立风力机动力学学科分支及其研究内容提出设想和建议，并纳入中国风能开发中心风力机设计软件系统。

崔尔杰对汽车空气动力学和体育运动（如标枪、铁饼、自行车、排球等）流体力学等方面也有广泛的涉足并取得极有实用意义的研究成果。

五、技术科学实践的创新成果——实用型地效飞行器

进入20世纪90年代，航空航天工业部领导作出决策，将两栖型全垫升气垫船作为部十大民品项目之一，同时也被列为国家首批“火炬计划”项目，授命崔尔杰负责主持研制和开发。为此，他又进一步拓宽了学科的研究重点，把目标集中到地（水）面效应流体动力学方向。在他主持开发的全垫升气垫船研制中，突破多项关键技术，主要包括：发展结构和传动系统动力分析方法，解决减振降噪问题；揭示形成围裙抖动的机制，提出抑制抖动的技术途径。他带领研制组苦干实干，坚韧不拔，艰苦奋斗，用了近三年的时间，终于在1990年5月，使一种可在水面、陆地、海滩、沼泽地、冰面或雪地行驶的全垫升气垫船首航成功，很快形成以HT-900系列气垫船为主体的产品。这些产品不仅出口国外，而且不久便投入长江三角洲和杭州湾客运航线的商业运营，对推动水路高速客运交通事业的发展起了重要作用。由于在南通市建立气垫船生产厂和开发该项产业对“科技兴市”的突出贡献，他获得1997年江苏省南通市颁发的人民科教奖励基金重奖。

崔尔杰对空气动力学两用技术有其十分独到的见解，使他有足够的胆略去开创

前人未干过的事业。1995年3月，他站在较高的技术起点上，开始了地效飞行器总体技术方案论证，使这个项目很快列入“九五”国家科技攻关计划、1996年国家重大科技成果产业化计划和1997年国家级火炬计划。地效飞行器是一种利用地面效应飞行的新型交通工具。它与一般的水上飞机或掠海飞行的巡航导弹有许多共同特点。其飞行原理是利用贴近地（水）面飞行时，机翼的诱导阻力减小，升阻比增大的优势，从而轻巧、省力地朝前飞行。由于这种地效飞行器兼有飞机和水面舰艇的特点，其研制是一项技术难度很大且十分复杂的系统工程，涉及诸多专业和学科，还有许多是要从零起步的开拓性技术。崔尔杰在主持中国第一艘实用型地效飞行器“天翼1号”研制过程中，又花费了巨大的精力，在大量实验和理论分析的基础上，将理论研究成果创造性地应用于工程实践，运用空气动力学原理作机理性质的分析，深入研究“飞高焦点”相对于重心的配位准则，并且揭示了复杂增冲流动现象及规律，解决了高升阻比气动布局、增冲垫升、导流片及襟翼操纵以及水面滑行和离水近地巡航飞行稳定性等关键技术。为了实现自己所确定的目标，为了地效飞行器研制的成功，他不知付出了几多辛苦，又经历了几多疲倦。他从技术上领导了地效飞行器研制的全过程，每一个重大技术问题的解决，每一个生产环节的协调，他事必躬亲。他要花很多的时间和精力，亲自动手进行大量计算和实验，又要时常深入生产第一线处理和解决技术问题。经过短短3年多的努力，终于把15座级别的地效飞行器研制成功。地效飞行器的首飞成功，引起国内外较大反响，英国权威的《飞行国际》杂志作了评论，认为“中国以此型号而成为世界上地效飞行器的主要开发者”。

在工程实践的反复归纳和不断演绎中，崔尔杰提出了发展“地面效应空气-流体力学”学科的框架构想，并使其内容日益充实和扩展。1998年，他以此为主题，在第七届亚洲流体力学会议上发表 *Surface Effect Aero- Hydrodynamics and its Applications* 的大会邀请报告，得到了高度的评价。

六、站在国家发展战略层面，开拓空天前沿研究领域

实践早已证明，航空、航天飞行器设计思想和系统发展的任何重大突破往往来源于空气动力学中的新概念与新方法。根据21世纪国家对空天能力发展的需求，崔尔杰以一个科学家的智慧和战略眼界，瞩目于中国空天技术未来发展和国家空天安全具有前瞻性、交叉性的基础科学问题。2002年3月“空天安全的若干重大基础问题”被正式确立为国家自然科学基金重大研究计划后，他受命担任了专家组组长，

2003年后又参加了“国家中长期科学和技术发展规划”战略研究和有关航空航天基础科学专题的编制工作。2005年1月，他在《空天技术发展与现代空气动力学》论文中，进一步论述新一代航空航天飞行器发展对空气动力学提出诸多具有挑战性的重大基础科学研究课题，向人们展示了新的研究领域和视野，学科前沿的全方位拓展和科学思维与方法的多样性特征，以及学科的交叉和综合发展的大趋势。因此，他总是以当代空天技术发展中既有前沿性又有普遍科学意义的关键技术作为基础科学研究的对象，开拓和推动空气动力学和其他技术科学的交叉融合，通过艰巨的努力，提出新的科学创见，把基础和创造结合起来，加强未来空天飞行器的预先研究和发展方向的探索，集成新的先进技术，使空气动力学在更高的水平上为国家目标服务。

七、肩负重任，力促学科发展

1982年起，崔尔杰相继担任北京空气动力研究所理论研究室主任、副所长和科技委主任，以及中国航天空气动力技术研究院高级技术顾问，使得他在从事具体的专门课题研究的同时，还要担当起研究单位的学术带头人和技术攻关的总指挥，从宏观上把握学科发展的方向。他努力贯彻钱学森关于气动研究要为型号服务的思想，并在实践中坚持和把握庄逢甘关于空气动力学研究以地面模拟、理论计算和飞行试验三种手段紧密结合的辩证关系，根据型号发展气动先行的特点，不失时机地提出了开展大攻角静动态试验和数值模拟、非定常运动、动稳定性研究和建立飞行器气动力学数据库的建议。同时，组织领导和主持地面试验设备新建和改造工程立项论证、方案制订和解决重大技术问题的决策，使研究所气动力学的理论和试验研究在为型号服务的实践中，起到了促进学科发展，并推动型号研制的作用。

20世纪80年代初期重新组建的国防科学技术工业委员会气动专业组，是中国空气动力学发展战略的专家咨询机构。崔尔杰作为这个专业组的副组长，参与从“七五”到“十一五”全国空气动力学发展规划的制订，对中国20世纪80年代以后空气动力学的发展方向，包括前沿领域的跟踪、重点研究课题的确立、设备建设的规划等方面都发挥着重要的作用。

1980年崔尔杰作为访问学者到了美国，这使他有更多机会接触到国际空气动力学的发展前沿。从此，也使他有更多机会走上气动力学的国际讲坛。他先后出访美国、日本、俄罗斯、意大利、印度等多个国家，并在国际学术会议上发表多篇论文。他主持召开第八届亚洲流体力学国际学术会议以及国际流体弹性力学和国际风工程会议等。他作为努力推动者之一，使得气动力学的国内外交流展现了富有生机的局面。

八、坚持人才为本，重视人力资源能力建设

崔尔杰担任中国科学技术大学、清华大学、北京航空航天大学的兼职教授，是博士生导师。他从 1985 年起在北京空气动力研究所招收培养研究生。他指导的硕士生和博士生，主要以非定常与流动控制为研究方向。这是推动未来航天型号设计创新的重大前沿课题，难度较大。他认为，现代科学技术发展的一个特点是，多学科交叉不断产生新兴学科、边缘学科。研究生培养要适应科学发展的这一趋势，坚持重基础、重创新、重素质（做人）的知识、能力、素质三位一体的培养原则。造就德才兼备的学生，始终是他的为师之道。他鼓励学生扩展视野，向航空航天工程最活跃的领域去发展，接触各种专业知识，多注意与气动物理现象有关的问题，吸纳新的东西变成自己的学问，使每个学生的最大潜能和创造性得到充分的开发。他严把研究生教育的选才关、选题关、论文关，对课程设置、学时安排都亲自过问，从研究目标到论文答辩都从不放松要求。他还带有科研助手，既严格要求又大胆放手，使他们在实践中锻炼成长。他以学科带头人的学识和才智，非常善于拓宽学生的研究思路，并注意培养学生一丝不苟的研究作风和严格严谨严密的治学态度，既教学生做学问，又教学生如何做人，还要求学生有必要的创新意识和科学修养。他矢志不移、诲人不倦的奉献精神，已经成为他的学生在科研王国里跋涉前行的动力。他培养的硕士生和博士生现在已经是空气动力学研究领域的工作骨干或学科分支的学术带头人，在各自的岗位上发挥着重要的作用。

九、崔尔杰主要论著

Cui E J, Dowell E H. 1981. An approximate method for calculating the vortex induced oscillation of bluff bodies in air and water// Advance in Aerospace Structures & Material, Pub. ASME: 155-173.

Cui E J, Dowell E H. 1983. Postbuckling behavior of rectangular orthotropic plates with two free side edges. Int. Jour. Mech. Sci., 25 (6): 429-446.

崔尔杰 . 1988. 面向国民经济建设的空气动力学 . 中国科协 1988 年学术年会论文之 33，现代化，(10) .

崔尔杰 . 1989. 工业流体力学研究现状与展望 . 力学与实践，(1)：7-16.

Cui E J, Fu G M, et al. 1989. Experimental investigation of wind environments around building// Advance in Wind Engineering, Oxford: Pergamon Press.

崔尔杰 . 1990. 钝物体尾迹旋涡形成机制及其控制 // 第三届全国风工程与工业空气动力学学术会议论文集 . 北

京：万国学术出版社.

崔尔杰，洪金森.1991. 流动显示技术及其在流体力学研究中的应用. 空气动力学学报，(2)：190-199.

Cui E J, Fu G M, Yu X T. 1991. Investigation of unsteady excitation effects on aerodynamic properties of airfoil. Chinese Jour. Aeronaut., 4 (2)：163-170.

Cui E J, Yu X T, Li F. 1992.. Unsteady flow characteristic and separation control of lifting system at high angle of attack //Fluid dynamics of high angle of attack. Berlin：Springer-verlag.

崔尔杰.1993. 非定常流中若干非线性问题中的分析与模拟//中国科学院力学研究所. 现代流体力学进展. 北京：科学出版社：72-88.

崔尔杰.1997. 非定常分离与流动控制//空气动力学发展论文集. 北京：国防工业出版社：45-63.

Cui E J. 1998. Surface effect aero-hydrodynamics and its applications//第七届 AFMC 大会邀请报告. Sadhana, 23 (6)：1-9.

崔尔杰.2000. MEMS 与智能化流体力学. 空气动力学报，18：52-59.

崔尔杰.2001. 流固耦合力学研究与应用进展//宋健. 钱学森科学贡献暨学术思想研讨会论文集. 北京：中国科学技术出版社：146-156.

崔尔杰.2003. 空气动力学新发展//中国科学院.2003 高技术发展报告. 北京：科学出版社.

Cui E J. 2003. Modern mechanics and aero-astronautics. Distinguished Lecture on Fluid Mechanics 2002 ~ 2003 Annual Meeting, HKSTAM, Hong Kong.

崔尔杰.2004. 智能微型飞行器——从仿生学得到启示. 科学中国人，(4)：26.

崔尔杰，杨基明，白鹏.2007. 智能变形飞行器发展之路. 航空制造技术.8：38-41.

崔尔杰.2007. 分离流、涡运动及流动控制. 空气动力学报，25 (增)：1-8.

崔尔杰.2009. 近空间飞行器研究发展现状及关键技术问题. 力学进展，25 (6)：658-673.

主要参考文献

童秉纲，张炳暄，崔尔杰.1993. 非定常与涡运动. 北京：国防工业出版社.

陈河梧.2002. 崔尔杰传//中国科学技术协会. 中国科学技术专家传略·工程技术编·航天卷2. 北京：宇航出版社：627-639.

崔尔杰.2005. 空天技术发展与现代空气动力学//俞鸿儒. 近代空气动力学研讨会论文集：祝贺庄逢甘院士八十华诞. 北京：中国宇航出版社：18-26.

撰写者

陈河梧（1941～），海南乐东人。中国航天空气动力技术研究院研究员。1965 年中山大学力学专业毕业后，一直从事高超声速空气动力学的试验技术与应用研究，与崔尔杰在同一单位长期共事，工作中常有交往。

是勋刚

是勋刚（1935～1996），江苏武进人。流体力学家。1957年北京大学数学力学系力学专业毕业后留校任教，于1984年被批准为特批教授、博士生导师。主要研究领域是湍流与涡旋运动的理论分析和数值计算。在有重要实际应用背景的基础性研究上做出了重要贡献。在周培源的均匀各向同性湍流的理论研究上，对高 *Re* 数下的均匀各向同性湍流早期的衰变规律，取得了重要成果。在涡旋破裂的研究上，他的成果处于国际领先，被授予德国亚琛（Aachen）理工学院最高荣誉 Borchers 奖章，成果被第二届国际涡旋运动讨论会（瑞士）选为特邀报告。他应用直接数值模拟研究湍流，成功地模拟了大涡卷起、合并与撕裂等演变过程。这些成果有重要的理论价值，得到了国际上的重视，曾被美国国家大气研究中心，Los Alamos 国家实验室非线性研究中心等单位邀请作专题报告。他主编的《湍流》是反映近代湍流新进展的重要著作，获教育部优秀专著奖。曾任北京大学校学术委员会、学位委员会委员，国家教委科技委员会专家组（力学）成员，中国力学学会流体力学专业委员会主任委员。

一、从“谁考谁”说起

是勋刚1935年11月12日出生于上海，祖籍江苏武进。他高中就读于上海名校“上海中学”，天资聪慧，为人低调，言语不多，沉稳但内心充满激情，学习非常努力。在校期间，是勋刚不仅学习成绩优异，还负责组织编写宣传材料，热心为同学服务。多年以后，他的中学同学回忆起是勋刚，对他的评价是：极聪明，特热情，很宽厚，不张扬。

1953年，是勋刚以高考第一名的成绩，考入北京大学数学力学系。在校学习时，他总是坐在教室第一排，专心致志地听讲，积极思考。他常说：“老师要在黑板上推导的公式，我一定要在老师之前自己推导出来。”他的所有功课不论是大考、小考，成绩都是优。在大学毕业时，是勋刚因四年学习成绩全优而获得北京大学颁发的级别最高的银质奖章一枚。

1982年，是勋刚被派到德国亚琛理工学院空气动力研究所做访问学者。刚到德国不久，他一边继续学习德语，一边开始了课题研究。一次在学术研讨会上，导师为了了解他的德语水平和学术水平，让他用德语介绍某位学者的新近研究成果。对于初到德国的是勋刚来说，无疑像接受考试。在准备报告过程中，他却发现了论文有关键性的错误，于是他直言不讳地当场指出了问题所在，是勋刚从被考变成了主考。现场的德国学者们纷纷用敲桌子的方式表示赞同和欢迎。会后，这位专家主动找到他，同他握手表示感谢。

是勋刚的大学毕业论文是周培源先生负责指导，周先生给他一篇国外科研人员发表的学术文章，他仔细研究后发现文章的部分观点是错误的，他的毕业论文就是指出并论证这篇文章的错误观点。周培源先生为此很赞赏他对待科学严谨细致、实事求是、敢于挑战学术权威的精神。

是勋刚经常审稿、评审论文，常常能指出文中难以发现的错误。不管是即将准备答辩的博士论文，还是已经发表的学术权威的学术论文，一经发现问题，他都会非常认真地予以指出。他的这种严谨求实的态度给学术界的同行非常深刻的印象。

根深才能叶茂，没有非常扎实的理论素养就很难做到治学严谨，而好的数理基础要从学生时期开始奠定。

二、学 术 成 就

（一）高 *Re* 数下的均匀各向同性湍流运动

周培源教授在 1957 年提出：湍流运动是由许许多多不同尺度的旋涡运动组成的，旋涡运动是基本的湍流元。它们是宏观连续介质运动，必须满足 N–S 方程组。所以首先求 N-S 方程的涡旋运动解，然后用平均方法计算各有关物理量的统计平均值，应是湍流研究工作的一个新方向。根据这一理论模型，周培源与蔡树棠首先在 1957 年导得了均匀各向同性湍流在后期衰变运动的理论说明。在此情形，对于 *Re* 数很小的湍流，N-S 方程可简化为线性偏微分方程，可求得分析形式的涡旋运动解。但在高 *Re* 数情形，由于 N-S 方程的非线性，求解遇到巨大的困难。是勋刚在 1962 年找到了轴对称的自模拟形式的涡旋运动解，并由此导得了与均匀各向同性湍流的早期衰变运动的实验结果相符合的长度尺度扩散规律、湍能耗散规律、二元与三元速度关联函数，发表了论文《高雷诺数下的均匀各向同性湍流运动》。此项工作是对周培源的湍流旋涡结构理论的重要贡献。

（二）考虑毛管力影响的二维非均匀油藏中水驱油动态过程的数值模拟

目前中国陆上油田为保持高产稳产大多采用早期注水的采油方法，而且为了迅速拿到产量，大多在高渗透率地块上打采油井采油，而在低渗透率地块上设注水井注水（低注高采）。这样开采的结果，往往在采油井中很快见水，且含水量迅速增高，而蕴藏在地下的大批原油却无法采出，油藏的最终采收率很低。究竟该如何合理地布井才能使地下原油资源最大限度地被开采出来，是一项对国民经济有重大战略意义的课题。是勋刚于 20 世纪 70 年代初到大庆油田石油开发研究院流体力学研究室协作，配合实验研究，在国内首次开展了考虑毛管力影响的二维非均匀油藏中水驱油动态过程的数值模拟。做了高注低采与低注高采两种开采方案的对比研究。计算结果明确证明了就最终采收率而言，高注低采要远优于低注高采。他发表了论文《考虑毛管力影响的二维非均匀油藏中水驱油动态过程的数值模拟》，这项工作为合理制定油田开发方案提供了科学根据。

（三）旋涡破裂的数值模拟

旋涡破裂是与近代军用战斗机的战术性能密切相关的流动现象。飞行中一旦出现旋涡破裂就会严重破坏飞机的空气动力性能，甚至造成机毁人亡的惨剧。要预测或控制旋涡破裂，必须弄清它的机理，但这是一项极为困难的工作。国际空气动力学界对此虽已进行了近 30 年的研究，对它的认识仍很模糊。是勋刚在 1983 年于德国亚琛工学院完成的博士论文工作中，在国际上首次从完全的非定常轴对称的 N-S 方程组出发，成功地数值模拟出旋涡轴对称型破裂包内部的多包结构与周期变化现象，发表了论文《旋涡破裂的数值模拟》。此项成果至今仍是与实验最为接近的数值模拟结果。他的工作对研究旋涡破裂的机理有重要的指导意义。德国亚琛工学院为表彰他在此项研究中所取得的卓越成绩，授予他一枚 Borchers 奖章。克劳斯教授在授奖会上称：“是勋刚博士的此项研究使我们对旋涡破裂现象的了解前进了一大步。”

（四）旋转流中准圆柱近似与临界分类的关系

关于旋涡破裂的理论解释至今仍众说纷纭，莫衷一是。其中的临界理论与准圆柱近似是从不同的前提假设与物理概念出发的两种不同的理论。但一些数值经验显示，两种理论的结果不谋而合，人们不知道其中有何关联。是勋刚于 1986 年从理论上严格证明了这两者之间存在密切的内在联系，准圆柱近似的解在性质上受流动的临界特性的支配。《旋转流中准圆柱近似与临界分类的关系》证明了当出发流动为亚临界时，准圆柱近似计算中的迭代过程必然发散。从而从理论上澄清了国际上有关旋涡破裂理论的一些争议和疑问。

（五）用伪谱方法对平面自由剪切层的拟序结构做直接数值模拟

湍流拟序结构或称相干结构是近30年来对湍流认识上的一大突破，也是当今国际上研究的焦点之一。湍流的直接数值模拟，即通过数值求解完全的三维非定常N-S方程组，模拟包括脉动运动在内的湍流流动的时间演变。采用的数值方法主要是（伪）谱方法，这是当前国际上研究湍流的主要途径，但需用极大的超级计算机。是勋刚在国内现有的中小型机器上首先完成了对平面自由剪切层湍流拟序结构的直接数值模拟，生动地再现了从出现Kelvin-Helmholtz不稳定波到大涡卷起再到多个大涡合并或撕裂的演变过程，清楚地说明了混合层厚度增长与扩散的机理，发表了论文《用伪谱方法对平面自由剪切层的拟序结构做直接数值模拟》。此项成果被邀在美国国家大气研究中心、Los Alamos国家实验室的非线性研究中心、加州理工学院与Dartmouth College等单位做过讲学，获得好评。

三、为筹建湍流研究国家重点实验室呕心沥血

是勋刚一直坚持湍流基本理论的研究。由于历史的原因，基础理论研究常常会受到轻视和冲击。而只要条件允许，是勋刚就坚持不懈在湍流这一艰难的学术领域耕耘。“文化大革命”结束后，他任北京大学力学系湍流研究室主任，1988年，在周培源先生的大力支持下，国家批准湍流研究国家重点实验室进行筹建，是勋刚任重点实验室主任。在他积极组织下，顺利地完成了实验室建设规划和仪器设备的国内外订货。当时实验室的建设资金迟迟不能落实，为了争取领导的支持，他曾坐在校领导会议室外等待散会后找有关领导，请求领导协调安排。经过五六年的艰苦工作，1995年12月，湍流研究国家重点实验室通过了国家验收。

四、鞠躬尽瘁，英年早逝

多年的高负荷工作量，令是勋刚在1995年不幸患了不治之症。在被医院确诊前，他的身体已经非常虚弱，说话都很吃力，却仍然坚持给学生上课。在医院治疗期间，他仍然牵挂着他的研究工作和他的博士生指导工作，特别是他倾注大量心血

的湍流国家重点实验室项目的工作进展。在他临终前不久，躺在病床上，他把半导体收音机放在耳边，听到电台播出湍流实验室被验收通过的消息，欣慰地笑了。在与病魔搏斗了 15 个月后，是勋刚终因医治无效，于 1996 年 12 月 14 日病逝。

是勋刚一生光明磊落，不图名利，宽厚谦和，为中国的湍流研究做出了突破性的成果，为北京大学原力学系流体力学学科的科研、教学工作付出了毕生精力。

五、是勋刚主要论著

周培源，是勋刚，李松年. 1965. 高雷诺数下的均匀各向同性湍流运动. 北京大学学报，1：39-52.

是勋刚. 1976. 运八机翼的气动载荷分布计算. 北京大学力学系与三机部 012 基地内部研究报告.

是勋刚. 1978. 考虑毛管力影响的二维非均匀没藏水驱油动态过程的数值模拟. 大庆油田石油开发研究院流体力学研究室内部研究报告.

Shi X G. 1983. Numerische simuiation des aufplatzens von wirbeln. Dissertation der RWTH Aachen，West Germany.

Krause E，Shi X G，Hartwich P M. 1983. Computation of leading edge vortices. AIAA-Report：83-907.

Shi X G，Krause E. 1984. Numerische untersuchung des aufplatzens eines wirbels. ZAMM，64：230-233.

是勋刚. 1985. 涡旋破裂的数值模拟. 空气动力学学报，1：22-29.（英文版 Shi X G. 1986. NASA/TM-77951.）

是勋刚，单肖文. 1987. 旋转流中准圆柱近似与临界分类的关系. 力学学报，19（6）：491-499.［英文版 Shi X G. 1937. Acta Mechanica Sinica，3（4）：304-314.］

Shi X G，Shan X W. 1987. Relation between the quasi- cylindrical approximation and the critical theory for swirling flow. Proceedings of second international colloquium on vortical flows，Baden，Switzerland，4.

是勋刚，单肖文. 1989. 用伪谱方法对平面自由剪切层的拟序结构做直接数值模拟. 第四届全国流体力学学术会议论文集，北京：北京大学出版社.

撰写者

魏庆鼎（1938～），辽宁沈阳人。北京大学工学院教授，是勋刚的同事。

是勋刚的夫人高飞、女儿是朝晖为本稿件提供了许多重要素材，北京大学工学院教授魏中磊对本文做了重要修改。

郑长卿

郑长卿（1935～1999），江苏常州人。固体力学家。1963年西北工业大学飞行器结构力学与强度专业研究生毕业，1980～1982年在英国帝国理工学院从事损伤力学与材料力学行为研究。1985年被西北工业大学聘为教授，作为副导师与国际宇航科学院院士、力学家杨南生教授合作指导固体力学博士研究生，1993年被聘为固体力学博士生导师。长期从事固体力学及结构强度稳定性、振动等方面的理论与实验研究，1972年后主要从事断裂力学方面的理论、实验及应用研究。从1980年开始进行细观力学、损伤力学与材料力学行为方面的研究，致力于从宏观与细观相结合的角度研究断裂力学，是国内细观损伤力学研究最早的倡导者之一。主持了多项自然科学基金项目，其研究成果先后获得国家教委科技进步奖一等奖1项、三等奖1项，中国航空工业总公司科学技术进步奖二等奖1项。曾任中国力学学会固体力学与实验应力分析两个专业委员会委员，固体力学专业委员会损伤与断裂专业组成员，《固体力学学报》和《实验力学》编委。1986～1990年，担任陕西省力学学会秘书长，广泛团结航空、土木和材料界的力学工作者，积极开展学术交流。一生为力学在国家经济建设中发挥作用做出了重要贡献。

一、成长之路与学术历程

郑长卿1935年11月12日出生于江苏省常州市一个普通的市民家庭。父亲曾师从当地国画名家，擅长人物山水与工笔画，多次举办个人画展，在江浙一带小有名气。母亲心灵手巧，待人谦和，乐观豁达。平静的生活却因日寇侵华而破碎，他的童年在颠沛流离的战乱中度过，跟随父母辗转逃难，先后在江西广昌、瑞金、上饶，江苏常州等地上小学，历经奔波和艰辛，他从小就渴望能有一个和平、宁静的读书环境。更让他刻骨铭心的是，11岁那年，抗日战争胜利人们欢庆之时，父亲却患病，因无钱医治，不幸去世。母亲带着尚未成年的三个孩子投奔外婆家，过着靠给人做针线活及亲友资助度日的艰难生活。他险些因无钱而中断学业，是江苏省立常州中学一位热心的老师极力相劝："长卿这孩子将来肯定会有出息，没学费我来帮着交!”他才得以继续读书。读书机会来之不易，他嗜书如命、惜时如金，常因读书耽误吃饭，放学后总在家中看书，不出房门，被邻居戏称为“闺房小姐”。在他的人生中，勤奋、刻苦始终伴随着他，还经常勉励弟妹不要虚度光阴。经历了战乱和贫困的磨炼，看到新旧社会两重天，看到中国共产党带给他家的幸福，郑长卿1956 年 11 月加入中国共产党，立志为党、为国、为民奋斗一生。

1954 年，郑长卿考入华东航空学院飞机工程系，1956 年随校西迁至西安，1959 年毕业于西安航空学院工程力学系，并于 1958 年提前留校任教。不久，考入该校第一届三年制研究生班学习，师从胡沛泉教授，主攻高等弹性力学和板壳力学，毕业论文《板壳在水（侧）压、扭转载荷下的稳定性》用级数方法求该问题的解析解，进而导出相应的简化理论一级解和多级解，对当时工程上估算锥壳的临界应力提供了较准确和方便的方法，得到评委的好评，论文内容也被其他论文引用。1963 年于飞行结构力学与强度专业研究生毕业。研究生期间的深造为他奠定了扎实深厚的固体力学和数学基础。之后在锥壳稳定与振动，工程机械强度与静动力实验方面做出了成果，发表论文《起落架故障分析、寿命估算及补焊修理新工艺研究》，1980 年获部科技成果奖二等奖。

为了加强基础课部材料力学教研室工作，郑长卿 1972 年被调至该室任主任，开始了他在断裂力学方面的理论、实验与应用研究。他与同事们共同制定了以断裂力学为研究的主攻方向、弹性力学与实验力学同时发展的科研规划，同时安排一些教师出国深造和国内进修，组建科研梯队。一个以教学为主、科研力量较薄弱的教研室逐步转变为科研气氛浓郁、有多项科研基金项目支持、能够培养本科生、研究生等不同层次专业人才的教学基地和科研基地，他在其中起到了积极的引领与推动作用。

1980 年 1 月，郑长卿被派往英国帝国理工学院做访问学者，得到著名断裂力学专家 J. C. Radon 教授的悉心指导，从事损伤力学与材料力学行为研究。

1982 年 1 月回国后，郑长卿担任基础课部副主任。同时组建了细观损伤力学课题组。他身体力行带领课题组成员翻阅了大量的文献资料，开展了许多细致的试验和研究工作，家人几乎每天都要到很晚才能听到他回家的脚步声。他带领的课题组取得了系列的研究成果。鉴于成绩突出，1985 年他被西北工业大学破格由讲师聘为教授。1992 年获国务院政府特殊津贴。

1993 年由国务院批准，郑长卿被聘为固体力学博士生导师。作为当时学校固体力学前沿领域断裂力学和细观力学的带头人，他更是把事业放在第一，工作放在第一。带领课题组成员开展了大量的研究工作，发表了多篇研究论文。其研究成果

“韧性断裂细观力学的研究及其应用”获得1992年国家教委科技进步奖一等奖，1998年被评为“陕西省优秀博士生指导教师”。长期刻苦钻研使他积劳成疾，于1999年过早地离开了他钟爱的事业，离开了美好的人间。

二、细观损伤力学研究的主要贡献

郑长卿一生从事固体力学及结构强度、稳定性、振动等方面的理论与实验研究工作，其主要学术贡献在于金属材料的细观损伤力学研究。

郑长卿1972年开始进行断裂力学方面的理论、实验及应用研究工作。对金属材料断裂（包括线弹性与弹塑性，穿透裂纹与表面裂纹，单调加载与疲劳情况下）相关参数的测试原理、方法与技术作了大量的研究。

材料破坏准则是工程结构的安全性评估的基础，然而人们对材料破坏物理过程的认识却一直比较模糊。因此材料的破坏过程被人们视为“力学家与材料科学家为之奋斗了近一个世纪的多尺度、跨学科难题”（《材料的损伤断裂机理和宏微观力学理论》，黄克智，肖纪美主编，清华大学出版社，1999）。20世纪70年代末、80年代初，人们关于材料的破坏有三种描述：经典强度理论的破坏描述，这种描述认为材料是理想均匀没有任何缺陷的连续介质而不考虑材料中的裂纹和缺陷；断裂力学的描述，这种描述以材料中裂纹的前缘场及含裂纹材料的抗裂特性为主要研究对象，但仍将裂纹周围看作均匀的连续介质而不考虑材料除裂纹外的缺陷；连续损伤力学的描述，这种描述将连续分布的损伤引入连续、致密的材料介质，但对损伤描述的物理背景不够清晰。

郑长卿从长期的断裂力学研究中深刻地认识到，材料的破坏是微观损伤发展累积的结果，其研究必须走宏观与微观相结合的道路。从1980年开始进行工程材料断裂破坏的细观力学研究以及损伤力学与材料力学行为方面的研究，是国内细观损伤力学研究最早的倡导者之一。1982年从英国帝国理工学院访问回国后，随即与杨南生教授一起在国内最早组建了细观损伤力学研究小组，合作指导研究生，每周举行小型研讨会一次。当时，该研究组在细观损伤力学方面的起步早，具有计算与实验相结合的特色，在国内固体力学界影响较大。为此他曾受中国力学学会的委托在1989～1997年期间四次主持召开“细观力学试验技术和计算方法研讨会”，主编了三次会议的论文集。并与孙训方、余寿文、邢修三、文健等教授就如何继续深入开展细观损伤力学研究等问题作了深入的探讨。

郑长卿在固体力学领域开展了长期的研究，其成果的最重要部分是在细观损伤力学方面。

（一）提出了空穴扩张比韧性破坏判据

对塑性良好的金属材料，其在拉伸破坏前要承受很大的塑性变形。随着塑性变形的发展，材料宏观上会出现承载能力下降即材料软化的现象。通过显微镜，人们可观察到金属材料在加载过程中经由夹杂或第二相粒子处所产生的空穴形核，伴随塑性变形的增加，这些空穴会逐渐扩张，并当空穴扩张到一定程度时会逐渐长大连接，或通过空穴间韧带的快速颈缩并断裂连通，或通过空穴间的强烈局部剪切形成微裂纹而聚合，从而发展成为细观裂纹。由于空穴的产生和演化与材料塑性体积膨胀有关，经典塑性理论关于材料塑性应变体积不可压缩的假设不再成立，因此三轴应力对金属在拉伸作用下产生损伤和逐渐劣化的影响是必须要考虑的。

郑长卿先在 20 世纪 70 年代开展了断裂韧性参数、测试原理和方法的研究，1980～1981 年又在英国帝国理工学院与 J. C. Radon 先生合作从事损伤力学与材料力学行为研究。主要针对低合金钢 BS4360-50D 的韧性破坏过程，以材料中空穴形核、扩张和聚合乃至最后破坏为主要线索，力图通过力学与材料科学结合的途径寻找一种韧性材料断裂的局部分析方法。在此期间他提出了用空穴（微孔洞）扩张比参数作为材料韧性破坏判据的思想，即认为材料中空穴的尺寸相对于其初始大小之比值在局部拉伸环境中存在一个极限（临界空穴扩张比），一旦空穴扩张达到此极限时，空穴周围材料将出现细观尺度的破坏。

经过大量的试验和理论分析，郑长卿发现并总结了临界空穴扩张比理论成立的主要依据：①试验发现拉伸条件下金属材料的韧性破坏应变与三轴应力有关。如果用应力张量的第一不变量与应力偏张量的第二不变量之比来表征应力三轴度，采用特别设计的试样以使拉伸过程中应力三维度变化足够小，试验结果证实，可以通过数值拟合找到应力三轴度的某种函数使得该函数值与材料断裂应变的乘积近似为常数。②在不同应力三轴拉伸下，塑性金属材料中的空穴扩张与应力三轴度的大小有关。借助 Rice 和 Tracey 的解答可以认为，宏观拉伸条件下，材料中当前空穴半径相对于其初始半径之比值的自然对数正比于材料应力三轴度的指数函数值与材料等效塑性应变的乘积。③采用应力三轴度不同的系列试样，在拉伸到不同的程度下，将试样通过低温脆断取得试样中不同演化程度过程中空穴的观察样本，利用扫描电镜观测发现绕微夹杂形核的大空穴对材料破坏起到重要的作用，在试验设计的应力三轴度范围内，这类空穴在破坏发生时相对其初始状态的空穴扩张比大致相同。于是他建议采用临界空穴扩张比作为判定材料韧性破坏的力学参数，给出了空穴扩张比的函数表述形式，并在 1983 年的国际断裂力学研讨会上宣读了他的研究论文。

开展的这一研究是当时国内最早的宏微观结合的材料破坏研究，将材料破坏的发生通过宏观力学过程与细观力学过程相结合的方式加以表述。通过这一研究，郑长卿找到了一条研究材料破坏问题的新途径。在胡沛泉和杨南生等前辈的支持和鼓励下，他组建了以细观损伤力学研究为主要方向的课题组，先后带领 20 多名研究生以试验和数值模拟为主要途径，开展了大量细致的宏观与细观相结合的材料破坏研究工作。这期间一直得到国家自然科学基金的连续资助和原航空航天部科学技术研究院以及航空科学基金的资助，在他与合作者的努力下取得了系列研究成果。

为了推动空穴扩张比破坏理论的工程应用，郑长卿率领课题组广泛深入大型钢铁企业和相关的科研院所，就中国航空飞行器和海洋石油平台急需的新型金属材料，联合开展应用研究工作。先后与武汉钢铁公司钢铁研究所、上海宝山钢铁公司钢铁研究所和北京航空材料研究所等建立了长期合作研究关系，共同开展了韧性金属临界空穴扩张比参数的测试方法的研究，探讨了试验标准，研制了试验专用引伸计。1990 年 10 月在上海举行了“临界空穴扩张比测试方法研讨会”，参加的单位有西北工业大学、武汉钢铁公司（武钢）、上海宝山钢铁公司（宝钢）、北京航空材料研究所、西安航空发动机公司等，会议形成了《利用临界空穴扩张比参数确定金属材料延性断裂韧度的试验方法》草案，为推动空穴扩张比破坏理论的工程应用奠定了重要的基础。

20 世纪 80 年代初期，有限元方法刚开始在国内得到应用，还不能对韧性材料在试验中的大弹塑性变形过程进行有效分析。因此对试样的应力状态和应变分布只能利用经验公式进行近似估计，例如，对圆柱光滑拉伸试样和圆柱缺口拉伸试样的应力状态和应变分布是采用 Bridgman 公式来计算的。这种估计要求测得圆柱试样颈部横截面直径及颈部纵向曲率半径在拉伸过程中的变化，为了找到可以测得这些数据的合理并且简便的方法，郑长卿与研究生们合作做了大量的细致分析和研究，这些工作为后来拟议的临界空穴扩张比参数试验标准打下了基础。同时他又指导研究生发展了利用数值计算估算试样特别是裂纹试样中空穴扩张的方法，进而开展了裂纹前缘的损伤过程分析和复合型裂纹的启裂过程研究。

（二）提出组合功密度控制的空穴多级形核损伤断裂模型

实际工程材料具有十分复杂的微观结构，在加载过程中空穴的演化也是十分复杂的。要进一步发展合理评估金属材料韧性破坏的方法，需要在材料试样大应变分析、材料力学性质演化及过程的数值模拟以及材料本构关系等方面开展与试验相结合的研究。由材料中多层次的细、微观结构等原因，外力作用下固体材料变形、损伤到破坏的过程是固体力学领域的难题，要进一步了解这一过程并给出合理的描述，需要了解不同尺度材料层次的变形破坏过程。为此，郑长卿带领研究人员从材料试样大应变分析、数值模拟、损伤破坏模型以及材料本构关系等方面作进一步的研究。

郑长卿课题组 1986 年编制成功能用于材料试样弹塑性大应变分析，能在 PC 微机上运行的有限元分析程序（当时所用的计算机功能远不如现在，只有 512KB 内存和 10MB 的硬盘空间），开始对轴对称试样和含裂纹材料断裂韧性测试试样的空穴演化和材料损伤进行分析。这些分析为了解试样裂纹前缘的空穴形核、扩张和聚合的演化条件提供了有用的参考数据，对临界空穴扩张比参数用于裂纹扩展近似分析的合理性以及需要进一步研究的问题提供了有益的线索。这些工作结合扫描电镜的观测，针对武钢和宝钢当时研制的数种钢材，对材料韧性断裂过程中空穴形核、扩张、聚合规律作了较系统的分析，研究了其韧性断裂过程、断裂判据及一般机械性能与断裂参数的关系等。在此基础上，与研究生合作提出了基于组合功控制的空穴多级形核理论的损伤断裂模型。这一模型认为：各种夹杂和第二相粒子与基体的结合牢固程度不同，因而它们的结合界面抵抗破坏的能力不同，而且这种抗破坏能力与所处区域的变形方式有关，它们对于形状改变导致的破坏与体积改变导致的破坏也具有不同的抗力。为了反映不同变形形式下的材料破坏规律，模型假设在一定的力学状态范围内，空穴的形核条件即各种夹杂和第二相粒子与基体的结合界面的破坏抗力与材料局部的形状改变程度和体积改变程度两者的某种组合相联系。该模型可以考虑实际材料中空穴绕各种不同粒子（各种成分的夹杂、第二相粒子和基体晶粒）界面处由于结合强度不同而分阶段形核的现象，将空穴聚合条件用大量细小空穴成片形核的条件来表征，并用材料微元的形状改变功密度和参考塑性体积膨胀功密度结合构成双参数的判定空穴是否形核的组合功密度准则。该模型具有两种形式，一种是与 Gurson 本构方程结合的形式，考虑了空穴演化对材料应力应变关系的影响；另一种是简化形式，即考虑钢材一类材料在破坏前的空穴体积分数极小，其对应力耦合的影响可以忽略。简单来说，组合功控制的空穴多级形核损伤断裂模型可视为临界空穴扩张比模型的延伸和扩展。它将材料的塑性形状改变和塑性体积改变对材料破坏的影响都加以考虑，同时模型参数的增加可使得模型能更好描述高应力三轴度环境和低应力三轴度环境下的材料破坏。郑长卿课题组用这一模型对圆柱光滑拉伸试样、圆柱缺口拉伸试样和标准三点弯曲裂纹试样的变形破坏过程进行了数值模拟，得到了与试验观察相近的合理结果。这一进展为他后来进一步提出光滑体、切口体和裂纹体的统一损伤与断裂的理论打下了基础。

（三）建议开展无裂纹体与裂纹体的统一损伤断裂理论的研究

利用电镜人们可以观察到裂纹扩展经过区域的附近材料微结构发生强烈改变的痕迹，这些痕迹说明韧性金属材料的裂纹与其前缘非均匀分布的空穴有强烈的相互作用。在裂纹尖端塑性区内，由于材料的塑性流动及高三轴应力状态，空穴极易形核和发展，并通过空穴间的聚合以及与裂纹的连接推进裂纹逐渐扩展。基于大量的试验分析，郑长卿认为实际材料中不同程度存在有缺陷，从开始变形至最终破坏的过程中，由于材料中缺陷和损伤的发展演化，不能将材料视为均匀、连续的介质。对韧性金属而言，空穴的形核和发展以及细观局部剪切带引起的强烈变形梯度变化都导致材料微结构向损伤加剧发展的方向演化，而这种演化对具有较好韧性的金属材料，无论其内部有裂纹还是无裂纹，可以用空穴形核、扩张和聚合以及空穴与裂纹汇合来进行描述。基于这些考虑，郑长卿建议开展裂纹体与无裂纹体统一的损伤断裂理论研究。

郑长卿及其课题组在这方面的研究力图建立可以统一描述变形、损伤和断裂过程，反映空穴形核同时与应变、应力状态的关联，物理上更为合理的模型，力图把经典强度理论与近代断裂力学在细观的层次上结合起来。

由于病患而过早离去，郑长卿未能完成他计划开展的研究。因固体材料的破坏是跨了至少两个尺度范围（微米尺度和毫米尺度）的复杂问题，人们对不同尺度范围内材料的结构及其力学响应直到现在也还没能给出清楚的力学描述。郑长卿当时建议开展宏微观结合、适用于裂纹体与无裂纹体的损伤断裂研究，促进了人们对固体物质损伤断裂的认识和思考，至今依然有重要的价值和意义。

三、忠诚事业、悉心育人

郑长卿共指导了20余名硕士、博士研究生，并招收了5位博士后研究人员。他在科研事业上始终刻苦严谨，对待学生总是循循善诱，因材施教。无论在思想、学习、科研和生活上都对学生十分关心。尽管时间过去十余年了，他的教诲和音容笑貌依然在学生们心中有着深刻的记忆。

一位年纪较大的研究生是经过一段时间工作后方开始攻读博士学位的，进西北工业大学做博士研究生时已成家并有小孩。郑长卿考虑到这位学生难免会比那些单身的师兄弟困难多一些，在学习和生活上给予了很多帮助，而此时他已因脑部供血不足患上严重疾病。他依然根据学生的特点单独指导选课，在进行研究之前，给予学生一个较为全面的理论知识培训。他在指导这位博士生学习和开展科研时，先让其提前就一些问题进行准备，然后上讲台报告，他和其他研究生则在讲台下面就相关问题提问，指出重点以及有待进一步了解之处。提到那段时间的学习和生活，这位博士生至今难以忘怀，其他一些研究生也有相似的经历。

为了引导年轻人参加国际交流，郑长卿 1991 年夏天带一位博士后研究人员到日本京都出席第六届国际材料的力学行为大会（ICM6），并受邀参加日本塑性工学部组织的学术讨论会和参观大阪大学电镜实验室与计算中心。当时由于经费限制，参加会议时住宿环境十分简陋，房间狭小又闷热。同行的年轻人因水土不服而中途患病，一路上郑长卿对他生活上十分关照，还为他做饭并专门到超市为他购买水果和食品。当年的这位年轻人后来成为教授和博士生导师，并对此一直深怀感激，终生难忘。

郑长卿对科研工作时间抓得很紧，每天都要与研究生讨论研究工作的进展，要求他们对金属材料力学行为的研究理清思路，了解其中的物理过程。他对学生的学习和科研工作的指导，也根据具体情况因人而异。他特别注意国内外的研究动态，时常提醒大家去图书馆查找新文献（当时还没有互联网）。当审阅稿件时，他让做相近研究的学生参与讨论，让研究生从不同的角度来审视相关领域研究的发展方向和存在的问题。他还利用外校学者来访时请研究生一块在自己家中用餐，他自己则系上围裙亲自下厨做菜，而让学生与来访学者交谈科研问题和研究工作心得。

郑长卿常与研究生讨论做学问的方法，告诫学生若要在学术上做出些成绩，一是必须持之以恒不懈努力，二是要制定切实可行的计划，争取每年上一个台阶，这样最后才能有所成就。教研室一些比他年轻的教师回忆道："我们一起出差，本该他睡下铺，他却坚持睡上铺，说上边安静、光线好，可以看资料。还有一次，出差时间快到了，他却还在实验室指导工作，原来他早就准备好一个简单的包，拎起就走。他就是这样一个拼命工作和学习的人。"

1996 年以后，郑长卿的身体每况愈下。但是不管病痛和身体状况如何，他仍一直在关心博士、硕士研究生学习和研究工作。只要和研究生在一起，无论在研究室还是去医院看病的途中，总是要询问研究生的研究进展情况，孜孜不倦地指导研究生怎样进行学习和克服研究中遇到的困难。他还经常要求研究生要注意锻炼身体，保持身体健康。而对于自己越来越加重的病情，却总是坦然对待，以积极的态度面对。尽管在后期身体活动不便了，他还是努力和坚持做一些器械方面的锻炼，从来没有听到他对于自己疾病造成身体病痛方面的抱怨。1997 年"全国第四次细观力学实验技术与计算方法研讨会"在内蒙古工学院举行，作为主持人之一的他应当参加，但当时他的身体状况已经很不好，行动非常困难。他知道这是自己人生最后一次外出与同行切磋的机会了，便执意让夫人陪同前往，为这次会议做了力所能及的组织和主持工作，与会者无不为他的敬业精神所感动。

在指导最后一位博士研究生期间，郑长卿已经卧床不起，无法握笔写字，他仍躺在床上认真审阅研究生论文，给学生讲修改意见并为学报审阅多篇稿件。然后用不流利的语言叙述论文和稿件的评审意见，由夫人代笔完成。他就是这样完成了最后一位博士生的指导工作，为党的教育事业鞠躬尽瘁，死而后已。

郑长卿的所有研究生都对他十分景仰，他严谨治学的态度、对学术研究的刻苦追求、对学生的诲人不倦、对病魔顽强不懈的抗争，为他人树立了学习的榜样。

四、广泛的学术联系与交流合作

郑长卿十分重视学术交流与合作，他认为从事学术研究必须一定程度掌握相关领域的研究历史和当前动向，还需要通过学术交流了解国内外同行的观点和看法，以扩大自己的视野。他与清华大学、西安交通大学、西南交通大学、内蒙古工业大学、北京航空材料研究所、中国河西化工机械公司、武钢钢铁研究所、宝钢钢铁研究所、英国帝国理工学院等院校和学术机构的同行保持密切的合作关系，总是鼓励研究生去参加相关的学术会议，深入相关研究机构了解实际工程的需求并开展合作研究。

为拓展视野并深入探讨材料断裂的非线性问题和裂纹扩展问题，1986 年郑长卿通过学校和陕西力学学会邀请了清华大学的黄克智教授和余寿文教授到西北工业大学进行讲学，并安排进行了针对宏微观断裂研究问题的讨论会。

对金属材料的损伤破坏分析离不开大变形弹塑性和材料微结构演化分析，为此郑长卿邀请了当时国内在这方面做得很有特色的固体力学专家李国琛（中国科学院力学研究所）到西北工业大学作专题报告和讲学。他还先后邀请了哈宽富（吉林大学）、文健（内蒙古工业大学）来开办断裂物理和断裂力学的讲座。

当时邀请国外专家讲学还比较困难，但只要有机会郑长卿都会邀请国际知名学者来讲学、交流和开展合作。他先后邀请了英国帝国理工学院的 J. C. Radon、德国柏林工业大学的 W. Brocks（后来转至德国 GKSS 研究中心材料研究所）、德国 Fraunhofer IWM 的 W. Schmitt、日本东京大学的宫本博、日本大阪大学的北川浩、日本东京工业大学的菊池等到西北工业大学进行交流讨论。

郑长卿每次邀请国内外专家举办讲座，不仅通过这些专家展示了国内外最新的力学研究成果和被人关注的新领域，同时也将这些专家介绍给年轻教师和研究生。通过这些学术交流活动，年轻教师和研究生开阔了视野，更为清晰地了解了国内外相关领域学者所关心的课题，使他们日后科研工作的方向选择有了更多的借鉴。

郑长卿还在担任陕西省力学学会秘书长期间，为陕西省内力学界的交流工作积极筹措资金，创办了陕西省力学学会的内部发行刊物《理论与应用力学学报》。这在当时是很艰难和辛苦的工作，他通过这一平台为省内力学界的青年力学工作者提供了一个很好的学术交流园地。

五、郑长卿主要论著

Zheng C Q, Radon J C. 1983. The correlation of triaxial states of stress and the failure strain. Proc ICF Int Symp Fract Mech, Beijing: 1052-1056.

Zheng C Q, Radon J C. 1983. The formation of voids in the ductile fracture of a low ally steel. Proc ICF Int Symp Fract Mech, Beijing: 1057-1061.

郑长卿. 1984. 50D 钢拉伸试件的若干基本特性及其与断裂参数间的某些关系. 西北工业大学学报, (2): 231-256.

Zheng C Q, Radon J C. 1984. Tearing instability and rupture of a low- alloy steel. Proc ICF Int Symp Fract Mech, New Delhi: 1197-1204.

郑长卿，雷登. 1985. 三轴应力状态与断裂应变的关系——建议一个新的延性断裂判据及相关的材料延性断裂参数. 西北工业大学学报, (1): 21-28.

郑长卿，雷登. 1985. 低合金钢韧断时空穴形成过程的研究. 西北工业大学学报, (4) : 409-418.

Zheng C Q, Zhou L, Liu J M. 1986. Fracture behavior of ductile steels under triaxial stress state. Proc eedings of 9th Congress on Material Testing /3rd Danubia- Adria Symposium, Budapest: 86-91.

郑长卿，周利，刘建民. 1988. 临界空穴扩张比判据及其初步应用. 固体力学学报, 4: 336-344.

郑长卿，雷登，周利，等著. 1988. 韧性断裂细观力学的初步研究及其应用. 西安: 西北工业大学出版社.

Zhang K S, Hua L S, Zheng C Q, et al. 1989. A Computer Simulation of Ductile Fracture Initiation in TPB Specimen——an Application of V_{gc} Criterion. Engng Fract Mech, 33 (5): 671-677.

Zhang K S, Zheng C Q. 1990. Microvoid multistage nucleating model and its application in analyses of micro damage and fracture. Engng Fract Mech, 37: 621-629.

Zhou L, Zheng C Q. 1991. On the experimental determination of critical void- growth ratio V_{gc} using notched bar. Proc eedings of 4th Conference of Asian- Pacific Congress on Strength Evaluation, Beijing. International Academic Publishers: 1079-1084.

Zhang K S, Zheng C Q. 1991. Analysis of large deformation and fracture of axisymmetric tensile specimens. Engng Fract Mech, 39 (5): 851-857.

Zhang K S, Zheng C Q. 1991. Computer simulation of fracture initiation and crack propagation of TPB specimens. Engng Fract Mech, 39 (5): 859-865.

Zhang K S, Zheng C Q. 1991. Computer simulated analyses on deformation and fracture of non-cracked and cracked specimens. Acta Mech Sinca, 7 (3): 243-250.

周利，郑长卿，卢智先，等 . 1993. BHW60 钢的临界空穴扩张状态与相关的断裂韧性 . 金属学报，29 (8): 44-48.

Yue Z F, Zheng C Q. 1993. The analysis of the three- dimensional stress structure near the crack tip of model I CT specimens in elastic-plastic state. Appl Math Mech, 14: 659-668, 817-828.

郑长卿，周利，张克实 . 1995. 金属韧性破坏的细观力学及其应用研究 . 北京：国防工业出版社 .

岳珠峰，郑长卿 . 1995. 镍基单晶高温合金的蠕变损伤规律研究 . 金属学报，31: A356-361.

Yue Z F, Zheng C Q. 1995. Effect of triaxiality and temperature on void growth in 40Cr steel bar with external notch. Theor Appl Fract Mec, 22: 139-150.

撰写者

李云珠（1942～），陕西西安人。西北工业大学理学院数学系教授，传主夫人，已退休。

张克实（1954～），广西桂林人。广西大学土木学院教授，博士生导师。

匡震邦

匡震邦（1935～），江苏泰兴人。力学教授。1952年9月～1956年7月就读于交通大学，1956年9月～1959年7月就读于北京俄语学院留苏预备部，并到清华大学工程力学研究班学习。1959年9月～1997年6月任职于西安交通大学，1997年7月起任职于上海交通大学。提出热力学第一定律包含能量守恒和物理变分两部分。由物理变分原理推出非线性电磁弹性分析的完整控制方程和电磁弹性薄板的一阶近似理论，由其中的迁移变分自然地导出 Maxwell 应力；提出温度变化时，可在热力学第一定律中加入惯性热一项加以修正。对热力学第二定律提出熵方程中应增加惯性熵或惯性热一项，由惯性熵理论简单地导出具有有限传播速度的温度波方程。因提出广义变分原理与 Lagrange 乘子的关系，1983年和胡海昌等共同获得国家自然科学奖二等奖；因固体力学的研究，多次获得教育部奖项；《非线性连续介质力学基础》一书1992年获得教育部全国优秀教材奖；2013年和王铁军等，因功能材料与结构的多场效应与破坏理论共获国家自然科学二等奖。已著有专著《非线性连续介质力学》和《电弹性理论》等六种著作。和合作者及研究生已发表论文240余篇。曾负责国家自然科学基金重点项目和多项面上项目以及教育部博士点多项基金和工程项目。1994～2002年担任中国力学学会常务理事。

一、简　　历

匡震邦，1935年12月17日出生于江苏省泰兴县匡家庄，父亲是中学教师，母亲是农民。1941～1945年在泰兴一些私立和公立小学读书，1946年2月～1946年7月就读于江苏武进焦溪小学，1946年9月～1949年7月，随父亲就读于江苏省溧阳后周初级中学，1949年9月～1950年1月就读于江苏省溧阳中学，后随父母返回泰兴，1950年2月～1952年7月就读于江苏省泰兴中学，1952年9月～1956年7月就读于交通大学机械系金属压力加工专业，对力学产生浓厚兴趣，受到庄礼庭副系主任（后担任过西安交通大学代理校长）等的支持。1956年9月到北京俄语学院留苏预备部学习俄语，因中苏关系不佳，1957年4月后，教育部开介绍信给他联系到清华大学工程力学研究班学习，但遇到困难，他只得暂时回家等待消息。同年 9 月到力学班以“特殊旁听生”的资格学习。1959 年 2 月力学班毕业后返回俄语学院，同年 9 月被分配到西安交通大学数理力学系工程力学教研室任教。到西安交通大学后，负责教实验课程。随后到陕西神木下放劳动锻炼一年。由于受到批判，直到 1978 年才提升为讲师。1963 年，中国力学学会在大连工学院召开第一届塑性理论及极限分析会议，他写了篇论文，讨论金属拉伸过程中压边的屈曲问题，后因各种原因未能发表。在此期间，他还写过有关论圣维南原理的论文，也未发表。“文化大革命”中他也受到一些批判，但受到力学系学生的保护。1963 年，胡海昌教授来西安作广义变分原理的演讲，当时匡震邦意识到这和 Lagrange 乘子有关，1964 年他写了《广义变分原理和弹性薄板理论》的论文，指出广义变分与 Lagrange 乘子的关系，同年 3 月投寄到《力学学报》，审稿意见认为有一定意义，但不能发表，后油印成《西安交通大学科技报告》。“文化大革命”中，他通读了一些马克思、恩格斯、列宁、斯大林的哲学著作，这对研究工作也有帮助。1983 年由胡海昌教授推荐，他和胡海昌等共同获得国家自然科学奖二等奖。20 世纪 70 年代后期，国际上对断裂力学充满兴趣，匡震邦写了几篇论文发表在《力学学报》上。20 世纪 70 年代后期～20 世纪 90 年代初，他主要从事断裂力学和塑性力学研究，20 世纪 80 年代中期后还从事生物力学研究，20 世纪 90 年代中期以后，主要从事电磁弹性力学研究。

“文化大革命”后，匡震邦调到西安交通大学材料力学教研室，1982～1983 年公费访问美国佐治亚理工学院，随 S. N. Atluri 教授研究有限元。西安交通大学成立“结构强度与振动国家重点实验室”后，他调入该室工作。1997 年在何友声和刘振兴教授等的帮助下，他调入上海交通大学。1994～2002 年期间担任中国力学学会常务理事。

1983 年匡震邦开始给力学系研究生开设“连续介质力学”课程，1989 年出版了《非线性连续介质力学基础》一书，由于写得较为深入浅出，受到研究生的广泛欢迎，国内大多数学校力学系将其选为研究生教材，1992 年获得教育部全国优秀教材奖。他还著有《非线性连续介质力学》、《材料的力学行为》、《裂纹端部场》、*Theory of Electroelasticity* 和《电弹性理论》。1986 年以后他担任博士生导师，指导过多名研究生，现在有些人已成为力学方面的研究骨干。他和合作者与研究生共发表论文 240 余篇。工作期间曾负责过国家自然科学基金重点项目“固体电磁介质力学及其应用”和 8 个面上项目，参加过重大项目“材料损伤、断裂机理和宏微观理论”，得到过教育部博士点基金的多次资助，负责过多项工程项目。

2005 年 12 月匡震邦退休。退休后，由于全部时间都是自由时间，因而他有机会思考和整理以前工作期间考虑过但未能深入研究的问题。虽然领导希望他好好休息，注意身体，但作为人民教师，他认为在力所能及的范围内再做一些有益的感兴趣的工作也是应当的。退休后，他得到高存法、陈伟球、仲政和王骥教授的支持，在国内和亚洲压电介质的会议上多次作大会发言，这也是对他退休后工作的一种承认和奖励。

二、主要研究领域和成就

（一）固体的断裂和损伤

1979 年，匡震邦在《力学学报》上发表论文《只有尖点的平面曲边多角形缺陷的应力分析》，1982 年有外国作者在 *JAM* 上部分重复发表过，为此，*JAM* 主编 C. S. Xu 破例地在超出对发表稿件讨论的规定期限后，容许他发表一篇讨论性短文。匡震邦和合作者提出了计算应力强度因子的基于 Betti 倒易功定理的围线积分方法，结合有限元计算，解决了许多构件的裂尖应力强度因子。提出了一个紧接裂尖前方存在一个损伤区，随后有一个塑性区新的界面裂纹的条形损伤–塑性区域模型。这些研究虽非重大进展，但对工程应用很有价值。

匡震邦等证明了在一般情况下讨论钝裂纹裂端渐近场时，要以保角变换的分支点（对称情况下即钝裂纹对称轴上端部曲率半径的一半处）作坐标原点才能得到正确的结果，指出许多作者以钝裂纹端点作坐标原点是不妥的。他们系统地解决了弹性、幂硬化材料 V 形切口端部的渐近应力、应变场，特别是给出了幂硬化材料和理想塑性 V 形切口端部的奇异性指数和切口角的关系曲线；并通过实验研究提出了 V 形切口断裂准则。提出增量 J 积分理论，更适合裂尖存在大范围屈服的情况；给出围绕含多个夹杂的裂尖的 J 积分公式。对不同厚度和缺口形状的有限厚度板的缺口附近的三维弹性应力场，进行了广泛的有限元分析，发现缺口处有强烈三维效应的区应局限于 3/8 板厚处，离开缺口 1. 25 板厚后，三维效应便可不计。

对动态裂纹的传播，匡震邦等解决了较为困难的任意载荷和任意运动速度下运动的 Ⅲ 型界面裂纹问题，给出了动态应力强度因子的表达式。后来有人在 *J. Mech. Phys. Solids* 写了类似的文章，在他们的要求下，这些作者在该杂志上发表了一篇承认他们工作的文章。他们还实验和理论分析了悬臂梁中裂纹的动态扩展和止裂问题，求出了动应力强度因子随时间变化的关系，给出了裂纹前方存在小孔和止裂圆柱或止裂板时对运动裂纹止裂效果的讨论，对裂纹的止裂有重要参考价值。

匡震邦和 S. N. Atluri 教授一起，较早用运动有限元法研究了运动裂纹端部的温度场，给出了最高温度的计算公式，结构钢中高速传播裂纹的裂端温度约为700℃，这一研究对传热理论、焊接和传播裂纹有参考价值。

在连续介质损伤理论方面，匡震邦等采用损伤介质的考虑三轴约束的修正的Gurson塑性本构方程，研究了钝裂纹端部存在空洞和损伤时的应力、变形和孔隙率的分布规律，表明它们和裂纹顶端的约束情况相关；对多种全尺寸的标准试件进行了大范围屈服情况的有限元分析，结果表明，这一分析比以往的边界层模型更符合实际。这些分析属于这一领域的早期工作，有一定的开创性；他们提出了新的韧性损伤和断裂的微观机理、模型和演化规律，给出了三维约束效应的定量描述与断裂判据，提出用裂纹端部到空洞的韧带上承载能力丧失作为断裂发生的判据；采用类似于流体力学中的速度图变换法，把非线性理论线性化，得到了非线性损伤介质中缺陷端部场的高阶近似解；这些研究使人们对大范围屈服情况下裂纹损伤的演化规律、各种缺陷的相互影响、平均应力和有效应力对破坏的不同影响有了更为定量的认识，对进一步的研究具有重要意义。对于低周疲劳问题，他们提出了一个新的损伤变量，即以材料延伸率随循环周次增加而降低的百分比作为新的疲劳损伤变量，这一理论得到实验验证，在焊接接头疲劳损伤中得到应用。为方便工程应用，他们用连续介质损伤力学方法给出材料断裂开始的准则，提出损伤积分 W_d 达临界值 W_{dc} 时发生断裂，其中考虑了应力三轴性因子 $T=\sigma_m/\sigma_e$，σ_e 为等效应力，σ_m 为平均应力；进而利用等效塑性应变和裂尖张开唯一的近似关系，导出一个和应力三轴性无关的断裂准则。在《裂纹端部场》一书中，还有其他有关断裂与损伤的研究。

（二）本构理论

参照简单物质理论，Ильюшин的塑性应变弧长和全应变空间内蕴几何学理论和Valanis提出的内时理论，匡震邦等提出一个一般的积分型本构理论，提出弹塑性体中的应力是非欧塑性应变空间变形路径的弧长、曲率 $k\ (z)$ 和一些特征点 z_j 的泛函，非欧空间的特性由微观组织及其演化决定，即有

$$\sigma=\int_0^{\zeta}F[\zeta,\ z,\ \kappa(z),\ z_j]\mathrm{d}\varepsilon^p,\quad \mathrm{d}z=\sqrt{\mathrm{d}\varepsilon^p:\boldsymbol{P}:\mathrm{d}\varepsilon^p}$$

式中，$\boldsymbol{P}$ 是由空间性质决定的度量张量，dz 是非欧空间塑性应变的弧长，这样便把理论中的材料参数和微观组织及其演化联系起来，考虑了复杂加载时应变历史的影响。他们对不锈钢和Zr-4合金进行了大量的理论分析和实验研究，对应力模和延迟角随变形路径的变化进行了很好的分析，指出变形路径转折90°相当于加、卸载的分界线。这一理论应用到后继屈服面、率相关材料，热黏塑性材料和机械结构时都获得了成功。随后对非比例加载下两相介质的弹塑性特性用积分型本构方程进行了

分析，提出了应力模、延迟角随应变路径和转折角变化的近似计算公式。显然这一理论对具有恒定或变化不大的循环工作变形史的工况特别合适。

对于偏离平衡态不远的热动力学系统，不可逆热力学和内变量理论可以解决大量的物理问题，但把现有理论用到黏塑性时显得不够。为此，仿照黏弹性结构单元理论，对有限变形取用 Kirchhoff 应力 S 和 Lagrange 应变 E，匡震邦提出一个新的内变量理论框架，核心是把外力功率分为可逆和不可逆两部分，可逆应变产生可逆功率，不可逆应变产生不可逆功率；进一步把应力分成一些内部分支的分支应力之和，每个分支都和某种变形机制相关，每个分支应力都对应于同一个总应变，每个分支应变都由可逆部分和不可逆部分组成，但每个不可逆部分可以由不同变形机理的部分组成；对于某些内变量可以存在临界面，通过临界面后，本构方程可以产生突然变化，这一理论应用到许多问题都获得了成功。

1983 年，匡震邦和周惠久、顾海澄、李中华等教授共同申请了国家自然科学基金项目“微观组织力学”，1986 年又续报一次，两次都得到批准，这是中国自然科学基金最早批准的把材料和力学结合起来的宏微观力学研究项目，随后，他们又获得多次资助。他们用有限元方法研究了石墨对球铁断裂韧性的影响，12CrMo 钢 F+M 双相组织对强度和硬化特性的影响，指出引起组成相的硬化和软化的主要因素是水静压力，增量 J 积分理论得到了应用；揭示了预载在两相中产生的符号相反的长程内应力在反向加载中相互作用，逐渐改变符号是双相钢中的 Bauschinger 效应的主要原因。由于这是对宏微观力学做的早期研究，所以得到较多好评。1985 年中国航空学会、力学学会、机械工程学会和金属学会联合召开的第四届全国断裂学术会议的会讯上指出，“在……球墨铸铁断裂机制，……方面都有新的突破”；在 1986 年于东京召开的国际计算力学会议上，会议主席认为匡震邦等的论文 *A New Analytical Model of Necking Phenomenon* “……quite interest，……quite nicely”，并作为大会邀请报告。他们还提出了两相复合介质形变理论的混合变分和增量型变分原理，并用于球形夹杂和空洞的两相材料的均匀化理论研究，得到了屈服面的方程，提供了研究弹塑性两相介质均匀化理论的一种新方法。

匡震邦等采用 Boltzmann 非平衡分布理论和 Grad 级数展开法，研究了中国西北地区风沙两相流中沙的跃移运动，得到了三阶矩的完整封闭方程组和一个工程简化方程，理论和所做的实验一致。在《非线性连续介质力学》一书中，还有其他的研究。

（三）心血管力学

现有的血液循环理论中，广泛使用 Casson 本构模型，但该方程对低切变率情况符合得不好。为此，匡震邦等提出一个改进的本构方程：$\tau = \tau_c + \eta_p(\alpha_1\dot{\gamma} + \alpha_2\sqrt{\dot{\gamma}})$，其中，$\alpha_1$，$\alpha_2$ 为常数，实验表明上式在广泛的切变率范围内符合实验结果，且 α_2/α_1 的值和血细胞压积呈线性关系，可以用作临床参数。利用改进的血液本构方程，他们广泛地研究了血液流经血管中动脉瘤的流速、流量、压力梯度和壁面切应力。

匡震邦等解决了长期未能解决的同轴圆柱流变仪中，内圆柱和流体的惯性对非定常流测试影响的难题，给出了研究这种影响的基本方程，由数值计算可得修正因子。

匡震邦等用有限元方法系统地分析了人工生物瓣膜和瓣架的应力分布，由此提出了优化人工心瓣的设计方法，中国人民解放军第四军医大学已把所得结果用作临床参考。他们还分析了正常和钙化变厚度心瓣应力的分布，指出钙化区应力显著增大，这可用作临床参考。

（四）压电和热释电体

压电和热释电材料是智能材料和结构中最重要的一类。通常把位移和电势合在一起组成广义位移变量，类似的有广义应力和广义应变等。控制方程的张量或矩阵形式和弹性各向异性材料的虽然相同，但对线性动态问题的解存在重要差别；对于力学线性、电学非线性的电致伸缩材料，它们和弹性各向异性材料的差别是明显的。匡震邦等首次系统地解决了线性热释电材料的控制方程和具体解，求得了界面裂纹、双介质中的点热源问题，得到广义应力强度因子，具有一定的理论和应用价值。他们还改正了文献中有关一个围线积分的错误，该公式也是 Мусхелишвили 的有关书籍中没有的。

通常压电陶瓷强度高，裂尖电场很大，置于空气中的装置，近裂尖区的空气隙往往被击穿而导电，导电后，由于电场强度降低，击穿部分又变成绝缘的，如此反复进行。作为初步研究，匡震邦等讨论了简化的静态的部分电学击穿模型：裂纹张开后，中间部分绝缘，近裂尖的导通，从而构成部分传导、部分绝缘的裂纹的混合边值问题，裂尖和绝缘与导通两部分的结合点都是奇点。他们得到了电场垂直和平行裂纹两种情形的应力、电位移和电场强度的全场解，广义应力强度因子要分三种情形讨论：当结合点远离裂尖时，广义应力强度因子和传导裂纹的相同；当结合点无限接近裂尖时，广义应力强度因子和绝缘裂纹的相同；对于中间情况，广义应力强度因子处于两种之间。电学击穿模型是研究破坏的可取模型之一。他们还分力学屈服和电学饱和两种情形讨论了Ⅲ型界面裂纹的条形区域模型，求得了问题的一般解。

均匀介质中的守恒积分已发展得较为完善，如 J 积分等，但随着梯度材料等的广泛应用，需要给出非均匀介质中的守恒积分的完善理论。匡震邦等采用 Nother E. 的不变量变分理论讨论这一问题。要求无穷小变换前后的泛函 L 在一阶精度 Δx_i，Δu_α，$\Delta u_{\alpha,j}$ 内相等，即要求

$$\int_{V'} L'(x_i', u_{\alpha,j}')\mathrm{d}V' = \int_V L'(x_i', u_{\alpha,j}')j\mathrm{d}V = \int_V L(x_i, u_{\alpha,j})\mathrm{d}V,\ j = |\partial x_i'/\partial x_j|$$

$$x_i \to x_i' = x_i + \Delta x_i(x_j, u_\alpha),\ u_\alpha(x_i) \to u_\alpha'(x_i') = u_\alpha(x_i) + \Delta u_\alpha(x_i, u_\beta)$$

由此导出积分形式的无穷小变换的不变性条件为 $\int_V [(\partial L/\partial u_{\alpha,j})\Delta u_\alpha + S_{ij}\Delta x_i]_{,j}\mathrm{d}V = 0$，式中，$S_{ij} = L\delta_{ij} - (\partial L/\partial u_{\alpha,j})u_{\alpha,i}$ 为能量-动量张量，由此直接导出非均匀介质中的守恒积分；特别是对于单方向按指数变化的材料等，可以得到守恒积分的简单表达式 。

位错和夹杂与裂纹的交互作用，对材料的破坏和功能具有重要意义，其基本解可用于分布位错法解断裂问题，也是边界元方法的基础。匡震邦等最早分三种情况研究了压电体中椭圆夹杂与奇点载荷的相互作用，即奇点位于椭圆夹杂的内部、外部和界面上。求得了问题解的公式，并用数值方法计算了不同类型夹杂和奇点载荷的一些实用情况，详细研究了材料机械和电学性质错配对位错和夹杂交互作用力的影响。

对于压电体的破坏，匡震邦等提出了一个模态能量理论，这一理论源于 Kelvin 及其他学者关于弹性问题的本征模态理论。理论的核心之一是寻求材料空间的主方向，该方向上广义应力和广义应变共轴，这要求解一个本征值模态问题。压电体中最多有 9 个不同的模态，实际材料因对称性，其独立模态总数 M 小于 9；各向同性弹性体只有形状改变和体积改变的两个不同的模态，这构成破坏和塑性变形的理论基础。鉴于此，他们提出用 M 个模态能量的线性组合达到临界值作为破坏的准则。这一理论有深刻的物理基础，但目前实验测试数据不够，应用受到限制。

电致伸缩材料是力学线性和电学非线性的，电学非线性主要来自电场对介质的作用力，通常称为 Maxwell 应力 σ^{M}。Knops，Smith 和 Warren 和其他作者讨论了含椭圆孔的电致伸缩材料中的应力分布，但存在一些问题。匡震邦等提出了完整的控制方程组：伪总应力 $\sigma^t = \sigma + \sigma^{\mathrm{M}}$，平衡方程取用 $\Delta \cdot \sigma^t = 0$，本构方程由电 Gibbs 函数推得，结合边界条件求解。问题解出后，由 $\sigma = \sigma^t - \sigma^{\mathrm{M}}$ 求出 Cauchy 应力，σ 是决定材料破坏的应力。

由于层状压电介质中各种表面波能使声波能量集中在表面附近，表面波器件得到日益广泛的应用。考虑到制造过程或特殊需要会出现初应力和偏电压等，匡震邦

等给出了预应力和偏电场下层状压电介质中表面波传播的完整的非线性控制方程组，对今后的应用很有价值。他们对双层和三层压电器件中的 Love 波、Lamb 波、BG 波和 Rayleigh 波等进行了广泛的研究，得出了一些有实用价值的结果。

在热释电体的波的传播问题中，通常选取位移 $\boldsymbol{u}$、电势 φ 和温度 ϑ 为自变量，因而控制方程有 5 个；对于平面波，传播的特征或 Christoffel 方程为五阶的，但只有 4 个不为零的独立本征值或波矢量，电势的波矢量为零，即电波以无限速度传播。许多作者在讨论界面反射和透射问题时，采用这无限空间传播的 4 种波，但在界面上有 10 个连接条件，匡震邦等发现，在波的反射和透射问题中，因边界条件要求广义 Snell 定律成立，从而在解 Christoffel 方程时，界面的每一侧出现了 1 个额外的拟表面波，这和压电文献中的“沈逸波”理论一致，这样便自动组成了 10 个方程去满足 10 个界面连接条件。所以波的反射和透射问题与无限空间波的传播问题存在本质差别。如果在热释电体理论中删去和温度有关的项便得到压电体的理论。

此外，匡震邦等在电偶极子理论、表面电极、椭圆孔和副裂纹的相互作用、线性刚性夹杂和奇点载荷的相互作用、非理想裂纹、平面问题 Stroh 解阵中的基本矩阵 $\boldsymbol{A}$，$\boldsymbol{B}$ 的显式，二次畸变理论、主动控制等诸多方面都做出了一定的贡献。在 *Theory of Electroelasticity* 一书中还可找到其他工作。

（五）连续介质热力学和变分方法

1963 年，几位力学家在西安作学术报告，胡海昌教授报告广义变分原理，当时匡震邦觉得这和 Lagrange 乘子之间有关系，随后进行了研究，写出论文《广义变分与弹性薄板理论》（该文有关广义变分理论的部分，已作为附录一转载于《非线性连续介质力学》一书中），1964 年 3 月 5 日，《力学学报》收到这份稿件，但未录用，随后印成《西安交通大学科技报告》（钱伟长教授于 1964 年 9 月给《力学学报》投广义变分与极壳理论方面的稿件，亦未录用）。1981 年国际有限元学术邀请报告会在合肥召开，由几位著名的计算力学家作报告，西安交通大学科研处让匡震邦把《广义变分原理和弹性薄板理论》的科技报告（油印稿）分送几位国内知名力学家，当时得到肯定，但事后表明，多数人忘记了这件事。1983 年由胡海昌教授推荐，他和胡海昌等共同获得国家自然科学奖二等奖。20 世纪 70 ~ 80 年代，国内学者广泛地研究和应用广义变分原理，但都只引用钱伟长教授的文章。变分学中的 Lagrange 乘子法是早已存在的，不过应用到广义变分且大量推广到工程问题中，也不失为创新性的应用，具有一定价值。

现有力学中存在势能等变分原理，但未能和热力学第一定律相联系，匡震邦希望把它们联系起来。在 1989 年出版的《非线性连续介质力学基础》一书的例题中，已可见到这方面的努力。在非线性电磁弹性力学中，对 Maxwell 应力 σ^{M} 的理解存在很大分歧，例如，Eringen 和 Maugin 采用 Lorentz 的微观理论求 σ^{M}；Pao 从 Maxwell 电磁场方程出发，认为 σ^{M} 不唯一，可以得出许多表达式；McMeeking 等认为 Maxwell 应力 σ^{M} 和 Cauchy 应力不可区分，因而可以用统一的本构方程表示；许多材料科学学者认为，实验测得的电致伸缩系数不是材料常数，而是和测试系统相关；Landau 和 Lifshitz 的书用能量法推求电介质中的电磁力，但对他们推出的电磁力和 Maxwell 应力的关系未作明确说明，以致后来学者有不同理解。匡震邦提出热力学第一定律包含两个内容：能量守恒原理 $\int_V \mathrm{d}u\mathrm{d}V = \mathrm{d}W + \mathrm{d}Q$ 和物理变分原理 $\delta\Pi = \int_V \delta u\mathrm{d}V - \delta W - \delta Q = 0$，其中，$u$ 为内能密度，$\mathrm{d}W$ 为外力的功，其中包含惯性力的功，$\mathrm{d}Q$ 为环境提供的热量，“d”为增量，“δ”为变分记号。把物理变分原理看成是物理定律，和通常的数学变分方法有本质的不同。从物理变分原理出发，把物理量的变分分为局部变分和迁移变分两部分，可以很方便地推出电磁弹性介质的控制方程，自然地由迁移变分的项导出 Maxwell 应力 σ^{M}，并指出 Cauchy 应力决定材料破坏。显然，如果承认物理变分原理是正确的，那么由此推出的 σ^{M} 便是正确的。这一理论已有新的工作，仍在不断完善。

匡震邦对连续介质热力学理论的又一改进是提出温度变化时可在热力学第一定律中加入惯性热一项加以修正，对第二定律引进了惯性熵的概念。由于在低温微观尺度和冲击温度下，实验发现温度以有限速度传播，这和现有温度以无限速度传播的抛物线方程不同。许多学者提出广义热动力学理论，他们或是引入 Maxwell-Cattaneo 定律代替经典的 Fourier 热传导定律，或是用一个新的和温度类似的函数 $\phi = \phi(T, \dot{T}, \cdots)$ 代替温度 T，并修正经典的熵不等式和自由能。仿照惯性力的概念，他引入惯性熵的概念，即认为温度作加速度变化时需要额外增加热量。为此需要修改现有的偏离平衡态不大的连续介质热力学理论，即把现有的熵方程 $T\dot{s} = \dot{r} - q_{i,i}$ 修改为 $T\dot{s} + T\dot{s}^{(a)} = \dot{r} - q_{i,i}$，其中，$T$ 为温度，s 为系统内的熵，$s^{(a)}$ 为因温度的变化引起的惯性熵，r 为内热源强度，q 为环境提供的热流。由于引入了惯性熵，便很容易得到温度的波动方程，这一理论和经典热力学完全协调。上述惯性熵理论推广到广义热扩散理论和化学热力学，此时除引入惯性熵外，再引入惯性浓度，由此得到比现有文献更广泛和合理的热扩散波动方程。显然这一理论还可以推广到更一般的情形，还有更大的发展空间，其意义有待进一步研究。

（六）其他研究

在工程结构分析方面，匡震邦对岩石和锅炉用钢的断口进行了分形分析，正确表达了分形维数与断裂能量之间的关系；提出了一个简单准确的弹性接触问题的计算方法，并成功地应用到石油钻杆螺纹接触问题；对焊接接头的焊接区、热影响区和母材区等三个区域进行了详细的分析，提出了疲劳寿命的计算公式等。对双孔隙介质中波的传播，波在介质结合面上的反射和透射作了许多有价值的工作，对岩土工程有重要应用。

三、匡震邦主要论著

匡震邦 . 1964. 广义变分原理和弹性薄板理论，西安：西安交通大学科技报告 .

Kuang Z B. 1982. The stress field near the blunt crack tip and the fracture criterion. Eng Frac Mech, 16：19-33.

Kuang Z B, Atluri S N. 1985. Temperature field due to a moving heat source：A moving mesh finite element analysis. Jour Appl Mech, 52：274.

Kuang Z B, Xu X P. 1987. Stress and strain fields at the tip of a sharp V-notch in a power-hardening material. Int Jour Fract, 35：39.

Luo X Y, Kuang Z B. 1992. Non-Newtonian flow patterns associated with an arterial stenosis. Jour Biomech Eng, 114：512.

Ma F, Kuang Z B. 1994. Stresses, deformations and porosities in standard fracture specimens. Acta Metall Mater, 42：497-507.

Zhu J J, Kuang Z B. 1995. On interface crack propagation with variable velocity for longitudinal shear problems. Int Jour Fract, 72：121-144.

匡震邦，顾海澄，李中华 . 1998. 材料的力学行为 . 北京：高等教育出版社 .

Shen S P, Kuang Z B. 1998. Interface crack in bi-piezothermoelastic media and the interaction with a point heat source. Int Jour Solids Struct, 35：3899-3915.

匡震邦 . 2002. 非线性连续介质力学 . 上海：上海交通大学出版社 .

匡震邦，马法尚 . 2002. 裂纹端部场 . 西安：西安交通大学出版社 .

Zhou Z D, Zhao S X, Kuang Z B. 2003. An integral elasto-plastic constitutive theory. Int Jour Plasticity, 19：1377-1400.

Huang Z Y, Kuang Z B. 2003. A mixed electric boundary value problem for a two-dimensional piezoelectric crack. Int Jour Solids Struct, 40：1433-1453.

Shi W C, Kuang Z B. 2003. Conservation laws in non-homogeneous electro-magneto-elastic materials. European Jour Mech-A/Solids, 22：217-230.

Su J, Liu H, Kuang Z B. 2005. Love wave in $ZnO/SiO_2/Si$ structure with initial stresses. Jour Sound Vib, 286：981-999.

Jiang Q, Kuang Z B. 2006. Stress analysis in cracked infinite electrostrictive plate with local saturation electric fields. Int Jour Eng Sci, 44：1583-160.

Kuang Z B. 2009. Variational principles for generalized dynamical theory of thermopiezoelectricity. Acta Mech, 203：1-11.

Kuang Z B, Yuan X G. 2010. Reflection and transmission theories of waves in pyroelectric and piezoelectric materials. Jour Sound Vib.

Kuang Z B. 2011. Physical variational principle and thin plate theory in electro-magneto-elastic Analysis. Int. J. solids and struct，48：317-325.

Kuang Z B. 2013. Theory of electroelasticity. Berlin：Springer.（2014. Shanghai：Shanghai Jiaotong University Press）.

撰写者

传主本人

王德恂

王德恂（1936～），辽宁沈阳人。船舶流体力学家。武汉理工大学教授，博士生导师。1959年上海交通大学船舶制造专业本科毕业。多年从事教育与科研工作，曾指导过数名船舶流体力学专业和水上运动装备工程专业硕士研究生和博士研究生。曾主持过5项重大科研课题，其中，获国家科技进步奖二等奖一项，三等奖一项。国家经贸委重点开发项目“内河浅吃水大径深比推轮开发研制”1991年获交通部科技进步奖二等奖，1992年获国家科技进步奖二等奖。国家“七五”科技攻关项目“山区浅水急流运输方式和船舶研制”1991年获交通部“七五”攻关科技成果奖三等奖，1994年获交通部科技进步奖二等奖，1995年获国家科技进步奖三等奖。国家重点推广项目“分节驳顶推运输成套技术推广”1993年获广东省科技进步奖二等奖，1995年获交通部科技进步奖三等奖。先后发表学术论文80余篇，撰写一本专著《桨舵干扰理论及计算方法》，1992年由人民交通出版社出版。1995年获“全国交通系统优秀科技工作者”和“优秀教师”称号，1996年被评为湖北省劳动模范，1997年被评为湖北省科技精英，1999年获交通部“吴福–振华交通教育贡献奖”。曾担任过中国造船学会船舶力学委员会推进学组成员，武汉造船学会船舶力学委员会副主任、船舶流体力学学组组长。1995年担任首届武汉市科技智囊团成员。

一、从事教育事业

王德恂1936年1月4日出生，籍贯辽宁省沈阳市。

1959年王德恂从上海交通大学船舶制造专业毕业选择了教育事业，同年分配到大连海运学院造船系任教。当时大连海运学院造船系是刚刚组建的一个系，师资力量缺少，因此他有机会立刻承担讲课任务。曾主讲过船舶原理、流体力学、船舶阻力等课程，担任造船系教学秘书，组织教学工作。

1963年国家院系调整，大连海运学院造船系全部迁移到武汉水运工程学院，成立造船系。1994年武汉水运工程学院与武汉河运专科学校合并，更名为武汉交通科技大学，隶属交通部。

2001 年武汉工业大学，武汉交通科技大学，武汉汽车工业大学三校合并，改名为武汉理工大学，隶属国家教育部。王德恂在武汉理工大学交通学院船舶海洋工程系，从事教育工作 47 年，长期从事船舶流体力学教学与科研工作。曾担任过船舶性能教研室主任，造船系系主任工作。

1988 年王德恂晋升为教授，1992 年国务院学位委员会学科评议组批准其为博士生导师。曾主进过 11 门专业基础课和研究生课程，其中包括流体力学、船舶静力学、船舶阻力、船舶推进、船舶动力学、螺旋桨理论、桨舵干扰理论及计算方法、船舶节能技术、赛艇水动力学、帆船帆板水动力学等。20 世纪 90 年代初期，武汉理工大学与武汉体育学院合作，开创了新的交叉学科水上运动工程。该学科是由水上运动和船舶流体力学相结合的新型学科，重点研究水上运动器材的流体动力性能。同时建立了人才培养基地。2003 年水上运动装备工程专业的博士点获国家教育委员会批准。武汉理工大学为水上运动工程专业培养了一批硕士研究生和博士研究生，在国内享有一定的威望，成为新型水上运动工程专业骨干力量。从教 47 年，王德恂为中国造船事业培养了大批本科生、研究生、科技人才。在教学工作中多年一贯勤勤恳恳，努力认真，学风严谨，为人正派，教书育人，教学效果优异，深受学生的爱戴和好评，多次获得学校教学优秀奖。1979 年获得“湖北省先进教育工作者”称号，1992 年享受国务院政府特殊津贴，1995 年获得“全国交通系统优秀教师”称号，1999 年获得交通部“吴福-振华交通教育贡献奖”。

二、内河船舶新船型开发研究

中国是一个内河水运资源较丰富的国家，内河河流总长达 43 万多公里，但通航里程仅 11.02 万公里。长江干流全长为 6300 公里。目前这些河流状态基本上没有整治渠化，处于自然航道状态。其特点是河道弯曲，水浅流急。国外如德国、苏联、美国等国家内河航道已整治渠化，通行环境较好。中国内河航道由于水浅，螺旋桨直径受限制，致使推进效率很低。另外，水浅流急使船舶阻力增加，河道弯曲从安全性角度对于船舶操纵性有较高的要求。因此内河船舶性能研究的重点，即提高船舶的快速性，改善船舶的操纵性。内河货运方式主要有三种形式：运输大量货物的分节驳顶推船队，机动驳和机动驳顶推船队。20 世纪 80 年代，结合国家经贸委重点开发项目“内河浅吃水大径深比推轮开发研制”和国家“七五”科技攻关项目“山区浅水急流运输方式和船舶研制”进行了较系统的内河船舶新船型开发研究。

（一）内河浅吃水大径深比分节驳顶推船队

提高内河浅吃水分节驳项推船队的快速性，除了减少船队阻力之外，其核心是降低螺旋桨的转速，增加螺旋桨直径，进而增加推力，提高载运量。为了实现这一目标，王德恂提出采用大径深比 D/T（D 为螺旋桨直径，T 为顶推船尾吃水）技术，配合非整圆导管螺旋桨。那么多大的径深比适合中国内河航道，过去国内从未研究过，必须通过系统的试验研究予以解决。为了改善内河浅吃水分节驳顶推船队的操纵性能，采用了“倒车舵+导管螺旋桨+襟翼舵”的操纵装置。系列试验的船型方案在保持主尺度和首部线型不变的前提下，形成四种大径深比 $D/T=1.0$，1.2，1.4，1.6 推船尾部线型。同时在径深比 $D/T=1.2$ 不变条件下，形成四种隧道角 $\theta=12°$，15°，20°，25°推船的尾部线型。分节驳船队改变六种编队形式。这样组成了顶推船和顶推船队的多种船型方案，进行深水和三个不同水深的浅水快速性和操纵性系列的模型试验研究。系列模型试验主要完成了五个方面的研究工作：①顶推船供水试验：观察顶推船尾隧道内螺旋桨供水是否充足，国内外从未开展过这样的试验研究；②顶推船和顶推船队多种方案的深水、浅水阻力性能试验；③顶推船和顶推船队深水、浅水自航试验；④“倒车舵+导管螺旋桨+襟翼舵”组合体水动力性能试验和理论计算方法研究；⑤顶推船和顶推船队深水、浅水操纵性试验。通过系列的试验研究结果给出了适合中国内河航道特点的大径深比推船。其径深比 D/T 在 1.4 以内，隧道角 θ 在 20°以内是可行的。评审专家一致认为进行这样系列的试验研究在国内外尚属首次。船后非整圆导管螺旋桨水动力性能试验研究和分析方法具有独创性，达到国际先进水平。实船应用方面：在湖北省、湖南省、黑龙江省和四川省研制了五艘大径深比推船，径深比范围为 $D/T=1.0\sim1.28$。取得了明显的经济效益。研制的五艘实船与相应航区优秀船型相比，其技术指标大幅度提高：系泊推力提高 9.93%～46.5%，千吨公里油耗下降 12.1%～28%，推载量（t/kW）提高 11.4%～47.5%，单位运输成本降低 6.35%～29.8%。该研究成果，1991 年获交通部科技进步奖二等奖，1992 年获国家科技进步奖二等奖。1993 年交通部成立推广领导小组，在全国范围进行推广，取得了明显的经济效益和社会效益。广东省交通厅对于西江硫铁矿专线运输机动驳顶推船队，在主机功率不变的前提下，将原有减速箱的减速比 2.85∶1，径深比为 0.756 8，改为减速比为 9.8∶1，径深比为 1.12。就是单纯地采用了大径深比技术，其经济效益十分明显。每千瓦主机功率载货量提高了 65.7%。该推广项目 1993 年获广东省科技进步奖二等奖。

（二）浅水急流机动驳新船型开发

中国四川省乌江是典型的浅水急流航道。河道弯曲，水浅流急，浅滩处流速为 4 ~5m/s。乌江货运主要运输方式为机动驳运输。乌江机动驳运输对于船舶性能要求比较高，上水航行时要求船速比较高，能克服浅滩流速具有冲滩能力，下水航行时为满载，在弯曲航道中具有良好操纵性能，确保航行的安全性。结合国家“七五”科技攻关项目“山区浅水急流运输方式和船舶研制”，王德恂等进行了浅水急流机动驳新船型开发研究。为了降低船舶在浅水急流中航行的阻力，减少船尾在浅水中的下沉量。在船舶主尺度选择时，尽量增加长宽比 L/B，减少方形系数。为了减少浅水中船尾下沉量，尽量增加船尾的排水量，为此控制船舶后体方形系数与前体方形系数之比值在 1.2 左右。同时还要兼顾船舶变吃水性能的要求。为了增加螺旋桨直径提高推进效率，采用双尾浅隧道线型。对于双尾线型，他们开发研制了一种适合浅水急流航区新的双尾线型——水滴形椭锥型双尾。采用对称西林舵装置改善船舶下水航行时的操纵性。系列船型变化研究方案为船舶首部线型选取 V 形、U 形、中 U 形和平头雪橇形四种。船尾线型选取三种双尾线型——常规双尾线型、双球尾线型和双水滴形椭锥型。船首尾不同线型组合成多种船型方案。进行深水、浅水船舶快速性和操纵性系列车的船模试验研究。其研究成果给出了适合中国浅水急流航域特点的高性能的新船型。船舶首部线型采用中 U 形，船尾部线型为浅隧道水滴形椭锥型双尾。后体方形系数与前体方形系数的比值为 1.2 左右。采用带制流板的对称西林舵装置。根据系列的试验研究成果，研制的新型机动驳实船，在试航中体现了新型机动驳船的特点，深水快速性好，尾浪小，尾下沉少，上滩能力强。与现有的四川省浅水急流航区优秀船型相比，上水航行每千瓦载重量提高了 20%，下水航行时提高了 87.6%，千吨公里油耗降低了 34.4%，单位运输成本降低了 15.74%，推进效率提高了 28.04%，取得了明显的经济效益和社会效益。1991 年获交通部“七五”攻关科技成果奖三等奖，1994 年获交通部科技进步奖二等奖，1995 年获国家科技进步奖三等奖。

三、开创水上运动器材流体动力性能研究

水上运动由运动员和运动器材两部分组成，然而体育界对于水上运动项目，主要侧重于体能测试和训练方法的研究。对于运动器材如赛艇艇体、帆船帆板的板体和翼帆的流体动力性能研究甚少，在国内属空白。国外如美国、澳大利亚、日本等

国家有些研究成果。因为运动器材流体动力性能研究属于交叉学科，即水上运动、船舶流体力学、计算机应用技术组成的一个崭新的学科。运动器材流体动力性能包括两个方面，即空气动力性能和水动力性能。研究方法为理论计算方法和试验研究方法，试验研究可以在风洞、循环水槽、拖电水池中进行。对于赛艇运动项目，国内外研究表明，运动员的体能提高是有限的，而运动技术的完善及赛艇和划桨水动力性能的提高是很重要的。为了提高划桨推进力，减少艇体阻力，开展赛艇和划桨流体动力性能的研究是亟待解决的问题。20世纪90年代初期，武汉理工大学交通学院船舶海洋工程系与武汉体育学院长期合作，开展了水上运动器材流体动力性能研究及人才培养工作，已有20多年历史。共完成了三个国家自然科学基金项目："风帆和风帆船流体动力特性理论和试验研究"、"赛艇船艇水动力性能及划船技术的测试与评定"、"赛艇，皮划艇柔性桨叶水动力性能试验与理论研究"；两个霍英东教育基金项目："划船柔性表面桨叶动力行为及流动可视化""可控环量翼及其在船舶过程中的应用研究"；湖北省自然科学基金项目："赛艇非线性兴波阻力数值模拟与试验研究"；国家体育总局科研项目："帆板新板型的水动力性能与专项力量训练的研究"、"帆板最佳横倾角和最佳航线选择的研究"。通过上述课题的支撑，王德恂等较系统地开展了水上运动器材流体动力性能的研究。具体研究内容有：①赛艇阻力。在拖曳水池中，对于赛艇总阻力进行试验测定，用浪高仪测定赛艇波形阻力。用理论计算方法对赛艇非线性兴波阻力、黏性阻力进行了计算。②赛艇划桨水动力性能研究，赛艇在划桨过程中，有入水、出水水动力学的问题，桨叶划水深度在变化，划桨桨频在变化，桨叶属于小展弦比翼型，非定常运动，理论计算难度很大，国外关于这方面研究文献很少。他们首先对划船桨叶流体动力性能进行试验研究。对于平板桨叶和圆弧形桨叶进行了较系统的试验研究，探讨了浸水深度、桨叶斜角、桨叶转角对桨叶性能的影响。理论计算工作，采用非定常、非线性涡格法，对于小展弦比（$\lambda=0.2$）大攻角（$\alpha=60°$）薄翼划船运动桨叶，进行定常、非定常水动力性能数值模拟计算，通过计算不同展弦比的平板、圆弧形桨叶流体动力特性，探讨了不同浸水深度、运动频率对于桨叶流体动力特性的影响。这一研究成果在国内外处于领先地位。③帆船，帆板流体动力性能研究。试验研究方面，对于翼帆，在风洞中进行了两种不同帆翼的试验，给出了不同航向角下帆翼的推力系数、侧向力系数随攻角的变化规律。帆板的板体，在拖曳水池中，对于米氏板和NP板两种板型，在不同横倾角和纵倾角情况下，帆板阻力随着航速变化的试验研究，给出了阻力最少的最佳横倾角范围。理论计算工作，采用计算流体力学（CFD）方法，对于帆翼在梯度风情况下的水动力性能进行数值模拟计算，给出了帆翼流体动力特性，同时探讨了帆翼和桅杆相互影响作用，桅杆形状对帆翼性能的影响，梯度风对帆翼性能的影响。另外也探讨了帆翼在不同扣角、不同倾角下的空气动力性能特性。在帆板流体动力性能研究的基础上，开展帆板运动航速预报（VPP）研究工作，根据最小阻力、最大推力原理建立帆板运动的力和力矩平衡方程式，求解帆板航速进行预报。同时对于帆板在比赛过程中遇到逆风段、横风段和顺风段的最佳航线的选择进行了理论方面的论证和探讨。

四、螺旋桨和舵干扰理论及附体节能

在船舶推进性能和操纵性能研究中，必然涉及船体、螺旋桨和舵的相互影响问题。螺旋桨和舵位于船尾处，两者之间的距离比较小，螺旋桨和舵相互影响比较明显。然而由于以前关于桨舵干扰理论及试验研究甚少。因此，只能将螺旋桨和舵分开加以研究。螺旋桨和舵分别用理论计算方法或用大量系列试验图谱的方法，进行水动力性能的预报，然后用很粗糙的方法计入螺旋桨尾流对舵水动力性能的影响。这种方法已不适应现在科学发展的需求，因为桨舵相互影响对于桨舵水动力性能影响是比较显著的，不可忽视。因此将螺旋桨和舵视为一个组合体研究其水动力性能是比较合理的。20世纪80年代初期，王德恂等在国内比较早地开展了桨舵干扰理论和试验研究工作。理论研究方法：利用升力线理论、Weissinger简化升力面理论、Kerwin升力面理论进行了螺旋桨尾流场的计算。深水定常螺旋桨和舵组合体水动力性能计算，用频域法进行了深水非定常螺旋桨和舵组合体水动力性能计算，用影像法对浅水定常螺旋桨和舵组合体水动力性能进行了计算。试验研究方面：在循环水槽中进行螺旋桨和舵的间距变化对于螺旋桨和舵水动力性能影响的试验研究，给出了螺旋桨和舵水动力性能随桨舵间距变化规律。在拖曳水池中，在敞水箱后进行深水和浅水（水深与螺旋桨直径之比为2）螺旋桨和舵组合体水动力性能试验研究，探讨了深浅水螺旋桨和舵水动力性能的差异，试验结果与理论计算结果很好地吻合。撰写了一本专著《桨舵干扰理论及其计算方法》，1992年由人民交通出版社出版。桨舵干扰理论研究概况综述收录在1998年《现代科技综述大辞典》一书中。附体节能装置研究：助推鳍节能装置是在普通舵两侧装有一定迎角的鳍，助推鳍可以回收螺旋桨旋转的能量损失，转化为附加推力，是一种简便易行，投入成本很低的节能装置，可使推进效率提高3%~4%，实船应用可以节油10%左右。螺旋桨用定常升力面理论，舵采用定常厚翼理论，助推鳍的计算采用迭代逼近的方法求解。计算了螺旋桨对助推鳍的水动力性能的影响以及助推鳍对于螺旋桨性能的影响。通过理论计算结果，给出了助推鳍主尺度、安装位置以及螺旋桨参数变化对于助推鳍助推效率影响的变化规律。如助推鳍的安装角、展长、垂向位置、舵厚度、螺旋桨进速参数、螺距比等参数变化对助推鳍性能的影响。另外，对于桨毂帽鳍、格林姆导轮节能装置也进行了理论计算工作及试验研究工作。内河船由于吃水受限制，螺旋桨最佳直径不能实现，有时往往处于重负荷状态，对于这种情况，采用串列螺旋桨推进方式比较合适。20 世纪 80 年代初期，他们采用升力线理论和升力面理论，对于串列螺旋桨水动力性能进行了理论计算。用升力线理论和升力面理论计算了诱导速度，用前后桨迭代的方法计算了串列螺旋桨水动力性能。另外编制了串列螺旋桨设计程序，探讨了串列螺旋桨的参数选择，如桨距比、叶错角、前后桨螺距分布等。根据这些理论研究成果，在湖北省、四川省地方航运公司，开展了推广串列螺旋桨应用于实船的工作，取得了明显的效果。

五、王德恂主要论著

Wang D X, Han J R, 1984. Calculation of hydrodynamic performance on propeller rudder combination. Conference on Computer Technigue and Advance Scientific Instrumentation in Ship Hydrodynamic, Buigarian.

Wang D X, Chen Q Z, Zhang D Y. 1989. Propulsive performamce of push boat ducted propeller with large push boat ducted propeller with large ratio between propeller diameter and ship draft. International Symposium on Step Resistomce and Powering Performance Proceeding, Shanghai.

王德恂，陈秋芝，等 . 1990. 不同径深比顶推船队推进性能试验研究 . 中国造船，增刊 .

陈东，王德恂 . 1991. 助推鳍理论计算 . 武汉水运工程学院学报，(4)：359-364.

王德恂，陈秋芝，张大有，等 . 1991. 大直径吃水比顶推船对船后导管桨性能的影响 . 武汉水运工程学院学报，(3)：233-240.

王德恂，郑才土，等 . 1992. 浅水急流机动驳新船型性能试验研究 . 第三届全国内河船舶学术会议论文集 .

王德恂 . 1992. 桨舵干扰理论及其计算方法 . 北京：人民交通出版社 .

Xu L, Wang D X. 1992. A method for calculating hydrodynamic performance in the propeller-dudder combination. Proceeding of Ehe and International Symposium on Propeller and Cavitation, Hangzhou.

Wang B, Wang D. 1994. The research for performance of propeller and rudder assembly inswallow water. Tnternational Conferend on Ships and Transportation in Rever Proceeding, Zhenjiang.

陈秋芝，王德恂 . 1997. 浅水急流机动驳新船型不同水深试验研究 . 武汉造船，(5)：41-44.

王德恂 . 1998. 非整圆导管螺旋桨研究概况 . 武汉造船，(5)：17-22.

王德恂，张大有，陈秋芝，等 . 1998. 黄河北干流船型试验研究 . 武汉交通科技大学学报，(4)：3-8.

王德恂 . 1998. 桨舵组合体水动力性能//《现代科技综述大辞典》编委会 . 现代科技综述大辞典（上）. 北京：北京出版社 .

张大有，王德恂，王振府，等 . 1998. 黄河煤炭运输船浅水升沉特性研究 . 武汉交通科技大学学报（2）：41-44.

郑伟涛，王德恂，韩久瑞 . 2002. 大攻角划船桨叶的数值模拟 . 中国造船，(3)：19-26.

柏开祥，王德恂，韩久瑞 . 2006. 基于 VPP 帆板最佳航线的研究 . 船海工程，(2)：95-97.

撰写者

传主本人

张涵信

张涵信（1936～），江苏沛县人。流体力学家。1991年当选为中国科学院院士。1953年考入清华大学，1957～1959年在力学班完成第一阶段研究生学习，1960～1963年在清华大学完成第二阶段的研究生学习。在空气动力学、计算流体力学理论研究及航空航天应用等方面都取得了丰硕成果，为航空航天飞行器研制了大量数值计算软件，先后发表了百余篇学术论文，著有《分离流与旋涡运动的结构分析》、《计算流体力学——差分方法的原理和应用》等专著，并获得了全国科技大会奖、国家自然科学奖二等奖、国家科技进步奖二等奖（2项）、部委级科技进步奖一等奖（3项）、光华科技基金特等奖、首届周培源力学奖和1997年何梁何利基金科学与技术进步奖等重要奖项。自1986年以来，先后培养了20多名博士和30多名硕士，现大都成为空气力学研究领域的骨干力量。1964年任清华大学讲师，1972年调入中国空气动力研究与发展中心，曾任研究所所长、中心副总工程师。现任中国空气动力研究与发展中心研究员、研究生部主任、中国空气动力学会理事长，还是清华大学、北京大学等多所高校的兼职教授。

一、刻苦读书，好的机遇

张涵信1936年1月1日出生于江苏沛县，父亲是一名贫穷的农村小学教师。父亲的教导，使他认识到上学很不容易，对学习产生了强烈的愿望，并培养了对学习、对生活积极向上的进取精神。战乱的环境，贫寒的生活，越发激发了他艰苦奋斗和从实际出发的思想品格。

1953年，张涵信以优异的成绩考上了清华大学。优越的师资条件，良好的学习气氛，团结友爱的班级，使他如鱼得水，刻苦努力地学习。多年的暑假，他不回家，努力学习更深奥的数学课程，其学习的恒心是班上出名的。

1957年，张涵信被选到中国科学院和清华大学合办的力学研究班深造。力学研究班是钱学森先生倡导成立的，集中了当时国内最优秀的力学师资，调集了全国的精兵强将，钱学森、钱伟长和郭永怀分别亲自讲授“水动力学”、“应用数学”和

"流体力学"，对学生的启发、激励程度，令张涵信终生难忘。这为中国力学事业的开展和人才的培养奠定了坚实的基础。在这里，张涵信也结识了他的恩师钱学森、郭永怀和钱伟长先生。其中，郭先生的培养，对张涵信的事业发展，起到了举足轻重的作用。当 1960 年清华大学推荐他读第二阶段的研究生时，钱学森推荐郭永怀先生作为他的导师，张涵信感到十分幸运。

研究生开始时，郭先生给张涵信布置论文。郭先生说："研究工作，要走钱学森的技术科学道路，现国外正在搞洲际导弹，其外形是钝头细长体，飞行马赫数达 20 以上，但气动力问题没有精确的计算方法。"在郭先生的启发帮助下，张涵信用新的摄动法对高超声速来流，求出了 Euler 方程描述的钝体绕流的各阶近似，其结果与当时苏联的积分关系式数值计算结果非常一致，与实验结果相当符合。郭先生很高兴，叫他写出论文，并把此结果告诉了钱学森所长，钱所长评价说"这是力学工作的典范"，并把此论文带到当时国防部第五研究院内部的刊物《研究与学习》上发表。后来，1963 年初，郭先生叫张涵信把此研究内容连同调研报告的某些内容写成论文，作为第一届全国流体力学大会的大会报告。该文 1963 年 4 月在《力学学报》上发表。

此后，在郭先生的指导下，张涵信又完成钝头细长体的熵层问题，二次激波形成的机理分析。郭先生和钱先生评价说，这是国外没有解决的，这些研究对中国导弹气动计算发挥了重要作用。为此，在 1964 年中国航空学会成立大会上，钱学森提议，把张涵信选为大会主席团成员。

跟郭先生做研究生，帮助张涵信走上一条力学研究的正确道路，那就是：从工程和学科发展中选择需解决而未解决的重大问题作为研究方向，在解决这些问题时，一定要重视力学分析，提出新方法、新思想、新理论，即有新的创造。然后再把这些创新应用于实际，解决工程问题和力学学科的问题，使研究工作最后有个归宿。

二、科学工作中，重视经验积累

在导师郭永怀、钱学森、钱伟长等科学家的教育影响下，在自己的科研实践中，张涵信逐渐积累了如何进行研究工作的经验，并把它们归结为三条。

第一，对生产和学科中未解决的问题提出新方法和新理论，再应用到实际中去，是气动力学研究之路。

从这条路，张涵信又总结出"创新是科研工作的灵魂，应用是科研工作的归宿"的论点。航空航天飞行器的发展，依赖于新概念、新思想和新方法的出现。历史上，航空航天飞行器的更新换代，依赖于气动的创新工作。所以，创新是极其重要的。

张涵信强调：新概念、新思想、新方法的产生，最终是为了应用和发展学科。力学还不同于纯自然科学，它与工程实践密切结合。如果有了新概念、新思想、新方法，不去应用或者不能应用，束之高阁，它的意义就不大了。所以，我们做创新力学研究，应该强调力学应用。应用的越是广泛，创新工作的意义就越大，与此同时，学科也就发展了。

第二，在聪明、机遇、勤奋中，勤奋是最主要的，天道酬勤。

聪明是与生俱来的，科研工作当然需要有聪明才智。机遇有时就在身边，看你能不能抓住。在科研工作中，最重要的是勤奋。张涵信会抓住机遇。力学班学习时，抓住向名师学习的机遇；工作后，得到庄逢甘、郑哲敏等名家的指导。这对他有很大帮助。更重要的是勤奋。60 岁以前，他基本上没有周末和节假日，晚上很少看电影和电视，绝大部分时间用在学习、研究和思考上。之所以能有今天，最重要的就是对气动事业的追求和勤奋精神。

第三，提倡创造性思维，营造自主发展的环境，克服局限性，是促进人才成长之路。

张涵信在与很多人接触中体会到，人有三性：创造性、自主性和局限性。做研究工作，需从各方面激发他的创造性，如国家的需要、个人的兴趣、国际的竞争和我们的优势等。要创立满足他自主性发挥的环境，这里最重要的是学术研究要有“自由思想和独立精神”，还要有丰富的信息资料和宽松的研究环境。学术上自由讨论、交流和碰撞。要帮助克服研究工作局限性，这要发挥团队精神，但需避免团队领导人侵占研究者的成果。张涵信的经验证明，出创新成果和人才，要走这条路。

三、研究中不断走向高峰

张涵信作为空气动力学家和计算流体力学专家，学术造诣深厚，在高超声速空气动力学、计算流体力学理论研究及航空航天科研应用领域都取得了丰硕成果。

（一）钝体高超声速绕流的摄动理论与高超声速熵层问题

20 世纪 50 年代末，正好是两种技术的起始时期。一个是高超声速远程导弹，另一个是电子计算机。高超声速远程导弹为了防热，多采用钝头的细长体，由于电子计算机刚刚诞生，还没有能力给出满意的气动数值结果，因此，多用解析方法来解这类问题。当时对钝体绕流，由于它是跨声速的，流动复杂，世界上都没有好的方法。张涵信在郭永怀先生的指导下，采用激波前后的密度比作为小参数，成功地给出了问题的解答，其一级近似为牛顿流，二级近似是牛顿流的修正，结果和实验及国外已能用计算机算的结果十分符合。当时由于保密关系，文章仅在国防部第五研究院内部刊物《研究与学习》上发表。

在钝头情况下，钝头细长体身部存在高熵层。张涵信用摄动法首次圆满地解决了这一问题，其结果和实验都很符合。

在此两项工作的基础上，张涵信又研究了二次激波在钝头细长体形成的条件及有化学反应的高超声速流动。

（二）气动力、热、烧蚀耦合计算

1972 年，张涵信从清华大学调至中国空气动力研究与发展中心（以下简称气动中心）工作。当时国家正在研制导弹，其中一枚发射时被烧穿了，引起了国家的重视。张涵信认为，烧蚀使外形不断变化，热流和气动力也在变化。按不烧蚀外形做气动力、气动热和烧蚀计算，是不合理的，以此给出的数据不能作为设计数据。于是，他提出应该将气动力、气动热和烧蚀耦合计算。成立了相应的课题组，提出了近似分析计算方法，经几年的努力，圆满地解决了这一问题，为导弹设计提供了数据，保证了导弹的成功。直到现在，还在利用数值方法对这一问题进行研究，张涵信的博士研究生耿湘人提出了简便可靠的耦合数值计算方法，他的论文获得了全军优秀博士学位论文奖。

（三）稀薄气体、真实气体和云粒子侵蚀的相似律

张涵信调到气动中心后，还有一个任务就是建立自由分子流气动实验设备。一个重要目的，是研究气/面作用规律。经过研究，他创立了模拟的相似规律。这一规律发表在《空气动力学学报》上。现在看来，稍加修正，可以给出稀薄气体气/面作用的相似规律。对高温下化学反应的真实气体，张涵信也做了研究，给出了相似规律，对实验、计算都有重要意义。此文也发表在《空气动力学学报》上。特别应该指出的是云粒子侵蚀问题。这一问题很复杂，没有现成的相似规律可循。经努力，张涵信引出了覆盖因子的概念，利用钱伟长先生的碰撞理论，导出了和实验很一致的相似规律，解决了云粒子侵蚀计算和实验及全天候弹头设计的问题。

（四）分离判则及流动拓扑研究

1982 年，钱学森在写给张涵信的书信中说，“你应该研究机动飞行”。机动飞行

攻角比较大，涉及一个重要的问题就是分离流动。在这个时期，人们对分离流动的研究很不充分，特别是三维情况，什么叫分离，分离判据是什么，分离线如何起始的，分离流态如何，分离再附的情况是怎样的，都找不到正确的解答。当时分成两派，一派认为，分离线是表面流线极限的收拢渐近线，且本身是极限流线，代表人物是著名的流体力学家 M. J. Lighthill。另一派以王国璋为代表，他也是分离流有名的专家。王国璋认为，分离线是表面极限流线的包络。两派争论达 20 多年。另一问题是分离线的起始形态。一派认为只能起始于鞍点，代表人物是 Peake 等。另一派认为，除起始于鞍点外，还可起始于正常点，代表人物也是王国璋。两派争论也达 10 余年。

对于这一难以攻克的难题，张涵信首次建立起了三维分离流动的判则和三维分离再附的判则。依此判则，严格得到了如下结论：

（1）对于 Navier-Stokes（N-S）方程和边界层反方法所描述的分离流动，分离线是一条极限流线，且周围的极限流线向它收拢。

（2）对于边界层正问题所描述的分离流动，分离线是极限流线的包络。

第一结论支持了 M. J. Lighthill 的极限流线观点，第二结论支持了王国璋的包络观点。王国璋本人得到此结论时，正好是从边界层数值结果得到的。

在一次国际流体力学会议上，张涵信应邀作了大会报告，M. J. Lighthill 主持这次会议，他兴奋地站起来说："张先生的报告，结束了 20 年的战斗。"后来，王国璋应邀访华，他说："两家争论，两家都有理，现在皆大欢喜"。并且王国璋写了专门文章，在英国皇家学会刊物上发表，说明张涵信解决了这场争论。

之后，张涵信研究了分离线的起始问题，证明分离线只可能有三种起始形态：鞍点起始，正常点起始，鞍、结点组合起始。王国璋同时在做实验，他实验中确实做出了三种形态。在他的论文发表前，张涵信用通信方式把理论研究的结论告诉了他，他实事求是的在发表他地实验结果时写道："张涵信以通信方式告诉我，理论上也得到了这一结果。"

（五）旋涡沿空间演化的规律

张涵信发现，旋涡沿轴线发展，其横截面流态存在如下分叉演化规律：

如果旋涡沿轴向运动是亚声速的（$M_z < 1$），当流动速度 w 沿涡轴 z 加速，即 $\frac{\partial w}{\partial z} > 0$，其横截面流态，旋涡是由外向内转的；当流动减速时，即 $\frac{\partial w}{\partial z} < 0$，旋涡是由外向内转的。如果 $\frac{\partial w}{\partial z}$ 由>0 经=0 到<0，在 $\frac{\partial w}{\partial z} = 0$ 位置处，会产生稳定的极限环；

如果 $\frac{\partial w}{\partial z}$ 由<0 到>0，在 $\frac{\partial w}{\partial z}=0$ 处，产生不稳定的极限环，并且 $\frac{\partial w}{\partial z}$ 有几次变号，就产生几次稳定、不稳定的极限环。

当旋涡沿涡轴是超声速运动时，$M_z > 1$，如果流动加速，$\frac{\partial w}{\partial z} > 0$，旋涡是由内向外转的；如果流动减速，旋涡由内向外转，并且 $\frac{\partial w}{\partial z}$ 一旦变为 0，就会产生极限环，其稳定性与 $\frac{\partial w}{\partial z}$ 的情况和亚声速正好相反。

王国璋指出，由内向外转的旋涡，美国人也发现过，但张涵信的论文发表得早。

（六）NND 算法体系

对于计算流体力学（computational fluid dynamics，CFD），张涵信提出用五个 M 和一个 A 来描述。第一个 M 表示 calculating machine（计算机），计算机是计算力学的工具，也是研究的对象。从简单的计算机发展到今天数千万亿次/秒的超大规模的巨型机，对 CFD 是一个重大促进，也给 CFD 提出了高性计算 HPC 新的课题。第二个 M 表示 meshe，即网格，也有人叫 grid。从直角坐标网格，到贴体网格、多块对接网格、多块重叠网格、非结构网格、结构/非结构混合网格、非定常可变网格，网格技术有了很大发展。第三个 M 叫 method（方法），它表示计算模式建立的方法，如湍流模式，也表示计算使用的方法。第四个 M 表示 mechanism，即机理分析，计算方法和计算结果的合理性，计算对飞行设计的推动，都需要机理分析。第五个 M 是 mapping，即作图，也叫流动显示，这是给出计算结果最明白的方法。一个 A 就是 application（应用）。CFD 的最终目的，就是为了应用，解决工程实际问题。

张涵信提倡这五个 M 都能创新，只有这样，才能搞出有中国特色的、有自主知识产权的 CFD。经十多年来的努力，他创立了 NND（nonparameter nonoscillation and dissipative scheme）的计算体系。这个体系是物理分析与计算流体力学的结合，所以也称为与物理分析相结合的计算体系。

1. 内点格式的建立

在内点格式的建立上，张涵信走了一条特殊的道路，即从差分方程所对应的修正方程式出发，给出它的色散项及耗散项，从物理分析出发，来研究这些色散项和耗散项的影响，从而来建立差分计算格式。提出了控制激波波动的原则，稳定性的原则，控制色散项的原则，保频谱的原则。根据这四项原则，分别建立了二阶、三阶、四阶、五阶以及高阶格式，建立了线性、非线性格式，也建立了紧致格式。结果表明，在流场计算中，都可得到满意的结果。

2. 边界的计算

在该计算体系中，张涵信提出，在黏流、无黏流计算中，内、外边界应采用精确的特征理论，即利用信号传播的特征，把物理边界条件，改换成精确的特征方程，然后差分求解。这个工作由他的学生李沁完成了，并且他提出了简化的计算方法。为了保证格式的稳定性，张涵信的合作者，清华大学沈孟育教授提出，可用和内点处理原则相同的方法处理边界计算，计算表明是成功的。

3. 网格间距的选择

根据修正方程式，计算的精度不仅取决于网格的形式，而且取决于网格的间距。张涵信根据对修正方程式的分析，对 Euler 方程计算和 N-S 方程计算，考虑了计算格式精度，分别给出了网格选择的方法、原则和计算公式，后者考虑了 *Re* 数的影响。从这个原则中可以看到，当前很多 N-S 方程的计算所采用的网格，实际上相当于求解抛物化 N-S 方程，因为流向和周向的网格太粗了。

4. 内点计算、边界计算和网格相协调匹配的计算方法

根据修正方程式可以看到，精确的计算取决于三者的协调。因此，该体系提出，应该根据要求的计算精度，正确处理三者的匹配和协调。当采用高精度的计算格式计算内点时，激波附近、物面附近的计算格式常常精度不能一致。这时，从修正方程出发，增加网格的数目，降低网格的间距，从而从精度上保证计算结果的准确性和协调一致。

该计算体系发表后，得到了美国、英国、日本、中国台湾、法国等国家和地区学者的重视。美国邀请作者著文在 *Advances in Applied Mechanics* 上发表；日本、台湾、香港等国家和地区邀请张涵信讲学；英国、日本有的学者用 NND 格式计算流体力学问题，结论是一简单的好方法；法国学者研究如何将 NND 推广到有限元中去。这一任务被中国吴望一、杨岞生、童秉纲、姜贵庆等首先完成了。

（七）由连续流到稀薄气体自由分子流统一算法研究

从 30km 到 300km 高空的飞行器是人们关注的。按照钱学森关于稀薄气体的划分方法，60km 以下为连续流，约 60 ~ 90km，可用滑流来描述其流动；90 ~ 130km，用过渡区来描述；130km 以上，近自由分子流及自由分子流的范围。整个从连续流

到自由分子流的流动区域，可用 Boltzmann 方程来描述。这是一个积分微分方程，并含有碰撞积分项，很难求解。所以，钱学森才把它分成若干区域，以便求解计算。过去的做法，连续流用 N-S 方程求解，自由分子流有标准的分析解。近自由分子流以及过渡区比较稀薄的部分用 Monte-Carlo 方法求解。由于方法不一致，结果连接不起来。这是这个流域的计算比较头痛的问题。

近来，随着对稀薄气体研究的进展，人们通过物理分析，提出了修正的 BGK 方程。这个方程有以下特点：第一，它能近似描述自由分子流、过渡流、滑流和连续流；第二，它把碰撞积分换成了代数表达式，这为求解创造了很好的条件。在这种情况下，张涵信提出用数值方法求解这个修正的 BGK 方程。采用速度离散法，将速度分布函数离散为速度的表达式，然后就变成了三个空间变量的非定常方程，用 NND 计算体系求解这个方程。这个思想被他的学生李志辉实现了，得到了很好的结果，从连续流到稀薄气体都能算得很好。李志辉的工作在 CFD 著名杂志 *Journal of Computational Physics* 上和在国外其他杂志上发表后，引起了国外很大关注。在国内很多杂志，也发表了李志辉的论文。

（八）动态气动问题研究

非定常气动力，不仅取决于飞行速度、姿态角，还取决于它们随时间的变化。动态问题如从线性理论出发，根本不能反映上述非定常、非线性的影响。张涵信率先作非线性分析，并指导他的学生袁先旭和刘伟分别完成了飞船俯仰振荡和机翼摇滚的理论研究和数值模拟。

利用上述理论分析和计算，对日本飞船做了研究，指出当再入 *Ma* 数下降至低超声速时，将出现周期振荡，这与日本飞行实验数据和其后所做的风洞实验一致；对联盟号飞船，结果表明，不加稳定翼的情况，在跨声速范围内，将出现鞍、结点分叉，并可能演化成混沌。附加稳定翼后，可以避免这种现象发生。

以上研究是张涵信为主领导其集体完成的，庄逢甘院士对研究工作也给予了很大帮助。研究的目的在于应用，在于解决战略导弹、航天飞机、飞船（神舟）的气动力、热和云粒子侵蚀问题。张涵信建立的 NND 计算体系、分离流理论、从连续流到稀薄气体流等理论，也是对学科发展的贡献。这些研究成果，不仅在航空航天型号设计部门得到了直接的应用，在其他部门也有应用，例如，应用他的旋涡沿轴向演化的理论，提高了风机效率达 8%；应用他的不对称结构稳定性理论，用振动片的方法，完全抑止了非对称现象；利用他的涡发展理论，纠正了水洞实验显示超声速流态的错误做法。

四、以身作则，教书育人

从1960年起，张涵信在清华大学任教。1972年调入中国空气动力研究与发展中心，曾任研究所所长、副总工程师。现任中国空气动力研究与发展中心研究员、博士生导师，中心研究生部主任；同时兼任国家计算流体力学实验室学术委员会主任、中国空气动力学会理事长。他还是清华大学、北京大学、中国科学技术大学、国防科学技术大学、北京航空航天大学等多所高校的兼职教授，北京大学湍流与复杂系统国家重点实验室学术委员会主任。1990年被授予中国人民解放军少将军衔，1991年当选中国科学院院士。

张涵信把许多精力用以培养学生，他首先向气动中心建议，成立研究生部，培养硕士和博士。1984年和1985年，他几乎每年用半年的时间，在南京航空航天大学、国防科学技术大学讲课。1985年后，他先后到清华大学、北京大学、中国科学技术大学、浙江大学、西北工业大学、南京航空航天大学等院校讲学，吸引了不少学生做他的研究生。他亲自为研究生上课，用严格、严谨的作风影响学生，用顽强的进取精神和干劲感动学生。他号召学生“我爱吾师，我更爱真理”，要学生有敢想敢干的创新精神。自1986年以来，他先后培养了邓小刚、沈清、叶友达等26名博士、30多名硕士，现大都成为气动力学与计算空气力学研究领域的骨干力量。近年来，中央提出了以人为本的科学发展观，及建立和谐社会，特别强调创新人才，和团结合作。张涵信更是本着这一原则，传授他的经验，把人才培养作为首要任务。

张涵信现以70余岁的高龄，仍然奋战在科研第一线上，没有一天休息。目前，他在三维非定常分离、CFD的验证确认等研究上，都有了突破性的进展。他把所有时间都致力于科研与育人工作上，都做出了杰出的贡献。

五、张涵信主要论著

张涵信. 1963. 近代高速气体动力学现状. 力学学报，6（4）：249-286.

张涵信. 1964. 高超声速运动中的熵层问题. 航空学报，1（2）.

张涵信. 1965. 高超声速运动中第二激波形成的条件. 力学学报，8（4）：316-322.

张涵信，余士杰. 1982，自由分子流气动实验的模拟理论. 空气动力学学报，2：49-59.

张涵信. 1985. 三维定常粘性分离流动的分离条件及分离线附近流动的性状，空气动力学学报，(1)：1-12.

张涵信. 1987. 分离线上的奇点以及分离线的形态. 空气动力学学报，(1)：1-10.

张涵信，余泽楚，耿为群. 1988. 三维控制翼周围粘性分离流动的数值模拟. 空气动力学学报，(1)：1-9.

张涵信. 1988. 无波动、无自由参数的耗散差分格式. 空气动力学学报，(2)：143-165.

张涵信 . 1990. 粒子侵蚀的相似规律及实验模拟问题 . 空气动力学学报，(2)：124-128.

张涵信，邓小刚 . 1992. 三维定常分离流和涡运动的定性分析研究 . 空气动力学学报，10 (1)：8-20.

张涵信，1997. 分离流和涡运动横截面流态的拓扑 . 空气动力学学报 . 15 (1)：1-12.

张涵信，袁先旭，叶友达，等 . 2002. 飞船返回舱俯仰振荡的动态稳定性研究 . 空气动力学学报，20 (3)：247-259.

张涵信，沈孟育 . 2003. 计算流体力学——差分方法的原理和应用 . 北京：国防工业出版社 .

张涵信，沈孟育 . 2005. 基于动态演化的最优化方程//近代空气动力学研讨会论文集 . 北京：中国宇航出版社 .

张涵信 . 2005. 分离流与旋涡运动的结构分析 . 北京：国防工业出版社 .

主要参考文献

张涵信 . 1963. 近代高速气体动力学现状 . 力学学报，6 (4)：249-286.

张涵信 . 1964. 高超声速运动中的熵层问题 . 航空学报，1 (2) .

张涵信 . 1988. 无波动、无自由参数的耗散差分格式 . 空气动力学学报，(2)：143-165.

张涵信 . 1997. 分离流和涡运动横截面流态的拓扑 . 空气动力学学报，15 (1)：1-12.

张涵信，袁先旭，叶发达，等 . 2002. 飞船返回舱俯仰振荡的动态稳定性研究 . 空气动力学学报，20 (3)：247-259.

撰写者

刘金合（1972～），河北遵化人。助理研究员。师从张涵信于2005年获博士学位，主要研究方向为计算流体力学。

张树海（1963～），河北玉田人。研究员，师从张涵信；于1996年获博士学位，研究方向是分离、旋涡运动和计算气动力学。

陈伯真

陈伯真（1936～），江苏昆山人。固体力学家。1956年毕业于交通大学（现上海交通大学）造船工程系。历任上海交通大学助教、讲师、副教授、教授、博士生导师。长年从事船舶与海洋工程结构力学的教学与科研工作。主讲“船舶结构力学”、“薄壁结构力学”、“船舶及海洋工程结构疲劳可靠性分析”等课程。主编及合编有《船舶结构力学》（获全国优秀教材奖）、《薄壁结构力学》、《船舶及海洋工程结构疲劳可靠性分析》等教材。主持和参加的科研项目有“海洋平台管节点的强度与结构设计分析”（获国家科技进步奖二等奖）、“海洋平台管节点的疲劳强度”、“大开口船的弯扭分析”、“液化气船低温液舱强度及船舶与海洋工程结构的疲劳和疲劳可靠性分析”等。曾任《上海交通大学学报》编委，上海造船工程学会理事，中国造船工程学会力学委员会结构应力分析学组副组长、结构疲劳与断裂学组副组长，中国钢结构协会理事，中国海洋钢结构协会副理事长等职。

一、教学事迹

陈伯真，1936年3月15日出生，江苏昆山人。抗日战争期间在重庆读小学。1946年在南京金陵中学、1950年在北京汇文中学求学。1952年考入交通大学（现上海交通大学）造船工程系船舶制造专业本科。1956年毕业后分配至上海造船学院。1957年，上海造船学院并入交通大学。陈伯真在交通大学船舶制造系（后为船舶与海洋工程系，船舶与海洋工程学院）历任助教、讲师、副教授、教授、博士生导师。1992年获国务院政府特殊津贴。1989年加入中国民主同盟。

陈伯真在上海造船学院被安排到船舶制造系船舶结构力学教研组任教。当时国内全盘学习苏联，新成立的船舶结构力学教研组的课程设置完全仿照苏联列宁格勒造船学院（现苏联彼得格勒造船学院）。船舶结构力学包括“杆及杆系的弯曲与稳定性”、“板与圆筒形壳的弯曲与稳定性”、“弹性理论”、“船舶振动”和“船体强度”等五门课程，教材用的也是苏联彼得格勒造船学院的译本。苏联教材内容虽然可用，但编写思路往往不符合人们的认识规律，即喜欢从一般到特殊来写，很不利于教学，所以后来逐步改为自编。早在 20 世纪 50 年代末期，陈伯真就参加了自编教材《杆及杆系的弯曲和稳定性》（北京科学教育编辑室，1961）及《船舶振动》（北京科学教育编辑室，1964）的编写工作。1959 年，他用自编教材第一次开课，讲授“杆及杆件的弯曲与稳定性”，由于他备课充分，教学效果良好，得到学生好评，于 1960 年被评为“上海交通大学先进工作者”。从此他每年讲授船舶结构力学课直至 1966 年。“文化大革命”期间，他曾下基层到东方红造船厂红技班参加教育革命，为工人讲课，并到江南造船厂设计组参加国产万吨轮“长风”号和“庆阳”号的结构设计工作。1973 年为进入上海交通大学船舶工程系的工农兵学员上课。1974 年到安徽凤阳的上海交通大学五七干校劳动锻炼。

“文化大革命”结束后，百废待兴，中国的高等教育也逐渐走向正规。1978 年，在第六机械工业部（现中国船舶工业集团公司）的组织下，陈伯真与陈铁云教授接受了主编全国统编教材《船舶结构力学》的任务（陈伯真为第二主编）。为了改变过去苏联式教材的不足，使新教材能够反映当时的世界水平，陈伯真一方面将能够收集到的国内外有关资料全部看过，另一方面和陈铁云教授一起结合多年的教学经验在教材结构上做了改变：将过去的杆系、板的弯曲和稳定性以及弹性理论等三门课合在一起，增加了当时在结构分析中新发展的有限元法，并把过去以结构为对象的叙述改为以基本方法为对象来编写，从而形成了自己的教材体系，显示出新教材与国外同类教材的区别和特点。1980 年《船舶结构力学》在国防工业出版社出版，陈伯真即用此教材讲了一遍。经过使用，发现教材的体系是好的，但内容安排仍有不足之处，即不够“少而精”。为了进一步提高教材的质量，他决心将教材进行修订。为此他于 1982 年主动要求再上一遍课，他把讲稿全部重新写过，边讲课、边修改，在课程结束后再集中力量于 1983 年完成了教材的全面修订工作。他重写了能量法、矩阵法、平面问题有限元法等章节，突出了基本理论、基本概念和主要方法。删繁就简，削枝强干，将原书的 12 章 72 万字改为 10 章 40 万字，修订和补充了习题，增加了习题答案，于 1984 年出版了《船舶结构力学（修订本）》（国防工业出版社）。由于修订本的内容精练，重点突出，思路清楚，还反映有作者多年的教学成果（如力法、位移法、结构稳定性的概念和叙述，船底板架的计算方法及甲板板架的稳定性等），有独到之处，而且授课学时也由原来的 120 学时减为 90 学时，因此在全国高等院校造船专业使用后普遍得到好评，此修订本于 1985 年获得上海交通大学优秀教材奖一等奖，又于 1988 年获得中国船舶工业总公司颁发的全国高等学校船舶类优秀教材奖一等奖，并再获国家教育委员会颁发的 1988 年全国高等学校优秀教材奖。它是中国第一本，也曾是唯一的一本船舶结构力学教科书。20 世纪 90 年代还被台湾成功大学造船系选为教本。此书于1988年转到上海交通大学出版社出版，在国内造船专业高等学校中共用了20余年，至今仍是主要参考教材。

除了教材以外，陈伯真还编写与“船舶结构力学”有关的教学指导文件和大量的习题、思考题、试题等，做过观摩教学，拍过教学录像，发表过教学法论文，做过课堂教具……为“船舶结构力学”的课程建设做出了很大贡献。为此“船舶结构力学”于1987年被评为上海交通大学一类课程。1993年又出版由他主持编写的《船舶结构力学习题集》(上海交通大学出版社)，此习题集共有习题350多个（包括思考题和计算题)，并有解题要点、例题、提示和答案，是《船舶结构力学（修订本)》的配套教材，获得了1995年上海交通大学优秀教材奖二等奖。

薄壁结构是船舶、航天、起重、车辆等工程领域中的重要结构。1965年陈伯真曾协助陈铁云教授编写出版了研究生教材《开口薄壁杆件的弯曲、扭转与稳定性》(国防工业出版社)。20世纪80年代，陈伯真为研究生教学重新编写出版了《薄壁结构力学》(上海交通大学出版社，1988)。此书将过去分别对待的开口薄壁杆件与闭口薄壁杆件统一起来，建立了闭口薄壁杆件约束扭转的初参数解，介绍了薄壁杆件弯扭问题的数值解法，成为一本比较完整的薄壁结构教科书。经过多年的使用，他后来又作了修改和补充，在薄壁结构经典理论的基础上增加了大量的数值计算方法和船体扭转等内容，对原书进行了修订，修订本被列入上海交通大学“九五”重点教材，于1998年出版（《薄壁结构力学（修订本)》，陈伯真，胡毓仁，上海交通大学出版社)，是目前国内薄壁结构领域中一本比较全面的教学参考书。

结构可靠性是20世纪后期结构力学中的一个新的领域。陈伯真通过对他指导的研究生进行的船舶结构可靠性的教学与研究，编写了国内第一本船舶结构疲劳可靠性的专著《船舶与海洋工程结构疲劳可靠性分析》（胡毓仁、陈伯真，人民交通出版社，1996)。此书以可靠性理论为基础，阐述了船舶及海洋工程结构的疲劳载荷、结构的疲劳强度以及结构构件和结构系统的疲劳寿命和可靠性问题等，出版后被不少院校用作教学用书，并获得了上海交通大学1997年优秀教材奖一等奖。

二、科研成果

陈伯真认为在高等学校中，科研与教学应该结合，而且是相辅相成的。因此他的科研工作大多是和教学（包括指导研究生）相联系的。

1979年，陈伯真在“薄壁结构力学”的讲课期间发现苏联资料中关于船体结构舱壁扶强材侧向稳定性的计算方法很不理想，因为舱壁扶强材是一个典型的薄壁杆件，完全可以用薄壁结构理论来解决，于是即着手进行研究。他建立了舱壁扶强材作为扭转轴线固定了的薄壁杆件的力学模型，用薄壁杆件的稳定性理论及 Galerkin 法解决了这个问题，并作出了可供实际使用的曲线图谱。他的论文《舱壁扶强材的侧向稳定性》于1980年在《中国造船》第1期发表。由于此解法理论正确，有足够精度，可为实际应用，远比苏联的方法要好，因此被编入全国造船专业统编教材《船体强度和结构设计》（杨代盛，国防工业出版社，1986；王杰德，杨永谦，国防工业出版社，1995）之中。

甲板大开口的集装箱船的扭转强度是船体结构中的一个重要问题，由于船体是一个薄壁结构物，因此可以用薄壁结构理论来分析。20世纪80年代，陈伯真在为研究生讲授“薄壁结构力学”课程期间，与胡毓仁一起进行了用薄壁结构理论分析大开口船扭转问题的研究。他们统一了开口和闭口薄壁杆件的扭转理论，用一维有限元法，导出了正确的薄壁结构约束扭转的刚度矩阵和坐标转换矩阵，完善了薄壁结构的弯、扭理论，解决了大开口船的扭转问题，据此编制的计算程序曾在国内造船界得到广泛的应用。后来他们又把计算推广到大开口船的弯、扭耦合分析和动力分析。他们的基础理论课题“薄壁构件弯扭理论研究及应用”于1997年由武汉水运工程学院主持鉴定；应用课题“应用薄壁梁理论的船体弯扭静动力分析方法研究及程序开发”于1999年由中国船舶工业总公司组织鉴定，并获1999年中国船舶工业总公司科技进步奖二等奖。他们的研究成果还及时补充到研究生的教学之中，最终出版了前述的《薄壁结构力学（修订本）》。

液化气船，包括液化石油气（LPG）船和液化天然气（LNG）船是一种高新技术的船舶。中国于20世纪80年开始进行研究、开发。中国船舶检验局也着手制定液化气船的结构规范。1986年陈伯真接受了中国船舶检验局下达的关于LNG船B型液舱的研究课题，他与胡毓仁结合对研究生学位论文和本科生毕业论文的指导，用热传导理论及有限元法分析了LNG船低温液舱的温度场，装载及预冷过程中的热应力以及基于破损安全原理的液舱强度的疲劳断裂分析等，并开发了计算程序。研究成果对制定中国液化气船的结构规范提供了技术依据，于1989年由上海市高等教育局主持作了鉴定。1992年他们又承接了中国船舶工业总公司下达的关于LPG船低温液舱温度场、热应力、疲劳损伤及可靠性计算方法研究项目（“八五”重点科技项目）。此外他们还同时研究了一般船体结构的温度场及应力计算。

20世纪70年代末，为了适应海上石油开发的需要，中国在海洋工程领域的研究纷纷兴起。在海洋钻井平台结构中，管节点（或称管状接头）的强度十分重要，成为世界各国海洋工程结构研究的重点之一。为了对海洋平台管节点有所了解，陈伯真在1980年集中了近三个月的时间，阅读和收集了有关资料，写出了《钻井平台管状接头强度分析》一文，在中国造船工程学会和上海造船工程学会中作了介绍，全面掌握了管节点的研究动态。1981年起，陈铁云教授和他带领了一批研究生进行了管节点强度和结构设计方面的系列研究工作。他们结合中国船舶检验局的研究课题，开发了有效的管节点应力分析计算方法，编制了计算程序，解决了各种类型管节点的应力分析问题。同时又进行了管节点模型试验和光弹性试验来验证理论结果。最终得出了多种管节点应力集中系数的参数公式和应力集中表格。另外还通过理论方法和模型试验对管节点的承载能力做了研究，均取得了较好的结果。他们的研究成果“海洋钻井平台管状接头强度与结构设计分析”于1985年在中国船舶工业总公司第702研究所通过鉴定，于1987年获得国家教育委员会科学技术进步奖一等奖以及国家科学技术进步奖二等奖（陈伯真为第二获奖人）。

1983年，为了更好地在国内组织和规划海洋平台管节点的研究和开发国产钢材进行管节点的生产和制造的需要，国家经济贸易委员会成立了中国海洋平台管节点研究委员会（Tubular Joint Research Committee for Offshore Structures，TJCOS）。陈伯真被聘请为委员会委员，在委员会中分管国内管节点应力分析研究的规划、协调及学术交流等工作，并获得国家经济贸易委员会下达的“大尺度管节点疲劳试验”的研究课题。在TJCOS的领导下，中国国产海洋平台用钢于1985年投产，并于1988年制成了第一批管节点模型。为了管节点的疲劳试验，陈伯真参加了上海交通大学船舶结构力学实验室的筹建工作，在试验设备的引进、加力和测试工具的设计制造以及疲劳测试技术和测试数据分析等方面，均进行了深入细致的研究工作，并且参与出国考察和培训。他所在的科研小组于1990年完成了8个大尺度管节点疲劳试验，提供了完善的分析报告。最终由TJCOS汇总制定了中国国产钢材制造的管节点疲劳强度的S-N曲线。TJCOS的工作于1990年10月通过了由中国船舶工业总公司组织的鉴定。

在一般的海洋平台结构分析中，都认为管节点是刚性的，实际上管节点不是绝对刚性的，而是柔性的，即具有“局部柔度”。陈伯真在研究中发现管节点的局部柔度对深水平台分析的影响是一个有意义的课题，因此对此做了研究。他与胡毓仁结合研究生教学，首先对管节点局部柔度的计算方法作了分析，用理论计算和试验验证得出了各种管节点的局部柔度计算结果并归纳出管节点局部柔度的参数公式以供实际应用。在此基础上，他们开发了一个管节点的局部柔度等效单元，此单元可与管节点的主管与支管对应相连后加入到平台总体分析的程序之中，从而做出了一个计及管节点局部柔度的海洋平台总体分析计算程序，比较全面地解决了深水平台的结构响应问题。1993 年，介绍此项成果的论文被第五届国际管状结构会议接收。第二年，陈伯真收到印度结构工程研究中心 M. Rao 博士的来信，约请他把关于管节点局部柔度的研究工作写成文章编入 M. Rao 与英国伦敦大学学院（UCL）Dover 教授共同主编的一本海洋工程的新书之中。为此，陈伯真与胡毓仁撰写了 *Local Flexibility of Tubular Joints of Offshore Platforms* 一文寄到印度。1996 年他们收到了由 Oxford & IBH Publishing Co. 出版的 *Fatigue in Offshore Structures* 一书。他们文章的全文为该书中的第五章。

在上述的管节点的研究工作期间，陈伯真开出了研究生课程“海洋平台管节点应力与疲劳分析”，并编写了教材。它是中国第一本关于海洋平台管节点的专著（内部出版）。

1991 年，陈伯真和他所在的学科组在讨论科研方向的时候，感到需要把过去以具体结构为对象的做法改为以学科领域为对象，并首选结构的疲劳可靠性这一学科。对于这个较新的学科，他决定先结合研究生的教学进行预研。为此他与胡毓仁着手开出研究生新课“船舶及海洋工程结构疲劳可靠性分析”。经过几轮教学和研究生培养，他们在结构可靠性理论的基础上深入研究了船舶及海洋工程结构构件的疲劳可靠性、以海洋平台结构为典型的结构系统的疲劳可靠性以及基于模糊集合理论的结构的模糊疲劳可靠性分析等，并获得了高校博士学科点专项科研基金及国家自然科学基金的资助研究项目。他们的研究成果使得对船舶及海洋工程结构疲劳强度的安全性能够作出比传统的确定性方法更加科学合理的评估，从而提高结构的设计水平。他们于 1996 年出版了前述的《船舶与海洋工程结构疲劳可靠性分析》教材。课题“船舶及海洋工程结构与结构系统的疲劳可靠性分析方法及应用研究”于 1998 年由上海市科学技术委员会组织鉴定。此外，他指导的博士研究生程志虎的学位论文《海洋工程结构的 NDT & E 技术及其可靠性研究》由于将结构可靠性理论成功地用于结构无损探伤技术和评价领域，并做了无损探伤试验，于 2002 年获得上海交通大学优秀博士生论文。

陈伯真在薄壁结构、海洋平台管节点及疲劳可靠性方面的研究成果得到了国际学术界的认可，1984 ~ 1996 年期间，他和合作者在国际期刊（含国内期刊外文版）（如 *Thin-walled Structures*、*Computers and Structures*、*Marine Structures*、*China Ocean Engineering*）和国际会议（如国际海洋、离岸与工程会议（OMAE））上发表了 30 余篇论文，其中，除了专题的技术论文外，还有介绍中国海洋工程方面研究成果的综合性文章。他先后出席了国际管结构安全设计会议（1986 年，日本东京），欧洲近海结构用钢会议（SIMS）（1987 年，荷兰），国际海洋环境性能评估会议

(EVALMAT)(1989年，日本神户)，太平洋海洋科学与技术大会(PACON)(1990年，日本东京)，国际海洋结构大会(ISMS)(1991年，上海)。1997年，他参加“中挪文化教育交流计划”出访挪威，在挪威特隆赫姆的挪威科技大学海洋结构系作了学术交流并顺道访问了英国伦敦大学学院。他在国内接待过国际海洋工程领域中的著名学者，如日本东京大学的饭田国广教授、吉田宏一郎教授，日本熊本大学的黑羽启明教授，英国伦敦大学学院的Dover教授，美国壳牌石油公司的Marshall教授等，并与他们保持有比较密切的联系。

三、教书育人

陈伯真在上海交通大学工作40余年，一贯忠于教育事业，表现在以下几个方面。

(一) 始终把教育工作放在第一位，有强烈的责任感

作为大学的教师，陈伯真把教好课，培养好学生视为自己的光荣职责。他在教学中积极投入，尽最大努力把工作做好。1959年他首次开课时，每一节课都在事前作了多次试讲，最多的试讲了十次以上，对板书的内容也作了考虑安排，得到学生好评。1970年，他在上海江南造船厂设计组参加工作时，看到厂里的技术人员用他在自编的结构力学教材中介绍的一种苏联烦琐的计算方法花了大量的时间计算船底结构强度，触动很大，因为他本知道这个方法不是最好的，只是因为当时强调向苏联学习才把这个方法编入了教科书。他有误导学生之感，心中很不平静，深感教师责任和教材影响之重大。所以后来他才提出了一个船底结构的近似计算方法代换了苏联的方法，并格外重视教材的编写工作。

(二) 课堂教学精益求精，教材编写严肃认真

陈伯真所执教的“船舶结构力学”课过去因学生感到“难”和“繁”而被称为“结棍力学”。他认为学生感到难，是因为基本概念不牢固；感到繁，是因为解题方法不清楚，所以就在讲课中下工夫。他在课内着重安排了“提出矛盾、阐明课题、思想方法、分析应用、总结讨论”等环节(讲课十环,《交大教学研究》，1980年，第2期)，教给学生正确处理工程问题的辩证方法和理论联系实际的本领。在课堂上尽量调动学生的学习主动性和积极性，从而把学生比较畏惧的结构力学课上得生动而有效果。为此他精心组织每一节课，增加了很多备课时间，但他认为为了培养

人才，教师所花的精力、所付的劳动无论如何都不会是过分的。

陈伯真在船舶结构力学领域编写过多本教材。他编写时严肃认真，力求做到取材慎重，内容正确可靠。凡引用的参考文献务必把内容吃透，做到对材料负责；对于新的内容，必须反复论证、仔细推敲以达到正确无误；在文字上总是用自己的话来写，从不原句照抄。他所编教材中的例题大多是他自己设计编写的。教材中的插图几乎全部是他自己画的。他的著作在出版前一定要亲自校阅清样，力求减少差错。他认为教材重于论文，编者不应有“限于水平，错误难免”的态度。

（三）重视教学实践，多年在教学第一线

陈伯真认为上课对教师来说是最好的教学环节，上课可以促进教师的积极思考，又能在课堂上与学生互动，得到学生的反馈信息，从而提高教学效果和质量。他认为《船舶结构力学（修订版）》之所以优于初版，就是因为他是边上课边修订的，因此教师不上课是编不好教材的。为此他主张教师要安心于教学，稳定于教学。1999 年，他退休后不久，系里有意让他再编写一本新的船舶结构力学教科书，他没有同意，理由就是不上课编不好教材。

（四）注意教书育人

陈伯真在教学中与学生打成一片，注意教书育人。他认为教书育人寓意于教学之中，因此要教好书才能育好人（教好书才能育好人，《交大教学研究》，1980 年，第 4 期）。教师只有上好课，受到学生欢迎，在学生中有一定威信，才能在教学中因势利导地做好思想工作，收到育人的效果。他在讲课中除了注意培养学生分析问题和解决问题的能力外，还利用机会向学生进行爱国主义和艰苦奋斗、顽强拼搏精神的教育。他曾用中国运动员为国争光的事例鼓励学生发奋学习，又寄语毕业生“学无止境”，毕业后不要停步，要有再苦干若干年的打算。许多在船舶结构领域工作的他的学生至今都还记得他的话，有的还在用他编写的书。他的学生中许多人都学有所成，得益于他的言传身教。陈伯真在教学工作中除本人身体力行外，还把他的精神影响接任的青年教师，他把积累多年的教案毫无保留地传给他人。在青年教师上课的过程中还不断关心支持，并虚心征求反馈意见。

陈伯真于 1980 年获得上海交通大学“优秀教学奖”，1990 年获得“优秀教学成果奖”。1984 年他的教学事迹在“上海民主党派与工商联为四化建设服务成果展览”上展出。

陈伯真 1981 ~ 1998 年任《上海交通大学学报》编委，1986 年任上海交通大学

课程建设与评估委员会委员。1980 年任中国造船工程学会船舶力学学术委员会结构应力分析学组副组长，1987 年任结构疲劳与断裂学组副组长。1990～1994 年任上海造船工程学会理事，1986～2002 年任中国钢结构协会理事，1985～2000 年任中国钢结构协会海洋钢结构分会副理事长。他指导硕士研究生 11 名，博士研究生 2 名。他共编写出版著作 13 本，发表论文 114 篇（含教学法论文 7 篇）。

陈伯真于 1998 年退休。退休后就在家中以书、画为消遣。2005 年后，他协助中国科学院资深院士杨槱教授编写出版了两本科普读物《话说中国帆船》（上海科学普及出版社，2007）和《人、船与海洋的故事》（上海交通大学出版社，2010）。除了文字工作外，他还为这两本书画了插图。2009 年，陈伯真被聘为“北京郑和与海洋文化研究会”特邀研究员。

2010 年陈伯真入住上海浦东亲和源老年公寓安享晚年。

四、陈伯真主要论著

陈伯真 . 1978. 船底板架的近似解法 . 船舶工程，(2)：4-16.

陈伯真，龚金根 . 1980. 舱壁扶强材的侧向稳定性 . 中国造船，(1)：65-76.

陈铁云，陈伯真 . 1984. 船舶结构力学（修订本）. 北京：国防工业出版社 .

Chen B Z, Gao J H. 1986. The stress analysis of ring stiffened tubular joints for offshore structures. Proceedings of International Meeting on Safety Criteria in Design of Tubular Structures, Tokyo.

陈伯真，胡毓仁 . 1987. 船体薄壁梁的扭转刚度矩阵及其在弯矩分析中的应用 . 中国造船，(4)：37-46.

Chen B Z. 1987. Studies on stress analysis of tubular joints for offshore structures in China. Proc 6th OMAE Sym, Houston.

Chen B Z, Wang G H. 1990. The development of China- made platform steel for offshore structures. Proceedings of International Conference on Evaluation of Material Performance in Severe Environment, Kobe.

Chen B Z. 1990. Review of studies in China on stress analysis of ring-stiffened tubular joints for offshore structures. Proc 9th OMAE Conf, Houston.

Chen B Z, Hu Y R, Tan M J. 1990. Local joint flexibility of tubular joints of offshore structures. Mar Struct, 3 (3).

Chen B Z, Xu H T, Hu Y R, et al. 1991. Steel model test on local flexibility of tubular joints of offshore platforms. Proc Int Sym Mar Struct Shanghai.

陈伯真，阮先政 . 1993. 船舶结构力学习题集 . 上海：上海交通大学出版社 .

Chen B Z, Hu Y R. 1993. Theoretical and experimental study on local flexibility of tubular joints and its effect on the structural analysis of offshore platforms. Proc 5th Int Sym Tubular Struct, Nottingham.

Hu Y R, Chen B Z. 1993. A first order second moment approach to systems fatigue reliability of offshore structures. Proc 12th OMAE Conf, Glasgow.

Hu Y R, Chen B Z. 1994. A fuzzy definition of fatigue failure and reliability assessment for tubular joints of offshore structures. Proc 13th OMAE Conf, Houston.

陈伯真，胡毓仁 . 1995. 船体温度分布及温度应力计算 . 上海交通大学学报，(3)：33-41.

Chen B Z, Hu Y R, Yan Q Y. 1995. Fatigue reliability analysis of tubular joints of offshore platforms. 13th Ocean Eng Sym, The Society of Naval Architects of Japan, Tokyo.

陈伯真，胡毓仁，封立峰 . 1996. 海上平台管节点疲劳可靠性分析的模糊优化方法 . 船舶及海洋工程结构技术论文集 .

胡毓仁，陈伯真 . 1996. 船舶与海洋工程结构疲劳可靠性分析 . 北京：人民交通出版社 .

Chen B Z, Hu Y R. 1996. Local flexibility of tubular joints of offshore platforms // Fatigue in offshore structures. New Delhi：Oxford & IBH Pub Co.

陈伯真，胡毓仁 . 1998. 薄壁结构力学（修订本）. 上海：上海交通大学出版社 .

主要参考文献

陈伯真 . 1985. 在教学实践中认真细致地做好教材建设工作 // 高等学校理工医农教材编写经验汇编 . 上海：上海交通大学出版社 .

王生洪 . 1994. 上海高等教育系统教授录（续集）. 上海：同济大学出版社 .

撰写者

李龙渊（1940 ~ ），江苏扬州人。中国民主同盟盟员，教授级高级工程师。1962 年毕业于上海交通大学船舶工程系，留校后于潜艇设计专业、船舶结构力学专业从事教学和科研工作。曾任船舶结构力学实验室主任、船舶与海洋工程系副系主任、《实验室研究与探索》责任编辑。现退休。

吴云鹏

吴云鹏（1936～），河南南阳人。生物力学及生物流变学专家。1957年毕业于华中工学院，1979年在美国加利福尼亚大学圣迭戈分校（UCSD）进行生物力学研究，1980年在重庆大学负责中国首批生物力学研究生指导工作，并建立中国首座肝胆系统生物力学及流变学实验基地，尔后30年，从事生物力学及生物流变学研究、硕士和博士研究生指导和教学，以及研究教育管理指导工作。他是中国第一位生物力学博士生导师。曾参与制定中国第一个生物医学工程及生物力学发展规划，并作为负责人进行中国生物力学第一个“体液流变基础理论及其在心血管、肝胆系统中的应用”自然科学基金重大课题研究。创造了液体弹性波在医疗中的应用，出版有《体液的流变特性》、《生物流变学》、《胆道流变学》等著作8部，研究成果曾获得国家自然科学奖（胆道流变学理论及应用研究），国家发明奖（胆道振荡排石方法，两用创伤冲洗机），及省部级科技进步奖、全国发明展览会银奖和“火炬计划”等6项（体液表观黏度快测仪，WOB快速消除疲劳保健舱等）。将生物流变学方法进一步拓展创新，提出“组织生态流变学”初步原创理论。先后任中国生物物理学会常务理事，生物力学与生物流变学专业委员会主任委员，《中国生物医学工程杂志》名誉顾问及特邀编辑，《微循环学杂志》特邀编辑，国际生物流变学学会常务理事，国际第12届生物流变学大会科学委员会主席，重庆市生物医学学会名誉主席，重庆市科协主席及名誉主席。获美国圣迭戈州立大学（SDSU）阿尔法荣誉学者奖及国际第12届生物流变学大会中国生物物理学会“杰出贡献奖”。

一、成长经历

吴云鹏1936年3月19日出生于诸葛亮的家乡——河南南阳的一个书香门第之家。其父考中秀才之际，因民国实施废除科举而成为年轻的“遗老”，于是转回头，终生锤炼书法，最后成为闻名遐迩的书法家。父亲对书法与文章的勤奋执著，对少年的吴云鹏产生深刻的影响。然而当时中国正处于日本侵略和灾难深重的年代，在金色少年时期，他亲眼目睹的无情现实启示他“祖国落后就要挨打”。随着岁月的流逝，科技兴国的念头也日趋强烈。1953 年，吴云鹏从百年名校河南省立南阳中学校（现南阳市第一中学）考入华中工学院（现华中科技大学）动力系，1957 年本科毕业，随之在重庆大学从事教学和流体力学基础实验研究工作。“文化大革命”开始，科学学术的发展逐渐陷于停滞状态。当时，吴云鹏因病住进中国人民解放军第三军医大学医院，静谧的病房隔离了“文化大革命”的喧嚣，在这里，他有幸得到黄志强等一些医学专家的启发、指导和交流，始知生命科学博大精深，特别是在医学临床等领域，更需要理工理论和技术的介入互动，如人体肝脏内毛细胆管中泥沙结石的排除问题。针对这一临床医学挑战性问题，第三军医大学专家采用流体力学中液体弹性波的振荡和高速传输特性进行了细心稳妥的开创性研究，并初获效果。此时吴云鹏也阅读了世界两位生命科学巨擘日本冈小天教授和美籍华人冯元桢教授生物力学和生物流变学方面的著作、文章及贡献，并被这个春花似锦的新兴学科所吸引。冈小天教授现已去世多年，由于他的学术贡献巨大，曾获得日本天皇科学大勋绶。吴云鹏回忆起这位生物流变学举世公认的主要开创人之一时，对他的孜孜不倦博古通今的学风念念不忘。后吴云鹏和其他国内学者合译的冈小天的两部创见性巨著，以及后来同冈小天教授长年多次的学术交流和冈小天送给他的中文书法小匾，是他内心的永恒慰藉。冯元桢被誉为“美国生物力学之父”，是美国 12 名总统科技勋章获得者之一。作为学者，冯教授除了专心致志研究生命科学生物力学外，一生淡泊名利，乐于助人，热爱祖国，集东西方优秀文化于一身，吴云鹏认为冯元桢教授对自己影响颇深，堪为楷模，是自己衷心敬重的良师益友。

1979 年吴云鹏等应冯元桢教授邀请赴美国加利福尼亚大学圣迭戈分校（UCSD）生物力学实验室进行“液体弹性波在医学中的应用”研究。这一开创性的研究，曾得到冯元桢教授、R. Skalak 教授、约翰 · 品拓教授等热情深入的研讨，几经测试分析，终于完成《液体弹性波在医学中的应用》这一原创性的论文，除了在生物医学工程学术大会宣讲外，还在国际学术刊物 *ASME* 全文发表，被评为“中华人民共和国在生物医学工程方面的国际贡献”。

饮水思源，对于和冯教授数十年的学术交往以及从国际知名学者钱煦教授、R. Skalak 教授、P. Chen 教授、宋国立、Amy 教授夫妇等获得的交流、帮助和友谊，吴云鹏常觉有缘和怀感激之情。

20 世纪 80 年代，生物医学工程、生物力学及生物流变学等生命科学，国内尚为陌生，更有人讽刺为“邪门歪道”、“为看病开后门科研”，但含苞待放的这一新兴学科，深深地吸引着吴云鹏。他和中国科学院的陶祖莱教授、王公瑞教授等从 UCSD 回国后，对在中国发展新兴学科，如“过河棋卒”，义无反顾。晨研暮读，弦歌不辍。他参与制定中国首届生物医学工程规划。吴云鹏等在重庆大学同第三军医大学黄志强和蔡景修、杨可桢、蔡忠军等医学专家继续合作研究，并扩大同重庆医科大学方开先教授、马绍华教授等合作，建立了中国第一个胆道流变学和软组织实验台，并紧密结合实际，取得了颇有价值的实验数据和应用成果。

中国改革开放初期提供难得的机遇，加之一批有志于此学科的中青年助教、讲师和充满朝气的学生先后加入此新兴学科队伍，他们负担起这一具有挑战性的历史任务，其中包括搞热门学科自动化仪表的吴云鹏的妻子杨瑞芳教授，也毅然放弃了本职学科并投入这一具有挑战性的新兴学科。他们终生从事此生命学科并获得不少可喜建树。

经过几十年的努力，吴云鹏在重庆大学建成了全国生物力学与生物流变学第一个硕士点和博士点，获得在此领域第一个国家自然科学奖和国家发明奖，以及全国重点学科和教育部全国重点实验室。

二、主要研究领域与成就

生物力学与生物流变学是近代生命科学的应用基础方法学。对这一新兴交叉学科，吴云鹏体会到，以发展“学科交叉，国际交流与前沿，以及创新性研究”（intersectant subject，international，innovation，简称为“3Ⅰ学术战略”）的学术战略为前提，才能有所作为，有所成就。

吴云鹏系统研究发展了体液力学特性即流变特性基础理论、测试方法及应用，并作为主要负责人，成功地进行了中国生物力学及生物流变学领域第一个“体液流变基础理论及其在心血管、肝胆系统中的应用”自然科学基金重大课题研究，获得评审委员会研究成绩优良的结论。

人体体液流变特性及动力学，不仅具有力学的高度非线性，并且具有医学和生物学的特殊性。吴云鹏和他的团队对血液、痰液、关节滑液、胆液以及某些动物血液都进行了不同程度的研究，这些研究必须要在力学、流变学同基础医学和临床医学以及生物物理和生物学结合交叉的领域内进行。正因为这些交叉性和复杂性，他们还进行了一系列测定体液流变特性的实验方法和仪器的研究，其中，吴云鹏和他指导的研究生刘玉萍等系统研究了管式血液黏度连续快测理论，又同蔡绍皙教授及其团队研制成功中国首部血液表观黏度快测装置，获得国家发明专利和教育部科技进步奖，并广泛用于临床。此外，在对人体血液流变特性和沉降速度研究中，吴云鹏及其博士生龙勉同日本群马大学合作，从理论上提出了红细胞沉降速度的准确概念，阐明了红细胞沉降过程所包含的物理和生理信息；提出了一种测量红细胞沉降速度及其他特征参数的新型方法，并给出了其主体、硬件和软件设计要点。

创新的血液显微表观黏度（the apparent viscosity of the blood with microphotography，BMAV）测定系统，所用试样小于5ml，在原理上符合测定非牛顿流体理论要求。在考虑测压管侧的能量损失和弯头的局部阻力损失的前提下，得出在少试样变压头BMAV测定系统的数学模型。引进修正系数，使实验结果和数学模型颇为一致。同时，用此黏度仪对在不同压积下的全血、红细胞（RBC）-生理盐水悬浮溶液进行了测定和分析，得出血液符合经典Casson规律，并与Copley等得到相同结论。尔后随同这一理论而发展出不同性能的血液表观黏度测量装置。由此中国在此方面处于国际前沿。

为进一步探讨血液在特殊物理环境下的耦合流变特性，吴云鹏和他指导的研究生杨福前等根据流体力学运动方程、电磁场Mazwell方程和描述血液特性的Casson方程，从理论上分析了血液在横向电场中流动时的电黏性效应；导出了相应的表观黏度表达式；并设计了一个实验系统来观测血液在横向电场中流动的电黏性效应。在横向电场中，血液表观黏度与外加电压本身以及由此而引起的细胞定向的改变，电生化反应和红细胞压积变化有关。当外加电压低于某值时，其值随外电压上升而增加；当电场的参量达到某一范围，血液凝聚过程发展迅速。这一结论为发展某些临床止血手段提供了依据和启示。这也是吴云鹏所体会的交叉学科（生物物理与基础医学临床医学）的实用创新。

在体液特性和动力学领域不懈研究了近30年，吴云鹏仍执着于他的“3Ⅰ学术战略”。在生命科学纵深发展到分子水平和微纳尺寸量级时代，吴云鹏夫妇以在美国长期体验的微流控芯片新技术，同国内蒋稼欢教授等的团队和他指导的研究生等合作研究，开展了国内首创的微流动通道制作的理论和技术研究，构建多种拓扑结构的二维或三维通道或通道阵列。同时，吴云鹏还同他指导的研究生吴睿婷等研究了微流体系统的关键执行部件非传统微阀的原理、制造及工艺等，达到测定体液微流变力学参数的基本目标。

在获得研究成果和实验实践基础上，吴云鹏和杨瑞芳撰写并出版中国首部《体液的流变特性》一书，作为医学、生物医学工程和生物学工作者以及大专院校有关专业师生和研究生的参考书。

吴云鹏研究了运动疲劳血液流变学并首创了消除疲劳的力学方法和专利装置。他在上述体液流变研究中同他的研究团队和所指导的研究生卢晓、李发琪、秦廷武等对运动疲劳血液流变参数作出系统的IN VITRO及IN VIVO的实验研究分析。前者受试者为20名大学高年级男生，进行短时大强度运动，于运动前、疲劳后取动、静脉血，测定血液流变学参数及生理生化指标，对所测数据进行比较分析，得出明显有据的变化规律。后者以血液流变学理论为基础并结合当代微循环理论和运用其研究方法，采用显微电视录像和图像处理技术，观察并测量了运动力竭后大鼠肠系膜毛细血管血流动力学的变化。结果发现：力竭性运动引发微循环障碍，使毛细血管收缩，红细胞流速降低，血流量减少，血浆层厚度减小，红细胞变形性降低，毛细血管红细胞压积升高，说明力竭性运动会导致微循环灌流异常和物质交换障碍，从微循环的角度为探讨运动疲劳机理提供了实验依据。吴云鹏根据研究的成果提出了以力学和流变学方法快速消除疲劳的方法和装置，将流体自激振荡高频按摩效应、温度梯度场效应、增氧效应综合为一体，以特殊喷头通过涡旋水流混入氧气或空气，产生强力高频横向扫描喷射水流，作用于人体任何部位，得到强刺激按摩效果，并可通过控制开关调节按摩力。该装置可在一定程度改善人体某些血液流变特性及动力学、肌肉微循环和生化学等特性，疲劳综合征可得到改善与消除。该成果获得国家发明银牌奖并列入国家科委“火炬计划”。

吴云鹏开创了胆道流变学研究并达到国际领先水平。他认为人体肝胆系统特别是胆道系统，其胆汁的物化特性及动力学、胆石的成因及排除、肝实质及肝胆管和胆总管充满了力学和流变学色彩，研究解决这些问题，对于生理学、病理学、临床医学乃至生命科学都具有理论和实用意义，从20世纪70年代就在他的专题研究、合作和指导研究生工作中，成为其主要组成部分。吴云鹏根据他的“3Ⅰ”学术观点，在组织解剖学、生理病理学的基础上，系统研究了胆液的理化特性，胆液的宏观流变特性，胆液流变模型和本构方程 ，结石、浓性物质对胆汁流变特性的影响，胆囊胆汁的宏观流变性质与其主要生化成分之间的相关性，胆道梗阻后肝胆系统的改变，胆石形成与胆汁流变特性，胆道及胆囊的流变特性，胆管树的形态学定量研究，胆道系统的最优化问题 ，胆管软组织的流变特性，以及胆囊的在体实验。胆道系统最常见最重要的生理功能是胆囊的收缩作用，而从生物力学角度分析则可认为是典型的压力脉冲转播。他除了提出人体胆道系统压力波传输的原创概念外，还完成了三方面的理论和实验成果：①胆道系统形态学特征与流动模型的简化；②胆管系瞬态流动模型；③胆管传播实验研究及数学模型的简化与推广。

应用这些理论和实验成果，吴云鹏同他指导的研究生诸建初等建立了胆道手术后炎性流变学诊断，即以胆液的黏弹性复数模量，以及大量临床数据经黏弹性流变特性测量并以数据统计方法处理，得出严谨可靠的胆道手术后胆液炎性流变学数据变化规律。这些规律有助于突破仅囿于临床表现的感性判断。

在同第三军医大学黄志强团队肝胆专家蔡景修、杨可桢、蔡忠军等合作启发下，提出人体体外振荡排石生物力学原创方法，完成振荡排石试验装置，以及最佳振荡参数选择，并同前者合作完成在体排石效应研究。吴云鹏完成第一部纯力学射流人体体外排石系统，继而同孙泽全教授等完成国内外第一部力学振荡电子排石仪。

根据流体动力学和流变学的分析方法研究了胆囊内胆液运动规律，进行了肝内胆管和胆总管内运动分析，并建立了数学模型，在此基础上，探索了胆汁淤滞对形成肝内胆管结石的影响以及流体旋涡特性对形成胆囊结石的重要作用。

吴云鹏和杨瑞芳根据其多年对胆道系统的力学和流变学研究成果，于 1993 年出版了《胆道流变学》，系统阐述了胆道流变学及其研究意义，胆道流变学的理论基础（应力、应变和应变率，本构方程和它的意义，牛顿流体和绝对黏度，非牛顿流体和表观黏度，胡克弹性固体，黏弹性体，*Re* 数和流动相似，层流和湍流，圆管内的层流、紊流等），生物体液流变特性的测量（毛细管黏度计及其测量方法，重力毛细管黏度计，可变压力毛细管黏度计，旋转式黏度计，圆锥平板型黏度计，体液的黏弹性测量等），生物软组织流变特性的测量方法和装置（软组织单向拉伸的应力应变关系，软组织单向拉伸的应力应变关系等），胆道的病理生理（胆汁的生成与排泄，胆道梗阻后肝胆系统的改变，胆石形成与胆汁流变特性等），胆液的流变特性（胆液的理化特性，胆液的宏观流变特性，胆液流变模型和本构方程，结石、浓性物质对胆汁流变特性的影响，胆囊胆汁的宏观流变性质与其主要生化成分之间的相关性，胆汁的电流变性质等），胆道及胆囊的流变特性（胆管树的形态学定量研究，胆道系统的最优化问题，胆管系统的流变特性，胆囊的流变特性，胆囊的在体实验研究等），胆道内的压力波传输（胆道内的压力波传输概，胆道系统形态学特征与流动模型的简化，胆管系瞬态流动模型，胆管内压力波传播实验研究及数学模型的简化与推广等），人体体外振动排石效应（体外振动排石试验装置，结石的物理性质，振荡参数的选择，试验中胆囊角度的选择，排石效应，结石在胆囊内的运动分析，结石在胆囊管内的运动的分析等），胆道流变学的临床应用（液体弹性波排除术后肝内胆管残余结石，液体电水锤激波破碎人体结石，胆道手术后炎性流变学诊断等），胆道流变学展望（肝胆细胞与分子流变学，肝胆系统软组织流变特性研究，胆道系统的电流变特性研究，胆道系统的控制、调节及反馈，为肝胆系统疾病的诊断提供流变学理论及方法等）。此著作不仅作为医学、生物医学工程和生物学工作者以及大专院校有关专业师生和研究生的参考书，并且是国内外首部为肝胆系统生理病理及临床提供力学与流变学理论及方法的交叉创新著述。

吴云鹏开拓了“组织生态生物流变学（biorheology in the ecology of

organization)”创新研究。年近古稀的他仍执着于“3 I”学术创新理念，数年往返于大洋两岸，将最新研究领域组织生态学的社会人文动态变化与生物流变学结合起来，从生命科学领域的分子、细胞、组织、器官、系统，扩充到组织生态生物流变学。首先，他将“血液就是生命”的血液流变学的量化规律同人口增长 LV（Lotha-Voltera）模型有机匹配，提出“HPFP（ the hemorheological parameters of favourable of phiology）宏观概念参数”。这种首创的概念、参数与模型，本质上是将生物力学、生物流变学，特别是血液流变学的分析方法和手段推广到群体生态环境中，得到组织群体“适切和谐”有利的生理临界条件。对于构建低碳节能保护人类本身生态群体这一宏观战略目标具有理论和使用意义。

在推广生物流变学特别是血液流变学应用于社会人文宏观的动态中，吴云鹏还将血液流变学中的 HOP（the hemorheological optimal process）的最佳价值泛函概念的力学与流变学模型用于组织管理中，提出组织管理最佳设计（ the organizational management optimal design，OMOD ）非线性方法和模型。具体在生产过程中，如应用此方法及模型可使生产过程中的管理和劳力达到最佳状态。

吴云鹏也客观地将这些研究评定为还处于初期。尽管该研究成果在 2004 年国际第 12 届生物流变学及第五届临床血液流变学大会发表后曾引起不少学者的兴趣，他仍不知疲倦地持续研究。

在对流体力学、一般流变学及血液动力学进行的理论交叉和系统综合分析中，吴云鹏同梁子均教授做出了重要贡献，如体液和软组织动态黏弹性、时间效应、触变性以及向量与复数应变能密度函数表达。针对血液流变学，深入分析介绍了血液的屈服应力和它的触变性以及血液的凝固与黏弹性。对于血液中的主要角色红细胞，也分析了其聚集性和变形性，同时对于影响可变形性的诸因素如膜的弹性、膜的黏弹性、内黏度与渗透压、ATP 含量、胆固醇含量、氧分压等，对于容易被人所忽略的血液的电特性和血管壁的电特性，如血液细胞的电荷、迁移率、界面的动电现象，电偶层、电泳、流动电位、固相的表面电荷、电渗等，对于血管壁的电特性，如血管的电性质与内皮损伤、毛细血管壁上电荷的影响、毛细血管壁的负电荷分布、表观黏度的电偶层理论、血管壁的电荷与通透性等进行了分析。此外，结合“液体弹性波在医学中的应用”，还对脉搏波、管内的振荡流的解、动脉内压力波的传播、波的传播速度和衰减、波形峰化和陡化、黏弹性流体的振荡流、微血管中的脉动流，对于流体力学中重要的湍流动状态、流动分离状态、分支处的流动、切应力的作用，以及对血栓淤积形成和闭锁性动脉疾患的血液流变学因素等，都进行了研究。他们将这些复杂的内容整理写就重要著作《生物流变学》并为教育部推荐为有关专业教学参考丛书。

三、吴云鹏主要论著

吴云鹏，蔡忠军 . 1978. 液体弹性波在医疗中的应用 . 力学学报，14（2）：102-106.

Wu Y P. 1980. The synopsis of the 12th world microcirculation congress. Jour Int BME，1.

冈小天 . 1980. 生物流变学 . 吴云鹏，陶祖莱译 . 北京：科学出版社 .

Wu Y P，Yang R F，Wang G R，et al. 1984. The mechanical properties of human bile and their clinical application//Biomechanics in China，Japan and USA. 北京：科学出版社 .

Wu Y P，Yang R F，Wang G R，et al. 1985. Flow behavaior of human bile. Chinese Science Bulletin，30（1）：125-130.

吴云鹏，杨瑞芳 . 1987. 体液的流变特性 . 北京：科学出版社 .

吴云鹏，梁子均 . 1988. 生物流变学 . 北京：高等教育出版社 .

翁维良，廖福龙，吴云鹏 . 1989. 血液流变学研究方法及其应用 . 北京：科学出版社 .

Cai S X，Yang X Y，Wu Y P，et al. 1991. An improved system for measuring apparent viscosity function of non-newtonian fluids. Transaction of The Biophysics，China，7（2）.

吴云鹏，杨瑞芳 . 1993. 胆道流变学 . 重庆：重庆出版社 .

李发琪，杨瑞芳，吴云鹏 . 2000. 运动性疲劳对血液流变学影响的研究 . 国外医学 . 生物医学工程分册 23（6）：344-347.

刘方，杨瑞芳，徐世荣，吴云鹏，等 . 2000. 人体胆道系统中压力波传输的模拟实验 . 重庆大学学报，23（3）：12-16.

Qin T W，Yang R F，Jiang J H，Cai S X，Wu Y P. 2000. Investigation on viscoelasticity of polymorohonuclear neutrophils in rat after exhaustive exercise. China BME Transaction，20.

Wu Y P，Yang R F. 2004 The organizational bioecolo-rheology. The Proceeding of the 12th International Biorheology and the International 5th Clinical Hemorhology Conferences.

陈骧，徐世荣，吴云鹏 . 2008. 肝纤维化过程中血液动力学因素对肝星状细胞的影响 . 世界华人消化杂志，2：185-191.

Zhang J，Xu S R，Wu Y P. 2008. Establishment of a mechanical experimental system of biologic tract tissue with auto-measurement based on measuring mark. Jour Biomed Eng，25.

周大祥，吴云鹏，徐世荣 . 2009. 平消胶囊含药血清对胆管癌细胞黏弹性和黏附力学特性的影响 . 生物医学工程学杂志，1：93-96.

撰写者

传主本人

胡文瑞

胡文瑞（1936～），湖北武汉人。流体力学家。1995年当选中国科学院院士，1996年当选国际宇航科学院通讯院士，2000年当选国际宇航科学院院士。1958年毕业于北京大学数学力学系。中国科学院力学研究所研究员。中国空间科学领域学术带头人之一、中国微重力科学研究的组织者，创建国家微重力实验室并带领相关学术团队走在国际微重力科学研究的前列。主要从事磁流体力学、天体物理和空间物理以及微重力流体物理研究。在日地物理方面，研究了无力场理论、太阳活动区磁场、太阳耀斑的波动模型、日球磁场的三维结构、太阳风加速机制、磁层亚暴的磁流体力学模型、地球极区极风的慢MHD激波结构等经典问题；在天体物理方面，研究了密度波理论共转奇异性以及非线性不稳定性的问题，提出星系螺旋结构的星系激波理论，利用摄动展开求出了射电双源射流的精细结构；开创了中国微重力流体物理研究，主持了多项国内的微重力研究计划。合作开展了热毛细对流理论和实验研究，对液滴和气泡的热毛细迁移提出了新的解释，在气液两相流流型、沸腾传热等方面获得新的结果。在微重力研究中坚持理论研究与地面微重力模拟试验和落塔微重力试验以及空间微重力试验的对比研究，取得很好的结果。作为“中国载人航天工程”（飞船应用系统）主要完成人之一获国家科技进步奖特等奖及“载人航天工程突出贡献者”称号。发表学术论文200余篇，出版专著10部。

一、求学与成长

胡文瑞1936年4月2日出生于上海，祖籍湖北武汉，后由于抗日战争随家迁往四川。家中兄妹七人，他排行第五。笃信基督的父亲是一位善良而虔敬的知识分子，在教会的帮助下刻苦努力自学成才，考入海关工作，一步一步做到高级职员。父亲对胡文瑞的影响很大，一方面是父亲刻苦求学的精神的感染，使他从小养成勤奋好学的习惯；另一方面是父亲对子女和悦却不失严厉的教育和培养，使家中形成一种良好的学习氛围，使孩子们较早地得到一些启蒙性的智力开发。父亲常常是上班前教他一段英文或古文，下班后检查；父亲还经常会订购一些课外读物让孩子们阅读。

胡文瑞能在宽广的跨学科领域取得突出成就，以及他的兄弟姐妹中多人毕业于名校且学有所成，应该有父亲对子女早期开发教育的功劳。

抗日战争胜利后，因父亲工作调动，胡家迁至北京。1948 年，12 岁的胡文瑞像他的两位兄长一样，考入北京市声名显赫的育英学校（现北京市第二十五中学）。毕业前夕，学校组织学生参观北京大学，他深深地被北大校园优美而放射着知识魅力的环境所吸引，立志报考北京大学。1954 年，胡文瑞如愿以偿，考入北京大学数学力学系，欢天喜地地开始了 4 年的大学生活。

北京大学数学力学系 1954 级，是一个人才荟萃的奇迹，一批有名的数学神童聚集在此。上学之初，年级中已有多人在《数学通报》上发表文章，解决难题，不少人在开课前即已通过考试而免修课程。生活和学习于这样一个优秀的群体，每天沉浸在创造性的学习和探究中，教室、图书馆、宿舍三点一线地奔忙，大学生活令人陶醉。这个集体至今已出了 6 位中国科学院院士和 1 位中国工程院院士，以及众多有杰出成就和贡献的人。

大学的头两年，数学力学系不分专业，专门夯实数学基础，这对胡文瑞而言无疑是掌握了打开未来科学之门的金钥匙，奠定了在科研实践中随时自学相关知识的坚实基础。1956 年，也就是大学三年级分专业的时候，胡文瑞选择了流体力学，他此后一生所从事的科学研究都与这个专业相关。

当时的北京大学数学力学系，有注重数学和逻辑的苏联专家坐镇，又有从美国回国效力的注重实际和物理概念的教师授课，学生们获得的是全面而科学的力学教育。意气风发的年龄，充满梦想的青春，力学的神奇和威力令他们心驰神往，一心想以自己的才学和努力报效国家。特别是钱学森、郭永怀等国际著名流体力学专家回国，对这些北京大学学子更是极大的鼓舞。回顾过去，胡文瑞感慨，北京大学四年的学习和生活让他受益终生。

那是一个充满憧憬和奋斗精神的年代，也是一个政治斗争血雨腥风、充满人生变数的年代。1952 年，父亲因与海外教会的关系问题而被划为特嫌，开除公职，直到改革开放后才完全平反。当时，胡家的经济陷入困境，全靠大姐一人在中国科学院图书馆工作的微薄收入支撑度日，胡文瑞险些辍学。1957 年他遭遇了一生中最严重的一次病痛折磨——患上了空洞性肺结核。即便是在病榻之上，他也未放弃过学习，这使他在病愈后不久得以按时通过毕业考试。

1958 年大学毕业前夕，政治背景好的同学被一批批地挑走了，由于家庭和海外关系的缘故，胡文瑞不能从事那些令人羡慕的带有保密性质的工作。最后，他被分配到中国科学院动力研究室。终于有了工作，他如释重负。然而，在动力室，他依然不能涉密，只能做一些基础性研究，到吴承康先生领导的燃烧组，研究化学激波管，后随燃烧组承担当时的一项新技术——磁流体发电研究。1960 年动力室与力学研究所（以下简称力学所）合并后，胡文瑞随之并入郭永怀副所长领导的磁流体力学研究室。

是金子，在哪里都发光。胡文瑞一头扎进研究工作，读文献、做实验、向人请教、与人讨论，夜以继日，像海绵吸水一样吸收各方面的学术营养，受到当时力学所主持工作的常务副所长郭永怀先生的重视、关怀、鼓励和偏爱。郭所长常对这个刻苦钻研的年轻人给以特别指导，或给他提出特别的研究课题让他攻克，主动到他的办公室，给他提供文献，询问他的进展。郭所长还特允胡文瑞不需预约去自己的办公室讨论问题。1968 年，郭所长因公殉职，国家失去了一位难得的科研领军人才，胡文瑞也痛失一位良师。如今，郭所长离世 40 余年了，胡文瑞对他的这位科研引路人仍然怀念不已。

在郭所长领导下工作这段时间对磁流体力学的深入研究，打下了胡文瑞此后 40 多年科研工作的基础。不论是后来的日地物理研究、宇宙磁场研究，还是微重力研究，磁流体力学都是他得心应手的科研利器。

力学所是中国力学研究的中心和摇篮。胡文瑞说，当时的力学所有不少包括钱学森、郭永怀在内的从海外回国的著名力专家，还有一批才华横溢的早期研究生和青年学术骨干，学术气氛非常浓厚，所有的力学问题都能找到人讨论。在钱学森、郭永怀的引导和鼓励下，青年们不惧怕权威、不迷信权威，敢于挑战前沿问题，有一副舍我其谁的气概。这样的群体和氛围，也强化了他特有的犀利思维和敢于质疑的科学精神。

在诸多刻苦努力的年轻人中，胡文瑞成了有名的“白专”典型。那个年代，“白专”是受排挤的，加上他本来就有的被质疑的海外关系和特嫌父亲，胡文瑞为此被孤立。所有的升级进职都没有他的份，他在研究实习员的末级岗位上一干就是 20 年。这一阶段，他常用范仲淹《岳阳楼记》中的“不以物喜，不以己悲”来自嘲和激励自己。

刻苦努力得到了回报。1978 年，“科学的春天”到来，胡文瑞从研究实习员一次破两格晋升为副研究员，并成为全国科学技术大会代表，获得“全国先进科技工作者”称号。1984 年，胡文瑞、徐复成为力学所破天荒的副研究员博士生导师，又于 1985 年晋升为研究员；1995 年胡文瑞当选中国科学院院士，次年当选国际宇航科学院通讯院士，2000 年当选国际宇航科学院院士。

二、研究与贡献

（一）倾心磁流体力学研究，打造毕生科研基础

20 世纪 50、60 年代之交，流体力学领域的科研走向是从常温、低速到高温、高速，下一步的热点和前沿必定是等离子体和磁流体力学。当时萌生了一项新技术——磁流体发电。它的主体思想是让电流体横越磁力线后产生电能，而不需要以转动机械发电的传统发电方式。新技术的前景无疑是革命性的。胡文瑞所在的燃烧组承担了这项攻关任务。这是他第一次涉足磁流体研究，为此他开始自学磁流体力学。

1960 年夏天，为加强力学所承担重大国防任务的力量，动力室并入力学所，胡文瑞并入郭永怀副所长负责的六室，从事磁流体力学研究。由于郭所长认为除非受控热核聚变成功，否则低电导率下磁流体发电难以产生有效的电能，果断地停止了磁流体发电研究，转而让大家夯实电动力学和磁流体力学基础，为深入研究磁流体力学做好准备。这里体现的也是有远见卓识的科学家对基础研究的重视，以及重要领军人物对科研导向的重要意义。郭所长的这个决策，成了胡文瑞以后 20 多年的科研方向。

1961 年，郭所长给胡文瑞出了一个题目，让他研究磁流体力学管道流动。当时这个问题也是一个国际热点问题，国外一般用计算机求解。胡文瑞另辟蹊径，以数学的级数求解法，得到了一组准确的解析解，用手摇计算机求出了具体的数值结果。这一磁流体力学的基础性研究成果，也是他独立完成的科研处女作。文章写完后郭所长也不说投送发表，又给他提出了第二个研究题目——“电磁离心法分离同位素铀”的理论和实验研究。接下来的三年，胡文瑞负责一个课题组进行这项研究，直至 1965 年去山西农村搞“四清”和接下来的“文化大革命”。在追随郭所长的四年时间里，胡文瑞废寝忘食，刻苦地攀登着科学研究的高峰，在郭所长严格要求和言传身教下，逐渐地学习从事科研的方法。1968 年年底，郭所长因公殉职，胡文瑞失去了指导他成才的老师，开始探索自己的科研道路。

磁流体力学研究对胡文瑞而言，意义不只在于这是会伴随他终生科研实践的重要研究领域，而且在于这是他整个科研大厦的基础。将基础研究的功力转化为新领域开发的利器，就会产生强大的爆发力。他此后的实践和成就佐证了这一判断。

依人才学的观点，真正的跨学科优秀人才的知识和能力结构一定是“T 型”结构，光有“T”的那一横的人，只会浮在表面做不出深入的实质性贡献，光有“T”

的那一竖，多半也只能囿于狭窄的学科分支做一些细节的钻研，难以成就更宏大的科学贡献。胡文瑞被公认是一位有战略眼光和跨学科综合素质的“T型人才”，拥有不断开拓新领域并在其中做出重要贡献的能力，除磁流体力学外，他还涉猎天体物理领域、空间物理领域、微重力科学领域以及他目前正在涉足的风力发电的基础科研领域。在北京大学数学力学系打下的扎实的数学基础和在郭所长指引的道路上从未间断的磁流体力学研究，是胡文瑞“T”字的那一竖；他的“T”字的那一横，则最早起始自父亲对他们兄弟姐妹的跨学科启蒙教育。

（二）沉醉于宇宙的神奇，揭示天体物理深层奥秘

在“文化大革命”中期的1973年，毛泽东主席提出生命起源、物质结构和天体演化三大自然科学问题，中国科学院组织攻关，落实毛主席的指示。由于磁流体力学的研究背景，力学所的胡文瑞被点名参与天体演化的研究。这对于禁锢在“文化大革命”中的知识分子，无疑是一个极大的机遇，意味着可以公开地从事研究活动了，让人欣喜若狂。

天文学对当时的胡文瑞而言，是个全新的领域，但他不怕挑战，智力上、科学上的挑战，常能使他焕发旺盛的拼搏激情。宇宙的神奇魅力勾起了胡文瑞浓烈的研究兴趣。他跑遍全国许多天文台和相关大学，翻阅天文学资料，向天文学家请教，特别是南京大学的戴文赛教授给予他许多指导。他曾窝在云南天文台天文望远镜塔楼下的小屋子里一个多月，阅读当时所能找到的重要天文学文献，学习天文观测和图像分析。

20世纪50年代，剑桥大学G. K. Batchelor教授等一批老一代流体力学专家开创了宇宙气体动力学，利用湍流等流体力学理论来解释宇宙大尺度结构。20世纪70年代以后，剑桥大学的Moffet等关注到磁流体力学这一理论工具和研究角度。研究磁流体力学出身的胡文瑞踏入天体物理学界，他的认识论、方法论视角无疑会是流体力学和磁流体力学的。1975年，他发表《盘状星系中星际气体的三维结构》和《星际磁场的演化》两篇论文，打开了他天体物理的研究思路。

用太阳望远镜可以观测到太阳光球层有许多黑子，那是强磁场的磁力线束。太阳外层大气中没有其他力能平衡这些强磁场所产生的电磁力，所以这些磁场只能是电磁力为零的无力场。胡文瑞对无力场进行了系统研究，讨论了无力场的运动学特征，给出了一些非线性解，发现无力场解对边值的非唯一性，并且获得了一些孤立磁力线管的无力场解。在无力场的研究中会遇到一些非线性偏微分方程的问题，他常常去中国科学院数学研究所向吴新谋先生请教和讨论，这在“文化大革命”期间

可算难得一见的情境。

胡文瑞用流体力学和磁流体力学的方法遨游在浩瀚的天体世界，先后涉猎过太阳风（包括太阳风的起源、加速等）、极风和激波结构、太阳耀斑、太阳磁场、磁暴等太阳物理及日地物理问题。同时，他还研究了螺旋星系结构理论和宇宙磁场理论，类星体和射电星系的磁场的精细结构。有些文章发表在英文版的《中国科学》和《科学通报》上，有些文章在国外刊物上发表或翻译成英文发表，引起国外同行的关注。1977 年美国天文学代表团访华，胡文瑞报告了他的星系螺旋结构理论，受到美国专家的关注。1981 年他在美国工作时，当时的美国代表团的专家曾请他去访问和讲学。

深厚的磁流体力学功底和大量成果的发表，使胡文瑞在天体物理领域崭露头角，受到大洋彼岸的美国国家大气研究中心（NCAR）所属高山天文台（HAO）的关注。1981 年，HAO 以 3 万 7 千美元的高额年薪聘请他以高级访问科学家的身份到该中心工作一年。这个年薪对中国当时月工资只有几十元人民币的一般人员，无疑是天文数字。它表明了中国本土培养的专家胡文瑞在天体物理领域的研究工作在国际上得到认可的程度。此事受到当时的中国科学院领导李昌先生和严济慈先生的高度重视。

在美期间，胡文瑞主要研究了宇宙磁场的拓扑不变性，发展了宇宙磁场的三维理论，得到同行较多关注。在美期间，他应邀在美国许多大学和研究单位作学术报告，这在 20 世纪 80 年代初还是很难得的。他还在美国天文学会年会上报告了类星体射流的磁场精细结构，该报告发展了加拿大女皇大学 Henrikson 教授的理论。不久，加拿大女皇大学请他去访问，并报告该项研究。会后，女皇大学周威彦教授（后为香港理工大学副校长）称他为“天体物理泰斗”。1981 年，胡文瑞应邀成为 *Astrophysics and Space Science* 期刊的编委，他的许多文章都发表在该刊上。

胡文瑞的天体物理研究，在一定意义上具有客串的性质。最初是一种行政上的安排，其后多半是出于兴趣，出于以他的磁流体力学原理揭示宇宙奥秘以及检验磁流体力学理论的好奇心。这种出于好奇心的研究没有功利目的，往往是为了研究而研究，而这恰恰是科学的原初形态和本真形态。偌大的宇宙，成了他磁流体力学的实验场。无心插柳柳成荫，磁流体力学与天体物理的交叉研究实践，将胡文瑞导入了空间科学与应用方向，最终使他成为中国微重力科学的奠基人。

（三）面向国家重大需求，开创中国微重力科学研究

1986 年，“863 计划”上马。胡文瑞被中国科学院推荐为第一届航天领域（863-2）专家委员会成员，主要负责载人航天应用系统的论证。为了论证这个上至

天文、下至地理，包含物理、化学、生命科学、地球科学、技术科学，涉及诸多国际政治经济前沿领域的载人航天应用系统，他努力学习钻研了许多新知识、新理论，他说自己像是又上了一次大学。

随着国家载人航天计划的深入，对微重力科学研究的需求浮上水面。微重力科学是研究失重条件下物质运动规律的科学。微重力研究是随着人类航天飞机和大型空间站上天而发展起来的一门新兴交叉学科，在国外至今也不过30多年的历史。但由于起源于前沿科学和应用的强大促进，发展速度很快。当时中国的微重力科学一片空白。面对国家载人航天对基础科研的重大需求，胡文瑞准备再次迎接挑战，挑起这副重担。

1987年，胡文瑞在力学所成立了一个微重力学科发展状况的调研组，参与者分工调研国际微重力科学研究不同方向的情况，然后分别给大家报告，大家共同讨论，结合国家需求，努力找到宜于切入的角度。开始时参与的只有3个人，申请一些“863计划”的小课题，后来凝聚起来的人越来越多，涉及的方向也越来越多。直到1996年，“863-2”专家委员会和中国科学院联合在力学所成立中国国家微重力实验室，并于2000年建成著名的北京落塔装置，逐渐使中国的微重力科学在世界占有一席之地。

如果说，以前的研究主要是胡文瑞个人奋斗的成果，那么微重力研究则主要是合作研究的成果。胡文瑞及其合作者系统地研究了半浮区热毛细对流，提出了液桥体积是起振的敏感临界参数，用光学方法首次测量到自由面上的表面波，首次直接测量到小Prandtl数液桥的起振过程，从理论和实验上发现大Prandtl数液桥起振的二次转捩，从理论和实验上得到次谐分叉的湍流转捩过程。这些成果加深了人们对热毛细对流的理解，其综述论文发表在流体力学两大国际综述论文期刊之一的*Applied Mechanic Review*上，并受2008年的第22届国际理论和应用力学大会邀请，作分会讲演（中国至今第三人）。他们的研究集体完成了“神舟四号”飞船的液滴热毛细迁移的空间实验；利用中国返回式卫星完成了气泡热毛细迁移和相互作用的空间实验，沸腾传热和气泡行为的空间实验，光学干涉法测量液体扩散系数的空间实验；与俄国科学家合作，在“和平号”空间站上完成气液两相流流型研究的空间实验。每项空间实验都进行了前期的地基科学研究和后期的实验结果分析，取得了相应的科学成果。国家微重力实验室的研究领域逐渐从微重力流体物理扩展到微重力燃烧、空间材料科学和空间生物技术。短短数十年，中国的微重力研究从无到有，从弱到强，走在世界微重力研究的前沿。

胡文瑞不仅和他的团队一起攀登微重力科学的学术高峰，还进行了大量促进中国微重力科学发展的组织工作。在第一届“863-2”专家委员会负责载人空间站利用系统的论证。在中国载人飞船工程起步时，负责应用系统的论证会，制订了发展计划。微重力科学的发展需要空间实验机会，他促成安排了中国返回式卫星上的微重力搭载实验。利用 SJ-8 育种卫星留轨舱空余的机会，组织了留轨舱科学实验系统，进行了 9 项微重力实验，取得了一批重要成果。这 9 项实验是：液体扩散，沸腾传热，闷烧，带皮导线的燃烧，高等植物的生长过程，哺乳动物细胞的分裂，加速度计，液池的热毛细对流，颗粒物质作为一种凝聚态的速度分布。所取得的成果由斯普林格出版的 *Mecrogravity Science and Technology* 杂志发表了专辑，在国际同行中产生很大反响。“实践十号返回式微重力科学实验卫星”项目已列入国家“十一五”计划，正在落实之中。

胡文瑞曾多次组织中国微重力代表团访问美国、日本、欧洲，与各国空间局和国际同行进行学术交流。在中国组织国内的微重力学术会议、国际微重力学术会议和双边会议，促进国际学术研讨。目前，重大的国际学术会议也往往邀请他出任共同主席或参加学术委员会，他经常被邀请作特邀报告。他长期担任国际微重力刊物 *Microgravity Science and Technology* 的编委，是国际微重力界有影响力的科学家。

2004 年，年近 70 岁的胡文瑞从国家微重力研究中心主任职位上退了下来，他准备把更多的精力投入到科学项目的组织实施和萦绕于心的许多具体科学问题的研究中去。除此之外，他还要去完成他在繁忙的领导岗位上无暇顾及的许多心愿。例如，把十余年来自己对微重力的研究成果和心得系统梳理，编撰出版了英文著作 *Advances in Microgravity Science* 和中文著作《微重力科学》。再如，多年参与各种国家前沿科技计划的编制、评审、组织研究，特别是担任第九届、第十届全国政协委员，使胡文瑞的思维跨界到经济建设的主战场，更多地关注到国计民生。他希望能够利用自己在基础科学和应用实践中得到的宝贵学识和经验，为国家的经济社会发展做出一些贡献。

（四）涉足经济建设主战场，促进风电开发研究

大学毕业 50 多年，胡文瑞一直在中国科学院从事基础研究。他退下来以后就希望能做一些面向国家重大需求的实际工作。他的祖籍武汉市和他的出生地上海市都有大学希望他去兼职。这时，地处西北的兰州理工大学校长走进了他的办公室，希望他到兰州理工大学去看看。学校的恳切期待和迫切需要激励了他，他答应帮学校三年，并向甘肃省委省政府提出在甘肃省发展风电事业的建议。在孔雀东南飞的大形势下，胡文瑞愿意在西北作贡献的决定可以隐约地看到他的恩师郭永怀献身西北

的影响。

随着人口的激增和社会的迅猛发展，地球上的化石能源将消耗殆尽。能源成为制约各国发展和综合国力提高的瓶颈，对能源的争夺也成为世界上许多政治经济矛盾的根本原因。发展绿色可再生能源势在必行。2006 年，胡文瑞在兰州主持召开了“全国风力机空气动力学学术会议”，包括庄逢甘先生在内的 6 名院士和一批国内专家参加了会议。这次会议拉开了甘肃省大力发展风电事业的序幕。甘肃省在兰州理工大学成立了风电技术研发基地。

甘肃省领导深切地领会了胡文瑞这个建议的长远战略意义，下定决心部署风电发展。向国家提出了在河西走廊建立千万千瓦级风电基地，再造“陆上三峡”的建议。甘肃省的建议得到了国家发展和改革委员会的认同，启动了中国首个千万千瓦级风电基地，批准在 2015 年在河西走廊建立 500 万千瓦的风电事业。现在，风电产业已成为甘肃省的重要支柱产业。如今的甘肃风电界，提起胡文瑞，可谓大名鼎鼎。

然而，作为科学家，胡文瑞对绿色能源发展的思考并未停留在对公众的呼吁和对地方政府战略参谋的层次上。他注意到，中国目前几乎可谓风起云涌的风能开发，多半是在引进设备和技术基础上的工程开发，这种状况从发展看是不可持续的，长远的结果必然是技术、经济上全面地受制于人。他向国家建议开展风电基础科学研究，补足风电的发展后劲。经过评议，国家“973 计划”设立了“大型风力机的空气动力学基础研究”，由南京航空航天大学负责，胡文瑞任专家组组长。

在国家政策的激励下，近年中国风电事业正在突飞猛进地发展。胡文瑞做出了他的贡献。

三、个性、治学与育人

（一）求真唯实，特立独行

写胡文瑞而不写他的个性就等于没写胡文瑞，或者说写的不是完整的胡文瑞。中国科学院熟悉他的老同事们有一句话说：“只有这样才是胡文瑞，否则就不是胡文瑞了。”

这话说的是胡文瑞的犀利思维、不妥协个性以及他的特立独行——他总是能在别人司空见惯或乱象杂陈的迷雾中洞穿事情的本质，而且还愿意把它讲出来并坚持，以及敢于质疑权威，敢于突破旧框框，开辟新领域的果敢和胆识。

这些无疑是一种坚持原则、坚持真理、求真唯实、勇于创新的科学精神。

20 世纪 70 年代，美国著名华人物理学家林家翘与他的学生们以密度波理论解释星系螺旋结构，与观测结果符合得很好，在国际天体物理学界产生重大影响。1975 年，林家翘应中国科学院之邀回国讲学，系统地介绍他的研究成果。中国科学院组织了学术接待组，胡文瑞是成员之一。听讲中，胡文瑞发现，做奇异性见长的林家翘，在处理共转奇异性上不够完备。胡文瑞用了几天时间重新研究了共转奇异性，并写成论文《共转圈的奇异性对盘状星系密度波的影响》，交给当时负责接待的钱三强先生。这件事当时得到力学所和中国科学院两级领导的重视，但处理意见却不一致。在当时《中国科学》主编严济慈先生的支持下，文章发表在《中国科学》1977 年第 3 期上。文章发表后，在国外引起了反响。

20 世纪 80 年代，胡文瑞在美国工作时发现，美国一位权威的专著中有一章论述宇宙磁场都具有某种拓扑学不变性。胡文瑞给出了许多宇宙磁场的三维位形，补充了这位权威论述的不足。他的这些文章受到国际同行的关注。

有一次，中国国家科学技术委员会、国家航天局与美国航空航天局（NASA）达成意向，合作开展空间研究。国家科学技术委员会召集相关专家就合作内容征求意见，有国家科技领导人参加。会议上胡文瑞直白地提出自己的不同观点并予以坚持，致使在场的中国科学院领导一再解释这是专家个人意见。

为了发挥中国科学院的基础研究特长及合理分配国家空间科学与技术研究力量，纠正当时中国科学院航天研究中偏技术的导向，胡文瑞积极参与李喜先发起的建立中国空间科学学会的行动。这次行动耗时两年多，费尽周折，最后取得了成功。这件事情的结果，对中国航天科技研究和发展有积极的作用。还有很多这样的例子。

然而，胡文瑞为此而付出的代价也是不小的。说话直来直去、不绕弯子，有时难免伤人。胡文瑞说到自己的时候，总说这是自己的缺点，但每当再遇到同类事情的时候，他又忍不住要说。常有人委婉地说他不大善于处理人际关系，甚至有人说他傲气。

（二）立意高远，凝聚团队

胡文瑞被公认有眼光、有魄力。在科研方面，他一直瞄准国际科学前沿，从不懈怠，不允许自己落伍，也这样要求自己的学生和团队。学生和同事都知道，他的选题和项目一定是有顶层设计，有战略思维，有通盘考虑的。这在一定的意义上也决定着他们会跻身国际强队。

20 世纪 80 年代，科研院所不景气，力学所的许多方向都没有出路。胡文瑞却率先找准了微重力研究这个处于国际前沿、国家又有重大需求的方向，领着大伙干得风生水起。现在他又瞄准了风力发电这个与他原有研究方向距离较远的绿色能源新方向，有人说他胆子就是大。

胡文瑞的组织联络工作能力极强。仅举一例，微重力研究的最大特点是一定要到天上去做实验。而中国还没有自己的空间站，微重力实验室也还没有自己的卫星，几乎所有实验都是搭用别人的剩余载荷。众所周知，卫星载荷是地球上最紧俏的资源之一。某颗卫星有一点点余量，就会有很多人去争取。但胡文瑞总是能为实验室该做想做的实验找到机会。不管是搭载实验还是学科发展的任何条件的争取，他都一定克服了很多困难。

胡文瑞用人放手，但不放任。把一个工作、一个项目分配给谁做，就会让人家放开手脚做，但他会关注，会随时提供他所能提供的帮助。他要求每位工作人员认真工作，同时，对于工作中的失误和失败他却主动承担责任。他绝不是甩手掌柜，关键的地方他会自己动手，他也从未中断过具体科研工作。有空时还会到各个研究组，询问工作进展，指导和点拨思路，一直关注、指导到最基层的实验员。

对于认定的人才，胡文瑞会不厌其烦地去游说他一同工作，还会动员所里、院里的领导一同动员，为其争取好的待遇和工作条件。在内部，他是挑毛病、指出不足的时候多，一旦走出去，他会全力举荐自己手下的人才。只要认真努力学习和工作的人，该考虑到的荣誉、权益他都会及时替他们考虑、争取。有同事说他的大脑容量可能比别人大吧，不然很难考虑那么多大事，担当那么繁重的责任，又把小事、细节照顾得如此周详。

胡文瑞的团队，工作效率极高。40 多人的实验室，只有一位行政秘书，其他岗位全是业务人员兼职。

工作中胡文瑞总是以身作则、勤勤恳恳。他每天 7 点 30 分准时到岗，自己去水房打一壶开水，然后开始一天的工作。他无休止的忙碌和追求，影响着身边的每一个人。

除了工作，胡文瑞个人要求甚微。他在国内国外飞来飞去，从来都极少用专车，来去机场就坐大巴。为了省钱，他常要求给他买最低折扣的机票，甚至三折票，而谁都知道，这样的机票往往不是时间过早就是过晚，乘坐这样的航班要多付出很多辛苦。他出差不管坐飞机、坐火车，从来都是回来就直奔单位，出国回来连时差都不倒就上班。不仅如此，他总是坐在飞机上就把回国的报告写完了。他每年做研究、发论文、指导学生、申请项目、申请资金，所里有明文规定依照这些成绩打分的绩效津贴，他却规定自己只象征性地比别人多拿 100 元钱。

知识分子是最心高气傲的人群，但胡文瑞却用他的无私和真诚，凝聚了一支优秀的团队。包括他一手创建、经营的国家微重力实验室，也包括所里、院里以至国内外相关领域的科研力量。

（三）严谨治学，严谨育人

胡文瑞眼界的超前和国际化还表现在对学生的严要求和高要求上。

在力学所，学生们都知道胡文瑞的研究生不容易读，原因在于他的要求太严太高。20 世纪 90 年代初，国内学术界还完全不在意国际发文，很多人不知道 SCI（科学引文索引）为何物，更不知道 SCI 论文该如何写。那时候他就要求他的学生，不论是硕士生还是博士生，毕业前必须做出国际认可的成果，必须有 SCI 论文发表，否则不能毕业。但学生们也都知道，他方向选得好，会引导，跟着他能练出真本领。

胡文瑞常回想郭所长当年对他的培养和教育。他也有意识地那样教导自己的学生们。他会针对每个学生的特点和特长，提出不同的题目让他们做，但都是与国际同步的前沿问题。他的国际学术交流广泛而频繁，国际微重力物理研究的风吹草动都在他的视野之中。他常对学生们说哪个国家的什么人在做什么，还有什么尚没人做。

交给学生的题目，胡文瑞会随时关注进展、随时指导。学生们刚开始学写学术论文，特别是英文论文，他会一字一句地认真帮助修改。如果哪个学生学习有所懈怠，很长时间都没有较好的进展，或者犯了他认为不该犯的错，他会不高兴、会急、会“骂人”，有时会把你“骂”哭。批评过后他会给学生指定更深更广的文献去研读。在这样一种严格与爱护的教导下，他的学生们都按时顺利毕业了，毕业前都做出了国际认可的成果，发表了一篇甚至多篇 SCI 论文。

（四）热爱事业，也热爱生活

胡文瑞可不是个不食人间烟火的书呆子，他热爱他的科学事业，也热爱生活。他的两个儿子从小都是他带着睡觉；直至今日，只要他回家吃饭，便会亲自下厨炒菜；他从小喜欢篮球，现在也是铁杆球迷，每逢 NBA 赛季，总会尽量留出周六上午的时间从电视上看一场球赛。这些在胡文瑞，就像是脑力课间操，是一种休息和缓冲。他要做的事情太多，舍不得时间锻炼身体。每天上下班加在一起步行的半小时路程，就权当是对身体的照料了。

胡文瑞精神矍铄、思维敏捷，走起路来常常健步如飞，从目光、语速、音色中也完全感觉不出他已是年逾古稀之人。一定是对科学的痴迷和执着，沉湎于美妙科学世界中的平静、率真心态客观上起到了修养身心的作用。倘真如此，那真是对他执迷科学事业的回报。

四、胡文瑞主要论著

胡文瑞 . 1977. 共转圈的奇异性对盘状星系密度波的影响 . 中国科学，2：109-115.

胡文瑞，敖超 . 1980. 星系螺旋结构起源和维持的气体理论 . 中国科学，1：40-50.

胡文瑞 . 1981. 磁流体力学讲义 . 合肥：中国科学技术大学出版社 .

Hu W R. 1981. The mechanism of magnetospheric substorm and the MHD wave of solar wind. Planet Space Sci，29：695.

胡文瑞 . 1982. 射电星系双源结构的磁射流理论 . 中国科学（A 辑），1：68-80.

胡文瑞，李竞，乔国俊 . 1983. 天文学新进展 . 北京：科学出版社 .

胡文瑞，林元章，吴林襄 . 1983. 太阳耀斑 . 北京：科学出版社 .

胡文瑞，赵学溥 . 1986. 太阳十讲 . 北京：科学出版社 .

胡文瑞 . 1986. 宇宙磁流体力学 . 北京：科学出版社 .

Hu. W R，Zhang B R，Lu D R. 1989. Advances in solar-terrestrial science. Beijing & New York：Science Press.

胡文瑞等 . 1996. 中国空间科学进展（文集）. 北京：国防工业出版社 .

Hu W R. 1997. Space science in China. Paris：Gorden & Breach.

胡文瑞，徐硕昌 . 1999. 微重力流体力学 . 北京：科学出版社 .

Hu W R. Tang Z M. 2003. Floating zone convection. Beijing & New York：Science Press.

Sun R，Hu W R. 2003. Planar thermocapillary migration of two bubbles in microgravity environment. Phys Fluids，15（10）：3015-3027.

Hu W R. 2009. Advances in microgravity science. Karala：Transworld Research Network.

胡文瑞 . 2010. 微重力科学概论 . 北京：科学出版社 .

主要参考文献

Hu W R，Hu Y Q，Low B C. 1983. Non-axisymmetric magnetostatic equilibrium，I. A perturbation theory. Sol Phys，83：195.

Hu W R. 1987. A model of an isolated magnetic flux tube in a stratified atmosphere. Jour Plasma Phys，37：323.

Tang Z M，Hu W R. 1999. Influence of liquid bridge volume on the onset of oscillation in floating zone convection Ⅲ. Three-dimensional model. Jour Cryst Growth，207：239.

Yin Z H，Gao P，Hu W R，et al. 2008. Thermocapillary migration of nondeformable drops. Phys Fluids，20：082101.

Hu W R，Tang Z M，Li K. 2008. Thermocapillary convection in floating zone. Appl Mech Rev，61：1-15.

撰写者

范春萍（1963 ~），北京理工大学学术期刊办公室，编审，曾策划编辑出版过几部传主参与撰写的书。

乔志德

乔志德（1936～2012），陕西佳县人。空气动力学家。西北工业大学空气动力学教授，博士生导师。1965年西北工业大学空气动力学专业三年制研究生毕业，1982～1983年获美国Grumman奖金在纽约州立大学石溪分校应用数学系研究进修一年半，1983年8月回国。1988年创建了西北工业大学翼型研究中心、主持建设了中国和亚洲最大的低速翼型风洞和翼型叶栅空气动力学国防科技重点实验室。从事飞机空气动力学计算与设计研究工作近50年，为中国翼型和机翼设计空气动力学研究进行了开创性工作，发表了近百篇学术著作及论文，先后获科技成果奖科技进步奖13项，其中，国家科技进步奖二等奖、三等奖35项。先后被授予全国优秀教师、全国先进工作者、国家有突出贡献中青年专家、航空航天工业部劳动模范、全国高校先进科技工作者、陕西科技精英等荣誉称号，历任翼型、叶栅空气动力学国防科技重点实验室主任，航空工业总公司科技委员会委员，中国空气动力学学会理事，力学学会流体力学专业委员会委员，《航空学报》、《空气动力学学报》、《流体力学实验与测量》、《理论与应用力学学报》等刊物编委。

一、成长经历

乔志德1936年5月16日出生于江苏南京，原籍陕西佳县。父亲于燕京大学（现北京大学）毕业后在江苏南京任职，抗日战争爆发后，全家随其父转回陕西佳县，其父先后任陕西佳县教育局局长，延安时期的陕甘宁边区高等法院副院长。家庭给乔志德在青少年时期勤奋好学、正直做人品格的形成带来重要的影响。

1951年，乔志德自西北保育小学毕业，进入陕西省西安中学，1957年中学毕业后考入西北工业大学飞机系空气动力学专业学习，1962年大学毕业考取进入西北工业大学三年制研究生班学习。后留校任助教、讲师、副教授、教授、博士生导师，直至退休。

1982年2月，乔志德获得Grumman奖金资助前往美国纽约州立大学石溪分校（State University of New York at Stony Brook，SBU）应用数学系从事计算流体力学方面的研究和进修，并完成了美国 Grumman 飞机公司的一项科研合作课题，于 1983 年 8 月回国。20 世纪 80 年代中期，从美国留学归来的乔志德下决心，一定要搞出中国自己的翼型系列！学校对学成归来的乔志德非常重视，根据他的工作需要，专门配备了助手，他主持的科研工作很快得到了国家自然科学基金和航空工业部门的资助。在主管部门大力支持下，他开始了新支线飞机先进翼型的研究。没有资料，没有现成经验可照搬，一切全凭自己苦苦摸索。在回国后的一次工作汇报中，乔志德这样写道："为了打破外国的封锁，发展我国的航空事业，在我面前还有很多问题和困难，自己的研究水平还需要进一步提高。我一定不辜负党和人民的鼓励和信任，要继续努力，不断提高自己的研究水平，为型号设计研究发展更多、更先进的翼型。" 1986 年，中国和德国开始某飞机的发展合作，当时德国提供该机的气动计算结果，双方进行技术会谈。当时承担任务单位在选用若干个翼型均达不到德方对飞机性能要求的情况下向乔志德紧急求援，他借助于自己发展的人机对话翼型设计系统，并且研究发展了由微弱激波控制转捩位置的思想，短期内为西德提供的样机设计了一个超临界自然层流翼型。使用该翼型为基本翼型的全机气动计算结果与德方的水平相当，致使德方减少了技术转让费，型号单位认为他们为该飞机方案所设计的翼型对中方在技术谈判中争取对等地位做出了贡献。随后，乔志德发展了超临界自然层流翼型的设计方法和计算软件，所设计的翼型经风洞实验证实了设计条件下无激波并具有 70% 弦长的层流范围，与普通超临界翼型相比，巡航升阻比可提高 40% 左右，该研究成果获得航空航天工业部科技进步奖二等奖及国家科技进步奖三等奖。

二、研究发展了先进翼型、机翼空气动力设计技术，为中国翼型和机翼的设计空气动力学研究进行了开拓性的工作

翼型数据作为各国航空公司的核心机密，一直是西方大国对中国实行技术封锁的高技术项目之一。20 世纪 80 年代中期，从美国留学归来的乔志德，率先冲破这道封锁，研制出具有国际先进水平的中国自己的系列化翼型，为中国航空工业建设谱写了光辉的一页。

1986 年新支线飞机翼型投标中，6 个投标单中有 5 个选用乔志德研究的新翼型，经航空工业部组织 11 个单位评审，决定在当时设计的新支线飞机上采用乔志德设计的翼型。1988 年以来，乔志德研究发展了翼型计算、设计交互式微机软件，并且成功地发展了首批系列化配套翼型。航空航天工业部组织的鉴定认为该成果填补了国

内空白，具有国际先进水平，有较强的竞争能力，计算机软件也被列入机械电子工业部全国计算机软件产品名录。他发展的翼型、机翼的计算与设计 CAD 软件系统已应用于十多种型号设计。

乔志德研究发展的系列化先进高升力翼型，经西安飞机工业公司、哈尔滨空气动力研究所和中国空气动力研究与发展中心的实验证明：翼型的最大升力系数、失速迎角、爬升升阻比以及力矩等方面都全面优于美国 GAW-1 先进翼型，与某运输飞机相比，可以使这一类的支线飞机全机最大升力提高 40%，爬升耗油减少 25%，纵向稳定性范围增加 40%，可以大大改善飞机的经济性与安全性。他使用所发展的先进翼型主持设计的翼型和螺旋桨用于某多用途无人驾驶飞机，1994 年该机通过国务院、中央军委军工产品定型委员会设计定型审查，“达到当代国际同类装备先进水平”，该型号获国家科技进步奖一等奖，乔志德个人获航空部二等功。他所研究发展的自然层流翼型经风洞实验证明，设计条件下无激波并具有 70% 弦长的层流范围。与普通超临界翼型相比，巡航升阻比可提高 40% 以上，达到国外先进水平。1994 年，乔志德新设计的直升机旋翼翼型已用于某直升机旋翼，并使在与法国合作的新机研制中的技术转让费大幅下降。他设计的函道螺旋桨翼型系列已被某海军高性能登陆艇高载荷螺旋桨采用，得到海军赞誉。他设计的某低噪声对转螺旋桨翼型系列已经用于某水下航行器的对螺旋桨。乔志德从事的是国防尖端科技研究，他所发展的先进翼型技术对中国新一代飞机、直升机及螺旋桨所具有的效益是难以用数字统计的，他是中国航空事业上的功臣。

翼型研究方面的成功使乔志德成为国内一流的翼型专家，1984 年以来，他先后承担国家、部、委等基本项目和横向课题近百项，先后发展出：

（1）在进行大迎角下翼型分离、失速特性与前缘压力分布形态相关性研究以及研究解决了混合边界条件翼型设计问题的基础上，发展了中国首批高升力翼型系列，该翼型系列已用于某无人驾驶飞机的机翼和螺旋桨设计，解决了由不同军兵种提出的不同设计要求所导致的气动设计困难，飞行中显示出优良的气动性能，最近完成的高续航性能高升力翼型已被某无人机采用，该无人机已在中国国庆 60 周年阅兵式中作为受阅机在天安门前通过。

（2）研究提出的超临界自然层流翼型设计的新概念：利用弱激波解决实现超临界所需的屋顶状压力分布和实现自然层流所需的足够顺压梯度压力分布形态之间的矛盾，打破外国封锁，首次研究发展出中国的超临界自然层流翼型，该项技术通过了风洞实验验证，并已用于中航工业某研究院与德国合作研制某飞机的技术谈判中，对争取中方在合作中的对等地位做出了贡献。

（3）研究发展出人机对话翼型设计方法和基于全速势方程、欧拉方程、N-S方程的翼型、机翼优化设计方法，给定目标压力分布的反设计方法，以及翼型、机翼设计软件，已用于直升机先进旋翼翼型设计，通过设计计算和实验验证发展出HA系列旋翼翼型，已被中国某直升机原理样机采用，经过某直升机飞行试验指出，采用新翼型的旋翼使该直升机飞行速度提高10%，升限提高100多米，其操纵性、稳定性均优于原直升机。该软件也为某无人机所采用。

（4）发展出翼型-螺旋桨一体化设计方法和研究出抗空化压力分布设计水下螺旋桨低噪声翼型的方法，通过理论和实验发展出某低噪声水下螺旋桨翼型系列，并已用于某鱼雷低噪声对转螺旋桨设计，实雷试验表明该螺旋桨的声学和流体动力学性能均达到海军提出的指标。研究设计的适用于低 *Re* 数空气螺旋桨的NPU-PR系列翼型用于海军某气垫登陆艇研制，实航表明与原来相比，每马力推力提高了37.5%，该研究所认为该项指标达到国际先进水平。

（5）基于翼型-飞机一体化设计的需要，研究发展了基于嵌套网格技术的复杂外形飞行器全速势方程、Euler方程、雷诺平均N-S方程的数值计算方法和相应的CADR3D软件，已先后用于15个型号的选型设计计算和气动力计算。CADR3D软件已被确定为某飞机出口埃及的配套全机气动计算软件，并被某研究所确定为该所导弹气动分析软件。

追求无止境。乔志德获得16项国家、省部级科技进步奖，先后被评为全国先进工作者、全国优秀教师、国家有突出贡献中青年专家、航空航天工业部劳动模范、全国高校先进科技工作者。

三、创建了翼型研究中心，筹建了翼型叶栅空气动力学国防科技重点实验室，建立了中国翼型研究基地

在国外时，乔志德很羡慕他们的研究条件，回国后，一心想改善自己的研究条件，通过承担科研基金课题、攻关课题和军机、民机的型号课题研究任务，既为中国航空工业做了贡献，又筹集了资金，购置了当时非常先进的计算机工作站，使得翼型研究具备了较先进的计算条件，并于1988年成立了西北工业大学翼型研究中心，与此同时，由于中国型号研制走向自行设计的需要，根据厂、所的建议，航空航天工业部决定在西北工业大学建设当时亚洲规模最大的NF-3低速翼型风洞，尽管国防科学技术工业委员会，某些厂、所都给予了支持，但为了建一个能满足型号研制需要的，具有较高雷诺数的风洞，经费仍然短缺，乔志德想尽办法自筹了100

余万元的经费陆续投入该风洞建设中，放弃了大部分节假日，终于使得NF-3低速风洞顺利通过建设、验收、鉴定。建成的低速翼型风洞获1995年国家科技进步奖三等奖和1994年航空科技进步奖一等奖，至今已承担了航空、船舶、兵器、汽车、建筑等多种行业的400多项型号风洞试验任务，培养了一支以翼型、机翼为主的从事设计空气动力学理论与实验研究的队伍。

由于乔志德和同事们在翼型研究方面取得的突出成绩，原国防科学技术工业委员会决定在西北工业大学建设翼型、叶栅空气动力学国防科技重点实验室（以下简称重点实验室），并投资建设了亚洲规模最大的NF-6增压连续式高速翼型风洞。

乔志德1992年起主持了由国防科学技术工业委员会批准的重点实验室建设，并于1995年12月建成通过验收，重点实验室于2000年、2003年、2008年分别通过总装备部及国家国防科技工业局评估，认为实验室“取得了不少具有国际先进水平或国内领先水平的科技成果，为解决我国航空部门型号研制中的重大技术问题发挥了重要支撑作用”。该实验室从无到有，现在已成为受到型号部门重视和同行关注的国家级重点实验室的事实表明，乔志德为中国一项航空基础技术——翼型技术在研究队伍的形成发展和研究基地的建立方面进行了开创性工作。

目前，重点实验室总资产7000万元，固定资产6000万元，建筑面积约10 700m^3，实验室固定人员50人。重点实验室自建成以来紧紧围绕批复的研究方向开展研究，取得了大量的研究成果。先后完成了许多具有国际先进水平的翼型、机翼以及飞行器布局设计，分别在多种无人机、直升机旋翼和登陆艇的动力装置等相关飞行器研制中得到了应用，解决了相关型号设计中的关键技术问题。2003年以来，先后获得省部级以上奖励18项，国家发明专利29项，发表高水平论文1121篇，承担国防预研及型号等科研项目2亿余元。

1995年，经国防科学技术工业委员会计批准建设自主研制中国唯一的NF-6增压连续式高速翼型风洞。“十五”以来，根据“211工程”、“985工程”等建设，先后投入3177万元，建设了亚洲最大、中国唯一的高速增压连续式风洞。2003年完成风洞主体建设，实现第一次通气试验；2008年初完成风洞喘振边界确定与二维流场校测，2008年内完成全部流场校测、验收，正式开展风洞试验。该风洞在国家大型飞机工程中将起到其他风洞无法替代的作用。

“工作要向前看，党员要为党的事业永远奋斗。”乔志德是这么说的，也是这么做的。他把节省的课题费和程序转让费投到了科研设施的建设中，“让我国自行设计的飞机飞得更漂亮”，这是他说的普普通通的一句话，一句让中国人心中发热、脸上添彩的话！

四、教书育人、培养人才

乔志德十分重视人才培养，1965 以来，他先后培养硕士研究生 39 人，博士研究生 27 人，博士后 5 人。并讲授高等流体力学、设计空气动力学、计算流体力学、黏性流体力学、流体力学数值方法等专业课程。自 1965 年起，从事空气动力学及流体力学工作已近 50 年，为国家培养了一批高层次科技人才，可谓是桃李满天下。作为国内一流的流体力学专家，一位具有科学成就的著名教授，他是那样地彬彬有礼，那样地温和、儒雅和谦恭，说话都慢声细语，不卑不亢，非常沉稳。作为党的革命干部的后代，丝毫没有优越感，有的却是责任感和更加严格地要求自己。保持着对党的热爱、忠诚，兢兢业业、拼搏向上干好本职工作，这种精神体现在他的科研钻劲和丰厚卓越的学术成就中，同时他又豁达，不看重名利，将自己大量的科研课题经费及收入都投入到国家建设中。他为人处事不张扬，心地宽厚平和，始终保持一种低调的高尚品质。他的气质与风度都强烈地吸引了学生并带动鼓舞着学生，有大量优秀的毕业学子争先恐后地报考他的研究生，为了保证教学质量，他不能全部接收。乔志德课题组每月定期开展一次学术讨论会，要求每个学生汇报一个月来的工作情况，供大家学习讨论，同时他加以指导，每次学术讨论气氛都非常热烈。在实验室基金等开放课题申请时，乔志德都优先为青年科技人才提供方便，为青年人才提供学术会议、讲学等多种机会，促进他们快速成长。他正是以这种方式培养和锻炼出一批新领域的科技队伍。毕业的部分学生分别在美国、英国、澳大利亚等国家工作，还有部分弟子在国内知名大学工作并已晋升为教授、博士生导师，还有部分学生在同行业的各研究所担任了总工程师、所长等重要职位。因出色的科研及教学工作，1995 年乔志德被评为“全国先进工作者”，作为全国先进模范在北京接受了江泽民主席的接见。

2012 年 3 月 12 日，乔志德在西安逝世。

五、乔志德主要论著

Qiao Z D. 1984. A variational method for automatic grid generation and its application to shock tracking. Advance Computer Method for Partical Differential Equations, IMACS, 5.

Qiao Z D. 1989. Subsonic airfoil design with mixed boundary conditions. Numerical and Applied Mathematics. Scientific Publishing Co.

Qiao Z D. 1992. An adaptive region method for computation of vortex sheet behind wing in compressible flow. ICAS Proceedings.

Qiao Z D. 1993. Transonic flow simulation for wing-boby configuration with surface fitted grids. ICFM-Ⅱ Proceedings.

Qiao Z D. 1994. Multiobjective optimization design of transonic airfoils. ICAS'94 Proceedings.

Qiao Z D. 1994. Inverse design and numerical optimization for transomic wing. APCATS Proceedings.

钱瑞战，乔志德，陈迎春，等.2004. 基于N-S方程的旋翼翼型优化设计方法．飞行力学，22（1）：26-29.

段卓毅，乔志德，陈迎春，等.2004. 基于非结构网格的翼身组合体绕流数值模拟．飞行力学，22（2）：20-23.

韩忠华，宋文萍，乔志德.2004. Kirchhoff方法在旋翼前飞噪声预测中的应用研究．空气动力学学报，22（1）：47-51.

杨爱明，翁培奋，乔志德.2004. 用多重网格方法计算旋翼跨声速无粘流场．空气动力学学报，22（3）：313-318.

宋科，李栋，乔志德.2005. 矢量推力喷流对飞行器气动载荷影响的研究．航空计算技术，35（3）：37-40.

李少峰，乔志德，杨旭东.2005. 基于控制理论方法的翼型最大升力优化设计．航空计算技术，35（4）：98-102.

高永卫，乔志德.2005. 螺旋桨风洞实验气动声学相似准则研究．西北工业大学学报，23（4）：430-434.

杨旭东，乔志德，朱兵.2005. 基于控制理论和NS方程的气动设计方法研究．空气动力学学报，23（1）：46-51.

熊俊涛，乔志德.2005. 基于响应面法的跨声速翼型气动优化设计．实验流体力学，19（1）：104-108.

熊俊涛，乔志德，韩忠华.2006. 基于响应面法的跨声速机翼气动优化设计．航空学报，27（3）：399-402.

熊俊涛，乔志德，韩忠华.2006. 响应面方法在跨声速翼型气动优化设计中的应用研究．西北工业大学学报，24（2）：232-236.

高永卫，乔志德.2006. 一种快速计算螺旋桨气动声学特性的数值方法．空气动力学学报，24（2）：187-193.

韩忠华，乔志德，熊俊涛，等.2006. Navier-Stokes方程预处理方法及其对翼型绕流数值模拟的应用．西北工业大学学报，2006，24（3）：275-280.

郝礼书，乔志德.2006. 合成射流用于翼型分离流动控制的研究．西北工业大学学报，24（4）：528-531.

刘金辉，乔志德，杨旭东，等.2006. 基于响应面法的机翼气动/结构一体化优化设计研究．空气动力学学报，24（3）：300-306.

杨旭东，乔志德，朱兵.2006. 气动/几何约束条件下翼型优化设计的最优控制理论方法．计算物理，23（1）：66-72.

高永卫，乔志德.2006. 鼻锥声学特性试验研究．实验流体力学，20（1）：9-12.

刘金辉，乔志德，杨旭东，等.2006. 基于响应面法的机翼气动-结构多学科优化设计．空军工程大学学报：自然科学版，7（1）：1-3.

郝礼书，韩忠华，乔志德，等.2006. 合成射流致动器出口流场特性分析．机械设计与制造，（8）：138-140.

王阳，乔志德.2006. 轴流式通风机叶片正反问题计算方法．风机技术，（4）：20-23.

主要参考文献

陈佩华.1996. 心系蓝天双飞翼——记我国著名翼型专家、全国劳动模范、西工业大学乔志德教授．科技·人才·市场，（03）：10-12.

石龙，崔绿.2011. 从X-29到“折刀”——访西北工业大学飞机工程系翼型研究中心乔志德教授．科技与国力，（1）：48-51.

撰写者

杨旭东（1971～），江西上高人。西北工业大学副教授。曾在乔志德指导下做硕士研究生、博士研究生、博士后，从事流体力学研究。

朱兵（1971～），福建莆田人。西北工业大学工程师。曾任乔志德秘书，现任翼型、叶栅空气动力学国防科技重点实验室办公室主任。

刘延柱

刘延柱（1936～），安徽旌德人。一般力学家与力学教育家。1959 年毕业于清华大学工程力学研究班。历任上海交通大学教授、工程力学系主任和工程力学研究所所长。长期致力于刚体动力学、陀螺力学、多体系统动力学、充液系统动力学、运动生物力学及非线性动力学等学科的教学和研究工作。20 世纪 70 年代创建了静电陀螺仪动力学理论，为中国新型高精度陀螺仪的研制提供理论依据。所著《静电陀螺仪动力学》为当时国内外唯一系统叙述静电陀螺仪原理的学术著作。20 世纪 80 年代为倡导和推广多体系统动力学，编写了中国最早的专著和研究生教材。同时以航天器姿态运动和人体运动为背景开展多体系统和充液系统动力学研究。20 世纪 90 年代转为以航天器姿态运动的混沌和混沌控制为主的非线性动力学研究。2000 年以后倡导以 DNA 几何形态为背景的弹性细杆超大变形的力学研究。共发表 300 余篇学术论文和 10 余本著作。研究成果曾获 1981 年国防工办重大技术改进成果奖，1987 年国家自然科学奖四等奖，1988 年国家体委科技进步奖三等奖，1998 年和 2005 年两项教育部科技进步奖二等奖和 1 项三等奖，2000 年和 2004 年两项上海市科技进步奖二等奖。在力学教材建设和力学科普方面也有突出贡献，曾获教育部和上海市优秀教材奖两项一等奖和 3 项二等奖。历任中国力学学会副理事长、科普工作委员会主任委员、一般力学专业委员会及生物力学专业委员会副主任委员等职。

一、学习和工作历程

刘延柱于 1936 年 7 月 19 日出生于江苏南京的一个邮局职员家庭，祖籍安徽旌德。小学毕业后就读原中央大学附中。1948 年随父母迁居上海，转学晋元中学。1950 年入上海俄语广播学校业余学习至毕业。1953 年于晋元中学高中毕业。

1953 年刘延柱考入清华大学土木工程系工业与民用结构专业。入学后获准免修俄语，得以自学其他外语。由于学习成绩优秀获清华大学学习优良奖状。1956 年加入中国共产党。1957 年被推荐进入第一届工程力学研究班。学习应用数学（钱伟长院士讲授）、分析力学（郑哲敏院士讲授）、流体力学（郭永怀院士讲授）、弹性力学（杜庆华院士讲授）、塑性力学（李敏华院士讲授）、板壳力学（黄茂光教授讲授）、弹性稳定性（王仁院士讲授）等固体力学专业的课程。两年的学习经历为日后的学习和工作打下坚实的数学和力学基础。1958年作为固体力学专业的毕业实践，参加了杜庆华院士指导下的高压厚壁容器的实验和塑性力学计算工作。随后加入中国科学院力学研究所的探空火箭研究队伍，后被派往化学研究所筹备固体火箭燃料的研制。1959年毕业留校后被清华大学召回，参加工程力学数学系的建系工作。

1960年2月，刘延柱被派往苏联莫斯科大学的力学数学系，进入Ишлинский院士领导的应用力学教研室进修。按照清华大学筹建一般力学专业的进修目标，学习了Ройтенберг教授，Румянцев、Ишлинский和Охоцимский等院士讲授的振动力学、运动稳定性、陀螺力学和宇宙飞行力学等课程。进修期间通过听课和参加讨论班，了解一般力学专业的培养计划和课程设置，完成一项研究工作，并担任莫斯科大学中国学生会的外事副主席。

1962年2月，刘延柱回国后继续在清华大学任教，投入一般力学专业的筹建工作。开设理论力学专门问题、非线性振动、火箭动力学和宇宙飞行力学等课程。在科研方面承担国防某单位委托的鱼雷动力学与控制的课题。主要成果是导出鱼雷的非线性动力学方程的解析积分，以确定鱼雷出发射管后非控制阶段的动力学过程，被委托单位用于分析和计算鱼雷从下沉到浮起阶段内的实际动力学问题。还承担了与三线建设有关的凿岩机减震课题。与研究生沈成武合作，采用动力消振器减震方案，做了一些实验，至“文化大革命”时中断。1968年他患重症肝炎一度病危，出院后全休。由于“文化大革命”期间原教研室被调整至精密仪器系与陀螺仪器教研室合并，1971年恢复工作后开始静电陀螺仪动力学的理论研究。

1973年，刘延柱工作调动至上海交通大学精密仪器系。他继续静电陀螺仪理论研究，总结撰写了《静电陀螺仪动力学》学术著作。同时与有关工厂和研究所协作，开展动压气浮陀螺仪和动力调谐陀螺仪的理论研究。1981年转入重新恢复建系的上海交通大学工程力学系任副教授。1985年在香山会议上被特批为教授和博士生导师，建立一般力学学科的博士学位授予点。

改革开放以来，刘延柱多次出访，与国际著名学者进行学术交流和合作研究。1983年4月～1984年4月，访问德国斯图加特大学和柏林工业大学的工程力学研究所，与W. O. Schiehlen教授和卡尔斯鲁厄大学J. Wittenburg教授交流讨论多体系统动力学的发展前景。在此期间，他访问慕尼黑工业大学的Magnus教授和Pfeiffer教授，就陀螺力学和充液系统动力学问题作学术交流。此后于1991年4～7月与

Pfeiffer 教授合作研究，2000 年 4 ~ 8 月与 J. Wittenburg 教授合作研究。且于 1988 年 8 ~ 10 月法国格勒诺布尔第 17 届国际理论和应用力学大会后，1995 年 7 ~ 9 月德国汉堡第三届国际工业与应用数学大会后，2003 年 9 月德国不来梅国际宇航科学大会后多次访问德国。先后于斯图加特大学、卡尔斯鲁厄大学、慕尼黑工业大学、杜伊斯堡大学、达姆施塔特工业大学和维也纳工业大学等校作学术报告。1987 年访问苏联莫斯科动力学院作学术报告。同年在日本参加第二届中日美生物力学讨论会期间，访问大阪大学作学术报告。1991 年 7 月 ~ 1992 年 1 月，与加拿大多伦多大学 Rimrott 教授合作研究。在此期间，于美国亚特兰大第三届中日美生物力学讨论会后访问哥伦比亚大学生物力学实验室。2001 年 8 ~ 10 月应 Zu 教授邀请再次访问加拿大多伦多大学。

20 世纪 80 年代，刘延柱为倡导和推广多体动力学新分支学科，先后在多所高校举办讲座。编写了国内最早的多体动力学专著和研究生教材。同时结合航天、机器人、车辆和体育科学等方面的实际问题，开展多体系统和充液系统动力学的研究工作。20 世纪 90 年代转为以航天器姿态运动的分岔、混沌和混沌控制为主的非线性动力学研究。2000 年以后倡导以 DNA 几何形态为背景的弹性细杆超大变形的力学研究。

刘延柱先后任上海交通大学工程力学系主任及工程力学研究所所长，校学术委员会及学位委员会委员。中国力学学会第四届常务理事，第五届副理事长，科普工作委员会主任委员，一般力学专业委员会及生物力学专业委员会副主任委员，力学史与方法论专业委员会委员；中国体育科学学会第二、三届运动生物力学分会委员；中国宇航学会及中国惯性技术学会会员；德国数学与力学学会（GAMM）及欧洲力学学会（EUROMEC）会员；国务院学位委员会第二 ~ 四届力学学科评议组成员；教育部直属工科院校工程力学教材委员会第一 ~ 三届委员；国家自然科学基金委员会第二、三届力学学科评审组成员；《力学季刊》及《力学与实践》副主编；《上海交通大学学报》、《力学学报》、《固体力学学报》、《中国生物医学工程学报》、《应用力学学报》、《非线性动力学学报》、《生物力学》、*Technische Mechanik* 等刊物编委；科学出版社《力学丛书》和高等教育出版社《大众力学丛书》的编委等职务。2006 年退休。

二、学 术 成 就

（一）陀螺力学

1960 ~ 1962 年，刘延柱在莫斯科大学 Ишлинский 院士指导下开始陀螺力学研究工作。1961 年在《莫斯科大学学报》发表了他的第一篇陀螺力学论文，研究了框架陀螺仪的装配工艺误差对指示精度的影响。

刘延柱在陀螺力学领域内的主要贡献是创建了完整的静电陀螺仪动力学理论，为这种新型陀螺仪的研制工作奠定理论基础。静电陀螺是用于核潜艇的新型高精度陀螺仪。20 世纪 70 年代初，第六机械工业部向清华大学、上海交通大学和 707 所下达联合研制课题。研制工作需要解决的关键问题之一是为这种新型高精度陀螺仪提供必要的理论分析和计算公式。刘延柱在缺乏国外资料的情况下，建立了静电陀螺在静电场和磁场作用下的动力学模型，提供了实用的计算方法。对转子偏离球形产生的静电场干扰力矩导出解析形式的计算公式，用于确定陀螺的漂移率与转子姿态之间的对应关系，从而建立起陀螺漂移的数学模型。同时他利用非线性振动近似解析方法，研究了陀螺在驱动阶段和对中阶段的磁场力矩以及磁场干扰力矩作用下的解析形式运动规律。由此总结出刚体受与其同步旋转力矩作用下章动角变化的普遍规律，给出清晰的物理解释。分析了无接触自由转子的旋转轴位置随转速的变化规律。此外还提出了静电陀螺垂直仪的应用方案，作了相应的理论分析。按照此方案，上海交通大学与 702 所协作实现的静电陀螺稳定平台获得 1980 年国防工办重大技术改进成果奖三等奖。参与研制的静电陀螺仪获得 1985 年中国船舶工业总公司技术进步奖二等奖。作为对静电陀螺仪理论研究成果的总结，1979 年撰写出版的《静电陀螺仪动力学》全面地阐述了静电陀螺仪在重力场、静电场和磁场中的运动规律和漂移数学模型，至今仍为有关技术人员的重要参考书。该书出版时为国内外唯一的系统叙述静电陀螺仪原理的学术著作。至 1988 年国际上才出现苏联 Мартыненко 的同类著作，书中将刘延柱的著作引为参考文献。

1976 年以来，配合高精度新型陀螺仪的研制工作，刘延柱还系统地研究了动压气浮陀螺仪、动力调谐陀螺仪、半球壳体谐振陀螺仪和流体转子陀螺仪等各种新型陀螺仪的动力学原理。先后与原中国船舶工业总公司 442 厂、原航天工业部 22 所等单位协作，参与动压气浮陀螺仪研制工作，协助解决研制过程中出现的理论问题。例如，根据他的理论分析，增大驱动电机的转差率可以明显提高陀螺精度，得到了实验的证实。1981 年与周恒院士合作撰写出版了《气体动压轴承的原理及计算》，总结了此阶段的工作。与上海航天局的上海仪表厂、原航天工业部 558 厂等单位协作，在协助解决理论问题的过程中建立动力调谐陀螺仪的基本动力学原理。分析了各种非理想因素对陀螺运动的影响，为改进陀螺精度提供了理论依据。

1985 年，刘延柱为科学出版社的《力学丛书》撰写《陀螺力学》著作。当时国内为陀螺仪设计专业使用的陀螺原理教材中，建立和求解陀螺仪动力学微分方程的过程极其烦琐冗长。该书将陀螺仪进动方程化作复数形式，在复数平面内利用常微分方程的奇点理论判别陀螺顶点轨迹的几何形态和稳定性。与传统方法比较，数学表达更为简明。书中还利用非线性振动的近似解析方法使烦琐的数学推导过程明显简化（如陀螺罗经冲击误差的推导）。该书的另一特点是将静电陀螺和动力调谐陀螺等新型陀螺仪原理与陀螺力学的传统理论纳入统一的理论体系而不同于国内外已有的同类著作。1986 年该书出版后，曾被多伦多大学 Rimrott 编著的同类著作列为参考文献。2009 年该书的第二版在初版基础上增加了充液陀螺、平面上滚动陀螺和自旋卫星等新内容。关于新型陀螺仪动力学的理论研究项目“陀螺动力学理论研究”获得 1987 年国家自然科学奖四等奖。

（二）刚体动力学

刘延柱在刚体动力学方面的主要工作是推广和扩展了 Serret-Andoyer 变量的实际应用。Serret-Andoyer 变量是利用动量矩坐标系定义的描述刚体定点运动的状态变量。与传统的欧拉角比较，更适合分析受微弱力矩作用的刚体或高速旋转刚体的运动。前苏联的 Булгаков，Белецкий 和 Мартыненко 等曾用于分析陀螺仪和自旋卫星的姿态运动，但国内很少注意。刘延柱于 20 世纪 70 年代末曾用于推导欧拉情形刚体定点运动的解析积分，在指导洪嘉振的硕士学位论文时用于分析静电陀螺仪。随后完成的一系列工作将 Serret-Andoyer 变量的应用范围扩大到带转子的陀螺体和一般多刚体系统以及充液刚体和带弹性部件刚体等更复杂的系统。

关于刚体在粗糙平面上旋转滚动的稳定性问题，1971 年 Magnus 曾利用黏性摩擦规律导出线性系统的稳定性判据。由于用黏性摩擦代替库仑摩擦的假定明显不合理，刘延柱于 1984 年在库仑摩擦的任意非线性规律条件下，用逐次近似方法导出相同的稳定性判据。他还导出了刚体绕赤道轴旋转的稳定性判据，对直立旋转的“哥伦布蛋”现象给出严格的理论解释。非轴对称刚体在粗糙平面上旋转时出现的抖动后退现象，即所谓凯尔特石现象曾吸引国外力学界的浓厚兴趣。以 Kane 的数值模拟和 Magnus 的解析分析为代表，提出了各种理论解释，但国内很少注意。刘延柱于 1982 年发表的论文中应用了不同的分析方法，即首先证明旋转方向的改变使稳定摆动转为不稳定，然后证明摆动刚体接触点处库仑摩擦力的平均效应使转动减速乃至倒退，从而对这种刚体后退的奇异现象给出更清晰的物理解释。

（三）多体系统动力学

多体系统动力学将经典力学原理与现代计算技术相结合以解决大型复杂系统的

动力学问题，是一般力学领域中与工程技术结合最密切的新分支学科。刘延柱于20世纪80年代初期即将多体系统动力学确定为主要研究方向。他将J. Wittenburg的英文专著交给刚毕业留校的研究生洪嘉振，较早开出这门研究生课程。1983年访问德国期间他遍访该学科的国际著名学者，与卡尔斯鲁厄大学J. Wittenburg和斯图加特大学W. O. Shiehlen等教授建立联系，获取资料。1984年回国后，与洪嘉振和杨海兴在上海市力学学会举办“多刚体系统动力学”讲座。随后在重庆大学、西南交通大学、大连工学院、吉林工业大学、华中理工大学、湖南大学等十余所高校举办讲座，向国内力学界倡导和推广这个新分支学科。

与此同时，刘延柱率领的研究集体结合航天、机器人、车辆和体育科学等方面的实际课题开展研究工作。如指导硕士生杨海兴和忻鼎亮研究了带弹性部件多体系统的动态响应和自旋稳定性。在基础理论方面，1988年他提出用矩阵代替对偶数表达的旋量-矩阵建模方法。1989年对于任意树形自由多刚体系统，利用Lyapunov直接方法导出解析形式的自旋运动稳定性判据。1991年在与多伦多大学Rimrott教授合作研究期间，对弹性铰连接的双体系统自旋运动以及带弹性部件n体系统的自旋运动导出解析形式的稳定性判据。指导访问学者戈新生发展了利用完全笛卡尔坐标的建模方法。指导博士生陈力和顾晓勤研究了航天器载的空间机械臂的逆动力学、路径规划、工作空间和控制规律设计等问题。在数值计算方面，与洪嘉振共同指导潘振宽、屠锦荣等博士生发展了多体系统的递推组集建模方法和相应的计算软件，指导硕士生梁敏研究了多体系统的撞击动力学。

1989年，刘延柱与洪嘉振、杨海兴合作编著出版的《多刚体系统动力学》是国内最早论述这个分支学科的专著和基本参考文献。作为以航天工程为背景的多体系统动力学和控制的研究成果，“航天器复杂动力学与控制”和“航天器姿态运动：建模、分析和控制”项目分别获得1998年和2005年两项教育部科技进步奖二等奖。

（四）充液系统动力学

1961年，刘延柱和王照林在莫斯科大学接触了以Жуковский的经典理论和Румянцев的运动稳定性理论为代表的充液刚体动力学。回国后较早在国内开展该学科的研究工作。1990年他提出用Jourdain原理推导刚体-液体混合系统动力学方程的统一方法。指导博士生包光伟和硕士生金峰、夏小和研究了带隔板球腔内液体晃动规律以及微重力场中液体晃动的三维空间摆等效力学模型。1984年和1992年他将基于平均涡量概念的Pfeiffer离散化方法应用于欧拉情形和拉格朗日情形绕定点运动的充液刚体，导出了简明的解析形式稳定性判据，成为判断充液卫星和弹丸自旋稳定性的实用方法。1992 年他研究了粗糙平面上滚动的充液陀螺的自旋稳定性。1999 年指导博士后岳宝增研究了三维液体大幅晃动的仿真计算。

20 世纪 80 年代初，刘延柱编写了《充液系统动力学》油印讲义，是该学科国内最早的研究生教材。后来发展为 1995 年出版的《航天器姿态动力学》部分内容，系统叙述了充液刚体动力学的基本理论。多伦多大学 Rimrott 教授在国际期刊上发表对该书的评介中指出："关于多体、变形体和充液等复杂航天器姿态运动的系统性论述是该书的特色。" 2002 年他与王照林合作的《充液系统动力学》专著中，撰写了利用 Jourdain 原理推导刚体–液体混合系统动力学方程以及利用等效刚体和平均涡量概念分析充无旋液体和有旋液体的刚体动力学内容。关于充液系统动力学的研究成果获得 1998 年教育部科技进步奖三等奖。

（五）非线性动力学

将现代非线性动力学的分岔与混沌理论应用于航天工程实践，可为航天器姿态动力学的研究提供新视点和新方法，也为非线性动力学现代理论提供实际工程背景。1991 年刘延柱从多伦多大学回国后，即开展航天器姿态运动中的分岔与混沌问题的新研究方向。指导彭建华、成功和陈立群等博士生完成了一系列研究工作。如应用解析和数值方法研究挠性联结双体卫星、带挠性附件卫星和多体卫星的姿态稳定性与分岔；应用解析和数值方法研究绳系卫星、带偏心转子的陀螺体卫星、受地球引力和磁场共同作用卫星的混沌姿态运动和混沌控制等。他指导的博士生陈立群首次明确阵发性是计及阻尼时航天器姿态运动进入混沌的可能途径，进一步验证了不考虑阻尼时航天器姿态运动进入混沌的途径是准周期环面的破裂。他们还提出将参数开闭环方法和改进的精确线性化方法应用于混沌的控制。他指导的博士后于洪洁提出了基于线性稳定性的混沌同步化计算方法。上述工作为控制失稳航天器的混沌姿态运动提供了理论依据。2013 年他与陈立群在清华大学出版社、Springer 出版社合作撰写了英文专著 *Chaos in Attitude Dynamics of Spacecraft*，对上述研究成果作了系统地总结。关于航天器姿态运动中的稳定性、分岔和混沌及其控制混沌的研究成果"航天器姿态运动的稳定性、分岔和混沌"和"混沌系统的控制及其应用"分别获得 2000 年和 2004 年两项上海市科技进步奖二等奖。

此外，刘延柱指导博士生彭建华和成功研究了刚体动力学和陀螺力学中的混沌现象，如准拉格朗日刚体、万向铰悬挂的刚体、参数激励刚体以及框架陀螺仪的混沌运动。通过对陀螺仪混沌运动的分析，提出了对陀螺仪随机漂移现象不同于传统概念的新解释。他还指导博士生屈求真研究了基于轮胎非线性特性的汽车动力学问题。他指导的博士后化存才研究了与孤立波有关的非线性动力学问题。

(六) 运动生物力学

1981 年，刘延柱对 Kane 建立的猫空中转体的双刚体模型产生了兴趣。对描述猫腾空运动的非线性微分方程导出了解析积分，与 Kane 的数值计算结果一致，从而解释了空中转体现象。此后转为对人体运动的研究。1984 年对运动员的空翻转体运动建立了数学模型，导出解析积分。对运动员空中转体 1080°的可能性做了理论论证。随后受上海市体育运动委员会的委托，以提高跳高运动员的成绩为目的，研究了人体腾空运动的计算软件。具体的程序编制由洪嘉振带领学生完成。“人体腾空运动仿真系统”项目于 1988 年获得国家体委科技进步奖三等奖。

关于运动生物力学的研究方法问题，刘延柱提倡将描述人体多刚体模型运动状态的坐标区分为内坐标和外坐标。内坐标描述肢体相对躯体的动作，是根据感官获取的信息由大脑意识控制的主观行为，其数学形式表现为完整或非完整约束方程。外坐标确定躯体的位置和姿态，由动力学微分方程确定。由此经典力学严谨的研究方法得以进入运动生物力学领域。作为上述思想的具体应用，他研究了人体的各种基本运动。除上述人体的空翻转体运动以外，分析了站立和步行的稳定性、竞走运动、跳跃运动、鞍马全旋运动、单杠振浪运动、自行车运动等各种运动项目的力学原理。在步行运动的研究中，他提出了动态稳定性的定义和相应的动态稳定域概念。

(七) 超大变形弹性细杆力学

刘延柱 2000 年在德国访问期间了解到，分析弹性细杆的 Kirchhoff 动力学比拟方法由于在 DNA 几何形态的计算中得到应用而重新受到学术界的重视，形成经典力学与分子生物学结合的交叉学科。通过 Kirchhoff 动力学比拟，刚体动力学的研究方法被移植到弹性力学领域，有效地处理弹性细杆的超大变形问题。除分子生物学以外，也适用于电缆、钻杆、输油管等细长工程对象。他于是开始搜寻资料，为在国内开展研究工作进行准备。

在总结资料的基础上，刘延柱于 2001 年开始编写基于 Kirchhoff 动力学比拟的弹性细杆力学专著，同时开展部分研究工作。在关于弹性直杆和螺旋杆的静态和动态平衡稳定性的研究中，指出传统的材料力学中的欧拉稳定性与 Kirchhoff 模型的 Lyapunov 稳定性之间的区别和联系。例如，根据 Lyapunov 稳定性概念判断，压杆稳定而拉杆不稳定，与传统的压杆失稳概念相悖。他还证明了受压的直杆和螺旋杆的静态欧拉稳定性是动态 Lyapunov 稳定性的必要条件。他与访问学者薛纭合作，导出了弹性细杆的动力学普遍方程，建立了弹性杆静力学和动力学的分析力学理论框架。作为 Kirchhoff 模型的实际工程应用，分析了卫星弹性部件的盘绕折叠过程。他指导硕士生盛立伟研究了在黏性介质、圆柱面约束等各种条件下直杆和螺旋杆的动态稳定性和弯曲振动。包含上述研究成果的《弹性细杆的非线性力学——DNA 力学模型的理论基础》一书于2006年出版，是国内系统论述相关理论的唯一专著。退休后他仍继续此研究方向，考虑轴向伸缩和截面剪切变形等 Kirchhoff 模型所忽略的因素，开始研究更为精确的 Cosserat 模型的弹性杆动力学。

三、治学风格

刘延柱在研究工作中有自己的特色和风格。何友声院士对此有以下精辟的论述。

“尤其值得称道的是刘延柱教授对建立新兴学科和交叉学科的敏感性。上世纪70年代，为解决高精度静电陀螺仪研制工作的需要，他作为力学工作者一头扎进这类新型陀螺仪的理论研究，从物理模型的提炼到方程的建立和求解，创建了自己的独特体系，获得了国家自然科学奖励。80年代初他在我国开拓多体系统动力学，在理论研究的同时致力于在宇航工程和体育运动方面的应用。他关于分岔和混沌理论应用于航天器姿态控制的工作有助于非线性动力学的现代理论与工程技术的结合。近年来，他的兴趣转向用刚体动力学方法研究弹性细杆超大变形问题，出版了有关专著，对力学学科与分子生物学的交叉起了促进作用。刘延柱教授在上述各个分支学科中的贡献得到了国内外同行的充分认可和赞赏。”

“他毕业于第一届清华工程力学研究班，嗣后又赴苏联莫斯科大学应用力学教研室进修，因此深受哥廷根学派和莫大学派的熏陶。前者以理论与实际、科学与技术、数学学科与应用学科紧密结合著称，强调解决工程关键问题，要求细致观察物理现象，提取反映本质的物理模型，然后用最有效的数学手段加以解决；后者则更多地要求数学功底的到位，追求解的完整、严密、优雅和完美。刘延柱深得两大学派的真谛，汲取两者之长，充分反映在他的300多篇学术论文和10余部著作中。”

纵观刘延柱的理论研究成果，以追求形式完美简约、避免繁琐冗长的数学推导为特色。这一特点充分体现在他导出的各种稳定性判据之中。此外他认为，所有数学推导得出的结论都必须有合理的物理解释，必须与实验现象一致。以刚体在同步旋转力矩作用下的章动角变化规律为例，他在理论分析的同时附有直观的物理解释，指出 Крылов 和 Grammel 使用进动理论解释同一问题却与实验结果相反的错误原因。他的论文在发表前对文字叙述、插图、符号选择、数学公式推导等细节都力求完美。

完稿前一次次修改删节，力求最简明的表达。他的研究兴趣广泛，不因问题太小或太“另类”而不屑一顾。从凯尔特石、哥伦布蛋到滑板、独轮车，问题再小也要作完整和严格的理论分析。

四、教书育人，为人师表

刘延柱不仅讲授多门研究生课程，而且坚持为本科生讲授理论力学、高等动力学和振动力学等基础力学课程。他在教材建设方面也投入了大量精力，为本科生和研究生编写了多本优秀的力学教材。

1991年刘延柱和杨海兴合作编著出版了《理论力学》，为普通高等教育“九五”国家级重点教材和国家教委工程力学专业教学指导委员会的推荐教材。教材对传统的理论力学体系作了很多改进，如提高起点，重视对运动过程的分析，加强分析法和建立运动微分方程的训练，注意使用矢量和矩阵等数学工具以适应计算机的使用要求等。2001年他和杨海兴、朱本华合作第二版的适用面扩大到一般工科专业本科生，列入“面向21世纪课程教材”。2009年第三版为普通高等教育“十一五”国家级规划教材。1996年该书获国家教委和上海市优秀教材奖二等奖各一项。他参与主讲的上海交通大学理论力学课程被评为国家级精品课程。

作为理论力学提高部分教材，刘延柱于2001年编著出版了《高等动力学》。教材除叙述传统的经典力学内容以外，增加了如机电耦合系统、多刚体系统等现代内容。2004年该书获上海市高校优秀教材奖二等奖。相关的课程建设项目“高等动力学课程改革”获得2005年上海市教学成果奖三等奖。

1998年刘延柱和陈文良、陈立群合作编著的《振动力学》也是普通高等教育“九五”国家级重点教材，2000年重印时列入“面向21世纪课程教材”。为使本科生了解必要的非线性振动知识，教材用直观的定性分析方法和简单的近似解析方法讨论非线性振动，着重从物理概念上说明各种非线性现象。教材还适当介绍反映近代非线性动力学研究成果的分岔、混沌等新概念。曾获1999年上海市优秀教材奖一等奖和2001年中国高校科学技术奖教材类一等奖。该书于2011年出版了第2版。相关的课程建设项目“振动力学教学内容革新与教材建设”获得2001年上海市教学成果奖二等奖。退休后他仍担任上海交通大学国家级精品课程“振动力学”的顾问。

刘延柱与洪嘉振、杨海兴合著的《多刚体系统动力学》研究生教材获1992年国家教委优秀教材奖二等奖。该书2014年第2版拓展为《多体系统动力学》，是教育部推荐的研究生教学用书。2000 年他与陈立群合著的《非线性动力学》入选上海市研究生教育用书。2001 年他与陈立群合作编著的《非线性振动》为教育部推荐的研究生教材。

刘延柱在研究生培养方面做到了精心培养和严格要求。他甘当人梯，奖掖后进，无私奉献，不遗余力地为年轻人的成长创造条件。例如，在建立多体系统动力学新学术领域过程中，他将相关的新课程和新课题都毫无保留地交给学生，支持学生成为新学科的带头人，而自己退居幕后另行开拓研究方向。他所指导的研究生有 9 人获得博士学位，23 人获得硕士学位，并指导博士后 3 人和国内高级访问学者 2 人。在所指导的研究生中，有高等学校教学名师奖获得者、全国模范教师、国家杰出青年基金获得者和教育部“长江学者”特聘教授。1988 年和 1998 年他两次获上海交通大学优秀博士生导师奖。他指导的博士论文被评为 2000 年上海市优秀博士学位论文。

刘延柱在科学研究方面严谨治学，一丝不苟，为年轻人做出了表率。他尊重别人的工作，参考文献尽可能不遗漏前人的贡献。他淡泊名利，诚恳待人，真诚对待同行和学生，在学术问题上与学生平等讨论。对年轻人的提问和求助他来者不拒，对从未谋面甚至不具名的电子信件有信必复。2004 年他被评为上海交通大学师德标兵。

除课堂教学和研究生培养以外，刘延柱热心力学科普工作。在担任中国力学学会科普工作委员会主任委员期间，领导组织了全国中学生力学竞赛、少数民族中学生和海峡两岸中学生力学竞赛和力学夏令营。发表了数十篇力学科普文章，以生动有趣的语言解释各种身边的力学现象。编写出版了《趣味刚体动力学》，使读者通过各种有趣的事例了解刚体动力学的基本原理。编写出版了《趣味振动力学》，以生动通俗的方式介绍了振动力学的基本理论。

刘延柱于 1982 年被表彰为上海市优秀共产党员。1986 年被表彰为全国教育系统劳动模范并获人民教师奖章。1991 年起享受国务院政府特殊津贴。

五、刘延柱主要论著

刘延柱. 1979. 静电陀螺仪动力学. 北京：国防工业出版社.

刘延柱. 1982. 自由下落猫的转体运动. 力学学报，14（4）：388-393.

刘延柱. 1984. 人体空翻转体运动的动力学分析. 上海交通大学学报，18（1）：75-86.

Liu Y Z. 1985. On the motion of an asymmetrical rigid body rolling on a horizontal plane. Z Ang Math Mech，65（3）：180-184.

Liu Y Z. 1987. The stability of a top rotating on a rough horizontal plane. Acta Mech Sinica, 3 (3): 278-285.

Liu Y Z. 1988. Screw-matrix method in dynamics of multibody systems. Acta Mech Sinica, 4 (2): 165-174.

Liu Y Z. 1989. The stability of the permanent rotation of a free multibody system. Acta Mech, 79 (1/2): 43-51.

Liu Y Z. 1992. The stability of a fluid-filled top rotating on a horizontal plane. Arch Appl Mech, 62: 487-494.

Liu Y Z, Rimrott F P J. 1994. On the permanent rotation of a torque-free two-body system with a flexible connection. Jour Appl Mech, 61: 199-202.

刘延柱 . 1995. 航天器姿态动力学 . 北京: 国防工业出版社 .

刘延柱, 陈立群 . 2001. 非线性振动 . 北京: 高等教育出版社 .

刘延柱 . 2001. 高等动力学 . 北京: 高等教育出版社 .

Liu Y Z, Yu H J, Chen L Q. 2004. Chaotic attitude motion and its control of spacecraft in elliptic orbit and geomagnetic field. Acta Astronaut. 55 (3-9): 487-494.

Liu Y Z, Zu J W. 2004. Stability and bifurcation of helical equilibrium of a thin elastic rod. Acta Mech, 167 (1-2): 29-39.

刘延柱 . 2006. 弹性细杆的非线性力学 . 北京: 清华大学出版社, Springer.

刘延柱, 朱本华, 杨海兴 . 2009. 理论力学 (第三版) . 北京: 高等教育出版社 .

刘延柱 . 2009. 陀螺力学 (第二版) . 北京: 科学出版社 .

刘延柱, 陈立群 . 2011. 振动力学 (第二版) . 北京: 高等教育出版社 .

Liu Y Z, Chen L Q. 2013. Chaos in attitude dynamics of spacecraft. Beijing: Tsinghua University Press, Springer.

刘延柱, 潘振宽, 戈新生 . 2014. 多体系统动力学 (第二版) . 北京: 高等教育出版社 .

主要参考文献

刘延柱 . 1979. 静电陀螺仪动力学 . 北京: 国防工业出版社 .

刘延柱 . 1995. 航天器姿态动力学 . 北京: 国防工业出版社 .

刘延柱 . 2006. 刚体动力学理论与应用 . 上海: 上海交通大学出版社 .

刘延柱 . 2006. 弹性细杆的非线性力学 . 北京: 清华大学出版社, Springer.

刘延柱 . 2009. 陀螺力学 (第二版) . 北京: 科学出版社 .

撰写者

陈立群 (1963 ~), 上海人。师从刘延柱于 1997 年 9 月在上海交通大学一般力学专业获博士学位。现任上海大学力学学科点 “长江学者” 特聘教授。研究领域为非线性动力学和连续体振动。

朱自强

朱自强（1936～），浙江余姚人。流体力学家。1953年考入北京航空学院飞机设计专业，1956年转入新成立的空气动力学专业，1958年毕业后留校工作。1960～1964年在苏联莫斯科大学数学力学系研究生学习。1978年恢复职称制时任讲师，1980年任副教授，1986年任教授，1992年任博士生导师，2006年11月退休。1981～1982年和1984～1985年两次在德国宇航院哥廷根流体所合作科研，1989～1990年在芬兰赫尔辛基理工大学讲学、合作研究。后数次赴德国Braunschweig、卡尔斯鲁厄大学和瑞典隆德大学作短期访问讲学。2000年应邀为第25届国际纳舍高利暑期学院讲学。曾获部委级科技进步奖一、二、三等奖共八次。在国内外学术刊物上发表过论文140余篇，其中，国际刊物上近40篇（SCI检录的有30余篇）。曾任中国力学学会第一至三届理事和第一届常务理事，中国空气动力学学会第一至三届理事，中国航空学会第六、七届理事，第二届国家教委工程力学教学指导委员会委员，中国力学学会荣誉会员，中国航空工业总公司第一届科技委员会委员，哈尔滨空气动力学研究所顾问，中国干线飞机总设计师顾问，《航空学报》第六、七届编委会主任（主编），第八届顾问编委，中国力学学会第四至六届流体力学专业委员会副主任，《力学学报》第四至六届编委，CFD. J（日本）顾问编委等职务。

一、线性计算流体力学面元法研究的先驱者之一

朱自强1936年9月1日出生于上海，祖籍浙江余姚。1947～1953年就读于江苏省立上海中学。

朱自强曾主持多项国家自然科学基金，航空基金，博士点基金，国防科学技术预先研究基金，跨行业预研，863计划，以及航空航天领域科研项目。带领研究生一起长期从事计算流体力学（CFD）和应用空气动力学的研究。

图1表示了CFD方法中目前用来模拟流场计算的四个不同有效程度的数学模型，应视处理的不同问题取用适当的数学模型。

20世纪70年代，中国的航空设计单位开始应用CFD方法于工程设计问题中，

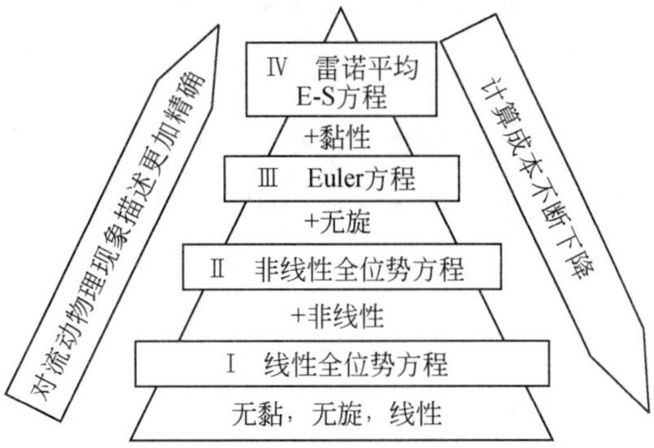

图 1

从而使 CFD 在中国的研究、发展和应用开始了一个新的起点。鉴于飞机外形的复杂和当时中国的计算机水平有限，在航空领域主要研究线性全位势的方法（图 1 模型Ⅰ）——面元法及其应用。朱自强为该研究方向的先驱者之一，以他为代表的北京航空学院课题组研制的代码曾用于一些设计所的计算，推动了面元法在飞机设计中的应用。1975 年北京民族饭店会议上确定了由中国空气动力研究基地负责研制亚声速面元法软件，由航空计算中心和北京航空学院朱自强课题组共同负责研制超声速面元法软件，这两个软件后来成为中国代表性的面元法计算软件。为使中国年轻学者学习和掌握面元法，他受国防工业出版社委托，组织、撰写并于 1981 年出版了《亚超音速定常位流面元法》一书，该书简要而系统地介绍了面元法的理论基础、方法要点、几种实用的面元法和应用实例等，为面元法在中国的发展和应用起到了积极的推动作用。

二、跨声速流分析（正问题）计算中非等熵全位势方法和黏流/无黏流相互作用方法的倡导者之一

20 世纪 80 年代，中国航空计算领域中广泛应用黏流/无黏流相互作用方法来计算跨声速黏流，朱自强是积极的倡导者之一，他较早地撰写了相互作用计算的综述论文来推动此方向的研究。当时计算无黏流时普遍采用非线性全位势方法（图 1 模型Ⅱ），全位势方法对流动作了等熵和无旋的假设，这是该方法的主要局限。为了改进全位势方法的数学模型可对非等熵的突跃条件和激波后产生的旋涡场作修正。若忽略后者，仅在激波处添加熵修正，就产生了非等熵全位势方法。朱自强和他的学生分析了这两种修正对计算流场影响的量级，发现旋度修正影响是更高阶的，可暂不考虑，此结论与国外的研究的结论是一致的。他们进一步提出了一种熵修正的激波算子，仅在激波处添加熵修正，而忽略旋度修正，并计及激波后的非等熵流场，

于是形成了一种非等熵的全位势方法。大量算例证实此方法提高了激波解的精度，使结果更接近于 Euler 方程解，又保持了全位势方法计算简单的优点，方法是有效的。同一时期他们还在三维边界层积分方程法的计算方法中提出了一种能计及小分离气泡、新又简单的单参数族流向速度型，较国际上常用的 Smith 和 Whitefield 的速度型更符合实验数据，并在此基础上发展了一种三维可压缩边界层积分方程的反方法。耦合上述无黏和黏流计算方法，应用相互作用计算方法形成了一种计算跨声速黏流的高效算法和软件。此项成果曾获原航空部科技进步奖二等奖，后计算软件又集成于中国航空领域第一个空气动力数值模拟系统（ANSS）中。非线性全位势方法的综述论文（*Progress in Aerospace Sciences*，2000）中指出了朱自强等的此项工作，并指出该方法由于熵修正可消除 Jameson 发现的二维守恒全位势方法中零迎角时多值解的现象。1994 年为支持苏联科学家的基础研究而建立的美国国家科学基金会要求其长期研究课题的申请者在申请书中提出相关专业的著名学者作为建议的评审者，并给出评审者的代表性论文。课题“Gas Dynamics of Transonic，Supersonic and Hypersonic Flows with Shock Wave”的申请者提出朱自强为评审者之一，并给出了非等熵全位势方法的论文。1995 年中国国际人才交流协会和美洲中国工程师学会联合组织的大型中美工程研讨会，朱自强被原航空部委任为航空组空气动力学的主谈代表，在交流中作了《跨声速流动的分析和设计计算》的学术报告。

三、积极倡导和从事现代 CFD 方法的应用研究

20 世纪 90 年代，朱自强重视现代 CFD 方法在中国航空跨声速流计算中的应用研究。考虑到现代飞机的复杂外形，计算网格生成方法的研究是复杂的跨声速流场求解中首先面临的一个非常重要的课题，他遂选择了分区结构和非结构网格的生成、区域求解以及并行计算等研究方向和技术路线。在中国暂时不可能普及大型计算机时，这是解决航空气动力工程计算问题中跨声速流动计算的现实可行和必要的途径。他领导的课题组研究并形成了生成包括平尾、立尾、腹鳍等复杂外形的全机简化外形对接分区网格的方法，并采用 Euler 方程求解了包括大迎角的跨、超声速绕流流场。在区域求解方法研究中在中国最早实现了偏操纵面外形的数值模拟计算。较早地指出分区算法的拓扑结构正好与并行计算相对应，分区算法与并行计算之间存在着天然的联系，积极推动并行计算技术的研究。并行计算的一个重要方向是在网络连接的微机（或工作站）集群系统的并行计算。1993 年，朱自强的课题组参与了某工程项目跨、超声速绕流的数值计算，在各单位课题组的交流过程中，他指出正是

各课题组使用网格的差异和使用网格的数目都太少而造成了彼此计算结果的不完全吻合，建议首先统一计算网格。同时在北京航空航天大学计算机系的支持和合作下完成了在八台工作站连接的网络系统中的并行计算，使计算网格扩充至原有网格的九倍，并在各课题组汇报交流会上显示了大小网格数值计算结果的对比，证实了原来的推断是正确的。这也是中国国内第一次求解工程计算问题的并行计算。随后在国家自然科学基金和863计划信息领域的课题资助下进一步对二维和三维（简化全机外形）跨声速流的并行计算作了深入的研究。此外，课题组还研究了非结构网格的生成方法和Euler方程在非结构网格中的自适应求解方法等。

为推动现代CFD方法（Euler/N-S方程求解方法）的应用研究，朱自强在长期教学实践经验和科研成果积累的基础上，以他为主组织、撰写和出版（1998年）了《应用计算流体力学》专著，并于2000年经国务院学位委员会学科评议组专家的评审，被教育部研究生工作办公室推荐为全国研究生教学用书，于2001年再版。该著作不仅重视CFD中新发展的理论方法，介绍了可应用于工程计算的有代表性的最新的计算格式和方法，还介绍了从应用角度出发，在CFD发展中已逐渐占有重要地位的内容，包括网格生成、湍流模型、并行计算以及计算可视化等；该著作不仅重视计算理论和方法，还以丰富的计算实例说明CFD在实际应用中的地位和强大生命力；从而以上述全面的内容构成了该著作区别于国内外传统CFD著作的特点，成为中国国内被引用最多的CFD著作之一。

四、长期坚持设计计算方法的研究

设计（反问题）计算要比分析（正问题）计算更复杂，难度更大。设计计算方法大致可分为间接方法、反设计方法和优化方法三大类。朱自强分别对这三类跨声速设计计算方法都做过较为广泛的研究。

在间接方法类中提出了一种基于虚拟气体知识结合传统优化几何外形思想的近无激波机翼设计方法，即利用虚拟气体知识形成超声速气泡，再用表面穿透速度概念和真实气体与虚拟气体物理参数的差异对物面几何外形优化修形，获得近无激波机翼。此方法改进了原有虚拟气体方法，在数学上适定，可用于任何展弦比机翼（原虚拟气体方法只适用于大展弦比机翼），且优化的外形参数少，可在一次（不迭代）计算中获得。*Applied Mechanics Reviews* 第41卷第6期和AGARD CP-463的两篇综述论文都指出了此方法的要点和优点，指出“这是能加速Bock方法，并易用于任意三维外形的很好的机翼优化工具”。

众所周知，M. J. Lighthill 早在 1945 年就指出过，给定压强分布寻求几何外形的经典反设计方法计算在数学上是不适定的，他给出了二维不可压翼型反设计计算必须满足的约束条件——正则条件的具体形式。朱自强的课题组第一次推导出了跨声速小扰动理论框架下正则条件的积分形式表达式，在著名的 Takanashi 残值修正法中加入了此正则条件，从而形成了一个理论上完备的二维跨声速翼型反设计方法，*Annual Review of Fluid Mechanics* 第 25 卷中的综述文章指出“朱等考虑了在前缘驻点处的正则条件，发展了 Takanashi 方法”。

空气动力数值优化，特别是多目标（MO）/多学科（MD）数值优化方法和数值模拟在 20 世纪 90 年代初成为国际上研究的热点方向之一。朱自强等对跨声速流动中多目标优化方法，多学科优化设计方法，流场解和电磁场解，数值优化方法（包括确定性算法和遗传算法），以及并行优化计算等多方面作了较为系统的研究。在 20 世纪 90 年代，朱自强的课题组率先开展了基于 Euler 方程和时域 Maxwell 方程的空气动力学/电磁学双学科优化的国际前沿研究。在多目标优化方法的研究中提出了多种构造综合目标函数的方法，为将现有的单目标标量优化方法推广作 MO/MD 矢量优化，需构造合适的综合目标函数或适应度函数的方法，他们提出了可在优化过程中自动调节权系数分配的变权系数组合法，改进了经典的常系数加权线性组合方法，从而获得了综合性能更好的有效解；提出了一种非线性构造方法——目标组合法，适用于要求多个目标优化时相对增益接近一致又保证总体综合目标增益最大的一类设计问题。实现了三维机翼双目标（跨声速高升阻比和超声速低巡航阻力）优化遗传算法的并行计算。为解决现代军用飞机要求超声速阻力小和亚跨声速升阻比大对外形提出的矛盾要求，提出了一种简化自适应机翼的设计方法。

由于跨声速正反计算问题领域研究的显著成果，朱自强被邀为国际理论和应用力学学会（IUTAM）第四次跨声速会议（2002 年）的科学委员会委员，成为中国的第一位代表。

五、积极推动应用空气动力学和现代飞机空气动力设计方法的研究

20 世纪 90 年代以来朱自强在推动现代 CFD 方法应用研究的同时，还关注着现代飞机空气动力设计方法的研究，以及在飞机空气动力设计中 CFD 方法和多学科优化设计方法的应用。结合原航空工业部培养飞机总设计师后备力量的高级研修班、北京航空航天大学博士研究生高级研修中心等教学需求，在自己科研成果和教学积

累的基础上，曾于1995年撰写和出版了《现代飞机设计中的空气动力学》专著（修改、补充后又在国防科学技术工业委员会高等院校国防特色专业教材及专著的“十五”规划资助下于2005年再版）。当时两院院士、飞机总设计师顾诵芬研究员曾对该书评述为：“在书中作者把新一代歼击机上需要解决的重要气动问题都讲到了。一本书系统地汇集了能收集到的最新资料，这样系统地、全面地讲现代飞机空气动力学的专著国内、外都还没有。”

自20世纪90年代以来，人们对飞机从追求更高、更快和更远的要求逐渐转变为要求综合性能好、生产周期短和价格低廉。现代飞机成为从技术驱动转变为市场驱动的产品。飞机设计方式也由传统模式逐渐发展为综合性的现代模式，即尽早考虑设计、工艺、支持等方面的要求和约束，较早完成成本与性能的折中，将复杂系统作为一个整体来设计。现代设计模式的关键技术是数字化、多学科的高性能数值模拟和多学科的综合和优化方法。其空气动力设计的特点是日益提高CFD的地位和作用。朱自强等研究并总结出了这些新特点，撰写了多篇综述论文，以期推动应用空气动力学和现代飞机空气动力设计新方法的研究。同时结合过去长期的教学和科研成果，撰写了《现代飞机的空气动力设计》专著。该著作具体分析和讨论了这些新特点，全面介绍了CFD方法应用于气动设计的原理和关键技术，以及综合和优化设计方法的应用等；汇集了能收集到的大量最新资料，力争能表述出目前发展的前沿水平；并在著作的四个附录中全面地介绍了各类CFD方法的主要内容和重要技术，帮助读者获得CFD方法在现代军民机空气动力设计中应用的具体认识。

六、热心于学术交流和学术性的社会服务工作

朱自强始终如一积极参与各种学会和学术交流会议的组织工作，热心推动国内和国际的学术交流。曾担任四届北京国际流体力学会议和各届中国国内的计算流体力学会议的组委会工作；两个学报的编委工作，特别在担任《航空学报》六、七届编委会主任（主编）期间，他依靠编委会、编辑部全体成员，坚持“突出航空航天特色，兼顾相关专业的基础研究，并重视有重大工程应用价值成果”的办刊方向，坚持四级把关的审稿方式，严格保证学报稿件的质量，采取了改函审为网络审稿、增加刊期和每期页面数等措施，缩短了审稿和稿件发表的周期。在读者和作者的支持下，学报质量不断提高。如2009年《中国科技期刊引证报告》的数据显示，《航空学报》的总被引频次及综合评分均列学科第一，影响因子高出学科平均值143.3%，总被引频次高出学科平均值222.9%，在1868种源期刊综合评价总分排

名处于前10位，连续8年被评为“百种中国杰出学术期刊”。英文版（CJA）在英文版核心期刊中位居第七。在加强英文版向国际化方向发展的建设中采取了初步建立国际编委，与Elsevier出版社合作，将CJA登上Science Direct，积极开拓国际交流等有力措施，使CJA在2007年2月开始成为SCIE（科学引文索引扩展版）检录的源刊。由于上述努力，《航空学报》的中、英文版两个期刊在他两届主编的任期内有了阶跃性的发展。朱自强倾注了大量心血于这些学术性的社会服务工作。

七、受学生尊敬爱戴和平易近人的好老师

朱自强长期担任计算流体力学、飞行器气动设计等研究生课程的讲课工作，直到2006年退休前夕。享受国务院颁发的政府特殊津贴。针对研究生教学的特点，他不断更新和补充课程的新内容，力求保持教学内容的先进性、前瞻性、应用性和三者的有机结合与统一。不断激发学生追求新知识的欲望，教育和鼓励学生直接面对当前航空领域的前沿课题，培养自己的创新意识。同时在讲课中还十分注意基础性和先进性的有机结合，保证学生首先具有扎实的基础知识。因此在长期讲课中得到学生们的好评。对待博士研究生，总希望每个学生自己提出喜欢研究的题目，当学生要他帮助确定时，他又能具体安排学生的研究方向和恰当的课题。他热爱学生，处处为他们着想，热情帮助他们成长和发展是他对待学生的宗旨。对学业和研究工作严格要求，在日常生活中则平易近人，善于促膝谈心做思想工作。在60岁以前他还经常去宿舍与他们聊天、谈心，使同学们感到很亲切，不少学生至今仍与他保持着良好的关系。如在他70岁生日时，一位在波音公司工作的学生专门从美国寄来有波音公司标志的小礼物，并在祝贺信中写道：“我离开学校这么多年始终没有忘记您多年的指导和教诲，我二十多年来一直能够从事气动研究工作，首先受益于您这位指导教授。”2002年他顺访瑞典德隆大学时，一位在该校工作的学生与他聊了三个深夜，详尽介绍了自己转入燃烧领域工作后的成绩（已在国际燃烧领域有了一些知名度，并已成为该大学最年轻的教授），以及希望将来能在该领域成为国际上前十名学者之一的愿望。获得上述反馈，朱自强深感作为一名教师的幸福，他为这些学生具有不断进取，勇于突破的精神而高兴和激动，为能有这样的学生和知己而骄傲，并进一步领悟到教师的职责就是要尽力培养出能超过自己，为事业做出更大贡献的学生。朱自强的教学态度与他自己受到的两位名师的教诲与潜移默化的影响分不开，一位是他高中的数学老师和班主任，中国名师唐秀颖；另一位是女流体力学家陆士嘉。高考前选择志愿时，唐老师建议他报考北京大学数学系，他第一反应是

理学院毕业生是要当老师的而不愿意。唐老师数天的晓之以理，动之以情的促膝谈心，加上平时的身教使他初晓老师的含义而接受了唐老师的建议（后因国防工业的需要，组织上要求他报考北京航空学院）。大学毕业留校后，长期在陆士嘉教授身边工作，陆老师高风亮节的情操以及她对学生的言传身教、细致关怀，不断激励他前进。50 多年来在前辈老师的教育、鼓舞和鞭策下，朱自强不断要求自己努力做一名合格的高校教师。

八、朱自强主要论著

徐华舫，张炳暄，朱自强 . 1981. 亚超音速定常位流面元法 . 北京：国防工业出版社 .

Zhu Z Q，Bai X S. 1989. The computation of transonic analysis and design. Acta Mech，78：81-94.

Zhu Z Q，Sobieczky H. 1989. An engineering approach for nearly shock-free wing design. Chinese Jour Aeronaut，2（2）：81-86.

朱自强，白雪松 . 1991. 改进跨声速全位势方法的讨论 . 航空学报，12：337-344.

Zhu Z Q，Ma X. 1991. An inverse integral 3D compressible boundary layer method and coupling with transonic inviscid solution. Acta Mech，89：187-208.

Zhu Z Q，Bai X S. 1992. Numerical computation of improved transonic potential method. Jour Aircraft，29（2）：180-184.

Zhu Z Q，Xia Z X，Wu L Y. 1992. An inverse method with regularity condition for transonic airfoil design. Acta Mech，95：59-68.

朱自强，陈炳永，李津，等 . 1995. 现代飞机设计中的空气动力学 . 北京：北京航空航天大学出版社 .

朱自强，吴子牛，李津，等 . 1998. 应用计算流体力学 . 北京：北京航空航天大学出版社 .

Li J，Zhu Z Q，Chen Z M，et al. 1999. The Euler and Navier-Stockes solution of 3D wing with aileron. Acta Mech，138：51-59.

Zhu Z Q ，Li H M，Li J，et al. 2000. Discussions on bidisciplinary（aerodynamics/electromagnetism）optimization method. Acta Mech，143：17-33.

Zhu Z Q，Wu Z C，Li J，et al. 2001. Flow fields analysis of a 3D wing with flap based on N-S solution. Acta Mech，148：249-259.

Zhu Z Q，Lu X B，Li J. 2001. A study of domain decomposition and parallel computation. Acta Mech，150：219-235.

Zhu Z Q，Wang P，Tuo S F. 2002. An adaptive solution of the 3D Euler equtions on unstructured grid. Acta Mech，155：215-231.

Zhu Z Q，Fu H Y，Liu H，et al. 2004. Comparison of two design methods of aerodynamic biobjectives for airfoil and wing. Sci China Ser E，47（2）：203-215.

Zhu Z Q，Liu Z，Wang X L，et al. 2004. Construction of integral objective function/fitness function of multi-objective/multi-disciplinary optimization. Comp Model Eng Sci，6（6）：567-576.

Zhu Z Q，Wang P，Tuo S F. 2004. A structured/unstructured grid generation method and its application. Acta Mech，167：197-211.

朱自强，王晓璐，吴宗成，等.2007. 民机设计中的多学科优化和数值模拟. 航空学报，28（1）：1-13.

朱自强，陈迎春，王晓璐，等.2011. 现代飞机的空气动力设计. 北京：国防工业出版社.

朱自强，吴宗成，陈迎春，等.2013. 民机空气动力设计先进技术. 上海：上海交通大学出版社.

主要参考文献

Sobieczky H. 1988. Research on inverse design and optimization in Germany. Applied Mechanics Reviews，41（6）：239-246.

Sobieczky H. 1989. Progress in inverse design and optimization in aerodynamics. AGARD CP-463.

Labrujere T E，Slooff J W. 1993. Computational methods for the aerodynamic design of aircraft components. Annu Rev Fluid Mech，25：183-214.

顾诵芬.1999. 对《现代飞机设计中的空气动力学》著作的评审意见.

Holst T L. 2000. Transonic flow computations using nonlinear potential methods. Prog Aerosp Sci，36：1-61.

撰写者

王晋军（1963～），山西寿阳人。北京航空航天大学流体力学研究所所长，教授、博士生导师、长江学者，朱自强的同事。

吴宗成（1967～），辽宁鞍山人。北京航空航天大学流体力学研究所副所长，副研究员，曾为朱自强的博士生。

沈亚鹏

沈亚鹏（1936～），上海人。固体力学、智能材料与结构、振动理论专家。西安交通大学力学学科奠基人之一，机械结构强度与振动国家重点实验室创始人之一。近30年来，为黏弹性体、电磁热弹性固体和压电智能结构的数值分析和工程应用奠定了重要基础，作为第一获奖人，获国家自然科学奖二等奖1项，教育部、陕西省科学技术奖一等奖4项，二等奖1项。发展了黏弹性体有限变形分析的有限元法；建立了力、电、磁、热等多物理场耦合的势能原理、余能原理、Hu-Washizu广义变分原理、Hellinger-Reissner广义变分原理和热释电弹性介质的互等功方程；获得的压电层合板、壳等典型压电智能结构弯曲、振动和屈曲问题的解析解以及三维电磁弹性方程势函数通解成为相关领域数值方法和近似理论的检验基准；提出了有效描述压电梯度结构中力电量复杂变化规律的高阶理论；发展了压电智能结构减振降噪与损伤监控的有限元法。曾任中国力学学会常务理事、固体力学委员会副主任，中国复合材料学会理事和陕西省力学学会副理事长。

一、精勤求学，毕生力学情

沈亚鹏1936年10月24日出生于上海市一个殷实家庭，抗日战争爆发后迁居苏州。父亲自小家境贫困，由学徒出身经过艰苦创业成为一名成功工商业者的经历，影响了他对子女的教育理念，期许子女好好读书，清廉诚信，有一技之长，奋斗立业，服务国家。沈亚鹏将父母的谆谆教导牢记于心，终生不忘。勤奋读书，努力工作，争取优异成绩一直是他努力的基本目标。

1947年9月～1950年7月，沈亚鹏就读于私立苏州乐群中学，1950年9月进入江苏省立苏州中学，1953年7月高中毕业后顺利考入交通大学机械制造系。大学期间，他除刻苦学习、夯实知识基础外，还注重品格修养、全面发展。

1957年夏，沈亚鹏以优异成绩毕业并留校任教，不久即随校内迁西安。为适应国家科学教育发展和经济建设需要，学校筹建一批新专业，1959年沈亚鹏由机械零件与原理教研室调入正在组建的应用力学教研室，同年12月被派送至由清华大学和中国科学院力学研究所合办的第三期工程力学研究班进修。由于深感责任重大、深造机会难得，他在进修期间，争分夺秒，发奋学习，在第一学期结束的考试中，各科成绩优异。虽然只有短短的两年多时间，但这已使他完成了由旧专业到新专业的顺利转变，较为系统地掌握了力学的专业知识，为后来几十年从事力学教学和科研奠定了坚实的基础。

自 1959 年调入应用力学教研室之日起，沈亚鹏便与西安交通大学力学学科的发展结下不解之缘，历任西安交通大学数理力学系、工程力学系、建筑工程与力学学院和航天航空学院助教、讲师、副教授、教授和博士生导师，曾任工程力学系主任、工程力学研究所所长、机械结构强度与振动国家重点实验室主任和西安交通大学学术委员会委员等职务。半个世纪来，他孜孜致力于科学研究、学科建设、基地建设、人才培养和国内外学术交流，西安交通大学力学学科和专业的诞生、起步、发展、壮大乃至今日国内一流的成就和荣耀无不渗透着沈亚鹏和他的同事们的呕心沥血、辛勤拼搏和无私奉献。

沈亚鹏非常重视本科生和研究生教学，曾任教育部高等学校力学教学指导委员会委员，对力学专业办学思想、人才培养模式、指导性教学文件修订、专业评估和课程教材建设等中心议题的调研、讨论、决策和行动，尽心尽力，献言献策，为中国工程力学专业与时俱进的发展和教学改革做出了重要贡献。主持完成了西安交通大学《力学在机械工程中的应用》电教片的制作任务（高等教育出版社），该片获 1995 年西安交通大学优秀教材奖三等奖。作为一名教师，沈亚鹏长期坚持教学一线，不断提高教学质量，广揽众长精心备课，结合科研成果更新教学内容、开设新课，讲课深入浅出、引人入胜，是一位深受学生爱戴的优秀教师。除为力学本科生讲授应用弹性理论、弹性力学和有限元法外，还为研究生开设了薄板断裂、黏弹性理论和非线性连续介质力学等课程。1993 年与何福保合作编著《板壳理论》，迄今仍为力学专业学习板壳理论的主要参考书。在讲授黏弹性理论时，除介绍经典的线性黏弹性体边值问题外，还增加了黏弹性有限元法，特别是有限变形下黏弹性有限元解法等内容。

1985 年，国家计划委员会批准西安交通大学立项建设中国力学学科第一个国家级实验室，沈亚鹏和他的同仁们克服种种困难，开展实验室场地建设，谋划学科发展，组建研究队伍，抓住了这个难得的机遇，在中央部委和学校大力支持下，于 1988 年胜利建成机械结构强度与振动国家重点实验室，并对国内外开放。作为重点实验室首任主任（1988 ~ 1994），他与以黄克智院士为主任的实验室学术委员会共同确定以材料本构关系和破坏机制，机械结构的疲劳失效和损伤，复杂结构动力学模型及修改，流体-固体、电磁固体的耦合振动以及结构非线性分析与理论等五方面学术前沿和国家需求作为基本研究方向，充分体现了西安交通大学力学学科的特色与优势，也为此后的发展奠定了基础。实验室建设期间获国家科技进步奖二等奖1项、三等奖4项。1992年实验室以优良成绩通过国家第一次评估，其科学研究、对外开放、管理业绩以及良好的发展态势给评委们留下了深刻印象。

沈亚鹏1987~1991年出任西安交通大学工程力学系主任，展现了出色的行政能力和领导智慧。一抓重点：学院的科研和队伍建设以国家重点实验室建设为核心，协调发展，1988年固体力学成为国家首批重点学科，1989年获批设立力学博士后流动站。二抓基本：把学院的教学工作和人才培养放在优先地位，修订了工程力学专业培养方案，鼓励教师积极进行教学改革，任期内工程力学系获陕西省优秀教学成果奖一等奖1项（国家优秀奖），三等奖2项；电教教材国家三等奖1项，陕西省一等奖1项；国家优秀教材奖1项。三抓稳定：爱护学生，带领教师深入班级、宿舍与学生谈心，晓之以理，动之以情，化解学生疑惑，维护了正常的教学秩序。

沈亚鹏十分注重国内外学术交流，组织主持了多次国际、国内学术会议，与国内外同行有密切的学术联系。1981~1982年他作为访问学者赴美国威斯康星大学机械系，完成了为提高纸张的压光质量而开展的覆盖弹性层钢辊接触分析的理论和实验研究，相关论文发表在《计算结构力学及其应用》上。1993年9~11月为日本名古屋工业大学访问学者。2001年9月受王宽诚教育基金会资助到香港中文大学、香港科技大学和香港理工大学讲学。

1994年7月由清华大学黄克智院士和沈亚鹏为共同主席，在西安组织召开了远东断裂会议（FEFG'94），来自世界13个国家和地区的172位学者参加，半数为国外专家。这次盛会交流了断裂力学的最新研究成果，增进学者间的友谊，同时扩大了西安交通大学机械结构强度与振动国家重点实验室在国际、国内学术界的影响。作为会议的共同主席之一，沈亚鹏分别在乌鲁木齐（1999）、西安（2000）和敦煌（2002）主持召开了International Workshop on Progress in Experimental and Computational Mechanics in Engineering and Material Behaviour、International Conference on Mesomechanics：Role of Mechanics for Development of Science and Technology和2nd International Conference on Progress in Experimental and Computational Mechanics in Engineering and Material Behavior等国际学术会议。1997年在香港3rd International Conference on the Strength and Fracture of Solids上作特邀报告。2002年在大连全国固体力学会议上作大会特邀报告电磁介质三维问题的通解。多次与丁皓江共同主持在国内外有重要学术影响的全国压电和声波理论及器件的系列学术会议。

沈亚鹏是 20 世纪 50 年代成长起来的中国知名力学家，以其强烈的社会责任感和事业心，怀着对力学的深切热爱和敬畏之情，50 余年来，执着而坚持，在力学这块充满活力和无限希望的土地上不知疲倦地耕耘，岁岁年年，日出日落，在固体力学的多个前沿研究领域取得了出色的学术成就，对中国力学学科的发展和现代化建设做出了重要贡献。而今他早过古稀之年，仍在笔耕不止，研讨课题，参加学术会议，审阅稿件和修改论文等，2012 年还率领其团队荣获国家自然科学奖二等奖。

沈亚鹏勤奋务实，才思敏捷，学风严谨，善于学习，不断用最新的知识充实自己，功底扎实，在复合材料、智能材料、板壳理论、振动力学、实验力学、断裂力学、微细观力学、电磁力学等多个领域都有很高的学术造诣，长期担任《固体力学学报》、《应用数学与力学学报》、《复合材料学报》、《机械强度》等刊物编委。纵观 50 余年的科研历程，他始终以跟踪世界力学先进水平为己任，以国防建设和经济发展需要、力学国际学术前沿为目标适时地调整研究方向。

沈亚鹏与他的学生们取得丰硕的研究成果，完成国家重大、重点、面上和其他基金项目数十项，发表论文 290 余篇，出版著作 1 部，编辑国际会议论文集 2 部，获国家自然科学奖二等奖 1 项，省部级科学技术奖一等奖 4 项，二等奖 1 项。

沈亚鹏的学术经历和成就大体可分六个时段：

（1）1962～1966 年，沈亚鹏协助唐照千开展圆锥形壳体在侧向均压、均布液压和轴向压力下的稳定性研究，利用分解法计算锥壳屈曲的临界应力。为了验证理论预测的精确性以及为直接法计算临界载荷时选取合理的屈曲波函数作参考，分别进行了钢制截顶锥壳在沿母线加压和轴向加压两种情况下的实验研究，这些结果至今对壳体研究仍有参考价值。有关的理论计算和实验成果分别发表在《力学学报》和《西安交通大学学报》上。在当时社会环境下，他们必须悄悄做研究，特别是实验只能在晚上偷偷进行。

（2）1966～1976 年，“文化大革命”中期，沈亚鹏参加了由西安交通大学承担的 12 万吨合成氨成套设备研制中有关风机叶轮的强度计算和实验。协助嵇醒用有限元法计算风机叶轮和叶片的应力，并协助陆耀桢研制成功叶轮应力的无线电遥测装置，实验值与有限元数值模拟结果很好地符合，圆满完成了研究任务，为国家重点装备的自制创新贡献了力量。回想当年，校内外只有附近的一个研究所有一台 X2 计算机，白天人多轮不上，沈、嵇二人只好半夜骑上自行车，顶着寒风去上机，尽管非常辛苦，但能为国家建设尽一份心，又可以接触到新知识，他们感到非常欣慰。有限元计算和实验成果发表在《力学》和《西安交通大学学报》上，而叶轮应力的有限元计算内容曾作为经典算例被编入风机专业的教科书中。

（3）1976～1979年，“文化大革命”刚结束，沈亚鹏同广大教师一样，渴望尽快恢复科学研究，希望在学术上尽可能缩短因“文化大革命”造成的与发达国家的差距。他再次同唐照千合作，对断裂力学的一个新兴分支——断裂动力学开展研究。依据唐照千提出的模拟裂纹扩展过程的瞬态振动模型进行理论计算，并用涡流检测法精确测量DCB试件的裂纹快速扩展-止裂过程，观察裂纹扩展速度的变化规律，研究结果证实了所提出的力学模型的正确性。范天佑在其专著《断裂动力学引论》第三章中整节介绍了瞬态振动模型。相关论文发表在《固体力学学报》上。研究成果“断裂动力学理论和实践研究”获1979年陕西省科技成果奖一等奖。

（4）1982年底沈亚鹏回国后，鉴于国防建设和航天事业需要，与航天工业部第四研究院和上海航天局合作，针对固体火箭的关键组件——药柱，开展有限变形下黏弹性体变形和动力响应研究，编制了有限变形下黏弹性体平面问题、空间轴对称问题和三维问题的有限元计算程序，部分成果被应用于药柱设计中，为有关院所固体火箭的设计提供了科学的理论依据和有力的支持。该项目后来与兄弟学校合作，在杜庆华院士组织下，得到国家自然科学基金重大项目的资助，研究成果“黏弹性体有限变形下应力分析以及断裂损伤研究”获1991年陕西省科学技术奖二等奖。

（5）1992年开始，沈亚鹏敏锐地意识到机敏材料和智能结构广阔的应用前景，他和学生们在电、磁、热、弹性多物理场耦合的国际研究前沿，开展以压电材料为传感和作动元件的智能结构系统减振降噪、形状控制和损伤监控研究，并在多场耦合下的各类变分原理、压电壳体的三维精确分析以及用有限元法分析智能结构系统的基础问题和工程应用等方面取得了一系列成果，其中，“压电介质及压电智能结构机电耦合行为的基础理论研究”获2001年度中国高校科学技术奖一等奖。

（6）1994年开始，黄尚廉院士、杨大智和沈亚鹏联合与中国航天工业总公司五院501所、502所进行学术交流，并多次向国家自然科学基金委员会汇报，期望通过与航天航空部门合作和国家资助，使机敏材料和智能结构系统的研究在国内得到更快发展。由此，重庆大学、南京航空航天大学和西安交通大学三校联合承担了国家自然科学基金重点项目“智能机械结构及系统基础”（1997.1～2000.12），该项目按期结题，并评为优，获2003年教育部科技进步奖一等奖。

为了使智能机械系统的基础理论和计算方法臻于完善，有效地应用于工程实际，针对复合材料机翼结构的自诊断系统和汽车智能悬架的自适应系统，南京航空航天大学、重庆大学、西安交通大学三校合作继续成功申请到国家自然科学基金重点项目“智能机械系统的基础性研究”（2002.1～2004.12）；同时，上海交通大学、西安交通大学和兰州大学也联合申请到国家自然科学基金重点项目“固体电磁介质力学及其应用”（2002.1～2005.12）。两个重点项目相继按期结题，都评为优。在上述两个重点项目资助下，沈亚鹏和学生们在国际重要期刊上发表了多篇相关研究论文，受到国内外同行的高度重视。如 2002 年发表在 *International Journal of Engineering Science* 上的论文在截至2010年底的SCI（科学引文索引）引用统计中，位列该杂志2002～2010年期间发表论文中的前十名。

2002年，在与德国Karlsruhe材料研究所联合申请的国际合作项目和国家自然科学基金重大研究计划“空间飞行器的若干重大基础问题”子项“铁电单晶及其复合材料的本构行为研究”（2003.1～2008.12）等项目中，沈亚鹏团队开展了铁电单晶材料不同晶向力电耦合行为的实验研究和基于赝势理论的第一原理计算，提出了力电耦合机理的相变模型，该模型得到国际同行的实验证实和认可。

上述多项基金的研究成果“电磁机敏材料与智能结构力学行为研究”获2009年陕西省科学技术奖一等奖，“压电和电磁机敏材料及结构力学行为的基础研究”获2012年国家自然科学奖二等奖。

二、科研崎岖路，攀登不懈结硕果

自1962年起的50多年，沈亚鹏的科研历程可分为两大阶段。

前20年为第一阶段（1962～1981），沈亚鹏年富力强、心智满满，很想多做些研究力学的事，但囿于当时的社会环境，研究氛围差，他在极其困难的条件下，断续的十年间努力做成了三件事：20世纪60年代初与唐照千合作研究了圆锥壳在侧向均压、均布液压和轴向压力作用下的稳定性；“文化大革命”中期与嵇醒合作对风机叶轮强度进行了有限元分析；“文化大革命”后与唐照千再度合作创新性地开展了断裂动力学研究。虽然研究成果属当时国内先进甚至领先水平，发表的论文得到很好的评价，在合作教授的帮助下自己的学术水平和研究能力得到极大提高，但沈亚鹏仍心存遗憾，总感到自己做的成就太少、太小。

后30余年为第二阶段（1982～），改革开放带来了“科学的春天”，日益宽松的科研氛围，开放的学术交流，融洽的合作团队，良好的软硬件平台，以及充足的基金支持都给沈亚鹏创造了良好的科研环境，使他能充分发挥自己的智慧、经验和能力。他带领其团队结合国家需求和国际力学研究前沿，接连开展了黏弹性力学、智能结构力学和电磁固体力学等方面的科学和技术研究，并取得了丰硕的业绩，同前20年相比，其研究和成果更具方向性、先进性、系统性和应用性。

沈亚鹏在力学领域的主要成就与贡献有：①发展了有限变形下黏弹性体应力、应变分析的有限元法，为黏弹性的工程计算提供有效手段。②建立力、电、磁、热多场耦合下的各类变分原理，为导出多场耦合的控制方程、建立数值分析方法提供理论基础。③应用三维精确理论和高阶近似理论，得到了压电层合板、壳等典型压电智能结构弯曲、振动和屈曲问题解析解，精确揭示了其力学和电学量的分布规律。④发展了压电智能结构减振、降噪和损伤监控的有限元法，促进了智能结构的工程应用。⑤导出了三维电磁弹性方程的势函数通解，为解析求解电磁弹性问题提供了有力工具，揭示了波在电磁弹性复合材料中的传播特性，完善了功能复合材料动态特性的研究。⑥系统研究了形状记忆合金短纤维增强复合材料的热力学特性和力学行为，为智能复合材料设计提供了指导。

（一）关于发展有限变形下黏弹性体应力、应变分析的有限元法

药柱是固体火箭发动机中的重要组成部分之一，是由推进剂、黏合剂等组成的黏弹性体。药柱在浇注后的冷却和储存过程中经常在体内及与外壳相连界面上出现裂纹，尤其是在点火后压力激增过程中会在药柱内部产生裂纹，致使药柱不能正常燃烧，造成发射失败。因此对药柱在内压和温度变化作用下进行应力和应变分析是十分必要的。

自 20 世纪 60 年代中期，许多学者分别采用积分和微分型本构关系编制平面和轴对称等二维黏弹性的有限元法程序，但都只考虑小变形状态。由于药柱的弹性模量很小，在内压和温度变化下变形很大，因此必须考虑有限变形的影响。20 世纪 80 年代初，沈亚鹏等在国内首先基于 Updated Lagrange 增量叠加方法，以现时 Kirchhoff 应力增量和现时 Green 应变增量表示的虚功方程和以 Kirchhoff 应力张量-Green 应变张量表示的积分本构关系建立有限元法，采用 Prony 级数表达松弛模量，由本构关系得到 Kirchhoff 应力增量的递推公式代入虚功方程后，最终得到以节点位移增量为未知量的黏弹性大变形的虚功方程。依此编制了黏弹性大变形平面问题、轴对称问题和三维问题的有限元程序。这些程序迄今仍在有关院所用于黏弹性药柱的设计。

（二）关于建立力、电、磁、热多场耦合下的各类变分原理

变分原理是弹性力学中建立静、动态平衡方程和数值分析方法的基础。在研究处于力、电、磁、热多物理场下智能结构系统的力学行为时，沈亚鹏等采用电、磁弹性耦合本构关系以及电量、磁量平衡方程，分别建立了静/动态力、电、磁、热多

场耦合的势能原理、余能原理、Hu-Washizu 广义变分原理和 Hellinger-Reissner 变分原理，同时基于本构方程和材料常数的对称性，建立了热释电弹性介质的互等功方程及各类 Somigliana 方程。所建立的变分原理和互等功方程为建立电、磁、热弹性结构各类近似理论和发展电磁热弹性固体以及智能结构系统的数值分析方法奠定了基础。

路径无关积分是断裂分析中的一种重要方法，针对电磁弹性介质，运用分析动力学的循环积分概念以及 Eshelby 的能量矩概念，从电磁弹性的自由能、自由余能以及类似的状态函数导出 8 个 16 种电磁介质的能量守恒方程和路径无关积分，除两个积分为已知结果外，其余均为新的路径无关积分，这些积分为压电介质的断裂分析提供了有效手段。

尽管 20 世纪 70 ~ 80 年代人们提出了有关压电和电磁介质有限变形的控制微分方程，但对同时具有力、电、磁、热多场耦合特性的固体介质有限变形缺乏系统研究，尚未形成完整理论。沈亚鹏等从非线性连续介质力学出发，系统研究电、磁、热弹性介质的有限变形基本理论，给出了具有 Lagrange 旋转不变性的变量及其非线性微分控制方程和相应的边界条件，导出了所对应的全量型、率型和增量型变分方程，得到 Total Lagrange 和 Updated Lagrange 格式的增量有限变分方程，它们是建立压电介质非线性有限元方程的基础。并利用 Total Lagrange 法研究了压电圆柱壳在外载和电场作用下线性屈曲、压电薄板的后屈曲和带有压电作动器的复合材料层合板考虑几何非线性时瞬态振动的主动控制问题。

（三）关于压电层合板、壳等典型压电智能结构弯曲、振动和屈曲问题的解析解

三维精确解不仅能清晰揭示压电智能板壳中力学量和电学量的分布规律及其相互间的耦合特性，而且为评价各种近似理论和数值分析方法提供可靠的基准。但因解析求解非常复杂和困难，当时只有压电智能板的几个精确解。沈亚鹏等基于三维电弹性理论，运用幂级数法和幂级数与 Fourier 变换相结合的方法，分别求得层合正交各向异性压电圆柱壳柱形弯曲、热压电圆柱壳轴对称变形和有限长正交异性压电圆柱壳及压电层合板、压电功能梯度板自由振动问题的精确解。表明，当薄或中等厚度壳体发生柱形弯曲时，面内位移及正应力沿厚度线性变化及传感器和作动器中电势按线性变化的假定是合理的，而对于热压电圆柱壳受温度和轴压作用时，由于面内位移和电势分布非常复杂，即使是薄壳，也必须用三维理论。与此同时还精确分析了压电层合圆柱壳体的动力稳定性问题，发现层合结构的几何参数、层数、材

料刚度等因素对动力稳定性的影响远大于电场的作用。

压电梯度壳体不仅能产生较大的位移，且能有效降低应力值，避免层间弱化。为了较准确描述压电梯度结构的力、电行为，沈亚鹏等提出压电梯度壳体的高阶理论。研究显示，该理论能有效模拟压电梯度结构中力学量和电学量的复杂变化规律，而且发现梯度压电结构性能优于均匀压电结构。

上述一系列压电壳体问题的精确解和高阶近似解得到国内外学者高度评价。

（四）关于发展压电智能结构减振、降噪和损伤监控的有限元法

压电智能结构的一个重要应用是振动控制，以达到减振降噪目的。沈亚鹏等较系统地研究了压电结构的主被动控制和优化设计问题。除上述提出三维理论幂级数法精确分析压电层合板壳的振动外，针对压电和高黏弹材料作主被动阻尼的梁、板、壳结构，由变分原理导出主、被动阻尼非对称层合梁、板、壳结构振动问题的有限元方程，得到了含主被动约束阻尼梁、层合板和仪器舱内支架系统的固有频率和损失因子。对比了主动控制、被动控制及主被动控制的控制效果，得到了黏弹层厚度、材料参数以及压电层厚度、位置等结构参数变化对控制效果及频率影响的优化解。

特别需要提出的是，在用独立空间模态法优化振动控制时，美国康奈尔大学的 Lee 和 Moon 提出的模态传感器和作动器过于复杂，只能限于简单结构，沈亚鹏等提出了一种新型的模态传感器和模态作动器设计，不仅能感知单个模态，而且能感知一组模态。由于仅需一个线性模式，因而使独立模态空间控制法用于控制工程中复杂结构的振动成为可能，该法已得到国际同行的广泛认可。

在以 PVDF（聚偏氟乙烯）作分布传感器研究复合材料层合板在低速冲击下的响应时，为了减少计算量，应用了混合有限元法。在受冲击的易损伤区域采用三维八节点立方单元，结构其余部分采用二维 Mindlin 板单元。沈亚鹏等提出了一种新型的三维过渡单元，利用与板相连侧面上板节点位移与三维元节点位移间的协调关系，实现了三维单元和二维单元之间的光滑连接，确保了计算精度。

在损伤监控方面，沈亚鹏等首次利用准二维有限元法数值模拟了复合材料层合板面内受拉的分层损伤问题。研究表明，对于各种铺设的层合板，在分层裂尖处电位发生突变。进一步研究揭示，层合板中的横向裂纹会引起电位发生其他形式的变化，从而初步证实用压电元件监测损伤的可行性。

（五）关于导出电磁弹性方程的势函数通解

通解是解析求解弹性力学问题的关键基础之一。压电、电磁机敏材料和智能结

构的开发与应用促进了电弹性、电磁弹性问题通解的研究。1992 年和 1995 年，美国工程院院士锁志刚和西安交通大学王子昆分别导出二维和三维电弹性方程的势函数通解，并借此分别求得一系列二维压电断裂和三维压电断裂问题的解析解，受到国内外学者的高度评价和重视。

2002 年，针对电磁弹性固体，沈亚鹏等首次获得了横观各向同性电磁弹性介质三维问题的势函数通解，位移、电势、磁势、应力、电位移和磁感应强度都可简洁地由五个势函数表示。利用所得势函数导出了在无限电磁弹性空间中广义位错的基本解，并推导了电磁弹性半空间中广义轴对称载荷和斜对称载荷的 Green 函数。随后，其他学者依此研究了横观各向同性电磁弹性体中的币形裂纹。由于势函数可用来求解一般的三维问题，因此研究成果受到国内外学者的普遍关注。

与电磁弹性静力学问题相比，动态问题的研究更少，沈亚鹏等系统研究了波在电磁弹性复合材料中的传播特性。首先推导了含单根异相物的压电、压磁复合材料中波散射的积分方程，利用由他们首次导出的在空间-频率域内含夹杂的电磁弹性介质中动态 Green 函数的解析表达式，在长波假设下获得了含一根纤维散射积分方程的解析解；然后采用有效场方法获得了多根纤维复合材料的电磁弹性场的解析解以及压电-压磁纤维复合材料的静态有效模量、动态有效波速和衰减系数。该解涵盖了多种纤维（弹性、压电、电磁等）增强的不同基体（弹性、压电、电磁等）的 9 类复合材料动态特性问题的解。

（六）关于系统研究形状记忆合金短纤维增强复合材料热力学特性和力学行为

形状记忆合金（SMA）短纤维增强复合材料是由 SMA 短纤维状作动器镶嵌在基体中，通过加热和降温来驱动 SMA 作动器，改变复合材料的特性，实现主动控制，从而达到控制结构形状、减振和吸收冲击能量等功能。

研究中假定所有短纤维为扁长椭球体和具有相同的几何尺寸，并沿同一轴线方向排列的细观力学模型。沈亚鹏等从细观力学出发，基于 Eshelby 的等效夹杂模型及 Mori 和 Tanaka 的场平均法，考虑到 SMA 材料的强物理非线性，发展了增量型的等效夹杂模型。研究了 SMA 短纤维增强铝复合材料的热胀系数和相变应变系数以及热载下的相变特性，发现 SMA 复合材料的热胀系数和相变应变系数都随着纤维的特征尺寸（椭球长度/椭球直径）的增大而减小，而随着纤维体积分数的增大，热胀系数减小、相变应变系数增大。依据得到的等效相变应变系数，采用 Chou 等的自洽模型讨论了复合材料的等效弹性常数。然后基于自洽理论，采用增量法研究了复合材料在均匀热场下的等效应力-应变响应。特别研究了不同温度条件下，纤维体积分数和几何尺寸对SMA复合材料在加载和卸载时应力-应变响应的影响，以及对于SMA复合材料在不同温度条件下的相变临界应力的影响，研究结果有助于深入了解SMA复合材料热力特性，为智能复合材料的设计提供理论指导。

三、良师益友，桃李芬芳

沈亚鹏把为国家培养高素质的人才作为教师的天职，研究生培养业绩一直处于学院前列。1978年招收了“文化大革命”后首批硕士生3名，自此开始了人才培养的美好时代，30多年来，培养了博士23名，硕士30名，博士后5名。他在博士生培养中取得突出成绩：获2000年度全国百篇优秀博士论文奖和2007年度全国百篇优秀博士论文奖提名奖。学生中多人成为教授、研究员、博士生导师、总工程师以及高校、科研院所、企业等单位的学术带头人、中坚力量和业务骨干，他们正在成长为科技进步和工程建设的栋梁之才，在各自的岗位上全心全意地报效祖国、服务社会。他的学生还创造了西安交通大学的多个之最：最年轻的博士（24岁）、最年轻的全国百篇优秀博士论文奖获得者（27岁）、最年轻的教授（28岁）、最年轻的国家杰出青年科学基金获得者（31岁）和最年轻的二级教授（34岁）。

沈亚鹏具有仁爱之心，关爱之行，作为知名力学专家，研究生怀着仰慕心情报考或保送到他名下，他为人谦和、宽宏大量、话语细声、平易近人的作风使学生最初的那种局促和紧张烟消云散，他们逐步建立了亦师亦友的情谊，这为平等的学术交流和同心研究奠定了良好基础。他关心学生生活，对经济困难者以奖励的形式给予资助，帮助其顺利完成学业，涓涓爱心化解了学生的困惑，调动了学生的学习积极性。学生回忆：“1994年，我想为研究筹建实验平台，沈老师知道后毫不犹豫拿出2万元，后来我了解到当时一项基金资助额度只有5~6万元时，才意识到老师能拿出2万元来支持我的博士论文是多大的魄力！”

沈亚鹏认为培养学生重在素质教育，学生只有在严格和严谨的教育环境下久经磨炼才能成才。他指导学生严字当头、一丝不苟，研究生新推公式和新做论文，他都要仔细推演、查究、校核与修改，源程序亦不例外。多年坚持学生双周学术讨论会，介绍研究进展，大家讨论点评。要求研究生特别是博士生一定要发表英文论文，对学生论文稿认真修改，有的反复修改达四次之多。一位学生讲述：“本科毕业设计的计算结果直到答辩前仍不满意，十分沮丧，沈老师鼓励我说，科学研究就是这样，时而顺利，时而坎坷，如果每项研究都能轻而易举完成，现在世界上大概没有什么科研可做了，贵在坚持！老师的话让我重拾信心，计算最终获得成功，并在《力学学报》发表了我的第一篇论文。近年来，我深感同行们对老师为人和博学的尊敬，正如一位学者所言，沈老师带给我们的不仅是科研成果，也不仅是严谨态度，更重要的是他的直言、公正和责任心，后者才是科学家的核心价值观，而这在当今弥足珍贵。”

沈亚鹏把创新理念贯穿于研究生的整个培养过程，学生讲述了尤其难忘的一件事："1994 年，沈老师要求我以国际上刚开始的智能结构力学行为作为研究重点。该方向在十年后仍被认为是固体力学的前沿领域之一，可见多超前。当时只有两份刚创刊的国际杂志，学校有一份，沈老师请人从外地将另一杂志的复印稿寄给我，我能获得全国优秀博士论文的殊荣有太多的意料之外，但如果没有沈老师的超前远见和鼎力支持，将会是另一种结果。”

沈亚鹏注重因材施教，根据学生的兴趣和特长来确定研究方向，使学生愉快并充满激情地工作。有位保送硕士生，在他指导下出色完成《2-3 型压电复合材料有效特性和静水压性能研究》的本科毕业论文，硕士选题时，鉴于他科研能力好、本科有期刊论文发表，师生商量将研究方向转变为“复杂磁电弹复合材料的动态特性和多尺度力学研究”，新方向的研究同样获得成功，该学生在力学重要国际期刊上发表了 3 篇 SCI 论文。

沈亚鹏具有甘为人梯的博大胸怀，多为学生着想，鼓励和资助学生参加国内外学术会议，热情为青年教师创造展露才华和历练的机会，扶上马、送一程，利用外出讲学场合向同行教授引荐，为他们安排学术报告，主动让出学术机构任职，把青年人推到荣誉的前面。2001 年，一位留学英国四年的学生在其感召下回母校工作，沈亚鹏给予了无微不至的关心，亲自揽过大部分杂事，也正是有沈亚鹏的大力支持，这位学生很快取得了突出的科研成绩。

四、沈亚鹏主要论著

唐照千，沈亚鹏 . 1966. 圆锥形薄壳在轴向压力作用下的稳定性 . 力学学报 . 1：70-78.

唐照千，沈亚鹏 . 1980. 裂纹快速扩展的瞬态振动特性和响应计算模型 . 固体力学学报，1：15-29.

沈亚鹏，曹鸿勇 . 1983. 具有翼形、唇形缺陷的薄板的弯曲问题 . 固体力学学报，1：105-110.

沈亚鹏，陈宜亨，彭亚非 . 1987. 以 Kirchhoff 应力张量-Green 应变张量表示本构关系的粘弹性大变形平面问题的有限元法 . 固体力学学报，4：310-320.

何福保，沈亚鹏 . 1993. 板壳理论 . 西安：西安交通大学出版社 .

Chen C Q，Shen Y P. 1996. Piezothermoelasticity analysis for a circular cylindrical shell under the state of axisymmetric deformation. Int Jour Eng Sci，34（14）：1585-1600.

Wang X M, Shen Y P. 1996. The conservation laws and path-independent integrals with an application for linear electro/magneto-elastic media. Int Jour Solids Struct, 33 (6): 865-878.

Chen C Q, Shen Y P. 1997. Optimal control of active structures with piezoelectric modal sensors and actuators. Smart Mater Struct, 6 (4): 403-409.

Chen C Q, Shen Y P, Tian X G. 1998. Variational principles of nonlinear piezothermoelastic media. Acta Mech Solida Sin, 11 (1): 13-27.

Wang J, Shen Y P. 2000. Micromechanics of composites reinforced in the aligned SMA short fibers in uniform thermal fields. Smart Mater Struct, 9 (1): 69-77.

Yang X M, Shen Y P. 2001. Dynamic instability of laminated piezoelectric shell. Int Jour Solids Struct, 38 (14): 2291-2303.

Wang X, Shen Y P. 2002. The general solution of three-dimensional problems in magnetoelectroelastic media. Int Jour Eng Sci, 40 (10): 1069-1080.

Wu X H, Chen C Q, Shen Y P, et al. 2002. A high order theory for functionally graded piezoelectric shells. Int Jour Solids Struct, 39 (20): 5325-5344.

Gao J X, Shen Y P. 2003. Active control of geometrically nonlinear transient vibration of composite plates with piezoelectric actuators. Jour Sound Vib, 264 (4): 911-928.

Du J K, Shen Y P, Ye D Y, et al. 2004. Scattering of anti-plane shear waves by a partially debonded magneto-electro-elastic circular cylindrical inhomogeneity. Int Jour Eng Sci, 42 (8-9): 887-913.

He T H, Shen Y P, Tian X G. 2004. A two-dimensional generalized thermal shock problem for a half-space in electromagneto-thermoelasticity. Int Jour Eng Sci, 42 (8-9): 809-823.

Tian X G, Shen Y P. 2005. Study on generalized magneto-thermoelastic problems by FEM in time domain. Acta Mech Sinica, 21 (4): 380-387.

Zhang H Y, Shen Y P. 2006. Three-dimensional analysis for rectangular 1-3 piezoelectric fiber-reinforced composite laminates with the interdigitated electrodes under electromechanical loadings. Compos Part B-Eng, 37 (7-8): 603-611.

Chen P, Shen Y P. 2007. Propagation of axial shear magneto-electro-elastic waves in piezoelectric-piezomagnetic composites with randomly distributed cylindrical inhomogeneities. Int Jour Solids Struct, 44 (5): 1511-1532.

Chen P, Shen Y P. 2008. Nanocontact between BCC tungsten and FCC nickel using the quasicontinuum method. Int Jour Solids Struct, 45 (24): 6001-6017.

主要参考文献

Chen C Q, Shen Y P. 1997. Optimal control of active structures with piezoelectric modal sensors and actuators. Smart Mater Struct, 6 (4): 403-409.

Wang X, Shen Y P. 2002. The general solution of three-dimensional problems in magnetoelectroelastic media. Int Jour Eng Sci, (40) 10: 1069-1080.

Chen P, Shen Y P. 2007 Propagation of axial shear magneto-electro-elastic waves in piezoelectric-piezomagnetic composites with randomly distributed cylindrical inhomogeneities. Int Jour Solids Struct, 44 (5): 1511-1532.

西安交通大学机械结构强度与振动国家重点实验室. 2003. 实验室评估申请书.

撰写者

徐晖（1944 ~ ），湖北武汉人。西安交通大学航天航空学院教授，博士生导师。1987 ~ 1991 年沈亚鹏受聘为工程力学系主任时为副系主任。从事振动力学和流体力学控制的研究。

田晓耕（1967 ~ ），陕西三原人。西安交通大学航天航空学院教授，博士生导师。师从沈亚鹏于 1998 年获固体力学博士学位。从事广义热弹性问题和智能材料与结构的研究。

程昌钧

程昌钧（1937～），重庆人。固体力学家，力学教育家。1958年毕业于北京大学数学力学系。长期从事理性力学、固体力学的理论、方法和应用的教学与研究工作，在固体力学的一些重要领域辛勤耕耘50余载，在弹性力学的非线性理论、方法和应用，结构的屈曲、分岔和稳定性分析，黏弹性理论的应用、数值方法及稳定性控制，黏弹性介质波散射和逆散射问题、非线性弹性材料的孔隙生成与微孔增长问题，工程和科学中关键力学问题的建模，理性力学和力学中的数学方法等方面取得了重要成果，发表科研论文250余篇，出版专著、译著和教材9部，主编和副主编会议文集8部。先后获得省部级以上科技进步奖和教学奖及荣誉称号20余项，其中，省部级科技进步一等奖2次，二等奖2次，优秀教材一等奖1次，优秀教学成果二等奖2次。1992年被评为全国优秀教师，1999年获得上海市“三八”红旗手称号，2000年获得宝钢教育基金优秀教师特等奖，2001年被评为上海市劳动模范，2003年被评为上海市首届教学名师，2009年获得“新中国60年上海百位杰出女教师”称号等。曾任甘肃省力学学会理事长，兰州市科学技术协会副主任，中国力学学会常务理事，理性力学和力学中的数学方法专业委员会委员、副主任、主任，上海大学力学系首任系主任等。

一、成长历程

程昌钧1937年3月18日出生于重庆市郊的一个殷实之家。祖辈中有祖母、父母都受过一定的教育，父亲性格内向，对人温和友善，母亲干练，事事争强。她这一代中有姐弟三人，姐姐乖巧，性格文静，而她点子多，性格开朗。一家人过得殷实，其乐融融。然而好景不长，在她9岁那年，父亲因长期患病医治无效于1946年冬天去世。由于长期为父亲治病，殷实之家已欠下许多债务。母亲忍受着悲痛，决心支撑起这个家。第二年春天，她和弟弟被送到外婆家生活，在那里借读小学。年幼的她面对他人的欺凌，一心努力学习，一学期过去了，成绩名列前茅。这使她知道，一个人的路要靠自己去走，只要努力，任何困难都能够被克服。回到自己的家之后，日子仍然困难，但母亲却让姐弟三人继续求学，母亲的坚强和明智深深地感动了她。那时候，为了求学，姐弟三人每天要来回步行十多里的路程去读书，年幼的弟弟走不了这么长的距离，她要为弟弟背书包，有时还背着弟弟上学，然而，这培养了她的责任感和坚强的性格，养成了勤奋和助人的习惯和品质！

1948 年，11 岁的程昌钧考上了西南师范大学附属中学，从初中免试直升高中，直到 1954 年高中毕业，她在这所学校学习和生活了整整六年。早年的西师附中是一所著名的女子住读学校，坐落于重庆市北碚区的嘉陵江边，风景优美，校舍整齐明亮，图书设备齐全；老师都是西南师范大学的优秀毕业生，教学水平堪称一流；校规严格，师生关系却十分融洽。踏入中学时，她还是一个稚气未脱的小姑娘，个子矮矮小小的。虽然学校离家只有 30 多公里，但她深知家境的清贫，母亲的艰难，决心不到寒暑假绝不回家。因此，除了读书、上课，她需要处理自己生活上的一切大小事情，包括搭起凳子洗衣服，缝被子。这段时期的生活培养了她独立生活的能力和艰苦奋斗、奋发图强的精神。

中学时期的程昌钧是一个全面发展的优秀学生，不但具有良好的理科基础，文科的素质也相当不错，她由于学习刻苦，成绩优异，深得各科老师的喜欢。以至于在高中毕业前夕，她向老师征求报考学校和专业时，令她没有想到的是，数学老师建议她学数学，物理老师建议她学物理，语文老师建议她学中文，外语老师则希望她报考外语学院。老师们的不同建议着实让她左右为难，苦苦思索之后，她最终决定“攀登高峰”，报考北京大学数学力学系，并如愿以偿，于 1954 年 9 月进入了北京大学。

四年的北京大学学习和生活，使程昌钧最感自豪和受益最深的是有一批德高望重的老教授为他们上课，把他们带入了数学和力学的科学殿堂。这些老教授中有程民德先生、段学复先生、江泽涵先生、徐献瑜先生、周培源先生、王仁先生等。老教授们的爱国精神，追求真理的大无畏精神和尊重实际的科学态度，以及他们独特的教育理念和教学方法都深深地影响着他们，这些老教授是他们的良师，更是他们的精神楷模。还有一批锐气开拓的年轻师长，如丁石孙先生、吴文达先生、叶开沅先生等，他们严谨求实的治学态度，勤奋好学和刻苦钻研的学风，严谨的逻辑思维方式，追求、探索和坚持真理的精神，关爱学生的态度，都深深感染了这些风华正茂的青年，使程昌钧懂得了“爱国最重要；做人、做事要执着；做学问要独立思考”。在这种催人奋进的环境中，她刻苦努力，四年中没有回一次家，甚至连八达岭长城也没有去过。也正是这样，她迅速成长，不仅收获了知识，提高了能力，懂得了人生的真谛，也培养了努力拼搏的精神。

1958 年，程昌钧从北京大学毕业后被分配到兰州大学数学系工作。说是分配实际上是她为了响应当年 5 月 8 日周恩来总理在天坛公园向北京市应届大学毕业生发出的“面向基层、面向农村、面向工厂、面向边疆”的号召，主动要求去兰州大学工作的。到了那里，她才知道作为全国重点大学的兰州大学为了成立力学专业，急需引进力学教师，专门派教务长到北京大学去挑选毕业生，而她被选中了。就这样，她作为第一位力学教师进了兰州大学，一直到 1996 年，她在那方热土整整耕耘了 38 年。

20 世纪 50 年代的兰州还是一个比较落后的城市，人们喝不上清洁的自来水，经常停电，到处尘土飞扬，只要出门，裤腿上就会沾上一层厚厚的黄土。那时的兰州大学师资缺乏，刚刚在城东的一片荒地上建了几幢不高的教学楼、办公楼和教师宿舍，每幢楼有 3 ~4 层，都是用灰色的砖头砌成的，给人死气沉沉的感觉。初来乍到的程昌钧感到一片凄凉，但也暗下决心，一定要扎根西北，为祖国的教育事业做出贡献。数学系给她的第一个教学任务是为当时数学系大二的学生上理论力学，并且没有教材，但她不得不接受任务。当时，她万分惶恐，不知所措，然而她一下想到了大学时所记的王仁先生和周培源先生讲授理论力学课程时的笔记，这给了她极大的鼓励，她也到学校图书馆找来了一些理论力学地教科书。她从序言开始一章一章地读书，记笔记，做习题，备课，还自己一章一章地刻写蜡纸印发给同学。那时她每天不仅要备课，上课，批改作业，而且还要参加“大炼钢铁”运动，紧张程度可想而知！在这种情况下，她生平所教的第一门课程还算顺利，学生和同事的评价很好，这给了她信心。有了这第一次的尝试，以后她就勇于承担一切工作了，并在工作中不断提高自己的能力，增长自己的才干。

1959 年的冬天，教育家江隆基从北京大学调到兰州大学任校长，跟随他到兰州大学的还有叶开沅、聂大江等一批年轻有为的教师和干部。江校长到任不久，就出台了一系列推动发展兰州大学的政策，其中，最为重要的是加强教师队伍建设的政策，按照这些政策，学校举办了各种各样的培训班，老师们的热情空前高涨，兰州大学的发展也欣欣向荣、一片生机。叶开沅先生不负众望，制订了创建和发展力学专业的计划。在他的倡议下，从 1957 年入学的数学系学生中挑选了几名学生学力学，因此把力学作为一个方向，兰州大学在 1962 年就有了自己的毕业生。叶先生还亲自为力学方向的学生开了许多力学课，怀着对叶先生的敬意，程昌钧也随之听了许多课，并做了详细的笔记，演算了大量的习题。在这种边学习边工作的过程中，她的学识有了很大的提高，不仅先后开出了弹性力学、塑性力学等课程，也为日后的教学和科研工作奠定了坚实的基础。

1966 年的春夏之交，“文化大革命”开始了，在那人人自危的日子里，程昌钧和她的同龄人一样，经历了许多，也明白了许多。但是和一些人不同的是她坚定的信念和不懈的努力。不管是在她被批斗、被勒令“打扫卫生”的日子，还是接受“再教育”的日子，她始终坚信，眼前的状况是暂时的，这帮助她渡过了许多难关。“复课闹革命”之后，她带了十余名“工农兵”大学生去八盘峡水库实行“开门办学”，水库设计院正好有一个新型弧形闸门的应力分析需要计算。在那里，她和学生们吃住在一起，白天参加劳动，晚上为学生上课，研究弧形闸门的计算问题，还有培训设计人员的任务，度过了许许多多小心谨慎、刻苦耐劳的日子，终于很好地完成了任务。在这期间，她学会了如何与人打交道，学会了如何把工程问题提炼成一个力学问题，学会了当时许多人还未掌握的有限单元法，并用它来解决了弧形闸门的应力和应变分析问题。类似“开门办学”的经历还有十多次，但她每次都很好地完成任务，有的后来还获得了相关部门的科技进步奖，但从未署她的名字。正是这一次次的经历培养了她善于与人合作、无私奉献的精神。

1977 年恢复高考之后，不惑之年的程昌钧下决心奋起直追，把失去的宝贵时间争分夺秒地抢回来。她订了学习计划，夜以继日地读书，看资料，做笔记，写心得。功夫不负有心人，她不但先后开出了弹性力学、塑性力学、有限单元法、非线性力学专题等课程，并于 1978 年 8 月在由钱伟长先生、叶开沅先生在兰州主持的全国“理性力学讲习班”上，和两位同事一起系统地介绍了理性力学的基本概念和理论，把理性力学引进了国门。在这个讲习班上，她也认真地聆听了钱伟长先生主讲的“张量的内禀理论”，先生的为人，先生的学识，先生的授课无不令她折服。自那以后，她跟随钱先生 30 多年，参加了由钱先生组织的许多学术活动，扩展了视野。也是从那时开始，她慢慢地进入了科学研究的领域，并在理性力学和固体力学的多个分支进行了探索与耕耘，取得了显著的成绩。1987 年她获得中英友好奖学金，访问了诺丁汉大学，英国皇家学会会员 A. J. M. Spencer 教授对她的评语是：“她不仅有深厚的数学功底，广阔的视野，她还勤奋努力，是一个多产的科学家。”她于 1983 年晋升为副教授，1986 年晋升为教授，1990 年被国务院学位委员会批准为兰州大学固体力学博士学科点博士研究生导师，1996 年调入上海大学任力学系首任系主任、固体力学实验中心首任主任，2007 年退休，后被返聘直到 2010 年。享受国务院政府特殊津贴。目前，她仍然坚持“活到老，学到老，耕耘到老”的理念，做自己喜欢的工作，还在尽心尽力地培养尚未毕业的博士研究生，为上海大学力学学科的发展出谋划策。她与学生合著的约 60 万字的专著《桩基的数学建模、理论分析与计算方法》于 2009 年在科学出版社出版。

从程昌钧的成长历程可以看到，不论是中学还是大学，她都接受了良好的教育。良好的学校氛围，优秀老师的言传身教，尤其是一些德高望重老前辈对她的直接引导和指导，加之她一如既往的拼搏、奋进和坚忍不拔的精神，造就了她今日之成绩，赢得了同行的广泛赞誉和尊敬。

二、主要学术成就

程昌钧长期从事理性力学和固体力学的理论、方法及应用的教学与研究工作，在固体力学的一些重要领域辛勤耕耘50余载。从20世纪80年代开始，她和朱正佑就率先合作，将理性力学框架与分支理论的观点和方法相结合，用于结构和材料的非线性稳定性分析，对各类材料和结构的屈曲、分叉和稳定性进行了系统地研究，在建模、理论分析和数值方法等方面取得了重要学术成果。

（一）弹性结构的非线性理论、方法和应用

20世纪80年代后期，程昌钧与朱正佑合作，对开孔薄板非线性分析建立了以挠度和单值应力函数为未知量的单值化数学模型，提出了存在单值应力函数及保证位移单值的充分必要条件，建立了任意条件下、任意形状开孔薄板非线性分析的单值化数学模型，提出了求解框架，并将这种思路和方法推广到开孔柱壳、开孔夹层板和开孔黏弹性薄板的非线性分析中，建立了相应的单值化数学模型。在这些数学模型中，除了微分方程、边界条件，还具有未知变量和参数满足的非线性泛函约束条件，即使是微分方程和边界条件也不完全与通常的相同，因此是一类全新的数学模型，是薄板 von Kármán 理论、薄壳 Donnell 理论及夹层板的 Reissner 理论的推广，丰富了非局部、非线性椭圆边值问题的内容和理论。在此基础上，她和学生对开孔薄板非线性分析的单值化数学模型分支解的存在性进行了研究，推广了 Berger 关于无孔板分支解的存在性及其稳定性的结论；系统建立了开孔薄板、柱壳和夹层板非线性分析的广义变分原理和有限元方法，以及边界积分方程和边界元方法；并将这些方法与分支问题的数值计算方法相结合，提出了开孔结构屈曲与稳定性分析的有效数值方法。作为理论和方法的应用，对各种条件下环形板的屈曲状态进行了全面深入的研究，发现具有对称受力和约束条件的环形板，可以首先发生非对称失稳和屈曲现象；给出了环形板在中面剪力作用下的屈曲模态，与实验观察十分吻合。他们还开展了重特征值处结构力学行为的分析与计算和缺陷敏感性分析的研究，利用分支理论和奇点理论系统研究了位于非线性弹性基础上的矩形板在重特征值处的屈

曲行为。发现结构在重特征值处具有十分复杂的力学行为，不但存在多个模态，发生二次分岔，还将发生模态跃迁等现象；证明了位于非线性弹性基础上的矩形板在重特征值处具有 45 种不同性质的分岔图，它们包括了固体结构的所有可能形式分岔图；揭示出结构不同模态之间的两种过渡方式——光滑过渡和模态跃迁；证明了重特征值处结构的力学行为对缺陷是更为敏感的，会使结构的稳定性发生质的变化。他们把孔洞作为一种几何缺陷，建立了受轴向压力作用的开孔柱壳非线性稳定性分析的广义变分原理和有限元方法，并按照分支理论系统研究了轴压柱壳的屈曲和稳定性，分析了不同形状和不同排列方式的孔洞对轴压柱壳临界载荷和屈曲的影响，等等。这些成果分别发表于《中国科学》、《力学学报》、《科学通报》、《应用数学和力学》、*International Journal of Engineering and Science*、*International Journal of Non-linear Mechanics*、*Computer Methods in Applied Mechanics and Engineering* 等杂志，专著《分支问题的数值计算方法》和《结构的屈曲与分叉》填补了国内空白。有关成果于 1990 年获得国家教育委员会科技进步奖二等奖 1 项，1992 年和 1998 年分别获得甘肃省和教育部科技进步奖一等奖各 1 项，先后被国家教育委员会和教育部推荐申报国家科技进步奖二等奖。

（二）黏弹性理论的应用、数值方法及稳定性控制

黏弹性力学问题数学建模的难点在于黏弹性材料的本构方程是算子型的，即一组算子型方程，一般分为微分型和积分型两大类。这样在由应力求解应变或由应变求解应力时，即由材料的松弛型本构关系转换到材料的蠕变型本构关系时，需要求解算子方程组的逆算子，一般情况下这是很困难的。在解决黏弹性力学问题的过程中，程昌钧及学生提出适用于算子型本构方程的建模方法。他们首先利用 Laplace 变换将黏弹性材料的本构方程变成 Laplace 变换域中的代数方程，施行代数运算反解后，再对结果施行 Laplace 逆变换，从而得到黏弹性结构所需要的具体的松弛型本构方程或者蠕变型本构方程。即使这样，不同于弹性结构的数学模型，黏弹性结构力学分析的数学模型一般都是积分-偏微分方程组，其边界条件一般也是积分-微分算子型的，对于开孔黏弹性结构还包括一组积分-微分约束条件，因此，黏弹性力学问题的数学模型是更为复杂的。同时，黏弹性力学问题的求解是另一个难点。为了求解，他们结合笛卡尔内积和卷积双线性形式，采用 Laplace 变换及其逆变换等技巧使数学模型中非对称的算子对称化，来建立相应的 Gutin 型变分原理，为 Ritz 法和有限元方法奠定必要的基础。他们系统地提出了开孔弹性和黏弹性平面问题之间的对应原理，使得在一定的条件下，可以由平面弹性力学问题的解直接得到对应

黏弹性问题的解，而无需进行 Laplace 逆变换，扩大了黏弹性平面问题的求解和应用范围。

程昌钧等提出了一套系统的求解黏弹性力学问题的方法，包括计算非自治系统 Lyapunov 指数谱和 Lyapunov 维数的方法，计算分数导数和分数微积分的新的简便的数值计算方法，计算黏弹性薄板动力响应的边界元方法，求解正交各向异性非线性黏弹性矩形板的静动力学行为分析的微分求积方法等。在此基础上，他们对各种类型的黏弹性结构的动力学问题进行了系统的讨论，揭示出不同系统具有的丰富动力学性质，如不动点、极限环、多周期或拟周期运动、吸引子、混沌、超混沌、无界不稳定等现象以及它们相继出现与发展的过程，给出了结构稳定性的判据及抑制不稳定性的措施。

程昌钧和她的博士生还研究了黏弹性介质的散射和逆散射问题及反演方法。这里的难点在于黏弹性介质是一种频散介质，材料参数与时间相关。他们把时间域内的不变嵌入方法和波分方法引入黏弹性介质中，给出了反射算子与透射算子的定义，建立了这些算子的入射场、反射场和透射场之间的关系，导出了不变嵌入方程。系统讨论了层状黏弹性介质的散射和逆散射问题，提出了以反射算子和传播算子为基础的反演介质松弛模量的方法；将这些反演方法应用于一般非均匀介质松弛模量的反演，得到了很好的结果。相关论文发表于《力学学报》、《固体力学学报》、*International Journal of Solids and Structures*、*Journal of Sound and Vibration*、*Nonlinear Dynamics*、*Journal of Mathematics and Physics*、*Computer Methods in Applied Mechanics and Engineering*、*Journal of Engineering Mathematics*、*Engineering Structures* 等。相关成果 2002 年获得上海市科技进步奖二等奖 1 项。

（三）非线性弹性材料的孔隙生成与微孔增长问题

这是一个属于非线性固体力学、材料科学、生物力学以及工程应用科学的交叉领域。

与材料的局部损伤和断裂机理密切相关的固体结构中微孔的突然生成现象（cavitation 现象），早在 20 世纪 50 年代由 Gent 等对硫化橡胶圆柱的侧面径向拉伸实验中观察到，直到 20 世纪 80 年代才由 Ball 建立了孔隙生成问题的非线性理论。在这方面，程昌钧与合作者进行过系统地研究，内容包括：①超弹性材料静态孔隙生成与增长问题；②超弹性材料动态孔隙生成与演化问题；③缺陷超弹性材料的孔隙生成与增长问题；④超弹性结构中预存微孔的增长问题；⑤温度和塑性等因素的影响。他们根据有限变形理论建立非线性数学模型，得到了一批孔隙生成问题的新的解析解，由此研究了孔隙生成后随外载荷的增长或随时间的演化过程，从而研究了孔隙静态分岔问题或孔隙动态分岔问题。从理论上探索了在实验中观察到的孔隙生成与增长现象的机理，对超弹性结构中预存微孔的增长问题得到了与实验观察相吻合的理论结果。首次发现孔隙生成过程中应力和能量分布的突变行为及边界层效应；首次揭示了孔隙生成后其增长规律的复杂性，证明孔隙生成后既可发生左分岔，也可发生右分岔，给出了发生左、右分岔的判定条件，证明了右分岔是稳定的，左分岔是跳跃性的。首次研究了各向异性和非均匀材料的孔隙动态生成问题。首次对缺陷超弹性材料的孔隙生成问题进行了定性研究，发现缺陷会使材料提前或者推迟发生孔隙生成现象，给出了孔隙分岔条件；证明了孔隙生成后随时间的演化是具有奇异性的非线性周期振动，给出了球壳破裂的临界载荷等。这些成果对超弹性材料的失稳机理进行了合理的解释，对材料和结构的断裂、损伤、破坏、失效等提供理论依据，也为生物力学的发展提供必要的理论基础。相关论文发表于《力学学报》、*Journal of Engineering Mathematics*、*International Journal of Non-Linear Mechanics* 等杂志，相关成果于 2007 年获得上海市科技进步奖三等奖 1 项。

（四）工程和科学中力学问题的数学建模与分析计算方法

程昌钧非常重视力学对于工程和科学的应用，并擅长于建立其中关键力学问题的数学模型。早在 1958 年大学毕业后不久，她就到甘肃省刘家峡水电站进行水坝和水轮机蜗壳的应力与变形分析的计算问题，那时没有计算机，她靠切取水坝和蜗壳的危险断面，利用 Ritz 方法获得了近似解析解。1970 年，兰州石油机械厂从日本三菱公司引进了一台化工设备，关键设备是热交换器管板，实际管板厚度仅为设计厚度的十分之七，没有任何技术说明，设计人员不敢采用，要兰州大学帮助计算和分析。她和刘人怀等把管板看成弹性基础上的圆板，获得了解析解，并用手摇计算机进行了大量的数值计算，成功地完成了任务。1973 年，她带学生去八盘峡水库实习，水库建设中的一个关键技术问题——弧形闸门的应力分析需要解决。这是一种新型的闸门，设计院的工程师以往并没有设计过这种类型的闸门，需要进行应力和应变分析。这是一个空间复杂结构的计算问题，因为弧形闸门本身是一个拱壳，为了保证其安全，后面还有一个结构复杂的支腿，因此实际上是一个由薄柱壳的闸门与钢结构的支腿组合的空间结构。为了解决这个问题，程昌钧打算采用在中国刚刚起步，她通过自学掌握的有限元方法。那时的计算机还是晶体管的，没有现成的计算机程序，所以她需要按照晶体管计算机自己编程，自己用二进制输入程序，调制程序，验证程序，上机计算，最后进行数据处理，提供给设计人员。经过了许多日日夜夜的努力，她终于交出了一份令设计人员满意的结果。后来，她又采用有限元方法完成了兰州化工机械设计所的裂解废热锅炉管板的计算，以及众多企业的复杂结构的应力分析问题，其中一些成果后来获得了有关部委的科技进步奖。这个过程显示出程昌钧在解决工程和科学技术的关键问题时具有深厚的功底，也显示出她从中提炼数学模型的超强能力。

在2009年由科学出版社出版的程昌钧与合作者写的《桩基的数学建模、理论分析与计算方法》专著中，这种建模的功底和能力表现得更加淋漓尽致。该书表面上写的是桩基，实际上是从不同的角度，采用不同的方法和技巧，为工程实际提供了许多不同类型问题的数学模型和求解方法，该书实际上是一本与结构非线性力学特性分析的建模、分析和数值模拟方法有关的书，它架起了从工程结构到力学分析之间的桥，对于许多工程领域都是实用的。

（五）理性力学和力学中的现代数学方法

早在1978年由钱伟长和叶开沅发起的在兰州大学举办的全国第一届“理性力学讲习班”上，程昌钧和同事一起采用德冈辰雄著的《理性连续介质力学入门》（连载）为教材，最先比较系统地将理性力学的概念和内容引入了国门。受钱先生的影响，自那以后，她跟随钱先生几乎全程参加了中国力学学会理性力学和力学中的数学方法专业（组）委员会的活动，先后担任专业委员会的委员、副主任、主任，目前仍任专业委员会委员。在这期间，在钱伟长先生和郭仲衡先生等的支持下，她与苗天德等翻译出版了德冈辰雄著的《理性连续介质力学入门》（科学出版社，1982）。之后，在钱伟长先生的主持下，她和俞焕然合译出版了美国科学家 A. C. Eringen 主编的《现代连续统物理丛书》的第二分册《物质的本构方程》（E. H. Dill 著，南京江苏科技出版社，1983）。1991 年，科学出版社又出版了程昌钧、俞焕然合译，戴天民校，A. C. Eringen 著的力学名著《连续统力学》，这几乎是中国研究生的第一部连续统力学教材。在这 30 多年中，她还组织和参与组织了著名的“现代数学和力学（MMM）”系列会议 6 次，“国际非线性力学（ICNM）”系列会议 4 次，主编和副主编相关会议文集 8 部。同时，程昌钧本人在理性力学、力学中的现代数学方法、非线性力学等相关研究领域也进行过比较系统的研究工作，包括固体材料和结构的大变形理论，非线性弹性材料的孔隙生成与增长问题，非局部断裂力学问题等。她在推动理性力学、现代数学与力学的结合，促进非线性力学在中国的发展方面做出了应有的贡献。

三、教书育人，为人师表

程昌钧先后在兰州大学和上海大学从事教育教学工作50余载，为本科生主讲过基础课、主干课和选修课十余门，为研究生主讲过学位课与选修课十余门，平均每学期主讲教学工作量108小时。主讲过的课程有：理论力学、弹性力学、塑性力学、板壳理论、变分原理与有限元、张量分析、非线性弹性力学、连续统力学、结构的屈曲与分叉、柔韧杆件的大挠度理论、热弹性力学、弹性稳定性理论、固体力学进展、力学中的现代数学方法、黏弹性理论及应用、力学与实践等，其中，变分原理与有限元、非线性弹性力学、连续统力学、结构的屈曲与分叉等课程在国内也是较先开出的。

教学中，程昌钧重视积累教学资料，重视课程的教材建设。编写了理论力学、弹性力学、塑性力学、板壳理论、变分原理与有限元、结构的屈曲与分叉等课程的讲义，翻译了连续统力学等课程的教材，在反复修改的基础上，后来出版了多部教材、专著和译著。其中，她与朱正佑合作出版的专著《分支问题的数值计算方法》（兰州大学出版社，1989）和《结构的屈曲与分叉》（兰州大学出版社，1991），曾被一些学校作为研究生相关课程的教材，也是一些从事相关领域研究的研究生和研究者学习和参考的资料；她与俞焕然合译的《连续统力学》自1991年由科学出版社出版以来是许多院校研究生学位课的教材。由她本人编著的《弹性力学》（兰州大学出版社，1995）和与他人合著的《弹性力学》（高等教育出版社，1999）与《弹性力学》（修订本）（上海大学出版社，2005），也被一些学校选作本科生和研究生的教材。她本人编著的《弹性力学》于1997年获得上海市优秀教材奖一等奖。

在教学过程中，程昌钧非常重视教学内容、教学形式和教学方法的改进，重视对学生自学能力的培养，并将新思想、新概念、新成果反映在教学中，启发学生的学习积极性和探索精神。“力学与实践”是她于1997年就为上海大学力学系本科生开设的一门有特色的课程，该课程是以“请进来和走出去”的方式，请校内外的专家给学生们上课或者到某些研究所进行实地的参观，并采取平时考察和写“心得”的方式进行考核，以便培养学生的科技写作能力。

程昌钧先后培养硕士研究生30余名、博士研究生十余名，并指导博士后科研人员2名。在培养研究生的过程中，她不仅亲自为研究生主讲学位课和选修课程，同时对研究生的培养也倾注了大量的心血，既在学术上严格把关，悉心指导，又给研究生留下足够的空间，使他们能充分发挥自己的才智，提高自身的科研能力，特别重视研究生学位论文的创新性。她的许多研究生毕业后迅速成为所在单位的教学、科研和管理工作的骨干，不少人已成为教授、博士生导师、学科带头人、首席教授、杰出青年基金获得者、教育部“长江学者奖励计划”特聘教授、国家自然科学奖获得者、副校长等。

程昌钧常说：“搞力学，没有现代力学的基础不行，没有良好的数学基础也不行。”为此，她和朱正佑教授在兰州大学工作期间，1984～1996年，在教学计划之外举办了每周一次的讨论班，不计报酬地坚持了整整12年。其成员有力学系的研究生、数学力学系和物理系的部分年轻教师。在这个讨论班上，他们为大家系统讲授了许多现代数学课和力学课，例如，现代力学基础、泛函分析、非线性泛函分析、Sobolev空间、科学和工程中的变分方法、分支理论、分支问题的数值计算方法、奇点理论等，同时也报告一些现代的重要文献。他们讲，大家也讲，气氛非常热烈。通过这种方式，一批年轻人受益匪浅，有3位杰出青年基金获得者，3位教育部“长江学者”特聘教授，2位国家科技进步奖获得者，1位院士都先后在这个讨论班上，系统听过他们讲授的许多课程，受过他们的系统培训。

程昌钧认为，要教育好学生，必须自己“行得正，走得端”，坚持“榜样的力量是无穷的”这个信条，所以她处处为人师表，严格要求自己。她学风严谨，甘为人梯，做到“学而不厌，诲人不倦”，得到历届学生的一致好评，至今仍有许多学生与她保持着密切的联系，从她那里得到进一步的指导和启迪。程昌钧是一个追求完美的人，不管做什么事情都身体力行，亲力亲为，认真对待，要求做得更好。特别在学生写作学位论文或者一般论文的过程中，她总是反反复复地进行批改，连标点符号也不放过，有时甚至要修改8～9遍，还常常把学生叫到办公室当面点评，直到满意为止。这种一丝不苟的认真态度，深得学生们的赞美，使大家深受教育，也无形中培养了学生们一丝不苟的严谨学风，使他们受益终身。

程昌钧的一生都与国家的教育事业紧密联系在一起，她把教师职业作为自己的历史使命和崇高职责，把培养社会主义事业的接班人、社会经济发展专门高级人才作为己任，通过教师这个岗位实现了自己的人生价值，贡献自己的聪明才智。20世纪50年代，在环境艰苦的大西北，她在叶开沅先生的带领下积极参与筹备了兰州大学力学专业（系）。在力学学科不太景气的20世纪90年代，按照钱伟长先生的教育思想，她又亲自创办了上海大学力学系和固体力学实验中心，在长达九年的首任系主任和实验中心主任期间，谋划发展，勇于开拓，如今工程力学为国家精品课程，力学实验中心成为全国基础力学实验教学示范中心。在教育教学改革过程中，她勇于探索，勇于创新，身体力行地进行了许多艰苦卓绝的工作，她承担过多项教育教学改革和教材建设项目以及实验室建设项目，写过和发表过数十篇教育教学研究论文和报告，获得过省部级以上优秀教材奖和优秀教育教学成果奖以及与教育教学直接有关的各种荣誉称号十余项，2009年，她还获得“新中国60年上海百位杰出女教师”称号。

四、程昌钧主要论著

程昌钧，朱正佑．环形板的屈曲状态．1986. 中国科学（A辑）．3：265-273.

Zhu Z Y，Cheng C J. 1986. General mathematical theory of large deflection of thin plates with some holes. Acta Mechanica Sinica，1986，2（3）：278-288.

Cheng C J，Spencer A J M. 1989. Non- axisymmetric instability of polar orthotropic annular plates. Jour Engng Math，23（1）：29-51.

程昌钧，朱正佑．1991. 结构的屈曲与分叉，兰州：兰州大学出版社．

Cheng C J，Liu X A. 1991. Buckling and post-buckling of annular plates in shearing，Part Ⅰ：Buckling. Comput Method Appl M，92（2）：157-172.

Cheng C J，Liu X A. 1991. Buckling and post-buckling of annular plates in shearing，Part Ⅱ：Post-buckling. Comput Meth Appl Mech and Eng，92（2）：173-191.

He L W，Cheng C J. 1992. Nonlinear buckled states of rectangular sandwich plates and their stabilities. Int Jour Non-Linear Mech，27（3）：423-435.

程昌钧，杨骁．1996. 开孔薄板非线性分析的数学模型和广义变分原理．应用数学和力学，17（2）：109-118.

Cheng C J，Shang X C. 1997. Mode jumping of simply supported rectangular plates on nonlinear elastic foundation. Int Jour Non-Linear Mech，32（1）：161-172.

Cheng C J，Zhang N H. 1998. Variational principles on static-dynamic analysis of viscoelastic thin plates with applications. Int Jour Solids Struct，35（33）：4491-4505.

Cheng C J，Chen X Y. 2000. Inverse scattering for inhomogeneous viscoelastic media，Jour Math Phys.，41（5）：2839-2850.

Ren J S，Cheng C J. 2002. Bifurcation of cavitation solutions for incompressible transversely isotropic hyper-elastic materials. Jour Eng Math，44（3）：245-257.

Sheng D F，Cheng C J. 2004. Dynamical behaviors of nonlinear viscoelastic thick plates with damage. Int Jour Solids Struct，41：7287-7308.

Li J J，Cheng C J. 2005. Differential quadrature method for nonlinear vibration of orthotropic plates with finite deformation and transverse shear effect. Jour Sound Vib，281：295-305.

Cheng C J，Mei B. 2006. Dynamical formation of cavity for composed thermal hyperelastic spheres in non-uniform temperature fields Appl Math Mech，27（4）：443-452.

Zhang Z L，Cheng C J. 2007. Forced vibration and special effects of revolution shells in turning point range. Appl Math Mech，28（7）：861-872.

Hu Y J，Zhu Y Y，Cheng C J. 2008. DQEM for large deformation analysis of structures with discontinuity conditions and initial displacements. Eng Struct，30：1473-1487.

程昌钧，胡育佳，朱媛媛，等.2009. 桩基的数学建模、理论分析与计算方法. 北京：科学出版社.

Hu Y J，Zhu Y Y，Cheng C J. 2009. DQM for dynamic response of fluid-saturated visco-elastic porous media. Int Jour Solids Struct，46：1667-1675.

Zhang Z L，Cheng C J. 2009. Uniformly valid solutions of the coupling turning-point problem of vibration of revolution shells. Sci China Ser G，52（9）：1392-1403.

主要参考文献

中国科技创新网 程昌钧网页：http：//www. zgkjcx. com/Article/ShowArticle. asp？ArticleID=6226.

上海市科技教育系统妇女工作委员会.2005. 美丽智慧之光——上海当代女科学家实录，上海：上海科学普及出版社.

宁建国，杨骁.2008. 固体力学及相关研究进展——程昌钧教授从教五十年暨七十寿辰庆贺论文集，北京：北京理工大学出版社出版.

撰写者

杨骁（1965～），博士、教授、博士生导师。程昌钧早年的学生，从事固体力学、饱和多孔介质等领域的研究，上海大学土木工程系系主任。

宁建国（1963～），博士、教授、博士生导师。程昌钧早年的学生，从事爆炸力学、冲击动力学、计算力学等领域的研究，长江学者，国家杰出青年基金获得者，北京理工大学教授。

陶建华

陶建华（1937～），重庆人。流体力学家。1957年毕业于天津大学水利工程系并留校任教。中国计算机模拟水流领域的开拓者，几十年来一直致力于经典流体力学、计算机科学技术、海岸海洋工程、生态环境科学和信息科学技术的交叉和应用。曾获国家教委科技进步奖一等奖、三等奖，天津市科学技术进步奖一等奖、二等奖、三等奖，2002年获第六届“地球奖”。在天津大学工作50余年，主持承担了国家、省部级科研课题100余项，出版专著一本、国际会议论文集一套，在国内外学术刊物和国际会议上发表论文160余篇，培养博士后、博士生和硕士生80多名。现任天津大学机械学院力学系和环境科学系教授、博士生导师，天津大学环境科学与工程研究院（IESE）院长；国际水力学研究会（IAHR）信息水力学委员会委员，中国力学学会水动力学专业组成员。

一、对知识执着探索，对事业不懈追求

陶建华祖籍重庆，1937年5月9日生于江西省星子县的一个知识分子家庭。星子县背倚庐山，面临鄱阳湖，在这里度过童年的她，一生与水结下不解之缘。幼年的陶建华接受了良好的家庭教育，在父母影响下，她从孩提时代就对知识充满了无限渴望，而永不服输的精神和独立乐观的人生态度，也深深植根于她幼小的心灵。

1953年，年仅16岁的陶建华考入了天津大学水利工程系。在当时，她是全班年龄最小的大学生，而学习成绩却一直都是第一名，并担任班长。本科学习期间（1953～1957年），中国的大学教育正处于全盘学苏联阶段，陶建华在学校接受了正规而良好的高等教育，无论是知识还是技能，都打下了坚实的基础。天津大学的前身北洋大学是中国近代第一所大学，在这样一所历史悠久的高等学府求学，学校的优良传统也在潜移默化中铸造着她——“实事求是”的校训、“严谨治学”的校风和“爱国奉献”的传统，渐渐融于其血脉，使她在人生道路上为人、教学、科研、育人等各个方面受益匪浅。

1957年，年仅20岁的陶建华毕业后留在天津大学任教，成为学校里最年轻的

教师。1962 年，25 岁的她晋升为学校最年轻的讲师。此后一直到“文化大革命”之前，她既负责本科生基础课的教学，又参与科研活动，还带领学生进行生产实习。她有着优雅的姿态，让学生既感到亲切又不失尊重；她有着甜美的声音，无论是在讲台上授课还是私底下谈心总能让人如沐春风；她更有着一颗火热的心灵，热爱教育事业、关爱学生，颇受学生们爱戴。

“文化大革命”期间，知识分子家庭出身和讲师的身份，使陶建华遭受诸多不平等待遇。个性要强、为人率真的她，在逆境中默默坚持着自己的职业信念——做好人、教好书、带好学生……

1969 年，有一件事情对陶建华的触动非常大。这一年，美国成功实现了登月。当得知该消息时，她深深感到心痛：外国的科技综合实力在不断提升，而自己的祖国却还处在动荡的浩劫之中。心痛，更加坚定了她一直以来保持着的清醒认识——知识是改变人生、改变社会的最大动力，要掌握知识，为祖国人民服务，无论遭遇怎样的挫折和打击，也永远不言放弃。

1971 年，学校开始招收工农兵学员。当时任教于给排水专业的陶建华负责工农兵学员的教学，这一干就是 7 个年头。任教期间，她“大胆”而真诚地与学员们沟通交流，引导他们认识到学习的机会来之不易，进而规劝他们认真读书。2500 多个日子里，她最大的收获就在于，传播了知识，因给予而感到幸福。

当改革开放的春风吹过中华大地的时候，年逾不惑的陶建华也迎来了人生的一次宝贵机遇。1981 年，44 岁的她毅然考入了荷兰国际水力学及环境工程学院（IHE）进修水动力学的计算机模拟，即计算水动力学。

能去国外求学，一直是陶建华梦寐以求的事情。对知识的渴望、对新兴事物的好奇心、对世界前沿科学的向往，使她一步步克服了语言不通、家庭困难等种种阻碍：大学时候外语学的是俄语，于是她从零开始学英语，最终通过了荷兰大使馆的考试；丈夫工作忙，家中的两个孩子没人照顾，她就将小儿子寄养在西安的亲戚家。为了出国学习，她舍弃了太多。因为她确信，能走出国门开眼界、学东西是时代给予的恩赐。

计算水动力学作为一门新兴学科，未来的发展会怎样？当时有很多人都抱着这样的顾虑。然而，陶建华却没有疑惑。因为在出国之前，她通过收集各种渠道的信息，已经对这门学科有了清晰的认识：这是一门必将在未来具有无限发展潜力的新兴学科，大有用武之地。陶建华有她固执的一面，那就是认准了的事情，便会执着地去做。她渴望将这门学科的精髓全部学到，然后带回祖国，做出一番事业。

在荷兰留学期间，计算水动力学有两个研究方向可供陶建华选择：一个方向是用数学模型研究河流问题，另一个方向是研究海洋问题。因在国内曾任教于水利系，接触过河流的一系列问题，天性喜欢探求的陶建华选择了后者。浩瀚无边的海洋充满了无限的“未知”，强烈的好奇心和探索欲望不断驱使她前进。

踏出国门，身在异域，陶建华的进修之路并非一帆风顺。她的导师是该学科的创始人 M. Abbott 教授。这位英国教授对中国人有着浓厚的偏见。在他眼里，一个来自中国的女学生是不会有什么发展前途的。于是他故意为难、设置障碍，给陶建华划了 30 多门课程，试图让她知难而退。

外表文静的陶建华，其实内心颇为要强。她始终坚信，女性一样可以在科学界做出成绩、展示风采。面对导师的轻视，她在心里憋着一股劲：一定要为中国人、中国女性“争一口气”。于是，在此后的 11 个月的时间里，她将除了吃饭睡觉外的时间全部用来学习，夜以继日，硬是啃下了 30 多门课，而且每门课的成绩都是最优。M. Abbott 教授无法相信这个看似柔弱的中国女学生竟然有如此大的毅力。他被陶建华的坚强、刻苦、韧性所折服，从此悉心教导、尽力传授，并带领她做了毕业论文。

在陶建华完成学业的时候，M. Abbott 教授语重心长地告诉她说：“一个计算水动力学工作者要做数学家和工程师之间的桥梁。”从此，“桥梁”的观念一直被陶建华所牢记。

1982 年，陶建华受 M. Abbott 教授推荐，赴丹麦水力研究所（DHI）短期工作，负责开发海洋工程应用软件。期间，她将一个软件包进行了修改，独创了处理动边界的新方法——窄缝法，并成功模拟了波浪在岸坡上的爬高和回落，解决了国外多年都难以解决的波浪模拟中的动边界问题，令同行刮目相看，直到现在，该方法仍被广泛采用。

在丹麦工作的 4 个月，陶建华的能力得到了研究所的一致肯定。研究所希望她能留下来继续工作，并提出了极高的待遇。但是，她牵挂她的孩子，也相信在祖国的沃土上，自己一年多的所学必将生根发芽。

1983 年，陶建华回国后到天津大学力学系流体力学学科从事教学、科研，为该校有关专业开设了“计算流体力学”、“高等计算流体力学”和“水波动力学”等课程，同时建立了“计算流体力学”研究方向，最早在中国开始用数值模拟技术重演和预报自然界或人类活动后的波、流和水环境现象和规律。

20 世纪 90 年代起，陶建华以渤海和渤海湾水环境保护和治理为背景，扩展了“环境流体力学”研究方向，特别是发展了流体力学、化学和生物学交叉的近岸海洋生态环境的评价、模拟研究方向。

“环境流体力学”研究方向需要多学科的交叉集合，为了研究的需要，陶建华于1999年在天津大学建立了环境科学与工程研究院（IESE）并担任院长。她通过IESE积极组织全校各专业的力量从事环境科学和工程研究，并提供国家的环保重大信息、组织项目投标。IESE成立以来，已成为天津大学各专业从事环境科学和工程的交叉学科基地。

近十几年，陶建华又“勇立潮头”，利用信息技术和传统的计算流体力学交叉的“水信息学（hydroinformatics）”来解决海洋生态环境问题。

二、“做数学家和工程师的桥梁”致力于多学科交叉应用

几十年来，陶建华一直致力于经典流体力学、计算机科学技术、海岸海洋工程、生态环境科学和信息科学技术的交叉和应用。

（一）计算流体力学

陶建华在计算流体力学方面主要研究方向是：高效、高精度、高分辨率的数值计算方法；数值网格生成技术；有自由表面的雷诺方程的数值求解技术；动边界和线性、非线性无反射开边界的处理方法和并行计算方法等。

在大量理论研究的基础上，陶建华和课题组将“计算水动力学”应用于海岸、海洋工程的设计、破坏诊断和修复中。她带领学生开发了许多重要的数学模型和软件，解决了海岸工程和海洋工程中的大量疑难问题。其中最为重要的是毛里塔尼亚努瓦克肖特港的修复工程。努瓦克肖特港又称“友谊港”，是20世纪70年代中国援助非洲的第二大工程项目。在该港建成后一年左右的时间，其防波堤下游出现了严重的冲刷，危及到工程和海岸安全。该港出现的问题如不及时加以解决，必将使中国的国际声誉受到极大负面影响。中国政府对此非常重视，决定采取补救措施。中交第一航务工程勘察设计院找到陶建华，委托她利用数学模型模拟港口的冲刷过程，以便快速实施修复。陶建华“临危受命”，在一个多月的时间内利用数学模型准确预报了港口未来30年的冲刷情况，并协助设计单位提出修复方案，成功解决了难题，一举挽回了国际影响。

此后，中国水运行业对“现代数值计算方法”从不了解到逐渐认可，进而广泛应用。至今，陶建华及其课题组利用数值模拟技术为中国沿海的大连港、秦皇岛港、天津港、黄骅港、珠海港、三亚港、长江口深水航道工程和上海洋山港等60多项重大工程服务，解决了中国交通部水运系统的多项重大疑难问题，得到了行业信任，

推动了港口水运行业用现代数值模拟技术进行设计和解决工程中问题的科学进程。她的“大尺度群墩上的随机波浪力”等三项成果被中国交通部《海港水文设计规范》（JTJ213-98）所采纳。

1988 年，陶建华主持承担的国家自然科学基金项目“水波问题的数值模拟研究”荣获国家教委科技进步奖一等奖；1995 年，她主持承担的国家自然科学基金重大项目“非线性波流相互作用及对大尺度结构载荷”荣获国家教委科技进步奖三等奖。

陶建华领导开发了“河流、海洋和水环境的数值模拟平台”，其中包括 6 个系统软件的大型软件包，功能包括了一维、二维和三维的波浪、潮流、洪水、水质、泥沙冲淤的模拟，结构物的波流载荷及工程与环境相互作用。该成果获得了国家知识产权登记证书，并获 2005 年天津市科学技术进步奖一等奖。

2005 年，从事水动力学和水利工程研究几近半个世纪的陶建华完成了 40 余万字的学术专著《水波的数值模拟》。该书将自然界和工程领域中的各种具有自由表面的非定常重力流，归结为不同特征的水波现象，并从计算流体力学的角度，研究其数值模拟的理论、方法和应用。中国力学学会副理事长戴世强教授评价该书“旁征博引，细心勾画了水波的数值模拟的理论、方法在水利、海岸、海洋工程和水环境中广泛应用，是一本水波动力学方面不可多得的专著”。

（二）近岸海洋生态环境的模拟

为了研究渤海的污染和生态环境保护，陶建华于 20 世纪 90 年代以后将研究方向扩展到海洋和水生态环境，进入力学、化学、生物过程交叉的生态水动力学的领域。

该研究方向利用数值模拟技术、现场监测和实验室培养实验，对渤海、渤海湾水生态环境进行了长期研究。为了弄清天津海岸严重污染的原因，通过大量的数值模拟和实验研究，陶建华的课题组首次揭示了缓坡浅水海岸污染物的输移扩散规律，发现并从理论上证明了天津沿岸滩涂严重污染的重要原因，是波浪引起的沿岸流使污染物沿岸徘徊。课题组还首次提出了研究大型浅水海湾水交换的关联矩阵方法。

在近岸海洋生态环境研究方向上，陶建华承担了“八五”攻关课题“渤海典型海域污水海洋处置规划布局”，国家高技术研究发展计划（863 计划）渤海项目中课题“典型海岸带生境修复与经济协调发展整体方案研究”，世界银行全球环境基金项目（GEF）“渤海水资源与水环境综合管理战略规划研究”，以及有关渤海的 40 多项研究项目。

陶建华主持承担的“天津海域污水海洋处置与环境管理信息系统研究”获1998年天津市科学技术进步奖二等奖，“渤海典型海岸带生境修复技术”获2006年天津市科学技术进步奖二等奖，“渤海湾天津海域海水淡化环境影响分析、评估及总量控制研究”获2010年天津市科学技术进步奖二等奖，“天津近岸海域生态环境特性研究”获2008年天津市科学技术进步奖三等奖，“渤海典型海域污水海洋处置规划布局研究”获1997年天津市建设委员会科技进步奖一等奖。

最近，陶建华及其课题组正在承担中国科学技术部渤海环境保护和治理的支撑计划子课题“天津人工岸线污染控制、近岸海域水质改善和评价关键技术”。

（三）水信息学在近岸海洋生态环境模拟中的应用

最近十多年，陶建华又将“水信息学（hydroinformatics）”应用到近岸海洋生态水环境模拟中。水信息学是一门新兴的学科，形成于20世纪90年代初，它是计算机信息技术和传统的流体力学数值模拟方法相结合的交叉学科。信息学的方法将系统的运动过程看做信息传递和信息转换的过程，通过对信息流程的分析和处理，获得对某一复杂系统运动过程的规律性认识。它完全撇开研究对象的具体结构和运动形态，将系统、完整、具体的众多特殊情况，抽象为具有一般意义的信息变换过程。利用信息技术中的软计算方法和资料挖掘技术等，能够弥补生态系统中的营养盐和浮游生态系统之间转化的模糊和不确定过程。

在该研究方向上，陶建华承担了国家自然科学基金“水信息技术在近岸海洋生态环境中应用”等课题，建立了“渤海湾基于模糊逻辑的海域富营养化的评价模型”和“自适应神经模糊推理系统的渤海湾富营养化短期预测模型”等。

陶建华是1991年国际水信息学会成立时的第一批委员，国际水信息学杂志*Journal of Hydoinformatics*的首位中国编委。2010年9月，她作为大会组委会主席在天津滨海新区组织承办了“第九届国际水信息学大会”（9th International Conference on Hydroinformatics），60个国家的300多位学者参加了会议，会议论文集收录了60个国家的332篇论文。

三、站在国际学术舞台，展示中国女性风采

自20世纪80年代留学回国后，陶建华在开展科研的同时，还一直活跃在国际学术舞台上。她通过访问讲学、开展国际合作、参与和组织国际学术会议等多种形式，使自己的研究工作走在国际前列，在交流推广研究成果的同时，向世界展示着

中国知识女性的深厚学识和人格魅力。

在印度，有一棵陶建华亲手种下的椰子树，记录着她的难忘经历。1992 年和 1994 年，陶建华作为联合国开发计划署（UNDP）特派专家，两次赴印度浦那“国家水利和能源研究中心”（CWPRS），对该国科技人员进行课程和软件开发培训，并担任 CWPRS 发展建设高级顾问。作为唯一的中国人、中国知识女性，她不仅对待工作格外认真，而且以她的独特人格魅力，成为了最受印度学员欢迎的外国专家。

陶建华与英国、日本等国的知名专家就渤海和渤海湾生态环境开展了长期的国际合作。1995 年起，她在英国政府和皇家学会的资助下与英国卡迪夫大学 R. A. Faloner 教授进行了长达十年的合作，共同研究渤海湾的水质和环保等问题。R. A. Falconer 教授因该研究被天津大学推荐为天津市市长的海洋环境顾问，为天津的海洋环境保护做了很多贡献。2002 年起，陶建华与日本大阪大学 Nakatsji 教授进行了 2 年的合作交流，共同推进了渤海湾、大阪湾的环境治理和保护。

作为国际上高度认可的计算水动力学和生态环境方面的专家，陶建华多年不间断地外出访问讲学，并参与、组织、筹办国际学术会议。她曾赴西澳大利亚大学合作研究，并曾在美国弗吉尼亚大学、艾奥瓦州立大学、明尼苏达大学，英国牛津大学、布拉德福德大学、卡迪夫大学和日本京都大学等国际知名学府进行多次讲学。

2002 年，陶建华在天津主持召开了“第二届国际近岸海域富营养事化研讨会”（Second International Workshop on Coastal Eutrophication），为广泛开展渤海水环境研究的国际合作打下了基础。2007 年，她在天津组织召开了“2007 国际水生态环境研讨会”，邀请美国、荷兰、澳大利亚等国众多知名专家共同就国际水生态环境研究的新进展和渤海湾环境治理与修复等问题进行了深入探讨。

陶建华作为 1991 年国际水信息学会成立时的第一批委员，国际水信息学杂志 *Journal of Hydoinformatics* 的首位中国编委，为扩大水信息学在国内的影响，积极担负起代表中国申办国际水信息学大会的任务。两年一届的国际水信息学大会是国际水信息学领域规模最大、影响最深的学术会议。经过三年多的努力，2010 年 9 月，“第九届国际水信息学大会”在中国天津滨海新区成功举办，这也是该会议首次在亚洲国家举办。会议就“早期预警系统和减灾”和“实时控制与决策支持系统”等议题进行探讨。

四、满怀社会责任感，推进地方经济和环保事业发展

多年以来，陶建华以强烈的社会责任感，用知识回报祖国、用热情奉献社会。

曾任全国政协委员，中国民主同盟中央委员、中央常委、天津市委副主委及天津市人民政府参事的她，常常以自己独特的女性视角，充分发挥专业的特长，积极建言献策，为政府科学决策提供真知灼见。

1996 年，陶建华在中国人民政治协商会议发言中首次呼吁京津冀联合建立北方经济中心，以缩小中国经济发展的南北差异。她的发言系统客观地分析了天津的发展和全国的经济发展的关系，以及天津市未来的发展趋势和发展方向，赢得了与会委员的支持和响应，在海内外产生深远影响。

作为一名科技工作者，陶建华结合自己的专业研究，最为关注渤海海洋环境的保护问题，她也因此被坊间誉为“渤海之母”。1993 年，她向中国人民政治协商会议全国委员会（全国政协）提交大会的书面发言，呼吁国家吸取国外海洋环境治理的经验，开展渤海治理；1999 年，陶建华在全国政协会议上递交了报告，建议将国家环境污染治理重点“三河、三湖、二区、一海、一市”，增加“一海”即渤海，该建议最终被国家相关部门所采纳。

为了支持天津市成为中国北方环保产业基地，陶建华任院长的天津大学环境科学与工程学院于 1999 年为天津的一些环保人士、政府机构和企业进行了多次环保启蒙和培训，这些培训为天津百利环保装备集团有限公司和天津的重要环保产业基地津南区的发展打下了坚实基础。

由于长期在海洋水环境保护的学术上和社会影响上的贡献，陶建华于 2002 年获第六届“地球奖”。“地球奖”是中国环境新闻工作者协会和香港“地球之友”共同设立的民间环保奖项，主要奖励新闻、教育、社会团体在提高社会公众的环境意识方面做出突出贡献的集体和个人，以弘扬社会环境教育的敬业精神，激励更多的新闻、教育和各界人士投身到社会公众环境教育。

五、结　　语

陶建华丰富多彩的人生给予后人诸多的启示：首先是她对知识的热爱和不懈追求，从本科时期的全优成绩，到在“文化大革命”的逆境中不言放弃，从改革开放之后勇于走出国门，到新世纪里将水信息学引入自己的研究领域，我们看到的是陶建华“一以贯之”的人生信条；因为有了对知识的热爱和追求，她将所有的兴趣投入到自己的科研事业中，痴迷而忘我地在计算流体力学的多个领域“航行”，取得了丰硕的成果；她与生俱来的对新事物的探索精神，使得她总是站在科技发展的“潮头”，不断地去拓展新的研究方向，不断地引领着学科的发展；她也甘做一架

“桥梁”，作为一名计算流体力学专家，她连接着数学界和工程界，作为一名有责任感的知识女性，她连接着科技界与社会，“桥梁”正是她淡泊名利的最好体现。

陶建华，一个在学术舞台翩然起舞的女教授，一个使理性散发美感的女科学家。她有着一个知识女性独特的气质，更有着一颗具有丰富的内涵、崇高精神追求的脉动的心灵……

六、陶建华主要论著

陶建华. 1984. 波浪在岸滩上爬高和破碎的数值模拟. 海洋学报，6（5）：692-700.

Tao J H. 1986. Mathematical modeling of circulation and its verification. Acta Mech Sinica，2（1）：34-42.

陶建华，丁旭. 1988. 大尺度结构上二阶波浪力. 力学学报，20（5）：385-392.

Tao J H，Tian Z F. 1991. Numerical simulation of sand shoreline evolution under action of regular waves and irregular waves. China Ocean Eng，5（1）：75-84.

Xie W S，Tao J H. 2000. Interaction of solitary wave on a front step simulated by level-set method. Appl Math Mech，21（7）：761-766.

Tao J H，Han G. 2001. Numerical simulation of breaking wave based on higher-order mild slope equation. China Ocean Eng，15（2）：269-280.

Tao J H，Li Q X，Falconer R A，et al. 2001. Modelling and assessment of water quality indicators in a semi-enclosed shallow bay. Jour Hydraul Res，39（6）：611-617.

Tao J H，Han G. 2002. Effects of water wave motion on pollutant transport in shallow coastal water. Sci China Ser E，45（6）：605-593.

Xu J，Tao J H. 2003. Simulation of wave forces on a semi-circular breakwater using multilayer feed forward network. China Ocean Eng，17（2）：227-238.

Yuan D K，Tao J H. 2003. Wave forces on submerged，alternately submerged and emerged semi-circular breakwaters. Coast Eng，48：75-93.

孙涛，陶建华. 2004. 波浪作用下渤海湾近岸海域污染物的输移扩散规律. 海洋与湖沼，35（2）：110-119.

Liu C G，Tao J H. 2004. Modeling the interaction of solitary waves and semi-circular breakwaters by using unsteady Reynolds equations. Appl Math Mech，25（10）：1118-1129.

陶建华. 2005. 水波的数值模拟. 天津：天津大学出版社.

李小宝，张伟，陶建华. 2006. 基于LBM的高层楼群三维流场数值模拟. 水动力学研究与进展（A辑）12（3）：499-504.

Sun J，Tao J H，2006. Relation matrix of water exchange for sea bays and its application. China Ocean Eng，20（4）：529-544.

Sun T，Tao J H. 2006. Numerical simulation of pollutant transport acted by wave for a shallow water sea bay. Int Jour Numer Meth Fluids，51（5）：469-487.

安斐，陶建华，2008. 渤海湾海水富营养化的二级模糊综合评价方法及其应用. 海洋环境科学，27（4）：366-369.

Zhang D, Tao J H. 2008. A Boussinesq model with alleviated nonlinearity and dispersion. Appl Math Mech, 29 (7): 897-908.

向先全，陶建华 . 2009. 水信息学及其在水环境中的应用研究综述 . 生态环境学报，18 (4)：1587-1593.

Nie H, Tao J H. 2009. Inversion of dispersion coefficient in water quality model using optimal perturbation algorithm. Appl Math Mech-Engl, 30 (6): 703-712.

主要参考文献

陶建华 . 2005. 水波的数值模拟 . 天津：天津大学出版社 .

武文龙 . 2008. 陶建华：诠释流体数值模拟的多彩人生 . 科技中国，(6) .

撰写者

孙亮（1980～），天津大学校友与基金事务处，曾多次采访陶建华。

高玉臣

高玉臣（1937～2005），吉林长春人。固体力学专家。中国科学院院士。1960年毕业于北京大学数学力学系，1966年清华大学力学系研究生毕业。曾任哈尔滨船舶工程学院（现哈尔滨工程大学）、北方交通大学（现北京交通大学）教授。在弹塑性断裂力学、细观复合材料力学以及大变形理论等领域做出了突出贡献。在裂纹尖端场方面，解决了一系列国际同行及权威关注而未能解决的难题；在复合材料细观力学方面，建立了若干被国际同行广泛采用的基本模型，为细观层次上定量分析复合材料断裂破坏奠定了理论基础；在非线性连续力学方面，建立了两种最本质的弹性大变形本构关系，给出了应力状态新的描述，完成了大变形情况下应力张量的分解，以及用“基面力”概念对大变形能量原理的描述，解决了若干悬置百年的大变形奇异点问题。1988年被中华人民共和国人事部授予“中国有突出贡献中青年专家”、被黑龙江省政府授予“有突出贡献中青年专家”的称号。曾在美国、澳大利亚、加拿大、以色列、法国和香港等国家和地区的大学及研究机构做访问教授或高级研究顾问。历任中国力学学会理事，中国力学学会固体力学专业委员会委员，国家自然科学基金评审委员会委员，《力学学报》、《固体力学学报》编委，黑龙江省力学学会副理事长等职。分别于1987年和1999年两度获得国家自然科学奖，于1988年和1996年两度获得国家教委科技进步奖一等奖。

一、聪明好学，热爱自然

1937年5月27日，高玉臣出生于吉林省长春市郊区的一个世代务农的百姓家庭，有两个姐姐一个弟弟。长辈中无一人识字，他父亲没有上过一天学，连自己的名字也不会写，但羡慕读书人，渴望有知识，希望自己的子女都成为有知识的人，因此鼓励和供养孩子们读书。由于当时家庭经济条件的限制，高玉臣只上到小学三年就辍学回家，后来在家自学一年。新中国成立后直接进入小学五年级，跳一级读完了小学。

高玉臣从小就表现出聪明、善动脑筋的天性。他不仅对所学知识过目不忘，而且遇到问题时，总是不满足于知其然，喜爱深究其所以然。农村里的农具、日常劳作和生活都成为高玉臣观察和探索的对象。他曾用黄泥烧制成一个内有空腔、摇动时能发出阵阵声响的玩具，周围的人都拍手叫好，但就不知道他是咋琢磨出来的。教过他的小学老师说："这孩子，教啥会啥，智慧超群。"他还多次获得"校品学兼优"奖状。

高玉臣在长春市第一中学读完初中后，考入长春市实验中学。高中物理课讲到感应电流那一章时，他对此产生了浓厚兴趣。他曾自己动手设计、制作一个小发电机，可以发电。当时他还有一个小本子，上面记满了一些"微积分"的符号和公式，这在当时是大学课程的内容。在填写高考志愿时，老师毫不犹豫地对他说："你必须报北大。"

二、北大求学，崭露头角

1956年，高玉臣考入北京大学数学力学系。数学系的吴林镶教授记得，当年在他的课堂上有一个个子不高的学生叫高玉臣，他总是会用最简洁巧妙的方法解数学题。一次，吴教授出了一道比较难的数学题，光题目就写了大半块黑板，他只用了五分钟时间就找到了问题的答案，而其他同学还没有理清问题的头绪呢。每每提起这段往事，吴教授的脸上都浮现出爱惜之情，许多年一直不变。

当时北京大学数学力学系的本科学制是六年。由于学习成绩总是名列前茅，只念了不到四年功课的高玉臣就被提前抽调到固体力学教研室当教师。留校后，他先后承担了"材料力学实验"和"理论力学"的辅导、"板壳理论"的讲授、"计算实习"和毕业论文的指导等教学工作。由于提前工作，有几门课程没有修完，时任固体力学教研室主任的王仁先生还专门为他安排时间进行补修。

刚参加工作时，高玉臣每天从早到晚埋在书堆里，但他仍觉得茫然，不知道自己应向哪个研究方向发展。正在这时，王仁先生让他跟踪苏联力学方面的几种期刊，并从中收集一些有意义的文章为中国当时出版的《力学文摘》供稿。开始时高玉臣对于阅读专业科技期刊感到有很大困难，但经过一段时间的努力，他的专业科技期刊阅读能力有了显著的提高，并逐渐熟悉了几个研究方向。而对高玉臣翻译的稿件，王仁先生亦总是进行精心修改，然后寄出。这段经历对日后高玉臣的科学研究工作产生了很重要的影响。

三、经历曲折，师生情深

在北京大学工作几年后，高玉臣于 1963 年考入清华大学工程力学系研究生班，有机会成为青年教师黄克智麾下的一名研究生，从事科学研究。他很快就在“板壳理论”方面取得了研究成果，并和导师一起共同发表了学术论文。同时，黄克智还曾指定高玉臣作为本科生毕业设计的指导组成员之一，负责数值计算方面的指导工作。在导师眼里，高玉臣是一个既“有很扎实的基础”，又是“非常刻苦学习”的人。

1966 年高玉臣研究生毕业后又回到北大数学力学系工作。当时正值“文化大革命”，国家处于“十年动乱”中；国内学术界与国际学术界几乎处于隔绝状态。北大力学系被迁往陕西汉中，所有教师都要参加农业生产劳动，高玉臣也不例外。劳动之余，有人找到“理论力学”习题来做。每当遇到一些做不出来的难题时就向他请教，他总能认真思考，想出一些解题办法和建议和大家一起解出这些难题。大家亲切地称他为“小高”。

1970 年，高玉臣调入哈尔滨船舶工程学院工作，当时正值“文化大革命”高潮。他曾多次被动员揭发导师黄克智作为“资产阶级学术权威”的“罪行”，但他连一张大字报都没有写。在那段时间里，他曾看过大门，站过柜台，但始终没有中断他的科学研究，成了一个“不断地偷着看书的人”。

“文化大革命”一结束，高玉臣就和导师黄克智有了学术上的联系，黄克智鼓励他将研究生期间的科研成果拿到学术刊物上去交流。他们还共同跨入了“断裂力学”研究领域，合作研究、发表论文。他们的研究成果在 1981 年举行的“第五届国际断裂会议（ ICF5 ）”上发表，并得到了大会总结报告的肯定。会后美国西北大学发出邀请，请他的导师黄克智到该校作为期一年的访问学者。当时出国合作研究的机会是非常难得到的，但黄克智考虑到高玉臣比自己更需要这个机会，就向对方推荐由高玉臣代自己与对方进行合作研究，把这个难得的机会让给了年轻有为的高玉臣。在这难得的一年中，高玉臣成果颇丰。后来他和导师黄克智一直保持着密切合作，取得了许多研究成果，并共同获得了国家自然科学奖。他们还共同指导过许多研究生。后来，黄克智还计划和他一起撰写一本关于“非线性断裂力学”的专著。而值得导师黄克智自豪的是，高玉臣是第一位当选中国科学院院士的学生。在汇集高玉臣一生学术成果的专辑《傲梅成尘香如故——高玉臣学术论文选》中，黄克智还提笔作序，表达他们的师生情谊。

四、执着坚韧，贡献非凡

高玉臣早年从事壳体理论方面的研究。他把以壳体厚度和半径的比值作为小参数的“渐近方法”用于建立壳体的基本方程，而且将其应用到到边界条件中。解释了对于同样的基本方程，在不同类型的边界条件下壳体内的应力可以迥然不同的原因。他还把“渐近方法”推广，用于壳体稳定性问题和含有加强肋的壳体问题的研究。

工程结构的断裂是许多灾难性事故的重要原因，例如，飞机失事、桥梁垮塌等。所以材料断裂的原因和规律一直是人们关心的问题，而断裂力学是研究这类问题的基础，也是固体力学的一个重要分支，有许多基础理论问题亟待解决。早在20世纪70年代高玉臣和他的导师黄克智就一起跨入断裂力学研究领域。他们合作攻克的“弹塑性裂纹尖端场”问题是当时被国际学术权威们认为“不可捉摸”的难题。关于“弹塑性裂纹尖端场”的“高-黄解”是其中的代表性研究成果之一。至今提起“高-黄解”时，同行中无人不知，已成为弹塑性断裂力学专著和教材中必讲的内容。高玉臣在断裂力学领域的第一篇学术论文《理想塑性介质中裂纹定常扩展的弹塑性场》于1980年发表在中国《力学学报》上，给出了难度最大的“Ⅰ型裂纹的全场解”，并表明扩展裂纹尖端的奇异性远远低于静止裂纹。学术界公认，这一项重要成果是由高玉臣与美国的J. R. Rice互相独立获得的。但高玉臣的这篇论文早在1977年10月就投到刊物编辑部，因为当初处于“文化大革命”刚结束，中途经过曲折的审稿过程历时两年多才面世。自从这项成果介绍到西方，一直为学术界所引用。而对于上述问题如果考虑到材料的可压缩性，问题就变得复杂得多，成为当时的一个难题。不久，高玉臣首次提出了裂纹尖端的五区构造，求得了可压缩理想塑性材料的定常扩展裂纹解。

“幂硬化塑性材料裂尖场”的解也是当时学术界面临的难题之一。力学权威J. W. Hutchinson在论文中写道：“对于比较实际的应变硬化材料，例如，幂硬化材料中的扩展裂纹的奇异场曾经是最难以捉摸的。”高玉臣与黄克智在1981年举行的第五届国际断裂会议（ICF5）上发表了关于“幂硬化材料弹塑性定常扩展裂纹”的解的研究结果，给出了这类材料中的裂尖场的渐近形式解，并完成了III型裂尖场的构造。该项研究结果受到本届大会主席J. R. Rice口头总结报告与J. W. Hutchinson综述报告的充分肯定。鉴于在“裂纹扩过程和断裂准则”问题上的研究成果，高玉臣和黄克智及其同事共同获得了1987年度国家自然科学奖。但是这个解中有一个塑性流动因子在卸载边界出现间断，无法合理地解释这一现象，被认为是一个缺点。后来，高玉臣经过长达15年的思考与研究，于1996年解决了这个问题，得到了新的幂函数奇异形式的解。普林斯顿大学的 A. C. Erigen 认为，对这一困难问题，高玉臣是“得到合理渐进方法的第一人”。

“蠕变材料裂尖场”的解也是当时学术界面临的难题之一。当初弹性动力学权威 Freund 给出了一种解答，而美国学者 Delph 指出 Freund 的论文“有几处运算错误，值得怀疑”。高玉臣和他的学生对这个问题进行了深入研究，基于有限破坏应变得到了“蠕变材料裂尖场”的解，指出了 Freund 欲消除裂尖局部自治的做法是错误的。同样，“应变损伤材料裂尖场”的解也是当时学术界面临的难题之一，高玉臣得到了这种材料的“准静态扩展裂尖场”的解。

纤维复合材料是近年来新兴的结构材料，有许多优点，在航空航天、航海、建筑等领域得到广泛应用，其断裂破坏准则是结构设计中的关键问题，由于其断裂破坏的机理还没有搞清楚，目前的断裂设计准则缺乏理论指导、具有很大的盲目性。所以，纤维复合材料断裂力学也是学术界的一个非常热门的研究领域。高玉臣一直在这个领域辛勤耕耘，取得了一系列的研究成果。他解决了纤维复合材料断裂破坏的一个基本问题——纤维拔出机理及脱胶判据；建立了基体开裂而纤维连接的桥连模型。该研究成果被国内外学术界同行引证了数百次。力学权威 Budiansky，J. W. Hutchinson 和 Evans 曾研究过这个问题，但都在高玉臣之后。美国学者 Bazant 在论文中写道：“曾有两种纤维拔出失效的判据，①界面剪切强度判据……②临界能量释放率的断裂力学判据……在 Gao 等人（1988）；J. W. Hutchinson 和 Jensow（1990）的工作中，由于考虑了脱胶纤维与基体之间的界面摩擦而使以上两个判据统一起来。”Evans 和 McMeeking 在一篇综述文章中，有专门的一节来论述“界面模型”的研究进展，引证的参考文献只有三篇：①Gao（1988），②Evans（1989），③J. W. Hutchinson（1990）。英国学者 Baillie 等的论文中将高玉臣建立的纤维桥连模型称为“Gao-Mai-Cotterell 模型”，并写道：“因为在 Gao 等人的模型中可以直接测定其中的相关参数，所以，这个模型的优越性在于可以直接模拟实验过程。”美国学者 Karbhari 等发表文章认为“……由于加工和冷却过程中材料失配，以及由于泊松收缩，界面摩擦力是存在的，这一影响被多数研究忽视了，只有 Gao 等人的理论以显式包含了这一影响。”这个细观力学模型是高玉臣在1987年得到的，已成为力学家和材料学家广为引用的经典理论。他也因此独立获得了1999年度国家自然科学奖。这是他第二次获得国家自然科学奖。

高玉臣常常说：“中国的科学家应该有自己的学术思想和完全独创的成果。”在科学研究的道路上，他总是有新的、更高的追求。对他自己已取得的成果，他讲应该“置零”，表现了他的这种境界。大变形情况下裂纹尖端场是一个令人生畏的难题，弹性力学权威 Knowles-Sternberg 及 Hermann 等在 20 世纪 70～80 年代曾对这个问题进行过艰难的探索，但一直没有解决这个问题。面对这一难题，高玉臣提出了自己的见解。通过用引进扩张区与收缩区的办法，他巧妙地给出了解答。他认为这是他最具原创性的研究工作，也是他自己“最得意的”成果。关于“非线性连续介质力学”的基本理论，高玉臣提出了许多见解，并解决了一系列的难题，如大变形情况下的尖缺口、集中力作用的楔体及锥体、尖点接触等问题。对这类问题，原来仅有 Hertz（1881）、Boussinesq（1885）和 Michell（1902）的线性解。

固体力学中“应力”的概念最早是由法国人 A. L. Cauchy 于 1822 年确立的，后经近 200 年发展，被认为是非常完善的。但高玉臣并不满足于此，对这个基本的概念进行了深入的思考，提出了“基面力”的概念，并用它来构造各种“应力张量”，从而在“非线性连续介质力学”研究领域中，形成了自己独特的理论体系。这些研究成果从 20 世纪 90 年代起陆续在国际学术刊物上发表。而如何建立“弹性大变形问题的余能原理”是学术界讨论了近一百年的难题，许多一流的力学家都曾研究过这个问题，但一直没有定论。高玉臣用他的“基面力”理论建立了“弹性大变形问题的一种余能原理”，提出了自己的见解。

高玉臣丰硕的科学成果不仅源自他的天赋和勤奋，也源自他的严谨。虽然在固体力学的几个研究领域中都做出了国内外同行所公认的成果，但他慎于著述，仅出版过一本专著《固体力学基础》。他的科研成果大多以学术论文的形式发表，其中大部分论文被收集在《傲梅成尘香如故——高玉臣学术论文选》一书中。

五、严慈相济，甘为人梯

作为固体力学领域的知名学者，高玉臣在力学学科的建设和人才培养方面也做出了重要贡献，培养出一批栋梁之才。

“有博就‘导’、无博则‘倒’”是高玉臣对评博士生导师的一句名言，意思是说，如果有人想要在你的名下读博士生，你就可以成为博士生导师；但是你如果虽然已经是博士生导师，而没有人愿意到你那里读你的博士生，那你就已经不是博士生导师了，你就“倒”了。他的这种评博导的观点虽简单却耐人寻味，体现出他对培养学生所肩负的使命感。高玉臣对年轻人才的培养和成长非常关注。他对学生要求非常严格，曾经有一次他和一名学生的计算结果有出入，两人各自校核公式、查验程序的全过程，耗时一个月，最终证实是那名学生在程序中写错了一个负号。高玉臣还有一个不成文的规矩，他的学生发表论文，如果要署上他的名，必须符合如下要求：第一，论文的内容一定要是和他一起研究讨论过的；第二，他一定要把学生的名字放在第一作者的位置；第三，论文的定稿一定要通过他的亲自审阅。这一个规矩对所有学生都没有破例。

在学生的心目中，高玉臣又是一位慈父。他非常关心学生的成长，对年轻人的爱惜之心常溢于言表。学生们都认为和他合作是一件非常愉快的事情，一些学生在他的鼓励下远赴国外求学，并在他的精神鼓舞下学成回国与他一起做研究。高玉臣还主动为学生的事业发展创造条件，例如主动帮助学生申请“杰出青年基金”等。高玉臣经常出国担任访问研究员或访问学者，无论他有多忙，对于学生们的学习、工作都丝毫不放松，每当学生写信向他求教，他都会及时回信，耐心解答学生的问题。

谈吐幽默风趣是高玉臣留给学生和同事的记忆之一。与他在一起工作，印象最深的就是他总能让人很开心、很快乐。他不仅给大家提出一个个学术问题来讨论，还会不时地讲个自编的谜语，或者讲个笑话，引得大家大笑不止，这不仅使紧张的大脑得到休息，而且还激发了大家对科学研究的兴趣，提高了工作效率。“写好论文打包寄往国外 —— 打一个成语”，就是他自己编的谜语之一，谜底是“出口成章”。生动形象地描绘了整理研究成果、向国际学术出版机构投寄论文的过程。

高玉臣对其每一名学生的家庭情况都非常熟悉，像一位父亲一样关心着学生们的学习和生活。在高玉臣家里，如果是因为讨论学术问题到了吃饭时间，他肯定会亲自下厨，为你做上一碗热汤面，许多学生都曾得到过这样的奖励。节假日学生们去探望他，如无学术问题，坐一会儿他就会建议大家回去，以免浪费时间，并曰应“免除俗礼。”

对一些“学术混混”，高玉臣非常反感。每次招博士研究生时，他总要先和报考者有实际的学术交流。如果知道到对方只想取得一纸文凭，并不想在实际科研工作中付出太多的时间和精力（当然也就不可能有什么努力了）时，他就会蹦出这么一句话：“我没有能力指导你这样的学生!”宁缺毋滥！他就是这样，任谁也说不通。

高玉臣还一直致力于力学学科的建设。在他的带领下，哈尔滨船舶工程学院于1986 年获国家教委批准建立了固体力学硕士和博士学位点；1990 年被评为“黑龙江省重点学科”，并建了力学博士后科研流动站。1994 年他调入北方交通大学工作后，又带领同事们创建了北方交通大学固体力学和工程力学的硕士点、博士点，力学博士后流动站，力学一级学科的博士点等。他带领的研究团队还曾获得“国家杰出青年科学基金”、“教育部高校优秀青年教师奖”、“教育部跨世纪优秀人才培养计划”等多项资助和奖励。在学科建设的每一次发展规划、每一次申报评估中，无不浸透着高玉臣的心血和汗水。他无不一一过问、详细审阅，他一丝不苟、严谨治学的态度在这里发挥得淋漓尽致。他独到的思维方式和见解也让同事和学生们受益匪浅。

六、淡泊名利，简单做人

从高玉臣读过的书和用过的笔记本的边角处总能发现几句他自己的诗词，如“华服美食非我求，走遍天涯厌旅游。尚有弱体能劳作，恰似乡间一头牛。”“行文休赞富，为诗莫悲老。富贵众所求，病老谁能逃。贫穷无须卑，富贵不可骄。少要乐奋斗，老要安温饱。”等。在这些诗句中，可以体会到他的人生观。

高玉臣一生的非凡成就还源自对科学本质的敏锐、对完美和简单的追求、敢于碰硬的精神和甘于寂寞的心境。他从不在浩瀚的文献中追逐时髦的名词，而是紧抓力学中最本质的问题，力求用一种最简捷的方式寻求尽可能完美的答案。他的学术论文简洁、完美，从来没有多余的修饰，看问题很实在。“工作里求乐，规律中寻美”是他的格言。

对于高玉臣来说，最大的快乐莫过于钻研学问、远离虚华。针对当时学术界的一些“浮躁”之风，他曾给国家科技部写信，建议取消一些名目繁多的评奖活动。他说，如果研究成果确实对社会进步有益，后人自会评说；现在就说什么“国内领先”、“国际先进”又有何用！在他一生所做的工作中，只有为数不多的几项成果获得了奖励。和高玉臣共事多年的同事们都知道，他坚持长期不报奖的原因，一方面是他过分谦让；另一方面，他常说：“不与国人争高低。”言外之意就是，要争就和外国人去争，向国际一流水平看齐。

科学研究中的直接、简单和完美也贯穿了他的整个人生。用“朴实无华”形容高玉臣的日常生活是最恰当不过了。当初调入北方交通大学时，学校领导问他有什么要求，作为一个已经在力学界很有名望的学者，他只说：“有个地方住、有个办公室和有台计算机就可以了。唯一的要求就是别让我当官。”很实在。他骑一辆自行车行走在校园里，你无法把他与知名学者联系起来。一辆至少也有20年历史的自行车，很破旧。他最不喜欢到高档饭店吃饭，很节省。在香港做学术访问期间，正值“非典”突发，北京交通大学的部分学生被暂时隔离。他马上寄回一千元钱以表寸心，很真诚。他不喜欢别人称他“高院士”，说叫“高老师”就行了，很知足。

思考与创造是高玉臣始终不变的追求，也是他的乐趣所在。他曾经不止一次地和夫人李玉琴说过：“如果有一天，我不能创造了，那我就感到活着没什么意义了。”他给北京交通大学毕业生纪念册上的赠言是“创造不止，其乐无穷”。这句话也确实是他实践了一生的精神指南。鲜为人知的是，他身体一直不是很好，老伴身体也不好，在这样的状况下，坚持研究而且做出成就，确实令人钦佩。《弹性大变形的余能原理》是他最后一篇正式发表的学术论文。该文是关于力学界讨论了近100年的一个难题——“大变形余能原理”的研究。连他自己在内谁也没有料到的是，当时他已重病缠身，该文就是在这样一种状况下完成的。不久，他就被无情的病魔击倒。该文与读者见面已经是他辞世几年以后的事了。

点点滴滴平常心，平凡之中见非凡。在平常中要做到不平常，在不平常中又始终保持一颗平常心，这就是高玉臣的人格所在。

七、高玉臣主要论著

高玉臣，黄克智 . 1965. 具有任意闭口截面的中长柱壳的应力状态和解法分类 . 力学学报，8（4）：256-273.

高玉臣 . 1980. 理想塑性介质中裂纹定常扩展的弹塑性场 . 力学学报：48-56.

高玉臣 . 1980. 裂纹起始扩展的弹塑性场 . 固体力学学报：69-76.

Gao Y C. 1981. Influence of compressibility on the elastic- plastic field of a growing crack // Elastic- Plastic Fracture. ASTM. STP，803：176-190.

Gao Y C，Hwang K C. 1981. Elastic-plastic fields in steady crack growth in a strain-hardening material. Proc. of ICF 5，2：669-682.

Gao Y C. 1986. The asymptotic solution to dynamic crack-tip field in a strain-damage material. Int. Engng. Sci.，24（6）：1045-1055.

Gao Y C. 1987. Debonding along the interface of composites. Mech. Res. Comm.，14（2）：67-72.

Gao Y C，Mai Y W，Cotterell B. 1988. Fracture of fiber-reinforced materials. J. of App. Math. Phys.，39：550-572.

Gao Y C. 1990. Elastostatic crack tip behavior for a rubber-like material. Theor. App. Fract. Mech.，14（3）：219-231.

Gao Y C. 1990. Further study on strain singularity behavior of moving cracks in elastic- viscoplastic materials. Theor. Appl. Fract. Mech.，14（3）：233-242.

Gao Y C. 1996. Exponential stress and strain singularity at tip of mode Ⅰ growing crack in power hardening plastic material. Theor. Appl. Frac. Mech.，25（2）：103-111.

Gao Y C. 1996. Near tip field for pseudo mode Ⅱcrack growth：in power law hardening materials. Theor. Appl. Fract. Mech.，25（3）：179-186.

Gao Y C，Wang Z Q. 1996. Stress and strain field near tip of mode Ⅲ growing crack in materials with creep behavior. Theor. Appl. Fract. Mech.，25（2）：113-125.

Gao Y C. 1998. Large strain analysis of a rubber wedge compressed by a line load at its tip. Int. J. Engng. Sci., 36: 831-842.

高玉臣著. 1999. 固体力学基础. 北京: 中国铁道出版社.

Gao Y C, Gao T J. 2000. Large deformation contact of a rubber notch with a rigid wedge. Int. J. Solids & Struct., 37: 4319-4334.

Gao Y C. 2001. Asymptotic analysis of the nonlinear Boussinesq problem for a kind of incompressible rubber material (compression case). J. Elasticity, 64: 111-130.

高玉臣. 2006. 弹性大变形的余能原理. 中国科学, G 辑(物理学、力学、天文学), 36 (3): 298-311.

章梓茂, 汪越胜, 金明, 选编. 2007. 傲梅成尘香如故——高玉臣学术论文选. 北京: 北京交通大学出版社.

Gao Y C, Jin M, Dui G S. 2008. Stresses, singularities and a complementary energy principle for large strain elasticity. Appl. Mech. Rev., 61: 1-16.

主要参考文献

哈尔滨年鉴编辑部. 1989. 哈尔滨年鉴. 哈尔滨: 黑龙江人民出版社: 641.

Hwang K C, Yu S W, Yang W. 1990. Theoretical study of crack- tip singularity fields in China. Appl. Mech. Rev., 43 (3): 19-33.

高玉臣. 2002. 怀念王仁老师——片段回忆//仁厚笃实的一生——王仁先生纪念文集. 北京: 北京大学出版社: 27-29.

余寿文, 薛明德主编. 2007. 黄克智教授80寿辰庆贺文集. 北京: 清华大学出版社.

北京交通大学. 2008. 漫游中国大学——北京交通大学. 重庆: 重庆大学出版社: 131-135.

撰写者

金明(1963~), 浙江平湖人, 1984年毕业于哈尔滨船舶工程学院; 1984年在西北工业大学获硕士学位; 1999年在北京大学获博士学位; 1999年~2001年在北方交通大学师从高玉臣从事博士后研究工作。现任北京交通大学力学系教授、博士生导师。研究领域为非线性连续介质力学、智能结构力学。

对本文提供素材和建议的有: 李玉琴、高玉卿、梁立孚、王振清、李范春、刘波、武际可、戴耀、余寿文、范天佑、汪越胜、章梓茂、石志飞、王虹英等。

黄明恪

黄明恪（1937～），江苏苏州人。空气动力学家。1958年毕业于南京航空学院（现南京航空航天大学）飞机专业本科。之后留校任教。1980年为公派访问学者赴美国科罗拉多大学两年。1986年升为教授、博士生导师。1994年公派赴美国科罗拉多大学半年。长期从事理论、应用与计算空气动力学的研究和教学。早期的翼型起动升力、漩涡驻定态稳定性、表观质量应用和黏性三层结构理论应用等有创新的理论研究成果发表在英国《流体力学杂志》，美国ASME《应用力学杂志》、《美国航空航天学会杂志》、《飞机杂志》，法国《理论与应用力学杂志》等国外著名学术期刊上。20世纪80年代起从事计算流体力学的应用研究，包括跨声速全位势方程差分计算、欧拉方程数值计算。在国内最早将非结构网格用于实际型号的气动数值计算，在1998年中国人民解放军总装备部组织的国内全机气动数值计算考评中获第一，特别是采用非结构直角网格独自研制出可供型号空气动力数值计算应用的通用软件，已为多个型号单位引进并在型号研制中得到应用。参与编写的《航空气动力手册》获1985年国家科技进步奖二等奖（有证书，不排名），“跨声速全位势方程高效差分算法程序系列”获1990年部级科技进步奖二等奖（排名第一），“用三维欧拉方程计算翼身融合体的亚跨声速绕流”获部级科技进步奖三等奖（排名第一），相关预研工作受国防科学技术工业委员会表彰并被评为优秀课题，1997年在气动数值模拟系统建设中荣立中国航空工业总公司三等功。1989年被航空航天工业部评为优秀教师。历任《空气动力学学报》常务编委，计算流体力学学会理事。

一、成长经历

黄明恪1937年8月6日出生于江苏镇江，原籍江苏苏州。1937年日本全面侵华，民众颠沛流离、生活极度困窘，黄明恪一家七口人就在这动荡的社会中艰难地生存。生活的重担压在了黄明恪父亲身上，全靠他一人在外当小职员所获得的一点微薄薪金养活全家，此刻收入尚能维持局面。但是到了新中国快成立的时候，父亲所在的公司倒闭，全家一下子失去了生活来源，只能靠一些亲戚、朋友的接济过日子，黄明恪家的生活更加地困顿。世事艰难、生活艰辛给年幼的黄明恪留下了深刻的印象，就在这样的环境下，他还是把小学、中学读了下来。

新中国成立后不久，随着国家经济形势的好转，各个行业逐步过渡到稳定状态。黄明恪的父亲1953年到龙潭中国水泥厂工作，哥哥、姐姐大学毕业开始工作，全家人的生活开始逐渐好转。尽管有了好转，但是在那样一个物资缺乏的年代，读书还是很不易的事情，黄明恪在国家相关政策的照顾下，学费得到了减免，顺利地从高中考入大学。

1954年黄明恪从上海考入了南京航空工业专科学校。该学校是在抗美援朝战争紧急需要的情况上建立起来的，很多教育教学以及相关制度都是从无到有，白手起家。因为是由航空修理厂为建校基础，学校一开始招收的学员多为部队战士，管理上还带有军事管理的色彩。随着抗美援朝战争的结束，学校逐步走上正轨，南京航空工业专科学校更名为南京航空学院，学制也从以前的专科两年半转变到本科四年制。而在这一系列转变中，黄明恪在南京航空学院学习的时间从两年半变为三年，从三年变为四年，由专科生变为一名本科生，唯一没有变化的就是他坚持不懈地努力学习，并且成绩一直保持优秀。也正是因为有着工厂的底子，南京航空学院在教学上不仅引入了苏联教授的理论教学，也时刻注重对学生动手能力的培养，从1954年下半年到1958年临近毕业，黄明恪在学校实习工厂、320厂、112厂进行了钳工、机工实习，熟悉了焊接、铆接装配，钳工装配，以及初步的工程设计等工作，坚持课余时间自学高层次数学与力学课程，熟练地掌握了俄语，能用英语看书。这些都为他今后从事更为深入的理论工作奠定了很好的基础。

二、从事空气动力学科研与教学

良好的成绩、踏实的工作态度、较强的工作能力，正是基于此，黄明恪在毕业时候，被分配留校任教。那年正是1958年，全国的“大跃进”和人民公社运动开始了。对于经常陷入理论思考，努力寻求多种方式来解决实际工程中遇到的效率低下问题的他来说，这一切显得很困惑。来不及深思这些东西，国家又面临了三年自然灾害，虽然学校有着多方照顾，学校领导也千方百计地改善学生生活条件，但还是很多学生身体日渐虚弱。“负重奋进、献身国防”这是该校多年之后总结凝练而成的办学精神，而此刻这种精神无疑体现在了黄明恪以及和他同样的一群人身上。

（一）参与强5飞机气动计算

留校之后，黄明恪并没有立即投入到教学、科研中，而是接受上级任务，作为学校的代表被委派到 320 厂参加强 5 飞机设计制造。强 5 强击机是中国 20 世纪 50 年代末 60 年代初研制的单座双发动机超声速轻型强击机。当时的形势，一方面中国空军刚刚组建，另一方面建国初期沿海很多岛屿还未解放，后来在攻占一江山岛等两栖作战中，新生的空军对苏制伊尔-10 强击机的近距对地支援能力深有感触，迫切需要一种支援地面作战的战机，于是在此之后便拉开了超声速近距支援强击机研制的大幕。而在没有任何外援的基础上，1958 年 8 月，强 5 飞机正式在南昌飞机制造公司上马，当时陆孝彭任总设计师，所有的东西基本都是由一片空白起步。黄明恪就是最早进入参与设计的人员之一，他担任了强 5 飞机气动组的副组长，主要负责除风洞实验外所有技术问题，如载荷、性能、气动特性、外形等方面计算工作。在之后的一年里，他和很多 320 厂的职工一样，日夜伏案工作，对强 5 进行气动力计算。由于该项任务非常紧急，为配合研制，急需尽早给出全部气动力载荷，关系到整机的研制的进度，可当时没有任何强度规范，又缺乏实验资料，工作开展起来十分困难，为了尽快拿下这项工作，他常常工作到深夜。

经过一年多的努力，黄明恪克服了种种困难，顺利完成各项工作，为强 5 飞机第一轮气动力计算工作做出了很大贡献，得到了厂领导和广大职工的好评。通过这一年的工作，他也逐渐成长起来，从一个刚刚走出学校的大学生，顺利成长为一名优秀的科研工作者，表现出了较强的独立工作能力，而这些成绩的取得与他在校期间刻苦努力学习是分不开的，更得益于其较好的数学与力学基础知识。经过这次工作，他对空气动力学有了更深刻的认识，对设计飞机需要什么知识有了更深的感触，这也为他后来从事新型飞机的气动分析以及建立各种计算软件奠定了基础。

（二）参与中国第一架水上飞机研发

1959 年下半年，在强 5 飞机气动计算工作结束后，黄明恪回到了学校，继续执起教鞭，为学生讲授空气动力学课。但意想不到的是，一年之后，他又接受上级委派的任务，参与了中国水上飞机的研制。中国拥有 1. 8 万千米长的海岸线，300 万平方千米的海洋国土面积，水面飞行器是保卫海洋领土，维护海上权益不可替代的运输工具。海军、北京航空学院（现北京航空航天大学）、南京航空学院、西安航空学院（现西北工业大学）各自抽调一部分人开展水上飞机的研发，并在此基础上形成了后来的 605 所（现中航工业特种飞行器研究所），黄明恪主要任务是气动分析与相关设计。

（三）从事气动力学的教学

1962 年，再次回到校园的黄明恪继续为气动专业的学生讲课，还开设了“飞行器部件空气动力学”。他讲课概念清楚，重点突出，1962～1965年连续开了这门课，很多学生都喜欢上他的课。改革开放前，他指导了五届毕业设计，即1960届的“震颤实验与计算”、1961届的“水上飞机气动计算”、1962届的“飞机气动计算”、1972届的“直翼失速特性计算”、1975届的“亚、超声速机翼数值计算方法”，其中“直翼失速特性计算”的课题是512厂新机研制所需，完成报告后就提供给工厂使用。

在此期间，黄明恪先后编写了五本讲义。参加了《飞行器部件空气动力学简明讲义》编写，在1964年经四院校会议确定为各院校气动专业采用；参与编写了《飞行器部件空气动力学》的第一、二、四、六章；编写了《飞机空气动力学(一)》讲义；参与编写了《空气动力线化理论的数值计算方法》，用于气动专业进修班使用；编写了《偏微分方程的有限差分方法》讲义。

改革开放之后，黄明恪在教学上开始为各层次研究生开空气动力学中的有限差分方法课程，并编写了讲义，参加了部编讲义《空气动力学的数值计算方法》的编写，开设研究生新课网格生成技术，又参加毕业设计、课程设计等教学工作，并担任班主任和教研室代主任。在校外也担任了不少工作。例如，《空气动力学学报》常务编委，国防科学技术工业委员会气动攻关办公室计算布局组副组长，在《中国大百科全书·航空航天》卷编写中担任了“飞行原理”学科编辑一职，经常参加论文评阅与评审工作。

1987～1988年，黄明恪教学工作任务逐渐多了起来，每学年都要上高等空气动力学和计算空气动力学，1988年又新增了网格生成课，他教学认真负责、质量好。在科研上，黄明恪担任了很重的科研任务，每年都接航空部课题三项，1988年又增加教委基金一项，除此以外，尚有厂所的横向科研任务，每项科研任务都高质量按合同完成，为了科研工作，他经常白天黑夜、节假日仍坚持工作。每年都有两至三篇论文发表，如德国《应用数学与力学杂志》（1987年第7期）；《航空学报》(1988年第1期)，《空气动力学报》（1988年第4期)，《中国航空科技文献》(1988年HJB880599)，中国气动研究发展中心第一届计算空气动力学年会论文。1989年获航空航天工业部“航空航天工业优秀教师”荣誉。

三、理论空气动力学与计算空气动力学研究

除了参加了强5飞机、水上飞机以及学校低速风洞的天平设计等工作外，黄明恪深刻了解到理论对于指导实践的重要意义，也深刻体会到理论与实践相结合所带

来的好处。由于熟悉俄语和英语，而当时的航空强国一个是苏联，另一个是美国，他经常注意阅读国内外有关气动研究的资料，注意积累最新知识，并能够迅速地将其运用到自己具体的科研工作中去。因此，他对本专业的理论空气动力学方面的最新发展很熟悉，结合自身的具体实践经验，写出了很多高质量的具有独特见解的论文。

（一）“文化大革命”前及期间的学术研究

无论在“文化大革命”前，还是在“文化大革命”中，黄明恪都坚持进行科研，不断积累知识，在有限的时间和精力中写了很多高质量的论文，其中有些成果已经达到了当时国内先进水平。

在《具有很小上反角的三角形机翼在超声速及零攻角时由于侧滑的气动力导数》（《南京航空学院学报》1960 年第 3 期）一文中，黄明恪利用了锥型流理论的一般方法，导出了有很小上反角的三角形机翼，在超声速及零攻角侧滑时，上反角所引起的滚转力矩、偏航力矩及侧力的计算公式。文中假设上反角与侧滑角均很小。所以，边界条件可以大大简化，然后利用锥型流理论来计算载荷分布，从而得到气动力导数，并将这些气动力导数绘成图线，以供气动力原始数据计算时用。最有利加速轨迹是指飞机在不损失高度的情况下，由一个速度加速到另一个选度所费时间最短的轨迹。黄明恪所撰写的《飞机最有利加速轨迹》（《南京航空学院学报》1960 年第 4 期）一文的主要目的是提出一种简便的计算方法，可以很快地找出这条轨迹，以供飞行参考。

《任意梯形后机翼低速俯仰阻尼系数的估算》一文收录于 1962 年《南航第三次科技会议论文集（下册）》，1964 年在全国第一届流体力学会议上宣读。《用细长体理论计算超声速时，因机翼–机身干扰引起的机身上的升力》发表于 1966 年《高校自然科学学报》第 2 期。《风洞实验中进气道模拟问题的分析》在 1974 年 7210 会议（自动步枪科研工作会）上宣读，其中的不可压二维进气口理论成果又发表在 1982 年美国 ASME（美国机械工程师协会）《应用力学杂志》上。《进气道头部阻力的估算》发表于 1975 年《南航科技资料》049 号，文章主要目的是对风洞实验中进气道模拟问题的分析研究和进气道头部阻力的估算。《用二级近似理论计算超声速无升力施成体动力分布和阻力的计算机语言程序》发表于 1975 年《南航科技资料》057 号，后被编入《航空气动力手册》。

1975 年黄明恪撰写了《外挂物对飞机气动特性影响的分析和计算》一文，文中的部分内容发表在 1982 年美国 ASME《应用力学杂志》上。《翼–身–外挂物的空气动力干扰》发表于1979年《力学学报》第3期，该文以细长体理论为基础，考虑到细长机翼、机身和外挂物组合体的复杂截面形状，通过一系列演算，推导出计算升力的解析公式，并经计算得到干扰升力比值，以供空气动力估算参考。《侧滑翼的亚声速升力面理论》发表于1977年《7210学报》第1期。《弹身-翼-尾-外挂物的空气动力干扰》发表于1977年《南航科技资料》118号，并在战术导弹空气动力学与飞行力学十年规划会上宣读，该文从理论上分析了翼-身-外挂物干扰的本质。《计算任意横截面机身超声速绕流的准圆截面近似法》发表于《南京航空学院学报》1978年第3期，该文提出准圆截面近似法，把机身的超声速绕流问题分解为绕当量旋成体的流动和非圆截面、攻角、弯度影响两个部分，给出了机身表面压强分布、法向力和轴向力分布的计算方法，计算结果具有满意的工程准确度。

（二）改革开放初期的研究工作

在改革开放初期，黄明恪在学术上有了很大的进步，其中有几项内容受到了国内理论空气动力学界和设计单位的重视。其中，《亚、超音速小侧滑角机翼升力面理论和数值计算方法》、《低频微幅偏航与侧滑振动机翼的低速升力面理论》两文所研究的课题，国内很少有人研究。《低频微幅偏航与侧滑振动机翼的低速升力面理论》，所涉及的侧滑动导数计算方法达到较高水平，1978年经第三机械工业部组织气动专家会审通过，并受第三机械工业部表扬，获江苏省科学大会奖。该文利用与机翼固连的坐标系，提出偏航振动机翼低速绕流的数学问题，对翼后蛇形尾涡作了仔细研究，在低频振动的情况下，利用非定常涡格法进行数值求解，该方法可以用来计算机翼因偏航与侧滑振动而引起的滚转力矩气动导数，某些导数的计算结果与实验结果作了比较，该文很快便发表在《力学学报》上。《亚、超声速小侧滑角机翼升力面理论和数值计算方法》发表于1978年《南航科技资料》244号，该文与气动教研室其他两篇文章组成一个项目获得了江苏省1978年科研成果奖四等奖。文中推导出侧缘与自由流不平行的常值面涡半无限角翼基本解，其特征是从面涡小块背风侧缘拖出的涡不是顺着自由流，而是沿着侧缘拖出，从而克服了用Woodward方法计算侧滑翼绕流中使用对称分划小块的困难，提出了适用于从亚声速直到超声速范围的推广的Woodward方法。这一方法将问题分解为若干个对称与反对称问题，大大地节省了计算机内存量或计算时间。在该文中，黄明恪还从基本方程，或者直接从数值计算方法出发，推导出准相似律，其计算结果与精确解以及和其他方法的结果符合得很好。这一工作内容所撰写论文发表于1981年美国《计算机与流体》国际杂志上。

在这期间，黄明恪多次参加全国第三机械工业部、第七机械工业部和第八机械工业部系统的气动学术会议，在会上发表多篇论文，受到了很好的评价。

（三）在美国进修期间所从事的研究

1980 年 9 月，黄明恪赴美国科罗拉多大学宇航工程系进修，1982 年回国。在留美两年期间，先后在 C. Y. Chow 教授和该系主任 G. R. Inger 教授领导下做非定常流研究和黏性与无黏性干扰三层结构理论应用的研究工作，独立承担相关专题研究，完成了多篇高质量论文。在国外进修期间，他努力工作，勤奋学习。由于有较好的应用数学与流体力学基础，兴趣面广，思路活跃，又有飞机设计的实践经验，自 1982 年起先后在国外六种有影响杂志上发表论文 9 篇，如英国《流体力学杂志》，美国《飞机杂志》、《美国航空航天学会杂志》、*ASME*、《计算机和流体》，法国《理论与应用力学杂志》，德国《应用数学与力学杂志》；在国外专业会议上发表论文若干篇；在国内有影响的杂志以及会议上也发表论文若干。论文范围涉及空气动力学中的数值计算方法，解析方法，不可压与可压流研究，以及黏性与无黏性流干扰等许多方面。在国外发表论文中的绝大部分是第一作者或独立发表，且大部分论文都在美国《应用力学评论》上有专人评论，不少论文得到好评，例如，美国《应用力学评论》1982 年第 5 期，5107 号；第 6 期，5951 号；第 7 期，6822 号；以及 1984 年的第 2 期，1765 号。

由于留美期间出成果多和快，黄明恪受到国外两位导师的赞扬，并应邀为该系研究生作短期讲学。因而从第二年起，他从专业研究助理晋升访问副教授。回国后，有些教授曾来信，出资邀请他再去美国做一年以上的研究，都被他婉言拒绝。

在这些文章中，《厚翼型起动升阻力》一文发表在英国《流体力学杂志》上，该文提出了用表观质量方法，第一次得到厚翼型起动升阻力的解析解，为翼型的非定常运动数值计算提供了可供校核的答案，该项工作受到了国外同行的广泛关注。《儒氏翼型捕捉自由涡》一文，发表在《美国航空航天学会杂志》，第一次对厚翼捕捉自由涡的能力做了研究。作为这类漩涡驻定态稳定性研究的延续，1996 年又在美国《美国航空航空学会杂志》上发表了论文，对大迎角三角翼背风表面能捕捉到稳定漩涡，给予了理论解释。《非定常层流三层理论在超音速和亚音速振动机翼的无黏性和干扰中应用》一文发表在法国《力学理论与应用杂志》1983 年第 3 期。在文中他成功地应用三层理论解析地处理了使用上重要而又复杂的问题，具有较大理论意义和一定的实用价值。该文的超声速部分曾被美国 Cebeci 教授编入《空气动力学流场的数值和物理方法展望》一书内。《翼身外挂物横流剖面的二维虚质量》一文，

1982 年 9 月发表于美国 ASME《应用力学杂志》，文中他推广了 Nielsen 细长体理论虚质量法，使其能处理具有复杂剖面的虚质量计算，从而为计算复杂细长组合体的气动力特性奠定了基础，对战术导弹的气动力计算具有实用价值。该论文的审稿评价为"该文是复变函数残值定理的精彩应用"。《亚音速和超音速侧滑翼的数值方法》一文发表在美国《计算机和流体国际杂志》1982 年第 2 期，将 Woodward 方法推广到侧滑翼情况并提出新模型，该计算能反映出亚声速前缘过渡到超声速前缘时，滚转力矩改变方向的特征，有实用价值，该文发表后，美国《应用力学杂志评论》认为其是一种新方法。

（四）转入新的研究领域

回国后，黄明恪又转入跨声速流快速计算方法、数值保角转绘新技术与应用、翼-身融合体减阻设计等方面研究，以及开展了融合体设计方面的科研工作，都取得一定成果。其中，《任意翼型跨声速绕流守恒全速势方程的快速有限差分解法》发表于《空气动力学学报》1984 年第 2 期。当时求解翼型跨声速绕流全速势方程比较好的有限差分解法，主要有两种：一种是 Garabedian，Korn 和 Jameson 所发展的方法。这种方法先将物理平面上翼型外部区域保角转绘到圆内，然后在圆内交替使用快速直接解法和线松弛技术，求解全速势有限差分方程。由于圆心对应物理平面的无限远点，速势在该点为无限大，为了避免这种奇性，Jameson 引进了扰动速势以除去包含这种奇性的自由流速势，使主管方程复杂化。另一种是 Holst 方法，采用与物面相拟合的任意曲线坐标变换将计算区域转绘为矩形，然后在矩形域内用 AF_2 格式求解有限差分方程。AF_2 是一种有效的快速迭代格式，已经得到广泛应用。由于 Holst 采用了任意非正交曲线坐标，灵活性很大，但生成这种网格需占用一定的机器时间，且变换后的方程也较复杂。黄明恪在这两种方法的基础上，发展了一种更为简单的方法。他先将计算区域保角转绘到单位圆内，然后在圆内采用一径向变换，以减轻圆心处速势奇性影响。所以不需要引进扰动速势，主管方程比 Jameson 和 Holst 所用的方程简单得多。再对守恒的全速势方程用中心差分离散化，并且用人工密度引进超声速区的人工黏性。最后，用 Holst 的 AF_2 格式求解有限差分方程。

黄明恪曾以线化小扰动理论为基础，提出了一个变换法则，可将无侧滑的常值面涡基本解推广为有侧滑情形（不限于小侧滑角）。应用到 Woodward 方法，对有侧滑情形，只要求与无侧滑情形一样划分小块。涡格法是较早出现的计算机翼载荷分布的方法，广泛应用于亚声速，但直到 1976 年以后才推广到超声速，出现了广义涡格法。由于涡格法的斜马蹄涡模型是小块弦长趋于零的常值面涡模型的极限情形，而这种变换法则同样适用于涡格法模型，他所完成的《广义涡格法对超音速侧滑翼的推广》发表于 1985 年《空气动力学学报》第 2 期上。由于涡格法中计算诱导速度的公式简单，也可将超声速与亚声速统一在一起，并能达到一定的工程精度，在当时比较值得推广。

四、计算空气动力学的应用研究

“七五”（1986 ~ 1990 年）期间，黄明恪承担了航空航天工业部下达的“7210”攻关和先进气动布局课题中“翼-身融合体跨声速分析”两项任务。在“7210”课题中，他应用国外先进的近似因式分解高效迭代算法，在缺少国外程序参考的条件下，完全独立地研制并发展了飞机部件与组合体的跨声速分析程序系列，达到 20 世纪 80 年代中期先进水平。其中，用全位势方程计算旋成体机身、进气道填补了国内空白。在提出新的轴对称流高效迭代算法与 AF 算法中采用 C-H 型网格等方面有所创新，在《空气动力学学报》和《航空学报》上发表论文 6 篇。该项成果已通过部级鉴定，获 1991 年航空航天工业部科技进步奖二等奖。在“翼-身融合体跨声速分析”课题中，除了应用全位势方程之外，在现有设备，且缺少国外程序参考的条件下，完全独立地应用欧拉方程，在国内较早研制出可用于军机机翼、机身和翼-身组合与融合体的亚、跨、超声速分析程序，并且有大迎角分析能力。该工作为在微机上开发三维欧拉方程实用程序开辟了道路，推动了欧拉方程在国内的应用。该成果已通过部级鉴定，1991 年获部级科技进步奖三等奖，所研制的三维欧拉方程程序在“八五”（1991 ~ 1995 年）期间收入航空航天工业部组织的“气动数值模拟系统”。首批于 1993 年集成到该系统，获得应用。

在理论研究上，黄明恪的《数值保角转绘新技术及应用》一文发表于《空气动力学学报》1986 年第 2 期。在文中，他发展了一种系统的一次性数值保角转绘方法，可以将一含多个角点的任意曲边多边形的外部区域，一次保角转绘为单位圆的外部区域。由于该方法中应用了快速傅里叶变换技术（FFT），计算速度很快。这种方法可应用于计算绕任意物体的二维不可压位流，计算二维物体的表观质量系数，生成有限差分计算中所需的正交保形贴体坐标网格。对几种外形的计算结果表明，在网格生成方面，所需计算机时与 Thompson 方法相比，少一个数量级，网格正交性处处得到保证。此外，这种方法令许多问题，包括变换平面内的主管方程特别简单。该论文又收录在 Spring- Verlag 出版的《第十届流体动力学数值方法国际会议文集》上。

黄明恪撰写的《三维翼跨音速守恒型全位势流高效差分算法的应用》发表于《空气动力学学报》1988 年第 4 期。文章对跨声速守恒型全位势流，用 Holst 的高效有限差分算法，研制出分析三维翼跨声速流的实用程序。与 Holst 的 TWING 程序不同，该文用快速保角转绘生成二维正交 O 型贴体坐标网格，并以此为基础构造三维贴体坐标网格，因而节省网格生成的机时。该文不仅将方法用到有中等后掠的厚翼，还提供大后掠大根梢比薄翼的计算经验。

《翼–身组合体跨音速守恒型全位势流 AF_2 高效算法的应用》发表于《航空学报》1988 年第 1 期，文中认为用 Joukowski 变换将圆截面机身的每一横截面逐一转绘为垂直切缝，因而将翼–身组合体转绘为某单独机翼。通过用前者采用过的数值保角转绘法对转换的单独机翼生成 O 型贴体坐标网格，然后用逆转绘构造翼–身组合体绕流的 O 型贴体坐标网格。跨声速计算采用守恒型全位势方程，精确边界条件和 AF_2 高效有限差分迭代算法。《轴对称跨音速进气道外罩绕流的高效差分算法》发表于《航空学报》1990 年第 1 期。文章主要针对轴对称跨音速进气道外流场的有限差分计算方法。采用守恒型位流方程、贴体坐标网格和精确边界条件，根据最佳收敛准则对轴对称情形设计出新的近似因式分解迭代格式，并将所设计的格式应用到计算皮托式进气口的轴对称跨声速流场。所提出的格式收敛快，计算结果与实验符合很好。

《用保角转绘坐标解二维和轴对称可压流 Euler 方程》发表于《空气动力学学报》1990 年第 4 期。文中推导出用保角转绘正交曲线坐标表示的二维与轴对称欧拉方程，方程中的未知量以曲线坐标方向的速度分量表示，并有不含未知量导数的源项。方程组的形式与直角坐标系中的接近，因而简化了计算。文中还将该方程组用于计算二维任意翼型和旋成体轴对称绕流，采用分辨率较高的 Eberle 特征平均显式有限体积差分算法求解，在不同区域中用不同的显式推进步数加速收敛。这种方法已分别对翼型和旋成体轴对称绕流编制了计算程序，可用于自由流为亚声速、跨声速和超声速的绕流计算。大量计算结果表明，黄明恪提出的方法精度好，激波分辨率高，编程序简单。

“八五”期间，黄明恪用结构网格、欧拉方程有限体积法和前后分区交替迭代，研制出全机绕流计算欧拉方程程序，并对很多先进战机的亚、跨、超绕流作了计算。“八五”后期，用 Delaunax 方法生成非结构网格和欧拉方程有限体积法研制出可用于复杂全机绕流计算的程序，并在国内首次用非结构网格对带双立尾的某型号机全机作了计算，取得了较好的效果。“八五”预研项目被评为优秀课题，获得奖状。他因在这些科研工作中所做出的成绩，1997 年 12 月被中国航空工业总公司授予三等功。

除了在科研上积极参与部级项目外，黄明恪还在理论研究上，特别是计算空气动力学上不断探索。在国外推出结构网格、欧拉方程计算方法之后，他就开始关注相关领域的进展，不断跟进，撰写了一批高质量的论文。如在《用三维欧拉方程计算机身与机翼绕流》（《空气动力学学报》1991 年第 1 期）一文中，他采用 Jameson 的三维欧拉方程有限体积法、四步 Runge-Kutta 时间推进格式，计算机身和大后掠细长机翼的三维可压缩绕流。对钝头机身，用 C-O 型网格；尖头机身与大后掠细长机翼用 H-O 型网格。该文介绍钝头旋成体、带座舱前机身和三角翼绕流的计算结果，显示流场等值 M 线分布，计算压强系数分布与实验比较，以及三角翼大迎角分离涡等。《旋成体大迎角分离流的 Euler 方程数值模拟》（《空气动力学学报》1991 年第 4 期）一文中认为，在用三维欧拉方程计算旋成体的大迎角绕流时，在亚声速自由流时，计算得到的是无分离流动，与实际的分离流不相符合，因而计算的法向力大大小于有分离的实验值；而当自由流为超声速，且横向自由流 *Ma* 数较高时，由于背风表面出现激波，无黏欧拉方程的数值计算能自动捕捉到背风面上的分离涡，计算法向力与实验值接近。为了对亚声速自由流用欧拉方程数值模拟大迎角旋成体背风面上分离涡，根据问题的物理图像，在假设的分离线上，文章提出强加 Kutta 条件的方法，成功地计算出有分离流动，使计算的法向力与实验值接近。

《用全位势方程计算机翼的亚声速、跨声速和超声速绕流》发表于 1993 年《空气动力学学报》第 3 期。就大后掠小展弦比细长机翼而言，当时采用全位势方程计算的工作还很少，黄明恪对机翼纵轴垂直的每一横流截面生成 O 型网格，形成对机翼流场的 H-O 型网格，用守恒型全位势方程、差分和隐式近似因式分解迭代算法计算绕机翼的可压缩位流，使计算自由流可从亚声速直到低超声速的全部跨声速范围。算法要求机翼前缘有大后掠角，后缘可稍许后掠或前掠。该文算例表明，所研制的计算程序已可提供工程实用。《大迎角体涡、翼涡干扰的 Euler 方程数值模拟》发表于《空气动力学学报》1994 年第 3 期。用欧拉方程的简化分区算法计算翼-身组合体绕流。当大迎角时，计算能自动捕捉到大后掠前缘的分离涡，机身的分离涡由强加 Kutta 条件生成，形成体涡与翼涡的相互干扰。能给出机身有分离和无分离时，横流截面的速度矢量分布、法向力和压力中心，分析体涡的影响。

《用非结构网格与欧拉方程计算复杂区域的二维流动》发表于《计算物理》1994 年第 4 期。文中提出用 Delaunay 三角化方法生成非结构网格的一种过程。所生成的网格可用于复杂多连通域内的可压流计算。采用欧拉方程和格心有限体积法，研制出程序，并给出了算例。《翼-身-尾组合体绕流的 Euler 方程计算》发表于

《空气动力学学报》1995 年第 3 期。采用重叠网格技术和欧拉方程计算翼-身-尾组合体绕流。对翼身-尾-身部分采用各自的 H-O 型网格，欧拉方程求解采用 Jameson 的有限体积法，即中心差分近似和显式 Runge-Kutta 时间推进。采用前后区交替迭代使前后两区通过重迭区交换信息。以 NACATN4041 翼-身-尾模型为例，计算的空气动力特性与实验符合较好。《用全位势方程计算细长翼-身组合体的可压缩绕流》发表于《航空学报》1996 年第 1 期。针对一般全位势方程用于超声速流的困难，文中用 H-O 网格、守恒型全位势方程、差分和隐式近似因式分解迭代算法计算绕大后掠细长翼-身组合体的可压缩流动，计算的自由流 Ma 数可从亚声速直到低超声速。算出的升力与力矩特性与实验数据符合较好。

《用非结构网格和欧拉方程计算多段翼型绕流》发表于《空气动力学学报》1997 年第 3 期。文章用 Delaunay 法划分三角形构造非结构网格时，如果布点不当，会产生边界穿透，使网格生成失败。该文分析了几种布点情形，提出不容易产生边界穿透的布点方式。这一原理已用于生成绕多段翼型的非结构网格。在非结构网格上用 Jameson 的有限体积法求解欧拉方程时，该文又提出一种新的激波敏感器，可区别不同方向上的压强变化，并已将这种方法成功地用于计算多段翼型的绕流。《Jameson 有限体积法对非结构网格推广的改进》发表于《空气动力学学报》1990 年第 1 期。文中将 Delaunay 法用于复杂物形的非结构网格生成，并利用他自己的提出的布点原理避免边界穿透。绕流的计算采用欧拉方程和 Jameson 的有限体积法。该文对三维问题提出新的激波敏感器，对方法作了改进。

《后台阶流中自由漩涡的稳定性》发表于《流体力学实验与测量》1999 年第 3 期。一段时间的实验表明了用侧壁小孔抽吸可在后台阶流中捕捉到静止的分离漩涡，黄明恪用理论证明，二维后台阶流中存在自由漩涡的驻定态位置，并且有中性的驻定态稳定性，还进一步证明，用侧壁小孔抽吸，可使自由涡达到真正的驻定态稳定。

五、退休不退岗

1999 年黄明恪退休之后，即被返聘继续从事教学与科研工作。1999 ~ 2001 年，教学方面，指导博士研究生 4 名，硕士研究生 1 名，每学年有硕士生学位课两门，博士生学位课一门；科研工作方面，自 1999 年起负责国防基金课题，预研课题，1999 年初被评为重点资助项目，并获重点资助，与相关基地、研究所开展横向课题合作，并在上述课题中担任负责人。2001 ~ 2005 年，教学方面，指导博士生 3 名，硕士生 1 名，讲授硕士生学位课高等空气动力学和计算流体力学，博士生学位课流体力学数值方法；科研方面，国防预研课题、国防基金课题，总装气动预研，直升机气动预研，与相关基地、研究所合作课题。自 2001 年以来，在国内核心期刊上发表论文 8 篇，其中 3 篇为第一作者。

黄明恪的《任意二维物体捕捉自由涡的驻定态稳定性分析》发表于《空气动力学学报》2001 年第 3 期，属于国防科技预研基金项目。在文中，他证明了任意二维物体能捕捉到的驻定态自由涡最多只有中性稳定性；物表面用抽吸无助于稳定性。如果有一点源能与自由涡相联，有可能使驻定态自由涡达到真正稳定。

《用非结构直角网格和欧拉方程计算运载火箭绕流》发表于《宇航学报》2002 年第 5 期。文中采用八叉树结构，物面附近用投影法，生成运载火箭绕流计算的非结构直角网格，将 Jameson 的有限体积法推广用于这种网格的欧拉方程计算。算例表明，网格生成的机时花费很少，质量好；欧拉方程解算的收敛质量也好。《用非结构直角网格和欧拉方程计算飞机绕流》发表于《航空学报》2002 年第 6 期。文中采用八叉树结构，生成复杂外形绕流计算的非结构直角网格。物面附近用投影方法，使网格贴体，并将 Jameson 的有限体积法推广用于这种网格的欧拉方程计算。对歼击机模型的绕流计算表明，网格生成的机时花费很少，总体质量好，因而欧拉方程解算的收敛质量也好。

早期参加型号设计的经历，使黄明恪意识到型号单位一直盼望有气动力计算的工具。由于国内计算设备落后，我们的研究都限于学习与跟踪方面。随着飞行器外形越来越复杂，再加上带一系列外挂，传统的气动估算方法，甚至简单的数值计算方法都无能为力。因此，他一直想在这方面能做些有实际应用价值的工作。在做数值计算研究中，他又坚持自己亲自编写程序，因为算法的许多关键技术都体现在程序中，直到 1998 年，他成功研制出用非结构网格和欧拉方程的计算程序，已能用于十分复杂的实际型号外形。但用户在处理外形的准备工作方面，仍然比较麻烦。1999 年，国外又出现了非结构直角网格的工作，他随即跟踪研究，并且独自研制出相应的程序，以后又将其发展成有商用特征的通用软件。

自 2003 年起，这类软件提供给型号单位应用。之后，黄明恪又一直致力于软件的改进和完善工作，使该软件可以直接使用外形 CAD 系统提供的文件，因而使用特别简单。此外，该软件规模小，对计算设备要求低，对计算外形约束条件少，用户可以脱离研制者独立使用，该软件不仅可用于复杂飞机与导弹，还可以用于带外挂及发射投放动导数计算。当前，虽然已有大量国外引进软件，但由于他研制的软件有种种优势，该软件仍然在相关型号单位广泛使用。

六、黄明恪主要论著

黄明恪. 1979. 翼–身–外挂物的空气动力干扰. 力学学报, (3): 291-293.

黄明恪. 1980. 低频微幅偏航与侧滑振动机翼的低速升力面理论. 力学学报, (3): 217-225.

Chow C Y, Huang M K. 1982. The initial lift and drag of an impulsively started airfoil of finite thickness. Jour Fluid Mech, 118: 393-409.

Huang M K, Chow C Y. 1982. Trapping of a free vortex by Joukowski airfoils. AIAA Jour, 20 (3): 292-298.

Huang M K. 1982. The numerical method of thin wings with arbitrary sideslip at subsonic and supersonic speeds. Comp Fluids, 10 (2): 149-155.

Huang M K. 1982. Two-dimensional theory of incompressible flow over inlets. ASME Jour Appl Mech, 49: 444-446.

Huang M K. 1982. Two-dimensional apparent masses for cross-flow sections of wing-store configurations. ASME Jour Appl Mech, 49: 470-475.

Chow C Y, Huang M K. 1983. Unsteady flows about a Joukowski airfoil in the presence of moving vortices. AIAA 21st Aerospace Sciences Meeting. AIAA paper 83-129.

Huang M K, Inger G R. 1983. Application of the triple-deck theory of viscous-inviscid interaction of bodies of revolution. Jour Fluid Mech, 129: 427-441.

Huang M K, Chow C Y. 1983. Apparent-mass coefficients for isosceles triangles and cross sections formed by two circles. Jour Aircraft, 20, (9): 810-816.

Huang M K, Inger G R. 1983. Application of unsteady laminar triple-deck thory to viscid interactions for an oscillating flap in supersonic and subsonic flow. Journal Mec Theor Appl, 2 (3): 325-349.

Huang M K, Inger G R. 1983. Application of unsteady laminar triple-deck theory to viscous-inviscid interactions from an oscillating flap in supersonic flow // Cebeci T. Numerical and Physical Aspects of Aerodynamic Flows Ⅱ. Berlin: Springer-Verlag.

Chow C Y, Huang M K. 1986. Trapping of free vortex by airfoils with surface suction. AIAA 23nd Aerospace Sciences Meeting. AIAA paper, 85-0446.

Huang M K. 1986. Applications of numerical conformal mapping technique // 10th International Conference on Numerical Methods in Fluid Dynamics. Berlin: Springer-Verlag.

Chow C Y, Huang M K. 1987. Intensification of wave energy on the lee side of a wavy plateau. ZAMM Z Angew Math Me, 67 (7): 301-308.

黄明恪. 1988. 三维翼跨音速守恒型全位势流高效差分算法的应用. 空气动力学学报, (4): 401-408.

黄明恪. 1994. 大迎角体涡、翼涡干扰的 Euler 方程数值模拟. 空气动力学学报, (3): 269-274.

Huang M K, Chow C Y. 1996. Stability of leading-edge vortex pair on a slender delta wing. AIAA Jour, 34 (6): 1182-1187.

黄明恪. 2001. 任意二维物体捕捉自由涡的驻定态稳定性分析. 空气动力学学报, (3): 344-347.

黄明恪. 2002. 用非结构直角网格和欧拉方程计算飞机绕流. 航空学报, (6): 564-567.

撰写者

陈红全（1962 ~ ），浙江余姚人。师从黄明恪，南京航空航天大学教授，博士生导师，主要从事计算流体力学的研究。

杨波（1981 ~ ），江苏淮安人。南京航空航天大学党政办公室工作人员，助理研究员，黄明恪事迹主要起草者与采访人。

高　智

高智（1937～），山西祁县人。流体力学、计算流体力学专家。1960年毕业于北京大学。曾任中国科学院力学研究所研究员，流体力学博士生导师、力学所和高温气动实验室学位和学术委员会委员。从事科学研究50余年，在流体力学方面最早提出抛物化Navier-Stokes（PNS）方程，PNS方法已得到广泛应用并成为工业标准气动计算的基础。提炼出黏性/无黏干扰剪切流动（ISF）和ISF理论，ISF概括了众多具有基础意义和工程价值的黏性/无黏流动，ISF方程与PNS为同类方程，ISF理论不仅为PNS方法提供了力学理论基础且在NS计算中亦有重要的应用，被称为高氏ISF理论、高氏PNS理论。提出ISF稳定性理论和确定ISF转捩位置的理论计算方法，使已有的高*Re*数流动计算方法得到重要的改进和提高。在湍流理论研究中，和庄逢甘院士合作提出湍流大、小尺度运动方程组，揭示了湍流尺度间相互作用的近程和共振特性等。在计算流体力学（CFD）方面，创立了数值摄动算法，开辟了利用流体力学自身规律和关系构建高精度不振荡CFD格式的新途径，构建了对流扩散和NS方程的高精度不振荡有限差分和有限体积格式，被称为新型高精度方法、高氏算法和高氏格式。对气流与激光相互作用，提出气流化学激光性能分析的气体动力学模型等。上述成果获中国科学院自然科学奖一、二、三等奖等奖项。发表学术论著百余篇。曾任《力学进展》、《应用数学和计算数学学报》编委，曾被北京大学、中国科技大学、四川大学聘为兼职导师和兼职教授，是南京航空航天大学的名誉教授。

一、勤奋好学，在不懈奋斗中成长成才

高智1937年11月1日出生于山西祁县，家族三代经商，祖辈深受儒家思想影响，家教严格，重视教育，要求子女勤勉好学，自强不息，为人正直，诚信为本。家庭的教育与熏陶，对高智从小就形成良好的学习、为人处世及品德情操具有重要的作用。

高智三岁时，父亲过早去世使家庭经济渐陷困境。母亲岳秀莲不仅要为婆婆和年龄尚小的四个儿子裁备衣、帽、鞋、袄，缝补浆洗，还要操持全家及亲戚近20口

人的膳食，终日忙碌劳累。年轻守寡、凄苦伤心的母亲最大的期盼，就是四个儿子早日长大成材，这促使高智从小就立志好好读书，长大报答母亲养育之恩，让母亲高兴。

1955 年，高智从祁县中学高中毕业，同年考入北京大学数学力学系。数学力学系大一和大二的基础大课几乎都是数学，如数学分析、高等代数等，每一门大课都有相应的习题课，一个小班 20 多名同学一起做同一道题，个别同学还要在助教监督下爬黑板做题示范，十分紧张和刺激。北京大学优秀的授课教师，科学而丰富的课程设置，启发式的教育方法，大大提高和锻炼了高智快速思考、深入分析和简洁解决问题的能力，为他日后的科研工作打下了良好的数学基础。

1958 年“大跃进”时高智进入一般力学专门化学习，课程有译自苏联的《振动理论》、《自动调节原理》等，他又自修了钱学森著的《工程控制论》。期间同寝室学友多次谈论“一般力学”到底是什么，他深深领悟了钱学森说的“力学是四不像”的至理名言，为大学毕业分配工作专业方向可能不对路有了心理准备。

1960 年高智大学毕业，同年分配到中国科学院力学研究所工作，直到 2002 年他 65 岁时退休。不过退而不休，至今他仍在做研究。他半个世纪的科研生涯，大半段时间是承担工程部门提交的任务。最早从事的是特殊介质管道流量自动调节，后又改做飞行力学研究直到 1967 年，期间（1963 ~ 1964）做了两年林同骥（室主任）的助手，调研工程中的复杂流动现象，调研目的是指导研究室确定科研方向和研究任务。为此他阅读了大量国外文献，大大充实了他的流体力学知识，林先生研究工作中一丝不苟的严谨学风和认真态度对高智影响很深，成为他一生学习的榜样。

高智 1966 年刚开始做流体力学研究时就突破绕流计算的传统方案，提出简化 Navier-Stokes（NS）方程（通常称 PNS 方程）空间推进方法求解高速飞行器绕流流场的创新思想，此后和王汝权等研究和使用该方法 30 多年。此项研究得到第七机械工业部庄逢甘的主动关心和支持，庄逢甘是中国空气动力学的领军人物，他不仅最早（1987 年）到国外宣传高智的绕流计算方法，称高智提出的简化 NS 为“first PNS”，并在国内撰写论文加以论述，直到 2010 年他逝世前三个月仍在鼓励和支持年轻同志研发该方法的专用快速计算软件。高智后来与庄逢甘进行了湍流合作研究，两人近 30 年的学术交往，高智受益匪浅，庄逢甘是高智的良师益友。

1970 年高智受气动激光新技术试验组邀请，从事气动激光性能分析研究。激光是当时十分重大的尖端技术，涉及多个学科，他为此自修了光学、分子物理和激光物理等理论，并提出了气流化学激光性能分析的新模型，新模型比当时的常用模型更合理、精确，适用范围更宽广。后来又与严海星、范安辅、钱俭等同辈及胡利民等晚辈合作把模型加以推广和拓宽，形成了以高智为核心的不同单位科技人员合作研究的“松散”队伍，合作发表了学术论文，彼此建立了深厚的友谊。

中国科技界前辈华罗庚等关于研究工作要锲而不舍的教导，深深影响了高智，他身体力行，20 世纪 90 年代以来，他一方面从过去从事的工程任务课题中提炼出学科基础问题进行研究，提出了既有基础性又有超前性的黏性/无黏干扰流动新理论；另一方面又把老学科流体力学与新学科计算流体力学（CFD）相结合，开辟了构建高精度不振荡 CFD 格式的全新途径。2002 年退休后，他的研究仍然得到国家自然科学基金委员会（数学物理科学部力学科学处）的支持与资助，晚辈陈国谦、申义庆、代民果等的帮助。他提出的新理论和新算法，已得到其他学者的发展、使用并被写入教科书中，被称为高氏理论、高氏算法和高氏格式。

2002 年退休后，高智怀着回报国家、回报人民，感恩前辈、感激同辈和感谢晚辈的心情，不管经费和人手的缺乏，不管朋友劝他休息的好意，仍辛勤耕耘，发挥余热，希望把他已提出的研究成果尽可能加以宣传和完善。有生之年，他有三个愿望渴望能实现，第一个是协助两个晚辈研发可供工程使用的 PNS 空间推进快速计算软件，由于庄逢甘不幸去世，这个愿望已经落空；第二个是宣传他具有超前性的 ISF 理论和 ISF 稳定性理论，让更多的人知道和使用；第三个愿望是协助晚辈研发以高氏格式为核心格式，高氏格式与其他优良格式杂交的为卫星格式，具有真正自主知识产权的流体力学计算软件。

二、锲而不舍，在新老学科中均做出有影响的原创成果

高智的科研生涯，大半段时间以解决工程任务为主，长期学而不倦、锲而不舍、勇于创新的治学态度，使他在老学科流体力学、新学科计算流体力学（CFD）及流体与激光交叉学科领域的研究中均有建树，并提出了五项原创成果，其中有的意义重大。

（1）突破飞行器绕流计算传统方案，创建抛物化 NS（PNS）方程空间推进方法计算捷径，并得到广泛应用。

（2）创建黏性/无黏干扰剪切流动（ISF）理论，给出 ISF 黏性层的尺度律和验证 Navier-Stokes 方程组数值解的壁面判据，被称为高氏 ISF 理论、高氏壁判据，得到初步应用。

创立 ISF 稳定性理论确定 ISF 转捩的理论计算方法，使已有的高 *Re* 数流动计算方法得到了重要的改进和提高。

（3）和庄逢甘合作提出湍流大、小尺度运动方程组，揭示了湍流尺度间相互作用的近程和共振特性等规律。

（4）创立数值摄动算法，开辟了构建高精度不振荡计算流体力学（CFD）格式的新途径，被称为新型高精度方法、高氏算法和高氏格式，得到不少应用。

（5）提出气流化学激光性能分析的宏观和微观相结合的新模型。

（一）飞行器绕流流场计算

在 20 世纪前半期，飞行器高 *Re* 数绕流流场的计算采用传统求解方案，即先以不可渗透壁为边界条件计算无黏性绕流流场，然后再以无黏流壁面解和无滑移壁面条件为边界条件求解近壁黏性边界层流动。这一传统求解方案自空气动力学奠基人 L. Prandtl 于 1904 年提出边界层理论以来已经历了半个多世纪。60 年代，中国科学院力学研究所的气体动力学理论研究和中国科学院计算中心的气体动力学计算研究，都根据上述传统求解方案分成无黏流和边界层两大课题组。高智 1966 年担任气动课题组业务组长时情况仍是这样，高智那时具体做飞行力学任务，刚刚开始承担飞行器绕流计算任务就碰到传统求解方案失效的难题。在细长体高速飞行的条件下，激波层、高熵层和边界层彼此干扰严重，区分无黏流和边界层已无可能，计算绕流的传统方案完全失效。那时气动计算专家认为细长体高速绕流流场计算必须求解完全 Navier-Stokes（NS）方程组；苏联科学院院士 A. A. Dorodnitcyn 在 50 年代末访问中国时阐明了计算的重要并强调了 NS 方程组中诸项在计算前不能忽略，他的学术观点很有影响。然而当时中国科学院的计算机条件根本不可能求解 NS 方程组来完成计算任务。

高智则与 A. A. Dorodnitcyn 的学术观点不同，他认为对于存在近似主要流向的高 *Re* 数飞行器绕流计算，计算前 NS 方程组可以简化。他从无黏外层和黏性内层渐近匹配的角度，在 NS 方程组中略去数量级意义上的黏性小项得到一组简化 NS 方程［后来称为扩散抛物化（DP）NS 方程，通常称为抛物化 NS（PNS）方程］，并提出 PNS 方程–空间推进方法求解飞行器绕流流场的方法。1967 年，他撰写了计算任务书，立即得到中国科学院计算中心计算专家王汝权等的赞同，由于 PNS 方程空间推进求解轴对称细长锥体高速绕流计算，仅是一维计算，当时中国科学院的计算机条件完全能够胜任，因此很快完成了任务，高智和王汝权等开始了 30 多年的合作研究，他们对 PNS 方程–空间推进方法的理论、算法和工程应用进行了全面的研究，并承担了国家 863 项目中有关计算课题，其最主要的贡献如下：

对 PNS 方程的数学性质早期有不同看法。高智提出 PNS 性质的特征、次特征分析，证实亚声速条件下 PNS 为椭圆型方程，PNS 方程初边值问题不适定，得到数值计算和其他分析的证实。高阶扩散导数决定的 PNS 方程的数学性质为抛物-双曲型，因此他建议用 DPNS 方程的正确称呼替代错误的 PNS 方程称呼，得到中国学者的赞同和使用。

高智提出了常用抛物化稳定性方程（PSE）数学性质的特征、次特征分析，和李明军合作证实 PSE 并未抛物化，仅仅是扩散抛物化（DP），故应称为 DPSE。

PNS 这类方程组的解与 NS 方程组精确解的一致性问题，证实高智所提 DPNS 方程解与 NS 方程精确解完全一致的数目最多，达到 12 个；而其他的 DPNS 方程，如著名的 Davis 黏性激波层方程解与 NS 方程精确解完全一致的数目只有一个，这取决于 DPNS 方程中保留的黏性项是否合理。

高智和田纪伟合作证实高智所提 DPNS 方程和 NS 方程一样在边界层分离点无数学奇异性，而其他 DPNS 方程如 Davis 方程在边界层分离点存在数学奇异性。

高智把保留一个坐标方向高阶剪切黏性项的 DPNS 方程拓广为保留所有三个坐标方向高阶剪切黏性项的广义 DPNS 方程，对正交曲线坐标系中的可压缩流，大大简化了 NS 方程组，得到其他学者的认同和使用。

此外，高智参加的以王汝权为首的计算团队发展了一组求解 DPNS 方程的空间推进算法，如直线法、单次空间推进、空间推进时间迭代法等。

高智和王汝权等对他们的合作研究既欣慰又遗憾，欣慰的是他们最早提出 DPNS 方程及其空间推进计算，对此又在理论、方法和应用方面做了不少可圈可点的工作；遗憾的是没有研发出可供工程设计使用的专用快速计算软件。相比之下，发达国家（主要是美国），在 20 世纪 70～90 年代，他们既做应用基础研究又研发了不少 PNS（即 DPNS）方程-空间推进方法专用计算软件，得到了广泛的应用，并已成为工业标准高速气动计算的基础。DPNS-空间推进计算与 NS 时间相关计算相比，计算维数减少一维，所需存储量和耗费机时仅是后者的几十分之一到百分之一，无疑是快速气动设计工具。庄逢甘院士和张涵信院士在美国航空航天学会（AIAA）会议上介绍中国的计算流体力学（CFD）时，称高智 1967 年提出的简化 NS 方程为“First PNS”；PNS 我们是原创，可惜未能实用化，美国的 PNS-空间推进计算软件至今对中国禁运。因此高智和从事 DPNS 方程计算的两位晚辈曾酝酿并计划研发 DPNS 方程-空间推进方法专用快速计算软件，得到中国空气动力学领军人物庄逢甘的大力支持，他为这两位晚辈落实挂靠单位，争取经费等做了大量工作。不幸的是庄逢甘 2010 年 11 月逝世，此事未能完成。

（二）黏性/无黏干扰流动

黏性/无黏干扰流动是流体力学研究的热门课题，也是一个难题。对无激波的情况，在边界层外缘补充干扰方程的干扰边界层理论和边界层奇点（分离点、后缘点等）邻域在流向尺度仅为 $LRe^{-3/8}$ 范围内的 Triple-deck 理论取得很大进展，后者揭示了边界层分离的流动机理等；对有激波情况，因边界层/激波干扰流动过分复杂而无法进行解析分析，于是人们采用纯数值模拟方法研究这个课题。高智在 1990 年以来重新做起解析分析干扰流动的努力，他认为干扰流动的核心是强黏性剪切层，于是他抽象出强黏性剪切层与其相邻无黏外流组成的干扰流动，提出黏性/无黏干扰剪切流动（ISF）理论，主要结论与贡献如下：

在 ISF 理论中高智引入描述 ISF 的最佳坐标系：贴分界面正交坐标系，贴体正交坐标系是该坐标系的一个典型例子。

强黏性剪切层的流动规律是流向对流占优、法向对流扩散相竞争；相邻外流（不论有无激波）黏性可以忽略。

给出黏性剪切层的数学定义式，它是导出剪切层空间尺度结构和 ISF 控制方程的基础，也是数值计算“寻找”自由 ISF 位置及其法向的依据。

利用黏性剪切层数学定义式和其他关系，导出 ISF 黏性剪切层的尺度律，如对二维不可压强黏性剪切层，它的流向和法向长度尺度 l_x 和 l_y 、流向和法向速度尺度 u 和 v ，可用单一干扰参数 m 表示为 $(l_x, l_y; u, v) = [L\,Re^{-3m/2}, L\,Re^{-(1+m)/2}; U\,Re^{-m/2}, V\,Re^{-(1-m)/2}]$, $0 \leqslant m \leqslant 0.5$, $Re=LU/\gamma$, L 和 U 为参考长度和参考速度，γ 为黏性系数，Re 为 Re 数。$m=0$，ISF 为驻点流和经典边界层及其无黏外流，$m=\dfrac{1}{4}$ 为 Triple-deck 流，即前缘、后缘、分离点和再附点邻域，壁面小突起、小凹坑和小台阶等邻域的局部流动；$m=\dfrac{1}{2}$ 为 ISF 各向同性极限。以上参量 m 取值不同的诸局部流动是局部区域 ISF 的典型例子，说明高 Re 数近壁黏性/无黏流是上述局部区域 ISF 组成的复杂 ISF。此外还有大范围 ISF，典型的例子如尖前缘和钝前缘平板高超声速绕流，尖细长锥和小钝头细长锥高超声速钝头绕流，圆筒内外顺轴流，矩形截面管道内外顺轴流，横向压力梯度影响不可忽略的混合层流和自由射流等，这些大范围 ISF 则是人们最初提出 PNS 方程时所考虑的具体流动。总之，ISF 概括了众多具有基础意义和工程价值的黏性/无黏流动，丰富了流动分类学，增加了高 Re 数流动研究的科学性。

ISF 黏性层空间小尺度结构的生成必然导致温度梯度、压力梯度等物理量的局部突变，由此阐明了高超声速干扰流中局部热流突增等现象的流动机理，亦为计算中网格局部加密的必要性提供了依据。

ISF 黏性层流向长度尺度可在 $Re^{-3/4}$ 和 Re^{0} 之间变化、流向速度尺度可在 $Re^{-1/4}$ 和 Re^{0} 间变化，证实剪切层流动可与相邻无黏流中激波前后流速及流向尺度的急剧变化相匹配，ISF 理论与其空间尺度演化规律一起为激波/剪切层干扰的近似分析提供了基础。

利用剪切层数学定义式导出的 ISF 控制方程组，属于熟知的扩散抛物化 NS（DPNS）方程组这类方程，但它既适用于存在主流方向的干扰流动，也适用于不存在主流方向的干扰流动，例如适用于驻点流、分离点邻域的流动。

利用 ISF 方程组，对壁面邻域 ISF，导出壁面常规边界条件之外新的一组壁面条件，证实不可压缩流动的 12 个熟知的 NS 方程准确解准确满足这组边界条件，因此这组条件可用来判断近壁流场数值解的计算精度，因此这些壁面条件也被称为壁面判据。

在高超声速流中黏性/无黏干扰是可能造成飞行器局部严重受损的气动现象，正如 J. J. Bertin 和 R. M. Cummings 在《严峻的高超声速气体热动力学现象》（*Annual Review Fluid Mechanics*，2006，38：129–157）一文中论述的，这些严重的局部热传导以及气动力和力矩的严重偏离，往往起因于黏性/无黏干扰，是“unknown”现象；激波/剪切层干扰不仅无法进行解析分析，它的数值模拟同样具有挑战性，加上试验的困难等。高超声速流在未来很长时期无疑仍将困扰气体动力学家。

总之，高智的 ISF 理论阐明了干扰流中局部严重加热等现象的流动机理，提供了激波/剪切层干扰分析的一种近似途径。ISF 方程组即 DPNS 方程组正得到广泛应用，Anderson 在其名著中写道“The PNS method is in very widespread use; indeed, it forms the basis of an industry-standard computer program, which is used by virtually all major aerodynamic laboratories and companies”。不过应当指出，DPNS（即 PNS）的提出在前，ISF 理论的提出在后，早在 20 世纪 60 年代后期到 70 年代后期之间，人们已针对不同的具体流动，提出一些黏性项略有不同的 PNS 方程组，但那时 PNS 描述什么基本流动并不清楚，因此 PNS 最初缺乏相应的基本流体理论；ISF 理论不仅给出了这两个基本问题的正确答案，PNS 即 ISF 方程组描述局部区域 ISF、大范围 ISF 和近壁黏性/无黏干扰流动，ISF 理论就是 PNS 方法的基本流体力学理论。ISF 理论不仅具有黏性流学科基础意义而且具有超前性和广泛的应用潜力。近来已有学者使用 ISF 理论，ISF 最佳坐标系，ISF 黏性层尺度律和壁面判据均被应用于计算流体力学（CFD）；并称为高氏 ISF 理论、高氏 PNS 理论和高氏壁面判据。

高智提出的干扰剪切扰动流（ISPF）理论，证实 ISPF 与未扰 ISF 存在同样的空间长度尺度结构。他提出 ISF 稳定性理论和把 ISPF 方程计算和实验结果相结合确定转捩位置的 ISF 转捩计算方法，以及 ISF 和 ISPF（即 PSE）方程并行计算合理近似转捩前 ISF 的直接数值模拟（DNS）结果的思想，因此使已有的高 *Re* 数流动计算方法得到重要的改进和提高，这里 PSE 指抛物化稳定性方程，文献上都用 PSE 计算边界层稳定性，其实 PSE 与 ISPF 为同类方程，PSE 应当计算 ISF 的稳定性。

（三）湍流研究

湍流是经典物理学遗留下来的最大难题，也是自然现象和工程应用中急待解决的课题。自湍流提出至今已跨越四个世纪，湍流理论研究已取得了丰硕的成果，但离难题的最终解决还有很长的距离。在湍流理论研究中，高智和庄逢甘认为，抓住湍流多尺度这个本质，从 NS 方程出发，探讨湍流不同尺度之间的相互作用，可能对湍流有新的认识和发现。基于这样的观点，在 20 世纪 90 年代二人合作，提出了湍流大小尺度运动方程组的新认识。

对适当的湍流分割尺度 L_c，小涡（涡尺度 $<L_c$）对大涡（涡尺度 $>L_c$）的作用主要是尺度靠近 L_c 的小涡，当小涡尺度 L_s 满足 $L_c>L_s>\frac{1}{4}L_c$，$L_c>L_s>\frac{1}{3}L_c$，$L_c>L_s>\frac{1}{2}L_c$ 时小涡对大涡的作用应力约占所有小涡对大涡作用应力的 75%、91% 和 94%，由此引入了近程小涡的概念。

导出近程小涡对大涡作用应力分量的微分表达式，该表达式又导致提出共振小涡（涡尺度十分靠近 L_c 的小涡）概念，共振小涡对大涡作用的应力分量在单向剪切湍流的情况下简化为著名的 Prandtl 混合长理论应力公式，并得到混合长与分割尺度之间的关系式，证实了共振涡概念的意义和应用价值。

王卫国和彭世镠等对不可压平面槽道流和混合层流动的湍流大小尺度方程组计算表明，网格尺度等于 $\frac{1}{2}L_c$，$\frac{1}{3}L_c$ 和 $\frac{1}{4}L_c$ 时计算很好收敛，而等于 $\frac{1}{5}L_c$ 时，计算不收敛，说明近程小涡概念的意义，上述结论对 20 世纪末提出的 Reynolds 平均 NS（RANS）和大涡模拟（LES）杂交的 DES 湍流计算具有重要参考价值。

湍流大小尺度（LSS）运动方程组对平均流速、平均脉动速度的计算结果与 NS 方程的直接数值模拟（DNS）结果完全一致，而 LSS 算出的最大脉动速度及其突增现象 DNS 未能算出，说明计算大涡运动的同时计算小涡运动，计算大涡对小涡运动的“激发”十分重要，而在常见的 RANS、LES 和 DES 的湍流计算中都不计算小涡运动。

（四）计算流体力学（CFD）算法研究

计算流体力学（CFD）是20世纪60年代涌现的新兴学科，它和计算机的发展一样，发展迅猛影响深远。CFD计算格式的研究主要追求两个目标，一个是追求格式（scheme）精度高和分辨率高，另一个是追求格式稳定性好，特别是构建不振荡格式以适应间断解（如激波）和接触间断。构建高精度格式的通常方法有两个，一是增加新的计算结点和模块，二是增加新的待求未知量，例如把待求函数的导数作为新的待求未知量的紧致（compact）方法。构建不振荡格式则或多或少需要一些人为的处理，例如，使用人工黏性，使用通量限制器，增加模块同时限制通量的WENO格式等。基于上述常用方法，半个世纪以来，人们已构建了许许多多的高精度、稳定性好的计算格式，而且新的格式仍在不断涌现。但高智的研究思路与常用方法不同，20世纪90年代，他借助流体力学自身的关系和运动规律提高格式精度并扩大格式的稳定范围，创立了数值摄动算法，获得成功。

数值摄动算法（NPA）就是离散方程的小参数展开法，在数学上，NPA是用离散方程中的步长（小参数）把数值通量或单过程离散格式（如对流格式）进行级数展开，在维持离散方程结构和网格点不动的条件下，通过数学运算求出级数的系数，获得精度更高、更稳健的离散方程；在物理上，NPA是把离散方程中的数值通量或单过程离散格式摄动展开成步长的幂级数，通过数学运算把所有的单过程离散格式关联在一起，同时把波动规律、对流运动规律（下游不影响上游）、扩散运动规律（物理黏性使扩散量空间分布均匀化）、诸物理过程之间的高阶线性关联引入离散方程，构建出精度更高、更稳健的离散方程。已有常见算法对单过程离散格式进行各自的高精度不振荡化，NPA则是把所有单过程离散格式耦合在一起进行离散方程的高精度不振荡化，NPA是高级离散格式的全新构建法。常见算法提高格式精度需扩充结点，不振荡化需引入人工黏性或限制器，NPA则无须扩充结点或引入人工黏性。

在对简单（或称基础）格式的数值摄动重构中，使用了线性近似下导出的高阶导数与一阶导数或与函数本身之间的流体力学线性关系式，这样在既借用了紧致思想又无需增加新的待求未知量，且无需增加新结点的条件下，实现了摄动重构格式的高精度化，由此获得对流扩散方程和NS方程的高精度迎风和中心摄动有限差分（FD）及有限体积（FV）格式，众多算例证实了这一新格式的优良性能。

阐明了中心摄动格式为条件稳定格式的原因，把数值摄动重构拓广为对上游网格和下游网格格式分别进行重构的间断摄动（DP）重构，巧妙地把下游不影响上游的对流运动规律耦合进重构格式中，由此构建了三结点高精度绝对稳定中心摄动 FD 格式和插值近似高精度绝对正型（positive）中心摄动 FV 格式，新格式不振荡的优良性能得到解析分析和数值计算的证实。

基于黏性项、对流项、时间项和压力项诸项相互影响尺度范围的分析，提出 NS 方程离散的摄动重构诸原则，包括对流-扩散项耦合重构，对流-扩散-源项耦合重构，时间和压力项单独重构诸原则；对时间格式和压力格式利用流体力学高阶线性关系式进行了单项摄动重构，得到高精度时间摄动格式和高精度压力摄动格式，而对黏性和对流项进行了两项耦合摄动，得到高精度绝对稳定或绝对正型对流扩散格式。把高精度迎风摄动 FD 和 FV 格式分别与著名 Roe 格式和 AUSM 格式杂交，杂交格式比原 Roe 格式和 AUSM 格式的计算精度高。

摄动格式精度高、稳定性好、形式简单、计算结点少、能够使用各种类型网格（结构、非结构和混合网格）、容易编程且无需任何人为的处理、任一计算格式经摄动重构后均可提高计算精度、扩大稳定范围。这些事实充分说明流体力学自身的关系和规律在构建 CFD 高性能计算格式中具有十分重要的作用。数值摄动算法已被称为新型高精度方法、高氏算法和高氏格式。数值摄动算法提出后的十几年时间内，高智的晚辈研究人员近 15 人（主要如陈国谦、申义庆、代民果、李明军等）都做出了各自的贡献，他自己的前期及近年来的摄动算法研究均得到国家自然科学基金项目的经费支持。

纵观国内外 CFD 软件的发展现况，绝大多数 CFD 软件特别是商用 CFD 软件均以二阶精度计算格式为主打或核心格式；应当强调，已有二阶精度 NS 计算格式到数值摄动格式的提升十分简便，既不用增加结点、又不用改动格式结构。因此研发以高氏格式为核心、高氏数值摄动格式与其他优良格式杂交的格式为卫星格式、具有真正自主知识产权的 CFD 计算软件无疑十分必要，既有重要的理论意义又有宽广的应用价值。2013 年起，代民果等多人已着手研发数值摄动 CFD 计算软件。

（五）气流化学激光性能分析

1970 年前后，激光问世还不到十年，大功率气动激光、超声速 HF 化学激光相继问世，由于它们在国防和工业领域的巨大应用前景，曾轰动一时，迅速引起国内外专家的关注。当时，气体激光的增益饱和、功率、烧孔理论等已很齐备，但要把它们直接推广到气流激光中去尚不可能。而气流激光性能分析采用了辐射气体动力学的传统方法，即假定激活分子速度分布为 Maxwell 分布，激光与气流的互扰利用增益（负吸收）系数来描述。针对这一问题，高智认为，气流激光性能分析应当考虑激活分子为非 Maxwell 分布、分子碰撞交叉弛豫过程、频移等因素，由此他在 1980 年提出气流激光性能分析的运动论模型，此后他和本单位（中国科学院力学研究所）及外单位的同行范安辅、钱俭、胡利民等进行了卓有成效的“松散”合作研究，发展和拓广了运动模型及相关理论，其主要的贡献如下：

提出的气流化学激光功率、效率计算的运动论模型，比当时国际上常用的速率方程模型更精确，适用范围更宽广，与试验结果符合更好（速率方程模型是运动论模型在高气压、弱辐射条件下的特例）。

揭示出气流化学激光饱和增益线形与频率的关系和反常烧孔现象，对非均匀加宽下选择性消耗的烧孔现象、交叉弛豫和对流都有影响，且与试验结果相符。

导出湍流气体的谱线形为熟知的 Voigt 线形，是 Lorentz 和 Gauss 线形的卷积（Convolution），其中 Gauss 线形的线宽随湍流脉动速度 *Ma* 数的增大而变宽。

高智提出的运动论模型后来被用于使用价值更大的超声速氧碘化学激光性能计算中，运动论的称呼也更换为规范的名称：气体动力论。气体动力论模型表明：计算气流化学激光宏观特性时耦合计算分子微观运动，则宏观特性的计算更精确，适用范围更宽广，揭示的现象更多。

三、志存高远，悉心培育后俊

高智在矢志科研并做出突出成就的同时，把自己大量的时间和精力，放诸对科研人才的关心、培养之上。自 1962 年中国科学技术大学近代力学系开设飞行器运动稳定性专题课程以来，他多次在中国科学技术大学研究生院、中国科学院研究生院和中国科学院力学研究所为研究生讲授专业课和专题课，教学效果始终为所教学生称道。1985 年，他开始具有培养研究生的资格。从那时起直到退休，在近 20 年的时间里，他为本单位（中国科学院力学研究所）培养博士生 5 名，硕士生 2 名，指导博士后 3 名。同时，他还为北京大学、四川大学、青岛海洋大学、湘潭大学等院校代培博士和硕士研究生共 8 名。

在指导研究生的过程中，高智既以认真负责的态度和严格的标准要求，又特别注重因材施教，注意发挥每个学生的特点和专长，鼓励学生独立思考、勇于创新；他对学生言传身教，要求他们学有所专、学有所长、学有所成、学有所创，同时要好学、诚实、勤奋、具有团队意识；他也关心学生的衣、食、住、行和毕业后的发展前途，希望他们早日能以卓越的研究成果脱颖而出，报效社会。不仅如此，对来向他求教的人，无论是自己的学生，还是互不相识的晚辈，高智都同样热情对待，毫无保留地把他所知告诉晚辈，因此不少晚辈与他成为忘年交。目前，高智带出的研究生和指导过的博士后，有些已成为各自单位的学术带头人和骨干人才，有些则已是专业研究领域有所建树的有为后俊，他们中有 4 人已成为教授。

四、高智主要论著

高智 . 1967. 无粘外流和粘性边界层联立求解 . 无粘外尾流和粘性内尾流联立求解，中国科学院力学研究所科技报告 . ［详细摘要：简化 Navier-Stokes 方程组及无黏流与黏性边界层联立求解 . 力学学报，1982，14（6）606-611. ］

高智 . 1984. 气流与化学激光中的增益饱 . 中国科学（A 辑），14（11）：1033-1054.

Gao Z. 1986. Phase relaxation theory for two-phase flow. Scientia Sinica（Science in China）Series A，29（3）：275-289.

高智 . 1987. 论简化 Navier-Stokes 方程组 . 中国科学（A 辑），（10）：1058-1070.

高智 . 1990. 粘性-无粘干扰流动理论 . 力学学报，22（1）：9-19.

高智 . 1992. 二维剪切流的粘性-无粘湍流干扰理论 . 中国科学（A 辑），22（6）：605-615.

高智 . 1992. 对流扩散相互作用尺度结构的不变性，力学学报，24（6）：661-670.

高智 . 1994. 对流扩散方程的高精度差分方法 . 北京计算流体力学讨论会文集（第六辑）：1-23.

高智 . 2001. 强粘性层流理论及其在粘性流计算中的应用 . 空气动力学学报，19（4）：420-426.

高智，胡利民，申义庆 . 2004. 超声速化学氧碘激光（SCOIL）性能计算的半气体动力学模型 . 中国科学（G 辑）34（1）：29-40.

Gao Z，Yang G W. 2004. Perturbation finite volume（PFV）method for convective diffusion equation. Acta Mech Sinica，20（6）：580-590.

Gao Z. 2004. Short and resonant- range interaction between scales in turbulence and their applications. Appl Math Mech，25（8）：917-928.

高智，庄逢甘 . 2005. 不可压和可压湍流多尺度方程组//近代空气动力学研讨会文集 . 北京：中国宇航出版社：116-134.

高智 . 2007. 干扰剪切流动理论、广义扩散抛物化 NS 方程和壁面判据及其应用 . 中国力学文摘，21（3）：13-22.

高智 . 2008. 壁判据用于计算流体力学（CFD）可信度评估，空气动力学学报，26（3）：378-393.

高智 . 2010. 对流扩散方程的绝对稳定高阶中心差分格式 . 力学学报，42（5）：811-817.

高智 . 2010. 数值摄动算法及其 CFD 格式，力学进展，40（6）：607-633.

高智 . 2012. 用物理粘性构建高阶不振荡对流扩散差分格式，44（3）：650-657.

Gao Z. 2013. The basis of an industry-standard aerodynamic computation and its theoretical basis with inferences and applications to CFD. Procedia Engineering，67：230-240.

高智 . 2014. 干扰剪切流（ISF）稳定性理论并用于改进高 Re 数流动计算方法 . 空气动力学报，32（5）：520-528.

主要参考文献

Zhuang F G, Zhang H X. 1987. Computational fluid dynamics in China. AIAA87-1124.

庄逢甘, 张德良. 2003. 扩散抛物化 (DP) NS 方程组的意义及其在计算流体力学中的应用. 空气动力学学报, 21 (1): 1-10.

Anderson J D Jr. 2006. Hypersonic and High Temperature Gas Dynamics (2nd edition). AIAA Education Series.

徐文灿, 胡俊. 2012. 计算流体力学. 北京: 北京理工大学出版社.

Yu Y. 2014. Review on parabolized Navier-Stokes (PNS) equations and Gao's PNS theory with inferences and applications, Acta Aerodynamica Sinia, 32 (5): 550-560.

撰写者

申义庆 (1969 ~), 云南镇雄人。中国科学院力学研究所研究员。2011 年 7 月入选中国科学院“百人计划”, 从事流体力学和计算流体力学研究, 师从高智, 2001 年获中国科学院流体力学博士学位。

李桂波 (1982 ~), 山东安丘人。2011 年获中国科学院流体力学博士学位, 曾为高智的学生, 从事流体力学和计算流体力学研究。

伍小平

伍小平（1938～），江苏武进人。实验力学专家和力学教育家。1997年当选为中国科学院院士。1960年毕业于北京大学，同年到中国科学技术大学近代力学系任教至今。50年来，一直从事力学领域的教育和研究工作，为中国实验力学特别是光力学的发展做出重大的贡献。在光测实验力学理论方面，导出了以微分形式描述空间光场的三个基本方程，在更高层次上概括了以往光学中的定理和定律，进而导出了完整的激光散斑空间三维运动公式。这一开创性的工作奠定了散斑干涉计量的理论基础。此成果获得了中国科学院重大科技成果奖一等奖。在光力学测试技术方面，带领研究团队研究了粗糙表面的激光衍射谱，发展了动态测试技术、残余应力测试技术、低温下的变形的测试技术、新概念红外成像技术和时间序列数字散斑干涉技术等，做出了多项重要的创新成果。组织了同步辐射材料力学实验站的建立，并在实验站进行了材料内部的细观力学分析等开创性研究。组织创建了中科院“材料力学行为和设计”重点实验室。曾任中国力学学会副理事长，实验力学专业委员会主任，《实验力学》多届主编，教育部高等学校力学教学指导委员会主任委员，中国科学技术协会全国委员会委员。曾获多项国家和省部级奖励，2008年获何梁何利科学与技术进步奖。

一、成长历程

1938年2月17日，伍小平生于天津，她的籍贯是人才辈出的江苏武进。她的家庭可以说是书香门第，父亲毕业于北洋大学矿业系，在天津大学任教授，业余喜欢各种体育运动。母亲是一名音乐教师，弹得一手好钢琴。

伍小平的童年，正值日寇铁蹄侵略中国的时期，天津是沦陷区。她记得，那时的小学，强制学习日语，上课时，常有临空警报拉响，一听到警报，学校就放学，那时也在小学读书的哥哥，就拉着她往家跑。在她稚嫩的心里，恨透了日本鬼子，有时看到盟军的飞机从头顶上飞过，她会心中窃喜，希望赶快打败日本鬼子，把他们赶出中国。1945年日本无条件投降，听到这个消息时，她兴奋极了，她说，“那种无法形容的激动和高兴，我一辈子都不会忘记！”1949年1月天津解放了，她已经是小学六年级的学生了。缺乏玩具和儿童读物的她，从家里找到一沓旧杂志，是有许多图和照片的《科学画报》，她爱不释手。那些图和照片吸引着她，激发了她的好奇心，她试着模仿画报制作那些东西。可是她没有合适的材料和工具，也不懂应该如何做，她说："做出的东西差不多都失败了"，但她却仍乐此不疲。

伍小平的家庭教育是宽严相济的。严的方面：父母教育她，上学不要迟到，要尊敬老师，在校不能捣蛋；上课要认真，作业要完成；做人要善良、正直、诚实。宽的方面：父母从来不要求她考试得多少分，从不强迫她课外必须学什么，一切都听其自然。这样的环境既规范了她的成长的正确方向，又给了她自由发展的充分空间。

1949 年 9 月，伍小平上中学了。新中国成立，一片欣欣向荣，人人热情洋溢，个个积极上进，在这样的气氛中，她奋发努力，勤奋学习，希望把学到的本领奉献人民，报效祖国。她除了优秀地完成了学业外，还积极参加各种各样的由同学自发组织的文体、科技活动，她记得，物理老师讲电磁学，给同学们演示一个无线电发射台，她十分兴奋，觉得大开了眼界，课外老师又教同学做矿石收音机，她做的收音机能听广播，很有成就感。她说，"现在回忆起来，中学六年是最快乐的。"

1955 年中学毕业，伍小平考入北京大学数学力学系力学专业。当时学习的压力相当大，开始上课，就是数学分析、高等代数和解析几何一起开。这些课程的严格的定义、推理和证明以及接下来系统、丰富而又科学的教学内容，培养了她严谨的科学思维和细致的工作作风。后来董铁宝教授开设的"材料力学"，没有数学课那么严格，会做一些简化、建立模型，然后再用数学工具解决问题，使她明白了在工程问题上如何突出主要矛盾。她回忆说，"通过大学几年的严格训练，为我打下坚实的理论基础，也学会了工程科学处理问题的思路和方法，使得以后的学习和工作都受益匪浅。"

大学里学习很紧张，而生活却是丰富多彩的。伍小平中学就是垒球队的主力，大学还当了近五年的垒球队队长，虽在球队练习和比赛，花了她不少时间，但她觉得收获不小。她说："锻炼后上晚自习，效率会较高；球队还培养了我的集体精神，这对后来在集体中与人和谐地相处及在工作中与同事们的密切合作，有很大帮助。"

在 1958 年"大跃进"年代，伍小平参加造土炼钢炉大炼钢铁、大搞超声波发生器、大搞半导体，设计并制作仪器等。回忆起这段来，她说："那时教学秩序被打乱，有些课没学好，实在是损失不小，但在'敢想敢干'的年代里，除去不科学的狂热，倒是培养了创新精神。"

1960 年大学毕业，伍小平分配到中国科学技术大学（简称中科大）任教。在这个新中国自己建的第一所大学中，实行全院办校、所系结合，科学院很多大科学家，都是中科大的系主任，并亲自讲课。她所在的力学系的系主任是钱学森，就亲自为力学系订教学计划，亲自为学生讲“火箭技术导论”，并请来国内顶尖的大师给学生授课。学生们非常勤奋，学校提倡自由的学术氛围，鼓励年轻教师成长，崇尚艰苦奋斗、勇于创新的精神。在中科大她的第一项教学任务是为何竹修先生主讲的“弹性力学”课做助教。先生要求她除了辅导学生、批改作业外，还要参加翻译英文的《弹性力学》一书，用来发给学生做讲义。先生给她开了七本弹性力学专著的目录，要求她读书。同样，后来她为李敏华先生的“塑性力学”做助教，李先生也同样要求她读了好几本塑性力学书。李先生等几位力学所的研究员，还结合当时国际学术发展的方向和动态，新开了三门专题课，指导学生系统地阅读文献，加强科研的基本功训练。在这些先生们的引导下，使她补回了“大跃进”阶段读书方面的缺失，系统地掌握了相关力学领域的发展前沿，为她后来的教学和科研发展打下了坚实基础。李先生曾任美国宇航局顾问，她把航空发动机涡轮盘高温塑性变形的研究成果，融入教学中，使学生不仅学到知识，还学会解决问题的方法，课程学习也变得生动起来，这也为伍小平后来把光力学科研成果融入实验力学课程做出了榜样。

由于伍小平的努力和优秀工作成绩，很快她就成为力学系两位被破格提升为讲师的年轻助教之一。

1966 年以后，“文化大革命”几乎摧毁了中科大，教学和科研都停顿下来。1969 年底中科大由北京搬迁到合肥，这样的折腾更使中科大雪上加霜，实验室都拆了，仪器全部运到合肥，由师生们肩扛手搬把一箱箱仪器堆满了合肥校址仅有的几个楼和楼道，还要天天搞政治运动。在这种艰苦的条件下，中科大开始了第二次创业，一些教师偷偷关注国际科学界的动态。物理系教师跟踪前沿，成功地拍出了全息照片，引起伍小平的极大兴趣。对专业敏感的她，为这种非接触、全场和高精度的力学量测量技术所吸引，为了应用这个新技术，她和同事们开始了系统地研究。

为了腾出 20 平方米的房间做实验室，要搬出堆满房间的仪器箱，为此，伍小平肩扛了数次仪器，重达几吨。没有实验设备，得到了校主管科研的领导支持的 3000 元，买了激光器，买了报废的铣床台面做隔震台，用大木箱装满沙子做隔震腿，在器材处淘汰库里找来旧光学元件和还能用的旧仪器。这样总算可以工作了，伍小平和她的同事们因陋就简地干起来了。为了抢回已经失去的时间，她忘我地工作，由于实验多在暗室里进行，她常常不知道时间，忘记吃饭和休息。就这样，他们在这里做出了第一批具有世界水平的科研成果。

二、学术成就

(一) 光力学实验理论

20 世纪 60 年代末 70 年代初，全息的发展引起了国内外科技界轰动。紧接着就实现了三维位移的全场测量、振动模态的测量、瞬态现象的测量等等。这些力学量的测量，是非接触式的、不限于逐点的，而是全场的和高精度的。这强烈地吸引着伍小平，她和她的同事们承担了相关课题，希望把这项新技术应用在力学测量中。

力学中要测量的变形，不仅有离面位移，还有面内位移。他们发现，用全息干涉技术测量离面位移，做得很好，而测量面内位移却有许多不便。当时，伍小平的合作者先后有苏永刚和何世平。他们通过文献检索，知道还有一种 speckle 干涉技术，有利于面内位移测量。在物理学家钱临照院士的直接关怀下，和光学专家李志超教授的帮助下，他们开始对这个技术进行研究。循其来历，原来，人们发现在全息照相中，存在大量随机的亮暗斑点。因为激光的相干性好，这些斑点是由光的干涉形成的随机噪声，被称为 speckle。而且人们认识到，既然是干涉的结果，必然携带了有用的信息。

对于 speckle，国际上当时才开始发展，国内还鲜有人使用这技术，以至于 speckle 这个词不知中文该如何定名。李志超教授建议，并得到钱临照先生的认可，定为“散斑”。在 1979 年的学术会议上，这个定名得到国内外学者的赞同。由此，这个统一的中文科技名词就被正式认定了。

散斑的形成是由于表面漫反射激光所形成的。表面运动或变形，将导致散斑在空间中运动，它们之间有确定的关系式。记录介质上记录的是散斑的移动量，用光学方法测量这个移动量，再通过关系式可以推算物体的运动或变形。但是当时文献上给出的表面变形与散斑运动之间的关系式是不一致的、或是不完全的、或是有错误的。例如，不同文献给出的这种关系得到的变形，数值上有两倍之差；而且一般只讨论散斑在物体的像平面上的二维运动，较少论及散斑在散焦的像平面上的情况。这使得伍小平感到困惑。她认为：散斑运动公式是利用激光散斑进行变形测量的理论基础，应当把物体的运动或变形，与激光散斑在空间中的三维运动的一般性关系弄清楚。

于是伍小平就从 Fourier 光学的衍射理论出发，采用更实际更合理的 Fresnel 衍射，考虑了激光波长不同的影响，对空间散斑场的运动与物体变形间的关系，进行了严格的理论研究。首先导出了以微分形式描述空间光场的三个方程，然后从这三个基本方程，导出了完整的激光散斑空间三维运动公式。

对推导出的激光散斑空间三维运动公式，进行了实验验证。针对不同的照明方向，不同的观察方向和观察深度，不同的组合变形情况等，进行了实测，得到与理论推导相符合的结果，即实验完全证实了理论公式的正确性。

伍小平这一基础性的创新工作，奠定了散斑干涉计量的理论基础，为其工程应用提供了依据，在国内外有重要的影响，并获得了中国科学院自然科学奖一等奖和国家自然科学奖四等奖。

值得提出的是，钱临照院士认为：在伍小平推导中间得到的以微分形式描述空间光场的三个方程，是在更高层次上概括了以往光学中（如反射、折射、成像和全息等）的定理和定律，有极深刻和丰富的内涵。

在开展激光散斑研究的同时，还开展了部分相干光散斑干涉研究。太阳光或水银灯等这类光源都是部分相干光，也能在物体表面附近形成散斑。他们首次对白光光源的部分相干性作了极近场光场的数值模拟，并研究了其统计性质，获得了彩色散斑（包括激光散斑）与表面粗糙度的统计相关性。据此发展了利用彩色散斑进行物体变形测量的新技术，特别适用于室外大结构的测量。这项成果被自然科学基金委员会数理部评为优秀成果。

由伍小平开创的实验理论成果，对“激光散斑干涉计量”测试技术的发展做出了独到的贡献。在20世纪70~80年代，这门测试技术可以说是达到发展的高峰期。

（二）光力学测试技术

激光的出现，不仅使得全息技术有了大发展，产生了散斑干涉计量新领域，而且使得已有的光测弹性力学、云纹和焦散线法等光测方法，又有了新的内容和技术，从而形成“光测实验力学”或简称“光力学”这门非常活跃的学科，也出现了“photomechanics”这个名词。

几十年来，以伍小平为首的研究团队，团结一致，艰苦奋斗，努力拼搏，取得了多项重要创新成果。他们在发展测试技术上有许多独到建树，并将其应用于实践，解决了不少实际问题，这使精密的光测技术向实用化大大迈进了一步。

1. 粗糙表面的激光衍射谱的研究和疲劳损伤的测试技术

首次研究分析了粗糙表面镜反射核心衍射斑及周围衍射光场所携带的信息，同时探讨了疲劳损伤积累程度与表面粗糙度之间的关系。为用激光衍射谱研究疲劳损伤和判别裂纹近端区弹塑性交界奠定了理论基础。发展了激光衍射谱方法，白光散斑相关法和亮斑数量统计法等，这一成果开辟了激光散斑研究疲劳损伤的新应用领域。

2. 动态现象测试技术

创新地提出了激光散斑进行随机振动、冲击测量的新方法。在记录一张空间散斑图，复位之后，物面漫射的光能够透过这散斑图的光能最少；物体运动使散斑移动，透过散斑图的光能开始增加；在一定范围内透过的光能与移动量呈线性关系。用光电转换得到电信号，即可推断物体运动的速度。不论是瞬态的或是随机的运动，均可同时获得结构的多点时间历程的信息，并可进一步进行光测模态分析，从而为微型机械等超小型物体动态特性的非接触测量和分析提供了新途径。这项成果在国际合作中，向实用性发展，获得了专利，并获得安徽省科技进步奖二等奖。另外，与北京大学苏先基教授合作，改进了透射和反射多火花摄影系统，配合动态云纹和白光散斑，获得了应力波传播和瞬态变形的信息。这些成果开拓了散斑应用于动态现象测量的新领域。

3. 大构件复杂变形测量技术

发展了多种相干光或非相干光的光学与图像处理结合的方法，配合相移，进行变形和形状的测量与分析，其测量的尺度范围可以覆盖从宏观到毫米甚至亚微米范围的整个系列。大到大型天线的变形测量，中等大小的螺旋桨叶片的变形，蜻蜓自由飞行的翼面变形，小到芯片中微小焊接点的变形，和晶体生长的测量。还发展了测量水洞中船用螺旋桨在水动力作用下变形测量的新技术，可为新一代螺旋桨的研究提供有关刚度和水动力载荷分布的重要信息。这部分成果，为航空航天和造船等领域的有关测量提供了新技术。

4. 速度和温度耦合场的测量技术

热色液晶和图像处理技术相结合，实现了温度场和速度场的同时测量。胶囊式胆甾相液晶具有粒子形态和温度–颜色反应特性，在不同温度下显示不同的颜色，可以用来同时测量流体的速度和温度场。用它研究了自然对流和热毛细对流流场中的速度场和温度场。这项成果受到国内外同行的重视和采用，对基础研究和应用研究都发挥了独特的作用。

5. 无损检测技术

在多年研究成果的基础上，设计了一种新型电子散斑干涉仪，并获国家专利。

它改变了现有仪器的复杂结构，发挥非接触式的特长，具有多种功能，有很强的抗干扰能力，便于在工业现场应用。另外，利用热色液晶做无损检测，可显示出交变载荷下微裂纹处的微小温升和裂纹两侧温度的不连续。在显示碳/碳复合材料内部的损伤方面，有独特的能力，可以非常直观地展示损伤的发展。

6. 残余应力测试技术

巧妙地运用云纹干涉法，以很高的空间分辨率和精度，获得了飞机零部件冷挤压孔周的残余应力分布，为航空部门孔周冷挤压工艺研究，提供了可靠的实验参数。孔周冷挤压工艺极好地延长了飞机零部件及整机的疲劳寿命。

7. 低温环境下位移的测试技术

研究了在低温环境下的光纤位移传感器，分析了传感器在液氮温度下的静态传输特性。采取参考光强度补偿的措施，消除了光源、光纤衰减等波动对测试结果的影响。成功的利用光纤位移传感器系统，对 19 芯纯 Ag 包套的高温超导带材，测试了其在 77K 液氮温度下的应力-应变关系，以及应力-临界电流之间的关系。结果与理论分析相一致。实验结果表明，该传感器可以在液氮温度下正常工作，且具有测量范围大、测试精度高等优点，同时还克服了低温应变片仅能测试出复合材料基体或者包套应变的缺点。配合同步辐射光，在线测量了超导带材受拉伸时内部的损伤演化，对于超导电性如何受工作环境的影响，有了清晰的认识。研究对超导带材的工程应用有重要的意义。

8. 细观力学实验技术

利用多种光学与图像处理技术相结合的方法，为获得材料微区的位移场分布，发展了显微全息光弹性技术、显微全息散斑技术和显微白光彩色散斑技术，获得了裂纹端微区的三维位移分布。首次基于电镜散斑图获得了材料细观变形场。从而发现了不同尺度下变形不均匀的极令人感兴趣的现象。还用独特的光电技术观察到了前人从未观察到的电流变液细观层次的成链成柱相变过程，对揭示其作用机理有着重要的意义，受到学术界的重视。用同步辐射光进行材料内部损伤的研究，成功地获得了细观变形和损伤演化的实验资料。这些新的测试技术为细观实验力学的发展提供了新的途径。

9. 基于 MEMS 的红外成像系统的研制

近几年组织研究了基于 MEMS 和光力学测试技术的新概念的红外成像系统。它不同于芯片完全依靠进口的市售红外摄像机。此成像系统芯片上每个像素是双材料微悬臂梁，没有任何的电路和引线。因热辐射造成的变形，由非接触式光测实验力学方法检出信息并成像。伍小平牵头，以张青川教授为核心，带领博士后和研究生，取得了理论分析和技术创新方面一系列重要的成果。成功地设计和研制了独特的微悬臂梁阵列，以及优化的检测方法。研制成了原型机，对白天、黑夜，近距、远距，静止、运动等多种情况均可成功成像，并获得多项具有完全自主知识产权的发明专利，2003 年在国内第一次实现了自主芯片非制冷红外成像。它既是 MEMS 的重要应用，又有广泛应用前景和巨大的经济效益。

（三）光力学测试中应用数字图像处理技术

信息技术的发展，对光力学产生了很大的影响。光力学全场测量获得的信息量很大，其条纹图中信息的提取和处理是一个比较繁琐的问题。计算机普及之后，鉴于计算机所具有的高速、精确的运算能力以及海量的数据存储和强大的图像处理功能，在新的学科 photonics（光电子学）之下，为光力学引出了两个发展方向。

一个方向是要计算机做原来是人力做的，但是或因有人为因素介入而不客观，或是工作量大比较麻烦的事。如提出一些由计算机自动提取中心线的方法；提出了多种插值计算方法，以获得条纹中心线以外的信息；提出使条纹级数单调变化的"载波法"，使得条纹得以自动定级等等。

另一个方向是让计算机做只有计算机能做而人力做不到的事情。很快地发展了几类方法：相移法、时间序列法、图像相关法和层析法等。虽然原有光力学方法的原理没有变化，但信息的提取发生了革命性的变革。由 CCD 相机获取信息，经图像处理系统做处理，直接给出数字结果。伍小平和她的研究团队，较早地选择了这个方向。从跟踪国际发展到自主创新，在实现相移的硬件方面，以及各种处理方法的算法和软件方面，做了大量的创新性工作，并为其实用化做出了重要贡献。

1. 相移法

为适应测量快速变形的问题，要采取空间相移法：发展了用光栅分光-偏振相移的方法。将物光分为 4 束，在空间中有相移的 4 束光同时成像，由接收器接收并数字化，然后计算每点的相位。问题的关键是几幅图上的光能要一致。由于使用了朗奇分光光栅，可以很方便地将光分为等光强的 4 束。

2. 数字散斑干涉

以张青川教授为主发展了时间序列散斑干涉技术之一，称为"变初始干涉图序列法”。对于快速变形，只要 CCD 的桢速度合适，就可以在变形前先存一幅初始干涉图，与动态变形的干涉图实时相减，显示动态位移场。但是对于动态大变形，就不能保证大变形后的干涉图还能与初始干涉图相关。解决的方法是：在动态变形过程中，采集序列干涉图，令第 n 幅图总是和 $n-k$ 幅干涉图相减（其中 k 可根据变形情况定，例如定为 3 或 4 等），即可显示动态大变形的整个过程。对于进入塑性的大变形，其条纹图的含意是明确的。用这种方法配合高速 CCD，获得金属塑性滑移带的发生、发展的演变过程，可显示千分之一秒内的变化。这种高空间分辨力、高时间分辨力的测试技术，对多晶金属材料细观层次的力学行为的研究有很大的推进。

以李喜德教授为主发展的另一个时间序列散斑干涉技术，称为“序列脉冲计数法”。从光强和位相的关系知道，如果大变形的位移单调连续增加，位相也单调增加，光强将往复变化。位相每过 π，光强就过零一次，计数光强过零的次数，用设定的规则，可以方便地计算出位相的变化以及位移量。在大变形的情况下，能够满足精度要求。可广泛用于纳微米薄膜等器件的变形测量。

3. 图像相关法

图像相关法有广泛的用途，它是从变形前后两幅图上，直接识别相关的点的移动量。作为标记的点，可以是激光形成的散斑，或是物面上的划痕，或其他任何方法得到的斑点。一般的，通过相关算法软件计算，获得二维空间被测区域内各点的位移。由于同步辐射获得的是三维的信息，要得到三维空间中各点的位移，还须发展三维空间中的相关算法，他们已进行了有益的探索。

回顾了光力学 40 多年来的发展历程，伍小平认为：从光力学这学科方向来说，从 20 世纪到现在的发展，光测方法已从只能少数人掌握的、只在条件十分苛刻的实验室中才能使用的方法，已发展为常规的测试手段和广泛应用于工程现场的测试技术。这些进展和飞速发展的科学技术是分不开的，其中 CCD 数字相机为核心的数字图像技术的发展与普及，图像处理的硬、软件的开发，更是功不可没的。以伍小平为首的研究团队在测试技术方面所取得的创新性的成绩和实用化的成果，其重要原因之一是由于重视学科交叉，重视新技术的运用，并较早的地抓住机遇的缘故。

（四）同步辐射材料力学实验站的建立及其研究成果

1. 建立同步辐射光材料力学实验站

中国科学技术大学从 1980 年开始建设国家同步辐射实验室，于 1989 年成功出光。这个国家实验室是为各种实验提供同步辐射光光源的大型实验平台。它能提供紫外到 X 射线的光，探测材料内部的状态，揭示细观层次的力学行为及其规律，特别是进行材料内部损伤演化的研究，有独特的优势，是用其他实验方法不可替代的。伍小平牵头，在国家自然科学基金支持下进行预研；依托国家同步辐射实验室，进行了建设"同步辐射材料力学实验站"的论证；借助 211 工程建设经费的支持，于 1997 年建成了具有特色的、国际上唯一的材料力学实验站。

2. 材料内部的细观力学研究

以胡小方教授为主力，带领博士后和研究生，做了开创性的工作：第一，分别在两条光束线上，采用软 X 射线扫描技术，获得了硅片内部微米级缺陷的状态；第二，采用 X 射线成像，在细观层次上，获得了颗粒夹杂复合材料和纤维增强复合材料界面的损伤演化，在研究中，不断改进记录的手段和分析的方法；第三，结合重大工程需要，研究了托卡马克超导带材（Bi-2223），在 77K 工作时，残留应变量和临界电流密度的关系以及失超与内部损伤的关联，并测量了不同鞘套不同数量超导丝的多种带材。在测量电性能的同时，获得带材内部超导芯的损伤演化的清晰的图像，分析得出关于失超的规律。

3. 发展同步辐射 CT

在"同步辐射材料力学实验站"发展了同步辐射 CT，即 SR-CT，这是非常有价值的工作。在"同步辐射材料力学实验站"上做 CT 和常规医学上的 CT 有很大的不同。

（1）需要带有加载并保持载荷的旋转机构：针对力学研究，对实验件进行加载是必需的，同时做 SR-CT 要在加载并保持载荷的情况下旋转实验件 180 度。为此研制出特殊的精密加载装置，该装置在旋转时，中心偏差保持在 5 微米以下。

（2）做有信息缺失的三维重构：SR-CT 要旋转 180 度采集投影图，而且须在保持载荷的条件下采图。因此加载装置形成的遮挡是不可避免的，造成采集到的投影图不足 180 度旋转。针对这个问题，他们还研究了有信息缺失时的三维重构的可能性和精度，以及如何满足实际检测的需要等问题。

（3）要有必要的环境温度：根据被测试材料是在不同的温度环境下工作，需要配备高温可达 1600 度，低温可达 77K 的环境。

他们进行了若干实验：获得开孔和闭孔型多孔泡沫铝材料受力后内部微孔的不同变形规律，由此揭示了其起到吸能作用的机制；设计了专用的高温烧结炉，实时在线观测了航空发动机的合金及陶瓷材料烧结过程中微结构演化，为探讨烧结工艺提供参考。

由于这些在线的、定量的信息是以往其他方法不可能得到的。因此，这些开创性成果，引起国内外同行极大的兴趣，并被邀请在国际会议上做大会报告。

伍小平认为，这个“同步辐射材料力学实验站”还在不断的发展中。随着记录设备的不断改进，空间分辨率的进一步提高，特别是中国新一代同步辐射光源的建成，它一定能成为进行材料力学行为研究的强有力的工具。

三、教 书 育 人

伍小平在中科大任教近50年，她培养的本科生不计其数，至今培养了硕士34人，博士30人，博士后5人，他们如今已遍布海内外，其中许多人已经成为相关领域的重要技术骨干和学术带头人。

（一）开设新课

伍小平十分重视实验课，也注意在实验课中反映科技前沿的内容。“文化大革命”以后，她首次开的实验力学就把全息、散斑等新的前沿科研成果作为主要内容。为此，她编写了讲义，亲自刻蜡版，到印刷厂印刷。还为教学精心设计了许多新的演示实验，以提高学生兴趣、增加学生的感性认识。

在教学改革中，伍小平组织成立了基础力学实验教学组，为本科生开设了一门含盖力学各专业的新的基础力学实验课。他们筹建了实验室，筹备了若干实验项目，为适应先进技术的飞速发展，用可能有的最先进设备，给学生最基本的训练，得到了很好的教学效果。

在研究生的课程的教学改革中，伍小平认为研究生学位课结构有缺陷，只有固体力学理论课、计算力学课，而缺力学实验课这一条腿。在她的建议下，各科研课题组，提炼其内容，在中科大首次开设了研究生的实验学位课——高等实验固体力学，使研究生的学位基础更加全面、扎实。

（二）培养人才

伍小平为人师表，谦虚朴实，她对学生严格要求，又平等相处，深受学生的尊敬和爱戴。她重视实验，特别鼓励学生在实验理论、实验方法方面的创新，而且直到现在，她还常常亲自动手实验，她认为：实验是认识自然的最重要的出发点，在科研中计算和实验是缺一不可的两种工具。

（三）提携年轻人

伍小平凭着她的学术敏感性，瞄准国民经济的重大需求，带着年轻教师争取项目，她淡泊名利，对自己得到的课题经费、成果名次从不计较。她善于发现年轻教师的才能，总是给他们创造条件；压担子，为他们解决工作中遇到的困难，并在各种学术会议场合向同行学者推荐这些年轻人。比如为新留校和引进的年轻教师，让出或腾挪办公实验房间，创造基础条件，建议并扶持青年教师开拓新兴交叉课题方向，如材料内部缺陷演化的同步辐射探伤观察，又如光学读出非制冷红外成像技术和微梁生化传感技术等。同时关注学科均衡发展，鼓励产学研结合，努力将科研项目成果转化为生产力，推动促进力学在国民经济中的应用。

正是由于她的学术水平和人格魅力，才使得她的研究团队有高度的凝聚力，几十年来后浪推前浪，不断有新的成果出来。

伍小平还积极地引进人才。最先引进博士后，为力学学科建立了博士后流动站，其中不少留校成为骨干。广泛联系海外学子，帮他们了解回国的需求，审查他们的材料，组织专家评审，为学院推荐引进多名百人计划等各种人才。

50 年来，伍小平忠诚党的教育事业，曾获中科院优秀教师和中科大优秀研究生导师奖；她在教育战线上辛苦耕耘，诲人不倦，培养了一批批优秀学生，并为发展中国的实验力学、特别是光力学教育做出了重要贡献。

四、学术任职和管理工作

伍小平作为一名科学院院士、科技领导者，她担负着多项学术任职。1998 年任力学学会第 6 届副理事长，1999 年力学学会第 6 届实验力学专业委员会主任，1991 年至今历任《实验力学》学报多届主编。她十分注重实验力学研究队伍的建设，积极推动中国实验力学同行之间和国内外同行之间的学术交流活动，组织国内外实验力学学术会议；为《实验力学》杂志组稿，聘请专家撰写文章，亲自审稿改稿。在与同行的共同努力下，使中国的实验力学队伍欣欣向荣，呈现出蓬勃发展，团结合作的局面。

伍小平还兼任了中科大第 7 届学术委员会副主任。她曾任中科大工程科学院院长。在学科建设方面，领导组织并实施了固体力学重点学科的建设。钱学森先生曾写信建议中科大成立材料设计专业。在钱老的倡导下，在校系领导的支持下，伍小平又筹划创建了中科院“材料力学行为和设计”重点实验室，并在中科大力学系开设了国内首个材料设计专业。与此同时，她还为学院领导组织并实施了“985”、“211”等教学改革和学科建设项目。为力学与相关学科在中科大的发展做出了重要贡献。

五、伍小平主要论著

伍小平，何世平，李志超 . 1980. 空间散斑运动规律 . 物理学报，29：1142-1152.

伍小平，何世平，李志超 . 1983. 空间散斑运动规律（续）——物表面位移微分量的影响 . 物理学报，32：973-981.

Wu X P，Chiang F P. 1986. Sandwich holo-speckle interferometry for 3D displacement determination. Optical Engineering，25：736-737.

Xu B Q，Li L，Wu X P. 1986. Fatigue detection based on the change of laser-produced diffraction pattern，SPIE，673：258-262.

张青川，伍小平，张培强 . 1990. 利用散斑相关做非接触式随机振动特性测量 . 实验力学，5：190-195.

Wu X P，Li Z C，He S P. 1991. Laser speckle movement caused by surface deformation and light wavelength change. ACTA Mechanica Sinica，7：186-192.

伍小平，李志超，何世平 . 1992. 物体运动变形和光波长变化时的激光散斑运动规律 . 力学学报，24：40-47.

Wu X P，Li Z C，He S P. 1994. Partially coherent speckle movement law and its essential properties. Progress in Natural Science，4：45-50.

伍小平 . 1995. 细观实验力学近况概述//黄克智，徐秉业主编 . 固体力学发展趋势 . 北京：北京理工大学出版社 .

鞠向阳，伍小平，何世平 . 1996. 用胶囊式液晶粒子同时测量流场的温度和速度 . 力学学报，28：503-506.

Pang L Y，Wu X P. 1996. Nondestructive testing by ESPI and quasi phase shift gradient technique. Optics and Laser in Engineering，25：93-101.

Wu X P，Fu S J，Pang L Y. 1996. A special ronchi grating as the shearing element of shearing ESPI for nondestructive testing. Experimental mechanics：Advances & Applications，Singapore，12：4-6.

赵旸，伍小平，李立强 . 1999. 卫星天线在热真空试验中的全场变形测量技术 . 中国空间科学技术，（4）：60-66.

Qian K M，Miao H，Wu X P. 1999. Real-time polarization phase shifting technique for dynamic deformation measurement. Optics and Laser Engineering，31（4）：289-295.

Wu X P，Hu X F，Qian K M. 2000. Speckle correlation and synchrotron radiation in mesomechanical experiments. International Conference on Mesomechanics 2000，Proccedings，Xi'an：467-476.

Wu X P. 2002. Synchrotron radiation in misomechanical experiments. Transaction of K. C. Wong Education Foundaiton Supported Lectures，21：1-8.

Wu X P，Liu Z T，Miao H，et al. 2004. Investigation on mechanical properties of porous alumina thin membranes using temporal sequence speckle pattern interferometry. SPIE，5458：220-222.

Miao H，Quan C，Tay C J，Wu X P. 2005. Profilometry using optical edge projection. SPIE，5852：169-174.

Miao Z Y，Zhang Q C，Guo Z Y，Wu X P. 2007. An optical readout method for microcantilever array sensing and its

sensitivity analysis. Optics Letters, 32（6）：594-596.
伍小平 . 2008. 光力学及其技术进展（综述）. 中国力学文摘，22（3）：1-13.

主要参考文献

中国科学院院士工作局编 . 2006. 中国科学院院士画册：技术科学部分册 . 济南：山东教育出版社 .

2007. 伍小平教授 70 寿辰庆贺文集 . 实验力学专刊，22（3-4）.

伍小平 . 2008. 光力学及其技术进展（综述）. 中国力学文摘，22（3）：1-13.

何梁何利基金评选委员会 . 2008. 2008 何梁何利奖 . 北京：中国科学技术出版社 .

撰写者

张培强（1941 ~ ）北京人。中国科学技术大学工程科学学院近代力学系教授，博士生导师。曾为伍小平的学生，是她 40 余年的同事与合作者。从事振动参数识别与振动控制、电磁流变材料的制备机理和应用、材料与结构的低温力学行为等的研究。

传主本人

申功炘

申功炘（1938～），江苏苏州人。流体力学专家。1960年毕业留校从教于北京航空航天大学应用力学系，1982年到美国加州理工学院（Caltech）航空系做访问副教授，1985年起历任北京航空航天大学流体力学研究所副教授、教授、博士生导师。在流体力学领域，创建中国风洞现代电子控制和测量技术及应用的先河；创建实验流体力学全流场观测的理论、方法、技术以及应用基础；创建仿生实验流体力学全流场观测平台和拍动翼流动结构机理研究；提出和探索全流场观测技术。在国内外重要刊物和学术会议上发表论文120余篇；出版合作著作5本；获国家发明专利2项，获国家实用新型专利2项；曾获部级科技成果奖二等奖5项，三等奖1项，获全国科技大会表扬奖、光华科技个人奖三等奖、航空航天教育科研奖一等奖、国防科学技术奖二等奖各1项。担任仿生实验流体力学研究小组负责人，《力学进展》常务编委，《实验流体力学》编委，国家水动力学重点实验室学术委员会委员。1997年担任国际粒子图像测速系列学术会议学术指导委员会员，1998～2001年国家攀登计划预选项目“流体力学、空气动力学关键基础问题研究”专家组专家、分项目负责人，2001年国际流动显示（ISFV）和亚洲流动显示（ASF）系列学术会议学术指导委员会委员，国际光学技术应用于流体、固体、燃烧系列学术会议（SPIE）学术指导委员会主席、副主席；2002年光学技术和图像处理应用于流体固体诊断（SPIE国际光学工程学会）大会主席，2003～2007年中德合作研究项目（德国宇航院哥廷根空气动力研究所，PIV及其应用）负责人。

一、成长经历

我1938年3月5日出生，祖籍江苏苏州。

在那个日本侵略中国的战争年代，我出生在逃难路上，因早产体弱患肺炎，一岁多几乎丧命。幸亏有我的母亲，对我从小到大辛劳的支持和教导。家境最困难的时候都没有让我辍学，一定要我努力学习，能做一个有本事、能靠自己能力吃饭的人。如果没有她的坚持，恐怕我早就去学徒做生意去了。母亲毕业于蚕桑学校，来自乌镇名中医之家。外公追随孙中山先生，是同盟会会员，虽说不上书香门第，可全家人几乎都参与了中华的复兴和革命。母亲是一个十分勤劳的家庭妇女，照顾全家，上至公婆，下至五个子女。为贴补家用，还手工织毛衣，手都起了好厚的茧，患上严重类风湿病，手指脚趾关节等都变形了，还一直坚持干活。50 年代开始义务当陪审员、街道调解员。母亲对子女的教育倾注了全部心血，她的心愿几乎是我人生中潜在的最大动力。母亲活到 88 岁，除了每年回去探望，一直没有在她身边好好尽孝，很是揪心。

祖父从苏州乡下来到城里从米店伙计做起，到 1949 年前成了账房先生，并小有田产和股票。祖母曾做了很长时间的手工织锦女工。父亲因耳聋，一直是钱庄小职员，后来成了工厂会计。也许因为申家在苏州还是个望族，有申氏义庄，受到熏陶，父辈们皆没有安于现状，文化程度能达到基本识读的水平，也要求后代读书上进。

我 4 岁由母亲教方块字，认识几百字，5 岁上小学，就读于家附近百花巷小学，练柳公权体毛笔字，喜爱算术语文，在父母督促下，还算用功，也常在荒园子玩被家人喊回家。小学五年级上了有名的教会学校振声小学，因成绩名列前茅，受奖励跟初中学生一起看耶稣受难的电影，深受感动，久久不能平静，有了生平第一个崇敬的人。

新中国成立初期，伯父、祖父相继中风身亡，祖母病逝，父亲失业，家境窘迫，靠变卖过日，直到父亲在上海找到印刷厂的会计工作，生活才安定下来。我初中升入振声中学，尽管总成绩前三名，有部分奖学金，但仍交不起学费，几乎要失学。初二转学至免费的苏州市立补习学校，学校就在苏州百货商场的顶楼上，不到半年改名苏州市三初中，也有了新校址。正值新中国成立初期，开始参加各种社会活动，一次看了白毛女的电影和展览，生平第一次知道世界上有比我更加苦难的人。我曾报名参加军干校，因年龄小，未获批准。毕业暑期参加学生夏令营，第一次体验集体生活。

1952 年考入江苏省立苏州高级中学，就读于许楠英老师任班主任的重点班，住宿学校，以几乎全优的成绩毕业。老师教学水平较高，因而对每门课都很有兴趣。特别受吴保让老师的精彩物理课吸引，想学粒子物理，再有同学钱寿鹤对数理化痴迷的伴随，使我果断选择自然科学作为我学习和工作的目标。曾和同学去上海参观苏联展览会，第一次独自离家去外地。毕业前夕，报考北京航空学院（简称北航）。

1955 年赴京入北京航空学院，入学飞机设计专业。大学期间，尽管政治运动不断，几度中断学习，还遇上了生活特殊困难时期，经历过从定粮到食堂胡萝卜野菜当饭，但还很有幸，用时三年时间，基本学完了主要课程，成绩优秀，尤其数学、物理和机械制图打下了比较扎实的基础，终身受用。

曾义务为学习困难同学作每天一小时的学习辅导，这个过程自己也受益匪浅。喜欢运动，尤其是百米短跑，直到工作很多年还在学校和系里保有名次。

1957 年北航正式成立空气动力学专业，我转专业报名。如果没有吴礼义先生的理论流体力学、徐华舫先生的空气动力学和陆士嘉先生的边界层流动课程的精辟讲课，打下流体力学立根立业的基础，也许我不能在流体力学领域做到现在，至今上课的笔记仍然珍藏。

1959 年初，因北航建设中型超音速风洞需要，被派送去中国科学院自动化所进修学习。如果没有受到杨家穉先生的培养和指导，自学自动化理论基础和参与卫星仪表研制工作，在跨学科领域打开了眼界和能力，也许我难以在流体力学测试技术研究领域中坚持几十年，也许我不可能进入跨学科的领域。

大学期间学政治经济学、自然辩证法课程，阅读了不少经典马列著作，还包括《马克思传》，特别欣赏他的座右铭：怀疑一切，成为全面发展的人，享受世界最美好的东西（大意）。这实际上也成了影响我一生的座右铭。

1960 年初提前毕业正式参加工作，即随凌云沛和忻鼎定先生去沈阳航空厂的风洞实验室，在新建引进的 AT-1 风洞实习和向苏联专家学习，一个多月后回北航，跟同班做毕业设计的同学一起参加风洞从手动调压改为自动调压的工作，但因还在三年特殊生活困难时期，风洞试验停顿，同时要对提前毕业学生补课，补发毕业证书。如果没有补上凌云沛和连其祥先生的实验理论和技术基础的入门和指导，打下实验研究的基础，也许我难以在实验领域坚持耕耘。

1963 年参加空气动力学专业组的学术秘书工作，直至“文化大革命”前夕，在马明德教授组长领导下，参加了实验空气动力学的全国调研和规划工作，也有幸认识了国内许多专家和教授。有幸相知马明德先生，他学问渊博，思路敏锐，平易近人，乐观开朗，是我仰慕又亲近的人。其间，主持完成了北航超音速风洞总压自动调节系统的研制，成功投入使用，论文在全国航空学术会议和《中国航空学报》发表，当时被教研室主任凌云沛先生誉为“G-3 风洞围上了金腰带”。1965 年在全国航空学术会议上，有幸听到钱学森先生关于振荡燃烧的精彩学术报告，当时的情景至今还历历在目。首次在中国提出开展风洞数据采集系统研制的论证和技术方案，也得到了专家的认同。1966 年初参加了领导推选的留英选拔考试。

“文化大革命”初期，被批判为“修正主义苗子”；1966 年 11 月 1 日至 1967 年 2 月底结伴骑自行车“长征”，从北京至广州，路经革命根据地、老区，留有长征日记。在北京丰台保温段工厂当了三个多月的炊事员以后，1969 年 10 月成为北航干校（河南确山）第一批学员，种稻插秧，修理农机，开山烧石灰，能肩扛150多斤。工作之余油灯下记日记看书。1970年借用堂兄嫂的七平方米宿舍结婚。婚后，妻即分配去河北县办工厂工作，由此多年分居。有女儿时还分居两地，女儿由我带大到四岁。教育女儿长大后要自强自立，她没有让人失望。

在此期间，照常工作学习，照样地搞研究，与三个协作单位和许多同事共同完成了多项研制，主持研制的双百巡检系统和风洞数据采集处理控制系统等，均获部级科技成果奖。

1981年自由报名参加航空部出国学习选拔考试，用了一个多月时间自学了数字信号处理。考试通过后，参加外语口语培训班，花大力气学习口语。结业后，有幸得到陆士嘉、庄逢甘、文传源和吴耀祖先生的推荐和指导，我得到了多所大学和研究院的允诺做访问学者，尤其在美国加州理工学院做两年多的访问学者。很有幸，于1982年12月成为1949年以后大陆第一个去美国加州理工学院航空系的人。

为熟悉英语和学习新课程，与研究生上了一年多的课，包括H. Leipmann（李普曼）教授的流体力学、A. Roshko（罗西柯）教授的技术流体力学、D. Coles（柯尔斯）教授的实验方法等课程，受益匪浅。不仅提高了英语听力，增强了专业基础知识，而且学到了一种教师和学生互动的教学方法，特别是通过做习题，培养学生自学能力的方式。参加了由李普曼和柯尔斯教授指导的人工湍流边界层流动结构特性和机理的实验研究。这是一项十分精细和昂贵的（用了周期出没的针柱阵列和二十四根热线风速探针）实验研究，也是对湍流的发生和发展，从流动结构（湍流斑）角度有一种清楚的展现和了解。最后几个月时间又承担由P. Dimotakis教授的冷射流混合流（低温氮气和空气）的流动结构显示研究，由一名助教协助，自己制作和组建实验设备。第一次应用激光器和片光技术，利用氮气的低温进入常温空气产生的水雾，清楚地展示了混合流内部流动的复杂结构，包括大尺度结构的存在。实验室每周三次学术活动（周一科技界题目，周三本实验室课题进展，周五学术界题目），报告人均为来自世界各地的研究前沿人物，这些学术活动让我增加了知识打开了眼界。我常向航空系流体物理实验教授和研究生们请教和学习，内容从气泡爆裂到超流体流动，开阔了探索新课题、开拓新研究方法的思路，其间多少学会了点不同口音的英语，也有几位博士生成了一生的好友。当时正值华罗庚教授做高级访问学者，有多次机会，与他促膝交谈。在加州理工学院航空系访问期间得以大开眼界，得到H. Leipmanm、D. Coles、A. Rochko、吴耀祖教授以及P. Dimotakis教授等的指导和讨论，了解到实验流体物理的精深和研究前沿的现状，得到了一次思想的解放，有助于进入流体物理实验和测试的研究前沿领域。

其间有幸认识 L. Maestrello 研究员，受他的邀请访问美国 NASA 兰利研究中心，特别参观了正在验收的低温跨超声速风洞，让我终生难忘。由此也访问了美国东海岸，有幸会见了国家标准局的 A. N. Kolmogroff 教授和他的流体力学实验室，受到热情帮助和款待。

1985 年有机会留在美国工作，由于对祖国母亲有着深切感情，满怀建设热情回国。开始在北航创建实验室和开拓研究课题，申请到航空科学等基金项目，特别是在庄逢甘先生主持下参加了国家自然科学重大基金项目，逐步使本研究小组的研究在国内乃至国际上知名。

由于在全流场观测及其应用研究目标的前沿和坚持，在国内国际会议上相继发表论文并引起人们兴趣，也相继有机会因应邀学术讲学而访问美国、德国、法国、日本、英国、意大利、葡萄牙、泰国、韩国等国家的大学和研究机构，以及国内台湾和香港的大学。在国际会议上，有机会认识了很多国际知名学者，直接向他们请教和讨论。如，斯坦福大学的 S. J. Kline 教授，是最早提出湍流边界层中存在有组织结构（快慢条带）的知名学者；在斯坦福大学的学术会议上结识了粒子图像测速技术的开拓者 R. J. Adrian 教授，并应邀访问伊利诺伊大学实验室，交流科研文章；J. Adrian 教授的倾心交谈和热情指导使我深深进入和坚持流动全场观测的前沿领域；德国宇航院哥廷根流体力学研究所的 H. Komphans 研究员在一次国际会议上听我报告全息 PIV 时，他觉得他的工作会有助于我，特从访问哈尔滨时专程到北京逗留一天与我交流。他是德国 PIV 及应用的开拓者之一，由此有了德方提供经费的多年合作研究。我与多位同事和学生曾去哥廷根大学三四个月乃至一年的访问研究，他和他的同事也多次来访北航的实验室和学术交流，我也有幸在这称谓“力学的故乡”的地方作过学术报告，应邀畅游莱茵河和了解德国的风土人情；法国 J. P. Prenel 教授来访北航实验室，由此应邀去法国佛朗仕-孔德大学研究生院讲课一周，法国当地报纸还为此作了专访报导，也访问了法国宇航院水洞实验室和罗浮宫等艺术名胜；由于与 S. S. Cha 教授认识和交流，相继出任国际光学工程学会 SPIE “激光技术应用于力学”国际会议的副主席和主席。此外 2002 年 9 月 3 日至 6 日在北京，作为大会主席主持和组织召开了国际学术会议（由 SPIE 国际光学工程学会出版论文集）。

相当一段时期内，每隔一两年都有幸回访美国加州理工学院，每次访问都感受到永无止境的变革和创新的生命力，这对我有一种无形的推动力。邀请了 H. Leipmamn、A. koshko、P. Dimotakes，R. J. Adrian 等著名学者、教授来华访问。曾被邀请参加航空研究生实验室 75 周年庆典。

其间曾担任学校流体力学研究所副所长，主管科研外事工作，“双肩挑”出任了第一任（1992～1996）由博士生导师兼任的学校科技处处长，任内制定了鼓励申请和开展自然科学基金项目的措施，开始了科技处计算机管理，还倡导开展跨系跨学科的科学研究和合作研究，兼任了教育部流体力学重点实验室首任主任。

二、辛勤耕耘，现代实验流体力学领域结硕果

20世纪下半叶开始，实验流体力学恰逢高科技迅猛发展的年代，电子技术特别是计算机技术、激光技术和数字图像技术引入到流体力学这门古老的学科，成为现代实验流体力学进展的三大里程碑之一。许多学者都为此做出了重要贡献，我有幸成为其中之一。

（一）创建中国风洞现代电子控制和测量技术及应用的先河

1. 暂冲式超音速风洞总压自动调节系统研究

20世纪50年代末，北航空气动力学教研室自行设计和建设中国第一座工程性暂冲式超音速风洞。60年代初，我们承担设计和研制了暂冲式风洞总压调节控制系统。推导和计算了暂冲式风洞传递函数；采用、设计和研制了扰动补偿调节原理和补偿装置；设计、研制和应用了应变式压力传感器和微分压力传感器；设计研制了电子压力给定仪；为提高压力脉动测量分辨力采用了相对测压法；在暂冲式风洞采用蝶阀的条件下，总压调节精度及稳定度达到0.2%～0.3%，该系统一直应用到该风洞停用。研制过程中不仅有很多同事参加，而且还得到沈元先生的关注，多次召集了跨系的方案论证讨论会。该研究的成功为同类风洞的压力调节控制的原理和研制提供了学术和技术基础。参见《航空学报》（1966）。

2. 风洞数据采集处理控制系统设计研制

20世纪60年代中期开始，提出和论证了电子式数据采集系统应用于风洞试验，替代机械电器式仪器。直至70年代中后期，提出和成功研制了“用于气动参数和气动力测量的高精度数据采集系统”和“风洞数据采集处理控制系统”。

前者所谓“双百巡检”，具有一百个通道，采样速度为每秒百次，与原北航测试中心合作研制成功，技术指标达到当时国际先进水平，并由泰州仪器厂生产，曾在一些院所推广实际应用。

后者是以小型计算机为核心的风洞数据采集处理控制系统，相应与黑龙江大学计算机系合作设计研制了基于Basic语言和汇编语言的风洞试验语言和软件系统；

与北航集成电路车间合作设计研制了具有硅杯结构和温度补偿的固态压力传感器，不仅用于风洞试验，后来也转厂生产。

鉴于上述系统全部采用国产元器件，可靠性较差，只能由具有维护能力的专业人员使用，因此 80 年代中期被进口同类产品取代，尽管如此，也为此领域打下了一定的科技基础（曾获 3 项部级科技成果奖）。

（二）创建实验流体力学全流场观测的理论、方法、技术以及应用基础

1. 激光片光技术和激光诱导荧光 LIF 技术研究及应用

20 世纪 80 年代初，从美国加州理工学院航空研究生实验室到北航流体力学实验室，开展了激光片光技术，激光诱导荧光（LIF）技术及其应用于分离涡、湍流、喷流的系统研究，实现了对流动内部（切面）的结构的直观又清楚的展示，进而深化了流动机理的理解。

（1）引入和综合了多种激光片光的方法和技术，特别提出和实现了连续多切面的空间流动显示方法和技术；引入、提出和研制了用于激光荧光流动显示的多种激光染料及配方等；

（2）成功应用于分离涡流动结构的观察研究：其中如 LIF 应用的典型结果，绕双三角翼的前缘分离涡的双涡及其相互作用的空间结构的彩色流动显示；

（3）湍流边界层拟序结构的新视角，实验直观地证实所谓快慢斑结构与湍流涡结构的直接的相互关系，是同一流动结构得到的不同方法和角度观察结果，深化了对湍流大尺度结构各种说法和机理的理解，在国际会议上特别得到 Prof. Kline 的认同和赞赏；

（4）喷流混合流和横向喷流混合流的流动（空间涡）结构的研究，展示了存在对称、非定称及非定常涡结构及其流动混合机理。

2. 流态图像采集处理系统研制及应用

20 世纪 80 年代后期，提出和研制成功了“流态图像采集及处理系统”。替代照相机纪录，把 Vedio 录像相机、图像板（图像数字化）和台式计算机引入应用于流体力学实验，与引入激光诱导荧光（LIF）技术结合，用于非定常流动的流态显示和纪录，乃至用于浓度场的定量测量。如非定常喷流混合流的不同瞬时和时间历程的流场显示和浓度场（切面）的定量测量；也如采用 LIF 温度场测量技术，取得热喷流混合流的温度场（切面温度分布）的显示和定量测量。

3. 粒子图测速技术（PIV）的系统研究及应用研究

从20世纪80年代中后期起，开展了粒子示踪的“粒子图像测速技术（PIV）”的一系列系统性研究，即从一个流动切面上的二分量速度场（$2D$-$2c$-PIV）到一个流动空间内的三分量速度场及其时间历程（$3Dt$-$3c$-PIV）的测量方法、技术的系统性研究，并对湍流、分离流和非定流的流动结构机理进行应用研究。创建了全流场观测研究小组和实验室。

在不具备激光器的条件下，首次提出和成功实现了“白光气泡图像测速”技术，并应用于绕后向台阶的起动涡演化的速度场的观测，给出了非定常起动涡的涡量要高出定常涡4～5倍的定量测量结果，论文在国际会议上得到好评。

提出、设计和成功实现了“双YAG激光器合束延时的双脉冲激光光源”。该系统的原理方案的提出是受当时正在研制YAG脉冲激光器的物理系丁汉泉教授讨论问题的启发，得到世界银行贷款211的资助，由美国Continue公司承担订购研制，期间遭美国商务部禁运，推迟了进程，最后实现了合束又基本不损失能量的技术关键，成为现代PIV激光光源的原型，提供了使速度场的测量速度范围可从几毫米/秒至几千米/秒的关键性可用功能。

1992年相继建立了以胶片纪录、杨氏条纹判读处理为特点的粒子图像处理系统（自相关处理）系统，也得到了国内第一张瞬时速度场分布图（3500个速度二分量矢量）。

1993年提出和实现了电影胶片纪录（航空照相枪与闪光灯多次曝光的同步技术）的粒子图像电影测速技术（PICV），提供了一种在一个切面上测量二分量速度场时间历程的测量技术。

1996年提出和实现了以映射原理为重建基础和采用平移相机布局的体视粒子图像测速技术和系统（SPIV），提供了一种在一个切面上测量三分量速度场的技术基础，并用于立方体对角流中。

1998年提出和实现了离轴全息粒子图像测速技术（HPIV）及应用在立方体对角流中，提供了一种三维空间的三分量速度场的瞬时测量技术原理和基础。

2000年随着数字CCD相机，特别是跨帧相机的到来，提出和研制了数字式粒子图像测速系统DPIV，提出和实现了多种互相关处理的算法和软件。并由2D-DPIV发展为数字体视粒子图像测速DSPIV，由自主设计系统和研制开发系统软件、采用进口产品和器件组装，整个系统达到接近商业化水平。不仅在本实验室用于许多流体力学实验中，还以非常低于进口同类PIV系统价格，提供给其他院校。获发明专利 4 项。

2002 年提出和实现了数字全息粒子图像测速技术 DHPIV。21 世纪初，引入数字全息的原理，提出和实现了数字全息粒子图像测速的原理和技术。不必使用全息胶片，直接由芯片纪录全息信息，采用了同轴和离轴数字全息光路，探索了提高轴向空间分辨力的不同的三维重建方法和算法，提供了一种可以获取瞬时三维空间流场信息及其时间演化的方法和途径，接近即所谓 $3Dt$-$3c$（$3D$ 三维空间流场，t 时间演化，$3c$ 三分量速度）的全流场观测。尽管受当今数字相机分辨力的限制，目前已初步应用于立方体对角流等研究中，在一个 9mm×9mm×9mm 的立方容积内瞬时测得两万多个速度矢量及其时间演化。研究表明 DHPIV 原理和技术，乃是一项接近理想的很有潜力的流体力学观测方法和手段。

流场校测中的应用：提出和实现了预偏置方法和技术，使 PIV 用于水（风）洞试验段的流场校测成为可能，不仅可一次测量一个流场切面成千上万个点的速度矢量，大大提高流场校测试验的效率，而且测量精度达到甚至高出传统方法和仪器的精度，同时不仅给出了时间平均速度分布场，而且给出了瞬时速度分布场。

2000 年超音速喷流的波系结构观测：提出和研制了液雾式粒子发生器，提供了 0. 5μm 粒径的示踪子，PIV 用于超音速喷流速度场测量，并由速度场直接测量显示激波、膨胀波的存在（发明专利）。

应用于漕底湍流流动结构研究：采用两台相机拼接观测区域，观测了壁面底层的湍流流动结构及其演化，揭示了典型的边界层湍流速度型的时历演化的机理以及定量地展示了大尺度涡的存在和演化，见《力学学报》。

三角翼分离涡流内部流动结构及演化的观测：PIV 多切面速度场测量，不仅证实了前人流动显示和分析的结果，而且揭示了三种涡结构的非定常特性。

风机分离流结构观测：由 PIV 切面速度场测量揭示在旋涡分离器流中存在典型偶极子型流动，流动存在内圈和外圈，同一方向旋转，但一个向上，一个向下，中间有一个无形边界，两边流体互不越界。

（三）创建仿生（昆虫、鱼）实验流体力学全流场观测平台和拍动翼流动结构机理研究

2002 年开始了对鱼游动对昆虫飞行的流体力学非定常特性和机理的实验观测研究。提出和实现了昆虫、鱼生物流体力学实验研究平台研制及拍动流动非定常特性和流动结构及其演化机理研究。

提出、设计和研制了昆虫、鱼生物流体力学实验观测平台，平台不仅包括鱼和

昆虫的运动学仿生模拟系统、流动显示系统、三分力气（水）动力测力系统和数字体视粒子图像测速系统，而且具有多切面–锁相同步观测和 $3Dt-3c$ 的速度场测量功能。平台还相应建立了昆虫悬停飞行试验水箱（1.2m×1.6m×1.2m）装置，相应开发了高精度图像校正算法，体视相机的调整机构、粒子技术、表面散光技术、相位平均算法等。

1. 提出和实现了机械鱼鱼尾拍动的尾流流动的观测研究

设计制作了张线支撑的二自由度拍动的仿真机器鱼，得到同相位的测力、流动显示和三维空间速度场的结果，揭示了三维反卡门涡环及其涡街的存在和演化（12个相位）以及对应的测力和流动显示结果，从而进一步由流动结构及其演化对鱼推进的流动机理有所了解。

2. 开展了机电果蝇、蝴蝶和蜻蜓等昆虫的悬停飞行拍动翼的流动观测研究

（1）提出和实现了仿生机械果蝇类模型悬停飞行运动学二自由度仿生模拟、三分力测量和拍动翼流动的 DSPIV 的 $3Dt-3c$ 速度矢量场测量。从实验证实和揭示了在不同 *Re* 数，在不同展弦比下，果蝇类拍动翼的非定常三维空间圆锥状前缘分离涡的存在和演化是昆虫飞行升力的主要来源。进一步揭示了前缘涡三维流动结构的复杂性和非定常性，随不同的拍动相位，存在多重同向圆锥状前缘分离涡结构，存在展向速度的逆转，存在前缘分离涡沿展向的破裂，存在涡的尺度、强度和在翼上的分布的演化以及翼尖涡和后缘涡的影响，均对涡升力存在变化的影响。无疑从流动结构及其演化对非定常升力机理有了更清楚地了解。

（2）提出和实现了仿生机械蝴蝶模型悬停飞行运动学三自由度仿生模拟和流动的 DSPIV 的 $3Dt-3c$ 速度矢量场测量，揭示了仿生机械蝴蝶模型悬停飞行的流动的气动力学特性以及存在所谓“柱状连通结构的且存在从翼根指向翼尖的展向速度的前缘涡流动结构”的三维空间结构及其随相位演化规律。

（3）提出和实现了仿生机械蜻蜓模型悬停飞行运动学四自由度仿生模拟、前后翼气动力三分力测量和流动的 DSPIV 的 $3Dt-3c$ 速度矢量场测量。对在三种不同的前后翼拍动模式和不同翼间距下的前、后翼气动力进行了定量测量；对前后翼相互作用的流场进行了观测，尤其对后翼前缘涡在三种不同拍动模式和不同翼间距的发展过程的观测。揭示了仿生机械蜻蜓模型悬停飞行下两翼间的干扰作用的气动力学特性以及存在的三维空间涡结构及其随相位演化规律。揭示了两翼干扰作用下昆虫

悬停飞行存在复杂的非定常三维空间涡结构和非定常升力的机理，并提出在拍动周期内，存在对升力有利干扰的拍动相位时刻。

（4）应特邀在著名大学和研究所作学术报告，如美国霍普金斯大学环境与应用流体力学研究中心（Center for Environmental and Applied Fluid Mechanics at Johns Hopkins University）、德国宇航院流体力学研究所等。

以上“从激光片光流动显示到 3Dt-3C-PIV 全流场观测”的观测结果典型彩色图像展示，请点击网站 www. PIV. com. cn，可查询。

（四）全流场观测技术的提出和探索

20 世纪末，面对非定常复杂流动的挑战，不少人提出了流体物理、空气动力学的研究前沿方向和课题。

我在 20 世纪 90 年代初开始在国内外学术会议和刊物上，多次提出和阐述了全流场观测 Flow Full Field Observation & Measurement（FFFOM）的概念和目标。特别针对非定常复杂流动，采用高新技术，研究和开发一种既能定性观察又能定量测量的，既能包含整个三维空间所需观察流动区域又具有充满全流场测量点分辨力的，既具有瞬时纪录功能又具有时间历程纪录功能的流体力学实验观测方法、技术和仪器。

从 1992 年开始，提出和开设了研究生课程“流场显示（定量化）理论及其应用”，系统阐述了现代实验流体力学的全流场观测的理论、方法及技术基础，并着重面向非定常复杂流动的挑战，论述了传统流动显示和测量的传统实验理论、方法和技术的局限性，从理论上论证了以染色线为基础的流动显示方法和技术在非定常流中的失效，以及跨学科引入高新理论方法技术于流体实验观测的途径和前景。该课程得到很多学生的选修和较高的评价。

实践证明，近几十年来，在全世界许多人共同努力下，学科研究已经取得了长足的进展，可以说在 50 年前，$3Dt-3c$ 的观测功能是不可能的梦想，但至今至少已在某些局部流体力学领域中初步实现，从而揭示了许多新结果。应该可以相信，再经过几代人的努力，在可见的将来，一定能达到理想或接近理想的水平。

三、总结成绩，追逐梦想之路感悟多

综观我的学术经历，无非是追求流体流动的可视化，探索流体的理想的全流场的观测原理、方法和技术以及能从直观、清晰和定量的流动结构了解流体力学的机理。这些也许只是个梦想，因观测手段局限，其中不少是在流体力学百年多来的学科发展中伴随着许多的争议和猜想，但是是一个值得追求和探索的梦想。我是一个梦想的追求和探索者。

这个梦想开始于在加州理工学院的第二年，源于受陆士嘉教授“回国后要从事湍流的实验研究”的重托。我接触到了许多新想法、新方法、新技术，但在当时观测技术大多停留在点的测量技术和流动显示技术上，还远远没有能可以完整细致观测湍流的方法和技术，只是大致预期到许多高新技术的迅猛出现将提供可能的前景。因而当时跟 P. DimotaKis 教授多次讨论，不再停留在点的测量和定性的流动显示上，不再像瞎子摸象，而是像自画的漫画，对流体力学的实验对象，用一双明亮的眼睛去观测奔跑的大象。这就是我开始的梦想，也许也是很多人的梦想。

《物理学 2000 年》似乎更推动了我的梦想，觉得全世界都有这梦想，都在努力。因而在 20 世纪 90 年代开始，在相当长的时期中，我不断在国内外学术会议上、刊物上，明确提出了“全流场观测（FFFOM)”的概念和内涵，也引得了许多同行的热烈讨论和认可。我没想到，这个梦想在全世界同行的一步一步地共同努力和贡献下，在我有生之年，就能看到这个梦想的初步实现。

多年来，这个梦想曾不被认可，遭到不少非议，许多课题申请遭否决，有些论文也难以发表。令人想象不到的是，原来博士生学位答辩时一些被否决的研究课题后来已经做出结果来了，甚至竟然凭借该学生开的 PIV 公司做出的产品，做了不少流体力学的有成果的观测研究。

在很长时期，坚持梦想常常很难，特别是实验技术方法研究需要新器件、新硬件、新设备，没有经费的支持，简直寸步难行。其间，幸亏遇上了世界银行鼓励创新项目，提供贷款实现由二台固体脉冲激光器组成 PIV 光源。世界银行贷款成了推动实现梦想的第一个大资助。时而也得到学生们的鼓励和支持，学生们抬着轮椅上的我去三层楼的校长办公室争取买两台数字相机经费的情景，还历历在目。

如果没有孙茂教授卓越研究工作的启发和鼓励，年近 65 岁的我也许不会去进入一个全新又困难的领域——生物（昆虫和鱼）的实验流体力学的观测研究。这是同一个梦想的延续，要用于实验观测鱼的游动和昆虫飞行的流动机的流场空间结构及其演化，是当今前沿和困难的课题，也是一项跨学科的研究。从最初设想应是一个怎么样的实验室和试验平台，到设计、制作、系统调试、建成和观测试验。实验结果展示了生物拍动翼上的三维空间随周期演化的三分量速度场、空间涡结构及其周期演化。

这段期间指导硕士、博士研究生，面对新的研究领域和新课题，师生变成了同学和同事，谁有道理就按谁的做，就这样将研究进行下去，学生独立研究能力也能培养起来。在生活上跟学生是朋友，认为有义务介绍自己生活的经验教训，还有很多第一次的失败，鼓励学生不怕失败再来；也介绍养生哲学，劳逸结合，提高工作学习效率。多年来跟学生相处，他们给我带来青春朝气、热情活力，也给我带来知识、智慧和开拓进取的精神，让我不得不活到老学到老，不断充实自己。许多年来也不断得到学生们的鼓励和支持，几乎每年生日和教师节都有他们的特别问候。学生中有担任国家重点实验室副主任的，有创立中国独家的 PIV 科技公司的，有在国内外做教授搞科研的，也有还在名校深造的，他们都让我备感欣慰，希望他们青出于蓝胜于蓝。

我 5 岁得伤寒不得不重新学走路；上初一时打篮球被撞碎左臂骨；上高二时患疟疾久经寒热；60 岁骑自行车遇车祸，左股骨头裂，卧床半年；65 岁赶上了学开车的潮流，无意之中竟然上了《北京晨报》。这些经历使我的人生丰富多彩。平日兴趣广泛，尤其爱好音乐、美术、体育、哲学，这些对我的思维想象力大有帮助。从小对世界有强烈的好奇，对世界上美好的事都有一种憧憬和向往，一生中兴趣广泛，如每年维也纳的新年音乐会和跨界的新时代音乐，桑普拉斯、费德勒的网球，湖人队的篮球，唐伯虎、齐白石、徐悲鸿、吴冠中的画和各种各样的书等。这是一个苦难又精彩的世界，值得我们奋发和奉献，也永远值得欣赏和回味。

非常感谢世界银行贷款，国家自然科学基全，各种科学基金，包括 211 和 985 等基金的资助，如果没有这些支持，要取得成果几乎是不可能的。

非常感谢各位先生、教授、亲人、友人和学生的指教和帮助，人生苦短，如果有来世，希望能好好报答。

拥有梦想是美好的，人不能不有梦想。追逐和实现梦想的历程常常是艰难和苦痛的，能实现自己的梦想是幸运的，幸福的。希望有梦想的正在拼搏的人们实现的幸福！

四、申功炘主要论著

申功炘，吉熙章. 1966. 暂冲式超音速风洞总压自动调节系统. 航空学报，2（1）：1-18.

Shen G X, et al. 1989. Visualization of flow structures in a turbulent boundary layer using a new technique. Acta Mechanic Since, 15（4）：376-382.

Shen G X. 1991. Flow spacial visualization techniques & its application. Acta Aerodynamic Sinica.

Shen G X, Jin J. 1992. LIF quantitative concentration field measurements for the mixing flows of free jets. Acta Machancs Sinica, 24（4）：488-493.

Shen G X, Kang Q. 1995. Stereoscopic PIV applied to 3- D vortex flow. 7th Int. , Symp. on Flow Visualization (9): 733-738.

Shen G X, Ma G Y. 1996. The investigation on the properties and structures of a starting vortex flow past a backward-facing step by WBIV technique. Experiments in Fluids, 21: 57-65.

Shen G X, Duan L. 1998. HPIV & Applied to 3D flow. 8th Int, Symp on Flow Visualization, 64, Etaly 9.

Daichin, Shen G X. 2000. A supersonic jet flow field measurements using DPIV. 9th Int. Symp, on Flow Visualization, Edinbergh, 8 (22-25): 47.

Shen G X, et al. 2001. DPIV measurements using pre- bias method for the velocity uniformity in a water tunnel . SPIE, 4448: 348-357.

Shen G X, Cha S S, Mercer C R. 2003. Optical technology & image processing for fluids and solids diagnostics. SPIE, 5058.

Shen G X, Wei R J. 2005. Digital holographical particle image velocimetry for the measurements of 3Dt-3C flows. Optics & Lasers in Engineering, 43: 1039-1055.

Lu Y, Shen G X, Lai G J. 2006. Dual leading- edge vortices on flapping wings. Journal of Experimental Biology, 209: 5005-5016.

Zhang Y G, Shen G X, Andreas Schröder, et al. 2006. The influence of recording parameters to digital holography particle image velocimetry. Optical Engineering, 45 (7): 1-10 .

Lu Y, Shen G X, Su W H. 2007. Flow visualization of dragonfly hovering via an electromechanical model. AIAA Journal, 45 (3): 615-623.

Tan G K, Shen G X, Huang S Q. 2007. Investigation of flow mechanism of a robot fish swimming by utilising flow visualization synchronized with hydrodynamic force measurement. Experiments in Fluids, 43: 811-821.

Lu Y, Shen G X. 2008. Three- dimensional flow structures and evolution of the leading- edge vortices on a flapping wing. Journal of Experimental Biology, 211: 1221-1230.

Lia J, Shen G X, Konrath R K obert, et al. 2009. Angular effects in digital off-axis holography. Chinese Optics Letters, 7 (12): 1126-1130.

Huang S Q, Shen G X, Wei L, et al. 2009. Experimental investigations of butterfly hovering fly via an electromechanical model. 8th international symposium on patical image velocimetry piv09, Melbourne, Victoria, Australia, August 25-28: 188.

Shen G X, Tan G K, Lai G J. 2012. Investigation on 3Dt flow structures of bionic fish wake. Acta Mechania Sinica, 28 (5): 1494-1508.

Lai G J, Shen G X. 2012. Experimental investigation on the wing- wake interaction at the mid stroke in hovering flight of dragonfly. Science China-Physics, Mechanics & Astronomy, 55 (11): 2167-2178.

主要参考文献

Shen G X, Ma G Y. 1992. The investigation on the property and structure of a starting vortex flow. 6th Int. Symposium on Application of Laser Technique to Fluid Mechanics, Lisbon, Portugal, 7.

Shen G X. 1995. On stage and trend of full field diagnostics & measurements. 5th Chinese National Conference on Experimental Fluid Mechanics, 9: 1-10.

Shen G X. 1997. On approach to ideal observation & measurement technique for fluid mechanics with a introduction of some recent work in BUAA. Optical Technology in Fluid , Thermal and Combustion Flows III (SPIE), San Diego. US. 3172, 55.

黄湛，申功炘. 2006. 槽道湍流近壁面结构的DPIV观测实验. 力学学报，38（2）：236-245.

Shen G X, Liu Y L. 2010. Some recognition on interdisciplinarity—one of the basic strategies for research university, international conferenc on society. Information Technologies ICSIT2010, Orlando, Florida, USA.

撰写者

传主本人

梅凤翔

梅凤翔（1938～），辽宁沈阳人。经典力学家与力学教育家。1963年毕业于北京大学数学力学系，1982年获法国国家科学博士学位。在非完整力学方面，提出一类新型动力学算子，建立了一系列新型运动微分方程，提出并解决了系统动力学逆问题，研究了稳定性、积分方法，应用于变质量系统、可控力学系统。在Birkhoff力学方面，提出了Pfaff-Birkhoff-d'Alembert原理，证明非完整系统可纳入Birkhoff系统，建立了约束Birkhoff方程和广义Birkhoff方程，研究了系统动力学逆问题、运动稳定性和积分方法。在对称性与守恒量方面，系统研究了约束力学系统的Noether对称性和Lie对称性，提出了形式不变性和统一对称性并给出相应的守恒量。曾任中国科学技术协会全委会委员，中国力学学会常务理事，一般力学专业委员会主任，国家教育委员会基础力学教学指导小组副组长，北京理工大学学术委员会副主任，北京理工大学力学系主任。1989年被评为全国优秀教师，1992年被授予国家有突出贡献的中青年技术专家称号，2003年获全国高等学校教学名师奖。其负责的“工程力学课程教学改革与实践”项目获2005年国家级教学成果奖二等奖。科研成果获部级一等奖两次，二等奖一次。

一、成长经历

梅凤翔1938年3月10日生于辽宁沈阳，满族。

梅凤翔祖上隶属满洲镶黄旗。高曾祖乌尔恭保为盛京福陵副关防，从四品。祖父梅嵩柯（1885～1971）为乌尔恭保第五孙，务农。祖父教他“人之初”，经常教育他要谦逊待人，办事认真。父亲梅锺毓（1914～1978）因家贫，只念两年“简师”，十七岁毕业后任小学教员，新中国成立前边教边务农。1951年任沈阳市第29中学数学教师，曾任区人大代表，被评为市先进教育工作者，擅长算术，有“算术梅”称号。母亲梁淑贞（1916～2011）务农，勤俭一生。梅凤翔为家中四兄弟姐妹中的长兄。从父亲那里得到的教育是“一个人的一生应该像老牛那样，把套拉得直直的，一步一个脚印”。从母亲那里得到的教育是勤俭持家。梅凤翔从小就爱学习，特别喜欢数学。新中国成立前因家庭经济困难，父亲曾想让他去他表叔那里学做裁缝，以摆脱又苦又累的农业劳动。新中国成立后才有机会继续读书。

梅凤翔 1945 年 3 月至 1951 年 7 月在沈阳市皇姑区大含屯小学读书，因学习成绩优秀，五年级时获校“特等模范学生”称号，1951 年 9 月被保送上沈阳市第 12 中学读初中。初中毕业时曾想报考中专，以便早些工作补贴家庭。班主任张若兰老师对他说：“你学习挺好的，还是报考高中吧！”1954 年考取东北实验学校（现为辽宁省实验中学）读高中。梅凤翔在这所名校里受到良好教育，高二和高三时两次获校“优秀学生”称号。一次，代数老师马学成在全市观摩教学时，突然拿出一块小黑板，让学生从几排数字中归纳出一般公式，梅凤翔很快给出解答，为老师和学校争了光。

梅凤翔因喜欢数学，1957 年考取北京大学数学力学系。上大学时经历划“右派”、“大跃进”等特殊时期，但也打下了坚实的基础理论。特别是教他理论力学课程的吴林襄先生、朱照宣先生和卢绮龄先生的精彩授课为他后来成为理论力学课程的教师树立了榜样。1963 年大学毕业，父亲热泪盈眶，对他说：“没有共产党，就没有你梅凤翔的今天！”毕业后被分配到北京工业学院理论力学教研室任教，上理论力学习题课。为当好助教曾演算 2000 多道习题。1978 年晋升讲师时，梅凤翔曾提交一个“理论力学难题百解”。“文化大革命”期间曾参与发动机飞锤转动惯量的计算，棱镜像倾斜的计算以及振动输送机的设计计算，同时不断注意国际（特别是苏联）有关非完整力学的新动向。70 年代初梅凤翔曾向某学报投稿，不但未录，反遭批评：“有时间做点实际的，做理论没用。”1978 ~ 1979 年他写了一个有关非完整力学的书稿，被两个出版社拒绝，回答说没用。1980 年底赴法进修前曾到北京大学朱照宣教授家请教，都说非完整力学没用，是否改个方向。他对梅凤翔说：“中国这么大，搞什么的都应该有……你要像钉子那样钉在那里。”梅凤翔听了先生的话，继续非完整力学研究。

1981 年 1 月梅凤翔到达法国，经两个月语言训练，于 1981 年 3 月到法国南特高等机械工程学校。5 月向导师 Pironneau. Y 教授（1923 ~ 1983）提交了一个 57 页的论文，并希望申请法国最高学位——法国国家科学博士学位。专家认为 57 页的论文太薄。在 1981 年的三个月大暑假期间，已 43 岁的他奋发努力，废寝忘食，新发现了一个动力学算子，研究了它与 Euler 算子之间的关系，论文扩写成 190 页。1981 年 9 月梅凤翔去 Besançon 大学分析力学中心宣讲，并得到 Capodanno. P 教授的指导与支持。1981 年 12 月当学位申请批准下来时他已完成博士学位论文的定稿。1982 年 5 月 13 日顺利通过答辩，并被授予法国国家科学博士学位。论文主审人

Capodanno. P 教授写道："梅凤翔先生在非完整力学理论方面的贡献是重大的。他的工作需要分析力学的极好学识，同样需要计算的高超技巧……他很好地对待自己的工作，多亏他坚实的知识，对研究的爱好，对工作的热情以及值得钦佩的意志。"梅凤翔在他学位论文扉页上写下"Àma chère Chine"（献给可爱的中华），以表对国家的感激之情。

梅凤翔 1981 年晋升副教授，1986 年晋升教授，1990 年被批准为博士生指导教师，1992 年被授予国家有突出贡献的中青年技术专家称号。

梅凤翔的成长靠的是家庭的教育，名校的熏陶，师长的关爱和个人的勤奋，而且每每关键时期都从师长那里得到启发和指导。

二、主要学术成就

梅凤翔的主要学术成就有三个方面：非完整力学、Birkhoff 系统动力学、对称性与守恒量。

（一）非完整力学

梅凤翔是中国非完整力学研究的倡导者和学术带头人之一。

至少有一个不可积分的微分约束的力学系统称为非完整系统。研究非完整力学有重要理论意义和实际价值。非完整力学可用来研究自行车、摩托车、火车车厢、飞机起落架的运动，可用来研究电机、水力机、一般链式系统（如人体模型，机器人，电缆和天线的有限节模型）等。在 Lagrange 时代人们还不知道非完整约束和非完整系统的存在。1894 年 Hertz 首次将约束和系统分成完整的和非完整的两大类。一百多年来，非完整力学已取得重要成果，但仍有许多理论问题和实际问题急待解决。例如，非完整力学建立在 Hamilton 原理上，还是建立在 d'Alembert- Lagrange 原理上？完整系统的一整套积分理论能否应用与怎样应用于非完整系统？怎样用近代微分几何来描述非完整系统？微分运算与变分运算能否交换？第一积分能否当做非完整约束？Volterra 导出的方程是否正确？等等。这些理论问题都是由非完整约束的复杂性引起的。在中国，对非完整力学的研究属于冷门，1952 年周培源先生的《理论力学》中介绍了 Mac- Millan 方程，1958 年汪家訸先生的《分析动力学》介绍了非完整力学的 Routh 方程和 Appell 方程。1964 年牛青萍在《力学学报》上发表《经典力学基本微分原理与不完整力学组的运动方程》，提出速度空间和加速度空间虚位移定义并给出非完整系统的运动微分方程。

1963 年春天，梅凤翔在北京大学上六年级时选择了有关非完整力学的毕业论文。在卢绮龄先生（1932 ~ 1982）指导下完成了《关于非完整力学的某些问题》的毕业论文，对非完整力学的某些争论问题，如虚位移、dδ 运算交换关系、第一积分当做非完整约束等给出一些看法，从此开始学习和研究非完整力学。卢先生的自由式、讨论式地指导使梅凤翔受益良多。这为后来成为导师的梅凤翔树立了榜样。"文化大革命"期间他将毕业论文整理成一篇小文章，投稿被拒，但并未灰心。在朱照宣先生支持下，1979 年他在《力学与实践》上发表综述文章《非完整力学的历史与现状》。

1981 年 1 月至 1982 年 12 月梅凤翔受国家公派去法国进修。1981 年 12 月完成法国国家科学博士学位论文 *Nouvelles Équations du Movement des Systèmes Mécaniques Non Holonomes*（非完整力学系统的新型运动方程）。文中建立了非完整力学的 Nielsen 体系，提出 Nielsen 算子，给出它与 Euler 算子之间的关系，并给出若干应用。1982 年 5 月 13 日通过答辩并被授予学位。答辩委员会决议指出："梅先生非常清楚地以极好的法语介绍了他的工作。评审委员会考虑到他已获得非完整系统理论的丰富学识，并在此理论上作出了引人注目的贡献。认为梅先生的坚实智力才能和品德使他能扩充他的知识，并能从事力学其他领域的研究。认为梅先生是一位人们可以信赖的，对他国家的大学有确实价值的研究人员。基于这些理由，评审委员会以最优秀的评语（très honorable）决定授予梅先生科学博士学位。"

20 世纪 70 年代末梅凤翔的十多万字书稿《非完整系统力学基础》，于 1984 年 5 月扩写成一个油印讲义，分上、中、下三册，并在中国兵工学会主办的蓬莱暑假讲习班上宣讲。1985 年 12 月《非完整系统力学基础》由北京工业学院出版社正式出版，全书共 5 章，73 万字。第一章非完整系统力学的基本概念，包括约束及其分类、广义坐标、广义速度和广义加速度、准速度和准坐标、虚位移、理想约束、微分运算和变分运算的交换关系、非完整约束系统的例子、微分约束的可积性定理。特别详尽地研究了微分运算和变分运算的各种交换关系。第二章非完整系统力学的基本变分原理，包括微分变分原理、完整系统力学的积分变分原理、非完整系统力学的积分变分原理，指出非完整系统的 Hamilton 原理，一般说，不是稳定作用量原理。第三章非完整系统运动微分方程的各种形式，其中广义 Nielsen 方程是他博士学位论文中的结果；给出非线性非完整系统的广义 Mac-Millan 方程；澄清了有关 Volterra 方程是否正确的历史疑问；建立了准速度和准加速度下的 Appell 方程；并给出一些高阶非完整系统的运动方程。第四章非完整系统力学运动方程的积分，包括非完整系统运动方程的第一积分、完整系统的正则方程和 Hamilton-Jacobi 积分法、非完整系统运动方程的正则形式、非完整系统力学问题归结为有条件的完整系统力学问题、对 Chaplygin 系统的 Helmholtz 势、Chaplygin 积分方法、利用能量积分降阶 Chaplygin 方程。在这一章中，他建立了非完整系统的 Whittaker 方程。第五章非完整系统力学的几个专门问题，包括打击运动、非完整系统的小振动和稳定性、变质量问题、定点转动问题、伺服约束、可控力学系统、相对运动动力学、事件空间的参数方程。他给出非线性非完整系统的打击运动方程、变质量系统的积分原理、伺服系统方程、相对运动动力学方程等。这本专著成为梅凤翔 1986 年晋升教授的重要依据。

梅凤翔的《非完整系统力学基础》发行 5000 册，被国内研究者引用 300 多次，被美国 Papastavridis 的 2002 年的 1400 页专著多处引用。1987 年梅凤翔出版的专著《非完整动力学研究》是对《非完整系统力学基础》的补充，更多地写进了他和学生们的成果。对 Vacco 动力学，他写道："这类新观点是允许的，还是不正确的?"90 年代初北京大学两位著名教授在《力学学报》上的争议就是对上述问题的回答。现在看来，各有各的道理，各有各的用途。Chetaev 模型以 d'Alembert-Lagrange 原理和 Appell-Chetaev 定义为基础，Vacco 模型以 Hamilton 原理为基础。Chetaev 模型是力学的，Vacco 模型是控制的。

20 世纪 80 年代末以来，梅凤翔在非完整力学的研究方面转向动力学逆问题、运动稳定性和积分方法。1989 ~ 1990 年他在《力学学报（英文版）》上发表两篇文章，将场积分方法推广并应用于非完整系统以及事件空间。1991 年在俄罗斯《应用数学和力学》（*ПММ*）上发表文章，将场积分方法进一步推广到高阶非完整系统。1991 年在《力学学报》等刊物上给出非完整系统动力学逆问题的一些提法和解法。1994 ~ 1995 年梅凤翔和他的学生朱海平在《应用数学和力学》等刊物上发表有关非完整系统运动稳定性的文章。1998 年在俄罗斯《应用数学和力学》上发表文章，给出非完整系统运动方程的代数结构和 Poisson 积分方法。1999 年的专著《李群和李代数对约束力学系统的应用》中对各类非完整系统的代数结构，Noether 对称与 Lie 对称性进行了系统研究，并得到相应的守恒量。2000 年梅凤翔在国际非线性力学杂志上发表非完整动力学的积分方法。同年他在 *ASME*，*Appl. Mech. Rev.* 上发表长文《非完整力学》，表明中国在该领域内研究成果的国际承认程度。1994 年他访问加拿大 LAVAL 大学并做关于非完整力学的学术报告。Richard 教授认为梅凤翔是非完整力学的大专家。

梅凤翔在 20 世纪 80 ~ 90 年代先后在蓬莱、北京、长沙、沈阳、郑州、商丘、合肥等地宣讲非完整力学。1983 年春开始，他在北京理工大学主持分析力学讨论班多年，带动一批研究者、硕士生、博士生、访问学者开展非完整力学研究。梅凤翔担任中国力学学会一般力学专业委员会分析力学专业组组长20 多年，为中国非完整力学的发展和研究队伍的形成做出了贡献。

梅凤翔与陈滨、李子平合作的项目《经典约束系统动力学基本理论》获 1992 年国家教育委员会科技进步甲类一等奖，梅凤翔排名第二。

（二） Birkhoff 系统动力学

梅凤翔提出并研究了 Birkhoff 系统动力学。

1927 年美国著名数学家 Birkhoff. G. D 出版专著 *Dynamical Systems*（动力系统）。书中给出一类新型积分变分原理和一类新型运动微分方程。1978 年美国强子物理学家 Santilli. R. M 将 Birkhoff 的方程推广到包含时间的情形，并建议命名为 Birkhoff 方程。1983 年 Santilli 出版专著《理论力学基础Ⅱ · Hamilton 力学的 Birkhoff 推广》。书中研究了 Birkhoff 方程及其变换理论，Galilei 相对论的推广等问题。Santilli. R. M 在书中首次提出“Birkhoff 力学”一词，并指出这个力学可应用于强子物理、统计力学、空间力学、工程、生物力学等领域。

梅凤翔读了 Birkhoff 和 Santilli 的著作，认识到 Birkhoff 力学是经典力学的新发展。1992 年春，梅凤翔在他主持的北京理工大学分析力学讨论班上将“Birkhoff 系统动力学”作为主题。当时提出 5 个动力学问题：①非完整力学系统能否纳入 Birkhoff 系统？②如何建立 Birkhoff 系统的 Noether 理论？③怎样判断 Birkhoff 系统的平衡稳定性和运动稳定性？④怎样提出并解决 Birkhoff 系统动力学逆问题？⑤如何应用近代几何工具描述 Birkhoff 系统？

在国家自然科学基金资助下，梅凤翔和合作者及学生对 Birkhoff 系统动力学进行了深入研究并取得系列结果。上述第 5 个问题成为梅凤翔指导的第一位博士吴惠彬的学位论文选题。1993 年梅凤翔在《中国科学》上发表文章“Birkhoff 系统的 Noether 理论”，解决了上述第二个问题，并由 Pfaff 作用量的广义准对称变换导出了一类广义 Birkhoff 方程。后来，梅凤翔和他的学生研究了广义 Birkhoff 方程的变换理论。有关广义 Birkhoff 方程的后续研究成为梅凤翔 2010 年主持的国家自然科学基金重点项目的一个子课题。

1996 年梅凤翔与他的合作者出版专著《Birkhoff 系统动力学》，该书共 7 章。第一章 Birkhoff 方程和 Pfaff-Birkhoff 原理，除介绍 Birkhoff 和 Santilli 的工作外，还对自治系统提出一类 Birkhoff 函数的构造方法。第二章完整力学系统的 Birkhoff 动力学，将特殊完整系统和一般完整系统的运动微分方程化成 Birkhoff 方程。第三章非完整力学系统的 Birkhoff 动力学，研究了 Chaplygin 系统，一般一阶非完整系统以及高阶非完整系统的 Birkhoff 化问题。第四章 Birkhoff 系统的积分理论，除介绍 Birkhoff 方程的变换理论，广义 Hamilton-Jacobi 方法，还研究了 Birkhoff 系统的 Noether 方法，场方法以及 Poisson 方法。第五章 Birkhoff 系统动力学逆问题，研究了 Birkhoff 方程的建立，对称性与动力学逆问题；提出 Pfaff-Birkhoff-d'Alembert 原理，并根据这个原理来组建运动方程；最后，研究了广义 Poisson 方法与动力学逆问题。第六章 Birkhoff 系统的运动稳定性，研究了 Birkhoff 系统的平衡稳定性和运动稳定性；提出约束 Birkhoff 系统的方程并给出平衡稳定性和运动稳定性的判据。第七章 Birkhoff 系统的代数和几何描述，特别研究了广义 Birkhoff 系统的几何理论，对称性与守恒量的近代描述。该书总结了梅凤翔和他的小组在 1995 年前的一些研究成果。1997 年俄罗斯 Galiullin 和他的同事出版《Helmholtz 系统，Birkhoff 系统和 Nambu 系统的分析动力学》(俄文)，其中 Birkhoff 系统部分与梅凤翔等的专著有许多相近之处。

梅凤翔 1997 年在《力学进展》上发表综述文章“Birkhoff 系统动力学的研究进展”，2001 年在国际《非线性力学》杂志上发表“关于 Birkhoff 力学”，介绍了经典力学这一新发展以及他的一些研究成果。2000 年他指导的博士生陈向炜完成论文“Birkhoff 系统的全局分析”，2003 年获全国优秀博士学位论文提名奖。

梅凤翔 2004 年出版专著《约束力学系统的对称性与守恒量》，将 Birkhoff 系统作为更一般的约束力学系统，研究了系统的 Noether 对称性，Lie 对称性和形式不变性，并给出相应的守恒量。

梅凤翔和他的合作者及学生申报的项目“Birkhoff 系统动力学和非完整系统的运动稳定性”获 1999 年国防科技二等奖。2009 年 2 月在圣彼得堡召开的国际力学会议上被邀请做有关广义 Birkhoff 力学的大会报告。

（三）对称性与守恒量

梅凤翔系统地研究了约束力学系统的对称性与守恒量。

力学系统微分方程的积分问题是动力学的重要任务。但是，能够积分到底的方程是极少数。因此，经典分析力学发展了自身的积分理论。如果能够找到足够的积分，就找到了问题的解。如果能找到一部分积分，也可对系统动力学行为有所了解。积分、守恒量、运动常数，在研究系统稳定性，检验计算是否合理等方面都有重要意义。历史上，牛顿力学通过力的分析可找到有明显物理意义的动量守恒律，动量矩守恒律和机械能守恒律。Lagrange 力学或 Hamilton 力学通过 Lagrange 函数或 Hamilton 函数的形式，可找到广义动量积分和广义能量积分。广义动量积分可以代表动量守恒，也可以代表动量矩守恒，也可以没有明显物理意义。广义能量积分可以代表机械能守恒，也可以没有明显物理意义。因此，Lagrange 力学或 Hamilton 力学可以找到牛顿力学找不到的积分。近代寻求守恒量的方法是通过对称性理论的。1918 年德国数学家 Noether 揭示了 Hamilton 作用量在无限小变换下的不变性，即对称性，与守恒量之间的潜在关系，为寻求力学系统的守恒量做出了开创性工作。70 年代以来，国际众多学者在 Noether 工作基础上深入研究了各类力学系统的 Noether 理论。1979 年 Lutzky 将 Lie 对称性引入力学系统，研究了力学系统的 Lie 对称性与守恒量。在中国，李子平于 1981 年研究了线性非完整系统的 Noether 理论，其后赵跃宇、罗勇、刘端等研究了非线性非完整系统的 Noether 理论。

梅凤翔从 20 世纪 90 年代开始研究了各类约束力学系统的对称性与守恒量。最早的工作是 1993 年在《中国科学》上发表的一篇文章“Birkhoff 系统的 Noether 理论”，后来在此方面出版三部专著《力学系统的对称性与不变量》(赵跃宇，梅凤翔 1999)，《李群和李代数对约束力学系统的应用》(1999)，《约束力学系统的对称性与守恒量》(2004)。

梅凤翔在对称性与守恒量方面的主要贡献有：①将 Noether 对称性与 Lie 对称性理论应用于各类约束力学系统，包括 Lagrange 系统、Hamilton 系统、一般完整系统、非完整系统、Birkhoff 系统、单面约束系统、奇异 Lagrange 系统等。②提出了一类新的对称性——形式不变性。这种对称性是指运动微分方程中的动力学函数在经历无限小变换后仍然满足原来微分方程的一种不变性，同时给出了相应的守恒量。③研究了 Noether 对称性、Lie 对称性和形式不变性三者之间的关系，发现每一种对称性都可分别通过另外两种对称性间接导出另外两类守恒量。④提出并建立了融合三种对称性的统一对称性，可以直接得到三类不同的守恒量。⑤研究了非完整系统的 Lagrange 对称性。⑥发展了常微分方程的对称性解法，将微分方程化成力学系统的方程，并用力学系统的对称性方法求解。

梅凤翔提出的形式不变性被国内研究者称为 Mei 对称性，2004 年以来在《中国物理》、《物理学报》等刊物上出现 20 多次。

梅凤翔与赵跃宇、郭永新申报的项目“约束力学系统的对称性与几何动力学”获 2007 年教育部自然科学一等奖。

梅凤翔在以上三个方面的贡献，使他成为一名经典力学专家。

三、教书育人，培养人才

梅凤翔是一名优秀的教育工作者。他曾任北京理工大学力学系第二、第三届系主任（1989～2006），曾任国家教委高等学校工科理论力学教学指导小组成员（1990～1995），国家教委基础力学教学指导小组副组长（1995～2000），为中国力学教育事业做出了贡献。

47年来，梅凤翔始终坚持在教学第一线，2009～2010学年以70岁高龄还为本科生上了104学时的“理论力学”。梅凤翔为本科生开设各类“理论力学”，为硕士生开设“分析力学”、“非完整力学”、“运动稳定性”、“动力学逆问题”，为博士生开设“高等分析力学”、“Birkhoff力学”、“李群和李代数应用”等多门课程，培养了硕士生12名，博士生18名，指导访问学者13名。梅凤翔培养的博士生已有7人晋升教授，两人出任大学副校长，并在各自岗位上做出了贡献。

梅凤翔时刻将“为人师表”作为自身行为准则，对教学工作认真负责。梅凤翔在教学中注重因材施教，教学相长，注重培养学生的创新能力，鼓励学生超过自己。梅凤翔认识到搞教学的，必须做科研，最好是科研与教学相结合。实际上，梅凤翔从事的科研工作与他所从事的教学工作是密切相关的，同属经典力学。

梅凤翔任《力学与实践》副主编多年，主管教学研究栏，为组织基础力学教学研究和组织大学生力学竞赛做了许多工作。他在理论力学、分析力学教学方面发表了20多个教学札记。

梅凤翔1989年被评为全国优秀教师，2003年获首届全国高等学校教学名师奖。梅凤翔负责的《工程力学课程教学改革与实践》项目获2005年国家级教学成果奖二等奖，他负责的“工程力学”教学团队获2007年国家级教学团队。梅凤翔年逾七十仍笔耕不辍，主持国家自然科学基金重点项目（2010.01～2013.12）。

梅凤翔的人生观是：“人的一生应该像老黄牛那样把套拉得紧紧的。”

梅凤翔的事业观是：“活到老，学到老，教书育人到老。”

梅凤翔的学问观是：“数学是汪洋大海，搞应用数学和力学的要善于大海捞针。”

四、梅凤翔主要论著

梅凤翔. 1985. 非完整系统力学基础. 北京：北京工业学院出版社.

Mei F X. 1989. A field method for solving the equations of motion of nonholonomic systems. Acta Mechanica Sinica, 5 (3): 260-268.

Mei F X. 1989. Reduction des équations généralisées de Nielsen des systèmes non holonomes par l'intégrale de l'énergie. Nonlinear Vibration Problems, 23 (2): 15-24.

Mei F X. 1990. Parametric equations of nonholonomic nonconservative systems in the event space and their integration method. Acta Mechanica Sinica, 6 (2): 160-168.

Мэй Ф С. 1991. Об одном методе интегрирования уравнений движения неголономных систем со связями высшего порядка，П. М. М. ，55（4）：691-695.

Mei F X. 1993. The Noether's theory of Birkhoffian systems. Science in China (serie A)，36（12）：1456-1467.

梅凤翔，史荣昌，张永发，等. 1996. Birkhoff 系统动力学. 北京：北京理工大学出版社.

Mei F X. 1996. Poisson theory of generalized Birkhoff systems. Chin. Sci. Bull. ，41（8）：641-645.

Мэй ФС. 1998. Алгебраическая структура и теория Пуассона для уравнений движения неголономных систем. П. М. М. ，62（1）：162-165.

梅凤翔. 1999. 李群和李代数对约束力学系统的应用. 北京：科学出版社.

Mei F X，Zhang Y F，Shi R C. 1999. Dynamical algebra and its application. Acta Mechanica，137（3-4）：255-260.

Mei F X. 2000. On the integration methods of non-holonomic dynamics. Int. J. of Non-Linear Mech. ，35（2）：229-238.

Mei F X. 2000. Nonholonomic mechanics. ASME，Appl. Mech. Rev，53（11）：283-305.

Mei F X. 2001. On the Birkhoffian mechanics. Int. J. of Non-Linear Mech. ，36（5）：817-834.

Mei F X，Zheng G H. 2002. On the Noether symmetry and Lie symmetry of mechanical systems. Acta Mechanica Sinica，18（4）：414-419.

Mei F X，Xu X J，Zhang Y F. 2004. A unified symmetry of Lagrangian systems. Acta Mechanica Sinica，20（6）：668-671.

Mei F X，Xu X J. 2005. Form invariances and Lutzky conserved quantities for Lagrange systems. Chin Phys，14（3）：449-451.

Mei F X，Wu H B，Zhang Y F. 2006. Hamilton-Jacobi method for solving ordinary differential equations. Chin Phys，15（8）：1662-1664.

Mei F X，Xie J F，Gang T Q. 2007. Stability of motion of a nonholonomic system. Chin Phys lett，24（5）：1133-1135.

Mei F X，Wu H B. 2009. Dynamics of constrained mechanical systems. Beijing：Beijing Institute of Technology Press.

主要参考文献

中华人民共和国教育部高等教育司. 2003. 名师风采. 北京：地质出版社：24-25.

何明，水小平，马少鹏. 2007. 三尺讲台四十载——分析力学领军人. 学位与研究生教育，5：20-23.

罗绍凯，张永发，等. 2008. 约束系统动力学研究进展（梅凤翔七十寿辰文集）. 北京：科学出版社.

撰写者

吴惠彬（1965～），江苏溧阳人。北京理工大学教授，师从梅凤翔，并于 1995 年在北京理工大学获博士学位，与他合作从事经典力学研究 20 多年。

邱吉宝

邱吉宝（1938～），福建连江人。计算力学、运载火箭结构动力学专家。1963年毕业于中国科学技术大学。现任北京强度环境研究所研究员、博士生导师、技术顾问。长期在航天技术第一线，从事运载火箭结构动力学基础理论和应用研究工作，利用固体力学理论解决各种难题，为航天事业做出突出贡献。完成大型捆绑运载火箭模态分析。完成部级重大预研项目“航天器结构动力学研究与试验”和国家自然科学基金重点项目“复杂结构动力学”研究。在计算力学方面，提出高精度有限元、样条有限元和最小二乘法有限元三种有限元方法，并应用与航天工程中。建立方差泛函变分原理，形成加权残值法理论基础，所著专著《加权残值法理论与应用》于1991年由宇航出版社出版，并于1992年获第六届中国图书奖二等奖。编著了专著《计算结构动力学》，2009年由中国科技大学出版社出版。荣获“有限元素法在导弹强度计算中的应用”、“高精度有限元素法研究”、“高斯配点离散型最小二乘法研究”三项国防科委重大成果三等奖，“高斯配点离散型最小二乘法及其有限元的理论与应用”和“某固体火箭发动机”两项航天部科技进步奖一等奖，“运载火箭结构动力学”和“某火箭振动特性试验”两项航空航天部科技进步奖二等奖。

一、成长历程

邱吉宝，1938年5月15日生于福建省连江县晓澳镇。

邱吉宝父亲邱和运在花蛤养殖场（海边）当长年工，父母都不识字，家里没有钱供孩子上学，1949年小学毕业后他在家务农，还在花蛤养殖场当过童工。1952年连江中学向工农开门，邱吉宝才考上初中部，他珍惜来之不易的上学机会，立志发愤读书，学习成绩一直优秀，被保送进入高中部。高三时父亲去世，家中生活困难，本打算毕业后找工作赚钱养家，放弃考大学，后来中国科学技术大学（以下简称中科大）招生，学校动员保送考试，1958年考入中科大，在近代力学系高温固体力学专业学习。

到学校报到时门口的火箭绕地球飞向太空的模型、“科学家摇篮”标语都激励着邱吉宝的心。时任系主任的钱学森先生亲自讲授“火箭技术概论”，使他受益匪浅。钱学森在讲授“火箭技术概论”时讲到“哪怕减少一克的重量，全体设计人员也要尽最大的努力来做到”。这使他深深认识到自己的研究目标是千方百计地降低火箭结构重量；钱学森给他们讲过自己在从事壳体超临界屈曲研究过程中，一边到实验室看别人做实验，一边依据实验中的屈曲波形设定理论波形，经过反复修改，钱学森最终形成菱形屈曲波形，写出了关于下临界屈曲的著名论文。这种分析与试验结合的研究方法，使他终身受益良多。他有机会参与大量的试验工作，深入的试验观察与扎实的理论研究紧密结合为他后来产生创新性成果奠定了基础。作为中科大第一届学生，许多院士、专家给他们开课，使他们受到良好的专业教育。特别是胡海昌院士，给他们讲夹层板结构专题，讲义是一篇篇专题论文汇编，课程主要讲如何读论文，如何理解每一篇创新点及存在的问题，如何思考以便从中引申出需要研究的问题，整个讲解已然就是研究工作的培训。虽然邱吉宝不是胡海昌的研究生，但后来得到他很多的指导。邱吉宝第一篇加权残值法方面的论文《方差泛函变分与高斯配点离散型最小二乘法》寄给胡海昌审阅时，胡海昌在来函中指出“此文写得很好，高斯配点离散型最小二乘法确有简便、适应性强、精度高的优点，文中关于各种方法之间的关系说明也很清楚，抓住了问题的本质”，“很值得推广”。这封信给邱吉宝很大的鼓舞。当邱吉宝在深入研究遇到数学难题时，胡海昌告诉他：靠自己学习“泛函分析”理论，才能解决这些问题。按胡海昌的指导，邱吉宝苦读泛函分析方面的专著之后，终于可以用泛函分析的高度来分析加权残值法的理论基础，写出《加权残值法的理论与应用》专著。胡海昌在 1993 年评审这部专著时给予很高的评价：“加权残值法是一个古老而又有新发展的工程近似计算方法，由于过去大多由工程技术人员进行研究，在理论体系方面远远落于实际应用。邱吉宝同志系统地研究了它的理论，并应用于重大工程问题。从理论方面看，他的主要贡献有两项：第一项是他把多种多样的加权残值法统一于方差泛函的最小值问题。这不仅统一了计算机列式，更沟通了与泛函极小值问题的数学理论的联系，使得加权残值法解答的存在性、唯一性、近似解的收敛性等一系列理论问题获得了圆满的解决。第二项是他根据理论和工程背景，对应用中的一些共同性关键问题，如试函数、权函数、配点位置等等的选取方法，提出了卓有成效的指导性意见……总之，我认为：邱吉宝同志在加权残值的多方面作出了卓越的贡献，达到了国际水平和国内先进水平。”在计算结构动力学研究方面，得到胡海昌的指导更多，他的《计算结构动力学》一书中很多内容都是胡海昌《多自由度结构固有振动理论》专著的学习心得与理论补充。

1970年邱吉宝进入陕西剑峰机械研究所，承担导弹强度试验与分析任务，从贴应变片、贴加速度传感器和安装测力器，做大型落锤冲击试验，到靶场炮射强度弹，进行炮射火箭药柱强度攻关，解决药柱无法经受火炮发射的冲击强度问题。可以说大学毕业后的头二十年邱吉宝主要从事各种试验工作。70～80年代，随着计算机技术的发展，力学与计算机的交叉学科——计算力学技术在国外得到了蓬勃的发展，而国内这时尚处起步阶段，邱吉宝敏锐地意识到这一力学领域的前景，及时开展了这方面的研究工作。为了满足工程的需要，在试验之余开始学习、应用与研究数值计算方法——有限元与加权残值法，在这段时间里边试验边分析，率先将有限元应用于导弹强度计算中，包括各种舱体结构分析、发动机封头应力分析、喷管应力分析和药柱应力分析等，解决型号研制中各种难题，完成充液弹设计原理研究，完成某固体火箭发动机强度研究。在应用中逐渐发现有限元法的不足之处：位移计算很好，但应力计算结果的误差较大，对于航天工程强度分析而言更关心的是应力计算结果。为了提高应力计算精度，邱吉宝开始了有限元的研究工作，先后开展了高精度有限元素法研究、高斯配点离散型最小二乘法及其有限元理论与应用的研究、加权残值法理论基础研究，为中国的计算力学发展做出了贡献。1980年被评为第七机械工业部劳动模范，1982年被评为陕西省劳动模范。

1987年邱吉宝进入北京强度环境研究所，在运载火箭全箭振动试验室进行火箭振动试验与分析工作。先后在多个型号的火箭上开展了全箭动特性计算工作，有力地配合地面全箭模态试验，在运载火箭结构动力学计算与试验相结合方面开展了大量的工作，先后开展了子结构试验模态综合、运载火箭建模与模型修正技术、航天器结构动态试验仿真技术等研究工作。将新兴的计算力学技术引入航天领域，解决传统的航天结构动力学问题，邱吉宝是一位早期的倡导者和实施者，他的研究成果得到了业内专家的广泛的认可。2007年参加973项目研究，2010年被聘为973项目专家组专家。

二、在航天技术第一线解决工程中提出的各种难题

邱吉宝是一位技术战线上孜孜不倦的耕耘者。组织上曾想让他当所里的技术领导时，他说“我是搞技术的，不会当领导。”婉言谢绝。他长年累月工作在航天技术第一线，进行各种复杂结构的静力分析与动力分析，解决了工程中提出的各种难题，做了大量的航天工程平凡的工作。

（一）率先把有限元素法用于导弹强度计算

邱吉宝从 1975 年开始应用有限元法，取得可喜的成果。先后编制了平面、轴对称、三维、板弯、锥壳以及导弹横向振动问题等有限元分析程序，进行导弹的强度计算，解决导弹设计中提出的疑难问题，如固体发动机壳体强度、药柱强度等等。这些工作在部内和国内都是做得比较早、工程效果也比较大，达到当时国内先进水平。“有限元素法在导弹强度计算中的应用”获 1979 年国防科学技术委员会重大成果奖三等奖（排名第一）。

（二）提出充液弹设计原理

炮射火箭将火箭由火炮炮膛内发射出去时要经受瞬时严重的高 g 冲击环境，一般的火箭固体发动机壳体和药柱仅能抗二千 g 的冲击过载，无法承受火炮发射时几万 g 的过载。强度问题成为研制工作的主要难关：当时总体设计采用发动机壳体增加厚度的方案，使炮射火箭结构呆重大大增加，发动机增速效率大大降低。邱吉宝进行理论分析和计算，提出充液补强方案，它的原理在于把结构单向受压状态转化为三向受压的等压应力状态，从而充分发挥材料本身的承线能力，解决了发动机壳体和药柱强度问题。搞结构同志采用这一方案，设计了炮射充水弹，在没有充水时此弹仅能经受二千 g 的过载，充水后能经受一万五千 g 过载，炮射试验成功，药柱承载能力提高了五倍。

（三）解决某固体火箭发动机研制中的两个强度难题

搞设计的同志总是按常规选用同圆柱壳一样的高强度合金钢作为发动机封头的材料。邱吉宝采用有限元法详细进行分析计算，发现在封头上较大的边缘应力集中，试验也证实了这一点，按常规设计，即使采用最高强度的合金钢，封头厚度也要增加很多，大大增加了结构重量，降低发动机性能。邱吉宝通过弹塑性分析，提出了采用提高塑性指标适当降低强度指标的热处理工艺，允许封头有局部的塑性变形以降低边缘应力集中。这样，使封头壁厚可以减小到很薄，经过试验验证这是可行的，从而大大减小发动机的结构重量，使发动机设计与国外同类先进产品相当。

某固体火箭发动机试车时在长尾喷管处爆炸，进行了几个月攻关，仍查不出原因。邱吉宝在现场分析了爆炸的残片，找到了爆炸的原因。长尾喷管由金属管与防热层内套管组成的双层管，防热层内套管承受内压的能力很低，当它套在金属长尾喷管上时，依附在金属管上，组合双层管强度没问题，因而防热层不会产生裂纹。

同时，防热层也保护金属管处于常温状态，因而在常温状态金属管有很高的抗内压能力而不破裂。但是双层管用胶粘接时没有粘好，存在间隙，小小的间隙使防热层无法依附于金属管上，必须单独承受内压，很小的内压就足以使它破裂。这时，燃气由防热层裂缝直接作用在没有防热层保护的金属管上，使其温度瞬时上升，在高温高压燃气作用下，使金属管爆炸。找到问题所在，就找到解决问题的办法，邱吉宝提出在双层管黏接时用高压泵把粘接胶打压进入双层管间隙内，使双层管完全粘在一起，使之没有任何间隙存在。采取这个方法，长尾喷管的研制很快获得成功。

1988 年“某固体火箭发动机”（完成人之一）获航天部科技进步奖一等奖。

（四）解决某火箭振动特性试验中的问题

某火箭模态试验结果表明，在振动过程中梁的轴线不再保持在同一平面内，而是形成空间振型，对于每一组振动都包含两个互相垂直平面内的分量。对于自由状态下的弯曲模态，各阶的主振动模态总是成对出现，即一阶有两个比较接近的频率，二阶也有两个比较接近的频率，同一阶的两个比较接近频率的振型都是空间振型，而且彼此互相正交。在一般的振动分析过程中，可以将火箭结构简化为工程梁来分析，引进了一个非常重要的假设：沿梁轴线的所有横截面梁的主方向不变，梁的振型是在同一个平面内振动，这就无法解释试验中的现象。为解决这一问题，邱吉宝详细推导了一般的三维空间梁理论，设梁轴横截面主方向随轴向坐标变化而变化，对于每个截面而言，截面几何参数除两个主惯性矩外还有惯性积存在。这种情况下振动比较复杂，在振动过程中梁的轴线不再保持在同一平面内，而是形成空间振型，形成扭“麻花”形状，对于每一组振动都包含两个互相垂直平面内的分量，也就是说两个横向振动在空间上互相耦合起来，而且彼此互相正交。1989 年“某火箭振动特性试验”获航空航天部科技进步奖二等奖。

（五）完成两个型号运载火箭试验状态模态分析

完成发射“澳星”的运载火箭和发射“神舟飞船”的运载火箭的全箭试验状态模态分析，发展了复杂航天结构模型修改技术。

复杂结构计算模态与试验模态之间的相关性较差，计算给出的模态与试验模态相比，模态排序不同，频率误差很大、振型差别很大，用现有的数学模型修改验证技术已经无法解决如此复杂的问题。因而，我们必须面对复杂结构模型修改这些困难，寻找适合大型复杂结构模型修改验证技术是当前研究的一项重要任务。邱吉宝等提出的一整套复杂结构模型试验验证技术，这就是解决复杂结构建模的子结构试验建模与系统综合的数学模型修改验证技术。也就是根据航天器结构的自然状态，将系统结构分为若干个子结构，用试验数据修改验证子结构数学模型。然后将它们组装成系统的数学模型对整个系统进行综合分析。

这套复杂结构模型试验验证技术，首先成功地应用于某型号运载火箭全箭试验前振动模态频率与振型预示，各个秒状态预示结果与随后进行的试验结果相比都达到“三”一致，即模态随频率排序一致、模态频率一致与模态振型一致。四个秒状态预示的横向一阶频率与试验结果误差都小于2.4%。航空航天部高级技术顾问屠守锷研究员、一院副院长兼某型号火箭总设计师王德巨研究员签字的成果鉴定意见中指出“该成果对某运载火箭试验状态进行深入的动力学分析，从结构建模、用试验数据修正数学模型到液体取代边界条件修正的再分析，形成一套有效的完善的技术，特别是用试验数据修改某运载火箭这样复杂结构的数学模型，使修改后的数学模型的计算结果与试验结果相当一致，这是一件非常困难的工作……把建模错误的诊断和模型修改结合在一起形成一个通用性很强的模型修改技术，达到国内先进水平……”

这套复杂结构模型试验验证技术，也成功地应用于载人运载火箭全箭数学模型修改。以往运载火箭模态试验时，在运载火箭顶级上安装的是卫星，卫星的模态频率很高，与全箭的低阶整体模态耦合较弱，对全箭模态的影响较小。然而，飞船由三个舱体组成，它的高度是一般卫星几倍，长细比比较大，本身的模态频率就比较低，而且它不仅按一般卫星那样安装在运载火箭顶级上，同时，在整流罩内侧托架上，以九点接触方式支撑着载人飞船，使船-箭耦合更加严重。应用修改后的数学模型成功地进行了船-箭耦合分析。

（六）完成部级重大预研项目“航天器结构动力学研究与试验”和国家自然科学基金重点项目“复杂结构动力学”研究

邱吉宝作为项目负责人，组织并完成部级重大预研项目“航天器结构动力学研究与试验”研究。院科技委主任薛成位研究员签字的“航天器结构动力学研究与试验”评审意见指出：“围绕着现有振动塔无法进行未来大型运载火箭全箭模态试验的现实问题。本专题开展试验模态综合等几个技术问题的研究。已取得一些重要成果：针对大型运载火箭分支工程梁模型，可以用试验综合技术给出全箭整体模态的振型与频率数据。作为试验综合技术的理论基础，该成果提出精确的固定界面模态综合技术、精确的自由界面模态综合技术和子结构混合模态综合技术。”

邱吉宝作为项目负责人，组织北京强度环境研究所、大连理工大学、中国科学院计算研究所、清华大学与浙江大学，完成国家自然科学基金重点项目“复杂结构动力学”研究。胡海昌院士签字的国家自然科学基金重点项目“复杂结构动力学”研究鉴定意见指出“围绕在现有条件下无法进行未来大型运载火箭模态试验的现实问题，本项目进行运载火箭结构动力学研究，已取得一些有创新性的重要成果如下：①基于大型捆绑式运载火箭的工程梁模型，利用子结构试验和系统综合技术得到运载火箭实际结构的整体振型和频率的可用数据，并在实尺全箭模态试验中用于试前预示和试后模型修改；②为解决试验模态综合法中能测到的模态少、截断误差大的问题，用解析的方法解决了剩余项的问题，精细地实现了自由界面模态综合、固定界面模态综合、混合界面模态综合和子结构混合模态综合技术，使模态综合理论更加系统和完善……上述成果为大型运载火箭的结构动力学建模与分析提供了重要方法，对航天工程具有实用价值和进一步实用前景。有一些成果具有重要的理论意义，部分成果已达到国际先进水平”。

1999 年“运载火箭结构动力学”获航空航天部科技进步奖二等奖（排名第一）。

三、勇于攀登，攻克高峰

工程技术研究所天天要解决的都是工程问题，型号的项目与课题是指标性硬任务，必须完成。通常认为理论研究是高校和科学院的事，在研究所里是可有可无的，被认为“不解决实际问题”，不去研究没有任何责任。邱吉宝在研究所开展了理论研究主要是高度事业心的驱使，是个人爱好兴趣所至，占用个人的所有业余时间。《航天事业三十年》一书中一篇文章“勇于攀登的人——邱吉宝”记录了他的深切体会：“攀登科学高峰的道路是不平坦的，有科学上的未知数，也有生活上的各式各样困难和矛盾。要取得成果，有所作为，关键要有高度的事业心，要有勇于创新、敢于攀登的精神，要有克服困难的顽强毅力”。他勇于攀登，终于在学术上有所建树。

（一）提出三种有限元素法

有限元法已经发展得相当完备，即便如此，常规的有限元无可否认地也有缺点。为弥补常规有限元方法的不足，邱吉宝提出了三种有限元素法。

1. 提出双连续协调模型有限元

在应用有限元的过程中发现一般有限元位移计算结果比较精确，而应力计算结果误差比较大，实际结构的强度分析是更关心应力的计算结果。为了提高有限元应力计算精度，他在收敛速度理论分析指导下选取双连续位移函数，用位能变分原理建立了双连续协调模型的高精度有限元，给出杆、梁、平面问题、薄板弯曲问题高精度有限元计算公式，编制了相应的程序，于1978 年写出“高精度有限元——双连续协调模型”论文，参加1979 年中国航空学会召开的全国有限元会议，被审定为大会报告十二篇论文之一。“高精度有限元素法研究”获 1979 年国防科学技术委员会重大成果奖三等奖（排名第一）。

高精度有限元的主要缺点是对计算机要求高一些。随着计算机技术的提高，它的应用前景更具生命力。最近又完成高精度双连续协调模型动态有限元研究，其计算精度大为提高，令人鼓舞，四边固支方板固有频率高精元 1×1 网格结果与解析解的级数解结果相当，比 NASTRAN 有限元 100×100 网格结果的误差还小很多。

2. 提出通用性很强的（复杂区域）样条有限元

石钟慈教授首先提出样条有限元，但在 1983 年之前样条有限元仅能求解规则区域的典型问题。不能解决组合结构和非规则区域的问题，通用性差。为此依据安徽省工路设计院提出的协作任务，我们编制了能用于斜拉桥计算的空间样条有限元程序。该程序解决了两个问题：①对样条有限元位移函数作了重要改进，使其能像一般有限元那样任意组装使用，编出效率较高的包括杆、梁、平面问题和薄板弯曲问题的空间组合的通用程序，用于作为蚌埠斜拉桥一种计算方案。设计院对计算结果很满意；②发展了非规则区域样条有限元。1983 年写出“样条单元法及其通用性”论文参加工程数值方法学术会议交流，并刊于《合肥工业大学学报》上，这是国内最早提出的非规则样条有限元。

3. 提出高斯配点离散型最小二乘法及其有限元

为了进一步提高有限元的计算效率，提高应力计算精度，1978 年开始转向加权残值法研究，先后写出十篇论文，在三个方面达到先进水平：①定义了广义方差泛函，建立了最小二乘法、离散型最小二乘和配点法理论基础。②提出并应用高斯配点离散型最小二乘法。③提出并应用边界配点离散型最小二乘法有限元。其中，“高斯配点离散型最小二乘法研究”获 1979 年国防科学技术委员会重大成果奖三等奖（排名第一）；1985 年“高斯配点离散型最小二乘法及其有限元的理论与应用”获航天部科技进步奖一等奖（排名第一）。

（二）建立加权残值法理论基础

最小二乘法、矩阵法、配点法、子域法、伽辽金法等统称为加权残值法。加权残值法的研究一直存在的缺点是缺乏理论基础，无论在国内还是在国外，加权残值法一直被认为仅仅是工程师手中解题的经典方法，是工程师解题经验的积累，不像有限元那样有严格的变分原理作基础。为此，邱吉宝于1987年1月～1990年1月完成国家自然科学基金项目“加权残值法的理论基础与工程应用的研究”。系统总结研究成果的专著《加权残值法理论方法与应用》一书于1991年5月由宇航出版社出版，并于1992年获第六届中国图书奖二等奖。邱吉宝的“加权残值法理论基础”成果从数学上的泛函分析和索波列夫空间的现代分析理论出发，阐述了方差泛函变分原理和对偶空间原理，从物理上和数学上阐明了加权残值法的统一变分方程含义；构造方差泛函极小化序列，导出最小二乘法方程；构造近似方差泛函极小化序列，导出近似最小二乘变分方程和与其完全等价的广义伽辽金变分方程，给出加权函数严格的数学解释；同时构造对偶空间原理和弱对偶空间原理，说明里兹变分原理是弱对偶空间原理的特殊情况，指出变分法与加权残值法之间的理论联系，从而奠定了加权残值法作为数值分析方法的基础；证明加权残值法的适定性及一定条件下的一致收敛性，这种严格证明对于加权残值法的应用是至关重要；构造加权残值法的统一框架，论证各种数值分析方法，如有限元法、有限差分法、有限点法、样条函数法以及半解析半数值法，说明它们出自同源，探讨各种方法之间的内在联系，指出加权残值法的两个重要发展是有限元法与有限点法，提供进一步发展新方法的有力工具；介绍提出的高斯配点离散型最小二乘法及其有限元，以薄板弯曲问题与平面问题为例，详细介绍边界离散型最小二乘法有限元的应用及其在计算机上的实现。

上海同济大学徐次达教授为《加权残值法理论方法与应用》这本书写的序言中指出“邱吉宝同志自我国加权残值法研究工作开始以来即为从事这方面的研究工作最活跃的人物之一，研究论文水平很高，特别在探索加权残值法基础理论方面，如方差泛函的研究以及对偶空间原理的研究有特殊的贡献，为加权残值法奠定了重要基础，例如证明了在一定条件下线性加权残值法是一致收敛的结论是十分重要的，由于邱吉宝同志学渊才博、触类旁通，他将上述泛函分析对偶空间原理运用于一些传统的计算力学方法中，如有限元方法等，并探索创造新的计算力学的途径，这方面研究工作国际上尚未见到。邱吉宝同志这本书《加权残值法理论方法与应用》无疑地在基础理论上及在应用方面大为发展了并丰富了加权残值法，使得加权残值法以前所未有的稳扎的理论基础及独特的优点立足于国际计算力学的学坛上。”

（三）充实了计算结构动力学理论，进行星箭耦合结构动力学研究

1. 给出基础界面激励的动力学方程求解的新方法

通常，采用克雷格-班普顿位移假设，可以导出有效模态质量计算公式和基础激励的结构动力学问题求解方法。但是，推导中将基础界面设定为静定界面，最多仅能有六个自由度支反力，无法解决复杂界面问题。

邱吉宝等由约束界面模态展开定理导出采用约束界面模态的解析解方法，导出基础界面激励动力学方程求解的新方法，导出模态有效质量的完整理论。应用这种方法将整个结构多自由度方程减缩为仅包含很少的基础界面自由度的基础界面激励的动力学方程，使问题简化。这时，内部自由度的影响化为约束界面模态有效质量的贡献，它们的贡献化为累加于每个基础界面自由度上的一系列单自由度弹簧质量系统，使问题进一步简化了。将约束界面模态按模态有效质量由大到小排列，则每个模态的模态有效质量随模态排列的序号增大而很快收敛于零，而且头两三个模态有效质量之和占全部模态有效质量总和的绝大部分。因而只要保留很少几个模态、截断高阶模态，就能计算出每个基础界面自由度较好的响应结果。

2. 导出三类精确子结构综合方法，建立三类高精度模态综合技术

经典的各种子结构模态综合法都是各自假设位移表达式导出来的。邱吉宝在一般的模态展开定理的基础上，导出了三个模态展开定理：约束界面模态展开定理；自由界面模态展开定理；混合模态的位移展开定理。

由约束界面模态展开定理导出采用约束界面模态的精确动态子结构方法，进一步给出高精度的约束界面模态综合技术，它的一阶近似的半解析法是赫铁和克雷格-班普顿介绍的约束界面模态综合法。

由自由界面模态展开定理导出采用自由界面模态的精确动态子结构方法，进一步给出较高精度的自由界面模态综合技术，它的零阶近似半解析法是霍给出的自由界面模态综合法，它的一阶近似半解析法是麦克尼尔提出的自由界面模态综合法，它的二阶近似半解析法是罗宾、克雷格-陈和王文亮等介绍的自由界面模态综合法。

由采用混合模态的位移展开定理导出采用混合模态的精确动态子结构方法，它的低阶近似是邱吉宝等介绍的混合模态综合法。

这样，邱吉宝等发展了胡海昌解析的模态分析推导方法，采用三个模态展开定

理，给出三类解析解位移展开式，用解析方法分别导出三类精确子结构方法。进一步可以说明：各种子结构模态综合法都是精确子结构方法的某种近似与变化形式。因而，各种子结构模态综合法实际上都是半解析法，半解析的近似程度就是一种可以用来评价各种模态综合技术好坏的准则，从而形成动态子结构方法的系统理论。

3. 进行星/箭耦合结构动力学分析方法研究

完成载人运载火箭/神舟飞船耦合系统模态分析之后，发现运载火箭与神舟飞船之间存在严重的船/箭耦合振动模态。同时查到国外航天部门在星/箭耦合方面所做的工作，立即进行星/箭耦合结构动力学研究，并取得一些成果。

将星/箭耦合系统，分为卫星子结构和火箭子结构，用已形成动态子结构方法进行分析，首先给出耦合系统的模态振型，进而给出星与箭子结构的模态振型，然后用模态叠加法计算各子结构的响应，用复现内力方程导出卫星与火箭的内力分布。

在导出约束界面模态综合方程之后，消去星与箭的模态坐标，将整个结构的星与箭两个多自由度耦合系统的动力学方程，减缩为仅含连接界面很少界面自由度的界面激励动力学方程，使问题简化了。进一步将星与箭内部自由度的影响化为累加于每个界面自由度上的一系列单自由度弹簧质量系统贡献，只要保留很少几个模态、截断高阶模态，就能计算出每个界面自由度较好的响应结果，进而求得星与箭子结构的响应与内力分布，又使问题简化了。这样，形成星/箭耦合分析新方法，与星/箭约束界面模态综合求响应方法相比较，使计算工作量大大减少。

4. 导出一般模态求解的方法

对于一般黏性阻尼系统振动响应分析，经典方法只能在状态空间内才能解决复模态坐标的解耦问题，使一般黏性阻尼系统的振动问题响应计算化为很复杂的复数计算，求解缺乏直观性，使一般黏性阻尼系统的振动问题求解的状态空间法与经典的黏性阻尼系统求解的经典模态法有很大的区别。邱吉宝引进模态对位移的概念之后，应用导出的状态空间正交关系补充关系式，对于非比例阻尼系统可以将复系数单自由度一阶微分解耦方程化为实参数二阶微分解耦方程，这样把复杂的复模态响应计算过程化为类似于实模态响应计算过程，把复模态响应计算与实模态响应计算统一起来，使计算过程既简便、统一，又便于直观理解，由此形成一般模态求解的方法。

5. 航天器结构动态实验仿真技术

仅仅用数值分析方法或者仅仅用实尺振动试验方法都不能解决越来越复杂的大

型航天器结构动力学问题，必须寻找试验与理论密切相结合的可靠方法，邱吉宝倡导结构动态试验仿真技术，在计算机上进行结构动态实验仿真。也就是把一个很难进行或者无法进行的复杂动态试验用一系列局部的小型的动态试验和计算机总体综合仿真技术来代替。

动态试验给出的结果虽然可靠，但是仅仅能在典型的边界条件与典型的激励载荷下进行动态试验，局限性很大。充分利用有限的动态试验数据，采用模态试验仿真技术和振动台振动试验仿真技术，就将有限的试验数据化为数学模型中的参数，所给出的结构数学模型就比较真实地反映了结构的特性。用这样的模型就可以对结构进行在各种边界条件和各种激励载荷条件下的响应分析，进而在计算机上显示动态响应的运动、变形与应力，以指导或部分代替复杂的实尺结构动态试验。也就是把一个很难进行或者无法进行的复杂动态试验用一系列局部的小型的动态试验和计算机总体综合仿真技术来代替。进行各种状况的计算机仿真，可以更加可靠与准确地预示结构动态响应结果，进行动态试验仿真，使得在型号方案阶段进行初步验证成为可能。

复杂结构建模的子结构试验建模与系统综合的数学模型修改验证技术已经在航天工程上得到应用，采用子结构试验建模与系统综合的技术，就是根据航天器结构的自然状态，将系统结构分为若干个子结构，每个子结构用试验数据修改验证子结构数学模型。然后将它们组装成系统的数学模型对整个系统进行综合分析，预示系统的模态与响应。

上述成果大部分已经编著在《计算结构动力学》一书中。大连理工大学钟万勰院士指出“本书比较细致地论述了结构动力学的基本原理和方法；尤其是复杂结构动力学的计算力学方法。在动态子结构理论的模态综合分析方法方面，从发展历史到近期进展，撰写得比较细致，对相关领域的研究工作和工程应用有很大参考价值。”哈尔滨工业大学黄文虎院士指出“邱吉宝等新著《计算结构动力学》一书有其独到的特色。下面列举一些本书所重视并给予较详细论述，以及新增加而成为本书特色的内容如下：①系统地论述了多自由度运动方程的建立方法，除了介绍离散系统的分析力学方法与连续系统离散化的能量法外，还介绍了作者研究的各种加权残值法等空间域、时域离散化方法，特别详细介绍了广义伽辽金法的理论与方法。②论述了多自由度系统振动分析的方法，除了系统介绍经典模态法、状态空间法之外，还介绍了可以应用于各种情况的一般模态法，给出了实参数二阶解耦方程，把复模态响应计算与实模态响应计算统一起来，使计算过程既简便、统一又便于直观了解。③除了介绍传统的第一模态展开定理之外，还介绍了第二、三模态展开定理以及基于这些定理的实用动力学求解方法，特别是引进了约束界面模态的模态有效质量，大大提高了计算收敛速度。④论述了解决自由度很大系统的动态子结构方法，系统介绍了基于精确子结构方法及其各阶近似所形成的半解析模态综合法，和传统的假设模态综合法一起所形成的动态子结构方法系统理论。⑤说明了航天器结构动态实验仿真技术研究已成为航天器结构动力学研究的当前发展趋势；介绍了运载火箭模态试验仿真技术和振动试验仿真技术。”

四、邱吉宝主要论著

邱吉宝. 1978. 双连续协调模型高精度有限元. 全国有限元法会议论文.

邱吉宝. 1980. 方差泛函变分与高斯配点离散型最小二乘法. 全国计算力学会议论文集.

邱吉宝. 1981. 高斯配点离散型最小二乘法. 力学学报，特刊.

邱吉宝，刘效尧. 1983. 样条有限元及其通用性. 合肥工业大学学报，23 (4).

Qiu J B. 1986. Discrete least square method with the Gauss collocation. Proc. of First World Congress on Computational Mechanics, Texas, U. S. A..

邱吉宝. 1987. 加权残值法的理论基础初步探讨. 力学学报，增刊.

Qiu J B. 1990. Variation of square error functional and application of discrete least-square method with the Gauss collocation // Chien W I, Eds. The advances of applied mathematics in China. International Academic Publishers, 2.

邱吉宝. 1991. 加权残值法理论与应用. 北京：中国宇航出版社.

Qiu J B, Li S Y. 1992. On fundamental theory numerical analytical methods // Cheung Y K, etc., Eds. Computational Mechanics, A. A. Balkema. Rotterdam, Brookfield, 2.

邱吉宝. 1993. 航天器计算结构动力学展望. 计算结构力学及其应用，10 (2).

Qiu J B, Tan Z Y. 1994. Theory and application on residual modes synthesis. Proc. of the International Conference on vibration Engineering, Beijing, 7: 15-18.

Qiu J B, Wang J M. 1994. Dynamic analysis of strap-on launch vehicle. Proc. of Asian-Pacific Conference on Aerospace Technology and Science, Hangzhou, 10: 10-13.

Qiu J B, Ying Z G, Williams F W. 1997. Exact modal synthesis techniques using residual constraint modes. Int. J. Num. Met. Eng., 40.

Qiu J B, Ying Z G, Yam L H. 1997. Anew modal synthesis technique by using mixed modes. AIAA Journal, 35 (11).

邱吉宝，王建民，谭志勇，等. 2003. 航天器结构动态优化设计仿真技术. 强度与环境，2.

Qiu J B, Williams F W, Qiu R X. 2003. A new exact substructure method using mixed modes. Journal of sound and vibration, 266: 737-757.

邱吉宝，王建民. 2007. 运载火箭模态试验仿真技术研究. 宇航学报，3.

Qiu J B, Wang J M, Zhang Z P. 2007. The research into virtual dynamic test techniques for space vehicles. Computational Mechanics ISCM 2007, Beijing.

邱吉宝，张正平，王建民. 2008. 航天器结构虚拟动态试验技术新进展. 第九届全国振动理论及应用学术会议邀请大会报告.

邱吉宝，向树红，张正平 . 2009. 计算结构动力学 . 合肥：中国科技大学出版社 .

主要参考文献

邱吉宝，王建民，谭志勇 . 2001. 运载火箭结构动力学分析的一些新技术 . 导弹与航天运载技术，2，4.

向树红，邱吉宝，王大钧 . 2004. 模态分析与动态子结构方法新进展 . 力学进展，2.

邱吉宝，王建民 . 2007. 航天器虚拟动态试验技术研究及展望 . 航天器环境工程，24（1）：1-14.

邱吉宝，张正平，黄波，等 . 2007. 基础激励结构动力学问题求解新方法 . 结构动力学专业委员会 2007 研讨会 .

邱吉宝，张正平，李海波，等 . 2010. 星箭耦合动态响应分析，方法研究 . 中国宇航学会 2010 年学术年会论文集 .

撰写者

王建民（1962 ~ ），吉林人。北京强度环境研究所，研究员，力学专业，与邱吉宝是同事关系，从事航天结构动力学研究工作。

杜善义

杜善义（1938～），辽宁大连人。力学和复合材料学家。1999年当选中国工程院院士。1964年毕业于中国科学技术大学。长期致力于力学和复合材料的教学和研究工作，强调用力学的新理论新方法解决新材料研制和应用中的问题。发展了航天器典型复合材料与结构的性能表征与评价等方面的理论体系与研究方法；解决了热防护材料与结构中的若干关键理论与技术问题，突破了材料超高温力学性能测试技术，提出“非烧蚀”防热材料概念；将细观力学推广到先进复合材料力学分析中，提出了“设计/分析/评价”一体化研究方法；发展了随机夹杂理论，在压电、铁电与功能梯度材料等的多场耦合分析和力学性能预报方面做出贡献；开展了智能复合材料与结构研究，为推动其在航空航天和基础设施等领域的应用做了大量开拓性工作；重视和善于人才培养与团队建设，20余人次获国家级人才奖励，团队获国家自然科学基金委员会创新研究群体、国防科技和教育部创新团队资助；在国家多项重大工程与研究计划中担任专家，在论证和实施中发挥重要作用。获国家科技进步奖二等奖和三等奖各1项、国家技术发明奖二等奖1项，省部级一等奖5项，并获光华科技基金奖一等奖、航天奖和何梁何利基金科学与技术进步奖。发表论文200余篇，撰写了《复合材料细观力学》、《智能材料系统及结构》等著作10部。中国复合材料学会理事长。

一、求学经历

杜善义1938年8月20日出生于辽宁省大连市，祖籍山东牟平。大约二百年前，他的高祖兄弟三人率领杜姓家族闯关东。其祖父母共有六子三女，在当时杜姓中可谓大家族。祖父共有十七个孙子，十个孙女，与杜善义同龄段者居多。因为勤劳肯干，祖父曾是其堂兄弟中较为富裕的一支，然而好景不长，自日本人入关后，家里开始没落，自杜善义记事开始，家里就不断卖房卖地，最后父亲兄弟六人只剩下三间房和几亩薄地，勉强维持生计。当时的杜家小文人和小知识分子较多，所以虽家境不好，但极为重视读书识字，加之杜善义自幼聪慧伶俐，深得长辈宠爱，都主张杜善义上学。他上小学时（1946 年左右）正值兵荒马乱，国共军队在他家乡经常发生小规模战斗，他不得不辍学长达两年之久，直到 1948 年家乡彻底解放才得以继续学业。他在小学、中学成绩一直名列前茅，深得老师喜爱。

到读高中时，母亲身体不好，杜善义是老大，还有一个弟弟、两个妹妹，家里完全无力再供他上大学，在这个关键时刻，病中的母亲却下定决心说："我就是要饭吃，也要供你上大学。"这句话鞭策和激励了杜善义一生。读高中时正值"大跃进"时期，那时以修水库、修盐滩、深挖地劳动为主，根本没时间准备考大学，他为了实现自己和母亲的愿望，白天劳动，晚上自己到教室准备高考，想办法弄到上几届的高考题目并全部做了一遍。为此，虽然白天拼命劳动，他还是被戴上了"自专不红"的帽子。但功夫不负有心人，杜善义最终在辽宁省预考中名列前茅。

任何一个高考学生都希望自己能进入大学，特别是名牌大学，杜善义何尝不是这样想的。班主任曾为他选择了北京一所名牌大学，正当杜善义要正式填报志愿时，关于另一所大学的介绍深深地吸引了他，这所名为"中国科学技术大学"（以下简称中科大）的学校虽然是一所新大学，却是由中国科学院创办的，校长就是当时的中国科学院院长。汇聚了中国一大批第一流（多数是第一号）的科学家在此任课，特别是当杜善义看到他十分崇拜的爱国科学家钱学森在该校任力学系的主任时，他毅然决然地报考了这所大学。1959 年，杜善义终于凭借优异的成绩实现了自己的梦想，成为了中科大的第二届学生。

当时中国科学院提出了"全院办学，所系结合"的方针，中国科学院的院长、所长兼任学校和系领导，一批转业军官任校系的党政领导。许多在校任教的科学家大多刚从国外回来，他们把国外先进的人才培养模式和科学前沿的东西带回了中国。中科大是新中国创办的最成功的学校，它有很多特点，一是注重理工结合，瞄准当时世界尖端科学技术，如原子能、半导体、地球物理、航天等，是一所旨在培养新型边缘交叉学科尖端科技人才的大学；二是通才教育与专业教育相结合，学生进校后不急于分专业，如力学系，前三年大家学同样课程，基础课几乎全部由著名科学家担任，三年后再分专业；三是注重学生自己获取知识和科研能力的培养，通常一门课程除了一种教材外，还指定若干本参考书，教师讲课和留作业会涉及参考书的内容，学生必须学会自己从参考书中获取知识。因此学生在三年级后就能够为中国科学院研究所某些科学家和研究人员做一些辅助性的研究工作，如翻译等。四年级开始确定导师和课题，由导师指导，定期开研讨会，锻炼学生的科研能力；四是较早地实施了一些专业课的选课制度。

中科大的五年对杜善义一生的成长十分关键，这五年中他亲耳聆听了钱学森、李四光、钱三强、华罗庚等著名科学家的多次报告和讲课。由于家庭经济困难，这五年中他只回过一次家，抓紧一切时间在科学的殿堂里汲取知识。在中科大期间，一些名师对他的影响很深，特别是他的导师程世祜先生，他们令杜善义不仅学到了力学的基本理论和前沿知识，更重要的是学会了如何获取知识，掌握了科学方法、科学作风、科学精神和道德，这对于他一生追求科学、从事科学产生了决定性的深远影响。当时钱学森等先生提出的“严格、严肃、严谨”的三严作风，至今仍是杜善义和他教育学生的科研准则。

二、动荡年代，始终把握正确方向

1964 年从中科大毕业后，杜善义来到了哈尔滨工业大学（以下简称哈工大）任教。像其他刚毕业的年轻人一样，他满怀热情和梦想来到哈工大，被分配到材料力学教研室工作。他到校不久就下乡进行社会主义教育运动（社教），社教结束后就开始了“文化大革命”，令他经历了人生的严峻考验。

1964 年下乡社教时，杜善义被派到阿城市的亚沟公社（现为亚沟镇）和农民实行“三同（同吃、同住、同劳动）”。虽然受到当地老乡多方照顾，但条件仍然十分艰苦。在社教期间，他还兼任社教工作队领导秘书，撰写社教文章和稿件，经常深夜往返 40 里路到阿城县送稿。杜善义在 1965 年光荣地加入了中国共产党。

“文化大革命”开始后不久，学校停课，学术研究陷入停滞状态。当时认为读书学习和科研是“不务正业”，甚至“有罪”。在动荡年代杜善义始终坚信“中国不会这样下去，我们也不能这样下去”，所以他总是偷偷地看书和查阅文献。这一时期，他自学了英语（第一外语为俄语），当时根本没有外教，听说能力很难提高，所以他就跟着收音机听。有时主动找点翻译工作，这为他后来出国时的业务和外语选拔打下了基础。

就是在这一时期，杜善义开始关注并涉猎力学的一个新分支——断裂力学。20 世纪 70 年代初他在王铎教授的指导下，开始断裂力学研究。“文化大革命”期间的学习积累，使他在“文化大革命”结束后，较早地取得了一些科研成果。结合某战术导弹发动机超高强度钢压力容器的应用，在复合型断裂准则、弹塑性裂纹扩展、疲劳断裂及断裂力学设计和选材等方面取得进展，解决了某导弹超高强钢薄壁壳体的低应力脆断等实际工程问题，于 1979 年获第八机械工业部科技成果奖二等奖，这也成为“文化大革命”后哈工大第一个获奖项目。

杜善义于 1967 年结婚。当时正值批判所谓的“反动学术权威”，而他的爱人孙寿家恰恰来自于一个教授家庭，婚前周围的朋友都怕他受牵连，劝他放弃，但是杜善义没有动摇。后来妻子成为化学和环境工程专业的教授，并一直在背后默默地支持着他的学习、工作和事业。没有妻子的支持，他也许不可能有今天这样的成就。

坚持信念，始终投身于他所热爱的教育和科研事业，使得杜善义在那个动荡的年代，经受住了各种考验，知识的积累和业务水平的提高为他以后的深造和事业发展奠定了良好的基础。

三、留学美国，初探复合材料世界

1978年，中国迎来了改革开放的春天，政府选派首批学者出国进修。杜善义因其在学术上的突出表现成为候选人。随后举行的英语测试中，他也因长期坚持自学英语而通过，成为第一批公派出国访问的学者。1980年，杜善义迈出国门，成为美国乔治·华盛顿大学的访问学者。

初到美国，国内外生活水平的巨大差距深深地刺痛了杜善义的心。人民的生活水平在一定程度上反映一个国家的经济水平，而科技方面的落后则是经济落后的根源，科技水平决定着一个国家的综合实力与国际地位。杜善义在当时就暗下决心，一定要学有所成，将国际上先进的科学知识带回国内，为祖国的发展做出自己的贡献。

杜善义在美国的导师是国际断裂力学权威、美国工程院院士李波维兹（H. Liebowits）教授。刚开始，导师给了他大量的文献资料，要求先看资料再定研究方向，但是杜善义发现其中很多材料他都已在国内读过，结果一个星期就完成了别人要看一个月的文献资料。见到他如此出色的表现，导师又把一个涉及弹塑性裂纹扩展的课题交给了他，在接下的时间里，他每天工作到深夜，仅一个月就取得了突出进展，并在国际杂志上发表了两篇关于裂纹扩展的文章。项目完成后的公开汇报中，杜善义需要介绍他负责的内容，他的表现令与会人员万分惊奇，谁都难以相信这个用英语自如表达的中国人刚到美国仅一个月。这令李波维兹（H. Liebowits）教授惊喜万分，破天荒地请杜善义和其他中国学者到华盛顿最好的饭店吃饭，对于他的弟子和同事来说，这可是前所未有的礼遇。

在美国第一年，杜善义还是学习和研究跟力学有关的问题。后来他发现，美国一些材料科学家和力学家以及航空航天器设计专家，都在研究一种新型材料，即复合材料，这种新型材料以其优越的性能和广阔的研究前景令他怦然心动，他觉得这是未来材料技术发展的重要方向。他在学习中不断地认识到：要把复合材料用好，必须有力学基础，而且要与材料相结合。敏锐的判断加上大胆的想象，杜善义开始逐渐把自己的力学知识和这种新型材料结合起来，自选复合材料的课程，并认真做笔记，反复研究。在此期间，他深入地了解了美国当时复合材料的最新研发动态，掌握了第一手资料，并且边学边对复合材料的冲击和疲劳问题进行了研究，这为他后来搞复合材料研究奠定了基础。

1982 年 9 月，杜善义谢绝了李波维兹（H. Liebowits）教授等的挽留，按期回国。他说：“国家在最困难的时候，拿出资金派我们出去，就是因为国家太需要人才。我在美国做得再好，知识产权都是他们的，所以我要回国建立自己的团队，培养一批力学和复合材料人才，为国家建设出力。”

四、回国初期，克服困难初尝胜果

作为第一批出国留学回国人员，杜善义在回国后受到了重视。他觉得国家培养他出国深造，是希望他能学有所用，能够为国家的科技发展做出贡献，为此他决定要先安下心来搞一些学术研究，踏踏实实做一些科研工作。

回国后，杜善义就与顾震隆等教授一起工作，开始了复合材料研究。那时，复合材料作为一门科学或材料学的分支还只是一个概念，复合材料研究很难得到经费支持，学校只给了 5000 元作为科研启动经费。在这种艰难环境下，杜善义并不灰心，带领几个学生在一个教学楼的地下室坚持研究工作。后来在航天装备材料更新换代时期，他所领导团队的研究成果得到多家单位的认可，于是逐步发展起来。1990 年哈工大成立了复合材料与结构研究所，由他任所长。

1984 年，哈工大被列为全国重点建设的 15 所院校之一，同年，成为全国首批试办研究生院的 22 所院校之一。从此，哈工大的研究生教育进入了新的发展阶段，杜善义也因其在教学、科研工作方面的突出成绩，于 1985 年直接由讲师破格提升为教授。

20 世纪 80 年代，由于受“文化大革命”的影响，中国的航天人才队伍在改革开放以后面临青黄不接的严峻形势。大批的航天人进入了退休的高峰，而又没有新人补进。解决人才储备问题成为这一时期航天人才队伍建设的当务之急。于是，哈工大于 1987 年成立了航天学院，并由杜善义担任首任院长，该学院是中国第一所航天学院。他在建院和在哈工大建成国际宇航大学（ISU）亚洲唯一分校等方面做出了重要贡献。当时，为了能够更有针对性地培养航天人才，他联系了多位著名的航天专家来校兼职讲学。

杜善义在多年的工作中成功地探索出了具有航天特色的联合办学模式和人才培养体系，积累了培养航天人才的经验，并根据中国航天教育的特点，创立了“产学互动、各尽所长、按需办学”的与航天工业总公司各研究院联合办学新模式。其研究成果获得了黑龙江省的优秀教学成果奖一等奖，并获国家级教学成果奖二等奖（1997 年）。

五、世纪交替，结合之路阔步前行

中国的复合材料经历了 30 年的发展，成绩斐然，这其中杜善义做了很多的贡献。他把力学和复合材料结合，用力学新的理论和方法去解决复合材料及一些新材料在应用中的问题，发展了战略武器和航天器用典型复合材料及其结构的性能表征和安全评定等方面的理论体系和研究方法，提出了材料/设计/分析/评价一体化，材料/结构一体化，结构/功能一体化等思想，与合作者在复合材料的研究中取得了多项研究成果。

20 世纪 90 年代中期，中国某型号洲际战略导弹复合材料壳体研制过程中，由于其结构和工作环境的复杂，壳体结构发生多起试车时低压爆破的现象，但当时国内对其分析和评价的经验很少。因此相关设计部门向杜善义率领的课题组寻求帮助，为此，杜善义多次应邀赴现场分析原因，与合作者一起对承受高温、受力极为复杂的固体火箭发动机复合材料壳体进行了从材料到结构的系统分析与评价。该领域的研究成果先后两次获航天工业总公司科技进步奖二等奖（1993 年，1998 年）。

20 世纪 90 年代，中国某飞航导弹全复合材料弹翼挂机飞行试验经常出现失败，为了解决这一问题，杜善义等将材料/设计/分析/评价一体化的新思想应用于碳纤维复合材料弹翼损伤和质量评定研究中，在研究中创造性地提出用剩余刚度预报剩余强度和寿命的方法，实现了含缺陷复合材料弹翼结构的分析与评价，为复合材料结构研制、应用、安全分析及优化提供了方便和有效方法，解决了困扰使用单位多年的结构损伤的快速检测和评价问题。相关研究成果获得上级部门的较高评价，其研究成果获得了航天工业总公司的科技进步奖二等奖两项（1994 年）。

高精度弹头研制缺少不了端头帽材料在超高温下的力学性能和行为分析，长期以来中国一直缺少 2500℃以上的力学性能数据，影响了端头帽的研制，国际上仅美国、俄罗斯、德国等少数国家解决了这一难题。杜善义等采用快速通电加热测试技术，攻克了测试中的机/电/热等技术关键，研制了相应的测试系统，解决了碳基复合材料超高温力学性能测试的一系列高难度技术问题，不仅给出了端头帽材料的超高温力学性能数据，而且对于生产周期长、造价昂贵的多向碳/碳材料，针对其结构特征和工作环境的特殊情况，创造性地实现了三向正交、细编穿刺、四向碳/碳复合材料性能预测的计算机数值模拟。为某战略武器型号工程提供了急需的实测数据，促进端头技术攻关，为弹头初样评审创造了条件。此项研究还获得了航天工业总公司科技进步奖一等奖（1993 年）与国家科技进步奖三等奖（1995 年）。

杜善义十分强调学科交叉和融合，创造性地将细观力学理论应用到复合材料和功能材料的分析和设计中，发展了随机夹杂细观力学理论。为解决高速飞行器承载和防热的双重需求问题，杜善义等提出了功能梯度材料分层均匀化的模型，针对非均匀材料 J 积分不守恒的问题，给出了功能梯度材料中仍然与积分路径无关的修正 J 积分；最先将无单元法和修正的 J 积分用于功能梯度材料的平面断裂问题中，发展了相互作用积分方法，最先解决了裂纹尖端附近材料性质不连续情况下应力强度因子计算的难题。为了克服 Eshelby 等效夹杂理论、自洽理论等方法的局限性，杜善义指导学生从弹性场的积分方程出发，建立了相关函数积分法，有效解决了夹杂体积分数较大时的预报误差，并对含随机分布短纤维/颗粒/微裂纹等夹杂复合材料，利用随机统计方法建立了分析力学行为的随机夹杂理论。对含单椭球夹杂的压电材料，在国际上首次给出 Green 函数表达式，成功解释了具有较高压电电压系数及体压电系数的机理。同时将这些理论应用到提高陶瓷材料的断裂韧性以及碳/碳复合材料的力学行为研究中。这方面的研究成果获航天工业总公司科技进步奖二等奖一项（1997 年），教育部科技进步奖一等奖一项（1999 年）。

复合材料的设计与分析涉及细观力学层次，为推进细观力学在复合材料的应用，杜善义与王彪教授一起合作撰写了由科学出版社出版的《复合材料细观力学》，这是国内最早一本关于复合材料细观力学的专著，该书的出版发行推广了细观力学的应用与发展。

六、投身科研，学科交叉结硕果

自 1982 年回国后，杜善义带领他的团队始终坚持走学科交叉、理工结合的发展道路，经过近 30 年的努力耕耘，在力学与复合材料的交叉领域取得一系列成果。

杜善义认为力学工作者“要能坐得住，还要能走出去”。要从传统力学研究范畴走出去，寻找力学发挥作用的落脚点。同时还强调力学与材料学科交叉的相互促进作用。材料尤其是新型结构材料的研发和应用，一些力学问题必须首先得到解决，否则无法应用。力学在解决材料应用中提出的新问题，不仅推动材料科学与技术的发展，同时也为力学本身提供了更广泛的发展空间。

多年的科研工作使得杜善义对学科发展方向具有敏锐的洞察力和预见性。2004年首届航空航天领域中的力学问题学术研讨会上，杜善义首次提出了“轻、热、功、智”四大方向，即针对航空航天对材料与结构特殊要求而提出的轻量化、防隔热、多功能和智能化。轻是永恒主题，热是研发关键，功是发展热点，智是未来趋势。这些观点为航空航天新材料的发展指明了发展方向。

复合材料压力容器因其具有轻质高强的特性，被广泛地应用于航空航天领域。目前，只有美国和德国的少数几家公司具有研制轻量化复合材料压力容器的能力，相关技术已成为制约中国空天飞行器先进推进系统研制的“瓶颈”技术之一。为此，新世纪初期杜善义和他的团队首次提出采用超薄金属内衬制备复合材料压力容器的设计理念，研制出了国内第一个用于挤压式液体火箭发动机的大尺寸超薄金属内衬复合材料高压燃料贮箱和增压气瓶，相对同容积、同压力的金属贮箱减重70%。在科研攻关过程中，发明了超薄金属内衬成型方法，提出了超薄金属内衬与复合材料结构层二者变形协调控制方法，攻克了超薄金属内衬在重复使用过程中产生的塑性变形和屈曲难题，使中国成为继美国、德国之后成功掌握轻量化复合材料压力容器设计与制造技术的国家。并且实现了产业化批量生产，每年稳定为中国两个主要液体火箭发动机研制单位北京航天动力研究所和西安航天动力研究所配套大尺寸复合材料高压燃料贮箱和高压气瓶产品。其研究成果获授权发明奖专利7项，填补了国内空白，并于2009年获得了国防技术发明奖二等奖。

热是航天器常见环境，材料的耐高温能力和防热能力是关系某些航天器成败的关键。超高温烧蚀型防热材料是涉及国家安全最为重要的战略材料体系之一。由于服役环境的恶劣性和材料体系及其响应的复杂性，其服役行为难以把握，包括模拟表征和科学评价中诸多科学与技术问题未获根本解决，直接影响此类战略材料的自主创新和应用。1999年中国启动了国家安全重大基础研究计划，涉及超高温材料的“×××模拟表征与优化设计”项目是首批启动的三个项目之一。杜善义在此项目中担当技术首席。从项目立项到实施的整个过程，他投入了大量精力和心血，提出了“模拟表征—评价—设计”的总体研究思路与方法，指导建立了以揭示烧蚀机理为目的的研究型交流等离子电弧加热器实验系统和数值模拟平台。通过研究给出了服役环境和材料性能之间的耦合关系，提出了体积烧蚀和表面烧蚀相互耦合作用的表征体系，为实现烧蚀型防热材料使用性能的数值仿真和细观热防护理论的建立奠定了基础。为战略导弹型号DF和JL-××系列的研制提供重要的关键材料性能数据，并获得工程应用，为解决长期困扰战略导弹端头帽的防热材料使用安全评价问题提供了关键的技术依据。通过此项目的研究，他与合作者揭示了材料响应机理，在模拟理论与方法、烧蚀机理、细观烧蚀理论等方面实现了原始及集成创新，取得显著的军事、经济和社会效益。此研究成果于 2006 年获国防科学技术奖一等奖，并于 2007 年被评为国家科技进步奖二等奖。

空间反射镜是大型太空望远镜、地面望远镜、预警卫星、探测卫星、侦察卫星、气象卫星、激光雷达系统、高分辨率相机等空间系统的重要组成部分，并且所占空间、重量都很大，如何从设计和材料两方面减轻空间反射镜重量是急需要解决的难题。20 世纪 90 年代末，杜善义与合作者开始关注空间反射镜的轻量化问题，选择碳化硅作为制造空间反射镜的材料，根据碳化硅材料性能和实际工作情况，进行结构优化设计。研制初期最大的困难就是缺乏大尺寸烧结设备，杜善义带领课题组自筹资金，先后购置了直径 300 mm 和直径 1 m 的烧结炉，积极开展相关试验，很快拿出了合格的材料样品。他后来又提出了力/热/光一体化设计思路，强调结合光学需求和空间环境，进行反射镜结构设计。目前，已经能够制备直径 1 m 以上的碳化硅反射镜坯体，并为多家科研单位承研的光学系统配套了碳化硅反射镜。

蓝宝石作为应用最为广泛的固体发光二极管的衬底材料和各种透红外装备的窗口材料，具有重要的经济和军用价值。但中国经过几十年的开发研究只能生长直径 150 mm 以下的蓝宝石，一直无法生长大尺寸的单晶圆柱坯料。从 2000 年开始，杜善义与合作者投入大量精力着手研制蓝宝石单晶。可是要在短时间完成别人几十年都没能实现的突破，掌握大尺寸光电单晶生长技术，谈何容易！他与合作者提出要对比研究国内外各种蓝宝石单晶生长技术优缺点，综合考虑传热、传质、形核、生长、应力等涉及多学科的现象，用理论指导实践，充分发挥研究所材料学和力学的交叉优势。课题组经过不断的工艺优化与摸索，终于于 2004 年 8 月成功生长出直径 240 mm、17. 2kg 的蓝宝石，又于 2008 年 8 月获得了直径 325mm、68. 5kg 高品质蓝宝石。所生长的蓝宝石提供给国内近十家光电装备研制单位，及时满足了十几个型号任务的需求。相关研究成果获 2008 年度国防技术发明奖一等奖和 2009 年度国家技术发明奖二等奖。大尺寸蓝宝石单晶生长技术使中国成为第三个能实现十英寸以上高品质蓝宝石单晶生长的国家。他还积极促成大尺寸蓝宝石单晶生长技术成果向民用领域的转化，形成了批量生长直径 240mm×200mm 的大尺寸光学级蓝宝石晶体，年产 40t 蓝宝石的生产能力，在国际市场占有相当份额。

航空航天器的智能化是未来发展的必然趋势。实现智能化的基础就是智能材料与结构。早在 20 世纪 90 年代初，杜善义就带领学生开展了有关智能材料与结构方面的研究，当时国际上在这个领域的研究也刚刚兴起。早期的工作主要是针对光纤传感器和电流变体作动器的结构健康监测展开。杜善义与合作者提出利用光纤传感器实现复合材料的全寿命监测，经过近十年的努力，这种方法得到了多家工程部门的认可，相关成果在 2008 年获国防科技进步奖二等奖。针对飞机机翼等航空复合材料结构，提出并实现了埋光纤传感器和电流变体作动器的智能复合材料结构的主动监控系统，为机械与运载领域的结构振动主动控制开辟了新途径，研究成果获航天工业总公司科技进步奖一等奖（1997 年）。专著《智能材料系统和结构》一书，已于 2001 年由科学出版社出版；应邀编著的 *Shape Memory Polymers and Multifunctional Composites* 于 2010 年由 Taylor & Francis 集团的 CRC 出版社出版。由于在智能材料与结构研究方面的贡献，杜善义还被聘为 *International Journal of Smart and Nano Materials* 的荣誉主编。

在杜善义的推动下，中国的复合材料在国际上的影响力大幅提升。他本人连续两次当选为国际复合材料委员会执委和国际复合材料大会副主席。

七、心系国家，不辞辛苦关注科教兴国

杜善义全身心地投入到了他的事业中，他常说人要有责任感，包括对家庭，对单位，对国家，承担的任务越多越重要，你的责任就越大。自 2000 年以来，杜善义在有关的国家重大工程、重大计划和战略规划等承担任务越来越多。

作为总装备部科学技术委员会兼职委员、国防科技工业局科学技术委员会委员和国家安全重大基础研究计划专家顾问组专家，杜善义密切关注国家军工材料的发展。碳纤维是复合材料最重要的增强体材料，也是目前各国武器装备的重要原材料。由于中国碳纤维生产质量不过关，长期以来以从国外进口为主，这就造成了中国军用原材料受制于人。杜善义在 2001 ~ 2004 年担任国家“863”计划新材料领域专家期间，多次到碳纤维研制和科研第一线进行调研，与其他几位院士一起向国家领导提出加快中国碳纤维研制的建议，并得到国家领导和有关部委的高度重视，现已经在国家有关计划中得到恰当的部署和实施。

近空间飞行器是近几年提出的有广泛应用前景的新概念飞行器，而近空间的高超声速飞行器对其材料与结构技术等方面提出了诸多理论与技术挑战。杜善义作为国家自然基金委员会重大研究计划“近空间飞行器的关键基础科学问题”指导专家组组长，与合作者一起提出了近空间飞行器急需解决的重大关键基础问题，并强调高超声速与热防护、热防护与力学等多学科交叉研究思路，为近空间高超声速飞行的研究奠定了重要理论基础。

中国大飞机计划是国家重大工程，受世界瞩目。其中的复合材料应用问题成为技术问题的焦点之一，用多少，怎么用，都是关键技术问题，大飞机复合材料结构技术又是关系其将来市场竞争力的关键之一。杜善义被聘为国家商用飞机专家咨询组成员并任材料与制造咨询专家组组长，从调研到实施的各个阶段，他都不辞辛劳地积极投入，多次为有关人员办讲座。他还形象地总结了其发展历程为“能用—敢用—用多—用好”的复合材料四个阶段，提出飞机结构复合材料化思想，对其中的设计、制造和评价等问题进行了系统总结。

杜善义总是感慨自己的时间不够用，的确，身兼数职的他分身乏术，只有牺牲自己的休息时间。出差回来的第一件事就是约见自己的研究生，讨论论文进展，谈起具体的学术问题，杜善义十分投入，一个模型一条试验曲线可能会讨论半天，经常误了午饭和晚饭的时间。老伴看到他如此辛苦，很担心他的身体吃不消，又心疼又无奈，因为她知道这是他的工作，是他的兴趣与爱好，是他生活的动力。现已年逾古稀的杜善义经常在给学生们作报告时讲“兴趣源于理想，动力源于兴趣，创新源于动力，贡献源于创新”。这也正是其本人一生的真实写照。

八、教书育人，甘为人梯桃李芬芳

杜善义十分重视并善于培养年轻人成长，在教书育人方面取得丰硕成果。从担任哈工大航天学院首任院长聘请航天专家讲课，到与航天工业总公司各研究院开展联合办学新模式，他在培养学生方面很有自己的航天和复合特色。

杜善义在研究生培养上，可谓“不拘一格降人才”。他的研究生，特别是博士生，可以来自不同的专业。他培养的学生具有不同的基础，跟他所研究的复合材料一样，也有一定的复合性，是复合型的人才。在非常重视专业基础的科学界，杜善义的这种做法难免有些不寻常。他为此解释：“研究生专业交叉融合，需要冒一定风险，但对于学科建设、后续发展都有作用。这也是我大胆的尝试。原来我也主要招收力学方面的学生，后来有个设想，我要搞结合，就招了搞材料的研究生。后来我做项目，又涉及化学、物理、机械方面，所以就大胆招收这方面的人才。”对于这种教育和学生培养的创新精神，他的学生最有发言权：“杜先生培养人才方面非常独到。他可以根据每个学生的特点，确定研究方向，互相配合又相对独立。”现任哈工大副校长的韩杰才和复合材料与结构研究所所长赫晓东对此深有感触。赫晓东研究力学，而韩杰才则是材料学出身，杜善义要求这两人共同完成一个项目，并针对二人所长，指导赫晓东以计算分析为主，韩杰才以实验分析为主，圆满完成该项目，使他们两位在力学和材料学方面都很有建树。

杜善义在培养学生方面始终坚持以人为本，尊重年轻人的创新思维，给年轻人充分的信任和支持。20 世纪 90 年代初，学生冷劲松主动要求做智能材料研究，当时国内还很少有人涉及此领域，在杜善义支持下开展研究，后来取得了优异的成绩。韩杰才和赫晓东认为自蔓延技术很有发展前途，于是投入人力和物力开展研究，从此开始了真正意义上的材料与力学的交叉融合，从材料的设计和制备到性能的表征与评价，彻底实现了一体化发展，在这一时期有一批青年教师茁壮成长起来。韩杰才和孟松鹤等提出搞光电功能材料单晶蓝宝石的研发，在杜善义的大力支持下，该方向从无到有，从小到大，后来不仅获得国家技术发明奖二等奖，还形成一定规模的产业化园区。正是这种信任与支持，才使得大家各展所长，人尽其才。

实践证明，无论在科研领域还是在教育领域，杜善义的学科交叉融合、人才交叉融合都取得了丰硕的成果。迄今为止，他已经培养出 60 余名博士，在他培养的学生和年轻教师中，有多人次获国家和省部级奖励，并已成为国防、航天和教育战线的骨干。其中，中国青年科技奖获得者 2 人，“长江学者” 5 人，国家杰出青年科学基金获得者 4 人，“863” 计划专家 4 人，“新世纪优秀人才” 10 人，省、部级 “有突出贡献专家” 称号获得者 3 人。同时，在杜善义的学生中也不乏在企业界成功的人士，如曾任微软（中国）公司总裁，现任新闻集团全球副总裁、星空传媒（中国）首席执行官的高群耀博士，哈尔滨两大民营企业之一的地王集团董事长郭艳阳博士等。鉴于杜善义在教书育人方面的突出成绩，他于 2001 年被评为全国模范教师，2009 年被评为全国优秀教师。

杜善义不仅注重个人培养，还注重团队的发展。他组建并带领的团队是中国最早的先进复合材料研究团体之一。当时的研究所还不到十人，第一年的科研经费只有 5000 元。而如今，哈尔滨工业大学复合材料与结构研究所已发展成为拥有 40 余位优秀年轻人才的精英队伍，一年的科研经费已经超过了千万元，科研水平逐年提高，得到广泛认可，并成为国家自然科学基金委员会创新研究群体、教育部以及国防科技创新团队。

杜善义对待科学研究和育人的三严作风也是出了名的，他说我们不仅要注意生产安全，学术安全更是根本。不仅自己严格把好论文关，还严格要求其他教师做到 “严格、严肃、严谨”。他认为导师在培养学生的过程中责任很大，导师要确定其学生的研究方向和研究计划本身就有创新性且值得做，然后再确定其研究技术路线和方法，协调研究进度等。也许有的导师水平很高，但培养不出高水平的学生，为什么呢？杜善义用了一个很形象的比喻：我领你去打猎，能不能打到要看研究生，而有没有猎物则要看导师。作为院士，经常被邀请参加鉴定会，杜善义有自己的原则，和自己专业无关、自己不熟悉领域的鉴定会坚决不参加，他说院士不能做鉴定会的花瓶，不能做高级的外行专家。

杜善义对中小学生和大学生的成长也十分重视，经常有大学生的一些校内论坛等邀请他作报告，只要能腾出时间，他都不会拒绝。在2009年秋，他应邀参加中央电视台科教频道的“大师讲科普”节目，为中学生作新材料有关的科普讲座，尽管科普不需太高深的专业知识，但是杜善义还是花费了大量时间准备，他深入浅出的讲解令这些中学生茅塞顿开，他们热烈提问，有的还很专业很有见解。也许就是这么一次短暂的接触与启迪，就会种下“新材料的种子”，它有一天会发芽、长大而成为参天大树。

九、杜善义主要论著

王铎，杜善义 . 1977. 关于最大应力复合型断裂准则的修正准则 . 哈尔滨工业大学学报，(3)：59-65.

Du S Y，Lee J D. 1982. Finite element analysis of slow crack growth. Eng Fract Mech，16，(2)：229-245.

Du S Y，Lee J D. 1983. Variations of various fracture parameters during the process of subcritical crack growth. Eng Fract Mech，17，(N 2)：173-183.

Qiao Y X，Du S Y，Wang D. 1991. J-integral criterion of delamination onset in toughened matrix composite laminates. Eng Fract Mech，40，(1)：67-74.

Du S Y，Wang B. 1992. Three-dimensional analysis of defects in a piezoelectric materials. Acta Mech Sinica，8 (2) .

Du S Y，Wu L Z. 1993. Prediction of overall moduli of cylindrical short-fiber reinforced composite. Acta Mech Sinica，9 (1)：53-60.

杜善义，李文方 . 1994. 含随机分布微裂纹的相变颗粒增韧陶瓷材料的强度和刚度预报 . 固体力学学报，15 (2)：104-110.

杜善义，韩杰才，赫晓东，等 . 1995. 多向编织碳/碳复合材料力学行为研究 . 宇航学报，16 (4)：94-100.

Wu L Z，Du S Y. 1995. The elastic field caused by a circular cylindrical inclusion. part 2：Inside the region x(1)(2)+x(2)(2)>a(2)，-infinity<x(3)<infinity where the circular cylindrical inclusion is expressed by x(1)(2)+x(2)(2)<=a(2)，-h<=x(3)<=h. Jour Appl Mech-T ASME，62(3)：585-589.

杜善义，王彪 . 1998. 复合材料细观力学 . 北京：科学出版社 .

Wang B L，Han J C，Du S Y. 1999. Dynamic response for functionally graded materials with penny-shaped cracks. Acta Mech Solida Sin，12 (2)：106-113.

杜善义，沃丁柱，章怡宁，等 . 2000. 复合材料及结构的的力学、设计、应用和评价（第三册）. 哈尔滨：哈尔滨工业大学出版社 .

杜善义，冷劲松，王殿富 . 2001. 智能材料系统和结构 . 北京：科学出版社 .

Du S Y，Meng S H，et al. 2001. Research and development of advanced composite materials for aerospace industry in China. The Thirteenth International Conference on Composite Materials (ICCM-13) .

Cheng J Q, Wang B, Du S Y. 2002. A statistical model prediction of effective electroelastic properties of polycrystalline ferroelectric ceramics with randomly oriented defects. Mech Mater, 34 (10): 643-655.

杜善义，孟松鹤，梁军，等 . 2004. 航空航天新材料与力学 . 首届全国航空航天领域中的力学问题学术研讨会 .

杜善义 . 2005. 发明创造源于实验 . 实验室研究与探索 (3): 1-4.

益晓苏，杜善义，张立同 . 2006. 复合材料工程//中国材料工程大典，第 10 卷 . 北京：化学工业出版社 .

Du S Y. 2006. Thermal protection materials for aerospace applications. 5th Asian- Australasian Conference on Composite Materials (ACCM-5).

杜善义 . 2007. 先进复合材料与航空航天 . 复合材料学报，24 (1): 1-12.

杜善义，孟松鹤 . 2009. 高超声速飞行器热防护材料及结构问题 . 2009 年中国力学学术大会 .

撰写者

韩杰才（1966～），四川巴中人。哈尔滨工业大学教授，博士生导师。1990 年师从杜善义攻读博士学位。现为哈尔滨工业大学副校长，特种环境复合材料技术国防科技重点实验室主任。主要研究领域是热防护材料与结构、特种功能材料等。

吴林志（1963～），黑龙江哈尔滨人。哈尔滨工业大学教授，博士生导师。1990 年师从杜善义攻读博士学位。现为哈尔滨工业大学理学院院长。主要研究领域是复合材料细观力学、功能梯度材料、新型超轻复合材料结构等。

赫晓东（1961～），黑龙江哈尔滨人。哈尔滨工业大学教授，博士生导师。1989 年师从杜善义攻读博士学位。现任哈尔滨工业大学航天学院副院长，复合材料与结构研究所所长。主要研究领域是先进复合材料及结构、热防护材料与结构、功能梯度材料等。

孟松鹤（1969～），黑龙江哈尔滨人。哈尔滨工业大学教授，博士生导师。1991 年师从杜善义攻读硕士、博士学位。现任哈尔滨工业大学复合材料与结构研究所副所长、特种环境复合材料技术国防科技重点实验室副主任。主要研究领域是高超声速热防护技术，新型防热、功能材料及结构的表征、评价及制备等。

朱位秋

朱位秋（1938～），浙江义乌人。动力学与控制专家。2003年当选为中国科学院院士。1964年研究生毕业于西北工业大学。1967～1975年在飞机结构强度研究所工作。1975年调至浙江大学任教。1981年起曾先后访问美国威斯康星大学、麻省理工学院、佛罗里达大西洋大学、纽约州立大学布法罗分校，法国布莱斯·帕斯卡大学，日本京都大学，台湾“中央研究院”等著名院校。长期从事非线性随机动力学与控制研究，创建了非线性随机动力学与控制的哈密顿理论体系。出版专著《随机振动》与《非线性随机动力学与控制——Hamilton理论体系框架》，在国内外学术期刊上发表论文200余篇。先后获国家教委科技进步奖二等奖，中国高校科学技术奖一等奖，国家自然科学奖二等奖。曾任第五届国际随机结构动力学会议主席，国际理论与应用力学联合会（IUTAM）关于非线性随机动力学与控制讨论会主席，第三届国际动力学、振动与控制会议主席、中国力学学会常务理事、中国振动工程学会副理事长、《振动工程学报》副主编。现任浙江大学应用力学研究所所长，*International Journal of Non-Linear Mech anics* 等七种英文期刊与《中国科学》等六种中文期刊编委。

一、学术生涯

1938年8月22日，朱位秋出生在浙江义乌的陇头朱村。七岁时，他进入了陇头朱村中心小学读书，懵懵懂懂踏上了学海之舟，从此开始了他数十年的学术之路。

朱位秋小时候家境贫寒，他总是一边帮家中干活，一边埋头读书。陇头朱村是一个民风淳朴的村落，虽然生活清苦，却有着自明清流传下来的耕读之风。也许是受了这种风气的影响，幼年的朱位秋把读书看做是艰苦生活中难得的享受。他一门心思扑在学业上，一点点积累着从知识中得来的快乐。安贫、乐学、心无旁骛，这或许正是朱位秋从自己艰辛的早年生活中领悟到的精神，这样的精神，贯穿了他此后几十年的学术生涯。凭着出类拔萃的优异成绩，他先后考取了义乌中学和杭州市第一中学（现杭州高级中学），1956年，更是以全优成绩毕业，保送入华东航空学院。同年华东航空学院迁至西安成为西安航空学院，一年后与西北工学院合并成西北工业大学。本科五年，前两年他就读于航空发动机系，后经选拔进入工程力学班。1961 年 11 月，他凭着出色的表现，考取了季文美教授的研究生，跟随季教授研习非线性振动理论。

1964 年发生的一件小事影响了朱位秋整个学术生涯。这一年，他在西北工业大学的书店偶然购得一本随机振动学科奠基人、美国麻省理工学院（MIT）S. H. Crandall 教授所著的 *Random Vibration in Mechanical Systems* 一书。尽管当时中国对这一领域的研究几乎是一片空白，但朱位秋敏锐地洞察到随机振动理论的重要意义。他被随机振动理论深深吸引了，经常泡在图书馆里，如饥似渴地查阅资料，在他面前，仿佛有一扇新世界的门缓缓打开了。

研究生毕业后，朱位秋被分配到陕西耀县飞机结构强度研究所从事飞机结构强度规范研究，后于 1975 年 10 月调至浙江大学任教。

1981 年 2 月，朱位秋赴美国威斯康星大学工程力学系访问，合作导师为 T. C. Huang（黄子春）教授。同年 9 月他转入美国麻省理工学院机械系，合作导师正是随机振动学科的奠基人 S. H. Crandall 教授。

朱位秋曾经说过："要想取得理论上的突破，不仅要有方法上的修修补补，还要有学术思想和研究体系上的重大改变。"说起来只是简简单单的一句话，但做起来，却是一个漫长而艰辛的过程。

朱位秋一门心思扎进了课题。为了攻克随机振动中的难题，在麻省理工学院的 1 年零 9 个月中，他始终以饱满的热忱专注于研究工作。S. H. Crandall 教授交给朱位秋的第一个课题是求解方板与正三角板的宽带随机响应，朱位秋凭借扎实的数学基础和刻苦的钻研精神，巧妙地引入数论，给出了一个简洁的渐近解答，突破了传统的模态叠加法的局限，令 S. H. Crandall 惊喜不已。紧接着，朱位秋又创造性地用传递矩阵法成功地解决了另一个教授提出的复杂桁架波传播问题。由此，MIT 机械系的教授们对他刮目相看。

心无旁骛，换来的是令学术界瞩目的成就：朱位秋在民主德国奥得河畔法兰克福召开的国际理论与应用力学联合会（IUTAM）关于随机振动与可靠性讨论会上报告了关于能量包线随机平均法的论文；他协同 S. H. Crandall 院士为纪念美国工程师协会（ASME）*Journal of Applied Mechanics* 创刊 50 周年撰写了特邀评述论文，对随机振动作了全面而系统的评述，吸引了全世界同行的目光。1983 年，S. H. Crandall 教授在写给时任浙江大学力学系主任谢贻权的信里这样评价朱位秋："他是一位能进入一个新的领域并很快对该领域做出重大贡献的第一流的研究者。"

1983 年 5 月，朱位秋带着国际同行的赞誉回到浙江大学，平静地开始了新阶段的工作。

1989 年 10 月，朱位秋再次应邀访美，先后与佛罗里达大西洋大学应用随机学研究中心主任 Y. K. Lin（林幼堃）教授、纽约州立大学布法罗分校土木系 T. T. Soong（宋祖德）教授合作研究，取得了一系列成果。

1992 年秋，朱位秋回到浙江大学。也是这一年，经过三年艰苦酝酿，几易其稿，他的首本专著《随机振动》终于出版了。这本凝聚了他无数心血与汗水的作品，刚一面世，就得到了热烈的反响，美国随机动力学权威人士，美国工程院院士 Y. K. Lin（林幼堃）作序称“现今欧美日各国尚无类似专著可以比拟”。到今天，这本专著已是国内该领域被引用次数最多的学术专著，也是这一领域最具影响力的著作之一。历史往往是一个轮回。1964 年，朱位秋因为 S. H. Crandall 教授的著作踏入了随机振动理论的世界。多年后，许多年轻的学子又因为《随机振动》一书走上了研究随机振动的道路。

进入 20 世纪 90 年代中期，朱位秋开始了非线性随机动力学的哈密顿理论体系的系统研究。1996 年 7 月，他再次应邀访问 T. T. Soong（宋祖德）教授，开始研究非线性随机最优控制。1997 年回浙江大学后，继续系统研究非线性随机最优控制。

数十年潜心修炼，数十年心无旁骛，数十年清贫治学，从美国到中国，从青丝到白发，朱位秋的研究工作经历多年积累，终于结出了累累硕果。

2001 年“随机激励的耗散的哈密顿系统理论”获中国高校科学技术奖一等奖。2002 年，朱位秋获国家自然科学奖二等奖。2003 年，集十余年研究之大成，专著《非线性随机动力学与控制——Hamilton 理论体系框架》终于付梓。Y. K. Lin（林幼堃）教授称其“实属学术上重要贡献。书中理论之发展，以统一的哈密尔顿框架为基础，乃朱位秋教授之首创，尤属独特可贵。”西北工业大学博士生导师、随机振动专家方同教授评论本书“反映了这一领域中当代的最新成就，可谓非线性随机动力学发展过程中的一个新的里程碑。”2003 年，朱位秋主持召开了第五届国际随机结构动力学会议。2003 年的 11 月，朱位秋当选为中国科学院院士。

二、潜心研究，创建非线性随机动力学与控制的哈密顿理论体系

自 1981 年赴美国访问开始，朱位秋开始潜心研究随机振动理论。从 20 世纪 90 年代至今，主要研究多自由度强非线性动力学系统的随机动力学与控制。他和合作者的主要学术成就与贡献是在国际上首创了一个非线性随机动力学与控制的哈密顿理论体系，包括如下几个主要创新点：

①国际上首次得到了四类多自由度非线性随机动力学系统能量非等分精确平稳解。②提出与发展了多自由度非线性随机动力学系统的等效非线性系统法。③提出与发展了拟哈密顿系统的随机平均法。④提出与发展了拟哈密顿系统基于平均方程求最大 Lyapunov 指数的方法。⑤提出与发展了拟哈密顿系统基于平均方程求首次穿越问题可靠性的方法。⑥提出与发展了拟哈密顿系统基于随机平均法与随机动态规划的非线性随机最优控制理论方法。

此外，朱位秋在板的宽带随机振动、随机有限元及随机疲劳方面也做出了重要贡献。

（一）精确平稳解

高斯白噪声激励下非线性动力学系统的响应是一个扩散过程，其转移概率密度由 Fokker-Planck-Kolmogorov（FPK）方程支配。在适当初始与边界条件下求解 FPK 方程可得精确响应统计量。除了线性系统与某些特殊一阶非线性系统，至今未得到 FPK 方程的精确瞬态解。通常只求 FPK 方程的精确平稳解，即系统达到统计平衡后响应的平稳概率密度。20 世纪 30 ~ 40 年代，Andronov 与 Kramers 各自求得高斯白噪声外激下单自由度非线性弹簧系统的精确平稳解。其后，Caughey 等将该解推广于高斯白噪声外激下的某些非线性阻尼系统与多自由度非线性系统。Dimentberg 首先得到同时受高斯白噪声外激与参激的单自由度系统的精确平稳解。朱位秋将这些解推广于几类更为一般非线性随机动力学系统。Fuller 将精确平稳解表示成哈密顿函数的泛函形式。朱位秋与 C. Soize 独立地得到高斯白噪声外激与参激下非线性耗散哈密顿系统的精确平稳解。

直至 20 世纪 90 年代中期，所有得到的非线性随机动力学系统的精确平稳解皆是哈密顿函数的泛函，与统计力学中的 Maxwell-Boltzmann 分布类似，属于能量等分精确平稳解，与高斯白噪声外激下的线性系统的高斯解不一致。朱位秋将非线性随机动力学的研究从拉格朗日体系转到哈密顿体系，将非线性随机动力学系统表示成随机激励的耗散的哈密顿系统，并按相应哈密顿系统的可积性与共振性，将系统分成不可积、可积非共振、可积共振、部分可积非共振及部分可积共振五类。将平稳 FPK 方程分成概率环流平衡与概率势流平衡两部分，从概率环流平衡方程得到五种不同泛函形式的精确平稳解。其中一类就是原有的能量等分解，其余四类是新得到的能量非等分解。他从而在国际上首次得到四类多自由度非线性随机动力学系统的能量非等分精确平稳解，打破了 60 多年来一直只有能量等分精确平稳解的局面。

对随机陀螺系统，朱位秋纠正了 C. Soize 将陀螺力看作外力而得出陀螺力不影响精确平稳解的不正确结论，指出陀螺力是哈密顿系统的一部分，陀螺力对不可积随机陀螺系统的精确平稳解无影响，但对其余四类随机陀螺系统的精确平稳解则有影响。

其后，将上述高斯白噪声激励下耗散哈密顿系统的五类精确平稳解推广于高斯白噪声激励下耗散的广义哈密顿系统，其间主要差别是，除了首次积分与角变量组合外，后者之解中还含 Casimir 函数。

（二）等效非线性系统法

对一个得不到精确平稳解的高斯白噪声激励下非线性系统，找到一个与之等效且有精确平稳解的系统，以后者之解作为前者近似平稳解，这就是等效非线性系统法。它可看作是非线性随机振动中普遍应用的等效线性化的一个推广，与等效线性化相比有许多优点。该法最早由 Lutes 应用于高斯白噪声激励下的滞迟振子。20 世纪 80 年代中期，Caughey 针对高斯白噪声外激下线性刚度非线性阻尼系统提出了等效非线性微分方程法。朱位秋与他的学生则为高斯白噪声外激与参激下的单自由度强非线性系统提出了等效非线性系统法。

直至 20 世纪 90 年代中期，所有的等效非线性系统法皆只适用于单自由度非线性随机动力学系统。利用上面所述五类精确平稳解，朱位秋与其合作者提出与发展了不可积、可积非共振、可积共振、部分可积非共振以及部分可积共振五种情形，高斯白噪声外激与参激下多自由度耗散哈密顿系统的等效非线性系统法，提出了具有明显物理意义的三种等效准则，给出了五种情形原系统近似平稳解的解析表达式。21 世纪初，又将上述方法推广于高斯白噪声外激与参激下的耗散的广义哈密顿系统。

（三）随机平均法

对拟保守随机动力学系统，通过适当变换可分离出快变过程与慢变过程，然后通过对快变过程与时间的平均，得到支配慢变过程的近似随机方程，这就是随机平均法。该法于 20 世纪 60 年代初由 Stratonovich 最先用物理概念与普通数学导出，后 Khasminskii 等提出多个极限定理为该法提供严格数学基础。随机平均法是一种简化多尺度随机系统且能基本保留原系统非线性特性的近似方法，在非线性随机动力学理论发展中起了很重要的作用。朱位秋对随机平均法情有独钟，曾投入很多精力与时间进行研究。

20 世纪 80 年代初，应用较多的是 Stratonovich 提出的所谓标准随机平均法。

Roberts 从物理概念出发推导了高斯白噪声外激下单自由度 Duffing 振子的能量包线随机平均方程。1982 年在民主德国奥德河畔法兰克福召开的 IUTAM 关于随机振动与可靠性讨论会上，朱位秋指出 Khasminskii 的一个定理可为能量包线随机平均法提供严格数学基础，并为高斯白噪声外激与/或参激下单自由度强非线性系统发展了能量包线随机平均法，该文后被多次引用，并被 Ibrahim 改写成他专著中的一节。

至 20 世纪 90 年代中期，对强非线性随机动力学系统，只有单自由度系统的随机平均法，即能量包线随机平均法，或拟保守平均法。朱位秋与其合作者提出了拟哈密顿系统概念，发展了拟哈密顿系统随机平均法。就不可积、可积非共振、可积共振、部分可积非共振、部分可积共振五种情形，建立了随机平均方法，指出平均方程的维数等于相应哈密顿系统首次积分数与共振关系数之和，给出了五种情形平均方程漂移与扩散系数的公式以及求解平均 FPK 方程的方法。

21 世纪初，朱位秋及其合作者将拟哈密顿随机平均法作了两方面的推广。一是推广于更广泛系统，包括拟广义哈密顿系统、滞迟系统（Bouc-Wen 模型、Duhem 模型、Preisach 模型）、含分数维导数阻尼系统等；二是推广于非白噪声激励，包括宽带随机激励、窄带有界激励、谐和激励以及它们的组合。最近又推广于非高斯随机激励，包括泊松白噪声（随机脉冲列）等。这样，拟哈密顿系统随机平均法成为一种适用于多种系统与多种随机激励的方法，特别是适用于多自由度强非线性随机系统。它使所有扩散过程的理论方法都能用于这些系统与随机激励，它是研究响应、稳定性、分岔、可靠性及非线性随机最优控制的强有力工具，是非线性随机动力学与控制哈密顿理论体系的核心，已被广泛应用于物理、化学、生物及工程中各种非线性随机动力学系统。

（四）随机稳定性与分岔

随机稳定性通常是指随机动力学系统平凡解的稳定性。有多种随机稳定性定义，研究最多的是概率为 1 Lyapunov 稳定性或几乎肯定 Lyapunov 稳定性。20 世纪 60 ~ 80 年代主要用 Lyapunov 函数研究，20 世纪 80 年代后多用最大 Lyapunov 指数研究。Khasminskii 给出了求线性 Itô 随机方程最大 Lyapunov 指数基本方法，但只能用于一、二维随机动力学系统。后 Arnold 等提出摄动法，也基本上只能求三维随机动力学系统的最大 Lyapunov 指数。

20 世纪末，朱位秋与其合作者提出了从平均随机微分方程出发求拟哈密顿系统最大 Lyapunov 指数的方法，对拟不可积哈密顿系统，导出了用平均方程系数的导数表示的十分简单的最大 Lyapunov 指数的解析表达式。对其余四种拟哈密顿系统，也都给出了计算最大 Lyapunov 指数的步骤，并已推广于拟广义哈密顿系统。据此，可判别拟（广义）哈密顿系统的概率为 1 Lyapunov 稳定性。

对高维拟线性随机系统，朱位秋与其合作者提出了不必求最大 Lyapunov 指数而得到稳定性边界的方法。对拟广义哈密顿系统，提出用首次积分的线性组合作为 Lyapunov 函数研究稳定性方法，并与最大 Lyapunov 指数方法作了比较，指出后者优于前者。

随机分岔是指随系统参数的变化，系统的定性性质或运动形态发生改变。随机分岔有动态分岔（D 分岔）与维象分岔（P 分岔）两种，前者是指系统定性性质主要是稳定性的变化，主要用最大 Lyapunov 指数为零确定。后者指系统运动形态变化，可用概率密度形状（如峰数）改变确定。

随机 Hopf 分岔由一个 D 分岔与一个 P 分岔组成，朱位秋与其合作者利用一维平均扩散过程在平凡解处的漂移指数、扩散指数及特征标值，给出了拟不可积哈密顿系统随机 Hopf 分岔的必要与充分条件的简单解析式，后将此结果推广于拟可积哈密顿系统。

具有同宿或异宿轨道的哈密顿系统在随机激励下可发生全局随机分岔与混沌。朱位秋与其合作者用随机 Melnikov 过程的均方准则研究了单摆与/或负线性刚度 Duffing 振子在弱有界噪声与小阻尼作用下的全局随机分岔，给出了可能出现随机混沌的临界激励幅值，并与用最大 Lyapunov 指数为零确定的临界幅值基本一致。

自 20 世纪 60 年代初 Lyon 等发现窄带随机激励下硬弹簧 Duffing 振子发生随机跳跃现象后，多人用等效线性化法研究该现象，他们用均方响应的多值性解释跳跃现象。20 世纪 90 年代初，朱位秋与其合作者指出这种解释不正确，随机跳跃乃是从一种最大可能运动状态到另一最大可能运动状态的过渡，相应的概率密度曲面（曲线）至少有两个峰，并指出，随机跳跃与确定性幅值跳跃不同，前者可在幅频曲线多值区内任一频率上发生，且可来回跳，而后者只发生在多值区的两端频率上，只向一个方向跳跃。还指出，随激励中心频率与退化线性系统频率之比、非线性强度、激励强度、阻尼大小的变化，随机跳跃的有无会发生变化，这是随机跳跃的分岔，是一种典型的 P 分岔。其后，对单、多个 Duffing 振子在窄带有界噪声、谐和与白噪声等激励下的随机跳跃与分岔进行了研究。

（五）可靠性

随机动力学系统的损坏有两种模式：首次穿越损坏与疲劳损坏。确定随机动力学系统首次穿越损坏概率或可靠性是一个比求随机响应更为困难的问题，主要有泊松过程模型与扩散过程模型两种方法。在后一种方法中，需在适当边初值条件下求解后向 Kolmogorov 方程，当系统高于三维时，即使数值求解也极为困难。朱位秋与其合作者提出，对五种拟哈密顿系统用随机平均系统代替原系统求解首次穿越问题，得到系统可靠性及寿命的近似统计量。由于随机平均方程的维数总是低于原系统维数，使求解后向 Kolmogorov 方程难度降低。

（六）非线性随机最优控制

随机最优控制研究始于 20 世纪 60 年代，主要研究扩散过程的马尔柯夫控制。所用方法主要是 Bellman 动态规划，有时也用 Pontryagin 极大值原理。随机最优控制理论主要应用于经济与金融领域。工程中主要用线性二次高斯（LQG）控制。

朱位秋与其合作者提出了拟哈密顿系统非线性随机最优控制理论方法。先对受控拟哈密顿系统进行部分平均，再运用随机动态规划原理或极大值原理，发展了分别以响应最小、可靠度最大以及平均寿命最长为目标的非线性随机最优控制策略。结合待定成本函数的遍历控制与前述求最大 Lyapunov 指数的方法，发展了随机稳定化控制策略。针对磁流变阻尼器这一执行机构，发展了能完全执行最优控制律的半主动控制策略。基于前述求非线性随机动力学系统精确平稳解的方法，提出了以规定平稳概率密度为目标的跟踪控制的设计方法。由于应用了拟哈密顿随机平均法，上述控制理论方法可应用于多自由度强非线性系统与多种随机激励。

针对上述控制策略在实际执行中可能出现的问题，朱位秋与其合作者又提出了若干解决方法。对部分可观测受控非线性随机系统，提出用部分控制力使系统与测量方程中的非线性满足一定势条件，将部分可观测非线性随机最优控制问题转化为完全可观测线性随机系统的控制问题，然后再应用上段所述最优控制策略。针对控制力有界或饱和，提出将无界最优控制与 bang-bang 控制相结合的控制策略。对时滞控制的拟可积哈密顿系统，利用解的随机周期性，提出用无时滞控制力近似代替时滞控制力，然后再运用上段所述最优控制的策略。针对受控系统模型与参数的可能变化，提出了运用随机微分对策的极大极小控制策略与以不确定参数的概率加权平均的控制策略。这样，使所提出的非线性随机最优控制理论方法可应用于实际。研究表明，上述控制理论方法具有很高的控制效果和控制效率，也有很好的鲁棒性。

（七）其他

正方形板与正三角形板等对称结构，多重固有频率往往多于单重固有频率，且不同重数频率分布很不规则。在宽带随机激励下，被激起的结构模态数很大，用模态叠加法求均方响应很困难。朱位秋应用数论方法得到了正方形板与正三角形板在宽带随机激励下的均方响应简单的近似解析表达式，与数值计算结果很吻合。后将此结果推广于长宽比可通约的矩形板。

20 世纪 70 年代末 80 年代初，国际上出现了随机有限元法。20 世纪 80 年代中，朱位秋与其合作者将标量随机场的局部平均理论推广于矢量随机场，并在此基础上提出了基于矢量随机场局部平均的随机有限元法。

20 世纪 80 年代后期，朱位秋提出将随机载荷作用下结构疲劳破坏看成疲劳累积损伤的首次穿越问题，用随机平均法导出支配累积疲劳损伤概率密度进化的 FPK 方程。在窄带随机应力情形，通过解该方程得到累积疲劳损伤与疲劳寿命的概率密度以及均值与方差等解析表达式。20 世纪 90 年代，提出将随机载荷作用下结构疲劳破坏看成疲劳裂纹尺寸的首次穿越问题，用随机平均法导出支配疲劳裂纹尺寸概率密度的进化的 FPK 方程，对窄带随机应力情形，通过求解该方程得到疲劳裂纹尺寸与疲劳寿命的概率密度，寿命均值与方差等解析表达式。这样，随机载荷下的结构破坏都统一到首次穿越模式上。

三、应邀讲学，足迹遍南北

与许多同侪的成名方式不同，朱位秋走的是先国际后国内的路线。

20 世纪 80 ~ 90 年代，朱位秋多次出国访问，长期与随机振动、随机结构动力学及结构控制等领域的国际权威学者合作。这些高端合作令他的研究水平一直处于国际前沿。

随着自己的学术地位逐渐被国际学术界所认可，朱位秋多次受邀参加高级别的国际会议。1982 ~ 2002 年，他是唯一一位受邀出席 IUTAM 关于随机动力学系列讨论会的中国学者。他多次登上国际著名学府的讲坛，美国麻省理工学院、英国剑桥大学等顶尖名校都曾邀请他作学术报告。

从 20 世纪 80 年代起，朱位秋较少参加国内学术会议或在国内期刊上发表论文，其主要研究成果几乎都发表在国际期刊上。因此，虽然在国内知名度不高，却已蜚声国际学术界。

2003 年，朱位秋当选为中国科学院院士，这是他事业的一个重要转折点，从此，其深厚的学术造诣和卓越的学术贡献逐渐为国内学术界所熟知，国内知名度随之大幅提升。北京大学、清华大学、复旦大学、上海交通大学、西安交通大学、北京航空航天大学等著名学府都邀请他前去讲学。2004 年，他获得王宽诚教育基金会的赞助，前往香港大学、香港科技大学、香港理工大学进行了为期两周的讲学。2005 年起为西北工业大学双聘院士。2005 年，应邀在厦门大学作南强讲座报告。2007 年 2 月 ~6 月，台湾“中央研究院”聘他作特聘讲座，在台湾大学系统讲述随机动力学与控制的哈密顿理论体系。2009 年，他在兰州大学的百家讲坛上作主题学术报告。

朱位秋术有专攻却并不拘泥，他有一套独特的研究方法。为了发展随机动力学与控制的哈密顿理论体系，他时常阅读一些新出版的数学专著。或许是因为这个原因，在当选为中国科学院院士后，网上一篇博文称朱位秋是读数学而研究力学。朱位秋虽然不是数学专业出身，但是他在数学上的造诣颇深，一些数学界的学者对他的理论也很感兴趣。除了中国科学院数学与系统科学研究院、中南大学、南京大学及山东大学数学系都曾邀请他作系列讲座，香港大学数学系也曾邀请他作报告。

四、教书育人，带动学科发展

朱位秋培养学生最大的特点是重视学生的主观能动性的发挥与能力的培养。第一堂课就会让学生明白自己应该是学习的主体，授课时以引导、启发为主，重点讲授概念、思路及难点，给学生留下自主思考的空间。

20 世纪 80 年代，朱位秋开始带硕士研究生，由他提出学术思想，完成主要理论推导并撰写论文，而学生则在他指导下完成例子计算。20 世纪 90 年代末，他开始指导博士研究生。相对硕士生，博士生有着更高的培养目标，因此，这一时期他更强调调动学生的主观能动性，培养学生独立做研究的能力。学生们不能只做计算，更重要的是发现和解决新问题。朱位秋鼓励和启发博士生进行创新，努力追求理论的进步与完善或是将现有理论应用于新的领域，反对重复前人工作。博士生通过发现问题、查找资料、寻求办法、解决问题、撰写论文的整个流程，培养了科学的素养，掌握了研究的本领，虽付出更多的艰辛，却能收获更多的喜悦，毕业后都能自力更生、独当一面。

朱位秋学术成就与他的严谨学风密不可分。他的言传身教，潜移默化，也令每一个弟子深受感染。他强调做学问不容丝毫弄虚作假，倡导力求把最完美的作品呈现世人。每一篇论文送审前，他都反复审查修改三遍以上，宁缺毋滥成为弟子们发表论文的准绳。

朱位秋鼓励学生们挑战权威，包括挑战他本人；他强调搞科研要创新，重复没有出路；他崇尚严谨求是的作风，坚持潜心治学……

2006 年，浙江大学固体力学研究所与工程力学教研室合并成立应用力学研究所，朱位秋被任命为首任所长。在他的带领下，2007 年固体力学被评为全国重点学科。此后，他又提出要向全国力学一级重点学科目标努力。他领导研究所积极引进"千人计划"与优秀年轻教授，加强专业实验室建设，争取重大科研项目，主持召开国际会议。

如今，虽然已年逾古稀，但朱位秋对工作仍未有丝毫懈怠，在学术研究和教书育人的道路上，他的追求永不停歇！

五、朱位秋主要论著

Crandall S H, Zhu W Q. 1983. Random vibration: A survey of recent developments. ASME Jour Appl Mech, 50th Anniversary Issue, 50 (4b): 953-962.

Crandall S H, Zhu W Q. 1986. Wide band random vibration of an equilater triangular plate. Probabilist Eng Mech, 1: 5-12.

Zhu W Q. 1988. Stochastic averaging methods in random vibration. ASME Appl Mech Rev, 41 (5): 189-199.

Zhu W Q. 1990. Exact solutions of stationary response of several classes of nonlinear systems to parametric and/or external white noise excitations. Appl Math Mech, 11 (2): 165-175.

朱位秋 . 1992. 随机振动 . 北京：科学出版社 .

Zhu W Q, Lin Y K, Lei Y. 1992. On fatigue crack growth under random loading. Eng Fract Mech, 43 (1): 1-12.

Zhu W Q, Ren Y J, Wu W Q. 1992. Stochastic FEM based on local average of random vector field. ASCE Jour Eng Mech, 118: 496-511.

Zhu W Q, Yang Y Q. 1996. Exact stationary solutions of stochastically excited and dissipated integrable hamiltonian systems. ASME Jour Appl Mech, 63 (2): 493-500.

Zhu W Q, Yang Y Q. 1997. Stochastic Averaging of Quasi-Nonintegrable-Hamiltonnian systems. ASME Jour Appl Mech, 64 (1): 157-164.

Zhu W Q, Lei Y. 1997. Equivalent nonlinear system method for stochastically excited and dissipated integrable Hamiltonian system. ASME Jour Appl Mech, 64 (1): 209-216.

Zhu W Q, Huang Z L, Yang Y Q. 1997. Stochastic averaging of Quasi-Integrable-Hamiltonian systems. ASME Jour Appl Mech, 64 (4): 975-984.

Zhu W Q, Ying Z G, Ni Y Q, et al. 2000. Optimal nonlinear stochastic control of hysteretic systems. ASCE Jour Eng Mech, 126 (10): 1027-1032.

Zhu W Q, Ying Z G, Soong T T. 2001. An optimal nonlinear feedback control strategy for randomly excited structural systems. Nonlinear Dynam, 24 (1): 31-51.

Zhu W Q, Huang Z L, Deng M L. 2002. Feedback minimization of first- passage failure of quasi non- integrable Hamiltonian systems. Int Jour Non-Linear Mech, 37 (6): 1057-1071.

朱位秋 . 2003. 非线性随机动力学与控制——Hamilton 理论体系框架 . 北京：科学出版社 .

Zhu W Q. 2004. Feedback stabilization of quasi non-integrable Hamiltonian systems by using Lyapunov exponent. Nonlinear Dynam，36（2-4）：455-470.

Ying Z G，Zhu W Q. 2006. Stochastically averaged optimal control strategy for quasi-Hamiltonian systems with actuator saturation. Automatica，42（9）：1577-1582.

Zhu W Q. 2006. Nonlinear stochastic dynamics and control in Hamiltonian formulation. ASME Appl Mech Rev，59（4）：230-248.

Liu Z H，Zhu W Q. 2008. Asymptotic Lyapunov stability with probability one of quasi-integrable Hamiltonian systems with delayed feedback control. Automatica，44：1923-1928.

Wang Y，Ying Z G，Zhu W Q. 2009. Stochastic minimax control for stabilizing uncertain quasi- integrable Hamiltonian systems. Automatica，45（8）：1847-1853.

撰写者

吴禹（1980 ~），重庆人。1999 ~2008 年在浙江大学工程力学系学习，师从朱位秋，获得工学学士和博士学位。2014 年完成在美国田纳西大学和耶鲁大学的博士后研究返回中国，受聘浙江大学航空航天学院教授，当选“青年千人”。主要从事非线性随机动力学与量化生物学的研究。

李　天

李天（1938～），吉林吉林人。飞机空气动力学专家。2005年当选为中国科学院院士。1963年7月毕业于清华大学工程力学数学系流体力学专业。长期从事飞机气动设计和隐身技术研究，将空气动力学与电磁散射特性有效地结合在一起，通过对先进隐身飞机气动布局研究，开拓性地解决了气动与隐身在布局设计中的技术难点，为中国新一代先进战斗机的发展做出了突出贡献。在飞机气动力设计专业领域，创造性地解决了飞机研制过程中遇到的多项重大技术难题，并在工程研制中得到有效验证和广泛应用，拓展了中国飞机气动布局领域的设计方法。曾获国家科技进步奖二等奖1项，国防科工委科学技术进步奖一等奖1项、二等奖2项，航空工业部科学技术进步奖一等奖3项、二等奖5项。2001年被中国人民解放军总装备部授予武器装备预先研究突出贡献奖。2006年被中国航空工业集团公司授予航空报国突出贡献奖。2007年当选《中国航空报》第三届十大新闻人物。1963年被分配到中国人民解放军总字922部队。1965年集体转业改为第三机械工业部沈阳飞机设计研究所，先后任设计员、专业组组长、研究室主任、副总设计师等职。现任中国航空工业集团公司沈阳飞机设计研究所首席专家，北京航空航天大学博士生导师，中国航空研究院博士生导师、技术顾问，中国航空工业集团公司科学技术委员会高级顾问。连续多年担任总装备部和中国航空工业集团公司的六项国家重点课题的负责人。曾任中国航空学会空气动力专业委员会委员，总装备部飞机总体技术专业委员会委员，总装备部隐身技术专业委员会委员，海军预研专家组专用航空装备组委员及顾问，西北工业大学翼型、叶栅空气动力学国防科技重点实验室学术委员会主任等。

一、发奋读书，志向远大

李天，1938年10月2日生于吉林省吉林市。父亲是中学语文教师，经常教育他要多读书，并把各种书籍借回来给他看。“认真读书，诚实做人”，父亲的教诲他至今铭记心间，而且对他一生勤奋好学、为人真诚的品格起到了重要作用。1951年，他毕业于吉林市德二完小，后被保送到吉林市北山下的吉林省立第一中学（今吉林省实验中学)，1954 年考入高中部，1955 年随学校由吉林市迁往长春市南岑新址。1956 年国家号召“向科学进军”，许多科学家都参与了《1956～1967 年科学技术发展远景规划（纲要)》的制定工作，当时的他就对钱学森、华罗庚、钱伟长等著名科学家非常崇拜，经常从报纸上寻找有关他们的事迹和动态报道，常常暗自在内心鼓励自己，一定要向他们学习，将来也要成为一名对国家有贡献的科学家。他更加发奋读书，刻苦学习，立志要考上国家高级学府——清华大学。1957 年高中毕业，他以优异成绩如愿以偿地考上了梦寐以求的大学和专业——清华大学工程物理系。当时全国大学为五年学制，为培养出高质量的技术人才，清华大学把学制改为六年，特别注重打好基础、练好基本功。为加深学生理论基础知识的学习，学校开设的课程专业很广很深，如高等数学和普通物理是以苏联学者斯米尔诺夫和福里斯所著书作为教材，还开设了积分方程、数理方程、变分法、复变函数、概率论及数理统计等课程，要求学生掌握英、俄两门外语，所有这些为他后来的工作和从事科学研究打下了牢固的理论基础，培养了阅读、翻译外文资料的能力。此外，为培养学生解决问题和动手实践能力，清华大学还专门开设了中级物理实验课，每周利用一个下午时间，按照老师给出的实验目的和要求，学生独立完成实验方法确定、仪器选择及操作程序等全过程工作。他的毕业论文《用渐进法优化压气机叶栅翼型设计》就是结合实际工程问题，自己查找资料，确定方法，进行“真刀真枪”设计，最终取得了优异成绩。

六年的孜孜不倦、六年的潜心学习，为李天后来的成功奠定了坚实根基，对他后来的工作和发展起到了非常重要的作用。

李天对航空的热爱始于高中时读到的一本名为《星际来客》的幻想小说，神秘外星人到地球的来访以及有关火星上是否曾有人类的争论都引起了他的极大兴趣。上大学后，苏联在 1957 年 11 月成功地发射了世界上第一颗载人地球卫星，宇宙飞行员加加林成为苏联英雄，大家为苏联在航天领域取得的成就而欢呼，李天抱着极大的兴趣开始关注这方面的报道和相关信息。一本介绍俄罗斯莫扎伊斯基于 1884 年设计制造第一架只飞行了二三十米的单翼机，美国莱特兄弟于 1903 年设计制造第一架有动力、可操纵、能持续飞行的飞机，不畏困难从而开辟了航空新纪元的书籍令他印象深刻。他不断关注世界各国飞机研制发展的情况，并逐渐把兴趣聚焦在飞机空气动力学方面。看到美、苏航空航天事业的飞速发展，军民用新飞机不断飞上蓝天，而中国自 20 世纪最早的飞机设计师和飞行家冯如在 1909 年制成第一架飞机后，直到 1958 年才有自行设计的第一种飞机——歼教 1 飞机（此时美国已装备了 F-4、F-105，苏联装备了米格-21 等先进的战斗机)，巨大的差距激发了李天为赶超美苏航空大国而奋发学习和努力工作的意志与信念，为中国航空事业发展贡献一生成了他不可动摇的理想和追求。

1963 年 7 月，李天从清华大学工程力学系流体力学专业毕业，怀着一颗为祖国航空事业奋斗终生的雄心壮志，来到沈阳飞机设计研究所，开始了他的航空报国的人生旅途。他如愿被分配到气动力研究室从事飞机气动特性计算方法研究工作。当时，国内第一次设计超音速飞机，超音速大 *Ma* 数气动特性和动导数计算还没有成熟的方法，苏联专家也没有提供相应的资料，只能去搜集国外资料，通过综合分析和不断摸索逐步建立自己的工程算法。国外情报资料较少，有参考价值的外文资料多是缩微卡，需要在特制的显微阅读仪上阅读，全所只有三台这种阅读仪，集中放在一间暗室里供大家使用。由于任务紧，那段时间里，他每天一上班就到黑暗的阅读仪房间阅读英文资料，一坐就是上午四小时、下午四小时，晚上到办公室整理、归纳一天的收获。经过一个多月的奋战，他查阅了近百篇有关的资料、文献及技术报告，通过综合分析，公式推演，算例验证，终于建立起一套计算飞机气动力“动导数”及大 *Ma* 数下静方向安定特性的计算方法，为歼击机的气动布局设计提供了必要的手段。对比今天的工作环境，该所现在的图书馆已建成电子书籍库，每人办公桌前都有一台计算机，只要把想要查的资料名称输进电子书库，一两分钟资料就出现在屏幕前，需要参考的资料马上就可打印成纸质的，方便极了，与 20 世纪 60 年代初的条件相比可谓是天壤之别。现在看来，那段时间的“苦读”，不仅使他掌握了大量课本中所没有的飞机气动力设计知识，充实了他的专业积累，也锤炼了他勤奋学习、深入探究的意志品格。1964 年开始，他陆续投入到歼 7 摸透和歼 8 飞机设计工作中去，从一名普普通通的技术员、专业组长、室副主任，逐渐成长为一名副总设计师、航空领域的技术专家、院士、首席专家，凭借强烈的事业心、崇高的追求和忘我的工作热情，他一步一个脚印，足迹清晰而坚实。

二、不断创新，勇攀飞机空气动力学和隐身技术高峰

李天致力于中国航空飞机空气动力学、隐身技术以及气动/隐身交叉学科领域的预先研究和工程应用，是该领域的学科带头人，为相关领域的型号技术难题攻关做出了重要的贡献，开拓性地建立了一套中国先进飞机气动与隐身综合设计方法，设计出与国外最先进飞机性能相当的中国新一代飞机的气动布局，使中国在飞机空气动力与隐身技术综合研究领域达到国际先进水平，为中国新一代先进飞机的发展做出了突出的贡献。

(一) 在飞机空气动力学领域造诣颇深

空气动力学在航空事业的发展中，有着举足轻重的作用，空气动力学是发展航空、航天技术的重要理论基础，无论从提高飞行器的飞行效率，还是作为武器平台充分发挥其作战效能来看，都离不开空气动力学的进步。战斗机的发展证明，在空气动力学上有重大突破，会推动飞机的更新换代。新一代飞机的问世与其具有创新的气动布局形式、高效的气动力措施、先进的气动力设计方法密不可分。

李天在所从事的飞机空气动力学研究领域造诣颇深。40 多年来，他在该领域工作中创造性地解决了战斗机研制过程中遇到的多项重大技术难题，并在工程中得到验证和应用，完善了中国战斗机气动布局的设计方法，不断探索新一代飞机的先进气动布局的技术发展。

1. 率先建立了“从风洞数据修正到飞行值的相关性方法”

风洞是飞机空气动力设计所不可缺少的试验设备，它是按一定设计要求，在管道内（称试验段）产生可控制的各种速度的人工气流，该气流流过装有天平的飞机模型，测出其升力、阻力等气动性能，为设计飞机提供气动力数据。中国航空工业起步晚，经济实力较差，20 世纪 60 年代国内只有尺寸较小的 3m 量级低速风洞和 0. 6m 高速风洞，风洞试验模型尺寸受到严格限制，致使试验模型与真实飞机有诸多不同，如 *Re* 数小、进气道不能通气、尾部喷气也不能模拟、翼面是刚性的等，利用这种模型测得的数据必须经过修正才能用于工程设计。针对上述问题，李天与顾诵芬总师商定采用单独通气模型、尾部喷气模型试验来获得通气、尾部喷气对气动特性的影响量。而飞机在飞行中，发动机燃烧的气体是由尾部喷管排出的，特别是战斗机，尾喷流温度高、速度大，对飞机尾部的垂尾及平尾的流场影响很大。当时由于条件限制，国内在风洞里还没有做过模拟尾喷流的试验，为了摸清尾喷流在超音速飞行时对垂尾效率的影响，他们首次在北京航空学院 G3 超音速风洞（风洞试验段尺寸只有 0. 3m×0. 3m）进行喷流模拟试验（引一股高压气流到风洞里再由飞机模型尾部喷出）。当时的试验设备和装置比较简陋，只能用自制的六排测压耙测垂尾表面的压力分布，没有扫描仪，用水柱测压仪记录压力变化，用手摇计算机进行积分得到有、无喷流的压力分布、侧向力及偏航力矩。此项试验不仅得到了喷流对飞机方向安定性的影响量，同时也摸清了喷流效应的流动机理；对于 *Re* 数及翼面弹性的影响分析是采用理论计算方法获得其影响量，再用上述影响量去修正全机风洞试验数据，从而得到接近真实的飞机气动数据。用上述修正方法对歼 7 飞机风洞试验结果进行修正得到的气动特性与飞行试验测得的数据基本一致，同时在歼 8 飞机设计中应用该方法也获得了成功，证明这种修正方法是正确的。通过上述验证，他建立了一套超音速飞机用小风洞试验结果换算到真实飞机的“从风洞数据修正到飞行值的相关性方法”，为飞机的气动力设计提供了可靠的计算方法，该方法已成功用于国内各飞机厂、所的型号设计之中。

2. 成功解决歼 8 飞机放减速板振动问题

歼 8 某型飞机在使用中出现了放减速板振动大及减速性差的问题。主要反映在减速板打开偏度小，阻力增量不够，若增大减速板偏度则引起飞机强烈振动。为解决此问题，沈阳飞机设计研究所成立了攻关组，任命李天为组长。他通过在低速风洞中流态观察及试飞测量发现，振源来自减速板后的气流分离及从减速板两侧形成类似的卡门涡街，产生非定常的低频压力脉冲，这种漩涡从平尾流过，引起其结构响应而使飞机产生强烈的振动。在减速板面积不允许增大的限制条件下，他提出在减速板上采用开孔的方法来消除振动，通过孔的高能气流可将板后拖出的大漩涡分割成小漩涡，经黏性耗散使脉动压力下降，由于孔的边界层作用，对板的阻力影响不大。然而，孔的形状、大小、位置却是设计的关键，为获得定量结果，在国内首次开展了在高速风洞中对减速板上开孔进行的系统研究。他设计了多种开孔方案的减速板，采用在高速风洞中同时测阻力及减速板尾流脉动压力的方法，得到了既满足增阻又不产生强烈振动的减速板方案。经试飞验证，飞机减速性能达到设计指标，振动消除，已在部队的飞机上推广使用，并获航空部科技进步奖二等奖。

3. 圆满解决歼 8 Ⅱ 飞机大 Ma 数方向安定性不足问题

歼 8 Ⅱ 飞机将原机头进气改成两侧进气后，其前机身横截面由圆形变成立椭圆形，使其在大 Ma 数时方向安定性变坏。李天提出将原歼 8 双腹鳍改成单片可折叠大腹鳍，通过理论计算和风洞选型试验确定了腹鳍的几何参数，经试飞验证，该方案合理可行，使歼 8 Ⅱ 飞机达到了设计最大 Ma 数并顺利通过设计定型。

4. 有效改善歼 8 飞机起降特性

歼 8 飞机改型后因外挂武器品种和重量增加，使飞机重量增加，影响了飞机的着陆性能。根据苏联空气动力研究院的结论，对于小展弦比三角翼飞机，其襟翼的偏度只能到 22.5°，因此起降升力系数小。李天提出要打破框框增加襟翼偏度，通过系统地研究襟翼增大偏度时的最有利缝隙形式及大小，摸清了襟翼偏度与襟翼缝隙的关系，通过风洞试验验证表明小展弦比三角翼飞机的襟翼偏度通过控制襟翼缝隙大小可增大到 30°，着陆升力系数可增加 20%，经试飞验证飞机起降速度降低了 10%，改善了歼 8 飞机的起降特性。该襟翼方案已在歼 8 改进型系列飞机上应用。

5. 主持完成高机动歼击机气动布局研究

1975 年起，李天开始对第三代战斗机的气动布局形式进行系列研究，其中特别关注涡控技术。他系统地研究了边条翼的边条参数，包括边条前缘半径、后掠角、平面形状和相对面积的影响；还研究了近耦合鸭式布局中鸭翼的平面形状、面积大小及鸭翼与主翼的上下、前后位置的影响，通过理论计算及大量高、低速风洞试验和流谱观察，摸清了脱体涡流型与混合流型的机理，最后选出了比国外先进战斗机性能更好的边条翼布局方案，并得出了边条翼设计准则和方法。此外，他还系统地研究了可兼顾亚超音速性能的大后掠双三角翼与融合体布局的气动力特性、大后掠尖前缘涡襟翼的几何参数与气动特性的关系以及具有高机动性的三翼面布局方案和气动特性。这些研究成果，已收入 2002 年航空工业部主编的《飞机设计手册》第六册中。他在国家自然科学基金资助的“大迎角非定常涡破裂产生的飞机抖振特性研究”中担任项目负责人，通过实验、分析，他建立了理论设计计算方法，完成了计算分析。经高、低速风洞试验验证了该方法的正确性，找到了控制大迎角非定常涡破裂产生的飞机抖振方法，其结果可用于战斗机设计及改进上。

一个个创新的设计方法、一条条迥异的思路方案、一项项攻克的技术关键，化为了工程研制的强大推力，拉近了中国与世界飞机设计研制的距离。

（二）为中国隐身技术的开发和应用贡献非凡

要夺取未来战争的胜利，必须要掌握制空权。因此，各国都把发展高性能军用飞机放到了重要的地位。要提高飞机的生存能力，在空战中就要做到先敌发现、先敌击落，飞机必须具有良好的隐身性能。这是一个高深而未知的领域，李天放眼未来，开拓创新，勇于探索，从 1986 年起，就开始在隐身技术领域纵横驰骋，为中国隐身技术的开发和应用做出了非凡的贡献。

1. 主编中国第一部《飞机隐身设计指南》

1986 年，李天担任航空工业部隐身技术研究课题组组长后，带领院校、研究所几十名专家组成的团队，在隐身外形、材料及隐身特性计算、测试方法等方面进行攻关。大量的机理分析、试验研究以及十几年的研究和积累，使他们全面掌握了飞机主要部件参数对雷达波散射特性的影响规律，找到了飞机产生电磁波强散射源的部位，提出了解决减小雷达散射截面（RCS）的有效方法和措施。他经过多年的研究与实践，加之分析、提炼和总结编写出的具有自主知识产权的中国第一部《飞机隐身设计指南》，为航空设计部门的隐身设计提供了先进的方法。

2. 设计并建造了国内第一个外场 RCS 测试系统，对歼 8 飞机进行了隐身性能改进

为了验证设计计算飞机 RCS 的可信度，1998 年，李天领导课题组专门设计和制造了可承担整机重量的高精度电动测试大转台和支架，组建了外场 RCS 测试系统。用此系统对歼 8 Ⅱ 真飞机原型和对重要强散射源采取隐身措施的改进型飞机的 RCS 进行了外场对比测试，测试结果表明，改进型真飞机的前向 RCS 比未改进前真飞机的前向 RCS 降低了 2/3，也验证了计算方法的正确性。现已为改型歼 8 飞机所采用。该项目获得国防科工委科技进步奖二等奖。

3. 建立了适合中国新一代飞机设计要求的先进隐身进气道方案

随着飞机对隐身要求的提高，作为飞机前向三大主要散射源之一的进气道对全机的隐身性能起着较大的影响，为攻克技术关键，李天领导研究团队对目前国外最先进的双斜切式及带鼓包式两种隐身进气道进行了系统的流动机理、气动特性以及隐身特性研究，全面摸清了主要设计参数对进气道流动特性的影响规律，提出了先进隐身进气道的设计原则并建立了先进的进气道与机体一体化的设计方法，形成了适合中国新一代飞机设计要求的先进隐身进气道方案。

（三）为中国新一代战斗机气动/隐身布局研究做出开拓性贡献

新一代战斗机特点是既具有良好的隐身性能又具有优越的空气动力特性。隐身与气动力设计在许多方面是相互矛盾的，两者要兼顾十分困难。美国从 1982 年起就研制了既能隐身又能机动空战的 F-22 战斗机，直到 2004 年才开始装备部队。欧洲至今还没有，俄罗斯 20 世纪 90 年代开始研究，直到 2009 年底才实现首飞。因此实现隐身与气动力综合优化设计是当今世界的难题。各种布局形式特点不同，选择气动布局形式是一个综合、折中的过程。现代高性能战斗机设计，除要求在亚、超音速及大、小迎角全包线范围内具有满意的气动特性外，还要考虑隐身性能对外形的要求，而隐身与气动力对外形的要求有些是矛盾的。因此如何综合、优化气动力与隐身性能更是飞机设计师急需解决的瓶颈。李天从“八五”期间开始研究、探索，

并做出了开拓性贡献。

1. 率先建立了气动/隐身综合设计方法

由于飞机的气动力设计以及减小其雷达散射面积都与飞机外形和布局有密切关系，而两者对外形的要求又是相矛盾的。如何使飞机既有良好的气动力特性又具有高隐身性能，对飞机的布局设计提出了严峻的挑战。为解决这个矛盾，李天提出先从理论设计方法上加以解决，即建立气动与隐身综合优化方法。

李天在气动性能计算上采用欧拉方程求解飞机的气动力特性，在隐身性能计算上采用电磁散射理论中的物理光学法求解飞机的 RCS 特性，在此基础上，采用模糊数学和遗传算法建立了隐身气动综合优化设计软件，优化方法中是以隐身特性为优化目标函数（前向 RCS 值最小），以飞机的升阻特性为约束条件（零升阻力不大于某值，升阻比不小于某值），通过改变飞机机翼及机身主要参数得到隐身与气动特性都满足要求的飞机外形参数。该方法具有分析和计算任意复杂飞机外形的气动、隐身特性及对飞机外形参数进行综合优化设计的能力。通过模型风洞试验及隐身暗室模型测试结果表明，用该优化方法得到的外形方案，其气动和隐身性能满足指标要求，从而也证明了该方法的适用性和正确性，为新一代飞机外形设计提供了有效的设计工具。

2. 创造性地完成了新一代战斗机布局的气动与隐身设计

十多年来，李天带领研究团队利用自主开发的软件，采用涡控方法、隐身技术及总体综合优化技术，系统深入地研究了边条翼、鸭翼、三翼面等 30 多种先进布局方案，掌握了各种布局特点及部件干扰机理，设计出一种三翼面布局的新一代战斗机方案。该布局方案采用双三角翼身融合体，兼顾了亚超音速升阻特性，采用带前缘延伸边条的近耦合三翼面布局，保证了飞机的大迎角纵横向控制能力，采用机头加棱边，外倾双立尾，机尾翼前后缘互相平行，斜切进气口，S 形进气道，精心设计缝隙、台阶等次级散射源，武器内埋，以及机身面积修型等措施达到了隐身要求。

3. 提出了先进的隐身进气道设计方法

新一代战斗机要求在隐身前提下保证最大 Ma 数的高性能，采用常规的不可调进气道难以满足要求，通过大量的计算及风洞试验，李天对双斜切及鼓包式两种隐身进气道进行了系统的多参数研究，提出了两种进气道的设计原则及设计方法。采用此方法设计出的新一代战斗机两种进气道方案，通过风洞试验及隐身测试均达到设计指标，已在布局方案中采用。

4. 主持完成新机布局方案的试验验证

李天综合设计出的近耦合三翼面布局方案已完成风洞试验和微波暗室 RCS 测试，经相关性修正后与国外先进飞机作对比，其气动性能优于国外先进飞机，隐身性能与之相当，可作为新一代战斗机的设计方案。2001 年获国防科工委科技进步奖一等奖。

（四）诸多前沿学科研究的倡导者和实践者

李天是中国诸多前沿学科研究的倡导者和实践者。从“七五”开始，他就主持领导了航空预先研究课题的研究工作，先进气动布局、总体综合设计技术、隐身技术、舰载机特殊关键技术、推力矢量技术等科研项目，都体现着当时国内航空领域的尖端技术。如今，他又在为未来航空领域的技术发展日夜操劳。

在学术研究上，李天紧紧跟踪美国、俄罗斯、西欧等先进国家和地区的航空发展趋势。他主持编译了大量有关国外先进航空技术的文献资料，其中很多俄罗斯、西欧的重要文献都是他亲自校稿。在型号研制和预研工作中，他总能把最新的科研思想和成果运用到实际工作中，并不断总结经验，提升理论。在他的领导下，沈阳飞机设计研究所在上述航空领域的学术水平都处于国内领先地位。

三、尽心竭力，为中国航空事业培养新人

长期以来，李天作为航空界德高望重的知名专家，作为多项新技术预先研究课题的负责人，作为空气动力、隐身技术、飞机总体综合设计等技术领域的专家，日常工作非常繁忙，相关事务重担压身，但是他多年如一日地关心并注重航空英才的培养。他把智慧锻造成阶梯，留给后来的攀登者。他重才、惜才、爱才，无私地把自己的知识和经验传授给新一代航空人。技术上的指导，思想上的帮助，生活上的关心，在他的精心指导与培养下，一批批飞机设计师和技术骨干担起了飞机设计的大梁，一批批航空英才走上了重要的领导岗位。

（一）培养航空预先研究型人才

从“六五”期间的“边条翼近耦合鸭翼气动布局”预先研究开始，六个五年规

划期，30 年来，李天先后积极推动立项并重点负责了先进气动布局技术、飞机总体综合设计技术、隐身设计技术、高生存力设计、推力矢量控制技术、舰载机特殊关键技术、低阻外挂研究、新概念气动布局、变体飞机等诸多前沿性课题的预先研究工作。

每个五年规划期，李天都带领大约二三十名高素质高水平的年轻技术人员，从选题调研、立项论证、开展课题研究攻关到工程推广应用，全过程与他们一起工作。长期以来，他对国际上相关先进技术研究进展的敏感度、宽泛的知识积累、侧重总体统筹和工程可实现性的顶层思维方式以及新技术新领域攻关勇往直前的工作精神，深深地影响了身边的年轻人。李天给这些年轻人分别委以课题、子课题重点负责人的重任，无论是研究队伍的组建、研究计划的制订、技术攻关的推进，他都严格把关并作具体指导。一批一批的预先研究型人才在他的身边尽快成长，成为了中国航空新机研发事业的栋梁之材。

（二）培养航空博士和硕士

李天是中国航空研究院和北京航空航天大学博士生导师，共培养博士后 1 人，博士 13 人，硕士 23 人。作为飞机空气动力学、隐身技术等诸多重大预先研究课题的负责人，他所从事的研究课题属前沿技术，难度大、挑战性强。一批专业知识和技术基础扎实，富有创新精神的学生和在职人员，争先申请作为他的博士生或硕士生。他对其学生非常认真负责，从选择研究方向、指导具体研究到辅导撰写学位论文，他根据每个学生的学术特长、专业特点，从难度上尽量给他们“高定位”，在前沿性和应用前景方面统筹考虑，同时与课题研究的实际攻关方向紧密结合。学生们在他的教诲与指导下，刻苦钻研，学术水平进步显著，许多学生毕业后主动要求留在他身边工作。他们陆续成为了航空界飞机总体技术、气动力技术、隐身技术的技术骨干和技术带头人，有的担当了中国航空工业集团公司副总经理、副总设计师、设计所所长等重要职位，可谓是桃李满天下。

（三）培养航空有志青年

李天作为航空界的专家，始终没有忘记年轻时追寻航空的梦想。长期以来，他不忘使命，结合世界先进战机的新技术发展动态和自己的创新科研成果，编制了很多图文并茂、深入浅出、内容丰富的专题演讲材料，应邀到清华大学、北京航空航天大学、南京航空航天大学、西北工业大学、中国人民解放军空军工程大学等多所大学进行演讲，耐心回答学员提出的各类问题。他的演讲内容面向世界航空最新技术动态，专业知识系统、深入，科研实例丰富、生动，受到了广大师生的敬重与赞誉。面对航空有志青年，他始终满怀热忱，引导和鼓励他们了解航空、热爱航空、献身航空，为中国航空事业后继有人、不断发展做出了突出的贡献。

四、虚怀若谷，人格魅力焕发异彩

四十多年如一日，李天执著地追求着、奋斗着，无私、无怨、无悔，将全部心血和毕生精力倾注于他所挚爱的航空事业。他以深厚、渊博的知识赢得了人们的敬佩；以严谨、求实的科学风范赢得了人们的敬重；以和蔼、谦逊的人格魅力赢得了人们的赞誉。

科学最重要的是严谨，每一个数据都必须要准确。李天从不满足于坐在办公室批阅文件、审阅技术报告，深入设计和试验现场成了他多年的工作习惯。

“总体气动隐身综合设计”课题研究试验过程中遇到了难题，为选择正确合理的气动布局方案，李天亲赴试验现场和参试人员一起现场分析试验结果，研究试验方案，亲自绘制草图，与大家一起动手改制试验模型部件，并亲自到风洞内进行安装。炎炎夏日，低速风洞内的气温高达六十多摄氏度，洞内仿佛一个桑拿房，进去便会浑身湿透、大汗淋漓。大家劝他不要进现场，在外面指导就行了，但他执意摇摇头说：“没关系，大家能进去，我也一样，试验数据与结果才是最重要的。”没有华丽的语言，只有朴实的行动。不光是参试人员备受鼓舞，就连风洞试验单位的人都深受感动。他们深有感触，像他地位这么高的专家亲临试验现场，这么平易近人，还真少见。

李天有渊博的知识，更有博大的情怀。提起他的为人，合作单位都竖起大拇指。作为国内气动布局的著名专家，他是多个国家和航空大型重要课题的总负责人，但他丝毫没有架子，充分调动起各参研单位的积极性，使整个课题组成为一个有战斗力的团队，是他的目标与期盼。许多参研单位在他的指导下，在课题研究的诸多方面均有所创新和突破，多次获得国家和航空部的科技进步奖。他在协作单位中享有很高威信，他宽容、正直、谦和，这是一个科学家不可或缺的品质。“只要工作认真做了，哪怕有错”，他的宽厚与大气，深深地感动着身边的人，与他合作共事的人，非常愿意与之长期合作，他们喜欢这个课题组里浓厚而和谐的学术气氛，也被他的人格魅力深深地吸引。

渊博的学识、深厚的功底来自于李天的不断学习。平时工作任务重，他就经常利用节假日及休息时间大量查阅国内外资料，不断充实自己，始终跟踪世界航空先进技术的发展趋势，敏锐地捕获和发现新技术方向，他所领导的预先研究工作不断有创新。他曾发表论文、著作36篇，编写技术报告40余篇，他的文章多次被引用，有的报告还在飞机研制技术领先的国家进行演讲。

李天总是那么平和、淡泊。一次次婉拒了记者的采访，每天上下班仍骑着那早该“下架”的自行车。对于院士的荣誉，李天却说：“这不仅仅是对我个人的认可，也是对沈阳飞机设计研究所的认可，更是对航空事业高技术的认可。荣誉并不重要，重要的是，人要有一种精神，要为科学事业扎扎实实做点工作。”

航空科学研究之路坎坷而漫长，李天从踌躇满志的清华学子到雪染双鬓、年过古稀的渊博学者，历经岁月的磨砺，他的内心仍然平静而清澈。面对航空高科技的飞速发展，他的思考与探索从未停止，为了航空事业的腾飞，为了广袤的蓝天，他不断前行。

五、李天主要论著

李天．1983. 歼八机经修正的风洞试验导数与试飞结果分析比较．中国航空科技文献（航空工业部）HJD830107M：1-10.

李天．1986. 放宽静安定度的近耦合鸭翼布局的一个问题．航空学报工程版，1：72-73.

李天，付君强．1988. 低阻外挂研究．中国航空科技文献 HJB880603.

李天，张利义．1988. 复合平面形状机翼及其涡襟翼的低速风洞实验，中国航空科技文献 HJB880593.

李天．1988. 边条翼与近耦合鸭翼布局的气动布局研究．中国航空科技文献 HJB870532：1-14.

李天．1989. 飞机减速板的增阻减振研究．航空学报工程版，3：1-6.

李天．1990. 双三角翼布局的高速气动特性研究．中国航空科技文献 HJB900916.

李天，张利义．1992. 复合平面形状翼身融合体气动布局研究//国防科技预研空气动力学项目管理办．空气动力学研究文集，2：273-285.

李天，张利义．1993. 超音速巡航战斗机气动布局研究．中国航空科技文献 HJB931156.

李天．1995. 飞机隐身设计指南．中国航空研究院．

李天．1996. 从范堡罗航展看军用战斗机的发展趋势．飞机设计，4：1-5.

李天，赵霞．2000. 新一代战斗机先进气动布局研究//国防科技预研空气动力学项目管理办．空气动力学研究文集，10：203-210.

李敬，李天．2000. 模糊优化在飞机总体设计中的应用．北京航空航天大学学报，26（1）：67-69.

李天，武哲，李敬．2001. 飞机外形参数的气动与隐身综合优化设计．北京航空航天大学学报，18（1）：8-12.

邓立东，李天．2002. 飞机非线性载荷计算方法研究．航空学报，23（4）：317-320.

李天．2002. 战斗机的发展对隐身与气动需求．流体力学实验与测量，16（3）：1-7.

朱宇，李椿萱，李天．2002. 后掠压缩斜板进气道进口流场数值研究．航空动力学报，17（1）：8-12.

夏露，高正红，李天. 2003. 飞行器外形多目标多学科综合优化设计方法研究. 空气动力学学报，21（3）：275-279.

朱宇，李椿萱，李天. 2003. 三维进气道粘性流场数值模拟. 空气动力学学报，21（3）：356-361.

朱宇，李椿萱，李天. 2003. 一种 CARET 进气道超声速特性试验研究. 航空动力学报，18（2）：279-282.

撰写者

赵霞（1961～），沈阳飞机设计研究所副所长。

李晓滨（1962～），沈阳飞机设计研究所宣传部工作。

王自强

王自强（1938～），浙江定海人。固体力学家。2009 年当选为中国科学院院士。1963 年毕业于中国科学技术大学近代力学系。1986 年于中国科学院力学研究所任研究员。断裂力学研究方面：在国际上最先建立裂纹顶端弹塑性高阶场基本方程，求得了二阶场和三阶至五阶场完整结果，开创了弹塑性断裂力学研究的新领域，为双参数准则提供了理论依据，建立 J-K 断裂准则；在国际上最先求得异质界面裂纹顶端弹塑性奇性场；对压电材料能量释放率进行了精确的分析，为压电材料能量释放率准则提供了理论依据。在应变梯度理论研究方面：提出了两种新的不含高阶应力的应变梯度理论，克服了已有应变梯度理论由于高阶应力的引入而造成数值分析的困难及额外边界条件的复杂性，成功阐明了多种典型实验中的尺度效应。在固体理论强度研究方面：建立了固体理论强度的一种严格算法，获得了金属铝和双原子组分材料 β-SiC 在各种加载方式下理论强度的预测。20 世纪 70 年代，参加了长江葛洲坝水电机组的研究工作，中国第一台国产 30 万千瓦汽轮机发电机的高、中压转子缺陷安全性分析，飞机油箱槽壁板侧压失稳的实验及理论研究等工程项目。已发表论文 190 余篇，专著 4 部，获得多项国家科技奖项，包括国家科技进步奖特等奖（集体获奖），两项全国科学大会奖，国家自然科学奖二等奖及国家自然科学奖三等奖。曾担任国家自然科学基金“九五”重大项目“材料的宏微观力学与强韧化设计”的合作主持人，《国际工程断裂力学》杂志编委、《固体力学学报》副主编、《力学学报》中英文版主编，中国力学学会副理事长。

一、成长经历

王自强 1938 年 11 月 12 日出生于上海，祖籍浙江定海。父亲母亲都是工人，王自强自小在工人住宅区里长大，养成了诚实正直的品质和勤劳朴素的习性。少年儿童时代，家境贫困，体弱多病，但是贫困和疾病并不影响他贪玩的天性。在学校里踢球，经常踢到夜幕降临，伸手不见五指，才肯回家。晚上又常跟邻家小朋友在弄堂里捉迷藏，玩游戏。疾病给他带来很多痛苦，也造就了他的坚韧秉性。初中时代，他迷上了文学和象棋。他家附近有一个区政府建造的小图书馆，不足一百平方米。放学之后，他常去那个图书馆看小说，特别喜欢鲁迅的小说和普希金的诗歌，保尔·柯察金和牛虻是他心目中的英雄 。后来又迷上了数学，图书馆有许多适合他阅读的几何、代数书籍，《数学归纳法》和华罗庚的《从杨辉三角谈起》给了他很多启迪。在小图书馆里看书，培养了他爱好读书的兴趣和独立思考的能力。他喜欢运动，除了足球和下象棋以外，他还喜欢拳击。

高中毕业前，王自强对自己前途也很迷茫，父亲和母亲希望他毕业后找个工作，帮助家里养育弟弟妹妹。他自己想上大学，又不知道上哪个大学，选哪个专业。1957 年苏联人造卫星上天，犹如耀眼的启明星，照亮了他的心灵，唤起了他对科学的热爱。1958 年中国科学技术大学成立又吸引了他的眼球，他报考了中国科学技术大学近代力学系。同年 9 月，他进入中国科学技术大学。学校刚刚筹建，各方面的条件都很简陋。他们没有自己的校舍，只好寄宿在中国人民解放军政治学院的西北角。清晨政治学院的军号响起，他们就起身集合，在玉泉路的大街上集体跑步。

清贫的校园生活很单纯，没有丰富的物质享受，没有诱人的功名利禄，没有炫目的社交活动，没有如花似锦的梦想和梦想破灭的痛苦。有的只是对科学女神的敬仰。中科大的校园生活，最令人难忘的是著名科学家的风采。朴实无华的吴文俊先生，走上讲台，便从口袋里掏出一张小纸条，纸条上写着讲课的提纲。他不写教材，也不用任何教科书，繁冗的高等数学完美地储存在他的脑海里。他一边滔滔不绝地讲课，一边在黑板上书写各种复杂的数学公式。他的板书非常漂亮，一堂课下来，硕大的黑板上写得密密麻麻。每次讲两节课，就写两大黑板的板书。严济慈先生讲课，语言诙谐幽默，又有丰富的肢体语言，各种物理定律，他都能讲得生动活泼，娓娓动听。听他讲物理，犹如听安徒生讲童话，听得人兴趣盎然。钱学森先生风华正茂，他给他们讲《星际航行概论》，他的声音像钢琴一样动听，他的思路像蓝天一样清澈。高瞻远瞩的视野和驾驭科学技术的智慧，尽现大师风采。

5 年的大学校园生活，给王自强打下了扎实的力学基础，而一批著名科学家的风采又对他的一生产生重要的影响。

二、严于律己，攻克固体力学的难题

王自强一生致力于科学研究，他对固体力学学科前沿具有敏锐的洞察力，对科学问题的思考与解决方法独具匠心。他当选中国科学院院士后，也没有停止对科学真理的追求，毅然选择新的前沿方向，带领学生向更高深的分子动力学的现代理论进军，拟解决分子动力学模拟中空间和时间尺度的困难，将固体物理学和固体力学结合起来，通过格波理论和原子间的交互作用势，建立分子动力学格波理论。正是因为他这种探索科学真理的孜孜不倦精神，对科学研究始终如一的严谨态度和不断创新的理念，使他在所开展的每一个领域都做出了出色的成果。

王自强在弹性稳定理论、断裂力学、塑性应变梯度理论、细观力学等方面的主要成就与贡献如下：①在国际上最先建立裂纹顶端弹塑性高阶场和 J-K 断裂准则。②在国际上最先求得了双材料界面裂纹顶端弹塑性奇性场。③提出了两种新的不含高阶应力的应变梯度理论。④建立了固体理论强度的一种严格算法。⑤参与解决重大工程中的力学问题。

（一）弹塑性断裂力学

裂纹顶端弹塑性场和断裂准则是弹塑性断裂力学的两个基本科学问题。1968 年，J. W. Hutchinson 以及 Rice 和 Rosengren 提出了裂纹顶端弹塑性奇性场（HRR 场）。Rice 证实了 J 积分的守恒性，它可以用来表征 HRR 奇性场的强度。1974 年提出了 J 积分单参数断裂准则。1974 ~ 1985 年，为证实 J 积分单参数断裂准则开展了大量的实验和有限元计算。

然而实验和有限元计算表明 HRR 奇性场难以表征裂纹顶端断裂过程区内的弹塑性场，三点弯曲试样裂纹顶端弹塑性场和中心裂纹板裂纹顶端弹塑性场有很大差别。J 积分单参数断裂准则与实验有明显偏离。此时深入研究裂纹顶端弹塑性高阶场，建立双参数断裂准则成为弹塑性断裂力学发展的前沿课题。

王自强和他的硕士生李尧臣在国际上最先建立裂纹顶端弹塑性高阶场基本方程，开创了弹塑性断裂力学研究的新领域。求得了二阶场，证实了幅值 k_2 是独立参量，它可以表征远场高或低的三轴应力，从而阐明了远场三轴应力对断裂韧性的重要影响，为双参数断裂准则提供了理论基础。

王自强和他的博士生夏霖在国际上率先给出裂纹顶端高阶场第三至第五项结果。他和他的博士后魏悦广在裂纹顶端高阶场基础上，提出 J-K 断裂准则，该准则已为国外的系统实验所证实。

国际学术界对王自强该部分工作给予了高度评价。李尧臣和王自强的工作被称为开创性的工作及重要工作，他们的研究构成了非线性双参数断裂理论的基础，对揭示非线性断裂中双参数准则是非常重要的。

（二）界面断裂力学

20 世纪 80 年代后期，双材料界面裂纹顶端弹塑性应力应变场研究成为国际断裂力学的一个热点。当时国际学术界流行的看法是界面裂纹顶端全连续奇性场不存在。王自强在国际上最先发现对于特定的混合度（裂纹顶端正前方剪应力与正应力的比值），全连续分离变量形式奇性场是存在的。而这个混合度依赖于双材料的力学性质。这个新观点很快得到国际学术界的公认。王自强最先得到了双材料界面裂纹顶端的弹塑性奇性场，为双材料界面裂纹的断裂准则提供了理论基础。

国际学术界公认王自强最先得到了界面裂纹的渐近解，对于弹塑性双材料界面裂纹，王自强给出了精确的渐近分析，并指出在塑性角区，裂纹尖端奇异性并非振荡奇异性，而是具有 HRR 型奇异性，且与早期的数值分析相符。他的研究指出裂纹面光滑地张开，并且没有任何相互嵌入。

由于王自强在断裂力学方面首先建立了裂纹尖端弹塑性高阶场，提出了双参数断裂准则，并最先得到了界面裂纹尖端弹塑性奇异场表达，1995 年“裂纹顶端弹塑性应力应变场和断裂准则”项目获得了国家自然科学奖三等奖，2009 年形成专著《高等断裂力学》。

（三）微尺度材料力学

20 世纪 90 年代，大量的实验显示：当固体材料的特征尺度为几十纳米到几十微米的范围内，材料的力学性能表现出强烈的尺度效应，这种尺度效应是传统连续介质力学无法预测的。主要实验现象有：细铜丝扭转、微薄梁弯曲、微压痕测试、微尺度颗粒增强复合材料强度。

Fleck-Hutchinson 应变梯度理论和 Gao，Huang 等人的 MSG 应变梯度理论成功地解释了微尺度材料的尺度效应，但是这些理论都包含高阶应力及高阶边界条件，数值方法在一段时间内遇到困难。

王自强与他的博士后陈少华提出了一种既不含偶应力也不含高阶应力的应变梯度理论，保留了经典塑性理论的基本框架，应变梯度效应（包括转动梯度和拉伸应变梯度）作为内变量引入，以增加材料的瞬时剪切模量。他们又在偶应力理论基础上，将拉伸应变梯度引入切线硬化模量，形成一种不含高阶应力的应变梯度理论，理论分析大为简化而且十分有效。成功阐明了细铜丝扭转、微薄梁弯曲、微压痕、裂纹尖端场、颗粒增强复合材料等一系列实验中的尺度效应。

国际学术界认为陈少华和王自强提出了一种新的应变梯度理论，保留了经典塑性理论的基本框架，应变梯度效应作为内变量引入，以增加材料的瞬时剪切模量。梯度增强塑性理论对于分析许多微尺度问题非常有用。应变梯度塑性理论被分为两类，一类包含高阶应力及复杂的边界条件，一类是建立在经典理论框架下，应变梯度影响材料的瞬时切向硬化模量。国际学者将王自强等提出的应变梯度塑性理论归为第二类，并评价说第二类包括 Muhlhaus & Aifantis（1991），Acharya & Bassani（1996），Chen & Wang（2000），Gao & Huang（2001）提出的理论，不包含高阶应力，保持经典理论的框架。尤其是后三种理论不附加额外（高阶）边界条件。这种特征使得这三种理论在应用上非常有吸引力，因为高阶边界条件可能不唯一并且（或者）难以得到满足。

该部分研究内容，作为“固体的微尺度塑性及微尺度断裂研究”项目的重要组成部分，获得 2008 年国家自然科学奖二等奖，并于 2009 年编著成 *Micro-scale Plasticity Mechanics*。

（四）理想晶体理论强度

理想晶体理论强度一直是力学家和固体物理学家关心的科学问题。Born，Hill 和 Milstien 等的稳定性准则为晶体理论强度的确定提供了力学基础。但是在他们的工作中，晶体的应变能密度 W 是未知的，只能通过先验假设或通过拟合实验上测得的微小变形的晶格常数和弹性系数得到。而晶体的失稳通常发生在大变形情况，此时应变能密度 W 和系统内能的 Hessian 矩阵与微小变形情况完全不同。基于量子力学的第一原理计算可以得到系统的内能。

王自强和他的博士生李微雪利用晶体具有周期结构的特点，提出了周期结构超晶胞模型。设想超晶胞系统经受各种典型的均匀变形，也就是超晶胞内各个原子所对应的离子依照均匀变形的模式相对位移。而电子与电子间的相互作用由密度泛函理论来描述，电子与离子的相互作用由赝势理论来描述。

王自强和他的博士生李微雪将第一原理能量计算与理想晶体大变形失稳理论相结合，采用密度泛函理论、赝势平面波基方法和周期结构超晶胞模型，建立了固体理论强度的一种严格算法，依此获得了金属铝和双原子组分材料 β-SiC 在各种加载方式下理论强度的预测。

美国科学院院士 Cohen 和美国工程院院士 Morris 认为赝势理论的发展使得第一原理的弹性计算得以实施，从而在理论上使得理论强度的计算成为可能。然而，这项工作需要大量的计算资源。至今，已有的计算限于沿对称方向拉伸变形和简单剪切变形；日本学者将李微雪和王自强采用从头算起方法研究的 β-SiC 的理论强度，与 β-SiC 纳米结构的实验测量进行了比较，显示出很好的一致性。

（五）参与解决重大工程中的力学问题

20 世纪 70 年代，王自强参加了长江葛洲坝水电机组的研究工作。建立了新的力学模型和相应计算公式，完成了大型电机转子支臂及定子机座刚度计算工作，为大型转子支臂及定子机座刚度设计提供了一个方面的科学依据。作为成果“长江葛洲坝二、三江工程及其水电机组”的一个组成部分，获1987年国家科技进步奖特等奖（集体获奖）。

20世纪70年代中期，安装在平顶山姚孟电厂的汽轮机组，经超声波探伤检查，发现转子含有多个夹杂，其尺寸超过水利电力部部颁标准。这台机组能否投产试用，成为对国民经济有重要影响的技术难题。王自强等顺利地完成了预定任务，为该台机组短期安全运行及监督下长期运行提供了科学依据。成果作为“复合型裂纹脆性断裂及断裂力学在工程中的应用”的一个重要组成部分，获全国科学大会奖。

20世纪70年代，王自强与同仁合作承担南昌320厂提出的歼12飞机前期预研及沈阳112厂提出的歼8飞机油箱槽壁板侧压失稳的实验及理论研究任务。这是一个典型的大扰度非线性失稳问题。顺利地完成了此项军工任务，为南昌320厂歼12飞机前期预研及沈阳112厂提出的歼8飞机油箱槽壁板设计提供了一个方面的科学依据。此项工作作为成果“加筋和夹层板壳的稳定性研究”的一个重要组成部分，获全国科学大会奖。

三、教书育人，培养一代优秀人才

王自强不仅是一位杰出的科学家，也是一位出色的教育工作者。他已经培养了多名博士后、博士研究生及硕士研究生。每一位他培养的学生都经历过陪在他身边，听他一边讲解问题，一边身体力行地推导复杂而冗长的公式。每一位学生都曾聆听他的叮嘱，如何做好科学研究，理论和实验进行比较的重要性。王自强认为缺乏实验验证的理论模型只是理想的模型，可能与科学真理相距甚远。只有经得起实验验证的理论才是科学的理论，才具有有效的指导意义。

王自强虽然70多岁了，但隔天上午坚持来到办公室，投身到科研思考中。下午他在家中继续办公，他的学生往往下午都会被叫到他家中，继续讨论问题，或者就在电话中讲述问题所在。王自强严密的思维，过硬的理论基础，一方面让年轻的学生自叹不如，另一方面促使学生更加努力完成科研工作。他指导的学生中，已经出现了中国科学院院士候选人，多位国家杰出青年基金获得者、教授、博士生导师，也出现了工作相当出色的政府及机关行政工作者。每一位他指导过的学生在工作中都在继续发扬王自强严密思维，勤恳工作，为人低调的作风，各自工作岗位上的成绩都得到了大家的公认。他的交谈和讨论，充满着坦诚和直率，与他交谈过的同事很多年还会回想起那时的情景，由衷地感谢王自强给予他们在人生转折点的帮助和指导。他每次参加单位里硕士和博士研究生开题、中期报告以及论文答辩时，都本着真正帮助学生的思想，帮助学生剖析问题的根源，并给学生提出解决问题的建议。并不会因为哪一位学生工作中出现错误而完全否定一个学生的学习进展。正直的人格魅力，真诚的指导帮助，是他获得学生一致赞扬的根源。

即使是当选为中国科学院院士后，王自强认为固体力学的硕士研究生，开设的课程应该包括断裂力学，断裂力学虽然是一门相对传统的学科，但也是一门非常经典的课程，作为固体力学专业的学生，不学习断裂力学，在科研过程中就缺少了一个有效解决问题的工具，解决固体损伤问题时就缺乏必要的概念和深入的理解。王自强认识到问题的存在，向研究生培养单位提出了他的看法，并承担起断裂力学的教学任务。每个星期除了指导自己的博士和硕士研究生的科研工作，还要亲自备课，准备幻灯片。对于一个70多岁的科学家，幻灯片的准备确实是一个艰巨的任务，但他还是坚持自己动手，按照自己的思路和科研工作的经验，一点一点地形成了上课的内容。在他的办公桌上，可以发现除了他查阅的大量断裂力学书籍外，还包括大量的与断裂力学相关的书籍。每次上完课后，他都要主动找学生询问有关听课的效果，如果发现学生在听课过程中有些知识面并不了解，王自强第二次课肯定要花一定的时间给学生补充相关的内容，上课的学生也逐渐领悟到如何学好一门基础学科的方法。

王自强对待学生的科研工作是非常严肃的，但他指导的每一位学生中没有一位认为他的要求苛刻，相反，每一位学生都庆幸自己遇到了一位为人师表，身体力行，指导得力的好老师。每年春天及秋天，王自强都会亲自带领组里的学生到郊外旅游放松，一路给学生讲述“文化大革命”时期如何学习的事情。他讲话的语气诙谐幽默，和指导学生工作时的一丝不苟形成了鲜明的对比。正如他自己所说：“工作的时候就要集中精力地工作，旅游的时候就要放松一切地旅游。”

四、王自强主要论著

李尧臣，王自强. 1986. 平面应变Ⅰ型非线性裂纹问题的高阶渐近解. 中国科学（A辑），29：941-955.

王自强. 1990. 双材料界面裂纹弹塑性渐近场. Eng Fract Mech，37：527-538.

Xia L，Wang T C，Shih C F. 1993. High order analysis of crack-tip fields in power law hardening materials. Jour Mech Phys Solids，41：665-687.

王自强，段祝平. 1995. 塑性细观力学. 北京：科学出版社.

Wei Y G，Wang T C. 1995. Fracture criterion based on the higher-order asymptotic fields. Int Jour Fract，73：39-50.

Zhang Y W，Wang T C，Tang Q H. 1995. Brittle and ductile fracture at the atomistic crack-tip in copper-crystals. Scripta Metallurgica et Materialia，33（2）：267-274.

Li W X, Wang T C. 1998. Ab initial investigation of the elasticity and stability of aluminum. Jour Phys Condens Matter, 10: 9889-9904.

Zhan S G, Wang T C, Han X L. 1999. Analysis of two-dimensional finite solids with microcracks. Int Jour Solids Struct, 36: 3735-3753.

Yao Y G, Wang T C, Wang C Y. 1999. Peierls-Nabarro model of interfacial misfit dislocation: An analytic solution. Phys Rev B, 59 (12): 8232-8236.

Yao Y G, Wang T C. 1999. The modified Peierls- Nabarro model of interfacial misfit dislocation. Acta Mater, 47: 3063-3068.

Wang T C, Han X L. 1999. Fracture mechanics of piezoelectric materials. Int Jour Fract, 98: 15-35.

Li W X, Wang T C. 1999. Elasticity, stability and ideal strength of β - SiC in plane wavebased ab initio calculation. Phys Rev B, 59: 3993.

王自强. 2000. 理性力学基础. 北京：科学出版社.

Wang T C. 2000. Analysis of strip electric saturation model of crack problem in piezoelectric materials. Int Jour Solids Struct, 37: 6031-6049.

Chen S H, Wang T C. 2000. A new hardening law for strain gradient plasticity. Acta Mater, 48: 3997-4005.

Chen S H, Wang T C. 2002. A new deformation theory with strain gradient effects. Int Jour Plasticity, 18: 971-995.

Liu F, Li H J, Wang T C. 2008. Energy principle and nonlinear electric- mechanical behavior of ferroelectric ceramics. Acta Mech, 198: 147-170.

王自强，陈少华. 2009. 高等断裂力学. 北京：科学出版社.

Chen S H, Wang T C. 2009. Micro-scale Plasticity Mechanics. 合肥：中国科学技术大学出版社.

Yi D K, Wang T C, Xiao Z M. 2010. Strain gradient theory based on a new framework of non-local model. Acta Mech, 212: 51-67.

撰写者

陈少华（1972～），江苏泰州人。师从高玉臣分别于1996年6月及1999年6月在哈尔滨工程大学及北京交通大学获得硕士和博士学位；1999年7月于中国科学院力学研究所，在王自强指导下开展博士后研究工作。现任中国科学院力学研究所研究员，博士生导师，国家杰出青年科学基金获得者。研究领域为微纳米尺度力学与仿生材料力学。

曹志远

曹志远（1938 ~），浙江湖州人。计算力学、土木工程力学专家。1963 年毕业于清华大学。在厚板动力学与结构等效非经典理论、半解析半数值方法、结构和介质相互作用与耦合力学、超级元法与细观元法、施工力学与时变力学等五个研究领域取得在国内外颇有影响的系统创新成果。正式发表学术论文 300 余篇，出版专著三部（均为第一作者），主编文集二部、译著一部，合计逾五百余万字。曾获全国科学大会奖、部级科技进步奖一等奖、国家教委科技进步奖二等奖各一项，国家教委科技进步奖三等奖两项（均为第一负责人）。曾两次在《光明日报》头版提名专题报道，并获同济大学资深教授，香港大学名誉研究员，联合国教育、科学及文化组织优秀人才奖励中国提名等。历任同济大学计算力学研究室主任、工程力学研究所副所长、计算力学与数值仿真研究所名誉所长，兼任同济大学工程力学专业委员会主任、上海市固体力学重点学科主任、上海力学学会计算力学专业委员会主任、中国南方地区计算力学委员会副主任、中国力学学会流固耦合力学专业委员会副主任等职。

一、辛勤耕耘，自强不息

曹志远 1938 年 12 月 12 日出生于上海市，祖籍浙江湖州。时值抗日战争爆发，全家从浙江老家迁到上海租界。父母均受过良好教育，经常教导子女要勤奋好学、努力进取。作为长子，他没有辜负双亲期望，在四岁半即就读小学；七岁开始学习外语；近 20 年学业生涯中，在班上均属年少，而成绩又一直名列前茅。

1949 年曹志远小学毕业，考进百年老校南洋中学。学校地处市郊，远离闹市，学生全部住校就读；学校学风严谨，要求严格，历史上为国家培养了大批栋梁和众多学者。这几年中学学习为他将来专业学习打下良好、扎实的基础，他取得十分优秀的学习成绩。1955 年，南洋中学是上海推荐赴苏留学生的学校之一，全校高三毕业班近 200 名学生中当时被推荐的学生仅八名，他就是其中一名。后来，经市里多重考核，严格筛选和国家统一高考，录取三名，曹志远脱颖而出，成为当时全国近千名留苏预备生中的一员。

同年秋天，曹志远独自赴北京就读北京俄语学院留苏预备部。在两年刻苦学习中，他不但精通了俄语，还参加了由苏联教师全程用俄语讲授的苏联大学一年级数理化课程，并以优异成绩获得通过。但到1957年，由于中苏关系变化，在校全部留苏预备生均未能赴苏联接受高等教育，国家规定自报志愿按1955年高考成绩录用就读国内高校。他报名的是当时最热门的清华大学工程物理系核工程专业。但由于报名就读这一专业的特别多，即使他们都是全国各地拔尖优秀人才，六个报名人中只有一人可进清华大学工程物理系就读，而曹志远就是其中一员，可见他的高考成绩特别优秀。

1957年曹志远开始了在清华大学的六年大学生活。首先是在工程物理系受到较好的数学、力学与物理基础教育。1958年，由于国家发展需要，学校新设立了工程力学专业，侧重航空力学，他所在班级合并到工程力学与数学系。清华大学的力学师资力量十分雄厚，当时系主任是张维院士，而材料力学、板壳力学、塑性力学分别由钱伟长院士、杜庆华院士、黄克智院士讲授。在清华大学几年的正规学习使他受益匪浅，为他今后在力学领域学术研究与发展打下深厚基础，他在以后的人生中念念不忘母校培养之恩、师长教育之情。

1963年曹志远大学毕业，分配到中国科学院华东力学所工作。两年后，由于科学院所调整，他所在的固体力学室合并到哈尔滨工程力学所防护工程室，主要从事四防（防爆、防震、防风、防浪）研究工作。在“文化大革命”初期，由于国防任务需要，他领导了28人课题组承接了工程兵、第二炮兵、空军联合提出的地下发射井防护工程课题。在此期间，他们排除各方面干扰，进行大规模电子计算机数值计算与爆炸洞内模拟试验，取得了对国防建设十分有益与实用的研究成果。1978年4月7日，他们的成果被专文上报中央军事委员会和国防科学技术工业委员会；同年6月25日，《光明日报》头版头条对他所领导的课题组取得的突出成果进行全面报道，评价为“我国具有独特见解的系统研究成果，和国际上同类研究工作相比取得重要进展”。20世纪70年代末期，他又在海洋工程的抗波浪研究中取得进展，对于高耸的海洋平台波浪荷载提出了考虑结构变形与波浪耦合的修正Morison公式；后来又应用到超高层建筑考虑结构变形的耦合风载上。20世纪80年代初，他在大量数值计算与解析分析工作基础上开始了解析与数值结合法研究，并与香港大学副校长张佑启院士开展了这方面近12年的合作科研；在这期间，他还与美国麻省大学Nash教授合作，联合申请到美国国家科学基金会资助，用这一方法完成地下储油罐抗震分析的岩土-结构-流体三者间动力相互作用研究。

20世纪80年代后期，曹志远的研究工作与成就已受到力学界老一辈的关注。

1985 年，上海大学钱伟长校长和同济大学李国豪校长先后发出邀请，希望他来上海高校工作。他考虑到自己工作特长与涉及的领域，就到以土木工程为主的同济大学工作，先后在校内结构理论所、工程力学与技术系及航空航天与力学学院任职 20 余年。到同济大学后，其科学研究工作有了较大突破，围绕学术研究逐步形成自己两个学科分支的五个研究领域：计算力学的半解析半数值方法、超级元法、土木工程力学的结构等效非经典理论、耦合力学、施工力学。围绕这些研究领域，他提出与建立了许多创新的概念、思想和方法、技术，受到国家、各部委及国外同行的重视，20 多年来曾获批、主持国家自然科学基金项目四项、国家教委基金项目三项、省部级基金项目三项、美国国家科学基金项目一项，并先后获国家及省部级以上科技奖励六项，其中五项为第一负责人。

曹志远在科学领域辛勤耕耘，硕果累累。“文化大革命”结束，科技刊物恢复出版后的近 30 年来，共正式发表学术论文 300 余篇，平均每年为十篇左右，而这样延续了整 30 年，这中间还曾主持和参与编写出版六部学术著作。他之所以取得如此引人瞩目的科学成就，完全是由于他长年来手不释卷、求实奋进、锲而不舍、自强不息。他的学术论文也是高质量的，据近年来被国际著名检索刊物 SCI（科学引文索引）、EI（工程索引）收录就有 54 篇次。记得 1988 年，同济大学图书馆曾对全校 1982 ~ 1987 年六年被 SCI、EI 检索的论文进行统计并提出调查分析报告，全校共有 44 篇被收录，其中曹志远一人占三篇而名列全校第一，这还只是他到同济大学三年里发表的论文统计。还有在 1986 年，美国土木工程师学会（ASCE）来华挑选中国学者论文与中国土木工程学会合作编辑《中国结构工程文集》和《中国土木工程文集》在美国出版、国际发行，他各有一篇论文入选，是当时国内唯一一位同时有论文入选两文集的中国学者。

几十年来，曹志远不但自己取得瞩目的学术成就，而且还在全国和地方对计算力学、工程力学、耦合力学组织开展大量学术活动，同时又对同济大学学科建设做出重要贡献，主要包括：①1991 年他和嵇醒教授一起申请，获批同济大学力学学科的第一个博士点——固体力学。次年他又被批准为博士生导师，成为全校 67 位由国务院学位委员会办公室审批的博士生导师中最年轻的两位之一。②后来，学校决定他转入工程力学，带头组织申报新的工程力学博士点。在全国通讯评议的 19 个申报单位中，同济大学工程力学申报材料名列总分第一并获批。同时他全程担任了同济大学工程力学专业委员会主任，直到并入一级学科专业委员会。③上海市固体力学重点学科的申报、批准到整个五年期间建设项目的组织、运行均由他负责，他对同济大学力学学科全面发展起到重要推动作用。④他还是同济大学工程力学国家重点学科责任教授，对同济大学两届获批工程力学国家重点学科做了大量工作。鉴于他对同济大学学科发展做出重大贡献，在他退休前夕，学校破格授予他“资深教授”特别荣誉称号，因为这一称号一般只授予对学校发展做出卓越贡献的从事校级领导工作的教授。同时，他也享受国务院政府特殊津贴。

在科学园地勤奋耕耘43年后，曹志远以68岁高龄正式退休。退休后，他虽然年事已高，但也没有完全离开热爱的学术研究。在退休后几年中，他又圆满完成他所参加的一项国家自然科学基金重点项目，得到好评；承担了深圳填海工程项目的顾问与咨询工作；参加了一本在美国出版的英文书稿的编写工作，并已付印；同时又正在筹划另一本学术专著的编写与出版工作等。真是生命不息、奋斗不止，十分可敬。

曹志远的学生与助手经常不经意地问他取得如此学术成就的“秘诀”所在。他顺口说：“这没什么，只要做到三条，一是扎实的知识基础；二是主动的创新意识；三是在一个研究方向上的长期坚持与不懈努力，总会有收获的。”也许，这三点正是曹老师科学一生的真实写照。

二、勤奋开拓，不断创新

曹志远长期以来从事力学学科的科研与教学工作，在板壳力学、计算力学、结构动力学、耦合力学、时变力学以及土木工程、地震工程、防护工程、海洋工程等领域中成绩卓著，特别是在以下五个研究领域，他以开创性的工作与始终保持领先地位的突出成果受到国内外同行的关注。

（一）厚板动力学与结构等效非经典理论

固体力学研究对象在学术上可分为一、二、三维体不同理论。本质上任何固体均应作为三维物体来分析，而“平截面”与“直法线”假定的提出可使大量构体简化为一、二维问题，使得历经数百年研究的固体力学真正在工程上得以实用。而厚板（壳）理论则是抛弃“直法线”假定来分析板壳，在学术上具有十分重要的意义。

曹志远在20世纪60年代大学期间就开始接触厚板理论研究，并持续了30余年。20世纪70～80年代他在前一段工程应用研究实践基础上开展了大量的厚板理论学术研究，在基本假定、精确化理论、解析解法以及复杂结构等效厚板理论等方面取得重要进展，发表有关学术论文44篇，出版了专著，并于1978年获全国科学大会奖。其创新性工作主要体现在以下五个方面：

（1）提出了一种原直法线变形几何相似新假定，建立了中厚板广义理论，揭示了现有国内外十几种中厚板理论间的内在联系，即发现了在广义理论中取不同特定函数，即可推得国际上公认的 Hencky 方程、Reissner 方程、Mindlin 方程、Donnell 方程、Panc 方程及胡海昌方程等，可详见科学出版社出版的《厚板动力学理论及其应用》一书第二章各节。

（2）在中厚板理论研究基础上建立了一种适用于任意厚跨比的强厚板理论，发展了用无穷多个二维方程组表达三维问题的准三维固体力学理论，从而在理论上解决了可满足任意精度的三维固体力学问题二维化解的一般化途径。该项学术研究曾得到国家自然科学基金资助，全面完成了下达的“准三维固体力学理论及其数值分析方法”项目研究。

（3）采用深梁模态函数双向级数，求得了一种适用于各种边界条件组合的矩形厚板静动力分析解析解的一般表达式，发表于“文化大革命”后复刊不久的 1978 和 1979 年两期《科学通报》上。

（4）将中厚板壳理论研究成果推广到工程上组合结构及材料上复合结构，提出了“复杂结构等效非经典理论”。该项研究先后在《固体力学学报》、《土木工程学报》、《航空学报》等刊物上发表学术论文 22 篇；中国著名科学杂志《自然杂志》曾两次专文报导；在国家自然科学基金委员会工程与材料科学部 1987 年召开的全国结构工程新理论研讨会上被列为四个大会主题报告之一；该研究成果 1993 年获国家教委科技进步奖二等奖，1996 年获中国“八五”科学技术成果荣誉证书。

（5）曹志远在上述研究成果基础上，编著了首本厚板动力学专著，于 1983 年由科学出版社出版，属“文化大革命”后的首批科技专著。该书包括了厚板动力学基本理论、矩形厚板动力分析、具有曲线边界厚板动力分析、各向异性厚板动力分析、厚板构件的动力塑性分析、厚板结构的动力学特征与规律以及厚壁构件静、动力分析及极限载荷实用计算公式等七大部分，理论上创新与全面、系统，应用上简便、实用，该书至今仍是公认的厚板理论研究与分析计算的主要参考书之一。

（二）半解析半数值方法

自然科学的分析手段主要有三大类：解析、计算和实验。几百年来的科学实践大都采用其中一种，至多是几种方法结果的相互校验。而该研究方向将探讨其中两种方法的结合应用，因此这已不再是一个单纯力学范畴的研究课题，而是对广泛自然科学研究方法具有普遍意义和潜在应用价值的研究课题。

曹志远是中国最早一批从事计算机数值计算的计算力学专家。早在20世纪60年代，他就领导一个小组在华东地区当时最大的电子计算机上进行大规模国防工程分析的数值计算研究近三年。后来，他结合应用数学理论与方法，在20世纪80年代逐步探讨与发展了一类新的分析方法——半解析半数值方法。其主要概念在于：鉴于纯数值方法太繁、纯解析方法太难，如采用已有简单问题解析解渗透到现有计算力学方法中，则可大规模节省计算工作量，而又可以在计算机迅速发展的今天充分发挥几百年来积累的经典力学解析解的应有作用，这是古老的应用数学方法与近代计算机技术的巧妙结合。在这一理念下，半解析半数值方法（又称半解析数值方法或半解析法）在20世纪80年代发展极为迅速，并在国内形成一个独立的计算力学研究方向。中国力学学会曾书面评价“这类方法已成为科学计算中今后的一个主导性研究方向，这是科学计算方法中继有限元之后的又一重大进展”。

作为该方法的主要创导者与推动者之一，近20余年来曹志远在这方面做了大量学术性研究与发展工作。不但他本人及其领导的研究小组在半解析数值方法的原理、构造、分类、解法及数学理论与工程应用方面做了大量的有效研究，先后发表学术论文95篇（其中包括四篇综述文章及国际刊物上发表论文21篇），还在全国各地主持和主讲了六次全国性讲座；倡导与组织中国力学学会计算力学专业委员会主办的全国首届解析与数值结合法学术会议，由他提出大会总报告；主持编辑出版了130万字的《解析与数值结合法的理论及其工程应用》文集，同时在国内率先开设半解析数值法的研究生专业方向和学位课程，培养了这方面的十来名博士、硕士；编写出版了国内外这方面的首本专著；并于1986年获部级科技进步奖一等奖。曹志远在方法开拓和学术发展中主要有三方面贡献。

（1）提出“半解析半数值方法”的完整概念与方法体系。他指出，凡是分析中采用部分解析解或解析函数，而最终又是通过数值方法上机计算得到一系列离散化数值结果的分析方法均属于这一方法范畴。他又明确，半解析法的实质是通过解析手段来帮助减少数值计算的求解自由度；同时又通过数值化手段来弥补人为所取解析函数的不足，以逼近真实解。他首次建议，属于这一理念的半解析法可归纳为四大类：分向（不同方向分别采用解析与数值方法），分域（内域与边域分别采用解析与数值方法），分部（解函数中含有部分给定的解析函数及部分数值求解的待定系数），分区（把计算对象在几何上分为两个或多个子域，分别采用纯数值解和纯解析解或半解析解）。这样，就可将现有各类非纯数值计算方法统一归纳到半解析半数值方法体系中。

（2）20多年来，曹志远及其研究团队创立与开发了多种新的半解析数值方法，主要有：①有限厚条法（《固体力学学报》1985 年第 2 期）；②半解析无限元法（《力学学报》1985 年第 5 期，《土木工程学报》1986 年第 3 期）；③多种特殊边界元法，如半解析边界元（《应用数学与力学》1990 年第 12 期）、非匀质（域）边界元（《力学学报》1992 年第 4 期）、摄动边界元（*Communications in Numerical Methods in Engineering* 1997，P827）、复变边界元（《应用数学与力学》1998 年第 4 期）、轮廓边界元（*International Journal of Fracture*1998 年第 3 期）等；④各种分区半解析法，如半解析分区耦合，复变边界元与有限元分区耦合，有限层与边界元分区耦合，半解析元与解析解分区耦合等。

（3）曹志远在上述系统学术研究成果基础上，于 1992 年和国际著名半解析法专家张佑启教授合作编著出版了国际上首本《半解析数值方法》专著。这本学术著作全面、系统地涵盖了方法的基本概念、内容、分类、特点；方法的数学理论；结构与岩土、流体介质的半解析单元法；分域、分部、分区半解析法；无限元法；样条半解析法和半解析法的工程应用等以及当时能检索到的国内外半解析法八个方面近千篇文献资料。这部专著当时在国内外引起很大反响，英国出版社曾来函要求译成英文版出版；国内多位学者又以该专著为主要学术内容，开展半解析法工作，分别出版了《层状地基分析的样条半解析法及其应用》（河南科技出版社），《半解析数值法分析薄板和薄壳》（武汉科技大学出版社）等著作；同时成为许多高校力学、计算数学及土木工程、岩土工程专业的研究生教材。

（三）结构和介质相互作用与耦合力学

几百年来力学学科研究对象往往是结构、固体、流体、气体中的一类物体。随着近代工程发展，力学工作者有时必须同时考虑其中二类或多类物体以及它们之间的相互作用，例如，地下工程、海洋工程、航空工程必须分别计及结构与岩土、流体、气体的相互作用，这在数学上将涉及几类控制方程的联立求解，显然问题复杂多了，是近代力学研究的一个重要方向。曹志远早年从事过地下防护工程、海洋平台、航空结构分析研究。后来涉及的许多重大工程都有一个学术难点：结构与介质的相互作用。为此，他在 20 世纪 80 ~ 90 年代曾对这一研究方向开展了系统、深入的学术研究。

曹志远首先要找到问题的切入点，那就是寻找攻克相互作用问题数学上方程联立求解难点的方法与手段。他发现，用现有应用数学方法求解结构与介质的多维、高次、偏微分联立方程解几乎是不可能的；而用现有数值方法（主要是有限元），由于涉及区域大，而且介质是无限的，其工作量十分巨大，并存在“有限元”不能真正解决“无限”问题的难点。对此，他曾付出巨大努力，日夜思考，寻找突破点，终于开创与建立了一种求解结构与介质相互作用的有效方法与工具“半解析无限多相组合单元”。该方法要点在于：对耦合在一起的结构与三维无限介质一起分割为一维离散单元，而包括无限方向在内的另二维是引入解析函数，而且沿无限方向的解析函数事先已满足介质与结构界面的协调条件以及在无限远处的收敛条件。显然，这种半解析组合单元可以做到：将三维耦合无限问题化为一维解耦有限单元计算问题。这是一种解决结构与介质相互作用的普遍有效工具；同时，这在学术上也是一种创新，因为此前尚未有一种单元是包含多相介质的。

曹志远及其助手们对于这种方法进行了大量科学实践，先后在国内外 28 种学术刊物正式发表包括结构与地基、围岩、流体、气体相互作用学术论文 40 余篇；这在学术界引起相当关注，他被推举为六个学会联合召开的全国首届结构与介质相互作用学术会议组委会主任，并在会上作了这一成果的大会报告，同时任正式出版的 189 万字文集的主编；这一方法及其工程应用于 1996 年获国家教委科技进步奖。

后来，曹志远进一步提出凡在“数学上具有不同控制方程间耦联特征”的力学分支均属于“耦合力学”范畴的观点，并提出工程耦合力学应包括结构与地基、围岩、结构与流体、结构与气体、结构与结构、力学与其他学科间耦合五大类。“耦合力学”作为力学学科的一个新分支，已逐渐为力学界所认同，在郑哲敏院士倡议下，中国力学学会专门成立了流固耦合力学专业委员会，曹志远连续两届（1996～1999，2000～2003 年）被任命为该专业委员会副主任；在 1997 年中国力学学会“现代力学与科技进步学术大会”上发表了综述性论文《工程耦合力学的应用与发展》。此外，他又在校内首次开设了耦合力学博士学位课程及工程力学博士生专业研究方向，曾连续讲授耦合力学学位课程 14 年。

（四）超级元法与细观元法

曹志远不但是在计算力学领域辛勤耕耘 40 年的一位专家，而且也是中国最早接触有限元的计算力学工作者之一。他和有限元打了三四十年交道，获益匪浅，解决了许多原来根本无法解决的问题；但和有限元接触多了，也深知其存在的一些不足。其中之一即对于复杂结构（如土木工程中高层框架、剪力墙结构以及众多刚架、桁架、网架、塔架、箱式结构等），它们含有成千上万（甚至几十万）构件，采用有限元分析必须对每个构件再进行离散、划分单元及设置结点与自由度，可以想象整个结构的计算自由度十分庞大，这成为成熟的有限元计算软件直接进入一般工程技术人员的设计环节的一个较大障碍。曹志远不但是一位计算力学专家，同时也是一位资深的固体力学工作者，他深知无论结构多么复杂，众多构件的集合体是起着整体承载（承弯、承剪、承扭、承拉压等）特性作用的。多年计算力学工作经验加上这一重要力学理念，并经不断研究与开发，他逐步完善了复杂结构分析的“超级元法”的基本思想。

超级元法的基本做法是：①按复杂结构整体剖分为若干“超级元”和相应自由度；②超级元中含有众多的内部构件，对每个构件进行力学分析，建立构件自由度；③应用结构整体承载而建立起来的构件间协调条件，形成构件自由度向超级元自由度转换的转换矩阵；④按超级元自由度上机计算（因此计算工作量极少）；⑤由算得的超级元自由度解，再通过转换矩阵，用矩阵相乘即可求得各构件自由度值及构件内力力学量。

自20世纪90年代初以来的十几年时间，曹志远及其学生们为此开展了大量学术研究工作，逐步完善了该方法的理念与原理，并对应用于桁架、框架、网架、塔架、高层建筑、大跨桥梁、电视塔、大型运输工具等进行实践研究，取得了巨大效果。原来用一般有限元法需几万、几十万自由度的问题可简化到几百、几千自由度的计算，而仍能详细给出内部成千上万个构件的内力分布（例如，整架飞机分成11个超级元，整个轮船船舱分成八个超级元即可完成相应分析）。他们在国内三本著名力学刊物上发表过相关综述文章，并五次参与国际学术会议［香港（1991），新加坡（1992），大连（1992），日本（1994），杭州（1994）］，其中包括第三届世界计算力学大会（*Proceedings of WCCM Ⅲ* 1994年第2卷）。超级元法整体离散、计算与构件力学分析相结合，具有计算量极少，又能给出构件详细力学量的优点、特点，引起学术界与工程界，特别是工程设计师们的关注与欢迎。从此，在力学与工程界有许多学者与工程师开始从事超级元法研究与应用工作（如上述的飞机，轮船计算），成为工程计算的一种实用新方法。这中间，国家自然科学基金委员会数学物理科学部（批准号：19072049）和工程与材料科学部（批准号：59278315）曾两次予以资助。其系统创新成果于1996年获国家教委科技进步奖奖励。

曹志远的主动创新意识贯穿始终。他根据“超级元法”理念的推广又创建了具有复杂细观结构新材料分析的“细观元法”，即整体材料的离散、计算与材料细观结构组成体力学分析相结合，来达到新材料构件整体计算可给出微、细结构力学量的目的，成为宏、细、微观跨尺度分析的一个有力工具。他在这方面研究曾深入到具有微、细观结构构造的各类新材料，如复合材料、夹层与层叠材料、钢板混凝土、钢纤维混凝土、钢板–塑料夹芯保温材料以及功能梯度材料等，均显示了其良好性能。而且，他又应用了细观元法这一有力工具，较好地解决了一系列具有微结构新材料跨尺度分析的学术难题，如细观反分析，微结构的可控性设计，细观破坏过程分析，微结构优化设计，由材料组分直接计算宏观响应，材料内部气泡、杂质及组分突变对宏观性能影响等。特别是采用细观元法实现了基于金相图片输入的新材料构件计算机分析（《科学通报》2007 年第22 期），这属于美国力学学会21 世纪力学学科发展目标之一（*Comp. Meth. Appl. Mech. Eng.*，2003，P913）。他这方面工作成果还被应用于完成有关功能梯度新材料关键力学问题的国家自然科学基金重点项目，取得很好成效。

曹志远深厚的学术功底和敏锐的直觉使得他在针对工程实际问题提出新思路、新方法方面总能领先一步。“超级元”与“细观元”，一个用于高、大外形的工程结构；一个用于具有细、微构造的新型材料，初看两者有天壤之别，但他运用一贯的主动创新精神和勤奋、严谨的科学态度，在同一学术思想下得到完美统一。

（五）施工力学与时变力学

工程与科技发展，在 20 世纪基本解决了工程结构物本身分析的有关方法和技术，这种分析是基于设计图纸上的完整（竣工后）结构物。但工程构筑物的建设有一个漫长施工过程，这期间有一个不断变化着的不完整（施工中）结构承受不断变化的施工荷载的受力过程。因此近代工程建设提出一个在设计中不但要考虑我们需要建造的工程结构物本身，同时也需涉及其施工或形成过程中，不同阶段中间产物及其动态与相互影响问题，这就是工程力学一个重要的学科分支——施工力学。

曹志远近十几年来，以大量心血和毅力开发与发展这一在理论与应用上都还相对薄弱的学科分支。他曾提出土木工程施工力学十大基本课题；施工分析的力学、数学基础；施工力学分析的数值方法以及工程分析的施工力学效应等基本问题与主要理念，并作了系统阐述（《土木工程学报》2001 年第 34 卷第 3 期）；曾在国内主要力学刊物刊登五篇这方面的综述文章，其中包括《土木工程分析的施工力学方法》、《土木工程分析的施工力学与时变力学基础》、《施工力学与时变力学的数值分析》、《时变力学及其工程应用》、《近代重大工程分析中的关键力学问题研究》等，并和同事们一起将有关分析方法及技术用来解决大量工程施工中的实际问题。

曹志远的大量工程实践及其深入理论研究发现，施工力学分析不应停留在目前大多还是采样其中几个施工工况进行常规力学分析的阶段，而是要计入分析对象几何形状及边界条件动态变化引起的时效，即以时变力学为基础来进行施工力学分析，从而使施工力学研究进入一个完全崭新和科学、严密、深入的阶段。因此他在后来的几年里，全力以赴地进行时变力学基本理论与方法及其在施工力学分析中应用的学术研究，取得相当大的进展，主要学术成就包括下列几个方面。

（1）建立起时变力学较为系统的理论基础。提出了线弹性、黏弹性、非线性、热弹性、物性时变力学及时变动力学六个分支的一般性三维基本控制方程（《现代力学与科技进步》1997 年）；时变力学的数学特征：由原来常系数偏微分方程（组）提升到变系数偏微分方程（组）（《土木工程学报》2001 年第 3 期）；时变力学八方面研究内容（《力学与实践》1999 年第 5 期）及时变力学的数值方法（《计算力学学报》1997 年增刊）等内容。

（2）开发了若干有效的时变力学新解法。其中包括黏弹性时变力学的对应性原理一般解（《力学学报》2000 年第 4 期）；时变动力学的 Legendre 级数解（《固体力学学报》2000 年第 2 期）；基于网格时变的时变单元法（《固体力学学报》2002 年第 1 期）；时变结构分析的拓扑有限元法（*Communications in Numerical Methods in Engineering*，2004）等。

（3）指出了施工分析的原有施工力学方法与时变力学方法的本质差别在于：严格的时变力学方法基本方程是含时间变量的变系数偏微分方程；而原有施工力学方法的做法相当于变系数中时间变量只取几个定值，从而简化为解几个特定的常系数偏微分方程，这在有的情况下将会产生较大偏差，甚至错误的结果。

（4）发现并在理论上证明了施工分析存在三大时变力学效应：①时变效应，取施工过程中若干瞬时状况进行一般力学分析结果不同于时变力学分析在这几个瞬时的解；②速度效应，同一施工路径，但施工速度不同，其解也不同；③施工路径相关性，同一竣工结构，若施工路径不同，其竣工结构的最后力学状态是相异的。另外，提出了这三个时变力学效应产生的充要条件为：施工对象或分析内容为非线性的，或是与时间相关的问题（如黏弹性、非稳态热弹性、动力学等）。

三、严谨治学，善育英才

曹志远不仅在学术上始终驰骋在众多学科领域前沿，还倾注了大量的精力培养了一大批人才，已指导了 30 余名研究生，其中大多为博士生。他治学严谨、严于律已，对学生的要求也极为严格。作为曹老师的学生之一，笔者在读时在较长时间内也感到压力很大，但在即将完成学位论文之际，却深切领悟到曹老师平时严格要求的同时，更多的是对学生的关切和真情，以及对学生的高度责任感。

曹志远很重视学生的独立思考，善于启发学生的创造性思维，注重学生能力的培养。他对学生培养的每个环节都十分重视，学生入学不久就针对学生的特点及专业研究方向培养要求，制定出详细的培养计划；即使在文献阅读、开题报告阶段，也是亲临指导，严格要求；他要求自己和每位研究生的接触，每周不少于一次；尤其是对学生的学位论文工作的每个环节都严格把关，对论文中的每个细节都仔细审阅、反复推敲。他以自己严谨务实的科学态度，勤奋创新的工作作风和为科学事业献身的精神影响和教育着每一位学生。他培养的研究生努力踏实、品学兼优，曾十几人次获得九三、光华、星火等奖学金，其中一名博士生成为学校首批获九三奖学金的二名博士生之一。这些研究生在读期间曾正式发表学术论文近百篇；他培养的第一位博士生就因优秀的博士论文，毕业后被美国加利福尼亚大学的一个研究所录用；另外，他培养的学生中有五位已是博士生导师，两位是市级设计院的总工程师。

理论研究注意结合工程实践是曹志远治学的又一特点。他的研究生的学位论文涉及上海地铁、铁路隧道、高层建筑施工、市区工程活动危害与防治、地下结构破坏机理、大型客机隔振措施、复合材料构件可控性设计、功能梯度新材料的识别与优化设计等工程问题；同时还注意向力学新领域渗透，并涉及前沿的基金课题，如相互作用机理、半连续半离散方法、时变力学、宏细观跨尺度分析、破坏反演、流固耦合、接触与提离等。因此他的研究生毕业后在工作单位大都成为技术与学术骨干，深获用人单位好评。

曹志远博采众长，开拓创新，善于把学科前沿最新科研成果及时融入到他的讲课内容中去。20余年来他已先后40多次主讲过六门研究生学位课程，其中，研究生课程半解析数值方法和博士生学位课程耦合力学等当时在国内尚属首次。他编著的几本研究生教材在全国高校中深获好评，曾先后获高校优秀教材奖一、二等奖及先进指导教师一等奖和上海市隧道、三建奖教金。

四、曹志远主要论著

曹志远，杨昇田. 1978. 对矩形厚板动力分析精确解一般表达式的探讨. 科学通报，23（10）：627-632.

曹志远，杨昇田. 1983. 厚板动力学理论及其应用. 北京：科学出版社.

曹志远. 1984. 复合板件的等效非经典理论解. 固体力学学报，（4）：477-490.

曹志远，张耀勤. 1985. 有限厚条法及其应用. 固体力学学报，（2）：263-270.

曹志远，张佑启，翟桐. 1985. 结构——外流体动力相互作用分析的半解析方法. 力学学报，17（5）：389-399.

Cao Z Y, Cheung Y K. 1985. A semi-analytical method for structure-internal liguid interacton problems. Appl Math Mech, 6（1）：1-8.

Cheung Y K, Cao Z Y, Wu S Y. 1985. Dynamic analysis of prismatic structures surrounded by an infinite fluid medium. Earth Eng Struct Dyn, 13（3）：351-360.

曹志远. 1989. 板壳振动理论. 北京：中国铁道出版社.

Cao Z Y, Cheung Y K, Qu C J. 1989. Coupled analysis of elastic plate- infinite nonhomogeneous layered medium. Acta Mech Solida Sin, 2 (4): 415-422.

Cao Z Y, Zhu J X, Cheung Y K. 1990. A semi- analytical boundary element method for scattering of waves in a half space. Earth Eng Struct Dynam, 19 (2): 1073-1082.

Cheung Y K, Cao Z Y, Shu J X. 1991. Transient response of cylindrical shells with arbitrary shaped sections. Thin Wall Struct, (11): 305-318.

曹志远，张佑启 . 1992. 半解析数值方法 . 北京：国防工业出版社 .

曹志远，刘永仁，周汉斌 . 1994. 超级有限元法及其在结构工程中的应用 . 计算力学学报，11 (4): 454-460.

曹志远 . 2000. 时变固体力学的粘弹性解 . 力学学报，32 (4): 497-501.

Cao Z Y, Zou G P, Tang S G. 2000. Legendre series solutions for time- variation dynamics. Acta Mech Solida Sin, 13 (1): 60-66.

Cao Z Y, Liang G, Tang S G. 2004. Topological FEM method for the analysis of time-varying structures. Comm Num Meth Eng, (20): 807-817.

Cao Z Y, Wang H N. 2007. Free vibration of FGM cylindrical shells with holes under various boundary conditions. Jour Sound Vib, 306 (1): 227-237.

Cao Z Y, Tang S G, Cheng H M. 2008. Mechanical analysis of functionally graded plates based on the input data of metallographic diagrams. Chinese Science Bull, 53 (9): 1294-1299.

Cao Z Y, Tang S G, Cheng G H. 2009. 3D analysis of FGM plates with complex shapes and various holes. Appl Math Mech, 30 (1): 13-18.

主要参考文献

杨文忠，王国治，章思亚 . 1993. 中国地震科技人名录（2）. 北京：地震出版社 .

王生洪 . 1994. 上海高等教育系统教授录（续集）. 上海：同济大学出版社 .

林章豪 . 1996. 同济大学教授录 . 上海：同济大学出版社 .

郭富根，王子成，赵云 . 1997. 专业集萃育人楷模 . 上海：上海科学技术文献出版社 .

撰写者

唐寿高（1952～），上海人。1977 年毕业于同济大学；1985 年获同济大学计算力学硕士学位；师从曹志远于 1997 年获固体力学博士学位。现任同济大学航空航天与力学学院教授，博士生导师。曾为英国曼彻斯特理工大学（UMIST）访问学者，加拿大英属哥伦比亚大学（UBC）客座研究员，澳大利亚悉尼大学访问教授。研究领域为计算力学与土木工程力学。

姚振汉

姚振汉（1939～），江苏常熟人。清华大学教授，计算固体力学家。1962年、1966年清华大学固体力学本科和研究生毕业，之后留校任教。1984～1986年在联邦德国洪堡基金会资助下于波鸿鲁尔大学合作研究期间获得工学博士学位。1989年晋升清华大学教授，曾任工程力学系固体力学研究所所长，2003年退休，2009年最后两名博士生毕业，仍始终坚持研究工作至今。20世纪70年代从事汽轮机叶片振动等密切结合工程的研究，参与课题先后获得北京市、水利电力部、第一机械工业部科技进步奖二等奖。1979年作为中国工程中边界元法创导者杜庆华先生的主要合作者开始从事边界元法研究。1990年前后作为第二获奖人获得国家教委科技进步奖二等奖和一等奖。20世纪90年代参与结合航天工程的研究，获得国防科学技术奖一等奖、航天工业总公司科技进步奖二等奖。在计算力学研究方面，边界元法的研究坚持30余年，从常规边界元法的理论、方法到快速多极边界元法，以及边界型无网格法，取得了一系列成果，得到国际国内同行较高评价。作为大学教授，始终坚持在教学第一线，自觉起到研究生教育承上启下的作用。曾任中国力学学会、中国振动工程学会理事、常务理事，中国力学学会两届教育工作委员会主任、两届计算力学专业委员会副主任，现仍任北京力学会理事长。

一、师从名家甘当人梯

姚振汉，1939年4月10日出生于江苏常熟。当时是在日本铁蹄之下。父亲抱着爱国情怀，按照“仍还炎汉鼎新”给三个儿子起名：依次名为振炎、振汉、振新（振新后来改成了振中），仍、还、鼎作为乳名。姚振汉从小努力学习，成绩优异，1956年考入清华大学，1962年经考试录取为首届研究生，师从黄克智先生。

姚振汉本科期间曾被分到为系里拟建的航空航天大型实验室培养人才的一个小班，学了许多自动控制、电工电子方面的课程，高年级的力学专业课反而匮乏。考上黄先生的研究生之后，他决心不仅要发挥自己实验方面的强项，还要学习导师理论方面的专长，因此把论文定为理论与实验相结合的方向。在课程学习阶段，黄先生借给他几本学习薄壳理论的笔记，令他佩服得五体投地。他把整本笔记抄录下来，仔细体会，并总结出自己的心得。一年的课程学习阶段，通过弹性力学和板壳理论两门课程的自学，他终生受益，不仅深入学习了课程内容，而且培养了严谨的学风。从此养成习惯，遇到一个学术问题首先把基本概念理清，重要的公式都要亲自推导。他后来在研究叶片振动时以及在德国做博士论文时都得益于从黄先生那里学到的理论方法。也正是由于在黄先生严格要求下打好了基础，直到现在做课题时还能跳出他人已有工作的框框，提出新的更合理的模型和计算方案。如果没有当黄先生研究生的这段经历，他的专业方向完全是不一样的，也不可能胜任他后来承担的那些工作。

研究生即将毕业的时候，姚振汉被要求先去农村参加“四清”运动，接下来“文化大革命”就开始了。当时不仅没有条件马上将学到的知识本领用到国家的建设发展中去，而且整整六年多连翻开专业书籍的机会都被剥夺了。1971 年从江西农场返校之后，他才开始可以做一些结合工程的课题。最初参加过杜庆华先生负责的葛洲坝水轮机空心大轴强度研究的课题。后来把他调到了振动组，在叶片振动方面取得了一些研究成果，1977 年曾获北京市先进科技工作者奖励。

1978 年杜先生根据国际学术界的发展动向，创导在计算力学方面开展边界元法研究，问姚振汉有没有兴趣参加。他查阅了一些文献，也觉得这个领域很值得研究。他同时看到，杜先生很早就提出要开展有限元法研究，但由于当时没有助手，过了几年就落到其他单位后面去了，觉得这种情况不应在边界元法方面重演。因此就决定和杜先生一起开始研究边界元法。他当时也没有想到，这一合作就坚持了十多年，而且之后他又继续坚持在此领域深入研究下去，成为一生主要研究领域。姚振汉和杜先生长期接触，学习到他始终坚持查阅国际国内学术文献，从而启发紧跟发展动向的创新精神，学习到他坚持研究密切结合工程实际，培养研究生时充分考虑到他们将来工作去向的指导思想，以及和国内外同行广泛交流合作的作风。这些年他从协助杜先生指导博士生到自己当博士生导师，而且在组织边界元国内国际学术交流、参与北京力学会的工作等方面都继承了杜先生所开辟的空间。

姚振汉和张维先生的直接接触要少一些，但是当系里确定公派他出国深造后，张维建议派他去德国，并推荐他申请洪堡基金。张维还借去德国的机会专门在途中约见了有限元法的创始人之一 J. H. Argyris 教授，向他推荐姚振汉去做由洪堡基金会资助的研究。虽然后来基金会没有批准他去那里，而是推荐他和 W. Wunderlich 教授联系，但是张先生对他的关心，使他终生难忘。姚振汉当固体力学研究所所长期间，张先生还经常提供一些他所掌握的国际上力学结合工程的重要领域的资料。

W. Wunderlich 教授是姚振汉洪堡学者期间的合作导师，这种研究本身已经是博士后研究。当时他一方面考虑到自己在国内上了六年制本科、三年制研究生却没有获得任何学位，同时为了亲身体验一下德国对于工学博士的要求，就申请了在洪堡学者期间攻读博士学位。提出申请时他已经在德国将近一年，W. Wunderlich 教授根据对他的了解，帮了很多忙，把申请手续办了下来。姚振汉在不到一年时间完成了论文工作，教授又破格同意他回国前答辩，使他在 1986 年回国时就拿到了工学博士的学位证书。W. Wunderlich 教授是按照德国标准有丰富工程实践经验的教授，他的研究工作密切结合工程实际，同时又紧跟有限元法研究的国际前沿。在德国的这段经历大大提高了姚振汉使用计算机、编程、调试的能力。在他退休到不带研究生之后仍能做第一线的计算力学研究工作，就得益于在德国期间的锻炼。

由于“文化大革命”的影响，中国的科技水平与国际先进水平拉大了差距，人才培养出现了断层。摆在姚振汉这代人面前的任务就是如何缩小差距，使他们培养的学生赶上国际先进水平。他们自身与国际上同龄的同行专家相比至少差了十几年，但是他们希望培养的学生能和发达国家培养的学生尽快站到同样的起跑线上。基于这样的认识，他在工作中始终坚持在教学第一线，承担了超额的课程教学和研究生培养的教学任务。在担任固体力学教研组主任、固体力学研究所所长的十来年中，他尽力多承担费时的行政管理工作，给三届年轻的副手腾出更多时间，支持他们有更多从事研究和出国合作的机会。他们先后被推荐为“长江学者”特聘教授，在后来的工作中都发挥了比他更大得多的作用。

二、边界元法研究三十年磨一剑

在计算固体力学研究中，姚振汉和他的合作者和研究生投入时间最长、最为系统深入的是边界元法的研究。如上所述，最初是作为杜庆华先生的主要合作者，于 1979 年开始边界元法基本理论、方法及其工程应用的研究。

第一阶段是 1979 ~ 1984 年赴德国合作研究之前，这是起步阶段。在前人已有工作的基础上，对于几种常见固体力学问题边界积分方程的建立，姚振汉总结出通过核函数的扩充，包括核函数的叠加、积分、微分或者叠加其他辅助函数，来派生出一些适用于各种特殊问题的直接法边界积分方程，其中包括：具有对称性的问题、各种回转体问题、薄板弯曲、裂纹问题、半平面和半空间问题等。1982 年杜先生和他在《固体力学学报》发表了《边界积分方程-边界元法的基本理论及其在弹性力学方面的若干工程应用》，这是国内第一篇比较系统介绍边界元法基本理论和应用的文章。同时随杜先生在《固体力学学报》专门组织的讲习班上向国内同行将这种方法作了系统的介绍，推动了国内相关研究的开展。其中他的主要贡献在于利用上述基本解扩充的思想，通过基本解的积分研究了变截面圆轴扭转问题的边界元法，并指导研究生将这种方法扩展到回转体轴对称和纯弯曲问题。同时指导研究生通过基本解的微分来解决边界积分方程数少于边界节点未知量数的问题，建立了薄板弯曲问题自由边处一种含有超奇异积分的高精度边界元，对于超奇异积分采用多组特解来间接确定。当时也设想用类似的方法来克服裂纹表面处独立的边界积分方程数少于未知量数的问题，提出用偶极子型基本解来构造补充方程求解裂纹问题，避免采用沿裂纹尖端切开分成子域求解带来的不便。但是当时没有找到计算涉及的超奇异积分的方法，因此没有完成此项工作。姚振汉从研究边界元法的起步阶段开始就认识到，边界元法是在有限元法的启发下提出的，而其发展不可避免地受到有限元法的制约，边界元法在固体与结构力学领域是有限元法的重要补充，但只有当它对某类问题证明显著优于有限元法时这种补充才有实际意义。

第二阶段是 1986 年从德国回国后到 1990 年前后，姚振汉当时继续作为杜先生的主要合作者，结合国家自然科学基金重大项目“机械结构强度与振动”的子课题“机械结构不连续区应力分析”，开展了“边界元法和边界元-有限元耦合法及其在弹塑性应力分析中的应用”研究。该项研究于 1989 年获得了国家教委科技进步奖（甲类）二等奖，主要学术成果于 1990 年发表在《固体力学学报》英文版。其中姚振汉的主要贡献在于：对于各类弹性力学问题发展了高精度的边界元法，可以精确分析机械结构不连续区的应力集中；考虑到当时计算机计算能力有限，发展了一种链状子域边界元算法，对于狭长区域的问题可以有效提高计算效率；为了充分发挥边界元、有限元各自的优势，对于各种耦合方案进行了较系统的研究（这方面，研究组的岑章志做得更多）；此外对于边界元法中边界变量和近边界变量的确定进行了深入研究，并提出将域内连续场变量趋于边界的极限和相应的边界给定量之差作为误差的一种直观度量。综合前后十多年的边界元法相关研究成果，1991 年“边界积分方程-边界元法的基本理论及若干工程应用”获得了国家教委科技进步奖（甲类）一等奖。这一阶段，杜先生开始组织了一系列国际国内边界元法学术会议，其中包括：1986 年在北京召开的国际边界元法学术会议，1987 年开始每三年两次轮流在日本和中国召开的中日双边工程中边界元法学术会议，以及 1985 年开始每三年一届的全国工程中边界元法学术会议，除 1985 年姚振汉不在国内之外，他都协助杜先生做好组织工作。

第三阶段是 1992 ~ 1999 年，1992 年姚振汉被正式批准为博士生导师，之后他指导了更多的博士生和硕士生。不过直到1998年毕业的他指导的九名博士生都是杜先生的学生，他是副导师。这一时期，他指导研究生承担了较多的航天等工程项目，但有一半博士生和部分硕士生将边界元法的深入研究作为学位论文选题。他指导他们研究了平面及轴对称弹性和弹塑性接触问题的边界元法、非均匀介质波动问题的边界元法和随机边界元法、双材料界面裂纹问题的边界元法、弹性体中缺陷识别反问题的边界元法、基于误差直接估计的边界元自适应计算、结构形状优化问题的边界元法等，这些研究都试图探索在各类问题中边界元法和有限元等相比其他方法的优越性。此外，由硕士生研制了平面弹性问题边界元分析的前后处理软件，还针对当时工程界有人还相信光弹性实验而怀疑数值分析结果，专门研究了平面光弹性实验的边界元模拟，以便展示边界元法实际应用中的高精度特点。这期间有限元商用软件在中国已经逐渐普及，在工程设计分析中得到广泛应用，而边界元法不能解决大规模问题的瓶颈似乎难以解决。这个时期，中日双边边界元法学术会议继续举行，一共举行到8次，其中最后两次是由姚振汉接替杜先生作为中方的会议负责人。全国工程中边界元法会议也一直如期召开，从1997年的第五届开始也由他接替杜先生作为该系列会议的负责人。

第四阶段是2000年至今，当时姚振汉已经年过60，而且2003年10月就办理了退休手续，但是对于他的边界元法等研究工作却是黄金阶段。2000年他在美国参加的国际计算与实验科学工程大会（ICCES）和世界力学大会（ICTAM）上都听到了快速多极边界元法用于大规模计算的令他振奋的报告，回来就开始组织博士生开展这方面的研究。2002年在由他主持、在北京召开的第三届国际边界元技术学术会议上发表了他们在二维弹性力学和薄板弯曲问题方面快速多极边界元法的文章，之后陆续在国际重要期刊发表了一系列有关快速多极边界元法的论文，包括：含大量夹杂的二维弹性固体的快速多极边界元法，三维颗粒增强复合材料机械特性的快速多极边界元大规模分析，二维弹性力学多域问题快速多极边界元法的预条件处理问题，快速多极边界元并行计算及其在三维纤维增强复合材料大规模分析中的应用，用快速多极边界元法分析含大量微裂纹的固体，疲劳裂纹扩展的快速多极对偶边界元分析，三维Stokes方程的快速多极并行积分方程方法，二维弹塑性问题的快速多极边界元法等。有关成果在境内举行的小型电算机与工程计算方法的教育、应用及推广国际会议（EPMESC）和在美国举行的ICCES上均应邀作了大会特邀报告。此外他的学生张见明和他提出了一种新的边界型无网格法，称为杂交边界点法，并把它用于二维、三维位势问题和弹性力学问题等。他和其他许多中国大陆从事边界元法研究的作者一样，原来在国际著名期刊发表论文较少，在国内期刊或国际会议、全国性会议发表了就认为已经发表了。21 世纪以来这种状况有明显改变。他退休前后的 2000 ~ 2006 年，中国学者发表的 SCI（科学引文索引）收录的边界元论文增加到国际上的 11%，按单位计算，清华大学以 72 篇名列第一，其中，姚振汉以 25 篇名列中国大陆第一，国际第 14 名。和其他从事快速多极边界元法研究的国际同行相比，他们工作的突出特点是在发展快速多极边界元法时充分考虑了常规边界元法的研究经验，因此强调了在一些情况下采用二次单元的必要性，而一般作者为简便起见都只采用常值单元。在 2009 年他的最后两名博士生毕业之后，姚振汉已经不可能发表太多论文了，但是他还继续亲自研究，或和原来的学生合作，或指导他原来学生的学生将有关研究深入开展下去。例如，在 2009 年发表了关于弹性动力学的一种新的边界积分方程和有效的时域边界元方案的论文。2010 年他和原来的学生王海涛一起，在国家科技图书出版基金资助下出版了《边界元法》的教科书，总结了 30 多年边界元法和快速多极边界元法研究的成果和经验。不过他把更大的希望寄托在他原来的一些学生和其他年轻的研究工作者身上。并且指出边界元法和快速多极边界元法发展的当务之急是在实际工程问题中找到边界元法和快速多极边界元法优于有限元等其他方法的领域，并研制便于工程应用的精确、高效、易用的软件。否则研究只能止于论文，就没有多大实际价值了。在举行了 8 届中日双边工程中边界元法学术会议之后，根据双方商定改名为亚太国际工程计算方法学术会议（ICOME），从 2003 年每三年一次重新举行，中日两国还是核心成员，姚振汉担任中方负责人，第一次会议在日本召开，第二、三次均在中国召开。全国工程中边界元法学术会议则逐步扩大为工程中边界元、无网格等计算方法学术会议，仍为三年一届，由姚振汉担任会议主席。2002 年还在北京承办了第三次国际边界元技术学术会议，姚振汉与系列会议负责人英国的 Aliabadi 教授担任两主席。多年来，系列会议也扩大了中国边界元法研究在国际同行中的影响。从 2009 年开始，姚振汉担任了国际上唯一的边界元法期刊 *Engineering Analysis with Boundary Elements*（*EABE*）的地区编辑，并受主编委托，从 2010 年末开始负责处理该刊的部分稿件。

三、培养学生，重视工程

如上所述，姚振汉从事研究工作是从 20 世纪 70 年代密切结合工程的研究开始的。首先参加了杜庆华先生负责的葛洲坝水轮机空心大轴强度问题的理论与实验研究课题。之后开门办学到了北京重型电机厂，刚好配合他们研制单缸十万千瓦汽轮发电机组开展了有关末级扭曲长叶片振动和强度问题以及末级整圈松拉筋叶片振动的研究。1977 年以“汽轮机扭曲叶片的渐进分析”代表清华大学的年轻教师参加了北京市科技大会并获得北京市先进科技工作者奖励。此外，他和北京重型电机厂等单位的工程技术人员一起参加了第一机械工业部、水利电力部联合组织的汽轮机叶片振动强度安全准则制定小组，提出了叶片的动应力及动强度判别准则，被采用作为编制准则的理论依据，后写入准则编制说明，并被采用。1980 年前后，准则制定小组的工作先后获得第一机械工业部、水利电力部科技进步奖二等奖，参与的北京重型电机厂单缸十万千瓦汽轮机研制也获得北京市科技进步奖二等奖。这是他研究生毕业十多年、经历“文化大革命”之后最初取得的研究成果。他在和工程技术人员一起工作中，向他们学习了很多工程知识和经验，也体会到掌握的力学知识对于工程实际是十分重要的。

1979 年之后，姚振汉作为杜先生的主要合作者，在协助杜先生指导研究生的过程中，经常听到杜先生谈到，培养研究生要考虑到他们毕业后的去向，不能仅安排他们做一个很窄方向的研究。在德国合作研究期间，看到德国的大学里培养工学博士也强调独立从事研究工作能力的全面培养，他们大部分后来申请博士学位者的身份并不是博士生，而是教授研究组的科研、教学助手。他们首先要承担科研任务，其中主要是密切结合工程或有重要工程应用前景的研究任务。他在后来培养研究生的过程中也特别注意这一点。

20 世纪 90 年代姚振汉有较多研究生之后，除部分研究生从事前面提到的边界元法研究之外，还有一半以上的博士生和大部分硕士生选择其他有重要工程背景的应用基础研究课题。例如，结合航天捆绑火箭研究结构动力学计算方法，研究蜂窝夹层壳的静动力分析，根据非完整模态信息进行结构动力模型识别，研究空空导弹发射过程的数值仿真。2000 年前后参加的航天结构动力学项目获得航天工业总公司科技进步奖二等奖。有些研究生学位论文的选题是边界元法或者其他应用基础课题，例如，结构损伤缺陷识别等反问题，但在校期间还要熟练掌握工程设计分析中常用的各种有限元分析软件，并参加来自工程实际的课题研究工作。例如，有些同学参加了运载火箭移动发射平台的数值分析工作，和工程技术人员密切配合，首先向他们虚心学习，然后发挥自己学到的知识，完成了对设计的静动力校核计算，并配合设计修改反复进行了有限元分析。他作为该项目的主要参加者获得了国防科学技术奖一等奖。参加项目的学生虽然由于名额有限没有获奖，但是积累了完成工程项目研究任务的实际能力，对于毕业后到工程部门工作具有十分重要的意义。例如，其中一位现已担任载人航天总体部某系统的副总工程师。

力学属于技术科学学科，介于自然科学与工程技术之间。国际上美欧各国大学中力学系很少，力学专业的本科也不多。许多国际知名的力学家都工作在各个工科院系，姚振汉在德国获得的工学博士学位就是在土木工程系获得的。中国建有很多力学系或工程力学系，学生和研究生毕业后去向的主流应该是与力学密切相关的各个工业部门，真正从事力学基础理论研究的只是很小一部分。因此他一贯要求他的博士生和硕士生，要重视工程，尊重工程技术人员。在校期间和工程部门合作时要求他们虚心向工程技术人员学习，同时将自己学到的力学知识很好地为工程服务，并不断提高自己为工程服务的能力。同时还要求他们在毕业后到工程部门工作时首先要向单位的工程技术人员学习，掌握有关工程的基本知识和工程经验，然后才能更好地发挥自己的长处，为中国经济建设和国防建设发挥更大的作用。使他感到欣慰的是，他的博士生、硕士生中没有表现出看不起工程的。

同样令姚振汉十分欣慰的是，在他培养的32名博士中，1999年之前毕业的10名（其中9名他是副导师）有6名在国外工作，而之后的22名只有1名在国外。在国内，13人在高校，9人分别在航空航天、汽车、道桥、石油等部门，另有2人在计算机网络和应用软件部门。他相信他们在各自岗位上能干得比他更好。

在研究方面，姚振汉的主要成果大部分都是和他历届的博士生、硕士生，还有博士后以及曾经协助他指导过博士生的年轻同事一起取得的。至今一共发表论文430多篇，其中，国际期刊54篇，国内期刊145篇，国际会议120多篇，国内会议100多篇。被SCI收录76篇，SCI引用500多次。他的最主要研究成果集中在边界元法方面，但是由于边界元法在和有限元法竞争之中，已有的工作虽然显示了边界元法高精度且能进行大规模计算的优点，但还没有在重要工程领域得到公认，因此除先前随杜先生一起报奖之外，虽然后来的深度、广度远远超过之前，但他从来没有考虑过报奖，而只是通过一本教科书把主要成果奉献给了读者。

在教学方面，姚振汉长期主要担任力学专业研究生的专业基础理论和计算力学方向课程的教学，退休前最后几年同时承担了全校工科专业的弹塑性力学课程教学。他认识到听讲的工科专业的研究生，实际上有很多将来会是国家一些重要工程项目的领头人，不能因为他们原来力学课程学得不多而把课程简单开成低要求的少学时课程。工科学生需要具备的知识和能力往往比力学专业更具综合性，因此也要根据他们将来肩负的责任来开设弹塑性力学一类课程。力学的基本概念一定要求掌握清楚，要使他们掌握有关力学模型的建立、建模中采用的合理简化，要让他们知道线性化等条件不能满足时会出现复杂情况。对此类复杂情况即使不会处理，也知道将来遇到时要进一步学习或找人合作。对于建立的力学数学模型要了解求解方法，基本的解析解法需要了解，但不必要求过高，必须掌握数值方法的基本原理，并了解数值方法是解决工程中复杂力学问题的主要手段。他还反复强调分析结果需要验证。他很欣慰的是，这种教学理念已经由原来和他合作的岑松教授很好地发扬下去了。

四、姚振汉主要论著

姚振汉 . 1978. 汽轮机扭曲叶片的渐近分析 . 清华大学学报（自然科学版），(1)：1-17.

杜庆华，姚振汉 . 1982. 边界积分方程-边界元法的基本理论和若干工程应用 . 固体力学学报，(1)：1-22.

Du Q H，Yao Z H，Song G S. 1984. Solution of some plate bending problems using the boundary element method. Appl Math Model，8：15-22.

Yao Z H. 1986. Ringelemente für elastische Rotationsschalen unter instationärer thermischer Beanspruchung. Technisch-wissenschaftliche Mitteilung，Nr. 86-8，Institut für Konstruktiven Ingenieurbau，Ruhr- Universität Bochum.

Du Q H，Yao Z H，Cen Z Z. 1990. Some applications of boundary element methods，boundary element - finite element coupling techniques in elastoplastic stress analysis. Acta Mech Solida Sin，3 (3)：327-340.

Wang F J，Cheng J G，Yao Z H. 2001. FFS contact searching algorithm for dynamic finite element analysis. Int Jour Numer Meth Eng，52 (7)：655-672.

Wang X，Hu N，Fukunaga H，Yao Z H. 2001. Structural damage identification using static test data and changes in frequencies. Eng Struct，23 (6)：610-621.

Zhang J M，Yao Z H. 2001. Meshless regular hybrid Boundary Node Method. CMES- Comp Model Eng Sci，2 (3)：307-318.

Cao Y P，Hu N，Lu J，Fukunaga H，Yao Z H. 2002. A 3D brick element based on Hu-Washizu variational principle for mech distortion. Int Jour Numer Meth Eng，53 (11)：2529-2548.

Zhang J M，Yao Z H，Li H. 2002. A hybrid boundary node method. Int Jour Numer Meth Eng，53 (4)：751-763.

Yao Z H，Kong F Z，Wang H T，et al. 2004. 2D simulation of composite materials using BEM. Eng Anal Bound Elem，28 (8)：927-935.

Cao Y P，Qian X Q，Lu J，Yao Z H. 2005. An energy-based method to extract plastic properties of metal materials from conical indentation tests. Jour Mater Res，20 (5)：1194-1206.

Wang H T，Yao Z H，Wang P B. 2005. On the preconditioners for fast multipole boundary element methods for 2D multi-domain elastostatics. Eng Anal Bound Elem，29 (7)：673-688.

Wang H T，Yao Z H. 2005. A new fast multipole boundary element method for large scale analysis of mechnical properties in 3D particle-reinforced composites. CMES-Comp Model Eng Sci，7 (1)：85-95.

Lei T，Yao Z H，Wang H T，et al. 2006. A parallel fast multipole BEM and its applications to large-scale analysis of 3-D fiber-reinforced composites. Acta Mech Sin，22 (3)：225-232.

Wang P B，Yao Z H，Lei T. 2006. Analysis of solids with numerous microcracks using the fast multipole DBEM. CMC-Comput Mater Con，3 (2)：65-75.

Wang P B，Yao Z H. 2007. Fast multipole boundary element analysis of two-dimensional elastoplastic problems. Commun Numer Meth En，23 (10)：889-903.

姚振汉，王海涛，王朋波，等. 2008. 固体力学中快速多极边界元法研究进展. 中国科学技术大学学报，38（1）：1-17.

Yao Z H. 2009. A new time domain boundary integral equation and efficient time domain boundary element scheme of elastodynamics. CMES-Comp Model Eng Sci，50（1）：21-45.

姚振汉，王海涛. 2010. 边界元法. 北京：高等教育出版社.

撰写者

传主本人

黄永念

黄永念（1939～），江苏常州人。流体力学家。1963年本科毕业于北京大学。1966年研究生毕业于北京大学。从事湍流理论、非线性科学和应用数学研究工作近50年。长期与周培源教授合作，创立并完成了具有自身特色的湍流旋涡结构统计理论，该项成果获得第二届国家自然科学奖二等奖。在非线性科学研究方面提出了一种寻找离散系统周期轨道的代数分析法，在拉格朗日湍流研究方面发现了双环涡混沌流形结构，在应用数学研究方面提出了特征张量的概念，并给出了计算线性常微分方程组的一个显式解。这些成就为流体力学、非线性动力学和理性力学的发展做出了贡献。曾任第四、第五届国务院学位委员会力学学科评议组成员，第四、第五、第六届全国博士后管理委员会专家组成员，湍流与复杂系统国家重点实验室副主任，中国力学学会常务理事，中国力学学会流体力学专业委员会主任，北京力学会副理事长，《力学学报》、《力学进展》和《非线性动力学学报》常务编委，《力学学报》副主编。1997年获首届“全国优秀科技工作者”荣誉称号，2002年获第三届周培源力学奖。

一、成长经历

黄永念，1939年4月15日生于上海，祖籍江苏省常州市。

黄永念父亲黄载福从商，在伯父所开的黄凤记申庄内任会计。1938年因日寇侵略中国，常州的家被毁，全家落户上海。1951年进入上海市重点中学——敬业中学初中班学习，1954年因学习成绩优秀免试直升敬业中学高中班。在高中学习期间，参加了上海市中等学校数学竞赛，取得了复赛第一名的优异成绩，并于1957年获得上海市数学竞赛优胜奖，由此培养了对数学的浓厚兴趣。1957年9月以第一志愿考入了北京大学数学力学系，在力学专业学习。可是一入大学就赶上了“反右”运动，紧接着是“大跃进”、“大炼钢铁”和“教育大革命”运动，直到1960年开始才进入正规的学习生活。1961年9月，系里分配他到周培源教授亲自指导的湍流讨论班，由此开始了对湍流统计理论的研究工作。

当时，周培源教授亲自讲授湍流理论课，同学们受益匪浅。黄永念从事研究工作极为刻苦认真。他几乎将所有看到的湍流研究的重要外文文献都全文翻译过来，制成资料库加以保存，这在当时没有复印设备的条件下是一项非常艰巨的工作。他还有读书的嗜好，经常跑当时的书店，将不多的零花钱购买自己所需要的经典著作。他所收集的经典著作有 von Karman 全集、G. I. Taylor 文集、Hinze 的《湍流》、Batchelor 的《均匀湍流的理论》、Townsend 的《湍流剪切流的结构》等。在作了大量的调研和查阅文献的基础上，他开始认识到湍流理论的研究是一项十分困难而又十分重要的科学研究工作，是经典物理学领域内仅有的尚未解决的一个基础理论研究课题。1963 年，他在周培源教授指导下做本科毕业论文，首次从理论上计算出了均匀各向同性湍流衰变后期的三元速度关联的公式。该项工作曾由周培源教授在第一届全国流体力学会议上宣读，并发表在 1965 年的《力学学报》上，1975 年被美国约翰霍普金斯大学的 Bennett 的实验证实。

由于本科毕业论文的工作非常出色，1963 年黄永念顺利地考上了北京大学数学力学系的研究生，导师仍是周培源教授。可是，本应继续从事的研究工作由于受到当时“四清运动”和后来“文化大革命”的影响而被迫中断了。1968 年 10 月，他还没有完成研究生毕业论文就被分配到浙江省 20 军军垦农场去劳动锻炼。当时已是 29 岁的他是学生连队中最年长的一位学生。经过了一年半的农村劳动后，1970 年 3 月他又被分配到浙江省宁波渔船修造厂（后改为宁波航海仪器厂）当了一名模具钳工。在分配到浙江而离开北京的前夕，黄永念曾去和他的导师周培源教授告别，周教授反复教导说要一直保持和他的联系，并敦促千万不要放弃湍流研究工作。在与周培源教授分开的那几年里，周教授本人也受到很大冲击，但他从不向邪恶势力低头。每年春节那天，他还亲自写信给黄永念，鼓励他不要灰心，坚信基础理论研究工作总要有少数人去搞的。这对于当时正处于人生低谷的黄永念来说无疑是一个极大的鼓舞。

事情的转机终于出现在美国总统尼克松访华后不久。1972 年年初，以美籍华人任之恭教授和林家翘教授为首的一个代表团正准备 7 月访华，周培源教授通过当时的北京市革命委员会向浙江省宁波市商调，将黄永念调回北京大学任教。周恩来总理在接见美籍华人代表团时，明确指出要周培源教授把北大的理科办好，把基础理论水平提高。周培源教授和黄永念在极其困难的条件下，于 1974 年合作完成了“均匀各向同性湍流的涡旋结构理论”的研究工作，发表在当时清华大学和北京大学两校合办的第一期《清华北大理工学报》上。当时周培源教授还把该研究工作带到法国去作了学术交流，引起法国相关湍流专家的重视和注意。而 1975 年，黄永念又被送到北京大兴县五七干校农场去劳动锻炼了，研究工作再一次被中断。直到 1976

年，黄永念才从五七干校调回学校工作。至此，不时中断的湍流研究工作才真正得以恢复。

1978年，随着中国共产党十一届三中全会的召开和改革开放新时期的到来，黄永念作为新中国首批赴美作科学研究工作的50名访问学者之一，到著名的美国麻省理工学院数学系，在著名科学家林家翘教授指导下从事研究工作。当时教育部从全国两千多名合格的人选中首先挑选出50名优秀人才送往美国，能被选上实属不易。黄永念没有辜负祖国的托付，为期两年的派出任务完成后立即返回祖国。因为当时国家正百废待兴，尽快把科学研究搞上去是重要的任务。1979年1月邓小平副总理到美国签订中美正式建交文件，在中国驻美大使馆接见这50名访问学者，这对大家是极大的鼓舞。

二、坚持基础理论研究工作

黄永念一生从事基础理论研究工作。他的研究领域包括流体力学中的湍流与稳定性、非线性科学和应用数学三方面。他取得的主要研究成果包括：①与周培源教授合作创建和完成了具有自身特色的湍流涡旋结构统计理论。②提出了一个计算离散系统周期轨道的代数分析法。③发现了一种双环涡混沌流形结构。④提出一个特征张量的概念，简化了很多计算工作。

（一）湍流统计理论

黄永念在1980年赴美访问期间，与当时也在美国作访问研究的周培源教授一起合作完成了“Navier-Stokes方程的求解和均匀各向同性湍流的统计理论”的研究工作。该项研究工作与其他湍流统计理论相比较，其特点是认为复杂湍流是由流场中许许多多涡旋组成的，先求出涡旋解，然后再作统计平均。它具有最少理论假设和能解释最多实验测量结果的优点，其中包括均匀各向同性湍流从衰变初期到衰变后期的动能衰变规律，湍流微尺度的演变规律，二元和三元速度关联函数及其相应的谱函数。该论文由周培源教授先后在1980年加拿大多伦多举办的第十五届国际理论和应用力学联合会大会上和在印度班加罗尔举办的第一届亚洲流体力学大会上宣读，引起国际湍流专家的重视。印度科学院还在它的院刊上全文转载了该论文。

黄永念在1982年又完成了均匀剪切湍流的涡旋结构统计理论的工作，找到了小 *Re* 数情况下的一般精确解，为进一步的研究提供了基础。同时作为副导师，协助周培源教授培养硕士和博士研究生，开始了一般剪切湍流的研究工作。在对湍流尾流、湍流射流、湍流混合层等流动进行反复研究的基础上，先后提出了奇阶截断法和逐级逼近法，最终形成了具有自身特色的周培源湍流统计理论。20 世纪末，黄永念又将这个理论推广到具有非轴对称涡旋结构的湍流运动中，改进了他人有关湍流均匀剪切流动脉动速度高阶矩的计算结果，还给出了具有广泛应用价值的计算方向平均的一般公式。此项成果应邀在 1998 年美国 Los Alamos 举行的“湍流：向二十一世纪挑战”国际会议上宣读，并于 1999 年在 *Physics of Fluids* 杂志上发表。

湍流理论的研究是一项十分艰巨的工作，要在这一领域长期做工作更不容易，很多著名科学家在作了几年研究后就转行了。黄永念在湍流研究领域坚持工作 50 年，在很大程度上是受周培源教授影响的结果。为表彰黄永念在湍流理论研究方面取得的成果，2002 年周培源基金会授予他第三届周培源力学奖。他总结的涡旋结构的湍流统计理论在 2002 年“纪念周培源诞辰一百周年科学论坛”上作了大会特邀报告，并于 2002 年在《力学进展》上发表。

（二）非线性科学

黄永念从美国回来后，根据当时国外的科学发展情况，及时地开始了一项与湍流研究密切相关的“非线性科学”的研究工作。这是一个国际基础理论研究的前沿课题。他成为国内最早投身于“非线性科学”研究的力学工作者之一。因为非线性科学的迅速发展与湍流基础研究密不可分，很多非线性科学中涌现出来的新概念，如奇怪吸引子、分形、相干结构（斑图）等以及取得相应的重大突破都是从湍流研究中最先提出来的。由于非线性科学本身具有的跨学科的特点，它有更广泛的科学研究价值和应用前景，而且湍流和非线性科学的研究是可以互相促进的。

1985 年黄永念首次提出一种求解离散系统周期轨道的代数分析法，给出了 Henon 映射的周期轨道稳定区域。还利用此方法于 1991 年成功地解释了 Mandelbrot 集的整体复杂分形结构形成的原因。此外，他还给出了一维多项式映射的窗口数的一个精确计算公式。该方法和部分成果已被郝柏林院士引入他的专著中。

黄永念是国内最早利用混沌和分叉理论来进行流动转捩研究的人之一。他通过圆管流动整个转捩过程的实验观测与分析，首次发现一种新的从规则流动向混沌流动过渡的机制，即从规则运动状态经 Hopf 分叉再经周期倍分叉进入混沌运动状态的过渡机制。该项成果应邀在美国 Los Alamos 举行的湍流国际会议上宣读，并发表在 1989 年的 *Physica D* 杂志上。

黄永念于 20 世纪 90 年代初期开始从事流体斑图动力学的拉格朗日湍流的研究工作。这是复杂湍流运动和混沌现象联系最为密切的一个研究领域，是直接研究流体质点在真实物理空间而不是在相空间内的运动情况。流体斑图的研究主要是对涡旋斑图和行波斑图的研究。他与是长春教授和朱照宣教授这两位同事合作，在1991年首次找到了理想流体三维 Beltrami 流动的一般精确解的表达式，并由此构造出很多不同类型的 Beltrami 流动解，其中包括常见的球形涡，柱形涡等。他们还于1992年首次在这种 Beltrami 流动中发现了在三维物理空间内出现流体质点混沌运动轨道的球形涡结构，特别是首次发现了在某种特定的二阶球形涡内存在有亏格为三的横截面为扁8字形的双环涡混沌流形结构，从而扩大了人们对旋涡中出现复杂流动的认识。与此同时，他还成功地找到了二阶球形涡内存在的一对封闭涡丝的精确解，发现了这对涡丝随着控制参数的变化而发生碰撞、断裂和重联的过程。

1997年，黄永念在流体的涡旋斑图结构的研究方面又成功地发现了流体力学非线性欧拉方程中存在某种可以叠加的特殊类型的旋涡解。这种可叠加解的一部分正是 Beltrami 流动的精确解。该结果补充了 Batchelor 教授所著《流体动力学引论》一书中的理论分析，给出了深层次的物理解释。这一发现扩充了人们已知非线性动力学方程存在可叠加的孤立波解的认识。

1999年，黄永念还与香港中文大学的程淑姿教授、Schorghofer 合作，成功地发现在三维物理空间内只要放置两个不对称的封闭涡丝，就能产生规则和混沌区域交织在一起的复杂流动斑图结构的新结果。这一理论分析对于理解复杂湍流的发生和演化具有启发性。该项成果发表在2000年的 *Europhysics Letters* 上。这些研究结果从一个侧面证实了周培源教授的湍流涡旋结构理论的正确性。

21世纪初，黄永念还对涡旋结构的分类作了总结和讨论，和博士后祝成民合作发现了一种识别涡旋斑图结构的新方法，并和博士后李国栋合作，研究了开流系统的热对流行波斑图结构，发现了一些行波斑图流动的新现象。

（三）应用数学

从20世纪90年代开始，黄永念又在应用数学的张量分析研究方面取得了一系列的进展。首先在1992年通过张量分析给出了常系数线性齐次常微分方程组的一个显式解的一般表达式。这个结果比其他计算公式更为直观和实用。特别是这个公式可以明确给出非线性常微分方程组不动点解附近的流形变化方向。在这个研究工作中首次引进了特征张量的概念，同时又发现了特征张量的并矢表示方式。进一步的研究又发现张量表示理论中的独立不变量的数目可以减少，对理性力学的本构关系和湍流雷诺应力代数模式的进一步讨论提供了一个重要的理论分析方法。他还给出了一个高阶张量用低阶张量表示的新方法。

三、积极组织和创建基础理论研究队伍

1978 年是中国历史发展中特别关键的一年。就在这一年召开了全国基础科学研究力学学科发展规划会议。黄永念积极参加了全国力学学科规划的起草与制定。会议最终审定了《1978-1985 年全国科学技术发展规划纲要（草案)》，确定湍流理论研究是其中 15 个重点发展项目中的一个，并由北京大学负责牵头。由此，湍流理论的研究开始得到了国家的重视与支持。全国各地的高等学校和科研机构中的湍流研究也就迅速开展起来了。

为使中国的基础理论研究水平迅速提高，尽快组建和稳定一支基础理论研究队伍是非常必要的。稳定研究队伍需要得到国家的支持与一定的投入。黄永念从 20 世纪 80 年代后期开始，就积极参加和组织了国家最早启动的基础理论研究重大项目(攀登计划 A）——“非线性科学”的立项和实施。他曾担任该项研究课题的专家组成员，课题组组长和项目秘书。同时他还参加了攀登预选项目“流体和空气动力学关键基础问题研究”中有关湍流理论部分的研究工作。

与此同时，黄永念还积极参与了在北京大学力学系成立的“湍流研究国家重点实验室”（后改为“湍流与复杂系统国家重点实验室”）的创建工作，并长期担任该实验室的副主任。该实验室是中国力学领域内第一个成立的国家重点实验室，定位主要是作基础科学研究。黄永念还积极参与中国科学院力学研究所所成立的“非线性力学国家重点实验室”的工作，曾被该国家重点实验室聘任为学术委员会委员和特聘教授。

黄永念十分重视学术交流活动。他在各种场合多次向年轻人强调学术交流的重要性。他长期作为中国力学学会流体力学专业委员会下属湍流与流动稳定性专业组的组长，多次组织全国性的湍流与流动稳定性学术会议，为国内各高等院校和科研单位的学术交流起到了重要的推动作用。20 世纪 90 年代，黄永念还积极参与创建了中日双边湍流研究的学术交流会。此会议每两年召开一次，一直延续至今。1993 年、1999 年黄永念本人还应香港大学章梓雄教授和香港中文大学程淑姿教授的邀请，赴香港分别进行为期四个月的学术交流活动。2003 年黄永念还利用教育部启动的春晖计划，邀请国外教授来校进行学术交流。

四、坚持实事求是，培养研究人才

黄永念长期从事基础理论研究工作，他不畏艰难，不断进取，不断创新，以踏实严谨的作风进行科学研究工作。他坚持科学精神，维护科学的严肃性和严密性，

反对弄虚作假，与科技界内的浮夸现象进行了坚决的斗争。他为了维护科学的真实性，于1992年写信给当时的中国科协主席朱光亚先生，指出《人民日报》海外版在1992年6月以头版显著位置不切实际地报道了有关湍流研究的科技成果。他作了大量的调研工作，并与张涵信院士一齐多次参加由国防科工委委托举办的论证和鉴定会，及时在《力学学报》上澄清了事实，挽回了因不实报道在国际上和留学生中造成的不良影响。

黄永念非常重视基础理论研究人才的培养。他先后开设“湍流与稳定性”、“摄动理论”、“分叉与混沌”、“非线性动力学”等本科生和研究生的课程。他还曾于1992年在中国科学院力学研究所组织了一个为期一年的有力学所博士后和力学所及北京大学研究生参加的非线性科学讨论班。他与周培源教授合作培养了三名博士生，五名硕士生。其中博士生陈十一2013年当选为中国科学院院士，现任北京大学副校长，博士生孟庆国现任国家自然科学基金委员会数理科学部副主任。他自己还独立培养了两名博士生和十名硕士生。他对学生严格要求，他的学生除了出国深造以外目前都是国内所在单位教学和科研的骨干力量。

黄永念在教材建设方面也做出了一定的贡献。他与周光坰教授和颜大椿教授合作，于1983年翻译出版了Hinze所著的《湍流》，又与是勋刚教授等人在1994年合著了教材《湍流》，还在2010年编著出版了研究生教材《非线性动力学引论》。

五、黄永念主要论著

黄永念. 1965. 均匀各向同性湍流后期衰变时的三元速度关联. 力学学报，8（2）：122-132.

Zhou P Y，Huang Y N. 1975. On the statistical vorticity structure theory of homogeneous isotropic turbulence. Scientia，18（2）：199-222.

Huang Y N，Zhou P Y. 1981. On the solutions of Navier-Stokes equations and the theory of homogeneous isotropic turbulence. Scientia Sinica，24（9）：1207-1230.（Appeared at Proceedings of the Indian Academy of Sciences：Engineering Sciences，1981，4（2）：177-197）.

Huang Y N. 1984. On the statistical vorticity structure theory of homogeneous turbulent shear flow // T. Tatsumi. Eds. Turbulence and chaotic phenomena in fluids. Elsevier Science Publishers B. V.：357-364.

Huang Y N. 1986. An algebraic analytical method for exploring periodic orbits of the Henon map. Scientia Sinica，29（12）：1302-1317.

Huang Y N，Huang Y D. 1989. On the transition to turbulence in pipe flow. Physica D，37：153-159.

Huang Y N. 1992. Global analytical structure of the mandelbrot set and its generalization. Science in China（Series A），35（2）：175-185.

Shi C C，Huang Y N，Zhu Z X，et al. 1992. Chaotic phenomena produced by the spherical vortices in the beltrami flows. Chinese Physics Letters，9（10）：515-518.

Huang Y N. 1992. The explicit solution of homogeneous linear ordinary differential equations with constant coefficients. Applied Mathematics and Mechanics，English Edition，13（12）：1115-1120.

Huang Y N. 1993. Prof. Chou's statistical theory of turbulence // Some New trends on fluids on fluid mechanics and theoretical physics. Beijing：Peking University Press：9-19.

黄永念，是长春，朱照宣，等 . 1993. Lagrange 湍流和 Beltrami 流动 // 现代流体力学进展 II. 北京：科学出版社：1-15.

Huang Y N，Hu X. 1997-5-19. Superposition about the 3D vortex solutions of the fluid dynamic equation. Edited by Tae-hyun Chang，Proceedings of the'97 International Symposium on New Mechanical Technology，Masan，Korea：47-52.（大会特邀报告）

Huang Y N. 1998. New development of Prof. Chou's statistical theory of turbulence. Proceedings of the Third International Conference on Fluid Mechanics，Beijing：115-122.（在 Turbulence：Challenges for the 21st Century 国际会议上作大会特邀报告）

Huang Y N，Luo X P. 1999. On orientation averages for vortex models of turbulence. Physics of Fluids，11（8）：2381-2386.

Huang Y N，Luo X P，Emily S. C. Ching. 2000. A discussion about scale invariants for tensor functions. Acta Mechanica Sinica，16（1）：35-40.

Huang Y N，Hu X. 2000. Superposition about the 3D vortex solutions of the fluid dynamic equation. Applied Mathematics and Mechanics，English Edition，21（12）：1359-1370.

Huang Y N，N. Schorghofer，Emily S. C. Ching. 2000. Two vortex rings produce chaos. Europhysics Letters，52（4）：399-405.

黄永念 . 2002. 旋涡结构的湍流统计理论 . 力学进展，32（4）：505-512.

Huang Y N，Lu H. 2002. Dyadic method for tensor functions. Acta Mechanica Sinica，18（4）：398-406.

黄永念 . 2010. 非线性动力学引论 . 北京：北京大学出版社 .

主要参考文献

黄永念，石光漪，黄超光编 . 1992. 周培源科学论文集 . 北京：中国科学技术出版社 .

蔡树棠，刘宇陆 . 1993. 湍流理论 . 上海：上海交通大学出版社 .

Chou P Y，Chou R L. 1995. 50 years of turbulence research in China. Annual Review of Fluid Mechanics，27：1-15.

宋晓明，刘蔚主编 . 1998. 福建：福建教育出版社：284-293.

周培源 . 2002. 非压缩性流体的湍流理论 . 力学与实践，24（4）：1-9.

撰写者

传主本人

苏卫东（1969 ~），内蒙古包头人。北京大学工学院力学与工程科学系副教授，曾为黄永念的硕士和博士研究生。从事湍流和流体力学基础研究。

余寿文

余寿文（1939～），福建仙游人。固体力学家与工程教育家。1955～1958年在同济大学工业与民用建筑专业读本科；1958～1960年在清华大学工程力学研究班固体力学专业学习。1960年研究生毕业后留校工作，2007年10月退休，历任清华大学工程力学系助教、副教授、教授、博士生导师。1985～1987年，获德国洪堡奖学金，在德国达姆施塔特工业大学力学研究所任客籍研究员。长期从事断裂力学、损伤力学、细观力学、智能材料与结构力学、微尺度力学、软物质力学等方面的研究与教学及高等工程教育方面工作。共发表学术论文440余篇，合作完成专著《弹塑性断裂力学》、《损伤力学》、《弹性理论》等5部。研究成果“裂纹尖端奇异场与断裂准则”获1988年国家教委科技进步奖一等奖和1988年国家自然科学奖三等奖（排名第三）；“固体材料的宏细观本构理论与断裂”获1995年国家国家教委科技进步奖一等奖和1995年国家自然科学奖三等奖（排名第四）。在高等工程教育研究方面发表论文和报告50余篇，两次获得国家优秀教育成果奖二等奖。曾任清华大学副校长、中国力学学会副理事长、《固体力学学报》和 *Acta Mechanica Solida Sinica* 主编、中国工程院教育委员会委员、国际工程教育联盟副主席。现任 *International Journal of Damage Mechanics*、*Microsystem Technologies* 顾问编委、*Composite Structures* 编委、国际断裂学会主席、中国工程教育认证协会副理事长。

一、力学笃行，征学海书山

余寿文1939年5月4日出生于福建省仙游县。祖父是前清的秀才，父亲是小学的国文教员，家学渊源，世代书香。他幼承庭训，早习文学，不爱嬉闹，却被父亲的大书橱里藏有的古典著作牢牢吸引。小学三年级便学读《水浒》等名著，作文《我的志愿》即希望将来成为文学家。家庭的熏陶和幼年的教育使余寿文早早与学海结下了不解之缘，收获了终身受益的良好人文素养，也为后来成为国际知名的学者奠定了基石。

余寿文的童年正值抗战，记忆里有侵华日军飞机的轰炸，更有抗战胜利时万民空巷的狂欢。家乡解放时，他正值小学毕业，初中就读于县城最好的仙游第一中学。新中国成立后，迎来了建设新中国的高潮，校园里洋溢着一种好学上进的气氛，常常举办篝火诗歌朗诵会，出班级壁报。余寿文所在的班级被命名为“吴运铎班”，班里人心向党，团结向上。余寿文更是勤勉好学，年年夺得全年级学习的第一名。由于喜爱文学和书法，他还担任了中学学生会的学艺部长。高中毕业，在建设工业化国家的浪潮中，同学们大多报考了理工类学校，立志为祖国的现代化建设出力。老师也鼓励他报考清华大学动力系，但年仅16岁的他，坐车到几十公里外专区所在地泉州参加凌晨四点开始的高考，结果做错了一道数学题，以几分之差落选于清华大学，转而被上海同济大学工业与民用建筑专业录取。

当时，同济大学荟萃了一批材料力学、结构力学、弹性力学方面的名师。余寿文十分珍惜这来之不易的良好学习条件，也对自己提出了严格的要求。他惜时如金、孜孜不倦地学习，在大学三年级以前，自学了俄文速成读本，背诵掌握了一大批英语专业词条；在大三时，已经可以无困难地阅读学校阅览室中俄文和英文的材料力学、结构力学参考书。大学期间，他的绝大多数课程都得到了最高分——五分。不仅课业优异，他还担任着校学生会副主席和校团委委员，并仍然保有对文学的浓厚兴趣，在校刊上发表的第一篇小文章是《我们要学会驾驭时间》。

1957年，钱学森先生等在清华大学创办了工程力学研究班，以解决当时力学人才匮乏的问题。1958年7月，余寿文正在上海建筑工地实习时，接到了被遴选进入清华大学第二届工程力学研究班学习的通知，成为班上最年轻的研究生。在工程力学研究班里，他有幸聆听了钱学森、钱伟长、李敏华、郑哲敏、杜庆华等诸多名师的课程与讲座，在研究生专题论文阶段，得到了刚从苏联莫斯科大学留学归来的黄克智导师的指导，最后以优异的成绩毕业。1960年，他留校工作，成为一名年轻的大学助教，并被任命为工程数学力学系气动热应力实验室的负责人，着手实验室的筹建工作。工作伊始，他即开展薄壁结构中温度边界层的研究，并撰写了学术论文。尔后，他又就夹层平板应力状态的渐近解及其简化理论进行了深入研究，成果发表于《固体力学学报》、《力学学报》等期刊。“文化大革命”期间，他仍醉心于自己热爱的科学研究工作，苦中有乐，乐以忘忧。在“开门办学”过程中，他有幸接触了生产实践，锻炼了自己解决实际生产问题的能力。

1977年夏末，百废待兴，为了把“文化大革命”耽误的科学研究工作尽快补上并追赶学科发展的前沿，在黄克智教授带领下，余寿文作为“破坏理论”研究室主任，发起了每周一次的“破坏力学讨论班”（后改为“固体力学讨论班”），风雨无阻，坚持至今已逾37年，成为清华大学固体力学学科的一项优良传统和宝贵经验。

改革开放的春风吹来，余寿文作为中国头几批获得联邦德国洪堡奖学金的研究学者，于1985年赴德留学。优越的研究条件让他夜以继日地沉浸在科研工作中，没有周末、没有假日，又好像每一天都是幸福的假日。在一年半的时间中，他在弹塑性断裂力学与损伤力学领域完成了十多篇学术论文，此外，他还访问了德国、法国、荷兰等欧洲许多力学中心与实验室，学习对方的研究经验与成果，建立学术交流的渠道和学术友谊。通过与国外高水平研究者的交流讨论，他了解到当时断裂力学的研究潮头已从弹塑性断裂力学转至新型结构材料的细观断裂与损伤力学。1987年回国后，他即推动研究室的同仁向着新材料的宏细观断裂和损伤力学进军，并带领一批研究生与博士后开展对损伤力学和力–电耦合智能材料的断裂力学、本构理论、波动力学、疲劳力学等问题的长期系统深入的研究。在此期间，他在清华大学开设了弹塑性断裂力学、损伤力学的新课供全校研究生选修，并合作撰写了两本同名专著。余寿文在20世纪90年代初就开始关注当时还十分前沿的微机械–电子系统的发展，通过组织学术研讨会等形式大力倡导对微电子器件的力学研究，并带领研究生研究了多层结构元件的集成与封装力学、界面力学、工艺力学等，力求为中国微电子技术的发展尽一份心力。进入21世纪，纳米材料的发展对微尺度力学提出了新的要求，他的研究进一步深入到黏着效应、表面弹性理论、原子吸附引起的微尺度力学、微纳器件的变形与振动等领域。一方面，他不断拓展其研究领域，密切关注学科前沿，另一方面他始终强调理论研究与生产实践相结合，着重于解决国民经济发展中面临的各类工程实际问题。

在国家自然科学基金、博士点基金的支持下，余寿文取得了一系列具有广泛学术影响的成果，发表与合作发表了440多篇学术论文，多次应邀在国际、国内的学术会议上作大会和分组邀请报告。他获得了一系列重要的荣誉奖励和荣誉，并由于在断裂力学领域的突出贡献，于2005年被国际断裂学会（ICF）授予终生荣誉会员，获此项殊荣者全球至今仅50余人，并于2013年当选国际断裂学会主席，这是华人学者首次担任这一重要国际学术组织的主席。

二、致知穷理，结硕果累累

在半个多世纪的学术生涯中，余寿文从未间断过自己的科研工作，也从未满足于已经取得的成果，而是不断充实自身的知识修养，提升自己的学术视野和科研水平。他始终满怀着对科学研究的热情和服务国家的责任心，敏锐地捕捉科技发展的新趋势，走在学科前沿。

余寿文非常强调科学研究中的方法论，在几十年的研究过程中形成了一套比较系统的学术思想，例如，他强调力学与工程技术的联系，倡导力学研究应致力于为国家和人民谋得实际的福利和效益，力学研究要注重解决现实工程中的问题，其成果也要应用于新技术的开发和工程实际。他提倡学科交融，强调力学与物理、化学、生物、微电子等的交叉与融合，一方面要学习汲取其他学科的知识和方法，扩充力学的理论体系与研究思路，勇于创新，另一方面要用力学的方法去解决其他学科所关注的一些重要问题。凭着他开放创新的学术理念、对科学问题的敏锐洞察力和数十年如一日的辛勤耕耘，余寿文在固体力学领域取得了多项具有重要学术意义和应用价值的成果。

在断裂力学方面，求得了一种平面应力 I 型裂纹尖端的弹塑性局部场，解决了幂硬化材料 III 型界面裂纹的裂纹尖端高阶奇异场问题；在损伤力学与细观力学方面，合作提出了准脆性材料的微裂纹扩展区损伤模型和相变塑性的结构陶瓷增韧力学理论，揭示了由于偶应力引起的弹塑性介质在界面附近的边界层；在智能材料力学方面，研究了含损伤压电介质的力学和热学性质的细观力学预测方法，求得了含 III 型、I-II 型裂纹的压电介质的冲击动态响应和波的散射解，建立了交变电载荷作用下铁电材料的本构关系；在微尺度力学方面，提出了多场耦合表面电−弹性理论并建立了考虑表面效应的有限元方法，给出了表面应力、表面应变及表面能的热力学定义，导出了考虑表面法向应变张量的广义表面热力学关系式，并建立了压电材料的表面弹性本构理论，提出了微梁表面原子吸附的力学模型；近年来从事骨损伤力学与固体力学方法论的研究。

（一）断裂力学与损伤力学

材料与结构的强度与破坏是固体力学的核心课题。余寿文 50 余年的学术研究，也一直围绕着材料的变形、断裂和损伤这个根本问题展开。

20 世纪 50 年代发展起来的断裂力学，是力学学科的一个重大进展。人们开始分析含裂纹、夹杂等缺陷的材料与构件的力学响应，其中对裂纹尖端力学奇异场的研究备受关注，其目的在于明确含裂纹缺陷的材料断裂控制参数，并建立相应的裂纹扩展准则。余寿文与其合作者在此方面开展了一系列重要的工作，求得了幂硬化材料中Ⅲ型非扩展裂纹和刚性片状夹杂的解析解；对于平衡的非扩展裂纹，得到了理想弹塑性材料 I 型平面应力情形下全连续应力分布的一种解，此解得到了精细有限元模拟的证实。这一全连续的解有别于先前学者所构造的存在应力间断线的解，丰富了该领域的研究。

由于具有轻质高强的优点，复合材料在航天航空等诸多领域有着极为广阔的应用前景，也成为固体力学关注的一个新方向。作为复合材料的一个固有属性，不同材料组相之间存在着为数众多的界面，界面的性能优劣往往决定着复合材料的质量。余寿文及时把握住了新材料的发展趋势，较早地开始了复合材料力学的研究，并将重点投向复合材料等异质材料的界面断裂力学方面。他带领研究生用渐近匹配展开的方法，解决了幂硬化型弹塑性材料中Ⅲ型界面裂纹在界面上应力和位移连续条件难以同时满足的困难问题，得到了该问题的高阶渐近解，澄清了界面裂尖场的数学结构；对于三维和准三维的裂纹问题，求得了考虑横向剪切变形的弹性平板的裂尖场，并利用解析方法，将其应力强度因子与古典平板理论的应力强度因子联系起来，导出了考虑横向剪切变形的含裂纹壳体的主导项的解，并证明这个解可以通过平面应力、板弯曲和 Reissner 型边界效应的解迭代获得；将特征展开推广于分枝裂纹尖端，合作导出了全复合型能量释放率断裂准则。

此外，余寿文还与合作者一起将断裂力学的最新研究成果应用于压力容器和管道的安全评价，提出了结构完整性评定方法的框架。相关研究成果已写入含缺陷压力容器安全评定的指导性文件 CVDA-84《压力容器缺陷评定规范》与国家标准（GB/T19624—2004），余寿文是该标准断裂评定部分的主要起草人之一。

20 世纪 80 年代末，传统的连续介质力学研究趋向成熟，人们已不再满足于在宏观层面上对材料的力学性能做唯象的描写，而希望可以揭示材料内部细观特征随外加载荷逐渐劣化的过程。材料合成、实验表征和观测手段的进步也为这样更细尺度的研究提供了可能，于是损伤力学应运而生。它旨在研究材料与结构中的损伤在各类外部载荷与环境作用下逐渐演化、发展、并最终形成宏观可见的缺陷从而导致破坏的力学过程，对于理解材料的最终失效、评价材料的使用性能十分关键。余寿文及时地开始了他在损伤力学领域的探索，将对材料破坏的研究向细观层次推进。损伤力学的研究难点和重点在于含损伤材料的本构理论和演化方程的建立。对于准脆性材料，由于损伤各向异性、微观机制复杂性等原因，一直没有一套完整的细观损伤力学模型。余寿文与研究生提出了微裂纹扩展区的概念，用以描述复杂的微裂纹损伤状态，其基本思想是根据微裂纹损伤特点，将微裂纹进行分类，然后分门别类地加以处理。利用这种新的损伤描述方法，可以借助于集合的运算方法计算复杂加载下损伤的演化。基于这一概念，建立了一套三维的细观损伤力学模型——微裂纹扩展区损伤模型，可以预测在拉伸、压缩和复杂加载下，材料在各个变形阶段的损伤本构关系。其研究生冯西桥的博士学位论文被评为首届全国优秀博士学位论文（1999 年），合作专著《准脆性材料细观损伤力学》也于 2001 年由高等教育出版社出版。

在损伤力学的研究中，余寿文与研究生提出了一种处理大量微裂纹相互作用的半解析数值计算方法，实现了对含大量微裂纹弹性体的有效性质的直接数值计算，并研究了脆性材料在拉伸、压缩、弯曲等载荷下的强度和尺寸效应。该方法不仅可用于处理含大量微裂纹相互作用的各类问题，也为计算有效模量和强度的各种细观力学方法提供了一种数值评价手段。他们进一步发展了该方法，通过引入基于能量释放率的微裂纹扩展准则和基于能量比概念的微裂纹串接准则，考虑各种复杂的微裂纹扩展和串接机制，首次实现了对含有数以千计的大量微裂纹的脆性材料破坏过程的大规模数值模拟，为分析这类材料的破坏问题提供了一个有效工具。

余寿文和研究生进一步将材料的损伤引入理想弹塑性结构和应变强化结构的安定分析，在国际上最先提出了损伤结构安定理论的界限方法，建立了变载作用下结构中损伤因子的上限和安定载荷因子的下限的数学规划算法，从而揭示了结构的损伤演化与安定性之间的内在联系。他还与研究生求得了Ⅲ型弹性损伤材料中平衡裂纹的尖端场和损伤区边界；解决了一类工程常用材料在蠕变损伤时定常扩展裂纹的尖端场，并得到了Ⅰ型和Ⅲ型裂纹问题的损伤场、应力应变场以及损伤边界区。其合作专著《损伤力学》也成为国内该领域影响最大的一本著作。

长期以来，损伤力学所关注的损伤大都是不可逆的，余寿文意识到，对于有生命的材料，其损伤是与生长过程相联系的、也是可以自修复的，相关研究对于生物力学、生物医学工程等至为关键。于是，余寿文开始了对骨损伤力学的开创性探索。他与合作者一起，将生物学中关于骨生长和修复机制的最新成果引入到损伤力学，考虑骨的修复与损伤愈合效应，研究电磁效应对骨损伤修复和重建的影响，得到了可以模拟多场耦合载荷作用下骨损伤和修复过程的一种比较完整的理论模型，并基于此模型研究了多场外界载荷对骨损伤行为的影响。

（二）智能材料与结构的力学

形状记忆合金、压电/压磁材料、铁电/铁磁材料等智能材料在航天航空、生物医学等诸多领域的应用越来越广泛。余寿文在智能材料力学方面的探索始于20世纪80年代末，20多年间做出了一系列重要的成果。

形状记忆合金的“智能”源于马氏体的相变。以往对形状记忆合金的力学研究，主要局限于宏观唯象模型的建立，对材料细观结构演变过程的细节关注较少；在描述氧化锆陶瓷的相变增韧时，也主要考虑了相变引起的体积膨胀效应。在实验测量的基础上，余寿文与合作者将细观力学的方法引入到形状记忆合金的研究，基于形状记忆合金发生马氏体相变时的细观结构特征的研究，得到了形状记忆合金和结构增韧陶瓷的宏细观结合的本构理论，提出了同时考虑形状记忆合金体积相变及相变塑性效应的增韧预测公式，该公式与实验结果相吻合，被称为 SHY（Sun-Hwang-Yu）理论。在马氏体相变的研究中，几十年来一直沿用称为“不变形惯习面”模型，即认为在相变的过程中，相边界是不变形的。余寿文与合作者通过对以 CuAlNi 为代表的形状记忆合金单晶变形场的高精度测量发现，在超弹性应力诱发相变时其相变界面是可以演化的，即“不变形惯习面”并不具有普适性。在实验基础上，他们建立了基于相变晶体学结构的非不变面连续介质力学模型，这一模型在理论上首次给出了形成非不变面的晶体学路径，其对界面（非不变面）取向及马氏体区（对应非不变面）内相变应变的预测与实验测量结果一致。此项成果是马氏体相变研究的一个重要进展。

压电/压磁、铁电/铁磁智能材料广泛用于制造智能结构的传感和致动元件，这类材料的动态断裂力学研究对于智能结构的使用寿命估计有着重要的意义。余寿文就压电/压磁、铁电/铁磁等材料的本构理论、损伤与断裂力学开展了长期研究。首先求得了热-力-电耦合的压电介质裂纹尖端场的解。在所求得到的微裂纹与微孔洞应力场与电场基本解的基础上，利用细观力学方法，考虑热-力-电全耦合效应，系统求得了压电陶瓷在含微裂纹或微孔洞等损伤情况下的等效刚度系数、介电系数、热膨胀系数和热传导系数的解析表达，得到了其电学、力学、热学性能参数随损伤密度的衰坏与演化规律，这是这一领域早期的较为系统的研究结果。他在国际上较早开始了对含裂纹与界面的压电介质的动态响应的研究，分别求得了在力、电冲击下，可导通与电绝缘的含裂纹压电介质的动态应力强度因子与能量释放率。尔后，系统研究了冲击载荷下压电材料的动态响应，获得了裂纹在力-电冲击载荷作用下的一系列解，以及难度很大的界面裂纹的平面波散射的一系列解。此外，利用积分变换与奇异积分方程解法，系统研究了在均匀压电体与异质含界面压电体中Ⅰ型与Ⅲ型 Griffith 裂纹在多种裂纹构型下的动态力电响应与电弹波传播特性，求得了应力强度因子与能量释放率，还给出了压电复合材料在界面脱黏时的波散射的近场与远场解。

铁电材料由于其优异的物理和力学性能，在现代智能材料和结构领域中受到青睐，然而在其进一步扩大应用的过程中，电致疲劳及损伤是需要解决的一个理论难题。从畴变角度出发，余寿文带领研究生对铁电晶体材料的本构关系和细观疲劳损伤机制进行了理论分析。区别于以往的电畴突然翻转模型，提出了基于电畴连续翻转的细观机制的本构关系；研究了电致疲劳和辐照损伤对铁电陶瓷材料本构关系的影响，所建立的考虑电疲劳的本构模型能较好地解释蝶形曲线非对称性等实验现象。他还研究了点缺陷和空间载荷对畴壁钉扎等损伤机制的影响，并考察了界面层对纳米晶体铁电陶瓷本构关系的影响。

（三）微尺度力学与软物质力学

进入 21 世纪以来，微纳科学与技术的发展一日千里。在小尺度下，材料往往表现出与宏观状态下截然不同的一些性能。应科技发展的需求，微尺度力学也成为固体力学的一个崭新领域，尤其是与微纳机电系统相关的力学研究，由于其在工程技术中的广阔应用前景，更是备受瞩目。

微电子技术的巨大成功在许多领域引发了一场微小型化革命，以加工微米/纳米结构和系统为目的的微纳技术也成为各国竞相发展的方向。余寿文与研究生自 20 世纪 90 年代就开始了薄膜-基底的断裂力学、薄膜沉积过程的细观力学研究。他基于偶应力理论、应变梯度塑性理论、晶体应变梯度理论等研究了异质材料界面的问题，发现在固体材料界面附近存在与流体力学中类似的边界层。这种边界层的存在使得界面附近的应力和应变分布明显区别于经典力学理论的预测，对界面的变形和破坏有着显著的影响；他们对界面附近微区内的变形所开展的实验观测也证实了上述理论分析。此外，他们还利用摄动方法，获得了薄膜-基底结构由薄膜屈曲驱动的界面层裂的解。

表面吸附是指在固/气或液/气两相系统中，分子或原子从气相到固/气或液/气界面上的堆积。利用这个性质，可以制造各种微传感器，对吸附进行识别和控制。余寿文与研究生利用吸附原子和表面台阶的力偶极子模型，采用 Langevin 方程，研究了吸附原子/分子在台阶面上的演化和聚集行为，揭示了吸附原子/分子与基底原子间的范德华作用力与基底变形场的相互影响。微梁结构作为微/纳机电系统的重要元件受到广泛的重视，他与研究生一起，分析了原子/分子吸附在微梁表面上所引起的微梁共振频率的变化；考虑到固体表面层具有一定的厚度，研究了表面弹性和表面层厚度对微梁的弯曲挠度和共振频率的影响，解释了实验中所观察到的微梁在吸附原子时弯曲变形与振动的某些反常行为及其尺寸效应。

余寿文和研究生针对实验揭示的压电和压磁材料在纳米尺度下力学行为的尺寸效应，提出了考虑表面效应的多场耦合弹性理论。建立了计及表面弹性效应的有限元方法，用以阐释微纳米尺寸的微梁、孔洞等结构的尺寸效应。指出了现有唯象表面弹性理论的热力学不兼容性，给出了表面应力、表面应变和弹性表面的确切的热力学定义，导出了考虑表面法向应变张量的广义表面热力学关系式，为发展热力学兼容的表面弹性理论本构关系打下了基础。

在力学与生物、化学等学科的交叉研究中，涉及各种各样的软物质。这类材料对于外加的力学、化学等刺激具有强的非线性响应，呈现出与传统硬材料迥异的很多现象。余寿文在国内很早就开展了软物质力学的研究。软物质的黏着是表面接触的基本现象，是微纳器件的制造和应用中必须考虑的一个基本而重要的因素。余寿文与研究生把微观黏着力的模型引入到接触计算中，利用微黏着模型研究了考虑黏着效应的薄膜二次屈曲与弹塑性屈曲。实际接触过程中两个表面间的相互作用是十分复杂的，基于位错理论和连续介质力学方法，他们对微纳米压痕、剥离等微纳米测试技术进行了研究，重点研究了软物质的黏着接触、表面失稳与斑图形成等问题。利用内聚力区的概念，提出了一种新的反映黏合剂剥离的力学模型，可给出黏合剂剥离前缘附近的变形特点；利用 Hankel 变换方法，首次得到了压电材料的黏附接触问题，发展了传统的弹性黏附接触理论；研究了液桥和表面能对微小尺度上黏合剂探针测试系统的影响。

三、言传身教，育桃李满园

余寿文是一名科研工作者，同时也是一名人民教师，他始终牢记自己教书育人的职责，培养后学不遗余力。他将（晋）傅玄的《烛铭》——“照彼玄机，炳若朝阳。焚形尽世，无隐不影”作为座右铭，亲书条幅，长年挂在办公室案头鼓舞自己“甘当红烛燃千炬”。他为本科生和研究生开设过结构力学、弹性理论、断裂力学、损伤力学等多门课程，既注重传授基础知识和基本概念、培养学生扎实的力学功底，也留意把国际学术前沿动态引入课堂，在课程内容的选取上与时俱进。

在研究生的培养上，余寿文不仅在学术上给予学生耐心准确的指导，也无微不至地从生活的各个方面关心着大家的成长，尤其注重指点大家养成全面的思想品质和科学素养，每逢课题组有研究生毕业，余寿文都会亲自撰写勉励的话语送给他们，祝贺他们完成了一个阶段的学习和研究工作，并鼓励他们在人生的新征程上努力向前。他的毕业赠言是大家最为珍视的留念，也被大家称为本课题组的“毕业证”，捧在手中，除了毕业的欣喜，更有对老师的教诲和关爱的深深感激和铭记。他迄今培养了 14 名博士毕业生和 19 名硕士毕业生；作为合作导师，指导了 9 名博士后。这些学生中，有的成为了中国科学院院士，有的成为了将军，有的成为了国外著名大学的教授、国内大学的长江学者特聘教授和学术带头人，也有的入选了中组部“青年千人计划”。青出于蓝而胜于蓝的光彩，给了余寿文莫大的欣慰和幸福。正所谓“待到山花烂漫时，他在丛中笑”。他常回想起当年自己还是一名有志力学的青年学生时，固体力学的前辈与导师张维、黄克智、杜庆华等教授是如何循循善诱、示范提携，手把手地将自己带上了科研之路。薪传有自，学科的脉络，就是这样一代代延续和发展。

余寿文对于科研方法论的关注不仅体现在自己的研究思路上，在培养学生的过程中，不仅授人以鱼，他也更注重授人以渔。相比于习得机械的知识，培养起科研的兴趣、掌握正确的学习和研究方法、养成负责任肯担当的品性对于学生的成长和长远发展更为重要。除了指导具体的研究工作，他常为学生们指引学科动态与科技发展，培养学生分析问题的方法，教导他们学习复杂事物的综合与平衡、捕捉科研的走向、注意交叉融合与创新。他也时常敦促大家结合科技哲学的学习总结自己的研究方法，并将它上升到哲学的高度，并要求大家学习钱学森先生关于系统学与方法学的论著，教育学生们成长为爱国敬业、有思想的科技工作者。80 年代末留德归国后，余寿文担任过系主任、清华大学教务长、研究生院院长、清华大学副校长，除亲自讲授课程、指导研究生，也长年从事教学管理工作，这使余寿文能站在更高的高度看待学科的历史与发展，提炼教育思想，并付诸实践。他长期关注于固体力学的历史发展与方法论研究，更在 30 余年的教学实践中努力探索、积极总结。近十年，他写出了《固体力学方法论的注记》共三篇，希望通过对力学史的研究与思考，助益年轻同仁与学子的学术发展。2005 年，由于在培养博士研究生方面的突出成果，他与清华大学固体力学研究所的同仁一起获得了国家优秀教育成果奖二等奖。

1999 年从学校管理岗位上卸任后，余寿文开始着力于高等工程教育的研究，期望在另一方园地拾珍觅玉，以餐后人。他的教育思想集中体现于《大学者，育才之谓也：中国特色高等工程教育十议》等论文。在担任中国工程院教育委员会委员的九年中，他完成了“高等工程教育比较研究”、“高等工程教育专业认证”等一系列咨询课题，参与了“走向创新：工程科技人才培养研究”等重大研究项目。在开展研究工作的同时，作为“中国高等工程教育专业认证专家委员会”常务副主任，参与领导与实施了具有国际实质等效性的中国工程教育专业认证的六批三百多个专业的认证，着力于提高教育质量，增强工程教育界与工业界的联系，为加入国际专业互认组织做准备。2010 年，他的研究与工作成果获得了国家优秀教育成果奖二等奖。余寿文多年担任中国高等工程教育研究会副理事长、中国高等教育研究会副理事长、《高等工程教育研究》副主编（或顾问委员会副主任）等职务，积极推进中国高等工程教育的交流与发展；并于 2008 年起担任国际工程教育学会联盟副主席和国际工程教育发展研究院顾问，推动了中国工程教育界与国际四十多个同行会员单位的交流，并参与组织了 ASEE 国际工程教育全球论坛（2004，北京）和研讨会(2011，上海)，为中国工程教育的国际化之路添上了绚丽一笔，并于 2012 年获得国际工程教育联盟主席授予的“全球杰出工程教育开拓奖”。

四、热心服务，促学科繁荣

作为一位长期从事固体力学专业教学与研究的学者，余寿文十分重视和热心于固体力学的学术交流与服务。1979 年，他作为编辑投身于《固体力学学报》的创刊工作，1984 年起任该学报编委，1987～1999 年任副主编，1999～2007 年任该学报中英文版主编，2007 年起任英文版顾问编委。三十余年间，他陪伴《固体力学学报》从诞生到长成为富有影响力的刊物与 SCI 索引源期刊，今天，《固体力学学报》作为国际知名、国内重要的期刊，在国际学术交流中起着重要的作用，也为中国的力学期刊发展书写了一个范本，这是对余寿文数十年辛勤耕耘的最好回馈。他曾五十余次往返北京与刊物编辑部所在的武汉华中科技大学，亲阅来稿 1500 余篇，他说这既是一种服务，也是一个向国内外固体力学学者学习的过程。1991～1999 年的八年间，余寿文作为中国力学学会副理事长，分管学术交流与学报和期刊工作，曾参与负责筹办中国力学学会四十周年学术活动，作为副主编编辑出版了四卷本《现代力学与科技进步》文集。

余寿文曾担任同济大学、华南理工大学、西南交通大学、华中科技大学、湘潭大学兼职教授，澳大利亚悉尼大学客座教授，澳大利亚国立大学访问教授等，与上述单位开展了一系列的学术交流活动。他作为多年的德国应用数学与力学学会（GAMM）与欧洲力学学会（RAM）会员，积极开展国际合作研究。在中德研究中心的支持下，作为中方的负责人之一，组织了 2002 年起为期两年的五个智能材料性能与力学行为的国际合作研究计划，并召开了国际学术会议就项目研究成果进行了交流探讨，同时出版了研讨会专著文集。2010 年，又作为中方负责人之一，组织中德双方各十五位教授与研究团组在德国德累斯顿召开了“中—德计算材料力学”双边研讨会，促进了双方同行教授间的学术交流，会议论文发表在《计算材料科学》国际学术刊物上。

作为在断裂与损伤力学方面极富影响的学者，余寿文曾担任中国力学学会断裂损伤组组长，参与和组织了多届全国断裂与疲劳学术交流会，在他不懈的努力下，这一汇集力学、金属学、机械学、航空学、材料学和腐蚀科学领域诸多学者的跨学科的学术会议得以持续地顺利召开。他从 20 世纪 80 年代末起参加国际断裂学会

（ICF）的工作，历任副主席（2001～2005，2009～2013）、执行委员（2005～2009）、主席（2013～2017），也成为担任这一重要国际学术组织主席职务的第一位中国科学家。他联合了全国六个断裂与疲劳的相关学会以及中国结构完整性联盟（原名“中国南方断裂组”）、中国香港断裂组，成功申办了第十三届国际断裂大会（ICF13）。该学术盛会于2013年6月在北京召开。作为ICF13的执行主席，他全力推进大会的各项工作，保证了大会的顺利召开，对中国在材料和结构的断裂、疲劳研究的进一步发展以及与国际同行的学术交流起到了很大的推动作用。

学术交流是学科发展的生命线。积极推进国内外学术交流、促进学科繁荣是科学工作者的职责。余寿文从自己半个多世纪的学术生涯中，深深体会到学术交流的重要性。他积极投身学术服务，搭建学术交流平台，以期提升国内科研水平、促进年轻一代的成长。在淡出学术研究第一线后，余寿文更是甘居幕后，全心全意为后辈学人牵线搭桥，他最乐于看到的，就是国内科研事业的健康发展和后起之秀的茁壮成长。他说，学术刊物与会议，是一面旗帜，标示学科现状，导引国家需求；是一个平台，汇聚八方学人，共克学术难关；是一所学校，培育年轻后生，推动学科前行。中国科技事业今日的繁荣，是与像余寿文这样一大批科学家的长期辛勤耕耘、默默奉献密不可分的。

五、余寿文主要论著

余寿文，何积范. 1980. 夹层平板的应力状态及其渐近解. 固体力学学报，1：48-60.

黄克智，余寿文. 1985. 弹塑性断裂力学. 北京：清华大学出版社.

Sun Q P，Hwang K C，Yu S W. 1991. A micromechanics constitutive model of transformation plasticity with shear and dilatation effect. J. Mech. Phys. Solids，39：507-524.

Yu S W，Zhou Z G. 1992. Singular fields of a mode III interface crack in a power-law hardening bimaterial. Int. J. Fract.，57：325-347.

Yu S W，Feng X Q. 1995. A micromechanics-based damage model for microcrack-weakened brittle solids. Mech. Mater.，14：59-76.

Yu S W，Qin Q H. 1996. Damage analysis of thermopiezoelectric properties：Part I-Crack tip singularities. Theor. Appl. Fract. Mech.，25：263-277.

余寿文，冯西桥. 1997. 损伤力学. 北京：清华大学出版社.

Chen Z T，Yu S W，Karihaloo B L. 1997. Antiplane shear problem for a crack between two dissimilar piezoelectric materials. Int. J. Fract.，86：L9-L12.

Wang G F，Yu S W. 1999. The boundary layer solutions of the interface problem considering the strain gradient. Acta Mech. Solida Sinica，12：206-210.

Zhang X Y，Yu S W. 1999. The growth simulation of circular buckling-driven delamination. Int. J. Solid Struct.，36：

1799-1821.

Zhang X Y, Sun Q P, Yu S W. 2000. A non-invariant plane model for the interface in CuAlNi single crystal shape memory alloys. J. Mech. Phys. Solids, 48: 2163-2182.

Gu B, Yu S W, Feng X Q. 2002. Elastic wave scattering by an interface crack between a piezoelectric layer and elastic substrate. Int. J. Fract., 116: 29-34.

Wang G F, Yu S W, Feng X Q. 2003. A continuum damage theory with rotation gradient. Int. J. Damage Mech., 12: 179-192.

Li Q Y, Yu S W. 2004. A model for computational investigation of elasto-plastic normal and tangential contact considering adhesion effect. Acta Mechanica Sinica, 20: 165-171.

Yu S W, Du N N, Gu B, et al. 2005. Thermal effects of fracture of piezoelectric materials. J. Intell. Mater. Sys. Struct., 16: 567-572.

Huang G Y, Yu S W. 2006. Effect of surface piezoelectricity on the electromechanical behaviour of a piezoelectric ring. Phys. Stat. Sol. 243: R22-R24.

Gao W, Yu S W, Huang G Y. 2006. Finite element characterization of the size-dependent mechanical behavior in nanosystems. *Nanotechnology*, 17: 1118-1122.

Yu L, Yu S W, Feng X Q. 2007. Effects of electric fatigue on the butterfly curves of ferroelectric ceramics. Mater. Sci. Eng. A, 459: 273-277.

Zhang J Q, Yu S W, Feng X Q, et al. 2008. Theoretical analysis of adsorption-induced micro-cantilever bending. J. Appl. Phys., 103: 093506.

Pan X H, Yu S W, Feng X Q. 2010. Equilibrium thermodynamics of elastic interfaces. IUTAM Symposium on Surface Effects in the Mechanics of Nanomaterials and Heterostructures, Beijing, China.

主要参考文献

余寿文 . 1994. 固体力学与材料科学交缘的几个新课题 . 力学进展, 1: 24-36.

余寿文 . 2003. 固体力学史与方法论的几点注记 . 力学史与方法论论文集 .

杨卫, 冯西桥, 秦庆华 . 2009. 损伤、断裂与微纳米力学进展: 损伤、断裂与微纳米力学研讨会论文集 .

余寿文 . 2011. 固体力学史与方法论的几点注记（之三）. 科学殿堂的力学之光——第五届全国力学史与方法论学术研讨会文集 .

余寿文 . 2011. 大学者, 育才之谓也——中国特色高等工程教育十议 . 高等工程教育研究: 2, 8-15.

撰写者

冯西桥（1968～）, 河北肃宁人。清华大学航天航空学院工程力学系教授、博士生导师。于1995年在清华大学工程力学系获得固体力学博士学位。

王敏中

王敏中（1939～），江苏东台人。固体力学专家。1956年进入北京大学数学力学系力学专业学习，1962年毕业后留在北京大学任教，1989年评为教授，2006年退休。主要从事弹性力学的教学和数学弹性力学的研究。有六方面的研究成果：建立了各向异性弹性力学通解的一般理论；给出了圣维南问题的弱假设；证明了计算力学中的阿特努瑞无网格算法等价于弹性位移的中值公式；指出了弹性梁和弹性板的精化理论与分解定理的等价性；提出了算术平均意义下埃施尔贝夹杂问题的显著特性；将某些数学方法应用于弹性力学。出版过三本书：《弹性力学引论》、《弹性力学教程》（这两本与他人合作）及《高等弹性力学》。发表了150余篇论文，其中4篇分别为四年一度的国际理论与应用力学第15～18届大会所接收。在北京大学力学系所讲授并主持的“弹性力学”课程，2004年被评为国家级精品课程。

一、学习成长

王敏中，1939年6月18日生于江苏省东台县。幼年时在父亲王鼎臣的私塾里开蒙，1946年抗日战争胜利后来到南京，在程善坊小学读书，1950年进入南京市第一中学学习，1956年进入北京大学学习，1962年毕业后留校任教，在一般力学教研室工作，1979年评为讲师，1983年评为副教授，1989年评为教授，2006年退休。在王仁院士推荐下，1982～1983年在美国布朗大学做访问学者。1989年在英国南安普顿大学做访问教授，1991～1992年在美国伊利诺伊州立大学芝加哥分校做访问教授。

在中学时，数学老师赵遂之先生将高斯算术级数求和与十七边形作图讲解得有声有色；物理老师关长全先生将一根橡胶棒和一块毛皮不知做出了多少有趣的课堂实验。他们的教学引起了王敏中对科学的兴趣。

在大学时，数学分析老师董怀允先生严密的逻辑、美妙的推导，让王敏中终生难忘。大一时，学长张景中《神通广大的区间套》的报告，对他触动很大，感到真正的学习就应该像学长那样。

1962年大学毕业后，王敏中即留校任教，并有幸跟随沈燮昌、吴林襄、卢绮龄和丁石孙等先生辅导数学分析、理论力学和解析几何等课程，他们主题明确、语言生动、见解深刻、内容少而精的教学深受学生欢迎，也让随堂听课的王敏中体会到什么是高水平的教学。在辅导学生的同时，他也大体上实现了大学时未能完成的心愿：精读菲赫金哥尔茨的《微积分学教程》三卷和做完吉米多维奇的《数学分析习题集》，同时也做了些波利亚和舍贵的《数学分析中的问题和定理》中的问题。此外，他还与好友曾宪武一起旁听了张芷芬先生的"常微分方程定性理论"及丁同仁先生的"微分方程解析理论"等数学专业研究生的课程，并在考试中取得优秀成绩，他也旁听过钱敏先生的数学系研究生课程"泛函分析"。这段经历使得他拥有坚实的数学基础。

1969年，王敏中随北京大学数学力学系力学专业迁入陕西汉中的北京大学分校，1978年返回北京。20世纪70年代初，一般力学专业解散，他从一般力学教研室转到固体力学教研室工作，在此期间，他得到了固体力学教研室的苏先基、武际可和王大钧等老师的关心和帮助。在那动乱的年代，他的业余时间大都用来阅读一些数学和力学的经典名著，例如，惠特克和瓦特松的《现代分析教程》、维诺格拉多夫的《数论基础》、穆斯海里什维里的《数学弹性力学的几个基本问题》和鲁里叶的《弹性力学的三维问题》等。对他来讲，读名著是一件愉快的事情，他欣赏书中的美，看着大师们解决的难题、绝妙的技巧、无懈可击的逻辑，无疑是一种人类智慧的享受。

二、研究成果

王敏中主要从事数学弹性理论及相关学科的研究。弹性力学是一门既古老又年轻的学科，这门学科随着工业革命而诞生，至今仍在多种工业部门有着广泛的应用。他的研究成果主要有六个方面：①建立了各向异性弹性力学通解的一般理论；②给出了圣维南问题的弱假设；③证明了计算力学中的阿特努瑞无网格算法等价于弹性位移的中值公式；④指出了弹性梁和弹性板的精化理论与分解定理的等价性；⑤提出了算术平均意义下埃施尔贝夹杂问题的显著特性；⑥将某些数学方法应用于弹性理论。

（一）建立了各向异性弹性力学通解的一般理论

弹性通解是求解弹性力学问题的重要工具之一，人们寻求弹性通解已有一个多世纪的历史，著名的通解有：布西内斯克-伽辽金通解、巴巴科维奇-纽伯尔通解，明德林于 1936 年证明了上述两种解是完备的；平面问题有柯洛索夫-穆斯海里什维里复变函数表示的通解；轴对称问题有布西内斯克通解、米歇尔通解、廷璞通解和勒夫通解；横观各向同性弹性力学问题有列赫尼斯基-胡海昌-诺瓦茨基通解和埃利奥特-洛奇通解。前述各种通解大部分是直接给出然后验证其满足方程，少量的有导出过程；上述各种通解有些给出了完备性的证明，有些尚未给出。在应用中，不完备的解是有限制的。

前辈们留下了如此丰富多彩的遗产，王敏中从这些大量素材中找出了一种方法统一地给出通解，统一地证明其完备性，并梳理出各种通解之间的相互关系。1995 年，他应邀在 *International Journal of Solids and Structure*（美国西北大学邓德斯教授荣誉专辑）上发表横观各向同性弹性力学通解的论文，2001 年在他的《高等弹性力学》一书中将通解理论推广到各向异性弹性力学，2008 年应邀在 *Applied Mechanics Reviews* 上对他的通解理论作了系统的综述。

王敏中所建立的横观各向同性弹性力学通解一般理论由四个定理组成：第一定理给出了横观各向同性弹性力学问题的位移通过势函数的表示式，即给出了问题的解答；第二定理给出了势函数关于位移的表示式，于是也就证明了前述解是完备的，综合第一、二定理给出了位移与势函数的互逆表示式；第三定理指出通解是不唯一的；第四定理给出了通解不唯一程度的范围。通解的不唯一说明了一个多世纪以来出现了许多的通解的原因，而通解不唯一程度范围的界定给了我们一个将诸多通解统一、理顺的理论基础。作为一般理论的例子，从第一、二定理获得了布西内斯克-伽辽金通解，并证明其完备性。此外，利用第三、四定理可以得到平面问题的复变通解和轴对称问题的四个通解；从第三、四定理也可以导出列赫尼斯基-胡海昌-诺瓦茨基通解和埃利奥特-洛奇通解，并指出这两个通解一般是不完备的，除非弹性区域是 z 向凸的。

王敏中还发展了一种广义弹性理论，这个理论将经典弹性理论和一种微结构理论等作为特例，并求出了它们的通解。他也给出了弹性通解与特解之间的关系，即从通解可导出特解、特解叠加可获得通解。他还给出了巴巴科维奇-纽伯尔通解、布西内斯克-伽辽金通解分别与拉普拉斯方程的单层位势、双层位势之间的对应关系。

王敏中也将他的通解的一般理论推广应用到多个领域，例如，各向异性弹性力学、热弹性力学、磁弹性力学、有孔弹性力学、压电弹性力学、微极弹性力学、不可压弹性力学与斯托克斯流等，获得了这些领域中的通解、部分基本解及某些两种介质组成的全空间的解。此外，他也将通解应用于计算力学、断裂力学等学科。

1987 年，美国加利福尼亚大学伯克利分校的徐皆苏教授曾这样评价王敏中关于弹性通解方面的研究："为建立几个著名解之间关联，他做了大量的统一工作，我认为，在这个领域中，他是当代世界上最有学识者之一。"伯克利分校的纳格迪教授，对他的工作也有类似的评价。

（二）给出了圣维南问题的弱假设

所谓圣维南问题就是柱体拉压弯扭在端部放松条件之下的弹性力学边值问题。这个问题虽然是弹性力学中最简单的，但至今除圆柱和椭圆柱等特殊情况外都难以获得解析解。通常采用"半逆解法"，即预先作一些假定再来求解，如果假定与问题相容就可以得到解答，否则需重作假定。圣维南最早于 1855 年作了假设并获得了该问题的解析解。当然，从理论的角度来看，假设越少越好，许多科学家为此做了不少工作，其减弱情况是：①圣维南（1855）假定四个应力分量为零；②克莱伯许（1885）假定三个应力分量为零；③沃洛特（1900）假定全部六个应力分量关于 z 的二次微商为零；④古迪尔（1937）假定三个应力分量关于 z 的一次微商为零；⑤钱伟长（1954）假定二个应力分量关于 z 的一次微商为零；⑥王敏中（1981）假定二个应力分量关于 z 的 n 次微商为零；⑦王敏中（1987）假定一个应力分量关于 z 的 n 次微商为零且弹性体不是圆柱。在某种意义上，可以说王敏中所作的假定是最佳的，事实上，违反这个假定就出现反例了。

1979 年，钱伟长看了王敏中的手稿《柱体平衡圣维那解的一个弱假设》，说："这是当今世界上最弱的假设。"1985 年，钱先生推荐王敏中的另一篇论文《关于圣维那问题的假设》在他主编的《应用数学和力学》上发表，并于 1987 年将其收入他主编的 *The Advances of Applied Mathematics and Mechanics in China* 第一卷中。1989 年初，钱先生在给北京大学力学系王大钧教授的一封信中说："近十年来，我多次阅读贵系王敏中副教授的学术论文，并推荐过一些论文在我主编的《应用数学和力学》刊物上发表。他已在弹性力学等领域内取得相当丰硕的成果，发表了 30 篇论文，对弹性力学有广泛、深入而系统的研究。特别是圣文南原理、广义弹性理论、弹性力学边值问题。"

王敏中也定性地估计过半无限空心圆柱、半无限各向异性条的圣维南衰减指数，这是他分别与英国南安普顿大学的斯蒂芬教授、美国伊利诺伊州立大学芝加哥分校的 T. C. T. 丁教授共同研究的成果。

（三）证明了计算力学中的阿特努瑞无网格法等价于弹性位移的中值公式

20 世纪 50 年代末 60 年代初，迪亚日、佩恩和布兰布利等发表了数十篇论文，其中不少发表在他们主编的 *Contributions to Differential Equations* 第 1 卷中，在这些论文中他们建立了十多个有关弹性位移、应力、应变以及各种混合情况下的中值定理，他们还证明了一些中值定理的逆定理。过了 40 年，在计算力学中阿特努瑞等提出了一种无网格法。

王敏中证明了阿特努瑞的无网格算法与迪亚日等的弹性位移的中值公式是等价的，按照这种等价性，从十多种中值定理可以构造出十多种无网格法。基于中值定理的逆定理，他还证明了这种无网格法的收敛性。

（四）指出了弹性梁和弹性板的精化理论与分解定理的等价性

梁和板都是土木、机械等工程中的基本构件。梁有欧拉-伯努利的经典理论和铁摩辛柯的剪切理论等。板有克希霍夫-勒夫薄板理论和赖斯纳中厚板理论等。上述各种梁、板理论都是在预先假设下建立的。程埙于 1979 年、格瑞高里于 1992 年，不作预先假定分别建立了板的精化理论和证明了分解定理。

不作任何预先假设借助弹性通解，王敏中证明了程埙的精化板理论与格瑞高里的板分解定理是等价的，并给出了相互间的等价关系式。他也建立了狭长矩形截面梁的精化理论，并指出其零阶近似和一阶近似分别与欧拉-伯努利的经典梁理论和铁摩辛柯的剪切梁理论相对应。几个例子表明所导出方程的解答与弹性力学的解答完全相同，也就是说，他的理论从某种角度来看，应该是最佳的。随后给出了梁的分解定理，并证明了梁的精化理论与分解定理也是等价的。借助这些等价关系式，又以统一的形式导出了具有热、电、磁耦合效应的梁、板理论，并以一些例子揭示出耦合效应对材料的力学性能和几何变形的影响。

美国加利福尼亚大学欧文分校的温耀明教授曾说："王敏中教授在包括板理论在内的弹性理论方面做出了许多有价值的工作。"

（五）提出了算术平均意义下的埃施尔贝夹杂问题的显著特性

在复合材料细观力学中埃施尔贝夹杂问题之所以重要，是由于它具有如下的显著特性：对于椭球夹杂，在均匀本征应变下诱发的应力是均匀的。利用这个特性，通过等效方法可以预报复合材料的宏观性能。近来，已有人证明除椭球外不存在其他夹杂具有此显著特性。

对于平面旋转对称夹杂，王敏中首次提出并证明了在算术平均意义下埃施尔贝夹杂问题的显著特性成立。由于具有一般旋转对称性的夹杂在非均质/复合材料中相当普遍，如先进复合材料的高性能增强相（碳纤维、碳化硅纤维、氧化铝纤维）大多为规则的正六边形排列，而孔隙材料或多晶陶瓷材料微结构形貌也大都以多边形为主。这类夹杂问题具有非均匀场，从而给传统意义上等效方法的应用带来了障碍。此时，他的基于算术平均意义上的等效夹杂方法能有效地扩大埃施尔贝夹杂理论的应用范围。他将所得算术平均向反平面夹杂问题、薄板夹杂问题和非均匀本征应变等情况进行了推广。他还证明了平面各向异性夹杂问题的强埃施尔贝猜想成立，同时给出了平面变形或反平面变形下，完善黏结或类位错黏结，各向同性或各向异性介质总共八种夹杂问题的强埃施尔贝猜测的证明。

完善黏结界面在多数情况不足以反映夹杂的力学行为，因而对于非完善黏结夹杂问题的埃施尔贝特性研究具有更实际的意义。对于类位错型的非完善黏结夹杂问题，王敏中证明了埃施尔贝猜想成立。在某些条件下，他还证明了自由滑动椭圆夹杂埃施尔贝猜想也成立，这个成果否定了现有文献中“自由滑动椭球夹杂埃施尔贝猜想不成立”的结论。

王敏中还应用拉梅椭圆函数，将椭球孔问题的鲁里叶弹性通解解法和埃施尔贝-村外志夫本征应变解法统一起来，并发现鲁里叶的解法不完备，必须作些修正，否则就有反例。他又利用魏尔斯特拉斯椭圆函数，获得了某些双周期热弹性孔洞问题的解析解。

相关成果的难度和深度得到了不少专家的肯定，如美国 *Acta Mechanica* 主编乔治·温认为关于算术平均的工作“可以写进教科书”。

（六）将一些数学方法应用于弹性力学

王敏中将矩阵的广义逆、发散积分的有限部分、广义柯西-黎曼条件、华罗庚等关于偏微分方程组的理论等数学方法应用到弹性力学中，取得如下成果。

王敏中借助矩阵的广义逆，把应力函数纳入他的弹性通解一般理论框架之中，由平衡方程直接导出贝尔特拉密-谢弗应力函数，并证明了它的完备性；而艾里、马克斯韦尔和莫瑞拉的应力函数都可以作为特殊情形得到。在这之前，这些著名的应力函数大都是先给出，再验证其满足平衡方程。他还得到了 17 种布洛赫应力函数和 3 种新的受限制的应力函数。他也获得了 n 维空间中“广义弹性力学”的应力函数。

王敏中利用柯西–哈达玛发散积分的有限部分这一工具，对于三维弹性力学全空间、半空间的一些边值问题的解，如开尔文基本解、布西内斯克解、塞如提解、明德林解等，将它们分别降维成二维全平面和半平面相应问题的解。在弹性力学的历史上三维问题与二维问题的一些解过去都是分别求得的。

轴对称问题的 4 种通解完备性的证明过去大都利用 z 向的定积分，因而文献中都不得不加上了“半子午面 z 向凸”的假定，这个假定限制了这些通解的应用。王敏中基于广义解析函数中的广义柯西–黎曼条件，无需前述凸性假定，证明了轴对称问题 4 个通解的完备性，从而扩大了这些通解的适用范围。

按照华罗庚等著《二阶两个自变数两个未知函数的常系数线性偏微分方程组》一书的理论，王敏中构建了平面弹性力学的典则弹性常数。

王敏中的合作者（王炜教授、燕公薄博士和孙树立博士）、博士后（高存法、彭南陵）和研究生（黄克服、王鲁南、徐新生、徐颖、师明星、尹辉明、赵宝生、赵颖涛、高阳、胥柏香和李相勇）等分别在他的研究成果中做出了许多有价值的贡献。

三、教书育人

王敏中在北京大学力学系主讲弹性力学课程近 20 次。此外，还讲授过高等弹性力学、弹性系统稳定性、断裂力学等课程。他曾多次获北京大学教学优秀奖、教学成果奖，1987 年获“北京市教书育人先进工作者”，1992 年获中国力学学会力学优秀教师，1996 年获第一届“周培源基础教学奖”一等奖，他所讲授的弹性力学课程 2004 年为国家级精品课。

王敏中的弹性力学课程有两个特色：一是少而精，精选基本概念、基本框架和基本方法，从力学、数学、直观和理论的不同角度、各个侧面和多种层次反复讲，并努力寻求力学与数学的一致，直观与理论的一致。在讲解基础的同时，他不断留下伏笔，使其可到达现代理论，也就是预留下可扩张的各种“接口”。二是着重科学兴趣的培养。在教学中他尽量让学生处于创造与发现的激情之中，从而分享成功的愉悦与欢乐，不断培养他们的科学兴趣。“他认为，科学不是公式、数据的堆积，而是令人神往、使人心醉的艺术，他不断追求科学内在的美与逻辑。”

王敏中曾多次在会议上，如全国力学课程论坛、全国力学大会教学研讨会、全国力学史与方法论专业委员会会议、北京市力学学会年会、北京大学力学系教师教学研讨会等会议上，作关于教学方面的报告。他的报告总是围绕着如何培养学生的科学兴趣与思考习惯这一主题，如“借助联想的方法，让学生分享创造的欢乐”、“从应力函数的演变，谈科学兴趣的培养”、“借助力学史和方法论，进行弹性力学的教学”、“利用佯谬，梳理概念”、“多次重复，引起思考”等。

王敏中的教学得到学生们的好评与喜爱。

四、王敏中主要论著

王敏中. 1981. 柱体平衡圣维那解的一个弱假设. 第15届国际理论与应用力学大会中国学者论文集：275-280.

王敏中. 1985. 发散积分的有限部分在弹性力学中的应用. 应用数学和力学，6（12）：1071-1078.

Wang M Z. 1987. On the assumption of Saint-Venant's problem//Chien W Z. The advances of applied mathematics and mechanics in China. 1：224-239.

王敏中. 1988. 广义弹性理论. 中国科学，A辑，(4)：376-383.

Wang M Z. 1988. Brebbia's indirect representation and the completeness of Papkovich-Neuber's and Bonssinesq-Galerkin's solutions in elasticity. Appl Math Model，12：333-335.

Xu X S，Wang M Z. 1991. General complete solutions of the equations of spatial and axisymmetric Stokes flow. Q Jour Mech Appl Math，44（4）：537-548.

Stephen N G，Wang M Z. 1992. Decay rates or the hollow circular cylinder. Jour Appl Mech，59：747-753.

Wang M Z，Ting T C T，Yan G P. 1993. The anisotropic elastic semi-infinite strip. Q Appl Math，51（2）：283-297.

Huang K F，Wang M Z. 1995. Complete solution of the linear magnetoelasticity and the magnetic fields in a magnetized elastic half space. Jour Appl Mech，62（4）：930-934.

Wang M Z，Wang W. 1995. Completeness and non-uniqueness of general solutions of transversely isotropic elasticity. Int Jour Solids Struct，32（3/4）：501-513.

Gao C F，Wang M Z. 2001. Collinear permeable cracks in thermopiezoelectric materials. Mech Mater，33：1-9.

王敏中，王炜，武际可. 2002. 弹性力学教程. 北京：北京大学出版社.

王敏中. 2002. 高等弹性力学. 北京：北京大学出版社.

Zhao B S，Wang M Z. 2003. The decomposed form of the three-dimensional elastic plate. Acta Mech，166：207-216.

Wang M Z，Sun S L. 2003. Equivalence between the local boundary and the mean value theorem in the theory of elasticity. Jour Elasticity，67：51-59.

赵颖涛，高阳，王敏中. 2004. 具有非完善界面的椭球夹杂问题. 北京大学学报（自然科学版），40：712-721.

Xu B X，Wang M Z. 2005. The quasi Eshelby property for rotational symmetric inclusions of uniform eigencurvaures within an infinite plate. Proc Roy Soc A，461：2899-2910.

Gao Y，Wang M Z. 2007. The equivalence of the refined theory and the decomposed theorem of rectangular beams. Appl Math Model，31：551-563.

Li X Y，Wang M Z. 2007. Three-dimensional Green's functions for infinite anisotropic piezoelectric media. Int Jour Solids Struct，44：1680-1684.

Wang M Z，Xu B X，Gao C F. 2008. Recent general solutions in linear elasticity and their applications. Appl Mech Rev，61：030803. 1-030803. 20.

主要参考文献

北京大学研究生院 . 1996. 燕园师林——北京大学博士生指导教师简介（第二集）. 北京：北京大学出版社 .

Wan F Y M. 2006. Author's response to Comment by Yang Gao and Min-Zhong Wang on "Stress boundary conditions for plate bending" by F. Y. M. Wan [Int Jour Solids Struct, 2003, 40: 4107-4123]. Int Jour Solids Struct, 43: 1856.

撰写者

黄克服（1965～），湖南人。北京大学力学系副教授。1985～1988年师从王敏中攻读硕士学位。

袁明武

袁明武（1939～），江苏南通人。北京大学工学院教授、博士生导师。1955～1960年就读于北京大学数学力学系本科，1960～1964年就读于北京大学数学力学系研究生。1964～2004年在北京大学力学与工程科学系工作。1980～1982年作为两校交流学者赴美国加利福尼亚大学伯克利分校进修，师从美国工程科学院院士 Edward L. Wilson 教授。曾赴十余个国家和地区访问和讲学。1982年回国后从事计算力学算法的研究，并组织领导了结构分析通用有限元程序的开发、推广和应用。曾获国际工程与科学计算学会（ICES）颁发的2000年“T. H. H. Pian Medal”（卞学鐄奖），国际计算力学学会（IACM）颁发的2004年“Fellow”奖和2010年“IACM”奖，亚太计算力学学会（APACM）颁发的2004年“Senior Scientists”（资深科学家）奖和2010年“Computational Mechanics”（计算力学）奖和2013年APACM最高奖“Zienkiewicz Medal”，以及国际华人计算力学学会（ICACM）2013年最高奖。曾获国家科技进步奖三等奖、国家教委科技进步奖一等奖、第七个五年计划重大科技成果奖、国家教委科技进步奖三等奖等。现任国际计算力学学会（IACM）副主席和执行局成员，亚太计算力学学会（APACM）执行局成员，国际系列会议EPMESC董事局成员，国际华人计算力学学会（ICACM）主席，中国力学学会特邀理事、计算力学专业委员会主任，中国振动工程学会常务理事、结构动力学专业委员会主任，国际国内若干学术杂志的编委。

一、成长经历

我1939年8月20日出生在一个普通职员的大家庭，祖籍江苏南通。父亲是一家绸布店的管事。父辈共育有十个子女，全家只能在温饱水平。父辈虽然身在商家，但深知商界尔虞我诈，并受“万般皆下品，唯有读书高”思想的影响，坚信我们家的孩子只有发奋读书，才可能有前途。我们兄弟十人靠自己的刻苦努力和兄弟之间的相互提携，都受到了很好的教育。年长的靠奖学金，年幼的靠哥哥们的帮助，都先后读完大学。特别在新中国成立以后，我们家的生活愈来愈好。

我 4 岁就读小学一年级，上学之前就会了千字文。高中时期数学成绩很好，一直慕名北京大学，立志成为一名数学家。大学三年级被分配到力学专业，从此学习力学。大学课本上的很多知识是在后来的科研和实践中才真正弄明白。

五年大学和三年研究生让我接受了大量书本知识，但对力学的本质却知之甚少。研究生刚毕业就开始了“文化大革命”，浪费了我最好的时光。1980 年去美国进修，虽然短短两年，但却改变了我人生的轨迹和学术生涯的方向。

二、在美国学到了什么

我是 40 岁才出国的，在国内算早的，属于第二、三批。可一到美国就有一种紧迫感。周围的博士生都比我小十多岁。我必须在有限的时间内把“文化大革命”浪费的十年时间补回去。

在美国加利福尼亚大学伯克利分校进修期间，不仅学到了知识，更重要的是学到了一些先进的概念。美国的力学包含在机械系与土木系中，属于工程学科。但美国的工程学科和中国有很大的不同。中国的工程学科，例如土木工程系，主要面向设计和施工，在数学和力学方面的研究深度不够。到美国的土木工程系，他们的课程和研究内容在数学和力学方面和中国北大理科的很接近，作为北大理科的一员，我去了以后感到很适应，如鱼得水。但是他们更重视从工程实际中得到课题，经过高水平的研究把成果再应用到工程实际中去。因此美国的科学技术与产业部门紧密结合，大部分的课题都是从国防和民用工业部门来的，工业部门提供资金支持，学校提供研究成果，相辅相成。因此，美国的科技和工业产品的发展是相互促进的。今天美国的科技在世界处于领先地位，与他们这种战略思想是分不开的。总的一句话，美国的学术很实际。他们也重理论，但要有真正的实际应用，并且用实际的成果来检验理论。

力学是一门紧密结合工程的学科。我的美国老师的博士论文就是世界第一个平面有限元程序。他不仅理论方面研究水平很高、很深入，同时自己编程序，夜以继日，程序质量精益求精，还要把程序推向市场，让工程师们去用。在工程实际应用的基础上得到反馈，去维护、改进和进一步开发、提高。推向市场既能改进质量又能按照用户的需求去提高质量。在中国，有相当一个时期认为编程序很简单，不是创造性的劳动，没有学术水平，以致打击了编程人员的积极性。中国非常缺乏既有理论水平又能解决实际问题的学者，奋斗在研制、维护和应用软件的第一线的学者。为此，我还特别写了一篇文章，呼吁对软件工作的重视。

三、主要学术成就

在学术方面的主要贡献有：提出了大型广义特征值问题的一种高效的直接解法，胡海昌院士命名为 WYD 方法；在此基础上提出了一种可求得准确解的动力子结构方法，此法完全不同于传统的模态综合法，它不求解每个子结构的特征值问题，不需要对子结构假设边界条件，而只精确求解整个结构的特征值问题，因而实质上是一种刚度矩阵的任意分块，对于超大型结构特征值问题的并行计算具有特别的优越性和潜力；在国内首先提出了基于板壳单元的具有面外刚度的剪力墙单元，它能与空间框架单元协调地连接；在稀疏矩阵的快速解法和提高动网格的质量和运行效率等方面进行了合作研究，有所建树。在国际、国内学术刊物和学术会议上发表论文200余篇，国内外学术大会邀请报告20余次。曾作为大会主席或合作主席主持过20多次国际国内学术会议。2004年作为大会主席在北京饭店主持第六届世界计算力学大会暨2004亚太计算力学大会，1300人与会，是当时中国力学界规模最大、国外专家教授参会最多的国际盛会。

1980～1982年在美国加利福尼亚大学伯克利分校进修期间在美国工程院院士Edward. L. Wilson教授指导下提出了直接求解结构动力学中广义特征值问题的Ritz向量法，比起当时最流行的子空间迭代法来要快6～10倍，文章发表后立即为美国NASA用于运载火箭和空间卫星的计算。回国后，被中科院胡海昌院士命名为WYD方法。原创论文为国内外SCI 、EI文章他引1000次以上。

在WYD方法的基础上提出了结构动力分析中的动力子结构法。它与传统的模态综合法不同，它不需要对每个子结构假定边界条件以得到模态综合近似解，而是在对总刚矩阵任意分区的基础上对总体结构求特征对。因此，它是整体结构的一种准确的特征解，没有因为划分子结构而引进额外的误差。另一方面，每一个子结构不一定是一个真实的结构，它只是结构总刚的一个分区，可以没有物理意义。这种子结构的基本思想特别适用于并行计算机的处理，它在超大型结构的模态分析时具有明显的优越性和巨大的潜力。

在国内首先提出了在板单元的基础上的既具有面内自由度又具有面外自由度的空间剪力墙单元，在有限元分析中实现了剪力墙与框架单元的六个自由度完全协调的连接。在此之前剪力墙只考虑面内刚度。这在大型通用程序中计算高层建筑的框架剪力墙结构时带来很大的困难。这种新的剪力墙单元完善地解决了这一问题。

四、大型有限元结构分析通用程序 SAP84 的开发和应用

1982 年回国后，我和我的学生们（先后有 30 多人参与）开发了大型有限元结构分析通用程序 SAP84，并在全国范围内推广应用。当时，我们没有机器，骑着自行车满北京跑，去向我的老同学借机器用，经过两年多的努力，1984 年推出了第一个商用版本。30 年来，这个程序在国内获得了一千多家用户，为数以千计的工程设计提供了可靠的数据和校核，在土木、水利、铁路交通、桥梁、地铁设计等方面做出了重要的贡献，解决了无数的工程计算问题，为许多重大工程提供了可靠的数据，得到了用户的好评。

在开发软件的同时我们还集中优势力量研究算法，这使得我们小组在 20 年的研发中在若干重要的算法和提高算法的效率方面取得了重要的进展，发表了近 200 篇文章。

中国国内的数以千计的重大工程采用 SAP84 进行结构分析，如小浪底水利枢纽、秦山核电站的安全壳、中华世纪坛、北京植物园温室、全国大部分的地铁车站等。

软件的开发需要高素质的团队长期不懈的艰苦努力。在没有国家支持和资助的条件下尤为困难。在开发软件的同时还要发展算法，在国际研究前沿发表创新的研究成果，无疑是一种挑战。SAP84 的广泛推广和应用为中国工程界涉及结构力学的不同专业的工程技术人员解决了许多生产实际问题，提高了他们应用有限元分析软件的水平；也为高校许多专业的大学生和研究生提供了可靠的应用软件，受到了广泛的欢迎，具有深远的影响。

由于长期领导和组织大规模计算力学软件的开发，积累了丰富的经验，也取得了不少的教训，进而对中国计算力学软件的发展提出了看法。这对于中国计算力学软件的成长有一定的参考价值。

五、教 书 育 人

从美国进修回来后，我曾先后开设了“有限单元法”和“结构动力学”两门课。由于深感国内英语教学存在很多问题，大部分学生学的是哑巴英语，对中国出去的留学生大为不利，自己用英语教学，使学生有更多的机会锻炼听、说的能力，掌握更多的专业英语词汇。与此同时还教了 7 次大学一年级的基础课“高等代数”。

由于我带领学生开发结构分析有限元程序，很多学生都很感兴趣。先后指导了36名硕士生和12名博士生的论文以及6名博士后的研究工作，为国家培养了人才。

六、国际合作和交流

到国际舞台上去显示中国学者的研究成果，进行国际学术交流一直是我努力的方向。曾赴美、德、法、意、葡、西、日、南斯拉夫、斯洛文尼亚和香港等十余个国家和地区访问和讲学。在十多年的国际国内的学会活动中，先后组织了6次国际会议，十几次全国范围的学术会议，大量组织了中国计算力学学者参加国际学术会议，提高中国学者的国际地位。在国际组织中，为提高华人的话语权进行了不懈的努力。

七、老骥伏枥

目前，在担任国际国内计算力学学会重要职务并组织国际国内学术会议、开展学术交流活动的同时，仍在科研一线与年轻人共同作战，以求取得进一步的研究成果。目前作为课题负责人领导和组织国家科技部973国家重点基础研究发展计划项目的北大课题部分。另一方面，也正在把多年来的研究成果与心得写成专著出版。

八、袁明武主要论著

袁明武. 1964. 抗转弹性支撑矩形板的超音速颤振. 航空学报，1（1）.

武际可，王大钧，袁明武. 1979. 旋转壳的应力分析. 北京：中国水利水电出版社.

Wilson Edward L，Yuan M W，Dickens John M. 1982. Dynamic analysis by direct superposition of ritz vectors. Earthquake Engineering and Structural Dynamic，10：813-821.

Yuan M W，Chen P，Xiong S J，et al. 1989. The WYD method in large eigenvalue problems. Engineering computations，6（1）：49-57.

Chang T Y，Tan H Q，Zheng D，Yuan M W. 1990. Application of symbolic method to hybrid/mixed finite elements and computer implementation. Computers & Structures，35（4）：290-299.

Yuan M W，Xiong S J，Chen X H. 1991. Multiple level dynamic substructure analysis. Engineering Computations，8（3）：231-244.

袁明武. 1992. 微机结构分析通用程序SAP84. 北京：北京大学出版社.

袁明武，蔡定正. 1992. 一种新的墙单元. 土木工程学报，25（1）：38-44.

Sun S L，Yuan M W. 1994. Numerical implementation of pseudo- arclength algorithm in nonlinear finite element analysis. Acta Mechanica Sinica，10（2）.

袁明武 . 1997. 我国计算力学软件的现状与思考 . 第四届全国计算力学会议论文集 . 计算力学学报，14（增刊）：17-20.

卢海平，傅民魁，孙树立，袁明武 . 1997. 上颌“T”形区内收弓四矫治上颌前牙的三维有限元分析 . 中华口腔医学杂志，32（1）：19-22.

Sun S L，Yuan M W，Chen P. 1997. A practical quadrilateral membrane element with drilling degrees of freedom. Acta Mechanica Solida Sinica，10（2）：179-188.

李水乡，刘剑飞，袁明武 . 1999. AutoCAD 平台上的有限元前处理软件 AutoMESH. 计算力学学报，1（3）：375-378.

陈斌，袁明武，孙树立，等 . 1999. 中华世纪坛旋转圆坛主体钢结构的计算与分析 . 工程设计 CAD 与智能建筑，11（36）：6-9.

陈斌，陈璞，孙树立，袁明武，等 . 2000. 北京植物园植物展览温室结构的静动力分析与研究 . 建筑结构，30（1）：53-56.

孙树立，陈璞，袁明武，等 . 2002. 桩基承载力计算程序 GPILE. 计算力学学报，19（1）.

史宝军，袁明武，李君 . 2003. 基于核重构思想的最小二乘配点型无网格方法 . 力学学报，（6）：697-705.

Chen P，Zheng D，Sun S L，Yuan M W. 2003. High performance sparse static solver in finite element analysis with loop-unrolling. Advances in Engineering Software，34（4）.

宫玉才，周洪伟，陈璞，袁明武 . 2005. 快速子空间迭代法、迭代 Ritz 向量法与迭代 Lanczos 法的比较 . 振动工程学报，18（2）：227-232.

Zhao Q C，Chen P，Peng W B，Gong Y C，Yuan M W. 2007. Accelerated subspace iteration with aggressive shift. Computers and Structures，85（19-20）.

主要参考文献

Yuan M W，Chen P，Zheng D. 1988. SAP84—a general purpose structural analysis program on microcomputer. Proceedings of the International Conference on Computational Engineering Science，Atlanta，GA，U. S. A. April：10-14.

撰写者

传主本人

黄筑平

黄筑平（1939～），江苏宜兴人。固体力学家。1963 年北京大学数学力学系本科毕业，1967 年北京大学数学力学系研究生毕业。北京大学力学与工程科学系教授、博士生导师，曾兼任中国科学院 LNM 特邀客座研究员和上海大学兼职教授，博士生导师。长期从事固体力学的教学和固体力学中重要基础理论问题的研究，研究领域涉及塑性动力学、有限变形下的弹塑性、黏弹性和热弹性本构理论、韧性材料的动态损伤、粒子填充流变材料的强韧化机理以及微纳米结构和纳米复合材料中的表面（界面）能理论等多项固体力学前沿课题，并取得了有国际影响的创新性研究成果。在国内外发表学术论文 140 余篇。参与完成的科研项目“圆柱壳在轴向冲击下塑性稳定性的第二临界速度研究”于 1995 年获国家教委科技进步奖一等奖，学术论著《塑性力学引论》（修订版，合著）于 1996 年获北京大学优秀教材奖，《连续介质力学基础》（第一版）于 2004 年获北京大学教学成果奖一等奖。历任中国力学学会固体力学专业委员会副主任，塑性力学专业组组长，中国力学学会理性力学和力学中数学方法专业委员会副主任。国家自然科学基金委员会学科评审组成员，2005 年和 2006 年被国家科学技术奖励工作办公室聘为国家科学技术奖励咨询专家。

一、成长历程

黄筑平于 1939 年 11 月 2 日出生在贵州省贵阳市附近的马场坪。

黄筑平祖上是江苏宜兴的名门望族。父亲黄凤涛由于幼年丧父，家道中落，不得已在少年时孤身一人到上海打拼，进入教会医院工作和学习。在艰苦的环境中，黄凤涛刻苦钻研，成为一位出色的麻醉医师，经不懈追求，终于在外科麻醉领域取得卓越的成就。母亲孙梦莲来自山东泰安的一个知识分子家庭，从小在教会学校读书，抗战爆发后毅然决定从医，为国家效力。他们两人结识于抗战的后方医院，爱国激情和为救治抗日军民而忘我工作的精神使他们结为终身伴侣。

黄筑平的童年，是在颠沛流离中度过的。出生不久，全家迁往重庆，后来又搬到陕西汉中的褒城和甘肃兰州。抗战刚胜利，他父母就变卖了全部家当，从兰州迁回江苏宜兴。一路上的艰辛使他永生难忘。他至今仍然记得一家人坐在马车上忍受酷暑风寒，日晒雨淋，在尘土飞扬的路上颠簸的情景。他也不会忘记一家人挤在运煤的火车上面，无遮无盖，每过一个隧道，都沾满灰尘，满面漆黑的那段旅途生活。

就这样，黄筑平在短短几年间上了五所小学：兰州的扶轮小学、宜兴的和桥小学、南京的燕子矶小学、上新河小学、宜兴的官林小学。直到 1952 年从宜兴的官林中学，转入上海的新沪中学，才开始有了一个稳定的学习环境。颠沛流离的生活，造就了他吃苦耐劳，不惧艰难的品格。外敌入侵，国家积贫积弱，人民生活困顿的冷酷现实在他的心灵中打下了深深的烙印，激发了他的爱国热情。而父母在极端艰难的条件下，用高超的医术救死扶伤，从不放弃，从无动摇的实际行动，又培养了他自强不息的精神，激发了他对知识不懈追求的强烈愿望。

黄筑平刚转入新沪中学时，学习起点与其他同学相比有很大差距。但强烈的求知欲和不断进取的刻苦精神，推动他加倍努力，其成绩很快就在班里名列前茅。尤其是数学课程中逻辑思维能力的训练，深深地吸引了他，使他对数学产生了浓厚的兴趣。他于 1957 年获上海市高三级数学竞赛优胜奖，并以优异成绩考入北京大学数学力学系（学制 6 年）。1963 年毕业后，又考取了该系的研究生，师从王仁先生，从事塑性力学的研究。

“文化大革命”前北京大学的研究生录取是以“宁缺毋滥”为原则的。在当时的数学、力学和计算三个专业中，每年总共只招收 10 名研究生。黄筑平对这样的学习机会自然是倍加珍惜。可是，1965 年的农村“四清运动”和随之而来的“文化大革命”运动中断了黄筑平的学习和研究。1967 年，他被分配到西安冶金建筑学院。不久，一纸知识分子再教育的公文又将他重新分配到鞍山钢铁公司的弓长岭铁矿，成了一个名副其实的重体力劳动者。然而，艰苦的生活条件和恶劣的工作环境并没有消磨黄筑平的意志。相反，他看到了工人师傅的淳朴、善良、正直和坦诚，并在实际工作中体验到了知识的价值，下决心顽强钻研，为国家的建设发挥更大的作用。1974 年，黄筑平调入北京大学汉中分校，直到 1981 年才回到北京的北京大学力学系。

“文化大革命”阶段正是国际上力学研究蓬勃发展的时期。当黄筑平被迫中断了 15 年的业务研究再回到教学和科研岗位上时，他发现一切都是那么陌生。他下定决心一定要把失去的时间补回来。凭着他坚韧不拔的毅力，在短短几年里就给出了关于塑性动力学的间断定理，位移下界定理和动力安定定理。1985 ~ 1986 年，他访问了加拿大温哥华英属哥伦比亚大学，并应加拿大和美国一些国际知名教授的邀请，分别在 Simon Fraser 大学、布朗大学、麻省理工学院（简称 MIT）和加利福尼亚大学伯克利分校进行访问，报告了他的研究成果。1993 年上半年，他应英国皇家学会邀请赴英国 UMIST 进行合作研究。此后又应邀在英国剑桥大学，日本大阪大学和日本东京理科大学进行了学术访问和讲学。

在数十年的学术生涯中，黄筑平始终关心着祖国力学事业的发展。积极参与国内外的学术交流活动。多次参加国内外的重要学术会议，并在许多会议上作大会邀请报告。例如，2002 年，由国际理论与应用联合大会批准的关于固体力学方面的暑期学校（IUTAM Summer School）首次在亚洲举行，来自美、英、日、以色列和中国的七位国际知名学者应邀前来讲学，黄筑平作为其中之一，不仅做了三次演讲，而且还作为东道主参与了暑期学校的组织工作。2009 年，应《国际损伤力学》杂志主编邀请，和李锡夔一起作为特邀编委（guest editor），编辑了《损伤力学在中国》特刊两期，展示了中国在这一领域的研究进展。

二、笃学求真，潜心研究固体力学的基础理论

黄筑平治学严谨。在固体力学的教学和科研中，他特别重视基本概念的准确性和理论上的严密性。他一丝不苟的敬业精神，锲而不舍的拼搏精神和对科学真理的执着追求，使他对固体力学中的若干重要基础性问题做出深入的研究。

（一）塑性动力学

在许多工程实际问题中，都需要研究结构在强动载荷作用下的塑性动力学行为。塑性动力学是国际上在 20 世纪 50 年代兴起的一门学科。1965 年夏，黄筑平在攻读研究生期间，曾撰写了一篇论文，给出了关于理想刚塑性动力学的四个定理，其中包括“唯一性定理”和“动力学加速度极值原理”，但由于随后的“四清运动”和“文化大革命”，该论文未能公开发表，后来一些外国学者经过研究得到了相同的结果并把它们发表在国际刊物上。到了 20 世纪 80 年代，中国塑性力学的理论研究与国际先进水平相比已有明显的差距。为此，黄筑平从 1981 年开始又重新进行塑性动力学方面的研究，取得了诸多成果。

1. 给出了关于理想刚塑性动力学间断性质的两个定理，并推广到有限变形的情形

在塑性动力学中，弹性区（或刚性区）与塑性区交界面上间断性质的研究是一个十分基本而重要的课题。1961 年，R. Hill 在讨论理想刚-塑性体的间断性质时采

用了准静态假设，相当于略去了惯性项的影响。在这种假设下，面力将是连续的。然而，在通常情况下，交界面上的面力有可能是间断的。1983 年，黄筑平在不忽略惯性项的前提下，给出了理想刚-塑性体中关于间断性质的两个定理，并于 1985 年推广到有限变形的情况。严格地证明了刚-塑性交界面上面力的连续性以及当刚-塑性交界面的运动方向由塑性区向刚性区扩展时变形率的连续性。这项工作的理论意义在于：明确了理想刚-塑性体中刚-塑性交界面上的基本性质，为求解初-边值问题补充了必要的基本方程。以上性质同样适用于不忽略剪切变形和转动惯量的梁、板、壳结构，故具有较为广泛的工程应用背景。该研究受到了英国 N. Jones 教授和美国 T. Wierzbicki 教授的高度重视，黄筑平遂于 1986 年应 T. Wierzbicki 教授的邀请赴美国 MIT 进行讲学。

2. 给出了任意凸加载面随动强化弹塑性结构的动力安定定理，并据此构造了最一般形式的结构动力响应的位移上界

弹塑性结构在交变载荷作用下可能会由于“不安定性”而产生破坏。因此，研究结构的安定性问题无论在理论上还是在工程实际中都是十分有意义的。最早的静力安定定理和机动安定定理仅适用于准静态加载过程。对于动态加载下的弹塑性结构，就需要发展能够计入惯性力影响的动力安定定理。可是，以往的动力安定定理仅限于分片线性加载面的线性强化材料的讨论，大大限制了其适用范围，有必要加以推广。为此，1985 年黄筑平和杜森田提出了一个具有任意凸加载面随动强化弹-塑性结构的动力安定定理。后来，黄筑平又根据以上的动力安定定理，给出了在任意载荷历史作用下动力安定结构的位移上界估计式。除了对结构安定性所作的必要的限制性条件外，该估计式不再需要任何其他的限制性条件，故具有广泛的适用性。

3. 给出了理想刚塑性结构动力响应的位移下界定理，并推广到非线性黏性材料和受任意载荷作用的情形

弹塑性结构在冲击载荷作用下最终位移估计是塑性动力学中的基本问题之一。1970 年 W. J. Morales 和 G. E. Neville 首次提出了在冲击载荷作用下刚-塑性结构最终位移的下界定理。虽然该定理仅限于小变形分析，但由于它能简洁地给出位移下界估计的解析表达式，便于应用，所以一直被广泛引用。位移下界定理给出的表达式实际上是一个不随时间变化的位移许可场与最终位移相点积的积分所满足的不等式。

1984 年，黄筑平重新研究了这一问题，发现以往下界定理在推导过程中是有问题的、不严格的。对于任意的位移许可场来说，以往的下界定理的缺陷是：只能给

出在结构响应过程中下界时刻的位移下界估计，而不能给出实际的最终时刻的位移下界估计。在某些情况下，前者所估计的下界可能会超出真实的最终位移。从另一角度来看，以往的下界定理并不能用于任意选取的位移许可场，但由于不存在一种选取位移许可场的准则，所以无法保证以往下界定理总是成立的。

基于以上考虑，黄筑平于1985年利用结构响应时间的上界，提出了一个新的下界定理，该定理对任意的位移许可场都成立。起初，这一领域的国际权威，美国布朗大学的P. S. Symonds教授与黄筑平在下界定理的认识上是有分歧的。P. S. Symonds在《关于位移下界的黄筑平定理》一文中，一方面认为“黄筑平定理给出的冲击荷载作用下理想刚-塑形结构最终位移的下界是严格的，是有价值的贡献”，另一方面，他又认为Morales和Neville的下界定理在某些工程实际问题中有时还是可以使用的。然而，随着对问题研究的逐渐深入，特别是在研究具有高阶模态的结构塑性动力响应时，P. S. Symonds教授愈来愈认识到黄筑平定理的合理性和重要性。为此，他在1986年特别邀请黄筑平去布朗大学进行访问和讲学，并在1987年给黄筑平的信中称：“我总是很高兴地看到你的研究结果，因为这些结果总是那么具有原创性和启迪性!”

美国W. Goldsmith教授也十分关注黄筑平的这一研究成果，曾于1986年邀请黄筑平去加利福尼亚大学伯克利分校就此进行介绍。英国利物浦大学的N. Jones教授在1994年4月12日给黄筑平的信件中谈到黄筑平的下界定理时说：“你所指出的可能会违反前人的限界而带来的潜在危险是十分重要的，正如你所给出的由模态3向模态1转变时的例子那样。”

此后，黄筑平又采用不同的研究思路将他的下界定理推广到非线性黏性材料中，发现当黏性幂指数趋于无穷大时，就能退化为理想刚-塑性的结果，再次证实了其理论的正确性。

基于他的下界定理和塑性动力响应中模态近似方法的研究，他还提出了最优模态的选取准则并得到了结构最终位移的近似表达式。

2000年，王仁院士在*ASME Appl. Mech. Rev.*上撰写了综述性论文*A Retrospective on Dynamic Plasticity and Dynamic Plastic Instability*，其中还特别以《最终位移估计的近似方法》为标题，专门开辟了一节来介绍黄筑平的以上研究成果。

4. 对圆柱壳的轴向塑性动力屈曲的实验结果进行了理论分析，建议了一个关于屈曲模态转变的临界条件

在动态载荷作用下的结构塑性屈曲问题是一个具有理论意义和工程应用背景的

前沿研究课题。1981 年以来，王仁院士领导的研究小组开展了受轴向冲击的圆柱壳塑性动力屈曲问题的研究。首先，他的学生们对中等厚度的铝和碳钢圆柱壳进行了冲击载荷下的实验研究。发现当冲击速度达到或超过门槛速度后，壳体将发生轴对称的屈曲。但是，当冲击速度提高到门槛速度的一倍以上后，屈曲模态将变为非对称的。由轴对称屈曲模态向非对称模态转变的冲击速度被称为“第二临界速度”。基于以上实验，黄筑平进行了相应的理论分析，建议了一个关于屈曲模态转变的临界条件，即“应变率反转”准则，其理论估算结果能够与实验数据基本相符。在以上工作的引导下，许多其他学者也相继开展了相关的研究。王仁院士主持的科研项目“圆柱壳在轴向冲击下塑性稳定性的第二临界速度研究”曾于 1995 年获国家教委科技进步奖一等奖。

（二）有限变形下的弹塑性、黏弹性和热弹性本构理论

有限变形弹塑性本构关系的研究是固体力学中的重要研究课题之一。由于它同时涉及材料的物理非线性和几何非线性，从而增加了研究的难度。

自 20 世纪 60 年代起，有限变形弹塑性本构关系的研究在国际上受到了极大的关注。但是，国际上对其中一些基本而重要问题的认识却存在着很大的分歧。一些学者（如 E. H. Lee，E. T. Onat，Y. F. Dafalias 等）通过引进无应力中间构形而将变形梯度进行了乘法分解。而另一些学者（如 A. E. Green，P. M. Naghdi，R. Hill 等）则不同意以上的乘法分解，认为对于多晶金属来说，变形梯度的乘法分解是缺乏物理依据的。此外，即使采用了变形梯度的乘法分解，不同学者之间的观点也是互不相同的。例如，Y. F. Dafalias 等人认为还需要引进材料内部微观子结构的定向，并需要给出塑性旋率的本构方程。而 E. H. Lee，E. T. Onat 等人则通过附加的隐含假设，来避免给出塑性旋率的本构方程。

为了澄清以上这些基本而又有争议的问题，特别是关于变形梯度乘法分解的合理性和给出塑性旋率本构方程的必要性等问题，黄筑平查阅了大量文献，并与 P. M. Naghdi，E. H. Lee，E. T. Onat，Y. F. Dafalias 等人进行了面对面的深入讨论和交流，与 R. Hill 进行了书信交流。在此基础上，对有限变形弹塑性本构理论进行了深入研究，取得了以下成果：

（1）采用拉格朗日描述来构造有限变形下的弹塑性本构不等式，给出了相应的正交流动法则和材料硬化-软化基本特征的定量化描述，避免了由于引进中间无应力构形所带来的问题。

（2）指出了以 E. H. Lee 为代表和以 Y. F. Dafalias 为代表的理论中各自存在的问

题，并针对单晶材料，具体给出了用塑性应变率表示塑性旋率的表达式。表明在某些情况下给出塑性旋率本构方程是不必要的。

(3) 对有限变形下的伊柳辛公设进行了推广，基于非平衡态热力学，提出了一个计及温度效应的准热力学公设，由此系统地给出了有限变形热弹塑性本构理论，讨论了应变度量改变时的不变性关系。R. Hill 在 1992 年 10 月 4 日给黄筑平的信件中，对这一工作给予了充分肯定，称他的论文“文笔流畅，贡献突出”。

高聚物在玻璃化转变温度附近的力学性能表现出明显的应变率敏感性和温度敏感性。因此需要研究高聚物的热-黏弹性力学行为，这一研究不仅具有重要的理论意义，而且也具有实际的工程应用背景。黄筑平通过对分子链伸长比的修正，引入了描述材料黏性耗散的内变量，并在此基础上提出了一个新的有限变形热-黏弹性本构关系的内变量理论。其创新点是：①采用尽可能少的材料参数表征材料的本构关系。这些材料参数不仅有明确的物理意义，而且能够通过宏观实验来加以确定。②本构关系中的弹性响应是非线性的。以往研究中那种将自由能展开为内变量二次式的有限变形黏弹性理论只是该理论的一种线性化近似。③首次给出了材料在黏性耗散过程中升温率的普适表达式，可用来描述材料在热-力耦合条件下的黏弹性力学行为，其中还特别考虑了可压缩性和热膨胀系数对热黏弹性材料力学行为的影响。④不同的内变量对应于材料中具有不同松弛特性的分子网络。通过对每一种分子网络变形梯度乘法分解的讨论，首次将以上的内变量理论与现有文献中采用变形梯度乘法分解的黏弹性理论联系了起来。从而使以上理论中的内变量具有更加明确的物理意义。

最近，黄筑平又提出了一个新的构造橡胶类材料热弹性本构关系的一般方法。由此所得到的本构关系仅需要少量的材料参数，而且这些参数都具有明确的物理意义。

(三) 韧性材料的动态损伤

动态载荷作用下材料的损伤和破坏机理研究是固体力学中的一个重要研究课题。在韧性材料从变形直至最终破坏的过程中，其内部微缺陷（主要是微孔洞）将经历一个从成核，增长到汇合的过程。自 20 世纪 90 年代起，黄筑平开始从事韧性材料动态损伤方面的研究，取得如下成果：

(1) 与孙立志一起，提出了一个新的韧性材料的孔洞增长模型，并对其进行了推广。该模型可以看作是对 Gurson，Carroll-Holt，Johnson 等人模型的推广。这一工作曾于 1993 年应 W. J. Stronge、北川浩、岸田敬三、河田幸三等教授的邀请分别在英国剑桥大学，日本大阪大学和日本东京理科大学讲学时进行过交流。此外，与袁樨一起，通过引进球坐标系下的应力函数，还给出了黏-弹塑性介质中动态孔洞增长的下界估计。

（2）首次从实验和理论两个方面对韧性材料中微损伤演化的统计规律和随机特性进行了研究。在实验方面，与孙承纬、袁樨等人合作，发展了电炮加载装置的“二次飞片”技术，并用来对不同类型的金属进行了平板撞击实验，通过观测不同金属材料中孔洞大小分布的差异，分析了应变率敏感性对孔洞增长的影响。在理论方面，与李晖凌一起，根据微孔洞的成核和长大规律，分别求解了微孔洞数密度演化的守恒方程和描述转移概率演化的 Fokker-Planck 方程，给出了微孔洞统计演化规律和随机涨落特征的定量化描述。

（3）与宁建国一起，研究了孔洞汇合的机理，给出了韧性材料中微孔洞内颈缩的必要条件。

（4）与刘熠一起，构造了非线性黏性孔隙介质中的宏观本构势函数，并给出了相应的上下界。

（四）粒子填充流变材料的强韧化机理

现代工程塑料的发展趋势之一，是通过共混/填充改性以使高聚物在宽广的应变率范围内既有高强度/刚度，又有高韧性。然而，以往关于共混/填充高聚物强韧化机理的研究主要是在高分子物理、化学和材料科学的学科范围内进行的，多半属于定性或半定量的分析。为了对高聚物材料的合成、改性及合理利用提供科学指导，并为发展高性能高聚物复合材料提供设计依据，就必须定量化地考察粒子形态参数（如粒子浓度、粒子尺寸、形状和分布、粒径分散度等），界面性能，粒子和基体的力学性能以及温度、应变率等因素对复合材料体系强韧化效应的影响。给出复合材料体系从变形、微损伤成核、长大直至破坏全过程的定量化描述。自 1995 年起，黄筑平开展了这一课题的研究。此后又和陈建康一起对这一问题进行了更为深入系统的研究。他们基于能量准则研究了界面强度，并采用统计方法将微孔洞成核判据引入到微损伤成核概率中，从而有效地考虑了粒子形态参数的影响。取得的主要研究成果如下：

给出了粒子填充流变材料由于界面脱黏所导致的微孔洞成核的临界条件，并讨论了界面脱黏的尺度效应问题；得到了由于界面脱黏而形成的微孔洞增长的解析表达式，表明在黏弹性基体中，孔洞的增长同时依赖于孔洞的成核时间和基体的应变历史。基于以上成果，提出了一个既能考虑粒子的增强效应，又能考虑由于界面脱黏而导致微孔洞演化的弱化效应的率相关三维黏弹性复合材料的本构模型，重点考察了加载速率、界面黏结能、基体材料的松弛时间、粒子尺度、粒子体积分数以及粒径分散度等因素对材料宏观力学行为的影响，给出了相应的定量化描述。

（五）微纳米结构和纳米复合材料力学中的表面（界面）能理论

对于微纳米尺度的结构和纳米复合材料来说，表面能（或界面能）对其力学性能的影响是十分重要的。20 世纪后期，表/界面效应的研究已成为力学和材料科学中的热点研究课题之一。然而在以往的文献中，往往不考虑残余表/界面应力对纳米复合材料宏观性能的影响。2003 年，黄筑平重新对以上问题进行了研究，认为残余表/界面应力的影响是不能忽略的。为此，他提出了计入残余表/界面应力的表/界面能理论。所取得的主要原创性成果有：

（1）首次引进“三个构形”来研究表/界面能效应的影响。这三个构形分别是虚设的无应力构形、无外载荷作用但存在残余表/界面应力的参考构形和在外载荷作用下的当前构形。强调指出：在计算体内的弹性能时，应该基于虚设的无应力构形，而在计算表/界面能和构造表/界面本构关系时，应该基于参考构形。从无应力构形到参考构形实际上就是表/界面在原子尺度下微观结构的弛豫过程。

（2）给出了有限变形下的超弹性表/界面本构关系。这可以看作是对著名的 Shuttleworth 关系的一种推广。强调指出：即使在小变形条件下，三类表/界面应力，即表/界面的第一类 Piola-Kirchhoff 应力，表/界面的第二类 Piola-Kirchhoff 应力和表/界面的 Cauchy 应力，都是互不相同的。

（3）建立了新的能量泛函，并根据该泛函的驻值条件，同时导出了拉格朗日描述和欧拉描述的表/界面平衡方程，即 Young-Laplace 方程。这种方法的优点是，它还可以用来建立更为复杂介质的表/界面平衡方程，例如，与陈焕、胡更开合作，建立了微极（micropolar）介质的表/界面 Young-Laplace 方程。

（4）强调指出，在研究表/界面能效应时，无论是有限变形还是小变形分析，都应采用拉格朗日描述下的 Young-Laplace 方程和由非对称的第一类 Piola-Kirchhoff 表/界面应力表示的本构关系，由此得到的重要结论是：残余表/界面应力对微纳米尺度结构和纳米复合材料的力学性能是有影响的，而在现有的大多数相关文献中，这种影响往往是被忽略的。

以上工作已受到国内外学者的高度关注和引用，也被用来讨论纳米结构（如纳米梁/板）的力学性能。

近两年来，黄筑平又将以上成果推广到计及温度效应的情形，采用细观力学方法对计及界面能的热弹性和热弹塑性复合材料的有效模量、有效热膨胀系数和有效比热，以及相关的宏观本构关系进行了研究。2013 年出版的 *Handbook of Micromechanics and Nanomechanics* 一书的第 8 章专门对以上这些成果进行了较为系统的介绍。

三、无私奉献，为国家培养有用之才

从在北京大学执教的那一天起，黄筑平就始终秉承对科学的严谨态度，全心全意教书育人。国家的发展需要高校把人才培养作为最主要的工作。黄筑平和其他许多学者一样给学生上基础课，传授自己对核心概念的理解，分享自己最新的研究成果。这不仅是为了知识的延续，更重要的是为了科学精神的传承和发扬。

黄筑平非常重视教学工作。对每一门课，他都要花费大量时间准备，即使这门课他已经教了十几年。他很少用现成的教科书，上课的内容是他研究和归纳的结晶。他的讲课有几个特点：第一，强调基本概念和问题提法的准确性。比如，他注意到很多人往往将应力空间和真实的物理空间混为一谈，便在讲授塑性力学中的屈服面时特别强调要区分这两个空间，使学生从一开始就建立起正确的概念。第二，强调理论体系的严密性。为此，他要对授课内容重新进行梳理，并用全新的方式加以诠释。比如在讲授塑性力学中的本构关系时，先讨论了内变量的演化方程，再基于某些“准热力学公设”来导出增量型弹塑性本构关系。这在同类书籍中是见不到的。第三，他既注重严格的数学推导，又力图去揭示其中的物理内涵。例如，在讲授塑性力学中平面应变的滑移线理论时，黄筑平从物理本质出发，重新推导出了著名的 Geiringer 关系，采用他的方法，首次给出了速度场必须满足的基本不等式。这个不等式在以往文献中从未见有报道，但非常重要。为此，他将以上成果写进了《塑性力学引论》（修订版）书中。第四，深入浅出，化繁为简。比如，学生在理解塑性力学中机动安定定理的证明时感到有困难，他就采用全新的方法，先给出了“残余应力-应变状态”的四条基本性质，在此基础上再来证明安定定理，学生理解起来自然水到渠成。这种表述方法也是在其他教材中找不到的。第五，追踪前沿，不断革新，将国内外最新的学术进展和动态不断地吸取到教学中。例如，在为研究生讲授“细观力学”时，将国外陆续出版的相关书籍中的精华不断地充实到课程中。

教材建设是教学中的重要一环。黄筑平为此倾注了大量心血。他认为必须有足够的教学实践积累和独创性的见解，才可能写出高质量的教材。事实也正是如此。例如，《塑性力学引论》（修订版）浓缩了黄筑平多年教学研究的精华。对原有的王仁和黄文彬著的《塑性力学引论》作了大幅度的改进。在大量补充许多国内外同类书籍中从未见到的新内容之外，还特别强调了基本概念的准确性和理论体系的严密性，并使抽象的数学表达式具有更为深刻的物理内涵。这本书被许多大学和研究机构选为教材或教学参考书。又如，《连续介质力学基础》一书也同样凝聚了他多年的教学心得和研究成果。该书出版后，一直作为北京大学固体力学专业研究生必修课的教材，同时也被其他一些单位（如中国科学院研究生院）选为研究生的教学用书，深受学生的欢迎。目前该书的第一版和第二版均被哈佛大学图书馆编目收藏。美国工程院院士，哈佛大学的锁志刚教授，美国的黄乃建教授，北京交通大学的高玉臣院士和中科院的王文标教授等都对该书给予了高度评价。钱伟长先生专门为该书的第一版作序，指出该书的特点是：①概念清晰、体系严密；②观点鲜明、论述严谨；③取材新颖、立足前沿；④深入浅出、明白易懂。在序言中钱伟长先生对黄筑平潜心研究不图虚名的治学态度也给予了很高评价："当今社会普遍有浮躁心理，人们往往急功近利。黄筑平教授长期以来安心从事基础理论研究，以十五年之功推出这本著作，这种精神本身就值得称道。我相信，本书的推出，必将有利于我国的力学教学与科研事业的发展"。

在人才培养方面，黄筑平首先注重的是人品和学风的培养。他希望每一个学生都是作风正派，道德高尚，踏实用功，努力钻研，学以报国之人。面对学术界的种种不正之风，他以身作则，坚决抵制，对学生则循循善诱，积极引导。在学术上，黄筑平重视对学生研究能力的培养。他不仅给学生传授知识，更注重指导他们掌握好的科研方法。从如何选题，到如何查阅文献，再到如何写作，都毫无保留地和学生分享自己的心得。在写作过程中，通过反复解答他们的问题，反复纠正他们的错误，使学生得到真正的提高。在这一过程中，他对学生的要求也是很严格的，从论文的基本假设、理论框架、文章结构甚至标点符号，他都要认真过问，严格把关。文章中的重要公式，他还要亲自重新推导，验证其正确性。研究成果如果没有原创性，或者概念上有任何马虎，文章就不能提交发表。他要求学生注重文章的质量和创新，而不追求文章的数量。这样的言传身教，严格要求，使学生们受益匪浅。

作为北京大学固体力学学科材料力学行为方向的学术带头人，黄筑平非常注重研究梯队的建设。他通过主持国家自然科学基金的重点项目，吸纳了一批青年学者，鼓励他们发奋努力，潜心钻研。通过对研究内容的凝练以及相关的学术讨论，使得这批青年学者在短短几年内就取得了一批有影响的成果，为他们的成长和发展打下了坚实的基础。这些当年的青年学者现在已经成为在学术界有一定影响力的学术骨干。

黄筑平对年轻人的指导还不仅限于本校的师生。每年，他都会花费大量的时间评审外校研究生的学位论文和国内外学术刊物的稿件。这个很多人不愿意多花时间的工作，黄筑平做来兢兢业业，一丝不苟。在审稿过程中，他查阅大量资料，逐一推导公式，并无私地将自己的心得和成果告诉作者，以提高论文的质量。而对于质量严重不足的论文，不仅坦率地提出否定意见，而且还诚恳地提出改进意见。这种对科学，对学术界，对作者本人高度负责的态度，在当今学术界存在浮躁风气的情况下尤其难能可贵。

黄筑平没有门户之见，凡是有青年学者向他求教，他都会毫无保留地介绍他的学术思想和研究思路以提携后辈。经常有毫不相识的青年学者发邮件向他请教问题，即使再忙，他也要放下手头工作，及时回信，向他们耐心地解答。黄筑平还经常参加其他一些高校和研究所开设的讨论班，指导他们的研究生。黄筑平关心的是固体力学整个学科的发展而非一门一派的得失，在他的帮助下，许多国内青年学者成为力学界的骨干力量。

黄筑平长期致力于固体力学中重要的基础理论研究工作。这类研究难度大，要求有很深的数理力学功底。随着计算手段日益普及，这类研究对工程实际的指导意义也越来越大。面对“难啃的骨头”，面对一些诸如片面追求论文数量导向，得奖导向等不正之风，黄筑平始终不为所动，年逾古稀仍在辛勤耕耘，指导学生，忘我工作，无私奉献。虽然不得不放弃许多业余爱好和休息时间，但是对他来说，能和同事和学生一起坦率地讨论学术问题，帮助年轻人成长，就体现了自己的人生价值，就是幸福。

四、黄筑平主要论著

黄筑平. 1983. 理想刚–塑性动力分析中的间断性质. 力学学报，5：500-508.

黄筑平，杜森田. 1985. 动载荷下弹塑性随动强化结构的安定问题. 力学学报，17（5）：445-452.

Huang Z P. 1985. Two theorems concerning discontinuities in dynamics of rigid-perfectly plastic continua under finite deformation. Applied Mathematics and Mechanics，6（1）：61-66.

Huang Z P. 1985. Revised lower displacement bounds of impulsively-loaded rigid-plastic structures. Mechanics Research Communications 12（5）：257-264.

Huang Z P，Vaughan H. 1987. A displacement lower bound for viscous continuum subjected to impulsive loading. Int. J. Nonlinear Mech.，22（4）：291-296.

Huang Z P. 1989. An upper displacement bound in dynamic shakedown problems for elasto-kinematic work-hardening materials. Science in China（Series A），32（11）：1316-1324.

王仁，黄文彬，黄筑平. 1992. 塑性力学引论（修订版）. 北京：北京大学出版社.

Huang Z P，Sun L. 1992. The optimal mode and an approximate expression of final displacement in dynamic plastic response of structures. Trans. ASME.，Journal of Applied Mechanics，59（1）：33-38.

Sun L, Huang Z P. 1992. The dynamic void growth in rate sensitive plastic solids. Int. J. Plasticity, 8: 903-924.

Huang Z P. 1994. A rate independent thermoplastic theory at finite deformation. Arch, Mech. , 46 (6): 855-879.

Pan K L, Huang Z P, Ji X. 1995. Elliptical void growth in shear. Proc. R. Soc. Lond. A, 451: 553-570.

Li H L, Huang Z P. 1999. A statistical model of microvoids evolution in rate sensitive ductile materials. Int. J. Damage Mechanics, 8 (1): 41-60.

Huang Z P. 1999. A constitutive theory in thermo-viscoelasticity at finite deformation. Mechanics Research Communications, 26 (6): 679-686.

Huang Z P, Li H L. 2000. Statistical and stochastic description of microvoid evolution observed in dynamic failure of ductile materials (Invited Paper) //T. X. Yu, Q. P. Sun & J. K. Kim eds. Proceedings of 5th Asia-Pacific Symposium on "Advances in Engineering Plasticity and Its Applications". Trans Tech Publications Ltd, Switzerland: 1-12.

Chen J K, Huang Z P, Mai Y W. 2003. Constitutive relation of particulate-reinforced viscoelastic composite materials with debonded microvoids. Acta Materialia, 51 (12): 3375-3384.

Huang Z P, Wang J. 2006. Nonlinear mechanics of solids containing isolated voids. ASME Appl. Mech. Rev. 59 (4): 210-229.

Huang Z P, Wang J. 2006. A theory of hyperelasticity of multi-phase media with surface/interface energy effect. Acta Mechanica, 182: 195-210.

Huang Z P, Sun L. 2007. Size-dependent effective properties of a heterogeneous material with interface energy effect: from finite deformation theory to infinitesimal strain analysis. Acta Mechanica, 190: 151-163.

黄筑平. 2012. 连续介质力学基础（第二版）. 北京：高等教育出版社.

Huang Z P. 2014. A novel constitutive formulation for rubberlike materials in thermoelasticity. Trans. ASME. , Journal of Applied Mechanics, 81: 041013-1-8.

主要参考文献

陈建康，白树林，胡更开主编. 2012. 材料的非线性力学性能论文集（庆贺黄筑平教授七十寿辰论文集）. 北京：国防工业出版社.

撰写者

陈建康（1957～），江苏宿迁人。宁波大学教授，博士生导师。1996年起师从黄筑平开展复合材料细观力学研究，于2000年1月在北京大学力学与工程科学系获理学博士学位。现在的研究领域为流变材料侵蚀损伤力学。

刘人怀

刘人怀（1940～），四川成都人。固体力学专家。1999年11月当选为中国工程院机械与运载工程学部院士，2000年9月再当选为中国工程院工程管理学部首批院士。1963年毕业于兰州大学数学力学系，先后在兰州大学、中国科学技术大学、上海工业大学和暨南大学任教，1985年升任教授。大学期间即作为中国"东方红一号"卫星试制组成员，参加"581工程"项目。1962年至今，在板壳力学领域进行科学研究工作，特别对单层板壳、双金属扁壳、复合材料层合板壳、网格扁壳、夹层板壳、波纹板壳6类板壳进行了创新研究，对其非线性弯曲、稳定、振动问题建立了理论，求解了问题，对航天、航空、航海、仪表、建筑、化工等工程设计有指导性意义。1965年，与老师叶开沅教授一起提出了修正迭代法，对板壳非线性力学微分方程求解有重要意义。此外，对厚壁板壳力学及其应用（特别是高压容器等工程）的研究也有建树。经济管理领域也有论著，在浦东开发等实际中有重要应用。已培养博士57人、硕士126人。共出版学术著作11本，主编学术著作9本，发表学术论文400余篇。曾获省部级科技进步奖、自然科学奖一等奖4次、二等奖3次（均是唯一获奖者或第一获奖者），国家教学成果奖二等奖1次，广东省教学成果奖一等奖3次（均是第一获奖者）。1981～1983年，任西德洪堡基金会研究会会员、鲁尔大学结构工程研究所客座教授、鲁尔地区中国科学家和留学生联合会首任主席等职。1986年任上海工业大学副校长，并兼任经济管理学院首任院长和预测咨询研究所所长。1991年11月任暨南大学副校长，1995年12月～2006年1月任校长，1996年12月～2000年2月兼任党委书记，现任学校董事会成员、应用力学研究所所长和战略管理研究中心主任。2008～2010年兼任澳门科技大学常务副校长。曾任中国工程院工程管理学部副主任、教育部高等学校力学教学指导委员会主任委员、中国振动工程学会理事长、中国复合材料学会副理事长和中国仪器仪表学会常务理事等职。现兼任中国工程院机械与运载工程学部常委和工程管理学部常委、教育部科技委员会管理科学部主任、中国力学学会副理事长、中国仪器仪表学会仪表元件学会理事长、全国高等学校教学研究会副理事长、《振动工程学报》主编和《科技创新与品牌》总编辑等职。

一、艰辛坎坷的成长和求学经历

刘人怀于1940年7月20日出生在四川省新繁县（现成都市新繁镇）一个经济窘迫的书香世家。曾祖父24岁就中了举人，被誉为“神童”的祖父刘良12岁时考取为清末最后一代秀才，并被清政府派往日本振武学校留学。祖父30多岁赍志而没，当时身为长子的父亲刘伯言只有12岁，家道中落。外祖父杨升之也是清末秀才，母亲杨晴岚读私塾三年，粗通文墨，持家勤俭，特别善良。

刘人怀共有兄弟姊妹七人，他是最小的一个，人多口阔，哥哥姐姐又都在读书，花费甚巨，家中经常靠泡菜送饭，生活艰辛可想而知。幸运的是他出生在一个知识分子家庭，自小便爱读书；而且父母始终坚持这样的信念：再穷也要读书。所以他又较同龄人受到了较好的文化教育，三岁开始发蒙，由母亲教他背诵《三字经》等启蒙读物。哥哥姐姐也经常教他读书，他甚至还跟着他们用汉语的腔调读英语，以至于将“beautiful woman”读成“镔铁壶厨满”。向他传授知识的同时，父母一直教育他清清白白做人，认认真真做事，要宽以待人，严于律己，还经常向他讲述祖父从事同盟会的革命活动，父亲到前线抗日的报国之举，鼓励他秉承一代代的报国之志，精忠报国，使他懂得了要为国家的强大而积极努力。

刚满4岁，刘人怀就被送到女子小学——新繁县第二小学读书，以便由大他7岁的三姐在学校照看他。由于长期营养不良，他自小便身体非常羸弱，经常因病误课，有一次病得医生已经放弃救治希望，导致六年制的小学他用了八年才毕业。所幸的是父母为他提供了一个宽松开明的家庭成长环境，良好的教育使他常常考得年级第一名乃至全县竞考第二名的好成绩。

1952年，刘人怀成为新繁县第一初级中学第27级学生，学习成绩在班级中依然是常居榜首。中学阶段，由于品学兼优，学校和老师给了他很多荣誉：初中二年级时成为学校少先队大队长，后来更被学校确定为保送高中免试生；当时温江专区的中小学生夏令营篝火晚会，由他点火；20世纪50年代初，他一直是四川省慰问荣誉军人的代表团成员、四川省少年儿童代表。

在那“政治挂帅”的年代，尽管刘人怀表现优秀，但是因二哥新中国成立前在台湾工作，存在“海外关系”，入团问题在1954年由学校团委层层上报到团省委，最终未获批准。在人生道路上，他因“海外关系”第一次遇到了重大波折。真是福无双至，祸不单行，1955年7月中考前两天，他又因“海外关系”被取消保送资格。关键时候，日常的勤奋和刻苦又使他将祸转福，他以优异成绩考上了设在温江中学的四川省留学苏联预备班。

毕业前夕，政审问题使刘人怀留学苏联的梦想成为泡影，也使他不得不既要面临未作高考复习的困境，又要在填报大学志愿时绕开心仪专业，填报数学等对政治要求不严的专业。虽然高考平均分达 89.7 分，最后只满足了他的高考第七志愿，被远在西北的兰州大学数学系录取。那年，兰州大学新生 600 人，他是全校成绩最高的学生。

1958 年 9 月 3 日，刘人怀从富饶的“天府之国”成都平原来到荒凉的西北黄土高原，第一印象就让他傻眼了：高年级同学帮他端来一盆稠乎乎的黄河水，告诉他说沉淀两小时后就可以洗脸了。到校后第三天，下乡参加“大跃进”中的“引洮上山”工程，他被老师任命为副班长兼安全委员。到达工地的当晚，他就接受了一次惊险的考验：一位同学在半夜突发癫痫，他带了一只手电筒和一根棍子，独自赶往 20 里外去请医生，半路中一脚踩空，骨碌碌从黄土坡上滚下来，所幸没有摔伤。到达一条约四米宽的小河边时，突然看到对岸有两只狼，对峙一段时间后，那两只狼终于转身离开，他这才趟水过河，完成了请医生的任务。同年 12 月，他向党组织提出了入党申请，1959 年 3 月 13 日就被批准加入中国共产党，这个光荣的日子他现在仍然牢记在心。

1958 年国家开始在兰州建设中国第一个科学城，因为成绩优良，一年级时又被评为全校几位“红专旗手”之一，刘人怀有幸参加了“581 工程”，即中国第一颗人造地球卫星——“东方红一号”卫星的研制工作，并担任一个由 3 人组成的试制小组组长。经过大家共同努力，积极探索，他们当时已经能把纸做的火箭升到几千米高空。学校考虑到他不是航空航天专业出身，准备把他送到专门研究航天的西北工业大学进修，于是就把档案送往西北工业大学审查。可是事与愿违，“海外关系”使他不但进修无望，而且无法继续参加“东方红一号”卫星的研制工作。

人生虽无宿命，事情却有凑巧。1959 年 2 月，著名教育家、北京大学原党委书记兼第一副校长江隆基开始担任兰州大学校长，著名科学家钱伟长教授的得意门生叶开沅老师也一起来到了兰州大学，开始创建力学专业，刘人怀也在 1960 年 9 月由数学专业转成为兰州大学固体力学专业第一班学生。在叶老师的带领下，他在大学阶段已经触及力学研究前沿，“穴壁而窥，见不盈尺；我登泰巅，洞视八极。”他发自内心地感谢叶老师将他带入科学研究前沿领域，可以说，在大学毕业时就奠定了一生科学研究的基础。

二、忍耐勤奋于科研和教育事业

大学期间，刘人怀已经对科研产生了浓厚的兴趣，对于很多人来说，那一串串晦涩艰深的符号、公式、数据，在他看来就像一排排跳动的音符，演奏着人生中动人心魄的乐章。即使是在“文化大革命”中被打成“牛鬼蛇神”，他仍未中断钟爱的科研事业，并且在忍耐勤奋中取得骄人的科研成果。

（一）追求创新的科研工作

作为中国工程院机械与运载学部院士，刘人怀以板壳力学领域的学术建树著称，他所做的具有创新性的科研工作主要有以下三部分：计算方法的创新、成功解决了6类板壳的非线性力学问题、对厚板壳力学问题做了开创性的工作。

1. 计算方法的创新：修正幂级数法和修正迭代法

板壳非线性理论的奠基者是20世纪杰出的科学家冯·卡门（von Kármán），他在1910年提出了著名的薄板大挠度方程，至今板壳非线性理论的研究方兴未艾，仍然是固体力学研究的一个特别活跃的领域。

由于几何非线性关系的引入，导致板壳非线性理论的微分方程是非线性的，这在数学研究上存在极大的困难。因为研究的进展十分缓慢，寻求其解法便成为解决问题的关键。通常人们将解法分为两类，即解析法和数值法。在数值方法方面，常见的有：有限元法、边界元法和有限差分法等。在解析法方面，有精确解法和近似解法。常见的精确解法为幂级数法和三角级数法等。常见的近似解法有摄动法、逐次逼近法、里兹法和伽辽金法等。

（1）修正幂级数法

寻求精确解一直是人们的希望，因为它不仅使问题得以圆满解决，为工程设计提供最可靠的依据，而且为近似解提供了一个检验标准。

1989年，刘人怀在研究计及表层抗弯刚度的夹层圆板的非线性弯曲问题中，发现控制方程的最高阶导数前有一个小参数，属于边界层型，方程组为

$$\varepsilon L^2\phi - \left(1 + \frac{\varepsilon}{\lambda}\right)L\phi - \lambda L(S_r\phi) + S_r\phi + P\rho = 0 \tag{1}$$

$$L(\rho S_r) + \frac{\phi^2}{\rho} = 0 \tag{2}$$

这里，L 为二阶微分算子。此微分方程组不仅是变系数和阶数高，而且为非线性，倘若用 S. Way 的传统的幂级数方法，则因最高阶导数前有一小参数而无法求解。如果用其他方法，求解也十分困难。为此，刘人怀在综合了传统的幂级数方法和奇异摄动法的特点后，提出了修正幂级数方法，成功地在国际上第一次解决了这个难题。这一方法的关键技术在于对未知量 ϕ 和 S_r 的幂级数系数 a_i 和 b_i 的迭代方式和程序进

行了改变，依据奇异摄动法的思想，提出了全新的迭代公式，从而成功地求解了该微分方程组。

（2）修正迭代法

为了研究壳体稳定中的经典难题：扁球壳的非线性稳定问题，刘人怀和叶开沅老师一起于 1965 年创立了修正迭代法。以著名的卡门方程，即矩形薄板的非线性微分方程组为例，介绍这一方法。需求解的方程组为

$$\frac{D}{h}\nabla^2\nabla^2 W = H(W,\ \varphi) + \frac{q}{h} \tag{3}$$

$$\frac{1}{E}\nabla^2\nabla^2\varphi = -\frac{1}{2}H(W,\ W) \tag{4}$$

这里，D 是板的抗弯刚度，h 是厚度，E 是弹性模量，W 是板的挠度，φ 是应力函数，q 是横向荷载，∇^2 是拉普拉斯算子，H 是微分算子。

$$H(W,\ \varphi) = \frac{\partial^2 W}{\partial x^2}\frac{\partial^2\varphi}{\partial y^2} + \frac{\partial^2 W}{\partial y^2}\frac{\partial^2\varphi}{\partial x^2} - 2\frac{\partial^2 W}{\partial x\partial y}\frac{\partial^2\varphi}{\partial x\partial y}$$

对于第一次近似，首先略去方程（3）右端的非线性项，便有如下的线性微分方程：

$$\frac{D}{h}\nabla^2\nabla^2 W_1 = \frac{q}{h} \tag{5}$$

解此方程，并使用相应的边界条件，可求得解

$$W_1 = f_1(x,\ y,\ q) \tag{6}$$

以矩形板的中心挠度 W_0 作为迭代参数，解式（6）便可转换为

$$W_1 = g_1(x,\ y,\ W_0) \tag{7}$$

将此解代入方程（4）的右端，则得第一次近似中关于 φ 的线性微分方程

$$\frac{1}{E}\nabla^2\nabla^2\varphi_1 = -\frac{1}{2}H(W_1,\ W_1) \tag{8}$$

解此方程后，再将 φ_1 形式地代入方程（3）的右端，于是又可得二次近似中关于 W 的线性微分方程。重复上述步骤，便可得更高近似的解析解。

显然，修正迭代方法结合了钱伟长摄动法和逐次逼近法的优点，不仅程序简单、计算量小，而且收敛快、所获解析解的精度高。正如国际权威学术刊物《国际非线性力学杂志》（*International Journal of Non-Linear Mechanics*）评论："此法是一种新的迭代方法"，"是一种美妙无比的数学方法"。

修正迭代法的创立，使非线性微分方程的求解变得更加简捷，结果也更加精确。修正迭代法的创立，不但让刘人怀在科学探索的曲折道路中踏出了一条光滑小径，更让他在今后的科研工作中成功地解决了一系列板壳非线性理论中的难题。

2. 六类板壳的非线性力学问题

刘人怀比较系统地在6类板壳（单层板壳、双金属扁壳、复合材料层合板壳、网格扁壳、夹层板壳、波纹板壳）非线性力学领域建立了理论，求解了弯曲、稳定和振动问题，许多问题均是国际上首次提出并解决。

参加工作后的第二年，刘人怀独立完成的《圆底扁薄球壳的非线性稳定性问题Ⅲ. 在内边缘均布力矩作用下中心开孔圆底扁球壳的非线性稳定问题》发表在中国权威学术期刊《科学通报》1965年第3期，这是国际上首次处理难度更大的开顶扁球壳的非线性稳定问题，当时他只有24岁。利用修正迭代法，问题的求解得以突破。他获得了临界力矩的非线性公式。同时，论文给出了很有意义的结论：①中心开孔越大或越小，对壳体的稳定性能越好；② $\alpha=0.40$ 的中心开孔圆底扁球壳对失稳反应最为灵敏。这些结论对于大型屋顶和精密仪表等设计有着重要意义。直到5年以后，才有美国科学家蒂尔曼（Tillman）在国际著名学术刊物《国际固体与结构杂志》（*International Journal of Solids and Structures*）上研究这种问题。此后，他又在这一领域发表了7篇论文。1989年，全国精密仪表弹性元件学术会议评论："这些论文属世界上最权威的关于球形扁壳的计算理论。"

在波纹板壳的研究方面，刘人怀成为中国第一个发表波纹板壳学术论文的学者。1964年夏天，他到社会上调研以寻找新的科研题目，恰巧有一天来到国家156项工程之一的兰州万里机电厂，得知他们正在研究仿制美国P2V低空侦察飞机的测高计，其核心元件是一个锯齿形的波纹圆板。直觉告诉他，这个科研项目不仅是国家重大国防需要，更属世界科技前沿课题。经过查阅资料，他发现世界第一个研究波纹圆板的是苏联科学院院士巴诺夫（Panov），日本、美国也有少数人进行此类研究，科研成果极少，中国是世界上第四个进行波纹圆板研究的国家。自那时起，他对于波纹圆板研究一见钟情，"心中藏之，何日忘之"。

当时，"文化大革命"虽然尚未开始，但已是山雨欲来风满楼，刘人怀的研究工作也是时断时续。1965年9月，他被安排到甘肃省定西县葛家岔公社葛家岔大队岘口梁生产队参加农村社会主义教育运动，接着又到甘肃省榆中县马坡公社参加农村社会主义教育运动。"文化大革命"开始后，他在一夜之间由"红专旗手"变成了"牛鬼蛇神"，被关入"牛棚"接受批斗。在那期间，同在"牛棚"的学生政治辅导员连廷贵同志给予他诸多无私帮助，使他在患难期间真切感觉到同志间的深情厚谊。1966年8月，红卫兵开始"造反闹革命"，暂时无暇顾及"牛鬼蛇神"，他就回到了学校，开始在"地下"从事波纹圆板研究。

1967 年初，出生于中医世家的诸凤鸣女士在和刘人怀结婚后，全力支持他的科研工作，承担起为他“地下”科研进行“站岗放哨”的任务，看到有人来，他便马上收起科研资料转而浏览准备好的政治刊物。他当时能使用的计算工具只有最原始的算盘加上手头的一本对数表，数据计算量非常大，当时家中很穷，计算所用的几麻袋纸张都是一笔较大开支。功夫不负有心人，1968 年夏天，他艰辛地完成了得意之作《波纹圆板的特征关系式》，但是中国当时的学术刊物全部停刊，这篇论文无法发表，而这一放就是 10 年。

1978 年 3 月，这篇文章才在“文化大革命”结束后复刊的《力学学报》第一期刊登出来，拿到这期《力学学报》时，刘人怀真是喜极而泣。即使是晚发表了 10 年，这仍然是中国首次进行的波纹圆板研究。他应用圆柱正交各向异性圆板的大挠度理论和修正迭代法，获得了既精确又简单的优于苏联著名科学家 B. H. 费奥多谢夫（B. H. Feodosev）和安德列娃（Andryewa）的荷载 q 与中心挠度 w_0 的非线性特征关系式：$q=m_7[h^2w_0+(m_3+m_4-m_5-m_6)w_0^3]$，此处，$h$ 是厚度，m 是系数。改变了中国精密仪器仪表波纹膜片设计的落后状态，被科学界认为达到了国际水平。

1978 年 12 月，第五届全国仪器仪表弹性元件学术会议在上海召开，特邀刘人怀作第一个学术报告。在宣读两篇论文《波纹圆板的特征关系式》和《具有光滑中心的波纹圆板的特征关系式》后，会议评价他的论文“达到了国际水平”。《文汇报》、《中国科学院简报》接着报道了他的事迹，方毅副总理给予“应予表彰”的批示。

刘人怀还扩展了这一领域的探索，陆续在国内外学术刊物上发表了 29 篇论文，涉及了具有光滑中心的波纹膜片、具有平面边缘区域的波纹膜片、具有平面边缘区域的波纹环形膜片、具有边缘大波纹的波纹环形膜片以及波纹扁球壳形膜片，都属国际上首次解决。其中一篇论文 *Large Deflection of Corrugated Circular Plate with Plane Boundary Region* 于 1984 年发表在国际学术刊物《固体力学文汇》（*Solid Mechanics Archives*），他在论文中研究了一个具有光滑中心和平面边缘区域的承受均布荷载的波纹圆板。1986 年，这篇英文论文被《固体力学文汇》评为创刊 10 年来发表的 12 篇最优秀论文之一，名列第 5 位，而这是唯一的中国学者的论文。

接着，刘人怀又开始研究 U 形波纹管。U 形波纹管既是精密仪器中重要的压力测量元件，又可作为管道工程中的膨胀节。由于波纹管的外形复杂，以往的理论研究结果误差很大，因此其理论研究是一个世界性的难题。他和学生一道首次用非线性理论研究了这一问题，并于 2000 年在德国著名学术刊物《应用力学文汇》（*Archive of Applied Mechanics*）第 70 期上发表了论文，所给的理论结果较已有的工作更符合实验结果。

在弹性元件中，有一类采用双层金属旋转扁壳做成的热敏弹性元件，被用于自动控制仪表。这类元件有这样一种特性，在均匀加热的情况下，由于两层金属的热膨胀系数不同，将产生弯曲，以致发生跳跃现象，自动控制仪表便应用这一特征作为控制信号。此问题已由巴诺夫（Panov）等研究过，所获得的双层扁球壳的结果不能令人满意。刘人怀应用科罗列夫（Korolev）和拉德科乌斯基（Radkovsky）所建议的选择多层壳体坐标参考面的方法，将双层旋转扁壳的基本方程表示成单层壳体理论的形式，从而创造性地建立了在均匀温度作用下双层金属旋转扁壳的大挠度弯曲理论。此时，壳体温度改变所造成的效果相当于壳内外边界承受均布弯矩作用的效果。这样一来，复杂的问题转化为易于求解的无量纲非线性边值问题。刘人怀应用修正迭代法成功地求解了这个边值问题，获得了双层金属中心开孔扁球壳临界温度的解析解、双层金属封顶扁球壳临界温度的解析解以及双层金属截头扁锥壳临界温度的解析解。

应该指出，上述双层金属截头扁球壳和扁锥壳的解析解是国际上首次得到的。它们刊登于《国际非线性力学杂志》1983 年第 5 期。该杂志主编、美国科学院院士 J. 纳什（J. Nash）教授给予了评价，认为这一研究“开创了壳体稳定性分析的新领域……使用了一种优美的数学方法，解决了固体力学中一个复杂的问题。这项工作是原创性的，完全值得在任一个好学报上发表”。

国际著名力学家、希腊塞萨洛尼基亚里士多德大学钢结构研究所所长、国际著名力学家帕纳格沃托泊罗斯（Panagiotopoulos）教授对他的上述研究成果给予高度评价：“这些工作体现了当代国际板壳理论领域里科学工作现状的最高水平。”

西德《鲁尔消息报》作了专题报道：“来自中国合肥市的固体力学家、科学家、教授、洪堡基金会研究会会员刘人怀在板壳非线性理论的领域里，提出了一种新的数学方法。”

上述研究工作为精密仪器仪表的心脏——弹性元件（波纹膜片、跳跃膜片和波纹管）的制造提供了强度、刚度、稳定和振动的设计公式和程序，已被中国上海、沈阳、西安、南京、太原和重庆等主要工厂和研究所应用，结束了国内产品设计依赖外国公式加经验设计的历史。

网格扁球壳是由较短构件，按实体壳的形式来布置所组成的一种空间构架。因结构复杂，其非线性分析始终没有人研究过，因而不能满足现代工业的要求。刘人怀注意到正方形网格扁球壳的网格稠密、杆件较细的特点，视这种壳体为一等效的连续壳体，采用变分原理建立了非线性弯曲理论，并用修正迭代法获得了无量纲临

界荷载的解析公式

$$q^* = \alpha_1 w_m^* + \alpha_2 w_m^{*2} + \alpha_3 w_m^{*3} \tag{9}$$

由式（9）进行数值计算所获临界压力为

$$q^* = 184 \text{ kg/m}^2$$

与实验模型（底半径为 1 m，曲率半径为 2 m，节点数为 113）所获两组实验值 198.95 kg/m^2，197.81 kg/m^2 十分一致。这一工作既为中国新型贮油罐顶盖的设计所应用，同时，论文也刊登在《国际非线性力学杂志》1991 年第 5 期，受到国际同行的注目。

夹层板壳由三层材料组合而成，上、下两块表面层很薄，材料强度很高，中间层是一块软而轻的厚夹心。它们是一类新型的结构元件，然而遗憾的是，由于夹层板壳结构复杂和非线性数学的困难，国际上基本处于线性分析阶段，关于非线性分析的论文如凤毛麟角，远不能满足科学技术迅猛发展的需要。著名的美国力学家 E. 赖斯纳（E. Reissner）于 1948 年首次给出具有软夹心的夹层板的大挠度方程后，由于分析的困难，研究进展十分缓慢。刘人怀从 20 世纪 70 年代起，先建立了更具一般性的具有软夹心的夹层圆板的非线性弯曲理论，在世界上第一次讨论了表层抗弯刚度的影响。以往的工作是视表层如薄膜，不能抵抗弯曲，但这种简化所引起的误差却不知道有多少。应用修正幂级数方法，对夹层圆板给出了如下的有意义的结论：在表层厚度 t 与夹心厚度 h 的比值小于 0.20 的情况下，夹层板的挠度的误差小于 10%；而在 $\dfrac{t}{h} < 0.10$ 时，夹层板的应力误差不超过 10%。这就是说，对一般的工程问题而言，应用忽略表层抗弯刚度的夹层板理论已经足够精确。

接着，刘人怀又讨论了夹层环形板、夹层椭圆形板、夹层矩形板、夹层扁球壳、夹层扁锥壳、夹层圆柱壳和复合材料面层夹层板壳的一系列非线性弯曲、稳定和振动问题。他根据“能量误差一致”原则，采用张量分析工具，建立一致有效的夹层壳的大挠度理论，包括小应变中/中转动二阶近似大挠度理论，小应变中/中转动一阶近似大挠度理论和小应变中/小转动一阶近似大挠度理论。上述成果分别发表在《国际非线性力学杂志》和《中国科学》等杂志上，而且大部分属国际首次研究，正如专家鉴定所述：“达到国际领先水平，有重大的理论和实际意义。”著名美国力学家诺尔（Noor）指出夹层板壳非线性研究很少，高度赞扬了他的五篇论文是“很有用的”。

复合材料层合板壳的非线性分析是当前国际上的前沿科学，有重大的工程实用价值。由于材料性能复杂，因此大多研究较简单的复合材料圆板、矩形板和圆柱壳的非线性问题。对于有重大工程实用价值的复合材料层合扁球壳的非线性分析则无人问津。刘人怀于1991年在《中国科学》第7期发表了这一领域的第一篇学术论文《考虑横向剪切的对称层合圆柱正交异性扁球壳的非线性稳定问题》，建立了这一问题的控制方程，他再次应用修正迭代法，求解了这组方程，获得了非线性解析解，并得到以下有趣的结论：壳体的临界荷载随剪切刚度的增加而增加，而且在横向剪切对弯曲的影响完全不计及的情况下，临界荷载将取最大值。换句话说，若使用不计及横向剪切影响的经典理论来进行工程设计，那将是保守的。土耳其力学家阿卡斯（Akkas）评价这篇论文"非同凡响"。

此后，刘人怀又对复合材料层合圆形板、复合材料层合椭圆形板、复合材料层合矩形板、复合材料层合扁球壳和复合材料层合扁锥壳的非线性弯曲、稳定和振动问题，进行了系列研究，著名印度力学家杜米尔（Dumir）称赞他的扁锥壳稳定性研究工作是"世界上最早的研究成果"。

3. 厚板壳力学问题的开创性工作

刘人怀提出的既简单实用又符合工程设计精度要求的厚板壳弯曲理论，解决了中国高压换热器，高压、超高压容器，桥梁和油井等工程设计中的重大难题。

1969年，当时的中国石油化工机械的第一大厂——兰州石油化工机器厂仿照世界领先水平的美国设备在中国第一次试制了6台生产航空煤油的铂重整装置，装置长10.729 m、直径1.910 m。由于设计不当，其中椭球封头开孔厚壁接管根部强度不够，导致产品水压试验压力只能达到60大气压，而设计压力是80大气压，这个问题如果不能解决，花费巨大人力物力财力研制的设备将全部成为废品。时任该厂二分厂技术科长的贾志杰同志（后任过湖北省委书记）到兰州大学寻求技术帮助，校军宣队就派刘人怀前往该厂工作。当时图书馆全部关门，无从查阅资料，他学的又是力学专业，压力容器更是从未接触过，世界上当时又没有可用的厚壳理论，工作起来困难重重。经过3个月的艰苦探索，他终于建立了一个实用的厚壁圆柱壳弯曲理论，给出了椭球封头开孔厚壁接管根部的应力计算公式，提出了在开孔边缘焊接32 mm厚度补强板的补救措施，仅少许花费，便复活了6台产品。

1970年，该厂仿照号称世界王牌的荷兰设备试制中国第一台大型尿素合成塔，塔长28.295 m、直径1.594 m，设计压力是220大气压。由于底部球形封头焊接处工艺达不到要求，导致试制受阻。刘人怀又建立了一个实用的厚球壳弯曲理论，给出了设计公式进行改进，使试制得以成功。同年，该厂又试制中国第一台大型换热分离氨组合设备，塔长28.467 m，设计压力为320大气压。若按照西德专利标准设计，其中直径700 mm的水冷却器管板厚达230 mm，而中国当时没有一家工厂具备此管板的生产能力；国际上又没有厚管板理论，若按照国际仅有的W. 乌班诺夫斯基（W. Urbanowski）的薄管板公式进行计算，则结果偏于保守，更无法试制。经过一段苦苦思索后，他在国际上第一次建立了高压固定式热交换器厚管板理论，给出了设计公式，减薄管板厚度40 mm，又使产品试制成功。

接着，该厂又研制中国最高压力容器——高压聚乙烯反应器，筒长3.5 m，设计压力为2200个大气压，遇到的困难是如何解决厚壁筒体开孔（直径51 mm）应力集中问题。世界上没有这种理论，使科技攻关工作极为棘手。刘人怀虽然是白天黑夜不停地思考这个问题，也使用多种方法进行探索，却整整一个多月没有理出一点解决头绪，焦虑使得他眼睛红肿发炎，以至于到医院进行手术治疗。也许是苦心感动了上苍，得到了冥冥神助，他在一天似睡非睡地思考厚壁筒体开孔时，突然想到解决办法，采用复变函数方法，给出了问题的解析解，为反应器研制提供了可靠数据。

此后，刘人怀又在兰州石油化工机器厂进行了两项创新性的科技攻关工作，其一是该厂试制中国直径最大的加氢反应器，长26 m，直径2.1 m，工作压力220个大气压，这一反应器采用了2项新技术：封头开大孔（直径800 mm）和筒体采用双层热套箍制造，这两项技术都没有现成理论可供使用。他又创立了适用的双层厚壁圆柱壳弯曲理论，与以前提出的厚壁球壳一起，为加氢反应器设计提供了可靠的公式和数据，使试制成功。其二是第一机械工业部与燃料化学工业部共同筹建中国最大炼油厂——洛阳炼油厂，其中的减压塔高34 m，直径10 m，厚2.6 cm，操作重量480t，拟将裙座支承于该塔下端直径6.4 m处。如此大型的塔器，在负压操作情况下，这种支承方式引起的应力相当复杂，而当时的设计规范和通常的工程方法已不适于该塔的强度和稳定设计，他又应用组合壳体理论给出了减压塔的应力公式，对减压塔锥段的稳定性给出了设计数据，使设计制造获得成功。

此外，从1983年开始，在经济管理方面，刘人怀也有许多论著发表，为黄山旅游区规划、上海浦东新区高新技术发展、崇明岛发展战略、上海旅游交通和酒店管理以及广东省信息化分析等研究工作做了贡献。从1986年开始，刘人怀还开始指导经济管理的研究生，并讲授“领导科学”和“旅游工程学”等课程。

（二）卓有建树的高校管理

取得骄人科研成绩的同时，刘人怀在教书育人及高校管理方面也卓有建树。1986年，他走上大学领导岗位，担任上海工业大学副校长，成为钱伟长校长的助手。由于师承关系，他在1963年就拜访过钱伟长先生，对先生的高尚品格和渊博学识深为敬仰，而钱先生那创新进取的科研精神、严谨认真的工作态度和先进合理的办学理念，更使他受益良多。

刘人怀于1991年开始任暨南大学副校长，1995年底任校长（2006年1月卸任），根据学校“面向海外、面向港澳台”的特殊办学方针，提出了“侨校+名校”的发展战略和“严、法、实”的办学原则（“从严治校、从严治教、从严治学”，“依法治校”和“实事求是”），在教学、科研、招生、人事、组织、财务、后勤等多方面采取了许多在全国高校尚属首次的改革措施。例如，①科学制订学校的战略目标和管理原则；②推行标准学分制；③对境内外两类学生制订不同的培养目标、培养方案和教学要求；④实行教授上基础课制度；⑤强调英语、计算机语言和汉语的“三语”教学；⑥实行课堂教学三重评估制度；⑦消除作弊现象，严格考试管理制度；⑧强调办学重心：停办专科教育，大力发展研究生教育，适度发展本科教育，积极发展华文教育，稳定成人教育规模；⑨创办全英语教学的国际学院；⑩改革预科教育；⑪实行春秋两季招生和毕业制度；⑫开拓多种渠道，扩大海外和港澳台生源；⑬与国外大学实行交换生制度；⑭大力鼓励教师从事科学研究；⑮努力提升教师质量，大力引进博士和高级专业人才，有计划地对原有教师进行培训；⑯注重学科建设，新成立13个学院；⑰实行量化考核的公正合理又有激励精神的校内工资分配制度；⑱稳妥地调整教职工比例，减少了行政和后勤人员，使专职教师、教辅人员、党政干部的比例达到6∶2∶2的合理结构比例；⑲稳步推进机构改革，精简了11个部处和一些科级机构；⑳实行干部轮岗制度；㉑重视提高干部的管理水平；㉒实行面向海内外招聘学院院长；㉓大力推进依法治校，制订了327个管理制度；㉔实行财力集中管理，基层不搞创收；㉕全面推行校园信息化建设；㉖建立校史馆；㉗加强图书馆、实验室、出版社和档案室的建设；㉘做好校园规划，抓好校园建设；㉙稳步加大基建筹资力度，加强基建工作，除基层一个单位贷款外，学校没有欠债，财务结算无赤字；㉚率先开展异地办学，于1998年在珠海经济特区创办了与校本部同质量办学的珠海学院；㉛率先实行校医联合办学，从1996年开始，先后将地方7所医院命名为附属医院，改善了医学院的办学条件；㉜率先在世界五大洲建立姊妹学校；㉝采取多种措施全面进行反腐倡廉，并与广东省检察院开展共同预防职务犯罪工作等。

10年来，这一系列的改革使暨南大学得到健康和跨越式发展，为国家和华侨华人以及港澳台地区培养了大量有用人才，使学校由一般的高校成为一所名校，成为一所“211工程”国家重点大学，成为一所有国际影响的大学。在全国2000多所高校中，排名上升到第36位。在校全日制学生由8824人增至23 752人，增长1倍；

研究生由 615 人增至 6074 人，规模列全国高校第 32 位，增长近 9 倍；境外生由来自 16 个国家和地区的 1739 人增至来自世界五大洲 74 个国家和地区的 9253 人，增长 4.3 倍，居全国高校第一，而且华侨华人和港澳台学生数占全国同类学生总数的一半以上；专科生由 2472 人减为零，研究生和本科生之比由 1∶8.7 上升为 1∶2.7；校园面积由 112.32 万平方米增至 174.43 万平方米，增长 0.6 倍；建成和正在建设的校舍面积共计 83.81 万平方米，使校园的建筑面积由 46 万平方米增到 107 万平方米，增长 1.3 倍；本科专业由 30 个增至 56 个，增长近 1 倍；硕士学位授权学科由 50 个增至 131 个，增长 1.6 倍；博士学位授权学科由 7 个增至 54 个，增长 6.7 倍；博士一级学位授权学科实现零的突破，达到 6 个；博士后站实现零的突破，达到 6 个；国家重点学科、国家工程中心、国家重点基地、省（部）级重点学科均实现零的突破；院士实现零的突破，在校工作的院士达到 7 人（包括双聘院士）；具有博士学位教师由 8 人增至 634 人，占专职教师比例为 1/3，超过全国设有研究生院大学只有 1/4 的平均水平；学校科研经费由 400 万元增至 1.5 亿元，增长 36.5 倍；发表的学术论文被三大索引（SCI、EI、ISTP）收录数由 9 篇增至 297 篇，增长 32 倍；学校年收入由 2.26 亿元增至 13 亿元，增长 5 倍；学校固定资产由 2.7 亿元增至 17.2 亿元，增长 5.4 倍多；图书藏量由 135 万册增至 279 万册，增长 1.1 倍；教学科研仪器设备总值由 4985 万元增至 2.33 亿元，增长 3.7 倍多；学校办学效率提高，全校教职工数由 3601 人增至 4003 人，仅增加 11%；教职工的平均年收入由 8254 元增至 88 900 元，增长近 10 倍；教职工人均住房面积由 13.5m^2 增至 23.74m^2，增长近 1 倍；教师的工作条件得到改善，基本实现全校教师享有工作室：教授 1 间、副教授半间、讲师工作小间；等等。刘人怀造就了暨南大学今日之辉煌，暨南大学也成就了他人生的辉煌。

学校改革的成功和实力的飞跃受到社会的关注，1999 年教师节，《光明日报》专门在二版头条刊发了《暨南大学改革纪实》，较系统地报道了刘人怀在暨南大学的改革及成果。由他领衔完成的“全面深化教学改革、严格教学管理、促进校风教风和学风建设”和“暨南大学学分制改革的实践与研究”项目，分别于 1997 年和 2001 年获广东省教学成果奖一等奖；“深化教学改革，优化培养模式，造就高素质海外和港澳台人才的探索与实践”项目，于 2005 年获国家级教学成果奖二等奖。

忍耐曲折的科研之路，坚实沉稳的前进脚步，他用长期忍耐和辛勤汗水在人生历程中奏响了一曲曲的华美乐章。

1979 年 8 月，中国科学院向中共中央、人大常委会、国务院、中央军委上报的《中国科技大学讲师刘人怀在基础理论研究方面取得新成果》的简报指出：刘人怀所研究的成果“将改变我国这一领域的落后情况，对于资金材料的节省和新产品的试制将发挥积极作用，对这一领导技术的发展具有重要的指导意义”。

1981 年 2 月，刘人怀成为首次由西德方面挑选的中国科学技术大学第一名洪堡学者、中国 8 名洪堡学者之一，在鲁尔大学结构工程研究所、世界著名力学家 W. Zerna 教授的研究室任客座教授，他的科研视野也开始投向国际力学界。

1982 年 10 月，刘人怀的弹性元件理论研究获中国科学院重大科技成就奖二等奖。

1986 年 10 月，刘人怀的波纹圆板和双层金属扁壳非线性弯曲理论获中国科学院科技进步奖三等奖。

1989 年 7 月，刘人怀的板壳非线性问题的理论与计算获国家教委科技进步奖二等奖。

1989 年，刘人怀获得“全国优秀归侨”、“侨眷知识分子”称号。

1990 年，刘人怀两次获英国剑桥国际人物传记中心授予的荣誉奖、国际学者名人奖。其经历和成就被载入《国际人物传记辞典》和《国际学者名人录》。

1990 年，刘人怀获得“国家有突出贡献中青年专家”荣誉称号。

1991 年，刘人怀两次获美国传记协会的杰出导师奖、国际终身杰出成就金像奖，被载入《国际杰出导师名人录》。

1991 年，刘人怀获得国务院政府特殊津贴。

1994 年，刘人怀的夹层板壳的非线性理论与计算，获国务院侨办首届科技进步奖一等奖。

1997 年，刘人怀的板壳非线性理论与计算获广东省自然科学奖一等奖。

1998 年，刘人怀的复合材料结构的分析与计算获国务院侨务办公室第二届科技进步奖一等奖。

1998 年、1999 年、2000 年，刘人怀分别获得国务院侨办优秀教师、广东省南粤教书育人优秀教师、广东省劳动模范等荣誉称号。

1999 年 11 月，刘人怀当选为中国工程院机械与运载工程学部院士。2000 年 9 月，再当选为中国工程院工程管理学部首批院士。

2001 年，刘人怀获得日本创价大学最高荣誉奖。

2005 年，刘人怀获得香港理工大学“杰出中国学人”称号。

2006 年，刘人怀的复合材料基本力学问题的理论研究获广东省科学技术奖励一等奖。

2013 年，典型板壳结构的理论与计算获广东省科学技术奖二等奖。

时至今日，刘人怀先后承担了 60 多项科研课题，出版学术著作 11 本，发表学术论文 400 余篇，培养博士 57 人、硕士 126 人，还参加了一些重要工程的设计计算工作，这些工作也得到了国家和社会的认可和鼓励。

“何意百炼钢，化为绕指柔”。每每念及国家和人民给予的荣誉和奖励，刘人怀对于科学研究未尝敢一日懈怠，“仰之弥高，钻之弥坚”，他深刻感觉到科学研究的漫长探索之路。特别是 1999 年当选为中国工程院院士后，如何为国家、为民族做出更大价值的贡献，便成为他一直思考的问题，也成为他今后日子里的首要任务，让他为之魂牵梦绕，为之殚精竭虑，为之奋斗不已。

三、刘人怀主要论著

刘人怀 . 1965. 在内边缘均布力矩作用下中心开孔圆底扁球壳的非线性稳定问题 . 科学通报，(3)：253-255.

刘人怀 . 1978. 波纹圆板的特征关系式 . 力学学报，(1)：47-52.

Liu R H. 1981. Nonlinear bending of circular sandwich plates. Appl Math Mech，2 (2)：189-208.

刘人怀 . 1982. 固定式厚管板的弯曲问题 . 力学学报，(2)：166-179.

Liu R H. 1983. Non-linear thermal stability of bimetallic shallow shells of revolution. Int Jour Non-Linear Mech，18 (5)：409-429.

Liu R H. 1984. Large deflection of corrugated circular plate under the action of concentrated loads at the center. Int Jour Non-Linear Mech，19 (5)：409-419.

Liu R H. 1984. Large deflection of corrugated circular plate with plane boundary region. Solid Mech Arch，9 (4)：383-406.

Liu R H，Li D. 1989. On the non-linear bending and vibration of corrugated circular plates. Int Jour Non-Linear Mech，24 (3)：165-176.

Liu R H，Zhu G Q. 1989. Futher study on large deflection of circular sandwich plates. Appl Math Mech，10 (12)：1099-1106.

刘人怀 . 1991. 考虑横向剪切的对称层合圆柱正交异性扁球壳的非线性稳定性问题 . 中国科学，A 辑，(7)：742-751.

Liu R H，He L H. 1991. A simple theory for non-linear bending of laminated composite rectangular plates including higher-order effects. Int Jour Non-Linear Mech，26 (5)：537-545.

Liu R H，Li D，Nie G H，et al. 1991. Non-linear buckling of squarely-latticed shallow spherical shells. Int Jour Non-Linear Mech，26 (5)：547-565.

Liu R H，Zou R P. 1993. Non-linear bending of a corrugated annular plate with a plane boundary region and a non-deformable rigid body at the center under compound load. Int Jour Non-Linear Mech，28 (3)：353-364.

Liu R H，Cheng Z Q. 1995. On the nonlinear buckling of circular shallow spherical sandwich shells under the action of uniform edge moments. Int Jour Non-Linear Mech，30 (1)：33-43.

Liu R H，Li J. 1995. Non-linear vibration of shallow conical sandwich shells. Int Jour Non-Linear Mech，30 (2)：

97-109.

Liu R H. 1996. Non- linear buckling of symmetrically laminated, cylindrically orthotropic, shallow, conical shells considering shear. Int Jour Non-Linear Mech, 31 (1): 89-99.

Liu R H. 1996. On non, linear buckling of symmetrically laminated, cylindrically orthotropic, truncated, shallow, spherical shells under uniform pressure including shear effects. Int Jour Non-Linear Mech, 31 (1): 101-115.

Liu R H. 1998. Study on nonlinear mechanics of plates and shells. New York, Beijing, Guangzhou: Science Press and Jinan University Press.

Liu R H, Wang Z W. 2000. Nonlinear deformation analysis of a U-shaped bellows with varying thickness. Arch Appl Mech, (70): 366-376.

Liu R H, Wang F. 2005. Nonlinear stability of corrugated shallow spherical shell. Int Jour Appl Mech Eng, 10 (2): 295-309.

主要参考文献

卢嘉锡 . 1994. 中国当代科技精华（物理学卷）. 哈尔滨：黑龙江教育出版社 .

王秀柔，周新宇 . 1994. 星光灿烂 广东科技人物（二）. 广州：广东科技出版社 .

李远荣 . 2003. 名流雅士逸闻 . 香港：中国文化艺术出版社 .

胡安泰 . 2007. 暨南往事 . 荆州：引领杂志社 .

撰写者

田金奎（1974～），山东郓城人。暨南大学理工学院党政办公室主任兼院士秘书。

王波（1982～），江西乐平人。暨南大学应用力学研究所秘书兼院士科研秘书。

李家春

李家春（1940～），上海人。流体力学家。2003 年当选为中国科学院院士。1962 年毕业于复旦大学数学系力学专业，同年考入中国科学院力学研究所，师从郭永怀教授学习高速空气动力学，1966 年毕业。曾主持国家科技部“九五”攀登计划项目“流体和空气动力学关键基础问题研究”和国家自然科学基金委员会若干重点项目。发表学术论文百余篇，被邀请在重要学术大会作大会报告。系统研究奇异摄动理论，并应用于水波动力学，获国家自然科学奖四等奖和中国科学院科技进步奖二等奖。因在复杂流动和环境力学的研究成果获周培源力学奖。注意培养青年人才，获“中国科学院优秀教师”称号和优秀课程奖，被北京市和中国科学院授予杰出贡献奖。现任中国科学院力学研究所研究员、博士生导师、学术委员会主任，中国力学学会理事长，国际理论和应用力学理事会理事，中国海洋工程学会副理事长，TAML 主编，湍流、空气动力学、大气边界层、海洋工程等国家重点实验室学术委员会委员。曾任亚洲流体力学委员会主席，中国力学学会理事长、流体力学专业委员会主任，《力学与实践》主编等职。是中国科学院大学和复旦大学兼职教授。

一、童年经历与学生时代

1940 年 7 月 26 日，李家春出生于上海市。祖辈是市郊宝山县吴家庄江家宅的农户。20 世纪 30 年代，父辈在乡镇开店、进城经商，经过数年积蓄，逐渐成为小康人家。勤劳朴实的父亲和热心善良的母亲对他幼小的心灵产生了很深的影响，养成了他做事认真、为人谦和的性格。1946 年，他就读于通惠小学。1951 年考进当时上海三所著名中学之一的格致中学读书，并在那里度过了六年奋发上进、终生难忘的中学时代。他对学校的资深教师如老校长陈尔寿，化学老师吴家齐，物理老师朱章，数学老师周宗镐、黄松年、刘永贞、周文川等记忆犹新。格致中学原本是英租界工部局所属学校，曾有英语授课的传统，后因全市数学竞赛成绩优异而闻名遐迩。在良好的学习环境熏陶下，他逐渐对数学的奥秘产生了浓厚的兴趣，开始崇尚华罗庚、苏步青等大数学家，还自己找了《从杨辉三角谈起》、《数学归纳法》、《范氏大代数》等参考书来阅读，并与同龄的同学和伙伴沉浸在钻研学问的氛围中。1957年，他顺理成章地考取了复旦大学数学系。

17 岁的李家春在复旦大学有幸聆听了知名教授陈传璋、谷超豪等讲授的基础课，受到了高等数学的严格训练。入校不久，由于国家“两弹一星”事业的需要，钱学森先生提倡全国各高等院校都来办力学班，年轻的同学们在校系的号召下，感到可以为中国的航空航天事业增砖添瓦，踊跃报名，李家春被选进力学班学习，在这里他懂得了如何用数学和力学知识来解决诸如结构振动、薄板变形、机翼绕流等实际问题。1960 年当上预备教师后，他又参加了“水动力学”和“超声速风洞”实验室的建设。这一系列的学习和工作经历使他萌发了对力学的兴趣，从此便与力学研究结下了不解之缘。

1962 年适逢国家恢复了全国研究生统考制度，命运给李家春提供了一次选择人生道路的机遇。他当时是复旦大学第一届力学专业的毕业生，一方面，在大学期间学习过“高速空气动力学及喷气推进丛书”第六卷的一些内容，也曾带领低年级同学一起负责超声速教学风洞试验段的设计、加工工作，因而对于空气动力学产生了兴趣；另一方面，年轻人总愿意学习当时的“尖端”学科。所以，他毫不犹豫地报名并如愿以偿地考取了中国科学院力学研究所郭永怀先生的研究生，攻读高速空气动力学。是年秋，他告别家乡，独自北上前往北京报到。在 4 年充实而紧张的研究生学习期间，郭先生不仅安排了系统的基础课和专业课学习，例如，数学、统计物理、边界层理论、气体动力学等，指定了参考书目，而且对学生如何做研究课题给予了悉心指导。这一时期的学习为李家春今后的研究生涯奠定了坚实基础。1968 年，他的导师郭永怀先生在西部核试验后回京途中因飞机失事不幸牺牲。郭先生毕生致力于攻克科学难题和国防尖端事业的执着追求和坚强毅力，尤其是他心系祖国、求真务实、无私无畏的高尚品德，深深地激励和影响着李家春。这一不幸事件也促使他更快地成长起来，开始独立从事流体力学研究的科学生涯。

二、研究领域与学术成果

1966 年研究生毕业后，李家春被分配在中国科学院力学研究所工作至今。20 世纪 80 年代，曾到加拿大滑铁卢大学，美国布朗大学、密歇根大学访问和进修。40 多年来，他一直从事流体力学的研究，发表期刊论文百余篇，著作 1 部，编译著作 5 部，重要国际学术会议邀请作报告十余次。

（一）渐近分析及其应用

李家春在阅读郭永怀的著作时，导师的研究风格和 PLK 方法的广泛应用给他选择研究方向以新的启示。1966 年研究生学业结束时，正值“文化大革命”时期，他感到再也不能浪费青春年华了，必须抓紧时间读书。他深知渐近分析在应用力学理论研究中的地位，于是利用政治学习、劳动锻炼的间隙，认真读完了 M. Van Dyke 的 *Pertubation Methods in Fluid Mechanics* 这本经典著作，并译成中文于 20 世纪 80 年代由科学出版社出版。20 世纪 80 年代初，他担任了应用数学讲习班丁汝、谢定裕、易家训等教授的助教，负责编写讲义和辅导学生，对该领域的研究现状和前沿问题有了更深刻的认识。在系统研究渐近方法后，他发现如何将小（大）参数的摄动解延拓到中等参数范围是一项十分有意义的工作，但关键是如何判定摄动级数在复平面上的奇异性。现有的定理只适用于少数理想情况。为了拓展到更一般的情况，经过认真钻研、寻找规律，他最终提出了摄动级数符号判别准则。这些定理可以分析级数系数符号不规则和多奇点情况的奇异性，被美国工程院院士 M. Van Dyke，T. Y. Wu 称为李定理。

随后，李家春又娴熟地将摄动理论应用于非线性波的研究，获得了 Stokes 波的 24 阶解，毛细重力波的 8 阶解。1985 年，他到加拿大滑铁卢大学与许为厚、M. Donelan 进行了“风对 Stokes 波稳定性的影响”的合作研究。众所周知，经典的 Stokes 波是不稳定的，即所谓的 Benjamin-Feir（B-F）不稳定性，考虑了风对这类不稳定性的影响后，美国 Bliven 通过室内实验提出：风可以抑制 B-F 不稳定性。为了解释机理，李家春提出了简洁的速度剪切物理模型，得到了新的结论：在低风速时，不稳定增长，高风速时，不稳定才受到抑制，并被风水槽实验验证。由于发现下侧带的增长率较大，这将有助于了解风浪谱的谱峰下移现象。另一些代表性的研究工作还有给出了积分渐近展开高阶近似的一般公式，研究了求解 Ovr-Sommerfel（O-S）方程本征值的格林函数方法，非自伴算子变分原理等。

1998 年，李家春、周显初编著的《数学物理中的渐近方法》一书出版发行，十余年时间里，该书由于理论和应用并重的特点，已成为广大研究人员和青年学生很有价值的参考书籍。

（二）复杂流动

涡是流体运动的肌腱，湍流是自然界和工业流动中的普遍流动状态，由它们构成的复杂流动是近 30 年来流体力学的研究前沿。李家春的风格不是抽象地研究这类问题，他总是结合有实际背景的科学问题来深化对各种复杂流动规律的认识。在研究热带气旋路径时，他发现可以用若干 Rankine 涡描述正压大气中具有非对称内部结构的台风运动，而旋涡相互作用十分可能会影响台风运动路径。于是他用涡动力学的 CD（Contour Dynamics）方法模拟了 Yancy 台风在闽滞留打转的观测事实，揭示了导致台风异常路径的一种机理；对于与惯性约束聚变相关的 RT 和 RM 不稳定性，提出了反映物理本质的被动标量模型，克服了原拉格朗日界面追踪方法因界面畸变带来的困难，成功模拟了从流动失稳经非线性发展、Helmholz 失稳到湍流混合的演化全过程和界面气泡和尖钉的吞并和混合现象；为了研究地球界面过程，用源汇模型和双尺度方法，建立了植被冠层内和海浪上的大气湍流模型，研究了陆气、海气湍流交换通量，支持了植冠混合层比拟理论，揭示了波龄对海气通量的影响规律，诊断了原现场观测数据分散的原因，减少了不确定因素，改进了全球环流耦合气候模式参数化方案。复杂流动研究曾获优秀论文奖 2 项，被邀请在世界计算力学大会作大会报告。

（三）环境力学

根据中国科学院力学研究所的安排，20 世纪 80 年代末李家春开始担任环境流体力学研究室主任。经过认真调研，他感到环境问题不仅与可持续发展和人民生命财产安全紧密相关，而且也有许多饶有趣味的科学问题，于是他决定全身心投入，促进这门新兴学科的发展。他一开始就率先提出环境力学的内涵，其范围应包括气候、污染、灾害、生态等诸多方面，其主要的科学问题是：大气、水体和岩土体中的自然流动、引起的物质和能量输送以及伴随的物理、化学和生物过程。由于他还将环境力学和复杂流动的研究结合起来，更加得心应手。20 年来，他和他的研究组取得许多进展，特别是系统研究了流域环境问题：建立了优于国外的复杂坡面侵蚀模型，预测了有微地形的小流域产流、产沙，对黄土高原典型侵蚀带的模拟与长期野外观测相符，被应用于茅坪、黑草河地表径流计算；建立了水动力学 1-2 维耦合模型，定量分析了导致长江 1998 年洪水高水位的原因；建立了河口泥沙猝发起动和絮凝沉降的物理模型，分析了风暴潮对港湾泥沙冲淤规律的影响。李家春在环境力学的成果被邀请在力学界权威刊物 *Advances in Applied Mechanics* 撰写长篇评论，他还担任 2008 年世界力学大会环境分会主席。复杂流动和环境力学领域的成果得到学术界同行的认可，并获 2007 年周培源力学奖。

（四）海洋工程

基于在应用数学和水波理论的工作基础，李家春长期参与海洋工程项目，研究了各类表面波问题，获得了波、流对海洋结构物的载荷。2000 年以后，中国开始着手开发南海的深水油气资源，并拟自主创新地设计 3000 米水深半潜式钻井平台，他承担了南海特殊环境的研究课题。他和研究生们针对国家需求，解决当前国际学术界最关心的科学问题。2005 年，美国卡特里娜飓风导致墨西哥湾海洋油气生产系统破坏，他就开始考虑气候变化对热带气旋的活动的影响，并认为必须以非平稳随机过程的方法进行分析。经过收集 1945～2008 年共 64 年内发生在西太平洋的台风数据（包括路径、中心气压、最大风速、最大风速半径等），他发现热带气旋，特别是强台风的频率和风速在增加，比平稳随机过程预测的结果大 3%～4%，为未来修正规范做了新的探索。关于海洋内波，他认为，由于内潮携带的巨大能量，当它通过海底山脊时可能产生长内波，他计算了菲律宾巴塘海峡处和传播到白云凹陷处的内波参数，与观测数据基本相符。特别是他注意到内波流场分析是保证海洋结构安全性的核心工作，通过理论分析和数值计算，得到了流场水平和垂直分量的理论公式，分析了它们的特性和量级，计算了半潜式钻井平台和 Spar 等深水平台系统的内波载荷和响应，开发了计算结构物波流载荷软件，为工程设计提供了依据。鉴于在海洋工程领域的研究成绩，2007 年他被邀请在中国海洋工程学会作大会主题报告。

三、潜心教学、培养青年

郭永怀常对年轻人说："我们回国主要是为国家培养人才，为国内的科学事业打基础，做铺路人。现在我们的事业处于初创阶段，所以你们也要有铺路的思想准备……我们这一代，你们以及以后的二三代要成为祖国力学事业的铺路石子。"李家春始终把郭先生的话语铭记在心中，落实在行动上。他在孜孜不倦进行科学研究的同时，一刻也没忘记对青年科研工作者的培养。

（一）研究生培养

李家春于 1990 年获得国务院学位委员会办公室批准的博士生导师资格后，开始自己带研究生。他总是给研究生学习基础课、专业课、交叉学科知识充裕的时间，他认为这是做好研究工作的前提，对他们长远发展很重要；他鼓励研究生参加各种学术会议，并强调不仅要作报告，提问题，发表见解，而且要珍惜同国内外学者交流的宝贵机会，从而提高思维能力；在学位论文方面，他认为导师应通过论文工作的全过程，使学生学会如何科学选题、假设建模、分析总结和论文撰写的本领。他注意因材施教，根据学生特点选择论文题目。他定期与学生切磋讨论，不断完善，形成框架。对于初稿，他总是仔细阅读、反复修改、一丝不苟。他对学生说，学位论文是你从事科学研究的一份正式记录，必须做到竭尽全力，并在当时看来是一项满意的作品。事实证明，他的培养方法取得了较好的成效。

多年来，李家春培养了学生 30 余人，其中，博士后 6 人，博士 12 人，硕士 8 人，在校学生 6 人。不少学生还获得中国科学院的优秀奖、力学研究所的郭永怀奖等奖项，有的已经成为院士、长江学者、百人计划和杰出青年基金获得者。他为青年学生的成长感到由衷的欣慰。他睿智幽默的谈吐、儒雅谦和的风度也时时出现在学生们的脑海里。

（二）教学工作

1980 年起，李家春在中国科学院研究生院讲授“数学物理中的渐近方法”的课程，迄今已有 30 余年，听课学生逾千。这门课程不仅提高了从事应用科学研究生的数学分析能力，而且能将所学知识真正用于解决实际问题。因此，这门课程多次被评为优秀课程。2000 年以后，他还给研究所的博士研究生讲授“高等应用数学”课程，使学生对数学学科的全貌和现代发展有宏观的认识，同时掌握各种解决科学和工程问题的实用数学理论和方法，对于提高学生的数学修养和理论水平颇有裨益。近年来，他在资环学院讲授的“环境流体力学”课程，由于紧密联系实际，也受到了学生们的一致好评。

李家春在主持中国科学院力学研究所学位委员会工作期间，根据当年郭永怀先生培养学生的亲身体会，与学位委员会的同仁们一起讨论，建立了周密的基础/专业课程教学体系。他常说：“尽管今天我们先进的计算与实验手段是当年不可比拟的，但是决不可因此削弱基础。因为如果没有力学、数学、物理乃至交叉学科知识的支撑，就不可能做出原创性的成果。我所的‘综合基础课’颇有特色，可以使学生在短短的 40 学时内，学习现代力学、分支学科、交叉学科的精华，有助于学生建立结构性的知识体系，从而提高研究生的综合素质。”此外，他还针对论文工作建立了开题、进展等考评制度，有助于加强师生交流、促进阶段总结、凝练创新思想、提高表述能力，对提高研究生独立工作能力发挥了积极作用。如今许多走上工作岗位的年轻人都深深体会到了他建立的这套研究生培养方案带给他们科研生涯的诸多益处。

（三）素质教育

李家春一直工作在教育的第一线，深切感受到“素质教育”的紧迫性。他在中国科学院导师培训班上的辅导报告总是以“加强素质教育”为主题，介绍自己培养研究生的具体经验。比如在研究生课程学习方面，他强调学以致用，不计较考分得失。他不主张只读书本知识，要求学生用心学习工程实际知识、记忆重要数据。他认为除了知识结构和能力培养，还要注意研究生的学风建设和心理素质等。对于青年导师遇到的困惑，他常用钱学森、郭永怀先生等科学大家的人生轨迹鼓励大家。他说：“每个人的成长都离不开自己生活的年代，每个年代的青年也都会遇到不同的问题。因此，不管到任何时候，都不能抱怨环境，而是要学会承受压力，经历挫折和面对失败，以积极的心态，正确把握方向路标，踏实做好当前工作，冷静规划人生未来。”“千里之行，始于足下。”这些极富哲理性的话语，体现了老一辈科研工作者对青年一代的殷切期望。

2008 年起，李家春当选为第 11 届全国政协委员。在此期间，钱学森先生提出的世纪之问：“为什么我们的大学总培养不出杰出人才？”引起他的深思。他以对待科学研究一样的认真态度，怀着强烈的社会责任感，对中国各类学校的素质教育问题，建言献策。

四、李家春主要论著

Li J C. 1982. Singularity criteria for perturbation series. Sci Sinica A, 25 (6): 593-600.

Li J C. 1983. Genaralized Rayleigh principle and its application. Sci Sinica A, 26 (11): 1178-1188.

Li J C. 1988. A solitary group of two dimensional deep water waves due to concentrated force couple. Acta Mech Sinica, 4 (3): 195-200.

Li J C, Hui W H, Donelan M A. 1988. Effects of velocity shear on the stability of surface wave trains. // Morikawa K, Maruo H. Nonlinear Waves. Berlin: Springer-Verlag: 213-220.

Li J C. 1989. Approximate theory of natural convection with small Grashof number. Sci Sinica A, 32 (10): 1203-1215.

Li J C, Lin M. 1991. Prediction of deterministic and random forces by plunging breaking waves. // Banner M L. Breaking Waves. Berlin: Springer-Verlag: 311-318.

Li J C, Chwang A T. 1994. Effects of nonuniform current on the wave field. Proceeding of ISOPE: 125-132.

Li J C, Kwok Y K, Fung J C H. 1997. Vortex dynamics in the studies of looping in tropical cyclone tracks. Fluid Dyn Res, 21: 57-71.

Li J C, Yao D L, Shen W M. 1997. Studies on the terrestrial interface processes in arid areas. Jour Arid Environ, 36: 25-36.

李家春，吴承康. 1998. 环境力学和可持续发展. 力学进展，18 (4)：433-441.

李家春，周显初. 1998. 数学物理中的渐近方法. 北京：科学出版社.

Li J C, Zhang Z F. 1999. Two parameter dependent drag coefficients over air-sea interface by turbulent modeling. Commun Nonlinear Sci, 4 (1): 8-12.

Li J C. 2001. Large eddy simulation of complex turulent flows: physical aspects and research trends. Acta Mech Sinica, 17 (4): 289-301.

Li J C, Zhang Z F. 2001. Turbulent modeling of ABL over wavy water surface. CAS-TWAS-WMO Forum on Climate Prediction, Beijing.

Li J C, Liu Q Q, Zhou J F. 2003. Environmental mechanics research in China. Adv Appl Mech, 39: 217-309.

Li J C. 2004. Simulation of vortex-dominant and turbulent flows in natural environment. WCCM 6, Beijing.

Li J C, Zhou J F. 2006. Sediment transport mechanism in estuaries and its application. Invited special presentation on the 11th ACFM, Kuala Lumpur, Malaysia.

王龙，李家春，周济福. 2010. 黏性泥沙絮凝沉降的数值研究. 物理学报，59 (05): 3315-3323.

主要参考文献

冯·卡门. 1980. 用数学武装工程科学. 应用数学与力学，1 (1): 1-3.

李家春，李成智，郭永怀，等. 2001. 两弹一星元勋传（下）. 北京：清华大学出版社：560-570.

李家春. 2007. 50 年往事回忆//高润华. 格致中学校友风采录（2）: 251-253.

中国科学院力学研究所. 2009. 郭永怀先生诞辰一百周年纪念文集：42-45.

郭永怀. 2009. 郭永怀文集. 北京：科学出版社：320-338.

撰写者

张会琴（1976～），山西临汾人。2000 年本科毕业，2003 年获内蒙古大学理学硕士学位，2004～2008 年师从李家春开展海洋内波及其与结构物的相互作用的研究，获理学博士学位。后参加李家春领导的研究课题，并承担高等应用数学的教学工作。现任中国科学院力学研究所副研究员，主要从事流体力学研究。

张 文

张文（1940～），浙江杭州人。振动和转子动力学专家。在转子动力学和振动理论两个领域的基础理论和工程应用两方面做出较多成果。发表论文160余篇，完成工程研究项目30余项，获国家和省部级以上科学奖十余项，包括国家自然科学奖三等奖（1987），国家科技进步奖二等奖（2005），教育部科技进步奖一、二等奖（1996，2004）等，上海市科技进步奖一、二等奖（1993，2005）。曾任国际机器理论与机构学联合会（IFToMM）转子动力学委员会委员（2002～2011），中国力学学会常务理事（1999～2006），中国振动工程学会常务理事（1995～2008），中国振动工程学会转子动力学专业委员会主任委员（2000～2005）。曾任《力学学报》、《力学进展》、《固体力学学报》、《振动工程学报》等杂志编委。1995年被授予“上海市十大科技精英”荣誉称号。1996年被复旦大学授予首席教授称号。

一、成长历程

张文1940年8月15日出生于浙江杭州。父亲初师毕业，是浙江农村底层的村校教师，20年代曾加入中国共产党，四一二大屠杀后逃到乡下隐藏而脱党。新中国成立前，张文生活在中国贫穷落后的农村，家境贫寒，衣不蔽体，无论夏日冬天都要上山砍柴割草拣野菜。童年艰苦劳动和生活磨炼了他，淳朴勤劳粗犷的中国农民群体影响了他，塑造了他从小就不怕艰难、有顽强的忍耐力的性格和品质。父辈的识文认字也潜移默化地影响了他，他比一般农村小孩多了些求知欲和精神追求，晚上会在油灯下自己阅读当时国民政府免费发放的“国民教育丛书”，无师自通地得到初步的文化知识。

张文的大姐1950年参加抗美援朝，作为军属，张文被特许转学到省城最好的中学——杭州初级中学和杭州高级中学读书，得到政府的关怀，学费生活费全免。从此，他在省城一流中学和一流教师的细心培育下，在道德和知识两方面得到长足的进步，仿佛毛坯获得了加工。他像鱼儿进了知识的海洋，兴趣爱好也获得了发展，美术小组、航模组、文学组、米丘林组、体操组、学校黑板报都有他的身影。

1957 年，张文以优异成绩考入复旦大学数学系，1958 年转入新建的力学专业，立志献身航天航空科学，1962 年毕业留校工作。在这当年号称江南第一学府的优良学术环境里，得到了以陈望道、苏步青、谷超豪、夏道行等德高望重的学问大家为代表的复旦优质教师群体对学生精雕细凿的培养，受到了当年为国家为人民甘当螺丝钉的政治教育。在学术上，最重要的是接受了“理论联系实际”的治学理念并付诸实施，并坚持了一辈子。长期参加国防科研项目的理论研究，奔波于“大三线”，解决生产实际难题，在“文化大革命”期间也未中断。同时，基于扎实的理论功底，把实践成果上升到普遍理论，回过头来进一步指导生产实践。媒体报道他是具有理论兼应用的“两栖类人才”。

20 世纪 60 年代后，国际科技工程界为提高机械效率，旋转机械的设计转速越来越高，要越过第一临界甚至多个临界转速，高速化和柔性化成为近代旋转机械的设计方向，无论汽轮机、发电机、离心机、航空发动机等，都朝这一方向发展。但由此也产生了许多严重事故，轻者机械故障，重者机毁人亡。为此提出了许多力学的基础理论难题，特别是高速旋转机械的动力稳定性问题，流固耦合问题和非线性大变形问题，同时也提出了对大型复杂柔性旋转结构寻找新的力学建模方法以能在大型计算机上实现力学分析运算的问题。近代工程的发展向力学提出了新的力学现象机理和寻找新的分析手段要求。实践在向理论挑战，也在推动理论的发展，当时国际上提出了“转子动力学”这一学术名词和学科分支。早在 70 年代初，张文就介入高速柔性离心机械的研制，直接看到高速旋转引起动力失稳造成严重事故的惨状。他清楚，力学上这就是非线性运动稳定性问题。当时各先进国家在研究成果上是保密的，无资料可查，只能自力更生独立开展研究。张文立足国家需要，一直参与了这方面的前沿研究，先后介入高速离心机械、高速航空发动机和超临界汽轮机组等工程项目的研究，在解决实际问题的同时，发挥理论优势，力求探索普遍规律和方法，把结果推向一般。在复杂转子系统的建模理论和方法、模态综合技术移植到复杂旋转机械动力分析、转子运动稳定性理论和应用、非线性油膜力的模型改进、主持开发大型工程软件等方面做出了一系列成果，依此写出专著《转子动力学理论基础》。完成科研项目 34 项，发表论文 160 余篇，专著和译著 4 本，主持开发工程软件 4 个。获国家和省部级奖 9 项，包括：1987 年国家自然科学奖三等奖；1993 年上海市科技进步奖一等奖；2005 年国家科技进步奖二等奖；2004 年教育部提名国家自然科学奖二等奖；2005 年上海市科技进步奖二等奖；1996 年教育部科技进步奖二等奖等。张文的工作既是基础理论的，又是密切结合生产实际的，甚至是直接可工程应用的。

张文的成果获得国内外的认可，1989～1992 年，先后被哈佛大学和麻省理工学院邀请参加合作研究，2002～2011 年，先后两届被推为国际转子动力学委员会委员，直到退休。1995 年被授予上海市十大科技精英。教学上，继承复旦大学严谨的治学传统，当选为复旦大学首席教授。2010 年 70 岁退休。

从一个无知的农村小孩，成长为一个能为国家和人民做些教育和科研工作的知识分子，张文很感谢整个社会和人民给予的学习环境和工作条件，也得益于个人的磨炼和努力。这里，有机遇，有推动，有诱惑，有阻力，有痛苦，有失败……什么都有。就这样在这一路泥泞和崎岖中跌打滚爬过来，到老没有回头。

社会是要发展的。张文在回顾以往时，特别强调，绝不是要停留在这些回忆上沾沾自喜，更不想要后人停留在老传统上故步自封。思想意识和学术观点一定要随时代与时俱进，这才是最重要的。

二、学术成果

主要工作包括两大类，一是对近代转子系统的复杂动力失稳现象的理论研究成果，这些失稳现象包括非线性干摩擦失稳、充液转子流-固耦合失稳、非线性油膜失稳、黏弹性转子的蠕变失稳等前沿性难题；二是对复杂转子系统提出了降阶建模新方法，编制了分析软件，为复杂转子系统动力特性分析提供了工程应用新手段。

（一）研究转子系统的运动稳定性

转子失稳的因素很多，有油膜、密封和气隙外流场和充液转子内流场引起的流-固耦合自激振荡，有材料非线性、几何非线性、间隙碰摩等非线性因素引起的非线性失稳现象。旋转机械运动稳定性直接关系到机组的安全运行，成为近代转子动力学的重要研究内容。张文在这一前沿领域的取得了一些成果。

1. 提出黏弹性转子动力分析的普遍方法

20 世纪 80 年代已有文献对各种材料下的转子运动稳定性进行了分析，但大多是个案分析，缺乏普遍理论。张文采用黏弹物质普遍本构关系——玻尔茨曼方程，提出黏弹转子动力分析的普遍方法；提出“蠕变失稳”新概念；提出了黏弹性转子动力失稳普遍失稳判据公式。该工作在 16 届国际力学大会（ICTAM）上和 IUTAM 组织的专题学术会议上作了报告。

2. 充液转子运动稳定性

这是近代流–固动力耦合问题，张文建立了耦合运动方程，提出了处理充液转子流–固耦合运动稳定性的一般理论，找出稳定范围。

3. 转子的干摩擦失稳

近代高速旋转机械中频繁出现转子和静子间隙之间的干摩擦碰摩现象，严重影响机组的安全，令工程师们非常头疼。在力学上，这是典型的非线性问题，再小的扰动也不能线性化，是一个本质非线性问题。张文在航空部和国家自然科学基金项目资助下，在和美国麻省理工学院教授合作研究下，对工程实际中最常碰到的全周碰摩现象进行了深入研究，提出失稳判据，编制了工程实用软件。

4. 油膜振荡失稳

这是高速旋转机械最常遇到的失稳现象，最大困难就是非线性油膜力计算和油膜力模型的建立。张文在国家自然科学基金重大项目资助下，参与了这一问题的研究，提出了非线性油膜力一般分析模型；提出雷诺方程快速计算方法；编制了工程软件。研究成果在国内获得若干应用。

(二) 提出和改进复杂结构转子系统的建模方法

近代旋转机械结构复杂，界面复杂，自由度大，传统的建模方法给计算机带来容量和速度的巨大障碍。因此，为对复杂旋转机械进行动力分析，必须寻找新的建模方法。张文提出了若干改进方法。

1. 提出“盘–片–轴”全弹性复杂转子系统的建模新方法，编制工程软件

旋转机械高速运行时，强离心力引起的部件弹性变形与旋转运动的动力耦合不能忽略，建模需涉及几何非线性大变形，许多文献的分析工作因回避这一难点而产生误差和失真，但要计入这些因素将引起计算机容量和速度的巨大障碍。张文课题组采用结合有限元和动态子结构方法，实现自由度的大幅度降阶，完成了这一建模。导出了盘–片–轴整体耦合系统的运动方程，其中计入了旋转部件的几何大变形，计入了旋转运动的动力耦合。编制了大型软件，该软件曾多年用于航空设计部门。

2. 将模态综合技术移植应用到复杂转子系统动力分析中

20 世纪 70 年代，与国外平行，在国内张文较早把模态综合技术移植应用到复杂转子系统动力分析中。

3. 对大型振动特征值问题和大型陀螺特征值问题提出精确降阶法

对大型振动特征值问题和大型陀螺特征值问题提出精确降阶法，胡海昌院士把该法称为“主次坐标降阶迭代法”。

上述诸成果分别获 1987 年国家自然科学奖三等奖、1993 年上海市科技进步奖一等奖、1996 年教育部科技进步奖（基础类）二等奖、2004 年教育部提名国家自然科学奖二等奖、2005 年国家科技进步奖二等奖、2005 年上海市科技进步奖二等奖等。1989 年国家科技公报指出：“成果在国内处于领先地位，并达到国际上同类工作的先进水平。”

（三）写出专著《转子动力学理论基础》

转子动力学是 20 世纪 70 年代后期发展起来的一门新的学科分支，工程背景是近代高速旋转机械的发展。该书由科学出版社出版，与国内同一领域其他著作相比，该书侧重转子动力学基础理论介绍，努力建立严格的理论系统，在此基础上逐个展开各个专题的力学建模和研究方法的阐述。该书介绍了直到 80 年代末国内外理论研究成果，总结了作者的理论研究成果，适合研究生和研究人员参考使用。

三、国际和国内学术交流

张文在从事学术研究的同时，重视并参与了国际和国内学术交流。作为中国在转子动力学方面的学者，他先后应邀在美国、日本、德国、加拿大、新加坡、法国、香港等国家和地区进行学术交流，又先后邀请其他国家学者来中国访问。在国内外参与组织了若干国际学术会会议。2002 ~ 2011 年，他被推为国际转子动力学委员会委员，参与了两届国际转子动力学学术会议和组织工作会议。

国内外学术交流工作主要有：①1984 年，在周培源先生带队下，参加第 16 届国际理论和应用力学大会（ICTAM），会上宣读论文《论黏弹转子运动稳定性》。②1989 ~ 1992 年，应邀赴美国麻省理工学院和哈佛大学合作研究。在麻省理工学院，解决了转子非线性干摩擦失稳的难题。在哈佛大学，进行了黏弹物质蠕变失稳一般理论研究。③1990 年，应邀参加国际理论和应用力学联合会（IUTAM）组织的十年一次的 4th IUTAM Symposium Creep in Structure 并作大会报告。④1994 年，应邀参加国家自然科学基金会“九五”科技发展战略会议，作大会报告《转子动力学中的若干近代力学问题》，提出在国内应及时开展非线性转子动力学研究。⑤连续五届参加了国际机器理论与机械学联合会（IFToMM）召开的国际转子动力学学术会议（1986、1990、1994、2002、2006 年），宣读学术论文，担任分会主席。⑥2002～2011 年，被推选为国际机器理论与机械学联合会（IFToMM）转子动力学委员会委员，参与了后两届（2006、2010 年）转子动力学国际学术会议的组织工作。⑦参加了亚洲-太平洋系列振动会议（1984、1989、1997、1999、2002、2006 年），宣读学术论文，担任分会主席。⑧参加国际学术会议：2004 年国际机器理论与机械学联合会大会（IFToMM Congress，2004 年）；两届美国机械工程师协会（ASME）机械工程大会（1987、2000 年）；第 4 届国际旋转机械振动会议（1988 年）；第 39 届国际蒸汽透平和航空发动机大会（1994 年）；第七、八两届国际旋转机械动力学和传输会议（1998、2000 年），任科学委员会委员。⑨参加在中国召开的若干国际学术会议（北京 1990 年，沈阳 1987 年，西安 1986 年，上海 1985 年）。⑩担任中国振动工程学会转子动力学分会主任委员（2000～2005 年）副主任委员（1992～2000 年），主持和参与组织中国转子动力学系列学术会议（1986、1990、1994、1998、2000、2004 年）和有关学术活动。

四、张文主要论著

张文，侯志坤．1981. 大型广义特征值问题的动力降阶迭代法．航空学报，2（3）：55-61.

Zhang W. 1982. Flexible shaft whirl inducted by dry fraction and its stability. Applied Mathematics and Mechanics (English Edition), 3 (5): 731-738.

张文．1984. 模态综合法在转子动力学中的应用．振动与冲击，2（3）：16-24.

Zhang W, Ling F H. 1986. Dynamic stability of rotating shaft made of boltzmann viscoelastic solid. ASME Journal of Applied Mechanics, 53 (2): 424-429.

Zhang W. 1987. A general theory for viscoelastic rotor dynamics//Muszynska A, Simonis J C, edit. Rotating machinery dynamics. 11th Biennial ASME Conference on Mechanical Vibration and Noise, Boston, 1: 183-190.

张文．1988. 多自由度转子系统的干摩擦失稳．振动工程学报，1（3）：80-84.

Zhang W. 1988. Dynamic instability of multi-degree-of-freedom flexible rotor systems due to annular rub. IMechE, Proceedings of the 4th International Conference on Vibration in Rotating Machinery, Edinburgh, C252/88: 305-310.

Zhang W. 1989. The lower bound of the stability threshold speed of flexible rotor system in fluid-film bearings. ASME Journal of Vibration, Acoustics, Stress and Reliability Design, 111 (3): 351-353.

张文．1990．转子动力学理论基础．北京：科学出版社．

Zhang W，Yau S T，Lu Y Y. 1990. Creep instability of high spinning viscoelastic rod. Proceeding of IUTAM 4th Symposium Creep in Structure，Cracow，Poland.

Crandall S H，Lingener A，Zhang W. 1993. Backward whirl due to rotor- stator contact // Zbigniew Wesolowski edit. Nonlinear vibration problems. Warsaw，PWN-Polish Scitific Publishers，47-61.

张文，王文亮，王皓，等．1994．叶片–盘–轴整体转子振动特性分析．航空动力学报，9（2）：120-124.

张文，张慧生，包华丽．1994．大型陀螺特征值问题的一个高效算法．航空动力学报，9（2）：125-128.

张文．1994．转子动力学中的若干近代力学问题．中国科学基金，8（3）：227-229.

Zhang W，Wang W L，Wang H，et al. 1994. Analytical and experimental investigation of bladed- disk/shaft coupled systems. Proceedings of IFToMM 4th International Conference of Rotordynamics，Chicago：63-68.

Zhang W，Tang J，Tao M D. 1996. Dynamic stability of a rotor filled or partially filled with liquid. ASME Journal of Applied Mechanics，63（1）：101-105.

徐小峰，张文．2000．一种非稳态油膜力模型下刚性转子的分岔和混沌特性．振动工程学报，13（2）：247-253.

张文，郑铁生，马建敏，等．2002．油膜轴承瞬态非线性油膜力的力学建模及其表达式．自然科学进展，12（3）：255-260.

张文．2005．自然科学与人文修养//戴世强，张文，冯秀芳主编．古今力学思想与方法（第二届全国力学史与方法论学术研讨会论文集）．上海：上海大学出版社：237-246.

Zhang W，Xu B，Xu W N，et al. 2006. Analytical study of synchronous full annular rub motion of jeffcott rotor and its dynamic stability. IFToMM 7th International Conference of Rotordynamics，Vienna.

主要参考文献

王文亮，杜作润．1985．动态子结构法的国内进展．力学进展，15（1）．

胡海昌．1986．解结构本征值问题的主次质量降阶迭代法．固体力学学报，（2）：1-8.

张文．1987-5-10．在科学研究的马拉松道路上．江西日报，第四版．

阮莉珠．1996．力学界的"两栖人"，大上海骄子//上海市科学技术协会编．第四届上海市科技精英报告文学通讯集．上海：上海科技出版社；83-107.

Chun S B，Lee Ch W. 1996. Vibration analysis of shaft-bladed disk system by using substructure synthesis and assumed modes method. Journal of Sound and Vibration，189（5）：587-608.

撰写者

传主本人

白以龙

白以龙（1940～），云南祥云人。固体力学家。1991年当选为中国科学院院士，2002年当选为欧洲科学院外籍院士。在热塑剪切带、非均匀材料损伤演化和灾变破坏、爆炸法制造金刚石等许多领域都取得了突出成就。先后发表学术论文百余篇，出版英文专著两部。于1992年获得国家自然科学奖二等奖，1999年获得何梁何利基金科学与技术进步奖，2000年获得周培源力学奖，2007年获得John Rinehart奖（国际材料动态力学性质领域奖项），曾担任国家自然科学基金委员会数理学部主任、中国科学院数理学部副主任、中国力学学会理事长、中国科学院力学研究所副所长、中国科学院力学研究所非线性力学国家重点实验室主任等职务。现为中国科学院力学研究所研究员，兼任国家自然科学基金委员会监督委员会副主任、中国科学院学部主席团成员、非线性力学国家重点实验室学术委员会主任等。此外，还是国际理论与应用力学学会（The International Union of Theoretical and Applied Mechanics，IUTAM）理事、选举委员会委员，欧洲材料动态行为学会（European Association for the Promotion of Research into the Dynamic Behaviour of Materials and its Applications，DYMAT）顾问委员会委员，《力学进展》主编，*Acta Mechanica Sinica*、*International Journal of Impact Engineering* 等学术刊物的编委。

一、继承先辈，献身科学

白以龙于1940年12月22日出生在滇西偏远的祥云县。其父白汝璧毕业于北洋大学土木系，当时在云南修建滇缅铁路。因为地处边陲且时逢战乱，白以龙的启蒙教育全靠毕业于直隶女子第一师范学校的母亲家教。每当夜幕低垂，母亲便给他讲授社会、语文和历史知识。他最感兴趣的是岳飞的故事，岳飞成为他最崇拜的英雄，而“精忠报国”，也成为他一生求学和职业成就的最大动力。小时候，他最感兴趣并唱个不停的是一首《古怪歌》：“板凳爬上了墙，灯草打破了锅。”他脑子里充满了各种问号，有的能解开，有的却茫然不知。

20世纪中叶，近代中国在帝国主义和封建势力的双重压迫下，陷入苦难深重和极度屈辱的深渊之中。在连年战火、内忧外患、民生凋敝、科教衰落的苦难年代，父亲微薄的薪水无法支持全家的生活，母亲忍痛让三个姐姐辍学，在家刺绣以维持生计。白以龙常随母亲携带活计去商店寄售，或在路边摆地摊。由于父亲辗转各地修建铁路，白家经常举家随迁。颠沛流离中，尝够了漆黑小店的阴森，目睹了沿途土匪的凶残，还要经常躲避日本鬼子的疯狂截击。白以龙后来回忆时感慨道："长途跋涉，不记得大好河山的美景，只留下一幕幕贫困、恐怖的印象。我们的国家为什么老受别人欺侮呢？为什么不能文明昌盛起来呢？"即便如此，立志科学救国的白汝璧，数次摆脱死神的魔爪，仍奔忙于各地铁路工地，以苦为乐，为祖国建设呕心沥血。父亲的"身体力行，科学救国"，在白以龙的心底里留下了深深的印记。

1946～1950 年，白以龙先后在昆明、杭州读书。1950 年，他随父母迁居北京，从此过上了安定的生活。1950～1952 年在北京市第二十五中学完成初中学业，1955～1958 年在北京市第六十五中学完成高中学业。他非常喜爱"苦难是最好的老师"这句话。中学期间，每当假期到来，他或去学校的建筑工地，肩扛杉木，唱着歌曲，十分卖力地劳动；或去郊区农村，割麦、锄草、种果树；或到戏院当服务生，品尝一下这里的甘苦。在他的心中，只有一个愿望："希望有一天，我的劳动能对祖国的昌盛有贡献。"北京二十五中和六十五中都是师资力量强、教学质量高的名牌校。学生们在良好的学习环境中，肩负着时代的新使命，为祖国的富强，面对世界和未来的发展而学。高中的代数老师刘祖植，用严密的逻辑推理方式授课，使白以龙能用同样的方式做作业；物理老师李家驹，教学生如何进行形象直观的物理思考；三角老师张舜英要求学生反复背诵、应用三角公式。中学阶段受的教育为他后来进一步学习、工作、科研打下坚实基础。除了直接授课的老师外，他还很怀念当时二十五中的仓孝和校长，"他是我终生难忘的引路人和心中的楷模。尽管他工作繁忙，但仍与许多学生保持联系。我就是几十年来一直与他保持联系的学生之一。"作为教育家、自然科学史家，仓孝和先生的思想博大精深，其教育思想最突出的是培养学生的创新精神和科学态度，这也在很大程度上影响了白以龙后来培养高层次科技人才的态度和方法。

1958 年 9 月，不满 18 岁的白以龙考入中国科学技术大学近代力学系。当时的中国科学技术大学刚刚成立，中国科学院对其实行"全院办校，所系结合"的办校方针，一大批国内外很有声望的科学家，如严济慈、华罗庚、钱学森、赵忠尧、钱临照等都亲自登台授课，及时把最新科技成就和科研前沿课题传授给学生。师长们渊博的知识、敏锐的思维给白以龙极大的启迪。钱学森先生清晰的思路、吴文俊先生严谨的板书、严济慈先生生动的肢体语言，都给他留下了永生难忘的印象。在大学五年的学习中，他不仅奠定了坚实的科学知识基础，而且非常重视科研能力、作风的培养和锻炼。力学系成立了学生课外科研小组，研制小火箭，白以龙也报了名。指导教师安排他当车工时，他意识到科研工作并不像原先设想的那样，仅局限于设计和计算，而是要承担很多具体而琐碎的，甚至是体力工作。自此，白天上课、晚上加工成为他将近三年的生活模式。随着科研项目的逐步开展，从白以龙身上折射出的勤奋踏实的工作态度，精益求精的科研作风，得到小组师生的高度评价。

1964 年 2 月，经推荐与考试，白以龙被录取为中国科学院力学研究所郑哲敏教授的研究生。郑先生鼓励他基于实验观察，独立提出要研究的问题和研究方案。在此，他深刻体会到郑先生的教导："要干，就要干别人没有干过的。要干，就要干得比别人更好。否则就别干。"勤于观察、善于思考、勇于创新，成为白以龙一生科研成就的重要基石。白以龙回忆，他到力学所以后，听钱学森先生说过一句话："力学诚然是为工程和实际服务的，但是必须走在二者的前面，这样才能为工程和实际起到火车头的引领作用。"他认为这句话说得非常好，因为"这样才能促进咱们国家工程和科学技术的发展，也才能在世界科学上立得住"！他以极大的热情投入到科研创新的工作中。

但这样的日子没有维持多久。1966 年，"文化大革命"开始了，白以龙和其他同学一起，先被派到农村参加"四清"工作队，后又被派往部队"五七"农场劳动锻炼。在此期间，他一边和贫下中农及解放军同吃、同住、同劳动，一边利用业余时间继续专业学习。1970 年 2 月，白以龙回所并被分配到爆炸力学研究室工作，开始了爆炸合成金刚石和爆炸压力波传播规律等方面的研究。在"白天抓革命，晚上促生产"的岁月里，他抓紧一切可利用的时间进行科学研究，业务取得了较大进展。同时，他还对爆炸波作用下材料的剪切变形局部化现象产生了浓厚的兴趣，并对局部化的发生机理等问题进行了深入的思考，这为他后期热塑剪切带的研究工作奠定了基础。

改革开放后，中外交流活动日益增多。1979 ~ 1981 年，白以龙被选派到英国牛津大学开展合作研究。中外科学水平的巨大差距，使西方科学家自然地有一种优越感。而白以龙在合作交流中，常常回忆起幼时母亲常说的一句话"儿不嫌母丑，狗不嫌家贫"，始终认识到自己是代表中国，要为自己的国家争得荣誉和尊严。邀请者似乎很有理由地说："白先生，根据中英协议，中国使馆应交'席位费'，否则无权使用科研资料、设备。"白以龙立即回答："先生，我也提醒您注意，是我，帮助您完成研究项目。"对方哑然一笑，无言以答。在拒绝邀请者提出的"席位费"的要求后，白以龙意识到，还是要以自己的聪明才智，在业务上做出成绩，为国争光，他做到了。短短两年中，他不仅克服了语言上的困难，而且在业务上克服了种种困难，亲自动手配制材料、使用快速精密仪器，并很快以自己的工作成绩赢得对方的尊重。他在材料塑性变形和剪切带形成机理与判据等问题上取得了一系列创新性的成果，被国际上一些著名文献所引用，被称为“白模型”、“白判据”。英国同行由衷叹服白以龙的研究成果，立即介绍他去美国参加相关的会议。消息传开，一些英国学者纷纷向他介绍自己的工作，希望寻找合作途径，一些资深的英国皇家学会会员对他也刮目相看。从此，白以龙，一个中国土生土长的科学家，走上了国际学术大舞台，在爆炸法合成金刚石、热塑剪切带、非均匀固体材料的损伤与灾变破坏等领域取得了系统的、开创性的研究成果，为近代力学的发展做出了杰出的贡献。

二、坚持创新，硕果累累

从20世纪70年代起，白以龙对热塑剪切带、非均匀材料的损伤演化与灾变破坏、爆炸法合成金刚石等重要问题进行了系统深入的研究，取得了丰硕成果。

（一）热塑剪切带

热塑变形局部化是在高应变率情况下材料非线性变形并导致最终破坏的一种普遍物理现象，在20世纪70年代就引起学术界和工程界的关注，但一直沿用经验性的最大剪应力准则，因此研究难以深入。白以龙等建立了剪切带形成的力-热学的模型，严格导出了热塑不稳定性准则，阐明了塑性功控制下的局部剪切带理论模型。这些成果对认识变形模式的剧变和预测材料的承载能力有重要的意义。

白以龙没有满足于用当时国际通用的经验的最大剪应力准则估算临界应变的方法，而是突破国际惯用的经验描述，将热塑剪切带作为材料变形演化的一个阶段来考察，打开了从机理和演化过程进行材料破坏研究的道路。他率先从连续介质力学方程和边界层近似出发，建立了既包含瞬时应变率又考虑热传导的演化模型和方程组。在简单剪切情况下，该方程组为

$$\frac{\partial^2 \tau}{\partial y^2} = \rho \frac{\partial \dot{\gamma}}{\partial t} \tag{1}$$

$$\rho c_v \frac{\partial \theta}{\partial t} = \tau \dot{\gamma} + \lambda \frac{\partial^2 \theta}{\partial y^2} \tag{2}$$

$$\tau = \tau(\dot{\gamma},\ \gamma,\ \theta) \tag{3}$$

上述方程中，t 和 y 分别是时间和垂直于剪切方向的空间坐标，τ 、γ 和 $\dot{\gamma}$ 分别是剪应

力、剪切应变和剪切应变率，θ 是温度，ρ 是密度，c_{v} 是等容比热，λ 是热传导系数。

通过对方程（1）～（3）进行小扰动分析，当应变硬化效应控制材料变形过程时，白以龙得到了如下剪切变形失稳的条件：

$$\frac{\tau_i P_i}{\rho c_{\mathrm{v}} Q_i} > 1 + 2\sqrt{\frac{\lambda P_i \dot{\gamma}_i}{\rho c_{\mathrm{v}}^2 Q_i}} \tag{4}$$

式中，下标 i 表示不稳定发生时的状态，$P = -\left(\frac{\partial \tau}{\partial \theta}\right)$ 表示由温度导致的材料热软化效应，$Q = -\left(\frac{\partial \tau}{\partial \gamma}\right)$ 表示由变形导致的加工硬化效应。在绝热的情况下，不稳定性准则（4）成为

$$\frac{\tau_i P_i}{\rho c_{\mathrm{v}} Q_i} > 1 \tag{5}$$

准则（5）表示，在不稳定性发生的时候，材料的热软化效应将压过其加工硬化效应。特别是，当 P 和 Q 都是常数时，准则（5）退化为最大剪应力准则，因此，最大剪应力准则是热塑失稳的近似表示。

若应变率硬化效应 $R = \left(\frac{\partial \tau}{\partial \dot{\gamma}}\right)$，而不是加工硬化效应 Q 控制变形过程，则不稳定性准则将由下式表示：

$$\frac{\tau_i P_i}{\lambda R_i k^2} > 1 \tag{6}$$

其中，k 是波数。该准则表明，长波的变形场更易于变为不稳定的，因此均匀热塑性变形场必然导致不稳定性。

以上模型和失稳判据，被国外一些文献称为白模型、白判据。这一工作成为该领域后续文献常被引用的一个基本文献。例如，Sandia 实验室、麻省理工学院等单位研究人员的文章指出，“这个模型是这些物理现象的典型代表”，是“典型模型问题”。国际上围绕白模型和理论展开了许多工作，这些工作或者称用他们的方法是“导出白氏不稳定性判据的一种特殊情况”，或者称他们的工作是对上述工作作“三维推广”。一些综述文献则指出，“用该判据给出了一些材料对绝热剪切敏感性的分类，这个分类与实验结果符合得很好”，“能更正确描述”。

白以龙还进一步澄清了不稳定性和局部化之间的关系。他没有把不稳定性和剪切带等同起来，而是从解析上揭示出不稳定之后非均匀变形在塑性功的推动下发生局部化，最后形成的剪切带乃是输入塑性功和热扩散共同控制的变形晚期准静态耗散结构，从而阐明了这类剪切带为什么在多类材料中广泛发生的机制。

在此基础上，白以龙给出了剪切带准定常解，并提出剪切带的半宽度 δ 约为

$$\delta \sim \sqrt{\frac{\lambda\theta_*}{\tau_*\dot{\gamma}_*}} \tag{7}$$

式中，下标 * 表示剪切带内的特征量。这个结果先后被国内外多家研究机构在几种材料上的数值模拟和实测结果所证实。特别是被美国布朗大学用微米微秒精度的瞬态温度和变形场测量，分别在几种材料上证实。他们总结写道：“计算值与实际观测值的符合是相当令人满意的。”随后，白以龙进一步研究给出了模型方程的标度化形式，指出非线性功和两类不同耗散——热耗散和动量耗散的共同作用，是剪切带花样形成的控制机制。

白以龙将上述材料不稳定性、剪切带等概念用于延性破坏，特别是加工中的延性极限、动载破坏极限等。英国钢铁公司指出：“用该方法已能够定性地解释冷墩中一些过去无法解释的现象。”塑性力学权威 R. Hill 写道：“在航海图上还没有标记的水域中，有一个可靠的领水员将是件幸事。您的书将揭示在这类假说和数据拟合的混乱海洋中的某些真正的科学内容。”

白以龙关于热塑剪切带的研究成果于 1991 年获得中国科学院自然科学奖一等奖，1992 年获得国家自然科学奖二等奖。

（二）非均匀材料的损伤演化和灾变破坏

非均匀固体材料的损伤演化与灾变破坏，是力学、非线性科学、材料科学和物理学等多个学科的跨世纪难题之一，同时，它又与材料失效与结构安全性的评估和灾害预测等重要的工程科学问题紧密相关。白以龙和他的合作者们结合力学、统计物理学及非线性科学，发展了用于观测损伤演化过程的实验技术，建立了跨尺度封闭的统计细观损伤力学理论框架，揭示了灾变破坏过程的重要普适性特征，为非均匀脆性材料的灾变预测提供了新的线索。

白以龙和他的合作者们针对在热激波作用下材料中发生的层裂现象，建立了亚微秒应力脉冲技术和多应力脉冲技术，得到了微损伤成核和扩展的规律，揭示了控制材料层裂过程的两个独立的无量纲 Deborah 数：

$$D^* = \frac{n_N^* c^{*5}}{V^*} \tag{8}$$

$$De^* = \frac{ac^*}{LV^*} \tag{9}$$

式（8）和式（9）中，n_N^* 是微损伤成核的特征速度，c^* 是微损伤的特征尺寸，V^* 是微损伤扩展的特征速度，L 是靶板的厚度，a 是靶板内的声速。针对航天部门所用的材料，他还建立了相应的临界损伤标准和层裂判据。他给出的实验方法、临界损伤标准和层裂判据，为中国新一代战略导弹突防设计，提供了有效的材料筛选方法和设计依据。航天部门评价，这对“抗核加固设计起到了非常重要的作用”。

白以龙领导他的研究小组基于对材料微损伤演化过程的实验测量，建立了如下微损伤数密度 n 的演化方程：

$$\frac{\partial n}{\partial t}+\frac{\partial(n\cdot A)}{\partial c}+\frac{\partial(n\cdot v)}{\partial x}=n_{\mathrm{N}} \tag{10}$$

式中，c 是微损伤在 t 时刻的尺度，n_{N} 是微损伤成核的速率，A 是微损伤扩展的速率，v 是粒子速度。进而，他们又得到了针对一般形式的细观动力学规律的微损伤数密度 n 的近似演化解

$$n(t,\ c;\ \sigma)=\int_0^c n_0(t,\ c,\ c_0;\ \sigma)\,\mathrm{d}c_0 \tag{11}$$

其中，

$$n_0(t,\ c_0,\ c;\ \sigma)=\frac{n_{\mathrm{N}}(c_0;\ \sigma)}{V(c,\ c_0;\ \sigma)},\qquad c_0<c<c_{\mathrm{f}}(t,\ c_0;\ \sigma) \tag{12}$$

$$t=\int_{c_0}^{c_{\mathrm{f}}}\frac{\mathrm{d}c}{V(c,\ c_0;\ \sigma)} \tag{13}$$

这个基于细观动力学规律的随时间演化的微损伤数密度的表示式，起着联系细观规律和宏观性质的非平衡统计分布函数的作用。基于这个独创的跨尺度的统计细观损伤力学理论，他们进一步得到了作为破坏前兆的损伤局部化判据，揭示了从微损伤累积向突发破坏转变的机理。统计细观损伤力学理论被国内外力学、材料科学等学科的研究者应用于相关领域，如短裂纹疲劳、高聚物中的银纹等。一些研究者在引文中将统计细观损伤力学称为“白模型”，“白理论”等，该项研究发展的处理非线性、多尺度问题的理论、数值和实验方法推动了细观力学和多尺度科学等学科的发展。

白以龙和他的合作者针对非均匀脆性介质的灾变破坏，提出了刻画灾变破坏过程特点的演化诱致灾变、样本个性、跨尺度敏感性等概念，揭示了损伤局部化、临界敏感性、临界奇异性等共性前兆，为灾变破坏的预测提供了新的线索。他们所提出的灾变破坏的前兆特征，引起国内外同行和跨行专家的极大关注，先后被发表在力学、物理学、材料学、地震学等约 20 多种刊物的一批论文所引用，包括 *Physical Review Letters*，*Journal of Applied Physics* 等著名国际刊物。亚太经合组织地震模拟合作计划也认为白以龙的工作为地震预报提供了新的思路、新的途径，他们认为“有可能从微损伤的演化中预测宏观破坏”。

白以龙关于统计细观损伤力学的研究成果于 2002 年获得北京市自然科学奖二等奖。正如 2007 年美国 John Rinehart 奖（该奖在美国设立，是为表彰动态力学行为领

域的杰出成果和创造性工作的国际奖项）在授予白以龙时所写下的评价："在剪切带形成和材料损伤领域做出了开创性的贡献，对中国的材料动态行为领域起着引领作用。"

（三）爆炸法制金刚石和爆炸应力波的研究

20 世纪 70 年代初，白以龙和同事一起在国内首先用爆炸法制成金刚石微粉。当时国内对爆炸法合成技术以及金刚石性质都知之极少，几乎是从零起步。他通过调研大量的论文和专利文献，加深了对爆炸加载装置、高能炸药的性能参数以及石墨的高压相图的认识，并通过石墨的高压相图和爆炸力学的计算，逐步明确了工艺的关键在于压力窗口的控制和化验分析。经过大量的艰苦试验，他不但做出了金刚石粉，还研制出了一种新的加载装置。20 世纪 70 年代末，他提出地下核爆炸应力波衰减机理，这项工作内容属于"流体弹塑性模型及其在核爆炸和穿破甲方面的应用"成果的一部分，此成果于 1982 年获得国家自然科学奖二等奖。

三、春风化雨，率先垂范

白以龙非常关心年轻科技人员的成长，并为之倾注了大量的思考和精力。

白以龙勉励在校大学生："大学期间功底要打牢打扎实，一要学知识，二要学能力。因为从大学出来以后，知识和能力要配合起来的。要能够消化知识，把知识变成能力。否则，一到工作岗位上就会知识跟不上，能力也跟不上，空有书到用时方恨少的遗憾。"

白以龙是青年人的良师益友。对年轻的科研工作者，他擅长于激发他们的研究热情。在学术交流和指导中侧重于在科研态度和研究方法上启发和教育，同时鼓励年轻人独立思考和解决科研问题。他曾经给实验室的青年人发过巴甫洛夫的《给青年们的一封信》，鼓励年轻人树立循序渐进、谦虚、热情的研究态度。他还曾亲赴中国科学院研究生院，给硕士生作关于科研"会猜会做"的报告，将对自己启发最大的研究方法和研究书籍介绍给研究生们。

对于自己的研究生，白以龙更注重言传身教，给学生们潜移默化的影响。他一贯注意学科发展的最新动向，亲自查阅国内外有关文献，从不间断。在研究生论文选题阶段，他要求学生选择处在学科前沿和重大需求交叉点上的重要问题，尊重学生们在新领域进行探索和创新，鼓励学生们迎难而上。他学风严谨，总是定期亲自听取学生的汇报，开题和预答辩。对学生的每篇论文，都要仔细修改。他为人谦和，在课题组内努力营造开放的学术环境，鼓励学生们在讨论时各抒己见、自由争论、积极创新、脱颖而出。

2007 年，白以龙被中国科学院研究生院评为“优秀研究生指导教师”。他指导的研究生连年获得中国科学院院长奖学金、优秀研究生奖学金、郭永怀奖学金等。

四、高屋建瓴，继往开来

白以龙不仅是一位在专业领域卓有建树的科学家和杰出的教育家，更是一位优秀的科研组织管理者。

白以龙曾担任中国科学院力学研究所副所长（1987～1994）、学术委员会主任（1994～2001）等职务，分管力学所的科研、研究生教学等工作。他为力学所科研重点的确立、科研项目的组织和争取、高级技术职务的评聘、研究生录取与培养和材料工艺力学学科的建立等工作，都做出了重要贡献。

白以龙还是中国科学院力学研究所非线性连续介质力学开放实验室（LNM）的创始人之一，并先后担任实验室副主任（1988.6～1993.7）、主任（1993.7～2000.10）、学术委员会主任（2000～）等职务。在他担任实验室主任期间，LNM 得到了跨越式的发展，在 1999 年国家科技部组织的评估中被评为“优秀”，并获得了国家科技部的批准，建设重点实验室。2001 年 4 月 10 日，LNM 通过了科技部组织的专家验收，正式晋升为国家重点实验室。2007 年，依托该实验室的“材料强度及灾变的跨尺度力学研究”团队，获得了国家自然科学基金委员会创新研究群体的资助。

白以龙还积极推动和参与国内外的学术交流活动。他曾是中国力学学会的理事长（1998～2002）。在他担任理事长期间，中国力学学会在加强力学在国民经济中的应用（如西部大开发）和推动中国力学在国际学术界中的影响两方面开展了更多的工作，适时地组织和承办了很多具有一定影响的国内、国际学术会议，主办的多种期刊在国内评比中名列前茅，为力学的发展做出了重要贡献。他曾两次被选任为国际理论与应用力学学会（IUTAM）选举委员会的五个委员之一，并曾作为 IUTAM 的两个代表之一出席国际科学联合会理事会（International Council of Scientific Unions，ICSU）大会。他还是欧洲材料动态行为学会（DYMAT）顾问委员会的委员。他曾多次作为大会主席组织重要的国际学术会议，并与北美洲、欧洲、大洋洲、亚洲、中国香港、中国台湾等地的很多杰出学者有着广泛而密切的学术联系。他还曾担任过《中国科学》副主编（1988～2002）、《中国科学：物理 力学 天文学》主编（2002～2007），现在还担任着《力学进展》主编、*International Journal of Impact Engineering* 编委的工作，为促进中国力学界的学术交流，提高成果的国际影响力做出了重要的贡献。鉴于他在国际力学界的影响，2008年IUTAM正式委派他为第23届（2012年）国际理论和应用力学大会的主席。

除了上述工作外，白以龙还担任过很多社会职务，履行着一个科学家的社会职责。他曾经先后担任国家自然科学基金委员会数理学部主任（1994.2～2002.3）、自然科学基金委员会监察委员会副主任（2008～）、中国科学院数理学部副主任（1994～1996，2002～2008）、中国科学院学部科普和出版工作委员会副主任（2006～）、中国科学院学部主席团成员（2008～）等职务，他还是政协第九～十一届全国委员会委员。他熟知科学研究的规律，又具有敏锐的学术洞察力和前瞻的学术眼光，因此在中国力学学科发展战略、数理学部学科方向的规划、科研软环境建设和相关政策制定等方面，提出了重要的建议，发挥了积极的作用。

五、白以龙主要论著

白以龙. 1978. 应力波在线性磁滞体中的衰减. 力学学报，4：135.

白以龙. 1981. 一种简单介质模型和其中的球对称应力脉冲波的渐近传播性态. 力学学报，5：248-261.

Bai Y L. 1982. Thermo-plastic instability in simple shear. Jour Mech Phys Solids. 30（4）：195-207.

Dodd B，Bai Y L. 1985. The width of adiabatic shear bands. Jour Mater Sci Technol. 1：38-40.

Bai Y L，Cheng Z M，Ding Y S. 1987. Development of thermoplastic shear bands in simple shear. Res Mechanica，22：313-324.

Bai Y L. 1989. Evolution of thermo-visco-plastic shearing//Harding J. Eds. Mechanical properties of materials at high rates of strain. Bristol：Institute of Physics，Publishing Ltd：99-110.

Ke F J，Bai Y L，Xia M F. 1990. Evolution of ideal microcrack system. Sci China A，33：1447-1459.

Bai Y L，Ke F J，Xia M F. 1991. Formulation of statistical evolution of microcracks in solids. Acta Mech Sinica，7：59-66.

Bai Y L，Dodd B. 1992. Adiabatic Shear Localization. Oxford：Pergamon Press.

Bai Y L，Ling Z，Luo L M，et al. 1992. Initial development of microdamage under impact loading ASME Trans. Jour Appl Mech，59：622-627.

Bai Y L，Lu C S，Ke F J，et al. 1994. Evolution induced catastrophe. Phys Lett A，185：196-200.

Bai Y L，Xue Q，Xu Y B，et al. 1994. Characteristics and microstructure in the evolution of shear localization in Ti-6Al-4V alloy. Mech Mater，17：155-164.

Bai Y L，Xue Q，Xu Y B，et al. 1995. Macroscopic scaling and microstructural evolution in shear band phenomena//Murr L E，Stauhammer，Meyers M A. Metallurgical and materials applications of shock wave and high strain rate phenomena. Amsterdam：Elsevier Science B V：377-388.

Xue Q, Shen L T, Bai Y L. 1995. Elimination of loading reverberation in the split Hopkinson torsional bar. Rev Sci Instrum, 66: 5298-5304.

Han W S, Xia M F, Shen L T, Bai Y L. 1997. Statistical formulation and experimental determination of growth rate of micrometre cracks under impact loading. Int Jour Solids Struct, 34 (2): 2905-2925.

Bai Y L, Bai J, Li H L, et al. 2000. Damage evolution, localization and failure of solids subjected to impact loading. Int Jour Impact Engng, 24: 685-701.

Bai Y L, Xia M F, Ke F J, et al. 2002. Closed trans- scale statistical microdamage mechanics. Acta Mech Sinica, 18 (1): 1-17.

Bai Y L, Xia M F, Wei Y J, et al. 2003. Non-equilibrium evolution of collective microdamage and its coupling with mesoscopic heterogeneities and stress fluctuations//Horie Y, Davisona L, Thadhani N N. Shock dynamics and non-equilibrium mesoscopic fluctuations in solids. New York: Springer-Verlag: 255-278.

Bai Y L, Wang H Y, Xia M F, et al. 2005. Statistical mesomechanics of solids, linking coupled multiple space and time scales. Appl Mech Rev, 58 (4): 372-388.

Bai Y L, Wang H Y, Xia M F, et al. 2008. Trans-scale mechanics: looking for the missing links between continuum and micro/nanoscopic reality. Acta Mech Sinica, 24: 111-126.

主要参考文献

Bai Y L. 1982. Thermo-plastic instability in simple shear. Jour Mech Phys Solids, 30 (4): 195-207.

Bai Y L, Xia M F, Wei Y J. et al. 2003. Non- equilibrium evolution of collective microdamage and its coupling with mesoscopic heterogeneities and stress fluctuations//Horie Y, Davisona, Thadhani N N. Shock dynamics and non-equilibrium mesoscopic fluctuations in solids. New York: Springer-Verlag: 255-278.

Bai Y L, Wang H Y, Xia M F, et al. 2005. Statistical mesomechanics of solids, linking coupled multiple space and time scales. Appl Mech Rev, 58 (4): 372-388.

撰写者

汪海英（1974～），安徽潜山人。中国科学院力学研究所副研究员，白以龙的学生，主要从事固体力学的研究。

陆启韶

陆启韶（1940 ~ ），广东顺德人。力学与应用数学家、教授、博士生导师。1960 年毕业于北京航空学院空气动力学专业。1980 ~ 1983 年在美国普渡大学访问和合作科研；1990 年为加拿大 CIDA 基金研究员；2001 年为英国皇家学会国际交流学者；还对美国、俄罗斯、英国、德国、意大利以及中国香港等地多所知名大学和研究所进行学术交流和访问。长期从事动力学与控制以及应用数学领域的科研和教学工作，特别是在非线性动力学理论和应用方面取得重要成果，包括高维复杂非线性振动系统动力学、转子系统动力学、生物神经系统动力学和非线性微分方程等。曾获国家自然科学奖二等奖（2003 年）以及国家教育部门、航空航天部门和天津市的多项重要科技奖励。历任中国力学学会理事、中国数学学会理事、一般力学专业委员会主任、中国振动工程学会非线性振动专业委员会副主任等。曾任《力学学报》和《动力学与控制学报》副主编、《力学进展》常务编委、《航空学报》和《振动工程学报》编委。现任国际刊物 *Acta Mechanica Sinica* 副主编，*Cognitive Neurodynamics* 和 *International Journal of Computer Mathematics* 编委，美国 *Mathematical Review* 评论员等。

一、求学与成长经历

陆启韶 1940 年 6 月 13 日生于广东韶关，祖籍广东顺德。南宋时期，先祖陆琼因直言上疏，得罪了权臣贾似道，“去官挈眷入粤”，随后迁移到南海、顺德一带聚居，直至 20 世纪 30 年代日本侵华后方始离散。陆家一向十分重视教育，父兄辈人才济济。

父亲陆成梶早年于岭南大学农学院毕业后在农场工作，希望投身国家农业的振兴，无奈由于日寇进攻华南，广州沦陷，农场解散。父亲不愿在铁蹄下当亡国奴，与师友一起逃难到粤北、湘南一带，通过刻苦自学财会知识，考入银行当个职员。母亲在广州执信女中师范科毕业后，从事小学教育工作。由于战乱，加上工作的变迁，一家人先后辗转多地，直到新中国成立后响应政府号召，才从澳门举家回迁并定居广州。父母辛劳敬业，认真负责，正直友善，勤俭持家，面对着抚养老幼的家庭重担总是坦然处之。他们始终将培育五个子女放在首位，言传身教，重视学业，使他们都能顺利成才。

陆启韶自幼好学，成绩优秀，十岁就进入中学学习。先就读于澳门培正中学，后转入广州省立文理学院附属中学，1953 年与华南师范学院附属中学合校后，他在该校学习直到高中毕业。这些著名中学都有很强的师资力量，学生素质也很好。学校十分强调学生的德、智、体、美的全面教育，既有高水平的数理文科的课堂教学，又有丰富多彩的业余科技和文体活动，培养了学生正确的人生目标、不懈的科学追求、良好的文艺素养和健康的体魄。中学的生活给他留下不可磨灭的印象。

陆启韶于 1956 年进入北京航空学院（现北京航空航天大学）。当时著名空气动力学家钱学森先生回国对国内产生了很大影响，他决心选择空气动力学专业学习。当年该专业在国内是首次建立的，有一批从海外归来的著名专家学者（特别是陆士嘉、吴礼义、张桂联、徐华舫、伍荣林诸位先生）任教。他们在空气动力学领域享有很高的学术声誉，严谨治学，认真尽责，精益求精，为新专业的创办鞠躬尽瘁，培养了一大批中国科技界和国防事业的栋梁人才。在这样的优越的学习环境里，他有幸得到这些名师的指导，在努力掌握空气动力学知识的同时，还积极学习其他相关的数学和物理基础理论，为日后从事不同的科研教学工作积累了深厚的学术功底。1960 年他提前毕业，开始从事力学和应用数学领域的科研教学工作。

20 世纪 80 年代伊始，陆启韶被选送到美国普渡大学数学系访问进修，开始接触到国外先进的科学技术和现代数学的理论、方法。他首次迈出国门，远涉重洋，国际科研环境虽使他大开眼界，但也需要寻找合适的前进方向。当时出于对“湍流”这个流体力学百年难题的思索，他认真阅读了林家翘、Joseph 等关于流动稳定性的经典论著，并以此为主题相应组织了一年的讨论班，开始认识到流动稳定性与分岔研究的密切关系。1983 年回国之后，正值钱伟长、郝柏林、朱照宣诸位先生积极倡导非线性科学研究，他系统地学习国外关于非线性科学的名著和文献，并邀请国际著名学者 Cesari、Marsden、Golubitsky、Langford、周修义等相继前来访问交流。他积极参加一系列国内外学术会议，得以接触到分岔、混沌、分形、孤立子等一系列现代非线性问题。复杂纷纭的非线性现象使他产生了强烈研究兴趣，加上它们与现代数学的紧密联系及在近代科学技术的各个领域的广泛应用前景，更加坚定了他的研究决心，从此步入了 30 多年的非线性动力学科研生涯。从 20 世纪 90 年代起，他先后主持并完成了 20 余项国家和部委科研基金项目的建议、规划和执行工作，在科研道路上受到了磨炼，建立了力学与数学相结合的研究模式，形成了开展基础理论和交叉学科领域研究的思路，确立了自己从事非线性动力学理论和应用的主要研究方向，为中国动力学与控制学科的发展和学术队伍的培养做出贡献。

陆启韶十分重视国际科研合作和交流，曾经对美国、加拿大、俄罗斯、英国、德国以及香港等国家和地区的多所知名大学和研究所进行多次学术访问，与许多国际著名同行专家和学术单位保持十分密切的联系，使自己的研究工作紧密地与国际前沿接轨。他积极参加各种学术组织活动，担任过中国力学学会理事、中国数学学会理事、一般力学专业委员会主任、中国振动工程学会非线性振动专业委员会副主任等。曾任《力学学报》和《动力学与控制学报》副主编、《力学进展》常务编委、《航空学报》和《振动工程学报》编委。现任国际刊物 *Acta Mechanica Sinica* 副主编，*Cognitive Neurodynamics* 和 *International Journal of Computer Mathematics* 编委，美国 *Mathematical Review* 评论员等。他参与组织许多国内外学术会议以及作大会特邀报告，担任第二届国际动力学、振动与控制学术会议（ICDVC-2006）主席和多个国际学术会议副主席。

二、非线性动力学研究之路

陆启韶从事非线性动力学研究大致分为三个阶段展开。在 20 世纪 90 年代初期，考虑到分岔现象的机理和分类研究的需要，他在“八五”期间的国家攀登计划“非线性科学”重大项目（1991～1995）中，选取“分岔与奇异性”作为子课题，重点探讨非线性动力系统中分岔和奇异性方面的一些共性问题，对非线性科学的基础理论研究有重要价值，其中，“非线性动力学的分岔、混沌和稳定性”（1992）获得了国家教委科技进步奖二等奖，“航空科学技术中的一些非线性问题”（1995）获得了航空航天工业部科研成果奖一等奖等。

从 20 世纪 90 年代中期起，围绕着国民经济和国防建设对重型装备的战略发展和关键科学技术需求，陆启韶积极参与“九五”期间的国家自然科学基金重大项目“大型旋转机械系统的非线性动力学研究”（1999～2003），综合运用力学、数学、机械学的原理，较完善地解决了大型旋转机械系统的多自由度非线性振动的一些重要理论问题，从而对于工程非线性振动问题有了更深刻的了解，并为此后开展非光滑动力系统动力学与控制问题的理论研究打下基础。他作为第二完成人，参与的“复杂非线性系统的某些动力学理论与方法”（2003）获得了国家自然科学奖二等奖，“复杂非线性系统的动力学研究”（2002）获得了天津市自然科学奖一等奖。

进入 21 世纪以后，各个学科的非线性问题的研究都在迅速开展，尤其是在信息和生命科学领域更为突出，这为非线性动力学的发展带来新的机遇与挑战。陆启韶选择脑科学作为突破口，开拓了非线性动力学与神经科学交叉领域——神经动力学的研究。2005年国家自然科学基金重点项目“神经放电活动和信息识别中的复杂非线性动力学行为研究”立项，为此创造了十分有利的客观条件。在四年期间里，他和项目组成员团结奋进，齐心协力，将数理科学与生命科学紧密结合，利用非线性动力学的原理，从理论分析、数值仿真和实验观察等三个方面系统地对神经元放电活动和信息编码、耦合神经元系统的同步以及神经网络系统的时空特性和网络行为等进行深入研究，取得显著成果，“神经元及网络系统的放电活动、节律和集群行为的动力学研究”（2012）获得了教育部高等学校自然科学奖二等奖，并为中国神经动力学的学科发展和学术队伍培养做出贡献。

陆启韶和合作者经过长期孜孜不倦的努力，科研成果遍及非线性系统的动力学（分岔、混沌）、运动稳定性和控制理论、非线性微分方程理论以及它们在结构振动、神经系统、转子系统、多体系统、流固耦合、非线性波动、航空航天飞行器等领域中的应用，分述如下。

（一）高维复杂非线性系统的动力学研究

陆启韶、林锐和黄克累等一起致力于非线性振动问题的定性分析，创造性地将广义KB或KBM平均法与奇异性理论结合，在多频分岔研究中提出了新的平均摄动解法和拟周期分岔的稳定性判据，对周期激励下非共振、次谐共振和主共振等的一次和二次分岔问题进行深入研究，获得了分岔图、转迁集和周期多样性现象的丰硕结果。他和C. W. S. To一起，将多尺度摄动分析和奇异性分析方法结合，发展了多自由度非线性耦合振动和参数振动系统的定性分析方法，用以有效地进行各种共振运动的分岔形态和响应分析。

陆启韶和甘春标对有复杂激励因素的非线性振动系统进行动力学分析，给出时变参数系统的分岔转迁理论和安全盆侵蚀机理；得出非线性多时滞系统的稳定性和高余维分岔判据、发现加周期分岔、混沌激变和耦合模态激变等新现象。基于有限时间稳定性的概念，他和化存才从新的定性观点去研究时变参数系统的非完全分岔问题。建立了时变分岔方程的线性近似定理和V函数定理，可以成功地分析多种时变系统的分岔转迁、滞后和跃迁现象，给出了分岔转迁区间和双稳态的滞后环。利用量级平衡方法，讨论了有慢变抽运参数的Lorenz激光器的分岔和双稳态问题。

陆启韶和徐鉴研究了多种非线性时滞动力系统的平衡解稳定性和Hopf分岔问题，详细分析了时滞量和增益系数对线性化特征根分布情况的影响，给出Hopf分岔特性和时滞量对Hopf分岔特性的影响。他还和马苏奇提出了几何表示与理论分析的组合方法求解特征方程，给出稳定性判据以及多稳态区域，分别讨论 Hopf 分岔和双 Hopf 分岔问题，发现复杂的非共振和弱共振现象。此外，他还研究了在依赖于时滞的参数的时滞控制作用下振子系统的稳定性和双 Hopf 分岔问题。

偶数维相空间中的哈密顿力学系统是力学的传统理论研究领域，已经十分成熟。但是实际问题还会遇到任意维数相空间的广义哈密顿系统，因此，陆启韶和赵晓华、程耀等对广义哈密顿系统的基本理论开展研究。他们还利用李群、李代数和辛几何等现代数学理论和半直积结构的约化思想，较系统地建立了在中心力场中一些刚体系统和刚-弹耦合系统的哈密顿结构，再用能量法或能量-动量法去讨论相对平衡点的运动稳定性。

（二）连续介质系统的动力学研究

国外对于磁弹性振动和流固耦合振动的研究的模型比较简单，只能定性地解释某些现象，但在定量上与实验结果相差较大，因此需要改进力学模型和开展非线性动力学分析。陆启韶详细研究了磁场与外载荷联合作用下的磁弹性梁的非线性振动问题，建立了具有内阻尼和感应电流的影响的模型，讨论了在不同主参数共振情形下的各种振动形态、频响特性和分岔特性，与实验结果很符合。此外，他对于旋涡诱发结构振动问题给出在强相互作用下拟周期振动、次谐共振和超谐共振的存在性和参数范围，揭示了周期多样性和分岔现象。

反应-扩散系统是重要的无穷维的激发介质动力系统。以往主要针对满足 Fick 扩散定律的二阶反应-扩散系统开展研究。然而实际科学和工程问题中，还有服从 Cahn-Hilliard 广义扩散定律的四阶反应-扩散系统。过去只有少量实验和数值研究，陆启韶利用奇异性理论和摄动方法，从理论上证实了存在由于扩散不稳定性导致的空间周期性有序结构，进行了分岔分析，得到了二阶近似解。此外，他和刘深泉根据各向异性的相态场模型，推导了反映量级性质的 Gibbs-Thompson 关系，研究了单扩散激发介质中回卷波的组织中心的运动规律。

在液体自由表面的稳定性和分岔研究中，陆启韶建立有积分算子的非线性发展方程的数学模型，采用谱分析法和奇异性理论，突破了著名的 Crandall-Rabinowitz 对简单特征值情形的讨论，得到了涉及余维一和余维二分岔的一般结果。

（三）非光滑系统的动力学研究

大型旋转机械非线性动力学问题具有重要理论和应用价值。它不仅直接针对国民经济和国防建设的迫切需要，还促进了新的学科方向——工程非线性动力学的发展，同时为机械动力学与控制、结构优化设计、参数辨识、故障诊断和治理等提供重要的新途径。陆启韶针对重大转子振动故障开展非线性转子系统的动力学研究，和张思进、李群宏 、张彦梅等一起深入分析了油膜低频失稳、组合亚谐振动、裂纹激励振动等现象的产生机理和运动形态，在此基础上提出一些有效的故障诊断和综合治理技术措施。他们还研究了具有柔性支座或非稳态油膜轴承等约束下转子系统的碰摩振动状态的分岔行为和稳定性。这些结果对于大型旋转机械设计、运行安全性和监控有重要参考价值。

陆启韶和蒋贵荣、秦志英、杨济臣等进一步利用微分包含、非光滑分岔和脉冲微分系统的数学理论，研究非光滑振动系统的动力学定性理论和数值计算问题。他们在有分段奇异性的非光滑系统的动力学研究中，发展了非光滑系统擦边运动和角点碰撞分岔的产生机理和理论分析方法，得到了不同周期运动的存在性、共存性和稳定性判据，分析了角点碰撞分岔与多带混沌特性的关系，建立了非光滑系统的 Lyapunov 指数计算的新理论和相应算法。他们还提出生态动力系统的脉冲状态反馈控制法。这些理论结果丰富了非光滑系统的动力学机理和规律，为机械工程、电路系统、航空航天等领域的实际应用提供重要的理论依据。

(四) 神经系统的放电活动、信息识别和网络行为的动力学研究

生物神经系统是由数量巨大的神经元相互联结的极其复杂的多层次的信息网络系统，神经元在神经活动中起着重要的基本作用。神经系统的放电活动主要表现为神经元产生和传输动作电位的脉冲振荡的过程，而神经信息编码是通过神经元放电脉冲的时间节律和振荡模式反映的，神经信息传递又对应着细胞内部或神经元集群中的时空行为。这些神经放电活动在本质上都是非线性耦合振动和波动中的复杂动力学问题，属于跨学科交叉的国际前沿研究领域。神经动力学研究对于非线性科学和神经科学，以及人工智能、控制科学和计算机科学的发展都有重要理论意义和应用前景。正是基于上述考虑，陆启韶及其课题组从 2000 年以后主要地转入了神经系统放电活动、信息识别和网络行为的研究。

陆启韶和杨卓琴、段利霞、古华光、孟祥英等根据神经电生理实验的实际背景，在非线性动力学原理和方法指导下，通过快慢动力学和多参数分岔分析，全面系统地研究一些著名的神经元模型在不同类型的兴奋性因素和外界激励作用下的丰富放电节律模式及产生机理、存在区域和转迁特性、放电节律控制等，并验证了一些电生理实验和数值模拟结果。

陆启韶和王青云、石霞、王海侠等研究不同类型耦合神经元放电的各种完全同

步、相位同步和簇同步行为转迁机理，讨论同步稳定性与自适应反馈控制问题。他们还分析了耦合连接方式、噪声和时滞因素对神经元放电同步的重要影响，以及神经元耦合系统混沌同步与混沌控制的机理和规律。然后，他与王青云、孙晓娟、吕淑娟、郑艳红、韩芳等进一步研究在复杂神经元耦合系统的时空动力学多重模式机理，分析了各种规则的或小世界网络拓扑结构和不同噪声因素对时空随机共振行为和相干结构的影响。针对神经纤维介质中的信息传递问题，他们分析了电脉冲串的在神经介质中传播的波动特性。

陆启韶与杜莹、王士敏等探索神经信息的编码原理，给出神经元放电模式新的分类和定量描述方法，探讨神经元通过放电模式表示的信息编码机理与方案，研究动态刺激和随机扰动对编码过程的影响。他还与张凤、王宝华、季全宝、孟盼等一起研究了神经细胞钙振荡和钙波的时空模式复杂性，及其与神经信息传递之间的关系。

当今世界，学科间的相互渗透和融合日益增强，交叉学科正在飞速发展和延伸，多学科的知识和方法是创新成果的重要来源。陆启韶开展的几个重要研究课题都以非线性为中心，体现力学与数学物理的有机结合，反映了力学与机械、信息、生命科学的密切联系，无不闪烁着多学科交融的研究之光，也充分表明了非线性动力学可以跟自然科学、工程技术，以至经济管理、社会科学等不同学科领域进行交叉研究，应用前景极为广阔。

三、教坛风雨五十载

陆启韶从1960年毕业后执教起，至今已在教育岗位上工作半个世纪了。他长期从事动力学与控制以及应用数学领域的科研和教学工作，担任过北京航空航天大学（以下简称北航）应用数学系主任、一般力学研究室主任、非线性动力学研究中心主任等职务，对学校的力学和数学学科发展、课程建设、人才培养和学科点建设等做出积极贡献。他也是浙江大学、同济大学、江苏大学等的兼职教授，加拿大西安大略大学、英国布鲁内尔大学和阿伯丁大学客座教授。

作为北航的一位优秀的资深教授，陆启韶一直从事第一线的教学工作，潜心钻研业务，努力探索人才培养之道。他在20世纪80年代就致力于力学和应用数学的研究生教学体系的建设，不懈地坚持教学改革。他先后开设的课程包括本科生的多门数学和力学基础课，常微分方程与动力系统、数学物理方程、微分方程的数值方法、微分流形及应用等研究生公共基础课，以及多门研究生和博士生专业课。他在教学中注重启发式和研究型，重视讲授背景知识、发展过程和思考路线，积极鼓励学生互相探讨和交流，并根据自己的科研经验和成果，适时阐述数学力学原理和方法的应用，尽力将理论分析与实际应用相结合。在“常微分方程和动力系统”课程中，他特别讲授了动力系统和分岔理论的近代内容，并增添了两个独特的章节，介绍在非线性振动和控制问题以及在生态学和化学中的应用，使学生从中领悟到知识更新和联系实际的重要性。在讲授“微分流形及应用”课程时，他将其与微积分理论进行对比，总结出它们之间的差别，分析经典分析的不足以及改进措施等，结合自身的科研体会，使学生在更深的层次上理解抽象难懂的现代分析内容，进一步激发学习积极性。

在长期教学工作和科研成果的基础上，陆启韶十分重视教材建设和专著撰写工作，出版了几本颇具影响力的著作和译著。陆启韶1989年出版的《常微分方程定性方法和分叉》作为研究生教材已经重印多次，总印数达8000册。该书已在国内理工科高校的不同专业中广泛使用，效果很好。后来进行了全面修订和补充，在2010年出版新书《常微分方程与动力系统》，以适应中国21世纪理工科研究生培养和课程建设的需要。1995年出版的《分岔与奇异性》是一本深受读者欢迎的非线性动力学专著，一再重印。1997年出版的《现代数学基础》，着眼于提高博士生的现代数学素质，填补了国内理工科博士生现代数学教材方面的空缺，得到同行的好评，在四年里连续印刷三次，随后作为北京市精品教材推出新版。同时，他在专业课教学中特别注意选用国际上经典或者最新的原文教材，使学生作到站在前沿、了解前沿。例如，施普林格出版社刚出版的专著《混沌和随机系统的非线性动力学》和《数学神经科学》，他在专业书展上发现之后，马上找来供研究生学习和作为讨论班内容，取得很好的效果。

陆启韶至今已经培养博士生和博士后40余名，硕士生6名，还指导过一批校内外的年轻教师。他在研究生的培养中特别注重独立的科研能力和对新事物的敏锐性，加强创新性和科学兴趣，要求学生自主地调研和分析文献资料，主动学习前沿学科知识，并经常与导师进行研讨交流。精心安排的讨论班是他们最主要的经常性学术活动方式。例如，近年陆续选取了神经细胞放电动力学、耦合神经元系统的同步与控制、非光滑系统动力学、生物细胞钙活动、复杂神经网络系统、群集运动控制等一系列现代内容作为讨论班的主题，大家集思广益，很快地掌握了这些新知识并用于科研工作中，达到充分交流、共同受益的效果。他的研究生虽然大都以非线性问题作为研究主题，但每人的特点和具体方向不尽相同，为此他特别注重因材施教，精心指导，强调“每个学生都需要用手工单个加工出来的”，将培养工作个性化，并贯穿在从入学、开题、第一篇论文，直至学位论文答辩的全过程中。在他的精心指导下，先后有 3 人获得了全国百篇优秀博士论文提名奖，8 人获北京航空航天大学优秀博士学位论文奖。

陆启韶积极鼓励和大力支持研究生参加国内外学术交流活动，多名学生前往美国、英国、德国和中国香港的国际知名大学进行联合培养，与国际一流学者合作从事科学研究，在学术水平和外语交流能力方面都得到很大提高，迅速地进入了国际前沿研究行列。

陆启韶十分重视学术团队的宽松友善的学习与研究环境。作为一般力学学科的学术带头人，他一直鼓励身边的老师和学生不断发扬创新精神和崇尚人格品质，在周围总是洋溢着“使人感到繁忙激动、活泼欢快、无拘无束、和蔼可亲的气氛，让人觉得工作是美丽愉快的”。

四、陆启韶主要论著

Lu Q S, To C W S. 1991. Principal resonance of a nonlinear system with two- frequency parametric and self- excitations. Nonlinear Dynam, 2 (6): 419-444.

陆启韶 . 1995. 分岔与奇异性 . 上海：上海科技教育出版社 .

Lu Q S, To C W S, Jin Z S. 1996. Weak and strong interactions in vortex-induced resonant vibration of cylindrical structures. Jour Sound Vib, 190 (5): 791-820.

Guan S, Lu Q S, Huang K L. 1997. A discussion about the DiFrancesco-Noble model. Jour Theor Biol, 189: 27-32.

Xu J, Lu Q S. 1999. Hopf bifurcation of time-delay Lienard equations. Int Jour Bifurcat Chaos, 9 (5): 939-951.

Hua C C, Lu Q S, Twizell E H. 2002. A time- dependent model: bifurcating transition, control and pulsing oscillations. Jour. Phys A: Math Gen, 35 (29): 6091-6100.

Yang Z Q, Lu Q S, Gu H G, et al. 2002. Integer multiple spiking in the stochastic Chay model and its dynamical generation mechanism. Phys Lett A, 299 (5-6): 499-506.

Lu Q S, Li Q H, Twizell E H. 2003. Periodic motions in rub-impact rotor systems. Jour Sound Vib, 264: 1127-1137.

Yang Z Q, Lu Q S. 2004. GWN-induced bursting, spiking, and random subthreshold impulsing oscillation before Hopf bifurcations in the Chay model. Int Jour Bifurcat Chaos, 14 (12): 4143-4159.

Ma S Q, Lu Q S, Mei S L. 2005. Dynamics of a logistic population model with maturation delay and nonlinear birth rate. Discrete Cont Dyn-B, 5 (3): 735-752.

Duan L X, Lu Q S. 2006. Codimension-two bifurcation analysis on firing activities in Chay neuron model. Chaos, Soliton Fractals, 30 (5): 1172-1179.

Wang Q Y, Lu Q S, Chen G R, et al. 2006. Chaos synchronization of coupled neurons with gap junctions. Phys Lett A, 356: 17-25.

Shi X, Lu Q S. 2007. Anti- phase synchronization of inhibitorily coupled neurons. Int Jour Bifurcat Chaos, 17 (12): 1-10.

Wang Q Y, Lu Q S, Chen G R. 2007. Subthreshold stimulus-aided temporal order and synchronization in a square lattice noisy neuronal network. Europhys Lett, 77: 10004 .

Duan L X, Lu Q S, Wang Q Y. 2008. Two- parameter bifurcation analysis of firing activities in the Chay neuronal model. Neurocomputing, 72: 341-351.

Sun X J, Perc M, Lu Q S, et al. 2008. Spatial coherence resonance on diffusive and small-world networks of Hodgkin – Huxley neurons. Chaos, 18: 023102.

Lu Q S, Gu H G, Yang Z Q, et al. 2008. Dynamics of firing patterns, synchronization and resonances in neuronal electrical activities: experiments and analysis. Acta Mech Sinica, 24 (6): 593-628.

Han F, Lu Q S, Wiercigroch M, et al. 2009. Chaotic burst synchronization in heterogeneous small-world neuronal network with noise. Int Jour Non-Linear Mech, 44: 298-303.

陆启韶，等 . 2010. 常微分方程与动力系统 . 北京：北京航空航天大学出版社 .

Sun X J, Lu Q S, Perc M, et al. 2010. Effects of correlated Gaussian noise on the mean firing rate and correlations of an electrically coupled neuronal network. Chaos, 20: 033116.

撰写者

传主本人

王青云（1972 ~），北京航空航天大学教授。

邓学蓥

邓学蓥（1941～），江苏苏州人。空气动力学家。1958～1963年在北京航空学院学习飞行器设计与空气动力学。毕业后留校至今从事空气动力学的教学与科研工作，现任北京航空航天大学学术委员会副主任。长期从事分离流动、旋涡运动和激波边界层干扰等复杂流动的研究，从流动的物理机理研究出发，提出了分区分析、相关分析等方法揭示复杂流动演化发展的非线性行为。提出了微扰动对复杂涡系非线性演化发展的重要性、揭示其演化发展规律，以此应用于发展高机动飞行器大攻角绕流的流动控制新技术。曾获1987年度国家自然科学奖四等奖和1997年度国家自然科学奖三等奖。曾任中国空气动力学学会副理事长、国务院学位委员会学科评议组力学学科召集人、总装备部空气动力学专业组成员、《力学学报》副主编。现任《空气动力学学报》副主编、《实验流体力学》副主编。

一、成长经历

邓学蓥1941年1月4日生于江苏省苏州市。

邓学蓥父亲邓元龙原在上海自设中医诊所，母亲张梅娟在家操持家务。新中国成立前后时局动荡，迫于生活，他父亲将诊所先后搬到苏州附近的农村小镇斜塘和外跨塘，其后，他们全家也随之迁移。这样他们兄妹三人中断学习，辍学在家。当时他正在读小学四年级。记得那时他的一位远房祖母（他称呼她为婆婆）对他母亲说，千万不能中断孩子们的学习啊，无论如何也要供他们上学校。就这样在他母亲的坚持和支撑下，兄妹仨失学不到一年又开始继续上学，他家从农村又返回苏州，留下他父亲一人在农村行医。然而孩童时代的他贪玩而兴趣广泛，沉迷于踢球、玩耍，对学习马马虎虎、不用功。到小学毕业上初中时，未能考上学费低廉的市立中学，而只能进入自费的私立中学——苏光中学。由于家境困难，每逢开学，他母亲满脸愁容地变卖家中一切值钱的东西，到处设法筹措学费，班主任老师也常把他叫到办公室询问何时能交上学费。这些都深深地刻烙在他幼小的心灵中。从此以后他发愤学习，初二时学习成绩已在全班名列前茅，到初三时还加入了共青团。其后又以优异的成绩考上了苏州市立第四中学，那时他的兄长邓学镐正从该校高中毕业，到北京进留苏预备部，一年后赴苏联留学。此后他在校仍刻苦努力，学习成绩始终保持全校第一，直到1958年高中毕业，并以优秀成绩考入北京航空学院。入大学后，尽管当时学校各种运动不断，占去了很多时间，但邓学蓥仍抓紧时间学好各门功课，各科学习的考试成绩一直是名列前茅。同时在他的心底里也在思索：大学学习和中学学习究竟有多大的差别？直到20世纪80年代他自己当老师后，继续思考、逐步解决。

1963年邓学蓥在北京航空学院毕业后留校在第一研究室（空气动力学研究室），并被分配到实验组工作，具体任务是筹建高速风洞实验室的纹影光学显示设备和参加高速风洞流场校测工作。初入空气动力研究室的他并不清楚“空气动力学研究”是什么，应“研究”什么东西。直到70年代初，实验室的几位青年教师自发组织起来在老教师刘谋佶教授的带领下，开始对当时颇为先进的边条翼战斗机气动布局和相应的旋涡分离流开始研究，他才开始进行空气动力学研究。在文献调研和阅读中，他深深感到中国和世界先进国家相比在科学研究和型号研制方面差距很大，他们当时阅读的文献大部分是60年代初的，有的甚至要追溯到50年代，不少文献看不懂或无法体会。为了跟上世界的科学潮流必须抓紧一切可以利用的时间学习和钻研，当时他们几个成了出入图书馆阅读文献的常客，有人戏称图书馆阅览室那几个座位成了他们的专座。就是在那段时期，打下了研究分离流的知识基础，但是对研究尚处在朦胧阶段。

1978年在改革开放政策和增派留学生政策的具体指示下，教育部在北京举办了较大规模的全国出国人员英语考试，邓学蓥不仅参加了考试还有幸通过并于1979年9月作为访问学者到美国普林斯顿大学机械航空系进修和合作研究。在普林斯顿大学三年的研究经历对他其后的整个科学研究生涯产生了极其重要的影响和作用。他慢慢懂得了什么是“科学研究”，人们的科学研究能力是如何培养、获得的。使他真正体会到“学术研究”的素养与能力绝不是在课堂上单靠老师教出来的，而是通过身边周围的科研环境潜移默化地逐渐把人影响出来的。这种科研环境包括周围有一批高水平的研究人员，人员之间经常进行正式或非正式学术讨论，每周有来自世界各地著名学者的讲座或讨论会，研究针对性很强的完备的研究设备（包括为了解决某一问题而自行设计研制的专用设备与测试仪器），具有丰富藏书一天24小时开放的图书馆等。另一点使他深有体会的是，尽管在科学研究中同行间平等的学术交流或思想交流是至关重要的，但绝不是一方向另一方传授知识式的交流，否则这种所谓“交流”是难以持久的。为此他更是抓紧一切时间，加倍发奋学习，补上自己的知识缺陷，并阅读了大量文献和相关书籍，充实过去的不足。并到实验室做大量的风洞实验，深入思考，钻研实验结果，探索物理机理，不断积累研究经验。不久他在后掠压缩角诱发的激波/边界层干扰特性研究中提出了“柱形干扰和锥形干扰可实现互相转换”的新想法，揭示了后掠干扰的物理本质，得到了十分理想的研究结果。与此同时，又对实验室过去的实验设计和模型设计等提出了改进意见。他的努力使得合作者的态度大变，经常主动来讨论学术问题，交流学术思想。这使他深深感到，科研成果的引人注目和吸引力依赖于科研者的科研能力、水平及其表现，这需要他比常人投入更大量的时间和精力，更刻苦、更有效地去钻研、分析和解决存在的问题。

二、寻求新思路，探索非线性复杂流动的物理奥秘

传统空气动力学主要研究在小扰动假设下具有线性性状的流动现象及其性态。在数学解析、数值计算和实验研究三大手段中以利用和发展解析工具为主，在早期推动空气动力学的发展中，解析工具发挥了重要作用并取得了极大的成功。所以早年的空气动力学家（或流体力学家）往往又是数学家。然而，随着现代的科技发展和各类工程技术的进展，小扰动线性假设已无法满足需求，必须研究具有非线性性状的复杂流动。按空气动力学研究的传统观念，发展非线性数学解析工具是顺理成章的。为此邓学蓥曾专门邀请北京大学黄永念教授给北航力学专业研究生开设了一个学期的“非线性动力学”自选课程。讲完后得到的最终结论却是：目前非线性应用数学发展的现状是对常微分方程的研究尚处于起始阶段。这意味着以偏微分方程为主控的空气动力学，非线性数学分析工具与其实际应用相去甚远。“湍流”是一个难度极大的非线性流动典型实例，该研究领域集中了大量的优秀学者，经过了上百年的研究，其基本机理至今仍未弄清。显然，人们不能等待非线性解析理论发展完善后再利用这一工具去研究非线性流动。长期的研究经验表明，对流动物理的了解和理解是用好工具的关键，反过来又将促进研究工具的改进和发展。为此，利用现有的或发展新的实验模拟、数值模拟工具来探索非线性复杂流动的物理机理，包括激波/边界层干扰流动和大攻角非对称涡流动。

（一）后掠激波/边界层干扰流动机理

后掠激波/边界层干扰是典型的三维非线性流动。邓学蓥到普林斯顿大学后的第一项研究就是后掠压缩角模型诱发的激波/边界层干扰流动。之前他的合作者及其学

生已进行过大量的风洞实验，并按照过去传统的想法，当模型后掠角趋于零时应退化为二维压缩角的干扰流动，由此设想上游影响线应与模型前缘平行而呈现柱形干扰形态。然而，实验数据和该想法却不一致。随参数变化，流动非线性的数学特征（例如分叉）应是流动物理特性的反映（与分叉对应的流动物理应是流型的演化）。由后掠压缩角模型诱发的激波/边界层干扰流动随后掠角的变化而演化发展，这样将存在一临界后掠角，当后掠角小于该角度，如前所述干扰区呈现为柱形干扰形态，其上游影响线平行于模型前缘的。但是当后掠角大于临界后掠角时，呈现非线性流动演化的特点：干扰流动的流型会发生变化，即从柱形干扰流型演化发展到锥形干扰流型，这时上游影响线将从与模型前缘平行演化到与模型前缘呈锥形状态。这样，一个后掠压缩角模型的后掠角 λ 变化时，在其临界值 λ_{cr} 前后呈现出两类干扰流型，当后掠角 $\lambda=\lambda_{cr}$ 所呈现的流型既不是柱形干扰也不是锥形干扰流型。该思想的论文在美国《航空航天学报》（*AIAA Journal*）于1984年发表后，美国航空航天学会就将其列为当年年度的突出贡献（High Lights）。

其后，针对不同激波发生器（后掠压缩角、直立前缘尖楔、后掠前缘尖楔和半锥）诱发的同一类锥形干扰流动，可通过相关分析来揭示其流动的主控参数及其相应的演化规律。

（二）前体非对称涡流动性态、演化特征和物理机理

当现代飞行器进行大攻角机动飞行时，在机身前体绕流中往往会呈现出非对称涡流动现象这是现代高机动飞行器最为常见、最为奇特的流动现象。通常这类流动通过机翼或和机翼绕流会诱发机动飞行中各类非指令运动，包括机翼自由摇滚、飞行器侧向偏离等运动现象，为了保证飞行安全，必须抑制或消除这类非指令运动现象，为此众多学者对前体非对称涡流动及其机理进行了长期、大量的研究。邓学蓥等人也自20世纪末以来对前体非对称涡流动的非线性行为进行了系统、深入地研究，揭示其流动的物理机理，为非指令运动的形成机理及其控制研究奠定了基础。

1. 头部扰动和非对称涡流动的演化

前体非对称涡最为奇特的特性是其非对称涡流动的非线性演化、发展和模型头顶部的微扰动存在着密切关系。过去曾有大量的风洞实验结果表明，尖头旋成体模型的大攻角非对称涡流动及其相应的侧向力难以得到可重复的实验结果，似乎表现出非对称涡存在流动的不确定性，该问题曾长期困扰着人们。对此，邓学蓥等人也通过大量的实验与分析，不仅证实了这种流动不确定性的存在，而且明确指出这种

流动不确定性是来自模型头部加工中公差范围内微扰动大小和分布的随机性，从而引发非对称涡对头部扰动响应的不确定性。但这并不是前体非对称涡流动本身的不确定性。为了实现模型前体非对称涡流动及其侧向力的可重复性或确定性，提出了在模型头尖部设置人工微扰动的新技术。

在设置人工扰动的条件下，当人工扰动位置沿周向变化一周，可得到非对称涡涡位及其侧向力气动特性的演化规律：大攻角下呈现双周期双稳态规律；中等攻角下则呈现为双周期连续态的演化规律。

2. 前体非对称涡的流动结构

前体非对称涡在起始发展阶段，高、低位涡的流动几乎都与物面平行，边界层涡量通过两侧分离剪切层分别输送到高、低位的涡核中，当往下游发展时高位涡发生偏折沿着几乎和来流一致的方向向下游发展，且偏折后的高位涡不再有涡量输入，其下方有新生涡形成，边界层内的涡量通过分离剪切层输送到新生涡中，成为下游位置中的新生低位涡，而先前的低位涡成为下游位置中的高位涡。这样，以同样的新生涡形成和涡位变化的方式不断向下游演化发展，形成左右高、低涡位交替变化的多涡系流动结构。与这样的前体非对称涡结构相对应的截面侧向力沿轴向发展则呈现为正弦减幅曲线形态。

3. 前体非对称涡的 Red 数效应

前体非对称涡是由两侧边界层分离而形成的，该现象在物理本质上将呈现出两个重要的流动特征：一是传统二维圆柱绕流中的 Red 数效应；另一是由于端头存在的非线性效应，表现出如前所述的头部微扰动效应。后一效应是邓学蓥等人首先揭示的前体非对称涡所特有的流动特征及其演化规律。若将头部的人工微扰动置于周向角 45°位置，可使流动的非对称性达到最强，这时随来流 Red 数的不断增加，由于物面边界层流型和相应的分离剪切层流型不同而使前体非对称涡会呈现出五种流型：亚临界区流型、临界起始区流型、临界区流型、超临界区流形和过临界区流型等五类。对这五类流型分别揭示了它们最具特色的流型特征和气动力特性。然而，若将人工微扰动置于左右涡位交界的周向位置，例如 0°或 180°，其前体非对称涡将处于对称涡流动状态，这时由亚临界区再提高 Red 数将不再呈现临界起始发展区而直接进入临界区。

4. 前体非对称涡流动的控制

传统飞行器设计时，在中小攻角下，通常都是通过所设计的气动控制面（例如升降舵、方向舵等）来控制流动以取得飞行器为实现某种飞行运动所需的气动力或力矩。然而当飞行器为实现机动而进行大攻角飞行时，其气动控制面的效率下降甚至失效，与此同时，飞行器大攻角飞行时的流动分离和旋涡等还会导致流动的非线性而呈现出流动中许多奇特的现象，大攻角前体非对称涡就属于这类流动。那么在大攻角机动飞行中，如何来实现对前体非对称涡流动的控制呢？邓学蓥及其课题组同事，针对当时学术界利用头部微吹气无法对双稳态前体非对称涡实现控制的问题，通过研究认为必须选择合适的吹气孔的周向位置，以此提出了对前体非对称涡实现比例控制的单孔位微吹气扰动控制新技术，从而解决了学术界和工程界对双稳态非对称涡无法实现比例控制的问题。

（三）大攻角非指令运动的流动机理与控制

世界各国在设计高机动飞行器时，经常遇到的一个难题是当飞行器在实施大攻角机动飞行时，通常都会出现非指令的运动（不是按驾驶员意愿实施操控指令后出现的飞行运动）现象。而且由于这类运动现象难以预测，往往要到研制新机的试飞阶段才得以发现存在这类非指令运动现象，这样，对高性能飞行器的设计和研制带来极大的困难。对此，邓学蓥课题组展开研究，从导致非指令运动的流动机理研究入手，发现这些非指令运动的出现都是由飞行器大攻角绕流中的分离、旋涡等复杂流动现象引起的。在大攻角下的分离、旋涡等流动都展显出很强的非线性流动特性，使流动呈现出很多奇特性态，例如，机身大攻角下的前体非对称涡流动对头部微扰动极为敏感。这样在深入揭示和认识前体非对称涡随扰动演化的非线性特性规律的基础上，就可利用这些微扰动来控制前体非对称涡流动，实现“四两拨千斤”的控制效果。尽管机动飞行器所表现出的非指令运动形态是一样的，但由于飞行器的不同布局和不同攻角下的非线性流动性态是不一致的，非指令运动形成的流动机理却是不同的，所以为抑制非指令运动所实施的流动控制机理和技术也应是不同的。为此，首先应寻求和研究引起非指令运动的主控流动，再对主控流动实施控制就可达到抑制非指令运动的目的。邓学蓥及团队人员针对大、小后掠翼身组合体模型在大攻角下都会产生自由摇滚的非指令运动，为此寻求它们的主控流动，发现小后掠翼身组合体的主控流动是前体非对称涡，从而采用快速旋转头部微扰动来抑制其自由摇滚的非指令运动。但是大后掠翼身组合体的自由摇滚运动，若其发生在大攻角时，仍是由前体非对称涡主控，所以仍可采用快速旋转头部微扰动来抑制该自由摇滚运动；然而若其发生在中等大攻角（例如 $\alpha=30^\circ$，35°）时，这时的主控流动却是前体非对称涡和机翼前缘非对称涡的混合流动。以此推测，当两对非对称涡的涡位同相时，摇滚运动的振幅达到最大，反相时则为最小，这一结论已在实验中证实。这样，邓学蓥等人提出了适当选取头部微扰动的周向位置的方式，使两对非对称涡流动达到反相，从而对这类布局模型的非指令摇滚运动实施控制。

三、高机动飞行器工程研制中的复杂流动研究

邓学蓥在旋涡、分离流等复杂流动领域的研究始于 20 世纪 70 年代，从那时起到 80 年代中主要从事大攻角机翼的研究，特别是尖前缘机翼。往后到 90 年代中则致力于后掠激波/边界层干扰的研究。其后，主要从事机身大攻角绕流及其和高机动飞行运动耦合所呈现的非指令运动和控制的研究。在他早期的复杂流动研究大多是将研究成果撰写成论文公开发表，有些研究成果还申请、报奖，这样，一项研究工作就告结束。这似乎成了中国高校科研人员的工作、研究的常规模式，撰写论文和报奖成了研究的目标和终点。邓学蓥及其课题组主要从事飞行器复杂绕流及其流动控制的研究，与现代飞行器的研制和发展，关系十分紧密。对此，他十分认同哥廷根学派和钱学森先生关于力学学科作为技术科学的思想及其在社会发展中的地位和作用的认识。应用力学学科是航空航天、机械、土木工程、建筑工程、海洋工程等众多工程领域发展的基础，构筑了基础科学和工程技术之间不可或缺的桥梁。邓学蓥长期从事的复杂流动及其空气动力学的研究，理应在推动航空工程的发展中发挥重要作用，特别是在其存在分离、旋涡等复杂流动现象的领域中发挥作用。其科研成果仅表现为发表高水平的论文是远远不够的，还必须在推动航空工程的新技术发展中有所贡献。所以在近十多年中，他在高机动飞行器工程项目发展中，以实际飞行器的复杂气动布局为背景，通过深入研究，揭示问题气动特性的主控流动，再按基础研究的思路，研究问题气动特性的流动机理和流动控制方法。这样的研究不仅在理论上有新意，而且对工程技术的发展也有重要贡献。显然，为了达到这样的目的，取得工程发展单位的信任是重要的：这就需要让工程单位看到你解决问题的具体表现和能力。

例如，邓学蓥等人在大攻角机动飞行中如何发现存在的气动问题、寻找其主控流动和提出简单的流动控制方法使飞行器在大攻角机动飞行中安全退出，恢复到正常飞行状态。又如，在近期针对先进飞行器高机动飞行中呈现的非指令运动，通过这类复杂流动/飞行运动非线性强耦合现象的机理研究，揭示形成非指令运动的主控流动，从而成功地发展了多种抑制非指令运动的扰动控制新方法。

四、空气动力学研究高端人才的培养

邓学蓥一直认为，作为高等院校的一名教师，对高层次人才的培养是每一位教师应负有的责任。特别是20世纪80年代北航的气动力研究室和教研室合并后，教师都面向学生，负有培养人才的责任。自从他开始指导学生毕业设计和担任实验流体力学课程的主讲老师以来，一直在思考：教育、培养北京航空航天大学学生的目标是什么？在校老师应该通过什么样的培养方式可以达到这样的目标？其培养模式和中学甚至小学又有何差别？

（一）加强概念培训，夯实物理基础

以邓学蓥经历学生时代的感受和工作后所观察、体会到的，传统气动专业的教师其课堂教学，在如何建立流动物理量关系的方程方面一带而过，却花费大量时间在如何将方程解出来。于是老师在黑板上进行大量的数学推导和演算，有时将某问题在历史进展中出现的不同数学解法尽数展现在黑板上。然而对最关键的某问题的物理图画，如何从物理上利用所呈现的现象和物理概念设置假设条件，最后建立某物理问题的方程。这些重要环节都一概少讲或不讲，使同学在脑袋中除了一大堆数学公式外难以留下重要的物理概念。一到期末考试就死记硬背那些冗长繁复又不知其物理含义的数学演算和相应的数学公式。只要考试一过这门气动课程也几乎都还给了讲课老师。在这样的专业环境和氛围中，实验流体力学课程得不到重视，教研室随便选些老师上课，实际上是应付学生，结果形成恶性循环，而使该课程在学生学习中长期边缘化。自邓学蓥接手主讲实验流体力学课程后，他认真思考了发展气动力学学科的三大工具：数学解析、实验和数值模拟，它们都是为解决气动力学问题、发展该学科的工具，牢记工具特点及其和气动力学的关系。其中，学生最需要掌握和牢记的是气动力学和工具发展中的各种物理基本概念。那么怎样才算是掌握了物理基本概念呢？他是这样来要求学生的：如果你能用一个十分浅显、通俗易懂的例子来确切解释所想说物理概念。若能做到这一点，就可说掌握了这一概念，这就叫深入浅出。同样邓学蓥也是以这样的标准来要求自己对课程中各种物理概念的讲授。例如，在讲授相似理论时，首先要引入物理量的无量纲量，我们长期习惯了使用量纲量，为什么要引入无量纲量呢？究竟它和量纲量有什么差别呢？它的物理概念又是什么呢？这些问题不解决，学生是难以掌握无量纲量概念的。实际上量纲量只是给出了物理量大小的量值，这在实际环境中是十分有用的量，却无法来描述

物体的物理状态。而无量纲量就是用来定量描述一个物体的物理性态。如果停留在这种抽象的、定义式的讲述，学生无法理解深含其中的物理概念，从而难以掌握这一概念。为此，必须深入浅出地举出一个十分形象、浅显而贴切的例子：人的体重可以直接用量纲量来描述，但是难以用来描述一个人的胖瘦（胖瘦是人体的一种物理性态）。如果仅用量纲量，要问一个 20 公斤的人，他是瘦还是胖？这是无法回答的。为此，必须用相应的无量纲体重（无量纲体重=量纲体重/标准体重）才能来描述人体的胖瘦这样一个物理性态。作为教师应时刻考虑如何突出和加强学生物理概念的建立和巩固。

（二）全力创造良好的课堂学习环境，培养学生科研创新能力

北京航空航天大学是一所国内高水平的大学，主要为国内航空航天研发领域输送具有创新能力的高水平人才。希望再经过若干年的努力建成具有国际影响、世界知名的高水平研究型大学。按照这样要求的一所大学，在培养学生，特别是研究生的培养模式上究竟有哪些与中学教学不同的特色呢？除了高水平研究型大学应配有先进的、富有特色的科研设备外，在课堂教学上应有其重要差别：在中学是以老师在课堂上传授前人知识为主要的培养模式；而对高水平研究型大学，在老师传授前人知识（实际是前人科学研究的成果）的基础上，要着力想方设法培养学生逐步学会创造新知识的能力，即创新科研的能力，包括科学和技术两方面的新知识。实际上在创新性研究型大学的教学和科研两者难以分划清楚，而是互相交织在一起：广泛而丰富的前人知识为科研创新提供基础，而创新的科研成果又为新知识系统的形成提供源泉。科研工作说到底是要发现人们过去不知道、不认识的东西，将看似十分复杂的现象给出一个简单、明晰的回答，为理解复杂现象或研发新产品提供源泉和基础。值得注意的是这种创新研究能力不完全是靠老师在课堂上的讲课能培养出来的，而应该使其周围有一个良好的“创新”学习环境，通过长时间、潜移默化地在学生身上不断演化，这种能力才会逐渐形成。所以，为了使北航真正成为培养具有创新能力的高水平人才的著名大学，校领导和全体教师都应该为全校学生特别是研究生创造良好的创新学习环境而努力，例如鼓励各院系邀请和组织国内外知名学者来校开设讲座、报告他们自己近期的研究成果；积极创造条件发展各专业实验室并引导学生进入实验室及早接受科研的熏陶；不断改革讲授课程的方式方法等。

1994 年后正值邓学蓥在校主管全校本科生、研究生的教育工作。他利用这一机会，在北航积极推动该方向的教育改革，努力改善和创建创新学习环境。在讲授课程方面，他还以身作则带头将他给研究生讲授的课程“复杂流动引论”从方式到内

容上进行改革，力求在讲授课程方面为学生创建一个创新学习环境：在讲授前人在复杂流动领域所积累的知识时，将过去纯粹传授前人的知识点，改变成讲授知识点是如何形成的，即前人的科学研究过程：从所研究领域的科学或工程需求背景出发；讲述当时已解决和尚存在的关键问题；前人为研究和解决这些问题的研究想法和思路；问题解决的过程和结果；尚待继续解决的问题。特别是一些重要的研究领域，当时国际上存在多个学术团队从不同角度同时进行研究，对此在讲课中着重分析、比较，讲述和讨论他们对同一复杂问题从不同角度研究结论之间的关系，引导学生思考如何寻求其统一的思路。在课程学习的考核、检查方面也从过去传统的出题考试到要求学生上讲台试述他在某个方面的研究过程和结果并在全班展开讨论。其改革试行的成效是明显的。由于课堂教学是大学培养学生的一个重要方面，所以学校应制定多种政策，创造各种条件，实施种种措施让众多老师的课堂成为培养学生创新能力的重要基地。

五、邓学銮主要论著

Settles G S, Teng H Y. 1983. Flow visualization methods for separated three-dimensional shock wave/turbulent boundary layer interactions. AIAA Journal, 21 (3): 390-397.

Teng H Y, Settles G S. 1984. Cylindrical and conical upstream influence regimes of 3-D shock/turbulent boundary layer interaction. AIAA Journal, 22 (2): 194-200.

邓学銮，刘谋佶，吕志咏. 1987. 油流显示技术和油流谱分析原理. 空气动力学学报，5 (2): 122-131.

夏雪湔，邓学銮，编著. 1991. 工程分离流动力学. 北京：北京航空航天大学出版社.

Dou H S, Teng H Y. 1992. Approximate formula of weak oblique shock wave angle. AIAA Journal, 30 (3): 837-839.

Deng X Y, Liao J H. 1993. Correlation of conical interactions induced by sharp fins and semicones. AIAA Journal, 31 (5): 962-963.

Wang Y K, Deng X Y, Zhang Z G. 1998. Effects of vectoring jet on aerodynamic characteristics of aircraft. Chinese Journal of Aeronautics, 11 (2): 2-8.

邓学銮. 2000. Zonal and correlation analysis in swept shock/boundary layer interactions. 力学2000’学术大会邀请报告，8: 84-88.

Chen X R, Deng X Y, Wang Y K, et al. 2002. Influence of nose perterbations on behaviors of asymmetric vortices over slender body. ACTA Mechanica Sinica, 18 (6): 582-593.

Deng X Y, Wang G, Chen X R, et al. 2003. A physical model of asymmetric vortices flow structure in regular state over slender body at high angle of attack. Science in China, 46 (6): 561-573.

Deng X Y, Wang Y K. 2004. Asymmetric vortices flow over slender body and its active control at high angle of attack. ACTA Mechanica Sinica, 20 (6): 567-579.

邓学銮. 2005. 非对称涡流动特性和主动控制及其应用. 近代空气动力学研讨会邀请报告，北京，61-73.

Ma B F, Deng X Y. 2006. Vortex interactions between chined- forebody and strake. Journal of Aircraft, 43 (6): 1953-1956.

Wang Y K, Deng X Y, Zhang Y S. 2007. The experimental investigation of vectoring jet on aerodynamic characteristics of aircraft. Journal of Aircraft, 44 (1): 209-216.

Ma B F, Deng X Y, Chen Y. 2007. Effects of forced asymmetric transition on vortex asymmetry around slender bodies. AIAA Journal, 45 (11): 2671-2676.

Deng X Y, Tian W, Ma B F, et al. 2008. Recent progress on the study of asymmetric vortex flow over slender bodies. ACTA Mechanica Sinica, 24 (5): 475-487.

Deng X Y, Tian W, Bo N, et al. 2009. The study of reynolds number effects on asymmetric vortices behaviors. 6th APCATS invited plenary paper, 11: 13-15.

Wang B, Deng X Y, Ma B F, et al. 2010. Effects of tip perturbation and wing locations on rolling oscillation induced by forebody vortices. ACTA Mechanica Sinica, 26 (6): 787-791.

Tian W, Deng X Y, Wang Y K, et al. 2010. Study on flow behavior and structure over chined fuselage at high angle of attack. Science in China, 53 (8): 2057-2067.

Deng X Y, Zhang J, Ma B F, et al. 2011. The study of perturbation active control for wing-body rock induced by forebody asymmetric vortices. Proceeding of the Sixth International Conference on Fluid Mechanics, 6: 143-145.

主要参考文献

钱学森. 1957. 论技术科学. 科学通报, (2): 97-104.

冯 · 卡门, 李 · 爱特生著. 1991. 冯 · 卡门——航空与航天时代的科学奇才. 曹开成译. 上海: 上海科学技术出版社.

郑哲敏. 2001. 学习钱学森先生技术科学思想的体会//庄逢甘, 郑哲敏主编. 钱学森技术科学思想与力学. 北京: 国防工业出版社: 1-7.

撰写者

传主本人

戴世强

戴世强（1941～），浙江舟山人。流体力学、应用数学专家。1962年毕业于复旦大学数学系力学专业，1966年在中国科学院力学研究所电磁流体力学专业研究生毕业。20世纪70年代末～90年代初，主要从事渐近分析和水波动力学研究，20世纪90年代初期逐渐转向交通流动力学研究，21世纪初又从事力学史和方法论的探索。擅长实际问题的数学建模、解析和模拟研究，在非线性内波和非线性振动的渐近分析、内孤立波的相互作用、交通流的建模和仿真、力学史和科研方法论等方面取得重要成果。构建了强分层流体的内波模型，提出了修正的完全近似法和改进的平均方法，创立了计算机代数中的半逆序算法，建立了符合国情的十余种交通流新模型并用于实际交通分析。近年来致力于探索中国近代力学事业四位奠基人的学术思想和一般的科学研究方法，相关成果在全国宣讲和网络博客宣传，产生了广泛影响。研究项目“奇异摄动理论及其在力学中的应用”和“非线性水波和非线性振动的渐近分析”分别获得1986年和1994年国家教委科技进步奖二等奖。1999年获得上海市“育才奖”，2007年获得“全国模范教师”荣誉称号。1966～1984年先后在中国科学院力学研究所、第七机械工业部207所和701所从事国防科研工作，1984年至今在上海大学上海市应用数学和力学研究所工作，曾任该所副所长（1985～1989），1988年被聘为教授，1993年被国务院学位委员会评为博士生导师，2008年受聘为上海大学终身教授。曾受聘为复旦大学、苏州大学、宁波大学兼职教授，中国科学院力学研究所兼职研究员。曾任中国力学学会第七、八届常务理事、第八届副理事长，理性力学和力学中的数学方法专业委员会主任，流体力学专业委员会委员，水动力学专业组组长。现任中国力学学会力学史与方法论专业委员会主任，上海市非线性科学研究会理事长，《上海大学学报（英文版）》主编，《水动力学研究与进展》编委会副主任，《应用数学和力学》常务编委，《交通运输系统工程与信息》等杂志编委。

一、成长历程

戴世强1941年1月22日出生在浙江舟山。1951年进入成立于1921年的舟山中学。1953年春，他考虑再三，未随父母一起迁往上海，而是决定留在舟山中学。据他回忆，他一直得益于中学的教育。舟山中学“润物细无声”的全方位的道德品质教育，使他树立了“做一个大写的人”的信念；优秀教学群体的循循善诱，使他相信“天生我材必有用”，做起了成为科学家之梦；兴趣盎然的素质教育，使他夯实了数理化、文史地的知识基础，懂得了用科学的方法事半功倍地去攻克难关。同时，他逐步培养了对科学的兴趣和热爱。报考大学时，虽然文科成绩优异，他依然决定选择理科。

1957年，戴世强以优异的成绩考入复旦大学数学系。进了魂系梦牵的复旦园以后，他如饥似渴，勤奋读书，成绩在班级中名列前茅。当年钱学森到处游说进行力学教学，全国二十几个力学专业应运而生，经过筛选后，他成为复旦大学数学系力学专业的第一批学生之一。在大学三年级，他就开始参加教授组织的讨论班，查阅文献，开始初步的科研训练。在复旦学习期间，他还辅修了新闻专业课，为他日后的科学研究奠定了人文基础。从大学二年级下学期开始直到毕业，他一直是复旦校报数学系记者组组长。

1962年，戴世强和同班同学李家春、张文三人一同考上了中国科学院郭永怀先生的研究生。原本只想招一名学生的郭先生破例录取了他和李家春。他在郭先生的带领下，进一步深入科学的殿堂，从事电磁流体力学的研究。

1966年研究生刚毕业，戴世强去了解放军农场，而后从事国防科学研究。1970年进第七机械工业部，先到207所，1974年又转到701所，1978年底又回到中国科学院力学研究所，办公地点始终在中国科学院力学研究所大院。尽管有段时期外部环境嘈杂，但他仍保持着学习的热情，除了加深专业基础和提高英文水平，还自学了德语、日语。期间，翻译了一些学术著作，科学出版社陆续出版了他的多本译著，包括《宇宙电动力学》（1972）、《等离子体动力学》（1977）、《电磁波在等离子体中的传播》（1978）、《静电学和电动力学》（1981，1982），以及后来的《宇宙等离子体》（1987）。

1984年秋天，戴世强响应钱伟长先生的召唤，来到上海工业大学（1994年并入上海大学），由此他从纯粹的科研人员转变为高校教师，开始了自己的教学生涯。他与几位中年学者一起，帮助钱先生筹建上海市应用数学和力学研究所，1985～1989年曾任该所副所长。他努力践行钱先生的办所宗旨，注重师资队伍建设和人才培养，贯彻“请进来，打出去”的学术交流思想，积极邀请当时国际上知名的力学、应用数学专家到所讲学，使得新建的研究所科研视野得以扩展，学术影响逐步扩大。

1989～1990 年，戴世强先后到苏联（莫斯科大学、列宁格勒大学、伊尔库茨克大学、基辅数学研究所）、美国（纽约大学、加州理工学院）、澳大利亚（新南威尔士大学）进行学术访问。他在纽约大学柯朗数学科学研究所进行合作研究，看到周围的科学家根据实际需要，大致每七八年改动一次研究方向或课题内容，深受启发。在进行调研与思考之后，自己虽已年逾半百，他还是决定从渐近分析和水波动力学的研究，转向计算机代数和交通流研究作为新的方向。因此，在国内力学界，他是将计算机代数引入力学研究较早的倡导者之一，也是较系统地以力学的观点研究交通流的先行者。

戴世强在求学成长和科研发展的道路上，得到了五位大师的长期教导，并深受他们的影响。第一位是谷超豪先生。大学本科时期他听过谷先生三门课：微分几何、空气动力学和跨声速流动，本科毕业论文得到谷先生的指导。谷先生的教学风格对他后来的教学活动也产生了影响。第二位是郭永怀先生。除了基本的科研训练外，郭先生的爱国情怀、高风亮节的品格，尤其是“甘当铺路石子”的奉献精神，对他的自身修养和教学风格有着终身影响。第三位是谈镐生先生。“文化大革命”期间，他曾经做谈镐生先生的“地下研究生”，跟着谈先生做学问。第四位是钱伟长先生。从 1977 年开始，他受钱伟长先生的影响比较大。近 30 年来，他一直在钱先生身边工作，继承并发扬了钱先生的治学理念。第五位是郑哲敏先生。郑先生努力贯彻钱学森的科学技术思想，并多次予以点拨，促使了他下决心从纯力学研究转向交通流研究。

戴世强在参加复旦大学百年校庆接受采访时，提到他人生中的四个成功的选择。第一个是决定投考复旦大学数学系；第二个是考上中国科学院的研究生，师从郭永怀先生；第三个是 1984 年选择到上海市应用数学和力学研究所工作；第四个是 1994 年决定不再搞纯力学，转做交通流，将力学应用于交通科学研究。

二、潜心研究结硕果

戴世强终身勤于学习和钻研，几乎每隔十年左右，更换一个新领域。科研方向更换，有的出于国家需求，有的出于个人兴趣。在 50 多年的科研生涯中，除了国防科研，他从事的基础领域包括：①渐近分析和摄动方法及其在力学中的应用；②非线性水波及符号运算的应用；③交通流和行人流的建模与仿真；④力学史和科研方法论。

迄今已在国内外学术刊物上发表论文 170 余篇，出版专著、译著、编著十余部

（逾600万字）。曾主持或参加30余项科研项目，其中，国家自然科学基金课题11项、国家973计划子课题1项，国家攀登计划子课题1项。所主持的国家自然科学基金重点项目“城市交通流研究”和“城市交通流非线性动力学特性研究”在结题时均获A级评价。

（一）渐近分析和摄动方法及其在力学中的应用

奇异摄动（全局渐近分析）是力学研究重要的分析方法之一，被誉为20世纪理论和应用力学领域十大进展之一。早在20世纪40~50年代，中国学者对奇异摄动理论有着开创性的贡献。例如，1948年钱伟长提出了合成展开法，1953年郭永怀把Poincaré-Lighthill法推广应用于有边界层效应的黏性流问题，1956年钱学森将其总结并命名为Poincaré-Lighthill-Kuo（PLK）方法。由于历史的原因，20世纪60年代起的20年间，中国在摄动领域的研究一直处于封闭和缓慢的发展状态。“文化大革命”结束后，陆续有海外华人应用数学家来访并举办摄动方法学术讲座，国内在奇异摄动理论的研究又逐渐恢复起来，并在钱伟长先生的倡导下得到蓬勃发展。

1979年钱伟长在上海举办了奇异摄动理论讨论会，会议出版了《奇异摄动理论及其在力学中的应用》文集。文集中，戴世强撰写了《PLK方法》一文，较系统地阐述了PLK方法的思想渊源、理论基础、研究现状、应用实例，并讨论了PLK的适用性和局限性。1990年，他提出了修正的PLK方法（推广的完全近似法），并通过实例分析显示了该方法的有效性。2001年，他又在《应用数学和力学》创刊20周年特辑上撰写了《PLK方法与符号运算》一文，与时俱进地综述了PLK方法的一些最新发展和应用。

约化摄动法是1960~1970年在国外发展起来的一种奇异摄动方法。1982年，戴世强在《力学进展》撰写综述文章，首先将该方法介绍到国内并给出中文译名。在以后的研究中，他及其合作者将该方面成功地应该到非线性水波和交通流动力学中，获得许多有价值的成果。

非线性振动是渐近分析得以广泛应用的重要领域之一。在这一领域，戴世强的研究主要侧重于解决比较困难的强非线性问题，并力图发展新的渐近分析方法。通过大量的实例分析（例如，修正的van der Pol振子，非线性弹性地基上梁的自由振动，杆的非线性纵振动，电机工程中的非线性振动），证明了新方法的有效性。他提出了在平均法范畴内的推广的KB方法、推广的KBM方法、修正的PLK方法，特别适用于强非线性振动和波动研究，引起学术界的广泛重视。在推广的KBM方法中，通过引进特殊的相位函数方程，使得原来仅适用于弱非线性问题的平均法可用于一些强非线性问题。有关论文被广为引用，*Mathematical Reviews* 的一位评论员认为，“这是一种有力的方法”；在国际著名应用数学家 J. Kevorkian 和 J. D. Cole 的专著 *Multiple Scale and Singular Perturbation Methods* 中引述了相关成果。

1986 年，戴世强和合作者的科研成果“奇异摄动理论及其在力学中的应用”获得国家教委科技进步奖二等奖。1990 年，他和宋家骕一起翻译了美国 A. H. Nayfeh 的名著《摄动方法习题集》(上海翻译出版公司)。

(二) 非线性水波及符号运算的应用

在20 世纪80 年代，戴世强的主要研究领域是水波动力学。1981 年5 ~7 月，美国科学院院士林家翘先生发起，在北京举办了“流体力学与应用数学讲习班”。应邀前来讲学的有国际知名的水动力学易家训、吴耀祖、梅强中。戴世强作为梅强中教授的助教，协助整理讲义。1984 年，经过他和周显初整理和编译的讲义《水波动力学》(梅强中著，科学出版社）正式出版。1985 年夏天，美国的谢定裕教授应邀在第二期数学研究生暑期教学中心上主讲流体力学，周显初和戴世强整理的讲义《流体力学》(谢定裕著，南开大学出版社）于 1987 年出版。1986 年，戴世强和周显初共同翻译的《流体力学和水力学理论及习题》由科学出版社出版。

在非线性内波领域，戴世强的研究显示了渐近方法的用武之地。他采用各种渐近方法（如 PLK 方法、多重尺度法、约化摄动法、双参数展开法等）和它们相结合的形式对分层流体中的内波的生成、演化和相互作用作了较为系统的研究，求得了一系列问题的近似解析解，解释和发现了许多新现象。例如，解析地阐明了大幅度内波存在的可能性，阐释了非 KdV 型孤立波出现的原因；导出了适用于强分层流体系统的各种控制方程；首次给出了振荡型界面孤立波的近似解析解；首次解析地分析了 gKdV 型和 mKdV 型孤立波的相互作用；解释了三层流体中孤立波不同个数的实验事实；讨论了地形和流动对非线性内波的影响，分析了随之产生的内孤立波的分裂以及准周期波和准孤立波的存在。他 1992 年的论文《关于振荡型孤立波》于 1995 年获得周培源优秀水动力学论文奖三等奖。

渐近分析中随着阶数的增加，公式的推演越来越复杂。1988 年，著名的计算机代数软件 Mathematica 问世，为符号的解析运算开辟了新天地。1990 年，戴世强在美国访问期间，敏感地发现了这一趋势，决心开始学习计算机代数。回国以后，他率先在校内开设了研究生课程“渐近分析和计算机代数”，在学界积极倡导并以实践表明渐近分析和符号运算相结合是强有力的分析手段。

在符号运算过程中，经常会遇到因“中间表达式爆炸”而导致的溢出。因此，

1995 年戴世强和他的助手臧宏鸣巧妙地设计了一种“半逆序算法”，在求低阶解时，将中间表达式以符号形式“冻结”存储起来，先求得高阶的形式解，到最后阶段才将中间表达式“解冻”，从而有效地克服了这个困难。1997 年，他在香港城市大学数学系访问期间，亲自编写计算机代数程序，与合作者戴晖辉等运用符号运算、约化摄动法和 PLK 方法，研究了超弹性杆中孤立波的迎撞，有关成果发表于 *Wave Motion*。

1994 年，戴世强和合作者的科研成果“非线性水波和非线性振动的渐近分析”获得年度国家教委科技进步奖二等奖。

（三）交通流和行人流的建模与仿真

戴世强从事渐近分析和非线性水波的研究十余年之后，逐渐发现这些工作大多是“学究式”的，与国民经济建设的实际不“挨边”，于是下决心改变这种状况。20 世纪 90 年代中期，交通拥堵已经成为大城市的通病，各国都投入大量的人力和物力来解决这个经济发展的“瓶颈”问题，国际上也有一批物理学家、力学家和应用数学家开始从科学的角度来研究交通问题。他回想导师郭永怀、谈镐生、郑哲敏等教授的教诲：要勇于开创新的研究领域，特别是交叉学科领域的探索，从而坚定了转向交通科学研究的决心。

交通流看似与水波是截然不同的两种现象，其实它们之间有着密切的联系。当机动车流被视为一种在管道中运动的可压缩“流体”时，它具有典型的非线性波动特征。戴世强所选择的新的科研方向，是原先研究方向的自然延伸和扩展。正如他后来所指出的，转移科研方向的好处是可以最大限度地发挥自己的能力，做最有开拓性的工作，进入最前沿的领域，出高水平的学术成果。

在交通流研究实践的指导思想上，戴世强决定改变以往从文献到文献的“学究式”的做法，努力遵循钱学森、郭永怀、钱伟长、郑哲敏、谢定裕等学术前辈倡导的“应用数学过程”，亦即，实验、观测、搜集数据和事实—建立数学模型—求解—实践检验—总结规律。自从开展交通流研究伊始，课题组就特别注重组织交通流的实测，从真实的交通现象中归纳交通现象的特征和演化规律。这已经成为课题组坚持不懈的传统。

1994 年起，戴世强课题组当时研究的重点是交通流的宏观流体力学模型和微观元胞自动机模型。1995 年，C. Daganzo 指出交通流的高阶流体力学模型可能导致“类气体行为”，在某些条件下可能出现车辆倒退的现象，与实际交通不符，引起交通科学家的关注，试图通过改进模型克服这些缺点。其中一个值得关注的改进就是考虑到车流运动是各向异性这一特点，建立相应的模型。他和薛郁提出了一个各向异性的流体力学模型，该模型具有一定的普适性，采取不同的参数可以导出几种重要的已知模型。1997 年他在《自然杂志》上发表的综述文章《交通流动力学：它的内容、方法和意义》简要介绍了交通流的各种模型，其中包括引起国际学术界关注不久的元胞自动机模型，而重点则是详述了国际上主要的流体力学模型，同时对国内学者的工作也作了总结，如 1994 年吴正提出的中国第一个流体力学交通流模型，即管流模型。该篇综述在国内交通科学界产生较大的影响。1998 年他培养了国内流体力学专业交通流研究方向的第一位女博士冯苏苇。

德国学者 Nagel 和 Schreckenberg 在 1992 年提出了高速公路机动车的元胞自动机模型。这种模型是一种在空间、时间和状态都离散的微观模型，具有简单、灵活的特点，特别适于并行计算而迅速引起国内外学者的注意。戴世强带领课题组在国内率先开展这方面的一系列改进和推广工作，致力于发展反映中国交通典型特征的模型，对于模型的系列改进主要可以归结为如何考虑预期效应的影响，刻画高速跟驰现象，以及自由流、同步流和宽幅运动阻塞的性质及其动力学相变。

日本学者 Bando 等在 1995 年提出了优化速度模型，这是微观跟驰模型最近数十年以来的一个重要进展，克服了 Newell 模型的缺点，便于理论分析和数值模拟。针对此类模型进行弱非线性分析的典型方法就是约化摄动法，这恰好是戴世强在 20 世纪 80 年代介绍到国内并首次命名的。课题组成员很快掌握了这种解析工具，并对该模型及其推广进行了解析研究，同时还对优化速度模型作了一系列改进和推广，如考虑引进相对速度、基于 ITS（智能交通系统）来考虑前/后方多车信息的影响等。

2005 年起，戴世强开始关注格子玻尔兹曼方法在交通流中的应用。恰巧该方法的创始人之一钱跃竑在上海市应用数学和力学研究所担任长江学者特聘教授，可以在建模和模拟方面给予有力的帮助。课题组先后有两位博士生将格子玻尔兹曼方法应用于机动车流的研究中。由于交通流与其他物理流动相比，仅满足质量守恒（对于车流而言就是车辆数守恒），而车流的表观运动不满足动量和能量的守恒，因而在构建平衡态分布函数方面有一定的困难。戴世强所领导的课题组在交通流的格子玻尔兹曼模型方面已经取得了阶段性成果，目前相关工作还在不断的深入和完善中，并将进一步应用于行人流的研究。

近年来，戴世强所领导的课题组研究重点从机动车流转到行人流。一方面，由于大规模群体集会中行人踩踏导致伤亡的事件屡有发生，地震、火灾等灾害发生时人群疏散也是值得深入探究的问题；另一方面，行人流的自组织现象比机动车更加丰富和复杂，相关的理论和模型也远不如机动车流完善，更有可能做出原创性的工作。针对行人交通现象，课题组每年组织参与认识实习的本科生做不同场景下行人流的实验，重点研究行人交通流的自组织现象和相变过程。课题组提出的一种改进的格子气行人流模型，考虑了行人的潜意识行为和行人的不同最大速度对逆向运动行人流的影响。该项工作被 *Nature China* 作为研究热点进行评述。

戴世强还十分注重将最新的交通研究成果应用于具体交通现象的分析，通过解剖“麻雀”，揭示发生交通堵塞的原因。如利用改进的吴正模型研究了上海市武宁路匝道的拥堵问题，发现上海市内环线武宁路匝道拥堵的根本原因在于匝道设置不当，下匝道与繁华交叉路口的距离太短，必定造成下匝道通行不畅。此外，他还采用流体力学模型和元胞自动机模型研究了高架路交织区成为瓶颈的原因、高架路入匝控制方案、地面道路上公交站点设置等具体交通问题。这些工作为交通工程实践提供了理论上的依据和可行的方案。在 2008 年 6 月举办的中国交通界高层聚会“交通 7+1 论坛”上，他作了题为《关于城市高架路匝道设置的案例分析》的报告，得到了与会的交通部领导和交通工程专家的好评。

在多年的交通流研究过程中，戴世强与中国科学技术大学吴清松和汪秉宏密切合作，先后在 1999 年和 2005 年申请到两个关于交通流的国家自然科学基金重点项目。2004 年 12 月，戴世强主持了在上海大学举办的“交通科学的理论与实践研讨会”，会议期间，来自美国、日本、中国香港和内地的共 18 位顶尖的华人交通科学专家深入探讨了交通科学的理论与实践的所有重要方面，并为合作申请国家 973 计划项目奠定了基础。2006 年，经戴世强等的共同筹划和运作，第一个交通类 973 项目“大城市交通拥堵瓶颈的基础科学问题研究”被批准立项，由中青年交通科学家高自友、黄海军领头，他担任该项目专家组成员和课题二的负责人。该项目于 2010 年 8 月提前结题，验收时获得“优”级评价，他和吴清松负责的课题二获得好评。2007 年，他带领部分课题组成员参加了在巴黎举办的交通科学界著名系列国际会议“交通流和颗粒流会议”，并在会上争取到下一届会议的主办权。2009 年，他成功地主持了在上海大学举办的第九届交通流和颗粒流会议，国内外与会者 120 余人，成为一个向国外学者展示国内交通流研究的科研团队及其成果的绝佳平台。2010 年，他参与组织发起了上海市交通运输学者论坛，并组织了第一次年会。

国内民众往往只知道交通工程，对于交通科学所知甚少。针对国内在解决交通拥堵问题方面的传统做法，2005 年戴世强在《科学时报》发表了整版文章《科学引路 畅通有日》。文章用浅显生动的语言介绍了交通科学及其国内外研究现状后，旗帜鲜明地指出，追究中国交通拥堵的原因，比照国际交通研究和建设的状况，关键还是在于观念、认识上的差距。具体来说，是由于交通建设中的“大经验，小科学”做法在作怪。解决交通问题的关键在于大力开展交通科学研究，促进交通科学与交通技术的协调发展，使交通工程实践立足于更科学、更有效的基础上。还点明了人们认识上的三大误区，即“交通非科学”、“解决交通问题是政府行为”和“交通科学远水不解近渴”。他的这些观点在国内交通科学界已经耳熟能详，并引起普遍的共鸣。他通过演讲、报刊、网络等多种方式，不遗余力地向大众宣传交通科学知识，普及先进交通理念。

从某种程度上说，戴世强在交通研究中的最大的成就在于促进了流体力学学科的发展，影响了国内一批青年学者投入到交通流的研究中来，并向民众普及了交通科学知识。目前，在国内学者的共同努力下，交通流动力学已经正式成为力学的一个分支，“交通流与颗粒流”正式进入国家自然科学基金的学科代码，在国内已形成相对稳定的研究队伍，交通科学在交通工程实践中正在发挥越来越大的作用。

（四）力学史和科研方法论

进入 21 世纪，戴世强有感于年轻一代在从事科研和教学工程中，对科学史一知半解，对老一辈科学家和教育家的事迹不甚了解，于是，他萌生了开辟自己新的科研方向——力学史和科研方法论的想法，着力分析前辈力学家的学术思想，推介科学方法论。他申请的项目“我国近代力学奠基人的学术思想研究”获得国家自然科学基金委员会的资助，并培养了中国首位力学专业力学史方向的博士生冯秀芳。他比较系统地研究了中国近代力学四大奠基人钱学森、周培源、郭永怀和钱伟长的学术思想、治学理念、科研方法和研究成果，以及哥廷根应用力学学派及其对中国近代力学发展的影响，参与筹备成立中国力学学会力学史与方法论专业委员会。早在 20 世纪 80 年代，他和李家春合写了《郭永怀传》。

从 1984 年起，戴世强在钱伟长先生身边工作了 20 余年，经常得到钱先生的当面指导，耳濡目染，深切体会了钱先生的为人处世风格和治学、办学理念，自然而然成了研究钱伟长的专家。2003 年庆祝钱伟长诞辰 90 周年之际，他在《力学进展》撰文《论钱伟长的治学理念和学术风格》。2007 年审定出版了专著《钱伟长的治学理念与教育思想》（冯秀芳著，上海大学出版社），为后人学习和继承钱伟长爱国情怀和学术理念提供了丰富资料。他还受钱伟长先生的委托，着手撰写《钱伟长传》。

此外，戴世强和冯秀芳研究并发表了论文《郭永怀先生学术思想初探》（《古今力学思想与方法》，2005）、《周培源先生学术思想初探》（《力学与实践》，2006）。

近年来，戴世强接受邀请在国内 40 余所高校、科研院所作“钱伟长的治学理念和学术风格”、“钱伟长的大师胸怀和教育思想”、“关于科研方法的思考”、“关于国家自然科学基金项目申请方略”等系列报告，听众过万，深受好评。

戴世强与时俱进，在“上海大学乐乎社区”、“科学网”开通博客，通过网络平台，展示中国老一辈力学家的精神风采以及探讨科研与学习方法，总点击量超过 150 万。2011 年 10 月精选了 222 篇博文，分为科研方略、学习攻略、科海随笔、寄语学子和书评序跋五个专辑，出版了文集《与青年朋友谈科研与学习方略》。

三、精心育人出英才

1984 年，戴世强进入上海市应用数学和力学研究所工作，开始培养研究生。已经指导博士后 5 名，培养博士研究生 32 名（含在读）、硕士研究生 16 名。20 多年来，已有 50 余人进出他的课题组，其中有 11 位成了教授，16 位成了副教授，还有好多位公司经理和高级主管人员。

在培养学生的方式上，戴世强注重宏观指导、微观把握。宏观上，把握当前领域中的最新动态和潜在发展趋势，给学生指明方向，但在具体选题上又让学生享有探索的自由。微观上，坚持日常的讨论，细致地把握科研成果的正确性和完美性。

戴世强在锻炼学生的独立工作能力的同时，也注重培养科研的讨论和合作的能力。为了更好地培养学生，他一直主持每周一次的讨论班。他常说，“学术讨论没大没小”，“台上争得面红耳赤，台下仍是好朋友”，因而课题组师生们的学术讨论是在一种平等、民主、友好、互助环境中进行的。大家在讨论中相互启迪和帮助，获益匪浅。久而久之，在课题组中形成了“积极进取，勤奋严谨，团结和谐”的风气。他还鼓励和支持每一位学生参加各种学术会议，不少学生还出国参加会议。

对于学生的稿件和学位论文，戴世强总是一丝不苟、不厌其烦地反复修改，细致到每个标点符号，每处遣词造句。学生在修改论文的过程中，语言表达和篇章组织能力都得到锻炼。对待学生，除了在学术上的指导，为人处世方面他也严格要求。对于每一位课题组的学生或成员，他总是反复叮嘱他们要“清清白白做人，老老实实做事”，并告诫大家在浮躁的学术环境中守住自己的品德，为此，课题组还专门制定了学术规范。他十分重视学生综合素质的培养，曾多次面向全所学生开设讲座，内容涉及科研篇、学习篇、国际会议英语等。

戴世强在中国科学院研究生院和上海大学开设过十余门研究生学位课程，连续 20 多年在上海大学主讲流体力学和应用数学博士和硕士研究生课程。他还曾连续五年为上海大学本科生主讲流体力学课程。在教学中，他特别注重方法的传授，“授人以渔”而非“授人以鱼”，让本科生结合身边的力学现象撰写小论文。2011 年秋，虽年逾七十，为适应大类招生的培养体系改革，他亲自为本科新生开设通识课“无处不在的力学”。为此，他精心准备数月，广泛收集资料。由于在课堂教学上的成就，他多次受邀在上海大学开学典礼或教师节大会上交流心得体会。1999 年他获得上海市“育才奖”，2003 年获得上海大学名师奖，2007 年获得“全国模范教师”荣誉称号。

四、热心服务勤奉献

学术服务是科技工作者在科学共同体的义务之一。30 多年来，戴世强热心为学界做了许多服务性的工作，包括学会、期刊、会议和科普等方面。他曾任中国力学学会第七、八届常务理事、第八届副理事长，理性力学和力学中的数学方法专业委员会第五届副主任委员、第六届主任委员，流体力学专业委员会第三～八届委员，水动力学专业组第六届组长，力学史与方法论专业委员会第二届副主任委员、第三届主任委员，上海市非线性科学研究会第三、四届理事长，国家自然科学基金数理学部第九、十届评审委员，并任《上海大学学报（英文版）》主编，《水动力学研究与进展》编委会副主任，《应用数学和力学》常务编委，《力学学报》、《力学进展》、《应用数学与计算数学学报》、《上海大学学报（自然科学版）》、《交通运输系统工程与信息》等杂志编委。

学术会议是科技工作者重要的交流平台之一。戴世强积极组织国际和国内各种大型学术会议，包括：第一、三、四、五届国际非线性力学会议（ICNM，1985，1998，2002，2007），第八届国际交通与颗粒流会议（TGF，2009），第九届国际水动力学会议（ICHD，2010），第一～四届上海国际非线性科学及其应用会议（NSA，2003，2005，2007，2010），第二届全国力学史和方法论学术研讨会（2005），第六、七、九届全国现代数学和力学会议（MMM，1995，1997，2004）等，促进了国内外同行的交流。

戴世强在担任中国力学学会副理事长期间，主要负责科普和期刊工作。在他和武际可的推动和组织下，集中出版了“大众力学丛书”，内容涵盖力学学科中所有二级学科，目前已有 11 部问世，由高等教育出版社出版，已发行 36 000 余册，在学界和青少年中产生了一定影响。

除了常年为国内外数十种杂志审稿外，在过去十余年间，戴世强一直为 *Journal of Hydrodynamics* 和 *Journal of Shanghai University*（*English Edition*）润饰英文稿件，提高了这些期刊的出版质量，使得中国科技工作者的成果在国际舞台更好地展示。

他还经常义务为校内外的青年教师修改英文稿件和课题申请书，由此促进了他们的成长。

戴世强的热心服务和无私奉献，一直受到学界的好评，也受到年轻学子的爱戴。

五、戴世强主要论著

Dai S Q. 1982. Solitary waves at the interface of a two-layer fluid. Appl. Math. Mech., 3 (6): 777-788.

戴世强. 1983. 两个界面孤立波的迎撞. 力学学报, 115 (6): 623-632.

Dai S Q. 1984. The interaction of 2 pairs of solitary waves in a 2-fluid system. Sci. Sin. A, 27 (5): 507-520.

Dai S Q, Zhuang F Q. 1986. Asymptotic solutions to a class of nonlinear oscillation systems. Sciences in China Ser A, 29 (7): 737-744.

Dai S Q, Sigalove G F, Diogenove A V. 1990. Approximate analytical solutions for some strongly nonlinear problems. Sci. China Ser A, 33 (7): 843-853.

Dai S Q. 1990. On the generalized PLK method and its applications. Acta. Mech. Sinica, 6 (2): 111-118.

Dai S Q. 1991. Generalization of the method of full approximation and its applications. Appl. Math. Mech., 12 (3): 255-264.

戴世强. 1992. 关于振荡型的界面孤立波. 水动力学研究与进展, 7 (1): 1-6.

Qiao Z C, Dai S Q. 1996. Limit cycle analysis of a class of strongly nonlinear oscillation equations. Nonlinear Dynam, 10 (2): 221-233.

戴世强, 冯苏苇, 顾国庆. 1997. 交通流动力学: 它的内容、方法和意义. 自然杂志, 19 (4): 196-201.

Dai S Q, Zang H M. 1997. A semi-inverse algorithm in application of computer algebra. Appl. Math. Mech., 18 (2): 113-119.

薛郁, 董力耘, 袁以武, 戴世强. 2002. 考虑车辆相对运动速度的交通流演化过程的数值模拟. 物理学报, 51 (3): 492-495.

戴世强, 雷丽, 董力耘. 2003. 高架路匝道附近的交叉口交通流分析. 力学学报, 35 (5): 513-518.

戴世强. 2003. 论钱伟长的治学理念和学术风格. 力学进展, 33 (1): 4-20.

Xue Y, Dai S Q. 2003. Continuum traffic model with the consideration of two delay time scales. Phys. Rev. E, 68: 066123.

Yu W J, Chen R, Dong L Y, Dai S Q. 2005. Centrifugal force model for pedestrian dynamics. Phys. Rev. E, 72: 026112.

Ge H X, Dai S Q, Dong L Y. 2006 An extended car-following model based on intelligent transportation system application. Physica A, 365 (2): 543-548.

Meng J P, Dai S Q, Dong L Y, et al. 2007. Cellular automaton model for mixed traffic flow with motorcycles. Physica A, 380: 470-480.

Kuang H, Li X L, Song T, Dai S Q. 2008. Analysis of pedestrian dynamics in counter flow via an extended lattice gas model. Phys. Rev. E, 78: 066117.

Meng J P, Qian Y H, Li X L, Dai S Q. 2008. Lattice Boltzmannmodel for traffic flow. Phys. Rev. E, 77: 036108.

撰写者

卢东强（1972～），福建惠安人。上海大学上海市应用数学和力学研究所研究员，博士生导师，曾为戴世强的硕士研究生，与他合作从事水波动力学研究十余年。

董力耘（1971～），江西婺源人。上海大学上海市应用数学和力学研究所副教授，戴世强的助手，与他合作从事交通流动力学研究十余年。

林家浩

林家浩（1941～），广东中山人。1964年中国科学技术大学近代力学系本科毕业，1964～1967年大连工学院工程力学系研究生。1980～1981年美国普林斯顿大学访问学者。回国后潜心钻研20多年，创建随机振动“虚拟激励法”系列。中国土木建筑、机械水利、海洋平台、汽车工程、航空航天、高速列车等领域数以百计的著名教授和工程专家采用该法，纷纷取得重要进展。曾就这项成果在国外30多所著名大学作学术报告。美国CRC出版社2005年《振动与冲击手册》以一整章介绍该法。交通运输部2008年《公路桥梁抗震设计细则》将该法列为桥梁抗震设计的基本方法之一。在计算结构动力学、高层结构非线性抗震数值方法、结构优化设计等方面的论著几十年来也经常被同行引用或应用。“结构优化设计的理论和方法”获1991年国家自然科学奖二等奖（钱令希主持，排名第五）。“串联多自由度体系弹塑性地震反应分析”获辽宁省1979年科技成果奖二等奖（排名第一）。“工程结构随机振动精确高效算法”获教育部（2000年）和辽宁省（2002年）自然科学奖二等奖（皆排名第一）。历任国家教育委员会科学技术委员会数理学部成员，中国力学学会高级会员、振动专业组组长，以及多种国内外学术刊物编委或顾问。

一、成长经历

林家浩1941年6月25日出生于上海，祖籍广东中山。其父初中毕业后靠工余苦读考得会计文凭，终生据此养家度日。母亲幼时仅读过1年私塾，却酷爱学习，《唐诗三百首》、《本草纲目》皆是其枕边常看之书。父母很重视子女教育。新中国成立前几年物价飞涨，他们仍从微薄薪金中挤出钱来买了一套开明书店出版的《儿童知识小丛书》给他和两个哥哥阅读。这套书成为他们幼时最好的朋友和启蒙老师。在学校里，他就显得起点高了一些。他的作文常被老师作为范文讲解，算术考试也常名列前茅。1953年，他考取了上海市虹口区最优秀的复兴中学初中部。

考进来的不乏成绩出众的优秀苗子。加上该校课余活动丰富多彩，林家浩有点约束不住自己的玩心。第一年期末成绩单发下来，除了数学成绩尚可以外，其余皆在六七十分。他发现自己一下子成了中下游的学生，不由得难过了好几天。暑假一过，他就用心地学习班上成绩最好的两个同学的学习方法，特别是加强了一些主科的预习和复习，使得学习主动性大大提高。加上几何与代数课的开设，老师很快就把他带入到兴奋状态，每天钻研数学题不到半夜12点不肯睡觉。到初三毕业时，他以优异成绩被保送本校高中部。

面临高考时，全校有少数人被某些著名大学提前特招。林家浩放弃了特招机会，并通过全国统考如愿进入了更加令他向往的中国科学技术大学近代力学系。当时，在系主任钱学森的带领和邀请下，一大批从美国回国的著名科学家，如运筹学家许国志，超声专家应崇福，力学专家李敏华、黄茂光、程世祜等，以及虽未出国却已崭露头角的青年才俊胡海昌、钟万勰、伍小平、赵立人等，都纷纷到力学系给本科生上课，令学生们大受裨益。林家浩在一个良好的科学和教育环境中默默地成长起来。他给同学们的印象是从不死记硬背，却重视理解知识的内涵，努力去融会贯通。最后一学期做毕业论文时，由胡海昌出题、柳春图具体指导他进行对边简支、对边固支矩形夹层板屈曲问题的研究。当时胡海昌提出了对四边简支矩形夹层板可简化为仅含一个未知量的偏微分方程来简化计算的方法。林家浩在理解了胡先生方法精髓的基础上，在论文中进一步证明了即使对于简支-固支任意混合的边界条件，在一定条件下仍然可化为仅有一个未知量的偏微分方程，从而使得更多问题的计算得到了显著简化。这虽不算是什么重要的成果，但两位导师却从中看到了他肯于钻研的潜质。这也许就是后来当得知林家浩要报考钱令希的研究生时，胡海昌毫不迟疑地向钱老作了推荐的原因。

1964年林家浩自北京考到大连。导师钱令希给他定的研究方向是板壳静动力学，而钟万勰受钱令希指派成为他的数学导师。进校不久，钱令希就让林家浩跟着他的师兄林少培、陈浩然等一起到大连造船厂去实习，学习有实践经验的工程师怎样去研究和解决军舰的激烈振动问题。林家浩对这些问题充满了好奇，也产生了强烈的探索愿望。正当他按照钱老指点，在结构减振领域开展论文工作的时候，“文化大革命”开始了。

涉世未深的林家浩，面对这样一场史无前例的运动，实在有点不知所措。自己平素深为敬重的师长钱令希和钟万勰先后被“横扫”了；罪名又是那么地骇人听闻。该如何对待他们呢？林家浩基于长期的接触，认定他们绝不是坏人，而是国家的宝贵财富。所以不管别人怎么看，他都一如既往地保持着和两位导师的正常联系。林家浩和他们聊天，下棋，希望给他们在困境中解压。而两位导师也在这一段非同寻常的经历中加深了对这样一位“少点心眼”的学生的认识。

1968 年 8 月，在武斗枪声中度日如年的研究生们终于盼来了分配的消息。林家浩和同年自北京大学考来的同窗程耿东被一起派遣到北大荒珍宝岛附近的一个农场军垦。在同一连队的还有来自复旦大学、南京大学等多所名牌大学的化学、英语、法语、德语专业的高材生、研究生。他们大冷天时要在零下 40℃的凛冽寒风中抡大镐去掘开冻得比铁还硬的黑泥巴，而夏收大忙时每天要劳动 12 小时。经历过这样一段刻骨铭心的磨炼，他们更能吃苦了。

1969 年 9 月，一纸调令下来，全连队的文理科大学毕业生和研究生都被派遣到辽宁各地当中小学教师。当时学校纪律涣散，他们名为去做老师，却经常要去排解学生打架斗殴。在这纷乱的时势下，最令人感动的莫过于钱令希先生的帮助。他始终没有忘记他们，不忍心这些受过良好力学培养的年轻人总这样学而不得所用。在钱老的关怀和鼓励下，程耿东和林家浩不但没有荒废力学学习，反而更抓紧时间自学了计算机 ALGOL 自动化语言等一些国外当时出版的计算机软件开发工具。1973 年初春，钱令希想尽办法终于将他二人以急需研究助手的名义调回大连工学院。而他们也很快就融入到发展计算力学的队伍之中。在钱老的安排下，他们伴随钟万勰转战上海、北京和全国各地，迅速成长为在中国工程界推广普及电子计算机工程应用的骨干，并逐渐成为中国发展计算力学的栋梁之材。

二、主要研究领域和学术成就

（一）创建随机振动分析的虚拟激励法

林家浩应国家经济建设急需，开始进行随机振动算法研究。1980 年以后，中国海上石油开发事业加速发展，迫切需要对采油平台进行结构分析的软件系统。发达国家不仅漫天要价，而且关键功能对中国实施禁运。钱令希先生得悉内情后非常激愤，当即组织钟万勰教授等研究和开发海洋平台分析软件。林家浩也放下了兴致正浓的结构优化研究课题，转而开始了对海洋平台动力计算方法的研究。海洋平台所受到的环境荷载，例如，风、海浪、海流、浮冰、地震等，都有显著的随机性，相关的随机振动计算量非常大。外国有大型计算机，采用比较粗糙的二维结构模型还是可以进行基本的计算的。而中国计算机条件差得很远，若循常规途径、就连最起码的二维计算都没法做，就不得不另辟蹊径了。林家浩阅读了很多关于海洋工程和随机振动的书籍资料，搞清楚了所要求解的问题之后，就不按常规，海阔天空地构思起各种算法来。在反复比较现有方法的基础上，他悟得了一个别出心裁的想法。借助于一个实际并不存在的虚拟简谐荷载，将原来概率性的随机振动功率谱计算简单地转化为确定性的简谐振动计算。不但简便高效，容易编程，占用计算机存储极少，而且证明是精确算法。在钟万勰的支持下，林家浩组织了在国产计算机和自主版权 JIGFEX 程序系统上进行海洋平台全三维动力分析软件的开发。虽然这还只是虚拟激励法（PEM）的雏形，但刚一试用，就解决了一些连国外程序也算不了的三维问题，在随机振动计算上总体不输外国软件。大连工学院开发成功海洋平台分析程序的消息在《中国日报》报道，不久之后，日本、美国等就主动向中国推销自己的软件。不过从这以后，林家浩的课题组苦于缺少软件开发资金的支持，对虚拟激励法的深入研究也一度陷入停滞。

林家浩在工程抗震领域取得重要进展。1980 年以后，改革开放的春风使得中国开始大量兴建大型桥梁、水坝、体育场馆、车站机场等基础设施。对这些大跨度工程结构进行抗震设计时，必须考虑地面节点之间随机运动的非均匀性（空间效应），例如，地震波到达不同地面节点存在时间差（行波效应），由震源复杂性和土壤介质不均匀性造成的地震波不规则反射折射（部分相干效应）等。国内外学术界普遍认为按随机振动理论和方法来计算这类问题是比较合理的。但这些计算难度很大，即使仅是线性随机振动计算，繁重的计算量仍成为工程应用难以突破的瓶颈。国外不少著名学者在 20 世纪 80 ~ 90 年代都发表了研究论文。例如，1992 年，加利福尼亚大学伯克利分校著名教授 A. Der Kiureghian 经多年研究后宣称："虽然随机振动以其统计特性而很吸引人，它还不能成为执业工程师所接受的方法。"而普林斯顿大学抗震权威人士 E. Vanmarcke 教授 1994 年则断言："随机振动方法用于地震工程还是不现实的，除非是对于只有少量自由度和地面节点的简单结构。"结果他们只得退而求其次，分别提出了近似的反应谱算法，却因为精度或效率的缺陷而很少得到工程应用。

林家浩于 1990 ~ 1992 年申请获得中国自然科学基金委员会的资助，虽然只有两万元，却是雪中送炭。他恢复了对虚拟激励法的研究，并迅速取得重要进展。特别是 1992 年提出了对激励功率谱矩阵进行厄米特谱分解，而将多点随机激励问题转化为有限个广义单随机激励问题的叠加，使得大跨度结构随机地震响应分析中最为棘手的部分相干多点激励问题得以迎刃而解。林家浩和学生在 1990 ~ 1994 年在国内外主流刊物发表了十多篇论文（其中 6 篇发表在国际刊物），从不同的角度建立了高效精确的虚拟激励法系列的基本框架，解决了以上两位抗震权威一致断言还"不可能"解决的问题。在此基础上，林家浩进一步解决了 Priestley 在 1967 年以 Riemann-Stieltjes 积分表达的非均匀调制非平稳随机地震激励问题。这一地震激励模型虽然受到地震工程界普遍认可，却因计算非常困难，几十年来很难看到实际应用。林家浩构造出恰当的虚拟激励而将这一困难问题精确地转化为简单的逐步积分计算。钟万勰 1996 年在《自然科学进展》用中英文分别发表了《一个高效结构随机响应算法系列——虚拟激励法》的评述性论文，指出这一方法“运用计算力学手段，解决了传统理论在计算上的困难，使随机振动领域一些复杂问题有了统一的表述框架，从而进一步丰富了随机振动理论，为其更广泛地应用于工程领域开创了一条新路”。在以后的十几年间，虚拟激励法得到中国数以百计抗震专家的实际应用。同济大学范立础院士等 2001 年在研究南京长江二桥的多点激励抗震分析时应用虚拟激励法，并指出“该方法能够方便地计算平稳或非平稳单点或多点反应分析，其计算准确、效率高，必然推动随机振动分析方法的发展”。2000 年，湖南大学刘光栋教授和他指导的博士生研究了岳阳洞庭湖斜拉桥的抗震分析，指出“用虚拟激励法计算响应功率谱……是传统的频域法所无法比拟的”。2008 年，中国《水工建筑物抗震设计规范》主编，水利水电科学研究院陈厚群院士采用虚拟激励法（PEM）研究小湾水坝等多座超大型水坝的抗震分析，得到了考虑沿坝址河谷地震动不均匀分布影响的坝体可靠度，指出“这些对混凝土坝抗震可靠度分析的基础性系统研究，为规范修编提供了依据，也深化和推动了学科发展”。沈祖炎院士在论文《结构地震行波效应分析综述》指出：“随机振动方法的统计特性很具有吸引力，但由于其计算过程复杂，计算量过大，难以应用到实际工程中。虚拟激励法……克服了传统随机振动方法计算量庞大的问题，可以得到精确有效的结果。”

此外，在大佛寺长江大桥、苏通大桥、瀑布沟水坝、溪洛渡水坝等一系列国家级重大工程中也成功地应用虚拟激励法进行多点抗震研究。

交通部 1989 年发布的《公路工程抗震设计规范》只适用于主跨小于 150m 的桥梁，对中国公路桥梁发展制约很大。林家浩研究组于 2002 ~ 2008 年进一步解决了将虚拟激励法应用于大跨桥梁抗震设计的一系列问题。2008 年发布的《公路桥梁抗震设计细则》将虚拟激励法列为桥梁抗震设计的推荐方法之一，并取消了 150m 桥梁主跨限制。2005 年美国 CRC 出版社出版的 *Vibration and Shock Handbook* 和 2014 年在美国出版的 *Bridge Engineering Handbook*（第二版）都以独立的一章介绍虚拟激励法。

在桥梁抗风分析中取得突破。中国东南沿海一些台风地区，大跨度桥梁的主要设计控制荷载不是地震，而是风。风激随机振动（抖振）及其与颤振的耦合计算，长期以来是桥梁气动力学分析的关键和困难问题。香港以往在设计大桥时，一般租用昂贵的美国商用程序来计算。其实美国软件也只能用比较粗糙的模型计算这类风致随机振动；有些实测现象并不能得到合理的解释。1996 年，在钱令希先生倡议下，林家浩与香港理工大学合作，结合香港青马大桥建设工程，用虚拟激励法对上述问题进行研究。通过合作指导博士研究生，他们以迥异于常规的途径首次实现了大跨度悬索桥耦合颤振-抖振的全三维分析，包括推导出相关的三维气动刚度和气动阻尼矩阵并开发出计算程序。通过对青马大桥的全三维高精度数值分析并与实测结果对照，成功地解释了一些长期解释不清的实测现象。这一系列成果在重要国际学术刊物率先发表，成为发展这类柔性结构耦合颤振-抖振三维计算的前沿性工作。合作指导的博士论文被评为2002年全国百篇优秀博士学位论文之一。中国一些著名风工程专家继续就斜向入射风激励，内力响应和非平稳风振响应等问题进行了更为深入的研究。近年来中交公路规划设计院用虚拟激励法解决了舟山群岛西堠门大桥（主跨1650m，是世界第二长悬索桥）设计中的关键性力学问题——索塔风致结构内力响应研究，从而使得这座巨型桥在恶劣的台风环境中能够更为安全地工作。2005～2006年，董石麟院士等针对大跨度屋盖结构抗风分析发表多篇论文，并指出“在虚拟激励法和模态叠加法的基础上建立了一套完整的风振理论”。

在车辆工程中形成有自主知识产权的技术优势。路/轨不平度激励所产生的随机振动对于车辆运行的舒适性、安全性、耐久性非常重要。但受到传统随机振动算法效率瓶颈的限制，长期以来，车体只能简化为最多十几个自由度的体系进行粗略的计算。随机疲劳问题需要计算局部的高应力，需要用精细的有限元网格进行随机振动计算，急需发展高效算法。1995年以后，中国汽车工程领域的多位院士和著名教授用虚拟激励法开展随机振动研究，发表了一批研究论文，带动了汽车工程领域的随机振动研究和应用。进入21世纪以来，高速列车在中国举世瞩目的发展，更给虚拟激励法提供了新的发展空间。由于高速列车对线路的水平度要求很高，从而使高架桥成为线路的重要组成部分。列车-桥梁的耦合随机振动计算就成为新的工程计算难点。国内外一般是采用一条或几条轨道不平度样本曲线，通过逐步积分法和非常简化的车体模型来近似进行耦合随机振动计算的，精度难于提高。林家浩的研究组从2003年开始，借鉴国内外已经取得的成果，并将虚拟激励法与精细积分法、辛数学方法等具有中国特色的计算力学成果相结合开展车辆随机动力学研究，在国内外发表了几十篇研究论文，在三维随机动力分析上取得一系列重要的进展；并为铁道部门开发出基于虚拟激励法的高速列车随机振动高效精确数值分析集成软件平台。其三维有限元随机振动分析能力达数百万自由度，为中国高速列车形成自主知识产权做出了贡献。近年来，虚拟激励法也被应用到中国磁浮列车工程的研究中。

推动非线性随机振动工程应用。在线性随机振动框架内发展起来的虚拟激励法，在非线性随机振动工程分析中也得到很多应用。例如，在土木工程中，受到随机地震作用的结构的响应分析，需要考虑构件的滞变非线性。Bouc-Wen 建立的等效线性化计算方法是应用较多的方法。它将 N 阶随机偏微分方程的求解归结为至少 $3N$ 阶 Lyapunov 方程的求解，计算量很大。在引入虚拟激励法后，每个 Lyapunov 方程的求解被一个仅 N 阶的线性代数方程的求解所代替。精度毫不降低，但提高计算效率达 2 个数量级。

导管架海洋平台受随机海浪作用是影响其疲劳寿命的主要因素。作为一个流固耦合的非线性随机动力体系，在等效线性化之后仍必须考虑非经典阻尼。如何处理经过结构模态降阶而产生的非对角阻尼矩阵就成为随机波浪响应分析的一个难题。麻省理工学院 J. Connor 教授于 1979 年提出了用最小二乘法，将该非对角阻尼矩阵强制性地近似为一个对角矩阵，从而实现了模态方程解耦，并进而将响应功率谱按常规方法化为二重求和的方式来计算。但是这种方法不但效率很低，而且引入了难以估计的对角化误差。1985 ~ 1988 年，林家浩在国内外发表了应用虚拟激励法而将随机波浪激励转化为简谐激励，从而精确地处理非经典阻尼矩阵的方法。使得这类计算获得了重大的改进。经过十几年的沉寂，这一成果近年来日益得到国内外工程界的认识和应用。中海石油（CNOOC）研究中心，美国船级社（ABS），英国劳埃德船级社的技术人员，以及中国、澳大利亚一些著名大学的学者近年来发表了应用虚拟激励法于海洋平台或船舶波浪响应的研究或应用报告（论文）。其中，由劳埃德船级社技术人员在 2008 年发表的研究论文的结论中指出："当初由林提出的随机振动虚拟激励法被应用于探索外部波浪压力和惯性力作用下船舶结构的疲劳分析……可以预见，该算法并行化后将在疲劳设计中广为应用，占据极重要的地位。"

为随机荷载识别开辟新的途径。如何根据实测的结构随机响应来反求结构受到的随机激励是一个长期以来极受工程界关注而且比随机响应计算（正问题）更为困难得多的随机振动反问题。特别是多输入多输出（MIMO）反问题，难度更大，国内外文献中很难找到可供借鉴的研究工作。在 1998 ~ 2001 年，林家浩指导研究生将虚拟激励法反向推广，发表多篇关于"随机振动荷载识别的逆虚拟激励法"的理论和实验研究论文，对于 MIMO 反问题给出了前所未见的数值模拟和实验结果符合得相当好的结果。这些成果不久就得到国内车辆和航空航天工程等领域学者的实验验证和好评。指出："逆虚拟激励法原理简单，应用方便，结果精确。""识别方法有效，识别精度理想。""逆虚拟激励法的出现给人们指了一个方向，根据随机响应的功率谱而直接反演出随机激励的功率谱，使问题大大简化……"等。

已有 18 本国内外著作以专门章节详细介绍虚拟激励法，十多位院士及百余位专家在不同的工程领域应用和发展虚拟激励法，清华大学、同济大学、浙江大学、天津大学、哈尔滨工业大学、香港理工大学等60多所高校有600多篇博士或硕士学位论文正面引用虚拟激励法，其中160多篇用它研究各自领域的热点问题。这些研究在各自领域取得大量成果。

（二）结构抗震分析方法

唐山大地震后，结构弹塑性地震反应的研究引起高度重视。林家浩提出状态判定图算法在刚度退化多自由度结构弹塑性地震分析上取得突破，在国内被广泛应用至今。20世纪80年代初，国内开始大量兴建复杂形状高层建筑。S形或Y形的平面形状要拉成直线才能按反应谱方法进行抗震计算。针对日益尖锐的规范和新颖设计间的矛盾，他推导出复杂体型结构三维反应谱抗震方法，并领导编制了复杂高层结构抗震分析程序DASTAB-J，被收入中国建筑科学研究院编制的《建筑抗震设计手册》向全国设计部门推广。仅在北京、上海、深圳、沈阳、大连等城市就用它解决了几十座形状特殊，其他软件难以处理的高层建筑抗震分析。

林家浩因参与多项工程软件的研究开发并取得突出成绩，获颁国家工程局软件评审委员会荣誉证书。

（三）结构动力优化设计

林家浩早在20世纪70年代就从“避开共振”的工程普遍追求出发提出了受“频率禁区”约束的结构优化命题，并研究出双因子迭代算法解决了相关优化问题。此改进的优化准则方法在计算效率和稳定性上超过了当时在该领域最有影响的Venkayya，J. Kiusalaas等的方法。论文于1981年在美国举行的结构优化设计学术交流国际大会上宣读，并被邀请在斯坦福大学作学术报告，颇受好评；于1982年与1984年在国际刊物发表。该成果近30年来在国内外常被同行引用，并成功应用于飞行器、车辆等优化设计。

（四）汽轮发动机框架式基础动力特性研究

对于火力发电站的汽轮发电机框架式基础来说，中国直至20世纪70年代都缺乏自己的研究工作。所谓“国家规范”，很大程度上是对苏联和德国规范的沿袭。1974年，中国开始设计制造60万千瓦火力发电站。按照《规范》计算的框架式基础体积庞大无比，造价很高，其合理性备受业内专家质疑。当时也正值中国开始修订《动力机器基础设计规范》。在水利电力部专家组建议下，大连工学院钟万勰、程耿东、林家浩等先后参与了该规范的修订工作。他们参考了在国际上刚出现的求解大型特征值问题的子空间迭代算法。考虑到国产计算机性能很低，他们结合 Schmidt 正交化和特征值移轴等手段，发展出迁移式子空间迭代方法，从而实现了在性能不高的国产计算机上按三维有限元方法计算复杂的框架式基础动力特性。林家浩还带领十多位大学生参加工程单位的实测，进行大量的计算对比，制定了计算参数选择和振动控制标准的条款，被收入《动力机器基础设计规范》（1979）。中国 60 万千瓦汽轮发电机基础设计也据此得到了极大的改进。该项研究成果获得了 1978 年全国科学大会奖。30 多年来，按照上述规范设计建造了上千座电站，证明效果可靠，得到工程界的广泛好评。

三、林家浩主要论著

林家浩，丁殿明，田玉山 . 1979. 串联多自由度体系弹塑性地震反应分析 . 大连工学院学报，18（4）：41-53.

Lin J H，Che W Y，Yu Y S. 1982. Structural optimization on geometrical configuration and element sizing with statical and dynamical constraints. Comp Struct，15（5）：507-515.

林家浩 . 1984. 结构动力优化设计发展综述 . 力学进展，13（4）：423-431.

林家浩 . 1985. 随机地震响应的确定性算法 . 地震工程与工程振动，5（1）：89-93.

林家浩，喻永声，赵宁 . 1986. 高层建筑程序 DASTAB 中抗震分析的三维反应谱方法及工程实例 . 计算结构力学及其应用，3（4）：77-86.

林家浩，曲乃泗，孙焕纯 . 1989. 计算结构动力学 . 北京：高等教育出版社 .

Lin J H. 1992. A fast CQC algorithm of PSD matrices for random seismic responses. Comp Struct，44（3）：683- 687.

Lin J H，Zhang W S，Li J J. 1994. Structural responses to arbitrarily coherent stationary random excitations. Comp Struct，50（5）：629-633.

Lin J H，Li J J，Zhang W S，et al. 1997. Non- stationary random seismic responses of multi- support structures in evolutionary inhomogeneous random fields. Earthq Eng Struct D，26：135-145.

林家浩，钟万勰 . 1998. 关于虚拟激励法与结构随机响应的注记 . 计算力学学报，15（2）：217-223.

Sun D K，Xu Y L，Ko J M，Lin J H. 1999. Fully coupled buffeting analysis of long-span cable-supported bridges：formulation. Jour Sound Vib，228（3），569-588.

林家浩，张亚辉，赵岩 . 2001. 大跨度结构抗震分析方法及近期进展 . 力学进展，31（3）：350-360.

张亚辉，林家浩 . 2001. 多点非均匀调制演变随机激励下结构地震响应 . 力学学报，33（1）：87-95.

Lin J H，Guo X. L，Zhi H，et al. 2001. Computer simulation of structural random loading identification. Comp Struct，79（4）：375-387.

Lin J H，Zhao Y，Zhang Y H. 2001. Accurate and highly efficient algorithms for structural stationary/ non- stationary random responses. Comp Meth Appl Mech Eng，191（1-2）：103-111.

林家浩，张亚辉 . 2004. 随机振动的虚拟激励法 . 北京：科学出版社 .

Lin J H，Wang J，Zhang Y H. 2004. Non- stationary random response of MDOF duffing systems. Shock Vib，11（5，

6)：615-624.

Lin J H，Zhang Y H. 2005. Seismic Random Vibration of Long-span Structures // De Silve C W. Shock and vibration handbook. Boca Raton：CRC Press：30-1-30-41.

Gao Q，Lin J H，Zhong W X，et al. 2009. Isotropic layered soil-structure interaction excited by stationary random waves. Int Jour Solids Struct，46：455-463.

Zhang Z C，Lin J H，Zhang Y H，et al. 2010. Non-stationary random vibration analysis of three-dimensional train-bridge systems. Vehicle Syst Dyn，48（4）：457-480.

撰写者

张亚辉（1972～），河北昌黎人。博士。大连理工大学工程力学教授。1999 年在林家浩教授指导下获博士学位并留校工作。目前主要研究内容：复合系统随机动力学、复杂结构抗震、车辆振动与声研究。

赵岩（1974～），吉林公主岭人。博士。大连理工大学工程力学系副教授。2003 年起作为林家浩科研助手在计算力学、随机动力学领域开展研究工作，参与了《虚拟激励法》系列的发展工作。

程耿东

程耿东（1941～），江苏苏州人。力学专家，1995年当选为中国科学院院士。2011年被选举为俄罗斯科学院外籍院士。1973年起在大连理工大学历任讲师、副教授、教授，1979～1980年在丹麦技术大学固体力学系获博士学位。长期从事工程力学、计算力学和结构优化设计的教学和研究，完成了若干有重要理论价值的工作，同时重视计算力学为工程服务的软件开发及应用、重视科研为工程服务。曾于1996年在国际理论和应用力学第16届大会上作45分钟报告。1999年及2000年分别获丹麦奥尔堡大学及比利时列日大学的名誉博士学位。曾获国家自然科学奖二等奖2次（1991，2006），何梁何利基金科学与技术进步奖，国家科技进步奖三等奖，国家教委科技进步奖一等奖、二等奖和光华科技基金奖二等奖，高等教育国家级教学成果奖一等奖、二等奖等多项奖励。著有学术论文180余篇、著作3部、译著2部。1985～1995年，1995～2006年分别担任大连理工大学副校长及校长。曾任国际理论和应用力学协会大会委员会委员，国际结构和多学科优化协会副主席、执委会委员，中国力学学会副理事长，辽宁省科学技术协会副主席等职务。长期担任国内外10个学术期刊的编委。

一、成长道路

1941年9月22日，程耿东出生在江苏省苏州市。自幼便与母亲相依为命，家境贫寒。困难的生活迫使他格外珍惜学习的机会，造就了他顽强拼搏、奋发向上的生活态度。从小学、初中直到高中毕业，他一直学习认真，成绩优异。1958年，他以优异成绩考入北京大学数学力学系固体力学专业，在国家助学金的帮助下完成了大学六年的学业，并且有幸得到王仁教授、吴望一、黄敦等优秀教师的指导，在数学和力学的基本课程上得到良好的训练。

在“极左”路线猖獗的年代里，除了面临家境贫寒的困难，所谓的“出身不好”也是程耿东成长的障碍。因为这样，大学和研究生毕业时，他都没有机会分配到当时人们认可的好单位。1964年，从北京大学毕业时，恰逢大连工学院（现大连理工大学）来北京大学招收研究生，希望能够在这所名牌大学招到一流的学生，壮大科研力量。他被北京大学教师推荐，以优异的成绩考取了大连理工大学数理力学系唐立民先生的研究生。在唐立民教授指导下，他攻读了穆斯海里什维里的弹性力学中的复变函数理论、唐立民先生提出的离散算子法，得以接触国际上也刚刚兴起的有限元方法。然而来到大连没多久，1966 年开始的“文化大革命”就打断了他潜心科研的梦。1968 年，他被分配到位于黑龙江省友谊县的 3185 部队军垦农场接受对知识分子的再教育，虽然环境艰苦，但和一大批来自全国各地的青年学子一起“战天斗地”，也学到很多课本之外的知识。一年后，他被分配到沈阳市第八十八中学。在沈阳第八十八中学的三年半中，他先后担任了六至九年级学生的数学、物理、化学课程的教学工作，并当过班主任和教导处干事。“文化大革命”期间的这段生涯让他经受了人生路上的一个逆境。但是在“知识越多越反动”的论调异常喧嚣的那个年代，他依然不放弃，不逐流，依然坚守着对知识的信仰。为了勉励自己，他把“知识就是力量”六个大字写在日记本的扉页，工作之余，他还复习英语、俄语，还自学了日语。他和八十八中的一批年轻教师一起，力所能及地让学生学习文化和科学知识。1973 年，大连工学院（现大连理工大学）的钱令希先生冒着很大的政治风险把他和他的研究生同班同学林家浩同时调回学院，使他有机会回到梦寐以求的高等学府，有了进一步学习和施展才能的机会。此时，恰值钱令希和钟万勰两位先生敏锐地注意到计算机技术的迅速崛起给力学发展提供的机遇，下决心在大连工学院发展这一学科。在他们的指导下，他很快进入力学研究的这一前沿，特别是在钟万勰领导下的“上海小分队”的学习和工作，使他进入了计算力学领域，熟悉了有限元和结构优化的基本理论和方法，并且有机会和上海工业设计院、上海市政设计院的一批工程师朝夕相处，收获了一定的工程知识。这段时间，程耿东在为工农兵学员上课的同时还坚持自学英语，在并不知道有出版可能的情况下，和住在同一宿舍的青年教师何穷合作，夜以继日地翻译《有限元分析的概念和应用》这样一本近 300 页的书。

程耿东对知识的坚守终于有了回报。1978 年，他以优异的成绩获得了第一批出国留学的资格，在钱令希的推荐下，丹麦技术大学的尼奥德森教授（国际理论和应用力学学会主席）接收了他的留学申请。在丹麦技术大学留学期间，为了追回“文化大革命”造成的损失，他废寝忘食地投入学习和研究工作，每天都用大量的时间看很多的文献资料，没几个月就得了眼病。1979 年的圣诞节，丹麦技术大学校园内几乎只有他还在计算机前工作。勤奋学习，使他在注册攻读博士学位后仅用一年半时间就获得了博士学位，成为“文化大革命”结束后中国政府送出留学人员中第一个取得博士学位的人。

程耿东的成功与遇到一批好老师有很大关系。由于勤奋好学，成绩突出，他总是被老师很快地发现并看中，老师们都给了他很多帮助。自高中时代起，他的物理和化学老师就给予了这个好学的学生特别的关照。在北京大学，现已过世的中国科学院院士王仁教授指导他完成了关于塑性稳定性的文献综述的毕业论文。“文化大革命”中像他这样的学生被批判为修正主义苗子，被分到了中学，钱令希先生冒着风险把他调回学院，在他科技生涯中给予他最关键的帮助。留学丹麦期间，他的导师尼奥德森教授担任国际理论和应用力学学会的主席，收到他的留学申请后，非常迅速地同意接收他，并对他的生活和研究工作给予很多帮助。尤其值得一提的是，在博士论文的成果发表上，按国外的惯例，学生发表以博士论文为基础的论文，导师有权利把自己列为第一作者。在讨论论文署名时，副导师奥洛霍夫主动提出，因为程耿东提出了基本思想，应该让他当第一作者。这几篇在国际优化界影响大的论文，都是以他的博士论文为基础的。

程耿东学习和研究中有两个特点，一是敢提问题、愿意提问题。高中时上化学课，他与当时在苏州的中学很有名气的杜老师在课堂上争辩。1964 年考研时，他答完卷，却在题后附上意见：这道题出得有什么缺点，应该怎样出题才好等。在国际学术会议上，他经常是提问题的积极分子，因此受到同行的欢迎，被邀请参加会议。读完一篇文章后，几乎是一种习惯，总要提出不同看法，挑挑毛病。二是标新立异。他在积累了一定想法后，就对书本和文献中的理论方法提出自己的见解，纠正其中的错误。他在结构优化界的有影响的工作中，相当部分的工作是纠正了名家的意见。根据自身成长的经验，他每次参加学术会议，总要鼓励学生提问。强调只有通过问才能把知识学到手，才能发现创新的机会。

二、学 术 成 就

程耿东长期致力于计算力学和工程力学研究，对结构优化的基本理论有系统深入的研究，同时也非常重视计算力学为工程服务的软件的开发及应用，注意不断地开拓新的研究方向。先后承担国家自然科学基金等科研项目十多项，在科学技术方面有许多成就和贡献。

（一）实心弹性薄板优化和结构拓扑优化

弹性薄板是工程中常用结构元件，弹性薄板优化设计是工程领域中从理论到应用都很重要的问题，但是对它的研究却长期受传统概念的束缚，停留在误区。20 世纪 80 年代前的大量优化研究只求得光滑的厚度分布，实际工程设计中经常是用肋骨来加强板以提高薄板的承载性能。20 世纪 70 年代末，该领域学者对厚度不受约束板的优化问题求得了带无限高肋的解，但又认为如对厚度加上最大和最小值的限制后问题最优解就存在。程耿东于1979 年初开始研究这一问题，在几经“山重水复疑无路”的困境之后，终于在 20 世纪 80 年初认识到必须突破已有文献中的结论，构造新的优化模型以获得最优解。在大量计算和分析的基础上，他指出最优解在理论上应该包括由无限密无限细的肋骨加强的板，原优化问题的设计空间应该扩展，除了板的厚度设计变量还应该包括加强肋的密度。他提出了基于能量相等的均匀化方法，给出了包括无限密无限细的肋骨这类微结构的薄板的宏观力学量，从而建立了扩展设计空间后的实心弹性薄板的优化模型；他基于准则法构造了高效收敛的迭代格式，在优化板的厚度同时优化无限细的加强肋的密度。指出虽然板的材料是各向同性的，但由于板存在微结构，板的宏观等效性质是各向异性的，通过结构优化可以实现材料设计。这些概念、方法和结论，包括设计空间的扩展、均匀化方法和高效的准则法迭代格式、采用优化材料密度分布来实现结构拓扑的优化，都是具有原始创新性的，不仅纠正了实心弹性薄板研究中长期存在的错误，还激发了数学界的很多研究，其科学意义远远超过了板的优化。据不完全统计，成果发表 30 年以来，被数学、优化等领域的国内外 200 多篇文献引用，经久不衰。文献中评价该工作为“推动了近代布局理论的发展 ”，“对结构优化设计的研究起了关键作用”，“结构拓扑设计均匀化方法是这一工作的自然推广”。著名已故力学家布拉格教授生前曾说这一工作是 20 世纪结构优化中最重要的发现之一。正是由于这一出色的工作，程耿东被国际同行推荐为在 1996 年日本京都举行的第 19 届国际理论与应用力学大会作 45 分钟的主题报告 *Some Developments of Structural Optimization*，成为继中国科学院院士、北京大学教授王仁之后第二位在该系列会议上作主题报告的中国学者。

（二）结构拓扑优化中的奇异最优解

自 20 世纪 80 年代中期以来，拓扑和布局优化就一直是工程结构优化设计领域中的一个热点。但传统的结构拓扑优化算法对于某些问题，往往只能得到并非最优的拓扑。这就是结构拓扑优化问题中所存在的奇异最优解现象。

20 世纪 90 年代初，程耿东对结构拓扑优化中的奇异最优解开展研究。在 1991 年他和学生蒋铮发表的论文中，深入讨论了桁架杆件应力函数在断面积为零附近的数学特征，指出应力函数在断面积为零的不连续特征是奇异最优解产生的原因。所谓的奇异最优解其实并非设计空间中的孤立点，而是位于设计空间中某个低维子域的端点。这一论断纠正了文献中存在的错误，给出了具有奇异最优解的优化问题的可行区的正确形状，并揭示了产生奇异最优解的原因。在正确认识奇异最优解本质特性的基础上，1997 年程耿东和他的学生郭旭提出了处理结构拓扑优化奇异性问题的 Epsilon-放松算法，在证明其收敛性质的同时，通过大量算例对此方法进行深入研究并提出延拓外推等改进算法。从而成功地将结构尺寸和拓扑优化统一在同一框架之下。根据这些结果可提出结构拓扑优化和尺寸优化相结合的算法。

这项具有鲜明的原始创新性的研究工作发表十多年以来，研究成果被同行广泛而持续地引用和应用，同行指出："由程和蒋首先指出，对于这样的（奇异性）问题，可行域不是不连通的，最优解和可行域的其他部分是通过低维子域相连通的。"有关奇异最优解产生原因的工作被评价为是"处理由奇异拓扑导致的计算困难的相当大的进展"，"是在正确方向上前进的一大步"。所提出的 Epsilon-放松及其系列算法，受到结构优化界很多学者的重视。著名结构优化专家、国际结构与多学科优化协会创始人、《国际结构与多学科优化杂志》主编 G. Rozvany 教授在综述文章中指出，他们对奇异最优解的认识和所发展的 Epsilon-放松算法对于奇异最优解问题的研究是"非常重要"、"具有里程碑意义的工作"。

（三）半解析法灵敏度分析

20 世纪 70 年代末前，很多结构优化软件都是由结构优化研究者独立于当时的商用有限元软件而开发的，20 世纪 80 年代以来，一些研究者提出优化软件的开发应该以现有商品化有限元软件为基础。程耿东极力倡导这一途径并指出为了实现"能分析就能优化"，应该将有限元软件和优化软件结合，而其关键是简单、易实施而且高效的灵敏度分析方法。在这一指导思想的推动下，他和国外学者几乎同时提出了灵敏度分析的"半解析法"，这一方法只需从商用有限元软件提取单元刚度矩阵就可实施，便于对商用有限元程序进行二次开发实现优化功能。20 世纪 80 年代初，在研究连续体结构性态变量对形状的灵敏度的解析法及其优缺点的基础上，他指导硕士生完成了灵敏度半解析法的多篇硕士论文，1987 年程耿东和刘英卫、顾元宪等发表了半解析灵敏度分析方法的多篇论文。对于在外力作用下发生较大转动变形的细长结构，"半解析法"求得的关于形状设计变量的灵敏度误差异常，而且人们缺乏对这一误差本质的认识，成为使用这一方法的很大的困难。程耿东和丹麦学者 P. Pedersen 等合作研究，用十分简单的例子揭示了该方法非正常误差产生的原因，指出可以通过消除单元级的刚体位移以减少误差。该方法在结构优化中得到相当多的应用，其中，消除刚体位移以减少非正常误差的思想，20 世纪 90 年代末至今一直成为国际多名学者解决这一问题的基本思想。

程耿东取得的上述三项研究成果充分体现了他善于构造简单的力学模型、把握核心的数学概念、重视严谨的逻辑，并能够将其融会贯通的研究方法。而这三项成果被持久地引用和应用反映了他工作的基础性和原创性。

（四）结构分析理论、软件开发和工程应用

20 世纪 70 年代末，程耿东、林家浩和钟万勰等研究了汽轮机基础动力分析方法并开发了软件。提出移轴子空间迭代法、对称性自动处理等以解决小机器上算大题的困难。研究成果被纳入中国动力机器基础设计规范，成功地用于国内外大型电站汽轮机基础的设计。在此基础上进一步研究了以降低基础动力响应幅度（提高汽轮机运行安全度）和使用材料为双目标的结构优化设计供设计部门使用。

20 世纪 70 年代中研究了支架式水塔的标准图集的分析和设计，在内存 8KB 的国产计算机上根据工程问题的需要，运用钟万勰教授的群论算法完成了大批有 200 个自由度的空间框架的静动力分析和优化配筋，为当年上海市政设计院承担的标准图集设计提供了高质量的设计依据，获国家建委标准设计奖，设计方法和软件均被纳入国家有关设计手册。图集一直在全国使用。

随着结构尺寸优化研究的成熟，20 世纪 80 年代初形状优化研究成为该领域的重点，按照开发优化软件的思想，程耿东提出采用有限元程序 DDJ/W，在计算机辅助设计环境开发结构形状优化程序 MCADS 的研究计划。在开发系统中，他提出并改进了半解析灵敏度法以解决开发这一系统的关键困难，方便地实现了有限元分析和优化算法的接口。他还研究了有限元模型、设计模型和优化模型的关系，改进的序列二次规划算法等。以上述工作为基础开发了通用结构形状优化软件 MCADS（主要研究者为顾元宪、程耿东，1981 ~ 1988 年顾元宪为钱令希和程耿东指导的硕士生、博士生），该软件功能强、方法可靠，曾经被应用于一批工程设计。

程耿东认为，一个人想要取得创新的成果，除了需要思维活跃，不迷信权威，敢于提问，还要有扎实的基础，有努力追求完美的精神状态。他常说，缺乏基础知识的人，不可能有能力判断自己的工作是否是“创新”。学习不深入，一知半解就提不出有价值的问题。提出了一个创新的思想，不再前进，也就不可能有真正的创新。他主张科学创新要从小培养敢怀疑、敢提问、勤思考的精神，培养科学兴趣，要不断地探索，还要精益求精。多年来，他的重要课题都是近十年才完成，一旦有了基本的新的思想，就总在不断地思考，力求做到尽善尽美。

三、献身教育事业，积极参加科技界的社会工作

程耿东 1969 年从黑龙江农场回到沈阳第八十八中学，开始了他的教师生涯。虽然他是研究生毕业，教的对象却是六年级到九年级学生，在“读书无用论”充斥社会舆论的时代，他同样认认真真地教。1973 年回到大连工学院，“文化大革命”后期他为工农兵学员讲授课程。他所教过的多名中学生和工农兵学员和他结下深厚的师生情谊。

程耿东指导了 40 多名硕士生和博士生。“刻意创新，追求完美”是他为自己科学研究确立的风格，也是他对学生的要求。由于多年不懈的努力，他培养的学生中，多人成为高等学校教授、长江学者，其中还有大学校长和中国科学院院士。

1985 年起，程耿东担任大连工学院副校长，1995 年 11 月 ~2006 年 4 月任大连理工大学校长。在担任校长期间，正值中国高等教育快速发展的时期。抓住国家省市政府和社会大力支持高等教育发展的机遇，本着“以贡献求支持，以创新促发展”的办学思路，以建设国际知名的高水平研究型大学为发展目标，他与学校领导班子一道，努力推进大连理工大学的改革、发展和建设，特别是在学科建设和人才培养方面，“九五”至“十五”期间成为大连理工大学建校以来发展最快最好的时期之一。在这段时间，大连理工大学进入了国家高等教育的“211 工程”、“985 工程”的行列。他对学校事业发展充满感情，对每一位来访的教师都认真听取意见，力所能及帮助他们解决事业发展中的困难。他勤奋敬业、与人为善、清正廉洁、求真务实。在担任第九届、第十届全国人大代表期间，他在不同阶段建议国家扩大高等学校招生规模，加大对高等学校的投入，加大对国家重点实验室的投入，重视高等中等职业教育的发展，控制高等学校招生规模等。

2006 年程耿东从大连理工大学校长岗位卸任以来，一直还担任中国力学学会副理事长，国家重点基础研究发展计划（973 计划）专家顾问组成员，辽宁省科学技术协会副主席，大连市科学技术协会主席等。同时他还担任《力学学报》及 *Mechanica Sinica China* 主编，《工程优化》、《结构与多学科优化》、《计算机与结构》等四个国际期刊及《计算力学学报》等八个国内期刊编委。为这些杂志完成了大量的审稿工作。他与白以龙院士、杨卫院士一起代表中国参与了被誉为力学界奥林匹克大会的国际理论与应用力学大会（IUTAM Congress）的申办工作，并最终在多个申请国家中脱颖而出，使得该大会于 2012 年在北京召开。

四、程耿东主要论著

钟万勰，程耿东，郑麟，等 . 1978. 钢筋混凝土支架式水塔支架内力计算 . 大连工学学院学报，(1)：21-40.

Cheng G D, Olhoff N. 1981. An investigation concerning optimal design of solid elastic plates. Int Jour Solids Struct, 17: 303-323.

Cheng G D. 1981. On non-smoothness in optimal design of solid elastic plates. Int Jour Solids Struct, 17: 795-810.

程耿东 . 1984. 工程结构优化设计基础 . 北京：水利电力出版社 .

Qian L X, Zhong W X, Cheng G D, et al. 1984. An approach to structural optimization——sequential quadratic programming SQP. Eng Optimiz, 83-100.

Cheng G D, Liu Y W. 1987. New computational scheme of sensitivity analysis. Eng Optimiz, 12 (3): 219-234.

Wang L, Cheng G D. 1988. Shape optimization of a revolutional body and a quasi- analytic method of sensitivity analysis. Comp Struct, 30 (4): 1013-1016.

Cheng G D, Rasmussen J, Pedersen P. 1989. On accuracy problems for semi- analytical sensitivity analysis. Jour Mech Struct Mach, 17 (3): 378-384.

Gu Y X, Cheng G D. 1990. Structural shape optimization integrated with CAD environment. Struct Optimiz, 2 (1): 23-28.

Cheng G D, Jiang Z. 1992. Study on topology optimization with stress constraint. Eng Optimiz, 20: 129-148.

Cheng G D. 1992. Introduction to structural optimization, theory, methods and solutions. Lyngby, Denmark: The Technical University of Denmark.

Gu Y X, Cheng G D. 1993. Structural modelling and sensitivity analysis of shape optimization. Struct Optimiz, 6 (1): 29-37.

Cheng G D. 1995. Some aspects of truss topology optimization. Struct Optimiz, 10 (3-4): 173-179.

Cheng G D. 1996. Some development in structural optimization. 19th International Conference of Theoretical and Applied Mechanics, Kyoto: 25-31.

Cheng G D, Kang Z, Wang G. 1997. Dynamic optimization of a turbine foundation. Struct Optimiz, 13 (4): 244-249.

Cheng G D, Guo X. 1997. ε-relaxed approach in structural topology optimization. Struct Optimiz, 13 (4): 258-266.

程耿东 . 2000. 关于桁架结构拓扑优化中奇异最优解 . 大连理工大学学报，40：379-383.

Li G, Cheng G D. 2003. Damage-reduction-based structural optimum design for seismic RC frames. Struct Multidiscip O, 25 (4): 294-306.

Wang B, Cheng G D. 2005. Design of cellular structures for optimum efficiency of heat dissipation. Struct Multidiscip O, 30 (6): 447-458.

Yi P, Cheng G D, Jiang L. 2008. A sequential approximate programming strategy for performance-measure-based probabilistic structural design optimization. Struct Saf, 30 (2): 91-109.

撰写者

李刚（1966～），山东临邑人。大连理工大学运载工程与力学学部部长，教授，博士生导师。师从程耿东于 1998 年 7 月获计算力学博士学位，从事结构优化、结构可靠性、基于性能的设计等研究。

余同希

余同希（1941～），四川江安人。固体力学家。英国剑桥大学丘吉尔学院海外院士。1964年北京大学数学力学系本科毕业，1968年北京大学数学力学系研究生毕业，1983年获英国剑桥大学哲学博士学位。研究领域主要为工程塑性力学、冲击动力学、结构与材料的能量吸收等。擅长从工程问题中提炼力学模型并由此揭示工程问题中的结构和材料变形和失效机理。对于梁和板的塑性弯曲大变形、回弹和皱曲，结构冲击动力学中的反常行为、多铰模式、大变形效应、软化梁模型及两个可变形结构相互碰撞的分析方法，多胞材料和纺织复合材料的大变形和能量吸收等，均做出了国际认可的突出贡献。编写出版了4部教材，撰写了3部专著（都有英文版在国外出版），发表了期刊论文340篇、国际会议论文210篇、专利4项。曾任第一机械工业部所属工厂及研究所工程师，北京大学力学系教授、博士生导师，英国曼彻斯特理工大学（UMIST）机械工程系教授等。1995年加入香港科技大学，先后任工学院副院长、机械工程系系主任、协理副校长、霍英东研究院院长、机械工程系讲座教授。还兼任国内外十余所大学客座教授。历任中国力学学会常务理事、副秘书长，香港力学学会理事长，国际理论与应用力学联合会（IUTAM）理事会理事（代表香港），美国机械工程师学会、英国机械工程师学会、香港工程师学会的资深会员。担任 *International Journal of Impact Engineering* 和 *International Journal of Mechanical Sciences* 的副主编，以及十余种国际学术刊物的编委。1995年获颁英国剑桥大学科学博士（荣誉）；2001年获中国高校科学技术奖一等奖。

一、成长经历

1941年12月29日，在四川江安的一个普通民居里，一个婴儿呱呱坠地，余上沅和陈衡粹迎来了他们的第四个儿子——余同希。父亲余上沅是湖北沙市人氏，而母亲陈衡粹是湖南诗人陈季略和武进画家庄耀孚的千金，他俩似乎与当时交通不便、生活艰苦又落后闭塞的江安县没有渊源，为何余同希会出生在这里呢？原来，当时余上沅正担任国立戏剧专科学校的创校校长，为了躲避日本侵略军的战火，继续为中国戏剧培养和储备人才，国立戏剧专科学校1937年自南京内迁，经长沙到重庆，最后辗转到了江安。余上沅先生一生醉心戏剧，20世纪20年代初曾先后在美国卡奈基大学和哥伦比亚大学攻读戏剧。回国后，他除了在大学任教之外，还创建北平小剧院，参与开办新月书店，以及担任梅兰芳的访苏顾问等。国立戏剧专科学校是中国第一所话剧高等学校，余上沅任该校校长达14年之久，其间培养了许多出色的戏剧及电影人才。陈衡粹出生于书香之家，是北京女子师范大学最早的学生之一。家学渊源的文化熏陶，培养了余同希的文化素养；颠沛流离的战乱生活，令他从小就已经感染到逆境自强、奋斗不息的精神。

余同希四岁便在南京入读小学，一直是品学兼优的好学生，念高中时曾获上海市中学生数学竞赛第五名；16岁考上了北京大学数学力学系，成为班上年纪最小的学生。力学在20世纪50～60年代的中国是非常热门的学科，那时中国的航空航天事业刚刚起步，而这些领域都跟力学密切相关，所以当时很多优秀学生都选择力学专业。在人才济济的北京大学，凭着坚韧刻苦的意志和力求上进的人生追求，他在六年制的本科学习中名列前茅，1964年以优异成绩毕业后在北京大学继续读研究生。

那个年代能够读研究生的人很少，北京大学数学力学系一个年级只有九名研究生。可是，这批拔尖学生在其学习能力与创造力最旺盛的时候，却遇上“文化大革命”这场大浩劫。“文化大革命”期间，余同希被分配到广东台山军垦农场，种稻之外参加填海，经常半夜起来挑石头，苦干通宵。其后，他又被分配到四川泸州长江挖掘机厂的结构车间当剪钣工。那时分配到三线工厂的很多大学生都意志消沉，得过且过。他却不甘沉沦：“我觉得过去学业有成已经当上北京大学研究生，不甘心一辈子混下去。”他努力做好每一项委派给他的工作，认真学习机械工业知识，了解生产第一线对科学技术的实际需求。从那时起，他已经立志要将自己所学的纯理论的力学知识应用到机械工程实践中去。可以说从事与机械工程有关的工作，不是余同希自身的选择，而是人生的境遇使然。

就这样，余同希在机械工业部门工作了十年。先当工人，后调任设计科技术员，参加新型挖掘机的设计和测试，再升任工程师。“文化大革命”结束后，他先被调到天津工程机械研究所，从事机械研究。在中国开启国门向外派遣留学生时，他在机械工业部所组织的出国留学资格考试中拔得头筹。1980年1月，他作为中国公派的访问学者到英国进行计划为两年的访问研究，成为中国改革开放后最早派遣的留学生中的一员。

余同希的研究生导师、著名的固体力学大师王仁教授（中国科学院院士）把他推荐到了英国剑桥大学，投师皇家学会院士 W. Johnson 教授门下。在机械工程和力学界享誉国际的 W. Johnson 教授并没有因为对来自新中国的学者不了解而放慢节奏，他日复一日地给余同希提出一个又一个具有挑战性的课题。余同希也不甘示弱，总是在尽可能短的时间内就作出解答或想出解决问题的途径。他倍加珍惜这来之不易的深造机会，恨不得把“文化大革命”浪费的时间通通补回来。“当时只想把失去的时间补回来，所以每天从早到晚都思考着问题，连走路和睡觉都在冥思苦想，的确到了走火入魔的地步。”

经过一年的课题研究，余同希与 W. Johnson 教授的合作极富成果，写出了 8 篇文章。原已办理了退休的 W. Johnson 教授破例收他为关门弟子，并帮助他获得了英国的民间资助作为博士学习期间的生活费。余同希用了不到两年半的时间就取得了剑桥大学的博士学位，这在剑桥的历史上是极少有先例的。作为新中国成立以来在剑桥大学取得博士学位的中国大陆第一人，他的求学精神和科研才能给剑桥大学工程系的同仁留下了深刻印象。后来，1995 年余同希更获得剑桥大学颁授的“科学博士”（Doctor of Science）荣衔。要拿到这个学位不是靠撰写论文，而是要取得博士学位十年以上，并在相关领域有重大建树和显著成就。当时，他是唯一获得这项荣誉的中国人。

为了能向世界著名的冲击动力学专家 P. S. Symonds 教授近距离求教，余同希转到美国布朗大学进行博士后研究工作。虽然时间不长，但他们共同研究了有关梁的动力响应中反直观现象并联名发表了论文，在国际上引起很大的反响，被相关学者大量引用。对于这段经历，余同希自己评论说：“凡是成功的教授总有不同常人的研究思路，必须抓住机会去向名师学习。”

1984 年，完成博士后研究的余同希，回到了他阔别 16 年的母校，成为北京大学当时最年轻的教授。在北京大学力学系的七年中，他潜心于塑性力学和塑性动力学的研究工作，并担任了固体力学的学科带头人。他不但建立了自己的研究组和讨论班，还在中国力学学会内创建了塑性力学专业组和冲击动力学专业组，推动国内的相关研究。

基于他在塑性力学和冲击动力学领域中的国际声望，1991 年余同希获邀前往英国曼彻斯特理工大学（UMIST）任教，他也希望利用这个机会对西方著名大学的科研前沿和教学体制有深入了解和直接经验。他的合作者，曼彻斯特的 S. R. Reid 教授为英国皇家工程院院士，是世界著名的塑性力学和冲击动力学专家。他们建立了长期合作关系并成果累累。

虽然身在海外，但余同希时刻都关心着祖国力学事业的发展，他利用假期回国开展科研指导学生，筹集经费邀请国内学者到英国进行访问研究。他也是“旅英中国力学学会”的主要发起人和组织者。其间，他一直关注更好地报效祖国的机会。当时刚成立不久的香港科技大学吸引了他的注意，这所年轻的大学没有传统的束缚，创校起点高，来自世界各地的学术精英们都在世界前沿的研究领域中奋力图强。经过互动，他在1995年成功加入香港科技大学。

余同希扎实的理论基础、严谨的工作作风和创新的思维方式很快获得了香港科技大学同仁的认可和赞许，除被聘任为首批讲座教授外，2002年起担任机械工程学系系主任，2006年之后又在学校担任协理副校长、霍英东研究院创院院长等多项学术行政职务，全力以赴地推动香港科技大学在国内建立研究和教育基地，为推动香港与珠三角深度合作尽心尽力。在香港科技大学的十多年中，他的学术造诣愈益纯熟，管理才能也得以发挥。

二、学术成就

余同希30年来在英国剑桥大学、北京大学、英国曼彻斯特理工大学和香港科技大学从事工程塑性力学、冲击动力学和结构与材料的能量吸收的研究，撰写了3部专著（都同时有中文及英文版本）和4部教材，在国内外重要学术刊物上发表论文340篇，其中科学引文索引（SCI）收录300篇，总引用超过3000次；发表书籍中的专章15篇、国际学术会议论文210篇（其中20篇为大会邀请报告）。此外，还编辑了3种书籍和4本特刊，获得了4项国际专利。

（一）工程塑性力学

余同希先后师从塑性力学大师王仁教授和W. Johnson教授，结合他本人在机械工业部门工作的实际经验，对工程塑性力学有扎实的理论基础和独特的研究视角，在板条、薄板和薄壁构件的弹塑性弯曲大变形研究中做出了突出的贡献。

从梁和板在纯弯曲、横向弯曲、同时承受拉伸和弯曲、在模具中受压弯曲等各种条件下的应力和变形的分布出发，深入探讨了在工程中十分重要的“回弹”（springback）的机理，在世界上较早地系统提出了回弹预报的解析公式。随着汽车轻量化、高强度薄板应用越来越多，回弹的预报和控制已显得越发重要。例如，为了在汽车覆盖件中推广冲压铝板，在设计的早期阶段需要作回弹评估，为此，美国铝业公司（ALCOA）在1996年委托余同希发展了一套近似模型和简易预测方法。

对于冲压、深拉延等板料成型过程中经常严重影响产品质量的板料皱曲

（wrinkling）现象，余同希首创用能量法建立皱曲准则，其相关论文被广泛引用。这一理论方法后来被国内外学者推广到其他多种成型过程中去（如有背压的深拉延，回转成型等）。

在北京大学工作期间，同章亮炽一起从分叉理论的高度进一步研究了板在弹塑性弯曲大变形过程中发生皱曲的判据，并应用动力松弛法建立了板的弹塑性皱曲的具有普遍适用性的数值预报方法。

关于柔性杆的弹性大变形，Elastica（弹性线）是由欧拉等建立的一个完美的经典理论。余同希则进一步研究了柔性杆的弹塑性大变形的控制方程，并且发现在塑性区可以求得封闭形式的解析解，称之为 Plastica。此理论已有不少后继成果，并应用于金属板条的成型。

研究了薄壁圆管和典型薄壁杆件（如 L 形截面的型材）在弹塑性弯曲大变形下的截面畸变、中性面的迁移及其对弯曲承载能力的影响。

工程塑性力学的国际权威学者 W. Johnson 教授在 1989 年的一篇文章中曾说，国际上亟需关于弹塑性弯曲问题的专著，而余同希教授很适合完成这一任务，因为"他对塑性弯曲所取得的有用的研究成果可能比自塑性力学诞生以来的任何人都要多"。在 W. Johnson 教授的鼓励下，余同希撰写了世界上以塑性弯曲为主题的第一部专著（与章亮炽合著），其中总结了他在这一领域逾 40 篇论文的成果，已被他人广泛引用。

此外，余同希编著的塑性力学教材广受教师和研究生的欢迎，在国内有着广泛的影响。

（二）结构冲击动力学

在汽车、交通、建筑、桥梁、船舶、海洋、能源、航空、航天、国防等领域中，许多工程课题都要求分析和预报结构物在冲击、爆炸等强动载荷下的动力行为，如动力响应过程、最大变形、可能的破坏模式与位置等，研究这些问题是结构冲击动力学的主要任务。余同希对结构冲击动力学的理论模型作出了一系列创造性的发展，提出了相应的理论分析方法，并通过典型实验和数值计算对新的模型和方法加以验证。

余同希在 1984 年初最早发现，对于受横向脉冲作用的两端不可移的理想弹塑性直梁，当冲量落入某一小范围内时，梁的最终变形会同脉冲作用的方向相反。他继而和美国著名学者 P. S. Symonds 教授一起，采用一个 Shanley 型的简单模型，成功地阐明了梁的弹塑性动力响应中的这类反直观行为的根源。他们开创性的论文受到世界各国冲击动力学学者的极大重视，被引用近100次，引导了从非线性动力系统的理论高度对结构动力反常行为的大量研究。

余同希同华云龙、杨嘉陵等先后合作，对非等直构件（曲梁、折梁、变截面梁）和含缺陷的梁的塑性动力行为，提出了“广义塑性铰”和“双铰模式”的概念及相应的求解方法，对一系列问题获得了包含瞬态响应的完全解。这些模型和解法在与核电站安全密切相关的管道甩动问题中有着重要的应用。

基于弯矩和膜力对变形能的各自贡献的分析，余同希对结构的大变形动力响应提出了新的求解方法“膜力因子法”；他同陈发良等一起，运用该方法成功地求解了梁和板在不同边条件、不同载荷下的大变形动力响应，方法简便易行，结果同实验符合良好。

对梁在冲击下的动力行为，余同希精益求精地对有关理论模型提出改进，以求这些模型有更大的适用性。他和王晓东、徐新生等探索了梁的弹塑性弯曲波与弹塑性动力响应的关系。他提出的两种新模型（根部弹簧模型和系列质点-角弹簧模型），清晰地阐明了弹性效应对梁的动力响应历史和能量耗散分布的影响。他同剑桥大学 W. J. Stronge 教授一起建立了刚塑性地基上的梁遭受刚体撞击的理论模型，并同圆柱壳受撞击的动力行为相比拟。他同杨嘉陵等对自由梁的动力行为的细致分析，可用于预测飞行器受到导弹截击或空中爆炸时的响应。他与陈发良等共同发展的梁的动态剪切破坏准则，较原有的初等破坏准则前进了一大步。

基于上述研究成果，余同希与杨嘉陵等人于2001年共同获得了中国高校科学技术奖一等奖。余同希在这些专题上的部分重要成果也已总结在他同 W. J. Stronge 教授合作的专著，以及他与华云龙教授，和他与邱信明教授合编的两部研究生教材之中。

针对核电站中管道动力大变形中由于截面扁化和畸变引起的结构软化行为，余同希同英国学者 S. R. Reid 教授一起，系统地提出了分析软化梁动力行为的理论模型和计算方法。由于材料或结构的软化行为通常会引起求解的不稳定性，他们提出的动力模型和算法具有开创意义。

对受到广泛重视的所谓“Ⅱ型结构”（其载荷-变形曲线呈现高峰值后迅速下降的一类结构），余同希先后同张铁光、苏先樾合作，采用拉格朗日二类方程及弹塑性分析方法揭示了这类结构在冲击载荷下呈现的“速度敏感性”的物理根源，即实质是“惯性敏感性”。

余同希先后同 S. R. Reid、杨嘉陵、阮海辉等合作，在世界上率先研究了两个可变形结构相互碰撞的分析方法及能量分配规律，建立了撞击区的局部力学模型，讨论了模态法和其他近似方法的适用性。这对工程防护结构（如道路护栏、管道甩动限制器等）的总体设计有重要指导作用。

在各种安全事故中，由强冲击载荷引起的伤害占很大的比例，例如，汽车碰撞事故，建筑工地高空坠物造成的伤亡，以及地震、台风、海啸等造成的建筑物破坏等。余同希运用结构冲击动力学的理论对安全防护结构进行了具有工程实际价值的研究；例如，将他本人和 S. R. Reid、王彬、杨嘉陵等共同首创的软化梁的动力分析方法应用于核电站中管道甩动的灾害预测和管道限制器的设计，已被英国核电部门采用；又如，将"两个可变形结构相互碰撞"的理论模型应用到汽车与公路防护栏的碰撞分析，提出防护栏设计的合理参数；同时与香港及广东的交通部门合作，对世界上通用的波形梁护栏作了系统研究，并协助香港政府道路署对出现重大事故地段的公路护栏作了测试改进。

随着各种便携式电子装置（如手机、MP3、iPhone、iPad、笔记本电脑等）在世界上的流行，坠落损坏的数量大增。对于这样一类新的冲击动力学问题，余同希与周春燕等通过自行设计的实验研究了典型便携式电子装置坠落时的动力响应过程，包括坠落姿态对撞击力脉冲的影响及印刷电路板上的动态应变等；又通过一系列理论模型，分析了从撞击时的局部接触力如何引起印刷电路板的动态变形，再传递到芯片焊点，导致可能的失效的全过程。

（三）结构和材料的能量吸收

由于运行中经常可能发生冲击碰撞事故，在设计汽车、飞机、船舶等运载工具的结构时，除了传统的强度、刚性、稳定性的设计要求之外，还需考虑其结构的"耐撞性"（crashworthiness），也就是考察它们在冲击下的变形与破坏，以及总体能量吸收能力。针对用于防护外来的冲击爆炸的工程防护结构，工程人员最关心的不是它的动态响应过程的细节，而是结构的总体能量吸收能力。此外，由于特殊的防护需要，往往还要选取一些特殊的材料，并安装和设计某些专门的能量吸收装置。因此，近二三十年来，"结构和材料的能量吸收"已逐渐发展成为一个新的分支学科。余同希在国内是这一分支学科的积极倡导者，同时也是国际上这一支学科的领先研究者之一。他和卢国兴合作撰写了世界上这一领域的第一部专著，其中包含了他在这一领域的逾 60 篇论文的研究成果。他在这一领域内的开创性研究成果主要有如下几项。

余同希与陶肖明（香港理工大学纺织系教授）、薛璞一起研究和开发了基于纺织复合材料的新型多胞材料，经过改进工艺和优化设计，使该材料具有重量轻、能量吸收能力优异的特点，已取得多项国际专利（涵盖美国、欧洲、中国等地），并获国际工业织物协会2002年度优异奖。以自主知识产权为基础，在香港政府创新技术基金支持下与香港一家公司合作开发出新一代的自行车头盔及极速运动的安全头盔。与此相关，还同陶肖明、朱波等共同研究了编织复合材料的可成形性。

吸取纽约世贸大楼在“911”恐怖袭击中坍塌的教训，从能量吸收的角度，余同希与周青共同研究了高楼在自重下坍塌的力学机理，以及在高层建筑中加装能量吸收构件以阻止坍塌的可行性。

余同希与高子扬一起系统研究了由胞元组成的各种一维串列的静、动态性能，包括一维圆环串列、由Ⅱ型单元组成的一维串列等，揭示了动态变形的传播过程以及变形局部化对胞元构型和加载速度的依赖关系。

余同希同高子扬、D. Karagiozova一起研究了由空心金属微球（metal hollow spheres，MHS）制成的新型多胞材料的准静态和动力行为。这种新型多胞材料胞元规则、质量轻、单位重量的比吸能很好，在汽车、航空航天领域有极大的应用前景。通过系统的实验和数值模拟，证实了其性能稳定，易于通过材料设计达到所要求的承载能力和能量吸收能力。基于薄壁球相互作用的数值模拟和理论模型，他们还提出了MHS材料特性随其相对密度变化的公式。

与MHS材料的变形机理相关联，余同希以乒乓球为实验试件开展了对薄壁球及薄壁球集合的准静态和动力行为的研究，揭示了薄壁球壳的局部压入机理、两个薄壁球的对压过程以及薄壁球撞击刚性壁后的动态变形和回弹的力学特性等。这些研究结果在球类运动力学也有直接的应用。

对二维多胞材料的面内大变形行为和能量吸收机制进行了全方位的研究，例如，通过数值模拟揭示蜂窝材料在快速加载下动态变形模式随加载速度的演化（与阮冬、卢国兴等合作），通过实验和数值模拟揭示圆胞蜂窝材料双向受压时变形局部化的形成和变形模式的演化（与胡玲玲、D. Karagiozova等合作），对多种构型的平面格栅材料的变形模式和平台应力作出的理论分析（与邱信明等合作）等，都达到相当的深度。

针对能量吸收材料的直接工程应用的实例，受香港劳工处和职业安全健康局委托，余同希开展了对建筑工地安全帽防护性能的评估，包括冲击失效和材料老化的研究、典型严重事故分析等，对职业安全防护提出了一系列技术建议。

为发展高性能的能量吸收材料，余同希与高平（香港科技大学化学工程系教授）、阮诗伦共同研究和开发了碳纳米管增强的超高分子量聚乙烯的新型纳米复合材料，达到极优异的强度和韧性，可望在防弹衣、超强缆绳等方面有重大应用。此项成果吸引了国际大公司与他们进行合作研发，并已获得专利。他们在此专题上发表的第一篇学术论文已被引用300次以上。

现有的能量吸收装置基本上都属于被动式的，即其受载方向和能量吸收特性都是不能随外来的冲击的变化而变化的。近几年，余同希和张晓伟等对自适应的能量吸收装置作了开创性的探索，并在以下几方面取得了很好的进展：在方管和圆管加装屈曲触发器；在圆管内充气压以改变屈曲模态和提高吸能能力；运用电流变液快速改变抗冲击力和能量吸收特性。这些探索对于下一步发展智能型的高性能能量吸收装置并开发在汽车和航空航天器上的应用具有重要的先导作用。

除以上三个领域之外，余同希还涉足微纳系统力学行为的研究领域。从 1999 年起他积极组织和参加了对微机电系统（MEMS）及纳米材料的研究工作，创建了香港科技大学集成微系统研究所以及香港科技大学与中国科学院力学研究所的微系统联合实验室；同中国科学院力学研究所非线性力学国家重点实验室赵亚溥教授领导的研究组合作进行了 MEMS 关键构件的实验研究和理论分析，特别是对微器件中典型薄膜的微纳米摩擦力学性质进行了探索，共同发表论文 20 多篇。此外，应用分子动力学模拟的方法，研究了多壁碳纳米管在受到压头横向压入时，多层管之间的相互作用及键合结构的转化，有关论文发表于 *Physics Review Letter*。

三、培育英才，回馈社会

由于特有的人生经历，余同希深切地认识到与实际结合是科学技术的生命力之所在，因此在研究中必须摒弃“无本之木”的立题和象牙塔式的封闭途径。他认为，力学的精髓在于将工程实际中的问题加以简化，提炼成力学模型，结合实验和数值模拟的手段，抽丝剥茧地找寻研究对象的最主要的控制因素，进而揭示出这些控制参数的变化在研究对象中所产生的各种性态、模式和规律，返回去指导工程实践。基于这种治学理念，他的研究风格是：从纷杂的现象和繁多的数据中抓住问题的力学本质，大刀阔斧地简化以建立模型，清晰地把目标定位于寻求具有普遍意义的规律。同他一起工作过的同事和学生都一致认同，建立力学模型的经验和功力是余同希做科研的最大亮点。

“得天下英才而教之，不亦乐乎！”作为大学教授，余同希孜孜不倦地向学生传授前沿的科学知识，他的精彩授课在学生中口耳相传，编写的教材成为广受学生欢迎的经典教材。在授课之外，他殚精竭虑地培养硕士生和博士生。无论在哪个大学工作，他都十分重视建立一个良好的团队文化，特别是着力开好“组会”（group meeting），这不但可以让研究生们汇报研究进展、锻炼口头表达能力，还可以对学生在课题中遇到的困难作现场指导，使每个学生都从中学到东西。他从不单纯催促学生交出课题所要的结果，而是在科研方法上循循善诱，通过言传身教让学生逐渐学会怎样去做科研。他也很关心学生的思想和生活，常同学生讨论他们的人生规划。他说，“我很庆幸我选择了大学教授这个职业，不但可以有很大的学术自由，还可以经常同年轻人接触，令自己保持学术和思想上的活力。”他以种地来比拟研究工作与培养人才的关系，他说，如果你自己种上一小块地，打出些粮食（写书、写论文），当然有所贡献；但是要是能把粮食变成种子（研究生和博士生）撒到广大的田野上去，那就能够打出更多的粮食，贡献也就更大了。他在北京大学期间培养了4名博士，在香港科技大学培养了8名博士，与大陆及香港其他大学联合培养了5名博士；还先后培养了17名研究型硕士。他培养的许多学生现正活跃于世界各地，很多人成为相关学科的佼佼者和带头人。

余同希多年来积极开展国内和国际的学术联系和科研合作，建立了广泛的交流与合作的网络；近年来，他特别重视跨学科的合作，参与多项交叉和边缘学科的课题研究。他先后受聘为中国工程物理研究院、中国科学院力学研究所、中国科学技术大学、北京大学、浙江大学、四川大学、湖南大学、北京航空航天大学、西北工业大学、南京航空航天大学、北京理工大学、大连理工大学、华南理工大学、曼彻斯特大学、斯文本科技大学、新加坡国立大学、南洋理工大学等院校的顾问教授或客座教授；2008年起受聘为宁波大学包玉刚讲座教授，2011年起又受聘为浙江大学包玉刚讲座教授，2014年受聘为北京大学杰出访问教授和大连理工大学海天学术大师。他相信学术交流与合作是现代科研成功不可或缺的因素。仅在香港科技大学期间，他就邀请了30多位国内外的访问学者来港共同工作，也同校内外的同行共同申请课题。在香港科技大学期间，他同美国、英国、法国、德国、澳大利亚、新加坡的学者都开展了合作研究。对于与国内的合作他下力尤多，对国内科研和教育做出了自己的贡献。在学术交流与科研合作中，他尊重前辈，诚待同辈，爱护后辈。由于互相尊重、互相学习，合作总是十分愉快，而且成果累累。

余同希在国际学术界享有相当高的知名度，曾主持和组织多次国际学术会议；他是美国机械工程师学会、英国机械工程师学会、香港工程师学会的资深会员及剑桥大学丘吉尔学院海外院士；历任中国力学学会常务理事、副秘书长，香港力学学会理事长，国际理论与应用力学联合会（IUTAM）理事会理事（代表香港）。他亦担任 *International Journal of Mechanical Sciences* 和 *International Journal of Impact Engineering* 两个国际刊物的副主编，以及 *International Journal of Solids and Structures*、

《力学学报（英文版）》等十余种国际学术刊物的编委。

谈到借以鼓励自己坚持前行的人生座右铭，余同希有一番见解："我计算过，一个人在世界上也就生活两万五千天左右，所以我觉得应该珍惜每一天，不论你经历的是顺境还是逆境，总应该做一些对这个世界有用的事情。我不太赞成那种闲散、玩乐的处世作风，人生总该给社会留一点东西。"他这样说了，也这样做了。他常常教诲学生要"干一行，爱一行"；也正是这种求实的人生观，使余同希在过去艰难的岁月中坚持自己的信念，屡经曲折和坎坷后成为一位成就卓越、享誉国际的力学家。

四、余同希主要论著

Yu T X，Johnson W. 1982. Influence of axial force on the elastic- plastic bending and springback of a beam. Jour Mech Work Technol，6：5-21.

Yu T X，Johnson W. 1982. The Plastica：the large elastic- plastic deflection of a strut. Int Jour Non- Linear Mech，17：95-209.

Symonds P S，Yu T X. 1985. Counterintuitive behaviour in a problem of elastic- plastic beam dynamics. ASME J. Appl Mech，52（3）：517-522.

余同希 . 1989. 塑性力学 . 北京：高等教育出版社 .

余同希，章亮炽 . 1992. 塑性弯曲理论及其应用 . 北京：科学出版社 .

Yu T X，Chen F L. 1992. The large deflection dynamic response of rectangular plates. Int Jour Impact Eng，12：603-616.

Stronge W J，Yu T X. 1993. Dynamic models for structural plasticity. London：Springer- Verlag.（中文版：余同希，斯壮 . 2002. 结构塑性的动力模型 . 北京：北京大学出版社 .）

Su X Y，Yu T X，Reid S R. 1995. Inertia- sensitive impact energy- absorbing structures，Part I：Effects of inertia and elasticity. Int Jour Impact Eng，16（4）：651-672.

Reid S R，Yu T X，Yang J L. 1998. An elastic-plastic hardening-softening cantilever beam subjected to a force pulse at its tip：a model for pipe whip. P R Soc London A 454：997-1029.

Yu T X，Tao X M，Xue P. 2000. Energy- absorbing capacity of grid- domed textile composites. Compos Sci Technol，60（5）：785-800.

Yu T X，Yang J L，Reid S R. 2001. Deformable body impact：Dynamic plastic behaviour of a moving free- free beam striking the tip of a cantilever beam. Int Jour Solids Struct，38（2）：261-287.

Ruan D，Lu G，Wang B，Yu T X. 2003. In- plane dynamic crushing of honeycombs——A finite element study. Int Jour Impact Eng，28（2）：161-182.

Ruan S L，Gao P，Yang X G，Yu T X. 2003. Toughening high performance ultrahigh molecular weight polyethylene using multiwalled carbon nanotubes. Polymer，44：5643-5654.

Lu G，Yu T X. 2003. Energy absorption of structures and materials. Cambridge：Woodhead Publishing Limited.（中文版：余同希，卢国庆 . 2006. 材料与结构的能量吸收 . 北京：化学工业出版社 .）

Karagiozova D, Yu T X, Gao Z Y. 2006. Modeling of MHS cellular solid in large strains. Int Jour Mech Sci, 48 (11): 1273-1286.

Zhou C Y, Yu T X, Lee R S W. 2008. Drop/impact tests and analysis of typical portable electronic devices. Int Jour Mech Sci, 50 (5): 905-917.

Qiu X M, Zhang J, Yu T X. 2009. Collapse strength of periodic planar lattices under uniaxial compression, Part Ⅰ: Quasi-static strength predicted by limit analysis. Int Jour Impact Eng, 36 (10-11): 1223-1230.

余同希，邱信明. 2011. 冲击动力学. 北京：清华大学出版社.

Shen C J, Yu T X, Lu G. 2013. Double shock mode in graded cellular rod under impact. Int. J. Solids. Struct., 50: 217-233.

Karagiozova D, Yu T X, Lu G. 2013. Tranverse blast loading of hollow beams with square cross sections. Thin-Walled Structures, 62: 169-178.

撰写者

周青（1964～），北京人。北京大学硕士（导师为余同希），麻省理工学院（MIT）博士。现为清华大学汽车工程系教授、博士生导师，从事汽车碰撞安全防护和轻质材料耐碰撞性能方面的研究。

李世莺（1946～），重庆人。重庆大学毕业，曾在重庆大学、北京大学、香港科技大学工作，现为自由撰稿人。

蔡美峰

蔡美峰（1943～），江苏如东人。矿山工程力学专家。2013年当选中国工程院院士。1967年上海交通大学工程力学专业毕业，分配到中国人民解放军国防科学技术委员会第710研究所工作。1978年考取"文化大革命"后第一届研究生，进入北京钢铁学院（现北京科技大学）攻读采矿工程岩石力学研究方向硕士学位，1980年底毕业留校任教。1985年初以访问学者身份公派赴澳大利亚留学，1990年10月获新南威尔士大学哲学博士学位回国。在地应力测量、采矿岩石力学基础理论和采矿工程优化、开采动力灾害预测与防治等方面取得了突出成就。获国家科技进步奖二等奖3项、三等奖1项，国家技术发明奖三等奖1项，省部级科技进步奖二等奖以上15项。出版学术著作5部，发表学术论文200余篇。培养出博士90多名、硕士50多名、博士后20多名；主编国家级规划教材1部，获国家级教学成果奖二等奖1项。曾被评为国家级教学名师、全国模范教师和全国优秀科技工作者。1991～2005年先后任北京科技大学采矿系副主任，资源工程学院（现土木与环境工程学院）院长、教授、博士生导师、力学一级学科博士点和"矿业工程"国家一级重点学科首席学科带头人，国务院学位委员会学科评议组成员、召集人，国际岩石力学学会教育委员会主席，中国金属学会采矿分会理事长，中国岩石力学与工程学会副理事长等。

一、刻苦钻研，实现壮丽人生价值

1943年5月18日，蔡美峰出生于江苏如东黄海边的一个贫苦小乡村。他出生刚三个月，以种地和打渔为生的父亲在一次出海时不幸溺水身亡，母亲孤身一人拉扯着四个未成年的孩子。十几年贫苦的乡村生活和艰难的求学历程，是蔡美峰成才的起点。他深知，如果不是新中国成立，如果没有党和人民的培养，他一个偏僻小乡村的穷孩子不可能有机会上学，更不可能从小学、中学一直读到大学。这是他不畏艰难、刻苦学习的思想基础。

1962年9月，蔡美峰从如东县栟茶中学——一个主讲教师中无一人具有大学本科学历的乡村中学，以高分考入上海交通大学，成为一名工程力学专业的大学生。

1968年7月，他在“文化大革命”的动乱环境中大学毕业，分配到中国人民解放军国防科学技术委员会第710研究所工作。尽管工作、学习的条件都受到“文化大革命”环境的严重制约，但他始终以共产党员的觉悟和知识分子的良知做好自己的本职工作，作为负责人之一完成的产品，获得1978年全国科学大会奖。在这段时间里，他从未停止过强烈的求知欲和对理想的不懈追求，从未放松过学习。

“文化大革命”结束后，1978年国家恢复研究生招生，终于迎来了科学的春天。由于当时身处山区，得不到需要的招生信息，蔡美峰经人推荐报考了北京钢铁学院（现北京科技大学）采矿工程专业。结果他以全校近千名考生中总分排名第3、专业排名第1的优异成绩，作为“文化大革命”后的第一批研究生，被该校录取。这成为他一生的重要转折点。从此，他从事的专业领域从工程力学转入采矿工程。入学面试时，他的导师，中国岩石力学学科的奠基人之一于学馥教授问他的第一个问题就是：“以前你是搞上天（火箭发射）的，现在要入地，行吗?”蔡美峰坚定地回答：“行！我能吃苦，肯学习，干什么都行。”以前采矿被很多人看不起，认为采矿没有学问，不是一门科学。而当蔡美峰走进这一领域，看到矿产资源的开发和利用在国民经济的发展中起着举足轻重的作用，中国采矿工程和技术的科学水平与国外相比，还比较落后。他同时发现采矿是一门极为复杂的系统工程，其复杂性既在于开采结构的复杂性，也在于开采条件和环境的复杂性，解决采矿问题涉及多学科的理论和知识。采矿的理论基础是力学，经过工程力学本科训练的蔡美峰深感自己在采矿这一行业大有用武之地，自己有责任采用包括力学在内的现代科学理论和高新技术，为提高中国采矿工程和技术的科学水平做出自己的努力和贡献。他的这次选择，决定了他未来一生的走向。

1985年，蔡美峰被国家选派作为访问学者赴澳大利亚留学，一年后获澳方资助，兼攻博士学位。他抵澳后，原本是要去悉尼附近的卧龙岗大学从事巷道支护方面的研究，那个项目经费充足，也比较容易出成果，并且他硕士毕业后一直从事这方面研究。而当时新南威尔士大学有一个地应力测量研究课题，是一个外国博士研究生准备了一年半后，认为没法搞而放弃的。这个项目的经费需要逐年申请，没有保证。蔡美峰在国内的时候接触过这方面的工作，有些矿井由于没有摸清地应力的分布规律，建了十多年都不能投产。蔡美峰深知地应力测量对采矿工程的极端重要性，他从国家需要出发，勇于承担风险，选定这个难“啃”的骨头来做自己的研究课题。

进入课题研究不久，他的导师，也是原先提出这个课题的教授辞职离开了学校。虽然学校安排了另一位教授做他的导师，但实际上科研方面的事就靠他自己一个人琢磨了。他的研究不光要耗费脑力，还要耗费很大体力。试验需要 200 多块 70 多公斤的岩石试块，试验中每天要把试块从试验台上搬上搬下，要在一尺半高的试验台底部爬进爬出，劳动强度不低于建筑工地上的运料工。他就这样子干了好几年。为了加快试验研究进度，他常常在实验室从早上八点一直干到晚上九点。在那几年中，他始终有一个念头：国家在不算富裕的情况下花了很大的代价让他有了出国学习的机会，自己只有充分利用国外大学资料全、信息快、试验条件好的有利条件，争分夺秒，刻苦钻研，学有成就，才能不辜负祖国和人民重托，才能报答党和人民的恩情。功夫不负有心人，经过五年的努力，他的研究成果终于得到了国际专家的认可和好评。这为后来他在地应力测量领域取得国内外瞩目的突破性成果，提出以地应力为切入点的采矿优化理论等奠定了坚实的基础。

1990 年 10 月，蔡美峰获得博士学位，当时澳大利亚政府已经宣布接受所有中国留学生永久居留申请。蔡美峰却坚持认为，公派留学生在国家需要的时候回国服务，是天经地义的。因此，在拿到博士学位半个月后，他毫不犹豫地选择了回到祖国的怀抱，依然回到北京科技大学担任一名教师。1990 年 11 月 8 日，《光明日报》在头版头条以《问渠那得清如许》为题，并附短评《新一代知识分子的风范》，报道了蔡美峰刻苦攻读、学有所成，并放弃国外永久居留机会，怀着一颗赤子之心毅然带头回国效力的感人事迹。

回国后的第二个月，蔡美峰即下到矿山寻找和落实科研项目，迫不及待地想要把在国外研究的成果尽快在国内推广应用。20 多年的时间里，他先后完成了 40 多项采矿基础理论和采矿工程科研项目，其中包括：国家科技支撑（原科技攻关）计划、863 计划项目 10 项，国家自然科学基金、高校博士基金项目 8 项，省部级科研项目 20 多项，为大幅度提高地应力测量的精度和效率，推动中国矿山地应力测量的开展；促进力学在采矿工程中的应用，提高中国采矿工程和技术的科学水平，解决一批国家重点矿山生产中的关键技术难题，做出了重要贡献。

二、严谨治学，攀登岩石力学和采矿科技高峰

凡是与蔡美峰一起工作过的人，无不对他一丝不苟、严谨周密的治学态度和勤奋刻苦、顽强拼搏的工作精神留下深刻的印象。几十年如一日，他几乎没有节假日和休息天，平均每天工作都在 12 小时以上。即使出差途中，也都抓紧时间工作。他有一个很多人不具备的优点，就是无论在飞机上，火车上，还是汽车上，他都可以正常地看论文，写材料，几个小时也不头晕。有一个统计，在他担任学院院长的十

多年中，除院长工作以外，他每年完成的教学、科研工作量是全校教授年平均工作量的3倍以上。他具有岩石力学与采矿工程学科系统深厚的理论功底，特别注重理论联系实际，注重关键工程实用技术，特别是全行业带有共性的、对推动行业进步有重大作用的关键技术的研究。为了做好科研项目，他总是尽可能深入现场，身体力行。有一年他在矿山呆了9个多月，虽然当时已是50多岁的人，但下井、爬山仍然跑在最前面。1998年，山东新城金矿主溜井塌方，井边上围满了工程技术人员，但谁也不敢靠前。蔡美峰到达现场后，穿上工作服，戴上安全帽，拿起手电筒，伏在井沿上仔细观察塌方情况，全然不顾个人安危，令现场所有人都非常感动。他的这种深入一线、真抓实干、严格要求、一丝不苟的工作作风，在他到过的矿山、企业是有口皆碑的。经过数十载的辛勤耕耘和探索，蔡美峰以力学的理论和方法为指导，瞄准采矿科技的如下三个核心问题进行研究，取得了具有开拓性的突出成果。

（一）建立了考虑岩体非线性、不连续性和各向异性的应力解除法地应力测量分析理论，发明了完全温度补偿的地应力测量方法和装置，使地应力测量的可靠性、实用性和精度大幅度提高

准确的地应力资料对采矿和岩石工程的科学设计和施工是至关重要的。然而，在很长一段时间内，中国矿山地应力测量开展很少。早期的采矿设计以经验类比为主，不做计算，也就不需要地应力资料。众所周知，采矿设计是力学问题。像一般力学计算需要边界条件一样，地应力就是进行采矿设计计算必需的力学边界条件。开始时由于缺乏地应力测量资料，很多人假设地应力条件，一般假设自重应力场条件。在自重应力作用下，地下岩体所受的垂直应力是水平应力的2倍左右。而已有的实测结果表明，绝大多数地区水平应力大于垂直应力，一般可达2倍左右。很显然，根据假设做出的计算和设计是脱离实际的、错误的。地应力资料的缺乏，严重制约了中国采矿工程技术水平的提高。当时影响中国地应力测量开展的主要原因，除了对地应力的重要性认识不足外，主要还是因为地应力测量的难度大、成本高，再加上测量技术不完善，往往不能提供工程设计需要的可靠地应力数据。因而，研究发展一种高效率的可靠的地应力测量方法就变得十分迫切和必要。

地应力测量方法主要有应力解除法和水压致裂法两大类。在全世界已经获得的地应力测量资料中，有80%是由应力解除法所完成的，并且对于矿山地应力测量而言，应力解除法也是最经济和实用的。蔡美峰通过研究发现，影响应力解除法地应力测量可靠性和精度的有两个主要问题：一是由应力解除测量应变值计算地应力是

基于一个传统的假设，即岩石是线性、连续、均质和各向同性的，而实际岩体均具有一定程度的非线性、不连续性、非均质性和各向异性，由此必然导致计算和分析结果的误差；二是应力解除法普遍采用电阻应变片作为测量元件，而电阻应变片对温度变化非常敏感，通常情况下，测点温度变化 1℃，即可引起 20% 以上测量误差。针对第一个问题，蔡美峰对应力解除法的几种主要测量技术（含仪器）在具有不同程度、不同模式的非线性、不连续性、非均质性和各向异性岩石条件下的测量精度、可靠性、存在问题等进行了 5 年多的系统试验研究。根据试验研究结果和回国后几年的继续深入研究与工程实践，建立了考虑岩体非线性、不连续性、非均质性和各向异性的地应力测量分析理论与计算方法，包括：考虑岩体非线性的变形模量与应力水平相一致的由测量应变值计算地应力的方法；建立岩体的不连续性和各向异性模型由测量应变值计算地应力的方法；通过围压试验测定岩体的不连续性、非均质性和各向异性影响系数，由修正的测量应变值计算地应力的方法；通过物理模拟、数值模拟试验定量分析岩体不连续性、非均质性和各向异性的影响，得到符合实际岩体条件地应力值的方法。针对第二个问题，蔡美峰发明了一种完全温度补偿的地应力测量方法与装置，从根本（原理）上消除了测量过程中测点温度变化对测量结果的影响。他的工作使地应力测量的可靠性、实用性、精度和效率大幅度提高，有力地推动了中国矿山地应力测量的开展。

1990 年回国后，蔡美峰带领课题组完成了 30 多个矿山和水电、土木、交通等工程的地应力实测，地点涉及华东、华北、东北、西北、中南、西南，不但为工程设计提供了可靠依据，而且各地测量结果显示出许多规律性，对研究中国大陆地应力场分布也具有重要意义。蔡美峰在国内第一次将地应力测量引入露天矿边坡工程，20 世纪 90 年代初，采用应力解除和水压致裂两种最主要地应力测量方法，测定了峨口铁矿地应力场，测量结果否定了山坡地构造应力已充分释放的传统假设，为边坡稳定性研究提供了科学依据。1995 年，采用能实现完全温度补偿的空心包体三维测量技术，只用三个多月时间就完成了金川镍矿深部 10 个测点的三维地应力实测，获得了有规律的可靠数据。而在十几年前，采用老的压磁法技术（二维测量技术），在该矿花费 6 年时间才测了 10 个点，并且其中 6 个点只得到浅地表二维应力状态。

基于地应力测量研究和实测成果，1995 年，蔡美峰撰写了国内第一部系统介绍地应力测量的专著《地应力测量原理和技术》（科学出版社），国内不少人是借助这本书学会地应力测量的。他多次应邀在国际学术会议上作报告，在美国、加拿大、澳大利亚、波兰、比利时和韩国做学术讲座。仅在国际岩石力学和采矿领域的权威刊物《国际岩石力学与采矿科学学报》上就发表论文5篇，该学报能就一个研究方向先后发表同一作者的5篇论文是很少见的，反映了该研究成果在国际上所产生的重要影响。在中国岩石力学与工程学会组织编写的《中国岩石力学与工程的世纪成就》大型专著中，学会特邀蔡美峰组织编写“地应力及原位地应力测量”一章，重点介绍了他的成果。相关成果还获得国家发明专利1项，国家技术发明奖三等奖1项（1999年），这是中国地应力测量领域的第一个国家技术发明奖。

（二）根据采矿工程稳定性受地应力场控制及其力学分析过程的特点，提出了以地应力为切入点，进行采矿设计与开采优化的系统理论与方法，提高了中国采矿工程和技术的科学水平

地下矿体处于天然存在的三维地应力场的作用下，一切开采活动都是在已存在的地应力场的作用下进行。在未开挖前，地层处于平衡状态。采矿开挖引起局部地应力释放，正是这种“释放荷载”才是引起采矿围岩变形和破坏的根本作用力。采矿是一个多步开挖、多次“释放荷载”的过程，岩体的非线性造成了加载途径性，即不同的开采顺序和开挖过程将导致不同的力学效应，也就是不同的采矿岩体稳定性状态。这是采矿力学过程不同于其他力学过程的根本所在。据此，蔡美峰提出了以地应力为切入点的采矿优化系统理论：根据实测地应力和实际矿体赋存条件，通过科学的定量计算和分析，选择最合理的采矿方法，确定最佳的开采总体布置、采场结构参数、开采顺序和地压控制措施，实现安全、高效的开采目标。该理论充分考虑采矿岩体的不确定性和非线性特征及多步性开挖特点，成功地应用数值分析、人工智能等现代数学、力学理论与计算分析技术，推动了中国采矿设计从传统的经验类比向科学的定量计算的转变，并在大量的地下与露天采矿工程中得到成功应用。

山东省新城金矿是中国蚀变岩型金矿床的典型代表，矿体赋存于一个宽大断裂带中，形态复杂多变，围岩极不稳定。再加上地表为人口稠密村庄并有高等级公路通过，不允许有明显变形和沉陷，因而开采难度很大。蔡美峰在作为技术总负责完成的国家“九五”攻关课题“新城金矿复杂条件矿床采矿方法研究”中，通过4个水平、17个测点的实测（如此大规模的地应力测量，在国内矿山是首次），获得了准确的矿区地应力资料，建立了矿区地应力场模型。在此基础上，采用正交设计、三维非线性有限元数值模拟和神经网络相结合的方法，进行采矿设计优化。首次提出并实施了盘区呈“品”字型布置采场进路的“免压拱”开采技术，即通过优化开采顺序，在采场上方形成一个拱形应力降低区。很显然，在应力降低区的下方进行

开采，是有利于安全的。从而采场地压得到有效控制，保证了具有创新特色的盘区高效连续回采获得成功。开采强度、生产能力和采矿技术经济指标大幅度提高，4 年中黄金产量增加了 80%。仅在胶东黄金矿山推广该成果，即可产生数十亿元以上的经济效益，获 2000 年国家科技进步奖二等奖。

国家“十五”攻关课题“大型深凹露天矿高效运输系统及强化开采技术研究”(蔡美峰为课题负责人)，选择首钢水厂铁矿为示范工程。该矿是中国最大的金属露天矿，设计矿石生产能力为 1800 万吨/年。20 世纪末，该矿由山坡露天开采转入深部凹陷开采，最大凹陷开采深度为 540m，最大边坡垂直高度将达 760m。露天矿进入深凹开采后，一方面，随着开采深度的增加和边坡的加高加陡，边坡稳定性和开采安全性越来越差，开采难度越来越大，生产效率下降，生产成本大幅增加；另一方面，对于大型露天矿，提高边坡角恰恰是降低生产成本的一个重要手段，如一个千万吨级的露天矿，边坡角提高 1°，就可减少剥岩量 1000 万吨以上，经济效益十分显著。为了解决这一两难问题，就必须进行边坡设计优化，在保证生产安全的前提下，尽可能提高边坡角，减少剥岩量。传统的边坡设计方法是二维极限平衡分析法。该方法基于自重静力平衡原理，不考虑地应力和断层、构造等控制性因素对边坡稳定性的影响，也不考虑实际边坡的三维效应，因而对高陡边坡稳定性分析与设计根本不适用。蔡美峰在国内外首次将三维数值模拟和三维极限平衡分析相结合的边坡优化设计方法付诸工程实践。在大规模现场地应力实测基础上，通过大型三维数值模拟（有限差分、有限元和离散元相结合）实验，对水厂铁矿开采全过程中的边坡稳定性进行了系统地力学分析与研究。并且采用基于 GIS（地理信息系统）的三维极限平衡分析方法（为国内外首次提出)，确定了边坡的潜在滑移面。据此优化做出的边坡设计方案，将水厂铁矿总体边坡角平均提高了 3°～4°。同时，在该矿建立起现代化的高效运输系统和边坡安全综合监控系统，实现了高陡边坡条件下的安全高效开采。使水厂铁矿的采矿设计、生产和管理整体提升到同期国际先进水平，创造经济效益 1.4 亿元/年。攻关形成的具有行业共性的关键技术，有很大的推广应用价值，获 2007 年国家科技进步奖二等奖。

（三）以地应力主导的能量聚集和演化为主线，进行矿震、岩爆、冲击地压发生机理及其与采矿过程关系的研究，为开采动力灾害的预测与防治开辟了一条有效途径

矿震、岩爆、冲击地压是由地层开挖引发的一类动力灾害，是威胁深部开采安全的最突出问题。矿震、岩爆、冲击地压的预测与防控是一项世界级的难题。蔡美峰提

出，矿震、岩爆、冲击地压本质上是一个采矿岩体中由开采引起的扰动能量聚集和演化的过程，而这一过程是由地应力主导的。他从系统的地应力测量、工程地质调查、岩石力学试验和现场监测入手，以开采过程中的扰动能量聚集和演化为主线，揭示矿震、岩爆、冲击地压的发生机理及其与采矿过程的关系，对矿震、岩爆、冲击地压发生的时间、空间和强度进行预测；将预测和防治、地下和地面融为一体进行评价和研究。

抚顺矿震在中国最具代表性。1988 年以后，抚顺矿震主要由老虎台矿开采所引起。随着该矿开采深度的增加，矿震的频次和震级不断增加。1988 ~ 2000 年的 12 年间，抚顺市发生里氏 1 级以上矿震 7776 次，最大震级为里氏 3. 6 级，有感范围涉及几乎所有抚顺城区。日渐频繁的矿震不仅直接影响到老虎台矿的安全生产，而且对抚顺市的社会稳定和人民生命财产安全构成严重威胁。在此背景下，蔡美峰负责进行了“抚顺矿震时间-空间-强度预测及其对城市危害性评价研究”。首先，通过对长期矿震观测资料与矿山开采资料的系统分析、研究和三维非线性动态数值模拟，追踪和反演老虎台矿近百年的开采历史和动力学响应过程，揭示地下开采引发矿震的力学机理和震源机制的演化。发现了老虎台矿的三种基本震源机制：断层构造活动型、顶板大规模垮落冲击型和煤柱或煤壁崩塌冲击型，对该矿未来开采诱发矿震的趋势进行了预测。同时，在国内外首次建立了开采扰动势模型，揭示了矿震与开采量、开采深度、断层构造和应力环境的关系。由开采扰动势模型可以定量计算出开采扰动诱发的能量，由能量即可预测矿震的发展趋势及震级。根据老虎台矿当时的开采计划，预测老虎台矿开采到最深水平（-830m 水平）前，抚顺矿震将呈增大趋势，最大震级为里氏 3. 8 ~4. 2 级。预测不到 1 个月，当老虎台矿开采到-780m 水平时，抚顺就发生了有史以来最大一次矿震（里氏 3. 7 级），从而验证了预测结果的可靠性。根据预测结果，不但确定了抚顺地面震中烈度和城区烈度分区，用于指导城区安全规划和改造、建设，而且确定了老虎台矿井下矿震震源危险性分区，提出了减小矿震规模、控制矿震发生的开采技术措施。随后老虎台矿全面落实了这些措施，矿震得到较好控制，实现了防震和生产双赢的局面。

在“玲珑金矿深部岩石力学与岩爆预测研究”中，蔡美峰研究总结出岩爆发生的两个必要条件：一是岩石必须具备储存高应变能的能力，二是采场必须具有形成高能量聚集的应力环境。根据这两个条件，在大规模现场地应力实测基础上，通过大型三维数值模拟，定量计算出玲珑金矿深部开采过程中，围岩应力集中和能量聚集的分布规律；通过系统的岩石力学试验，获得深部岩石的动力学特性（岩爆冲击倾向性）。从而对玲珑金矿深部开采可能诱发岩爆的部位和强度作出了预测；提出了以优化采矿方法、减小围岩应力集中、避免能量聚集为主线的岩爆防控措施。截至 2009 年底，玲珑金矿开采深度已达 1000m，没有发生大的岩爆事故。

在“海沟金矿地压活动规律与控制方法试验研究”中，蔡美峰提出了对地压活动进行全过程预测和动态实时监测的多元信息耦合评价方法。采用 6 种监测手段，成功地预报和处理了较大的地压活动，控制了冲击地压的发生，保证了深部开采的安全；基于实测资料，首次提出了由应力、位移、声发射信息耦合分析判别岩体稳定性的三种模式，具有重要的理论和实用价值。

蔡美峰对抚顺老虎台矿震、山东玲珑金矿岩爆和吉林海沟金矿冲击地压预测及防治研究，形成了一个系统的研究成果：“深部开采动力灾害预测及其危险性评价与防治研究”，获 2003 年国家科技进步奖二等奖。

三、教书育人，塑造高尚师德丰碑

蔡美峰始终清醒地认为：国运兴衰，系于教育；教育兴衰，系于教师。作为人民教师，必须爱岗敬业，怀着强烈的责任心和使命感，以广博的学识、丰富的实践经验和高尚的人格魅力，言传身教，为人师表，把培养的每一个学生锤炼成国家建设的有用之才。从教 30 多年来，蔡美峰先后开设现代力学与方法、岩石力学、岩石与岩体力学性质、地应力与采矿设计优化等岩石力学和采矿工程专业的本科生和研究生课程 10 多门。他用严谨的治学态度、生动的教学风格上好每一门课、每一堂课。在教学中，在注重基础理论教育，把课程的理论精髓系统准确地传授给学生的同时，更注重理联系实际的教育，始终注意根据国民经济发展对人才知识结构要求和培养目标的变化以及本学科科学技术的发展情况，不断更新所讲授的每一门课程的教学大纲和授课内容，不断补充和更新工程实例，加强本学科领域新理论、新方法和工程实用技术的传授，努力培养学生创新思维和解决实际工程问题的能力，将他们引领到本学科的前沿。由于教学效果好，授课质量高，蔡美峰的课程深受学生的好评。已经毕业十几年的学生如今谈起蔡老师多年前的授课内容时还记忆犹新。在传授知识的同时，他始终注意以强烈的社会责任感和勤奋刻苦的工作态度、身体力行的模范行动教育学生、影响学生，用真诚的心与学生们交流。30 多年来，蔡美峰除培养了一代又一代的本科毕业生外，还指导了 100 多名研究生和博士后研究人员，其中，90 多人已获博士学位，50 多人已获硕士学位，20 余名博士后已出站。他对自己指导的每一个学生，包括本科生、硕士生、博士生和博士后，既严格要求又热情关心。对于每位研究生的论文，他都要一审再审，反复修改。在学校每年不足10%的优秀博士学位论文评选标准下，蔡美峰指导的90多篇博士学位论文中，接近30%被评为校优秀论文。如今，他的好多学生已经成长为国家的栋梁，正在为祖国的繁荣和富强贡献着力量。蔡美峰将此视为“引以为豪的终身成就”。

在长期课堂教学和科学研究实践的基础上，蔡美峰先后出版了多部学术专著和教材。其中，由他主编的普通高等教育“十五”国家级规划教材《岩石力学与工程》，是第一部岩石力学课程的国家规划教材；第一部适用于各类岩石工程领域，包括冶金、有色、煤炭、地质、土木建筑、水利水电、铁路、公路、建材、军事等领域的通用教材；第一部将岩石力学理论和岩石工程紧密结合，定名为“岩石力学与工程”的教材。教材全面反映了国内外岩石力学的新理论、新技术、新方法和最新工程实践成果，在贯彻现代化的教学思想和教学理念，推动教学改革，更新教学内容、教学方法和教学手段，全面提高大学生的学习能力、实践能力和创新能力，推进素质教育等方面均有重大创新和突破。教材已被全国70多所大学采用，受到师生普遍欢迎。2002年8月出版发行，至2013年1月已印刷13次，印数3.8万册。该教材2004年被评为北京高等教育精品教材，获2005年国家级教学成果奖二等奖。

70年来的人生道路，对于蔡美峰来说充满了坎坷和艰辛。作为一名在艰苦环境中成长起来的学者和专家，他以自强不息的精神和达观坚韧的人生态度在平凡的科研和教学岗位上做出了不平凡的业绩。“全国模范教师”、“国家级教学名师”、“全国优秀科技工作者”和工程院院士的荣誉，是对蔡美峰上述业绩和贡献的一种肯定和诠释。

四、蔡美峰主要论著

蔡美峰. 1991. 地应力测量中温度补偿方法的研究. 岩石力学与工程学报，10（3）：227-235.

Cai M F，Blackwood R L. 1991. A technique for recovery and reuse of CSIRO hollow inclusion cells. Int Jour Rock Mech Min，28（2-3）：225-229.

蔡美峰，吴文德，赵国堂. 1994. 数值方法与人工智能在岩土工程中的应用. 北京：中国矿业大学出版社.

蔡美峰. 1995. 地应力测量原理和技术. 北京：科学出版社.

Cai M F，Qiao L，Li C，et al. 1995. Application of an improved hollow inclusion technique for in-situ stress measurement in Xincheng gold mine. Int Jour Rock Mech Min，32（7）：735-739.

Cai M F，Qiao L，Yu J. 1995. Study and tests of techniques for increasing overcoring stress measurement accuracy. Int Jour Rock Mech Min，32（4）：375-384.

Cai M F，Kong G. 1997. Criterion of energy catastrophe for rock project engineering system failure in underground engineering//Proceedings of 1st Asian Symposium on Rock Mechanics，Seoul.：A. A. Balkema：587-590.

Cai M F，Yu B，Qiao L，et al. 1997. Experience of in situ stress measurement with hydrofracturing and overcoring techniques in Ekou mine，China. Int Jour Rock Mech Min，34（2）：299-302.

Cai M F. 1997. Stress measurement with borehole overcoring technique in discontinuous rock masses. Transactions of Society for Mining，Metallurgy and Exploration（USA），Section 3：71-75.

Cai M F，Qiao L，Li C，et al. 2000. Results of in situ stress measurements and their application to mining design at five Chinese metal mines. Int Jour Rock Mech Min，37（3）：509-515.

蔡美峰，王金安，王双红. 2001. 玲珑金矿深部开采岩体能量分析与岩爆综合预测. 岩石力学与工程学报，20（1）：38-42.

蔡美峰. 2001. 金属矿山采矿设计优化与地压控制——理论与实践. 北京：科学出版社.

蔡美峰，何满潮，刘东燕. 2002. 岩石力学与工程. 北京：科学出版社.

蔡美峰，来兴平. 2003. 岩石基复合材料支护采空区动力失稳声发射特征统计分析. 岩土工程学报，25（1）：51-54.

蔡美峰，乔兰，李长洪，等. 2004. 深凹露天矿高陡边坡稳定性分析与设计优化. 北京科技大学学报，26（5）：465-470.

Cai M F. 2004. Techniques for in-situ stress measurement at great depth. Jour Univ Sci Technol B，11（6）：486-488.

Cai M F，Ji H，Wang J. 2005. Study of the time-space-strength relation for mining seismicity at Laohutai coal mine and its prediction. Int Jour Rock Mech Min，42（1）：145-151.

Cai M F，Xie M，Li C. 2007. GIS-based 3D limit equilibrium analysis for design optimization of a 600m high slope in an open pit mine. Jour Univ Sci Technol B，14（1）：1-5.

Cai M F，Liu D M. 2009. Study of failure mechanisms of rock under compressive-shear loading using real-time laser holography. Int Jour Rock Mech Min，46（1）：59-68.

Cai M F，Peng H，Ma X，et al. 2009. Evolution of the in situ rock stain observed at Shandan monitoring station during the M8.0 earthquake in Wenchuan，China. Int Jour Rock Mech Min，46（5）：952-955.

主要参考文献

孙玉科，杨志法，丁恩保，等. 1999. 中国露天矿边坡稳定性研究. 北京：中国科学技术出版社：76-80.

王思敬. 2004. 中国岩石力学与工程世纪成就. 南京：河海大学出版社.

谢谟文，蔡美峰. 2005. 信息边坡工程学的理论与实践. 北京：科学出版社.

蔡美峰，陈长臻，彭华，等. 2006. 万福煤矿深部水压致裂地应力测量. 岩石力学与工程学报，25（5）：1069-1074.

谭文辉，蔡美峰. 2010. 边坡工程广义可靠性理论与实践. 北京：科学出版社.

撰写者

纪洪广（1963～），山东青州人。1997年9月进入北京科技大学矿业工程博士后流动站从事研究工作，师从蔡美峰。现任北京科技大学土木与环境工程学院副院长、教授、博士生导师。

章梓雄

章梓雄（1944～2007），浙江鄞县人。流体力学、水动力学专家。2000年当选香港工程科学院院士，2003年当选为中国科学院院士。1965年毕业于香港珠海书院，1967年获加拿大Saskatchewan大学硕士学位，1971年获美国加州理工学院博士学位。此后一直从事流体力学与应用力学以及相关领域的教学与研究工作。1971～1978年先后在美国加州理工学院、英国剑桥大学担任高级研究员、高级访问学者等，1978～1981年任美国艾奥瓦大学副教授，1981年后晋升为该校的正教授。1991年后到香港大学任教，担任香港大学何东机械工程讲座教授。从事流体力学与应用力学、海洋工程与海洋环境、低*Re*数流动、多孔介质内的流体流动、两物体水动力相互作用问题、非线性波、医学信息与生物力学、船舶流体力学、水下声学及港口设计与消波研究工作，在这些方面都具有很深的造诣。在低*Re*数流动研究中，为解决斯托克斯内流问题创立了一系列新的基本奇点，求得不同类型流动的精确解，其系数被称为章吴常数。在处理非平面边界附近的黏性流动时建立了多调和函数球面反演理论，被称为章氏定理。在研究血球运动时得到椭球体在二阶流动中的运动轨迹，被称为章氏轨迹。在研究波动与透水介质相互作用时发现了波陷现象，提出波浪影响系数，被称为章氏参数。此理论被应用来解决港口工程中的波浪消减问题。曾担任美国土木工程师协会（ASCE）工程力学执行委员会主席、国际海洋工程师协会（ISOPE）水动力学委员会主席、国际水动力学会议（ICHD）主席等职务。

一、出生上海，负笈美加

章梓雄1944年11月7日出生于上海，原籍浙江鄞县。2007年6月13日因病医治无效在香港逝世，享年62岁。

章梓雄的童年是在上海和天津度过的。1954年于天津培才小学毕业后，考进了江苏省立上海中学，开始了六年的在校寄宿生活。上海中学有优秀的教师群体，重视基础教育，实验设备也很齐全，这为他在以后的教育和科研生涯打下了深厚的基础。1960年在上海中学毕业后，章梓雄参加了全国高等学校统一入学考试，虽然高考成绩优秀，但由于父亲在境外经商的原因未能进入他所理想的清华大学。1962 年初章梓雄进入香港珠海书院开始其大学生涯。在珠海书院他选读了机械工程，而课程中的热力学和力学，尤其是流体力学成了他最喜欢的学科。在珠海书院三年半的时间内，章梓雄拼命利用课余时间看书，吸取最新的科学知识，扩展视野，也培养了他对科研的兴趣。1965 年，他以机械工程系第一名的成绩在珠海书院毕业。

1965 年 7 月章梓雄从香港出发乘坐“克里夫兰总统号”邮轮经过 19 天的航程到达了大西洋彼岸的加拿大，进入 Saskatchewan 大学攻读机械工程硕士学位，开始了他人生中的一个新的里程碑。针对加拿大冬天寒冷且时间长而引起的路面破损问题，他选择了相位变化的热传输问题作为其硕士论文课题。研究中章梓雄设计了一部模拟计算机去预报结冰和溶解时地面的温度分布，在此基础上完成了硕士学位论文。在硕士学位论文研究过程中，章梓雄首次接触到数字计算机，学会了 Fortran 等计算机语言。当时的电子计算机几乎是 IBM 主机，体积很大，占了大半个房间的位置。整个大学也之只有两三部而已，学生要把打洞机打在一大叠卡片上，然后把整碟卡片送入计算机的读卡槽内。计算机根据大学计算中心定制的优先程序，依次执行所有输入程序的指令。一般都要等上半天或一天才能得到输出报告。有时报告上没结果。说明计算程序中有错误，这就又要花很多时间去找寻错误。发现错误后再重新打卡、输入计算机，等待下一次的输出报告。因此要得到正确的数字结果有时需要在办公室与大学计算中心之间来回跑很多天。章梓雄忆述：“在寒冷的冬季这样来回跑对一位研究生来说这也算是一种运动。”1967 年章梓雄以最优异的成绩拿到硕士学位后就转到了世界著名的美国加州理工学院在吴耀祖教授的指导下攻读博士学位。

在加州理工学院，思考如何提高游泳运动员成绩时，一种名为 Vibrio Comma 的螺旋状细菌引起了章梓雄的注意，这种细菌可以在每秒钟游过本身长度 40 倍的距离，这比人类游泳时的速度身长比要高得多。他由此对微生物和细菌的运动产生了浓厚的兴趣，并决定选择了微生物和细菌的运动作为其博士论文的研究课题。为了弥补在生物学方面知识的不足，他开始旁听遗传学、生物物理、生物化学和分子生物学课程。1969 年秋，加州理工学院的 Max. Delbruck 教授荣获诺贝尔生理医学奖。那一年正好由他讲授生物物理，在其中一节课中他讲到了一种名为 Spirillum 的细菌的运动，这种细菌有一种避开黑暗、趋向光亮的特性。虽然当时 Delbruck 教授已经是诺贝尔奖获得者，但是他说他无法解释这种细菌在改变方向时为什么会突然翻转它的鞭毛。下课后，章梓雄去了 Delbruck 教授的办公室，讲述了他从物理力学的观点上所提供的解释。Delbruck 教授听后颇为满意，也惊讶一个机械工程的博士生会去旁听他的生物物理课，还提供了连他也无能解释的细菌运动现象。后来 Delbruck 教授就成为章梓雄博士论文考试委员会的五位成员之一。

1971 年在章梓雄取得博士学位前在英国皇家学会的会刊上（B 分卷，生物科学）发表了生平第一篇名为《关于微生物螺旋式运动》的学术论文，该论文有助于解释一个古老的并被认为在生物学上不满足牛顿第一定律的螺旋体性悖论（spirochetal paradox）。论文提交后，立刻受到了著名科学家 James. Gray 和 James. M. Lighthill 的关注，章梓雄也因此获得了美国古根海姆学者奖（John Guggenheim Fellowship）。他的博士论文，也以“由鞭毛推进微生物的螺旋式运动”为题。1971 年章梓雄在吴耀祖院士指导下完成了博士论文《关于微生物的螺旋运动》，成功取得加州理工学院的机械工程博士学位。后来该螺旋体运动的理论机制也被《自然》杂志所引用。

二、立足海外，成就辉煌

博士毕业后，章梓雄继续留校做科研工作，研究细菌和微生物运动时需要有低 *Re* 数流体运动的理论基础。于是他开始深入进行低 *Re* 数流动的研究。在 20 世纪 70 年代中期章梓雄和指导老师吴耀祖教授合作在国际著名的《流体力学杂志》上发表了一系列文章，首次导出了以解决斯托克斯内流问题的一套新的基本奇点，从而可以应用这些基本奇点求得不同类型流动的精确解，而其系数被称为章吴常数。在处理非平面边界附近的黏性流动时，章梓雄建立了多调和函数球面反演理论，从而建立了黏性奇点对应于曲面的镜像系统。前东京大学著名物理学家 Hasimoto 教授把这一理论命名为章氏定理，与 Kelvin 爵士关于调和函数的定理并列，凸显该理论的重要性。章梓雄还应用奇点法以环形物体的旋转运动和二阶流动流过椭球体来模拟血球的运动，所求得的椭球体在二阶流动中的运动轨迹被称为章氏轨迹。这些都是具有首创性意义的研究工作。

1974 年章梓雄到了英国剑桥大学，在应用数学与理论物理系作为高级访问学者与世界顶尖的应用数学与流体力学大师 James. M. Lighthill 教授合作研究了一年。Lighthill 教授曾对章梓雄说做研究工作要脚踏实地，循序渐进，一步步来做；先做简单的，然后再做复杂的，千万不能好高骛远。他的教诲对章梓雄以后进行的研究工作起了很大的作用。在剑桥大学的一年使他获益良多，不但见到了如 G. I. Taylor 教授和 Harold. Jeffreys 教授等世界级的大师，而且和当时的应用数学与理论物理系系主任 George. Batchlor 教授交上了朋友。在此期间，他先后发表了一系列关于求

Stokes 方程精确解的文章，而此方程曾被研究人员在多领域广泛采纳用以处理黏性占优的低 *Re* 数流现象，包括生物与非生物，内部和外部的微米范围。在高 *Re* 数下的另一个极端，文章中对淹没或浮动体的相互作用，针对曳出流体的附加质量张量得到了广义泰勒方程式。

回到加州理工学院后，章梓雄与当时国际地震学会会长，有地震工程之父之称的加州理工学院 George. Housner 教授合作，第一次得到地震水压力作用于斜坡坝面的精确解，从而可以确定上游坝面水动压力分布和水平、垂直、法向的坝面总荷载。

加州理工学院的学术气氛非常浓厚，即使在吃饭和喝咖啡休息时间大家交谈讨论的话题多数也是学术性的问题。在 1977 年 6 月有一天上午看到报纸提起美国爱达荷州 Teton 坝垮坝一周年的事件，这次事件最终造成 14 人死亡和接近 10 亿美元的财产损失。当天下午喝咖啡时章梓雄就和 Housner 教授谈起此事，也谈到 1976 年 7 月 28 日的唐山大地震。Teton 坝是一个土石坝，当时除了用有限元数值解外，没有精确的理论解可以求得由地震所引起的斜坡坝面上的水动压力。于是，章梓雄就开始与 Housner 教授合作进行这方面的研究，发表了一系列关于地震所引起的水动压力文章，还首次研究了水库中流体分层对坝面水动压力的影响，文章所提出的方法后来被称为章氏方法。

1978 年章梓雄转到美国艾奥瓦（IOWA）大学水利研究所接替准备退休的船舶水动力学家 Lou. Landweber 教授，并于 1981 始正式晋升为正教授。在艾奥瓦大学水利研究所的 13 年里章梓雄开始从事有关水利方面的研究工作，1983 年他首次发展了透水造波机理论。在此基础上与访问学者李炜教授共同研究了等水深半无限长水槽端部附近活塞式透水造波板所产生的表面波，发现当造波板与槽端距离为半波长的整数倍时将不会有向无穷远处传播的波，并将此现象成为“波陷”。后来与清华大学水利系访问学者董曾南教授进一步发现当固定透水板与槽端距离为四分之一入射波长加半波长的整数倍时反射系数将有最小值。此后，章梓雄与自己的研究生及博士后们在此领域发表了多篇论文，研究波浪通过透水垂直板、透水圆形板、透水斜板等的变化。在这些研究中提出的波浪影响参数被称为章氏参数（Chwang's Parameter）。此外，章梓雄也进行了水下声学船舶水动力学、圆柱形孤立波及两物体相互作用水动力学的研究，并取得显著成果。

章梓雄治学严谨，一丝不苟，勤奋过人。他在曾与他合作过的国内学者里有口皆碑。章梓雄过着非凡的生活，并赋予生命异彩纷呈的伟大意义，远远超越作为一名普通意义上的学者。他是领军式的流体力学专家、水动力学专家和应用数学家。其广阔的兴趣范围使他在与生物物理和地理流体力学相关领域进行了深入的研究。

他是如此有天赋的创造才华并由此发展了新的数学方法，用以作为破解挑战性的物理现象所要应用到的有力的工具算法。长期以来他在学术专业上和对地方政府的巨大贡献使他在国际上享有盛名。作为各种科学和工程协会成员，他的贡献也令人称赞，这其中包括美国土木工程学会（ASCE）工程力学分会（EMD）的执行委员会、EMD 的流体委员会、湍流委员会主席、ASCE 的咨询委员会委员、美国机械工程协会（ASME）以及许多其他协会顾问或主席。同时作为担任了许多大学、科研机构或政府部门的名誉教授、顾问等职务，他总是以热情的态度回应各种需求并提供帮助。

三、回归香港，硕果累累

香港，在章梓雄人生历程中占有重要的一页。1961～1965 年，他从内地来港就读珠海书院机械工程；1991 他从美国返港，担任香港大学何东机械工程讲座教授。章梓雄坦言，当初并没有想过要长久留在香港，即使年过六十，仍未想就此安顿下来，他想日后如果机缘巧合，很可能会返回内地——他眼中真正的家。20 多年海外生活的磨炼，不仅丰富了章梓雄的生活阅历与视野，而且也成就了其利用自己多年海外生活所积累的丰富科技知识服务祖国的愿望。

20 世纪 80 年代，美国有一套叫做“Root”的电视连续剧，主要讲述一些美国黑人渴望“寻根”，后来一路寻到了非洲的故事。章梓雄忆述当时看了这套电视剧的感受：我是中国人，想将来年纪大了也要回到自己的地方。

不过，中国经济在 80 年代时仍然比较落后，甚至在学术水平等各方面也比较逊色，他觉得即使有心回到中国，也要等待时机成熟。

1991 年这个时机终于来临。这一年，正在进行关于香港前途的中英谈判，香港很多人移民到国外，离开了香港。但章梓雄的想法跟大家相反，他觉得大家都要离开香港的话，对他来讲是一个机会，因为香港需要人才。章梓雄想：虽然香港还是殖民地，但是到了 1997 年就回归中国了，就等于回家一样。他觉得这是一个机会，就决定回到香港。当时的章梓雄在美国的事业正如日中天，然而他却力排众议，毅然选择了回归香港。1991 年应当时的港大校长王赓武的邀请，出任香港大学何东机械工程讲座教授兼机械工程系系主任一职。章梓雄回归香港以后的经历证明：他当初的选择是正确的，祖国的科技事业为章梓雄施展自己的才华提供了更大的舞台，他的成功之路已经在祖国得到了更好的延伸。

在国外期间，章梓雄的研究主要以理论为主，并取得了不少首创性的成果。

章梓雄的学风有两个显著的特点：一是理论与实际紧密联系，二是十分注意研究课题与内容的创新性。来到香港后，他的研究方向出现了一大转变，变得更加注重研究成果向实际应用的转化，他想做对香港有贡献的研究。到香港大学任教后。他开始思考如何能为香港的建设出一分力。

香港是世界上最繁忙的货运港口之一，20 世纪 90 年代每年吞吐量为一千六百万个集装箱。随着船舶交通量的增加，香港维多利亚港湾逐渐出现波浪问题。在港口周围进行的填海工程，加上现有的实心垂直海堤，使得波浪问题更加严重。结果，货轮装卸作业、码头停泊以及类似的运作变得越来越困难，小型客轮的航行变得越来越不顺畅。有鉴于此，香港政府土木工程署展开了一项关于内港波浪及其消减的综合研究。1995 年章梓雄所领导的水动力学课题组以其丰富的理论积累和在波浪研究方面的优势，在香港政府向全世界招标的竞争中，成功地取得了香港维多利亚港湾波浪及其消减问题的研究任务。通过大量现场观测、理论分析、数值模拟和模型试验的研究工作，探明了维多利亚港内波浪恶化的主要原因是港内行船所造成的船行波。为此，他向香港政府提出了需优化和控制行船、并改造目前已有的海墙的建议方案。该方案提出了根据课题组研究的透水介质与波浪相互作用理论，设计透水海墙以吸收波能、减低港湾内的波浪的建议。这一研究成果和实施方案最后被香港政府所采纳，并于 2003 年完成了一段 113 米透水海墙的建造。

章梓雄在香港做的另一方向的研究是利用现代波动理论来探讨腕脉与心血管状态的关系。他发现脉搏与心脏有直接联系，只需要利用仪器来检查脉搏便可以协助心血管病患者尽早发现问题。这项研究成果为医生及时发现病人的心血管隐患提供了一种新的思路。

四、心系科学，奉献祖国

作为一位华人学者，章梓雄在早在美国工作的时候就对来自祖国大陆的学者和学生有着一种天然的好感，对祖国的科技事业一直表现出了极大的关注，总是尽自己所能以各种方式为祖国的科技事业的发展贡献自己的力量。

中国的改革开放为章梓雄实现为祖国科技事业贡献自己才智与力量的愿望提供了更好的条件，20 世纪 80 年代初开始，章梓雄利用自己长期在欧美著名大学学习工作的经历以及与国际学术界有广泛联系、对国际上的前沿科学问题有比较深刻了解的优势，通过应邀到国内的大学和研究机构讲学、受聘国内科研院所客座教授、培养来自国内的访问学者、为国内的优秀学生提供奖学金以及筹集资金帮助国内学者参与国际学术交流活动等形式，及时为国内的同行介绍国际科学技术的最新发展现状以及国际学术界的热点研究问题，为中国的科技人才培养和国家科技事业的发展献策。

1981 年当时还在美国艾奥瓦大学任教的章梓雄就开始指导并热情帮助由祖国大陆赴美国的访问学者。以后又多次应邀到祖国内地多所高等院校和科研单位讲学，那时候开始他先后被国内 12 所大学和中科院力学所聘为名誉教授、顾问教授或客座教授。1991 年章梓雄为了能更好地为祖国服务，更是离别了学习和工作长达 26 年之久的美国和加拿大，毅然回到香港工作。

章梓雄 1985 年第一次回到中国大陆讲学，从那以后回内地大学与科研院所讲学、进行学术交流几乎成了他的一种生活常态。

1985 年 5 月 20 日 ~ 1985 年 7 月 4 日，在中国水利水电科学研究院、清华大学、天津大学讲学，内容为：紊流边界层理论、非线性水波理论、与地震有关的流体力学问题。并访问了上海交通大学，做报告三次，华东水利学院（河海大学）、南京水利科学研究院等单位讲授边界层理论。

1987 年 5 月 26 日 ~ 1987 年 7 月 5 日，应国家教委外事司邀请访问国内 11 所大学或研究院，进行讲学或作学术报告。在成都科技大学就有关层流理论讲学 7 次，并就美国的大学教育做报告 1 次。在武汉水利电力学院作学术报告 3 次。在清华大学、天津大学、河北工业大学、河海大学、浙江大学都做了学术报告。访问了上海交通大学、复旦大学、中国水利水电科学研究院和《水动力学研究与进展》编辑部。

1989 年 3 月 15 日 ~ 1989 年 3 月 30 日，在清华大学、中国水利水电科学研究院和陕西机械学院进行讲学和访问，讲学课题包括：“混沌、分叉和奇异吸引子”，“纳维–斯托克斯方程的奇异解”，“绕突然起动物体的具有自由水面的流动”等。

1993 年 7 月 1 日 ~ 1993 年 7 月 6 日在清华大学、北京大学、中科院力学研究所作学术报告“相互作用水动力学”。1993 年 12 月 18 日 ~ 1993 年 12 月 20 日在广州中山大学作学术报告“两物体相互作用水动力学”，“声波的绕射”系列讲座。

1994 年 6 月 13 日在大连理工大学作学术报告“两物体相互作用水动力学”。

1994 年 10 月 29 日在上海交通大学作学术报告“淹没圆盘对波的散射”。

1997 年 6 月 9 日 ~ 1997 年 6 月 11 日在无锡中国船舶研究中心和上海交通大学，1997 年 8 月 25 日 ~ 1997 年 8 月 29 日在清华大学和中国水利水电科学院，1997 年 8 月 25 日 ~ 1997 年 8 月 29 日在清华大学和中国水利水电科学院，1997 年 10 月 30 日在河海大学，1998 年 7 月 6 日 ~ 1998 年 7 月 10 日在北京大学非线性科学中心和中科院力学所非线性实验室作学术报告介绍“港湾内波浪及其削减”的研究工作系列讲座。

2000 年 4 月 17 日在北京清华大学，4 月 18 日在北京航空航天大学，5 月 15 日在复旦大学，7 月 3 日在大连理工大学，12 月 13 日在中科院广州南海研究所，广州中山大学，12 月 14 日在华南理工大学作有关香港维多利亚港湾波浪环境改善措施的学术报告。

2000 年 4 月 19 日在中科院力学所作报告“低雷诺数流动”。

2000 年 5 月 12 日在上海复旦大学，5 月 15 日在上海交通大学作报告“香港科学技术事业的发展”。

2002 年 8 月 18 日在上海交通大学作有关腕脉研究的学术报告。

章梓雄为人热情，乐于助人。1985 年在他首次回国访问时，看到国内学生艰苦好学的情景，在本人当时经济情况还不富裕，家庭负担较重的情况下，主动在清华大学设立了“章梓雄流体力学奖学金”。目前这一奖学金已扩展到清华大学、天津大学、四川大学、河海大学、西安理工大学和中山大学 6 所大学，每年有 17 名学生每人可获得人民币 1500 元的奖学金。对促进各有关学校流体力学的教学起了很好作用。

作为流体力学专家，章梓雄一直积极参与国内外的学术会议，倡导学术交流。1992 年 12 月 14 ~ 15 日在香港大学组织召开了“工程教育与研究”研讨会、参加会议有上海交通大学、清华大学、西安交通大学、成功大学、台湾大学、香港大学、新加坡大学主管教育方面的校领导。会议决定建立工程教育与研究联合会，并一致推选章梓雄为联合会主席。这是亚洲华人地区的著名大学第一次一起探讨工程教育和研究问题，对加强华人在工程教育和研究方面的交流和合作有重要作用。

1996 年 12 月 16 ~ 19 日在香港大学组织召开了“第二届国际水动力学会议”，来自 30 个国家的 250 名代表参加了会议。章梓雄筹款 112500 元港币支持中国大陆代表团 30 人去香港参加会议。会后出版了 2 卷共 1368 页论文集。此后章梓雄任国际水动力学会执行委员会主席，对推动该会议的国际化起了巨大作用。“第三届国际水动力学会议”于 1998 年 10 月 12 ~ 15 日在韩国首都汉城召开，章梓雄筹款 8000 美元支持中国代表团 30 人去汉城参加会议。“第四届国际水动力学会议”于 2000 年 9 月 7 ~ 9 日在日本横滨召开，章梓雄再次筹款 7000 美元支持中国代表团去日本参加会议。

章梓雄以香港力学学会会长身份参加了 1997 年 8 月 26 ~ 28 日在北京召开的“现代力学与科技进步学术大会”庆祝中国力学学会成立 40 周年。章梓雄在大会上发表了邀请报告，并且是与清华大学余寿文副校长共同主持开幕仪式后的第一场报告。1998 年 7 月 10 日章梓雄参与组织了在北京召开的“第三届国际流体力学会议”，主持了开幕式并在会中发表了邀请报告。

章梓雄利用香港方便的对外交流条件以及他在国际水动力学与海洋工程界的影响力，促成大量国内水动力学的学者出国或出境访问、交流；他积极设法将《水动力学研究与进展》编辑部主办的“国际水动力学会议”推向国外，促进水动力学的国际交流，目前“国际水动力学会议”（ICHD）已经发展成为在国际上具有影响力的大型国际会议之一；在港大系主任卸任后他直接回内地兼任多所大学的职务：中山大学的工学院院长、宁波大学的工学院院长、上海交大等多所大学的顾问教授。

当选为中科院院士后，为使中国这个海洋大国变成海洋强国，章梓雄到处奔走呼吁。在 2004 年，他向中科院提出“建立海洋强国必须优先发展海洋科技与工程”的建议。中科院对此高度重视，于 2006 年 1 月批准执行由章梓雄主持的“我国海洋科技工程战略研讨”项目。章梓雄从 2006 年 4 月开始，先后在上海、大连、青岛和广州主持召开了 4 次海洋科技工程战略研讨系列会议。分别就深海工程、海洋空间开发、海洋资源开发利用、海洋工程基础研究等问题进行了专题研讨。这些工作为 2006 年 10 月在北京香山举行“我国海洋科技工程战略研讨——香山科学会议第 285 次学术讨论会”，讨论中国海洋科技与工程的重大科技问题打下了扎实的基础。身为此次香山科学会议第一执行主席的章梓雄在大会上作了题为《我国海洋科技工程发展战略》的主题评述报告，指出要建立海洋强国，不论从海洋资源的开发与利用、海洋环境的保护、海上交通及各种海洋工程设施建设，还是从保障海洋安全来说，都必须首先从发展海洋科技入手。他从一个专家的视角，详细地介绍了我国海洋科技目前研究的前沿，并为我们描绘了中国由海洋大国变成海洋强国的美好蓝图。

五、章梓雄主要论著

Chwang A T, Wu T Y. 1971. A note on the helical movement of microorganisms. Proceedings of the Royal Society, London, B 178: 327-346.

Chwang A T, Wu T Y, Winet H. 1972. Locomotion of spirilla. Biophysical Journal 12: 1549-1561.

Chwang A T, Winet H, Wu T Y. 1974. A theoretical mechanism of spirochetal locomotion. Journal of Mechanochemistry and Cell Motility 3: 69-76.

Chwang A T, Wu T Y. 1974. Part 1: Rotation of axisymmetric prolate bodies//Hydromechanics of low-Reynolds-number flow. Journal of Fluid Mechanics 63: 607-622.

Chwang A T, Wu T Y. 1975. Part 2: The singularity method for Stokes flows//Hydrodynamics of low-Reynolds-number flow. Journal of Fluid Mechanics 67: 787-815.

Chwang A T. 1975. Part 3：Motion of a spheroidal particle in quadratic flows//Hydromechanics of low-Reynolds-number flow. Journal of Fluid Mechanics 72：17-34.

Chwang A T，Wu T Y. 1976. Part 4：Translation of spheroids//Hydromechanics of low-Reynolds-number flow. Journal of Fluid Mechanics 75：677-689.

Chwang A T，Housner G W. 1978. Part 1：Momentum method//Hydrodynamic pressures on sloping dams during earthquakes. Journal of Fluid Mechanics 87：335-341.

Chwang A T. 1978. Part 2：Exact theory//Hydrodynamic pressures on sloping dams during earthquakes. Journal of Fluid Mechanics 87：343-348.

Chwang A T. 1979. Hydrodynamic pressure on an accelerating dam and criteria for cavitation. Journal of Engineering Mathematics 13：143-152.

Chwang A T. 1983. A porous wavemaker theory. Journal of Fluid Mechanics 132：395-406.

Landweber L，Chwang A T. 1989. Generalization of Taylor′s added-mass formula for two bodies. Journal of Ship Research 33：1-9.

章梓雄，董曾南 . 1998. 黏性流体力学 . 北京：清华大学出版社 .

董曾南，章梓雄 . 2003. 非黏性流体力学 . 北京：清华大学出版社 .

章梓雄 . 2004. 建立海洋强国必须优先发展海洋科技与工程 . 中国科学院院士建议，12.

主要参考文献

黄裕庆 . 2004-4-12. 章梓雄——设计透水海墙富成就感 . 香港大公报 .

章梓雄 . 2005. 想得深 看得远 . 中国科学院院士自传（技术科学部），1833-1836.

刘丽，郑丽红 . 2005-4-28. “内外”兼容 将“流体力学”研究进行到底——记著名流体力学专家章梓雄院士 . 科技日报 .

陈耀松 . 2007. 天时 地利 人和——怀念章梓雄 . http：//chenyaosong. blog. hexun. com/10163816_ d. html.

Theodore Y W. 2007. Eulogy for Prof. Allen T. Chwang. 科技潮，3.

撰写者

詹杰民（1963～），广东饶平人。中山大学工学院应用力学与工程系教授，博士生导师，曾协助章梓雄创建广东省近岸海洋工程重点实验室。

吴家鸣（1957～），广西梧州人。华南理工大学船舶与海洋工程系教授，博士生导师，师从章梓雄于 1999 年 12 月在香港大学获博士学位。

杨　卫

杨卫（1954～），湖南浏阳人。固体力学家。2001年起担任俄罗斯宇航科学院院士，2003年当选为中国科学院院士，2004年当选为第三世界科学院院士。1976年西北工业大学毕业，1981年获清华大学工学硕士，1985年获美国布朗大学博士学位。1989年12月晋升为当时清华大学最年轻的教授，1999～2004年任教育部长江学者特聘教授。2008年任中国科学院技术科学部主任。在宏微观断裂力学方面，解出动态分层和跨声速分层的裂尖奇异场，否定了裂纹扩展速度不得逾越下瑞利波的原有结论。结合连续介质尺度与分子动力学模拟形成以专著《宏微观断裂力学》为标志的理论体系。以第一著者写出细观塑性理论的英文专著。在力电耦合失效方面，提出电致断裂、电致疲劳裂纹控制、电致质流失稳和电致畴变增韧的模型，系统发展力电失效学。在微纳米力学方面，在纳米晶体塑性理论和纳米结构数值模拟以及纳米结构金属材料强韧化等方向做出了突出工作。发表学术论著11部，国际期刊论文200余篇，多次获得国家科技奖和荣誉奖，包括国家自然科学奖二等奖1项、三等奖1项，国家教育部提名国家科技进步奖一等奖1项，国家教委科技进步奖一等奖2项、二等奖1项，中国青年科学家奖，何梁何利基金科学与技术进步奖，中国青年科技奖等。曾获全国优秀教师奖章、“国家有突出贡献中青年专家”称号、全国五一劳动奖章、北京青年五四奖章、北京市十佳教师。曾任破坏力学教育部重点实验室主任，清华大学工程力学系系主任、航天航空学院常务副院长，清华大学校学术委员会主任。2004年9月～2006年7月担任国务院学位委员会办公室主任，教育部学位管理与研究生教育司司长。2006年8月～2013年2月担任浙江大学校长。2013年2月起任国家自然科学基金委员会主任。2008～2010年担任中国研究型大学学会主席，2009年当选环太平洋大学联盟主席。现兼任国家自然科学奖评奖委员会主任，国务院学位委员会力学学科评议组召集人。现任国际理论与应用力学联合会（IUTAM）执行委员。担任国际复合材料领域影响因子最高的期刊 *Composite Science and Technology* 的洲区主编之一。

一、书香门第，教育世家

杨卫 1954 年 2 月 16 日出生于北京，原籍湖南浏阳。其父亲杨光华 1945 年毕业于浙江大学，后赴美国威斯康星大学获得博士学位并于 20 世纪 50 年代新中国成立初期回国在北京大学、清华大学任教。参加北京石油学院筹备，后历任副院长、院长。曾任中国石油大学校长，是中国著名教育家、科学家、石油化工专家。杨卫的母亲孙以实亦从威斯康星大学留学回国。良好的家庭教育使得杨卫从小就养成了勤奋好学、认真做事的优秀品格。

杨卫于 1969 年 1 月 ~ 1973 年 8 月在陕西省延川县冯家坪公社聂家坪村插队。1973 年 9 月被录取为西北工业大学本科生。1976 年在该校材料与热加工系毕业后，短期工作于江西上饶的景波机械厂，1978 年调回清华大学，1981 年获清华大学工程力学系工学硕士，接着赴美国布朗大学攻读博士，师从国际固体力学大师 L. B. Freund（2004 ~ 2008 年间担任国际理论与应用力学联合会主席）。1984 年底从布朗大学获得博士学位后，他旋即回国，在清华大学辛勤耕耘 20 载，直到 2004 年调任国务院学位委员会办公室主任、教育部学位管理与研究生教育司司长，期间他从固体力学的学术骨干迅速成长为学科带头人，并成为国内公认的固体力学界年轻一代的领军人物。

二、勇攀高峰，硕果累累

杨卫在研究工作中瞄准国际前沿，结合学科需要，在宏微观断裂力学、力电失效学、微纳米力学等领域攻克了一个又一个难题。

（一）断裂力学

固体材料的破坏是两大世纪力学难题之一。杨卫从攻读博士学位开始涉足断裂力学，经过十几年的潜心钻研，他在断裂力学理论、固体材料破坏过程的跨尺度计算与模拟等方面取得了重要突破。

杨卫提出弹性裂尖场的准三维理论，解析导出三维效应区小于板厚一半的结论，结果为加州理工学院 A. J. Rosakis 等、休斯敦大学 K. Ravichandar 的光测实验证实，并为麻省理工学院的大规模有限元计算所肯定，该判据成为裂纹尖端场的光测有效性之准则。

杨卫解出动态分层和跨声速分层的裂尖奇异场，首次论证以下瑞利波速分层断裂时仅需输入有限的能量，否定裂纹扩展速度不得逾越下瑞利波的原有结论，引发近年跨声速断裂力学的兴起，该论文（英国皇家学会会刊 A 辑，1991）得到了国际学术界的高度评价。在简化表达幂硬化介质的理论断裂扩展阻力曲线的基础上，提出了刻划延性撕裂过程的 J-T 双参量弹塑性缺陷评定方法，被确立为中国核电站主压力回路缺陷评定的主导方案。该成果获 1990 年国家教委科技进步奖二等奖（第一完成人）。

杨卫与学生魏悦广完成多层介质细观带状失稳的分析，论证了不同类型带状失稳的特征形式和判断条件。论文在《国际损伤力学杂志》创刊号上发表，并将论文中所展示的带状失稳类型图选为该国际杂志的封面图案。他结合连续介质尺度与分子动力学模拟形成以专著《宏微观断裂力学》为标志的理论新体系。

杨卫与博士生谭鸿来在原子点阵/连续介质交叠带方案下，首次模拟出从裂尖发射的原子点阵位错运行并转变为连续介质位错群的动态过程，实现了从连续介质尺度到细观位错尺度、再深入到原子尺度的结合。国家自然科学基金委员会 1993 年报中介绍了该成果。首次从宏观、细观和纳观三个互相结合的层次写成专著《宏微观断裂力学》，1996 年获首届中国人民解放军图书奖。学生谭鸿来获得首批全国优秀博士学位论文奖。“固体材料的宏细观本构理论与断裂”获得 1995 年国家自然科学奖三等奖（第一获奖人）。

杨卫在断裂方面的工作已形成国际影响，并受 Elsevier Science 邀请担任 2003 年出版的《结构完整性大全》第 8 卷“界面与纳观断裂”的主编。

（二）力电耦合失效

力电失效学作为固体材料破坏理论的一个新兴的方向出现于 20 世纪 90 年代，并在世纪之交迅速成为固体力学的前沿领域之一。杨卫提出电致断裂、电致疲劳裂纹控制和电致畴变增韧的模型，为铁电类智能材料的可靠性理论奠立基础。他提出了铁电陶瓷在电极或缺陷处由于电致伸缩应变场的不均匀而引起非协调应力，建立了电致断裂的力学机理模型。相应论文被称为 Yang-Suo 解。与博士生朱廷阐述了畴变增韧模型和由于复杂的畴变序列而引起的电致疲劳裂纹扩展。与方菲等首次实验观测到由于裂尖非均匀电场而诱发的畴变区和反常畴片结构。朱廷获得 2001 年全国优秀博士学位论文奖。

杨卫将力电耦合失效的系统工作整理为专著《力电失效学》由清华大学出版社和德国施普林格出版社联合出版，英文版 *Mechatronic Reliability* 2002 年在全世界发行，展述了在电致失效学、力电耦合学、力电畴变学和质流失效学四方面的系统工作，英文版现已出版第二版。他被任命为科学委员会主席组织 2004 年在北京召开的 IUTAM“致动材料的力学与可靠性”学术讨论会。他的研究成果“铁电陶瓷的力电耦合失效与本构关系”在 2005 年获得国家自然科学奖二等奖（第一完成人）。美国工程院院士、哈佛大学锁志刚教授评价说：“杨卫教授是这一令人振奋领域的一名带头人。过去若干年中，他及其合作者做出了诸多播种式的贡献。通过他学生的学位论文和若干篇综述论文，杨教授一直在塑造这一年轻的领域。”

（三）微纳米力学

微纳米力学是随纳米科技的发展而形成的一个既非传统宏观又非传统微观的新领域。杨卫带领他的学生从 20 世纪 90 年代作为较早的研究团队进入这一领域，在理论模型、计算方法、多尺度模拟等方面不断地完善微纳米力学的基本理论框架与体系以及微纳米材料力学性能研究。

杨卫作为第一著者完成英文专著《细观塑性及应用》，由德国施普林格出版社出版，系统阐述了细观塑性理论这一前沿学科分支的主要框架。波兰科学院基础技术研究所 Trzesowski 评价该著作是“一部该领域的精深之作”。“材料科学与工程”系列专著丛书主编 Ilschner 为该英文专著作序：“这部由两名中国年轻一代科学家所撰写的专著为力学冶金的思维世界打开了一扇窗户”，“细观塑性这一术语将读者置身于以微米度量的微结构缺陷和以米来度量的工程构件的正中央”。

杨卫与邢永明、戴福隆等合作，参与了对单晶硅裂纹尖端的纳观位移场的量测，首次获得距裂尖 4 至数百纳米范围内的应变场。

杨卫近年来在纳米晶体塑性理论和纳米结构的数值模拟等方面进行了诸多探索。他指导他的学生自主开发了一套经典分子动力学并行程序，并在程序中实现了高效的多时间步长算法（multiple time step algorithm）。同时，对位错动力学的数值模拟方法进行了一些改进，从而实现了位错与自由表面的交互作用。基于参数传递模式，将经典分子动力学和位错动力学相结合，发展了一种微/介观多尺度方法。他与学生采用该方法分别模拟了纳米单晶 Al 中的 U 型位错演化、纳米多晶 Al 的拉伸和纳米单晶 Ni 的压缩。根据所得的模拟结果和相关的理论分析，得到了如下一些结论：①发现了 U 型位错在大尺度、低应变率的条件下呈现出螺旋面演化的形式；②模拟了纳米多晶 Al 中塑性变形的一些微观现象，如晶粒转动、形变孪晶的形核、小角度晶界崩塌以及位错与孪晶界的交互作用等；③揭示了纳米单晶 Ni 压缩时单滑移和多滑移行为的微观机制，同时建立了拟合模型和解析模型，较好地解释了单晶体的尺度效应。

杨卫与博士生李晓雁借助于经典分子动力学方法分别模拟了多壁碳纳米管的弯曲、富勒烯分子滚珠轴承的运转和硼氮纳米管豆荚结构的高温结构转变，并结合量子力学计算方法研究了纳米管豆荚在结构转变前后的能带结构和电导特性。所得的相关结论如下：①发现了多壁碳纳米管弯曲时由于曲率诱导的晶格错配而产生的扭转现象；②预测了富勒烯分子滚珠轴承具有优良的摩擦特性和超低的能量耗散；③在纳米管豆荚的结构转变过程中，观察到富勒烯分子发生了聚合和重构反应，此外，还发现了纳米管豆荚经过高温结构转变后，其导电性质由半导体转变成了金属性的导体。

杨卫与李晓雁、高华健等合作，就纳晶金属中塑性应变恢复问题进行了分子动力学模拟研究。最近的实验研究发现，在纳晶 Al 和 Au 薄膜（晶粒尺寸约为 50nm）中，塑性应变会发生部分恢复。这种现象与传统的观念（塑性变形是不可逆的）是截然不同的。为了揭示其中的微观机制，他们运用分子动力学方法对纳晶 Al 的塑性变形进行了大规模仿真。相关的结果表明：在多晶体中，不均匀变形导致的残余应力引起了塑性应变的恢复。通过记录不同变形机制（位错、晶界扩散和晶界滑移）的演化，定量地分析了不同机制对于塑性恢复的贡献。

杨卫在微纳米力学方面的研究成果在 *Physical Review Letter*，*Nano Letters*，*Proceedings of the National Academy of Sciences* 等高影响因子的期刊上发表。他现担任国际理论与应用力学联合会（IUTAM）微纳米力学工作委员会主席。

三、教书育人，桃李芬芳

出身世家，师从名师，杨卫也非常注重科技人才的培养，是一位杰出的教育工作者。

在清华大学任教以来，杨卫先后为本科生讲授断裂力学、材料力学、弹性力学等，为研究生开设固体力学本构、微纳米力学等课程。在授课过程中，他坚持“授人以鱼，不如授人以渔”，着重于启发，揭示力学之美，而不是追求完备性，在传授基本知识的同时注意培养学生的力学研究观，他带领的教学团队按照以下原则建设力学基础课程教学新体系：①深入浅出（物理深入，数学浅出）；②由宏至细（宏观为主，兼论细观）；③提纲挈领（内涵扩大，篇幅缩小）；④以理明技（以理为纲，以技为辅）。他负责的弹性力学获国家精品课程。活跃在国内外力学教学科研领域的一大批青年才俊都曾经受业于他。

为了国家固体力学研究，杨卫在研究生培养方面倾注了大量心血。对于他自己的研究生，他严格选材，精心培养。他与国际上固体力学多个一流研究组保持密切的合作关系，凭着自己敏锐的洞察力，他的学术研究一直走在固体力学的最前沿。对于学生，他因材施教，或者为学生指定最新的研究课题，或者为学生确立大的方向并鼓励学生养成自主科研的能力。他坚持同期指导的学生人数少而精，保证每个人都能得到他精心指导。他要求学生在研究中勤奋求是、一丝不苟，对于所研究的问题尽可能往深处做，不能浅尝辄止，学术成果要精益求精，经得起推敲。在此培养理念下，他与研究生实践了导师“得天下英才而育之”、学生“名师出高徒”这样的良性互动。在他的指导下，硕士生虞洪辉在固体力学的国际顶级杂志 *Journal of the Mechanics and Physics of Solids* 上发表高水平的论文，更有博士生谭鸿来、朱廷的两篇博士论文被评为全国优秀博士学位论文。在多所国内外一流大学以及中国的重点科研单位都活跃着他的学生的身影。

对于在他身边工作的年轻一代固体力学人员，杨卫对他们严格要求、精心指导。他为其中发展潜力大的尽可能创造各种条件，使得他们能在科研创新、国际合作、项目组织与管理等方面迅速成长，担当重任。他利用邀请国内外知名力学家来学校交流以及出国参加学术活动的机会，介绍青年教师、学术新秀们与国际一流研究人员见面交流，使得他们的研究成果能广为传播，获得重视。他十分重视青年人才培养，多次参加国内青年力学工作者之间的学术交流，就他们的研究悉心指导与点拨。

杨卫在担任国务院学位委员会办公室主任、教育部学位管理与研究生教育司司长以及浙江大学校长后，在深入开展调研的基础上，结合他自己培养研究生的实践经验，遵循学术传承的客观规律，在研究生教育培养方面提出了重要的创新理论。他归纳了研究生教育的本质为一种创新教育，而创新意识的培育、创新能力的提高均需在创新实践的过程中完成。他概括了研究生教育的过程：研究生既是创新的主体，又是受教育的客体；导师既是教育的主体，又是被培养环境约束的客体；培养环境既是研究生和导师的约束体，又是他们的激发体。在导师、研究生和培养环境协同作用的基础上建立的创新活动就是协同创新。对于中国研究生教育培养机制改革起到了重要的推动作用。

四、国 际 交 流

杨卫在国际力学界享有很高的学术声誉，他在国际上担任国际理论与应用力学联合会（IUTAM）执行委员，任国际复合材料领域影响因子最高的期刊 *Composite*

Science and Technology 的洲区主编之一，国际学术刊物 *International Journal of Fracture*，*Fatigue & Fracture of Engineering Materials & Structures*，*Journal of the Mechanics and physics of Solids*，*Modelling and Simulation in Materials Science and Engineering*，*Archives of Applied Mechanics* 的编委。

杨卫利用他自己的影响力，为提升中国力学的国际地位做出了重要贡献。他积极参加国际学术交流，精心组织国际学术会议，与国际知名力学家 L. B. Freund，J. W. Hutchinson，A. J. Rosakis，Suo Zhigang，Huang Yonggang，Gao Huajian 等保持着长期密切的学术联系。为申办 2012 年第 23 届国际理论与应用力学大会在中国召开，2008 年 8 月在澳大利亚阿德莱德举行的第 22 届国际理论与应用力学大会上，他代表中国力学学会向国际理论与应用力学联合会进行了有说服力的陈述，最终使得申办工作圆满成功。

五、杨卫主要论著

Yang W，Freund L B. 1985. Transverse shear effects for through cracks in an elastic plate. Int Jour Solids Struct，21：977-994.

Yang W，Suo Z，Shih C F. 1991. Mechanics of dynamic debonding. Proc Roy Soc London Ser A，433：679-697.

Yang W，Lee W B. 1993. Mesoplasticity and Its Applications. Berlin：Springer-Verlag.

Yang W，Suo Z. 1994. Cracking in ceramic actuators caused by electrostriction. Jour Mech Phys Solids，42：649-663.

Yang W，Tan H L，Guo T F. 1994. Evolution of crack tip process zone. Model Simul Mater Sc，2：767-782.

杨卫. 1995. 宏微观断裂力学. 北京：国防工业出版社.

Yu H H，Yang W. 1995. Mechanics of transonic debonding of a bimaterial interface：The in-plane case. Jour Mech Phys Solids，43：207-232.

Zhu T，Yang W，Guo T F. 1996. Quasi-cleavage processes driven by dislocation pileups. Acta Metall Mater，44：3049-3058.

Yang W，Zhu T. 1998. Switch-toughening of ferroelectrics subjected to electric fields. Jour Mech Phys Solids，46：291-311.

Zhu T，Yang W. 1999. Fatigue crack growth in ferroelectrics driven by cyclic electric loading. Jour Mech Phys Solids，47：81-97.

Yang W. 2002. Mechatronic Reliability. Berlin：THU-Springer-Verlag.

Yang W，Wang H T. 2004. Mechanics modeling for deformation ofnano-grained metals. Jour Mech Phys Solids，52：875-889.

Li X Y，Yang W，Liu B. 2007. Bending induced rippling and twisting of multiwalled carbon nanotubes. Phys Rev Lett，98：205502-1-4.

Li X Y，Yang W，Liu B. 2007. Fullerene coalescence into metallic heterostructures in boron nitride nanotubes：A molecular dynamics study. Nano Lett，7：3709-3715.

Li X Y, Wei Y J, Yang W, et al. 2009. Competing grain-boundary- and dislocation-mediated mechanisms in plastic strain recovery in nanocrystalline aluminum. Proc Nat Acad Sci, 106: 16108-16113.

主要参考文献

杨卫. 1995. 宏微观断裂力学. 北京：国防工业出版社.

杨卫. 2001. 力电失效学. 北京：清华大学出版社-施普林格出版社.

国家自然科学基金委员会数学物理科学部. 2007. 力学学科发展研究报告. 北京：科学出版社.

杨卫，来茂德，严建华，等. 2009-7-6. 协同创新：研究生教育应突破传统“师徒式”. 中国教育报，第五版.

杨卫，来茂德，严建华，等. 2009. 研究生培养机制改革的理论思考和实践探索. 学位与研究生教育，(4)：1-6.

撰写者

曲绍兴（1974～），山东莱州人。浙江大学航空航天学院教授，为杨卫科研团队主要骨干，研究方向为材料力学性能。

傅惠民

傅惠民（1956～），浙江遂昌人。固体力学专家。1982、1984和1986年先后获北京航空学院工学学士、硕士和博士学位。毕业后留校任教，1990年被聘为教授，2000年任北京航空航天大学小样本技术研究中心主任。经过20多年的不懈努力，建立了小样本试验和可靠性理论，提出了仿真可信性定量检验方法，开辟了寿命控制研究新领域，创立了“整体统计学”，在边缘学科和交叉学科领域取得了卓越的成就。先后发表150余篇学术论文，获得20多项科技奖励和荣誉，其中包括国家自然科学奖三等奖1项，航空航天部科技进步奖一等奖1项、二等奖2项，全军科技进步奖二等奖1项，霍英东教育基金会高校青年教师奖一等奖等。1990年被授予全国五一劳动奖章和“全国优秀教育工作者”称号，1991年被国家教育委员会和国务院学位委员会授予“做出突出贡献的中国博士学位获得者”称号，1992年被国家人事部授予“有突出贡献中青年专家”称号，1999年被国家教育部批准为“长江学者”奖励计划特聘教授。此外，还担任北京市科学技术协会常委等职，并被国务院聘为《国家中长期教育改革和发展规划纲要》咨询专家。

一、艰苦求学，玉汝于成

傅惠民1956年2月15日出生于浙江省遂昌县。上小学时正赶上“文化大革命”，学校停课。父亲在造纸厂工作，傅惠民就在造纸厂的原料仓库里，阅读了大量的历史书籍，当时这些书都是被视为“封、资、修”黑书而作为造纸原料的。从这些书中，他不仅学到了丰富的历史文化知识，而且还认识了中外历史上许许多多的著名人物，如司马迁、岳飞、李白、杜甫、李时珍、牛顿、爱因斯坦、达尔文等，他对这些历史名人非常崇敬，立志要好好学习，像他们那样做一个对社会有用的人。

少年时，母亲多病，仅靠父亲微薄的收入维持全家生计，贫寒的家境并没有影响傅惠民对知识的渴望与追求，反而使他更加发奋努力学习。高中毕业后，他插队到了农村，刀耕火种的生产方式，面朝黄土背朝天的艰辛劳作，使他亲身感受了农村生产力的落后与农民生活的艰辛，更加激发了他为国家富强而努力学习的决心。虽然知青生活非常艰苦，白天干完农活已经又累又乏，但他还是每晚都坚持在煤油灯下学习到深夜。在学完“文化大革命”前六年制中学的所有课程后，他决心自修大学的课程。但在那个“读书无用论”盛行的年代，不仅买不到大学的课本，甚至连借书都很困难。几经周折，托朋友借来了复旦大学数学专业的课本，他如获至宝，总是随身带着书，田间休息时学，打柴歇脚时也学，学习几乎到了废寝忘食的程度。1976 年他回城进了工厂，后又调到县总工会工作。无论在哪里，他都千方百计挤时间学习，尤其对数学情有独钟，自学了大学一至三年级的数学课程，为他以后的学习和研究奠定了扎实基础。

1977 年恢复高考后，傅惠民以优异成绩考入北京航空学院（现北京航空航天大学）飞行器设计与应用力学系。经历了自学的诸般艰难，他倍加珍惜得来不易的高校学习机会。大学期间，他不但学好本专业的课程，成绩一直在班上名列前茅，而且还自学完数学专业的全部数学课程。为了保持健康的体魄和充沛的精力，他有意识地磨炼自己的意志，每天坚持长跑 3000 米，无论炎炎酷暑，还是数九寒冬，从未间断。大学四年里，他的全部生活和学习费用都来自国家的助学金。正是国家和人民培养的恩情使他将自己的事业与祖国的需要连在一起，将自己成长之根深深植于祖国大地上。他发誓一定要用所学知识加倍报答国家和人民的培养。

1982 年傅惠民考取北京航空学院研究生，师从高镇同院士研究材料的疲劳断裂。在高院士的指导下，傅惠民对长期悬而未决的疲劳强度概率分布问题开展了研究。他几乎终日与数据和资料为伍，埋头于艰难的科学探索之中。一开始他按照传统的思路和方法去研究，结果并不理想，屡屡碰壁后，认识到必须抛开老路子，另辟蹊径。最终他用集合论和概率论相结合的方法，建立了疲劳强度和疲劳寿命两者之间分布规律的数学关系式，从而由可测的疲劳寿命分布推导出不可测的疲劳强度分布。同时，他还发现疲劳强度并不是遵循正态分布，而是遵循某种偏态分布，这一发现从根本上动摇了传统的疲劳可靠性理论基础。1985 年 5 月，傅惠民在日本召开的第四届国际结构安全和可靠性会议上宣读了关于上述研究的论文，得到与会同行专家的高度评价，大会组织委员会主席 Hiroshi. Ishikawa 教授曾两次致函祝贺。1986 年 12 月，傅惠民提前通过了博士论文答辩，获得了很高的评价：“得到了独创性的结果，是学术上的突破，具有很高的学术价值和实用价值，在有关疲劳领域的研究中达到国际先进水平。”1988 年，该项成果获得国家自然科学奖三等奖。1991 年起享受国务院政府特殊津贴。

二、积极探索，勇于创新

1986年傅惠民取得博士学位后，主动放弃了去美国做博士后研究的机会，留校从事飞行器可靠性设计和小样本技术的教学科研工作。先后主持完成了国家和有关部委下达的30多项科研课题，并根据各学科领域高度交叉融合的趋势和航空航天科学技术发展的需要，带领他的学生经过20多年的努力，在力学、数学、可靠性、材料、信息、无损检测等学科的交叉领域进行了深入研究，取得了以下重要创新性成果。

（一）建立了小样本试验和可靠性理论

小样本试验理论。傅惠民虽然从事基础性研究，但他始终将自己的研究工作与国家的发展需要紧密结合，与解决工程实际中的重大问题紧密结合。当了解到在武器装备研制中绝大部分经费和时间都耗费在大量的试验上时，他认识到如果能减少试验工作量，就可以节省研制时间，加速中国武器装备的发展，缩短与美国等先进国家的差距。因此，他对减少试验工作量这个关键性的问题进行了深入系统地研究。发现试验数据中还有大量的“共性信息”、“横向信息”、“纵向信息”和“不完全信息”没有被利用，而试验数据中所包含的这四大信息是花了大量经费和时间获得的，传统试验方法无法将这些宝贵的信息利用起来，造成了很大的浪费。他建立了一种高精度小样本的试验理论和方法，该方法可以对上述试验数据中的四大信息进行充分开发与利用。因此，在试验量相同的情况下，该方法能利用的信息量远大于传统方法，大大提高了精度；在精度相同的情况下，则可以比传统方法节省50%～90%的试验工作量。这不仅可以节省大量试验经费，而且可以缩短产品研制周期，具有巨大的经济效益和社会效益。该项成果已在材料性能测试、生物实验、建材评定以及中国新型歼击机、导弹研制和靶场试验鉴定等领域得到了广泛应用。

小样本可靠性技术。对于航空航天产品来说，由于本身的批量不大，加上价格的昂贵，所以不可能做大量试验。可是，试验数据少了，对飞行器各种性能预测的精度就不够，可靠性也得不到保证，极易造成故障和失事。而传统可靠性技术必须有大量的试验数据才能有效地进行可靠性分析和设计。为了解决这一问题，傅惠民和他的学生在小样本试验理论的基础上，进一步发展了小样本可靠性技术，该项技术可以在试验数据较少或极少的情况下，对航空航天产品进行高精度的可靠性分析和评估，并且能够找出真正对航空航天产品可靠性影响较大的薄弱环节，进行改进，实现可靠性增长，将其发生故障的可能性减小到最低程度，确保飞行安全。这一成果已用于飞机、卫星、导弹、发动机等产品的小样本可靠性设计和评估。

（二）提出了仿真可信性定量检验方法

随着计算机技术的发展，仿真模拟已经成为与物理实验、理论推导并列的三大研究方法之一，并在航空航天、核工业、生物工程、电力、建筑、经济等各个领域得到广泛应用。但是仿真结果的可信性却一直困扰着人们。对此，傅惠民和他的学生进行了深入系统地研究，提出动态仿真结果距离检验方法和多状态静态仿真结果检验方法，有效地解决了仿真可信性小样本检验的难题。

动态仿真结果距离检验方法。动态仿真是对过程进行仿真，例如，导弹弹道仿真，由于价格昂贵，导弹不能进行大样本试验，所以仿真技术在导弹试验鉴定、战术战法研究和战术训练方案制定中发挥着十分重要的作用，其正确性不仅关系到导弹性能指标（如命中概率）的评定，还关系到导弹作战的合理运用，所以对导弹仿真的可信性进行检验至关重要。目前，用于动态仿真结果一致性检验的主要是定性的方法，定量的方法只有频谱分析，但是频谱分析法只适用于平稳的时间序列，无法解决工程实际中常常遇到的非平稳随机过程仿真可信性检验问题。为此，傅惠民和他的学生提出了时间序列与其仿真结果之间平均马氏距离的概念，建立一种动态仿真结果距离检验方法，给出正态分布情况下动态仿真结果的拒绝域，提出非正态分布情况下确定拒绝域的两步仿真法。距离检验方法可以根据一个实测样本函数或多个实测样本函数对动态仿真结果进行高置信度的检验，并且对平稳和非平稳时间序列均适用。同时还给出时间序列协方差矩阵与其仿真结果的检验方法以及动态仿真的标准化距离检验方法，很好地解决了上述仿真结果动态一致性检验的问题。

多状态静态仿真结果检验方法。静态仿真是非过程仿真，例如，弹着点仿真、强度计算等。目前，静态仿真结果检验方法主要有简单比对法和单状态假设检验法。简单比对法是将试验结果与仿真结果进行简单的比对，看其误差大小，但不能判断该误差是由仿真不正确引起的系统误差，还是由随机因素引起的偶然误差，也就是说，不能科学合理地判断仿真结果正确与否。单状态假设检验法是分别在每一状态对仿真结果进行假设检验，这要求每一状态都做大量试验，结果总的试验量会很大，而且每一状态下都存在弃真概率，最终导致所有状态的总的显著性水平无法控制。为此，傅惠民提出了一种多状态仿真结果统计检验方法，能够将各个状态的仿真结果与试验数据作为一个整体进行小样本检验，确定仿真结果与试验数据之间的误差是系统误差还是偶然误差，解决了多状态静态仿真的可信性检验问题。同时还建立了一种仿真结果多因子分析方法，当仿真结果不正确时，该方法可以通过少量试验，分析各个因素对仿真结果的影响，确定哪些因素已被正确仿真，哪些因素尚未被正确模拟，从而指导仿真软件的编制。

目前，上述成果已用于中国多种型号空空和空地导弹仿真结果定量检验，并用于指导其仿真软件的编制和修改，同时还用于空战战术战法研究和战术训练方案制定。

（三）开辟了寿命控制研究新领域

通常，产品检修周期是根据预测寿命确定的，但是工程上往往希望根据实际需要指定检修周期，即事先指定寿命，实现寿命控制。例如，将飞机的机翼、发动机和起落架等部件都取相同的检修周期，既可节省大量检修费用，又能提高飞机的出勤率。又如，为了加强安全管理，锅炉、压力容器、压力管道、电梯、起重机械、大型游乐设施、客运索道等特种设备都是按照事先规定的检修周期进行检修的，在这种检修周期事先指定的情况下，寿命预测方法已无法保证结构安全。此外，对于那些封闭的且打开或拆卸比较麻烦的结构部位，工程上一般要求检修周期尽可能长一点，检测手段可以复杂些；而对于那些便于检修的结构部位，则检修周期可以短一点，检测手段可以简单些。这些工程实际问题都提出了对寿命控制的需求。

无损检测可靠性方法。该方法是实现结构寿命控制的基础。裂纹（缺陷）漏检是飞机、发动机和压力容器等重要机械设备发生事故的主要原因之一。尽管无损检测技术有了很大发展，但是不同检测人员对同一裂纹进行检测时得到的结果仍然存在较大差异，并且不能百分之百地检测出结构中大于规定尺寸的裂纹。通常，一个在实验室里最小能检测到零点几毫米，甚至几个微米裂纹的无损探伤设备，在实际问题中常常连几个毫米，甚至十几个毫米的裂纹也会漏检。这种检测结果的不确定性不仅与检测人员的技术水平、心理状态和临场发挥等因素有关，而且很大程度上还受材料、工艺、结构形状和尺寸、裂纹位置和取向、探伤设备、检测环境等多种因素的影响。无损检测可靠性就是研究这种无损检测结果的不确定性。“八五”期间，傅惠民和他的学生在国防科学技术工业委员会重点项目“无损检测可靠性方法”的研究中，建立了测定裂纹检出概率曲线的极大似然方法，给出了裂纹检出概率（POD）曲线置信下限公式和POD/CL裂纹尺寸公式，提出了外场结构裂纹（缺陷）漏检概率评估和控制技术。该技术可以有效地提高外场实际结构中裂纹的检出概率，保证无损检测质量，使飞机、发动机和压力容器等重要机械设备因漏检而带裂纹运行的可能性降至最低程度，确保结构安全。

结构寿命控制理论。在无损检测可靠性的研究中，傅惠民发现结构寿命可以被控制，并于 1994 年首次提出了结构寿命控制的概念和方法，有关论文当年被美国国际宇航文摘（IAA）摘录。其研究成果 1996 年底通过部级鉴定，专家们一致认为该项成果“属国际首创”，“达到当前国际领先水平”。开辟了寿命控制研究的新领域，改变了过去只能对寿命进行预测的状况，实现了对寿命的主动控制。寿命预测是从缺陷的初始尺寸积分到临界尺寸来估算寿命；而寿命控制正好与之相反，是事先指定寿命，再反求初始缺陷尺寸，然后通过无损检测可靠性方法及时检出结构中大于该尺寸的缺陷，并对检出的缺陷进行维修或更换相应的零部件，从而确保整个结构在指定寿命期内的安全。该项成果已用于某基地 400 多台中高压气罐的寿命控制和外场飞机检修等工程实际问题。

（四）创立整体统计学

随着现代科学技术特别是航空航天技术的发展，经典数理统计学面临着越来越严峻的挑战。一是统计推断精度与试样数之间的矛盾越来越突出，特别在航空航天领域更是如此；二是工程上最关心的是母体百分位值和百分率，如安全寿命、可靠度等，但是传统数理统计理论直接对百分位值和百分率进行统计推断的研究甚少，都是先对母体均值、方差以及分布参数进行统计推断后再计算百分位值和百分率，这种间接推断往往带来较大的误差，因而远不能满足产品高质量和高可靠性的要求。傅惠民和他的学生经过近 20 年的努力，对上述问题进行了深入系统的研究，建立了整体推断技术、百分区间估计、置信检验理论、百分回归分析、二维容限方法、不完全数据秩分布理论、混合数据回归分析方法、线性过程回归分析方法、相关系数平稳随机过程等一系列新的统计理论和方法，在八个方面突破了传统数理统计学的理论框架，形成完整的分支学科体系，创立了所需试样个数少、统计推断精度又高的整体统计学。

整体推断的概念与理论。传统统计推断主要是对同一母体进行推断，而整体推断是对多母体进行联合推断。在工程实际中，常常要评估产品在不同状态（条件）下的可靠性，但是传统统计推断方法要求样本来自同一母体，而不同状态下的样本通常来自不同的母体，所以只能分别在各自状态下评估产品的可靠性，这就要求每种状态下都做大量的试验，结果导致总的试验工作量很大，工程上难以承受。为了解决这一问题，傅惠民提出了整体分布参数和整体推断的概念，给出了整体推断的点估计和置信限、置信区间估计，实现了多母体联合推断。并带领他的学生建立了多元正态分布整体推断方法、整体推断的极大似然方法、二项分布参数整体推断方法、最佳线性无偏整体估计方法、不完全数据整体估计方法、截尾数据整体估计方法、区间数据整体估计方法等一系列理论方法。整体推断能够将不同状态下的来自不同母体的试验数据作为一个整体进行统计分析，使可利用的信息量远大于只能在各自状态下分别进行统计推断的传统方法。在精度相同的情况下，可以节省大量试样；而在试样数一定的条件下，又能提高统计推断精度。

百分检验理论。统计检验在工程中有着广泛的应用，但是作为其理论基础的假设检验也暴露出以下三个方面的问题：一是显著性假设检验当接受原假设时仅意味着不拒绝原假设，也就是说接受原假设时缺乏足够的理由和依据，因此在实际应用中，往往会将许多不合格产品误判为合格产品，甚至酿成重大事故；二是由于寻找有关统计量的困难，传统假设检验理论难以对工程中所关心的百分位值（如安全强度、可靠寿命等）和百分率（如破坏率、可靠度等）进行检验；三是传统假设检验理论对正态分布和指数分布建立了相应的检验方法，但要将其推广到 Weibull 分布、极值分布等其他常用分布的情况则非常困难。国内外许多专家学者对上述问题进行了大量研究，然而由于理论上的困难，一直未能取得进展。

1992 年，傅惠民在解决母体百分位值和百分率的检验问题时，提出了一种依据“大概率”原则进行检验的思想，克服了假设检验的上述缺点。2002 年他和学生又进一步提出了母体特征值（如母体均值、方差、百分位值和百分率等）置信分布的概念，系统地建立了置信检验理论，该理论包括强检验、弱检验和弱强检验三种检验方法，可以分别满足不同工程检验的需求。强检验能够以高概率确认工程中所关心的条件是否成立，大大提高了检验的精度，并具有序贯抽样的优点；弱检验相当于显著性假设检验，而且对于许多显著性假设检验难以解决的问题，如百分位值和百分率的检验，采用弱检验却很容易解决；弱强检验在合格质量处是弱检验，在极限质量处是强检验，它相当于抽样检验，并且弱强检验可以很方便地被推广到 Weibull 分布、极值分布等其他各种分布的情况。

该项成果已用于卫星姿态控制发动机的验收和靶场高精度小子样试验鉴定，并且在抽样检验、质量控制等领域应用前景广阔。

二维容限方法。在统计推断中如何利用以往积累的经验和数据，是统计学长期未能很好解决的难题。傅惠民经过多年的研究，提出一种二维容限方法，建立了二维单侧容限和二维双侧容限公式。该方法能够将同一母体的样本均值和方差成功地进行分离，使其各自独立于原来的母体（这也是二维的含义），这样就可以利用来自具有相同均值的母体（方差可以不同）的以往数据和当前数据综合得到高自由度的样本均值，或根据来自具有相同方差的母体（均值可以不同）的以往数据和当前数据组合得到高自由度的样本方差，再采用二维单侧容限或二维双侧容限公式给出高置信度的母体百分位值和百分率的置信区间和容忍区间估计，从而解决了根据以往经验数据和当前试验数据进行统计推断的问题。与只能利用当前数据的传统方法相比，该方法具有所需试样少、信息量大、精度高的优点。这项成果已用于解决飞机、卫星、导弹、火箭的可靠性分析，靶场鉴定等工程实际问题，取得显著的社会经济效益。

不完全数据分析方法。不完全数据是一种含有中止数据的寿命数据类型，常见于发动机寿命试验、生物实验和外场调查数据等。根据中止数据的特点，不完全数据又分为定数截尾数据、定时截尾数据和随机截尾数据三种类型，其中，随机截尾数据是最普遍、最常见、最复杂的一种不完全数据类型（这里不完全数据特指随机截尾数据）。长期以来，不完全数据的参数无偏估计、区间估计、回归分析等问题一直没有得到解决。傅惠民提出了不完全秩分布理论，建立了不完全数据顺序统计量的概率密度函数，并带领他的学生推导出不完全数据顺序统计量的联合概率密度函数，给出不完全数据顺序统计量的均值、方差、协方差计算公式，建立了不完全数据的最佳线性无偏估计和回归分析方法，解决了不完全数据分布参数、百分位值的点估计和置信区间估计问题。该方法已用于飞机、卫星、航空发动机、高速列车等的可靠性分析和寿命评估。

无失效数据分析方法。无失效数据是指所有试样均未失效的一种寿命数据类型。由于不包含失效数据，无失效数据的统计分析非常困难。但是，随着产品质量和可靠性的提高，在寿命试验中出现大量无失效数据，迫切需要建立能够根据无失效数据对产品的可靠度和使用寿命进行评估的有效方法。由于无失效数据往往是人为中止试验得到的，所以在这种数据中通常不包含寿命随机分布的正确信息，也就是说不包含寿命分散性的信息。因此，根据无失效数据将难以求得两参数 Weibull 分布的形状参数（对应于寿命变异系数）和对数正态分布的标准差（对数寿命标准差）。虽然上述形状参数和对数寿命标准差无法得到，但工程上对形状参数的下限和标准差的上限已积累大量的统计资料。利用这一条件，傅惠民和他的学生提出了一种无失效数据可靠性评估和寿命预测方法，给出其可靠度和使用寿命的置信下限。该方法在两参数 Weibull 分布形状参数下限已知的情况下，能将所有无失效寿命数据进行累加，可以有效提高可靠性分析的精度；而在对数正态分布标准差上限已知的情况下，可以充分发挥对数正态分布的可靠度和使用寿命置信下限较高的优点。此外，还建立了根据无失效数据对产品进行验收和可靠性验证的方法。该项成果已用于卫星推力器、神七飞船零部件等的可靠性分析和寿命预测。

混合数据回归分析方法。在加速寿命试验中，如果加速应力（如载荷、温度、湿度等），特别是最小加速应力选得太大，虽然可以得到完全数据，但是当把加速试验结果外推到正常使用应力时将带来较大误差，有时甚至导致失效模式改变，使所得结果失去意义；如果加速应力选得小了，那么将出现大量的截尾数据，其中失效数据往往非常少，通常只有一至两个，对于这样的试验数据，传统的回归分析、成组试验法和最佳线性无偏估计方法都无法处理。为此，傅惠民和他的学生提出了混合数据回归分析方法，在正态分布、Weibull 分布、极值分布等位置-尺度分布下，建立了回归系数和标准差的最佳无偏估计公式，给出百分位值的点估计和置信限估计。该方法将传统只适用于完全数据的回归分析推广到工程中常见的完全数据、定数截尾数据和定时截尾数据混合的情况。它能够把不同条件下的完全数据和截尾数据作为一个整体进行统计推断，具有信息量大、精度高的特点，并且对一种条件下只有一个失效数据的情况也能很好地进行处理。

线性过程回归分析方法。在性能曲线测试中，通常会遇到各种各样的非平稳随机过程。对于测得的一组样本函数，传统方法只能对每个测试时刻的数据单独进行分析处理，然后再进行曲线拟合，这要求在每个测试点都有大量的试验数据，结果导致总的试验工作量很大，而且这种两步估计法还会造成误差的累积，影响测试精度。傅惠民和他的学生研究发现，工程中许多性能变化曲线属于线性独立增量过程，由此提出线性过程的概念和定义，建立了线性过程回归分析方法，给出线性过程回归模型、回归方程和高置信度、高可靠度的置信上、下限曲线。线性过程是一类广泛而重要的随机过程，工程上蠕变、松弛、刚度降、裂纹扩展、材料的磨损与腐蚀、二极管发光强度的衰减、药品效力的降低、性能退化等许多情况均可变换为线性过程。该方法将传统的只能对数据点进行的回归分析推广到能对随机过程进行回归分析，可以将测得的所有样本函数作为一个整体进行统计推断，充分开发利用不同时刻试验数据之间的纵向信息，使信息量大幅度增加。与两步估计法相比，在精度相同的情况下能够节省大量试样，而在试验量相同的情况下可显著提高测试精度。目前这一方法已用于材料松弛、裂纹扩展和性能退化研究。

相关系数平稳随机过程。传统平稳随机过程（时间序列、随机信号等）的均值和方差均为常数，其相关函数不随时间平移而变化。但是，工程实际中遇到的随机过程，其均值和方差大多是随时间变化的，因此，无法用传统的平稳随机过程理论来解决。非平稳随机信号分析与处理长期以来一直受到国内外的重视，是学术界研究的热点之一。傅惠民通过对大量随机过程实测数据的分析研究，发现它们的相关函数虽然随时间平移而变化，但是它们的相关系数函数基本上不随时间平移而改变，由此提出了相关系数平稳随机过程的概念。从一般的非平稳过程中分离出一类工程上常见且又便于研究的随机过程，这类随机过程的相关系数函数不随时间平移而变化，但均值和方差均可随时间变化，相关函数也不再是时间间隔的单变量函数。传统的平稳随机过程仅是它的一个特例。在此基础上，他带领他的学生进一步建立了相关系数 AR 序列、MA 序列和 ARMA 序列模型，提出相关系数平稳过程的时频分析方法，给出相关系数平稳过程的功率谱密度、趋势项谱密度、波动项谱密度和线性系统对相关系数平稳过程输入的响应。

与传统理论相比，该理论能够更好地描述工程实际中的随机过程，大大提高各种信号分析和处理的精度，在地球物理信号处理、通讯、模式识别、自动控制和结构响应分析等许多领域都有着广泛的应用。目前已用于解决导弹精度评定、陀螺漂移寿命分析、故障诊断等工程实际问题。

三、严谨治学，教书育人

傅惠民不仅在科学研究中取得了突出成就，而且非常重视教学，重视学生创新能力的培养。他先后主讲了疲劳强度和疲劳可靠性等 8 门课程，其中开设了 6 门新课，先后指导了 30 多名硕士生、博士生和博士后。在已毕业的研究生中，已有多人晋升为教授和博士生导师。

带领学生瞄准学科前沿和深入工程实际。在学生科研能力和创新精神的培养中，最重要的是发现问题和解决问题的能力培养。发现问题是创新的前提。傅惠民要求学生及时了解国内外本学科和相关学科前沿的最新研究动态，鼓励学生敢于开拓，勇于创新。同时还要求学生深入工程实际，寻找创新点。他经常带领学生到有关工厂、研究院所和部队解决工程实际问题，使学生深入了解现有的理论方法在工程应用中暴露出的不足，有效地培养和提高了学生发现问题和解决问题的能力。例如，他有两位博士生在参与某型号导弹靶场试验鉴定过程中，发现采用 TIC 方法和频谱分析法检验通过的导弹仿真软件，其实测弹道仍有许多时刻落在仿真弹道置信限曲线之外，而采用新提出的距离检验方法，不但拒绝接受该导弹仿真软件，同时还指出了其发生错误的飞行时段。然后，他们又进一步到该导弹研制生产企业与研制人员共同找到了某参数设置上的错误，指导该导弹仿真软件的修改。这两位博士生过去只是从理论上知道距离检验方法优于 TIC 方法和频谱分析法，这次工程实践不仅使他们深刻认识了 TIC 方法和频谱分析法的局限性，同时也切身感受到距离检验方法的优越性，从而进一步激发了他们创新的积极性。

培养学生树立严谨学风和坚持科学精神。傅惠民认为，培养学生踏实严谨的科学作风，是指导教师一项很重要的工作，将使学生受益终生。因此，他经常告诫学生做学问必须踏踏实实，精益求精，来不得半点虚假。在科学的道路上，绝无捷径可走，成功总是属于那些不辞辛苦的人。从教20多年来，他始终用自己的一言一行去教育和影响学生。他不但指导学生如何在工程实际中发现问题、解决问题，而且对于新建立的理论、方法和公式，还亲自带领学生反复推敲，一个公式一个公式地进行推导，一组数据一组数据地进行验证。使学生能够体会到一种新的理论方法既要在理论上非常严谨，又要进行大量实验验证，更要经过工程实践的检验。对于学生的论文，他严格把关，绝不允许没有创新或凑数的论文发表。例如，曾经有一位博士生写了一篇关于数据融合方面的综述性文章，某学报已录用并排版，但他知道后，认为综述不够全面，并要求学生把文章撤回，直到后来这个学生提出一种新的数据融合方法，才允许他发表。在他的言传身教和严格要求下，他的多名博士生不仅在理论上取得了重要的创新成果，而且还解决了工程上一系列疑难问题。

四、傅惠民主要论著

Fu H M, Gao Z T. 1985. Probability density function of fatigue strength. ICOSSAR′85Conference Proceedings, 3: 765-774.

傅惠民 . 1993. 二维单侧容限系数方法 . 航空学报, 14 (3): A166-A172.

傅惠民 . 1993. 不完全数据秩分布理论 . 航空学报, 14 (11): A578-A584.

傅惠民 . 1994. 正态分布百分位值和百分率的置信限和容忍限公式 . 航空学报, 15 (1): 94-101.

傅惠民, 钱若力 . 1994. 无损检测可靠性和寿命控制方法 . 航空动力学报, 9 (3): 227-231.

傅惠民, 张应福, 张少波 . 1999. 解非线性方程组的一元化方法 . 机械强度, 21 (3): 205-207.

傅惠民 . 2002. 整体推断的极大似然方法 . 机械强度, 24 (1): 001-005.

傅惠民 . 2002. 相关系数平稳过程方法 . 机械强度, 24 (3): 400-404.

Fu H M, Zhang Y F, Huang W. 2002. A relational expression between static stress and temperature, humidity for composite materials. Jour Reinf Plast Comp, 21 (18): 1611-1617.

傅惠民, 刘成瑞, 马小兵 . 2003. 相关系数平稳过程时频分析方法 . 航空动力学报, 17 (5): 505-512.

傅惠民, 梁朝虎 . 2003. 置信检验理论 . 航空动力学报, 18 (2): 167-174.

傅惠民, 王华胜 . 2004. 不完全数据最佳线性无偏估计方法 . 航空动力学报, 19 (2): 169-173.

傅惠民, 王凭慧 . 2004. 无失效数据的可靠性评估和寿命预测 . 机械强度, 26 (3) : 260-264.

傅惠民, 王治华 . 2004. 广义时变ARMA模型参数函数的确定方法 . 机械强度, 26 (6): 636-641.

Fu H M, Huang W. 2004. A relational expression between the fatigue life and stress level, temperature, humidity for composite materials. Jour Reinf Plast Comp, 23 (12) .

傅惠民 . 2005. 仿真结果统计检验方法 . 机械强度, 27 (5): 598-603.

傅惠民，陈建伟 . 2007. 动态仿真结果距离检验方法 . 机械强度，29（2）：206-211.

傅惠民，吴琼 . 2010. 线性过程回归分析 . 机械强度，32（4）：600-605.

傅惠民，岳晓蕊 . 2010. 混合数据回归分析方法 . 机械强度，32（6）：922-927.

傅惠民，张勇波 . 2010. 正态分布定时无失效数据可靠性分析方法 . 航空动力学报，25（2）：384-387.

主要参考文献

团中央学校部 . 1990. 奋斗者的足迹 . 北京：中国青年出版社 .

黄敏 . 2002. 创新 不懈的追求——记民革北京市委副主委傅惠民 . 北京观察，（11）：27-29.

撰写者

刘成瑞（1978 ~ ），河北乐亭人。2001 年毕业于北京航空航天大学；师从傅惠民，于 2006 年在北京航空航天大学航空科学与工程学院获博士学位。现任中国空间技术研究院北京控制工程研究所副研究员。主要研究领域为故障诊断、可靠性工程。

王治华（1981 ~ ），辽宁辽阳人。2003 年毕业于大连理工大学；师从傅惠民，于 2007 年在北京航空航天大学航空科学与工程学院获博士学位。现任北京航空航天大学航空科学与工程学院讲师。主要研究领域为可靠性工程、寿命预测与控制。

胡海岩

胡海岩（1956～），上海人。力学家，中国科学院院士，发展中国家科学院院士。1988 年毕业于南京航空学院，获工学博士学位。主要从事动力学与控制的研究与教学，致力于将理论、计算与实验相互结合的科学研究和人才培育，在振动控制系统的非线性动力学、结构碰撞振动理论及其应用、纳尺度系统动力学等方面做出重要贡献，解决了飞行器研制中的若干振动控制问题。作为第一成果人获国家自然科学奖二等奖 1 项、国家科技进步奖二等奖 1 项。曾任德国斯图加特大学洪堡基金研究员，美国杜克大学客座教授，南京航空航天大学教授、校长。现任北京理工大学校长，教授；兼任中国科学院技术科学部副主任，国际理论与应用力学联合会（IUTAM）理事、教育工作委员会委员，中国力学学会理事长，中国宇航学会副理事长，中国兵工学会副理事长，科学出版社《非线性动力学丛书》主编，*ASME Journal of Computational and Nonlinear Dynamics* 等 3 种 SCI 期刊副主编，*Journal of Sound and Vibration* 等 5 种 SCI 期刊编委，国家自然科学基金委员会力学学科评审组组长，国家杰出青年科学基金评审委员会委员，国家自然科学奖评审委员会委员、工程技术评审组组长，国防科学技术奖评审委员会委员，解放军总装备部科技委员会委员，教育部科学技术委员会委员等。

一、学习与成长经历

胡海岩，1956 年 10 月出生于上海，祖籍福建闽侯。幼年随家庭移居山东济南，其父母均为山东医科大学（现山东大学）教师。受家庭熏陶，他自幼好学，成绩优异，对数学、物理、无线电技术等具有浓厚兴趣。中学毕业后，他进入济南医药包装材料厂，从事机械加工和维修工作。在工作中，他表现出对工程技术的强烈喜爱和良好悟性，因此被推荐到“工人大学”机械专业脱产学习一年多，毕业后回车间开展技术革新。

1977 年，邓小平果断做出恢复高考的决定，为一大批立志求学的青年人带来历史机遇，胡海岩便是他们中的一员。1978 年 3 月，他以高分考入山东工学院（现山东大学)，先后在数学专业、力学专业学习。大学期间，他受著名力学家刘先志教授（德国哥廷根大学自然科学博士）及其几位助手的影响，注重基础课程学习，为他后来的学术生涯奠定了坚实基础。他曾在数学专业、计算数学专业学生共同参加的数学分析两次期末考试中接连获得唯一的 100 分。大学期间，他的各门课程成绩均在 90 分以上，名列专业第一。此外，他还通过考试免修科技英语和复变函数论课程，进而自修更加高深的课程。大学四年级时，他利用课余时间研究弹性力学中 Cauchy 线性应变方程的积分问题，完成了其学术生涯中的第一篇期刊论文。

1982 年 2 月，胡海岩以优异成绩考入山东工学院固体力学专业，成为该专业当年招收的唯一硕士研究生，师从程德林教授（苏联科学院力学问题研究所技术科学副博士)，研究振动力学。在为期三年的学习中，胡海岩以全优成绩通过培养计划规定的课程学习，还研读了 T. von Kármán 的《工程中的数学问题》、A. C. Eringen 的《连续统物理》、郭仲衡的《非线性弹性理论》等名著，并在科学研究中表现出优秀的素养。他提出基于群表示理论的广义模态综合法，揭示了循环对称结构的模态特性，在内存仅 16K 的计算机上成功计算了鼓风机叶轮等复杂结构的固有振动，并通过实验验证了理论和计算结果。答辩委员会对其硕士学位论文给予高度评价，认为学术水平不亚于博士学位论文。

1985 年 3 月，胡海岩又以优异成绩考取南京航空学院（现南京航空航天大学）固体力学专业，师从著名力学家张阿舟教授（英国布里托斯大学哲学博士）攻读博士学位，研究结构动力学。他努力学习张阿舟教授的大师风范，注重从工程中凝练科学问题，注重理论、计算与实验并重解决问题，注重瞄准国际标准提升学术水平。经过三年的不懈努力，他在非线性结构动力学这一前沿研究领域取得重要进展，出色完成了博士学位论文《振动控制中的非线性组合结构动力学研究》。1988 年 6 月，他以优异成绩通过博士论文答辩。以杜庆华院士为主席的答辩委员会认为："论文建立了一套完整的非线性振动控制的理论和实验方法……在理论上有创新且具有工程实用价值，是一篇优秀的博士论文。"

1991 年 12 月，胡海岩获得德国洪堡基金会的研究奖学金（research fellowship)。此时，他已留校任教三年半，参与了多种飞行器研制过程中的振动分析和试验研究，积累了工程经验。在撰写研究奖学金的研究计划时，他决定把研究精力聚焦于从工程中凝练出的若干非线性动力学问题，对过去几年从理论到实践的研究进行深化，形成从实践回到理论的螺旋式上升。在德国斯图加特大学力学研究所 B 从事研究期间，他与曾任国际理论与应用力学联合会（IUTAM）主席的著名力学家 W. O. Schiehlen 教授合作，研究具有弹性约束的机械系统周期碰撞振动及其分岔，在擦边分岔的分析和计算方面取得重要进展。

从1978年3月进入大学学习，到1994年3月结束在德国的研究回国任教，16年的高等教育和科学研究历程使胡海岩逐步成长为一名学术基础宽厚、勇于实践创新、具有国际视野的优秀学者。回国后，他立即受聘为力学教授，在老教师和同事们的支持下创建学术团队。

二、科学研究理念与成就

胡海岩长期从事与航空航天科技相关的动力学与控制研究，侧重于应用基础研究。他在求学和成长过程中先后受到刘先志、程德林、张阿舟、W. O. Schiehlen 等几位背景不同、风格迥异的学术前辈影响，从而既欣赏和擅长理论研究，又重视和乐于实验研究。而他先从事机械加工与维修，后攻读数学、力学学位，再从事航空工程研究，又回到与航空航天科技相关的应用基础研究的经历，使他在学术研究思路上更加开阔和综合，善于完成认识过程的螺旋式上升。他认为：力学是技术科学，其研究选题源于工程和技术，但研究境界一定要高于工程和技术。从事技术科学研究需要科学思维和技术思维、工程思维的完美结合；单一思维不仅难以取得成功，甚至会误入歧途。这既是他的科学研究理念，也是他的科学研究体会。

胡海岩在非线性动力学与控制、飞行器动力学与控制、气动弹性力学与控制、车辆动力学与控制等领域取得了国内外同行公认的学术成就。他作为第一完成人，获国家自然科学奖二等奖1项，国家科技进步奖二等奖1项，部级科学技术奖一等奖2项、二等奖2项，并获得何梁何利科学与技术进步奖。他出版专著2部，发表期刊论文268篇；论文被SCI（科学引文索引）收录128篇，EI（工程索引）收录171篇；论著被他人引用5470余次。他的主要学术成就可概括为以下三个方面。

（一）振动控制系统的非线性动力学

振动控制是提高飞行器、舰船等武器装备性能的关键技术，其发展依赖于对振动控制系统动力学的深刻认识。振动控制系统的动力学研究面临如下突出难题：一是测控环节具有不可避免的时滞，其量级往往与系统振动的周期相当，导致系统成为由泛函微分方程描述的无穷维动力学系统；二是系统中常常需要人为配置弹性约束、迟滞阻尼来抑制振动，而它们具有分段光滑恢复力，导致系统成为由分段光滑微分方程描述的本质非线性动力学系统。

自1994年起，胡海岩在国家自然科学基金、国家杰出青年科学基金等资助下，对振动控制系统的非线性动力学进行了为期 10 年的深入研究。他对振动控制系统从控制力作用机理上进行分类，提出理论、计算和实验相互融合的非线性动力学研究思路，与团队一起从非线性动力学理论与实验建模、稳定性与分岔分析、控制器设计和实验验证等方面进行系统研究，揭示了反馈时滞、弹性约束、迟滞阻尼这三大因素对振动控制系统动力学行为的影响规律，提出了若干新的控制策略。其主要发现和创新如下。

（1）对具有反馈时滞的振动控制系统：在系统含待定设计参数和多个未知时滞情况下，建立系统的全时滞稳定性、短时滞稳定性、稳定性切换、区间稳定性的代数判据，揭示了时滞和系统参数对系统稳定性影响的规律；提出 Poincaré 板和不动弧段概念，构造了周期振动及其稳定性的计算和分析方法；发现了非线性自治时滞系统存在无限多个 Hopf 分岔及相应的共存自激振动，其吸引域逐个嵌套；在高维时滞系统可分解为刚–柔耦合子系统的情况下，解除系统必须在 Hopf 分岔附近的限制，提出了基于中心流形定理的降维方法；提出了利用时滞反馈来镇定系统平衡点和周期运动的控制策略；设计具有时滞反馈的受控机械实验系统、具有信号传输时滞的网络电路实验系统，通过实验验证了上述方法和主要结论。

（2）对具有弹性约束的振动控制系统：在系统运动相轨线与系统微分方程向量场切换面擦边时，发现系统的 Poincaré 映射保持光滑性的条件，由此而揭示了这类系统的擦边分岔的机理，该结果覆盖前人对刚性约束碰撞擦边分岔的研究结果；发现了预紧弹性约束会引起三种新的持久主共振类型，显著改变系统的动力学行为；在此基础上，提出了在擦边分岔附近如何构造分片光滑的 Poincaré 映射，进而控制系统混沌振动的方法。设计具有弹性约束的柔性梁振动控制系统，验证了上述结果。

（3）对具有迟滞阻尼的振动控制系统：提出非线性动力学实验建模方法，将描述非线性迟滞恢复力的增量型本构泛函作分段函数级数展开，进而把困难的非线性参数辨识转化为简单的线性参数估计，实现了金属橡胶、磁流变阻尼等非线性迟滞阻尼器件的实验建模；根据局部逆动力学构造这类系统的振动控制策略，提出了神经网络自适应控制方法并证明了其收敛性；发明具有多级输出的磁流变阻尼器，分别对车辆悬架模型的受迫振动和飞机机翼模型的自激振动（颤振）进行了有效的半主动控制实验，可将 C 级随机路面激励下的悬架模型振动响应均方根值下降 41%，将机翼模型的颤振临界速度提高 26%。

该研究解决了振动控制技术发展中的若干重要科学问题，在国内外学术界产生了重要影响。研究成果总结为专著 *Dynamics of Controlled Mechanical Systems with*

Delayed Feedback（德国 Springer–Verlag，2002）和 72 篇期刊论文，论著已被他人引用 1930 余次。关于含反馈时滞的振动控制系统研究被美国控制专家 D. B. Schaechter 博士在 *Applied Mechanics Review* 上评价为“提出了令人耳目一新的、系统的分析方法”，被 *Journal of Sound and Vibration* 主编、英国力学家 M. P. Cartmell 教授在 *Applied Mechanics Review* 上称作“一个有别于纯振动现象的、非常有趣的分支应归功于 Hu 等”，被中国学者任革学教授等在 *Journal of Sound and Vibration* 上称作“先驱性工作”，被匈牙利科学院院士 G. Stepan 教授、波兰科学院院士 D. V. Nguyen 教授等力学家作为原始性文献多次引用。关于含弹性约束、迟滞阻尼的振动控制系统研究被中国科学院院士闻邦椿教授、白鸿柏教授在各自著作中作为独立章节，摘录 26 页。该研究的部分成果被用于某型大机动导弹惯导平台的振动控制、某型航空发动机的隔振安装设计，还被广泛用于研究车辆、机械等领域的振动控制问题。该研究成果获 2006 年国家自然科学奖二等奖。

（二）碰撞振动理论及其应用

碰撞振动是指物体间的反复碰撞，对武器、装备的动态品质和寿命具有重要影响。由于碰撞振动属于强非线性动力学过程，其研究非常复杂和困难。以往研究主要分析最简单的情况，即两物体沿接触点公法线方向的正碰撞振动。

1990 年，胡海岩从航空工程项目中凝练出若干典型碰撞振动问题，提出从非光滑动力学角度研究这类问题的主要思路，并获得初步结果。在德国斯图加特大学工作期间，他对两物体间正碰撞振动及其分岔进行了深入研究。1994 年回国后，他除了研究更为复杂的高维系统正碰撞振动及其实验外，与团队一起深入研究两物体间具有摩擦、以任意夹角发生的斜碰撞振动，并进一步探索对碰撞振动的控制与利用。其主要发现和创新如下：

（1）对于两物体间具有接触摩擦的斜碰撞振动，发现瞬时碰撞的力学条件，设计相应的实验系统并进行了验证；将具有接触摩擦的斜碰撞是否和如何发生切向微滑动逆向分为三种类型，即不发生逆向、在法向压缩时发生逆向、在法向恢复时发生逆向，建立了相应的力学条件；在上述发现的基础上，提出了计算两物体间具有接触摩擦的斜碰撞周期振动及其分岔的半解析计算方法；设计碰撞角度可调节的两自由度碰撞振动实验系统，验证了上述发现和方法。

（2）对于两物体的正碰撞振动，提出了周期振动的半解析计算方法和稳定性分析方法；对于多个物体的正碰撞振动问题，提出了从瞬态碰撞振动中预测周期碰撞振动的拟合方法，可在擦边分岔附近高效地计算各种周期碰撞振动；设计两柔性梁正碰撞振动实验系统，验证了上述方法。

（3）将碰撞振动概念引入隔振系统设计，通过在经典线性隔振系统中设置弹性/阻尼组合限位器、对新的非线性隔振系统主共振进行奇异性分析、对主共振的局部分岔类型进行选择、对新的非线性隔振系统全局动力学进行校核，形成了一套碰撞隔振系统的非线性动力学设计方法，使新的隔振系统既保持理想的高频隔振传递率，又具有很低的共振传递率。以某导弹稳瞄系统为例，进行了隔振系统的 1：1 模型设计和实验，获得预期效果。

该研究拓展了碰撞振动理论，推动了非线性隔振技术发展。研究成果总结为专著《碰撞振动与控制》（科学出版社，2005）和 42 篇期刊论文，论著被他人引用 760 余次。主要研究成果被 IUTAM 秘书长、荷兰力学家 D. H. van Campen 教授，美国力学家 L. N. Virgin 教授等多次引用，在 *Physica D-Nonlinear Phenomena* 上称作“迷人的现象”；被中国学者陆启韶教授在《力学进展》上评价为“对碰撞振动研究的重要贡献”，在《振动工程学报》上评价为“有启发作用”、“有重要参考价值”。提出的碰撞隔振系统设计方法被用于武装直升机的导弹稳瞄系统隔振技术攻关，使导弹靶试命中率成倍提高，保证了其定型和装备军队。该研究成果获 2005 年国家科学技术进步奖二等奖。

（三）复杂耦合系统动力学与控制

21 世纪以来，国家在航空、航天、海洋、制造、材料等领域的重大需求日益增多，所涉及的动力学系统日益复杂，刚柔耦合、多场耦合等因素成为系统动力学与控制面临的新挑战。

2000 年以来，胡海岩及其团队致力于研究航空航天科技和高新技术领域中出现的多种复杂耦合动力学系统，分析其特有的稳定性、振动和波动特性，研究相应的动力学控制问题。其主要学术贡献如下：

（1）以卫星编队飞行为背景，研究了绳系卫星系统的动力学与控制问题。对于两体绳系卫星系统，分析其处于状态保持阶段的局部动力学，排除了内共振的可能性；分析轨道偏心率、系绳内电流强度对系统稳定性的影响及由此引起的分岔，确定了其周期振动、概周期振动和混沌运动。对于两体绳系卫星系统的最优释放和回收、三体轴-辐型绳系卫星编队飞行的最优回收等问题，提出了基于二阶微分包含的 Legendre 伪谱方法和针对不同情况的高效控制策略。设计并研制出中国第一套绳系卫星动力学与控制地面模拟系统，利用气浮装置和喷管来模拟绳系卫星所经受的重力梯度场和 Coriolis 力，成功实现了绳系卫星释放和回收的控制模拟实验。

（2）以新一代歼击机的大机动飞行需求为背景，系统研究了同时经历大范围刚体运动和基础激励的柔性梁、矩形板的非线性动力学问题。针对简谐激励、窄带随机激励等不同情况，分别在内共振和非内共振条件下获得主共振、亚/超谐共振、组合共振的近似解，发现了其分岔规律；设计了相应的转台实验并验证了主要理论分析结果。

（3）以铺设海底光缆过程为背景，研究流体激励下行进柔性缆索的非线性动力学。建立流体激励下行进柔性缆索的非线性动力学方程，获得流致振动的近似解，发现了流速、缆索行进速度等对系统稳定性和非线性振动的影响规律。

（4）以纳尺度器件发展需求为背景，研究单壁和多壁纳米碳管的屈曲、碰撞、振动、波动、热振动等问题。尤其是建立由非局部弹性本构关系描述的 Timshenko 梁和薄壳的动力学模型，准确预示分子动力学模拟中呈现的横波和纵波的频散现象，揭示了纳米碳管中微结构对波传播的影响规律。

上述研究成果总结为在 *Physical Review B* 等重要期刊上发表的 42 篇论文，论文已被他人引用 640 余次。关于碳纳米管中波的频散研究被美国工程院院士 T. Belytschko 教授、英国皇家学会院士 Y. W. Mai 教授、新加坡力学家 C. M. Wang 教授等作为采用非局部连续统理论研究纳尺度系统的原始性文献引用，被美国复合材料学会主席 R. F. Gibson 教授在 *Composite Science and Technology* 上作为“特别重要的研究”举例，被英国力学家 H. Askes 教授、Q. M. Li 教授等频繁引用，在 *Physical Review B* 上的单篇论文引用多达 28 处，若干引文长达半页篇幅。关于碳纳米管在循环载荷下发生迟滞屈曲的理论预测，被美国力学家 R. W. Carpick 教授等发表在 *Nano Letters* 上的实验结果所证实。关于流体激励下行进柔性缆索动力学的研究结果被 *Applied Mechanics Review* 副主编、美国力学家 R. A. Ibrahim 教授在该刊上作整段长篇幅介绍。

三、人才培养理念与成就

胡海岩热爱教育事业，任教以来始终把人才培养作为其重要使命。他曾为本科生、研究生多遍讲授飞行器结构振动、非线性动力学、工程力学概论等课程。在教学中，他高度重视课程和教材建设。他基于反复使用和修改的讲义，编著了《应用非线性动力学》、《机械振动与冲击》、《机械振动基础》。这 3 部教材被多所全国重点大学作为研究生和本科生教材，在使用中获得普遍好评，已被他人引用 1180 余次。其中，《机械振动基础》被评选为国防科学技术工业委员会“十五”期间的 5

本优秀教材之一。

长期的教学实践，特别是为航空航天类专业讲授力学课程的实践，使胡海岩形成了独具特色的力学教育观。他在《面向研究工程师的力学教育》报告中系统阐述了他的观点：中国高等工程教育应具有面向不同需求的多类别、多层次目标。多数大学培养基于现有技术研制开发产品的工程师，而研究型大学则应培养以技术创新为主的研究工程师。相应地，力学教育应该有多类别、多层次的课程体系、教学内容、实践环节。他认为：从技术科学的统一性看，高等工程教育的课程体系改革势在必行。以力学为例，应从技术科学统一性的高度来看待力学课程体系和教学内容的设置与改革，对多门相互关联的课程进行整合优化。同时，从实践与创新的统一性出发，将目前理解和巩固知识为主的实验、设计、考试等环节转变为实践创新环节。大学要从培养研究工程师的需求出发，加强校企合作。高校要从优秀工程师中选聘教师，改变从书本到书本的传统教学模式；企业应积极地为学生提供长期的实践机会，加强工程师的继续教育。

作为实践，2004 年，胡海岩在南京航空航天大学指导创办了六年制本硕贯通培养的工程力学专业，后冠名为“钱伟长工程试验班”，取得显著成效。2009 年，胡海岩将力学教育改革推广到技术科学教育范围，在北京理工大学选择航天、机电、信息三个领域具有代表性的专业构建本硕博贯通培养计划，旨在培养面向国家工业化、信息化、国防科技现代化的科技领军人才毛坯，追求“刻苦学习理论、勤于动手实践、勇于独立思考、善于自我创新”的培养目标。在培养过程中，努力将学习、实践、创新融为一体，注重塑造学生的科学精神和人文素养，培养学生从工程中提炼、解决科学问题的能力和在技术上自主创新的能力。

除了重视围绕培养目标来构建人才培养体系，胡海岩非常重视师生良性互动在人才培养中的作用。他反复强调导师的责任：在理解和把握研究生培养质量标准方面、在指导研究生系统创新方面、在研究生的科学精神和学术道德建设方面，导师必须并且始终是第一责任人。他不断激励学生的主观能动性：对于青年学子，兴趣决定追求，追求产生动力。学者可分为三类，第三类谋生计，第二类谋兴趣，而第一类则是像哥白尼那样，谋真理。他提倡引导青年学子将兴趣转化为追求真理的动力，不断鼓励他们敢于创新，勇于突破，超越导师，追求卓越。

自 1990 年担任研究生导师以来，胡海岩共培养了 22 名博士、10 名硕士。在中国力学界的知名教授中，他招生数量不多，但培养质量很高。迄今，中国动力学与控制学科共培育出 5 篇全国优秀博士学位论文，而其中 3 篇出自他指导的博士生。2000 年毕业的王在华博士，其学位论文《高维时滞动力系统的稳定性分析》获得全国优秀博士学位论文，后相继获得德国洪堡基金会研究奖学金、国家杰出青年科学基金，已成为中国动力学与控制学科的新秀。2005年毕业的王立峰博士，其学位论文《一维纳米结构的若干力学问题》获得全国优秀博士学位论文，并在年仅29岁时破格晋升教授。这些优秀人才脱颖而出既是他不断探索高等教育理念的硕果，也是他从事高等教育实践的硕果。

四、学科国际化理念与实践

胡海岩曾先后与德国斯图加特大学、美国杜克大学与IUTAM前任主席W. O. Schiehlen教授、美国工程院院士E. H. Dowell教授等著名力学家合作研究，形成了开阔的国际视野和高雅的学术品味。他认为：当今衡量高水平人才培养和学术研究的尺度必然是国际尺度，在独立自主发展的国防科技领域更是如此。高水平研究型大学必然要走国际化道路，而大学的国际化根源于教师队伍的国际化、根源于学科发展的国际化。

胡海岩领导的南京航空航天大学动力学与控制学科，大部分研究项目以航空航天科技发展为背景，来自工程实际。他坚持按照国际一流大学的学术标准，一方面鼓励和支持青年教师出国深造，拓展视野；另一方面带领团队从工程实践中凝练科学问题，开展高水平的应用基础研究，形成了绳系卫星动力学与控制、气动弹性主动控制、微纳尺度系统动力学等新的研究方向。在此基础上，他积极推进国际学术交流与合作，邀请外国教授到校从事研究，培养外国留学生，学科的国际影响力不断提升。在2007年教育部组织的国家重点学科增列评估中，该学科位居全国同类学科第一名。

多年来，胡海岩积极参与国际力学界的学术交流活动，并逐渐承担起提升中国力学学科国际影响力的重要角色。他作为中国力学学会副理事长，担任IUTAM理事、IUTAM教育工作委员会委员；作为中国航空学会副理事长，负责学会的国际学术交流与合作工作。他曾代表中国振动工程学会、中国航空学会，作为大会主席负责举办了The 3rd International Conference on Vibration Engineering、The 5th International Conference on Vibration Engineering、World Forum on Smart Materials and Smart Structures、Asia-Pacific Symposium on Aerospace Technology等10个大型国际会议，有力地促进了中国学者在上述领域开展国际交流与合作。

自1993年起，胡海岩作为唯一的中国学者，连续4次应邀出席IUTAM非线性动力学与控制专题会议。他于2003年向IUTAM提出在中国举办下一届非线性动力学与控制专题会议的建议，并因论证充分而在与他国学者的竞争中取胜。2006 年 9 月，由胡海岩和欧洲科学院院士、德国力学家 E. Kreuzer 教授共同担任会议主席的 IUTAM Symposium on Dynamics and Control of Nonlinear Systems with Uncertainty 在南京成功举行。这是 IUTAM 首次在中国举行动力学与控制专题学术会议，吸引了该领域一批国际顶级力学家参会，显著提升了中国动力学与控制学科的国际地位。

2009 年 10 月，经中国力学学会推荐，胡海岩向 IUTAM 大会委员会建议的 Mini-Symposium on Mechanics and Control of Morphing Structures 获得批准，他在 2012 年召开的第 23 届国际理论与应用力学大会（International Congress on Theoretical and Applied Mechanics，ICTAM）上担任该专题会议主席。这是中国学者首次担任这一职务，进一步提升中国力学学科的国际影响力。

近年来，胡海岩担任 *ASME Journal of Computational and Nonlinear Dynamics* 等期刊副主编，并应邀担任振动与声学、非线性力学研究领域最经典、最有影响的国际期刊 *Journal of Sound and Vibration* 和 *International Journal of Non-Linear Mechanics* 的编委。这是中国大陆学者首次担任这两份期刊的编委。此外，他还任担任国际期刊 *International Journal of Computational Methods* 和 *Cognitive Neurodynamics* 的首届编委。胡海岩对所承担的审稿工作倾注心血，认真负责，赢得了良好的国际学术声誉。

五、大学办学理念与实践

2001 年 5 月，胡海岩担任南京航空航天大学校长。在当时的全国重点大学、国家“211 工程”建设大学，他是最年轻的校长之一。任该校校长期间，他确定了“智周万物，道济天下”的校训，引导培养师生崇尚科学、报效祖国；提出以“大楼，大师，大气”为建设重点，注重处理好近期与长远、规模与内涵、工科与文理科、教学与科研、硬件与软件等五个关系。在他的带领下，南京航空航天大学的综合实力不断攀升，人才培养和科学研究水平显著提高，学校进入研究型大学行列。

2007 年 8 月，胡海岩被党中央、国务院任命为北京理工大学校长。面对新的环境、新的任务，胡海岩提出了系统论观点下的大学建设理念，即围绕大学建设这一复杂大系统，确定一套发展思路：解放思想、精心规划、激情进取、科学发展；保持两种工作态度：树立忧患意识、细节决定成败；应对三大发展挑战：高等教育改革、新军事变革、国家工业化和信息化；完成四项重点任务：转变发展方式，加强内涵建设，提高产出与投入之比；坚持理工并重、交叉融合的发展道路，打造新的国防科技特色；培养特色鲜明、创新卓越的高质量领军人才；产出服务于工业化、信息化和国防现代化的高水平成果。

几年来，胡海岩与北京理工大学全校师生员工共同努力，加速推进高水平研究型大学建设：以学科建设为牵引，进行学院设置调整，构建引领国防科技发展和服务国家工业化、信息化的主干学科群；以队伍建设为牵引，面向海内外公开选聘所有学院院长，培育一流师资队伍；以拔尖优秀人才培养为牵引，实施本硕博贯通培养未来科技领军人才；以高水平研究为牵引，坚持理工并重、交叉融合的发展道路，基础研究和重大工程研究双丰收；以办学国际化为牵引，构建中俄、中西大学联盟，推进大学国际化进程；以机制体制创新为牵引，创建富有特色的学部制度，使学术权力和行政权力相对分离和均衡，实现“教授治学、民主管理”。

作为校长，胡海岩带给北京理工大学师生们的是表率和引导。大家津津乐道地谈及他每天与师生共进午餐的平实和朴素，而学校发展业绩却给师生们以振奋和力量。近年来，学校新增“长江学者奖励计划”特聘教授、讲座教授 19 人，新增国家杰出青年科学基金获得者 17 人；先后以优异成绩通过国家组织的“本科教学工作水平评估”、“研究生教育优秀工程评估”；获国家科学技术奖数量位居全国高校前列，2013 年获国家技术发明奖一等奖。在美国基本科学指标数据库（ESI）中，学校的工程、材料、物理、数学、化学等学科群进入全世界研究机构的前 1%。在英国教育研究机构 QS 和《泰晤士报高等教育专刊》推出的大学排行榜中，学校进入亚洲大学前 100 强，世界大学前 500 强。

胡海岩崇尚科学、探求真理，治学严谨、为人师表。作为一名学者，他始终信奉“做学问，先做人”。在他执著追求科学的道路上，我们欣赏他德行一致如山石般稳重坚韧的人格魅力，领略他治学求道如沧海般博大精深的学者风范。正如他的名字一样，“崇德尚行如山石，博学求道似沧海”恰如其分地演绎和诠释着他的精彩人生。

六、胡海岩主要论著

胡海岩，程德林．1986．循环对称结构振动分析的广义模态综合法．振动与冲击，5（4）：1-7.

胡海岩，李岳锋，张阿舟．1990. Dynamic substructuring analysis of composite structure with nonlinear links. Chinese Jour Aeronaut，3（3）：168-177.

胡海岩．1994. Simulation complexities in the dynamics of a continuously piecewise-linear oscillator. Chaos，Soliton Fract，5（11）：2201-2212.

胡海岩．1995. Controlling chaos of a periodically forced non- smooth mechanical system. Acta Mech Sinica，11（3）：

251-258.

胡海岩 . 1995. Detection of grazing orbits and incident bifurcations of a forced continuous, piecewise-linear oscillator. Jour Sound Vib, 187 (3): 485-493.

胡海岩 . 1997. Controlling chaos of a dynamical system with discontinuous vector field. Physica D, 106 (1): 1-8.

胡海岩, Dowell E H, Virgin L N. 1998. Resonances of a harmonically forced duffing oscillator with time delay state feedback. Nonlinear Dynam, 15 (4): 311-327.

王在华, 胡海岩 . 1999. Delay-independent stability of retarded dynamic systems of multiple degrees of freedom. Jour Sound Vib, 226 (1): 57-81.

胡海岩, 吴志强 . 2000. Stability and Hopf bifurcation of a four-wheel-steering vehicle involving driver's delay. Nonlinear Dynam, 22 (4): 361-374.

胡海岩, 金栋平 . 2001. Nonlinear dynamics of a traveling cable subject to transverse fluid flow. Jour Sound Vib, 239 (3): 515-529.

胡海岩, 王在华 . 2002. Dynamics of controlled mechanical systems with delayed feedback. Berlin: Springer-Verlag.

郭大蕾, 胡海岩 . 2004. Neural network semi-active control for vibration of vehicle suspensions with magnetorheological damper. Jour Vib Contr, 10 (3): 461-471.

韩维, 金栋平, 胡海岩 . 2004. Dynamics of an oblique-impact vibrating system of two degrees of freedom. Jour Sound Vib, 275 (3-5): 795-822.

王在华, 胡海岩, Küpper T. 2004. Robust hurwitz stability test for linear systems with uncertain commensurate time delays. IEEE T Automat Contr, 49 (8): 1389-1393.

金栋平, 胡海岩 . 2005. 碰撞振动与控制 . 北京: 科学出版社 .

王立峰, 胡海岩 . 2005. Flexural wave propagation in single-walled carbon nanotubes. Phys Rev B, 71 (19): 195412. 1-7.

金智林, 翁建生, 胡海岩 . 2007. Rollover stability of a vehicle during critical driving maneuvers. Proceedings of the Institution of Mechanical Engineers, Part D. Jour Autom Eng, 221 (D9): 1041-1049.

王立峰, 郭万林, 胡海岩 . 2008. Group velocity of wave propagation in carbon nanotubes. Proc Roy Soc A, 464: 1423-1438.

文浩, 金栋平, 胡海岩 . 2008. Infinite-horizon control for retrieving a tethered subsatellite with an elastic tether. Jour Guid Control Dynam, 31 (4): 899-906.

胡海岩, 王在华 . 2009. Singular perturbation methods for nonlinear dynamic systems with time delays. Chaos Solitons Fract, 40 (1): 13-27.

主要参考文献

胡海岩 . 2003. 建立学科创新机制 促进新兴、交叉、边缘学科建设 . 学位与研究生教育, (2): 1-3.

胡海岩 . 2005. 博士生导师的使命 . 中国研究生, (1): 49-50.

胡海岩 . 2006. 刘先志学术思想初探 . 力学与实践, 28 (6): 88-90.

胡海岩 . 2009. 对力学教育的若干思考 . 力学与实践, 31 (1): 70-72.

胡海岩 . 2009. 高水平研究型大学的研究生教育科学发展观 . 学位与研究生教育, (2): 1-5.

撰写者

林杰（1977～），山东荣成人，生于山西太原。1999 年 7 月毕业于太原理工大学；2004 年 4 月在北京理工大学自动控制系获硕士学位；2011 年 7 月在北京理工大学自动控制系博士学位。现任北京理工大学资产经营公司副总经理兼出版社社长，助理研究员。

20 世纪中国力学大事记

1862 ·同文馆成立。由丁韪良编写《格物测算》，该书包含有较多的力学内容，从 1868 年起作为教科书，一直沿用了三十多年。

1895 ·北洋西学学堂在天津成立，1900 年毁于八国联军。1903 年重建，更名为国立北洋大学，为天津大学（1951 年）前身。

1898 ·京师大学堂成立，学校开设力学相关课程，讲授者大多为外国人，1902 年京师同文馆并入，1912 年更名为北京大学。

1903 ·清朝政府规定在小学设理化课；高等学堂设政艺两科，艺科所设课程有力学、物性、声学、热学、光学、电学和磁学等物理学内容。

1909 ·冯如在美国制造出中国第一架飞机。

1910 ·中国人自行设计和施工的第一条铁路干线——京张铁路全线通车。

·清朝政府拨款在北京南苑庑甸毅军操场建筑厂棚，由刘佐成和李宝浚试制飞机一架，这是中国官方首次筹办航空项目。

1912 ·罗忠忱回国，直至 1952 年于唐山铁道学院教授工程力学类课程。

1913 ·北京大学建立物理学门与数学门，开设理论力学课程。

1919 · 茅以升在美国卡内基-梅隆理工学院获博士学位，学位论文为《桥梁桁架次应力》。

1922 ·商务印书馆出版夏元瑮的译著《相对论浅释》。

1928 ·国立中央大学出版陆志鸿著的《材料强度学》。

1929 ·冯·卡门首次访华，后指派他的学生瓦登道夫帮助清华大学建设 5 英尺风洞。1937 年他再次访华参观指导，在中国南昌建设 15 英尺风洞。

1930 ·中央工业试验所在南京成立，下设材料试验室。

1931 ·商务印书馆出版由郑太朴翻译的牛顿著作《自然哲学的数学原理》。

1932 ·商务印书馆开始组织出版《大学丛书》，陆续出版的力学书籍有徐骥的《应用力学》（1933 年），张含英的《水力学》（1936 年），陆志鸿的《工程力学》（1937 年），严济慈翻译的《理论力学纲要》（1947 年），西北农学院出版孟昭礼的《超稳结构应力分析之基本原理》（1945 年）。

1933 ·中国第一个水工实验所成立。

1934 ·清华大学筹办航空工程研究所。

1935 ·中央大学和北洋工学院先后成立航空工程系，培养飞机设计及制造技术人员。中央大学开设应用和理论空气动力学、螺旋桨设计、水上飞机及风洞实验等课程，伍荣林、王守竞任教。北洋工学院秦大钧为系主任，并与李锦安、张国藩分别讲授空气动力学、发动机设计及流体力学课程。

·张国藩在美国爱阿华州立大学完成博士论文《溪流中的落体及对湍流的影响》。

1937 ·中国人自己建造的第一座现代化公路、铁路两用桥——钱塘江大桥建成通车。

·周培源在《美国数学杂志》上发表《爱因斯坦引力论中场方程各向同性静态解》。

·林同骅等仿造飞机解抗战急需。

1938 ·国立西南联合大学成立航空工程系，王德荣为系主任，冯桂连、秦大钧等十多人先后讲授理论和应用空气动力学课程，学校建有两座实验风洞。抗战期间西北工学院、成都空军机械学校、交通大学等也根据战争需要培养了一批航空和力学人才。

1939 ·7 月 7 日航空委员会在成都成立航空研究所，下设器材、飞机与空气动力三个组。1941 年 8 月航空委员会航空研究所扩大并改名为航空研究院。

·钱学森研究可压缩效应对气动性能的影响，提出计算亚声速翼型压力系数的卡门–钱公式（1941 年）。在美国期间，他还对应用力学和航空工程的众多领域：高超声速流动（1946 年）、稀薄气体动力学（1946 年）、薄壳稳定性理论（1940 年）做出开创性的贡献，在开创与发展火箭技术和有关理论方面有多项贡献（1939 年，1950 年），发表了《工程控制论》（1954 年），并完成了《物理力学》手稿。

1940 ·周培源在《清华大学学报》上发表《探求湍流性质和表观应力的雷诺方法的推广》，此后周培源又在国外发表若干篇湍流方面的文章。

1943 ·钱令希从比利时回国。

1944 ·钱伟长在美国《应用数学》季刊（*Quarterly Appl. Maths.*）上连续三期发表《板壳的内禀理论》论文。

1945 ·浙江大学成立航空工程系，系主任范绪箕，梁守槃等执教。

·4 ~5 月，李四光应重庆大学、中央大学联合邀请，将他研究地质力学的首次总结向两校地质系师生做“地质力学之基础与方法”报告。

·钱学森和郭永怀发现上临界 *Ma* 数。郭永怀进一步研究跨声速不连续解的理论，为突破声障奠定理论基础。他随后又提出 PLK 方法（1953 年）。

1946 · 周培源作为中国代表参加在巴黎举行的第六届国际理论与应用力学大会，并被选为国际理论与应用力学大会和新成立的国际理论与应用力学联合会理事。周培源和顾毓琇是国际理论与应用力学联合会中中国最早的理事。

· 钱伟长回国在清华大学机械系讲授近代力学课程。张维、陆士嘉从德国回国。

1947 · 钱学森在上海交通大学、浙江大学和清华大学做“超级空气动力学”和“技术科学”学术报告。

1951 · 中国造船科学研究所在上海成立，后迁至无锡，并于 1956 年发展成为中国船舶科学研究中心，负责人辛一心。

· 钱伟长在中国科学院数学研究所组建力学研究室，任研究室主任，研究员有钱伟长、沈元、周培源。

1952 · 北京大学设立数学力学系力学专业，负责人周培源。

· 北京航空学院（由清华大学、天津大学、厦门大学、四川大学、北京工学院、云南大学、西北工学院等校航空工程系和西南工业专科学校航空专修科合并）在北京成立。

· 华东航空学院（由原中央大学、浙江大学、上海交大三校的航空系组建）在南京成立。1956 年迁西安，1957 年与西北工学院合并成为西北工业大学。

1954 · 中国科学院土木建筑研究所成立（1962 年改为中国科学院工程力学研究所，1984 年改为国家地震局工程力学研究所，1998 年改为中国地震局工程力学研究所）。

· 胡海昌在《物理学报》发表《论弹性体力学和受范性体力学中的一般变分原理》，文中提出了三类变量广义变分原理，后来被国际同行称为“胡–鹫津”原理。

1955 · 钱学森回国。1956 年郭永怀回国。同期，中国大批留学西方、苏联和东欧的力学专家回国。

1956 · 1 月 5 日，中国科学院力学研究所成立，第一任所长钱学森，副所长钱伟长。研究重点除固体力学、流体力学外，还包括以后陆续开拓的物理力学、磁流体力学、化学流体力学等研究方向。

· 8 月，中国首次派代表团参加第 9 届国际理论与应用力学大会，团长周培源。

·10 月，国防部第五研究院成立，第一任院长钱学森。12 月，第五研究院下属空气动力学研究室成立，该室 1959 年发展为空气动力学研究所（701 所），第一任技术负责人庄逢甘。

·钱学森起草了《建立我国国防航空工业的意见书》，为中国火箭与导弹技术的创建和发展提供了极为重要的实施方案。

·国家制定《1956～1967 年科学技术发展远景规划纲要》，其中第 37 项“喷气和火箭技术的建立”与力学关系密切，项目主持人钱学森。制定了中国第一份力学学科规划，确认力学为一级学科。

·北京航空学院设立国内第一个空气动力学专业，负责人陆士嘉。

1957 ·2 月，第一次全国力学学术报告会在北京召开。钱学森、钱伟长分别做“论技术科学”和“当前我国力学工作者的任务”的报告。会上成立了中国力学学会，选举理事 35 人。理事长钱学森。会后相继成立了固体力学、流体力学、一般力学、岩土力学 4 个专业的专业委员会，以及哈尔滨、西安、北京、天津、上海、南京、大连 7 个地方分会。

·《力学学报》创刊，第一任主编钱学森，执行编辑潘良儒。翌年，由郭永怀担任第二任主编。

· 钱学森在《科学通报》发表《论技术科学》。

· 中国科学院力学研究所与清华大学联合开办力学研究班，钱伟长、郭永怀先后任班主任，第一届学员 120 人，连续招生三届。

1958 ·中国科学技术大学成立，设近代力学系，系主任钱学森。

·清华大学成立工程力学系，全国其他高等院校纷纷建立力学系或力学专业。

·中国水利水电科学院成立。

·8 月，中国科学院成立负责拟定发展人造地球卫星规划的“581”任务组，组长钱学森。随后，中科院力学所成立负责卫星总体设计和运载火箭研制的“上天”设计院，院长郭永怀，副院长杨南生。11 月其总体部、结构部和发动机部迁至上海，对外称机电设计院，1959 年研制工作中止。

·中国科学院与清华大学联合在清华园内组建动力研究室，室主任吴仲华。1960 年并入中科院力学所，1984 年又单独建所。

·中国科学院力学研究所将工作重点转移至包括喷气技术、航天技术、航海技术及开发地下工程的力学理论与实验工作。研制和建设了超声速风洞、激波管与激波风洞、电弧风洞等试验设备和测试系统。

1959 ·第二机械工业部成立北京第九研究院，后于 1985 年发展成中国工程物理研究院。

· 中国科学院力学所成立怀柔分部，对外称北京矿冶学校，开展火箭发动机及高能推进剂的预先研究和试验工作。

1960 · 中国科学院力学所渗流力学组转到中国科学院兰州地质研究所，成立渗流流体力学研究室。1987 年该室发展为渗流流体力学研究所（河北廊坊），由中国科学院和中国石油天然气总公司合办。

· 中国科技大学首开工程爆破专业，1962 年改为爆炸力学专业。

1961 · 在钱学森主持下，召开了中科院力学所与国防部五院参加的“518”会议，明确了两单位的分工原则：力学所负责基础性的预先研究，五院负责研究与制造。确定了五项协作任务：101 号任务（火箭发动机研究，1964 年调整为研制 500 公斤推力的液氢液氧火箭发动机研究）；102 号任务（导弹弹头气体动力学研究，1964 年调整为中程导弹弹头防热和稳定性研究）；103 号任务（导弹结构强度研究）；104 号任务（飞行 M 数 6 以上冲压发动机研究）；105 号任务（金属薄板典型零件爆炸成型理论研究）。

· 由钱学森、赵九章、卫一清等发起，中国科学院组织召开“星际航行座谈会”，会议共进行 12 次，历时三年。会议内容涉及运载工具、推进剂、姿态控制、通讯、气动力、气动热、生物空间实验、微重力影响等多方面的科学探讨。

1962 · 在原中国科学院中南力学研究所基础上，组建武汉岩土力学研究所，第一任所长陈宗基。

1963 · 钱学森、郭永怀主持北京高速空气动力学讨论班。

· 中国力学学会召开第一届流体力学会议，与机械工程学会联合召开第一届爆炸成型学术会议。次年 11 月召开第一届一般力学学术会议。1966 年召开第一届实验力学分析会议。

1964 · 10 月 16 日，中国第一颗原子弹试验成功。

1965 · 中国科学院重启人造地球卫星研制工作（代号 651），1966 年 1 月经中央批准正式成立中国科学院人造地球卫星设计院（651 设计院），院长赵九章，党委书记杨刚毅。院办公室和总体部设在中科院力学所。

1966 · 国防科委组织液氢液氧火箭发动机探索研究成果鉴定会，会后中科院力学所将设备和资料移交给七机部相关单位。

1967 · 空气动力研究院（第十七院）筹备组成立，组长钱学森，副组长郭永怀、严文祥。1968 年 2 月经中共中央、中央军委批准十七院在四川绵阳正式成立，后于 1976 年发展成为中国空气动力研究与发展中心。

1968 · 12 月 5 日，郭永怀因公牺牲。

1970 · 4 月 24 日，中国第一颗人造地球卫星发射成功。

1972 · 10 月 6 日，周培源在《光明日报》发表《对综合大学理科教育革命的一些看法》，强调重视基础科学研究，对当时的“理科无用论”予以批判。当年 12 月，“力学学科基础理论研究座谈会”在新疆饭店举行，座谈 1973 ~ 1980 年力学学科的主攻方向、重点课题和具体措施。

· 美国科学代表团任之恭等访华，其中包括力学家林家翘、易家训、张捷迁、徐皆苏等。次年，美国加州科技工作者代表团访问中国，团长冯元桢。

1974 · 《力学》创刊。

· 北京地区断裂力学座谈会（即全国第一届断裂力学会议）在中科院力学所召开，陈篪主持。

1976 · 3 月 8 日吉林降落陨石雨，中国科学院组织了联合考察组，701 所和中科院力学所参加，考察组对陨石轨道、烧蚀和对地撞击进行了考察和研究。

1977 · 经中国科学技术协会批准，中国力学学会以团体会员身份加入国际断裂力学组织，并参加在加拿大召开的第 4 届国际断裂会议。柳春图带队，后曾任该组织副主席。

· 谈镐生上书中央，论述力学学科的重要性和基础性，邓小平批示立即组织制定“1978 ~ 1985 年全国力学学科发展规划”，在力学界开展了学科性质的学术讨论，周培源、钱学森、钱伟长、谈镐生、陈宗基、钱令希发表意见，意见刊登于《力学与实践》创刊号。

1978 · 《力学学报》复刊，郑哲敏任主编。

· 全国力学学科规划会召开，主席周培源。会议文件《1978 ~ 1985 年全国基础科学发展规划（草案）· 理论和应用力学》于翌年正式发布，力学再次被确认为基础学科之一。

1979 · 《力学与实践》创刊，第一任主编卞荫贵。此后一些力学刊物相继创办，如 1980 年《空气动力学学报》、《固体力学学报》、《上海力学》（2000 年更名为《力学季刊》）创刊，1981 年《岩土工程学报》、《爆炸与冲击》创刊，1984 年《水动力学研究与进展》、《工程力学》、《计算结构力学及其应用》（现更名为《计算力学学报》）创刊，1986 年《实验力学》创刊，1999 年 *Plasma Science and Technology* 创刊，2003 年《动力学与控制学报》创刊。

· 8 ~9 月，应美国科学院邀请，郑哲敏率中国理论与应用力学代表团访美，到华盛顿、费城等主要城市和其周边地区的大学和美国国家标准局、海军水面武器研究所、富兰克林研究院等研究机构，深入了解了当时力学的发展主流和趋势。

· 林家翘访问中国，作应用数学的系列学术讲学。20 世纪 80 年代初，在他的推动下，中国科学院先后邀请了易家训、梅强中、吴耀祖、朱家鲲、沈申甫、谢定裕、丁汝等来中国讲学。

· 钱伟长主持组织非线性力学系列学术讨论会，会议内容涉及理性力学、奇异摄动理论、非线性波、非线性稳定性和分叉、突变和混沌，后发展成现代数学和力学系列会议，即 3M 会议。

1980 · 经国务院批准，中国力学学会正式加入国际理论与应用力学联合会 (IUTAM)，缴纳会费，等级为 2 级（1986 年升级为 4 级，委员 4 人）。同年，周培源、林同骥率队参加了在加拿大多伦多举行的第 15 届国际理论与应用力学大会。

· 中国空气动力学研究会成立，1989 年改为中国空气动力学会，第一届名誉会长钱学森、沈元，会长庄逢甘，副会长曹鹤荪。继任理事长张涵信、邓小刚。

· 全国计算力学有限元学术会议在大连首次召开，钱令希主持。

1982 · 中国力学学会第一届和第二届理事扩大会议在北京召开。钱令希当选为第二届理事长，郑哲敏任常务副理事长。《力学与生产建设》论文集出版。

1983 · 第二届亚洲流体力学会议在北京举行，主持人周培源。该会于 1980 年由中国、印度、日本发起，在亚洲各国轮流召开。林同骥、周恒、崔尔杰先后任亚洲流体力学委员会副主席，2006 年李家春任主席。

· 中国、日本、美国生物力学国际会议在武汉召开，冯元桢、康振黄等主持。此后该会在三国轮流进行。

1985 · 第一届国际实验力学会议（ICEM）在北京召开，贾有权任主席。

· 首届国际非线性力学会议在上海召开，钱伟长任主席。

· 庄逢甘组织北京计算流体力学讨论班，由航天部、中科院力学所、北京应用物理与计算数学研究所分别承办，延续至今。

· 《中国大百科全书 · 力学卷》出版发行。

· 《力学学报》英文版 *Acta Mechanica Sinica* 出版发行。

1986 · 郑哲敏当选为第三届中国力学学会理事长。

· 强动载荷及其效应、国际等离子体科学与技术、国际复合材料和结构 3 个国际学术会议在北京召开。

· 力学名词审定委员会成立，主任季文美，副主任朱照宣。

1987 · 第一届国际流体力学会议（ICFM'87）在北京科学会堂召开，沈元任会议主席。该会议是迄今已在中国举办第 5 届的流体力学系列会议。

1988 · 第 17 届国际理论与应用力学大会在法国 Grenoble 举办，王仁做关于“地球构造动力学”的大会报告。之后，程耿东、胡文瑞分别在第 20 届和第 22 届国际理论与应用力学大会上做大会报告。

1990 · 动力工程多相流国家重点实验室在西安交通大学成立。

· 中国力学学会第三届和第四届理事扩大会议在北戴河召开。王仁当选为第四届中国力学学会理事长。会后出版文集《人、环境与力学》。

1991 · 湍流国家重点实验室（后更名为湍流与复杂系统国家重点实验室）在北京大学成立。

· IUTAM 主办的金属多晶体塑性大变形本构关系讨论会在北京召开，王仁及美国佛罗里达大学 D. D. Drucker 任大会主席。

1992 · 国际流体力学与理论物理学术讨论会——庆贺周培源 90 寿辰在北京举行，吴大猷、顾毓琇、丁肇中、李政道、杨振宁、林家翘等出席。

· 中国力学学会及美国、英国、日本三国的复合材料学会、中国航空学会、中国复合材料学会联合在京召开第 2 届国际复合材料及结构学术会议。罗祖道与孙锦德主持。

· 第 8 届国际生物流变学会议北京卫星会在北京饭店举行。

· 由国际科学理事会（ICSU）、世界气象组织（WMO）、IUTAM 等 7 个国际组织联合在北京召开热带气旋灾害研讨会。J. Lighthill 与郑哲敏任主席。

· 9 月，第 18 届国际航空科学大会在北京召开。

1993 · 《中国科学技术专家传略工程技术编 · 力学卷 1》出版，《力学卷 2》于 1997 年出版发行。

· 11 月 24 日，周培源去世。

1994 · 由国家科委基础研究与高技术司、国家自然科学基金委员会、中国科学院基础研究局、国家教委科技司和中国力学学会联合在北京举办 21 世纪中国力学研讨会，出版《21 世纪中国力学》。

· 第 1 届国际水动力学会议（ICHD）由《水动力学研究与进展》编辑部在无锡组织召开，发起人顾懋祥等。之后历届会议分别在香港、汉城、横滨、

Perth、台南、Ischia、Nantes 召开。

· 远东断裂组织（FEFG）固体断裂与强度国际学术会议在西安召开，黄克智、沈亚鹏主持。

· IUTAM 主办的国际地球动力学中的力学问题学术会议在北京召开，王仁主持。

· 庄逢甘当选第五届中国力学学会理事长。

· 第一届亚洲计算流体力学会议在绵阳召开，庄逢甘任会议主席。该会议是由中国发起的系列国际会议，轮流在绵阳、东京召开，后由久保田、张涵信任主席。

1995　· 牵引动力国家重点实验室在西南交通大学成立。

· 中国力学学会第五届理事会决定设立“周培源现代力学科学基金”，并经国家教委批准举行全国周培源中学生力学竞赛和全国周培源少数民族中学生力学竞赛。

· 第 20 届国际稀薄气体动力学学术会议在北京举行，沈青主持。

1997　· 第 13 届国际等离子体化学会议在北京举行，吴承康主持。

· 现代力学与科技进步学术大会暨庆祝中国力学学会成立 40 周年纪念活动在北京举行。

· IUTAM 主办的带缺陷物体流变学国际研讨会在北京召开，王仁任主席。

1998　· 白以龙当选第 6 届中国力学学会理事长。

1999　· 非线性力学国家重点实验室在中国科学院力学研究所成立。

· IUTAM 主席、德国斯图加特大学力学研究所教授 Werner Schiehlen 访问中国力学学会。

· 钱学森、郭永怀荣获由中共中央、国务院、中央军委颁发的“两弹一星”功勋奖章。

· 12 月，第八届亚洲流体力学会议在深圳召开，崔尔杰任大会主席。

2000　· 《力学学报》获国家期刊奖。

· 中国力学学会召开“力学 2000”学术大会。

2001　· IUTAM 湍流层次结构与模拟暑期学校在北京大学举办。

· 为祝贺钱学森 90 寿辰，新世纪力学研讨会——钱学森技术科学思想的回顾与展望大会在清华大学召开，出版钱学森手稿。

· 纪念周培源诞辰 100 周年科学论坛在北京大学召开。

· IUTAM 非均质材料的非线性力学暑期学校在北京大学举办。

2002 · 崔尔杰当选第七届中国力学学会理事长。

· 郑哲敏当选 IUTAM 第 21 届国际理论与应用力学大会执行委员会成员，迄今，中国先后有 8 人当选理事，2 人当选大会委员会成员，2 人当选教育委员会成员，1 人当选选举委员会成员，2 人当选工作委员会成员。

2004 · 第 24 届国际激波学术会议在北京召开，会议名誉主席俞鸿儒，主席姜宗林。

· 第 6 届世界计算力学大会暨第二届亚太计算力学大会在北京饭店举行。

· 第 11 届国际断裂力学大会理事国代表投票通过 ICF-13（2013 年）在中国北京举行。

2005 · IUTAM 主办的纳米结构材料的力学行为及微尺度力学研讨会在北京召开。

· 第 18 届国际反应堆结构力学大会在北京召开。

· 中国力学学会学术大会’2005 在北京举行。

2006 · 李家春当选为第八届中国力学学会理事长。

· 大型飞机基础力学问题研讨会在北京召开。

2007 · 岩土力学与工程国家重点实验室在中国科学院武汉岩土力学研究所成立。

· 庆祝中国力学学会成立 50 周年暨中国力学学会学术大会’2007 在北京举行，庄逢甘和李家春分别做“中国力学事业 50 年”和“中国力学学会 50 年”的报告。

· 北京国际力学中心筹建研讨会在北京友谊宾馆举行，IUTAM 执行局秘书长 Dick H. van Campen 教授出席，会议通过了相关文件，并成立了国际顾问委员会。

2008 · 第 22 届国际理论与应用力学大会通过了 ICTAM 2012 年大会将在中国北京召开，会议主席白以龙。

· 11 月，国际实验力学会议暨第七届亚洲实验力学会议在南京召开。

2009 · 10 月 31 日钱学森去世。

· 中国力学学会学术大会’2009 在郑州举行。

2010 · 7 月 30 日钱伟长去世。

撰写者

李家春（1940 ~），上海人。中国科学院院士，中国科学院力学研究所研究员，曾任中国力学学会理事长，长期从事流体力学、环境力学、海洋工程和应用数学研究。

武际可（1934 ~），陕西霍县人。北京大学教授，曾任中国力学学会副理事长，长期从事固体力学、计算力学和力学史研究。

石光漪（1936～），河北昌黎人。中国科学院力学研究所编审，曾任中国力学学会办公室主任。

魏叔如（1937～），广东五华人。中国科学院力学研究所研究员，长期从事高温空气动力学和再入物理现象研究。

刘洋（1982～），吉林通化人。中国力学学会办公室助理编辑。

（O-5758.0101）
ISBN 978-7-03-042815-8
9 787030 428158 >